U0915528

中国社会科学年鉴

马克思主义理论研究与学科建设

MARXIST THEORY RESEARCH AND DISCIPLINE CONSTRUCTION YEARBOOK

中国社会科学院马克思主义研究院 马克思主义研究学部 编

中国社会科学出版社

图书在版编目（CIP）数据

马克思主义理论研究与学科建设年鉴．2019：总第10卷／中国社会科学院马克思主义研究院，马克思主义研究学部编．—北京：中国社会科学出版社，2019.12

ISBN 978-7-5203-5840-8

Ⅰ.①马… Ⅱ.①中…②马… Ⅲ.①马克思主义—理论研究—中国—2019—年鉴 Ⅳ.①A81-54

中国版本图书馆CIP数据核字(2019)第287999号

出 版 人　赵剑英
责任编辑　姜阿平
责任校对　林福国
责任印制　张雪娇

出　　版　中国社会科学出版社
社　　址　北京鼓楼西大街甲158号
邮　　编　100720
网　　址　http://www.csspw.cn
发 行 部　010-84083685
门 市 部　010-84029450
经　　销　新华书店及其他书店

印刷装订　三河市东方印刷有限公司
版　　次　2019年12月第1版
印　　次　2019年12月第1次印刷

开　　本　787×1092　1/16
印　　张　55.25
插　　页　2
字　　数　1378千字
定　　价　368.00元

凡购买中国社会科学出版社图书，如有质量问题请与本社营销中心联系调换
电话：010-84083683
版权所有　侵权必究

《马克思主义理论研究与学科建设年鉴》编委会

编委会主任 谢伏瞻

编委会委员 （按姓氏笔画排序）

王伟光 邓纯东 朱佳木 刘国光 李 捷
李培林 李崇富 李慎明 何秉孟 张树华
冷 溶 武 力 赵剑英 侯惠勤 姜 辉
高 翔 谢伏瞻 程恩富 靳辉明 樊建新

《马克思主义理论研究与学科建设年鉴》编辑部

主　　编 姜 辉 程恩富 樊建新

副 主 编 余 斌 刘志明 陈志刚
潘金娥 李瑞琴 李建国

编辑部主任 李建国

编辑部成员 李 伟 杨 静 陈硕颖
荀寿潇 张晓敏 梅 岚

编辑说明

由中国社会科学院马克思主义研究院和马克思主义研究学部主办的《马克思主义理论研究与学科建设年鉴》，是目前全国唯一一部全面反映马克思主义理论研究成果和学科建设的综合性年鉴，主要汇集2018年度马克思主义理论研究与学科建设新成果、新进展、新走向，具有权威性、学术性、时效性。

一、“重要文献”栏目收录上一年度马克思主义研究领域具有重大影响力的文献。

二、“重点文章”栏目选取上一年度马克思主义研究领域中知名专家的重要成果或该领域中具有较大影响的文章，具有学术前沿性。

三、“学科建设”栏目由从事马克思主义研究的专家学者撰写，综合反映上一年度学科发展情况、最新进展及今后发展方向。

四、“热点聚焦”栏目集中反映2018年度马克思主义理论研究学界争鸣的热点和焦点问题。

五、“论文荟萃”和“著作选介”栏目选取2018年度具有影响力或观点新颖、有一定代表性的文章和著作予以介绍，以期对本领域研究有所启发。

六、“课题概览”“会议综述”“新书索引”“论文索引”“大事记”等栏目展示2018年度本学科学术研究的成果和活动，使本年鉴的信息量更加丰富，更具有学术收藏价值。

七、“主题索引”系统，方便读者查阅年鉴中的相关信息，进一步提高年鉴编纂的规范化水平。

本年鉴在《中国特色社会主义年鉴》的基础上创办，积累了丰富的经验和社会资源，我们将进一步使其成为全国理论工作者、党政领导干部、高等院校有关师生、全国各级各类图书馆（资料室）必备的工具书和参考读物。

中国社会科学院

马克思主义研究院　马克思主义研究学部

《马克思主义理论研究与学科建设年鉴》编辑部

2019年4月

目　　录

第一篇　重要文献

第二篇　重点文章

第三篇　学科建设

第四篇　热点聚焦

第五篇　论文荟萃

第六篇　著作选介

第七篇　课题概览

第八篇 会议综述

大事记

附 录

Contents

I Important Literature

II Key Articles

III Discipline Construction

IV Hot Topics

V Paper Assembles

VI Introduction of Some Works

VII Projects Survey

VIII Review of Conference

Chronicle of Events

Appendix

(英文目录翻译：张晓敏)

第一篇

重要文献

在纪念马克思诞辰200周年大会上的讲话

（2018年5月4日）

习近平

同志们：

今天，我们怀着十分崇敬的心情，在这里隆重集会，纪念马克思诞辰200周年，缅怀马克思的伟大人格和历史功绩，重温马克思的崇高精神和光辉思想。

马克思是全世界无产阶级和劳动人民的革命导师，是马克思主义的主要创始人，是马克思主义政党的缔造者和国际共产主义的开创者，是近代以来最伟大的思想家。两个世纪过去了，人类社会发生了巨大而深刻的变化，但马克思的名字依然在世界各地受到人们的尊敬，马克思的学说依然闪烁着耀眼的真理光芒！

1818年5月5日，马克思诞生在德国特里尔城的一个律师家庭。早在中学时代，他就树立了为人类幸福而工作的志向。大学时代，马克思广泛钻研哲学、历史学、法学等知识，探寻人类社会发展的奥秘。在《莱茵报》工作期间，马克思犀利抨击普鲁士政府的专制统治，维护人民权利。1843年移居巴黎后，马克思积极参与工人运动，在革命实践和理论探索的结合中完成了从唯心主义到唯物主义、从革命民主主义到共产主义的转变。1845年，马克思、恩格斯合作撰写了《德意志意识形态》，第一次比较系统地阐述了历史唯物主义基本原理。1848年，马克思、恩格斯合作撰写了《共产党宣言》，一经问世就震动了世界。恩格斯说，《共产党宣言》是“全部社会主义文献中传播最广和最具有国际性的著作，是从西伯利亚到加利福尼亚的千百万工人公认的共同纲领”。

1848年，席卷欧洲的资产阶级民主革命爆发，马克思积极投入并指导这场革命斗争。革命失败后，马克思深刻总结革命教训，力求通过系统研究政治经济学，揭示资本主义的本质和规律。1867年问世的《资本论》是马克思主义最厚重、最丰富的著作，被誉为“工人阶级的圣经”。晚年，马克思依然密切关注世界发展新趋势和工人运动新情况，努力从更宏大的视野思考人类社会发展问题。

——马克思的一生，是胸怀崇高理想、为人类解放不懈奋斗的一生。1835年，17岁的马克思在他的高中毕业作文《青年在选择职业时的考虑》中这样写道：“如果我们选择了最能为人类而工作的职业，那么，重担就不能把我们压倒，因为这是为大家作出的牺牲；那时我们所享受的就不是可怜的、有限的、自私的乐趣，我们的幸福将属于千百万人，我们的事业将悄然无声地存在下去，但是它会永远发挥作用，而面对我们的骨灰，高尚的人们将洒下热泪。”马克思一生饱尝颠沛流离的艰辛、贫病交加的煎熬，但他初心不改、矢志不渝，为人类解放的崇高理想而不懈奋斗，成就了伟大人生。

——马克思的一生，是不畏艰难险阻、为追求真理而勇攀思想高峰的一生。马克思曾经写道："在科学上没有平坦的大道，只有不畏劳苦沿着陡峭山路攀登的人，才有希望达到光辉的顶点。"马克思为创立科学理论体系，付出了常人难以想象的艰辛，最终达到了光辉的顶点。他博览群书、广泛涉猎，不仅深入了解和研究哲学社会科学各个学科知识，而且深入了解和研究各种自然科学知识，努力从人类创造的一切文明成果中汲取养料。马克思毕生忘我工作，经常每天工作16个小时。马克思在给友人的信中谈到，为了《资本论》的写作，"我一直在坟墓的边缘徘徊。因此，我不得不利用我还能工作的每时每刻来完成我的著作"。即使在多病的晚年，马克思仍然不断迈向新的科学领域和目标，写下了数量庞大的历史学、人类学、数学等学科笔记。正如恩格斯所说："马克思在他所研究的每一个领域，甚至在数学领域，都有独到的发现，这样的领域是很多的，而且其中任何一个领域他都不是浅尝辄止。"

——马克思的一生，是为推翻旧世界、建立新世界而不息战斗的一生。恩格斯说，"马克思首先是一个革命家"，"斗争是他的生命要素。很少有人像他那样满腔热情、坚韧不拔和卓有成效地进行斗争"。马克思毕生的使命就是为人民解放而奋斗。为了改变人民受剥削、受压迫的命运，马克思义无反顾投身轰轰烈烈的工人运动，始终站在革命斗争最前沿。他领导创建了世界上第一个无产阶级政党——共产主义者同盟，领导了世界上第一个国际工人组织——国际工人协会，热情支持世界上第一次工人阶级夺取政权的革命——巴黎公社革命，满腔热情、百折不挠推动各国工人运动发展。

马克思是顶天立地的伟人，也是有血有肉的常人。他热爱生活，真诚朴实，重情重义。马克思、恩格斯的革命友谊长达40年。正如列宁所说："古老传说中有各种非常动人的友谊故事"，但马克思、恩格斯的友谊"超过了古人关于人类友谊的一切最动人的传说"。马克思无私资助革命事业，即使在自己生活极度困难的情况下仍然尽最大努力帮助革命战友。马克思和妻子燕妮患难与共，谱写了理想和爱情的命运交响曲。

同志们！

马克思给我们留下的最有价值、最具影响力的精神财富，就是以他名字命名的科学理论——马克思主义。这一理论犹如壮丽的日出，照亮了人类探索历史规律和寻求自身解放的道路。

马克思有一句名言："批判的武器当然不能代替武器的批判，物质力量只能用物质力量来摧毁；但是理论一经掌握群众，也会变成物质力量。"马克思主义主要由哲学、政治经济学、科学社会主义三大组成部分构成。这三大组成部分分别来源于德国古典哲学、英国古典政治经济学、法国空想社会主义，然而，最终升华为马克思主义的根本原因，是马克思对所处的时代和世界的深入考察，是马克思对人类社会发展规律的深刻把握。马克思说："共产党人的理论原理，决不是以这个或那个世界改革家所发明或发现的思想、原则为根据的。""这些原理不过是现存的阶级斗争、我们眼前的历史运动的真实关系的一般表述。"

只有在整个人类发展的历史长河中，才能透视出历史运动的本质和时代发展的方向。马克思的科学研究，就像列宁所说的那样，"凡是人类社会所创造的一切，他都有批判地重新加以探讨，任何一点也没有忽略过去。凡是人类思想所建树的一切，他都放在工人运动中检验过，重新加以探讨，加以批判，从而得出了那些被资产阶级狭隘性所限制或被资产阶级偏见束缚住的人所不能得出的结论。"马克思的思想理论源于那个时代又超越了那个时代，既是那个时代精神的精华又是整个人类精神的精华。

——马克思主义是科学的理论，创造性地揭示了人类社会发展规律。在马克思提出科学社会主义之前，空想社会主义者早已存在，他们怀着悲天悯人的情感，对理想社会有很多美好的设想，但由于没有揭示社会发展规律，没有找到实现理想的有效途径，因而也就难以真正对社会发展发生作用。马克思创建了唯物史观和剩余价值学说，揭示了人类社会发展的一般规律，揭示了资本主义运行的特殊规律，为人类指明了从必然王国向自由王国飞跃的途径，为人民指明了实现自由和解放的道路。

——马克思主义是人民的理论，第一次创立了人民实现自身解放的思想体系。马克思主义博大精深，归根到底就是一句话，为人类求解放。在马克思之前，社会上占统治地位的理论都是为统治阶级服务的。马克思主义第一次站在人民的立场探求人类自由解放的道路，以科学的理论为最终建立一个没有压迫、没有剥削、人人平等、人人自由的理想社会指明了方向。马克思主义之所以具有跨越国度、跨越时代的影响力，就是因为它植根人民之中，指明了依靠人民推动历史前进的人间正道。

——马克思主义是实践的理论，指引着人民改造世界的行动。马克思说，“全部社会生活在本质上是实践的”，“哲学家们只是用不同的方式解释世界，问题在于改变世界”。实践的观点、生活的观点是马克思主义认识论的基本观点，实践性是马克思主义理论区别于其他理论的显著特征。马克思主义不是书斋里的学问，而是为了改变人民历史命运而创立的，是在人民求解放的实践中形成的，也是在人民求解放的实践中丰富和发展的，为人民认识世界、改造世界提供了强大精神力量。

——马克思主义是不断发展的开放的理论，始终站在时代前沿。马克思一再告诫人们，马克思主义理论不是教条，而是行动指南，必须随着实践的变化而发展。一部马克思主义发展史就是马克思、恩格斯以及他们的后继者们不断根据时代、实践、认识发展而发展的历史，是不断吸收人类历史上一切优秀思想文化成果丰富自己的历史。因此，马克思主义能够永葆其美妙之青春，不断探索时代发展提出的新课题、回应人类社会面临的新挑战。

同志们！

《共产党宣言》发表170年来，马克思主义在世界上得到广泛传播。在人类思想史上，没有一种思想理论像马克思主义那样对人类产生了如此广泛而深刻的影响。

在马克思亲自领导下，在马克思主义指导下，“第一国际”等国际工人组织相继创立和发展，在不同时期指导和推动了国际工人运动的联合和斗争。在马克思主义影响下，马克思主义政党在世界范围内如雨后春笋般建立和发展起来，人民第一次成为自己命运的主人，成为实现自身解放和全人类解放的根本政治力量。

列宁领导的十月革命取得胜利，社会主义从理论变为现实，打破了资本主义一统天下的世界格局。第二次世界大战结束后，一大批社会主义国家诞生，特别是中华人民共和国成立，极大壮大了世界社会主义力量。尽管世界社会主义在发展中也会出现曲折，但人类社会发展的总趋势没有改变，也不会改变。

马克思、恩格斯积极支持被压迫民族和人民的解放斗争。进入20世纪后，以列宁为代表的马克思主义者继承和发展马克思主义民族理论，指导和支持殖民地半殖民地国家民族解放运动。第二次世界大战结束后，一大批获得独立和解放的民族国家建立起来，彻底瓦解了帝国主义的殖民体系，世界各民族平等交往、共同发展展现出光明前景。

今天，马克思主义极大推进了人类文明进程，至今依然是具有重大国际影响的思想体系和话语体系，马克思至今依然被公认为“千年第一思想家”。

同志们！

马克思主义不仅深刻改变了世界，也深刻改变了中国。中华民族在几千年的历史进程中创造了灿烂的中华文明，为人类文明进步作出了重大贡献。1840 年鸦片战争以后，西方列强凭着坚船利炮野蛮轰开了中国的大门，中华民族陷入内忧外患的悲惨境地。

帝国主义的野蛮侵略和中国人民的深重苦难引起了马克思高度关注。第二次鸦片战争期间，马克思撰写了十几篇关于中国的通讯，向世界揭露西方列强侵略中国的真相，为中国人民伸张正义。马克思、恩格斯高度肯定中华文明对人类文明进步的贡献，科学预见了“中国社会主义”的出现，甚至为他们心中的新中国取了靓丽的名字——“中华共和国”。

近代以后，争取民族独立、人民解放和实现国家富强、人民幸福就成为中国人民的历史任务。在旧式的农民战争走到尽头，不触动封建根基的自强运动和改良主义屡屡碰壁，资产阶级革命派领导的革命和西方资本主义的其他种种方案纷纷破产的情况下，十月革命一声炮响，为中国送来了马克思列宁主义，给苦苦探寻救亡图存出路的中国人民指明了前进方向、提供了全新选择。

在这个历史大潮中，一个以马克思主义为指导、一个勇担民族复兴历史大任、一个必将带领中国人民创造人间奇迹的马克思主义政党——中国共产党应运而生。

中国共产党诞生后，中国共产党人把马克思主义基本原理同中国革命和建设的具体实际结合起来，团结带领人民经过长期奋斗，完成新民主主义革命和社会主义革命，建立起中华人民共和国和社会主义基本制度，进行了社会主义建设的艰辛探索，实现了中华民族从东亚病夫到站起来的伟大飞跃。这一伟大飞跃以铁一般的事实证明，只有社会主义才能救中国！

改革开放以来，中国共产党人把马克思主义基本原理同中国改革开放的具体实际结合起来，团结带领人民进行建设中国特色社会主义新的伟大实践，使中国大踏步赶上了时代，实现了中华民族从站起来到富起来的伟大飞跃。这一伟大飞跃以铁一般的事实证明，只有中国特色社会主义才能发展中国！

在新时代，中国共产党人把马克思主义基本原理同新时代中国具体实际结合起来，团结带领人民进行伟大斗争、建设伟大工程、推进伟大事业、实现伟大梦想，推动党和国家事业取得全方位、开创性历史成就，发生深层次、根本性历史变革，中华民族迎来了从富起来到强起来的伟大飞跃。这一伟大飞跃以铁一般的事实证明，只有坚持和发展中国特色社会主义才能实现中华民族伟大复兴！

实践证明，马克思主义的命运早已同中国共产党的命运、中国人民的命运、中华民族的命运紧紧连在一起，它的科学性和真理性在中国得到了充分检验，它的人民性和实践性在中国得到了充分贯彻，它的开放性和时代性在中国得到了充分彰显！

实践还证明，马克思主义为中国革命、建设、改革提供了强大思想武器，使中国这个古老的东方大国创造了人类历史上前所未有的发展奇迹。历史和人民选择马克思主义是完全正确的，中国共产党把马克思主义写在自己的旗帜上是完全正确的，坚持马克思主义基本原理同中国具体实际相结合、不断推进马克思主义中国化时代化是完全正确的！

可以告慰马克思的是，马克思主义指引中国成功走上了全面建设社会主义现代化强国的康庄大道，中国共产党人作为马克思主义的忠诚信奉者、坚定实践者，正在为坚持和发展马克思主义而执着努力！

同志们！

恩格斯说过："一个民族要想站在科学的最高峰，就一刻也不能没有理论思维。"中华民族要实现伟人复兴，也同样一刻不能没有理论思维。马克思主义始终是我们党和国家的指导思想，是我们认识世界、把握规律、追求真理、改造世界的强大思想武器。

马克思主义思想理论博大精深、常学常新。新时代，中国共产党人仍然要学习马克思，学习和实践马克思主义，不断从中汲取科学智慧和理论力量，在统筹推进"五位一体"总体布局、协调推进"四个全面"战略布局中，更有定力、更有自信、更有智慧地坚持和发展新时代中国特色社会主义，确保中华民族伟大复兴的巨轮始终沿着正确航向破浪前行。

——学习马克思，就要学习和实践马克思主义关于人类社会发展规律的思想。马克思科学揭示了人类社会最终走向共产主义的必然趋势。马克思、恩格斯坚信，未来社会"将是这样一个联合体，在那里，每个人的自由发展是一切人的自由发展的条件"，"无产者在这个革命中失去的只是锁链。他们获得的将是整个世界。"马克思坚信历史潮流奔腾向前，只要人民成为自己的主人、社会的主人、人类社会发展的主人，共产主义理想就一定能够在不断改变现存状况的现实运动中一步一步实现。马克思主义奠定了共产党人坚定理想信念的理论基础。我们要全面掌握辩证唯物主义和历史唯物主义的世界观和方法论，深刻认识实现共产主义是由一个一个阶段性目标逐步达成的历史过程，把共产主义远大理想同中国特色社会主义共同理想统一起来、同我们正在做的事情统一起来，坚定中国特色社会主义道路自信、理论自信、制度自信、文化自信，坚守共产党人的理想信念，像马克思那样，为共产主义奋斗终身。

——学习马克思，就要学习和实践马克思主义关于坚守人民立场的思想。人民性是马克思主义最鲜明的品格。马克思说，"历史活动是群众的活动"。让人民获得解放是马克思毕生的追求。我们要始终把人民立场作为根本立场，把为人民谋幸福作为根本使命，坚持全心全意为人民服务的根本宗旨，贯彻群众路线，尊重人民主体地位和首创精神，始终保持同人民群众的血肉联系，凝聚起众志成城的磅礴力量，团结带领人民共同创造历史伟业。这是尊重历史规律的必然选择，是共产党人不忘初心、牢记使命的自觉担当。

——学习马克思，就要学习和实践马克思主义关于生产力和生产关系的思想。马克思主义认为，物质生产力是全部社会生活的物质前提，同生产力发展一定阶段相适应的生产关系的总和构成社会经济基础。生产力是推动社会进步最活跃、最革命的要素。"人们所达到的生产力的总和决定着社会状况。"生产力和生产关系、经济基础和上层建筑相互作用、相互制约，支配着整个社会发展进程。解放和发展社会生产力是社会主义的本质要求，是中国共产党人接力探索、着力解决的重大问题。新中国成立以来特别是改革开放以来，在不到70年的时间内，我们党带领人民坚定不移解放和发展社会生产力，走完了西方几百年的发展历程，推动我国快速成为世界第二大经济体。我们要勇于全面深化改革，自觉通过调整生产关系激发社会生产力发展活力，自觉通过完善上层建筑适应经济基础发展要求，让中国特色社会主义更加符合规律地向前发展。

——学习马克思，就要学习和实践马克思主义关于人民民主的思想。马克思、恩格斯指出，“无产阶级的运动是绝大多数人的，为绝大多数人谋利益的独立的运动”，“工人阶级一旦取得统治权，就不能继续运用旧的国家机器来进行管理”，必须“以新的真正民主的国家政权来代替”。国家机关必须由社会主人变为社会公仆，接受人民监督。我们要坚定不移走中国特色社会主义政治发展道路，在坚持党的领导、人民当家作主、依法治国有机统一中推进社会主义民主政治建设，不断加强人民当家作主的制度保障，加快推进国家治理体系和治理能力现代化，充分调动人民的积极性、主动性、创造性，更加切实、更有成效地实施人民民主。

——学习马克思，就要学习和实践马克思主义关于文化建设的思想。马克思认为，在不同的经济和社会环境中，人们生产不同的思想和文化，思想文化建设虽然决定于经济基础，但又对经济基础发生反作用。先进的思想文化一旦被群众掌握，就会转化为强大的物质力量；反之，落后的、错误的观念如果不破除，就会成为社会发展进步的桎梏。理论自觉、文化自信，是一个民族进步的力量；价值先进、思想解放，是一个社会活力的来源。国家之魂，文以化之，文以铸之。我们要立足中国，面向现代化、面向世界、面向未来，巩固马克思主义在意识形态领域的指导地位，发展社会主义先进文化，加强社会主义精神文明建设，把社会主义核心价值观融入社会发展各方面，推动中华优秀传统文化创造性转化、创新性发展，不断提高人民思想觉悟、道德水平、文明素养，不断铸就中华文化新辉煌。

——学习马克思，就要学习和实践马克思主义关于社会建设的思想。马克思、恩格斯设想，在未来社会中，“生产将以所有的人富裕为目的”，“所有人共同享受大家创造出来的福利”。恩格斯结合马克思在《共产党宣言》《哥达纲领批判》《资本论》等著作中提出的一系列主张，阐明在社会主义条件下，社会应该“给所有的人提供健康而有益的工作，给所有的人提供充裕的物质生活和闲暇时间，给所有的人提供真正的充分的自由”。人民对美好生活的向往就是我们的奋斗目标。我们要坚持以人民为中心的发展思想，抓住人民最关心最直接最现实的利益问题，不断保障和改善民生，促进社会公平正义，在更高水平上实现幼有所育、学有所教、劳有所得、病有所医、老有所养、住有所居、弱有所扶，让发展成果更多更公平惠及全体人民，不断促进人的全面发展，朝着实现全体人民共同富裕不断迈进。

——学习马克思，就要学习和实践马克思主义关于人与自然关系的思想。马克思认为，“人靠自然界生活”，自然不仅给人类提供了生活资料来源，如肥沃的土地、渔产丰富的江河湖海等，而且给人类提供了生产资料来源。自然物构成人类生存的自然条件，人类在同自然的互动中生产、生活、发展，人类善待自然，自然也会馈赠人类，但“如果说人靠科学和创造性天才征服了自然力，那么自然力也对人进行报复”。自然是生命之母，人与自然是生命共同体，人类必须敬畏自然、尊重自然、顺应自然、保护自然。我们要坚持人与自然和谐共生，牢固树立和切实践行绿水青山就是金山银山的理念，动员全社会力量推进生态文明建设，共建美丽中国，让人民群众在绿水青山中共享自然之美、生命之美、生活之美，走出一条生产发展、生活富裕、生态良好的文明发展道路。

——学习马克思，就要学习和实践马克思主义关于世界历史的思想。马克思、恩格斯说:“各民族的原始封闭状态由于日益完善的生产方式、交往以及因交往而自然形成的不同民族之间的分工消灭得越是彻底,历史也就越是成为世界历史。”马克思、恩格斯当年的这个预言,现在已经成为现实,历史和现实日益证明这个预言的科学价值。今天,人类交往的世界性比过去任何时候都更深入、更广泛,各国相互联系和彼此依存比过去任何时候都更频繁、更紧密。一体化的世界就在那儿,谁拒绝这个世界,这个世界也会拒绝他。万物并育而不相害,道并行而不相悖。我们要站在世界历史的高度审视当今世界发展趋势和面临的重大问题,坚持和平发展道路,坚持独立自主的和平外交政策,坚持互利共赢的开放战略,不断拓展同世界各国的合作,积极参与全球治理,在更多领域、更高层面上实现合作共赢、共同发展,不依附别人、更不掠夺别人,同各国人民一道努力构建人类命运共同体,把世界建设得更加美好。

——学习马克思,就要学习和实践马克思主义关于马克思主义政党建设的思想。马克思认为,“在无产阶级和资产阶级的斗争所经历的各个发展阶段上,共产党人始终代表整个运动的利益”,“他们没有任何同整个无产阶级的利益不同的利益”,而是要“为绝大多数人谋利益”,为建设共产主义社会而奋斗。共产党要“在全世界面前树立起可供人们用来衡量党的运动水平的里程碑”。始终同人民在一起,为人民利益而奋斗,是马克思主义政党同其他政党的根本区别。我们要统揽伟大斗争、伟大工程、伟大事业、伟大梦想,增强政治意识、大局意识、核心意识、看齐意识,持之以恒推进全面从严治党,坚持把党的政治建设摆在首位,坚持和加强党的全面领导,坚决维护党中央权威和集中统一领导,做到坚持真理、修正错误,永远保持共产党人政治本色,把党建设成为始终走在时代前列、人民衷心拥护、勇于自我革命、经得起各种风浪考验、朝气蓬勃的马克思主义执政党!

同志们!

中国共产党是用马克思主义武装起来的政党,马克思主义是中国共产党人理想信念的灵魂。1938 年,毛泽东同志指出:“如果我们党有一百个至二百个系统地而不是零碎地、实际地而不是空洞地学会了马克思列宁主义的同志,就会大大地提高我们党的战斗力量。”

回顾党的奋斗历程可以发现,中国共产党之所以能够历经艰难困苦而不断发展壮大,很重要的一个原因就是我们党始终重视思想建党、理论强党,使全党始终保持统一的思想、坚定的意志、协调的行动、强大的战斗力。

当前,改革发展稳定任务之重、矛盾风险挑战之多、治国理政考验之大都是前所未有的。我们要赢得优势、赢得主动、赢得未来,必须不断提高运用马克思主义分析和解决实际问题的能力,不断提高运用科学理论指导我们应对重大挑战、抵御重大风险、克服重大阻力、化解重大矛盾、解决重大问题的能力,以更宽广的视野、更长远的眼光来思考把握未来发展面临的一系列重大问题,不断坚定马克思主义信仰和共产主义理想。

从《共产党宣言》发表到今天,170 年过去了,人类社会发生了翻天覆地的变化,但马克思主义所阐述的一般原理整个来说仍然是完全正确的。我们要坚持和运用辩证唯物主义和历史唯物主义的世界观和方法论,坚持和运用马克思主义立场、观点、方法,坚持和运用马克思主义关于世界的物质性及其发展规律,关于人类社会发展的自然性、历史性及其相关规律,关于人的解放和自由全面发展的规律,关于认识的本质及其发展规律等原理,坚持和运用马克思主义的实践观、群众观、阶级观、发展观、矛盾观,真正把马克思主义这个看家本领学精悟透用好。

全党同志特别是各级领导干部要更加自觉、更加刻苦地学习马克思列宁主义，学习毛泽东思想、邓小平理论、“三个代表”重要思想、科学发展观，学习新时代中国特色社会主义思想。要深入学、持久学、刻苦学，带着问题学、联系实际学，更好把科学思想理论转化为认识世界、改造世界的强大物质力量。共产党人要把读马克思主义经典、悟马克思主义原理当作一种生活习惯、当作一种精神追求，用经典涵养正气、淬炼思想、升华境界、指导实践。

对待科学的理论必须有科学的态度。恩格斯深刻指出：“马克思的整个世界观不是教义，而是方法。它提供的不是现成的教条，而是进一步研究的出发点和供这种研究使用的方法。”恩格斯还指出，我们的理论“是一种历史的产物，它在不同的时代具有完全不同的形式，同时具有完全不同的内容”。科学社会主义基本原则不能丢，丢了就不是社会主义。同时，科学社会主义也绝不是一成不变的教条。我说过，当代中国的伟大社会变革，不是简单延续我国历史文化的母版，不是简单套用马克思主义经典作家设想的模板，不是其他国家社会主义实践的再版，也不是国外现代化发展的翻版。社会主义并没有定于一尊、一成不变的套路，只有把科学社会主义基本原则同本国具体实际、历史文化传统、时代要求紧密结合起来，在实践中不断探索总结，才能把蓝图变为美好现实。

理论的生命力在于不断创新，推动马克思主义不断发展是中国共产党人的神圣职责。我们要坚持用马克思主义观察时代、解读时代、引领时代，用鲜活丰富的当代中国实践来推动马克思主义发展，用宽广视野吸收人类创造的一切优秀文明成果，坚持在改革中守正出新、不断超越自己，在开放中博采众长、不断完善自己，不断深化对共产党执政规律、社会主义建设规律、人类社会发展规律的认识，不断开辟当代中国马克思主义、21 世纪马克思主义新境界！

同志们！

今天，我们纪念马克思，是为了向人类历史上最伟大的思想家致敬，也是为了宣示我们对马克思主义科学真理的坚定信念。

恩格斯说：“只要进一步发挥我们的唯物主义论点，并且把它应用于现时代，一个强大的、一切时代中最强大的革命远景就会立即展现在我们面前。”前进道路上，我们要继续高扬马克思主义伟大旗帜，让马克思、恩格斯设想的人类社会美好前景不断在中国大地上生动展现出来！

（原载《人民日报》2018 年 5 月 5 日）

在庆祝改革开放40周年大会上的讲话

（2018年12月18日）

习近平

同志们，朋友们：

1978年12月18日，在中华民族历史上，在中国共产党历史上，在中华人民共和国历史上，都必将是载入史册的重要日子。这一天，我们党召开十一届三中全会，实现新中国成立以来党的历史上具有深远意义的伟大转折，开启了改革开放和社会主义现代化的伟大征程。

今天，我们在这里隆重集会，回顾改革开放40年的光辉历程，总结改革开放的伟大成就和宝贵经验，动员全党全国各族人民在新时代继续把改革开放推向前进，为实现“两个一百年”奋斗目标、实现中华民族伟大复兴的中国梦不懈奋斗。

同志们、朋友们！

党的十一届三中全会是在党和国家面临何去何从的重大历史关头召开的。当时，世界经济快速发展，科技进步日新月异，而“文化大革命”十年内乱导致我国经济濒临崩溃的边缘，人民温饱都成问题，国家建设百业待兴。党内外强烈要求纠正“文化大革命”的错误，使党和国家从危难中重新奋起。邓小平同志指出：“如果现在再不实行改革，我们的现代化事业和社会主义事业就会被葬送。”

在邓小平同志领导下和老一辈革命家支持下，党的十一届三中全会冲破长期“左”的错误的严重束缚，批评“两个凡是”的错误方针，充分肯定必须完整、准确地掌握毛泽东思想的科学体系，高度评价关于真理标准问题的讨论，果断结束“以阶级斗争为纲”，重新确立马克思主义的思想路线、政治路线、组织路线。从此，我国改革开放拉开了大幕。

我们党作出实行改革开放的历史性决策，是基于对党和国家前途命运的深刻把握，是基于对社会主义革命和建设实践的深刻总结，是基于对时代潮流的深刻洞察，是基于对人民群众期盼和需要的深刻体悟。邓小平同志指出：“贫穷不是社会主义”，“我们要赶上时代，这是改革要达到的目的”。

历史发展有其规律，但人在其中不是完全消极被动的。只要把握住历史发展大势，抓住历史变革时机，奋发有为，锐意进取，人类社会就能更好前进。

改革开放是我们党的一次伟大觉醒，正是这个伟大觉醒孕育了我们党从理论到实践的伟大创造。改革开放是中国人民和中华民族发展史上一次伟大革命，正是这个伟大革命推动了中国特色社会主义事业的伟大飞跃！

同志们、朋友们！

建立中国共产党、成立中华人民共和国、推进改革开放和中国特色社会主义事业，是五四运动以来我国发生的三大历史性事件，是近代以来实现中华民族伟大复兴的三大里程碑。

以毛泽东同志为主要代表的中国共产党人，把马克思列宁主义基本原理同中国革命具体实践结合起来，创立了毛泽东思想，团结带领全党全国各族人民，经过长期浴血奋斗，完成了新民主主义革命，建立了中华人民共和国，确立了社会主义基本制度，成功实现了中国历史上最深刻最伟大的社会变革，为当代中国一切发展进步奠定了根本政治前提和制度基础。在探索过程中，虽然经历了严重曲折，但党在社会主义革命和建设中取得的独创性理论成果和巨大成就，为在新的历史时期开创中国特色社会主义提供了宝贵经验、理论准备、物质基础。

党的十一届三中全会以后，以邓小平同志为主要代表的中国共产党人，团结带领全党全国各族人民，深刻总结我国社会主义建设正反两方面经验，借鉴世界社会主义历史经验，创立了邓小平理论，作出把党和国家工作中心转移到经济建设上来、实行改革开放的历史性决策，深刻揭示社会主义本质，确立社会主义初级阶段基本路线，明确提出走自己的路、建设中国特色社会主义，科学回答了建设中国特色社会主义的一系列基本问题，制定了到21世纪中叶分三步走、基本实现社会主义现代化的发展战略，成功开创了中国特色社会主义。

党的十三届四中全会以后，以江泽民同志为主要代表的中国共产党人，团结带领全党全国各族人民，坚持党的基本理论、基本路线，加深了对什么是社会主义、怎样建设社会主义和建设什么样的党、怎样建设党的认识，积累了治党治国新的宝贵经验，形成了“三个代表”重要思想。在国内外形势十分复杂、世界社会主义出现严重曲折的严峻考验面前，捍卫了中国特色社会主义，确立了社会主义市场经济体制的改革目标和基本框架，确立了社会主义初级阶段的基本经济制度和分配制度，开创全面改革开放新局面，推进党的建设新的伟大工程，成功把中国特色社会主义推向21世纪。

党的十六大以后，以胡锦涛同志为主要代表的中国共产党人，团结带领全党全国各族人民，坚持以邓小平理论和“三个代表”重要思想为指导，根据新的发展要求，深刻认识和回答了新形势下实现什么样的发展、怎样发展等重大问题，形成了科学发展观，抓住重要战略机遇期，在全面建设小康社会进程中推进实践创新、理论创新、制度创新，强调坚持以人为本、全面协调可持续发展，形成中国特色社会主义事业总体布局，着力保障和改善民生，促进社会公平正义，推动建设和谐世界，推进党的执政能力建设和先进性建设，成功在新的历史起点上坚持和发展了中国特色社会主义。

党的十八大以来，党中央团结带领全党全国各族人民，全面审视国际国内新的形势，通过总结实践、展望未来，深刻回答了新时代坚持和发展什么样的中国特色社会主义、怎样坚持和发展中国特色社会主义这个重大时代课题，形成了新时代中国特色社会主义思想，坚持统筹推进“五位一体”总体布局、协调推进“四个全面”战略布局，坚持稳中求进工作总基调，对党和国家各方面工作提出一系列新理念新思想新战略，推动党和国家事业发生历史性变革、取得历史性成就，中国特色社会主义进入了新时代。我们以巨大的政治勇气和智慧，提出全面深化改革总目标是完善和发展中国特色社会主义制度、推进国家治理体系和治理能力现代化，着力增强改革系统性、整体性、协同性，着力抓好重大制度创新，着力提升人民群众获得感、幸福感、安全感，推出1600

多项改革方案，啃下了不少硬骨头，闯过了不少急流险滩，改革呈现全面发力、多点突破、蹄疾步稳、纵深推进的局面。

艰难困苦，玉汝于成。40 年来，我们解放思想、实事求是，大胆地试、勇敢地改，干出了一片新天地。从实行家庭联产承包、乡镇企业异军突起、取消农业税牧业税和特产税到农村承包地"三权"分置、打赢脱贫攻坚战、实施乡村振兴战略，从兴办深圳等经济特区、沿海沿边沿江沿线和内陆中心城市对外开放到加入世界贸易组织、共建"一带一路"、设立自由贸易试验区、谋划中国特色自由贸易港、成功举办首届中国国际进口博览会，从"引进来"到"走出去"，从搞好国营大中小企业、发展个体私营经济到深化国资国企改革、发展混合所有制经济，从单一公有制到公有制为主体、多种所有制经济共同发展和坚持"两个毫不动摇"，从传统的计划经济体制到前无古人的社会主义市场经济体制再到使市场在资源配置中起决定性作用和更好发挥政府作用，从以经济体制改革为主到全面深化经济、政治、文化、社会、生态文明体制和党的建设制度改革，党和国家机构改革、行政管理体制改革、依法治国体制改革、司法体制改革、外事体制改革、社会治理体制改革、生态环境督察体制改革、国家安全体制改革、国防和军队改革、党的领导和党的建设制度改革、纪检监察制度改革等一系列重大改革扎实推进，各项便民、惠民、利民举措持续实施，使改革开放成为当代中国最显著的特征、最壮丽的气象。

同志们、朋友们！

改革开放 40 年来，从开启新时期到跨入新世纪，从站上新起点到进入新时代，40 年风雨同舟，40 年披荆斩棘，40 年砥砺奋进，我们党引领人民绘就了一幅波澜壮阔、气势恢宏的历史画卷，谱写了一曲感天动地、气壮山河的奋斗赞歌。

——40 年来，我们始终坚持解放思想、实事求是、与时俱进、求真务实，坚持马克思主义指导地位不动摇，坚持科学社会主义基本原则不动摇，勇敢推进理论创新、实践创新、制度创新、文化创新以及各方面创新，不断赋予中国特色社会主义以鲜明的实践特色、理论特色、民族特色、时代特色，形成了中国特色社会主义道路、理论、制度、文化，以不可辩驳的事实彰显了科学社会主义的鲜活生命力，社会主义的伟大旗帜始终在中国大地上高高飘扬！

——40 年来，我们始终坚持以经济建设为中心，不断解放和发展社会生产力，我国国内生产总值由 3679 亿元增长到 2017 年的 82.7 万亿元，年均实际增长 9.5%，远高于同期世界经济 2.9% 左右的年均增速。我国国内生产总值占世界生产总值的比重由改革开放之初的 1.8% 上升到 15.2%，多年来对世界经济增长贡献率超过 30%。我国货物进出口总额从 206 亿美元增长到超过 4 万亿美元，累计使用外商直接投资超过 2 万亿美元，对外投资总额达到 1.9 万亿美元。我国主要农产品产量跃居世界前列，建立了全世界最完整的现代工业体系，科技创新和重大工程捷报频传。我国基础设施建设成就显著，信息畅通，公路成网，铁路密布，高坝矗立，西气东输，南水北调，高铁飞驰，巨轮远航，飞机翱翔，天堑变通途。现在，我国是世界第二大经济体、制造业第一大国、货物贸易第一大国、商品消费第二大国、外资流入第二大国，我国外汇储备连续多年位居世界第一，中国人民在富起来、强起来的征程上迈出了决定性的步伐！

——40 年来，我们始终坚持中国特色社会主义政治发展道路，不断深化政治体制改革，发展社会主义民主政治，党和国家领导体制日益完善，全面依法治国深入推进，中国特色社会主义法律体系日益健全，人民当家作主的制度保障和法治保障更加有力，人权事业全面发展，爱国统一战线更加巩固，人民依法享有和行使民主权利的内容更加丰富、渠道更加便捷、形式更加多样，掌握着自己命运的中国人民焕发出前所未有的积极性、主动性、创造性，在改革开放和社会主义现代化建设中展现出气吞山河的强大力量！

——40 年来，我们始终坚持发展社会主义先进文化，加强社会主义精神文明建设，培育和践行社会主义核心价值观，传承和弘扬中华优秀传统文化，坚持以科学理论引路指向，以正确舆论凝心聚力，以先进文化塑造灵魂，以优秀作品鼓舞斗志，爱国主义、集体主义、社会主义精神广为弘扬，时代楷模、英雄模范不断涌现，文化艺术日益繁荣，网信事业快速发展，全民族理想信念和文化自信不断增强，国家文化软实力和中华文化影响力大幅提升。改革开放铸就的伟大改革开放精神，极大丰富了民族精神内涵，成为当代中国人民最鲜明的精神标识！

——40 年来，我们始终坚持在发展中保障和改善民生，全面推进幼有所育、学有所教、劳有所得、病有所医、老有所养、住有所居、弱有所扶，不断改善人民生活、增进人民福祉。全国居民人均可支配收入由 171 元增加到 2. 6 万元，中等收入群体持续扩大。我国贫困人口累计减少 7. 4 亿人，贫困发生率下降 94. 4 个百分点，谱写了人类反贫困史上的辉煌篇章。教育事业全面发展，九年义务教育巩固率达 93. 8%。我国建成了包括养老、医疗、低保、住房在内的世界最大的社会保障体系，基本养老保险覆盖超过 9 亿人，医疗保险覆盖超过 13 亿人。常住人口城镇化率达到 58. 52%，上升 40. 6 个百分点。居民预期寿命由 1981 年的 67. 8 岁提高到 2017 年的 76. 7 岁。我国社会大局保持长期稳定，成为世界上最有安全感的国家之一。粮票、布票、肉票、鱼票、油票、豆腐票、副食本、工业券等百姓生活曾经离不开的票证已经进入了历史博物馆，忍饥挨饿、缺吃少穿、生活困顿这些几千年来困扰我国人民的问题总体上一去不复返了！

——40 年来，我们始终坚持保护环境和节约资源，坚持推进生态文明建设，生态文明制度体系加快形成，主体功能区制度逐步健全，节能减排取得重大进展，重大生态保护和修复工程进展顺利，生态环境治理明显加强，积极参与和引导应对气候变化国际合作，中国人民生于斯、长于斯的家园更加美丽宜人！

——40 年来，我们始终坚持党对军队的绝对领导，不断推进国防和军队现代化，推进人民军队实现革命性重塑，武器装备取得历史性突破，治军方式发生根本性转变，革命化现代化正规化水平显著提高，人民军队维护国家主权、安全、发展利益的能力显著增强，成为保卫人民幸福生活、保卫祖国和世界和平牢不可破的强大力量！

——40 年来，我们始终坚持推进祖国和平统一大业，实施“一国两制”基本方针，相继恢复对香港、澳门行使主权，洗雪了中华民族百年屈辱。我们坚持一个中国原则和“九二共识”，加强两岸经济文化交流合作，推动两岸关系和平发展，坚决反对和遏制“台独”分裂势力，牢牢掌握两岸关系发展主导权和主动权。海内外全体中华儿女的民族认同感、文化认同感大大增强，同心共筑中国梦的意志更加坚强！

——40 年来，我们始终坚持独立自主的和平外交政策，始终不渝走和平发展道路、奉行互利共赢的开放战略，坚定维护国际关系基本准则，维护国际公平正义。我们实现由封闭半封闭到全方位开放的历史转变，积极参与经济全球化进程，为推动人类共同发展作出了应有贡献。我们积极推动建设开放型世界经济、构建人类命运共同体，促进全球治理体系变革，旗帜鲜明反对霸权主义和强权政治，为世界和平与发展不断贡献中国智慧、中国方案、中国力量。我国日益走近世界舞台中央，成为国际社会公认的世界和平的建设者、全球发展的贡献者、国际秩序的维护者！

——40 年来，我们始终坚持加强和改善党的领导，积极应对在长期执政和改革开放条件下党面临的各种风险考验，持续推进党的建设新的伟大工程，保持党的先进性和纯洁性，保持党同人民群众的血肉联系。我们积极探索共产党执政规律、社会主义建设规律、人类社会发展规律，不断开辟马克思主义中国化新境界。我们坚持党要管党、从严治党，净化党内政治生态，持之以恒正风肃纪，大力整治形式主义、官僚主义、享乐主义和奢靡之风，以零容忍态度严厉惩治腐败，反腐败斗争取得压倒性胜利。我们党在革命性锻造中坚定走在时代前列，始终是中国人民和中华民族的主心骨！

40 年春风化雨、春华秋实，改革开放极大改变了中国的面貌、中华民族的面貌、中国人民的面貌、中国共产党的面貌。中华民族迎来了从站起来、富起来到强起来的伟大飞跃！中国特色社会主义迎来了从创立、发展到完善的伟大飞跃！中国人民迎来了从温饱不足到小康富裕的伟大飞跃！中华民族正以崭新姿态屹立于世界的东方！

40 年来取得的成就不是天上掉下来的，更不是别人恩赐施舍的，而是全党全国各族人民用勤劳、智慧、勇气干出来的！我们用几十年时间走完了发达国家几百年走过的工业化历程。在中国人民手中，不可能成为了可能。我们为创造了人间奇迹的中国人民感到无比自豪、无比骄傲！

在这里，我代表党中央，向各条战线为改革开放和社会主义现代化建设贡献了智慧和力量的广大工人、农民、知识分子、干部、解放军指战员、武警部队官兵、公安干警，向各民主党派和无党派人士、各人民团体和各界爱国人士，致以崇高的敬意！向为祖国改革开放和现代化建设作出积极努力的香港特别行政区同胞、澳门特别行政区同胞、台湾同胞和海外侨胞，致以诚挚的问候！向一切关心和支持中国改革开放和现代化建设的外国朋友和世界各国人民，表示衷心的感谢！

同志们、朋友们！

40 年的实践充分证明，党的十一届三中全会以来我们党团结带领全国各族人民开辟的中国特色社会主义道路、理论、制度、文化是完全正确的，形成的党的基本理论、基本路线、基本方略是完全正确的。

40 年的实践充分证明，中国发展为广大发展中国家走向现代化提供了成功经验、展现了光明前景，是促进世界和平与发展的强大力量，是中华民族对人类文明进步作出的重大贡献。

40 年的实践充分证明，改革开放是党和人民大踏步赶上时代的重要法宝，是坚持和发展中国特色社会主义的必由之路，是决定当代中国命运的关键一招，也是决定实现“两个一百年”奋斗目标、实现中华民族伟大复兴的关键一招。

只有顺应历史潮流，积极应变，主动求变，才能与时代同行。“行之力则知愈进，知之深则行愈达。”改革开放 40 年积累的宝贵经验是党和人民弥足珍贵的精神财富，对新时代坚持和发展中国特色社会主义有着极为重要的指导意义，必须倍加珍惜、长期坚持，在实践中不断丰富和发展。

第一，必须坚持党对一切工作的领导，不断加强和改善党的领导。改革开放 40 年的实践启示我们：中国共产党领导是中国特色社会主义最本质的特征，是中国特色社会主义制度的最大优势。党政军民学，东西南北中，党是领导一切的。正是因为始终坚持党的集中统一领导，我们才能实现伟大历史转折、开启改革开放新时期和中华民族伟大复兴新征程，才能成功应对一系列重大风险挑战、克服无数艰难险阻，才能有力应变局、平风波、战洪水、防非典、抗地震、化危机，才能既不走封闭僵化的老路也不走改旗易帜的邪路，而是坚定不移走中国特色社会主义道路。坚持党的领导，必须不断改善党的领导，让党的领导更加适应实践、时代、人民的要求。在坚持党的领导这个决定党和国家前途命运的重大原则问题上，全党全国必须保持高度的思想自觉、政治自觉、行动自觉，丝毫不能动摇。

前进道路上，我们必须增强“四个意识”、坚定“四个自信”，坚决维护党中央权威和集中统一领导，把党的领导贯彻和体现到改革发展稳定、内政外交国防、治党治国治军等各个领域。改革开放每一步都不是轻而易举的，未来必定会面临这样那样的风险挑战，甚至会遇到难以想象的惊涛骇浪。我们党要总揽全局、协调各方，坚持科学执政、民主执政、依法执政，完善党的领导方式和执政方式，提高党的执政能力和领导水平，不断提高党把方向、谋大局、定政策、促改革的能力和定力，确保改革开放这艘航船沿着正确航向破浪前行。

第二，必须坚持以人民为中心，不断实现人民对美好生活的向往。改革开放 40 年的实践启示我们：为中国人民谋幸福，为中华民族谋复兴，是中国共产党人的初心和使命，也是改革开放的初心和使命。我们党来自人民、扎根人民、造福人民，全心全意为人民服务是党的根本宗旨，必须以最广大人民根本利益为我们一切工作的根本出发点和落脚点，坚持把人民拥护不拥护、赞成不赞成、高兴不高兴作为制定政策的依据，顺应民心、尊重民意、关注民情、致力民生，既通过提出并贯彻正确的理论和路线方针政策带领人民前进，又从人民实践创造和发展要求中获得前进动力，让人民共享改革开放成果，激励人民更加自觉地投身改革开放和社会主义现代化建设事业。

前进道路上，我们必须始终把人民对美好生活的向往作为我们的奋斗目标，践行党的根本宗旨，贯彻党的群众路线，尊重人民主体地位，尊重人民群众在实践活动中所表达的意愿、所创造的经验、所拥有的权利、所发挥的作用，充分激发蕴藏在人民群众中的创造伟力。我们要健全民主制度、拓宽民主渠道、丰富民主形式、完善法治保障，确保人民依法享有广泛充分、真实具体、有效管用的民主权利。我们要着力解决人民群众所需所急所盼，让人民共享经济、政治、文化、社会、生态等各方面发展成果，有更多、更直接、更实在的获得感、幸福感、安全感，不断促进人的全面发展、全体人民共同富裕。

第三，必须坚持马克思主义指导地位，不断推进实践基础上的理论创新。改革开放 40 年的实践启示我们：创新是改革开放的生命。实践发展永无止境，解放思想永无止境。恩格斯说：“一切社会变迁和政治变革的终极原因，不应当到人们的头脑中，到人们对永恒的真理和正义的日益增进的认识中去寻找，而应当到生产方式和交换方式的变更中去寻找”。我们坚持理论联系实际，及时回答时代之问、人民之问，廓清困扰和束缚实践发展的思想迷雾，不断推进马克思主义中国化时代化大众化，不断开辟马克思主义发展新境界。

前进道路上，我们必须坚持以马克思列宁主义、毛泽东思想、邓小平理论、“三个代表”重要思想、科学发展观、新时代中国特色社会主义思想为指导，坚持解放思想和实事求是有机统一。发展21世纪马克思主义、当代中国马克思主义，是当代中国共产党人责无旁贷的历史责任。我们要强化问题意识、时代意识、战略意识，用深邃的历史眼光、宽广的国际视野把握事物发展的本质和内在联系，紧密跟踪亿万人民的创造性实践，借鉴吸收人类一切优秀文明成果，不断回答时代和实践给我们提出的新的重大课题，让当代中国马克思主义放射出更加灿烂的真理光芒。

第四，必须坚持走中国特色社会主义道路，不断坚持和发展中国特色社会主义。改革开放40年的实践启示我们：方向决定前途，道路决定命运。我们要把命运掌握在自己手中，就要有志不改、道不变的坚定。改革开放40年来，我们党全部理论和实践的主题是坚持和发展中国特色社会主义。在中国这样一个有着5000多年文明史、13亿多人口的大国推进改革发展，没有可以奉为金科玉律的教科书，也没有可以对中国人民颐指气使的教师爷。鲁迅先生说过："什么是路？就是从没路的地方践踏出来的，从只有荆棘的地方开辟出来的。"中国特色社会主义道路是当代中国大踏步赶上时代、引领时代发展的康庄大道，必须毫不动摇走下去。

前进道路上，我们必须坚持以新时代中国特色社会主义思想和党的十九大精神为指导，增强"四个自信"，牢牢把握改革开放的前进方向。改什么、怎么改必须以是否符合完善和发展中国特色社会主义制度、推进国家治理体系和治理能力现代化的总目标为根本尺度，该改的、能改的我们坚决改，不该改的、不能改的坚决不改。我们要坚持党的基本路线，把以经济建设为中心同坚持四项基本原则、坚持改革开放这两个基本点统一于新时代中国特色社会主义伟大实践，长期坚持，决不动摇。

第五，必须坚持完善和发展中国特色社会主义制度，不断发挥和增强我国制度优势。改革开放40年的实践启示我们：制度是关系党和国家事业发展的根本性、全局性、稳定性、长期性问题。我们扭住完善和发展中国特色社会主义制度这个关键，为解放和发展社会生产力、解放和增强社会活力、永葆党和国家生机活力提供了有力保证，为保持社会大局稳定、保证人民安居乐业、保障国家安全提供了有力保证，为放手让一切劳动、知识、技术、管理、资本等要素的活力竞相迸发，让一切创造社会财富的源泉充分涌流不断建立了充满活力的体制机制。

前进道路上，我们必须毫不动摇巩固和发展公有制经济，毫不动摇鼓励、支持、引导非公有制经济发展，充分发挥市场在资源配置中的决定性作用，更好发挥政府作用，激发各类市场主体活力。我们要坚持党的领导、人民当家作主、依法治国有机统一，坚持和完善人民代表大会制度、中国共产党领导的多党合作和政治协商制度、民族区域自治制度、基层群众自治制度，全面推进依法治国，巩固和发展最广泛的爱国统一战线，发展社会主义协商民主，用制度体系保证人民当家作主。我们要加强文化领域制度建设，举旗帜、聚民心、育新人、兴文化、展形象，积极培育和践行社会主义核心价值观，推动中华优秀传统文化创造性转化、创新性发展，传承革命文化、发展先进文化，努力创造光耀时代、光耀世界的中华文化。我们要加强社会治理制度建设，不断促进社会公平正义，保持社会安定有序。我们要加强生态文明制度建设，实行最严格的生态环境保护制度。我们要坚决破除一切妨碍发展的体制机制障碍和利益固化藩篱，加快形成系统完备、科学规范、运行有效的制度体系，推动中国特色社会主义制度更加成熟更加定型。

第六，必须坚持以发展为第一要务，不断增强我国综合国力。改革开放40年的实践启示我们：解放和发展社会生产力，增强社会主义国家的综合国力，是社会主义的本质要求和根本任务。只有牢牢扭住经济建设这个中心，毫不动摇坚持发展是硬道理、发展应该是科学发展和高质量发展的战略思想，推动经济社会持续健康发展，才能全面增强我国经济实力、科技实力、国防实力、综合国力，才能为坚持和发展中国特色社会主义、实现中华民族伟大复兴奠定雄厚物质基础。

前进道路上，我们必须围绕解决好人民日益增长的美好生活需要和不平衡不充分的发展之间的矛盾这个社会主要矛盾，坚决贯彻创新、协调、绿色、开放、共享的发展理念，统筹推进“五位一体”总体布局、协调推进“四个全面”战略布局，推动高质量发展，推动新型工业化、信息化、城镇化、农业现代化同步发展，加快建设现代化经济体系，努力实现更高质量、更有效率、更加公平、更可持续的发展。我们要坚持以供给侧结构性改革为主线，积极转变发展方式、优化经济结构、转换增长动力，积极扩大内需，实施区域协调发展战略，实施乡村振兴战略，坚决打好防范化解重大风险、精准脱贫、污染防治的攻坚战。我们要坚持创新是第一动力、人才是第一资源的理念，实施创新驱动发展战略，完善国家创新体系，加快关键核心技术自主创新，为经济社会发展打造新引擎。我们要加强生态文明建设，牢固树立绿水青山就是金山银山的理念，形成绿色发展方式和生活方式，把我们伟大祖国建设得更加美丽，让人民生活在天更蓝、山更绿、水更清的优美环境之中。

第七，必须坚持扩大开放，不断推动共建人类命运共同体。改革开放 40 年的实践启示我们：开放带来进步，封闭必然落后。中国的发展离不开世界，世界的繁荣也需要中国。我们统筹国内国际两个大局，坚持对外开放的基本国策，实行积极主动的开放政策，形成全方位、多层次、宽领域的全面开放新格局，为我国创造了良好国际环境、开拓了广阔发展空间。

前进道路上，我们必须高举和平、发展、合作、共赢的旗帜，恪守维护世界和平、促进共同发展的外交政策宗旨，推动建设相互尊重、公平正义、合作共赢的新型国际关系。我们要尊重各国人民自主选择发展道路的权利，维护国际公平正义，倡导国际关系民主化，反对把自己的意志强加于人，反对干涉别国内政，反对以强凌弱。我们要发挥负责任大国作用，支持广大发展中国家发展，积极参与全球治理体系改革和建设，共同为建设持久和平、普遍安全、共同繁荣、开放包容、清洁美丽的世界而奋斗。我们要支持开放、透明、包容、非歧视性的多边贸易体制，促进贸易投资自由化便利化，推动经济全球化朝着更加开放、包容、普惠、平衡、共赢的方向发展。我们要以共建“一带一路”为重点，同各方一道打造国际合作新平台，为世界共同发展增添新动力。中国决不会以牺牲别国利益为代价来发展自己，也决不放弃自己的正当权益。中国奉行防御性的国防政策，中国发展不对任何国家构成威胁。中国无论发展到什么程度都永远不称霸。

第八，必须坚持全面从严治党，不断提高党的创造力、凝聚力、战斗力。改革开放 40 年的实践启示我们：打铁必须自身硬。办好中国的事情，关键在党，关键在坚持党要管党、全面从严治党。我们党只有在领导改革开放和社会主义现代化建设伟大社会革命的同时，坚定不移推进党的伟大自我革命，敢于清除一切侵蚀党的健康肌体的病毒，使党不断自我净化、自我完善、自我革新、自我提高，不断增强党的政治领导力、思想引领力、群众组织力、社会号召力，才能确保党始终保持同人民群众的血肉联系。

前进道路上，我们必须按照新时代党的建设总要求，以政治建设为统领，不断推进党的建设新的伟大工程，不断增强全党团结统一和创造活力，不断增强全党执政本领，把党建设得更加坚强、更加有力。我们要坚持用时代发展要求审视自己，以强烈忧患意识警醒自己，以改革创新精神加强和完善自己，在应对风险挑战中锻炼提高，在解决党内存在的突出矛盾和问题中净化纯洁，不断提高管党治党水平。我们要坚持德才兼备、以德为先、任人唯贤，着力培养忠诚干净担当的高素质干部队伍和宏大的人才队伍。我们要以反腐败永远在路上的坚韧和执着，深化标本兼治，坚决清除一切腐败分子，保证干部清正、政府清廉、政治清明，为继续推进改革开放营造海晏河清的政治生态。

第九，必须坚持辩证唯物主义和历史唯物主义世界观和方法论，正确处理改革发展稳定关系。改革开放 40 年的实践启示我们：我国是一个大国，决不能在根本性问题上出现颠覆性错误。我们坚持加强党的领导和尊重人民首创精神相结合，坚持“摸着石头过河”和顶层设计相结合，坚持问题导向和目标导向相统一，坚持试点先行和全面推进相促进，既鼓励大胆试、大胆闯，又坚持实事求是、善作善成，确保了改革开放行稳致远。

前进道路上，我们要增强战略思维、辩证思维、创新思维、法治思维、底线思维，加强宏观思考和顶层设计，坚持问题导向，聚焦我国发展面临的突出矛盾和问题，深入调查研究，鼓励基层大胆探索，坚持改革决策和立法决策相衔接，不断提高改革决策的科学性。我们要拿出抓铁有痕、踏石留印的韧劲，以钉钉子精神抓好落实，确保各项重大改革举措落到实处。我们既要敢为天下先、敢闯敢试，又要积极稳妥、蹄疾步稳，把改革发展稳定统一起来，坚持方向不变、道路不偏、力度不减，推动新时代改革开放走得更稳、走得更远。

同志们、朋友们！

坚持富国和强军相统一，建设同我国国际地位相称、同国家安全和发展利益相适应的巩固国防和强大军队，是我国社会主义现代化建设的战略任务。我们要全面贯彻新时代党的强军思想，坚持党对军队的绝对领导，把握世界新军事革命发展大势，坚持走中国特色强军之路，全面深化国防和军队改革，推进政治建军、改革强军、科技兴军、依法治军，建设一支听党指挥、能打胜仗、作风优良的人民军队，努力建设世界一流军队，为维护国家主权、安全、发展利益，为维护世界和平稳定，为实现中华民族伟大复兴提供坚强后盾。

“一国两制”伟大构想具有强大生命力。我们要全面准确贯彻“一国两制”、“港人治港”、“澳人治澳”、高度自治的方针，严格按照宪法和基本法办事，完善与基本法实施相关的制度和机制，保持香港、澳门长期繁荣稳定，支持和推动香港、澳门更好融入国家发展大局，让香港、澳门同胞同祖国人民共担民族复兴的历史责任、共享祖国繁荣富强的伟大荣光。

实现祖国完全统一，是全体中华儿女共同心愿，是中华民族根本利益所在。我们要坚持一个中国原则和“九二共识”，巩固和发展两岸关系和平发展的基础，深化两岸经济文化交流合作，造福两岸同胞。我们有坚定的政治决心和强大能力维护国家主权和领土完整，祖国的神圣领土一寸都不能分裂出去！

同志们、朋友们！

中国人民具有伟大梦想精神，中华民族充满变革和开放精神。几千年前，中华民族的先民们就秉持“周虽旧邦，其命维新”的精神，开启了缔造中华文明的伟大实践。自古以来，中国大地上发生了无数变法变革图强运动，留下了“治世不一道，便国不法古”等豪迈宣言。自古以来，中华民族就以“天下大同”、“协和万邦”的宽广胸怀，自信而又大度地开展同域外民族交往和文化交流，曾经谱写了万里驼铃万里波的浩浩丝路长歌，也曾经创造了万国衣冠会长安的盛唐气象。正是这种“天行健，君子以自强不息”、“地势坤，君子以厚德载物”的变革和开放精神，使中华文明成为人类历史上唯一一个绵延5000多年至今未曾中断的灿烂文明。以数千年大历史观之，变革和开放总体上是中国的历史常态。中华民族以改革开放的姿态继续走向未来，有着深远的历史渊源、深厚的文化根基。

我们这么大一个国家，就应该有雄心壮志。毛泽东同志说：“夺取全国胜利，这只是万里长征走完了第一步。如果这一步也值得骄傲，那是比较渺小的，更值得骄傲的还在后头。在过了几十年之后来看中国人民民主革命的胜利，就会使人们感觉那好像只是一出长剧的一个短小的序幕。剧是必须从序幕开始的，但序幕还不是高潮。”“我们不但善于破坏一个旧世界，我们还将善于建设一个新世界。”

改革开放之初，虽然我们国家大、人口多、底子薄，面对着重重困难和挑战，但我们对未来充满信心，设计了用70多年、分三步走基本实现社会主义现代化的宏伟蓝图，没有非凡的胆略、坚定的自信是作不出这样宏远的构想和决策的。

40年来，我们咬定青山不放松，风雨无阻朝着这个伟大目标前进。党的十九大对我国发展提出了更高的奋斗目标，形成了从全面建成小康社会到基本实现现代化、再到全面建成社会主义现代化强国的战略安排，发出了实现中华民族伟大复兴中国梦的最强音。

古人说：“事者，生于虑，成于务，失于傲。”伟大梦想不是等得来、喊得来的，而是拼出来、干出来的。我们现在所处的，是一个船到中流浪更急、人到半山路更陡的时候，是一个愈进愈难、愈进愈险而又不进则退、非进不可的时候。改革开放已走过千山万水，但仍须跋山涉水，摆在全党全国各族人民面前的使命更光荣、任务更艰巨、挑战更严峻、工作更伟大。在这个千帆竞发、百舸争流的时代，我们绝不能有半点骄傲自满、故步自封，也绝不能有丝毫犹豫不决、徘徊彷徨，必须统揽伟大斗争、伟大工程、伟大事业、伟大梦想，勇立潮头、奋勇搏击。

信仰、信念、信心，任何时候都至关重要。小到一个人、一个集体，大到一个政党、一个民族、一个国家，只要有信仰、信念、信心，就会愈挫愈奋、愈战愈勇，否则就会不战自败、不打自垮。无论过去、现在还是将来，对马克思主义的信仰，对中国特色社会主义的信念，对实现中华民族伟大复兴中国梦的信心，都是指引和支撑中国人民站起来、富起来、强起来的强大精神力量。

同志们、朋友们！

四十载惊涛拍岸，九万里风鹏正举。江河之所以能冲开绝壁夺隘而出，是因其积聚了千里奔涌、万壑归流的洪荒伟力。在近代以来漫长的历史进程中，中国人民经历了太多太多的磨难，付出了太多太多的牺牲，进行了太多太多的拼搏。现在，中国人民和中华民族在历史进程中积累的强大能量已经充分爆发出来了，为实现中华民族伟大复兴提供了势不可挡的磅礴力量。

建成社会主义现代化强国，实现中华民族伟大复兴，是一场接力跑，我们要一棒接着一棒跑下去，每一代人都要为下一代人跑出一个好成绩。

全党全国各族人民要更加紧密地团结在党中央周围，高举中国特色社会主义伟大旗帜，不忘初心，牢记使命，将改革开放进行到底，不断实现人民对美好生活的向往，在新时代创造中华民族新的更大奇迹！创造让世界刮目相看的新的更大奇迹！

（原载《人民日报》2018 年 12 月 19 日）

展示新时代我国工人阶级团结奋斗新风采

——在中国工会第十七次全国代表大会上的致词

（2018 年 10 月 22 日）

王沪宁

各位代表，同志们：

中国工会第十七次全国代表大会今天隆重开幕了。我受党中央和习近平总书记委托，向大会的召开表示热烈的祝贺！向全国各族职工和工会干部致以诚挚的问候！

今年是改革开放 40 周年。40 年来，我国工人阶级坚定走在时代前列，充分发挥了先进阶级的重要作用，绽放出夺目的时代风采。特别是党的十八大以来，在以习近平同志为核心的党中央坚强领导下，我国工人阶级以高度的主人翁使命感和历史责任感，积极投身进行伟大斗争、建设伟大工程、推进伟大事业、实现伟大梦想的火热实践，推动党和国家事业取得全方位、开创性历史成就，发生深层次、根本性历史变革。实践充分证明，我国工人阶级不愧是中国共产党最坚实最可靠的阶级基础，不愧是我们社会主义国家的领导阶级，不愧是先进生产力和生产关系的代表，不愧是坚持和发展中国特色社会主义的主力军。

中国工会十六大以来，各级工会坚持以习近平新时代中国特色社会主义思想为指导，学习贯彻习近平总书记关于工人阶级和工会工作的重要论述，组织动员职工建功立业，加大维权服务力度，推动构建和谐劳动关系，推进产业工人队伍建设改革，深化工会改革创新，加强工会系统党的建设，拓展国际交流合作，各项工作取得了重要进展，工会组织和工会工作政治性、先进性、群众性显著增强。

习近平总书记始终高度重视工人阶级和工会工作，领导召开党的历史上第一次中央党的群团工作会议，指导制定加强和改进党的群团工作意见、全总改革试点方案和产业工人队伍建设改革方案，每到一地考察都深入基层看望劳动模范和一线职工，亲临全总机关与劳模代表座谈，给“郭明义爱心团队”、中国劳动关系学院劳模本科班学员回信，就工人阶级和工会工作作出重要指示，深刻阐明了工会工作地位作用、目标任务、实践要求，形成了习近平总书记关于工人阶级和工会工作的重要论述。这些重要论述，科学回答了工人阶级和工会工作的一系列方向性、根本性、战略性重大问题，贯穿了党的全心全意依靠工人阶级的方针，丰富了马克思主义工人阶级和工运学说，为新时代工运事业和工会工作创新发展指明了前进方向、提供了根本遵循。

党的十九大提出到 2020 年全面建成小康社会，到 2035 年基本实现社会主义现代化，到本世纪中叶把我国建成富强民主文明和谐美丽的社会主义现代化强国。这是全党全国各族人民的共同任务，更是我国工人阶级的历史使命。我国工人阶级要把思想和行动统一到党的十九大精神上来，把智慧和力量凝聚到落实党中央决策部署上来，唱响新时代奋斗者之歌。

坚守理想信念，彰显阶级本色。中国特色社会主义最本质的特征是中国共产党领导，中国特色社会主义制度的最大优势是中国共产党领导。作为我们党最坚实最可靠的阶级基础，我国工人阶级要发扬紧跟党的步伐、听从党的指挥的光荣传统，自觉用习近平新时代中国特色社会主义思想武装头脑，始终在思想上政治上行动上同以习近平同志为核心的党中央保持高度一致，坚定不移听党话，矢志不渝跟党走，成为党执政的坚实依靠力量、强大支持力量、深厚社会基础。要牢固树立共产主义远大理想和中国特色社会主义共同理想，自觉把个人理想、家庭幸福融入国家富强、民族复兴的伟业之中，让理想信念之光照亮奋斗之路。

弘扬民族精神，引领社会风尚。全国各族人民在长期奋斗中培育、继承、发展起来的伟大民族精神，为我国发展和人类文明进步提供了强大精神动力。我国工人阶级是物质财富的创造者，也是精神财富的创造者，是践行民族精神的重要力量。要自觉培育和践行社会主义核心价值观，踊跃参加群众性精神文明创建活动和以职业道德为重点的“四德”建设，勤于创造、勇于奋斗、善于团结、敢于梦想，当好伟大民族精神的传承者、弘扬者。要大力弘扬劳模精神、劳动精神、工匠精神，对标先进、见贤思齐，诚实劳动、勤勉工作，营造劳动光荣的社会风尚和精益求精的敬业风气，用工人阶级先进思想和模范行为影响和带动全社会。广大知识分子要踊跃参加“弘扬爱国奋斗精神、建功立业新时代”活动，形成不懈奋斗、团结奋斗的生动局面。

激发劳动热情，凝聚奋斗伟力。社会主义是干出来的，新时代也是干出来的。实现我们的奋斗目标，需要包括工人阶级在内的广大劳动群众继续在新时代的宽广舞台上建功立业。要以主人翁姿态积极投身经济建设主战场，干一行爱一行，钻一行精一行，以卓越的劳动创造争做新时代的见证者、开创者、建设者，以实干书写人生，用奋斗镌刻荣光。要围绕实施创新驱动发展战略，聚焦技术创新，拿出奋力拼搏的干劲、奋勇当先的闯劲、奋发有为的钻劲，攻坚克难、追求卓越，把关键核心技术牢牢掌握在自己手中。要自觉践行绿色发展方式和生活方式，保护生态环境，建设美丽中国，守护好蓝天碧水净土。

矢志改革创新，勇立时代潮头。人民是推动改革开放的真正英雄。新时代全面深化改革进入新阶段，改革开放天地宽，砥砺奋进正当时。我国工人阶级作为改革的参与者、推动者、受益者，要旗帜鲜明支持改革、全力以赴推动改革，以实际行动争做改革的促进派和排头兵，在全面深化改革新征程中再立新功。要识大体、顾大局，正确对待改革过程中利益关系和利益格局的调整，依法理性有序表达诉求，坚决维护职工队伍和谐稳定，更加紧密团结在党的周围。

勤于学习实践，练就过硬本领。劳动者素质对一个国家、一个民族发展至关重要。能力素质不是一劳永逸、一蹴而就的，必须持续升级、不断扩容。我国工人阶级要积极应对形势任务发展带来的新挑战，努力成为知识型劳动者，主动学习、善于学习，及时掌握新的科学文化知识和专业技术知识，在学习思考中开拓视野；努力成为技能型劳动者，勤学苦练、潜心钻研，掌握新技能、提升新本领，在生产实践中增长才干；努力成为创新型劳动者，增强创新意识、培养创新思维，激发创新才智、勇于创新实践，在千帆竞发、百舸争流的时代洪流中展现风采，在报效祖国、服务社会的精彩人生中有所作为。

工会是党领导的工人阶级群众组织，承担着组织动员广大职工为完成党的中心任务而共同奋斗的重大责任。立足新时代，各级工会要围绕统筹推进“五位一体”总体布局和协调推进“四个全面”战略布局，忠诚履职、奋力作为，不断开创新时代工会工作新局面。

始终坚定正确政治方向。要增强“四个意识”、坚定“四个自信”，坚决维护习近平总书记党中央的核心、全党的核心地位，坚决维护党中央权威和集中统一领导，在政治立场、政治方向、政治原则、政治道路上同以习近平同志为核心的党中央保持高度一致。要加强对职工的思想政治引领，引导广大职工增强对党的基本理论、基本路线、基本方略的政治认同、思想认同、情感认同，切实承担起团结引导职工群众听党话、跟党走的政治责任。

牢牢把握工运时代主题。把握为实现中华民族伟大复兴的中国梦而奋斗的时代主题，是我国工人阶级发挥主力军作用的重要体现，是工会组织体现价值、彰显作为的重要途径。各级工会要牢牢把握党的十九大提出的目标任务，把党和国家重大战略部署转化为工会工作的具体安排和实际行动，深化“中国梦·劳动美”主题教育，开展“当好主人翁、建功新时代”主题劳动和技能竞赛，组织动员广大职工为实现高质量发展贡献智慧和力量。要扎实推进产业工人队伍建设改革，造就一支有理想守信念、懂技术会创新、敢担当讲奉献的宏大的产业工人队伍。

切实做好维权服务工作。维护职工合法权益、竭诚服务职工群众是工会组织的基本职责，是发挥广大职工积极性、主动性、创造性最重要最基础的工作。各级工会要顺应职工群众对美好生活的向往，切实做好全面深化改革特别是供给侧结构性改革、去产能过程中职工权益维护工作，推动构建和谐劳动关系。要健全工会服务职工体系，做实服务职工工作，把党和政府的关怀与工会的温暖送到广大职工心坎上，成为职工信得过、靠得住、离不开的知心人、贴心人、“娘家人”。

不断深化工会改革创新。工会改革是全面深化改革的重要组成部分，也是工会组织的重要任务。要牢牢把握群团改革部署要求，聚焦增强政治性、先进性、群众性，构建联系广泛、服务职工的工会工作体系，切实增强团结教育、维护权益、服务职工功能，增强工会工作的动力活力。

深入落实全面从严治党要求。各级工会要认真贯彻新时代党的建设总要求，以党的政治建设为统领，以高度的政治自觉抓好工会系统党建工作，带动工会自身建设全面推进，把工会组织建设得更加充满活力、更加坚强有力。

各级党委要把工会工作摆上重要议程，加强和改进对工会工作的领导，关心工会干部学习和成长，为工会开展工作赋予更多资源，创造更好条件。

各位代表，同志们！新时代开辟工运事业新前景，新征程呼唤工人阶级新作为。让我们紧密团结在以习近平同志为核心的党中央周围，凝心聚力、锐意进取，为决胜全面建成小康社会、夺取新时代中国特色社会主义伟大胜利、实现中华民族伟大复兴的中国梦而不懈奋斗！

最后，预祝中国工会第十七次全国代表大会圆满成功！

（原载《人民日报》2018 年 10 月 23 日）

新时代中国共产党人的思想旗帜

——读《习近平谈治国理政》

黄坤明

在全党全社会学习宣传贯彻党的十九大精神和习近平新时代中国特色社会主义思想的热潮中，《习近平谈治国理政》第二卷和中外读者见面了。这本书连同2014年9月出版的《习近平谈治国理政》第一卷，生动记录了以习近平同志为核心的党中央团结带领全党全国各族人民在新时代坚持和发展中国特色社会主义的伟大实践，集中反映了习近平新时代中国特色社会主义思想的发展脉络和主要内容，为全党全社会深入学习领会习近平新时代中国特色社会主义思想和党的十九大精神提供了权威教材，为国际社会增进对当代中国和中国共产党的了解提供了一把钥匙。

毛泽东同志指出，主义譬如一面旗子，旗子立起了，大家才有所指望，才知所趋赴。党的十九大将习近平新时代中国特色社会主义思想确立为我们党必须长期坚持的指导思想，高高举起了新时代中国共产党人的思想旗帜。习近平总书记是这一思想的主要创立者，他以马克思主义政治家、理论家的深刻洞察力、敏锐判断力和战略定力，提出了一系列具有开创性意义的新理念新思想新战略，为新时代中国特色社会主义思想的创立发挥了决定性作用，作出了决定性贡献。研读《习近平谈治国理政》，我们能够深切感受到这一思想的强大真理力量和独特思想魅力。

这一思想是谱写马克思主义新篇章的科学理论。马克思主义是我们立党立国的根本指导思想。习近平总书记强调，马克思主义是我们党和人民事业不断发展的参天大树之根本，是我们党和人民不断奋进的万里长河之泉源。长期以来，马克思主义在中国之所以显示出强大生命力，最根本的就是我们党把坚持马克思主义和发展马克思主义统一起来，做到既不忘老祖宗、又讲出新话。习近平新时代中国特色社会主义思想，坚持辩证唯物主义和历史唯物主义，紧密结合新的时代条件和实践要求，系统回答了新时代坚持和发展什么样的中国特色社会主义、怎样坚持和发展中国特色社会主义这个重大时代课题，提出了以“8个明确”“14个坚持”为主要内容的一系列具有原创性的新思想新观点新论断，形成了系统完备、逻辑严密、内在统一的科学体系。这一思想与马克思列宁主义、毛泽东思想、邓小平理论、“三个代表”重要思想、科学发展观既一脉相承又与时俱进，以全新视野深化了对共产党执政规律、社会主义建设规律、人类社会发展规律的认识，取得具有划时代意义的突破性理论成果，开辟了马克思主义新境界，实现了马克思主义中国化的新飞跃。这一思想，坚持理论和实践相结合、认识论和方法论相统一、战略和战术相一致，以巨大的理论勇气对马克思主义哲学、马克思主义政治经济学、科学社会主义理论的发展作出了原创性贡献，是21世纪的马克思主义、新时代中国的马克思主义，充分彰显了马克思主义的强大生命力和中国共产党人的理论创造力。

这一思想是立足时代引领时代的科学理论。时代是思想之母，实践是理论之源。经过长期不懈努力，中国特色社会主义进入了新时代，这是习近平新时代中国特色社会主义思想产生发展的时代背景、展现力量的时代舞台。研读《习近平谈治国理政》，我们能够深刻认识到新时代催生新思想、新思想引领新时代这一认识与实践相互作用的内在逻辑和历史进程。党的十八大以来，以习近平同志为核心的党中央带领全党全国人民坚定推进具有许多新的历史特点的伟大斗争，当代中国进入了一个新的发展阶段，新的伟大斗争呼唤着新的理论指引，新的伟大实践推动着理论创新步伐，习近平新时代中国特色社会主义思想正是在这样的伟大时代中应运而生、在独特的中国实践中顺势而成的。中国特色社会主义进入新时代，是以习近平同志为核心的党中央带领全党全国人民统筹推进“五位一体”总体布局、协调推进“四个全面”战略布局的历史进程中开创的，最重要的标识就是创立和形成了习近平新时代中国特色社会主义思想。这一思想以其深刻的理论性实践性和鲜明的战略性前瞻性，从根本上引领党和国家事业取得历史性成就、发生历史性变革，也必将有力指引决胜全面建成小康社会、全面建设社会主义现代化国家的新征程。归结起来，新思想与新时代相生相成、共进同行，习近平新时代中国特色社会主义思想是在新的实践条件和时代背景下孕育并走向成熟的，同时也正是由于这一思想的真理力量和实践伟力，开启和引领了中国特色社会主义的新时代、新发展。

这一思想是扎根广袤中国大地上的科学理论。习近平总书记指出，新中国成立以来特别是改革开放以来，中国发生了深刻变革，置身这一历史巨变之中的中国人更有资格、更有能力揭示这其中所蕴含的历史经验和发展规律，为发展马克思主义作出中国的原创性贡献。研读《习近平谈治国理政》，我们能够深刻感受到这种高度的理论自觉和理论自信。习近平新时代中国特色社会主义思想扎根于960多万平方公里的广袤土地，立足于新中国成立以来特别是改革开放近40年的伟大实践，聚合了13亿多中国人民的智慧和创造，具有无比深厚的现实基础、十分鲜明的实践特色。这一思想坚持以社会主义现代化建设进程中的实际问题、以我们正在做的事情为中心，着眼统揽伟大斗争、伟大工程、伟大事业、伟大梦想，大智慧谋划大格局，大手笔续写大文章，是实践探索、经验总结、理论升华凝结而成的思想结晶。习近平新时代中国特色社会主义思想既立足于现实的中国，又植根于历史的中国，以中华文明为源头活水，从5000年文明中承继人文精神、道德价值的精华养分，从历朝历代的治乱兴衰中总结安邦治国、经世济民的历史智慧，从我们党革命建设改革的奋斗历程中探寻民族复兴、民富国强的客观规律，是中华文化创造性转化和创新性发展的思想成果，具有无比深厚的历史底蕴。这一思想紧紧围绕实现中华民族伟大复兴的中国梦这个宏伟目标，贯通党的使命、国家的前途、人民的福祉、民族的命运，贯通中国的过去、现在和未来，体现了科学社会主义理论逻辑与中国社会发展历史逻辑的辩证统一，成为当今时代最富中国味、最具中国魂的科学理论。

这一思想是写在亿万中国人民心中的科学理论。我们党的根基在人民、力量在人民，党的一切理论和奋斗都是为了人民。研读《习近平谈治国理政》，能够深切感受到，“人民”二字强调得最多、分量最重。习近平新时代中国特色社会主义思想坚持以人民为中心，一切为了人民、一切依靠人民，是当代中国共产党人为人民谋幸福、为民族谋复兴的“人民至上论”，是引领亿万人民实现美好生活向往的“人民幸福论”。这一思想最鲜明的政治立场就是人民立场，初心是人民、使命是人民，把人民作为决定党和国家前途命运的根本力量，把民心作为最大的政治；最根本的指向依归就是实现人民对美好生活的向往，明确我国社会主要矛盾已经转化为人民日益增长的美好生活需要和不平衡不充分的发展之间的矛盾，把全面建成小康社会作为“四个全面”居于引领地位的战略目标，提出不断促进人的全面发展、全体人民共同富裕；最质朴的情感底色就是人民情怀，坚持把人民放在心中最高位置，始终着眼维护好最广大人民的根本利益，始终聚焦解决好人民最关心最直接最现实的利益问题，提出“小康路上一个也不能少”，坚决打赢脱贫攻坚战，使人民获得感、幸福感、安全感更加充实、更有保障、更可持续。习近平新时代中国特色社会主义思想，彰显了人民创造历史、人民是真正英雄的唯物史观，以人为本、人民至上的价值取向，立党为公、执政为民的执政理念，是为人民代言、为人民立言的科学理论，是人民利益、人民心声的集中表达，得到亿万人民发自内心的拥护，凝聚和激发了全体人民跟党走中国特色社会主义道路、实现中华民族伟大复兴的磅礴力量。

这一思想是观照人类共同命运的科学理论。中国共产党是为中国人民谋幸福的党，也是为人类进步事业而奋斗的党，始终把为人类作出新的更大贡献作为自己的使命。研读《习近平谈治国理政》，从中可以感受到习近平总书记作为国际舞台上的大国领袖对国际形势的深刻洞察，对人类发展重大问题的睿智思考和独特创见。当前，世界正处于大发展大变革大调整时期，面临的不稳定性不确定性日益突出。在这样一个世界发展何去何从的十字路口，习近平总书记以卓越政治家和战略家的恢宏视野、战略思维，鲜明提出一系列关乎人类前途命运的新理念新思想新主张，构成了习近平新时代中国特色社会主义思想的重要组成部分。这一思想提出并深刻阐述了构建人类命运共同体，阐明了中国的安全观、发展观、义利观、全球化观、全球治理观，提出建设持久和平、普遍安全、共同繁荣、开放包容、清洁美丽的世界，推动建设相互尊重、公平正义、合作共赢的新型国际关系，为维护世界和平与促进共同发展提供了中国智慧、中国方案。这一思想基于中国实践和中华文化，提出了解决人类问题、建设美好世界的独特创见，占据了人类道义制高点，凸显了中国特有的大国风范、大国担当，体现着世界各国的整体利益和长远利益，汇聚着各国人民对和平、发展、繁荣向往的最大公约数。国际上关注中国的各界人士通过《习近平谈治国理政》，循着习近平新时代中国特色社会主义思想，就可以找到破解中国共产党为什么能、中国为什么能、中国特色社会主义为什么管用的密码密钥，就可以发现既能够加快发展又能够保持自身独立性的现代化新途径。

这一思想是揭示共产党执政规律的科学理论。中国共产党领导是中国特色社会主义最本质的特征，是中国特色社会主义制度的最大优势。研读《习近平谈治国理政》，深切感受到，全面加强党的领导、全面从严治党，既是十八大以来以习近平同志为核心的党中央治国理政最突出的特征，也是习近平新时代中国特色社会主义思想最鲜明的特色。这一思想着眼确保党始终成为中国特色社会主义坚强领导核心，提出全面加强党的领导，强调党是最高政治领导力量，党政军民学，东西南北中，党是领导一切的，坚持党中央权威和集中统一领导，增强政治意识、大局意识、核心意识、看齐意识，确保党始终总揽全局、协调各方，深刻揭示了党和国家的根本所在、命脉所在，揭示了全国各族人民的幸福所系、利益所系。这一思想着眼保持党的先进性和纯洁性、克服“四大考验”“四种危险”，提出全面从严治党，明确新时代党的建设总要求，强调以政治建设为统领，坚持思想建党和制度治党同向发力，全面推进党的政治建设、思想建设、组织建设、作风建设、纪律建设，以零容忍态度惩治腐败，构建起体现马克思主义政党本质、符合时代发展和长期执政要求系统完备的党建理论体系，大大丰富和发展了马克思主义建党学说。这一思想紧紧围绕完成好新时代党的历史使命，深刻把握伟大工程在“四个伟大”中的决定性作用，充分体现了“打铁必须自身硬”的坚强意志，体现了推进社会革命和自我革命相统一的高度自觉，在管党治党实践中引领了党的革命性锻造，实现了全党思想上统一、政治上团结、行动上一致，极大增强了党的凝聚力、战斗力和领导力、号召力。

深入学习贯彻习近平新时代中国特色社会主义思想，是加强思想理论武装的首要政治任务。必须坚持学懂、弄通、做实，读原著、学原文、悟原理，切实用好《习近平谈治国理政》这一重要著作，准确把握精神实质、领会核心要义，做到真学真懂、真信真用。要通过学习，深入领会习近平新时代中国特色社会主义思想的历史地位和重大意义，增进高度的政治认同、思想认同、理论认同、情感认同，忠诚维护核心、坚定看齐核心，始终在思想上政治上行动上同以习近平同志为核心的党中央保持高度一致。要把学习这一思想同学习马克思主义基本理论贯通起来，同把握党的十八大以来的伟大实践贯通起来，同掌握党的十九大作出的各项战略部署贯通起来，在学深悟透、融会贯通上下真功夫苦功夫。要坚持以习近平新时代中国特色社会主义思想为指导，研究新问题、迎接新挑战，更好统筹推进“五位一体”总体布局和协调推进“四个全面”战略布局，以永不懈怠的精神状态和一往无前的奋斗姿态，创造新作为、建功新时代。

（原载《思想政治工作研究》2018 年第 1 期）

第二篇

重点文章

马克思主义是不断发展的理论

——纪念马克思诞辰 200 周年

谢伏瞻*

2018 年，是全世界无产阶级和劳动人民的革命导师、近代以来最伟大的思想家卡尔·马克思诞辰 200 周年。5 月 4 日，党中央隆重举行纪念大会，习近平总书记发表重要讲话，深切缅怀了马克思的伟大人格和历史功绩，高度评价了马克思的崇高精神和光辉思想，精辟地分析了马克思主义的鲜明品格，特别是结合新时代中国特色社会主义的伟大实践，深刻地阐述了学习和实践马克思主义的一系列重大理论观点和实践要求。讲话高屋建瓴、视野宏大、内容丰富、思想深刻，是马克思主义的纲领性文献。

习近平总书记指出："理论的生命力在于不断创新，推动马克思主义不断发展是中国共产党人的神圣职责。我们要坚持用马克思主义观察时代、解读时代、引领时代，用鲜活丰富的当代中国实践来推动马克思主义发展，用宽广视野吸收人类创造的一切优秀文明成果，坚持在改革中守正出新、不断超越自己，在开放中博采众长、不断完善自己，不断深化对共产党执政规律、社会主义建设规律、人类社会发展规律的认识，不断开辟当代中国马克思主义、21 世纪马克思主义新境界！"这是我们今天对马克思的最好纪念。

一　马克思主义的理论贡献和世界意义

170 年前，马克思主义宣告诞生。由此，人类思想的发展、人类社会的发展、世界社会主义的发展，发生了革命性的变革。

马克思主义是人类思想史上的伟大变革，深刻地改变了人类文明发展进程。其创立了唯物史观，破天荒第一次发现了人类社会的发展规律。在马克思主义诞生以前，思想家们无一例外地用观念的因素、精神的力量来解释人类社会发展的动因，从而也就不能正确地找到社会变革发展的真正力量。而马克思主义的唯物史观揭示了人类社会的"奥秘"——人们的劳动，人类物质资料的生产，才是社会变革的物质力量——进而揭示了人类历史的发展规律，即历来为繁芜丛杂的意识形态所掩盖着的一个简单事实：人们首先必须吃、喝、住、穿，然后才能从事政治、科学、艺术、宗教等；所以，直接的物质的生活资料的生产，从而一个民族或一个时代的一定的经济发展阶段，便构成基

---

* 谢伏瞻：中国社会科学院院长、党组书记。

础，一切国家设施、法律、艺术、宗教等，就是从这个基础上发展起来的，因而也必须由这个基础来解释，而不是像过去那样做得相反。因此，“一切社会变迁和政治变革的终极原因，不应当到人们的头脑中，到人们对永恒的真理和正义的日益增进的认识中去寻找，而应当到生产方式和交换方式的变更中去寻找；不应当到有关时代的哲学中去寻找，而应当到有关时代的经济中去寻找。”① 唯物史观的创立，打破了历史观领域长时期受唯心主义统治的局面，唯心主义从其“最后一个避难所”中被彻底清除出去，人类对自身历史发展的认识，由此踏上了科学的大道。其创立了剩余价值理论，破天荒第一次揭示了资本的“秘密”，资本家剥削工人的“秘密”——剩余价值。在马克思主义诞生以前，思想家们要么充当资本主义、资本家的辩护士，将资本、财富的积累看作是资本家节俭的美德所致或管理有方、技术进步所致，而工人阶级反倒是受资本家施舍才有了工作和工资；要么只是道义上谴责资本“血淋淋的罪恶”，将工人阶级的贫困看作是资产阶级的“为富不仁”。而马克思的剩余价值理论科学地揭示了资本家雇佣工人，强使工人创造剩余价值，不可遏制地追逐并剥夺工人创造的剩余价值——这是资本家剥削工人的“秘密”，也是资本主义一切财富的“终极秘密”。这就彻底打破了资本家靠节俭积累财富、用工资养活工人的“神话”，彻底打破了资本主义“自由、平等、博爱”的“神话”。正如恩格斯所说：“由于剩余价值的发现，这里就豁然开朗了，而先前无论资产阶级经济学家或者社会主义批评家所做的一切研究都只是在黑暗中摸索。”② 其创立了科学社会主义，破天荒第一次使社会主义由空想变成了科学。社会主义的理想——建立一个人人平等，没有剥削、没有压迫的社会——由来已久，但在马克思主义诞生以前，这种理想只是空想，即使是最成熟、影响最大的法国空想社会主义，由于找不到实现这种理想的物质力量和现实途径，只是寄希望于正义、平等的观念和个别资本家的良心发现，因而也只能是空想。而正是由于唯物史观和剩余价值理论这“两大发现”，马克思主义科学地揭示了资本主义社会的特殊规律，揭示了资本主义固有的不可克服的内在矛盾——这种矛盾不仅表明资本主义社会必然灭亡，而且还表明资本主义同时为其灭亡培养了“掘墓人”，这就是觉悟了的团结起来的无产阶级——从而科学揭示了资产阶级必然灭亡无产阶级必然胜利、社会主义共产主义必然代替资本主义的客观规律和社会发展总趋势。由此，社会主义真正奠立在科学的基础上，告别了狭小的相对封闭的小团体圈子，成为一种世界性的思潮，成为世界无产阶级和劳动人民争取自身解放的现实的运动和实践。

人的一生中能有这样两三个发现，就很了不起了；即使只是作出一个这样的发现，也已经是很幸福的了。但是，马克思在他所研究的每一个领域都有独到而伟大的贡献。列宁指出：“马克思学说具有无限力量，就是因为它正确。它完备而严密，它给人们提供了决不同任何迷信、任何反动势力、任何为资产阶级压迫所作的辩护相妥协的完整的世界观。”③ 马克思主义科学地揭示了自然界、人类社会、思维发展的普遍规律，为人类社会发展指明了前进方向。马克思主义深刻地揭示了客观事物的本质、内在联系和运动规律，为人们观察世界、分析问题提供了“伟大的认识工具”，提供了科学的世界观

① 《马克思恩格斯选集》第3卷，人民出版社2012年版，第654—655页。

② 同上书，第1002—1003页。

③ 《列宁选集》第2卷，人民出版社2012年版，第309页。

和方法论。马克思主义不是游离于人类文明大道之外的孤立封闭的宗派主义学说，恰恰相反，其批判地吸收了19世纪人类三个最先进国家的三种主要思潮——德国古典哲学、英国古典政治经济学和法国空想社会主义——的合理养分和积极成果，并基于对当时时代和世界的深入考察，对人类社会发展规律的深刻把握，升华为近代以来最具创造性和影响力的思想。马克思主义是近代以来哲学社会科学的最高成就，既来源于当时的时代又超越了那个时代，既是那个时代精神的精华又是整个人类精神的精华。马克思主义是人类文明史上空前的思想大解放。从诞生之日起，马克思主义就是一个开放的体系。它不是教义，而是方法；不是教条，而是行动指南，它没有结束真理，而是为后人不断地探索未知发现真理、不断地丰富发展它留下了无比广阔的空间。马克思主义诞生后170年的发展历程表明，它是极为彻底而严整的科学体系，具有强大生命力，具有无与伦比的真理力量。这一点，无论是马克思主义的学生和朋友，还是马克思主义的对手和敌人，都不得不承认。当代法国著名思想家德里达说："不能没有马克思，没有马克思，没有对马克思的记忆，没有马克思的遗产，也就没有将来"。[①] 当代英国著名学者特里·伊格尔顿说："很少有思想家能真正改变历史的进程，而《共产党宣言》的作者恰恰在人类历史的发展进程中发挥了决定性的作用。历史上从未出现过建立在笛卡尔思想之上的政府，用柏拉图思想武装起来的游击队，或者以黑格尔的理论为指导的工会组织。马克思彻底改变了我们对人类历史的理解，这是连马克思主义最激烈的批评者也无法否认的事实。"[②] 在21世纪来临前夕，1999年，马克思被英国广播公司等评为"千年最伟大的思想家"之首。他是当之无愧的。

马克思主义是最具实践性、人民性和革命性的科学，深刻地改变了人类历史进程。马克思主义不是停留于书斋里的学问，而是实践的科学，是在实践中不断发展的科学。镌刻在马克思墓碑上的名言"哲学家们只是用不同的方式解释世界，问题在于改变世界"，[③] 道出了马克思主义的真谛。马克思主义不是为少数剥削阶级服务的理论，而是人民的科学，是以人民为主体、维护人民利益、实现人的自由而全面的发展和全人类解放为己任的科学。其深刻地揭示了人民群众在历史活动中的主体地位、作用和解放条件，使无产阶级和劳动人民的精神状态实现了由被动走向主动、由自在走向自为的伟大转变。列宁曾形象地将《资本论》称为"工人阶级的圣经"。马克思主义不是墨守成规的理论，而是充满革命精神的科学。马克思首先是一个革命家，他毕生献身于无产阶级的革命事业，献身于为全人类解放而奋斗的崇高事业，"斗争是他的生命要素"。[④] 他多次强调，辩证法"按其本质来说，它是批判的和革命的"。[⑤] 在马克思主义指导下，从19世纪中叶开始，世界工人阶级和被压迫民族被压迫人民的革命斗争风起云涌，深刻地改变了世界历史。

马克思主义是共产党人的伟大旗帜，深刻地改变了世界社会主义发展进程。马克思

---

① ［法］雅克·德里达：《马克思的幽灵——债务国家、哀悼活动和新国际》，何一译，中国人民大学出版社1999年版，第21页。

② ［英］特里·伊格尔顿：《马克思为什么是对的》，李杨等译，新星出版社2011年版，第2页。

③ 《马克思恩格斯选集》第1卷，人民出版社2012年版，第136页。

④ 《马克思恩格斯选集》第3卷，人民出版社2012年版，第1003页。

⑤ 《马克思恩格斯选集》第2卷，人民出版社2012年版，第94页。

主义诞生后的170年间，一代又一代马克思主义者前赴后继，不懈探索，为坚持和发展马克思主义作出了重大贡献。1917年，列宁领导俄国布尔什维克党成功地进行了十月革命，建立了世界上第一个社会主义国家，创立了列宁主义，将马克思主义发展到新的阶段。在中国革命和建设时期，毛泽东同志领导中国共产党人把马克思主义基本原理同中国革命和建设的具体实际结合起来，团结带领人民成功地进行了新民主主义革命和社会主义革命，建立了社会主义制度，实现了中华民族从东亚病夫到站起来的伟大飞跃，创立了毛泽东思想。在改革开放时期，邓小平同志领导中国共产党人把马克思主义基本原理同中国改革开放的具体实际结合起来，团结带领人民成功地开辟了中国特色社会主义道路，实现了中华民族从站起来到富起来的伟大飞跃，创立了邓小平理论。在新时代，习近平同志领导中国共产党人把马克思主义基本原理同新时代中国具体实际结合起来，团结带领人民进行伟大斗争、建设伟大工程、推进伟大事业、实现伟大梦想，推动党和国家事业取得全方位、开创性历史成就，发生深层次、根本性历史变革，中华民族迎来了从富起来到强起来的伟大飞跃，创立了习近平新时代中国特色社会主义思想。170年来的历史证明，正是由于马克思主义的传播、运用和不断发展，共产主义从一个游荡在欧洲上空的“幽灵”，成为一种世界性的思潮，社会主义理想、科学社会主义理论在世界上广大的地域内成为现实；特别是中国这样原来落后的东方大国，不仅成功地建立了社会主义制度，而且成功地走上了中国特色社会主义光明大道，社会主义在当代中国展现出强大生命力和广阔发展前景，极大地壮大了世界社会主义力量，深刻地改变了世界社会主义的发展进程。

二　习近平新时代中国特色社会主义思想是当代中国马克思主义、21世纪马克思主义

马克思主义是不断发展的理论，而不是封闭僵化的教条，这是马克思主义创始人反复申明的真理。2018年是马克思诞辰200周年，是《共产党宣言》发表170周年，是改革开放40周年，也是真理标准大讨论40周年。回顾这些重大历史事件，学习领悟习近平新时代中国特色社会主义思想，我们更加清晰深刻地感受到这一点。

恩格斯说，我们的理论“是一种历史的产物，它在不同的时代具有完全不同的形式，同时具有完全不同的内容”。① 习近平新时代中国特色社会主义思想是马克思主义中国化最新成果，是当代中国马克思主义、21世纪马克思主义，是新时代最鲜活生动的马克思主义，是视野宏阔、思想深邃、理论完备、内容丰富、逻辑严密的科学体系。这一重要思想创造性地坚持和发展马克思主义，创造性地坚持和发展中国特色社会主义，对丰富发展马克思主义理论宝库作出了许多具有原创性的重要贡献，在马克思主义发展史上、世界社会主义发展史上具有划时代的意义。

（一）创造性地提出中国特色社会主义进入新时代的思想，丰富发展了科学社会主义

马克思主义创始人科学地揭示了社会主义、共产主义代替资本主义的历史必然性，

① 《马克思恩格斯选集》第3卷，人民出版社2012年版，第873页。

从而使社会主义由空想变成了科学。但囿于时代条件的限制，社会主义社会究竟是什么样子，如何建设，他们只是提出了一般性的设想和原则，至于在社会主义制度框架下是否以及如何实现现代化，则基本上没有涉及。恩格斯在1890年8月写给奥托·伯尼克的信中说："所谓'社会主义社会'不是一种一成不变的东西，而应当和任何其他社会制度一样，把它看成是经常变化和改革的社会"。[①] 话虽如此，但要在实践中建设和发展社会主义，却是极不容易的。1917年，列宁领导俄国十月革命，建立了世界上第一个社会主义国家，社会主义从理论变成了实践，成为 ·种现实的社会制度。由于十月革命胜利的巨大影响、苏联社会主义建设一段时期内的巨大成就，使得人们在很长一段时间里，将社会主义看成一种模式，即苏联式社会主义。这种状况在20世纪下半叶由于中国的改革开放，才逐步改变。

20世纪50年代，毛泽东同志领导中国共产党和中国人民成功地完成了新民主主义革命和社会主义革命，在一个半殖民地半封建的东方大国，建立了社会主义制度，实现了中华民族从东亚病夫到站起来的伟大飞跃。80年代，邓小平同志领导中国共产党和中国人民进行改革开放新的伟大革命，成功地开辟了中国特色社会主义道路，使中国大踏步地赶上时代，实现了中华民族从站起来到富起来的伟大飞跃。党的十八大以来，习近平同志领导我们党和全国各族人民，统筹推进"五位一体"总体布局、协调推进"四个全面"战略布局，中国特色社会主义进入新时代，社会主义在中国呈现出勃勃生机和活力，中华民族迎来了从富起来到强起来的伟大飞跃。当代中国的一切进步都归功于这三座里程碑。

中国特色社会主义进入新时代，这是我国发展新的历史方位，是党领导人民不懈奋斗的结果。我国经济实力、科技实力、国防实力、综合国力进入并稳居世界前列，国际地位实现前所未有的提升，党的面貌、国家的面貌、人民的面貌、军队的面貌、中华民族的面貌发生了前所未有的变化，中华民族正以崭新姿态屹立于世界的东方。

中国特色社会主义进入新时代，开启了建设社会主义现代化强国、实现中华民族伟大复兴的新征程。习近平新时代中国特色社会主义思想，明确了坚持和发展中国特色社会主义，总任务是实现社会主义现代化和中华民族伟大复兴，战略目标和战略步骤是"两个一百年"奋斗目标，分"两步走"在本世纪中叶建成富强民主文明和谐美丽的社会主义现代化强国；明确了中国特色社会主义事业总体布局是"五位一体"、战略布局是"四个全面"。

毛泽东同志当年曾经豪迈地说："我们中华民族有同自己的敌人血战到底的气概，有在自力更生的基础上光复旧物的决心，有自立于世界民族之林的能力。"[②] 邓小平同志创造性地提出了"小康社会"的战略构想，领导我们党制定了"三步走"发展战略。习近平总书记将科学社会主义基本原则运用于解决当代中国实践问题，在总结历史经验、继承前贤的基础上，创造性地提出中国特色社会主义进入新时代的思想，极大地丰富发展了马克思主义关于社会主义建设尤其是社会主义现代化建设的理论宝库。这是习近平新时代中国特色社会主义思想对马克思主义的一个极其重要的贡献。

---

① 《马克思恩格斯选集》第4卷，人民出版社2012年版，第601页。

② 《毛泽东选集》第1卷，人民出版社1991年版，第161页。

（二）创造性地提出新时代中国经济发展的思想，丰富发展了马克思主义政治经济学

马克思主义创始人批判地吸收近代英国古典政治经济学的合理成分，通过对资本主义社会中经济关系的深刻剖析，科学地揭示了商品、货币、资本等物的关系对人的关系的奴役性质、虚幻性质，破天荒第一次揭示了资本的“秘密”，资本家剥削工人的“秘密”——剩余价值，创立了马克思主义政治经济学。这是人类思想史上的伟大革命。当然，社会主义社会中的经济关系怎样？他们只是提出了一般的设想和原则。列宁由于领导社会主义的时间短暂，关于这方面也没有系统的思想。这就造成了马克思主义阵营长时间里一种根深蒂固的观念，即在市场经济和资本主义经济之间画全等号，以为只有在资本主义社会中，才能实行市场经济；实行市场经济就是私有制，就是资本主义。这种观念为几代马克思主义者所坚持，而且西方资产阶级理论界、舆论界也这样认为。在社会主义社会中排斥商品、排斥市场经济，实行在国家计划支配下的产品经济，被认为是抵制资本主义影响必须采取的方法。

打破对计划经济的迷信，打破对市场经济的禁忌，认为市场和计划都只是手段，资本主义可以用，社会主义也可以用，这是邓小平同志的历史性贡献。从党的十四大确立社会主义市场经济的改革目标以来，社会主义与市场经济在我国已经深度融合并逐步发展壮大起来。改革极大地解放和发展了我国的社会生产力，改善了人民生活，使中国特色社会主义焕发出勃勃生机。

在继承邓小平同志改革思想的基础上，习近平总书记带领我们党和人民继续坚定不移地全面深化改革，并根据新的时代条件和国情实际，创造性地提出：使市场在资源配置中起决定性作用，更好发挥政府作用，坚持和完善我国社会主义基本经济制度和分配制度，毫不动摇巩固和发展公有制经济，毫不动摇鼓励、支持、引导非公有制经济的发展。这是新时代改革理论和实践的重大发展。

不仅如此，着眼于我国经济由高速增长阶段转向高质量发展阶段的深刻变化，提出积极适应引领经济发展新常态，提出并实施创新、协调、绿色、开放、共享的新发展理念，坚持质量第一、效益优先，以供给侧结构性改革为主线，推动经济发展质量变革、效率变革、动力变革，建设现代化经济体系。这一系列新的思想、理念和论断，创造性地坚持和发展了马克思主义政治经济学基本原理，书写了当代中国社会主义政治经济学、21 世纪马克思主义政治经济学的最新篇章，打破了国际经济学领域许多被奉为教条的西方经济学的理论、概念、方法和话语，这是习近平新时代中国特色社会主义思想对马克思主义政治经济学、对人类思想发展的重大贡献。

（三）创造性地提出新时代党的建设总要求、持之以恒全面从严治党的思想，丰富发展了马克思主义政党建设学说

如何把党建设得更加坚强有力，成为无产阶级的先锋队，成为马克思主义的先进政党，始终是各国共产党人面临的重大课题。总结世界社会主义的历史，这方面成功的经验很多，失败的教训也不少。20 世纪 90 年代，苏联解体、苏共垮台、东欧剧变，世界社会主义遭受严重挫折。习近平总书记在总结这段历史时，以振聋发聩的语言警醒共产党人：苏联解体、苏共垮台，在重大的危机面前，拥有 2000 万党员的苏联共产党，竟无一人是男儿，没什么人出来抗争。这是何等的令人痛心！他强调，我们党执政正反两

方面的经验，世界上一些社会主义国家和政党演变的教训，充分揭示了一个道理：马克思主义政党夺取政权不容易，巩固好政权更不容易；只要马克思主义执政党不出问题，社会主义国家就出不了大的问题，我们就能跳出“其兴也勃焉，其亡也忽焉”的历史周期律。

为了把党建设得更加坚强有力，习近平新时代中国特色社会主义思想提出了新时代党的建设新的伟大工程的一系列新思想、新论断、新要求，明确中国特色社会主义最本质的特征是中国共产党的领导，中国特色社会主义制度的最大优势是中国共产党的领导，党是最高政治领导力量；提出新时代党的建设总要求，突出政治建设在党的建设中的重要地位。其重大的特色和贡献是：其一，坚持党对一切工作的领导，强调党政军民学，东西南北中，党是领导一切的。必须增强“四个意识”，自觉维护党中央权威和集中统一领导，完善坚持党的领导的体制机制，确保党始终总揽全局、协调各方。其二，统揽伟大斗争、伟大工程、伟大事业、伟大梦想，强调它们之间紧密联系、相互贯通、相互作用，其中起决定性作用的是党的建设新的伟大工程。其三，持之以恒推进全面从严治党，以党的政治建设为统领，把党建设成为始终走在时代前列、人民衷心拥护、勇于自我革命、经得起各种风浪考验、朝气蓬勃的马克思主义执政党。其四，以零容忍的态度惩治腐败，坚定不移“打虎”“拍蝇”“猎狐”，扎紧制度的笼子，建立完善不敢腐、不能腐、不想腐的体制机制。其五，抓住“关键少数”，坚持“三严三实”，严肃党内政治生活，严明党的纪律，发展积极健康的党内政治文化，全面净化党内政治生态。其六，坚持小切口、大突破，出台中央八项规定，严厉整治“四风”，坚决反对特权，着力解决人民群众反映强烈、对党的执政基础威胁最大的突出问题。

应该说，在世界社会主义发展史上，如此系统、严格、完整、彻底地论述党的建设的思想，是前所未有的，它从理论和实践相结合、历史和现实相贯通、国际和国内相关联、党内和党外相融汇的宏阔视野，科学地解答了马克思主义执政党长期执政面临的一系列重大问题：如何始终保持党同人民群众的血肉联系；如何使权力不被腐化；如何始终不忘初心，保持党的先进性、纯洁性；等等。从而大大深化了对共产党执政规律的认识。这是习近平新时代中国特色社会主义思想对马克思主义政党建设学说的一个极其重要的贡献。

（四）创造性地提出坚持和完善中国特色社会主义制度、不断推进国家治理体系和治理能力现代化的思想，丰富发展了马克思主义国家学说

马克思主义创始人及其伟大后继者列宁关于国家的学说十分丰富，但主要是着眼于通过暴力革命夺取政权的理论，而如何治理社会主义这样全新的社会，马克思恩格斯没有遇到这方面的实践，当然也就不可能作出系统的论述，他们关于未来社会的原理更多是预测性的；列宁在俄国十月革命后不久就过世了，没来得及深入探索这个问题。换言之，在马克思主义的理论宝库中，在世界社会主义的实践中，如何治理社会主义国家，是一个全新的重大理论和实践问题。毕竟，治理一个国家同夺取一个政权是性质大为不同的两件事。夺取政权是在社会动乱中发生，而治理国家则要求社会安定，以便发展经济，改善民生。在这两种不同的历史条件下，马克思主义政党领导人民进行伟大斗争的特点、规律和方式，当然也不相同，正如习近平总书记反复强调的，全党必须进行具有许多新的历史特点的伟大斗争。

20世纪90年代初，苏联解体、东欧剧变，社会主义制度在这些国家中解体，这是世界社会主义历史上所遭遇到的最大挫折。这一方面的教训表明，社会主义是有可能被颠覆和逆转的。社会主义制度的建立是很不容易的，而社会主义制度的巩固，通过改革实现社会主义的自我完善、制度定型乃至成熟，更为艰难、更为复杂、更具挑战性。正如习近平总书记反复告诫全党的那样，必须避免犯根本性颠覆性错误，必须保持忧患意识，毫不动摇地坚持和发展中国特色社会主义，不断推进国家治理体系和治理能力现代化。这是坚持和完善中国特色社会主义制度的必然要求，是实现社会主义现代化的应有之义，也是社会主义制度优越性的重要体现。

1992年，邓小平同志提出，再有30年的时间，我们才会在各方面形成一整套更加成熟更加定型的制度。习近平新时代中国特色社会主义思想在总结我们党和国家历史经验的基础上，在总结世界社会主义实践正反两方面经验教训的基础上，围绕坚持和完善中国特色社会主义制度、不断推进国家治理体系和治理能力现代化，创造性地提出了马克思主义经典作家没有论及或没有展开的一系列新思想、新论断和新战略：强调国家治理体系和治理能力是一个国家制度和制度执行能力的集中体现。国家治理体系是在党领导下管理国家的制度体系，包括经济、政治、文化、社会、生态文明和党的建设等各领域体制机制、法律法规安排，也就是一整套紧密相连、相互协调的国家制度。国家治理能力则是运用国家制度管理社会各方面事务的能力，包括改革发展稳定、内政外交国防、治党治国治军等各方面。国家治理体系和治理能力是一个整体，相辅相成。马克思主义执政党要保持长期执政，实现社会和谐稳定、国家长治久安，还是要靠制度，靠党的各级干部在国家治理上的高超能力；强调只有社会主义才能救中国，只有改革开放才能发展中国、发展社会主义、发展马克思主义。必须坚持和完善中国特色社会主义制度，不断推进国家治理体系和治理能力现代化，坚决革除一切不合时宜的思想观念和体制机制弊端，突破利益固化的藩篱，吸收人类文明成果，构建系统完备、科学规范、运行有效的制度体系，充分发挥我国社会主义制度的优越性；强调坚持党的领导、人民当家作主、依法治国有机统一，坚持中国特色社会主义政治发展道路，坚持和完善人民代表大会制度、中国共产党领导的多党合作和政治协商制度、民族区域自治制度、基层群众自治制度，健全民主制度，丰富民主形式，拓宽民主渠道；强调必须把党的领导贯彻落实到依法治国全过程和各方面，坚定不移地走中国特色社会主义法治道路，不搞西方所谓的“三权分立”、议会制和多党制那一套。要完善以宪法为核心的中国特色社会主义法律体系，建设中国特色社会主义法治体系，建设社会主义法治国家，发展中国特色社会主义法治理论，坚持依法治国、依法执政、依法行政共同推进，法治国家、法治政府、法治社会一体建设，坚持依法治国和以德治国相结合，依法治国和依规治党有机统一；强调文化自信是一个国家、民族发展中更基本、更深沉、更持久的力量，必须坚持马克思主义，牢固树立共产主义远大理想和中国特色社会主义共同理想，坚定“四个自信”，培育和践行社会主义核心价值观，不断增强意识形态领域主导权和话语权，推动中华优秀传统文化创造性转化、创新型发展，继承革命文化，发展社会主义先进文化，不忘本来、吸收外来、面向未来，更好构筑中国精神、中国价值、中国力量；强调增进民生福祉是发展的根本目的，必须多谋民生之利、多解民生之忧，在发展中补齐民生短板、促进社会公平正义，在幼有所育、学有所教、劳有所得、病有所医、老有所养、住有所居、弱有所扶上不断取得新进展，深入开展脱贫攻坚，加强和创新社会治理，维护社会和谐稳定，保证全体人民在共建共享发展中有更多获得感，不断促进人的全面发展、全体人民共同富裕，确保国家长治久安、人民安居乐业；强调建设生态文明是中华民族永续发展的千年大计，必须树立和践行绿水青山就是金山银山的理念，坚持人与自然和谐共生，坚持节约资源和保护环境的基本国策，实行最严格的生态环境保护制度，形成绿色发展方式和生活方式，坚定走生产发展、生活富裕、生态良好的文明发展道路，建设美丽中国；强调坚持总体国家安全观，统筹发展和安全，增强忧患意识，居安思危，坚持国家利益至上，以人民安全为宗旨，以政治安全为根本，统筹外部安全和内部安全、国土安全和国民安全、传统安全和非传统安全、自身安全和共同安全，完善国家安全制度体系，加强国家安全能力建设，坚决维护国家主权、安全、发展利益；强调坚持党对军队的绝对领导，建设一支听党指挥、能打胜仗、作风优良的人民军队，贯彻新时代党的强军思想，坚持政治建军、改革强军、科技兴军、依法治军；强调坚持“一国两制”，严格依照宪法和基本法办事，确保“一国两制”方针不会变、不动摇，确保“一国两制”实践不变形、不走样，坚持“一个中国原则”，坚决反对一切分裂国家的活动，为实现祖国完全统一而奋斗；强调坚持走和平发展道路，奉行互利共赢的开放战略，坚持正确义利观，推动建设相互尊重、公平正义、合作共赢的新型国际关系，积极推动“一带一路”国际合作，积极参与全球治理体系改革和建设，推动构建人类命运共同体，建设持久和平、普遍安全、共同繁荣、开放包容、清洁美丽的世界；等等。这些新思想、新论断和新战略，创建了科学社会主义关于国家治理体系和治理能力现代化的崭新理论，是习近平新时代中国特色社会主义思想对马克思主义国家学说的创造性发展，是对马克思主义理论宝库的极其重大的贡献。

（五）创造性地将辩证唯物主义和历史唯物主义运用于党的一切工作中，丰富发展了马克思主义哲学

辩证唯物主义和历史唯物主义是马克思主义的世界观、方法论，是马克思主义全部理论的基石。实践性是马克思主义的本质特征。习近平总书记高度重视马克思主义哲学及其灵活运用，贯穿习近平新时代中国特色社会主义思想的灵魂，就是辩证唯物主义和历史唯物主义。不仅如此，这一重要思想，还在新的时代条件下，立足解决中国实际问题，光大了马克思主义哲学的实践性品格，从而将马克思主义哲学基本原理、基本立场、基本方法的创造性运用提升到一个新的境界。马克思主义哲学本来就区别于一切书斋里、象牙塔中的学院派哲学，对马克思主义哲学的创造性运用过程，实质上也就是丰富发展马克思主义哲学的过程。

譬如，关于新时代我国社会主要矛盾深刻变化的思想。马克思恩格斯创立的唯物史观，科学地揭示了人类社会的基本矛盾——生产力与生产关系、经济基础与上层建筑之间的矛盾，其矛盾运动是人类社会变革发展的根本动力；揭示了这种基本矛盾在资本主义社会的具体表现，即资本主义社会的主要矛盾——生产的社会化和生产资料的资本主义私人占有之间的矛盾，这一矛盾在资本主义制度下又是难以克服的，进而科学地揭示了社会主义、共产主义代替资本主义的历史必然性。至于在社会主义、共产主义社会中有无矛盾以及矛盾的具体表现形式如何，马克思恩格斯并没有论述，时代也没有给他们提出这样的任务。列宁领导苏联社会主义建设的时间短暂，对此也没有论述。斯大林一度认为社会主义社会中没有生产力与生产关系这方面的矛盾，直到 1952 年在《苏联社

会主义经济问题》中才勉强承认。从我们党的情况看，党的八大正确地分析了我国社会的主要矛盾。但是，八大的判断及制定的路线、方针并未得到很好的贯彻和保持，不久，“以阶级斗争为纲”逐渐占据上风，进而发生了“文化大革命”这样的“严重内乱”，社会主义建设出现严重曲折和失误。1981 年，党的十一届六中全会恢复并进一步规范了八大关于我国社会主要矛盾的表述：“在社会主义改造基本完成以后，我国所要解决的主要矛盾，是人民日益增长的物质文化需要同落后的社会生产之间的矛盾。”此后，党的十三大、十四大、十五大、十六大、十七大、十八大都重申了这一判断。从八大到今天，60 多年过去了，中国经济社会发生了翻天覆地的变化。习近平总书记以马克思主义政治家、思想家的战略眼光，敏锐而深刻地揭示了我国社会主要矛盾的变化：人民日益增长的美好生活需要和不平衡不充分的发展之间的矛盾已经成为我国社会的主要矛盾。这是一个重大的关系全局的历史性变化，也是中国特色社会主义进入新时代的重要标志和根据。诚然，我国社会主要矛盾的变化，没有改变我国仍处于并将长期处于社会主义初级阶段的基本国情，没有改变我国是世界上最大发展中国家的国际地位。但“不变中有大变”，新时代我国社会主要矛盾的内涵更丰富，外延更广泛，方式更多样，处理起来更复杂，更考验社会主义建设者的智慧。这是习近平新时代中国特色社会主义思想对马克思主义关于社会矛盾运动学说的重大贡献。

再譬如，关于尊重人民主体地位、以人民为中心作为党和国家全部工作的出发点和落脚点，将人民对美好生活的向往作为党和党的各级组织、各级干部的奋斗目标的思想。突出人民性是习近平新时代中国特色社会主义思想的鲜明特质。其思想渊源，可以上溯到马克思恩格斯“历史活动是群众的活动，随着历史活动的深入，必将是群众队伍的扩大”的观点，可以直接来自于毛泽东同志“为人民服务”的观点和群众路线的观点，来自于邓小平同志将“人民拥护不拥护”“人民高兴不高兴”“人民赞成不赞成”“人民答应不答应”作为党制定政策的重要依据的观点。习近平新时代中国特色社会主义思想的人民性观点，不仅继承了前贤和党的光荣传统，而且结合新时代得到了升华和光大，这就是将人民不仅作为历史活动的主体予以肯定，而且作为最高价值主体予以确立。换言之，以人民为中心的发展思想、群众观点、群众路线不仅是一种思想方法、工作方法，不仅是认识论，而且是价值观，是哲学历史观。以人民为中心的发展思想，是真理观与价值观的高度统一，是价值观与历史观的高度统一，这就把马克思主义的群众观点、群众路线提升到一个前所未有的新境界。

又譬如，习近平总书记反复强调的要坚持战略思维、辩证思维、创新思维、法治思维、底线思维、历史思维，坚持问题导向，强化问题意识、忧患意识、风险意识；“实干兴邦，空谈误国”，强化责任和担当精神，不仅是马克思主义哲学方法论的灵活运用，而且丰富发展了马克思主义哲学方法论体系。

（六）习近平新时代中国特色社会主义思想不仅是中国的，而且是世界的

习近平新时代中国特色社会主义思想的形成和发展，在我们党和国家的发展史上，在中华民族的发展史上，在世界社会主义发展史上，在人类社会发展史上，具有重大的意义。

这一重要思想的形成和发展，极大地增强了我们党、国家和人民的“四个自信”，使我们的精神由被动变为主动，深刻地影响了当代中国的发展进程。新中国成立近 70

年来，改革开放40年来，我们品尝过巨大成功的喜悦，也咀嚼过挫折和失误的苦涩。改革开放是决定党和国家前途命运的关键一招，必须始终不渝地坚持。但不可否认，一段时间里，伴随着国门大开，西方思潮、理论、文化蜂拥而至，鱼龙混杂，泥沙俱下，在思想理论界、舆论界以至于民众心理层面“外国的月亮都比中国的圆”，西方的概念、理论、话语，西方社会的制度、道路、价值，等等，几乎成为“先进”“前沿”的代名词。而习近平新时代中国特色社会主义思想的形成和发展，从根本上改变了这种状况，我们党、国家和人民对中国特色社会主义的道路、理论、制度、文化，从来没有像今天这样自信，这一重要思想汇聚了强大的精神力量，激励并引领着我们党、国家和人民阔步前进。这是我们党和国家发展中具有深远历史意义的大事件！

这一重要思想的形成和发展，凝聚起中华民族实现伟大复兴的磅礴力量，深刻地影响了中华文明的发展进程。习近平总书记深刻地指出：“落后就要挨打，贫穷就要挨饿，失语就要挨骂。”从1840年鸦片战争以来，无数仁人志士为了中华民族的伟大复兴前赴后继，不懈奋斗，只是在中国共产党领导下，中华民族才实现了从东亚病夫到站起来、富起来，进而强起来的伟大飞跃。纵观170多年的历史，我们今天比历史上任何时期都更接近、更有信心和能力实现中华民族伟大复兴的目标。中国不仅大踏步地赶上了时代，而且日益走进世界舞台的中央。这是中华民族发展史上具有深远影响的大事件！

这一重要思想的形成和发展，大大改变了世界范围内马克思主义与反马克思主义，社会主义与资本主义的力量对比，深刻地影响了马克思主义、世界社会主义的发展进程。世界社会主义运动500多年来，马克思主义诞生170年来，社会主义制度诞生100多年来，社会主义经历了从空想到科学、从理论到实践、从一国到多国的胜利前进，并在20世纪50年代达到高峰。鼎盛时期，社会主义国家人口、领土和工业总产值都大体占世界总量的三分之一。毛泽东同志曾形象地比喻：“东风压倒西风。”但20世纪90年代，苏联解体、苏共垮台、东欧剧变，共产党政权垮掉了11个，世界社会主义遭到前所未有的挫折。一时间，西方的思想理论界、舆论界弹冠相庆，企图把马克思主义、社会主义送进“历史博物馆”。当年，布热津斯基的“大失败”之说、弗朗西斯·福山的《历史的终结》风靡一时。但是，社会主义并没有沉寂，马克思主义并没有被打倒。今天，中国特色社会主义进入新时代，科学社会主义在21世纪的中国焕发出强大生机与活力，习近平新时代中国特色社会主义思想成为科学社会主义在新世纪的伟大旗帜，马克思主义基本原理与时代特征和中国实践相结合实现了新的伟大飞跃。科学社会主义的基本原则不仅得到了继承，而且得到了创造性的升华；不仅在中国大地上生根开花结果，而且在世界上产生了广泛的影响力、感召力。这就使得马克思主义与反马克思主义、社会主义与资本主义的较量在苏联解体、苏共垮台、东欧剧变后，首次在世界范围内出现了有利于马克思主义、社会主义的积极变化。这是马克思主义发展史上、世界社会主义发展史上具有深远影响的大事件！

这一重要思想的形成和发展，大大增强了广大发展中国家的信心、勇气和力量，深刻地影响了人类社会的文明进程。中国是个大国，是爱好和平、主持正义、代表人类进步力量的负责任的大国。中国特色社会主义的成功，习近平新时代中国特色社会主义思想的形成和发展，拓展了发展中国家走向现代化的途径，打破了对西方资本主义国家现代化之路的“路径依赖”，打破了“西方中心论”的现代化理论和话语的教条，给世界上那些既希望加快发展又渴望保持自身独立性的国家和民族提供了全新选择，为解决人类问题贡献了中国思想、中国智慧和中国方案。这是人类社会发展史上具有深远影响的大事件!

必须申明，习近平新时代中国特色社会主义思想是博大精深的科学体系，本文所述，仅是个人的初步认识体会，概括不是全面的，理解也还是肤浅的。权作抛砖引玉，目的是希望引起理论界同志对习近平新时代中国特色社会主义思想的深入思考和研究。

三 以习近平新时代中国特色社会主义思想为指导，加快构建中国特色哲学社会科学

马克思主义传入中国以后不久，1921 年，以马克思主义为指导的中国共产党诞生。实践证明，马克思主义的命运早已同中国共产党的命运、中国人民的命运、中华民族的命运紧紧联系在一起，它的科学性和真理性在中国得到了充分检验，它的人民性和实践性在中国得到了充分贯彻，它的开放性和时代性在中国得到了充分彰显。在 21 世纪的今天，在新时代，人们思考和谈论马克思主义的前途命运，就不能不特别关注它在当代中国的新发展。从这个意义上说，系统深入地研究阐发习近平新时代中国特色社会主义思想，是我国理论界的重大责任，是中国社会科学院的重大责任；以习近平新时代中国特色社会主义思想为指导，加快构建中国特色哲学社会科学，是哲学社会科学界和中国社会科学院的崇高使命。

一要提高政治站位，不断增强“四个意识”。从根本上说，就是要自觉地在思想上政治上行动上同以习近平同志为核心的党中央保持高度一致，坚决拥护习近平总书记作为党中央的核心、全党的核心和领袖地位。总结国际共产主义正反两方面的经验教训，总结我们党的历史正反两方面的经验教训，能否形成一个雄才伟略、坚强有力的核心领袖，是一个马克思主义政党政治上成熟与否的根本标志。毛泽东同志曾经形象地说：“一个桃子剖开来有几个核心吗？只有一个核心。”邓小平同志指出：“任何一个领导集体都要有一个核心，没有核心的领导是靠不住的。”习近平总书记作为党中央的核心、全党的核心和领袖，是经过历史证明、实践检验的，是群众公认、全党认同的，是实至名归、当之无愧的，具有深厚的政治基础、思想基础、实践基础、群众基础。确立习近平总书记为党中央的核心、全党的核心，是关系党和人民根本利益的大事，是关系党中央权威和全党集中统一领导的大事，是关系党和国家长远发展的大事。所以，习近平同志确立为我们党的核心和领袖，是党和国家之幸、中国人民之幸、中华民族之幸。坚决维护习近平总书记的核心和领袖地位，是党和国家的根本利益所在，是中国人民和中华民族的根本利益所在，是当代中国最大的政治。在这个问题上，我们必须毫不含糊、毫不动摇。

二要强化理论武装，坚定不移地用习近平新时代中国特色社会主义思想武装头脑，指导实践。这一重要思想是马克思主义在新时代的旗帜，是马克思主义在 21 世纪的旗帜，是中国共产党和中国人民的思想旗帜，是中华民族伟大复兴的精神旗帜。在当代中国，只有这一思想，而没有什么别的思想理论，能够解决我们党和国家的前途命运问题。坚持和发展习近平新时代中国特色社会主义思想，就是真正坚持和发展马克思主义；高举习近平新时代中国特色社会主义思想伟大旗帜，就是真正高举马克思主义伟大旗帜。

对哲学社会科学事业而言，对哲学社会科学工作者来说，用习近平新时代中国特色社会主义思想武装头脑、指导研究工作，具有特别重要的意义。习近平新时代中国特色社会主义思想是全党全国人民的指导思想，哲学社会科学作为党和国家工作全局中的组成部分，坚持以这一重要思想为指导，是我们做好一切工作的根本保证。这一重要思想是我们党领导人民坚持和发展中国特色社会主义实践的经验总结，是党通过艰辛探索取得的重大理论创新成果，是经过实践证明了的科学理论，是新时代的真理，也可以说是新时代哲学社会科学的最高成果。只有以这一重要思想为指导，我们才能辨别什么是真正的马克思主义，如何在新时代坚持和发展马克思主义，从而保证哲学社会科学研究坚持正确的政治方向和学术导向不出偏差；只有以这一重要思想为指导，我们才能做到用马克思主义观察时代、解读时代、引领时代，用鲜活丰富的社会实践来推动马克思主义发展，进一步丰富发展当代中国马克思主义、21 世纪马克思主义，不断开辟马克思主义的新境界；也只有以这一重要思想为指导，我们才能与时代同步伐、与人民齐奋进，紧紧抓住新时代党和国家发展面临的重大理论和实践问题，深入研究，大胆探索，提出有说服力的新回答、新概括、新观点，从而实现新时代哲学社会科学的大繁荣和大发展。

三要深入学习领会习近平新时代关于哲学社会科学的思想。这是习近平新时代中国特色社会主义思想的重要组成部分，其主要内容包括：

（一）哲学社会科学具有不可替代的重要地位和作用。习近平总书记指出，哲学社会科学是人们认识世界、改造世界的重要工具，是推动历史发展和社会进步的重要力量。一个没有发达的自然科学的国家不可能走在世界前列，一个没有繁荣的哲学社会科学的国家也不可能走在世界前列。坚持和发展中国特色社会主义，哲学社会科学具有不可替代的重要地位，哲学社会科学工作者具有不可替代的重要作用。统筹推进“五位一体”总体布局和协调推进“四个全面”战略布局，实现“两个一百年”奋斗目标，实现中华民族伟大复兴，我国哲学社会科学可以也应该大有作为。

（二）坚持马克思主义在哲学社会科学领域的指导地位。习近平总书记指出，坚持以马克思主义为指导，是当代中国哲学社会科学区别于其他哲学社会科学的根本标志。坚持以马克思主义为指导，首先要解决真懂真信的问题，核心要解决好为什么人的问题，最终要落实到怎么用上来。要从根本上解决马克思主义在哲学社会科学研究和教学中“失语”、“失踪”、“失声”的问题。要以科学的态度对待科学，以真理的精神追求真理，不断赋予马克思主义以新的时代内涵。要继续推进马克思主义中国化、时代化、大众化，继续发展21 世纪马克思主义、当代中国马克思主义，续写马克思主义中国化新篇章。

（三）加快构建中国特色哲学社会科学。习近平总书记指出，哲学社会科学的特色、风格、气派，是发展到一定阶段的产物，是成熟的标志，是实力的象征，也是自信的体现。要按照立足中国、借鉴国外，挖掘历史、把握当代，关怀人类、面向未来的思路，着力构建中国特色哲学社会科学，在指导思想、学科体系、学术体系、话语体系等方面充分体现中国特色、中国风格、中国气派。要体现继承性、民族性，体现原创性、时代性，体现系统性、专业性。要加强马克思主义学科建设，加快完善对哲学社会科学具有支撑作用的学科，注重发展优势重点学科，加快发展具有重要现实意义的新兴学科和交叉学科，重视发展具有重要文化价值和传承意义的“绝学”、冷门学科，努力构建一个全方位、全领域、全要素的哲学社会科学体系。理论的生命力在于创新。创新是哲学社会科学发展的永恒主题。理论创新的过程就是发现问题、筛选问题、研究问题、解决问题的过程。

（四）坚持以重大理论和实践问题为主攻方向。习近平总书记指出，当代中国的伟大社会变革，不是简单延续我国历史文化的母版，不是简单套用马克思主义经典作家设想的模板，不是其他国家社会主义实践的再版，也不是国外现代化发展的翻版，不可能找到现成的教科书。我国哲学社会科学应该以我们正在做的事情为中心，以研究我国发展和我们党执政面临的重大理论和实践问题为主攻方向，立时代潮头，通古今变化，发思想先声，繁荣中国学术，发展中国理论，传播中国思想。要不断根据新的实践推出新的理论，为我们制定各项方针政策、推进各项工作提供科学指导。从我国改革发展的实践中，提炼出有学理性的新理论，概括出有规律性的新实践。要建设一批国家急需、特色鲜明、制度创新、引领发展的高端智库，重点围绕国家重大战略需求开展前瞻性、针对性、储备性政策研究。

（五）不断增强我国哲学社会科学国际影响力。习近平总书记指出，既要立足本国实际，又要开门搞研究。对国外的理论、概念、话语、方法，要有分析、有鉴别，适用的就拿来用，不适用的就不要生搬硬套。发挥我国哲学社会科学作用，要注意加强话语体系建设，增强我国哲学社会科学研究的国际影响力。要善于提炼标识性概念，打造易于为国际社会所理解和接受的新概念、新范畴、新表述，引导国际学术界展开研究和讨论。要围绕我国和世界发展面临的重大问题，着力提出能够体现中国立场、中国智慧、中国价值的理念、主张、方案。要讲好中国故事、传播好中国声音、阐发中国精神。要让世界知道“学术中的中国”“理论中的中国”“哲学社会科学中的中国”，让世界知道“发展中的中国”“开放中的中国”“为人类文明作贡献的中国”。

（六）贯彻“双百”方针，树立优良学风。习近平总书记指出，百花齐放、百家争鸣，是繁荣发展我国哲学社会科学的重要方针。要鼓励大胆探索，开展平等、健康、活泼和充分说理的学术争鸣。要正确区分学术问题和政治问题，不要把一般的学术问题当成政治问题，也不要把政治问题当作一般的学术问题，既反对打着学术研究旗号从事违背学术道德、违反宪法法律的假学术行为，也反对把学术问题和政治问题混淆起来、用解决政治问题的办法对待学术问题的简单化做法。必须树立为人民做学问的理想，自觉把个人学术追求同国家和民族发展紧紧联系在一起，努力多出经得起实践、人民、历史检验的研究成果。要有“板凳要坐十年冷，文章不写一句空”的执着坚守，耐得住寂寞，经得起诱惑，守得住底线，立志做大学问、做真学问。要推动形成崇尚精品、严谨治学、注重诚信、讲求责任的优良学风，营造风清气正、互学互鉴、积极向上的学术生态。要把社会责任放在首位，自觉践行社会主义核心价值观，以高尚的人格魅力引领风气。

（七）加强哲学社会科学人才队伍建设。习近平总书记指出，构建中国特色哲学社会科学，要从人抓起，久久为功。要实施哲学社会科学人才工程，着力发现、培养、集聚一批有深厚马克思主义理论素养、学贯中西的思想家和理论家，一批理论功底扎实、勇于开拓创新的学科带头人，一批年富力强、锐意进取的中青年学术骨干，构建种类齐全、梯队衔接的哲学社会科学人才体系。要完善哲学社会科学领域职称评定和人才遴选制度，建立规范的奖励体系。要形成培养哲学社会科学人才的良好激励机制，促进优秀人才不断成长。

（八）加强和改善党对哲学社会科学工作的领导。习近平总书记指出，加强和改善党对哲学社会科学工作的领导，是繁荣发展我国哲学社会科学事业的根本保证。各级党委要把哲学社会科学工作纳入重要议事日程，加强政治领导和工作指导，一手抓繁荣发展、一手抓引导管理。要深化管理体制改革，形成既能把握正确方向又能激发科研活力的体制机制，统筹管理好重要人才、重要阵地、重大研究规划、重大研究项目、重大资金分配、重大评价评奖活动。

四要努力推出系统性与学理性并重、说理透彻与文风活泼兼备的高水平研究成果。习近平新时代中国特色社会主义思想，既是指导思想，也是研究对象，这两个方面是有机统一的。中国社会科学院作为党中央直接领导的国家哲学社会科学研究机构，在学习研究阐发习近平新时代中国特色社会主义思想方面理应有新的更大作为，在学习的广度和深度上大大地提升一步，在研究阐发的广度和深度上大大地提升一步，在用以指导科学研究的能力和水平上大大地提升一步。要充分发挥学科众多、人才荟萃的特色和优势，结合各学科、各专业领域，或组织跨学科协同攻关，在全面、准确、系统、深入地理解上下更大功夫，在学懂弄通做实上下更大功夫，在增强学理性深度阐发上下更大功夫，在改进文风、让群众喜闻乐见上下更大功夫，不断推出体现中国社会科学院实力和水平的研究成果。

坚持以习近平新时代中国特色社会主义思想为指导，加快构建中国特色哲学社会科学，就要充分认识哲学社会科学面临的形势和任务。中国特色社会主义进入新时代，我国哲学社会科学事业的发展也进入了新时代，面临着难得的战略机遇。首先，以习近平同志为核心的党中央高度重视哲学社会科学的发展。习近平新时代中国特色社会主义思想，习近平总书记在哲学社会科学工作座谈会上的重要讲话和致中国社会科学院建院40周年贺信，党的十九大对哲学社会科学作出的战略部署，为加快构建中国特色哲学社会科学和我院的发展，指明了前进方向，提供了强大动力。其次，建设社会主义现代化强国，实现中华民族伟大复兴，为加快构建中国特色哲学社会科学，提供了无比丰富的研究素材，开辟了无比广阔的发展空间，也提出了复杂多样的研究课题。最后，新中国成立以来特别是改革开放40年来，我国哲学社会科学取得了很大成就，积累了宝贵经验，为新时代加快构建中国特色哲学社会科学，奠定了坚实基础。

中国特色社会主义进入新时代，我国社会的主要矛盾发生了深刻变化。哲学社会科学必须主动适应这种深刻的社会变革，进而实现自身的发展。一个明显的事实是，进入新时代，人民日益增长的美好生活需要，不仅体现在物质方面，而且体现在精神方面；不仅体现在量的层面，而且体现在质的层面，在精神生活的丰富性、多样化方面都是日益扩大的。这就给哲学社会科学如何满足人民的需要、为人民做学问提出了更高更迫切的要求。

习近平总书记深刻指出：“社会大变革的时代，一定是哲学社会科学大发展的时代。”“这是一个需要理论而且一定能够产生理论的时代，这是一个需要思想而且一定能够产生思想的时代。我们不能辜负了这个时代。”不可否认，同新时代的迫切要求相比，同党和人民的殷切期望相比，同我国作为一个社会主义大国的国际地位相比，我们的哲学社会科学还面临许多挑战和问题。例如，马克思主义理论研究滞后于马克思主义中国化的实际发展，一些领域中既存在马克思主义被边缘化的问题，也存在标签化的问题；哲学社会科学不少领域还存在有数量缺质量、有专家缺大师的现象，学科体系、学术体系、话语体系建设落后于时代发展，理论创新能力不足；等等。解决存在的问题，加快构建中国特色哲学社会科学，必须坚持正确的政治方向和学术导向；必须以研究新时代重大理论和实践问题为主攻方向，推动基础研究与对策研究融合发展，处理好基础研究和应用研究的关系，国内研究和国际研究的关系，个人研究和团队研究的关系，指令性课题研究和自选性课题研究的关系，全局性、综合性、长远性研究与短期性、专题性研究的关系；必须尊重哲学社会科学发展规律，千方百计多出顶尖成果、多出拔尖人才；必须加强和改进党对哲学社会科学工作的领导。

新时代呼唤新作为。中国社会科学院作为党中央直接领导的国家哲学社会科学研究机构，作为党的重要思想理论阵地，将坚定不移地以习近平新时代中国特色社会主义思想为指导，立时代潮头，通古今变化，发思想先声，繁荣中国学术，发展中国理论，传播中国思想，在加快构建中国特色哲学社会科学的历史进程中实现更大作为，为发展当代中国马克思主义、21 世纪马克思主义作出应有的贡献，以朝气蓬勃的新姿态前进在新时代 13 亿多中国人民的奋斗行列中。

（原载《中国社会科学》2018 年第 5 期）

把学好马克思主义作为共产党人的看家本领
——纪念马克思诞辰200周年

王伟光*

2018年是马克思诞辰200周年。习近平总书记指出，党的各级领导干部要原原本本学习和研读经典著作，努力把马克思主义作为自己的看家本领，坚定理想信念，坚持正确政治方向，提高战略思维能力、综合决策能力、驾驭全局能力，团结带领人民不断书写改革开放历史新篇章。习近平总书记强调要把马克思主义作为我们的“看家本领”，充分体现了以习近平同志为核心的党中央对马克思主义地位的充分认识和高度重视，是总书记基于理论逻辑、历史经验教训和现实发展对全党提出的要求，也是对马克思最有价值、最有意义的纪念。学习掌握马克思主义，最重要的是掌握马克思主义放之四海而皆准的立场、观点和方法，即马克思主义哲学世界观和方法论，又称为辩证唯物主义和历史唯物主义。马克思主义的辩证唯物主义和历史唯物主义揭示了自然、社会和人类思维发展的本质和规律，是科学的世界观和方法论，是马克思主义理论体系的核心。学好、用好马克思主义，把马克思主义的真理转化为观察问题的立场和解决问题的思想方法、工作方法，不断增强理论思维能力和提高驾驭复杂局面、处理复杂问题的本领，不断提高驾驭矛盾和分析解决问题的能力，准确把握党和国家事业发展大势和历史发展规律，从而能动地推进中国特色社会主义事业建设，是党的思想理论建设的一项重要战略任务。

一　掌握好看家本领必须坚定马克思主义信仰

习近平总书记指出，理想信念是共产党人精神上的“钙”，没有理想信念，理想信念不坚定，精神上就会“缺钙”，就会得“软骨病”。马克思主义是指导我们事业的理论基础，也是每一个共产党人坚不可摧的精神支柱。我们必须把对马克思主义的信仰、对社会主义和共产主义的信念作为毕生追求，在改造客观世界的同时不断改造主观世界，解决好世界观、人生观、价值观这个“总开关”问题，真正成为马克思主义的坚定信仰者和忠实践行者。

马克思主义为什么可以成为每一个共产党人坚不可摧的精神支柱?

第一，辩证唯物主义与历史唯物主义是马克思主义最根本的世界观和方法论，体现

---

* 王伟光：时任中国社会科学院大学校长，教授，博士生导师。

了马克思主义的科学性。毛泽东同志曾经指出："马克思主义有几门学问：马克思主义的哲学、马克思主义的经济学、马克思主义的社会主义——阶级斗争学说，但基础的东西是马克思主义哲学。"① 辩证唯物主义揭示了自然、人类社会和人类思维的三大规律。在马克思主义诞生以前的人类哲学思想发展中，唯物论和辩证法各自发展到了高原，但又各自表现出了一定局限性。马克思主义继承了以往人类哲学思想中唯物论和辩证法的精髓，把二者有机结合，形成了辩证唯物主义，克服了唯物论、辩证法各自发展的局限，达到了唯物辩证法的高峰。历史唯物主义把辩证唯物主义运用到社会历史领域，揭示了人类历史的一般规律，是马克思对人类认识的伟大贡献。以辩证唯物主义和历史唯物主义作为最根本的世界观和方法论，决定了马克思主义理论体系的科学性。目前我们仍然处于马克思所判定的唯物史观"大的历史时代"。虽然在具体时代条件、格局、特点和形势等方面发生了变化，但"大的历史时代"所贯穿的社会主义与资本主义两种社会形态、两种社会制度、两种前途、两条道路、两种力量的反复较量和生死博弈并没有改变。必须始终坚定对马克思主义的信仰，坚持用辩证唯物主义与历史唯物主义的基本观点和科学方法分析问题、解决问题，准确判断中国特色社会主义新时代的历史方位，明确发展中国特色社会主义事业的伟大意义。

第二，致力于实现以劳动人民为主体的最广大人民的根本利益是马克思主义最鲜明的政治立场，体现了马克思主义的革命性。毛泽东同志在1938年召开的中共六届六中全会上指出："我们的任务，是领导一个几万万人口的大民族，进行空前的伟大的斗争。所以，普遍地深入地研究马克思列宁主义的理论的任务，对于我们，是一个亟待解决并须着重地致力才能解决的大问题。"② 没有革命的理论就没有革命的行动。马克思主义是在无产阶级革命实践中产生、发展起来的，是无产阶级根本利益的科学表现，是革命的理论。中国正是在马克思主义指导下建立起社会主义制度，人民群众真正掌握了自己的命运，成为国家和社会的主人。今天，对于领导13亿多中国人民发展中国特色社会主义伟大事业、实现中华民族伟大复兴的中国共产党来说，必须始终坚定对马克思主义的信仰，坚持以人民为中心的发展思想，顺应人民群众对美好生活的向往，增进人民福祉、促进人的全面发展和社会全面进步。

第三，坚持一切从实际出发，理论联系实际，实事求是，在实践中检验真理和发展真理是马克思主义最重要的理论品质，体现了马克思主义的实践性。马克思说："哲学家们只是用不同的方式解释世界，问题在于改变世界。"③ 不满足于"解释世界"，而致力于"改变世界"，是马克思主义所具有的鲜明的实践品格。空谈误国，实干兴邦，社会主义是干出来的。推进中国特色社会主义伟大事业进程中的机遇和挑战，需要从实践的角度进行认知，并在实践的层面得到解决。马克思主义是在无产阶级革命实践中产生、发展起来的科学道理，必须始终坚定对马克思主义的信仰，坚持以科学的理论指导中国特色社会主义伟大实践，早日把我国建成富强民主文明和谐美丽的社会主义现代化强国。

第四，实现物质财富极大丰富、人民精神境界极大提高、每个人自由而全面发展的

① 《毛泽东文集》第6卷，人民出版社1999年版，第396页。

② 《毛泽东选集》第2卷，人民出版社1991年版，第533页。

③ 《马克思恩格斯选集》第1卷，人民出版社1995年版，第57页。

共产主义社会是马克思主义最崇高的社会理想，体现了马克思主义的高尚性。革命理想高于天。中国共产党之所以叫共产党，就是因为从成立之日起我们党就把共产主义确立为远大理想。我们党之所以能够经受一次次挫折而又一次次奋起，归根到底是因为我们党有远大理想和崇高追求。“砍头不要紧，只要主义真”，“敌人只能砍下我们的头颅，决不能动摇我们的信仰”，这些视死如归、大义凛然的铿锵誓言生动表达了共产党人对远大理想的坚贞。今天，我们党面临“四大危险”和“四大考验”，必须始终坚定对马克思主义的信仰，坚持共产主义远大理想和中国特色社会主义共同理想的高度统一。

二　掌握好看家本领必须提倡马克思主义学风

当今世界发展变化很快，当代中国发展变化也很快，新情况新问题新事物层出不穷。同过去相比，我们今天的学习任务不是轻了，而是更重了。这是因为，我们遇到的问题中，有些是老问题，或者是我们长期努力解决但还没有解决好的问题，或者是有新的表现形式的老问题，但大量是新出现的问题，出现了新办法不会用，老办法不管用，硬办法不敢用，软办法不顶用的情况。要认识好、解决好这些问题，唯一的途径就是增强我们自己的本领。只有加强学习，才能增强工作的科学性、预见性、主动性，才能使领导和决策体现时代性、把握规律性、富于创造性，避免陷入少知而迷、不知而盲、无知而乱的困境，才能克服本领不足、本领恐慌、本领落后的问题。

学习的目的全在于运用，要通过学习增强工作本领、提高解决实际问题的水平。古人讲，“纸上得来终觉浅，绝知此事要躬行”，“耳闻之不如目见之，目见之不如足践之”，说的就是学以致用这个道理。学习马克思主义，要发扬理论联系实际的学风，带着问题学，拜人民为师，做到干中学、学中干，学以致用、用以促学、学用相长，千万不能夸夸其谈、陷于“假大空”。

第一，学习马克思主义必须坚持问题意识、问题导向。事物矛盾运动的基本原理要求我们不断强化问题意识，坚持问题导向，瞄着问题去、奔着问题来，积极面对和化解前进中遇到的矛盾。学习马克思主义就是为了能够把马克思主义运用到实践中，用马克思主义指导实践，因此，学习马克思主义必须带着问题学，在解决问题的过程中深化对马克思主义的认识。毛泽东同志指出：“要有目的地去研究马克思列宁主义的理论，要使马克思列宁主义的理论和中国革命的实际运动结合起来，是为着解决中国革命的理论问题和策略问题而去从它找立场、找观点、找方法的。这种态度，就是有的放矢的态度。‘的’就是中国革命，‘矢’就是马克思列宁主义。我们中国共产党人所以要找这根‘矢’，就是为了要射中国革命和东方革命这个‘的’的。这种态度，就是实事求是的态度。”党的十九大报告指出，我国社会主要矛盾已经转化为人民日益增长的美好生活需要和不平衡不充分的发展之间的矛盾。当前我国社会的主要矛盾就是我们学习马克思主义的“的”，学习马克思主义要聚焦我国社会主要矛盾，着力在马克思主义中找到解决矛盾的观点、方法，做到理论与实际的统一。

第二，学习马克思主义关键是学习马克思主义的基本观点和科学方法。马克思主义理论体系包括马克思主义的基本观点和科学方法。马克思和恩格斯在《共产党宣言》1872 年德文版序言中指出：“这些原理的实际运用，正如《宣言》中所说的，随时随地都要以当时的历史条件为转移。”由于每个具体时代的条件、格局、特点和形势各有不同，因此，学习马克思主义的关键是学习马克思主义的基本观点和科学方法，将基本观点和科学方法运用于不同地域、不同历史时期的革命实践中，增强马克思主义在实践领域的有效性，实现理论与实践的高度统一。

第三，学习马克思主义要不断推进马克思主义中国化的发展。马克思主义关于认识的本质及发展规律告诉我们，认识发展的总过程就是实践—认识—再实践—再认识，逐步深化和提高的过程。学习马克思主义的目的在于实践，而不同时期的实践经验也为进一步丰富和深化马克思主义提供了质料。毛泽东同志曾说过，不如马克思，不是马克思主义者；等于马克思，不是马克思主义者；只有超过马克思，才是真正的马克思主义者。这是中国共产党人数十年来对坚持马克思主义的经验总结。我们党将马克思主义的基本原理同中国革命建设实践的不断结合就是对马克思主义的不断超越，只有超过马克思，才能发展马克思主义，只有不断发展马克思主义，才能从根本上坚持马克思主义。习近平新时代中国特色社会主义思想，是对马克思列宁主义、毛泽东思想、邓小平理论、“三个代表”重要思想、科学发展观的继承和发展，是马克思主义中国化最新成果，是党和人民实践经验和集体智慧的结晶，是中国特色社会主义理论体系的重要组成部分，是全党全国人民为实现中华民族伟大复兴而奋斗的行动指南，必须长期坚持并不断发展。今天，学习马克思主义关键是学懂弄通做实习近平新时代中国特色社会主义思想。

三　掌握好看家本领必须掌握马克思主义思想方法和工作方法

马克思主义思想方法和科学的工作方法，是马克思主义世界观、方法论，即马克思主义立场观点方法的具体化，是马克思主义的思想宝藏和哲学精华。学习掌握马克思主义，说到底就是学习和掌握马克思主义思想方法和工作方法，正确而灵活地运用到实际工作中，发现问题、解决问题。恩格斯指出：“马克思的整个世界观不是教义，而是方法。它提供的不是现成的教条，而是进一步研究的出发点和供这种研究使用的方法。”① 列宁指出：“马克思主义者从马克思的理论中，无疑地只是借用了宝贵的方法。”② 习近平新时代中国特色社会主义思想蕴含着辩证唯物主义和历史唯物主义哲学精华，蕴含着马克思主义思想方法和工作方法思想精髓，为我们树立了灵活运用马克思主义思想方法和工作方法的光辉典范。习近平新时代中国特色社会主义思想是科学世界观和方法论的有机统一，是马克思主义思想方法和工作方法的有机统一，既讲是什么、怎么看，又讲怎么办、怎么干；既部署“过河”的任务，又指导解决“桥或船”的问题，让人豁然开朗、茅塞顿开，为我们认识问题、分析问题和解决问题提供了有效的“武器”和“钥匙”。学懂弄通做实习近平新时代中国特色社会主义思想，最根本的就是认真学习、深刻领会、牢固把握、灵活运用其中贯穿的马克思主义思想方法和工作方法。这就要求我们站在马克思主义世界观和方法论的高度，从马克思主义一贯坚持的基本立场出发观察世界，掌握马克思主义一贯坚持的基本观点认识世界，运用马克思主义一贯坚持的基本方法改造世界。

---

① 《马克思恩格斯全集》第39卷，人民出版社1974年版，第406页。

② 《列宁全集》第1卷，人民出版社1984年版，第163—164页。

第一，坚持以人民为中心的立场，把握马克思主义思想方法和工作方法的根本落脚点。

是不是站在工人阶级和广大劳动人民的立场上认识问题、解决问题，这是马克思主义思想方法和工作方法区别于其他哲学思想方法和工作方法的显著特征。马克思主义思想方法和工作方法作为工人阶级的科学世界观和方法论，是科学性与价值性的统一，具有鲜明的党性原则和政治立场。马克思主义从不掩饰认识和解决问题的政治立场，这使其与一切打着价值中立的旗帜、鼓吹进行“纯粹客观”研究的旧哲学的思想方法和工作方法从根本上区分开来。马克思说：“哲学把无产阶级当作自己的物质武器，同样，无产阶级也把哲学当作自己的精神武器。”① 观察问题的立场不同，对问题的认识就不同，解决问题的方法也不同，实践的结果更不同。

习近平总书记为我们确立了以人民为中心的思想方法和工作方法的立场导向和价值取向，为我们树立了尊重人民主体地位、聚焦人民实践创造的学习榜样。习近平新时代中国特色社会主义思想贯穿着以人民为中心这一马克思主义思想方法和工作方法的基本立场。世界上从来就没有纯而又纯的无立场的思想方法和工作方法，为少数人还是为绝大多数人，是马克思主义思想方法和工作方法的首要问题。习近平总书记指出，“人民立场是中国共产党的根本政治立场，是马克思主义政党区别于其他政党的显著标志”。“党的一切工作，必须以最广大人民根本利益为最高标准。检验我们一切工作的成效，最终都要看人民是否真正得到了实惠，人民生活是否真正得到了改善，人民权益是否真正得到了保障。”② 对于马克思主义思想方法和工作方法而言，为什么人的问题是根本性、原则性问题。一切为了人民、一切依靠人民、一切从人民出发，是马克思主义思想方法和工作方法认识一切问题、分析一切问题、解决一切问题的着眼点和落脚点。在习近平新时代中国特色社会主义思想中，人民占据着最高位置。人心是最大的政治，人民立场是最为根本的立场，这就决定了我们观察问题、认识问题、分析问题、解决问题的认识准则、判断准则和行动准则。

第二，坚持实事求是、一切从实际出发的思想路线，把握马克思主义思想方法和工作方法的基本出发点。

实事求是、一切从实际出发是马克思主义哲学的精髓要义，是马克思主义思想方法和工作方法的精髓要义，也是习近平新时代中国特色社会主义思想的精髓要义。实事求是、一切从实际出发，是我们党运用马克思主义思想方法和工作方法认识和解决问题一贯秉持的基本出发点。习近平总书记指出：“实事求是，是马克思主义的根本观点，是中国共产党人认识世界、改造世界的根本要求，是我们党的基本思想方法、工作方法和领导方法。不论过去、现在和将来，我们都要坚持一切从实际出发，理论联系实际，在实践中检验真理和发展真理。”③

马克思主义思想方法和工作方法本身就是实事求是思想路线的产物。对于中国共产党人而言，实事求是从来就不是一个抽象空洞的哲学命题，而是解决现实问题的强大思

① 《马克思恩格斯选集》第1卷，人民出版社1995年版，第15页。

② 《习近平谈治国理政》，外文出版社2014年版，第28页。

③ 习近平：《在纪念毛泽东同志诞辰120周年座谈会上的讲话》，人民出版社2013年版，第15页。

想武器。在建党 90 多年的艰苦历程中，中国共产党人就是用实事求是、一切从实际出发这把钥匙，打开了中国历史发展的一个又一个关键点，开启了马克思主义中国化的一个又一个新境界。其间所经历的成功和胜利，无不得益于实事求是的思想路线；所遭遇的挫折和失误，也无不源于背离了实事求是这一思想路线。

习近平新时代中国特色社会主义思想本身就是坚持实事求是思想路线，准确把握客观实际、科学掌握客观规律的创新成果。习近平总书记牢牢坚持实事求是这一精髓，深刻把握当今世界发展不断变化的特征，正确认识和把握我国社会发展的阶段性特征，牢牢把握中国仍处于并将长期处于社会主义初级阶段的最大国情，并从这一最大的实际出发，科学总结党的十八大以来我国发展的历史性变革，准确判断中国特色社会主义进入一个新时代，前进到一个新的历史起点上，进而提出解决中国与世界当代问题的科学方案，并付诸实践。这一过程，既是运用马克思主义思想方法和工作方法进行理论探索的过程，也是运用马克思主义思想方法和工作方法进行实践探索的过程，更是不断开辟 21 世纪当代中国马克思主义发展新境界和中国特色社会主义实践新境界的过程。

第三，坚持唯物辩证法的科学方法，把握马克思主义思想方法和工作方法的正确思维方式。唯物辩证法要求我们必须运用辩证思维方式和方法认识并解决问题。唯物辩证法既是观察认识世界的科学世界观，又是改造世界的正确方法论；既是承认矛盾、认识矛盾，找准重点、抓住关键，洞察事物发展规律的思想方法，又是分析矛盾、抓住主要矛盾，解决矛盾、推进实践的工作方法。习近平新时代中国特色社会主义思想处处体现着唯物辩证法的思想方法和工作方法。习近平总书记号召我们要提高辩证思维能力，就是要求我们充分掌握唯物辩证法的思想方法和工作方法，唯物辩证地而不是唯心形而上学地，客观地而不是主观地、发展地而不是静止地、全面地而不是片面地、系统地而不是零散地、普遍联系地而不是孤立地观察和看待事物，在矛盾双方对立统一的过程中把握住事物的发展规律，克服极端化、片面化，从而达到分析问题、解决问题的目的。习近平总书记要求我们提高辩证思维能力，把辩证思维与战略思维、历史思维、创新思维、底线思维统一起来，作为一个完整的思想方法和工作方法体系予以学习和掌握，并运用到解决中国的实际问题中去。习近平总书记不仅强调学习唯物辩证法的极端重要性，还为我们提供了坚持唯物辩证法、坚持辩证思维，灵活运用马克思主义思想方法和工作方法的学习榜样。

第四，坚持唯物史观的历史思维方式，把握马克思主义思想方法和工作方法的历史观总看法、总方法。

唯物史观是马克思主义关于社会历史发展问题的总观点、总说明和总方法，是我们共产党人观察和解决一切社会历史问题的望远镜、显微镜和金钥匙，也是习近平新时代中国特色社会主义思想的历史观依据和方法论武器。习近平总书记强调必须坚持以唯物史观为指导，强调提高以唯物史观为基础的历史思维能力，即坚持唯物史观的思想方法和工作方法，用以解决复杂的社会问题。他指出："历史和现实都表明，只有坚持历史唯物主义，我们才能不断把对中国特色社会主义规律的认识提高到新的水平，不断开辟当代中国马克思主义发展新境界。"① 历史和现实的实践已经不可辩驳地证明，中国革

① 习近平：《推动全党学习和掌握历史唯物主义 更好认识规律 更加能动地推进工作》，《人民日报》2013 年 12 月 5 日。

命、建设和改革开放取得的每一个伟大胜利，都离不开唯物史观的正确指导和成功运用。习近平总书记站在新的历史起点上，自觉运用生产、群众和社会基本矛盾等唯物史观基本观点，运用唯物史观思想方法和工作方法，深刻思考当代中国和当今世界的重大理论和实践问题，准确把握人类历史发展的基本规律和总趋势，把握中国共产党、中华人民共和国和中国特色社会主义的发展规律和发展趋势，把树立坚定的共产主义远大理想和中国特色社会主义共同理想高度统一起来，科学回答了中国当代社会发展的一系列重大问题，提出新时代坚持和发展中国特色社会主义的一系列战略、策略和举措，扎实推进中国特色社会主义伟大实践，为我们树立了运用唯物史观思想方法和工作方法认识社会、改造世界的成功范例。

（原载《世界社会主义研究》2018 年第 5 期）

习近平党建思想略论

王京清*

党的十八大以来，习近平总书记紧紧围绕全面从严治党这个主题，提出了关于党的建设的一系列新理念新思想新战略，创立了内涵丰富、逻辑严密、系统完整的习近平党建思想。这一思想丰富和发展了马克思主义党的建设学说，是中国特色社会主义党建理论的最新成果，是习近平新时代中国特色社会主义思想的重要组成部分，具有鲜明的理论特色、独特的政治品格和科学的方法论特征。

一　习近平党建思想的鲜明理论特色

习近平党建思想既体现了无产阶级政党建设的一般特征，又紧密结合中国共产党的实际，与时俱进，反映了新的时代特征和任务要求，具有鲜明的理论特色。

坚持党对一切工作领导的根本原则。习近平总书记明确指出，党的领导是中国特色社会主义最本质的特征，是中国特色社会主义制度的最大优势，党是最高政治领导力量，全面从严治党的核心是加强党的领导。他还深刻提出“没有中国共产党的领导，民族复兴必然是空想”，“伟大斗争，伟大工程，伟大事业，伟大梦想，紧密联系、相互贯通、相互作用，其中起决定性作用的是党的建设新的伟大工程”等思想，将坚持党的领导提升到了前所未有的战略高度。一方面，在当代中国，党政军民学，东西南北中，党是领导一切的；另一方面，加强党的领导，要求在统揽“四个伟大”、统筹推进“五位一体”总体布局、协调推进“四个全面”战略布局中全面提高党的领导水平和执政能力。确保党在坚持和发展中国特色社会主义的历史进程中始终成为坚强领导核心。

坚持党要管党、全面从严治党的指导方针。作为党的建设的根本指导方针，党要管党、全面从严治党是现实所需、形势所迫。党的十八大以来，以习近平同志为核心的党中央将党的建设作为治国理政的“先手棋”摆上日程、凸显出来，而且赋予其“全面从严”的鲜明时代特色。坚持全面从严治党关键在严，要害在治，层层压实“两个责任”，推动管党治党由宽松软走向严紧硬，赢得了党心民心。正如习近平总书记所强调的那样，在一个拥有13亿多人口的大国长期执政不容易，管好一个有8900多万名党员的大党不能有丝毫松懈。如果人民群众反映强烈的党内突出问题得不到解决，那我们党就难免不被历史所淘汰。

坚持强烈的问题意识和问题导向。习近平总书记以马克思主义政治家的勇气直面党

---

* 王京清：中国社会科学院副院长、党组副书记。

内存在的种种突出矛盾和问题。他强调，全面从严治党要以政治建设为统领，以坚持党中央权威和集中统一领导作为党的政治建设的首要任务；以坚定理想信念宗旨为根基，加强党性教育，补足党员干部精神之钙；以从严治吏为重点，着力破解“唯票、唯分、唯 GDP、唯年龄”问题；以提升组织力为重点，突出政治功能，强化党的基层组织；以改进作风为突破口，聚焦“四风”集中整治，开展党的群众路线教育实践活动、“三严三实”专题教育、“两学一做”学习教育，坚持不懈抓作风建设；把纪律和规矩挺在前面，捍卫党章、纯洁组织、消除隐患，以铁的纪律维护党的团结统一；以反腐肃贪为重要任务，以零容忍的态度开展反腐败斗争；以制度治党为保障，深化党的建设制度改革，提高制度的系统性和执行力。由于坚持问题导向，全面从严治党指向明确、靶向精准，取得卓著成效。

坚持管党治党与治国理政相互促进。习近平总书记强调，在党的建设路径上，要把伟大工程同伟大事业结合起来，在执政兴国的实践中加强和改进党的建设。党的十八大以来，以习近平同志为核心的党中央提出并形成“四个全面”战略布局，把全面从严治党融入治国理政全局，作为全面建成小康社会、全面深化改革、全面依法治国的重要保障，实现了管党治党与治国理政相互促进、相辅相成。

坚持治标与治本有机结合。一方面，以治标作为治党的突破口。针对党的作风方面存在的“四风”突出问题，出台中央八项规定及实施细则，集中力量进行治标。另一方面，以治本作为治党的落脚点。比如，以“控制总量、优化结构、提高质量、发挥作用”作为发展党员的总要求，适当控制党员增长速度，不断提升党员总体素质；以“信念坚定、为民服务、勤政务实、敢于担当、清正廉洁”作为新时期好干部标准，要求科学合理使用干部；在监督体制上，强调“两个为主”，推进党的纪律检查工作双重领导体制具体化、程序化、制度化；在决策机制上，健全依法决策机制，建立重大行政决策终身责任追究制度和责任倒查机制；制定修订了一系列党内法规，规范和严肃党内政治生活，为治本提供制度支撑。

二　习近平党建思想的政治品格

习近平党建思想具有独特的政治品格，蕴含着深厚的理论积淀，具有强大的精神力量。

坚如磐石的战略定力。首先，这种战略定力体现为政治清醒。习近平总书记强调，要科学评价中国革命、建设和改革的历史，正确认识改革开放前后两个历史时期，做到新民主主义革命的胜利成果决不能丢掉，社会主义革命和建设的成就决不能否定，改革开放和社会主义现代化建设的方向决不能动摇，毫不动摇地坚定中国特色社会主义道路自信、理论自信、制度自信、文化自信。其次，这种战略定力体现为理想信念决不动摇。习近平总书记指出，在任何情况下都要做到政治信仰不变、政治立场不移、政治方向不偏；必须保持对马克思主义的坚定信仰、对共产主义和中国特色社会主义的坚定信念，增强政治定力和政治敏锐性，提高抵御各种风险和经受住各种考验的能力。最后，这种战略定力体现为忠诚于党。习近平总书记指出，绝对忠诚于党是对党员的根本政治要求，全党同志都要强化党的意识，牢记自己的第一身份是共产党员，第一职责是为党工作，做到忠诚于组织，任何时候都与党同心同德，对党高度信赖，热爱党、拥护党、永远跟党走。

人民至上的价值取向。习近平总书记强调："必须坚持人民主体地位，坚持立党为公、执政为民，践行全心全意为人民服务的根本宗旨，把党的群众路线贯彻到治国理政全部活动之中，把人民对美好生活的向往作为奋斗目标，依靠人民创造历史伟业。"这些要求彰显了心系人民的真挚情怀，凸显了习近平党建思想"以人民为中心"的底色。习近平总书记坚持历史唯物主义的群众史观，反复强调人民群众是历史的创造者，是真正的英雄，是力量的源泉，"一个政党，一个政权，其前途和命运最终取决于人心向背。如果我们脱离群众、失去人民拥护和支持，最终也会走向失败。"习近平总书记深情地说："人民对美好生活的向往，就是我们的奋斗目标"，要让"生活在我们伟大祖国和伟大时代的中国人民，共同享有人生出彩的机会，共同享有梦想成真的机会，共同享有同祖国和时代一起成长与进步的机会"。他始终把人民群众的安危冷暖放在心上，特别关心社会弱势群体和困难群众的合法权益，提出到2020年农村贫困人口全部脱贫的目标，并为此投入了大量精力。

以身许党许国的担当精神。敢于担当是中国共产党的优良传统，也是习近平总书记反复强调并身体力行的一种领导风格。在习近平党建思想中，"担当"这个词语的出现频率极高。他反复要求，"该承担的责任必须承担"，"要有担当意识，遇事不推诿、不退避、不说谎，向组织说真话道实情，勇于承担责任""，在大是大非面前敢于担当、敢于坚持原则"。他指出："有理想、有担当，国家就有前途，民族就有希望。"习近平总书记不仅这么说，更在治国理政、管党治党的伟大斗争中处处敢于担当、善于担当，为促进作风根本好转，带头践行中央八项规定，说到做到、一抓到底，兑现了军令状，真正做到了取信于民。

正人先正己的过硬作风。习近平总书记指出："抓作风建设，首先要从中央政治局做起"，"中央政治局同志从我本人做起"。他第一次以总书记的身份到广州、深圳等地调研期间，严格遵守中央八项规定，不封路、不开道、不清场，为严格执行中央八项规定开了好头。中央政治局率先垂范，其影响力和带动力是巨大的。中央八项规定出台以来，中央政治局的同志自觉认真执行，影响带动了全党和整个社会风气的转变。党的十九大闭幕后不久，中央政治局就制定了八项规定实施细则。作风建设是这样，整个全面从严治党也是这样。可以说，习近平总书记的身体力行，有力地推动了中央八项规定的落实，也对各级党员干部产生了极大的示范效应。

三　习近平党建思想的方法论特征

党的十八大以来，全面从严治党之所以取得卓著成效，赢得人民群众的高度肯定，既源于党自身所具有的强大组织能力与行动能力，也离不开习近平总书记管党治党的科学方法的指导。

把哲学思维贯穿到党的建设之中。坚持全面联系的观点，把全面从严治党纳入"四个全面"战略布局，体现了战略思维、系统思维。坚持矛盾分析方法，善于把认识和化解矛盾、发现和解决问题作为打开局面的突破口，以问题整改赢得民心。坚持两点论与重点论的统一，既注重总体谋划又注重牵住"牛鼻子"，既注重顶层设计又发挥基层首创精神，既整体推进又重点突破。坚持实践第一的标准，强调知行合一，发扬钉钉子精神，善始善终、善作善成，为全党践行马克思主义实践观点、弘扬求真务实作风作出了表率。

把党内监督与群众监督有机结合起来。一方面，习近平总书记强调，全党都要增强管党治党意识，各级各部门党委（党组）必须把抓好党建作为最大的政绩，把从严治党责任承担好、落实好，坚持党建工作和中心工作一起谋划、部署、考核，各级纪委要担负起监督责任，勇于执纪问责，切实使管党治党真正从宽松软走向严紧硬。另一方面，习近平总书记提出，全面从严治党必须依靠人民，要畅通建言献策和批评监督渠道。

坚持思想建党与制度治党同向同时发力。习近平总书记提出，“从严治党靠教育，也靠制度，二者一柔一刚，要同向发力、同时发力”，这是马克思主义执政党建设理论的重大创新。实践启示我们，既不能忽视思想建党的自觉性和坚定性，又不能忽视党组织自身的制度化、规范化、程序化建设，二者刚柔并济，都是治本之策。通过思想建党，使党员坚定理想信念和价值追求，提高党性修养和政治觉悟，党内的制度规范才具有发挥作用的主体性前提。通过制度治党，加强和规范党内政治生活，不断提高党的建设科学化水平，党员的党性修养和锤炼才具有客观性前提，才能持久化。

坚持全面从严与求真务实的有机统一。习近平总书记明确表示：“我们的责任，就是同全党同志一道，坚持党要管党、从严治党”。一方面，管党治党一刻不能松懈，贵在全面，要在从严，全面从严治党是全方位、全领域的，覆盖了党的建设各个方面，以从严为基调。另一方面，管党治党要求真务实。正是坚持求真务实的治党风格，从制定实施中央八项规定到开展党的群众路线教育实践活动、着力纠治“四风”，党的建设抓出了成效，反腐败斗争形成了压倒性态势并巩固发展。

总之，习近平党建思想为新时代加强党的建设提供了行动指南，凝聚起全党全国人民团结奋进的磅礴力量。我们一定要认真学习贯彻落实习近平党建思想，推动全面从严治党不断向纵深发展，把党建设得更加坚强有力。

（原载《党建研究》2018 年第 4 期）

改革开放四十年的社会巨变和中国社会学的当代使命

——《学习与探索》专访中国社会科学院学部委员李培林先生

李培林*

一　社会学视角下的中国社会转型

张磊：尊敬的李院长，您好！感谢您接受我们的专访。改革开放40年来，中国经济增长取得了伟大成就，人民生活显著改善，社会也发生了巨大的改变。观察这个伟大的变化，不同的学科有不同的视角。您是我国著名的社会学家，从社会学的角度，怎么来看待我国发生的巨变？

李培林：改革开放是我国40年来发展的主题和主线，经济体制改革是观察我国发展变化最重要的视角，改革开放推动的经济增长是我国一切发展的基础。但社会学的视角并不局限于此，它更关注社会结构的变化和日常生活的变迁。早在20世纪90年代初期，面对我国社会发生的深刻变化，社会学就在寻找一种理论的概括和解释的框架。记得那时，我们中国社会科学院社会学研究所的一群年轻学者，在老所长陆学艺的带领下，在北京郊区讨论这个问题，其实就是没日没夜地"侃大山"，大家从社会各方面的变化谈起，最后提炼出一个核心概念，就是"社会转型"。社会转型其实并不是什么新的理论创新，在古典社会学对现代化过程的描述和概括中，已经使用过不同的转型框架，如梅约的从身份社会向契约社会转型，斯宾塞的从军事社会向工业社会转型，涂尔干的从机械团结社会向有机团结社会转型，莱德弗尔德的从民俗社会向都市社会转型，贝克的从宗教社会向世俗社会转型，韦伯的从前现代社会向现代社会转型，所有这些都可以被概括为从"传统社会"向"现代社会"的转型。

我们利用了这样一个理论框架，在由我执笔撰写的《中国社会发展报告》总报告中，提出"我国正处在一个社会转型时期"，并用了大量的材料和数据从六大转型概括了当时的社会巨变：即"从自给半自给的产品经济社会向有计划的商品经济社会转型""从农业社会向工业社会转型""从乡村社会向城镇社会转型""从封闭半封闭社会向开放社会转型""从同质的单一性社会向异质的多样性社会转型""从伦理型社会向法理型社会转型"。这个总报告以《我国转型时期社会发展状况的综合分析（摘要）》为题，

---

* 李培林：时任中国社会科学院副院长，学部委员。

发表在1991年《社会学研究》第4期，产生很大的社会影响，“社会转型”从此也成为我国社会学描述和解释改革开放以来我国社会巨变的核心概念。

张磊：我想请教一下，经济学中有“市场转型”的概念，政治学中也有“体制转轨”等概念，都与“改变”“转变”有关，那么社会学所说的“社会转型”与经济学所说的“市场转型”有什么根本性的差别？另外，我们今天所说的“社会转型”，与古典社会学所说的“社会转型”相比，有什么创新和变化吗？

李培林：“市场转型”讲的是经济体制转轨，是经济运行机制的根本性变化，在英文中，讲市场转型，通常是用“Transition”。“社会转型”是讲社会结构的根本性变化，在英文里是“Transformation”。就我国的改革开放来说，市场转型特别是社会主义市场经济体制的建立，为社会转型提供了强大的动力。但从理论上说，经济体制改革到一定阶段也需要不断完善，并使之相对稳定，因为不稳定的经济体制会带来体制摩擦，从而增加体制运行成本。但社会转型是一个长期的结构变动过程，它比市场转型要漫长得多。我们也试图把我国的社会转型看成一种整体性的变化，即认为改革开放以来是两个巨变构成了社会转型：即经济体制的深刻变革和社会结构的深刻变动。我称之为“双T变革”，体制转轨（Transition）和结构转型（Transformation）同步进行，这既区别于东亚起飞模式，也区别于苏东剧变模式。

至于与西方古典社会学所说的“社会转型”的区别问题，这也是我们一开始就思考的问题。我在1992年《中国社会科学》第5期上发表了一篇打头的文章《另一只看不见的手：社会结构转型》，就是想回答这个问题。区别其实涉及三个方面：一是摒弃社会类型的二分法，用从一种结构状态向另一种结构状态持续性的变动和转换来取代二分法概念，不把走向现代化视为对传统的否定；二是把这种持续性的结构变化视为可以用数量关系解释的并没有终极目标的过程；三是把增长和发展区别开来，将两者统筹在社会转型的整体要求中，避免“无发展的增长”。

张磊：“增长”和“发展”的确是一对含义十分接近的概念，许多人甚至将两者等同看待，认为“增长”尤其“经济增长”等同于“发展”，我们通常在使用中也加以区别，您认为两者的差别在什么地方？什么是“无发展的增长”呢？这应该涉及发展理念和发展观的转变。

李培林：“增长”和“发展”，含义接近，很多情况下是可以相互替代使用的，但严格地说，两者又有区别，代表着不同的发展理念。“增长”通常是指经济增长，特别是指人均国内生产总值（GDP）或国民生产总值（GNP）的增长，而发展则有很多的结构性要求和生活条件的要求，如财富的公平分配、平民教育、医疗保健、社会福利、环境保护等等。在发展目标中强调人均GDP的增长，是“二战”以后的发展大势。当时许多从殖民统治下独立出来的发展中国家，面临的首要问题就是发展生产力、缓解贫困，增强国力，它们多数都确立了以提高人均国民收入为目标的发展战略。联合国第一个发展十年（1960—1970）报告和联合国第二个发展十年规划，都把人均GDP的增长作为首要的发展目标。而且，东亚和拉美一些国家和地区在20世纪六七十年代的快速发展似乎也印证了提高人均GDP的重要性。然而，片面强调以人均GDP为核心的经济增长而忽略全面发展，在一些国家也带来产业畸形、资源浪费、环境污染、贫富悬殊、债台高筑等问题，造成“有增长而无发展”，甚至陷入“中等收入陷阱”。

我国在改革开放初期，就已经开始意识到发展理念的重要性。早在1982年岁末，第五届全国人大第五次会议在通过“六五计划”时，就把“国民经济五年计划”正式易名为“国民经济和社会发展五年计划”，增加了“社会发展”的理念。此后，随着实践的发展，先后提出“经济社会协调发展”“可持续发展”“社会进步”“人的全面发展”“和谐社会建设”“生态文明建设”等发展理念，并形成全面、协调、可持续的科学发展观。现在我国又提出“创新、协调、绿色、开放、共享”的新发展理念，可以说这是我国发展理念的又一次重大提升。当然，在实践中，发展中国家也很容易形成单纯注重 GDP 增长的惯性，比如，我国很早就提出要避免走“先污染、后治理”的老路，但实际上我们还是走了这样一条路，最后是环境污染对我们生活质量的严重影响倒逼我们转变发展方式。

张磊：您提出社会转型是“另一只看不见的手”，这是相对于什么来说的？我们是在何种层面上来讨论这一议题的？提出这样一个议题的意义是什么呢？

李培林：我国的改革开放一开始就是市场取向的改革，当时大家讨论的焦点问题，就是政府和市场的关系，即认为就资源配置来说，政府是“一只看得见的手”，市场是“一只看不见的手”，改革就是更多地发挥市场这只看不见的手的作用，因为市场对各种信息反应更加灵敏，可以更有效率地配置资源。其实科斯和威廉姆森都说得很清楚，市场不是万能的，市场是有“交易成本”的，企业组织之所以存在并有竞争力，是因为企业按指令运行的层级制可以降低交易成本。企业是市场的主体，但企业组织的优势和内部运行机制与市场不一样。小钱德勒写过一本书《看得见的手：美国企业的管理革命》，说的就是这个道理。我提出社会转型是“另一只看不见的手”，也是在资源配置的层面说的，是相对于政府和市场说的，其目的是要说明在政府和市场之外，还存在其他的决定资源配置效率的重要力量。就我国社会结构而言，在经济运行和社会生活中存在着各种“社会网”，决定着人们的行为取向，这些“社会网”都是按照不同于市场制度的非正式制度运行的，在许多特殊的领域，其资源配置效率既高于政府也高于市场。美国获得诺贝尔经济学奖的政治人类学家奥斯特罗姆写过一本公共政策著作《公共事物的治理之道》，指出“公地悲剧”“囚徒困境”和“集体行动逻辑”等理论模型都是从政府或市场出发探讨解决公共事务的途径，但结论都是悲观的，她提出解决“公共池塘”问题的多中心治理理论，其实也是在探讨“另一只看不见的手”。当然，作为一个理论问题，“另一只看不见的手”理论还需要进一步完善，但它在实践中的重要意义是毋庸置疑的。否则对我国乡镇企业的一度崛起和东南亚国家家族企业的生命力这类现象，都很难解释。这也说明，一切经济活动都是“嵌入”特定的社会结构并被社会结构所影响的。

二 改革开放四十年日常生活变迁与新时期社会转折

张磊：围绕“社会转型”这一概念，您给我们讲了很多，主要从理论层面深化了认识，而社会学是一门贴近社会生活的学科，那么从现实的层面来看，怎样从社会学的视角来观察我国社会发生的深刻变化呢？

李培林：社会学视角观察社会变迁的一个重要特点就是注重“日常生活”的变化。这与传统的历史学视角有很大不同，历史学更加关注重大的历史事件和重要的历史人物，这是一种从宏观到微观的视角。社会学是一门实证的学问，说话要有证据，它注重社会调查、资料收集和数据分析，更类似一种从微观到宏观的视角。社会学有很多被称为“底层研究”的经典成果都是从微观做起的。

比如，从日常消费看，改革开放以前几乎各种生活必需品都出现短缺，什么都需要凭票证供给，当时究竟发行过多少种票证数也数不清，有人分为八大类，即粮食类、肉蛋类、食油类、副食类、工业品类、棉织品类、日用杂品类、生产资料类，至少几十种到上百种。我那时每个月 38 斤粮票，又分为面粉、大米等细粮和玉米、高粱、红薯等粗粮。改革开放以后，我国从生活必需品生产着手，提高经济激励，促进经济发展，人们的收入和消费水平快速提高。代表大众生活水平的“三大件”，从改革开放初期的自行车、手表、缝纫机，到 20 世纪 90 年代的电视机、电冰箱、洗衣机，再到现在的住房、汽车、保险，变化之快超出想象。

再比如大家都十分关心的“食品安全”问题。40 年前，在改革开放之初，人们并没有食品安全的概念，那时候生活好的标准就是能够“吃饱”，研究者普遍采用的衡量农民家庭生活水平的指标就是“人均口粮”。随着经济的增长，物质生活日渐丰富，在“吃饱”的需求满足之后，“吃好”成为新的追求，“人均肉菜等副食支出在食品支出中的比重”成为衡量“吃好”的重要指标。在“吃好”的需求也基本满足以后，衡量生活水平的高低就更加注重食品之外其他消费，如教育、旅游、通信、休闲等消费，这时“食品消费支出占总消费的比重”，即国际普遍采用的所谓“恩格尔系数”，成为衡量生活水平的基本指标。现在，在追求生活质量的阶段，人们不仅要“吃饱”“吃好”，还要“吃的有机”“吃的天然”。一系列频繁发生的食品安全事件，使人们把食品安全视为保障生活质量的重要方面。

另外，自从 2013 年全国很多城市受到雾霾袭击之后，人们对生态环境特别是空气质量的重视程度也越来越高。我们的孩提时代，几乎每天都是白日蓝天白云、夜间满天繁星，但那时人们都习以为常，并不觉得珍贵，生态环境与生活质量似乎也并没有什么关系。改革开放以后，经济大发展了，工业化水平提高，环境污染也随之加重了，但多数人还是认为，这是提高收入和生活水平必须付出的代价，“先污染、后治理”也是难以逾越的发展路径。然而，有时一个事件会改变历史的走向。2013 年 1 月中旬，北京市的严重雾霾天气数日持续，气象局发布最高级别的霾橙色预警，机场乘客大量滞留。从东北、华北到中部乃至黄淮、江南地区，中国中东部地区陷入大范围重度和严重空气污染，部分地区能见度不足百米。当时环保部监测的 120 个重点城市中，有 67 个处于污染水平，11 个省市 22 条高速公路局部路段关闭。这一事件引起社会各界的深刻反思，我们努力工作、追求“增长”到底为了什么？发展是为了什么？如果生活在一个出门需要戴口罩的空气环境中，怎么谈得上高生活水平和生活质量呢？在这种思考下，新的社会共识正在形成，“绿水青山就是金山银山”。

社会学之所以具有与其他学科不同的视角，就在于它还注重从社会关系和主观感受来观察生活的深刻变化。工业化和城镇化的过程，也是从熟人社会向陌生人社会的转变。随着社会的快速发展，陌生人社会中的孤独、抑郁、偏执等负面影响也在蔓延。与此同时，人们的自由、权利、参与等意识也在增强，社会表达、社会信任、社会支持、社会公正、社会参与等，都成为保障生活质量的重要条件。长期以来人们对生活质量的评价都是主要基于物质生活条件和相关福利的指标，而现在人们的获得感、幸福感、安全感、满意度得到前所未有的重视。

张磊：从日常生活看社会变迁可以包括吃穿住行等不同领域，每个领域又都可以列出很多方面，但从这些纷杂多彩、变化万千的社会现象中，我们可以发现一些规律性的东西、或者说找到一些阶段性的特征吗?

李培林：您说得很对。对现象的陈述，再细致也不过是一种罗列，要上升到科学层面，总要通过抽象和提炼，在现象的背后发现支配性的规律、规则。改革开放40年了，大概从10年前开始，我就在观察和分析一些“新的阶段性特征”，换句话说，以2010年前后为界，可以把改革开放分为前30年和后30年，包括即将展开的20多年，在这两个30年之间，出现了一些转折性的变化，我们今天所面对的问题与改革开放前30年相比，很多方面已经发生了根本性变化，出现了新趋势新挑战，我们的战略选择和政策应对也应随之调整。比如，我可以从“四大转折”谈起。

一是城镇化发展的转折。国际上城镇化的发展阶段通常分为人口向城市集中、郊区化、逆城镇化、再城镇化四个阶段。我国城镇化率从2011年开始超过50%，2018年估计会达到近60%。我国城镇化是一种加速型、跨越式的发展，一方面人口向城镇的集中、城镇郊区化还没有结束，同时逆城镇化的阶段已经展开。这预示着一种新的趋势的到来，虽然这些迹象还只是以农家休闲、乡村养老、城市人经营乡村第三产业等形式表现出来，但却体现出未来的发展趋势。逆城镇化并非城镇化的倒退，而是城镇化发展的新阶段，是对城乡一体化的提升，孕育着巨大的新的发展空间。中国这样的人口大国，恐怕很难单靠人口向大城市集中这一方法来解决城镇化问题，估计我国城镇化到2035年前后达到75%后会稳定下来。在这方面我国还有很大的发展空间和结构变动可能，应当因势利导，积极推进新型城镇化。这种新态势也对我们的社会治理提出新问题，在城乡户籍分割的情况下，既要做好数以亿计的进城农民工融入城市的管理工作，也要解决好农村的宅基地、承包地和集体建设用地的产权改革问题，促进乡村开放和复兴。

二是就业和劳动力供求关系的转折。中国的失业率在经济增长速度下行的情况下并没有出现恶化，这在过去经济增长速度下行的时候是从未有过的情况，除了政府促进新增就业以及服务业增长带动了就业，更深层的原因是劳动力供求关系发生了根本变化。劳动年龄人口总量从2012年开始下降，现在每年减少400多万劳动力，理论上测算的农村大量富余劳动力，由于农村劳动力的普遍老龄化和年龄匹配原因，已难以转移成有效的工业劳动力供给。所以，未来我国出现劳动力短缺和人工成本持续上升，可以说是一种必然的趋势。我们必须清醒地认识到，低人工成本的时代即将结束，人口红利的窗口期即将关闭，我们别无选择，必须大规模提高劳动力素质以延长人口红利，必须加快技术创新以保证企业的竞争力。

三是收入分配和职业结构的转折。自改革开放以来，在拉开收入差距、促进经济效率的政策取向和市场经济本身规律的双重作用下，收入差距总体上呈一路扩大的态势。这种态势到2008年达到顶点，基尼系数为0.491。此后出现转折，至2015年基尼系数持续缓慢回落，但最近两年又有微弱反弹，2017年为0.467。我国收入分配状况的改善为增加消费对经济的拉动力量和促进中产阶层的成长提供了新的有利条件。与此同时，2013年我国服务业产值比重首次超过工业，至2017年服务业从业人员比重达到45%，远超过工业从业人员。我国已经开始了一个新的职业结构阶段，即所谓“白领时代”，而中产阶层的形成、大众消费时代等一系列现代社会议题，都是与这样一个转折相联系的。

四是老龄化过程的转折。我国 2000 年 60 岁及以上人口超过 10%，跨越进入老龄社会的门槛，至 2017 年底我国 60 岁及以上老年人口 2.41 亿人，占总人口 17.3%，预计我国老龄化还会加速，到 2050 年前后我国老年人口数将达到峰值 4.87 亿人，占总人口的 34.9%。我国老龄化社会面临一系列严峻挑战：老年人口规模庞大，已达 2.4 亿人；未富先老，尚处于发展中国家水平；家庭平均人口减少到 3.11 人，传统家庭养老方式变得脆弱而社会养老保障尚不健全；老龄化因前期人口控制政策加速进行。对老龄化问题的处理，将成为未来我国经济社会发展的重要影响因素。

这些阶段转折特征，一方面说明我国发展仍有很大的结构变动弹性和发展空间，另一方面说明我国当前的发展遇到一系列完全不同于以前的新问题、新挑战。

这些转折性变化都是规律性、规则性的东西，从深层次上影响和支配着日常生活的变化。

三　社会学视角下的当代社会问题与时代使命

张磊：您说的这些转折性变化，对我们理解我国社会发生的巨变也很有启发。同时我还很想了解，您作为一个社会学家，怎样看待当前大家关心的一些国际国内的热点问题，尽管这些问题可能并不完全属于您的研究领域。比如，您怎样看当前中美之间的经贸摩擦?

李培林：诚如您所说，我既不是国际经济专家，也不是国际关系专家，但就我个人掌握的信息来看，中美这场经贸摩擦有其必然性，是全球化和我国产业结构升级带来的必然结果。全球化促进了资本、资源、产业和人才的自由流动，造成发达国家和发展中国家之间的发展差距进一步拉大，但同时也造成发达国家内部中产阶级的分裂。从美国到欧洲，庞大的中产阶级原来是他们的社会基础，但产业外流和新技术发展造成的机器替代劳动使青年就业产生大问题，中产阶级少部分上升了，但多数地位有所下降，平均生活水平相对降低，加上外来移民的冲击，这是西方产生价值认同危机和民粹主义兴起的深层社会原因，也是特朗普上台和欧洲极右翼势力扩张的深层社会原因。我国过去产业在低端发展，在国际分工中与发达国家处于不同的竞争层次，现在我国产业结构加速升级，开始与他们在同一个“大锅里抢饭”，产生正面冲突也是必然的，中美经贸产生摩擦有其必然性、长期性。所以不要指望特朗普在选举中失利换上新人就能改变什么，也不要指望经贸摩擦造成美国国内利益自损会改变什么，更不能以仇恨和民族主义情绪来对待这个问题。还是老话，要有理、有利、有节地处理冲突，做最坏的打算、做最好的争取，尽可能地延长我国发展的战略机遇期，特别是不能去空说一些大话。

张磊：感谢您的精辟分析。让我们返回国内的热点问题，现在房价成为坊间热议的话题，因为很多城市近来陆续出台了一些限购措施，甚至个别城市又出现排队抢房的现象。现在一方面房价高企，住房价格与居民收入不成比例，群众抱怨较多；另一方面尽管政府对房价一再调控，但房价似乎很难降下来，甚至稍一放开又会飙升，如此反复人心惶惶，炒房现象层出不穷。大家都说现在是住房决定社会分层，您怎么看这个问题?

李培林：房价目前的确成为一个很特殊的经济社会问题，对群众的生活影响很大，而且几乎是一个两难选择。一方面，房地产业的发展对我国经济发展贡献很大，对此不能否认，对于地方政府来说，房地产对地方经济增长和财政收入至关重要，房地产一旦崩塌，政府、银行、众多家庭都要破产，但房地产的高盈利让很多制造业放弃本业投资房地产，海量贷款也绑架了银行、政府；另一方面，住房价格的高企超过了居民收入的承受能力，目前我国家庭资产中房产占比已达68%，到2017年年中，我国境内居民存款62.6万亿元，而家庭贷款飙升到36.4万亿元，大量居民收入用于还贷挤压了大众消费，而消费目前已成为推动经济增长的基础性力量。住房是一种商品也是生活必需品，价格高说明还是存在刚需和短缺，要从供给侧找出路。深圳最近实行“住房新政”，规划从2018年至2035年筹建各类住房170万套，其中带有政策支持性的住房总量不少于100万套，占同期住房供应量的60%左右，我觉得这是一个好办法，但不一定是普遍适用的办法。现在很多发达地方农村在衰败，住宅大量闲置，而城市周边农村住宅既无价也无市，应该考虑从农村住房和集体建设用地的产权改革入手，通过各种途径加大住房供给，从而把房价控制住。为此，房地产税作为一种调控手段早晚还是要收的，但要有必要的生活住房面积减免，不要影响普通民众的生活水平，不能为囤房投资提供高收益预期，“房子是用来住的，不是用来炒的”。当然，我这只是一种非专家的看法。

张磊：现在社会上在讨论“新东北现象”，认为东北经济增速急剧下滑，产业结构偏重、国有经济一支独大，人口、人才净流出，思想观念陈旧落后，似乎形成了唱衰东北的舆论，让我们东北人听起来很不舒服，有些网络事件甚至造成了十分严重的后果。您怎样看待这个现象？

李培林：我对东北还是很有感情的。我是山东人，东北闯关东的山东人比重很高。我祖父当年闯关东，跑到海参崴去开木炭窑，挣钱供我父亲上大学。东北其实有很好的自然和经济社会基础，森林覆盖率高、水资源和矿藏丰富，还有全世界少有的黑土地，比美国西部的条件好多了。当年日本侵华从占领东北开始，就是看上了这块风水宝地。中华人民共和国成立初期苏联援建的156个国家重点项目，56个安排在东北，奠定了很好的工业基础。直到目前，东北三省的城市化水平、教育水平、人口素质都高于全国平均水平。为什么会出现大家所说的“新东北现象”，我觉得还是一种双重的“路径依赖”：一是对计划经济体制、对单位体制的“路径依赖”；二是对重工业的“路径依赖”。这也反映了双重的转型艰难，即市场转型的艰难和煤钢基地转型的艰难。

20世纪90年代后期，在东北国有企业大规模改制和下岗失业问题凸显的时期，我曾在东北三省做了大量的企业调查和下岗职工调查。那时我就感到，东北的社会结构很特殊，单位化的大企业很多，企业办社会很普遍，除了火葬场，社会有的，企业都有，企业一垮，社会就会瘫痪。像当时的齐齐哈尔，无数家庭子孙三代都是靠着几大军工企业生活，企业一垮全家下岗，父亲为了生活摆摊无人买，儿子不忍心雇人去买，有的哈军工毕业的工程师也沦为下岗员工。长春市四分之一产业为一汽配套，一汽不景气就整个城市不景气。那时东北弥漫着悲观和悲伤的情绪，现在的情况比那时好很多。我们当时希望继深圳和浦东之后，能够在东北开发一个新的开放窗口，带动整个东北的转型。2003年中央提出振兴东北老工业基地的战略，加大了投入，本来是产生倒逼机制的很好时机，但随后的全国房地产大潮刺激了东北过于依赖重化工业快速发展，转型问题实际上搁置延迟了，甚至单位大锅饭卷土重来。2016年中央再次提出全面振兴东北的意见，我觉得提出的各项措施都是对症下药、切中时弊的。20世纪90年代后期在东北调研时，我们曾认为东北转型需要30年。在约20年过去后，看来我们对转型的艰难还需要有足够的准备，要有“杀出一条血路”的信心和决心来实现转型。

张磊：好一个“杀出一条血路”！我想最后我们还是回到社会学，您认为中国社会学具有哪些本土特色和中国气派？在中国社会巨变的历史条件下，中国社会学应当承担怎样的学科使命？

李培林：习近平总书记2016年在哲学社会科学工作座谈会上说了一段很有气势的话：“当代中国正经历着我国历史上最为广泛而深刻的社会变革，也正在进行着人类历史上最为宏大而独特的实践创新。这种前无古人的伟大实践，必将给理论创造、学术繁荣提供强大动力和广阔空间。这是一个需要理论而且一定能够产生理论的时代，这是一个需要思想而且一定能够产生思想的时代。”国际社会学界对中国社会学有一种说法，或者说一种印象，即中国社会学做了大量现实问题的社会调查和研究课题，但理论建树乏善可陈，甚至认为中国理论抽象能力不行。他们觉得最不可思议的是，中国社会学的博士论文，通常会以时空差距很大的某个西方理论作为假设，然后用中国的某个省、某个地区，甚至某个村的材料去验证。这大概是戳到了我们的软肋。从某种意义上说，当代中国社会学最鲜明的本土特色和学术风格，就是“问题导向”。目前世界上，像中国这样，社会学研究的问题与本国社会亟须解决的重大现实问题如此紧密的联系，受到民众和政府如此高度的关注，还是为数不多的。自改革开放以来，中国社会学在小城镇发展、家庭结构变迁、乡镇企业崛起、区域发展模式、经济社会和城乡协调发展、当代阶级阶层结构、社会结构转型、全面小康社会、社会和谐稳定、创新社会治理等一系列重大现实问题研究方面，都做出了重要贡献，塑造了当代中国社会学注重重大现实问题研究的“中国风格”。换句话说，正是中国改革开放以来广泛、深刻、快速、巨大的社会变革和变迁，成为促进中国社会学快速发展的沃土和机遇，我国社会学也在推动解决一系列重大理论和现实问题的过程中不断成长壮大，成为一门显学。但社会学的确不应当局限于“社会问题学”，要有理论上的思考和建树，要有社会规律、变迁规则的发现，要有自己完整的知识体系、学科体系、学术体系、教材体系、话语体系，学问要能够解释社会，有助于改造社会。如果问中国社会学应当承担怎样的学科使命，这也可以叫作使命吧。

张磊：非常感谢李院长日理万机中接受我们的专访，感谢您将独到见解与我们分享。您对中国的改革开放、对中国的社会，乃至对社会学研究，以及对我们东北发展切中肯綮的阐述都给了我们相当大的启发。由衷感谢！

（原载《学习与探索》2018年第9期，个别标点字词略有改动）

中国改革成功经验的逻辑

蔡　昉*

一　引言

习近平同志在党的十九大报告中指出："经过长期努力，中国特色社会主义进入了新时代，这是我国发展新的历史方位"，这一新时代"拓展了发展中国家走向现代化的途径，给世界上那些既希望加快发展又希望保持自身独立性的国家和民族提供了全新选择，为解决人类问题贡献了中国智慧和中国方案"。① 今年是中国改革开放40周年，总结40年来社会主义与市场经济结合的成功经验，尤其需要在历史逻辑与理论逻辑的统一中，从不同的方位或视角讲好中国故事。

当人们说起中国经济改革的起始时间，一般都是笼统地说20世纪70年代末或80年代初。以两个标志性的事件发生的时间点为准，应该说中国经济改革始于1978年。第一，1978年12月18日至22日，中共十一届三中全会召开，重新确立了解放思想、实事求是的党的思想路线，决定把全党的工作重点转移到经济建设上来，为改革开放奠定了理论基础。第二，几乎在同一时间，安徽省凤阳县小岗村的18家农户，决定摒弃生产队大呼隆式的劳动方式，实行包产到户。这一形式被称作农村家庭联产承包责任制，随后在全国得到推行，并导致人民公社体制的废除。这是对传统计划经济体制的最初突破。而小岗村的颠覆性制度创新，也就理所当然地被认为是中国经济改革的先行实践。

中国的经济改革与对外开放也是同时发生的。1979年4月，邓小平首次提出开办"出口特区"，同年7月中共中央、国务院决定在广东省的深圳、珠海和汕头以及福建省的厦门建立出口特区（后来称作经济特区），标志着对外开放的开始。初期的对外开放还带有实验性和地域性，先后从建立经济特区、开放沿海城市和沿海省份等入手；及至20世纪90年代，中国为加入世界贸易组织（WTO）做出努力，开始全方位拥抱经济全球化。可见，中国的经济改革是开放条件下的改革，对外开放也在改革过程中得以推进，国内经济发展与融入全球经济是相互交织在一起的。②

由此算来，从1978年到2018年，改革开放恰好历经40个年头。如果把孔子的名

---

* 蔡昉：中国社会科学院副院长、党组成员。

① 习近平：《决胜全面建成小康社会　夺取新时代中国特色社会主义伟大胜利——在中国共产党第十九次全国代表大会上的报告》，人民出版社2017年版，第10页。

② 国际货币基金组织也把1979年作为中国经济增长起飞的起始年份，参见IMF，World Economic Outlook，Washington，DC：IMF，2006，Chapter 3，p. 76。

言“四十不惑”用在这里，首先是说40年的成功实践确定无疑地证明了这条中国特色改革开放道路的正确性；进一步引申，这也是说40年是一个值得认真总结的时间点，以使我们对改革开放的认识上升到更高的理论层面，从而更好地指导未来的改革实践。与二十弱冠和三十而立相比，四十不惑意味着我们已经积累起丰富的史料、案例和文献，有条件更深刻地对中国经济改革进行反思与前瞻。

很多经济学家对中国经济改革过程进行了描述和总结，有些限定在特定的专业领域，[①] 也有的试图做出全过程的叙述，[②] 还有的是就某一类关键问题，如改革时期生产率提高与否等问题进行研究。[③] 总体来说，国外经济学家的研究在国际经济学界具有广泛性的影响。然而，这些研究一般而言有着一些明显的不足。除了因远离事件发生地点以及信息不充分造成对事实的误读，从而做出对趋势的误判之外，主要的缺陷是把西方主流理论套用于中国，以某种既有的圭臬比照中国实践，用新古典教条解释中国经验。

这样，要么否认中国改革的成功经验，对中国经济发展前景屡试屡败地做出悲观判断，[④] 要么把中国经验视作特殊案例，否定其一般意义，[⑤] 或者将其一般意义引申到西方主流经济学的共识（如华盛顿共识）上面。例如，许多经济学家不愿意相信社会主义可以与市场经济相结合的可行性，因此，承认中国改革开放发展的成功，必然得出这是资本主义在中国的成功的结论。

张五常坚信中国的改革是走向资本主义，以很早就预测到中国会走向这条道路并且“成功”而自诩。[⑥] 黄亚生则把中国改革概括为有中国特色的资本主义。[⑦] 按照似乎不言自明的逻辑，与之相符的就是改革成功的原因，与之不相符的则被作为对改革情景做出悲观判断的依据。依据类似的框架，一部讲述中国改革的著作则干脆在推崇中国经验的同时，将其总结为“如何走向资本主义”（How China Became Capitalist）。他们认为，中国的这一经济转型是哈耶克“人类行为的意外后果”理论的一个极佳案例。[⑧]

---

① 例如，在一部关于中国经济转型的著作中，中外45位作者从经济学分支领域对改革成效进行了详尽的分析。参见Loren Brand and Thomas G. Rawski，eds.，China's Great Economic Transformation，New York：Cambridge University Press，2008。

② 如参见Ronal Coase and Ning Wang，*How China Became Capitalist*，New York：Palgrave Macmillan，2011；林毅夫、蔡昉、李周：《中国的奇迹：发展战略与经济改革》，格致出版社、上海三联书店、上海人民出版社2014年版；吴敬琏：《当代中国经济改革》，上海远东出版社2003年版。

③ Alwyn Young，“Gold into the Base Metals：Productivity Growth in the People's Republic of China during the Reform Period”，*Journal of Political Economy*，Vol. 111，No. 6，2003，pp. 1220－1261.

④ 如Alwyn Young，“Gold into the Base Metals：Productivity Growth in the People's Republic of China during the Reform Period”，pp. 1220－1261；Paul Krugman，“Hitting China's Wall，” *New York Times*，July 18，2013。

⑤ Jeffrey Sachs，“Lessons for Brazil from China's Success”，transcript，Sao Paulo，November 5，2003.

⑥ 张五常：《中国的经济制度》，中信出版社2009年版。

⑦ Yasheng Huang，*Capitalism with Chinese Characteristics*：*Entrepreneurship and State*，New York：Cambridge University Press，2008.

⑧ Ronald Coase and Ning Wang，*How China Became Capitialist*，New York；Palgrave MacMillan，2011.

哈耶克在欧洲传统上的两分法即人类社会现象包括与人类行为无关的自然结果以及人类设计的结果的基础上，提出了处于中间位置的现象，即人类行为的意外后果。① 撇开这种三分法的一般性价值不论，以此来解说中国经济改革，把千千万万当事人（城乡居民和劳动者、企业家、政府及其工作人员）具有相同目标和相同激励的制度创新活动视为无物，既是一种历史虚无主义态度，也颇为接近教条主义的方法论。因此，这种解释显然不符合中国的实际改革取向和过程，由此得出的经验也容易误导可能的学习者和模仿者。

的确，中国的经济体制改革起初并没有一个蓝图，甚至直到1992年中共十四大召开之前，也并没有确定建立社会主义市场经济的方向。然而，鉴于改革开放以提高社会生产力、综合国力和人民生活水平为目标，所以，改革在每个阶段所要解决的问题，以及改革推进顺序和过程等方面，逻辑线索是相当清晰的。因此，我们按照“历史逻辑与理论逻辑相统一”的思想方法，② 来回顾总结改革开放历程，更容易得出既符合历史事实、又具有内在逻辑自洽性的结论。

经济发展是一个有始有终、由表及里、内外结合的完整过程，而非许多在时间上和空间上相互独立过程的简单拼接。首先，任何一个空间单位（国家或地区）在任何一个时间点上的经济水平和结构状况，都是以往发展的结果，也是未来发展的起点。从何而来、经何而至决定了今天的面貌，对今人来说已经无可选择。但是，现状如何以及如何认识今天，却可以决定未来；懂得过去又是认识今天的必要条件。选择至关重要，而正确的选择取决于对历史和现实的正确认识。其次，一个国家或地区的经济发展又是在特定的世界政治经济环境中发生的，不可避免与外部世界产生彼此依存和互动的关系。因此，一个国家或地区的成功经验和失败教训，既是其对外部世界认知的结果，本身也可以成为增进人类知识的公共品。

探寻对于国家兴衰和后进经济体如何赶超先行经济体的答案，是经济学家孜孜以求、乐此不疲的永恒课题。歌德借《浮士德》中角色之口说，理论是灰色的，而生命之树常青。中国的改革开放实践，是人类历史上最大规模，也是最为成功的制度变革和制度创新，最终将以14亿人口完成由盛至衰再至盛的完整历史演变，而成就人类社会发展的最伟大奇迹。正因如此，中外各领域学者做出大量的研究，从各个侧面予以解说和分析。以正确的历史观和方法论，对于既往的认识予以更新和进一步抽象，也是在改革开放四十不惑之际理论工作者应有的责任。

本文的宗旨是避免盲人摸象式的把中国经验碎片化。宁可牺牲面面俱到的性质，而立足于把握和提供一个尽可能逻辑完整的阐述和分析框架。在参考借鉴相关成果的前提下，从实际经验出发，本文以阐释改革之前错失赶超机遇作为背景铺垫，按照理论与历

---

① Friedrich Hayek, *Studies in Philosophy*, *Politics and Economics*, London: Rouledge and Kegan Paul, 1967, Chapter 6.

② 格斯在《卡尔·马克思〈政治经济学批判〉》中概括了这种思想方法：“历史从哪里开始，思想进程也应当从哪里开始，而思想进程的进一步发展不过是历史过程在抽象的、理论上前后一贯的形式上的反映；这种反映是经过修正的，然而是按照现实的历史过程本身的规律修正的，这时，每一个要素可以在它完全成熟而具有典型性的发展点上加以考察。”（《马克思恩格斯选集》第2卷，人民出版社2012年版，第14页）

史相结合的逻辑简述改革过程，进而尝试回答：给定中国经济改革的初始条件，一旦解除体制束缚，要素积累水平、配置效率，从而潜在增长率得到了怎样的提升；中国经济到达的发展阶段，如何改变其增长驱动力，通过哪些方面的改革可以取得新的增长动能，如何推进这样的改革。

中国的改革开放，从很多方面看无疑具有一般意义上的制度变迁性质，同时又具有鲜明的自身特色。中国作为一个经历过经济发展诸种类型和阶段，依次解决了一系列经济发展面临问题的样板，成为一个关于改革、开放、发展和分享的经验宝库。因此，从事中国研究的经济学家，也有责任成为这一成功故事的讲述者，将这些经验升华为理论，对于其他发展中国家将具有重要的借鉴意义，同时对经济学的理论创新和话语转换作出应有的贡献。

二　计划经济下错失的趋同机会

在一个很低收入水平因而具有巨大赶超潜力的发展阶段上，从某种程度上说，采取计划手段实现物质资本和人力资本的积累是可行的，[①] 有时甚至比采用自由市场模式、却又不能以法制手段有效规范经济活动的体制，具有更高的资源动员效果。并且，主要以行政性手段调节的经济计划方式，也可以为服务于特定目标如重工业优先发展战略目标，实现一定程度的有效（但并非有效率）资源配置。

例如，1980 年中国人均国民总收入（GNI）或人均国内生产总值（GDP）排在世界上有统计数字的 100 多个国家的倒数第四位，但 25 岁以上人口平均受教育年限，在有数据的 107 个国家中排在第 62 位；出生时预期寿命在有数据的 127 个国家中排在第 56 位。[②] 虽然低下的人均收入水平代表着较低的资本要素禀赋，但是由于计划经济时期的中国具有很强的资源动员能力，依然实现了很高的资本积累率。在 1953—1978 年期间，中国的资本积累率平均达到 29.5%，显著高于世界平均水平。[③]

然而，计划经济却不能完好地解决经济增长必要的体制条件，实现有效率的资源配置和有效激励。论述国家兴衰的有关增长理论和经济史表明，在典型的人类经济活动中，资源稀缺并非注定导致发展失败，资源禀赋上的得天独厚也并不能保证发展成功（如著名的“资源诅咒”假说），而经济发展成败得失无一不与资源配置体制和激励机制的选择，从而资源配置效率和激励有效性密切关联。

跨国经济研究和中国在计划经济时期的经历都证明，在传统经济体制模式下，排斥市场机制导致资源配置的宏观无效率，缺乏激励机制导致经济活动的微观无效率，没有

---

① 如参见 Loren Brandt，Debin Maan Thomas G. Rawski，“From Divergence to Convergence：Re-Evalusting the History Behind China's Economic Boom，” *Journal of Economic Literature*，Vol，52，No. 2014，p. 93。

② 参见 Fang Cai，*Demystifying China's Economy Development*，Berlin：Springer—Verlag，2015；Thomas G. Rawski，“Human Resources and China's Long Economic Boom，” *Asia Policy*，No. 12，2011，pp. 33－78。

③ 参见林毅夫、蔡昉、李周：《中国的奇迹：发展战略与经济改革》，格致出版社、上海三联书店、上海人民出版社 2014 年版。

奖惩制度伤害了工人、农民和管理者的工作积极性。在政府强力的资源动员下实现的包括人力资本在内的生产要素增长，很大的部分被全要素生产率的负增长所抵消，未能转化为良好的经济增长绩效。特别是，资源错配导致产业结构畸形，科技进步成果未能用于民生相关产业，人民生活水平也不能伴随着经济发展而得到相应的改善。

中华人民共和国成立之后，在20世纪50年代，几乎在计划经济体制形成的同一时期，中国经历了人口再生产模式从高出生、高死亡、低增长的阶段到高出生、低死亡、高增长的转变，也就意味着完成了经济内卷化的过程。① 按照逻辑，中国经济应该进入二元经济发展阶段。根据刘易斯的定义以及中国当时的现状，二元经济发展阶段的最典型特征，是农业中存在严重的过剩劳动力。随后，从20世纪60年代后期开始，生育率开始了下降趋势，人口自然增长率大幅度降低，意味着有利于经济增长的人口条件，即潜在的人口红利逐渐形成。一方面，伴随着资本积累和工业化进程，剩余劳动力被转化为一种廉价的生产要素，在开放条件下可以体现为一国的比较优势和竞争优势；另一方面，劳动力无限供给这个性质，还构成一系列其他有利于增长的因素，可以支撑赶超型高速增长。

然而，由于存在着急于推进工业化并赶超发达国家的强烈愿望，加之对工业化认识上的误导以及有限的选择空间，如小农经济条件下积累能力和消费能力皆不足，推行强制积累的重工业优先发展战略，进而构建一个依靠集中计划配置资源的体制模式，成为当时的选择。同时，这也就注定了这个时期中国经济的发展，不可避免地要背离其潜在的比较优势。可见，改革前实行的计划经济模式的弊端在于，一系列体制因素导致资源的错误配置，并且与无效的激励机制互相锁定，导致低下的生产率和增长表现，并形成一种恶性循环。

林毅夫等把传统经济体制概括为一个三位一体的模式，即在推行重工业优先发展战略的前提下，首先是形成违背比较优势的宏观政策环境，产品和要素价格被扭曲，以便实现尽可能快的工业化积累；继而构建起高度计划配置资源的体制，市场机制被弃之不用；进一步构建起与之相应的微观管理体制，具体表现为工业中国有企业占据绝对统治地位，农业则实现了人民公社化，劳动者报酬与努力程度和人力资本脱钩，经营者完全执行下达的计划，投资以拨款的形式，财务上统收统支，企业没有预算约束，没有竞争压力，导致激励不足和微观效率低下。②

斯彭斯认为，全球经济大约在1950年开启了一个大趋同的时代。③ 而中国在某种程度上可以说错过了这个赶超发达经济体的机会。如果简单地从数字表面观察，计划经济时期中国经济增长率似乎差强人意。根据麦迪森按照1990年国际购买力平价美元构造的数据口径，1952—1978年期间，中国GDP的年均实际增长率为4.4%。但是，由于20世纪50年代以后，很多后起国家和地区以较快的经济增长速度实现了对发达经济

---

① 在作为经济发展一个阶段的马尔萨斯贫困陷阱结束之际，很多国家随即经历了一个经济内卷化（involution）的阶段，即积累起大量的农业剩余劳动力，以便进入下一个阶段，即著名的刘易斯式二元经济发展。参见蔡昉《二元经济作为一个发展阶段的形成过程》，《经济研究》2015年第7期。

② 参见林毅夫、蔡昉、李周《中国的奇迹：发展战略与经济改革》，格致出版社、上海三联书店、上海人民出版社2014年版。

③ Michael Spence, *The Next Convergence: The Future of Economic Growth in a Multispeed World*, New York: Farrar, Strau and Giroux, 2011.

体的赶超，在同一时期，被定义为“富裕国家”的总体增长率也达到4.3%，而不属于该组别的“其他国家”总体增长率高达4.9%，世界平均增长率为4.6%。①

同样根据麦迪森的数据，1952年中国的人均GDP仅为538美元，仅相当于被定义为“富裕国家”的平均水平的8.7%，为“富裕国家”之外所有“其他国家”平均水平的46.5%，以及世界平均水平的23.8%。在1952—1978年期间，中国人均GDP增长速度低于上述组别，因此，中国1978年人均GDP（978美元）相对于这三个组别平均水平的百分比反而下降，分别为6.8%、42.1%和22.1%。②

无论从人民生活改善的国内视角，还是从国家实力等角度进行的国际比较，中国这一时期的发展绩效都不尽如人意。由于人口增长较快，积累与消费比率严重失调，直到改革开放前夕，人均收入水平增长十分缓慢。这个时期中国经济严重封闭，1978年进出口总额占GDP的比重仅为9.7%，其中47.2%为出口，半数以上为初级产品。中国直到1983年才有关于实际利用外资和外商直接投资的数字，分别仅为22.6亿美元和9.2亿美元。

从经济结构和生产率变化的角度，可以更有力地说明，这个时期实行计划经济模式，导致资源配置效率低下，经济发展绩效不佳。根据官方统计数据，1952年中国农业劳动力比重为82.5%。按照二元经济发展的逻辑，丰富的劳动力可以延迟资本报酬递减现象，保持较高的资本回报率，随着工业化推进，剩余劳动力从农业中转移出来，可以获得资源重新配置效率。与此同时，在大约20世纪60年代中期，以少年儿童抚养比下降为主要贡献的人口抚养比即开始下降，理论上形成了有利于资本积累和人力资本改善的人口红利。但是，这些有利于那个时期经济增长的因素，因资源误配而没有得到充分利用。

我们可以从朱晓东对中国人均GDP增长率的构成因素分解，看改革开放之前经济增长的特点。③ 根据他的估计，在1952—1978年期间年均2.97%的人均GDP增长率中，劳动参与率的贡献为3.63%，资本产出比的贡献为116.15%，平均人力资本的贡献为52.25%，而因为这一时期全要素生产率增长率为负数，其对人均GDP增长的贡献为-72.03%。④ 同时，这个时期工农业之间的劳动人口结构没有发生根本性变化，1977年农业劳动力比重仍然高达74.5%。

三　改革开放的逻辑与过程

根据一般规律，一个国家实现成功的经济发展，在体制上需要解决物质资本和人力

① 安格斯·麦迪森：《中国经济的长期表现——公元960—2030年》，伍晓鹰、马德斌译，上海人民出版社2008年版，第109页。

② 同上书，第108页。

③ Xiaodong Zhu, “Understanding China’s Growth: Past, Present, and Future”, *Journal of Economic Perspectives*, Vol. 26, No. 4, 2012, pp. 103 - 124.

④ 除了少数研究例外，大多数研究都支持关于改革开放之前中国全要素生产率增长率为负的结论。参见Anton Cheremukhinetal. “The Economy of People’s Republic of China from 1953,” NBER Working Paper, No. 21397, 2015；杨坚白：《速度、结构、效率》，《经济研究》1991年第9期；德怀特·帕金斯：《从历史和国际的视角看中国的经济增长》，《经济学季刊》2005年第4期。

资本的积累和配置问题，因此就要涉及机制问题、信号问题、效率问题和激励问题。从一个不能解决上述问题的计划经济体制出发，启动最初的改革需要突破的障碍颇多，要在政治上可行和实践中可操作，至少需要满足三个条件。第一，改革给劳动者、微观单位和社会带来收益，才能形成发动改革的基本动机。第二，这一改革不与任何其他社会群体的利益直接抵触，即所谓的帕累托改进。第三，这一改革潜在地发动起一个关键的变革齿轮，由此推动逻辑链条上其他领域的改革。不过，从事前的角度看，最后这个条件往往是不可知的。

农业中实行家庭联产承包责任制和废除人民公社的改革，最符合上述改革前提条件。从20世纪70年代末开始，家庭联产承包责任制改革就在一些地区开始悄悄试行。这种自发性改革试验并非仅限于前述小岗村或者凤阳县，而是于中共十一届三中全会之前，已经大量出现在安徽、四川和内蒙古等省份。在20世纪80年代初的短短几年里，中央政策对之经过了默许现状、允许边远贫困地区试验，及在全国范围推行等几个阶段的演变，这一农业经营体制的改革迅速完成。到1984年底，全国农村的全部生产队和98%的农户都采取了家庭联产承包责任制的经营形式，随后人民公社体制也被正式废除。

这一改革一举解决了长期存在的农业劳动和经营激励问题，并且在农户获得剩余索取权的同时，也相应赋予和逐渐扩大了他们对生产要素的配置权和经营活动的自主权。在家庭联产承包责任制推行的短短几年里（1978—1984年），粮食单产提高了42.8%，总产量增加了33.6%，农业增加值实际增长52.6%。根据计量分析，这一期间农业产出增长的46.9%来自于家庭联产承包责任制这一制度变革的贡献。[①] 同期，农民人均收入名义增长166%，在贫困标准从每人每年100元提高到200元的情况下，农村绝对贫困人口从2.5亿人减少为1.28亿人。[②] 这一变化也大幅度增加了城市农产品供给，为几年后取消粮票制度创造了条件。

以往的一些分析认为，在20世纪80年代初中国经济改革中，唯有以家庭联产承包责任制为核心的农村改革可圈可点。[③] 其实，方式和效果上类似的改革同样发生在国有企业。1978年企业恢复奖金制，实际上是关于工资制度的放权和改革，解决的是职工劳动激励问题，涉及的是职工与企业的关系。与此同时，也开始了以放权让利为主要内容的企业改革，重点解决企业及其经营者的激励问题，触及的是企业与市场的关系以及与国家的关系。概括而言，作为城市经济改革核心的企业改革，主要沿着三条主线进行。

第一，从赋予并不断扩大国有企业经营自主权开始，逐步构造有活力的经营主体，最终落脚于建立现代企业制度即公司制改造。从1979年开始，就进行了扩大企业自主权的试点，并不断扩大试点范围直至全覆盖，给予企业增加工资、发放奖金、决定职工雇用和解聘、物资采购、产品销售和定价、自有资金使用等一系列自主权。作为放权让利改革的深化和制度化探索，先后试行了厂长（经理）负责制、企业承包制、租赁制和股份制等形式。及至20世纪90年代末，随着抓大放小的推进，按照现代企业制度要

① Justin Yi fu Lin, "Rural Reforms and Agricultural Growth in China", American Economic Review, Vol. 82, No. 1, 1992, p. 34 – 51.

② 蔡昉：《破解中国经济发展之谜》，中国社会科学出版社2014年版，第5页。

③ 例如 Yasheng Huang, *Capitalism with Chinese Characteristics: Entrepreneurship and the State*, New York; Cambridge University Press, 2008.

求进行公司制改造，成为国有企业改革的基本目标。

第二，重新界定国有企业与国家的关系。最初的改革以国家向企业让利为特征，分别采取了利润留成、利改税、拨改贷等改革措施，增强了企业作为市场经济主体的责任，调整了国家管理国有企业的方式。国务院于 1988 年成立了国有资产管理局。2003 年 3 月 16 日成立国有资产监督管理委员会，代表国家履行出资人职责，监管范围是中央所属企业（不含金融类企业）的国有资产。地方政府也成立相应机构，管理地方所属企业的国有资产。目前正在推进的改革，方向是以管资本为主加强国有资产监管，改革国有资本授权经营体制，组建若干国有资本运营公司，支持有条件的国有企业改组为国有资本投资公司。

第三，允许和鼓励非国有经济发展，抓大放小以及引进外商直接投资，为国有企业提供了竞争压力和经营动力。在进行产权制度和治理结构改革的同时，多种所有制企业之间的竞争，以及混合所有制的形成，是国有企业成为市场主体、更加注重提高效率的关键。从统计角度看，多种所有制和混合所有制并存、竞争发展的格局已经基本形成。截止到 2015 年，在年主营业务收入 2000 万元以上的工业企业中，以国有工业企业性质注册的企业，仅仅创造了全部主营业务收入的 4.1%，其他部分（即 95.9%）分别为包括私营工业企业、有限责任公司工业企业、外商投资工业企业、中外合资经营工业企业等在内的 29 种注册类型企业所创造。

在农户和企业的激励机制逐渐形成的情况下，还需要有正确的市场信号，才能真正确立它们的市场主体地位，以及促进生产要素和资源的合理流动与重新配置。也就是说，符合逻辑的下一步改革任务，必然是通过发育产品和要素市场，矫正扭曲的价格信号。从产品的计划定价到市场决定价格，从产品和生产资料的计划分配到市场自由交易，从生产要素的统一配置到通过要素市场的自由流动，所有这些关键性的变化都是通过双轨制形式，即计划轨道与市场机制的渐进式过渡，以及前者与后者的消长实现的。

通过上述符合计划经济向市场经济转轨逻辑的改革历程，逐步建立起物质资本和人力资本的积累激励和市场配置机制，并形成了相应的宏观政策环境。中国的经济改革是多方面和全方位的，但是，诸多其他方面的重要改革，都可以看作是围绕上述基本逻辑，随着改革进程中新问题不断暴露出来并得到应对，进而在相关的领域、通过适当的方式加以推动和完成的。

特别值得指出的是政府职能转变，或政府与企业和市场关系方面的改革。总体来说，政府逐渐退出对经济活动的直接参与，转而承担通过再分配促进社会发展的职能。不过，中国政府特别是地方政府对经济发展的高度关注，在很长时间里体现在地方政府之间推动地方 GDP 增长从而财政能力增长的竞争。这种政府作用方式对于把改革形成的激励转化为增长速度，发挥了积极的作用，与此同时，也造成了政府过度介入直接资源配置、妨碍市场机制作用的负面效果。随着中国经济进入新常态，简政放权改革向纵深发展，政府职能越来越多地转向履行促进教育发展、加强社会保护、维护市场秩序、宏观经济调控等公共品供给的责任。

对外开放与上述经济改革过程，具有以下四个特点：（1）推进逻辑上的一致性；（2）在时间上是并行不悖的；（3）从效果上看是互为条件和相互促进的；（4）推进方式是相同的，即采取了循序渐进的方式。通过扩大国际贸易、引进外商直接投资、企业对外投资、参与全球经济治理，以及近年来积极实施“一带一路”建设，对外开放使中国最大限度地参与到经济全球化中，同时对实现企业成为竞争主体、吸纳国外技术和管理经验、在经济增长中兑现人口红利、在产业发展中获得比较优势等一系列改革和发展目标起到了促进作用。

四　在改革开放中兑现人口红利

中国改革开放的成功，打破了一系列按照西方主流经济学范式做出的预期。正如“华盛顿共识”的信奉者为发展中国家和转轨国家的改革设计出先验性的体制目标一样，坚信新古典增长理论的学者，也以西方经济发展经验武断地设定圭臬，以此来比照中国改革和发展。这种先验论点使得许多尝试解释中国改革成就的文献，在主要和关键问题上面没能给出令人信服的答案。

例如，扬和克鲁格曼等遵循其一贯的理论出发点和经验方法，认为中国改革期间的增长类似于多年前他们所批评的东亚经济，仅仅是依靠资本和劳动的投入而没有生产率的提高，因而具有粗放性和不可持续性。① 这种判断完全无视中国所处的二元经济发展阶段特点，与他们对东亚经济的判断一样，其正确性已经为事实所否定。此外，许多研究者没有看到中国改革方式与改革出发点，即以提高全体居民的生活水平为导向的特点，以及以就业扩大和劳动力重新配置为核心的发展路径，因而具有分享型经济发展的特征。②

中国的改革开放是在计划经济手段下所有的资源动员潜力用尽的背景和条件下启动的。作为一般性的增长条件，中国的二元经济发展潜力和人口红利，以及中国在计划经济时期积累起的超出同等收入国家的人力资本禀赋，都只是在改革开放时期才开始得到释放，成为经济增长的源泉。

正是中国经济具备了这种潜力，在改革开放的条件下兑现人口红利，可以形成较高的潜在增长率，进而实现较高的实际增长率。如果不是囿于某种经济理论教条，就不应该无视中国40年所经历的改革开放促进发展及分享的过程，也没有道理否认这一实践是完全符合经济学逻辑的。

首先，处在低位并且持续下降的人口抚养比有利于实现高储蓄率，而劳动力无限供给特征则延缓资本报酬递减现象的发生，从而使资本积累成为经济增长的主要引擎。世界银行的早期研究发现，在1978—1995年期间的GDP增长中，物质资本积累的贡献率为37%，③ 而许多稍晚进行的其他研究则估计这一贡献率更高。④ 在被包括中国在内的

---

① 扬（Alwyn Young）曾经直言不讳地指出：只需借助一点小小的技巧，即可把中国的发展经验化神奇为腐朽。出于这种先入之见，他否认中国经济增长中生产率的实质性提高和贡献。参见 Alwyn Young，“Gold into the Base Metals：Productivity Growthin the People’s Republic of China during the Reform Period”，pp. 1220 – 1261.

② 详细讨论参见 Fang Cai，ed.，*Transforming the Chinese Economy，1978 – 2008*，Leiden Bosston：Brill，*2010*，Introduction。

③ World Bank，*China 2020：Development Challenges in the New Century*，Oxford：Oxford University Press，1998.

④ 参见 Fang Cai and Wen Zhao，“When Demographic Dividend Disappears：Growth Sustainability of China” in Masahiko Aokiand Jinglian Wu，eds.，*The Chinese Economy：A New Transition*，Basingstoke：palgrave Macmillan，2012。

东亚经验印证的刘易斯二元经济发展阶段上，劳动力无限供给特征的存在，被证明的确在一定时期延缓了资本报酬递减现象的发生。例如，白重恩等的研究表明，在改革开放的很长一段时间里，中国资本回报率保持在很高的水平。而在劳动力无限供给特征消失的情况下，资本回报率则迅速下降。①

其次，有利的人口因素确保了劳动力数量和质量对经济增长作出显著的贡献。大多数研究关注到劳动力数量丰富对经济增长的贡献，但是，常常忽略劳动力素质的贡献。有利的人口结构条件保障了新成长劳动力的不断进入，而对于发展中国家来说，劳动力整体人力资本的改善，主要是靠这个增量途径实现的，中国在这方面表现尤其突出。②世界银行估计，(包括了数量和质量两个方面的）劳动力投入对增长的贡献率为17%。③蔡昉和赵文估计的劳动力数量贡献率为8%，人力资本贡献率则为4%。④ 沃利等估计的人力资本贡献率为11.7%，而如果考虑到教育水平提高具有改善生产率的效果，这一贡献率可提高到38%。⑤

再次，按照生产率提高的原则，无论是新成长劳动力还是长期积淀的城乡富余劳动力，在产业、行业和地区之间的流动，创造出资源重新配置效率，成为全要素生产率从而劳动生产率的主要组成部分。例如，世界银行把全要素生产率进一步分解为资源重新配置效率和残差，前者即劳动力从生产率较低的部门（劳动力剩余的农业和冗员的国有企业）转向生产率更高的部门（非农产业和新创企业）所带来的生产率提高，估计其对经济增长的贡献率为16%。⑥ 蔡昉和王德文估计的劳动力从农业向非农产业转移带来的全要素生产率提高，对经济增长的贡献率高达21%。⑦ 更新的研究表明，在1978—2015年劳动生产率的提高中，55.1%来自于产业贡献，44.9%来自于产业结构调整效应。⑧

可见，中国40年的高速增长绩效，是改革开放激发出特定发展阶段上要素禀赋优势的结果，也就是说，通过改善微观激励机制、矫正价格信号、发育产品市场、拆除生

① 参见 Chong-EnBai, Chang-Taihsiehand Yingyi Qian, "The Return to Capital in China", NBER Working Paper, no. 12755, 2006；白重恩、张琼：《中国的资本回报率及其影响因素分析》，《世界经济》2014年第10期。

② 参见 Fang Cai, Zhenwei Guo and Meiyan Wang, "New Urban Station as a Driver of China's Growth," in Ligang Song et al., eds., *China's New Sources of Economic Growth*, *Vol.* 1: *Reform*, *Resources and Climate Changes*, Canberra and Beijing: Australian National University Press and Social Science Academic Press (China), 2016

③ World Bank, China 2020: Development Challenges in the New Century, Oxford; Oxford University Press, 1998.

④ 参见 Fang Cai and Wen Zhao, "When Demographic Dividend Disappears: Growth Sustainability of China" in Masahiko Aokiand Jinglian Wu, eds., *The Chinese Economy*: *A New Transition*, Basingstoke: palgrave Macmillan, 2012。

⑤ John Whalley and Xijiang Zhao, "The Contribution of Human Capital to China's Economic Growth," NBER Working Paper, no. 16592, 2010.

⑥ World Bank, China 2020: Development Challenges in the New Century, Oxford; Oxford University Press, 1998.

⑦ 蔡昉、王德文：《中国经济增长的可持续性与劳动贡献》，《经济研究》1999年第10期。

⑧ 蔡昉：《中国经济改革效应分析——劳动力重新配置的视角》，《经济研究》2017年第7期。

产要素流动的体制障碍、转变政府经济职能，以及对外开放引进技术、资金和竞争、开拓国际市场，把人口红利转化为这一发展阶段的较高潜在增长率，并实际转化为高速经济增长。从要素供给能力和资源配置效率潜力着眼，蔡昉和陆旸的估计显示，中国经济的潜在增长率在1979—1995年期间为年平均9.7%，在1997—2010年期间为年平均10.4%。[①]

最后，与全球化过程中美国等发达国家的就业趋势形成鲜明对比，[②] 中国在改革开放促进高速经济增长的同时，实现了城乡就业的整体扩大、劳动力配置结构的高度化，以及贸易部门和非贸易部门就业的平衡增长。在持续大规模就业扩大和劳动力重新配置推动了产业结构变革，提高了资源配置效率的同时，劳动者收入得以大幅度提高，实现了城乡居民对改革开放发展成果的参与和分享。根据估算，在城乡就业总规模从1978年的4.02亿人增加到2015年的7.75亿人的同时期，农业劳动力比重从69.6%下降到18.3%。[③]

虽然经历过收入差距的扩大，总体而言，中国城乡居民在不同时期，分别通过三种途径或效应，分享了改革开放和发展的成果，赢得了中国人民对改革开放的支持，也创造出庞大的消费内需。第一是就业数量扩大效应。发展劳动密集型产业创造了更多岗位，虽然收入差距有所扩大，但各收入组的收入都显著提高。第二是工资率和就业质量提高效应。刘易斯转折点到来后，[④] 普通劳动者工资从而低收入家庭收入加快提高。2009年以来，居民收入基尼系数和城乡收入差距都呈现持续缩小的趋势。第三是再分配政策力度增强效应。表现为中央和地方政府促进基本公共服务均等化的努力效果。这种改革开放逻辑和过程，形成了发展的良性循环。

五 发展新阶段与未竟的改革任务

回顾改革开放和发展历程，把成功的经验甚至不尽成功的教训抽象为具有中国特色的发展和转型理论，不仅是理论创新的需要，对于判断当前发展阶段，认识改革面临新任务的性质也十分必要。多数经济学家承认，中国经济在过去40年的历程中，主要进行着两个重要的转变——在体制模式上，从计划经济向市场经济转变；在增长类型或发展阶段上，从二元经济发展向新古典增长转变。在现实中，与这两个过程贯穿在一起

---

① Fang Cai and Yang Lu, "The End of China's Demographic Dividend: The Perspective of Potential GDP Growth", in Ross Garnaut, Fang Cai and Ligang Song, eds., *China: A New Model for Growth and Development*, Canverra: ANUE Press, 2013, pp. 55 – 74.

② 斯彭斯等发现，在1990—2008年期间，美国处于价值链低端的制造业大量转移到海外，与此对应的就业岗位也随之丧失，在此期间的新增就业几乎全部来自以服务业为主的非贸易部门，从而得出"产业外移毁灭了美国经济"的结论。参见 Michael Spence and Sandile Hlatshwayo, "The Evolving Structure of the American Economy and the Employment Challenge", Working Paper, Maurice R. Greenber Center for Geo-economic Studies, Council on Foreign Relations, March, 2011。

③ 蔡昉：《中国经济改革效应分析——劳动力重新配置的视角》，《经济研究》2017年第7期。

④ 由于刘易斯式二元经济发展以无限供给从而工资不变的劳动力源源不断从农业向非农产业转移为特征，因此，一旦劳动力短缺和工资上涨现象稳定出现，我们将这个时间点称作刘易斯转折点。关于中国到达这一转折点时间的讨论，请参见 Fang Cai, *Demystifying China's Economy Development*。

的，同时还发生着一个快速的人口转变，即从高生育率阶段到低生育率阶段的转变，并持续稳定在后一阶段，带来诸多新的变化。

改革开放带来的高速经济增长，可以被看作是一个改革不断为生产要素积累和有效配置创造恰当体制环境，从而兑现人口红利的过程。迄今为止，激励机制、企业治理结构、价格形成机制、资源配置模式、对外开放体制和宏观政策环境的改革，都是顺应一定经济发展阶段的特殊制度需求而提出并得到推动的。审视当前和展望未来，改革的重点、难点、推进方式甚至取向，也应该随着发展阶段的变化而调整。一方面，随着中国进入从中等偏上收入向高收入国家迈进的阶段，经济增长方式需要转向生产率驱动；另一方面，越是临近社会主义市场经济体制臻于成熟、定型的阶段，改革的难度将会越大。

随着中国经济跨过以劳动力短缺和工资上涨为特征的刘易斯转折点，人口红利加速消失，以往的经济增长因素式微，潜在增长率下降，超常规增长速度不再能够维系。我们已经观察到的一系列导致中国经济潜在增长率下降的因素包括：（1）劳动力短缺导致工资上涨速度过快，超过了劳动生产率增速的支撑能力；（2）资本劳动比过快提高，导致投资回报率的大幅度下降；（3）新成长劳动力的减少，使人力资本改善速度减慢；（4）农村劳动力转移速度放缓，致使资源重新配置效应减弱，全要素生产率增长率下滑。中国经济进入到以增长速度下行、产业结构调整和发展方式转变加速为特征的新常态。

蔡昉和陆旸估计显示，中国经济潜在增长率从2010年前的约10%下降到“十二五”期间（2011—2015）的7.6%、“十三五”期间（2016—2020）的6.2%。[①] 此后，潜在增长率将继续下降，直至在中国完全实现现代化后，才会回归到均值。[②] 迄今为止，实际增长减速的轨迹、节奏和趋势已经印证了这个预测。这对于产业结构调整提出紧迫要求，而应对挑战需要建立在深化经济改革的基础上。

按照增长理论预期和各国发展经验，从赶超型的二元经济发展向处在技术前沿上的新古典增长转变的过程中，增长速度放慢几乎是不可避免的。[③] 然而，潜在增长率以何种幅度降低从而实际经济增长以何种速度放慢，在国家之间却大相径庭，也会导致截然

---

① Fang Cai and Yang Lu, “The End of China’s Demographic Dividend: The Perspective of Potential GDP Growth”, pp. 55 - 74. 虽然不同学者和机构的预测数字不尽相同，但是，中国潜在增长率有所下降的判断还是占主流的认识。

② 普里切特和萨默斯认为，任何超乎平均水平的增长速度都是异常的，按照规律终究要“回归到均值”。按照他们的逻辑，这里所谓的“均值”就是世界经济的平均增长率。而蔡昉和陆旸的估计表明，直到2050年，中国潜在增长率仍将高于3%。参见 Lant Pritchet and Lawrence H. Summers, “Asiphoria Meets Regression to the Mean” NBER Working Paper, No. 20573, 2014; Fang Cai and Yang Lu, “Take-off, persistence, and Sustainability: The Demographic Factor in Chinese Growth”, *Asia the Pacific Policy Studies*, Vol. 3, No. 2, 2016, pp. 203—225。

③ 如参见 Robert J. Barro, “Economic Growth and Convergence, Applied Especially to China,” NBER Working Paper, no. 21872, 2016; Barry Eichengreen, Donghyun Park, and Kwanho Shin, “Growth Slowdowns Redux: New Evidence on the Middle-Income Trap,” NBER Working Paper, No. 18673, 2013。

不同的长期后果。[①] 就中国而言，只有通过深化经济体制改革，推动发展方式转变，挖掘传统增长动能的潜力，培育新的增长动能，保持合理的潜在增长率，实现中高速实际增长，才能避免落入中等收入陷阱，实现国家现代化目标。

一般来说，面对一个长期处于激励不足从而低效率的经济体制，改革从打破这一恶性循环中微观激励不足的环节入手，容易在帕累托改进的路径中推进改革，进而改变资源配置方式，矫正资源误配格局。过去 40 年的改革基本上是沿着这一路径进行的，由此改变了中国经济的潜在增长率，实现了人类历史上罕见的高速增长。然而，随着改革向纵深推进，不使任何群体受损的帕累托改进机会越来越少。

从中国的现实来看，进一步改革面临着若干难点。首先，在改革不可避免对利益格局进行深度调整的情况下，会遭遇到既得利益群体的抵制和干扰。其次，在形成优胜劣汰的创造性破坏竞争环境过程中，部分劳动者和经营者会陷入实际困境。最后，改革的成本承担主体与改革收益的获得主体并非完全对应，从而产生激励不相容的问题。面对这些难点，应该利用改革红利，使改革尽可能具有卡尔多改进的性质，[②] 包括对建立新体制需要的财政支出责任进行重新划分，以及对受损当事人的必要补偿，特别是对劳动者进行社会政策托底。这既需要坚定推进改革的政治决心，也需要发挥妥善处理矛盾的政治智慧。

很多研究表明，改革与不改革会形成截然不同的中国经济增长前景。例如，切列穆吉姆等人的研究，把 1978—2012 年期间和 1966—1975 年期间的经济增长表现，分别作为改革或不改革的参照情形，对 2050 年中国经济增长做出模拟，表明两者之间的巨大差别。[③] 而且，总体来说，改革与增长不是一种非此即彼或此消彼长的替代关系（trade-off），改革具有促进经济增长的明显效果。中国改革开放的经验和逻辑表明，改革红利终究会体现在促进经济增长和改善人民生活水平上面。例如，蔡昉和陆旸探讨了户籍制度、国有企业、生育政策、教育和培训体制等领域改革可能带来的诸如提高劳动参与率、全要素生产率、降低企业成本、提高生育率、改善人力资本等效果，发现这些效果预期显著提高中国经济的潜在增长率。[④] 改革的顶层设计，一个题中应有之义就是做出相应的制度安排，在当事人之间合理分担现实的改革成本，以及分享预期的改革红利。正如党的十九大报告提出的，“我国经济已由高速增长阶段转向高质量发展阶段，正处在转变发展方式、优化经济结构、转换增长动力的攻关期，建设现代化经济体系是跨越关口的迫切要求和我国发展的战略目标。必须坚持质量第一、效益优先，以供给侧结构性改革为主线，推动经济发展质量变革、效率变革、动力变革，提高全要素生产

---

① Barry Eichengreen, Donghyun Park anf Kwanho Shin, “When Fast-Growing Economies Slow Down: International Evidence and Implications for China,” NBER Working Paper, No. 16919, 2011.

② 卡尔多改进（Kaldor improvement）是指在一种总收益大于总成本的体制改革中，通过制度安排用改革收益补偿改革中的潜在受损群体，从而形成改革激励相容。参见 Nicholas Kaldor, “Welfare Propositions of Economics and Interpersonal Comparisons of Utility”, *The Economic Journal*, Vol. 49, No. 195, 1939, pp. 549—551。

③ Anton Cheremukim et al., “The Economy of People's Republic of China From 1953,” NBER Working Paper, No. 21397, 2015.

④ Fang Cai and Yang Lu, “Take-Off, Persistence, and Sustainability: The Demographic Factor in Chinese Growth”, pp. 203—225.

率，着力加快建设实体经济、科技创新、现代金融、人力资源协同发展的产业体系，着力构建市场机制有效、微观主体有活力、宏观调控有度的经济体制，不断增强我国经济创新力和竞争力。”① 沿着报告指引的方向坚持社会主义市场经济改革，就一定能够解放和发展社会生产力，实现中华民族的伟大复兴。

（原载《中国社会科学》2018 年第 1 期）

① 习近平：《决胜全面建成小康社会 夺取新时代中国特色社会主义伟大胜利——在中国共产党第十九次全国代表大会上的报告》，人民出版社 2017 年版，第 30 页。

中国财税改革40年：基本轨迹、基本经验和基本规律

高培勇*

随着改革开放40周年的来临，与整个改革开放事业如影随形、亦步亦趋的中国财税体制改革，步入了不惑之年。对于这一历史进程的系统总结，也到了该提上议事日程之时。

这绝对是一个既意义重大，又颇不轻松的命题。因为一方面，在过去的40年间，财税体制改革所面临的问题之复杂，所走过的道路之曲折，所承载的使命之沉重，所发生的变化之深刻，所取得的成果之显著，不仅在中国，而且在世界财税发展史上，都是十分罕见的特例。另一方面，对于有了40年改革开放历史并进入新时代的中国而言，举凡涉及类如财税体制改革回顾与总结方面的话题，显然不是简单地罗列成绩单所能承载的，也不再能停留于史实的追溯和再现层面，而须以此为基础，站在新时代的历史起点上，循着改革的基本轨迹，一步步地概括和提炼改革的基本经验和改革的基本规律。

如下的一连串问题，是我们在面对这一命题时绕不开、躲不过的：

对持续40年的财税体制改革历程做出高度概括，取舍实属难免。取什么？当然要取改革的主线索。舍什么？自然要舍那些与主线索不那么直接地关联着的枝枝蔓蔓。问题是，这条主线是什么？我们能否为起初“摸着石头过河”、随着改革的深化而目标日趋明晰的渐进式财税体制改革历程理出一条主线？财税体制改革，在一个很长的时期内，曾作为经济体制改革的一个组成部分而加以推进。中共十八届三中全会以来，又被赋予国家治理的基础和重要支柱的全新定位而成为全面深化改革的基础工程和重点工程。如果说改革开放40年来我们走出的一个基本轨迹就是由经济体制改革走向全面深化改革，经济体制改革和全面深化改革的目标又分别在于经济市场化和国家治理现代化，那么，作为其中的一个重要内容，财税体制改革有无自身的目标取向？如果有，那又是什么？

在40年间，发生于财税体制改革领域的事项，不仅数不胜数，而且犬牙交错。本着由部分推进至整体的考虑，在不同时点、基于某一特定背景、立足于某一侧面或角度而策划并推出的这些事项，当被放置到财税体制改革的大棋局上加以定位的时候，它们各自的角色和作用是什么？又同作为一个整体的财税体制改革工程有着怎样的联系？

梳理以往改革的基本轨迹，概括以往改革的基本经验，其最终的着眼点，当然要放在改革基本规律的提炼上。否则，中国奇迹就只能停留在经验层面而达不到理论的高

---

* 高培勇：中国社会科学院副院长、党组成员，学部委员。

度。这需要理论抽象。

能否进行这种抽象？怎样进行这种抽象？迄今的财税体制改革进程是否到了足以使我们能够搭建一个理论分析框架的时候？

过去40年所取得的财税体制改革成果，固然显著而丰盛，但同完善的社会主义市场经济体制及国家治理体系和治理能力现代化的要求相比，只能算是阶段性的。通向未来的财税体制改革道路，依然漫长。当我们对以往改革的基本轨迹、基本经验和基本规律有了一个比较清晰的认识之后，又如何定位未来的财税体制改革前行方向？

上述这些以及其他类似的问题，构成了本文的主题。

一 改革的五个阶段：一个大致的勾勒

40年间的中国财税体制改革历程，按照阶段性的改革目标作大致区分，可以归为如下五个既彼此独立又互为关联的阶段：

（一）1978—1994年：为整体改革“铺路搭桥”

发端于1978年的中国经济体制改革是从分配领域入手的。最初确定的主调，便是“放权让利”——通过“放权让利”激发各方面的改革积极性，激活被传统经济体制几乎窒息掉了的国民经济活力。

在改革初期，政府能够且真正放出的“权”，主要是财政上的管理权。政府能够且真正让出的“利”，主要是财政在国民收入分配格局中所占的份额。这一整体改革思路与财税体制自身的改革任务——由下放财权和财力入手，打破或改变“财权集中过度，分配统收统支，税种过于单一”的传统体制格局——相对接，便有了如下的若干改革举措①：

——在国家与企业之间的分配关系上，实行“减税让利”。从1978年起，先后推出了企业基金制、利润留成制、第一步利改税、第二步利改税、各种形式的盈亏包干制和多种形式的承包经营责任制等制度。

——在中央与地方之间的财政分配关系上，实行“分灶吃饭”。从1980年起，先后推出了“划分收支、分级包干”“划分税种、核定收支、分级包干”以及“收入递增包干、总额分成、总额分成加增长分成、上解递增包干、定额包干、定额补助”等多种不同的体制模式。

——在税收制度建设上，实行“复税制”。从1980年起，通过建立涉外税制、建立内资企业所得税体系、全面调整工商税制、建立个人所得税制、恢复和改进关税制度、完善农业税等方面的改革，改变了相对单一化的税制格局，建立起了一套以流转税、所得税为主体，其他税种相互配合的多税种、多环节、多层次征收的复税制体系。

——在与其他领域改革的配合上，给予“财力保障”。以大量和各种类型的财政支出铺路，配合并支撑了价格、工资、科技、教育等相关领域的改革举措的出台。

上述的这些改革举措，对于换取各项改革举措的顺利出台和整体改革的平稳推进，

---

① 财政部财税体制改革司：《财税改革十年》，中国财政经济出版社1989年版；高培勇、温来成：《市场化进程中的中国财政运行机制》，中国人民大学出版社2001年版。

所发挥的作用，可说是奠基性的。然而，无论放权还是让利，事实上都是以财政上的减收、增支为代价的。主要由财税担纲的以“放权让利”为主调的改革，却使财政收支运行自身陷入了不平衡的困难境地。

一方面，伴随着各种“放权”“让利”举措的实施，财政收入占 GDP 的比重和中央财政收入占全国财政收入的比重迅速下滑：前者由 1978 年的 31.1%，相继减少到 1980 年的 25.5%，1985 年的 22.2%，1990 年的 15.7% 和 1993 年的 12.3%；后者则先升后降，1978 年为 15.5%，1980 年为 24.5%，1985 年为 38.4%，1990 年下降为 33.8%，1993 年进一步下降至 22%。

另一方面，财政支出并未随之下降，反而因“放权”“让利”举措的实施而出现了急剧增加。① 从 1978 年至 1993 年，财政支出由 1122.09 亿元一路增加至 4642.20 亿元，15 年间增加了 3.1 倍，年均增加 9.93%。

与此同时，在财政运行机制上也出现了颇多的紊乱现象。诸如擅自减免税、截留挪用财政收入、花钱大手大脚、搞财政资金体外循环、非财政部门介入财政分配等问题，相当普遍，随处可见。

“两个比重”迅速下降并持续偏低、财政支出迅速增长以及财政运行机制陷于紊乱状态的一个重要结果，不仅财政赤字逐年加大，债务规模日益膨胀，而且中央财政已经达到了难以担负宏观调控之责的空前水平。

从 1979 年至 1993 年，除了 1985 年财政收支略有结余之外，其余年份均出现财政赤字，且呈逐年加大之势：1981 年为 68.9 亿元，1990 年上升至 146.9 亿元，到 1993 年则扩大至 293.35 亿元。若按国际通行做法，将当年的债务收入纳入赤字口径，则 1993 年的财政赤字水平实为 978.58 亿元。

从 1979 年起，政府恢复了中断长达 20 年之久的外债举借。1981 年，又开始以发行国库券的形式举借内债。后来，又先后发行了重点建设债券、财政债券、国家建设债券、特别国债和保值公债。1993 年，国家财政的债务发行收入规模已经达到 739.22 亿元。

以中央财政债务依存度［债务收入/（中央财政本级支出 + 中央财政债务支出）］而论，到 1993 年，已经达到 59.63% 的国际罕见水平。这意味着，当年中央财政本级支出中的一半以上，要依赖于举债或借款收入来解决。②

（二）1994—1998 年：踏上制度创新之路

如此的困难境况，很快让人们从改革最初成果的喜悦中冷静下来，意识到“放权”“让利”的改革不可持续，在这一路径上持续了十几年之久的财税体制改革自然要进行重大调整：由侧重于利益格局的调整转向新型体制的建立。

绝非巧合，随着 1992 年 10 月中共十四大正式确立社会主义市场经济体制的改革目标，1993 年 11 月召开的中共十四届三中全会通过了《关于建立社会主义市场经济体制

① 如农副产品购销价格倒挂所带来的价格补贴以及为增加行政事业单位职工工资而增拨的专款等。

② 财政部综合计划司：《中国财政统计（1950—1991）》，科学出版社 1994 年版。中国财政年鉴编辑委员会：《中国财政年鉴（2007）》，中国财政杂志社 2007 年版。

若干问题的决定》。于是，以建立适应社会主义市场经济的财税体制为着眼点，从 1994 年起，财税体制改革踏上了制度创新之路[①]。

1994 年元旦的钟声刚刚敲过，中国政府便在财税体制方面推出了一系列重大改革举措：

——按照“统一税法、公平税负、简化税制和合理分权”的原则，通过建立以增值税为主体，消费税和营业税为补充的流转税制、统一内资企业所得税、建立统一的个人所得税制、扩大资源税的征收范围、开征土地增值税以及确立适应社会主义市场经济体制需要的税收基本规范等一系列的行动，全面改革税收制度，搭建了一个新型的税收制度体系。[②]

——在根据中央和地方事权合理确定各级财政支出范围的基础上，按照税种统一划分中央税、地方税和中央地方共享税，建立中央税收和地方税收体系，分设中央税务机构和地方税务机构，实行中央对地方税收返还和转移支付制度，初步建立了分税制财政管理体制基本框架。[③④]

——根据建立现代企业制度的基本要求，在降低国有企业所得税税率、取消能源交通重点建设基金和预算调节基金的同时，实行国有企业统一按国家规定的 33% 税率依法纳税，全面改革国有企业利润分配制度。

——彻底取消向中央银行的透支或借款，财政上的赤字全部以举借国债方式弥补，从制度上斩断财政赤字与通货膨胀之间的必然联系。

这是一个很重要的转折。在此之前所推出的财税体制改革举措，多是围绕利益格局的调整而展开的，而且是在整体改革目标定位尚待明晰的背景下谋划的。这一轮财税体制改革的显著不同之处，就在于它突破了以往“放权让利”思路的束缚，走上了转换机制、制度创新之路：从重构适应社会主义市场经济体制的财税体制及其运行机制入手，在改革内容与范围的取舍上，既包含有利益格局的适当调整，更注重于新型财税体制的建立。着重财税体制及其运行机制的转换，正是 1994 年财税体制改革的重心所在。

时至今日，我们所颇为看重并为之自豪的发生在中国财税领域的一系列转折性变化，比如财政收入步入持续快速增长的轨道、“两个比重”持续下滑的局面得以根本扭转、财政的宏观调控功能得以改进和加强、国家与国有企业之间的利润分配关系有了基本的规范等等，正是 1994 年财税体制改革所收获的成果。可以说，1994 年的财税体制改革，为我们初步搭建起了适应社会主义市场经济体制的财税体制及其运行机制的基本框架。

（三）1998—2003 年：构建公共财政体制框架

1994 年的财税体制改革，固然使中国财税体制走上了制度创新之路，但并没有解决问题的全部。因为说到底，1994 年财税体制改革所覆盖的，还只是当时纳入预算视

---

① 项怀诚：《中国财政体制改革》，中国财政经济出版社 1994 年版。

② 国发〔1993〕90 号《国务院批转国家税务总局工商税制改革实施方案的通知》。

③ 国发〔1993〕85 号《国务院关于实行分税制财政管理体制的决定》。

④ 国办发〔1993〕87 号《国务院办公厅转发国家税务总局关于组建在各地的直属税务机构和地方税务局实施意见的通知》。

野的政府收支。游离于体制之外的政府收支，则没有进入视野。而且，1994年财税体制改革所着眼的，也主要是以税收制度为代表的财政收入一翼的制度变革。至于另一翼——财政支出的调整，虽有涉及，但并未作为重点同步进行。与此同时，既得利益的掣肘加之财政增收的动因，也在一定程度上束缚了改革的手脚，使得一些做法带有明显的过渡性或变通性色彩。

随着1994年财税体制改革成果的逐步释放，蕴含在游离于体制之外的政府收支和财政支出一翼的各种矛盾，便日益充分地显露出来并演化为困扰国民收入分配和政府收支运行过程的“瓶颈”。于是，在20世纪90年代后期，以规范政府收支行为及其机制为主旨的“税费改革”以及财政支出管理制度的改革，先后进入财税体制改革的重心地带并由此将改革带上了财税体制整体框架的重新构造之路——构建公共财政体制框架。

1998年3月19日，朱镕基总理在主持国务院工作之后举行的首次记者招待会上，说下了一段颇具震撼力的话：“目前存在的一个问题是费大于税。很多政府机关在国家规定以外征收各种费用，使老百姓不堪负担，民怨沸腾，对此必须整顿和改革。”[①] 以此为契机，中国拉开了“税费改革”的序幕。

实际上，在全国性的“税费改革”正式启动之前，各地已经有过治理政府部门乱收费的尝试。最初的提法，是所谓“费改税”[②]。其主要初衷，是通过将五花八门的各种收费改为统一征税的办法来减轻企业和居民的负担。后来，随着改革的深入和视野的拓宽，我们逐渐发现，现存政府收费的种种弊端，并非出在政府收费本身。现存的、被称为政府收费的大量项目，既未经过人民代表大会的审议，又基本不纳入预算，而是由各部门、各地区自立规章，作为自收自支的财源，或归入预算外收入，或进入制度外收入，直接装入各部门、各地区的“小金库”。因而，它实质是一种非规范性的政府收入来源。“费改税”的目的，显然不是要将本来意义的政府收费统统改为征税，而是以此为途径，将非规范性的政府收入纳入规范化轨道。于是，“费改税”开始跳出“对应调整”的套路而同包括税收在内的整个政府收入盘子的安排挂起钩来。也正是在这样的背景之下，“费改税”一词为“税费改革”所取代，进而被赋予了规范政府收入行为及其机制的特殊意义。

在“税费改革”日渐深入并逐步取得成效的同时，财政支出一翼的改革也在紧锣密鼓地进行。先后进入改革视野的有：财政支出结构由专注于生产建设领域逐步扩展至整个公共服务领域的优化调整；推行以规范预算编制和分类方法、全面反映政府收支状况为主要着眼点的“部门预算制度”；实行由财政（国库）部门集中收纳包括预算内外收入在内的所有政府性收入，且由国库单一账户集中支付政府部门所有财政性支出的“国库集中收付制度”；推进将政府部门的各项直接支出逐步纳入向社会公开竞价购买轨道的“政府采购制度”。

然而，无论是财政支出一翼的调整，还是以“税费改革”为代表的财政收入一翼的变动，所涉及的，终归只是财税体制及其运行机制的局部而非全局。当分别发生在财

① 《朱镕基答记者问》，人民出版社2009年版，第5—6页。

② 刘仲藜、桂世镛、项怀诚、唐铁汉：《中国财税改革与发展》，中国财政经济出版社1998年版。

政收支两翼的改革局限性逐渐凸显出来之后，人们终于达成了如下共识：零敲碎打型的局部调整固然重要，但若没有作为一个整体的财税体制及其运行机制的重新构造，并将局部的调整纳入整体财税体制及其运行机制的框架之中，就不可能真正构建起适应社会主义市场经济的财税体制及其运行机制。于是，将包括收入、支出、管理以及体制在内的所有财税改革事项融入一个整体的框架之中，并且作为一个系统工程加以推进，便被提上了议事日程。

人们也发现，能够统领所有的财税体制改革线索、覆盖所有的财税体制改革事项的概念，除了当时学术界所采用的"公共财政"之外，并无其他别的什么词汇适合担当此任。于是，在赋予公共财政中国特色意义的基础上，以 1998 年 12 月 15 日举行的全国财政工作会议为契机，决策层做出了一个具有划时代意义的重要决定：构建公共财政基本框架。[①][②]

正是从那个时候起，作为一个整体的改革目标的明确定位，公共财政体制框架的构建正式进入财税体制改革轨道。

（四）2003—2012 年：进一步完善公共财政体制

正如社会主义市场经济体制要经历一个由构建到完善的跨越过程一样，伴随着以构建公共财政体制框架为主线的各项财税体制改革的稳步推进，财税体制改革也逐渐步入深水区而面临着进一步完善的任务。

时隔 5 年之后的 2003 年 10 月，中共十六届三中全会通过了《关于完善社会主义市场经济体制若干问题的决定》。在那份历史性文献中，根据公共财政体制框架已经初步建立的判断，作出了进一步健全和完善公共财政体制的战略部署。认识到完善的公共财政体制是完善的社会主义市场经济体制的一个重要组成部分，将完善公共财政体制放入完善社会主义市场经济体制的棋盘，从而在两者的密切联系中谋划进一步推进公共财政建设的方案，也就成了题中应有之义。以此为契机，又开始了旨在进一步完善公共财政体制的一系列操作。[③]

——最先进入操作程序的，首推税制改革。按照部署，在这一时期，先后有出口退税制度的改革、上调工薪所得减除额标准和实行高收入者自行申报、取消农业税、增值税由生产型转为消费型改革、内外资两个企业所得税法合并等几个项目，得以启动。

——几乎是与此同时，财政支出以及财政管理制度线索上的改革也投入了操作。需要提及的是，这一线索上的改革，适逢科学发展观和构建社会主义和谐社会重大战略思想的提出。因而，它的进展异常迅速：在取消农业税并打破了原有农村公共服务供给体系的同时，公共财政开始了逐步覆盖农村的进程；财政支出越来越向以教育、就业、医疗、社会保障和住房为代表的基本民生事项倾斜；围绕推进地区间基本公共服务均等化，加大了财政转移支付的力度并相应调整了转移支付制度体系；以实行全口径预算管理和政府收支分类改革为入手处，强化了预算监督管理，进一步推进了政府收支行为及

① 在那次会议上，时任中共中央政治局常委、国务院副总理李岚清代表中共中央明确提出"积极创造条件逐步建立公共财政基本框架"。

② 李岚清：《深化财税改革确保明年财税目标实现》，《人民日报》1998 年 12 月 16 日。

③ 谢旭人：《中国财政改革三十年》，中国财政经济出版社 2008 年版。

其机制的规范化；等等。

（五）2012 年至今：建立现代财政制度

在中国的发展史上，2012 年是一个十分重要的转折点。这一年，中共十八大召开，开启了中国特色社会主义走入新时代的征程。也是在这一年，延续多年的中国经济发展速度、结构和动力格局发生重大变化。还是从这一年起，改革开放进入攻坚期和深水区。在新的历史起点上全面深化改革，实现经济体制、政治体制、文化体制、社会体制和生态文明体制改革的联动，作为一种历史的选择而提至我们面前。

2013 年 11 月，中共十八届三中全会通过了《关于全面深化改革若干重大问题的决定》。立足于全面深化改革的宏观棋局，以建立现代财政制度为目标，新一轮财税体制改革由此展开。①

——就预算管理制度改革而言，有别于以往围绕一般公共预算（亦称财政预算）而定改革方案的做法，新一轮预算管理制度改革的视野扩展到包括一般公共预算、政府性基金预算、国有资本预算和社会保险基金预算在内的全部政府收支。其目标，就是在覆盖全部政府收支的前提下，建立“全面规范、公开透明”的现代预算管理制度。基于这一目标所作出的部署是：“改进预算管理制度。实施全面规范、公开透明的预算制度。审核预算的重点由平衡状态、赤字规模向支出预算和政策拓展。清理规范重点支出同财政收支增幅或生产总值挂钩事项，一般不采取挂钩方式。建立跨年度预算平衡机制，建立权责发生制的政府综合财务报告制度，建立规范合理的中央和地方政府债务管理及风险预警机制。”

——就税收制度改革而言，有别于以往围绕税收总量增减而定改革方案的做法，新一轮税制改革设定的前提是“稳定税负”。其目标，就是在“稳定税负”的前提下，通过“逐步增加直接税比重”优化税收收入结构，建立现代税收制度。基于这一目标所作出的部署是：“深化税收制度改革，完善地方税体系，逐步提高直接税比重。推进增值税改革，适当简化税率。调整消费税征收范围、环节、税率，把高耗能、高污染产品及部分高档消费品纳入征收范围。逐步建立综合与分类相结合的个人所得税制。加快房地产税立法并适时推进改革，加快资源税改革，推动环境保护费改税。”

——就中央和地方财政关系改革而言，有别于以往围绕中央或地方财力增减而定改革方案的做法，新一轮中央和地方财政关系改革的目标，被锁定于“发挥中央和地方两个积极性”，构建现代中央和地方财政关系新格局。以发挥“两个积极性”而非“一个积极性”为目标所作出的部署是：“建立事权和支出责任相适应的制度。适度加强中央事权和支出责任，国防、外交、国家安全、关系全国统一市场规则和管理等作为中央事权；部分社会保障、跨区域重大项目建设维护等作为中央和地方共同事权，逐步理顺事权关系；区域性公共服务作为地方事权。中央和地方按照事权划分相应承担和分担支出责任。中央可通过安排转移支付将部分事权支出责任委托地方承担。对于跨区域且对其他地区影响较大的公共服务，中央通过转移支付承担一部分地方事权支出责任。保持现有中央和地方财力格局总体稳定，结合税制改革，考虑税种属性，进一步理顺中央和地方收入划分。”

① 楼继伟：《深化财税体制改革，建立现代财政制度》，《求是》2014 年第 20 期。

从2013年11月到2017年中共十九大，在为期4年多的时间里，作为阶段性的改革成果，新一轮财税体制改革在如下几个方面取得了相应进展：

——在预算管理制度改革领域，2015年1月，正式颁布并实施了以覆盖全部政府收支为主要着眼点的新《预算法》。[①] 并且，围绕新《预算法》颁布了一系列旨在规范政府收支行为的制度。以此为基础，现代预算管理制度的若干基本理念得以确立，以四本预算构建的全口径政府预算体系得以建立，预决算公开透明也取得一定成效，等等。

——在税收制度改革领域，作为间接税制度改革的重要内容，营改增全面推开且简并了增值税税率，资源税改革顺利推进，消费税征收范围逐步拓展，环境保护税正式开征。与此同时，以颁布《深化国税、地税征管体制改革方案》[②] 为标志，税收征管体制改革开始启动。

——在中央和地方财政关系改革领域，以全面实施营改增为契机，2016年4月底，公布了《全面推开营改增试点后调整中央与地方增值税收入划分过渡方案》。[③] 作为未来2—3年的过渡方案，以2014年为基数，采取增值税增量五五分成的方式重新划分中央和地方收入。2016年8月，又发布了《国务院关于推进中央与地方财政事权和支出责任划分改革的指导意见》。[④] 根据这一指导意见，到2020年，要基本完成主要领域改革，并逐步规范化、法律化，形成中央与地方财政事权和支出责任划分的清晰框架。

二　改革的取向抉择：从公共财政体制到现代财政制度

从主要着眼于为整体改革“铺路搭桥”、以“放权”“让利”为主调的改革，到走上制度创新之路、旨在建立新型财税体制及其运行机制的1994年的财税改革；从以规范政府收支行为及其机制为主旨的“税费改革”以及财政支出管理制度的改革，到作为一个整体的财税改革与发展目标的确立；从构建公共财政体制基本框架，到进一步完善公共财政体制和公共财政体系，再到以建立现代财政制度定位财税体制改革目标，为推进国家治理体系和治理能力现代化发挥基础性和支撑性作用。当我们大致把握了40年来财税体制改革的基本轨迹之后，一个随之而来的问题是，财税体制改革是否存在着一条上下贯通的主线索？

换言之，迄今中国的财税体制改革，究竟有无一个不以人的主观意志为转移的客观规律可循？

（一）始终服从于、服务于整体改革需要：一条主线索

前面的考察已经清楚地表明，中国财税体制改革的一大特点，就是它始终作为整体

---

① 《中华人民共和国预算法（2014年修正）》，财政部网站。

② 中央全面深化改革领导小组：《深化国税、地税征管体制改革方案》，《人民日报》2015年12月24日。

③ 国发〔2016〕26号《国务院关于印发全面推开营改增试点后调整中央与地方增值税收入划分过渡方案的通知》。

④ 国发〔2016〕49号《国务院关于推进中央与地方财政事权和支出责任划分改革的指导意见》。

改革的一个重要组成部分，始终与整体改革捆绑在一起并服从于、服务于整体改革的需要。

如果说改革开放40年来走出的一个基本轨迹就是由经济体制改革走向全面深化改革，经济体制改革和全面深化改革的目标又分别在于经济市场化和国家治理现代化，那么，我们可以看到，40年来的财税体制改革实质上是一个顺应这一变革并逐步向匹配经济市场化和国家治理现代化的财税体制及其运行机制靠拢和逼近的过程。

这一过程可以相应概括为：以“财政公共化”匹配“经济市场化”，以“财政现代化”匹配“国家治理现代化”。其具体的体现就是，以“公共财政体制”匹配“社会主义市场经济体制”，以“现代财政制度”匹配“现代国家治理体系和治理能力”。

（二）以“财政公共化”匹配“经济市场化”：经济体制改革中的财税改革

关于中国经济体制改革取向，迄今一个最为流行的表述是“市场化改革”。如果说经济体制改革是沿着一条颇具规律性且逼近“经济市场化”的道路走过来的，那么，作为与之相匹配的一个必然选择，财税体制改革的基本取向就是走向“财政公共化”——构建公共财政体制。

1. 由“非公共性”的财税运行格局及其体制起步

中国的财税体制改革，当然是由传统经济体制下的财税运行格局及其体制起步的。对于那一时期的财税运行格局，尽管可从不同的角度加以归结，但本着收入——“钱从哪里来”、支出——“钱向何处去”以及政策——“收支安排所体现的目的”这样三条有关财税活动运行层面的基本线索，可以将其概括如下：

财政收入主要来自于国有部门；财政支出主要投向于国有部门；财政政策倾向于在国有和非国有部门之间搞“区别对待”。

以1978年的情形为例，全国财政收入的86.8%来自于国有部门的缴款，全国财政支出的85.6%用于国有部门。若再加上带有准国有性质的集体经济单位的缴款和用于集体经济单位的支出，这两个比重又会双双跃增至90%以上。[①] 这样一种“取自家之财”“办自家之事”的财政收支格局，所折射出的，无非是财政政策的鲜明取向——发展和壮大国有经济、削弱以至消除私有制经济。

财税运行格局之所以是上述这个样子，当然同那一时期所实行的“二元”经济社会制度环境有关。在“二元”的经济社会制度下，作为其重要组成部分的财税体制，自然也必须建立在“二元”的基础上——在财政上实行不同所有制分治和城乡分治。这就是：

——国有制财政。以所有制性质分界，财政收支活动主要在国有部门系统内部完成。至于非国有部门，则或是游离于财政的覆盖范围之外，或是位于财政覆盖范围的边缘地带。

——城市财政。以城乡分界，财政收支活动主要在城市区域内部完成。至于广大农村区域，则或是游离于财政的覆盖范围之外，或是位于财政覆盖范围的边缘地带。

——生产建设财政。以财政支出的性质分界，财政支出活动主要围绕着生产建设领域而进行。至于非生产性或非建设性的支出项目——其中主要是以改善民生为代表的公

① 财政部综合计划司：《中国财政统计（1950—1991）》，科学出版社1992年版。

共服务性的支出项目，则往往被置于从属地位或位于边缘地带。

换言之，“二元”的财税体制所覆盖的范围，不是全面的，而是有选择的。“二元”的财税体制所提供的财政待遇，不是一视同仁的，而是有薄有厚的。“二元”财税体制下的财政支出投向，不是着眼于整个公共服务领域，而是专注于生产建设。于是，形成了同属一国企业和居民、身处同一疆土之上并受同一政府管辖，但因财政覆盖程度不同而须面对不同财政待遇的不同的区域、不同的企业和不同的居民。

有选择而非全面的财政覆盖范围，有厚有薄而非一视同仁的财政待遇，专注于生产建设而非整个的公共服务领域，如此的财税体制以及作为其结果的财税运行格局，显然不能说是“公共性”的，[①] 至少其“公共性”是被打了折扣的。事实上，“国有制财政 + 城市财政 + 生产建设财政”所集中体现的，正在于传统体制下的“二元”财税体制的“非公共性”特征。

这即是说，“非公共性”的财税运行格局及其背后的财税体制，是中国财税体制改革的起点。也可以说，正是这种“非公共性”的财税运行格局和财税体制同财政本质属性以及经济社会发展之间的不相适应性，把中国财税体制推上了改革之路。

2. 由“非公共性”逐步向“公共性”靠拢和逼近

就总体而言，经济的市场化进程首先带来的，是 GDP 所有制构成的多元化。这一影响传递到中国财税运行格局上，就是财政收入来源的公共化——由“取自家之财”到“取众人之财”。到 2006 年，全国税收收入来源于国有部门的比重，已经退居到 22.2%。来自于其他所有制成分的份额，则提升至 77.8%。[②]

财政收入来源的公共化，自然会推动并决定着财政支出投向的公共化——由“办自家之事”到“办众人之事”。到 2006 年，在全国财政支出中，包括基本建设、增拨企业流动资金、挖潜改造资金和科技三项费用等专门以国有经济单位为主要投向的支出占比，已经由 1978 年的 52.7% 大幅下降至 15.87%。与此同时，面向全社会的诸如养老保险基金补贴、国有企业下岗职工基本生活保障补助、城市居民最低生活保障补助、抚恤和社会福利救济费等社会保障支出以及文教科学卫生事业费支出和政策性补贴支出等所占的份额，分别上升至 11.25%、18.69% 和 3.58%。[③] 而且，其中的不少项目，还是从无到有的。财政收支的公共化，又进一步催生了财政政策取向的公共化——由在“自家”与“他家”之间搞“区别对待”，到在全社会范围内实行“国民待遇”。

呈现在财税运行格局上的这些变化，当然是在财税体制回归公共性的变革过程中发生的。没有以公共化为取向的财税体制变革，不可能有财税运行格局的公共化。发生在财税体制上的变革，又是一个顺应经济市场化以及经济社会制度由“二元”趋向“一元”的过程。这就是：

——从国有制财政走向多种所有制财政。财政的覆盖范围不再以所有制分界，而跃

① 也可换一种表述——普惠性。

② 中国税务年鉴编辑委员会：《中国税务年鉴（2007）》，中国税务出版社 2007 年版，第 692 页。

③ 中国财政年鉴编辑委员：《中国财政年鉴（2007）》，中国财政杂志社 2007 年版，第 381—382 页。之所以使用 2006 年而非此后年度的数字，是因为，自 2007 年起我国实行了新的财政收支分类。由于新旧分类方法的差异，目前暂无可与 1978 年口径对比的数据。

出国有部门的局限，延伸至包括国有和非国有在内的多种所有制部门。

——从城市财政走向城乡一体化财政。财政的覆盖范围不再以城乡分界，而跃出城市区域的局限，延伸至包括城市和农村在内的所有中国疆土和所有社会成员。

——从生产建设财政走向公共服务财政。财政支出的投向不再专注于生产建设事项，而跃出生产建设支出的局限，延伸至包括基础设施建设、社会管理、经济调节和改善民生等众多的公共服务事项。

可以看出，财税体制在变革中所发生的变化，集中体现在其覆盖范围的不断拓展上。由“国有制财政 + 城市财政 + 生产建设财政”向“多种所有制财政 + 城乡一体化财政 + 公共服务财政”的跃升，便是财政的覆盖范围不断拓展并逐步实行财政无差别待遇的过程。在这个过程中所日渐彰显的，正是财政与生俱来的本质属性——“公共性”。

3. 由“摸着石头过河”到瞄准“财政公共化”

正如经济体制改革是一个由目标不那么明晰、靠“摸着石头过河”，到目标愈益明确、以自觉的行动朝着既定目标前进的过程，财税体制改革也有着类似或相同的经历。

当财税体制改革刚刚起步的时候，并未确立公共化的改革取向，更未有构建公共财政体制的说法。那时，几乎所有的改革举措，都是基于提升经济活力的目的、围绕着“放权”“让利”的主调而推出的。然而，正是这种旨在为整体改革“铺路搭桥”、从下放财力和财权入手的种种举措，打破了“财权集中过度，分配统收统支，税种过于单一”的传统体制格局，把财税运行格局带上了收入来源公共化和支出投向公共化的轨道。并且，作为收入来源公共化和支出投向公共化的必然结果，由此启动了财税体制的公共化进程。

当改革必须调整航向、在社会主义市场经济体制的棋盘上谋划全新的财税体制改革方案的时候，虽然并未清晰地意识到经济市场化与财政公共化的高度相关性，但那时所操用的几乎每一个棋子或推出的几乎每一个举措，也都是基于财税运行格局已经变化且不可逆转的现实而选择的。而且，在那样一种情势之下，能够与社会主义市场经济体制对接的财税体制安排以及相关的原则界定，自然离不开经济市场化这个基础。来自于诸多方面的同市场经济血脉相连的因素、理念、规则、制度等等叠加在一起，不仅催生了公共财政的概念以及相关的实践，而且改革的着眼点也越来越向财政公共化的方向聚集。

到后来，当局部性的改革随着改革的深入而逐步向全局延伸，以至于必须对财税体制改革目标有个总体定位的时候，也许是水到渠成的功效所致，“构建公共财政基本框架”便被作为一种当然的选择，进入人们的视野。并且，从那以后，包括收入、支出、管理和体制在内的几乎所有的财税体制改革线索和几乎所有的财税体制改革事项，都被归结于这条主线索，都被覆盖于这一总目标。也正是从那以后，关于中国财税体制的改革目标，无论学术界还是实践层，都越来越集中于“构建公共财政体制”或“建立公共财政制度”的概括或表述。

再到后来，伴随着建设完善的社会主义市场经济体制目标的形成和确立，建设完善的公共财政体制成为财税体制改革的方向所在。于是，“进一步健全和完善公共财政体制”“完善公共财政体系”便被作为与时俱进的概括或表述，先后进入中共十六届三中全会决定、国家“十一五”规划和中共十七大报告等党和政府的一系列重要文献以及改革实践之中。与此同时，公共财政的字眼、理念和精神，也越来越深刻地融入学术界围绕政府职能格局、公共服务体系和社会事业建设等重大经济社会问题的阐述以及普通百姓的日常生活。

4. 一个规律性现象

概括起来讲，由“非公共性”的财税运行格局和财税体制起步，沿着“财政公共化”的路径，一步步逼近和回归“公共性”的财税运行格局和公共财政体制目标，正是经济体制改革背景下中国渐进式财税体制改革的一条主线索。也可以说，由“非公共性”逐步向“公共性”逼近和回归的所谓“财政公共化”过程，是这一阶段的财税体制改革所经受的最可称道的重大挑战。

这实际上告诉我们，经济的市场化和财政的公共化，是一枚硬币的两个面。经济的市场化，必然带来财政的公共化。搞市场经济，就必须搞公共财政。这可以称为中国财税体制改革的一个规律性现象。

（三）以“财政现代化”匹配“国家治理现代化”：全面深化改革中的财税体制改革

作为经济、政治、文化、社会和生态文明体制全方位联动的全面深化改革，其总目标锁定于“发展和完善中国特色社会主义制度，推进国家治理体系和治理能力的现代化”。由经济体制改革走向全面深化改革，这一变化带给新一轮财税体制改革最为深刻的影响，就是跳出以往追随经济体制改革而定改革方案的思维范式，将财税体制改革置于全面深化改革的总棋局中，从而走上了“财政现代化”之路——建立现代财政制度。

1. 从财政与财税体制的全新定位破题

中共十八届三中全会关于新一轮财税体制改革的系统部署，是从财政与财税体制的全新定位破题的：“财政是国家治理的基础和重要支柱，科学的财税体制是优化资源配置、维护市场统一、促进社会公平、实现国家长治久安的制度保障。”

这无疑是一个颇具历史和理论高度的全新论断。其中一个最为突出的变化在于：财政已经由一个经济范畴上升为一个国家治理范畴，财税体制已经由经济体制的一个组成部分上升为国家治理体系的一个组成部分。

关键的问题在于，由经济范畴到国家治理范畴、由经济体制的一个组成部分到国家治理体系的一个组成部分，这种变化，虽最初呈现在人的认识层面，但实则是不以人的主观意志为转移的客观规律的作用使然。在中国财政改革与发展史上，这是第一次从根本上摆正了财政和财税体制位置的回归本义之举，也可说是改革开放进入以国家治理现代化为目标定位的全面深化改革阶段的必然产物。

由此破题，财政与国家治理、财税体制与国家治理体系密切联系在一起，在国家治理的大棋局中谋划并推进财税体制改革，也就成为题中应有之义。

2. 由“财政公共化”走向“财政现代化”

有必要提及这样一个事实，“财政是国家治理的基础和重要支柱”的表述，是同国家治理联系在一起的。两者如同一对连体婴儿，均系第一次进入官方语系。没有国家治理，不将国家治理现代化提上议事日程，就不会有财政与财税体制的全新定位。反之，离开了财政和财税体制的全新定位，也就谈不上国家治理，更谈不到国家治理现代化。从两者相辅相成、互为条件的关系中，可以确认，在中国，这样一种变化的出现绝非偶然。它标志着，在初步站稳“财政公共化”的基础上，中国财税体制改革进入了走向“财政现代化”的新阶段。

从历史上看，传统计划经济体制的最显著特征，就是把几乎所有的社会资源集中到政府手里，并由政府直接支配。在那个时候，长官意志主导一切，“治理”二字既提不到议事日程，更难以与国家对接、形成国家治理概念。在改革开放初期，当改革主要立足于经济体制、发展主要聚焦于经济领域的时候，我们不可能形成建设现代意义国家的目标，也不可能提出国家治理现代化的命题。只有在我们基本确立社会主义市场经济体制框架、跻身于世界第二大经济体之后，只有当我们有资格、有基础、有底气、有条件打造现代意义国家的一般制度形态的时候，才会提出推进国家治理体系和治理能力现代化的目标，也才有可能将财政和财税体制置于国家治理的大棋局中重新定位。

换一个角度说，经济市场化的改革进程，也是社会结构和利益格局深刻变动的过程。不仅原有的阶级、阶层和利益群体发生分化，而且一些新的社会阶层和利益群体不断出现，社会呈现出多元、多层的利益关系格局。

不同于以往经济社会主体相对单一、利益关系相对简单的社会结构和利益格局，随着不同社会阶层、利益群体逐渐形成，经济社会主体日趋多样性和多元化，不同利益群体之间发生矛盾和冲突的可能性大大增加，传统的国家治理方式已经与此不相适应。取而代之的，便是与现代市场经济和现代社会结构相匹配的现代国家治理结构。只有如此，才能协调越来越繁多的各种利益矛盾和冲突，包容越来越复杂的各种利益关系，规范越来越难以处理的责任、权力和利益，从而形成一种共谋、共建、共担、共享的利益共同体，保证经济发展和社会进步的全面可持续。也正是因为中国的经济社会发展进入了这一阶段，财政才会跃升至国家治理范畴，财税体制才会成为国家治理体系的一个组成部分。

这实际上启示我们，随着改革开放进入到全面深化改革阶段并确立国家治理现代化的目标，始终作为整体改革的一个组成部分且服从于、服务于整体改革需要的财税体制改革，必然要转向匹配国家治理现代化的改革道路——建立现代财政制度，以“财政现代化”匹配国家治理的现代化。

3. 大不相同于以往的深刻变化

于是，发生在财税体制改革上的一系列大不相同于以往的深刻变化出现了。

——以往的财税体制改革，多是作为经济体制改革的组成部分、在经济体制改革的棋局上加以部署的。其推进和评估，可以紧跟经济体制的改革进程，以是否适应或匹配了社会主义市场经济体制作为标尺。新一轮的财税体制改革，则是作为全面深化改革的组成部分、在全面深化改革的棋局上加以部署的。因而，围绕财税体制改革的推进和评估，不仅要紧跟经济体制改革进程，而且要紧跟政治体制、文化体制、社会体制和生态文明建设体制改革进程，以是否适应并匹配了各个领域的改革联动、是否适应和匹配了改革的总体效果以及是否适应和匹配了实现国家治理体系和治理能力现代化的总体目标作为标尺。

——以往的财税体制改革，多是在将财政视为一个经济范畴、将财税体制视作一种经济制度安排的基础上加以谋划的。无论其触动规模多么巨大，涉及范围多么宽广，甚或其实际影响绝不限于经济领域，但从总体上说来，其主观立意并未脱出财政作为一个经济范畴、财税体制作为一种经济制度安排的思维局限。新一轮的财税体制改革，则是在将财政视作一个跨越多个学科、覆盖所有领域的综合性范畴，将财税体制视作一个可以牵动经济、政治、文化、社会、生态文明所有领域的综合性制度安排的基础上加以谋划的。因而，它绝非一般意义上的经济制度安排，而是站在国家治理的总体角度，将财政作为国家治理的基础性和支撑性要素加以打造，将财税体制作为全面覆盖国家治理全过程、各领域的综合性制度安排加以构建。

——以往的财税体制改革，多着眼于财税体制的属性特征，追求的是财税体制与社会主义市场经济体制的“性质匹配”。其基本目标，是建立与社会主义市场经济体制相匹配的公共财政体制。新一轮的财税体制改革，则是着眼于财税体制的时代特征，追求的是财税体制与国家治理体系和治理能力的“现代化匹配”。因而，它既非以往改革目标的简单延续，也非另起炉灶，推倒重来，而是在公共财政体制建设取得突破性进展的基础上，匹配国家治理现代化的总进程，从现代财政文明出发布局财税体制改革，打造现代国家财政制度的一般形态——顺应历史规律、切合时代潮流、代表发展方向、匹配中国国情的现代财政制度。从这个意义上讲，现代财政制度同公共财政体制一脉相承，实质是建立在财政公共化基础之上的财政现代化。

4. 又一个规律性现象

概括起来讲，站在“财政公共化”的肩膀之上，按照全新的理念、思想和战略推进改革，使得改革循着“财政现代化”的路径继续前行，建立起匹配国家治理现代化的现代财政制度，正是全面深化改革背景下中国渐进式财税体制改革的一条主线索。也可以说，由“公共财政体制”向“现代财政制度”靠拢和逼近的所谓“财政现代化”过程，是这一阶段的财税体制改革所面临的最可称道的重大挑战。

这实际上也告诉我们，国家治理的现代化和财政的现代化，是一枚硬币的两个面。国家治理的现代化，必然要求和决定着财政的现代化。推进国家治理体系和治理能力的现代化，就必须以建立现代财政制度作为基础和重要支柱。这可以称为中国财税体制改革的又一个规律性现象。

三　改革的未来走向：加快建立现代财政制度

中共十八届三中全会开启的全面深化改革有明确的时间表，“到二〇二〇年，在重要领域和关键环节改革上取得决定性成果，完成本决定提出的改革任务，形成系统完备、科学规范、运行有效的制度体系，使各方面制度更加成熟更加定型。”作为其中的一个重要组成部分，新一轮财税体制改革事实上已经进入倒计时状态。若再考虑到其在全面深化改革中的基础工程和重点工程定位，推进新一轮财税体制改革的紧迫性不言而喻。

（一）围绕焦点、难点和痛点而攻坚

正是鉴于这样一种特殊的背景，2017 年 10 月举行的中共十九大，立足于中国特色社会主义进入新时代的新的历史方位，在系统评估中共十八届三中全会以来财税体制改革进程的基础上，以倒计时思维前瞻未来的改革之路，围绕下一步财税体制改革作出了如下部署：

“加快建立现代财政制度，建立权责清晰、财力协调、区域均衡的中央和地方财政

关系。建立全面规范透明、标准科学、约束有力的预算制度，全面实施绩效管理。深化税收制度改革，健全地方税体系。”

仔细地体会上述这一段话并同中共十八届三中全会关于新一轮财税体制改革的部署相对照，就会发现，其中所发生的变化，意义极其深刻。

——中共十八届三中全会提出“建立现代财政制度”，中共十九大报告添加了前缀“加快”——“加快建立现代财政制度”。从“建立现代财政制度”到“加快建立现代财政制度”，集中反映了新一轮财税体制改革的紧迫性。可以说，“加快”将中共十八届三中全会绘制的财税体制改革蓝图真正落到实处，已成为中国特色社会主义新时代的迫切要求。

——在中共十八届三中全会所部署的三个方面财税体制改革内容中，预算制度管理改革居首，税收制度改革次之，中央和地方财政关系改革收尾。中共十九大对三个方面内容的排序做了调整：中央和地方财政关系改革跨越其他两方面改革而从尾端跃至首位，预算管理制度改革和税收制度改革则相应退居第二和第三。排序的调整，显然折射的是三个方面改革内容相对重要性的变化。可以说，随着中国特色社会主义进入新时代，加快中央和地方财政关系改革，不仅是新一轮财税体制改革必须跨越的关口，更是必须首当其冲完成的任务。

——中共十八届三中全会部署的财税体制改革内容，篇幅近千字，相对完整而系统。中共十九大关于财税体制改革的直接表述，则只有 78 个字，系画龙点睛式的。如中央和地方财政关系改革的目标是“权责清晰、财力协调、区域均衡”，预算管理制度改革的目标是“全面规范透明、标准科学、约束有力，全面实施绩效管理”，税收制度改革的重点是“健全地方税体系”。可以说，这些简明扼要、极具针对性的表述，均系新一轮财税体制改革的重点内容、关键部位。

其实，上述的重点内容也好，关键部位也罢，之所以在众多的改革议题和线索中被凸显出来，尤其是在对以往四年的改革进程作出系统评估之后被凸显出来，其最根本的原因无非在于，它们实质是新一轮财税体制改革的焦点、难点和痛点。

因而，围绕上述的焦点、难点和痛点而打一场攻坚战，加快建立现代财政制度，将新一轮财税体制改革蓝图绘到底，是中共十九大关于新一轮财税体制改革所发出的一个最重要且最明确的信号。

如下可能是这些焦点、难点和痛点问题的一份大致清单。

（二）中央和地方财政关系：下一步财税体制改革的重头戏

前面说到，从中共十八届三中全会到十九大，发生在中央和地方财政关系领域的改革进展主要有两项：《全面推开营改增试点后调整中央与地方增值税收入划分过渡方案》和《关于推进中央与地方财政事权和支出责任划分改革的指导意见》。

就前者而言，注意到这一方案的适用期只有 2—3 年，它显然是一项权宜之计而非“进一步理顺中央和地方收入划分”的体制性安排。再注意到营改增之后的增值税收入占全部税收收入的比重已超 50%，对如此高比重的税种实行分成，它显然是一种“分钱制”办法而非“分税制”安排。

就后者而言，注意到中共十八届三中全会对于此项改革的提法是“建立事权与支出责任相适应的制度”，这一指导意见则在事权和支出责任前面添加了“财政”二字，其意图虽可理解为以财政事权和财政支出责任的划分为突破口，从而为整个事权和支出责任的划分铺平道路，但是，它毕竟收缩了其应有的作用空间，实质是一个“缩水版”。

中央和地方财政关系的改革进程之所以会呈现如此的状态，当然与其自身的复杂性以及改革的难度直接相关。

毋庸置疑，中央和地方之间的关系是现代国家治理领域最重要的关系链条之一，中央和地方之间的财政关系又属于其中最具基础性和支撑性意义的要素，亦最具“牛鼻子”效应。围绕它的改革，不仅事关党和国家事业发展全局，而且牵动整个财税体制改革进程。鉴于加快中央和地方财政关系改革的极端迫切性，也鉴于防止本应发挥的“牛鼻子”效应演化为“拖后腿”效应，中共十九大不仅将其摆在了下一步改革的优先位次，而且基于有针对性地加以推进的需要，进一步细化了其改革目标——“权责清晰、财力协调、区域均衡”。

也正是基于上述的考虑，作为中共十九大之后新一轮财税体制改革的开局之举，2018 年 1 月 27 日，国务院发布了《基本公共服务领域中央与地方共同财政事权和支出责任划分改革方案》。[①] 由基本公共服务领域中的中央和地方共同事权破题，制定基本公共服务国家保障标准，规范中央和地方支出责任分担方式，从而建立起权责清晰、财力协调、区域均衡的中央和地方财政关系，便是这一改革方案的主要出发点。

可以预期，中央和地方财政关系的改革，将成为下一步财税体制改革的重头戏。

（三）预算管理制度：亟待将新《预算法》落到实处

相对而言，中共十八届三中全会迄今，预算管理制度的改革动手最早、力度最大，是新一轮财税体制改革推进最快、成效最为显著的领域。其最重要的标志性成果，便是2015 年 1 月正式颁布的新《预算法》。

然而，以现代预算制度的原则反观新《预算法》，也可以发现，主要源自既得利益格局且困扰我们多年的若干“老大难”问题，仍未得到根本解决。

——虽然新《预算法》明确了“预算包括一般公共预算、政府性基金预算、国有资本预算、社会保险基金预算”，但具体到预算收支范围，对于一般公共预算的描述比较翔实——可以细化到“类款项目”，其他三本预算则大而化之——“政府性基金预算、国有资本经营预算和社会保险基金预算的收支范围，按照法律、行政法规和国务院的相关规定执行”。

——虽然新《预算法》明确了公开透明的标准，但除一般公共预算之外的其他三本预算收支并未达到这一要求，或者遵守的标准并不一致。也正是由于管理标准不一，在我国，对于四本预算的预算监督和约束事实上存在不小的差异，甚至迄今未能形成一个覆盖全部政府收支的“财政赤字”概念。

——虽然新《预算法》已经颁布将近三年，但与之相配套的实施细则至今未能落地。由于缺失具有可操作性的实施细则，不仅现代预算制度的理念难以真正确立，而且诸如财税部门统揽政府收支、实现政府预算的完整和统一等这些基础性的改革目标，也

① 国办发〔2018〕6 号《国务院办公厅关于印发基本公共服务领域中央与地方共同财政事权和支出责任划分改革方案的通知》。

难以落到实处。

毋庸置疑，所有这些，既是下一步预算管理制度改革亟待攻克的障碍，也是与现代国家治理相适应的现代预算制度必须具备的基本素质。

可以认为，正是出于这样的考虑，中共十九大在对“全面规范、公开透明”加以精炼概括的基础上，为预算管理制度改革确立了更加全面而细致的改革目标——“全面规范透明、标准科学、约束有力，全面实施绩效管理”。

也可以预期，循着如此的“路线图”，预算管理制度改革肯定会由此加快而推进至实质层面。

（四）税收制度：直接税改革对接“健全地方税体系”

迄今，在新一轮税制改革所涉及的“六税一法”——增值税、消费税、资源税、环境保护税、个人所得税、房地产税和税收征管法中，“四税一法”的改革——营改增全面推开、资源税改革顺利推进、消费税征收范围逐步拓展、税收征管体制改革已经启动。表面上进展很快，动作不小，但进一步观察，就会发现，抛开税收征管体制具有特殊意义不谈之外，举凡取得进展的税种，均属于间接税。可归入直接税系列的个人所得税和房地产税，则“裹足不前”。

若将间接税和直接税分别视作新一轮税制改革行动的两翼，可以非常清晰地发现，两翼的改革行动颇不均衡。再注意到发生在以营改增为代表的间接税改革是以减税为基本取向的，以个人所得税和房地产税为代表的直接税改革的基本取向则是增税，两翼改革行动“跛脚”状态所带来的直接结果便是，间接税收入减下来了，直接税收入并未相应增上去。由此带来的收入亏空，只能通过增列赤字、增发国债加以弥补。

无论从哪个方面看，靠“借钱”支撑的税制改革，既不可持续，又蕴含风险。将新一轮税制改革目标落到实处的几乎唯一选择，就是走税制结构优化道路——在推进间接税改革的同时，实施直接税改革。以直接税的逐步增加对冲间接税的相应减少，以自然人税源的逐步增加对冲企业税源的相应减少。

更进一步看，基于优化税制结构目标而进行的直接税改革，迄今所涉及的税种，主要是个人所得税和房地产税。这两个税种，一旦同1994年确立并载入新《预算法》的分税制财政管理体制相对接，又可发现，它们都是可以作为地方税主体税种或主要税种的选项而进入地方税体系的。特别是房地产税，古今中外，历来就是作为地方税或地方主体税种而存在并运行的。就此意义而言，迄今新一轮税制改革进程中发生在个人所得税和房地产税改革上的“裹足不前”现象，也可表述为地方税改革“裹足不前”，或者，地方税体系建设“裹足不前”。

同样毋庸置疑，以个人所得税和房地产税为代表的直接税改革，不仅关系到税制结构优化目标的实现，而且事关地方税体系建设以及中央和地方财政关系改革的进程。从这个意义上讲，直接税改革就是地方税改革，健全地方税体系就是健全地方财政收支体系，也就是重塑以“分税制”为灵魂的中央和地方财政关系新格局。

可以预期，按照中共十九大部署，尽快采取措施，让以个人所得税和房地产税为代表的直接税改革“破茧而出”，进而推进以“健全地方税体系”为重点的税制改革进程，绝对是下一步财税体制改革的一场攻坚战。

四　主要结论

关于中国财税体制改革40年基本轨迹、基本经验和基本规律的讨论至此，做出如下结论可能是适当的：

第一，迄今中国财税体制改革所走出的基本轨迹，可以大致概括为“三部曲”：从以“放权”“让利”为主调、为整体改革“铺路搭桥”到寻求自身改革、走上制度创新之路，从零敲碎打型的局部调整到立足于对财税体制及其运行机制作整体变革，从构建公共财政体制基本框架到建立现代财政制度。

第二，迄今的中国财税体制改革，事实上存在着一条上下贯通的主线索。这就是：它始终作为整体改革的一个重要组成部分，服从于、服务于整体改革的需要。伴随着由经济体制改革走向全面深化改革的历史进程，不断地对财税体制及其运行机制进行适应性的变革：以“财政公共化”匹配“经济市场化”，以“财政现代化”匹配“国家治理现代化”；以“公共财政体制”匹配“社会主义市场经济体制”，以“现代财政制度”匹配“现代国家治理体系和治理能力”。这是我们从这一适应性改革历程中可以获得的基本经验。

第三，迄今的中国财税体制改革实践之所以总体上是成功的，从根本上来说，是我们在扎根于中国国情土壤的基础上，深刻认知并严格遵从了财税体制及其运行机制的客观规律，按照客观规律的要求谋划并推进改革。作为事实上的中国财税体制改革实践的理论支撑，这些客观规律可以高度概括为：经济的市场化必然带来财政的公共化，国家治理的现代化要求和决定着财政的现代化。搞市场经济，就必须搞公共财政。推进国家治理现代化，就必须以建立现代财政制度作为基础和重要支柱。

第四，随着中国特色社会主义进入新时代，全面推进以建立现代财政制度标识的新一轮财税体制改革更加紧迫。围绕新一轮财税体制改革的焦点、难点和痛点而打一场攻坚战，以加快建立现代财政制度的行动，为推进国家治理体系和治理能力现代化发挥基础性和支撑性作用并最终完成全面深化改革的历史任务，势在必行。

第五，站在新时代的历史起点上，以习近平新时代中国特色社会主义思想为指导，回过头来重新审视并体会中共十八届三中全会对财政与财税体制的全新定位以及关于深化财税体制改革的系统部署，可以将现代财政制度的基本特征作如下归结：财政成为国家治理的基础和重要支柱，财税体制成为国家治理体系的基础性和支撑性要素。引申一步说，财政职能覆盖国家治理活动的全过程和各领域。以此对照当下的中国财政职能和作用格局，可以确认，进入新时代的中国财税体制改革，任重而道远。

（原载《经济研究》2018年第3期）

新时代中国特色社会主义与21世纪马克思主义

姜 辉*

习近平同志在纪念马克思诞辰200周年大会上的讲话中指出，可以告慰马克思的是，马克思主义指引中国成功走上了全面建设社会主义现代化强国的康庄大道，中国共产党人作为马克思主义的忠诚信奉者、坚定实践者，正在为坚持和发展马克思主义而执着努力。中国特色社会主义经过长期发展进入新时代，推动科学社会主义进入新的发展阶段。列宁曾说，共产党人“如果不愿落后于实际生活，就应当在各方面把这门科学推向前进”。[①] 新时代，中国共产党人在理论、实践、制度等各方面极大地推进科学社会主义新发展。正如习近平总书记指出的：“科学社会主义在中国的成功，对马克思主义、科学社会主义的意义，对世界社会主义的意义，是十分重大的。”[②] 新时代中国特色社会主义，使科学社会主义在21世纪焕发出强大生机活力，让马克思主义放射出更加灿烂的真理光芒。

一 理论贡献：习近平新时代中国特色社会主义思想是21世纪马克思主义的科学理论形态

“一切划时代的体系的真正内容都是由于产生这些体系的那个时期的需要而形成起来的。”[③] 回顾170年来马克思主义发展史和科学社会主义发展史，我们可以清楚地看到，不同历史时期的马克思主义代表人物，顺应时代发展，回答时代课题，从而不断推动马克思主义和科学社会主义的丰富发展在不同时期形成了既一脉相承又独具特色的理论形态。中国特色社会主义进入新时代，形成了习近平新时代中国特色社会主义思想，这一伟大思想，既是马克思主义中国化的最新成果，也是21世纪马克思主义和科学社会主义的最新理论形态。在当代中国，坚持习近平新时代中国特色社会主义思想，就是真正坚持马克思主义、真正坚持科学社会主义。

恩格斯曾说，我们的理论“是一种历史的产物，它在不同的时代具有完全不同的

---

* 姜辉：中国社会科学院党组成员，当代中国研究所所长，马克思主义研究院院长。

① 《列宁专题文集·论马克思主义》，人民出版社2009年版，第96页。

② 《以时不我待只争朝夕的精神投入工作 开创新时代中国特色社会主义事业新局面》，《人民日报》2018年1月6日。

③ 《马克思恩格斯全集》第3卷，人民出版社1960年版，第544页。

形式，同时具有完全不同的内容”。[1] 马克思恩格斯所处的时代是自由资本主义时代，他们科学地回答了“资本主义向何处去、人类社会向何处去”的时代课题，创立了马克思主义，社会主义由空想变为科学；列宁所处的时代是垄断资本主义时代，他科学回答了“帝国主义向何处去、无产阶级革命向何处去”的时代课题，形成列宁主义，指导十月革命取得伟大胜利，社会主义由理论变为现实制度。毛泽东同志在半封建半殖民地的中国，科学回答了“中国向何处去、中国革命向何处去”的时代课题，形成了毛泽东思想，领导人民完成新民主主义革命，建立了新中国。改革开放新时期以来，几代中国共产党人在不同时期，连续回答了“建设什么样的社会主义、怎样建设社会主义”“建设一个什么样的党、怎样建设这个党”“实现什么样的发展、怎样发展”等一系列时代课题，形成了邓小平理论、“三个代表”重要思想、科学发展观，从而不断推进中国特色社会主义理论体系的形成和发展。党的十八大以来，“国内外形势变化和我国各项事业发展都给我们提出了一个重大时代课题，这就是必须从理论和实践的结合上系统回答新时代坚持和发展什么样的中国特色社会主义、怎样坚持和发展中国特色社会主义”。[2] 习近平新时代中国特色社会主义思想，就是科学回答了这个重大时代课题，从而既极大丰富和发展了中国特色社会主义理论，又把 21 世纪科学社会主义推向一个新的发展阶段。

习近平同志反复强调，要锲而不舍地推进马克思主义中国化时代化大众化，发展 21 世纪马克思主义、当代中国马克思主义。“只有民族的才是世界的，只有引领时代才能走向世界。要立足时代特点，推进马克思主义时代化，更好运用马克思主义观察时代、解读时代、引领时代，真正搞懂面临的时代课题，深刻把握世界历史的脉络和走向。”[3] 我们要坚持用马克思主义观察时代、解读时代、引领时代，用鲜活丰富的当代中国实践来推动马克思主义发展，用宽广视野吸收人类创造的一切优秀文明成果，坚持在改革中守正出新、不断超越自己，在开放中博采众长、不断完善自己，不断深化对共产党执政规律、社会主义建设规律、人类社会发展规律的认识，不断开辟当代中国马克思主义、21 世纪马克思主义新境界。习近平新时代中国特色社会主义思想，就是坚持马克思主义时代性与现实性、世界性与民族性的统一。一方面，立足新时代中国实际，实现了马克思主义中国化新的历史飞跃；另一方面，面对当今世界的深刻变化，深入思考 21 世纪的时代问题和时代任务，以深远的时代眼光和宽广的世界眼光审视马克思主义和社会主义在 21 世纪发展的理论需要与实践需要，深刻把握了时代发展趋势和世界发展走向，科学地构造了 21 世纪马克思主义和科学社会主义的最新理论形态。

习近平新时代中国特色社会主义思想博大精深、内容丰富，深化了对共产党执政规律、社会主义建设规律、人类社会发展规律的认识，在整体上、各个方面都把科学社会主义推向前进。习近平同志指出：“解决好民族性问题，就有更强能力去解决世界性问题；把中国实践总结好，就有更强能力为解决世界性问题提供思路和办法。”[4] 他指出：

---

① 《马克思恩格斯文集》第 9 卷，人民出版社 2009 年版，第 436 页。

② 习近平：《决胜全面建成小康社会夺取新时代中国特色社会主义伟大胜利》，人民出版社 2017 年版，第 18 页。

③ 习近平：《习近平谈治国理政》第 2 卷，外文出版社 2017 年版，第 66 页。

④ 同上书，第 340 页。

“新中国成立以来特别是改革开放以来，中国发生了深刻变革，置身这一历史巨变之中的中国人更有资格、更有能力揭示这其中所蕴含的历史经验和发展规律，为发展马克思主义作出中国的原创性贡献。”① 习近平新时代中国特色社会主义思想，是21世纪马克思主义和科学社会主义创新发展最集中、最丰富、最现实的体现，作出了巨大的原创性贡献。

从对科学社会主义发展创新上看，以习近平同志为主要代表的中国共产党人，在续写坚持和发展中国特色社会主义这篇大文章中，在新时代深化了对中国特色社会主义规律的认识。比如，提出“八个明确”和“十四个坚持”，是对中国特色社会主义整体性、开创性的丰富发展；提出道路、理论、制度、文化“四位一体”有机统一，拓展了中国特色社会主义的科学体系；提出以人民为中心的发展思想，深化了社会主义本质理论；提出我国社会主要矛盾发生历史性转化，丰富了社会主义初级阶段理论，也发展了提升了社会主义发展动力理论；推进国家治理体系和治理能力现代化，丰富发展了社会主义现代化理论；推进“五位一体”总体布局和“四个全面”战略布局，完善了社会主义全面发展理论；践行创新、协调、绿色、开放、共享的新发展理念，拓展了社会主义发展途径和发展目标理论；坚持党的全面领导，提出关于党的领导“两个最”的重要论断，即中国共产党领导是中国特色社会主义最本质的特征，是中国特色社会主义制度的最大优势，丰富发展了社会主义执政党建设理论；阐明人类社会历史发展的必然趋势，提出科学认识两大社会制度关系的新思想，丰富了关于正确处理社会主义与资本主义之关系的理论；提出推动构建人类命运共同体，丰富发展了马克思主义关于未来社会的理论；等等。这些具有重大理论意义和鲜明时代意义的新理念新思想新战略，是对科学社会主义的重大创新，同对马克思主义哲学和政治经济学的重大创新共同构成了新时代创新性、系统性、典范性的理论成果，为发展21世纪马克思主义作出了原创性贡献。

二 实践贡献：新时代中国特色社会主义是21世纪世界社会主义走向振兴的中流砥柱

中国特色社会主义进入新时代，在中华人民共和国发展史上、中华民族发展史上具有重大意义，在世界社会主义发展史上、人类社会发展史上也具有重大意义。新时代中国特色社会主义，与世界社会主义发生了更加密切、更为明确的联系，意味着科学社会主义在21世纪的中国焕发出强大生机活力，在世界上高高举起了中国特色社会主义伟大旗帜。这表明，随着中国日益走近世界舞台的中央，随着其综合国力和国际影响力不断增强并逐渐成为领先的国家，中国特色社会主义不再是局限于本国的事业，而是作为21世纪世界社会主义最为重要、最有作为的组成部分，发挥着重要影响、作出原创性贡献的伟大事业，是为人类对更好社会制度的探索提供全新选择、贡献中国方案的伟大事业。

近30年来，世界社会主义运动经历了从苏东剧变步入低谷到21世纪初谋求振兴的过程。在每个重要的历史节点，中国特色社会主义都对世界社会主义的发展发挥了至关

① 习近平：《习近平谈治国理政》第2卷，外文出版社2017年版，第66页。

重要的历史转折性作用，成为世界社会主义运动的主心骨、风向标和根据地。总的来看，有三个重要历史节点非常重要：苏东剧变、资本主义危机和全球化发生波折。

第一个历史节点：20 世纪 80 年代末 90 年代初，苏联解体、苏共垮台、东欧剧变，“社会主义失败论”“历史终结论”一度甚嚣尘上，“中国崩溃论”在国际上不绝于耳。然而中国顶住了巨大压力和挑战，没有在那场“多米诺骨牌”式的剧变中倒塌。正如邓小平同志讲的：“只要中国社会主义不倒，社会主义在世界将始终站得住。”[①] 中国捍卫和挽救了社会主义。

第二个历史节点：21 世纪初由国际金融危机引发的整个资本主义危机。这场危机距苏东剧变也就不到 20 年，从苏东剧变、苏联解体引发的所谓“社会主义危机”和“历史的终结”，在较短的时间内却变为“资本主义危机”和“资本主义的终结”。这应验了列宁说过的一句生动的哲理：“历史喜欢作弄人，喜欢同人们开玩笑，本来要进这间屋子，结果却跑进了那间屋子。”[②] 其实，这正是历史在偶然性中为必然性开辟道路的最生动体现。在这个发展过程中“历史之手”给我们的一个最大惊喜，就是在“神奇翻转”中打开了中国特色社会主义这个“看得见风景的房间”。这标志着，世界资本主义在其发展的长周期中开始进入了一轮规模较大的衰退期，而世界社会主义总体上仍然处于苏东剧变之后的低潮，但以中国特色社会主义发展取得的巨大成就为主要依托和标志，世界社会主义进入走出低谷的谋求振兴期。中国发展和振兴了社会主义。

第三个历史节点：21 世纪过了 15 年后，以英美等主要西方国家发生的逆全球化潮流为转折，表明资本主义对整个世界的驾驭和统治能力显著下降，显得力不从心；中国则高扬起继续推进全球化的旗帜，并推动全球化朝着公平、合理的方向发展。正如习近平同志指出的：“20 年前甚至 15 年前，经济全球化的主要推手是美国等西方国家，今天反而是我们被认为是世界上推动贸易和投资自由化便利化的最大旗手，积极主动同西方国家形形色色的保护主义作斗争。”[③] 可以说，这是由长期以来资本主义主导的全球化开始向由社会主义主导的全球化方向转变。这对于世界社会主义发展来说也具有重要转折性意义。就是在这个关键的历史时期，中国特色社会主义进入新时代，意味着科学社会主义在 21 世纪的中国焕发出强大生机活力。中国特色社会主义成为 21 世纪世界社会主义发展的引领旗帜，成为世界社会主义走向振兴的中流砥柱，必将为世界社会主义和科学社会主义新发展作出更大贡献。中国特色社会主义引领和塑造了 21 世纪社会主义。

中国特色社会主义是世界社会主义的重要组成部分，是苏东剧变后世界社会主义进入新阶段的一种新的实践探索，而进入新时代的中国特色社会主义则具有更加重要的示范引领作用和世界意义。从长远的历史眼光来看，从 19 世纪中叶科学社会主义诞生到 21 世纪中叶，大体上两个世纪的时间，我们可以将其划分为三个大的历史阶段，也就是“三个七十年”：从 1848 年《共产党宣言》发表标志科学社会主义诞生到 1917 年俄国十月革命，是社会主义发展的“第一个七十年”。这一时期的历史任务是促进马克思主义与工人运动相结合，建立工人阶级政党，进行社会主义革命、夺取政权。科学社会

---

① 《邓小平文选》第 3 卷，人民出版社 1993 年版，第 346 页。

② 《列宁全集》第 25 卷，人民出版社 1988 年版，第 335 页。

③ 习近平：《习近平谈治国理政》第 2 卷，外文出版社 2017 年版，第 212 页。

主义的发展体现在马克思主义形成和丰富完善，并在社会主义运动中取得主导地位。从1917年十月革命到20世纪80年代末苏东剧变，是社会主义发展的第二个历史阶段，也就是“第二个七十年”，主要历史任务是促进马克思主义与各国实际相结合，回答经济文化比较落后的国家如何建设社会主义、巩固和发展社会主义问题，殖民地半殖民地国家民族解放运动，如何从民主革命转变为社会主义革命建立新的社会制度的问题，以及社会主义改革等问题。科学社会主义的新发展在俄国主要是列宁主义的形成，在中国则是毛泽东思想的形成，以及改革开放时期中国特色社会主义理论体系的开创与初步发展。从20世纪80年代末苏东剧变到下个世纪中叶，是社会主义发展的第三个阶段，也就是“第三个七十年”，主要历史任务是巩固、发展和完善社会主义制度，使社会主义制度的优越性充分地体现出来，科学社会主义新发展的最新理论形态就是习近平新时代中国特色社会主义思想，它就是当代中国马克思主义最新成果，也是21世纪马克思主义开创性、奠基性、典范性的理论成果。

伟大的战略家邓小平同志曾在20世纪末有过“七十年”的设想：“我们中国要用本世纪末期的二十年，再加上下个世纪的五十年，共七十年的时间，努力向世界证明社会主义优于资本主义。我们要用发展生产力和科学技术的实践，用精神文明、物质文明建设的实践，证明社会主义制度优于资本主义制度，让发达的资本主义国家的人民认识到，社会主义确实比资本主义好。”① 今天，社会主义发展的“第三个七十年”基本过半，在接下来的30多年里，正是中国“分两步走”建设社会主义现代化强国的历史时期，中国特色社会主义新时代的新发展必将对世界社会主义的发展具有重要的历史意义、时代意义和世界意义。从一定意义上说，中国特色社会主义代表着世界社会主义的未来，这是中国共产党对社会主义事业及人类社会发展与文明进步的历史担当。根据党的十九大描绘的宏伟蓝图，到21世纪中叶，中国将全面建成富强民主文明和谐美丽的社会主义现代化强国，成为综合国力和国际影响力领先的国家，中华民族将以更加昂扬的姿态屹立于世界民族之林。新时代中国特色社会主义将以全面发展的巨大成就，成为世界社会主义走向振兴当之无愧的中流砥柱。那时候，世界上越来越多的人民会认识到，“社会主义确实比资本主义好”。

三　制度贡献：新时代中国特色社会主义全面展示21世纪社会主义制度的优越性

21世纪世界社会主义发展振兴的重要标志性成果，是社会主义制度赢得比资本主义制度更广泛的制度优势。21世纪初资本主义危机的一个最为集中、最为突出的表现，就是资本主义制度的无效和衰败。福山从“历史终结论”到资本主义“制度衰败论”，论证了资本主义政治体制和机制的衰败失灵；皮凯蒂的《21世纪资本论》，论述了资本主义经济制度的衰败失灵；还有许多西方理论家以各种方式述说着资本主义民主、自由、平等这些长期以来被视为“永恒法则”的价值信条的破灭和衰败，论说着资本主义的价值危机、制度危机、生态危机、整个体系危机等。因而在21世纪中叶，社会主

① 《邓小平年谱（1975—1997）》（下），中央文献出版社2004年版，第1255页。

义在制度方面赢得比资本主义更广泛的优势，是世界社会主义振兴的最为重要的标志。如果说以往我们更多地从理论上根据历史规律来阐释社会主义制度的优越性，那么21世纪我们则必须运用高于和好于资本主义制度的经济效率和治国理政能力，来真真切切地展现社会主义制度的优越性，这是新时代中国特色社会主义对人类社会发展和制度文明做出的巨大历史贡献。

改革开放40年来，我们不仅走出了一条不同于西方国家的成功发展道路，而且形成了一套不同于西方国家的成功制度体系，显示了独特优势。习近平同志指出，我们的制度和国家治理体系是我国历史传承、文化传统、经济社会发展的基础上长期发展、渐进改进、内生性演化的结果。这表明，中国特色社会主义制度的独特优势来源于：它是内生性演化的结果，不是外来性嫁接的产物；它是在本国经济社会发展基础上长期发展的结果，不是主观设计、一蹴而就的东西；它是对本国发展建设之鲜活实践经验的总结升华和对社会发展规律的深刻把握和创造性运用。它超越了西方关于市场与政府、国家与社会、集中权威与民主自由、公共领域与私人领域等的机械的对立两分，因而形成了对比于西方社会制度的独特优势。它超越了一些发展中国家在现代化进程中遭遇的“中等收入陷阱”、政治混乱和社会动荡陷阱，同时实现了经济快速增长、社会和谐稳定、充满改革活力，因而成为许多发展中国家在社会制度和运行体制上效仿的榜样。因而我们无论是成功应对各种危机还是创造发展奇迹，其原因不能简单归结为“后发优势”，不能偏见地归结为“走了别人修的路”，也不是偶然的幸运和天时地利，其成功奥秘恰恰在于中国特色社会主义制度的独特优势，以及由这种制度产生的能够团结一切可以团结的力量的优势、强大动员能力和集中力量办大事的优势、有效促进社会公平正义的优势，等等。因而，我们的自信归根到底就是来源于中国特色社会主义制度不可比拟的优越性。

今天，中国共产党全面深化改革，不断发展和完善中国特色社会主义制度，不断提高运用中国特色社会主义制度有效治理国家的能力。我们党根据本国传统、现实国情和长期治理经验，创造性地推进治国理政事业，创造了不同于历史上其他社会主义国家的治理模式，也不同于西方资本主义国家的治理模式，形成了对比于西方社会治理的独特优势，也为如何治理社会主义社会提供了成功经验。正如习近平同志指出的：“当代中国的伟大社会变革，不是简单延续我国历史文化的母版，不是简单套用马克思主义经典作家设想的模板，不是其他国家社会主义实践的再版，也不是国外现代化发展的翻版，不可能找到现成的教科书。”① 中国的制度创新，是符合中国当今实际的最鲜活的独创版和现实版。通过不断改革创新，使中国特色社会主义在解放和发展社会生产力、解放和增强社会活力和促进人的全面发展上比资本主义制度更有效率，更能在竞争中赢得比较优势，把中国特色社会主义制度的优越性充分体现出来。党的十九大报告指出，坚持全面深化改革，坚持和完善中国特色社会主义制度，不断推进国家治理体系和治理能力现代化，吸收人类文明有益成果，构建系统完备、科学规范、运行有效的制度体系，充分发挥我国社会主义制度优越性。深入研究中国特色社会主义制度的特殊性与普遍性的关系，研究如何将“中国特殊”转化为“世界一般”，这是中国特色主义制度具有越来越重要国际影响力的体现。所以，把中国特色社会主义制度体系、制度特征、制度优

① 习近平：《在哲学社会科学工作座谈会上的讲话》，人民出版社2016年版，第21页。

势、制度有效性进行归纳总结，提炼具有一般规律性、可资借鉴的普遍意义的经验和因素，为世界上其他一些国家在社会制度建设上提供全新选择，为人类制度文明发展作出中国的原创性贡献。

中国特色社会主义制度建设的成果，不仅是中国的，也是世界的；不仅为我国社会主义现代化建设、实现民族复兴提供保障，而且对促进人类进步和世界文明发展作出贡献。中国是一个拥有 13 亿多人口的发展中大国，制度建设和创新的每一个重大进步和成就，都会对整个世界产生广泛、深远的影响。邓小平曾充满自信地展望："我们的制度将一天天完善起来，它将吸收我们可以从世界各国吸收的进步因素，成为世界上最好的制度。"① 在中国共产党谋求为人类对更好社会制度的探索提供中国方案的 21 世纪，习近平同志指出，我们坚信，"随着中国特色社会主义不断发展，我们的制度必将越来越成熟，我国社会主义制度的优越性必将进一步显现，我们的道路必将越走越宽广"，② 我国发展道路对世界的影响也必将越来越大。这是道路自信、理论自信、制度自信、文化自信的集中体现，也是对社会主义事业及人类社会发展与文明进步的历史担当。我们坚信，在中国共产党的领导下，通过全面深化改革，中国特色社会主义制度必将更加成熟更加定型也更加完善，其优越性和优势得到更加充分的发挥和体现，中国特色社会主义制度成为了世界上最好的制度，以其独特的制度成果丰富了人类制度文明的宝库。中国特色社会主义进入新时代，到 21 世纪中叶建成富强民主文明和谐美丽的社会主义现代化国家，使世界上五分之一的人在社会主义制度下实现共同富裕，过上美好的生活，充分展现社会主义制度的巨大优越性，这是对 21 世纪世界社会主义新发展的巨大历史贡献，是对人类历史发展和人类文明进步的巨大贡献。

1893 年，恩格斯在《共产党宣言》意大利文版序言中的结尾作了这样的期盼和展望："新的历史纪元正在到来。意大利是否会给我们一个新的但丁来宣告这个无产阶级新纪元的诞生呢？"③ 恩格斯展望和期盼的是 20 世纪初意大利社会主义运动的新发展。历史发展的实际进程是，20 世纪初，列宁领导下的俄国布尔什维克党和人民用十月社会主义革命的伟大胜利，宣告了社会主义由理论和运动变为鲜活的现实制度，从而开辟了世界社会主义发展的新纪元。那么在 21 世纪初，以习近平同志为核心的中国共产党领导中国人民开创了中国特色社会主义新时代，再次证明了社会主义优越于资本主义，成为世界社会主义发展的鲜明引领旗帜和中流砥柱。今天我们完全有理由相信和期望：新时代中国特色社会主义的历史意义犹如 20 世纪初的十月革命一样，必将造成 21 世纪世界社会主义走向振兴的新局面，造成 21 世纪马克思主义、科学社会主义大发展的新局面。

（原载《中共杭州市委党校学报》2018 年第 4 期）

① 《邓小平文选》第 2 卷，人民出版社 1994 年版，第 337 页。

② 习近平：《习近平谈治国理政》，外文出版社 2014 年版，第 22 页。

③ 《马克思恩格斯文集》第 2 卷，人民出版社 2009 年版，第 26—27 页。

习近平新时代中国特色社会主义思想的世界意义

李慎明*

习近平同志在党的十九大报告中明确指出："经过长期努力，中国特色社会主义进入了新时代，这是我国发展新的历史方位。"他又指出，我们党"以全新的视野深化对共产党执政规律、社会主义建设规律、人类社会发展规律的认识，进行艰辛理论探索，取得重大理论创新成果，形成了新时代中国特色社会主义思想"。

认识和把握习近平新时代中国特色社会主义思想的历史方位与世界意义，不仅对于坚持和发展中国特色社会主义、实现中华民族伟大复兴的中国梦，而且对于马克思主义与世界社会主义在21世纪的复兴和发展应该说也具有重要意义。

一　从中国发展大角度看，提供中国自信

党的十九大报告中指出："中国特色社会主义进入新时代，意味着近代以来久经磨难的中华民族迎来了从站起来、富起来到强起来的伟大飞跃，迎来了实现中华民族伟大复兴的光明前景。"

中华民族悠悠五千多年文明曾经数度辉煌且连绵不绝，引国人和世人为之骄傲。但由于清政府晚期的腐败无能，使得旧中国瓜剖豆分、积弱积贫。从1840年开始，中国进入半殖民地半封建社会。1840年至1949年这110年间，对外共签订了1182个不平等条约，帝国主义列强直接间接掠夺了我国大量有形和无形财富。100多年间，列强从中国勒索的战争赔款，至今无法完全统计。其中主要的战争赔款总计约折合19.53亿银圆，相当于1901年清政府收入的16倍、全国工矿资本总额的82倍。我们中华民族的灾难深重极了。

1894年，中国民主革命的伟大先驱孙中山在创建革命团体兴中会时首次提出"振兴中华"的口号。

中国共产党首先以实现中华民族伟大复兴为初心，为己任。1935年，面对气势汹汹的日本侵略者，毛泽东豪迈宣布："我们中华民族有同自己的敌人血战到底的气概，有在自力更生的基础上光复旧物的决心，有自立于世界民族之林的能力。"① 1940年，他在《新民主主义论》中指出，我们共产党人的一切目的，"在于建设一个中华民族的

* 李慎明：第十二届全国人大内务司法委员会副主任委员、中国社会科学院原副院长。

①《毛泽东选集》第1卷，人民出版社1991年版，第161页。

新社会和新国家”。[①] 这也充分说明，中国共产党人所说的振兴中华，既是对前人的继承，又与前人有着质的区别。

中国共产党团结带领中国人民进行了28年的浴血奋战，废除了诸多列强用枪炮强加给旧中国的一系列不平等条约和他们在旧中国的一切特权，实现了中国从几千年封建专制制度和百余年半殖民地半封建社会向人民民主社会的伟大飞跃。

中国共产党又团结带领人民完成社会主义革命，确立社会主义基本制度，推进社会主义建设，完成了中华民族有史以来最为广泛而深刻的社会变革，为今天的富起来和今后的强起来奠定了根本政治前提和制度基础，并为新的历史时期开创中国特色社会主义提供了宝贵经验、理论准备、物质基础，实现了中华民族由近代不断衰落到根本扭转命运、持续走向繁荣富强的伟大飞跃。

在此基础上，我们党还审时度势，果敢抓住机遇，团结带领人民再接再厉进行改革开放新的伟大革命，成功开辟了中国特色社会主义道路，极大激发了广大人民群众的创造性，极大解放和发展了社会生产力，极大增强了社会发展活力，人民生活显著改善，综合国力显著增强，国际地位显著提高，改革开放取得了举世瞩目的巨大成就。

党的十八大以来，以习近平同志为核心的党中央面对国内外新的形势和新的矛盾，以巨大的政治勇气和强烈的责任担当，提出一系列新理念新思想新战略，出台一系列重大方针政策，推出一系列重大举措，推进一系列重大工作，解决了许多长期想解决而没有解决的难题，办成了许多过去想办而没有办成的大事，取得了改革开放和社会主义现代化建设的历史性成就。

党的十九大和十九届一中全会，我们党进一步确立和巩固了以习近平同志为核心的党中央的坚强领导，豪迈地跨进了奋力实现中华民族伟大复兴中国梦、逐步建成富强民主文明和谐美丽的社会主义现代化强国的新时代，并郑重确立了习近平新时代中国特色社会主义思想为党的指导思想，确认我国社会主要矛盾已经转化为人民日益增长的美好生活需要和不平衡不充分的发展之间的矛盾。在此基础上，既规划了决胜全面建成小康社会、实现第一个百年奋斗目标的具体路径，又全面规划了开启第二个一百年全面建设社会主义现代化国家的新征程，对新时代推进中国特色社会主义伟大事业和党的建设新的伟大工程作出了全面部署。今天，我们比历史上任何时期都更接近、更有信心和能力实现中华民族伟大复兴的目标。

环顾当今全球之局势，全球各主要国家和各个地区都深受金融危机之困、之苦，而社会主义的中国在世界中所占的分量越来越重。中国在世界国内生产总值中的份额已从1990年的2%攀升至2016年的15%。2013年至2016年，中国经济年均增长7.2%，明显高于世界同期2.6%的平均水平；中国对世界经济平均贡献率31.6%，超过美国、欧元区、日本贡献率总和，是世界经济增长第一引擎。同时，中国还是世界第二大经济体，进出口总额世界第二、对外服务贸易总额世界第二、对外直接投资总额世界第二。

中国共产党是个大党，社会主义的中华人民共和国是个大国，还是世界上最大的发展中国家。中国共产党领导中国人民把自己的事情做好，社会主义新中国以特有的自信，巍然屹立于世界民族之林，这本身就是维护和促进世界和平发展的一个十分重要的力量，就是对人类文明进步事业的重大贡献。这也就是说，在习近平新时代中国特色社

① 《毛泽东选集》第2卷，人民出版社1991年版，第663页。

会主义思想的指引下，中华民族完成了从站起来、富起来到强起来的伟大飞跃，这本身就具有重大的世界意义。

二　从人类发展大潮流看，提供中国理念

2014 年 10 月 15 日，习近平总书记在文艺工作座谈会上指出："国际社会对中国的关注度越来越高，他们想了解中国，想知道中国人的世界观、人生观、价值观，想知道中国人对自然、对世界、对历史、对未来的看法"。[①] 这就很需要实事求是地讲好中国和平发展的理念。

冷战结束后，资本主义世界一片欢腾。一些人甚至宣布马克思主义、社会主义和共产主义的完结，历史已终结于资本主义制度。但是，就在此时，邓小平在南方谈话中说："我坚信，世界上赞成马克思主义的人会多起来的，因为马克思主义是科学"；"不要惊慌失措，不要认为马克思主义就消失了，没用了，失败了。哪有这回事！"[②] 2008 年国际金融危机爆发，这本质上是资本主义经济、制度和价值观的危机。2013 年 11 月 27 日，英国《苏格兰人报》报道称，教皇方济各的首部宗座劝谕书《福音的喜乐》在梵蒂冈出版。方济各在这本著作中表示："资本主义专制"将导致更广泛的社会动荡；由这个体制造成的不平等性将"不可避免地"导致崩溃和死亡。西方金融体制需要"全面整顿"，并指责这个体制鼓励毫无节制的消费主义思想。随着国际金融危机的深化，世界左翼和马克思主义思潮明显在复兴。世界各地再次出现了"马克思热"，随着纪念十月革命 100 周年的到来，甚至也在一定程度上出现了"列宁热"。

党的十八大后，以习近平同志为核心的党中央毫不动摇地在世界上高高举起了中国特色社会主义伟大旗帜，坚持和发展中国特色社会主义。2013 年 1 月 5 日，习近平总书记在"1·5"讲话中明确指出："中国特色社会主义是社会主义而不是其他什么主义，科学社会主义基本原则不能丢，丢了就不是社会主义。"[③] 这就向全世界昭示，我们党和国家所坚持的中国特色社会主义是把马克思主义的普遍真理与中国新的实际相结合的产物，这也与一些别有用心的人强加给我们的中国特色社会主义是"中国特色资本主义""国家资本主义""新官僚资本主义"和"盘剥发展中国家的资本主义"等污蔑坚决地划清了界限。

党的十八大后，以习近平同志为核心的党中央特别强调中国特色社会主义道路、理论、制度和文化这"四个自信"，特别强调要坚持共产党的领导，强调坚持以人民为中心，强调从严治党，进而保持党的先进性和纯洁性，等等。这也从理论和实践上，都充分说明中国特色社会主义不仅没有丢掉科学社会主义的基本原则，而且始终是毫不动摇地坚持和发展科学社会主义的基本原则的，正如党的十九大报告中所说："科学社会主义在二十一世纪的中国焕发出强大生机活力。"

在价值观上，中国共产党是为中国人民谋幸福的政党，也是为人类进步事业而奋斗的政党。中国共产党始终把为人类作出新的更大的贡献作为自己的使命。为什么人的问

① 习近平：《习近平谈治国理政》第 2 卷，外文出版社 2017 年版，第 315 页。

② 《邓小平文选》第 3 卷，人民出版社 2001 年版，第 382—383 页。

③ 习近平：《习近平谈治国理政》，外文出版社 2014 年版，第 22 页。

题，是根本的问题，原则的问题。这不仅是衡量一国内政，同样也是衡量一国外交的本质。

在发展观上，中国高举和平、发展、合作、共赢的旗帜。“创新、协调、绿色、开放、共享”这新的“五大发展理念”是基于解决中国国内问题而提出的，但同样也完全适用于当今世界。这“五大发展理念”并不是并列关系，其核心和根本是共享。习近平主席在世界经济论坛2017年年会开幕式上的主旨演讲中宣布，中国改革开放之路，“这是一条把人民利益放在首位的道路”。[①] 2015年10月29日，习近平总书记在党的十八届五中全会第二次全体会议上的讲话中明确指出：“我国经济发展的‘蛋糕’不断做大，但分配不公问题比较突出，收入差距、城乡区域公共服务水平差距较大”；“在共享改革发展成果上，无论是实际情况还是制度设计，都还有不完善的地方。为此，我们必须坚持发展为了人民、发展依靠人民、发展成果由人民共享，作出更有效的制度安排，使全体人民朝着共同富裕方向稳步前进，绝不能出现‘富者累巨万，而贫者食糟糠’的现象”。[②] 改革开放之初，中国强调“让一部分人先富起来”，这是完全正确的，这是为了调动方方面面的积极性，尽快把经济搞上去。现在中国富起来以后，便更多强调“共享”并开始向“共富”方向逐步迈进。当“蛋糕”做大以后，就应该重点强调如何分好“蛋糕”。在推进经济全球化健康发展的过程中，同样如此。2017年1月18日，习近平总书记在联合国日内瓦总部的演讲中明确表示：“推动建设一个开放、包容、普惠、平衡、共赢的经济全球化，既要做大蛋糕，更要分好蛋糕，着力解决公平公正问题。”[③] 这一根本的先进理念，体现在人与人之间是共享，体现在国与国之间是共赢。2017年12月1日，习近平总书记在中国共产党与世界政党高层对话会上的主旨讲话中指出：“中国共产党所做的一切，就是为中国人民谋幸福、为中华民族谋复兴、为人类谋和平与发展。”[④]

在对外关系上，我们始终恪守维护世界和平、促进共同发展的外交政策宗旨，始终恪守联合国宪章和联合国宗旨，坚定不移地在和平共处五项原则基础上发展同各国的友好合作。追溯数千年的人类文明史可以发现，西方任何大国、强国的崛起与发展，都是用火与剑、枪与炮掘得第一桶金后，然后利用金融、贸易、科技、军事等霸权，从其他弱小国家的血与泪中获得超额利润。而堂堂正正、巍然屹立的社会主义新中国，却摒弃弱肉强食的丛林法则，谴责穷兵黩武的霸权之道，遵循联合国宪章的宗旨与和平共处五项原则，带动着世界的和平与发展，强烈地冲击了长期在经济、政治和文化中占主导地位的西方现代化模式，颠覆着习惯用西方价值标准为圭臬来衡量其他国家的狭隘认知。

中国特色社会主义道路作为一种全新参照，进入世界视野。正如党的十九大报告所指出的那样：“中国特色社会主义道路、理论、制度、文化不断发展，拓展了发展中国家走向现代化的途径，给世界上那些既希望加快发展又希望保持自身独立性的国家和民

① 习近平：《习近平谈治国理政》第2卷，外文出版社2017年版，第483页。

② 习近平：《在党的十八届五中全会第二次全体会议上的讲话（节选）》，《求是》2016年第1期。

③ 习近平：《习近平谈治国理政》第2卷，外文出版社2017年版，第543页。

④ 习近平：《携手建设更加美好的世界——在中国共产党与世界政党高层对话会上的主旨讲话》，《人民日报》2017年12月2日。

族提供了全新选择。”中国特色社会主义全球示范性的效应在整个21世纪，将会愈发彰显其重大的意义。

三 从世界变化大格局看，提供中国方案

党的十九大报告指出，“这个新时代”，“是我国日益走近世界舞台中央、不断为人类作出更大贡献的时代”。

世界正处于大发展大变革大调整时期，和平与发展仍然是时代主题。但是，冷战结束后，国际垄断资本更是肆无忌惮地放手盘剥劳动者，进而引起更多的世界性问题。2017年5月14日，习近平主席在北京“一带一路”国际合作高峰论坛上的主旨演讲中明确提出：“从现实维度看，我们正处在一个挑战频发的世界。世界经济增长需要新动力，发展需要更加普惠平衡，贫富差距鸿沟有待弥合。地区热点持续动荡，恐怖主义蔓延肆虐。和平赤字、发展赤字、治理赤字，是摆在全人类面前的严峻挑战。”①

出现如此之多的问题，主要是现有的国际秩序和全球治理体系的不合理造成的。习近平主席说：“什么样的国际秩序和全球治理体系对世界好、对世界各国人民好，要由各国人民商量，不能由一家说了算，不能由少数人说了算。中国将积极参与全球治理体系建设，努力为完善全球治理贡献中国智慧，同世界各国人民一道，推动国际秩序和全球治理体系朝着更加公正合理方向发展。”② 他还指出，在经济全球化新趋势面前，“我们不能当旁观者、跟随者，而是要做参与者、引领者”；“在国际规则制定中发出更多中国声音，注入更多中国元素”。③

习近平总书记立足高新科技迅猛发展、人类生活的关联前所未有，同时人类面临的全球性问题也前所未有之现实，洞察世界各国人民前途命运越来越紧密地联系在一起之趋势，顺应并引领和平、发展、合作、共赢的时代潮流，呼吁应该坚持你好我好大家好的理念，推进开放、包容、普惠、平衡、共赢的经济全球化，倡导共同、综合、合作、可持续的新安全观，营造公平正义、共建共享的安全格局，建立客观反映国际力量对比现实的全球治理体系，为人类破解和平赤字、发展赤字、治理赤字等难题指明了方向和路径。

随着国际金融危机的不断加深，面对西方资本主义国家贸易保护主义浪潮兴起与全球治理危机，以及个别超级大国公然提出的“一国优先”的霸权主义理论，党的十八大以来，以习近平同志为核心的党中央统筹国内国际两个大局，及时提出并不断完善构建人类命运共同体的主张。2017年1月18日，习近平主席在联合国日内瓦总部发表了题为《共同构建人类命运共同体》的主旨演讲，深刻、全面、科学、系统地阐述了人类命运共同体理念。其中指出：“当今世界充满不确定性，人们对未来既寄予期待又感到困惑。世界怎么了、我们怎么办？这是整个世界都在思考的问题，也是我一直在思考的问题。”④ 习近平主席庄严宣告：“中国方案是：构建人类命运共同体，实现共赢

① 习近平：《习近平谈治国理政》第2卷，外文出版社2017年版，第508—509页。

② 同上书，第41—42页。

③ 同上书，第100页。

④ 同上书，第537页。

共享。”①

构建人类命运共同体的思想理念依据是全人类的共同价值。宇宙只有一个地球，人类共有一个家园。世界多极化、经济全球化、社会信息化、文化多样化深入发展，各国相互之间的联系和依存日益加深，人类也面临许多共同挑战，比如气候变化、环境恶化、全球卫生、恐怖主义、核战争等困扰人类自身生存与发展的全球性问题。在当今世界，没有哪个国家能够独自应对人类面临的各种挑战，也没有哪个国家能够退回到自我封闭的孤岛，这就需要全人类共同应对。各国政府和国际组织也会就这些问题达成某些共识，这就产生了全人类的一些共同利益并进而产生一些共同价值。所以，2015 年 9 月 28 日，习近平主席在第七十届联合国大会一般性辩论的讲话中，提出了一个十分重要的概念——“全人类的共同价值”。构建人类命运共同体的现实思想理念依据就是这样的共同价值，这就在当今世界占领了全人类的道德高地。我们必须看到和承认这些共同价值，只有这样，才能更好地把原则的坚定性与策略的灵活性结合起来，才能更好地从事具有许多新的历史特点的伟大斗争，实现伟大梦想。但是，价值是认识主体对其他客体的主观感受和认知。在承认全人类共同价值的同时，我们也必须清醒认识到所有的共识价值包括全人类的共同价值都是以承认彼此的特殊价值为前提条件的，因而都是相对的、发展的、变化的，并不是绝对的、永恒的、凝固不变的。由于各国特殊价值的不同，在落实某些共识价值其中包括全人类共同价值时所提出的解决办法和路径也往往不同。另外，我们还必须特别注意，在当今世界，全人类有共同价值的存在，但绝没有所谓的“普世价值”。有的人把习近平总书记所说的“全人类的共同价值”解释为西方所说的“普世价值”是完全站不住脚的。共同价值与所谓“普世价值”有着根本性质的不同。所谓“普世价值”是西方个别霸权主义和强权政治西化、分化我们的理论纲领。他们宣扬所谓的“普世价值”，是要把自己的为垄断资本服务的政治、经济制度和意识形态及其体制机制说成是“普世价值”，企图引导我们放弃党的领导，走上资本主义道路，重新沦为资本主义强国的附庸。我们绝不能把需要借鉴和汲取世界上其中包括资本主义国家的各种具体民主形式中的某些普遍性，误认成需要把这种民主从形式到内容都要全部、整体地照抄照搬过来。过去，我们往往强调特殊利益和特殊价值比较多一些，而对共同价值关注不够，这也是我们现在应当切实注意的。但是，在落实全人类的共同价值的同时，也应防止所谓“普世价值”的侵蚀。

构建人类命运共同体的现实依据是亟须建立最广泛的国际统一战线。如上所述，在当今时代，虽然霸权主义、恐怖主义、金融动荡、环境危机等问题愈加突出，但在经济全球化的过程中，各主要国家和各个地区已经形成你中有我、我中有你的共同经济利益的交汇区，就连西方很多有良知、有见识的资产阶级政治家和思想家也都在深刻反思现实，矛头直指造成这些问题的直接根源——新自由主义的泛滥。这也正如习近平主席所指出的那样：“和平力量的上升远远超过战争因素的增长，和平、发展、合作、共赢的时代潮流更加强劲。”② 这就为摒弃一切形式的冷战思维、扼制穷兵黩武的霸权主义和构建人类命运共同体集合起一支浩浩荡荡的最广泛的国际统一战线提供了强有力的保障。

---

① 习近平：《习近平谈治国理政》第 2 卷，外文出版社 2017 年版，第 539 页。

② 同上书，第 538 页。

构建人类命运共同体的最终依靠力量是广大发展中国家和世界各国其中也包括发达国家的人民。中国倡导国际关系民主化，坚持国家不分大小、强弱、贫富而一律平等，支持联合国发挥积极作用，支持扩大发展中国家在国际事务中的代表性和发言权，寄希望于世界各国人民。党的十九大报告明确指出："我们呼吁，各国人民同心协力，构建人类命运共同体，建设持久和平、普遍安全、共同繁荣、开放包容、清洁美丽的世界"；"世界命运握在各国人民手中，人类前途系于各国人民的抉择。中国人民愿同各国人民一道，推动人类命运共同体建设，共同创造人类的美好未来！"世界上广大发展中国家和世界各国人民也正在纷纷觉醒，这是构建人类命运共同体的主力军和根本保障。所以，从根本上说，在当今世界代表全人类共同利益、共同价值的主体是广大发展中国家和世界各国其中也包括发达国家的人民。

构建人类命运共同体的最终价值目标和目的地是每个人自由发展的联合体。无产阶级只有解放人类，才能最终解放自己。习近平总书记在党的十九大报告结尾之时，满怀激情地引用了中国"大道之行，天下为公"的名句，展现着中国共产党人的宽阔胸襟和崇高理念。大道之行，天下为公，所到达的目的地则必然是天下大同。也就是说，大道之行，天下为公，说到底，这就是推动人类命运共同体建设，其最终目的地，必然就是马克思恩格斯在《共产党宣言》中所说的那样："代替那存在着阶级和阶级对立的资产阶级旧社会的，将是这样一个联合体，在那里，每个人的自由发展是一切人的自由发展的条件。"① 习近平新时代中国特色社会主义思想以全新的视野深化对共产党执政规律、社会主义建设规律、人类社会发展规律的认识。构建人类命运共同体，不仅是人类最美好的理想，更是人类历史发展的根本规律和最终必然归宿。所以，构建人类命运共同体是习近平新时代中国特色社会主义思想的重要组成部分。

坚持和平发展道路，推动构建人类命运共同体，绝不仅仅是我国的外交方略，更是中国共产党的根本性质和社会主义新中国的国家性质所决定。这是习近平新时代中国特色社会主义思想的重要组成部分，是对马克思主义人类社会发展规律的创新性发展，是中国对世界和平发展作出的新的重大贡献。

构建人类命运共同体逐渐成为世界各国人民的共识。新的经济全球化时代的到来端倪已经显现。中国向世界提供的核心理念，体现着中国将自身发展同世界共同发展相统一的全球视野、世界胸怀和大国担当，具有强大的吸引力、感召力和生命力，在全球也得到了越来越多的认同。2017 年 2 月 10 日，联合国社会发展委员会第 55 届会议，一致通过了"非洲发展新伙伴关系的社会层面"决议，"构建人类命运共同体"理念首次被写入联合国决议。2017 年 11 月 1 日，党的十九大刚刚闭幕，第 72 届联大负责裁军和国际安全事务第一委员会（联大一委）会议就通过了"防止外空军备竞赛进一步切实措施"和"不首先在外空放置武器"两份安全决议，"构建人类命运共同体"理念再次载入这两份联合国决议，这也是这一理念首次纳入联合国安全决议。

人类命运共同体理念不仅得到越来越多的国家与人士的支持和赞同，而且实践人类命运共同体理念的"一带一路"倡议，也已经成为有关各国实现共同发展的巨大合作平台。中国决心"发展更高层次的开放型经济，深入推进'一带一路'建设，推动形

① 《马克思恩格斯选集》第 1 卷，人民出版社 1995 年版，第 294 页。

成全面开放新格局”。[①] 中国提出的“一带一路”倡议得到了百余个国家和国际组织的支持和参与。2016 年 11 月 17 日联合国大会决议和 2017 年 3 月 17 日联合国安理会第 2344 号决议，分别载入中国倡导的“一带一路”建设内容。国际社会绝大多数国家都达成这样的共识，认为“一带一路”是中国参与制定国际规则并优化全球治理机制的重要举措。

中国在宣示以更为广阔的胸襟和更为大胆的力度实行全方位开放的时候，又明确表示要通过推动中国发展给世界创造更多机遇，通过深化自身实践探索人类社会发展规律并同世界各国分享。2017 年 12 月 1 日，习近平总书记在中国共产党与世界政党高层对话会上的主旨讲话中明确表示：“我们不‘输入’外国模式，也不‘输出’中国模式，不会要求别国‘复制’中国的做法。”[②]

中国还高举和平、发展、合作、共赢的旗帜，坚持始终不渝走和平发展道路，积极推进全球伙伴关系建设，主动参与国际热点难点问题的政治解决进程。目前，中国已累计派出 3.6 万余人次维和人员，成为联合国维和行动的主要出兵国和出资国。此时此刻，2500 多名中国官兵正在 8 个维和任务区不畏艰苦和危险，维护着当地的和平与安宁。

习近平总书记指出：“世界多极化和国际关系民主化大势难逆，以西方国家为主导的全球治理体系出现变革迹象，但争夺全球治理和国际规则制定主导权的较量十分激烈。”[③] 中国正迎难而上，积极参与全球治理体系改革和建设，推动国际政治经济秩序朝着更加公正合理的方向发展，并积极参与新领域的国际规则制定。2015 年 11 月发布的《中共中央关于制定国民经济和社会发展第十三个五年规划的建议》提出，要积极参与网络、深海、极地、空天等新领域国际规则制定。2017 年 12 月 3 日，习近平主席致信第四届世界互联网大会，提出了尊重网络主权、维护和平安全、促进开放合作、构建良好秩序的四项原则和加快全球网络基础设施建设、打造网上文化交流共享平台、推动网络经济创新发展、保障网络安全、构建互联网治理体系的五点主张，为构建世界网络空间命运共同体提供了方向和框架。

中国方案正在进入新的经济全球化的实践历程。国际社会对全球治理体系中国方案的热烈认可、积极响应与迫切需求，也进一步凸显了全球治理视域下习近平新时代中国特色社会主义思想的世界意义。

四 推进马克思主义中国化，发展 21 世纪马克思主义

要真正认清习近平新时代中国特色社会主义思想的历史方位和世界意义，还必须要从习近平新时代中国特色社会主义思想本身找到答案。

2017 年 9 月 29 日，习近平总书记在中共中央政治局第四十三次集体学习时强调指出：“时代在变化，社会在发展，但马克思主义基本原理依然是科学真理。尽管我们所

① 《习近平致信祝贺二〇一七年广州“财富”全球论坛开幕》，《人民日报》2017 年 12 月 7 日。

② 《习近平出席中国共产党与世界政党高层对话会开幕式并发表主旨讲话》，《人民日报》2017 年 12 月 2 日。

③ 《习近平谈治国理政》第 2 卷，外文出版社 2017 年版，第 21 页。

处的时代同马克思所处的时代相比发生了巨大而深刻的变化，但从世界社会主义500年的大视野来看，我们依然处在马克思主义所指明的历史时代。这是我们对马克思主义保持坚定信心、对社会主义保持必胜信念的科学根据。”① 这一论断，是我们充分认识习近平新时代中国特色社会主义思想历史方位与世界意义的一把钥匙。

马克思恩格斯用占社会主导地位的阶级来确定和划分“过去的各个历史时代”与社会发展形态，并明确提出了“资产阶级时代”这一概念。按照列宁划分时代的标准，我们还可以把马克思恩格斯所说的资产阶级这一“大的历史时代”细分为三个较小的历史时代：一是商业资本主义时代。二是工业资本主义时代。商业资本主义时代和工业资本主义时代同为自由竞争的资本主义时代。三是工业资本和银行资本加速集中并日益融合为金融帝国主义时代。金融帝国主义时代则是垄断的、腐朽的资本主义时代。

金融帝国主义时代腐朽的最为显著的特征是全球范围内的贫富两极分化。2017年1月17日，世界经济论坛在瑞士达沃斯召开之际，国际慈善机构乐施会发布报告，2016年“全球贫富悬殊已达历史最严重的地步，八大富豪身家竟等同于36亿贫穷人口的总财产，占全球总人口一半”。② 2017年11月30日，国际劳工组织发布的《全球社会保障报告》中指出：“全球半数以上人口（55%）没有享受任何福利津贴，相当于40亿人。”③ 2017年11月8日英国《卫报》报道，美国最富有的三个人——比尔·盖茨、杰夫·贝佐斯和沃伦·巴菲特三人加起来拥有2485亿美元，约合人民币16479亿元的财富总和，相当于半数美国人口即1.6亿人的财富。美国最富有的400人，身家合计达2.68万亿美元，约合人民币13.3万亿元，超过了美国64%人口即2.04亿人拥有的财富总和。这是100多年来所从来没有的。在世界发达国家中占据第二行列的英国首都伦敦，竟然“每10个家庭中就有一个是靠食品救济生存”，“四分之一的家长担心自己无法养活孩子，而几乎五分之一的家长必须在家庭取暖与伙食之间进行取舍”。④

当今世界并没有超越马克思恩格斯和列宁所说的时代，并且极可能是已开始处于金融帝国主义衰落的历史转节点上。绝对的权力必然产生腐败，绝对的垄断则必然产生腐朽。金融帝国主义的大本营美国通过冷战之后的所谓金融创新，已经把全世界几乎所有发展中国家的主要财富货币化、数据化并收入自己的私囊，从而登上了世界金融垄断的峰巅，也进而从根本上摧毁了广大发展中国家甚至包括发达国家广大人民的消费能力，实质上也就是摧毁了资本主义的再生产能力。举目四望，全球范围内到处都是生产相对过剩，这是典型的经济危机的表现。

列宁关于帝国主义是资本主义发展的最高阶段的论断，并不是讲错了。“小荷才露尖尖角，早有蜻蜓立上头。”可以说，在金融帝国主义刚刚诞生之时，列宁便是站立其上的十分敏锐的“蜻蜓”，宣告了资本主义发展进入其最高阶段即金融帝国主义阶段的到来，并指出其垄断的现状和寄生腐朽的必然趋势。列宁的这一重大判断，并不是他讲错了，而是列宁太敏锐了，只是一般常人一时无法理解而已。环顾当今全球金融垄断及

---

① 习近平：《习近平谈治国理政》第2卷，外文出版社2017年版，第66页。

② 《乐施会发布报告：八大富豪的财富能顶全球一半人口总财产》，《凤凰网》2017年1月17日。

③ 《全球过半人口没有社保中国社保体系进步获赞》，《参考消息网》2017年12月2日。

④ 英国《独立报》网站2017年11月29日。

其寄生、腐朽之态势，人们不得不由衷感叹列宁的预知和伟大，感叹列宁主义魅力的生动和鲜活。这说明，不仅马克思有点“潮”，随着国际金融危机的深化，列宁也会“潮”起来。

任何灵丹妙药都无法挽救资本主义的颓势和其最终必然灭亡的最后归宿。有人把资本主义未来无比美妙的希望寄托在高新科技的发展上。但是，任何高新科技包括人工智能，都不可能解决资本主义的根本矛盾。在资本主义生产关系框架内，任何高新科技的大发展，最终只能是加剧资本主义生产社会化乃至生产全球化与生产资料私人占有之间这一资本主义社会的基本矛盾。其次，在资本主义生产关系框架内，任何科学家以及“高管”，说到底，或从本质上说，都是资本的奴仆，都是人民的一分子。任何企图把控甚至垄断高新科学技术及其产业的强权、霸权者，不过都是与人民对立的资本的化身。不可否认，它们有可能在一定范围和一段时日内，可以统治一定的人群。但是，人民，只有人民，才是创造世界历史的动力。任何高新科学技术包括人工智能等的出现与发展，都无法改写历史唯物主义上述这一根本的原则。所以，我们可以肯定地说，任何帝国包括军事帝国、金融帝国以及将来可能出现的人工智能帝国等，都无法挽救资本主义的颓势和最终灭亡。

盛极则衰，辩证法是无情的。整个南方世界已被美国领衔的西方发达国家的“金融创新”严重伤害并进入衰落期，国际金融垄断资本正在寻求但一时也无法确定出新的依附国家。所以，依靠穷国、穷人而肥硕的整个资本主义世界也就开始步入危机。但是，由于发达资本主义国家仍有牟取新的利益的空间，整个世界的最基本矛盾尚未彻底暴露，各国人民为争取自己共同利益的斗争由自在转为自为尚需时日，当今世界也没有处在帝国主义阶段中的无产阶级革命时代，目前的金融帝国主义衰落也还没有导致以帝国主义为对象的世界革命的普遍发生。但是，金融帝国主义的衰落却造成以中国发展带动的社会主义对广大发展中国家和世界各国人民号召力的大幅上升。服务于金融帝国主义的新自由主义意识形态正在让位于社会主义。世界从资本主义向社会主义转变的历史进程开始提速。这就是习近平新时代中国特色社会主义思想所处的世界历史方位的根本标志。可以断言，在今后一个相当长的时期内金融帝国主义及其理论新自由主义将风光不再，很难重归20世纪90年代那样的声势。21世纪初的“9・11”之后特别是2008年国际金融危机爆发后的世界迫切需要新的治理理念和治理方式。全球范围内的贫富两极分化，直接加剧着生产社会化乃至生产全球化与生产资料私人占有这一资本主义社会的基本矛盾，进而昭示着马克思主义普遍真理依然熠熠生辉的光芒，同时也呼唤着马克思主义普遍真理与当今世情相结合的新的理论的诞生。

中国特色社会主义进入了新时代，这个新时代中所说的时代，既不是历史学家划分社会形态所说的大时代的概念，也不是马克思主义经典作家所说的时代的概念。中国特色社会主义新时代，首先是从中国自身发展的角度提出来的，因为当今社会主要矛盾已经从原有的人民日益增长的物质文化需要同落后的社会生产之间的矛盾转化成为人民日益增长的美好生活需要和不平衡不充分的发展之间的矛盾。中国特色社会主义之所以进入了新时代，也是从当今世界正处于大发展大变革大调整时期而提出来的。2008年爆发的国际金融危机，本质上是资本主义经济、制度和价值观的危机。资本主义的危难，就是社会主义的机遇。当今世界格局和国际秩序正处于大变革、大调整时期，世界社会主义和广大发展中国家极有可能处于大发展的前夜。所以，从本质上说，世界的大变革、大调整是相对于资本主义世界而言的，世界的大发展，则是相对于世界广大发展中国家和世界各国人民而言的。但我们也十分清醒地知道，在实现各国人民的共同利益的道路上，必然还会遇到许多想象不到的困难。这正如2017年12月1日习近平总书记在中国共产党与世界政党高层对话会上的主旨讲话中所讲，面对当前局势，“人类有两种选择。一种是，人们为了争权夺利恶性竞争甚至兵戎相见，这很可能带来灾难性危机。另一种是，人们顺应时代发展潮流，齐心协力应对挑战，开展全球性协作，这就将为构建人类命运共同体创造有利条件”。[①] 避免前一种可能的出现，争取后一种可能的实现，这就需要世界各国人民团结一心，充分发挥自己的主观能动性。无产阶级及其政党主观能动性的发挥，充分表现在对其运动指导的正确理论的探寻上。

1962年1月30日，毛泽东《在扩大的中央工作会议上的讲话》中讲到“我们必须准备进行同过去时代的斗争形式有着许多不同特点的伟大的斗争”时说：“为了这个事业，我们必须把马克思列宁主义的普遍真理同中国社会主义建设的具体实际、并且同今后世界革命的具体实际，尽可能好一些地结合起来，从实践中一步一步地认识斗争的客观规律。”[②] 中国是个大国，不仅是世界上最大的发展中国家，而且是最大的社会主义国家；经济规模是世界第二；人口占世界人口的1/5强。在我们进行伟大斗争、建设伟大工程、推进伟大事业、实现伟大梦想的伟大进程中，必然会有力推进马克思主义中国化，创新发展21世纪马克思主义。这就必须要毫不动摇地始终坚持把马克思主义的普遍真理与中国具体实践及当今时代特征相结合。一是始终坚持以马克思主义为指导。习近平总书记明确指出：“在坚持马克思主义指导地位这一根本问题上，我们必须坚定不移，任何时候任何情况下都不能有丝毫动摇。”[③] 只有这样，才能不走改旗易帜的邪路。二是必须结合新的实践，勇于进行创新。毛泽东在1959年至1960年初读苏联《政治经济学教科书》时说过一段很重要的话，“马克思这些老祖宗的书，必须读，他们的基本原理必须遵守，这是第一。但是，任何国家的共产党，任何国家的思想界，都要创造新的理论，写出新的著作，产生自己的理论家，来为当前的政治服务，单靠老祖宗是不行的。”[④] 总结新的经验，写出新的著作，创造新理论，才会不走封闭僵化的老路。正因如此，《习近平谈治国理政》《习近平谈治国理政》第2卷的出版发行，不仅在我们党内和我国社会上，而且在全球都引发了强烈的反响。

毛泽东指出：“预见就是预先看到前途趋向。如果没有预见……不叫领导。”[⑤] 1956年，毛泽东还指出：“要使中国变成富强的国家，需要五十到一百年的时光。”[⑥] 这与习近平总书记所说的实现“两个一百年”的进程恰恰大体吻合。资产阶级在历史上有着自己的贡献，在自然科学方面有很多好的预见，但在社会科学方面还是盲目的。只有产生了马克思主义，才对社会发展有了预见，才使人类对社会发展的认识达到了新的阶

---

① 习近平：《携手建设更加美好的世界——在中国共产党与世界政党高层对话会上的主旨讲话》，《人民日报》2017年12月2日。

② 《建国以来毛泽东文稿》第10卷，中央文献出版社1996年版，第32页。

③ 习近平：《习近平谈治国理政》第2卷，外文出版社2017年版，第33页。

④ 《毛泽东文集》第8卷，人民出版社1999年版，第109页。

⑤ 《毛泽东文集》第3卷，人民出版社1996年版，第394页。

⑥ 《毛泽东文集》第7卷，人民出版社1999年版，第124页。

段。党的十九大新征程蓝图的规划就是对中国特色社会主义未来辉煌前景的科学展望。

当今中国和当今世界是一个需要理论而且能够产生新理论的中国与世界。而此时蕴含了世界治理中国方案的习近平新时代中国特色社会主义思想合时而生，这就是习近平新时代中国特色社会主义思想的世界意义。

（原载《世界社会主义研究》2018 年第 1 期）

新时代与改革开放航向的校准

——论我国改革开放40年的根本经验

朱佳木*

党的十八大以后，中国特色社会主义进入了新时代，改革开放也进入了新时代。如同一艘巨轮行驶在大海上需要不断比对目的地、校准航向一样，中国的改革开放在前进道路上也需要不断比对目标、校准航向。习近平总书记在2018年6月29日中央政治局第六次集体学习会上指出："要推动全党把坚持正确政治方向贯彻到谋划重大战略、制定重大政策、部署重大任务、推进重大工作的实践中去，经常对表对标，及时校准偏差。"① 实践表明，进入新时代以来的六年，既是改革开放继续深化的六年，也是对改革开放航向不断对表对标、校准偏差的六年。这种校准，既有针对过去工作不足而进行的纠偏和补救，也有根据实际情况变化和形势发展需要而采取的应对措施。新时代对改革开放航向的校准，我体会最深的有以下六点。

一　关于改革开放的方向和方法论

改革开放有没有方向，方向是什么？要不要先行试点、稳步推进、"摸着石头过河"？在这些问题上，过去不是没有不同意见的争论。对此，习近平总书记明确指出："我们的改革开放是有方向、有立场、有原则的。我们当然要高举改革旗帜，但我们的改革是在中国特色社会主义道路上不断前进的改革，既不走封闭僵化的老路，也不走改旗易帜的邪路。"他还说："改革开放是一场深刻革命，必须坚持正确方向，沿着正确道路推进。"②"推进改革的目的是要不断推进我国社会主义制度自我完善和发展，赋予社会主义新的生机活力。这里面最核心的是坚持和改善党的领导、坚持和完善中国特色社会主义制度，偏离了这一条，那就南辕北辙了。"③ 在回答推进国家治理体系和治理能力现代化往什么方向走的问题时，他又强调："考虑这个问题，必须完整理解和把握全面深化改革的总目标，这是两句话组成的一个整体，即完善和发展中国特色社会主义制度、推进国家治理体系和治理能力现代化。这里面有一个前一句和后一句的关系问

---

* 朱佳木：中国社会科学院原副院长，中国社会科学院当代中国研究所原所长，博士生导师、研究员。

① 《把党的政治建设作为党的根本性建设　为党不断从胜利走向胜利提供重要保证》，《人民日报》2018年7月1日。

② 《习近平关于全面深化改革论述摘编》，中央文献出版社2014年版，第14页。

③ 同上书，第18页。

题。前一句，规定了根本方向，我们的方向就是中国特色社会主义道路，而不是其他什么道路。”①

自从改革开放以来，总有一些人对我们党坚持改革开放正确方向发出种种诘难。例如，看到重申改革要坚持四项基本原则，就说什么“政治体制改革滞后了”；听到强调“国有企业要做大做强做优”，就说什么“需要重启改革”啦。对于这些声音，习近平总书记不予回避，而是针锋相对、理直气壮地予以驳斥。他指出：“不能笼统地说中国改革在某个方面滞后。在某些方面、某个时期，快一点、慢一点是有的，但总体上不存在中国改革哪些方面改了，哪些方面没有改。问题的实质是改什么、不改什么，有些不能改的，再过多长时间也是不改。我们不能邯郸学步。世界在发展，社会在进步，不实行改革开放死路一条，搞否定社会主义方向的‘改革开放’也是死路一条。在方向问题上，我们头脑必须十分清醒。我们的方向就是不断推动社会主义制度自我完善和发展，而不是对社会主义制度改弦易张。我们要坚持四项基本原则这个立国之本，既以四项基本原则保证改革开放的正确方向，又通过改革开放赋予四项基本原则新的时代内涵，排除各种干扰，坚定不移走中国特色社会主义道路。”② 他还说：“我们不断推进改革，是为了推动党和人民事业更好发展，而不是为了迎合某些人的‘掌声’，不能把西方的理论、观点生搬硬套在自己身上。”③ “怎么改、改什么，有我们的政治原则和底线，要有政治定力。”④ 他强调：“我们既要有冒的勇气、闯的劲头，又始终坚持以我为主，应该改又能够改的坚决改，不应改的坚决守住；应该改而不具备条件的创造条件改，该快的一定要快、不能快的则循序渐进。对看准了的改革，要下决心推进，争取早日取得成效。”⑤

习近平总书记不仅据理批驳指责我们不改革的各种言论，而且深刻揭露这类言论的本质和目的。他说：“一些敌对势力和别有用心的人也在那里摇旗呐喊、制造舆论、混淆视听，把改革定义为往西方政治制度的方向改，否则就是不改革。他们是醉翁之意不在酒，‘项庄舞剑，意在沛公’。对此，我们要洞若观火，保持政治坚定性，明确政治定位。”⑥ “如果我们用西方资本主义价值体系来剪裁我们的实践，用西方资本主义评价体系来衡量我国发展，符合西方标准就行，不符合西方标准就是落后的陈旧的，就要批判、攻击，那后果不堪设想！最后要么就是跟在人家后面亦步亦趋，要么就是只有挨骂的份。”⑦ 他反复提醒大家：“要牢牢把握改革正确方向，在涉及道路、理论、制度等根本性问题上，在大是大非面前，必须立场坚定、旗帜鲜明。”⑧ 在改革开放的方向上要

---

① 《习近平关于协调推进“四个全面”战略布局论述摘编》，中央文献出版社 2015 年版，第 82 页。

② 《习近平关于全面深化改革论述摘编》，中央文献出版社 2014 年版，第 15 页。

③ 《习近平关于协调推进“四个全面”战略布局论述摘编》，中央文献出版社 2015 年版，第 69 页。

④ 《习近平关于全面深化改革论述摘编》，中央文献出版社 2014 年版，第 49 页。

⑤ 《习近平关于协调推进“四个全面”战略布局论述摘编》，中央文献出版社 2015 年版，第 69 页。

⑥ 《习近平关于全面深化改革论述摘编》，中央文献出版社 2014 年版，第 19 页。

⑦ 习近平：《在全国党校工作会议上的讲话》，人民出版社 2016 年版，第 9 页。

⑧ 《习近平关于全面深化改革论述摘编》，中央文献出版社 2014 年版，第 148 页。

有政治定力，“那就是不论怎么改革、怎么开放，我们都始终要坚持中国特色社会主义道路、中国特色社会主义理论体系、中国特色社会主义制度，坚持党的十八大提出的夺取中国特色社会主义新胜利的基本要求”[①]。

在改革开放的方法论上，过去有些人对稳步推进、先行试点、“摸着石头过河”等主张也颇有微词。进入新时代，习近平总书记对此同样作出了正面回应，并充分阐明了上述方法的科学性、合理性、必要性。概括起来，其要点大体有以下四个。

第一，这种方法符合马克思主义认识论。他说：“摸着石头过河，是富有中国智慧的改革方法，也是符合马克思主义认识论和实践论的方法。实践中，对必须取得突破但一时还不那么有把握的改革，就采取试点探索、投石问路的方法，先行试点，尊重实践、尊重创造，鼓励大胆探索、勇于开拓，取得经验、看得很准了再推开。有些国家搞所谓‘休克疗法’，结果引起了剧烈政治动荡和社会动乱，教训是很深刻的。”[②]

第二，这种方法经过了我国改革开放的实践检验。他说：“改革开放是前无古人的崭新事业，必须坚持正确的方法论，在不断实践探索中推进……我国改革开放就是这样走过来的，是先试验、后总结、再推广不断积累的过程，是从农村到城市、从沿海到内地、从局部到整体不断深化的过程。这种渐进式改革，避免了因情况不明、举措不当而引起的社会动荡，为稳步推进改革、顺利实现目标提供了保证。摸着石头过河，符合人们对客观规律的认识过程，符合事物从量变到质变的辩证法。不能说改革开放初期要摸着石头过河，现在再摸着石头过河就不能提了。”[③]

第三，这种方法可以避免重犯一哄而起、仓促上马的老毛病。他说：“要有序推进改革。该中央统一安排的各地不要抢跑，该尽早推进的不要拖延，该试点的不要仓促推开，该深入研究后再推进的不要急于求成，该先得到法律授权的不要超前推进。要避免在时机尚不成熟、条件尚不具备的情况下一哄而上，欲速而不达。”[④]

第四，这种方法可以防止改革出现颠覆性错误。他说：“‘治大国若烹小鲜。’我国是一个大国，决不能在根本性问题上出现颠覆性错误，一旦出现就无法挽回、无法弥补……现阶段推进改革，必须识得水性、把握大局、稳中求进。实践告诉我们，有的政策经过一段时间后发现有偏差，要扭转回来很不容易。我们的政策举措出台之前必须经过反复论证和科学评估，力求切合实际、行之有效、行之久远，不能随便‘翻烧饼’。”[⑤]

另外，党的十八届三中全会关于全面深化改革的决定，一定意义上也是对改革开放方法论的校准。习近平总书记指出，所谓全面深化改革，“就是要统筹推进各领域改革，就需要有管总的目标，也要回答推进各领域改革最终是为了什么、要取得什么样的整体结果这个问题”[⑥]。他说：“过去，我们也提出过改革目标，但大多是从具体领域提出的。”比如，政治体制改革的总目标、经济体制改革的总目标等等，都是这样的目标。而党的十八届三中全会提出的全面深化改革的总目标，包括了经济体制、政治体制、文

---

① 《十八大以来重要文献选编》（上），中央文献出版社 2014 年版，第 110 页。

② 《习近平关于全面深化改革论述摘编》，中央文献出版社 2014 年版，第 43 页。

③ 同上书，第 54 页。

④ 同上书，第 49 页。

⑤ 同上书，第 42 页。

⑥ 同上书，第 26 页。

化体制、社会体制、生态文明体制和党的建设制度深化改革的分目标，“体现了我们党对改革认识的深化和系统化”①。他还说：“随着改革开放不断深入，改革开放的关联性和互动性明显增强，这就要求我们更加注重各项改革的相互促进、良性互动。”②“对涉及面广泛的改革，要同时推进配套改革。”③ 这些论述表明，在改革开放的方法论上，新时代比过去也显得更加成熟了。

二 关于改革开放的出发点和落脚点

社会主义是把全社会和人民大众利益放在首位的社会理想和社会制度，其本质在于反对剥削、倡导公平，科学社会主义的本质仍在于此，只不过把这一理想建立在了科学的基础上。新中国成立后，鉴于生产力水平很低，原本打算先实行一段新民主主义再实行社会主义，但为了抓住优先发展重工业的历史机遇，实行了高度集中的计划经济和生产资料的国有化、公有化及按劳分配制度，提前完成了向社会主义的过渡。后来受“左”的思想影响，所有制上求大求纯、分配上偏重平均主义，以至于小商店、小餐馆、小维修铺等个体经营方式都被取消了，“计件工资”“奖金”等属于按劳分配范畴的激励机制也被取消，连农民的自留地和家庭副业也被当成“资本主义尾巴”禁止了。改革开放以后，肯定了按劳分配是社会主义的基本分配原则，提出了让一部分人一部分地区先富起来的政策，允许和鼓励资本、技术、管理等生产要素参与分配，最终形成了以公有制为主体、多种所有制经济共同发展的社会主义基本经济制度和以按劳分配为主体、多种分配方式并存的分配制度，并完成了计划经济体制向社会主义市场经济体制的转变。但与此同时，社会上又出现了另一种偏向，鼓吹所谓“经济人”假设，胡说什么“公有制效率低”“公有制与市场经济不相容”“把国有资产量化到个人”“收入分配差距要进一步拉大”等等。这些错误思想一度影响了对公平与效率关系的认识，导致提出“效率优先、兼顾公平”的分配政策。进入21世纪后，分配政策被改为了“既重视效率也重视公平、把公平放在更加突出的位置”，后来又把“初次分配注重效率、再分配注重公平”改为“初次分配和再分配都要处理好效率和公平的关系、再分配要更加注重公平”，进而提出要“逐步提高居民收入在国民收入中的比重、劳动报酬在初次分配中的比重，着力提高低收入者收入水平，有效调节高收入”，但是，始终没有跳出把效率与公平当成一对矛盾的圈子。进入新时代后，党中央不再并提“效率与公平”，而是把处理这对关系置于了“以人民为中心”，“使发展成果更多更公平惠及全体人民”④ 这一总的指导思想之下。

习近平总书记在党的十八届三中全会上指出：“全面深化改革必须以促进社会公平正义、增进人民福祉为出发点和落脚点。这是坚持我们党全心全意为人民服务根本宗旨的必然要求……如果不能给老百姓带来实实在在的利益，如果不能创造更加公平的社会

① 参见《习近平关于全面深化改革论述摘编》，中央文献出版社2014年版，第26—27页。

② 《习近平关于协调推进“四个全面”战略布局论述摘编》，中央文献出版社2015年版，第55—56页。

③ 《习近平关于全面深化改革论述摘编》，中央文献出版社2014年版，第43页。

④ 《习近平关于社会主义社会建设论述摘编》，中央文献出版社2017年版，第13页。

环境，甚至导致更多不公平，改革就失去意义，也不可能持续。”① 他强调，要“把以人民为中心的发展思想体现在经济社会发展各个环节，做到老百姓关心什么、期盼什么，改革就要抓住什么、推进什么，通过改革给人民群众带来更多获得感”。② 同时，他也明确反对那种让“分配优先于发展”的主张，说：“这种说法不符合党对社会主义初级阶段和我国社会主要矛盾的判断。”只有更好地推动经济社会发展，才能“为人民群众生活改善不断打下更为雄厚的基础”③。

当前人民群众对于不公平的反映主要有哪些，对改革最关心最期盼的又是什么呢？从习近平总书记的论述中可以看出，问题主要集中在：收入分配不公，一些基本需求还没能得到满足。他指出，收入分配中存在的突出问题，“主要是收入差距拉大、劳动报酬在初次分配中的比重较低、居民收入在国民收入分配中的比重偏低”④。他还具体列举了许多人民群众所关心的问题，比如，食品安不安全、暖气热不热、雾霾能不能少一点、河湖能不能清一点、垃圾焚烧能不能不有损健康、养老服务顺不顺心、住房能不能租得起或买得起等等。他说：“相对于增长速度高一点还是低一点，这些问题更受人民群众关注。如果只实现了增长目标，而解决好人民群众普遍关心的突出问题没有进展，即使到时候我们宣布全面建成了小康社会，人民群众也不会认同。”⑤ 他说：“当前，民生工作面临的宏观环境和内在条件都在发生变化，过去有饭吃、有学上、有房住是基本需求，现在人民群众有收入稳步提升、优质医疗服务、教育公平、住房改善、优美环境和洁净空气等更多层次的需求。”⑥

根据以上分析，习近平总书记认为，端正改革的出发点和落脚点，首先必须抓住公平正义和共同富裕问题做文章，“要把促进社会公平正义、增进人民福祉作为一面镜子，审视我们各方面体制机制和政策规定，哪里有不符合促进社会公平正义的问题，哪里就需要改革；哪个领域哪个环节问题突出，哪个领域哪个环节就是改革的重点”⑦。他指出：“在全面深化改革进程中，遇到关系复杂、难以权衡的利益问题，要认真想一想群众实际情况究竟怎样？群众到底在期待什么？群众利益如何保障？群众对我们的改革是否满意？提高改革决策的科学性，很重要的一条就是要广泛听取群众意见和建议。”⑧ 他强调：“‘蛋糕’不断做大了，同时还要把‘蛋糕’分好。我国社会历来有‘不患寡而患不均’的观念。我们要在不断发展的基础上尽量把促进社会公平正义的事情做好，既尽力而为、又量力而行，努力使全体人民在学有所教、劳有所得、病有所医、老有所养、住有所居上持续取得新进展。”⑨ “经济发展、物质生活改善并不是全部，人心向背也不仅仅决定于这一点。发展了，还有共同富裕问题。物质丰富了，但发展极不平衡，

---

① 《十八大以来重要文献选编》（上），中央文献出版社 2014 年版，第 552—553 页。

② 《习近平谈治国理政》第 2 卷，外文出版社 2017 年版，第 103 页。

③ 《习近平关于社会主义社会建设论述摘编》，中央文献出版社 2017 年版，第 41 页。

④ 同上书，第 37 页。

⑤ 同上书，第 19 页。

⑥ 同上书，第 17 页。

⑦ 《习近平关于全面深化改革论述摘编》，中央文献出版社 2014 年版，第 98 页。

⑧ 同上书，第 41 页。

⑨ 同上书，第 97 页。

贫富悬殊很大，社会不公平，两极分化了，能得人心吗?”① “我们必须坚持发展为了人民、发展依靠人民、发展成果由人民共享，作出更有效的制度安排，使全体人民朝着共同富裕方向稳步前进，绝不能出现‘富者累巨万，而贫者食糟糠’的现象。”② “要坚持社会主义基本经济制度和分配制度，调整收入分配格局，完善以税收、社会保障、转移支付等为主要手段的再分配调节机制，维护社会公平正义，解决好收入差距问题，使发展成果更多更公平惠及全体人民。”③

其次，端正改革的出发点和落脚点必须紧紧抓住和解决群众身边的权益问题。习近平总书记对地方的同志说：要促进公共资源向基层延伸、向农村覆盖、向弱势群体倾斜，“多做雪中送炭的事情”，“做那些现实条件下可以做到的事情，让群众得到看得见、摸得着的实惠”④。比如，“城镇建设中出现了不少让老百姓诟病的问题，一些地方大拆大建、争盖高楼，整个城市遍地都是工地；城市建设缺乏特色、风格单调；一些城市建设贪大求洋，一些干部追求任期内的视觉效果；一些城市漠视历史文化保护，毁坏城市古迹和历史记忆；一些城市教育、卫生、文化、体育等基本公共服务不配套，给市民带来极大不便。这些问题，既与城市建设经验和能力不足有关，也与一些干部急于求成、确定的定位过高、提出的口号太多有关”⑤。他批评过去一些地方在农村推行所谓“三集中”、逼农民上楼的做法，说：“推进农业转移人口市民化，要坚持自愿、分类、有序。自愿就是要充分尊重农民意愿，让他们自己选择，不能采取强迫的做法，不能强取豪夺，不顾条件拆除农房，逼农民进城，让农民工‘被落户’‘被上楼’。”⑥ 他还对政法部门的同志说：“让人民群众切实感受到公平正义就在身边。要重点解决好损害群众权益的突出问题，决不允许对群众的报警求助置之不理，决不允许让普通群众打不起官司，决不允许滥用权力侵犯群众合法权益，决不允许执法犯法造成冤假错案。”⑦

党的十八大以前，我们党也强调做大做强国有经济，但更多地从国有企业是国民经济支柱，是社会主义制度重要基础，是参与国际竞争、合作、分工基本力量等角度论述的，这些当然是正确的。不过，进入新时代以来，习近平总书记把国有企业改革进一步放入以人民为中心、让人民共享改革成果这一指导思想之下分析，指出：公有制主体地位和国有经济主导作用，“是保证我国各族人民共享发展成果的制度性保证”⑧；国有企业是“保障人民共同利益的重要力量”⑨。以上分析，更彰显了国有企业的全民所有制性质，更突出了国有经济与人民根本利益之间的关联。从改革开放的出发点和落脚点角度看，这显然也是一种校准。

---

① 习近平：《做焦裕禄式的县委书记》，中央文献出版社2015年版，第35页。

② 《十八大以来重要文献选编》(中)，中央文献出版社2016年版，第827页。

③ 习近平：《在省部级主要领导干部学习贯彻党的十八届五中全会精神专题研讨班上的讲话》，人民出版社2016年版，第25页。

④ 《习近平关于全面深化改革论述摘编》，中央文献出版社2014年版，第92页。

⑤ 《十八大以来重要文献选编》(上)，中央文献出版社2014年版，第602页。

⑥ 同上书，第594页。

⑦ 《习近平关于社会主义社会建设论述摘编》，中央文献出版社2017年版，第31页。

⑧ 《习近平关于社会主义经济建设论述摘编》，中央文献出版社2017年版，第63页。

⑨ 同上书，第54页。

三　关于改革开放的核心问题

改革开放以后很长时间，我们一直把处理计划与市场或市场与宏观调控的关系，作为经济体制改革（很大程度上也包括对外经济交流）的核心问题。改革开放初期，资源配置由过去单一计划手段变为计划手段为主、市场手段为辅。计划经济过渡到社会主义市场经济后，市场成为资源配置的基础，计划手段和价格、金融、税收等经济手段被纳入宏观调控范畴。这时受新自由主义影响，经济学界出现了一种舆论，认为宏观调控仍然“残留计划经济的痕迹”，“今后政府只要做好市场服务就行了”，提出所谓“大市场、小政府”的主张。进入新时代，习近平总书记将宏观调控归结为政府作用，把经济体制改革的核心问题概括为“处理好政府与市场关系”，把市场在资源配置中起基础作用的提法改为“起决定性作用”，同时强调要“更好发挥政府作用”[①]，从而在改革开放核心问题的认识和处理上做出了进一步校准。

习近平总书记解释说，之所以要将市场在资源配置中的“基础性作用”改为“决定性作用”，是因为“经过二十多年实践，我国社会主义市场经济体制已经初步建立，但仍存在不少问题，主要是市场秩序不规范，以不正当手段牟取经济利益的现象广泛存在；生产要素市场发展滞后，要素闲置和大量有效需求得不到满足并存；市场规则不统一，部门保护主义和地方保护主义大量存在；市场竞争不充分，阻碍优胜劣汰和结构调整；等等。这些问题不解决好，完善的社会主义市场经济体制是难以形成的”[②]。他还说：“作出‘使市场在资源配置中起决定性作用’的定位，有利于在全党全社会树立关于政府和市场关系的正确观念，有利于转变经济发展方式，有利于转变政府职能，有利于抑制消极腐败现象。”[③]

这样定位市场作用，是否等于政府在社会主义市场经济中的作用就要被削弱，只要服务无须管理或少管理了呢？对此，习近平总书记斩钉截铁地做出了否定的答复。他指出：“市场起决定性作用，是从总体上讲的，不能盲目绝对讲市场起决定性作用，而是既要使市场在配置资源中起决定性作用，又要更好发挥政府作用。”[④]“市场在资源配置中起决定性作用，并不是起全部作用。”[⑤]“使市场在资源配置中起决定性作用和更好发挥政府作用，二者是有机统一的，不是相互否定的，不能把二者割裂开来、对立起来。”[⑥]“在市场作用和政府作用的问题上，要讲辩证法、两点论，‘看不见的手’和‘看得见的手’都要用好，努力形成市场作用和政府作用有机统一、相互补充、相互协调、相互促进的格局，推动经济社会持续健康发展。”[⑦] 他还针对政府对市场要少管甚

---

① 参见习近平《关于〈中共中央关于全面深化改革若干重大问题的决定〉的说明》，《人民日报》2013年11月16日。

② 《习近平关于全面深化改革论述摘编》，中央文献出版社2014年版，第55—56页。

③ 同上书，第56页。

④ 《习近平关于社会主义经济建设论述摘编》，中央文献出版社2017年版，第57—58页。

⑤ 《习近平关于全面深化改革论述摘编》，中央文献出版社2014年版，第57页。

⑥ 《习近平谈治国理政》，外文出版社2014年版，第117页。

⑦ 同上书，第116页。

至不管的主张指出："政府要切实履行好服务职能，这是毫无疑义的，但同时也不要忘了政府管理职能也很重要，也要履行好，只讲服务不讲管理也不行，寓管理于服务之中是讲管理的，管理和服务不能偏废，政府该管的不仅要管，而且要切实管好。"① 要"加大政府职能转变力度，既积极主动放掉该放的权，又认真负责管好该管的事，从'越位点'退出，把'缺位点'补上"②。例如，在国防建设等领域，政府要起决定作用；一些带战略性的能源资源，政府也要牢牢掌控；在解决经济中的结构性矛盾，推进"三去、一降、一补"，增强有效供给能力，加快核心技术自主研发速度等方面，更要发挥政府的政策指导作用。

尤其值得我们重视的是，习近平总书记不仅强调政府在市场经济中应有的作用，而且把这种作用与社会主义制度优越性联系在一起强调。他说："我国经济发展获得巨大成功的一个关键因素，就是我们既发挥了市场经济的长处，又发挥了社会主义制度的优越性。我们是在中国共产党领导和社会主义制度的大前提下发展市场经济，什么时候都不能忘了'社会主义'这个定语。之所以说是社会主义市场经济，就是要坚持我们的制度优越性，有效防范资本主义市场经济的弊端。我们要坚持辩证法、两点论，继续在社会主义基本制度与市场经济的结合上下功夫，把两方面优势都发挥好，既要'有效的市场'，也要'有为的政府'，努力在实践中破解这道经济学上的世界性难题。"③ 这一论述进一步凸显了在市场经济条件下，社会主义和资本主义两种政府所起作用的本质区别；同时，也使人们进一步认识到在社会主义条件下，如何把政府和市场两方面作用结合好的问题至今仍然未能完全解决，还需要我们继续探索。

四　关于改革开放的立足点

我们党历来主张，把革命、建设、改革的立足点放在自己力量的基础上。早在1956年，毛泽东就说过："中国的革命和中国的建设，都要依靠发挥中国人民自己的力量为主，以争取外国援助为辅。"④ 新中国成立后，我们一方面积极争取社会主义阵营国家的援助，千方百计同资本主义国家进行贸易；另一方面，面对美帝国主义经济封锁和苏联赫鲁晓夫集团中断援助的困难，发扬自力更生精神，不仅形成以"两弹一星"为代表的一大批科研成果，而且建立了独立完整的工业体系和国民经济体系。"文化大革命"中，极"左"思潮泛滥，把进口国外先进设备也当成"洋奴哲学""卖国主义"。改革开放后，通过拨乱反正，纠正了这种极"左"错误，又出现了另一种偏向，认为凡是能从国外买到的，就不必自己重走研发的老路。40年来，我国经济总量大幅度攀升，科技水平也有长足进步，然而从总体看，科技对经济社会发展支撑能力不足、贡献率远低于发达国家水平，核心技术研发缺乏像微软、英特尔、谷歌、苹果等大公司那样的强强联盟，经济增长很大程度上仍以资源、资本、劳动力等要素投入为主，在国际经济产业链中仍处于中低端，很多关键和核心的技术、材料、零部件、设备都受制于

① 《习近平关于全面深化改革论述摘编》，中央文献出版社2014年版，第54页。

② 同上书，第55页。

③ 《习近平关于社会主义经济建设论述摘编》，中央文献出版社2017年版，第64页。

④ 《建国以来毛泽东文稿》第6册，中央文献出版社1992年版，第148页。

人。这种情况的出现，就与我们的外部条件改善后，自力更生意识弱化有很大关系。对此，历届党中央虽然都很重视，提出并实施了科教兴国等战略，逐步加大了国家对科技研发的投入，但情况仍然不容乐观。党的十八大以来，党中央进一步提出创新是引领发展的第一动力，实施创新驱动发展战略，推进“中国制造2025”，要求破除一切妨碍科技创新的体制机制障碍，最大限度地解放和激发科技蕴藏的潜能。这表明，新时代在改革开放的立足点上，同样做出了校准。

对于自主创新的重要意义和路径，习近平总书记主要从以下三个关系上进行了论述。

首先，是大国与强国、经济规模与科技水平的关系。他指出：“历史事实表明，经济大国不等于经济强国。一个国家长期落后归根到底是由于技术落后，而不取决于经济规模大小。历史上，我国曾长期位居世界经济大国之列，经济总量一度占到世界的三分之一左右，但由于技术落后和工业化水平低，近代以来屡屡被经济总量远不如我们的国家打败。为什么会这样？我们不是输在经济规模上，而是输在科技落后上。由于技术创新和工业制造落后于人，西方列强才得以用坚船利炮轰开我们的国门。中国近代史上落后挨打的根子就是技术落后。这个教训太深刻了！我们要牢牢记取。”①“虽然我国经济总量跃居世界第二，但大而不强、臃肿虚胖体弱问题相当突出，主要体现在创新能力不强，这是我国这个经济大块头的‘阿喀琉斯之踵’。”②

其次，是科技创新与经济社会发展的关系。他说：“总体上看，我国关键核心技术受制于人的局面尚未根本改变，创造新产业、引领未来发展的科技储备远远不够，产业还处于全球价值链中低端，军事、安全领域高技术方面同发达国家仍有较大差距。我们必须把发展基点放在创新上，通过创新培育发展新动力、塑造更多发挥先发优势的引领型发展。”③ 他指出：“国际经济竞争甚至综合国力竞争，说到底就是创新能力的竞争。谁能在创新上下先手棋，谁就能掌握主动。我们要大力实施创新驱动发展战略，加快完善创新机制，全方位推进科技创新、企业创新、产品创新、市场创新、品牌创新，加快科技成果向现实生产力转化，推动科技和经济紧密结合。”④“协调发展、绿色发展、开放发展、共享发展都有利于增强发展动力，但核心在创新。抓住了创新，就抓住了牵动经济社会发展全局的‘牛鼻子’。”⑤ 自从美国发动贸易战以来，他更是多次强调：“自力更生是中华民族自立于世界民族之林的奋斗基点，自主创新是我们攀登世界科技高峰的必由之路。”⑥ 要发扬光大“两弹一星”精神，加强关键技术攻关，推动核心技术突破，把科技发展主动权牢牢掌握在自己手里。

最后，是体制机制改革与科技创新的关系。他指出：“实施创新驱动发展战略，必须深化改革。”“全面深化改革，要围绕使企业成为创新主体、加快推进产学研深度融

---

① 《习近平关于社会主义经济建设论述摘编》，中央文献出版社2017年版，第126页。
② 《十八大以来重要文献选编》（下），中央文献出版社2018年版，第159页。
③ 同上。
④ 《习近平关于社会主义经济建设论述摘编》，中央文献出版社2017年版，第125页。
⑤ 《十八大以来重要文献选编》（下），中央文献出版社2018年版，第157页。
⑥ 《习近平关于科技创新论述摘编》，中央文献出版社2016年版，第46页。

合来谋划和推进。"① 要解决科技创新链条上存在的诸多体制机制关卡、创新和转化各环节衔接不紧的症结，"必须深化科技体制改革，破除一切制约科技创新的思想障碍和制度藩篱"②。他为此具体提出了一系列政策措施，例如，建立完善的知识产权保护制度，惩治侵权的违法犯罪行为，创造平等竞争的良好环境；完善有利于企业技术创新的税收政策，消除价格、利率、汇率等经济杠杆的扭曲；组建国有资产运营公司或投资公司，设立国有资本风险投资基金，支持包括小微企业在内的创新型企业；加快军民融合式的发展步伐，发挥军民各自优势。他尤其提到要改革和完善人才发展机制，建立更灵活的人才管理机制，完善评价这个指挥棒，打通人才流动、使用、发挥作用的体制机制障碍；深化教育改革，提高人才培养质量，形成有利于创新人才成长的育人环境；制定更积极的国际人才引进计划，吸引更多海外创新人才回国创业或来中国工作。他特别提出，要使优秀的科技人才"名利双收"，"名就是荣誉，利就是现实的物质利益回报，其中拥有产权是最大激励"③。"如果是'造导弹的不如卖茶叶蛋的，拿手术刀的不如拿剃头刀的'，就谈不上创新驱动。"④

除了对体制改革的立足点做出上述校准，习近平总书记在科技体制改革的问题上着重强调了党中央顶层设计和社会主义制度优越性的作用。他说："我们要注意一个问题，就是我国社会主义制度能够集中力量办大事是我们成就事业的重要法宝。我国很多重大科技成果都是依靠这个法宝搞出来的，千万不能丢了！要让市场在资源配置中起决定性作用，同时要更好发挥政府作用，加强统筹协调，大力开展协同创新，集中力量办大事，抓重大、抓尖端、抓基本，形成推进自主创新的强大合力。"⑤ 他指出："在核心技术研发上，强强联合比单打独斗效果要好，要在这方面拿出些办法来，彻底摆脱部门利益和门户之见的束缚。抱着宁为鸡头、不为凤尾的想法，抱着自己拥有一亩三分地的想法，形不成合力，是难以成事的。"⑥ 不难看出，这些论述深刻反映了改革开放前后在自主创新方面的经验教训，确实切中了问题的要害。

五　关于改革开放的自主性

改革开放搞得对不对、好不好，究竟应当以什么为标准？是以西方资产阶级的政治制度和社会主张为标准，还是以中国人民的根本利益和马克思主义的科学理论为标准？这个问题，自改革开放伊始就一直存在。改革开放之初，邓小平就说过："中国在粉碎'四人帮'以后出现一种思潮，叫资产阶级自由化，崇拜西方资本主义国家的'民主''自由'，否定社会主义。""自由化的思想前几年有，现在也有，不仅社会上有，我们共产党内也有。"⑦ 他指出："某些人所谓的改革，应该换个名字，叫作自由化，即资本

---

① 《习近平关于社会主义经济建设论述摘编》，中央文献出版社2017年版，第140页。
② 《十八大以来重要文献选编》（中），中央文献出版社2016年版，第25页。
③ 《习近平关于社会主义经济建设论述摘编》，中央文献出版社2017年版，第139页。
④ 《习近平关于社会主义社会建设论述摘编》，中央文献出版社2017年版，第42页。
⑤ 《十八大以来重要文献选编》（中），中央文献出版社2016年版，第26页。
⑥ 习近平：《在网络安全和信息化工作座谈会上的讲话》，人民出版社2016年版，第14页。
⑦ 《邓小平文选》第3卷，人民出版社1993年版，第123、124页。

主义化。他们‘改革’的中心是资本主义化。我们讲的改革与他们不同，这个问题还要继续争论的。”① 事实说明，这股思潮后来果然不断变换花样，近些年比较突出的有两个表现：一个叫西方“宪政”，一个叫“普世价值”。受此影响，我们党内也出现应当“把革命党转变为执政党”“给共产党改名”“取消无产阶级专政”“允许其他政党和共产党竞争”“让共产党组织从各级机关中退出”“实行军队国家化”等种种论调。有的人还以所谓“不争论”为借口，反对与这些错误主张正面交锋，说什么这样会把它们“炒热”。对此，党中央在新时代给予了一一驳斥，旗帜鲜明地表明了自己的立场。

针对中国能否以西方所谓“宪政”为模板改革社会主义制度、能否取消人民民主专政和共产党领导等问题，习近平总书记明确指出：“我国人民民主与西方所谓的‘宪政’本质上是不同的。中国共产党领导是中国特色社会主义最本质的特征。”②“中国实行工人阶级领导的、以工农联盟为基础的人民民主专政的国体，实行中国共产党领导的多党合作和政治协商制度，实行民族区域自治制度，实行基层群众自治制度，具有鲜明的中国特色。”他说，这样一套制度安排，能够有效保证人民享有广泛、充足的权利和自由，有效调节国家政治关系，有效促进生产力发展和人民生活水平不断提高，有效维护国家独立自主。③

针对给“中国共产党改名”和把“革命党变为执政党”的种种议论，习近平总书记指出：“国内外各种敌对势力，总是企图让我们党改旗易帜、改名换姓，其要害就是企图让我们丢掉对马克思主义的信仰，丢掉对社会主义、共产主义的信念。而我们有些人甚至党内有的同志却没有看清这里面暗藏的玄机，认为西方‘普世价值’经过了几百年，为什么不能认同？西方一些政治话语为什么不能借用？接受了我们也不会有什么大的损失，为什么非要拧着来？有的人奉西方理论、西方话语为金科玉律，不知不觉成了西方资本主义意识形态的吹鼓手。”④ 他反复强调“革命理想高于天”，在党的十九大报告中再次指出：“革命理想高于天。共产主义远大理想和中国特色社会主义共同理想，是中国共产党人的精神支柱和政治灵魂，也是保持党的团结统一的思想基础。要把坚定理想信念作为党的思想建设的首要任务，教育引导全党牢记党的宗旨，挺起共产党人的精神脊梁，解决好世界观、人生观、价值观这个‘总开关’问题，自觉做共产主义远大理想和中国特色社会主义共同理想的坚定信仰者和忠实实践者。”⑤ 在2018年年初纪念周恩来同志诞辰120周年座谈会上，他又说道：“不要忘记我们是共产党人，不要忘记我们是革命者，任何时候都不要丧失理想信念。”⑥

针对以所谓“不争论”为幌子，放弃意识形态领域斗争，任凭宣扬“普世价值”的言论大行其道的现象，习近平总书记指出：“坚持正面宣传为主，决不意味着放弃舆

---

① 《邓小平文选》第3卷，人民出版社1993年版，第297页。

② 《习近平关于全国依法治国论述摘编》，中央文献出版社2015年版，第21页。

③ 参见《十八大以来重要文献选编》（中），中央文献出版社2016年版，第61—62页。

④ 习近平：《在全国党校工作会议上的讲话》，人民出版社2016年版，第8页。

⑤ 《中国共产党第十九次全国代表大会文件汇编》，人民出版社2017年版，第52页。

⑥ 习近平：《在纪念周恩来同志诞辰120周年座谈会上的讲话》，人民出版社2018年版，第10页。

论斗争。敌对势力在那里极力宣扬所谓的‘普世价值’。这些人是真的要说什么‘普世价值’吗？根本不是，他们是挂羊头卖狗肉，目的就是要同我们争夺阵地、争夺人心、争夺群众，最终推翻中国共产党领导和中国社会主义制度。如果听任这些言论大行其道，指鹿为马，三人成虎，势必搞乱党心民心，危及党的领导和社会主义国家政权安全。”① “对别有用心的人散布的政治谣言和奇谈怪论，我们的党员、干部耳朵根子不要软，不要听风就是雨。同时，我们不能默不作声，要及时反驳，让正确声音盖过它们。这与韬光养晦或不争论是两码事。”② 他要求，对一切错误的言行都要“敢抓敢管，敢于亮剑”③，“有的放矢，正面交锋”④。

为什么改革不能照搬西方的所谓“宪政”呢？习近平总书记阐述了如下几点理由。

第一，我们对自己的制度要有自信。他说：“我们全面深化改革，不是因为中国特色社会主义制度不好，而是要使它更好；我们说坚定制度自信，不是要故步自封，而是要不断革除体制机制弊端，让我们的制度成熟而持久。我们不仅要防止落入‘中等收入陷阱’，也要防止落入‘西化分化陷阱’。”⑤

第二，一个国家实行什么样的制度取决于这个国家的国情。他说：“‘橘生淮南则为橘，生于淮北则为枳。’我们需要借鉴国外政治文明有益成果，但绝不能放弃中国政治制度的根本。中国有九百六十多万平方公里土地、五十六个民族，我们能照谁的模式办？谁又能指手画脚告诉我们该怎么办？对丰富多彩的世界，我们应该秉持兼容并蓄的态度，虚心学习他人的好东西，在独立自主的立场上把他人的好东西加以消化吸收，化成我们自己的好东西，但决不能囫囵吞枣、决不能邯郸学步。照抄照搬他国的政治制度行不通，会水土不服，会画虎不成反类犬，甚至会把国家前途命运葬送掉。只有扎根本国土壤、汲取充沛养分的制度，才最可靠、也最管用。”⑥ “百里不同风，千里不同俗。一个国家选择什么样的治理体系，是由这个国家的历史传承、文化传统、经济社会发展水平决定的，是由这个国家的人民决定的。我国今天的国家治理体系，是在我国历史传承、文化传统、经济社会发展的基础上长期发展、渐进改进、内生性演化的结果。我国国家治理体系需要改进和完善，但怎么改、怎么完善，我们要有主张、有定力。”⑦

第三，评判一个国家政治制度的优劣不可能脱离特定的社会政治条件而归于一尊。他说：“在政治制度上，看到别的国家有而我们没有就简单认为有欠缺，要搬过来；或者，看到我们有而别的国家没有就简单认为是多余的，要去除掉。这两种观点都是简单化的、片面的，因而都是不正确的。”⑧

第四，我国的实践证明，治理好一个国家并不只有西方制度一种模式。他说：“我们用事实宣告了‘历史终结论’的破产，宣告了各国最终都要以西方制度模式为归宿

① 《习近平关于社会主义文化建设论述摘编》，中央文献出版社 2017 年版，第 27 页。
② 同上书，第 209 页。
③ 同上书，第 27 页。
④ 同上书，第 34 页。
⑤ 《习近平关于全面深化改革论述摘编》，中央文献出版社 2014 年版，第 22 页。
⑥ 《十八大以来重要文献选编》（中），中央文献出版社 2016 年版，第 60 页。
⑦ 《习近平关于全面深化改革论述摘编》，中央文献出版社 2014 年版，第 21 页。
⑧ 《十八大以来重要文献选编》（中），中央文献出版社 2016 年版，第 59—60 页。

的单线式历史观的破产。”①

第五，把西方政治制度当成范本是西方挑动别国动乱的惯用伎俩。他说：“西方国家策划‘颜色革命’，往往从所针对的国家的政治制度特别是政党制度开始发难，大造舆论，大肆渲染，把不同于他们的政治制度和政党制度打入另类，煽动民众搞街头政治。”② 但是，“搞了西方的那套东西就更自由、更民主、更稳定了吗？一些发展中国家照搬西方政治制度和政党制度模式，结果如何呢？很多国家陷入政治动荡、社会动乱，人民流离失所。活生生的例子就在眼前。‘往者不可谏，来者犹可追。’我们头脑一定要清醒、一定要坚定”③。“在政治制度模式上，我们就是要咬定青山不放松、任尔东西南北风。”④

为什么对宣扬“普世价值”的言论不能默不作声，必须及时反驳呢？习近平总书记分析道，这是因为宣传思想战线的同志，首先，要有政权意识和阵地意识。他说：“意识形态关乎旗帜、关乎道路、关乎国家政治安全。”⑤ “宣传思想阵地，我们不去占领，人家就会去占领。”⑥ 其次，要有敌情观念。他说，各种敌对势力要颠覆中国共产党领导和我国社会主义制度，“选中的一个突破口就是意识形态领域，企图把人们思想搞乱，然后浑水摸鱼、乱中取胜。新形势下，意识形态领域斗争复杂尖锐。历史和现实都警示我们，思想舆论阵地一旦被突破，其他防线就很难守得住。在意识形态领域斗争上，我们没有任何妥协、退让的余地，必须取得全胜”⑦。再次，要有责任意识。他说，现在，一方面“境外敌对势力加大渗透和西化力度，境内一些组织和个人不断变换手法，制造思想混乱，与我争夺人心”；另一方面，“一些单位和党政干部政治敏感性、责任感不强，在重大意识形态问题上含含糊糊、遮遮掩掩，助长了错误思潮的扩散”。他强调：“各级党委和宣传思想部门、组织部门、教育部门要加强领导和管理，党报党刊党网、党政干部院校、大专院校要强化政治意识、责任意识，在重大问题上与党中央保持高度一致，绝不允许与中央唱反调，绝不允许吃共产党的饭、砸共产党的锅。”⑧ “宣传思想战线的同志要当战士、不当绅士，不做‘骑墙派’和‘看风派’，不能搞爱惜羽毛那一套。宣传思想战线的同志要履行好自己的神圣职责和光荣使命，以战斗的姿态、战士的担当，积极投身宣传思想领域斗争一线。”⑨ 他还要求，对政治性、原则性、导向性问题不仅必须旗帜鲜明、敢抓敢管，对出现偏差和错误的不仅要严肃批评、严肃处理，而且“对发出正义声音而受到围攻的媒体和新闻舆论工作者要坚决力挺”⑩。

在阐述对于宣扬“普世价值”的言论必须及时反驳的道理时，习近平总书记特别提到重视互联网上斗争的问题。他说：“互联网已经成为舆论斗争的主战场。有同志

---

① 《习近平关于社会主义政治建设论述摘编》，中央文献出版社 2017 年版，第 7 页。
② 同上书，第 18 页。
③ 同上书，第 19 页。
④ 同上书，第 8 页。
⑤ 《习近平关于社会主义文化建设论述摘编》，中央文献出版社 2017 年版，第 35—36 页。
⑥ 同上书，第 30 页。
⑦ 同上书，第 37 页。
⑧ 同上书，第 35—36 页。
⑨ 同上书，第 45 页。
⑩ 同上书，第 49—50 页。

讲，互联网是我们面临的‘最大变量’，搞不好会成为我们的‘心头之患’。西方反华势力一直妄图利用互联网‘扳倒中国’，多年前有西方政要就声称‘有了互联网，对付中国就有了办法’‘社会主义国家投入西方怀抱，将从互联网开始’。从美国的‘棱镜’‘X—关键得分’等监控计划看，他们的互联网活动能量和规模远远超出了世人想象。在互联网这个战场上，我们能否顶得住、打得赢，直接关系我国意识形态安全和政权安全。”①

党的十八大以来，习近平总书记反复强调：“当今世界，意识形态领域看不见硝烟的战争无处不在，政治领域没有枪炮的较量一直未停。”② 他还在2015年指出：“今后五年，可能是我国发展面临的各方面风险不断积累甚至集中显露的时期。我们面临的重大风险，既包括国内的经济、政治、意识形态、社会风险以及来自自然界的风险，也包括国际经济、政治、军事风险等。如果发生重大风险又扛不住，国家安全就可能面临重大威胁，全面建成小康社会进程就可能被迫中断。我们必须把防风险摆在突出位置，‘图之于未萌，虑之于未有’，力争不出现重大风险或在出现重大风险时扛得住、过得去。”③ 国内国际形势的新变化，既充分证明了当年党中央的风险预判，也充分显示了党中央的抗风险能力。

从以上事实可以清楚地看出，新时代对于改革开放的自主性的强调，对于西方“宪政”“普世价值”一类思潮的批判，比起以往任何时候都更为鲜明。这无疑也是新时代对于改革开放航向的校准。

六　关于改革开放中的党风和社会风气

党风和社会风气问题，在改革开放前也存在，但改革开放后较之那时确有许多不同表现。比如，在党风中，有的搞权钱交易，拉票贿选，买官卖官，甚至“明码标价、批发官帽”“一手交钱、一手交货”④；有的一个人办好几个身份证、好几本护照、好几本港澳通行证，把老婆孩子送到国外，自己当“裸官”，甚至自己也持有外国绿卡；一部分党员干部中充斥关系学、厚黑学、官场术、潜规则等庸俗腐朽的政治文化；等等。在社会风气中，一些人价值观缺失，观念中没有善恶，行为缺少底线，什么假食品药品也敢造，什么瘦肉精、孔雀石绿也敢用，什么伤天害理、违法乱纪的事也敢干；黄赌毒现象屡禁不止，黑社会性质组织此起彼伏；网上充斥虚假、诈骗、暴力、色情信息，甚至利用网络制造谣言、教唆犯罪、歪曲历史、污蔑烈士；一些文艺工作者甘当市场奴隶，急于把作品兑换成人民币，把作品当作追逐利益的“摇钱树”、感官刺激的“摇头丸”，搜奇猎艳，一味媚俗，以丑为美。所有这些虽然不是改革开放本身的问题，但确实是在市场经济和对外开放环境下出现的，是一些人把市场规律无限扩大的结果。对此，党中央从一开始就提醒全党要两个文明一起抓、两手都要硬，绝不能让商品经济的

---

① 《习近平关于社会主义文化建设论述摘编》，中央文献出版社2017年版，第28—29页。

② 《习近平关于社会主义政治建设论述摘编》，中央文献出版社2017年版，第18页。

③ 《十八大以来重要文献选编》（中），中央文献出版社2016年版，第833页。

④ 《习近平关于严明党的纪律和规矩论述摘编》，中央文献出版社、中国方正出版社2016年版，第47、48页。

原则渗透到党内来，并且出台了许多相关规章、制度、法律，进行了多次整党整风教育活动和打击经济犯罪及黑恶势力的斗争。但问题一直没有得到根本解决，有的还愈演愈烈。进入新时代，党中央在这些方面加大了整治力度，取得了显著成效，在一定意义上也体现出对改革开放航向的校准。

早在改革开放之初，邓小平就说过："对外开放，资本主义那一套腐朽的东西就会钻进来的；对内搞活经济，活到什么程度，也是有问题的……必须同时还有另外一手，这就是打击经济犯罪活动。"[①] "在整个改革开放过程中都要反对腐败。……只要我们的生产力发展，保持一定的经济增长速度，坚持两手抓，社会主义精神文明建设就可以搞上去。"[②] 后来，经济虽然保持了较高增长速度，但党风、社会风气中的问题没有得到相应解决，有些反而更加严重。对其原因，习近平总书记从两方面作了分析。他认为，在客观上，改革"不注意配套和衔接，不注意时序和步骤，也容易产生体制机制上的缝隙和漏洞，为一些人提供寻租、搞腐败的机会。""这些现象，改革开放以来我们是见识过的，一些人就是利用新旧制度转换的落差和时差来牟取私利、中饱私囊的。价格双轨制，肥了多少人？国有企业改制，又肥了多少人?"[③] 从主观上看，他认为，"一个重要原因是讲'认真'不够"[④]，"执行纪律失之于宽、失之于松、失之于软"[⑤]，"有的领导干部不敢抓不敢管，抱着'鸵鸟心态'，唯恐得罪人、丢选票"[⑥]。他批评有的宣传干部不敢理直气壮地讲党管媒体，说什么"现在是'资本为王'的'资本媒体''商业媒体'时代，是'人人都有麦克风'的自媒体时代，再提坚持党管媒体没有意义"[⑦]，因此没有能牢牢"掌握价值观念领域的主动权、主导权、话语权"[⑧]。

针对党风方面的问题，党中央自十八大后突出强调了治国必先治党、治党必须从严，出台了"中央八项规定"，惩治了一批严重贪腐、触犯法律的高级干部，开展了党的群众路线教育和"三严三实"专题教育、"两学一做"学习教育等活动，强化了党的组织纪律、巡视监督，集中清理了裸官、档案造假等问题。正如习近平总书记所说，这些措施"总的来讲，都是围绕着解决管党治党、执行纪律失之于宽、失之于松、失之于软这样的问题"[⑨]。他提出，从严治党，必须从严明纪律做起，"严明党的纪律，首要的就是严明政治纪律"[⑩]；从严治党，要"从中央政治局抓起"[⑪]，"关键是要抓住领导干

---

① 《邓小平文选》第2卷，人民出版社1994年版，第409页。

② 《邓小平文选》第3卷，人民出版社1993年版，第379页。

③ 《习近平关于全面深化改革论述摘编》，中央文献出版社2014年版，第81—82页。

④ 《十八大以来重要文献选编》(上)，中央文献出版社2014年版，第350页。

⑤ 《习近平关于严明党的纪律和规矩论述摘编》，中央文献出版社、中国方正出版社2016年版，第67页。

⑥ 同上书，第123页。

⑦ 《习近平关于社会主义文化建设论述摘编》，中央文献出版社2017年版，第42页。

⑧ 同上书，第107页。

⑨ 《习近平关于严明党的纪律和规矩论述摘编》，中央文献出版社、中国方正出版社2016年版，第67页。

⑩ 同上书，第13页。

⑪ 同上书，第98页。

部这个‘关键少数’”，“关键是从严治吏”[①]；要“把权力关进制度的笼子里”[②]，“坚持制度面前人人平等、执行制度没有例外”；要“坚持‘老虎’‘苍蝇’一起打，既坚决查处领导干部违纪违法案件，又切实解决发生在群众身边的不正之风和腐败问题”[③]；“从严治党，最根本的就是要使全党各级组织和全体党员、干部都按照党内政治生活准则和党的各项规定办事”[④]。针对一些人关于对党员、干部要求是否过严的质疑，他指出：“现在的主要倾向不是严了，而是失之于宽、失之于软，不存在严过头的问题。”[⑤]

对于社会风气方面的问题，党中央根据问题的不同性质，也提出了一系列有破有立的应对措施。例如，对于社会治理层面的问题，开展了专项斗争。习近平总书记指出：“对黄赌毒现象、黑社会性质犯罪等，露头就要打，不能让它们形成气候。对危害食品药品安全、环境污染等重点问题……要强化治理和管理。”[⑥] 要“严把从农田到餐桌、从实验室到医院的每一道防线，着力防范系统性、区域性风险”[⑦]。他特别要求一定要管好互联网，说“既要尊重网民交流思想、表达意愿的权利，也要依法构建良好网络秩序”[⑧]。对于精神层面的问题，党中央提出要大力培育和弘扬社会主义核心价值体系和核心价值观，加快构建充分反映中国特色、民族特性、时代特征的价值体系，努力抢占价值体系的制高点。习近平总书记说：“要认真汲取中华优秀传统文化的思想精华和道德精髓，大力弘扬以爱国主义为核心的民族精神和以改革创新为核心的时代精神。”[⑨] 要“大力加强社会公德、职业道德、家庭美德、个人品德建设，营造全社会崇德向善的浓厚氛围”[⑩]。

对于文艺作品在引领社会风气、建设精神文明中的作用，习近平总书记尤其重视。他说：“要通过文艺作品传递真善美，传递向上向善的价值观，引导人们增强道德判断力和道德荣誉感，向往和追求讲道德、尊道德、守道德的生活。”[⑪] “要把文艺队伍建设摆在更加突出的重要位置……在发展社会主义市场经济条件下，还要处理好义利关系，认真严肃地考虑作品的社会效果，讲品位，重艺德，为历史存正气，为世人弘美德，为自身留清名。”[⑫] 他指出，在社会主义市场经济条件下，文化产品不能完全不考虑经济效益，“然而，同社会效益相比，经济效益是第二位的，当两个效益、两种价值发生矛

---

① 《习近平关于严明党的纪律和规矩论述摘编》，中央文献出版社、中国方正出版社 2016 年版，第 102、110 页。

② 同上书，第 53 页。

③ 同上书，第 71 页。

④ 同上书，第 82 页。

⑤ 习近平：《在党的群众路线教育实践活动总结大会上的讲话》，人民出版社 2014 年版，第 23 页。

⑥ 《习近平关于总体国家安全观论述摘编》，中央文献出版社 2018 年版，第 135 页。

⑦ 同上书，第 142 页。

⑧ 《习近平谈治国理政》第 2 卷，外文出版社 2017 年版，第 533—534 页。

⑨ 《习近平关于社会主义文化建设论述摘编》，中央文献出版社 2017 年版，第 141 页。

⑩ 《习近平谈治国理政》第 2 卷，外文出版社 2017 年版，第 324 页。

⑪ 《十八大以来重要文献选编》（中），中央文献出版社 2016 年版，第 135 页。

⑫ 同上书，第 126 页。

盾时，经济效益要服从社会效益，市场价值要服从社会价值”①。他就文化体制改革的问题强调，一定要“把握好意识形态属性和产业属性、社会效益和经济效益的关系，始终坚持社会主义先进文化前进方向，始终把社会效益放在首位。无论改什么、怎么改，导向不能改，阵地不能丢”②。

总之，新时代对改革开放航向的校准是全方位的，既包括政治，也包括经济、文化、社会、生态；既包括内政，也包括外交、国防，上文中言及的六点只是其中的几个方面。之所以能做出这些校准，原因一方面是由于新时代较之前些年的改革开放有了更长时间的实践，经验积累得更丰富，问题暴露得也更充分；另一方面，也是更重要的一点在于，以习近平同志为核心的党中央以对党和人民高度负责、敢于担当的精神，正确解决了对改革开放前后两个历史时期相互关系的认识问题，从而为贯通总结新中国近70年的历史经验，为与改革开放的初心对表对标、发现偏差和不足，提供了更加有利的条件。当然，在这些问题中，有的距离根本解决还有很长的路要走，有的则刚刚开始着手解决。但无论哪种情况，关键在于坚冰已经打破，航道已经开通，道路已经指明。只要我们沿着习近平新时代中国特色社会主义思想指引的航向继续前进，一如既往地坚持解放思想、实事求是，社会主义改革开放的巨轮就一定能够乘风破浪，胜利抵达光辉的彼岸。

（原载《马克思主义研究》2018 年第 11 期）

① 《十八大以来重要文献选编》（中），中央文献出版社 2016 年版，第 132 页。

② 《习近平关于社会主义文化建设论述摘编》，中央文献出版社 2017 年版，第 185 页。

四十年改革开放与中国特色社会主义

何毅亭*

以党的十一届三中全会为标志，中国实行改革开放已经整整40年了。这40年，是中国共产党带领中国人民高举改革开放旗帜、成功开创并坚持和发展中国特色社会主义的40年，是中华民族沿着中国特色社会主义道路迎来从站起来到富起来再到强起来伟大跨越的40年。40年最鲜明的特征是改革开放，40年党和国家全部理论和实践的主题是中国特色社会主义。改革开放成就和彰显了中国特色社会主义的巨大优越性和旺盛生命力，中国特色社会主义检验和证明了改革开放的历史必然性和强大推动力。40年实践充分证明：只有改革开放才能坚持和发展社会主义，只有中国特色社会主义才能发展和强大中国。

一　40年改革开放的根本成就是开创并坚持和发展了中国特色社会主义

在中国这样的东方大国建设社会主义是一项全新的伟大事业，无论在人类社会发展史上还是世界社会主义发展史上都没有先例，只能在实践中艰辛探索。中国共产党在探索中取得了理论和实践上许多重大成果，也不可避免走了一些弯路。

党的十一届三中全会开始的改革开放，就是在坚持党的领导和社会主义基本制度的前提下，全面纠正“文化大革命”及之前“左”的错误，自觉调整和改革生产关系同生产力、上层建筑同经济基础之间不相适应的方面和环节，解放和发展社会生产力，解放和增强社会活力，推动社会主义制度自我完善和发展，建设中国特色社会主义。40年来，改革从农村到城市，从试点到推广，从经济体制改革到各方面体制改革再到全面深化改革，从对内搞活到对外开放，从部分地区和领域对外开放到全方位多层次宽领域对外开放，走过了波澜壮阔的不平凡历程，创造了人类发展史上的奇迹。改革开放对于中国、中华民族、中国共产党的重大意义，对于马克思主义和科学社会主义的重大意义，对于当今世界的重大意义，可以说出很多很多。归结到一点就是：开创并坚持和发展了中国特色社会主义。

（一）40年改革开放开辟和拓展了中国特色社会主义道路。道路问题至关重要，道路决定命运。改革开放前我们之所以出现这样那样的失误，走过这样那样的弯路，关键就在于对社会主义建设道路问题没有完全搞清楚。邓小平在党的十二大第一次明确提出：“把马克思主义的普遍真理同我国的具体实际结合起来，走自己的道路，建设有中

* 何毅亭：中央党校（国家行政学院）副校长（副院长）。

国特色的社会主义，这就是我们总结长期历史经验得出的基本结论。”十二大迄今，中国共产党共召开了七次党的全国代表大会，每次党代会政治报告的主题词都有“中国特色社会主义”。

40年来，随着改革开放的逐步展开和不断深化，我们对什么是中国特色社会主义道路的认识也不断深入和全面。从以阶级斗争为纲到以经济建设为中心，从封闭半封闭到对外开放，从社会主义计划经济到社会主义市场经济，从单一公有制结构到公有制为主体、多种所有制经济共同发展，从按劳分配到按劳分配为主体、多种分配方式并存，从社会主义物质文明、精神文明“两手抓”到“五位一体”总体布局，从提出和平与发展两大时代主题到建设持久和平、共同繁荣的和谐世界再到构建人类命运共同体，从坚持和完善党的领导到坚持和加强党的全面领导，如此等等，都有力地推动中国特色社会主义实践不断深入、中国特色社会主义道路不断拓展。

经过改革开放40年的探索和实践，中国特色社会主义道路越来越清晰，这就是：在中国共产党领导下，立足基本国情，以经济建设为中心，坚持四项基本原则，坚持改革开放，解放和发展社会生产力，巩固和完善社会主义制度，建设社会主义市场经济、社会主义民主政治、社会主义先进文化、社会主义和谐社会、社会主义生态文明，促进人的全面发展，逐步实现全体人民共同富裕，建设富强民主文明和谐美丽的社会主义现代化强国。这条道路，接续了历史的选择，反映了人民的意愿，也体现了人类文明进步的走向和趋势，是经过实践检验完全正确的道路。

（二）40年改革开放创立和发展了中国特色社会主义理论体系。中国特色社会主义是在有着5000多年文明史、13亿多人口、960多万平方公里土地上展开的极为宏大的社会实践，必须以科学理论为指导。40年来，中国共产党坚持把马克思主义基本原理同改革开放实践和时代特征结合起来，坚持解放思想和实事求是的统一，大力发扬求真务实精神，不断深化对共产党执政规律、社会主义建设规律、人类社会发展规律的认识，自觉把思想认识从那些不合时宜的观念、做法和体制的束缚中解放出来，从对马克思主义错误的和教条式的理解中解放出来，从主观主义和形而上学的桎梏中解放出来，创造性地探索和回答什么是社会主义、怎样建设社会主义，建设什么样的党、怎样建设党，实现什么样的发展、怎样发展，又创造性地探索和回答新时代坚持和发展什么样的中国特色社会主义、怎样坚持和发展中国特色社会主义。正是在带领中国人民不断回答时代之问、实践之问、人民之问的过程中，中国共产党形成和发展了包括邓小平理论、“三个代表”重要思想、科学发展观、习近平新时代中国特色社会主义思想在内的中国特色社会主义理论体系。这一理论体系坚持和发展了马克思列宁主义、毛泽东思想，凝结了几代中国共产党人带领人民不懈探索实践的智慧和心血，是中国共产党最可宝贵的政治和精神财富，是全国各族人民团结奋斗的共同思想基础。

习近平新时代中国特色社会主义思想，是马克思主义中国化最新成果。这一思想坚持和运用辩证唯物主义和历史唯物主义，强调树立战略思维、创新思维、辩证思维、历史思维、底线思维，丰富和发展了马克思主义哲学；这一思想提出新发展理念、供给侧结构性改革、加快构建开放型经济新体制、建设现代化经济体系等一系列新理念新思想新战略，谱写了马克思主义政治经济学新篇章；这一思想坚持科学社会主义基本原则，发展了中国特色社会主义道路、理论、制度、文化，使科学社会主义在21世纪中国焕发出强大生机活力。毫无疑问，习近平新时代中国特色社会主义思想开辟了马克思主义新境界，极大丰富和发展了中国特色社会主义理论体系，是当代中国马克思主义、21世纪马克思主义。

（三）40年改革开放健全和完善了中国特色社会主义制度。中国特色社会主义制度，是在马克思主义指导下，立足中国国情、吸收借鉴古今中外人类创造的优秀制度文明成果、经过长期探索和实践形成发展起来的，是具有鲜明中国特色、明显制度优势、强大自我完善能力的先进制度。人民代表大会制度作为根本政治制度，体现着中国特色社会主义制度的本质，是中国人民当家作主的根本途径，也是中国共产党在国家政权中充分发扬民主、贯彻群众路线的最好实现形式。中国共产党领导的多党合作和政治协商制度、民族区域自治制度以及基层群众自治制度等基本政治制度，以公有制为主体、多种所有制经济共同发展的基本经济制度，规定着国家政治生活、经济生活的基本原则。建立在根本政治制度、基本政治制度和基本经济制度基础之上的经济体制、政治体制、文化体制、社会体制、生态文明体制和党的建设制度等，以及中国特色社会主义法律体系，在我国经济建设、政治建设、文化建设、社会建设、生态文明建设和依法治国等各个方面发挥着举足轻重的作用，推动着我国经济社会全面协调可持续发展。

40年改革开放，既是开创并坚持和发展中国特色社会主义的过程，也是完善和发展中国特色社会主义制度、彰显这一制度独特优势的过程。中国共产党作为国家最高政治领导力量的优势，中国特色社会主义制度自我完善的优势、高效运转的优势和集中力量办大事的优势等等，在改革开放中得到充分体现，有力地促进了中国特色社会主义经济、政治、文化、社会、生态文明等协调发展。

习近平总书记指出："中国特色社会主义制度是特色鲜明、富有效率的，但还不是尽善尽美、成熟定型的。中国特色社会主义事业不断发展，中国特色社会主义制度也需要不断完善。"在新时代，中国特色社会主义制度建设的根本任务，就是在习近平新时代中国特色社会主义思想指引下，推进国家治理体系和治理能力现代化，通过实践基础上的体制创新、制度创新，构建系统完备、科学规范、运行有效的制度体系，使各方面制度更加完善、更加成熟、更加定型、更加管用，为坚持和发展中国特色社会主义提供根本制度保障。

（四）40年改革开放发展和繁荣了中国特色社会主义文化。文化是民族的精神血脉、国家的精神世界、人民的精神生活，体现的是深层次的精神追求和精神坚守，在推动人类社会发展中具有不可替代的重要作用。中国连续几千年发展至今的历史从未中断，形成了独具特色、博大精深的中华文化，这在世界上是独一无二的。中华民族之所以成为世界上伟大的民族，就在于它创造了灿烂的中华文化。中华民族之所以是中华民族，就在于它是以中华文化为精神标识和身份标签的。实现中华民族伟大复兴，一定是包括文化复兴在内的全面复兴；没有文化的繁荣兴盛，不可能有中华民族的伟大复兴。

40年改革开放一个重大成果，就是发展和繁荣了中国特色社会主义文化。中国特色社会主义文化，以中华优秀传统文化为根基，以马克思主义为指导，以社会主义核心价值观为灵魂，以中国共产党领导人民在革命、建设、改革中创造的革命文化和社会主义先进文化为主体内容，以中国特色社会主义伟大实践为现实舞台，吸收借鉴人类文化优秀成果，是面向现代化、面向世界、面向未来的，民族的科学的大众的社会主义文化。在这一强大精神力量的凝聚和激励下，中国共产党带领人民团结奋进，在改革开放中创造了中国特色社会主义事业的辉煌成就。习近平总书记指出："文化自信是一个国家、一个民族发展中更基本、更深沉、更持久的力量。”中国特色社会主义是生长在中国大地上的，大力弘扬中国特色社会主义文化，增强对中华文化的认同，才能更好地坚定中国特色社会主义道路自信、理论自信、制度自信，走我们自己的路才具有深厚历史底蕴和强大前进动力。改革开放40年，正是基于中国特色社会主义文化自信，巩固了党和人民团结奋斗的思想基础，在全社会形成了奋发向上的精神力量，构筑起了实现中华民族伟大复兴的精神家园，使中华民族以更加自信、更加自强的姿态屹立于世界民族之林。

总的来说，改革开放40年来中国共产党在社会主义道路、理论、制度、文化上进行了一系列革命性变革，开创了中国特色社会主义的崭新天地。道路、理论、制度、文化相互贯通、相互作用，构成中国特色社会主义大厦的四根坚实支柱。中国特色社会主义道路是实现社会主义现代化、创造人民美好生活的必由之路，中国特色社会主义理论体系是指导党和人民实现中华民族伟大复兴的正确理论，中国特色社会主义制度是当代中国发展进步的根本制度保障，中国特色社会主义文化是激励全党全国各族人民奋勇前进的强大精神力量。在改革开放全面深化和不断发展的历史进程中，中国特色社会主义道路必将越走越宽广，中国特色社会主义理论体系必将越来越丰富，中国特色社会主义制度必将越来越成熟定型，中国特色社会主义文化必将越来越繁荣兴盛。这是极具重大意义的。

二　中国特色社会主义是社会主义而不是其他什么主义

改革开放40年来，中国人民的面貌、社会主义中国的面貌、中国共产党的面貌之所以能够发生历史性变化，最根本的就是在改革开放中开创并坚持和发展了中国特色社会主义。中国特色社会主义之所以能够引领中国不断发展进步，最根本的就是既破除了对马克思主义的教条式理解，又抵制了抛弃社会主义基本制度的错误主张；既坚持了科学社会主义基本原则，又具有鲜明的时代特征和中国特色。中国特色社会主义具有非常丰富的内涵，以下仅从几个方面谈一些认识。

（一）中国特色社会主义是中国共产党全面领导的社会主义。无产阶级革命和社会主义社会必须由无产阶级政党来领导，是马克思、恩格斯明确提出的科学社会主义一条基本原则，也是被一百多年世界社会主义实践证明完全正确的宝贵经验。没有无产阶级政党领导，能有俄国十月革命的胜利，能有第二次世界大战后一批社会主义国家的建立吗？没有中国共产党的领导，能有中国新民主主义革命和社会主义革命的成功，能有今天中国特色社会主义事业的大好局面吗？这40年，中国改革开放和社会主义现代化建设任务的艰巨性和繁重性世所罕见，在改革发展稳定中所面临矛盾和问题的规模和复杂性世所罕见，在前进中所面临的困难和风险也世所罕见。中国人民之所以能够从容应对，妥善解决这些矛盾和问题、战胜这些困难和风险，最根本的就是中国共产党发挥了中流砥柱作用和领导核心作用。苏联解体后，前苏共中央政治局委员利加乔夫对比中国的情况后尖锐地指出：“为什么我国的所谓改革导致一个世界大国解体，使千百万人民陷于贫困，处于无权地位，把我们俄罗斯抛到了资本主义一边；而中国的经济改革却把国家引导到建设、进步、改善人民生活的道路上，使中国进入了世界大国的地位呢？”他认为：“第一个也是最重要的因素是中国共产党的领导作用。”习近平总书记强调，中国特色社会主义最本质的特征是中国共产党领导，中国特色社会主义制度的最大优势是中国共产党领导。真是一语中的，说到了根子上。

（二）中国特色社会主义是坚持社会主义市场经济改革方向的社会主义。在社会主义条件下搞市场经济，马克思、恩格斯没有讲过，其他社会主义国家也没有干过。把社会主义制度同市场有机结合起来，发展社会主义市场经济，是中国特色社会主义一个鲜明特征，也是中国共产党对科学社会主义和马克思主义政治经济学的历史性贡献。实践证明，计划经济不等于社会主义，市场经济也不等于资本主义，计划和市场都是发展经济的手段。党的十四大把建立社会主义市场经济体制确立为我国经济体制改革的目标，使多年来争论不清的关于计划与市场的关系在认识上和实践上取得了重大突破性进展。在建立和完善社会主义市场经济体制进程中，既充分发挥市场的决定性作用，使经济活动遵循价值规律、适应供需变化、体现竞争原则，又更好发挥政府作用，注重加强和完善宏观调控，克服市场自身存在的缺陷，以促进国民经济充满活力、富有效率、健康运行。尊重和发挥市场的积极作用，决定了势必实行公有制为主体、多种所有制经济共同发展的基本经济制度和按劳分配为主体、多种分配方式并存的分配制度。40 年来，中国经济快速发展，经济总量已稳居世界第二，综合国力极大增强，国际地位显著提高，这与选择和发展社会主义市场经济是紧密联系在一起的。离开社会主义市场经济，离开“有效的市场”和“有为的政府”二者的统一，就谈不上中国特色社会主义。

（三）中国特色社会主义是“五位一体”统筹发展、经济社会全面进步的社会主义。社会主义社会作为人类历史上崭新的社会形态，是在经济发展基础上全面进步的社会。物质贫乏不是社会主义，精神空虚、文化落后也不是社会主义；没有民主不是社会主义，没有法治也不是社会主义，社会无序、生态恶劣同样不是社会主义。只有经济、政治、文化、社会、生态文明都搞好，才是中国特色社会主义。改革开放 40 年来，中国共产党对社会主义现代化建设总体布局的认识不断深化。党的十二大提出建设社会主义物质文明、精神文明的任务，党的十六大正式扩展为经济建设、政治建设、文化建设“三位一体”，党的十七大增加社会建设变为“四位一体”，党的十八大增加生态文明建设正式提出“五位一体”总体布局。“五位一体”总体布局是一个有机整体，经济建设是根本，政治建设是保障，文化建设是灵魂，社会建设是条件，生态文明建设是基础，共同致力于全面提升全民族的物质文明、政治文明、精神文明、社会文明、生态文明水平，统一于把我国建成富强民主文明和谐美丽的社会主义现代化强国总目标。在新时代，统筹推进“五位一体”总体布局，目标方向就是建设现代化经济体系，发展社会主义民主政治，推动社会主义文化繁荣兴盛，加强和创新社会治理，提高保障和改善民生水平，加快生态文明建设，谱写坚持和发展中国特色社会主义新篇章。

（四）中国特色社会主义是坚持共享发展、最终达到共同富裕的社会主义。平均主义不是社会主义，两极分化也不是社会主义。坚持共享发展，实现共同富裕，是社会主义的本质规定，也是中国共产党人一以贯之的追求。毛泽东在 1955 年曾讲过：“现在我们实行这么一种制度，这么一种计划，是可以一年一年走向更富更强的，一年一年可以看到更富更强些。而这个富，是共同的富，这个强，是共同的强，大家都有份。”邓小平讲：“社会主义的本质，是解放生产力，发展生产力，消灭剥削，消除两极分化，最终达到共同富裕。”改革开放 40 年来，中国共产党始终坚持把实现好、维护好、发展好最广大人民根本利益作为一切工作的出发点和落脚点，始终坚持发展为了人民、发展依靠人民、发展成果由人民共享。允许一部分地区一部分人通过诚实劳动和合法经营先富起来，带动和帮助其他地区和其他群众，最终达到全国各地区的普遍繁荣和全体人民的共同富裕，这是改革开放中长期坚持的一个大政策。它符合经济发展客观规律的要求，是社会主义优越性在经济上的重要体现。消除贫困，是实现共同富裕的重要前提和艰巨任务。改革开放40年来，中国7亿多贫困人口摆脱绝对贫困，党的十八大以来通过精准扶贫、精准脱贫使贫困人口减少6800多万，创造了人类减贫史上的奇迹。习近平总书记讲："我们追求的发展是造福人民的发展，我们追求的富裕是全体人民共同富裕。虽然实现共同富裕要有一个过程，但我们要努力去做、不断推进。"这个宣示，明确了新时代坚持和发展中国特色社会主义的价值定向。

（五）中国特色社会主义是致力于和平发展、合作共赢的社会主义。和平发展、公平正义是马克思主义和科学社会主义的价值追求。社会主义与资本主义不同道路、不同制度的较量将长期存在，发展方向、发展模式的矛盾冲突不会停止。西方敌对势力不愿看到社会主义中国发展壮大，对中国进行政治诋毁、战略遏制、全面施压等也不会停止。中国共产党是为中国人民谋幸福的政党，也是为人类进步事业而奋斗的政党，始终把为人类作出新的更大贡献作为自己的使命。改革开放以来，中国坚持走和平发展道路，奉行互利共赢的开放战略，推动建设相互尊重、公平正义、合作共赢的新型国际关系，推动构建人类命运共同体，都不是韬光养晦的权宜之计，不是麻痹世界的策略选择，更不是谋求自己的势力范围，而是要同各国人民一道把人类和平与发展的崇高事业推向前进，是思想自觉和实践自觉的统一。从文化基因看，中华民族是爱好和平的民族，中国文化中没有霸权主义的元素。从历史传统看，中国没有称霸世界的传统，中国雄踞世界之巅逾千年，带给世界的是和平安宁，而不是烽火连天。从外交方针和国际战略看，中国坚持和平共处五项原则，永远不称霸、永远不搞扩张，是一以贯之的。从现实境遇看，中国没有以大欺小、倚强凌弱的冲动，中国始终是世界和平的建设者、全球发展的贡献者、国际秩序的维护者。

这里作一个小结：中国特色社会主义是社会主义而不是其他什么主义，它体现了科学社会主义理论逻辑和中国社会发展历史逻辑的辩证统一，是根植于中国大地、反映中国人民意愿、适应中国和时代发展进步要求的科学社会主义。在当代中国，坚持和发展中国特色社会主义，就是真正坚持社会主义，就是真正坚持马克思列宁主义、毛泽东思想。

三　在改革开放中坚持和发展中国特色社会主义的启示

改革开放40年，在中国共产党领导下，中国走完了发达国家几百年走过的发展历程，创造了世界历史上的发展奇迹，走出了一条与西方国家完全不同的社会主义现代化道路，形成了"中国之治"与"西方之乱"的鲜明对照。这个伟大实践给我们提供了许多宝贵启示。

（一）党在社会主义初级阶段的基本理论、基本路线、基本方略一定要毫不动摇、一以贯之地坚持。40年来，中国共产党在理论上和实践上具有决定性意义的重大成果和贡献，就是作出我国处于并将长期处于社会主义初级阶段的战略判断，据此创立和贯彻包括邓小平理论、"三个代表"重要思想、科学发展观、习近平新时代中国特色社会主义思想在内的中国特色社会主义理论体系，制定和贯彻“一个中心、两个基本点”的基本路线，形成和贯彻“十四个坚持”的基本方略。党在社会主义初级阶段的基本理论、基本路线、基本方略是相互联系、相互贯通的。基本理论是党的根本指导思想和行动指南；基本路线是指导全党活动的总方针总政策；基本方略是指导全党实践的基本遵循和行动纲领，它们统一于中国特色社会主义道路、理论、制度、文化，贯穿于坚持和发展中国特色社会主义实践之中。这“三基本”是党和人民历尽千辛万苦、付出各种代价得来的，是党和人民须臾不可或缺的政治财富，必须倍加珍惜，始终不渝坚持。只有坚持“三基本”，才能排除这样那样的干扰，避免出现系统性风险和颠覆性错误，沿着中国特色社会主义方向去实现既定的目标。坚持“三基本”毫不动摇，核心是坚持党的十一届三中全会以来的路线方针政策毫不动摇，坚持习近平新时代中国特色社会主义思想毫不动摇，既不走封闭僵化的老路，也不走改旗易帜的邪路，而是坚定不移走中国特色社会主义道路。能不能做到这一条，各级领导层是关键。领导干部要认真学习掌握“三基本”特别是习近平新时代中国特色社会主义思想，提高把握政治大局和政治方向的能力和水平，提高运用马克思主义指导应对重大挑战、抵御重大风险、克服重大阻力、化解重大矛盾、解决重大问题的能力和水平，坚持和发展中国特色社会主义就有了基本保证。

（二）以经济建设为中心、集中力量解放和发展社会生产力的战略思想一定要毫不动摇、一以贯之地坚持。生产力是一切社会发展的最终决定力量，解放和发展社会生产力是社会主义的根本任务。在社会主义初级阶段这个不发达阶段，我国社会主要矛盾是人民日益增长的物质文化需要同落后的社会生产之间的矛盾，这就要求我们必须更加重视和始终坚持发展生产力，必须把经济建设作为全党全国工作的中心，各项工作都要服从和服务于这个中心。改革开放前我们一个很大失误，就是长期以阶级斗争为纲。新时期进行拨乱反正，最根本的就是果断地把党和国家的工作重心转移到以经济建设为中心的现代化建设上来。改革开放 40 年，正是靠聚精会神搞建设、一心一意谋发展，中国大踏步赶上了时代。中国特色社会主义进入新时代，我国社会的主要矛盾已经转化为人民日益增长的美好生活需要和不平衡不充分的发展之间的矛盾，但我国仍处于并将长期处于社会主义初级阶段的基本国情没有变，我国是世界最大发展中国家的国际地位没有变，集中力量解放和发展社会生产力仍然是我们的中心任务。无论遇到什么情况，都不能动摇和影响经济建设这个中心，都要心无旁骛地抓好发展这个党执政兴国的第一要务。这也就是习近平总书记指出的：“只要国内外大势没有发生根本变化，坚持以经济建设为中心就不能也不应该改变。这是坚持党的基本路线 100 年不动摇的根本要求，也是解决当代中国一切问题的根本要求。”

（三）解放思想、实事求是、与时俱进这个马克思主义活的灵魂一定要毫不动摇、一以贯之地坚持。人是生产力中最活跃的因素。解放和发展社会生产力，说到底首先是解放人，解放人的思想，解放人的精神世界。回想 40 年前那场真理标准问题大讨论，像一场强劲的春风荡漾神州大地，极大解放了亿万人民的思想，也极大解放了社会活力，为实行改革开放奠定了坚实的思想基础。党的十一届三中全会确定的指导方针，就是解放思想、开动脑筋、实事求是、团结一致向前看。当年如果不解放思想，怎么可能摆脱“两个凡是”的束缚，实现党和国家工作重心的转移？怎么可能允许个体经济和私营经济发展壮大？又怎么可能确立社会主义市场经济体制的改革目标？大一点说，这

40 年改革开放的哪一个突破，不是坚持解放思想、实事求是、与时俱进的结果？不是坚持“三个有利于”标准的结果？解放思想、实事求是、与时俱进，是马克思主义活的灵魂，也是习近平新时代中国特色社会主义思想活的灵魂，是我们适应新形势、认识新事物、完成新任务的根本思想武器。随着中国特色社会主义事业不断发展，新情况新问题新矛盾会层出不穷，可以预料和难以预料的困难和风险同样会层出不穷。既不能把书本上的个别论断当作束缚自己思想和手脚的教条，也不能使实践中已见成效的东西成为影响继续前进的包袱。还是要坚持马克思主义的发展观点，坚持实践是检验真理的唯一标准，坚持一切从实际出发，鼓励解放思想、创新创造，鼓励讲真话、讲实话，着力营造放开手脚干事业、甩开膀子勇作为的更好环境。这是新时代坚持和发展中国特色社会主义、实现“两个一百年”奋斗目标的内在要求和希望所在。

（四）以人民为中心的发展思想和尊重人民首创精神的历史唯物主义观点一定要毫不动摇、一以贯之地坚持。改革开放是人民的要求和党的主张的内在统一，是亿万人民自己的事业，必须尊重人民主体地位，发挥人民首创精神。回望 40 年改革开放历程，“人民”是贯穿始终的一条主线。中国共产党坚持人民创造历史这一马克思主义科学原理，真诚代表中国最广大人民的根本利益，最广泛调动人民群众的积极性、主动性、创造性，从人民的实践创造中汲取丰富智慧，从人民的发展要求中获得前进动力，使全体人民满腔热情地投身改革开放伟大事业。党坚持全心全意为人民服务的根本宗旨，通过改革发展为人民群众谋幸福，把人民拥护不拥护、赞成不赞成、高兴不高兴、答应不答应作为衡量一切工作得失的根本标准，使改革开放始终拥有不竭的力量源泉。在 40 年改革开放进程中，没有一种力量比人民更强大，没有一种根基比人心更坚实。习近平总书记指出：“改革开放在认识上和实践上的每一次突破和深化，改革开放中每一个新生事物的产生和发展，改革开放每一个领域和环节经验的创造和积累，无不来自亿万人民的智慧和实践。”改革开放的成功，归根到底在于顺应了中国人民要发展、要创新、要过美好生活的历史要求。在新时代，无论改革开放的领域拓展到哪里，无论外部条件发生什么样的变化，只要始终与人民想在一起、干在一起，就没有克服不了的困难，就没有越不过的沟坎。

（五）全面深化改革、全方位对外开放的基本国策一定要毫不动摇、一以贯之地坚持。40 年改革开放，破除了阻碍国家和民族发展的一切思想和体制障碍，开辟了中国道路，释放了中国活力，凝聚了中国力量，推动中国实现了从赶上时代到引领时代的伟大跨越，书写了国家和民族发展史上的壮丽篇章，不仅深刻改变了中国，也深刻影响了世界。特别是党的十八大以来，以习近平同志为核心的党中央以前所未有的决心和力度推进全面深化改革，敢于向顽瘴痼疾开刀，勇于突破利益固化藩篱，落实新发展理念，建设现代化经济体系，推动形成了更高层次改革开放新格局，由此推动党和国家事业取得历史性成就、发生历史性变革。实践充分证明，改革开放是坚持和发展中国特色社会主义的必由之路，是决定当代中国命运的关键一招，也是决定实现“两个一百年”奋斗目标、实现中华民族伟大复兴的关键一招。进入新时代，改革开放面临着新形势新任务新挑战，推进改革的复杂程度、敏感程度、艰巨程度不亚于 40 年前，国际上单边主义、保护主义愈演愈烈，开放还是封闭、前进还是后退，人类面临着新的重大抉择。改革的任务越艰巨，开放的挑战越严峻，改革开放的劲头越不能松、力度越不能减，改革开放的旗帜越要举得更高。在习近平新时代中国特色社会主义思想指引下，以逢山开路、遇河架桥的精神和坚韧不拔的毅力把全面深化改革进行到底、把对外开放的大门越开越大，就一定能不断闯关夺隘，在更高起点、更高层次上开创改革开放新局面。

（六）抓住机遇而不可丧失机遇的清醒认识和战略定力一定要毫不动摇、一以贯之地坚持。能不能抓住机遇，历来是关系一个国家、一个民族兴衰成败的大问题。中国15世纪前经济技术一直处于世界领先地位，15世纪后之所以逐渐落后，最根本的就在于丧失了一些重要的发展机遇。40年前，我们抓住加快发展的有利时机，以摸着石头过河的勇气和杀出一条血路的决心实行改革开放，使中国在落后世界现代化进程一个多世纪后终于大踏步赶上了现代化的最新浪潮。古今中外历史一再证明：抓住了机遇，落后的国家和民族就可能实现超越式发展，走在时代发展的前列；丧失了机遇，原本强盛的国家和民族也会不进反退，成为时代发展的落伍者。现在，我们比历史上任何时期都更接近实现中华民族伟大复兴的目标，比历史上任何时期都更有信心、更有能力也更有条件实现这个目标。中国发展经过长期量的积累进入质的提升阶段，已经由高速增长阶段转向高质量发展阶段，加上规模巨大、开放度高的国内市场已成为中国可持续发展的强大内生动力，中国发展的主动权更加牢牢掌握在我们自己手里。当今世界正进入百年未有之大变局，单边主义和霸权主义滋长蔓延，世界格局走向多极化步伐加快。综合分析国内外形势，中国仍处于一个大有可为的历史机遇期。如何继续抓住和用好这个历史机遇期，主要取决于我们自己的战略、策略和作为。中华民族伟大复兴绝不会轻轻松松就能实现，各种风险和挑战一定不少。重要的是，要登高望远，着眼大局，始终坚守中华民族伟大复兴进程决不能迟滞更不能中断这个最高利益，始终保持战略定力，不为任何风险所惧，不为任何干扰所惑，坚定不移向着“两个一百年”奋斗目标前进。这正是党的十八大以来以习近平同志为核心的党中央带领全党一直在做的事情。

（七）中国共产党勇于自我革命的鲜明品格和政治优势一定要毫不动摇、一以贯之地坚持。改革开放给党的肌体注入新的强大生机和活力，也使党面临新的严峻考验。中国共产党领导改革开放这场社会革命，自身必须过硬，必须敢于进行自我革命。40年来，党坚持在改革开放中加强和改进自身建设，采取了一系列自我革命的举措，包括进行整党和开展“三讲”教育活动、“三个代表”重要思想学习教育活动、保持共产党员先进性教育活动、深入学习实践科学发展观活动、党的群众路线教育实践活动等党内集中教育，取得了预期效果。党的十八大以来，党中央大力度推进全面从严治党，敢于直面问题，敢于刀刃向内，敢于刮骨疗伤，敢于壮士断腕，实现了党自身面貌的深度重塑和自身战斗力的大幅提升，实现了党心军心民心的有力凝聚，有力推动了改革开放不断向深度和广度发展。如同改革开放没有完成时一样，党的自我革命也永远在路上。特别要看到，党面临的“四大考验”是长期复杂的，面临的“四种危险”是尖锐严峻的，防止跌入“历史周期律”、始终保持和巩固党的执政地位，是党在整个执政过程中都要高度重视并不断解决好的根本问题。习近平总书记2018年1月在一次重要讲话中，深入分析了古今中外治乱兴衰的经验教训，得出“功成名就时做到居安思危、保持创业初期那种励精图治的精神状态不容易，执掌政权后做到节俭内敛、敬终如始不容易，承平时期严以治吏、防腐戒奢不容易，重大变革关头顺乎潮流、顺应民心不容易”的重要论断。这“四个不容易”高深精辟，警示我们堡垒最容易从内部攻破，只有把从严从紧从实的要求贯穿和体现到党的建设全过程，不断增强党自我净化、自我完善、自我革新、自我提高的能力，才能赢得最广大人民的长期支持和拥护，才能确保始终拥有执政地位。这是整个党的建设长期的根本性任务。

20 世纪以来，中国先后发生了三次伟大社会革命，产生了孙中山、毛泽东、邓小平这三位站在时代前列的伟大人物。孙中山领导辛亥革命推翻了统治中国几千年的君主专制制度，为中国的进步打开了闸门。毛泽东领导新民主主义革命和社会主义革命取得胜利，为当代中国一切发展进步奠定了根本政治前提和制度基础。邓小平领导改革开放这场新的伟大革命开创了中国特色社会主义，引领中国人民走上了实现国家现代化和中华民族伟大复兴的康庄大道。在如此壮阔宏大的历史进程和时代背景下，我们迎来了改革开放 40 周年。

四十不惑，中国进入了改革开放新时代、进入了中国特色社会主义新时代。这是一个在中国特色社会主义道路上全面建成小康社会，进而全面建成社会主义现代化强国、实现中华民族伟大复兴的新时代，一个继往开来、成就千秋伟业的新时代。数风流人物，还看今朝。让我们在习近平新时代中国特色社会主义思想伟大旗帜指引下，在以习近平同志为核心的党中央坚强领导下，撸起袖子加油干吧！

（原载《学习时报》2018 年 12 月 7 日）

对马克思的最好纪念

——关于习近平新时代中国特色社会主义思想对发展马克思主义作出的原创性贡献的思考

欧阳淞*

当我们隆重纪念马克思诞辰200周年的时候，中国共产党也已走过97年不平凡历程。习近平总书记在纪念马克思诞辰200周年大会上的重要讲话中郑重指出："历史和人民选择马克思主义是完全正确的，中国共产党把马克思主义写在自己的旗帜上是完全正确的，坚持马克思主义基本原理同中国具体实际相结合、不断推进马克思主义中国化时代化是完全正确的!""不断推进马克思主义中国化时代化"，不断为发展马克思主义作出原创性贡献，"不断开辟当代中国马克思主义、21世纪马克思主义新境界"，这就是中国共产党人对马克思的最好纪念。

一

与时俱进是马克思主义最鲜明的理论品质，马克思主义经典作家就此有过许多精辟论述。恩格斯说，"从历史的观点来看，这件事也许有某种意义：我们只能在我们时代的条件下去认识"。他还指出："我们的理论是发展着的理论，而不是必须背得烂熟并机械地加以重复的教条。"列宁更是尖锐地指出："只有不可救药的书呆子，才会单靠引证马克思关于另一历史时代的某一论述，来解决当前发生的独特而复杂的问题。"马克思从肯定资本主义生产方式的普遍性到揭示东方落后国家非资本主义发展的可能性，列宁从"共同胜利论"到"一国数国首先胜利论"，就都是他们与时俱进理论品质的生动体现。正是这种与时俱进的品质使马克思主义得到不断丰富和发展，成为推动国际工人运动和社会主义运动呼啸向前的强大思想武器。

与时俱进既是马克思主义的本质特征，也是中国共产党人的优良传统。这在理论上，表现为"实事求是"作为党的思想路线的核心内容，从酝酿到提出到确立再到坚持和发展的整个过程；在实践上，表现为马克思主义基本原理同中国革命、建设、改革，同新时代中国具体实际相结合的整个过程。

1917年十月革命一声炮响，给中国送来了马克思列宁主义，中国的先进分子从这一科学真理中看到了解决中国问题的出路。1921年，在近代以后中国社会的剧烈运动

---

* 欧阳淞：中央马克思主义理论研究和建设工程咨询委员会委员、原中央党史研究室主任。

中，在中国人民反抗封建统治和外来侵略的激烈斗争中，在马克思列宁主义同中国工人运动的结合中，一个以马克思主义为指导、一个勇担民族复兴历史大任、一个必将带领中国人民创造人间奇迹的马克思主义政党——中国共产党诞生了，这是开天辟地的大事变。

中国共产党诞生以后，中国共产党人把马克思主义基本原理同中国革命和建设的具体实际结合起来，团结带领人民顽强奋斗，完成了新民主主义革命，建立了新中国，进行了社会主义改造，确立了社会主义基本制度，成功实现了中国历史上最深刻最伟大的社会变革，为当代中国一切发展进步奠定了根本政治前提和制度基础，为开创中国特色社会主义提供了宝贵经验、理论准备、物质基础，“实现了中华民族从东亚病夫到站起来的伟大飞跃”。

改革开放以来，中国共产党人把马克思主义基本原理同中国改革开放的具体实际结合起来。面对“文化大革命”造成的危难局面，中国共产党人坚持解放思想、实事求是，以巨大的政治勇气和理论勇气，作出把党和国家工作中心转移到经济建设上来，坚持四项基本原则，实行改革开放的历史性决策，吹响走自己的路，建设中国特色社会主义的时代号角，使中国大踏步赶上了时代，“实现了中华民族从站起来到富起来的伟大飞跃”。

在新时代，中国共产党人把马克思主义基本原理同新时代中国具体实际结合起来，以巨大的政治勇气和强烈的责任担当，提出一系列新理念新思想新战略，出台一系列重大方针政策，推出一系列重大措施，推进一系列重大工作，解决了许多长期想解决而没有解决的难题，办成了许多过去想办而没有办成的大事，推动党和国家事业取得全方位、开创性历史成就，发生深层次、根本性历史变革，“中华民族迎来了从富起来到强起来的伟大飞跃”。

一部中国共产党的历史，就是一部马克思主义中国化的历史，就是一部中国共产党人为发展马克思主义不断作出原创性贡献的历史。

二

在纪念马克思诞辰200周年大会上，习近平总书记指出：“理论的生命力在于不断创新，推动马克思主义不断发展是中国共产党人的神圣职责。”在第十八届中共中央政治局第四十三次集体学习会上，他还指出：“新中国成立以来特别是改革开放以来，中国发生了深刻变革，置身这一历史巨变之中的中国人更有资格、更有能力揭示这其中所蕴含的历史经验和发展规律，为发展马克思主义作出中国的原创性贡献。”“为发展马克思主义作出中国的原创性贡献”，这既是习近平总书记对全党的殷切希望，也是他自己的一贯追求。

所谓“原创性”，就一般意义而言，是指作品等具有的首先创作或创造的性质。就马克思主义中国化的成果而言，“原创性”的主要特征是“新”，即发现的问题是新的，进行的探索是新的，得出的结论是新的；其本质要求是“真”，即从实际出发，能在回答重大时代课题中得出经得起实践检验的真理性认识；其核心要义是“结合”，即马克思主义基本原理与当代中国实际的结合，二者缺一不可。在此原则和前提下，马克思主义中国化的原创性成果，一般有两种情况：一种是老祖宗没有说过的话，一种是对老祖宗说过的话的发展和完善。一般说来，后一种情况在马克思主义中国化的原创性成果中更为多见。

习近平新时代中国特色社会主义思想大力弘扬马克思主义，紧密联系当代中国实际，是具有鲜明原创性的重要思想。这一思想所蕴含的一系列战略性、前瞻性、创新性观点，体现在党的十八大以来以习近平同志为核心的党中央关于治国理政的一系列新理念新思想新战略之中，集中体现在党的十九大报告的“8 个明确”“14 个坚持”和其他重要论述之中。“8 个明确”侧重于理论层面、指导思想层面，着重回答新时代坚持和发展什么样的中国特色社会主义的问题；“14 个坚持”侧重于行动纲领、基本方略层面，着重回答新时代怎样坚持和发展中国特色社会主义的问题。前者侧重讲“怎么看”，后者侧重讲“怎么干”。习近平新时代中国特色社会主义思想新意迭出、原创性思想观点不胜枚举，这里略举几例谈点认识。

关于“中国特色社会主义进入了新时代”。习近平总书记指出，“经过长期努力，中国特色社会主义进入了新时代，这是我国发展新的历史方位”，并用了“五个是”来界定新时代之“新”。这其中，既讲清了新时代“质”的规定性，又讲清了新时代“量”的可测性；既讲清了新时代党的责任，又讲清了新时代对人民的厚望；既讲清了新时代国内的奋斗目标，又讲清了新时代的中国在世界舞台的努力方向。这是对马克思主义关于“社会主义特征和社会发展规律”理论和“事物的发展是阶段性和连续性的统一”观点的继承和发展，是对社会主义初级阶段理论的继承和发展。这种对党和国家历史方位的判断是前所未有的。

关于“我国社会主要矛盾”。习近平总书记指出：“中国特色社会主义进入新时代，我国社会主要矛盾已经转化为人民日益增长的美好生活需要和不平衡不充分的发展之间的矛盾。”这一重大判断虽然同以往我国社会主要矛盾的表述在格式上有相似之处，但内容是全新的。社会基本矛盾是人类社会发展的根本动力，社会主要矛盾是社会基本矛盾在一定历史阶段的具体表现，往往会由此引发、派生出一系列新的构想、新的行动和新的结果，可以说是“变化之源”。对我国社会主要矛盾的新判断，是对马克思主义关于“社会基本矛盾推动社会发展”理论和“要善于抓住事物的主要矛盾”思想的继承和发展，也是对“什么是社会主义，怎样建设社会主义”有关思想理论的继承和发展。这种对社会发展动力的判断是前所未有的。

关于“新时代中国共产党的历史使命”。实现中华民族伟大复兴是近代以来中华民族最伟大的梦想，但把实现这一伟大梦想作为我们党的伟大历史使命在党的代表大会的报告中明确提出，并加以详尽论述，这在我们党的历史上还是第一次。习近平总书记在报告中还深入阐发了实现伟大梦想同进行伟大斗争、建设伟大工程、推进伟大事业的关系，这就使“使命”这一相对远的东西近了起来，相对宏观的东西具体了起来。这是对马克思主义“无产阶级历史使命”和无产阶级“政党思想”的继承和发展，也是对“中国社会和中华民族两大历史任务”这一党史主题主线的丰富和发展。这种对党的历史使命的表述是前所未有的。

关于 21 世纪中叶之前的战略安排。党的十九大顺应时代需要和人民期待，将全面建设社会主义现代化国家的进程分两个阶段安排。根据这个安排，2035 年我国将基本实现社会主义现代化，这意味着比原定目标提前了 15 年，同时意味着提升了第二个百年的目标要求。显然，这是一个既考虑了必要性，又考虑了可行性的安排。它的实践意义是，这是对改革开放以来我国社会主义现代化建设时间表、路线图的丰富和完善，必将大大加快我国从富起来向强起来飞跃的进程；它的理论意义是，这是对马克思主义关于“社会发展客观规律性与人的历史主动性”理论的运用和发展，所体现的进取精神和科学态度是非同寻常的。

关于构建新型国家关系，推动构建“人类命运共同体”。为解决当今世界发展存在的诸多问题，应对人类社会面临的共同挑战，习近平总书记提出推动构建“人类命运共同体”等一系列重要思想，呼吁各国人民同心协力建设一个持久和平、普遍安全、共同繁荣、开放包容、清洁美丽的世界，建设相互尊重、公平正义、合作共赢的新型国际关系。这是基于世界大势、中华文化提出的独特创见，体现着“天下一家”、同舟共济的理念，体现着包括中国人民在内的世界各国人民向往和平、发展、繁荣的最大公约数，是中国共产党人为解决人类问题贡献的中国智慧和中国方案。“人类命运共同体”思想是对马克思主义“真正的共同体”“自由人联合体”思想的丰富和发展，反映了当代中国共产党人的国际观、全球观。这一思想一经提出，已经产生巨大影响，其理论魅力、深远意义必将随着时间的推移而持久地显现出来。

除了上述思想观点之外，党的十八大以来，习近平总书记提出的具有原创性、标志性、引领性的重大思想还有许多。比如，关于中国梦的思想，关于统筹推进“五位一体”总体布局、协调推进“四个全面”战略布局的思想，关于树立创新、协调、绿色、开放、共享的发展理念的思想，关于经济发展进入新常态和大力推进供给侧结构性改革的思想，关于全力推进法治中国建设的思想，关于社会主义协商民主的思想，关于以人民为中心的思想，关于大力推进生态文明建设的思想，关于牢牢把握党在新形势下强军目标的思想，关于全面从严治党的思想，等等。总之，习近平新时代中国特色社会主义思想对发展马克思主义作出的原创性贡献是重大的，是多方面、多层次的，这些原创性贡献丰富了我们党对“三大规律”的认识，是对马克思主义哲学、政治经济学和科学社会主义的继承和发展，是对毛泽东思想和邓小平理论、“三个代表”重要思想、科学发展观的继承和发展。

三

党的十八大以来，以习近平同志为核心的党中央迎难而上、开拓进取、革故鼎新、励精图治，团结带领人民进行伟大斗争、建设伟大工程、推进伟大事业、实现伟大梦想，党的面貌、国家的面貌、人民的面貌、军队的面貌、中华民族的面貌焕然一新。根本原因，就是有以习近平同志为核心的党中央的坚强领导，就是有习近平新时代中国特色社会主义思想的指引。党的十八大以来的发展实践有力证明：马克思主义的科学性和真理性在中国得到了充分检验，它的人民性和实践性在中国得到了充分贯彻，它的开放性和时代性在中国得到了充分彰显。具有鲜明时代特色、丰富时代内涵、旺盛时代活力的习近平新时代中国特色社会主义思想，是当代中国马克思主义、21 世纪马克思主义。在当今中国，坚持习近平新时代中国特色社会主义思想，就是真正坚持马克思主义。

习近平新时代中国特色社会主义思想之所以能成为马克思主义中国化时代化的最新成果，有着多方面原因。

一是时代之问与强国之梦。“坚持问题导向是马克思主义的鲜明特点。问题是创新的起点，也是创新的动力源。”新时代本质上是中华民族迎来从富起来到强起来伟大飞跃的时代。党和人民在新时代要解决的强起来的问题表现在改革发展稳定、治党治国治军、内政外交国防等各个方面，构成“时代之问”的“问题群”，集中表现为“新时代坚持和发展什么样的中国特色社会主义、怎样坚持和发展中国特色社会主义”这一重大时代课题。新时代呼唤和催生能引领中国强起来的思想，这是习近平新时代中国特色社会主义思想产生的时代背景。

二是理论之源与实践之基。理论的渊源和属性是一种客观存在，它总会通过理论本身所包含的立场、观点和方法顽强地表现出来。习近平新时代中国特色社会主义思想，秉持的以人民为中心的立场是马克思主义的立场，依据的辩证唯物主义和历史唯物主义的原理是马克思主义基本原理，坚持运用的唯物辩证、实事求是、群众路线的思想方法和工作方法是马克思主义方法论的体现。这些都说明马克思主义是习近平新时代中国特色社会主义思想的理论源泉，而党的十八大以来亿万人民在党的领导下为实现中国梦而顽强拼搏的创造性实践则是习近平新时代中国特色社会主义思想得以创立的实践基础。

三是文化之脉与人生历练之结晶。新思想在新时代的热切期盼中诞生了，这是马克思主义中国化的必然结果。但它不单是一个客观的自然历史过程，更是一个自觉的社会历史过程，是历史必然性同主体能动性的辩证统一过程。在这个过程中，有一个主客体之间的互动关系，“马克思主义中国化的主体就是真正掌握马克思主义理论、了解中国具体实际和时代特征、中国文化传统和中国社会大众需求、并真正把马克思主义运用于中国实际的中国马克思主义者”。习近平总书记正是这样的中国马克思主义者的主要代表。他以马克思主义政治家、思想家的深刻洞察力、准确判断力和坚定战略定力，提出了一系列新理念新思想新战略，为新时代中国特色社会主义思想的创立发挥了决定性作用，作出了决定性贡献，成为这一思想的主要创立者。进一步追根溯源，这是因为他远大的理想、坚定的信念、务实的作风、巨大的政治勇气和理论勇气，因为他在中华优秀传统文化、革命文化和社会主义先进文化方面的深厚底蕴，因为他的特殊经历和几十年来多个层次、多种岗位的历练积累，“千磨万击还坚劲，任尔东西南北风”。

习近平新时代中国特色社会主义思想已经成为马克思主义中国化道路上一座高高耸立的新的里程碑。这一理论仍在发展之中，它重大而深远的理论意义和实践意义、时代意义和世界意义，必将随着时间的推移而不断显现出来！

（原载《求是》2018 年第 10 期）

习近平新时代中国特色社会主义思想的本质特征

邓纯东*

党的十九大把十八大以来党的理论创新成果概括为习近平新时代中国特色社会主义思想，实现了党的指导思想的又一次与时俱进。习近平新时代中国特色社会主义思想作为马克思主义中国化最新成果，和所有科学理论一样，都有其区别于其他理论、学说的特质、特点。总结、提炼习近平新时代中国特色社会主义思想的特征，对于我们学习、掌握好这个理论，总结改革、建设经验，将中国特色社会主义推向前进，是非常必要的。本文认为，在习近平新时代中国特色社会主义思想的丰富内容中，至少可以总结、提炼出八大本质特征。

一 体现鲜明的问题导向

习近平新时代中国特色社会主义思想体现了鲜明的问题导向，这个理论来源于当代中国改革与建设的实践，是对实践中需要解决的问题的马克思主义回答。

问题是时代的格言，是实践的呼唤，也是深化哲学社会科学研究的动力。正如习近平总书记所说："世界上伟大的哲学社会科学成果都是在回答和解决人与社会面临的重大问题中创造出来的。"① 在马克思所生活的时代，资本主义所固有的矛盾不断激化，无产阶级深受资产阶级的剥削和压迫，无产阶级革命急需科学理论的指引。面对这些"时代之问"，马克思深入现实、回应现实，凭着惊人的毅力和胆识不断深化理论研究，创造形成了马克思主义这一科学理论，并运用这一科学理论指导无产阶级及全人类的解放事业。

可以说，强烈的问题意识是马克思主义理论的基本特征，也是马克思主义理论永葆生机和活力的源泉。理论的生命力就在于关注社会现实、解答实际问题。作为21世纪的马克思主义，习近平新时代中国特色社会主义思想凸显了鲜明的问题导向和问题意识。习近平指出："每个时代总有属于它自己的问题，只要科学地认识、准确地把握、正确地解决这些问题，就能够把我们的社会不断推向前进。"② 习近平新时代中国特色社会主义思想正是从对当代"中国问题"的解答中不断丰富和发展的，其所有思想观

---

* 邓纯东：时任中国社会科学院马克思主义研究院院长、党委书记，研究员。

① 习近平：《在哲学社会科学工作座谈会上的讲话》，人民出版社2016年版，第12页。

② 习近平：《之江新语》，浙江人民出版社2007年版，第235页。

点都始终关注中国社会的主题，始终关注中国人民的关切。习近平新时代中国特色社会主义思想的全部内容，回应中国国家富强、民族振兴、人民幸福的需求，洞察当代中国发展、中华民族伟大复兴的历史使命，都是为了解决我们推进中国特色社会主义伟大事业的实践中出现的新情况、遇到的新问题提出的科学对策。要发现真问题就需要有发现问题的科学方法。习近平总书记特别强调开展调查研究的重要性。他指出，搞好调查研究必须多层次、多方位、多渠道地调查了解情况，要避免蜻蜓点水式的调研，要坚持“从群众中来、到群众中去”的思想路线，树立求真务实的作风，鼓足追求真理、修正错误的勇气，发现真问题，研究新情况。

当代中国社会的主题是建设中国特色社会主义。党的十九大报告明确指出：“中国特色社会主义是改革开放以来党的全部理论和实践的主题，是党和人民历尽千辛万苦、付出巨大代价取得的根本成就。中国特色社会主义道路是实现社会主义现代化、创造人民美好生活的必由之路，中国特色社会主义理论体系是指导党和人民实现中华民族伟大复兴的正确理论，中国特色社会主义制度是当代中国发展进步的根本制度保障，中国特色社会主义文化是激励全党全国各族人民奋勇前进的强大精神力量。”① 因此，“全党要更加自觉地增强道路自信、理论自信、制度自信、文化自信，既不走封闭僵化的老路，也不走改旗易帜的邪路，保持政治定力，坚持实干兴邦，始终坚持和发展中国特色社会主义”②。但在推进这个伟大事业的实践中，随时会出现问题、困难，这需要中国共产党人作出科学分析，准确判断，提出解决之道、应对之策。习近平新时代中国特色社会主义思想正是这样直面我们改革建设中的问题，为推动解决这些问题提出方针、方略。可见，习近平新时代中国特色社会主义思想体现了鲜明的问题导向，是关于当代中国改革与建设的实践中出现的问题的马克思主义回答，这正是它的科学性、生命力和伟大价值的体现。

二 始终坚持马克思主义基本原理

习近平新时代中国特色社会主义思想始终坚持马克思主义基本原理，特别是贯穿于其中的马克思主义立场、观点、方法。

习近平新时代中国特色社会主义思想之所以是当代中国的马克思主义，其根本原因就在于它坚持了马克思主义基本原理，体现了马克思主义的立场、观点和方法，并根据新的实践对马克思主义进行创新和发展。马克思恩格斯在《神圣家族》中就明确指出：“历史活动是群众的活动，随着历史活动的深入，必将是群众队伍的扩大。”③ 在十八届中央政治局常委同中外记者见面时，习近平总书记指出：“人民对美好生活的向往，就是我们的奋斗目标。”④ 习近平总书记在党的十九大报告中又指出：“中国共产党人的初

① 习近平：《决胜全面建成小康社会 夺取新时代中国特色社会主义伟大胜利——在中国共产党第十九次全国代表大会上的报告》，人民出版社2017年版，第16—17页。

② 同上书，第17页。

③ 《马克思恩格斯文集》第1卷，人民出版社2009年版，第287页。

④ 习近平：《习近平谈治国理政》，外文出版社2014年版，第4页。

心和使命，就是为中国人民谋幸福，为中华民族谋复兴。”① 以人民为中心的发展思想正是对马克思主义唯物史观的继承和发展。

面对同样的社会问题，用不同的思想指导，会产生不同的认识，形成不同的解决方案。习近平新时代中国特色社会主义思想的来源是马克思主义原理，特别是贯穿其中的立场、观点、方法。习近平总书记强调要坚持和完善党的领导，坚持社会主义公有制、共同富裕；强调要以马克思主义为指导，坚持批评、抵制一切非马克思主义、反马克思主义的错误思想观点，高度重视、大力加强党的意识形态工作；强调坚持人民民主专政的国体、人民代表大会的政治制度；强调坚持党的工人阶级先锋队性质、全心全意为人民服务的宗旨和民主集中制的组织原则；等等。这些都是马克思主义的重要原理，是马克思主义经典作家阐述的科学社会主义理论的重要原则。

习近平新时代中国特色社会主义思想的理论灵魂是马克思主义。习近平总书记在主持中央政治局第四十三次集体学习时强调：“马克思主义就是我们党和人民事业不断发展的参天大树之根本，就是我们党和人民不断奋进的万里长河之泉源。背离或放弃马克思主义，我们党就会失去灵魂、迷失方向。在坚持以马克思主义为指导这一根本问题上，我们必须坚定不移，任何时候任何情况下都不能动摇。”② 始终坚持马克思主义基本原理，特别是贯穿于其中的马克思主义立场、观点和方法，这是习近平新时代中国特色社会主义思想从根本上区别于很多社会主义流派的地方，从根本上区别于欧洲、亚洲一些形形色色的共产党、工人党的理论。习近平新时代中国特色社会主义思想始终坚持用马克思主义立场、观点、方法分析中国现实和世界现实。

马克思主义不是教条，它并不提供对一切问题的现成答案。那种试图从马克思主义经典著作中寻章摘句，对现实问题直接找答案的做法，不仅达不到目的，而且还十分有害。正如邓小平所说：“绝不能要求马克思为解决他去世之后上百年、几百年所产生的问题提供现成答案。列宁同样也不能承担为他去世以后五十年、一百年所产生的问题提供现成答案的任务。真正的马克思列宁主义者必须根据现在的情况，认识、继承和发展马克思列宁主义。”③

对待科学的理论要有科学的态度。恩格斯深刻指出：“马克思的整个世界观不是教义，而是方法。它提供的不是现成的教条，而是进一步研究的出发点和供这种研究使用的方法。”④ 理论的生命力在于不断创新。辩证唯物主义、历史唯物主义不仅是世界观，更是科学的方法论。习近平总书记在中央政治局集体学习时多次谈到辩证唯物主义、历史唯物主义这一马克思主义的科学世界观和方法论。他指出，要学习掌握唯物辩证法的根本方法，不断增强辩证思维能力，提高驾驭复杂局面、处理复杂问题的本领。在推进中国特色社会主义事业的过程中，要善于处理整体与局部、当前与长远、重点与非重点的关系，在权衡利弊中做到趋利避害；在全面深化改革的过程中，要突出改革的系统性、整体性、协同性，要坚持“顶层设计”与“摸石过河”相结合；坚持普遍联系而

---

① 习近平：《决胜全面建成小康社会　夺取新时代中国特色社会主义伟大胜利——在中国共产党第十九次全国代表大会上的报告》，人民出版社 2017 年版，第 1 页。

② 习近平：《习近平谈治国理政》第 2 卷，外文出版社 2017 年版，第 66 页。

③ 《邓小平文选》第 3 卷，人民出版社 1993 年版，第 291 页。

④ 《马克思恩格斯文集》第 10 卷，人民出版社 2009 年版，第 691 页。

不是孤立封闭地观察事物，坚持全面而不是片面地、系统而不是零散地观察事物。习近平总书记还特别强调实干兴邦，他多次指出，实干兴邦、空谈误国。这就是坚持实践第一的原则，不断推进中国特色社会主义事业向前发展。

三 体现中华优秀传统文化的精髓

文化是一个国家、一个民族的灵魂。习近平总书记在2013年和2014年的几次讲话中都谈到，中国特色社会主义理论深深植根于中国优秀文化传统，中国特色社会主义是从五千年的中国历史文化传统中走出来的。习近平总书记在提出一系列解决当代中国国家治理问题的对策时，在提出一系列推进我们改革发展的决策时，许多理念、观点都体现了中华优秀传统文化的精髓。

习近平新时代中国特色社会主义思想强调的道路自信、理论自信、制度自信、文化自信这“四个自信”，其中的文化自信就包括中华优秀传统文化、中国革命文化和社会主义先进文化。正如党的十九大报告所指出的：“中国特色社会主义文化，源自于中华民族五千多年文明历史所孕育的中华优秀传统文化，熔铸于党领导人民在革命、建设、改革中创造的革命文化和社会主义先进文化，植根于中国特色社会主义伟大实践。”①

中华文明得以绵延不绝、生生不息，很重要的原因是我们民族长期形成了体现中华民族特质的精神纽带、文化血缘、民族基因。习近平总书记在庆祝中国共产党成立95周年大会上的讲话强调：“在5000多年文明发展中孕育的中华优秀传统文化，在党和人民伟大斗争中孕育的革命文化和社会主义先进文化，积淀着中华民族最深层的精神追求，代表着中华民族独特的精神标识。”②

中华优秀传统文化作为中华民族的精神血脉和文化标识，具有凝心聚力的重要作用，对于推动中国特色社会主义发展，实现中国现代化和中华民族的伟大复兴具有重要的价值。习近平总书记对传统文化的重视，一方面体现在弘扬和继承中华优秀文化中。例如，在治理国家时，他指出要有“治大国如烹小鲜”的态度，夙夜在公、勤勉工作；在生态环境建设上，要从“天育物有时，地生财有限，而人之欲无极”的古代智慧中把握环境和人类生产生活之间的平衡；在廉政建设中，要考察历史上廉政建设的成败得失，运用历史智慧推进反腐倡廉建设。另一方面，习近平总书记更强调要发掘优秀传统文化的资源，为中国特色社会主义现代化建设事业服务。优秀传统文化是历史的产物，是中华民族在农业社会基础上形成的，因此，要对优秀传统文化进行创造性转化和创新性发展，以此来服务于中国特色社会主义的实践。这方面我们有许多成功的经验，例如，“实事求是”的思想路线，“小康社会”“以人为本”“和谐社会”等理念的提出，都是中国共产党从优秀传统文化中汲取合理成分形成的中国化马克思主义成果。

今天，我们推进中国特色社会主义伟大事业、建设社会主义现代化强国、实现中华民族伟大复兴的中国梦，应该从中华优秀传统文化中吸取精华，并根据新的时代特征进行创造性转化、创新性发展。对此，习近平总书记指出：“要坚持古为今用、以古鉴

---

① 习近平：《决胜全面建成小康社会 夺取新时代中国特色社会主义伟大胜利——在中国共产党第十九次全国代表大会上的报告》，人民出版社2017年版，第41页。

② 习近平：《习近平谈治国理政》第2卷，外文出版社2017年版，第36页。

今，坚持有鉴别的对待、有扬弃的继承，而不能搞厚古薄今、以古非今，努力实现传统文化的创造性转化、创新性发展，使之与现实文化相融相通，共同服务以文化人的时代任务。”① 习近平新时代中国特色社会主义思想中的许多内容，既表现了对中华优秀传统文化的尊重，也体现了中华优秀传统文化的特质，包括其中的家国情怀、价值取向、语言风格，都真正具有中国特色、中国风格、中国气派、中国味道。

四　体现实事求是的思想路线

习近平总书记在纪念毛泽东同志诞辰120周年座谈会上的讲话指出：“实事求是，是马克思主义的根本观点，是中国共产党人认识世界、改造世界的根本要求，是我们党的基本思想方法、工作方法、领导方法。不论过去、现在和将来，我们都要坚持一切从实际出发，理论联系实际，在实践中检验真理和发展真理。”② 实事求是的思想路线在习近平新时代中国特色社会主义思想里有着鲜明的体现。

对于当下的中国而言，我们正经历着最为广泛而深刻的社会变革，也正在进行着人类历史上最为宏大而独特的实践创新。但是，这种历史性变革不是简单延续中国历史文化的母版，不是简单套用马克思主义经典作家设想的模板，不是其他国家社会主义实践的再版，也不是国外现代化发展模式的翻版。面对这些新情况，一切想当然、回避问题的做法都是无济于事的，唯有立足现实，实事求是地进行调查研究才能推动中国特色社会主义事业的发展。

习近平新时代中国特色社会主义思想正是坚持实事求是的原则，从对当代中国实践提出的问题的解答中产生和发展的。党的十八大以来，习近平总书记深刻把握时代潮流，敢于面对中国特色社会主义现代化建设事业所面临的诸多挑战和问题，提出许多重要的理论创新观点，如：坚持和发展中国特色社会主义，必须进行具有许多新的历史特点的伟大斗争。这种伟大斗争是为了坚持和发展中国特色社会主义而进行的一系列伟大变革和创新，是为了实现中华民族伟大复兴的中国梦而实施的突破遏制、回应挑战、补齐短板的斗争。面对中国改革将要触及深层次利益关系和矛盾，他指出，改革已经进入攻坚时期；面对中国经济发展所遇到的结构调整、动力转换等问题，他提出，中国经济已经进入新常态。这些科学命题正是在实事求是路线的正确指导下，作出的科学判断。也就是说，习近平新时代中国特色社会主义思想来源于当代中国改革与建设的实践，这一思想紧紧围绕中国社会所关注的主题，回应国家富强、民族振兴、人民幸福的需求，解决当代中国发展实践中出现的新情况、遇到的新问题。

关于如何治党治国治军，关于如何搞好改革发展，不同的个人、不同的单位在一定的历史条件下的认识都具有一定的局限性，表现在有些同志要求过高，超越历史阶段，或者离开中国实际而盲目崇外；有一些人又过于故步自封，僵化保守。我们过去的社会主义建设，包括改革开放以来的实践，在这方面都有经验教训。我们党在领导革命、建设、改革实践中，如何真正做到实事求是，这是一个永恒的话题，也是一个很大的难题。我们党成立90多年的实践表明，真正做到了实事求是，我们的事业才顺利，才能

① 习近平：《习近平谈治国理政》第2卷，外文出版社2017年版，第153页。

② 习近平：《习近平谈治国理政》，外文出版社2014年版，第25页。

取得胜利和进步。众所周知，由于种种原因，在这个问题上，我们当然有辉煌的成功经验，也有很大的甚至惨痛的教训。因此可以说，在推进中国特色社会主义伟大事业继续前进的道路上，我们党必须把实事求是这个思想路线贯彻落实好，真正以这个思想路线分析、看待形势，提出我们改革、发展的方针政策。这是确保中国特色社会主义顺利前进、不走邪路的关键。自党的十八大以来，习近平总书记在推进中国特色社会主义伟大事业方面提出的一系列思想，非常精准，体现了我们党实事求是的思想路线，完全是以实事求是精神解决中国改革、发展的问题，提出了各方面的理念和方略。

五　是对国内外社会发展经验教训的科学总结

“明镜所以照形，古事所以知今。”在学习习近平新时代中国特色社会主义思想时，我们不难发现，习近平总书记在推进中国特色社会主义伟大事业，在全面从严治党方面提出的重要思想，其内容、理念和观点、判断，固然是习近平总书记高超的马克思主义理论水平、观察力和见识水平的表现，同时有许多内容、观点也是分析、总结了历史与现实、国内与国外经验和教训的科学结论。习近平新时代中国特色社会主义思想的丰富内容，真正做到了论从史出，是在总结古今中外历史经验教训的基础上提出我们现在的对策，有理有据。例如，习近平总书记多次谈到，为什么坚定理想信念是党的建设的关键问题，其重要原因就是总结吸取苏共垮台、苏联解体东欧剧变的惨痛教训。习近平总书记在庆祝中国共产党成立95周年大会上的讲话中指出：“我们回顾历史，不是为了从成功中寻求慰藉，更不是为了躺在功劳簿上、为回避今天面临的困难和问题寻找借口，而是为了总结历史经验、把握历史规律，增强开拓前进的勇气和力量。”① 可见，习近平新时代中国特色社会主义思想体现了历史与现实在治国理政方面的经验教训。

习近平总书记曾经深刻指出，苏共垮台、苏联解体的原因固然是多方面的，有客观也有主观原因，有历史也有现实原因，但非常关键的原因是作为国家的领导者——苏联共产党，从党员到领导干部的理想信念丧失，自己对自己的制度、党的领导都不信任了，对社会主义制度、对马克思主义科学理论的信念动摇了，在敌对势力的进攻面前，苏共解散，苏联解体，教训十分深刻。因此，习近平总书记深刻指出，理想信念动摇是最危险的动摇，理想信念滑坡是最危险的滑坡。苏共在拥有20万党员时能取得十月革命的胜利，建立世界上第一个社会主义国家；在拥有200万党员时能打败凶恶的法西斯希特勒；在拥有近2000万党员时却失去执政地位，使国家和人民都付出了惨重代价，教训十分深刻。党的十八大以后，习近平总书记多次强调，加强党员干部的理想信念是党的建设的关键任务，是关系党和国家命运的问题，“我们党是否坚强有力，既要看全党在理想信念上是否坚定不移，更要看每一位党员在理想信念上是否坚定不移”②。这表明，习近平新时代中国特色社会主义思想正是体现了历史与现实的统一，是分析、总结古今中外经验教训的科学结论。

---

① 习近平：《习近平谈治国理政》第2卷，外文出版社2017年版，第32页。

② 同上书，第34—35页。

六　是正确对待世界文明成果的典范

中国特色社会主义是与时代同行的社会主义，始终保持开放的姿态，广纳世界先进文明成果。习近平总书记在联合国教科文组织总部演讲时指出："如果世界上只有一种花朵，就算这种花朵再美，那也是单调的。不论是中华文明，还是世界上存在的其他文明，都是人类文明创造的成果。"[①] 人类文明多样性是世界的基本特征，也是人类进步的源泉。"文明因交流而多彩，文明因互鉴而丰富，对各国人民创造的优秀文明成果，都应该采取学习借鉴的态度，都应该积极吸纳其中的有益成分。"[②] 习近平总书记对当代世界，包括西方资本主义世界、发达国家对我们有用的文明成果，采取马克思主义的科学态度，进行认真分析、研究、批评，借鉴有益东西又坚决抵制有害的东西。习近平总书记关于借鉴国外有益成果的论述，强调借鉴不是照搬，不能生搬硬套。借鉴不是照抄照做，这才是正确的、科学的马克思主义态度。有些人崇洋媚外，认为西方发达资本主义国家什么都是好的，动不动就拿国际惯例、"现代"文明的规律教育别人；有些人认为西方经验为我们改革提供了现成的答案。例如，前些年在学术界、社会思潮中较为风行的"普世价值论""西方文明优越论"等都是这些错误思潮的表现。习近平总书记坚决反对这种态度，坚决反对照搬西方的一切。

习近平总书记也强调要学习借鉴对我有益的西方文明成果。2017 年 1 月，他在联合国日内瓦总部的演讲中指出："每种文明都有其独特魅力和深厚底蕴，都是人类的精神瑰宝。"[③] 对于西方国家在经济发展、社会治理、科学教育、文化发展等方面的没有意识形态属性、反映客观规律的治理机制、制度和办法，符合科学规律的理念等，习近平总书记采取马克思主义的态度，科学分析，敢于对其借鉴和改造。比如国家治理现代化的提出，是在坚持以马克思主义国家学说为指导，坚持中国共产党国家治理的优秀传统基础上，借鉴了西方一些优秀的技术性内容。再比如生态文明作为中国特色社会主义总体布局的一环、绿色发展作为五大发展理念的重要内容等，就是在参考了一些发达国家的认识后改造、创新提出的科学理念、思想。因此我们说，习近平新时代中国特色社会主义思想是正确对待世界文明成果的典范。

七　体现科学理论系统性和协调性的统一

习近平新时代中国特色社会主义思想作为我们党的行动指南，充分体现了科学理论的系统性和协调性的统一。其所蕴含的思想理论、政策措施等相互联系，充分体现了全国与地方、重点与一般、长期与短期的协同效应。

第一，习近平新时代中国特色社会主义思想全面系统地回答中国特色社会主义建设各个方面的问题，是推进经济建设、政治建设、文化建设、社会建设、生态文明建设"五位一体"的总体布局的科学指南，不是零散的，不是顾此失彼的。党的十九大报告

---

① 习近平：《习近平谈治国理政》，外文出版社 2014 年版，第 258 页。

② 《习近平总书记系列重要讲话读本》，学习出版社、人民出版社 2016 年版，第 204 页。

③ 习近平：《习近平谈治国理政》第 2 卷，外文出版社 2017 年版，第 544 页。

指出，习近平新时代中国特色社会主义思想从理论和实践结合上系统回答了新时代坚持和发展什么样的中国特色社会主义、怎样坚持和发展中国特色社会主义这一重大时代课题，其中包括："新时代坚持和发展中国特色社会主义的总目标、总任务、总体布局、战略布局和发展方向、发展方式、发展动力、战略步骤、外部条件、政治保证等基本问题，并且要根据新的实践对经济、政治、法治、科技、文化、教育、民生、民族、宗教、社会、生态文明、国家安全、国防和军队、'一国两制'和祖国统一、统一战线、外交、党的建设等各方面作出理论分析和政策指导，以利于更好坚持和发展中国特色社会主义。"① "四个全面"战略布局是一个完整的系统，"四个全面"战略布局的每一个"全面"，是其中的子系统。

第二，习近平新时代中国特色社会主义思想的系统性还体现在管党治国的理论中，不仅仅对我们工作对象提出一系列要求，而且对工作主体（党和政府的各级机关）也提出系统的要求。习近平总书记不仅仅对我们党的事业如何推进、国家如何治理提出马克思主义的方针、目标和任务，而且对担负这个伟大任务的主体——领导我们事业的核心力量的中国共产党的自身建设提出一系列要求。他强调，打铁必须自身硬，执政党必须把自身建设好，不断提高党员队伍、各级干部思想水平。管党治党一刻不能松懈，全面从严治党必须落实管党治党责任，形成各级党组织建立党建工作责任制，党委抓、书记抓、各有关部门抓、一级抓一级、层层抓落实的工作格局，落实全面从严治党的主体责任和监督责任。在推进国家治理体系现代化方面，习近平同时强调不仅是制度的现代化，而且要重视治理主体——各级领导机关、国家工作人员的素质现代化，包括思想政治素质、工作作风、公仆意识建设等都是国家治理现代化必须坚持的前提。这些思想，体现了对工作主体的要求。这些内容与西方国家的治理理念相比，具有极大的优越性、科学性。

第三，习近平新时代中国特色社会主义思想关于推动发展的力量、党的领导核心、党的自身建设、对领导对象的吸引力和凝聚力等，都是围绕着中国特色社会主义这个伟大事业系统展开的。伟大斗争、伟大工程、伟大事业、伟大梦想，各方面的内容相互协调、相互衔接，构成系统完备、整体推进的理论体系。党的十九大报告指出："伟大斗争，伟大工程，伟大事业，伟大梦想，紧密联系、相互贯通、相互作用，其中起决定性作用的是党的建设新的伟大工程。"② 在党的自身建设方面，提出的自我净化、自我革新、自我完善、自我提高，又与严格的党内生活、从严治党、党内外监督的加强相协调，构成了习近平新时代中国特色社会主义思想中党的建设理论的科学性、完整性与系统性。

习近平总书记指出："改革开放是个系统工程，必须坚持全面改革，在各项改革协同配合中推进。"③ 他多次强调，改革开放是复杂的系统工程，各级领导干部要有系统思维。

---

① 习近平：《决胜全面建成小康社会 夺取新时代中国特色社会主义伟大胜利——在中国共产党第十九次全国代表大会上的报告》，人民出版社2017年版，第18页。

② 同上书，第17页。

③ 习近平：《习近平谈治国理政》，外文出版社2014年版，第68页。

八　是道路自信、理论自信、制度自信、文化自信的集中展现

习近平总书记在庆祝中国共产党成立95周年大会上的讲话中指出："当今世界，要说哪个政党、哪个国家、哪个民族能够自信的话，那中国共产党、中华人民共和国、中华民族是最有理由自信的。"① 在当代世界，中国共产党最有理由自信，这个自信根源于党领导人民进行的成功实践，根源于客观的事实，而这个客观的事实又根源于国家制度、治理体制，包括意识形态。党的十八大以来，我国国家治理的制度、机制、办法包括意识形态建设都是在习近平新时代中国特色社会主义思想的指导下形成的。这些成果集中表明了中国的道路自信、理论自信、制度自信、文化自信的客观根据，所以说是"四个自信"最集中的展示。

中国共产党在长期革命、建设、改革中形成的成功经验，包括在革命战争时期经过艰苦卓绝的斗争取得新民主主义革命的胜利，在新中国成立以后努力探索在落后的东方大国建设社会主义、实现国家现代化，在改革开放以来进行社会主义改革和建设等一系列实践中形成的认识、制度、体制、路线和政策等，就是今天中国道路、制度、理论、文化的核心内容。纵观鸦片战争以来170多年中国近现代史，以及世界社会主义运动产生以来100多年的历史，不难发现，只有社会主义能够救中国，只有中国特色社会主义能够发展中国。习近平新时代中国特色社会主义思想，强调我们必须坚定不移地走中国特色社会主义道路，强调坚定不移地坚持改革，并在改革中坚持社会主义原则和方向，强调我们党和国家的各项工作必须坚持以马克思主义为指导，强调坚持和完善党的领导决不动摇，强调必须走中国特色社会主义法治道路，强调我们的文化建设必须以马克思主义为灵魂，强调要坚持党的十一届三中全会以来我们党推进中国特色社会主义事业实践证明正确有效的一系列路线、方针、政策、制度，等等。这是中国人民经历了100多年奋斗得到的结论，是我们的国家长治久安，各族人民团结和睦、共同繁荣进步，全体人民不断迈向幸福美好生活的保证。习近平新时代中国特色社会主义思想既指出了我们国家富强、民族振兴、人民幸福的正确路径，又体现了中国共产党人对于自己经历了无数艰难困苦、摸索试验，总结正反两方面的经验教训得到的认识，形成的道路自信、理论自信、制度自信、文化自信。

总之，中国特色社会主义进入新时代，这是我国发展新的历史方位，我国社会主要矛盾已经转化为人民日益增长的美好生活需要和不平衡不充分的发展之间的矛盾。这就要求我们着力解决好发展不平衡不充分问题，更好满足人民各方面的需要。我们要坚定"四个自信"，努力把握习近平新时代中国特色社会主义思想的本质特征，努力践行习近平新时代中国特色社会主义思想，努力实现十九大提出的目标，建设社会主义现代化强国，实现中华民族伟大复兴的中国梦。

（原载《马克思主义研究》2018年第8期）

① 习近平：《习近平谈治国理政》第2卷，外文出版社2017年版，第36页。

马克思主义及其中国化理论的巨大成就
——习近平新时代中国特色社会主义经济思想述论

程恩富[*]

今年是马克思诞辰200周年，中国共产党成立97周年，中华人民共和国成立69周年，改革开放40周年。我们有必要搞清什么是马克思主义、马克思主义中国化理论及其实践的巨大成就，并用习近平新时代中国特色社会主义经济思想指引经济发展取得更大的成就，推动中国经济从世界体系中的“准中心”向“中心”国家行列迈进的步伐。

一 什么是马克思主义及其中国化理论？

马克思主义博大精深，只有依据理论内涵、时间跨度和空间范围的不同，进行新的多种区分，才能领悟马克思主义的完整性和多样式，从而得到认识上的升华。第一，从较广的理论内涵来界定，马克思主义它至少有六层含义：一是在创发主体层面，发展由马克思、恩格斯创立和后继者不断丰富的理论体系；二是在学术内涵层面，发展马克思主义关于自然、社会和思维发展的一般规律的学术思想体系；三是在社会功能层面，发展马克思主义关于工人阶级及其政党进行社会主义革命和建设以及过渡到共产主义社会的指导思想体系；四是在人民福祉层面，发展马克思主义关于改善民生和人的全面自由发展的原则思想体系；五是在价值观念层面，发展马克思主义关于人生信仰和基本价值观的文化思想体系；六是在国际交往层面，发展马克思主义关于和平发展和促进人类共同体的国际思想体系。

第二，从继承和发展的主体来分析，马克思主义有政界和学界两大主渠道或主平台，共产党领袖和马克思主义学者是两大主体。这并非说政界和学界以外的人不能发展马克思主义，而是说他们没有成为主要发展主体。自马克思和恩格斯创立马克思主义以来，各国马克思主义政党领袖和学者不断发展马克思主义，并结合各国国情和世情进行本国化、时代化创新，尽管存在某些失误，但马克思主义及其各国化理论总体上推进了这一理论体系的拓展和发展。这两大主体应塑造良性互动、共同发展的辩证关系。

第三，从时间跨度来分析，既包括经典作家和革命领袖在不同时期的马克思主义思想发展史，如马克思恩格斯在世界自由竞争资本主义时期创立的马克思主义，列宁斯大

---

* 程恩富：中国社会科学院大学首席教授，中国社会科学院习近平新时代中国特色社会主义思想研究中心学术指导委员，世界政治经济学学会会长，中华外国经济学说研究会会长，全国人大教科文卫委员会委员。

林在世界一般私人垄断资本主义时期和苏联社会主义建设时期发展的马克思主义（称之为列宁主义和斯大林主义），毛泽东在我国新民主主义革命时期和社会主义革命与建设时期发展的马克思主义（称之为毛泽东思想），邓小平、江泽民、胡锦涛、习近平在我国社会主义改革时期发展的马克思主义（称之为中国特色社会主义理论），也包括各个时期的马克思主义的哲学发展史、经济学发展史、政治学发展史、文化学发展史，等等。

第四，从空间范围来分析，马克思主义有各国化的理论。譬如，马克思主义的苏联化是列宁主义，中国化是毛泽东思想和中国特色社会主义理论，越南化是胡志明思想，朝鲜化是金日成主体思想等。以马克思主义经济学为例，在美国有垄断的资本学派、积累的社会结构学派、世界体系学派，在法国有调节学派，在日本有宇野学派、数理马克思主义学派，在中国有创新马克思经济学综合学派等。

第五，准确理解马克思主义中国化的含义。1938 年，毛泽东提出“马克思主义中国化”问题。而客观上中国共产党的近百年历史是把马克思列宁主义同中国革命、建设和改革的具体实践相结合的历史，是曲折地不断推动中国进步繁荣的实践史，是科学继承和持续发展马克思列宁主义的思想史。必须说明，撇开学术界不谈，马克思主义中国化所说的“马克思主义”是狭义的，单指马列主义，因为广义的“马克思主义”应包括毛泽东思想和中国特色社会主义理论。马克思主义中国化理论形成了毛泽东思想和中国特色社会主义理论的两大成果。

二　毛泽东思想指导我国取得的重大经济成就

毛泽东思想是马克思主义中国化的第一个理论成果，指导新民主主义革命和社会主义革命与建设取得伟大胜利。中华人民共和国的诞生，在毛泽东思想指引下，真正开启了中华民族伟大复兴的历史之门。中华人民共和国的建设，尽管经历了种种挫折和干扰，但仍然取得了世界历史上任何其他国家从未达到过的辉煌经济成就。

我国在 1949—1978 年的大约 30 年间建立了一个门类初步齐全、依靠内循环可以基本自给自足的国民经济体系，实现了包括导弹、卫星、核武器在内的自我武装，年均 GNP 增速约为 6%，跻身同期世界最快经济发展之列，社会生产力、综合国力、人民生活水平等重要指标，比 1949 年以前均有较大提高，与主要发达国家的若干重要经济差距不断缩小。因此，邓小平主持起草的《关于建国以来党的若干历史问题的决议》确认：“在工业建设中取得重大成就，逐步建立了独立的比较完整的工业体系和国民经济体系”；“农业生产条件发生显著改变，生产水平有了很大提高。……1980 年同 1952 年相比，全国粮食增长近一倍，棉花增长一倍多。尽管人口增长过快，现在已近十亿，我们仍然依靠自己的力量基本上保证了人民吃饭穿衣的需要”；“城乡商业和对外贸易都有很大增长。……1980 年，全国城乡平均每人的消费水平，扣除物价因素，比 1952 年提高近一倍”；“教育、科学、文化、卫生、体育事业有很大发展。”2018 年 3 月全国人大通过的新《宪法》也明确指出：中华人民共和国“战胜了帝国主义、霸权主义的侵略、破坏和武装挑衅，维护了国家的独立和安全，增强了国防。经济建设取得了重大的成就，独立的、比较完整的社会主义工业体系已经基本形成，农业生产显著提高。教育、科学、文化等事业有了很大的发展，社会主义思想教育取得了明显的成效。广大人民的生活有了较大的改善。中国新民主主义革命的胜利和社会主义事业的成就，是中国共产党领导中国各族人民，在马克思列宁主义、毛泽东思想的指引下，坚持真理，修正错误，战胜许多艰难险阻而取得的”。由此可见，不是社会主义计划经济失败而转向社会主义市场经济的，而是计划经济功成身退，市场经济继往开来，如果社会主义市场经济操作得法，可以获取比传统的计划经济更大的成就。

不过，当下有舆论说，毛泽东使我们站起来、邓小平使我们富起来、习近平使我们强起来；也有舆论说，毛泽东社会主义 1.0 版本是一穷二白、邓小平社会主义 2.0 版本是富起来、十八大后社会主义 3.0 版本是强起来。这些表述有一定道理，但均不准确。准确地说，旧中国是一穷二白，而新中国从毛泽东时代开始，我们不仅站起来了，而且逐步富强起来了，富强是一个后浪推前浪的持续更好的过程。中华人民共和国近 70 年民富国强的统计数据，并不支撑割裂民富与国强的论点，也不支撑毛泽东时代没有逐步富强起来的论点。因此，习近平总书记强调不能把新中国成立以来的两个 30 年建设发展互相否定的政治底线和原则，是十分正确的。

事实上，改革开放前后两个时期都是中华人民共和国约 70 年历史的有机组成部分，都是作为一个整体的社会主义新中国历史。应当说改革开放前的发展，为当今发展奠定了经济政治文化等基础，改革开放后的发展是在这个基础上的大发展。但是，改革以来有一些论著为了论证改革开放的必要性和伟大成就，对前 30 年发展采取历史虚无主义态度，或者片面地只讲失误和不足、甚至是用歪曲的手段进行基本否定，割裂、扭曲改革开放前后两个年代的继承和发展关系。这对于我们科学认识中华人民共和国年逐步富强的历史发展，从而客观总结历史经验教训、把握科学发展规律，是非常有害的。

对此，党的十九大报告作出客观准确的描述：“中国特色社会主义进入新时代，意味着近代以来久经磨难的中华民族迎来了从站起来、富起来到强起来的伟大飞跃，迎来了实现中华民族伟大复兴的光明前景”；“我们党团结带领人民完成社会主义革命，确立社会主义基本制度，推进社会主义建设，完成了中华民族有史以来最为广泛而深刻的社会变革，为当代中国一切发展进步奠定了根本政治前提和制度基础，实现了中华民族由近代不断衰落到根本扭转命运、持续走向繁荣富强的伟大飞跃。”其中，强调的是新中国成立以来“持续走向繁荣富强”！

三 中国特色社会主义理论指导我国取得更大的经济成就

邓小平理论、“三个代表”重要思想、科学发展观和习近平新时代中国特色社会主义思想共同构成中国特色社会主义理论体系，是马克思主义中国化的又一理论成果，指引改革开放不断取得举世瞩目的成就。

改革开放 40 年间，中国国民经济高速腾飞，年均 GDP 增速约为 9%，远远高于同时期世界经济平均 3% 左右的增长速度，达到同期世界第一，大大超过德、日、美等国在其崛起甚至“黄金时期”的增长速度。目前，国民经济总量和对外贸易总额已排名世界第二、外汇储备排名世界第一。“神州”系列载人宇宙飞船发射成功、“嫦娥”探月工程、高铁、天河计算机、北斗导航等一张张响亮的“中国名片”，成为“中国奇迹”的有力见证，标志着我国综合国力和国际地位也居于世界前列。我国人均国内生产总值已达 8000 多美元，人民生活接近由温饱到全面小康的历史性跨越。与此同时，我国在民主政治、文化繁荣、社会建设、国防和外交等方面，也都取得显著成就。

我们中国人喜欢比较，这是好事。我们工业要和美国、德国、日本比，我们的农业要和以色列、荷兰比，我们的军事要和美国比，我们的生态环境要和澳大利亚、新西兰比，我们的生活要和丹麦、挪威比，我们的足球还要和德国比，等等。这样一比较，好像我国什么都不是最先进的。其实，这样比较是可以的，但并不全面和科学。单项比较，有利于激励我们砥砺前行，但如果认为中国什么都不行或不先进，那么这个结论就十分片面了。实际上，在民富国强方面，中国自我纵向比较，应对 1949 年前后的新旧中国进行全面比较；中国与他国的横向比较，应与独立前国情相似的印度进行全面比较，并与美国和瑞典等某些重要指标发展速度进行比较。这样科学地对比，其比较的结论显而易见。

一是按照购买力评价衡量的 GDP。世界银行数据库统计显示，2016 年我国的经济总量是 21.4 万亿，已经超过美国，美国只有 18.6 万亿，印度只有 8.7 万亿。按照购买力评价这个指标进行衡量和比较最科学。购买力平价是指两种货币之间的汇率决定于它们单位货币购买力之间的比例。例如，购买相同数量和质量的一篮子商品，在我国需要 40 元人民币，在美国需要 10 美元，对于菜篮子商品来说，人民币对美元的购买力平价是 4∶1，即，4 元人民币购买力相当于 1 美元。按照汇率比较，现在我国经济总量仅次于美国，是世界第二，但汇率变动较大，比较不是很客观。据国际货币基金组织 2016 年统计购买力平价人均 GDP 的结果，中国为 15424 美元，印度为 6658 美元。我国人均 GDP 与发达或某些发展中国家相比还比较少，因为中国人口基数太大。如果中国人口总量开始下降，那就更能体现民富国强和经济社会发展的成就。

二是现代化指数。据何传启《2013 年世界现代化指数》一文提供的数据，综合 10 项指标排名，瑞典为 100，第 1 名；美国为 97.3，第 6 名；中国为 40.1，第 73 名；印度为 22.5，第 99 名。

三是财富指数。2016 年，我国家庭人均财富为 16.9 万元，其中房产净值约占 66%（其中，城镇家庭：69%；农村家庭：55%）；动产中家用汽车占比较高。另据瑞士信贷研究所发布《全球财富报告 2016》的数据，2016 年中国成年人平均财富为 22864 美元（15.8 万人民币），属于中等偏低水平。

从前述各种数据可以看出，中华人民共和国成立以来民富国强发展速度在全世界是较快的，改革以来更快。而国情和我国差不多的印度富强情况则相对大大落后。笔者去印度开会和考察过两次，也与印度经济学教授和共产党领导座谈了解情况，已得出如下的结论：如果印度共产党不能掌权而不搞社会主义的话，同时如果中国不搞资本主义的话，那么在这个地球上估计印度经济社会发展是赶不上中国了。现在中外有些舆论认为印度是最大的民主国家，现在印度经济比中国弱小，可能若干年以后就赶上中国了。事实上，两国不同的发展路径依赖和制度决定这是不可能的，21 世纪印度只有总人口可能超过我国。20 世纪 40 年代后期，中国和印度的人均 GDP 差不多，而且它的自然地理条件比中国好，我国人均耕地不到印度的一半，但无论比较毛泽东时代还是改革开放时代的富强发展情况，印度都比中国差得多，总体上印度比中国要差 15 年到 20 年。究其根源，在于印度是以资产阶级的“民主社会主义”或“新自由主义”为指导，而我国是以马克思主义及其中国化理论为指导。

四 以新发展理念为主要内容的习近平新时代中国特色社会主义经济思想

2017年中央经济工作会议首次提出以新发展理念为主要内容的习近平新时代中国特色社会主义经济思想。这一思想是党的十八大以来推动我国经济发展实践的理论结晶，是中国马克思主义政治经济学的最新成果，是取得经济社会发展新的更大成就的指导思想。

第一，马克思主义政治经济学原理认为，生产力是最革命、最活跃的因素，而掌握先进科技和管理方式的人，对生产力起着核心作用，其中科技创新具有引领生产力发展的决定性功效。中国特色社会主义政治经济学依据马克思主义政治经济学的一般原理，强调解放和发展生产力是社会主义初级阶段的根本任务，倡导自主创新，建设创新型国家。习近平新时代中国特色社会主义经济思想提出关于创新是引领发展的第一动力，其要义在于从以往高速度经济增长转向新时代的高质量经济发展，必须积极实施创新驱动战略，推动重大科技创新取得新进展。为此，必须大力培育新动能，培育一批具有创新能力的排头兵企业，以便较快推进中国制造向中国创造转变，中国速度向中国质量转变，制造大国向制造强国转变。

第二，马克思主义政治经济学原理认为，按比例分配社会劳动是生产与社会需要之间矛盾运动以及整个国民经济协调发展的基础性规律，表现为人财物的社会总劳动要依据需要按比例分配在社会生产和国民经济各部门中，以保持各种经济关系平衡。中国特色社会主义政治经济学强调全面、协调、可持续发展和综合平衡，应正确处理好一系列重大经济比例关系，推动国民经济又好又快地发展。习近平新时代中国特色社会主义经济思想提出关于协调是持续健康发展的内在要求，其要义在于，“稳”和“进”是辩证统一的，要作为一个整体来把握，把握好工作节奏和力度。而统筹各项政策、加强政策协同，又是协调发展的关键。这表明协调发展是保持稳中求进工作总基调和推动高质量发展的基本保障，并体现在重点抓好防范化解重大风险、精准脱贫、污染防治三大攻坚战和八项重点工作之中。

第三，马克思主义政治经济学原理认为，由自然环境构成的自然力应与劳动力和科技力相协调，是生产力和经济社会发展的物质基石。中国特色社会主义政治经济学强调人口、资源与环境三者关系的良性化和可持续发展。习近平新时代中国特色社会主义经济思想提出关于绿色是永续发展的必要条件，其要义在于，加快推进生态文明建设，研究建立市场化、多元化生态补偿机制，改革生态环境监管体制，建设美丽中国。为此，必须调整产业结构和能源结构，打好污染防治攻坚战。这一新理念蕴含了人类生态环境命运共同体的当代价值。

第四，马克思主义政治经济学原理认为，依据国际分工、国际价值规律、国际生产价格、国际市场等理论，在一国条件具备的情况下经济对外开放，有利于本国和世界的经济增长、资源优化配置。中国特色社会主义政治经济学强调对外开放，统筹国内国际两个大局，利用好国际国内两个市场、两种资源，积极参与互利共赢型的经济全球化。习近平新时代中国特色社会主义经济思想提出加快形成全面开放新格局，这意味着在开放的范围和层次上进一步拓展，在开放的思想观念、结构布局、体制机制上进一步拓展。为此，应有序放宽市场准入、促进贸易平衡，更加注重提升出口质量和附加值，积极扩大进口，大力发展服务贸易，推进自由贸易试验区改革试点，并有效引导支持对外投资。

第五，马克思主义政治经济学原理认为，与资本主义私有制直接和最终的生产目的不同，社会主义公有制的直接和最终生产目的，是为了最大限度地满足全体人民的物质和文化需要。中国特色社会主义政治经济学强调人民主体性，发展要依靠人民、发展的目的是为了人民、发展的成果要惠及人民。习近平新时代中国特色社会主义经济思想提出共享是以人民为中心的发展方针。这就是说，要提高保障和改善民生水平，使人民获得感、幸福感明显增强。为此，应注重解决突出民生问题，积极主动回应群众关切，精准谋划财富和收入分配、扶贫、就业、住房、教育、医疗卫生、社会保障等领域的民生改善。新理念有关“改善民生就是发展”的认识高度，充分体现了中国特色社会主义政治经济学的生产目的性原则和根本立场。

五　习近平关于生产力和经济制度的新思想

习近平总书记在纪念马克思诞辰200周年大会讲话时指出：“学习马克思，就要学习和实践马克思主义关于生产力和生产关系的思想，勇于全面深化改革，自觉通过调整生产关系激发社会生产力发展活力，自觉通过调整上层建筑适应经济基础发展要求，让中国特色社会主义更加符合规律地向前发展。”我们应当深刻领悟习近平总书记关于生产力和生产关系（经济制度）的思想，并引领新时代经济发展取得新的巨大成就。

第一，关于科技引领的生产力发展。习近平新时代中国特色社会主义经济思想继承和发展了马克思的相关经济思想，提出要坚持解放和发展社会生产力，科技创新是引领发展的第一动力，必须破除体制机制障碍，使创新成果更快转化为现实生产力；强调人才是创新的根基，创新驱动实质上是人才驱动，要择天下英才而用之，集聚一批站在行业科技前沿、具有国际视野和能力的领军人才；指出核心技术是国之重器，最关键最核心的技术要立足自己研发、自主创新、自立自强，而市场换不来核心技术，有钱也买不来核心技术，应扭转“造不如买、买不如租”传统观念，而自主创新也不是关起门来搞研发，一定要坚持开放创新，正确处理原始创新、集成创新与引进消化再创新之间的关系。

可见，习近平从国际竞争和中国国情出发，在继承的基础上阐明人才、科技和自主创新对于发展社会主义生产力的极端重要性和总体思路。当前，我们只有深刻领会和坚决落实习近平关于科技和人才发展的基本思想，紧紧抓住作为发展第一动力的创新，从企业、产业和国家层面实施自主知识产权战略，才能围绕名牌创造、技术标准制定和科学理论发现等构筑企业和国家的竞争优势，实现经济结构转型升级，不断追赶和引领世界科技革命。

第二，关于基本经济制度。一个国家的所有制结构形成全社会的基本经济制度，决定该国的经济形态性质和国计民生的基本格局。习近平新时代中国特色社会主义经济思想继承和发展了马克思相关经济思想，认为马克思主义政治经济学和《资本论》没有过时，仅就从当前国际金融危机看，许多西方国家经济持续低迷、两极分化加剧、社会矛盾加深，说明资本主义固有的生产社会化和生产资料私人占有之间的矛盾依然存在，但表现形式、存在特点有所不同；指出要坚持和完善社会主义基本经济制度，毫不动摇巩固和发展公有制经济，毫不动摇鼓励、支持、引导非公有制经济发展，推动各种所有制取长补短、相互促进、共同发展，同时公有制主体地位不能动摇，国有经济主导作用不能动摇，这是保证我国各族人民共享发展成果的制度性保证，也是巩固党的执政地位、坚持我国社会主义制度的重要保证；强调混合所有制改革要坚持有利于国有资产保值增值、有利于提高国有经济竞争力、有利于放大国有资本功能的方针，推动国有企业深化改革、提高经营管理水平，加强国有资产监管，理直气壮地坚定不移地把国有企业（包括国有资本）做强做优做大，而不是削弱国有企业；阐明农村要妥善安排好“分与统”的关系，不断完善家庭承包地“三权分置”制度，积极发展农村集体层经营和集体经济实力，积极发展作为带动农户增加收入、发展现代农业有效组织形式的农民专业合作社，要紧紧扭住发展现代农业、增加农民收入、建设社会主义新农村这一乡村振兴战略三大任务。

可见，习近平重点分析中国特色社会主义基本经济制度的优越性，阐明公有制为主体、国有经济为主导、多种所有制共同发展的重要性。目前，我们必须认真领会和坚决落实习近平关于毫不动摇地坚持和完善社会主义初级阶段基本经济制度的定力思维，尤其要促使国有企业成为贯彻新发展理念、全面深化改革的重要力量，成为实施“走出去”战略、“一带一路”建设等重大战略的重要力量，成为壮大综合国力、促进经济社会发展、保障和改善民生的重要力量，成为我们党赢得具有许多新的历史特点的伟大斗争胜利的重要力量。以“满足人民群众日益增长的物质文化需要”作为社会生产目的，而不是以利润率或单纯的经济增长为生产目的，这是中国特色社会主义政治经济学的人民性的体现，也是实现人民幸福和自由的必然选择。

第三，关于基本分配制度。社会基本分配制度是由所有制结构形成的基本经济制度所决定的。习近平新时代中国特色社会主义经济思想继承和发展了马克思的相关经济思想，认为美国等西方国家的不平等缘由，在于表层的分配问题和根本的所有制问题，阐明社会主义初级阶段由于生产力相对不发达，就要坚持公有制为主体、多种所有制共同发展的基本经济制度，因而必然实行按劳分配为主体，各种生产要素凭借产权参与分配这一基本分配制度；强调以人民为中心的发展思想，为了增强发展动力，增进人民团结，就要朝着共同富裕方向稳步前进发展，发展成果更多地由人民共享，精准扶贫，消灭贫困，增强人民的获得感；要求缩小收入差距，坚持居民收入增长和经济增长同步、劳动报酬提高和劳动生产率提高同步，健全科学的工资水平决定机制、正常增长机制、支付保障机制，完善最低工资增长机制。

可见，习近平在继承马克思的相关经济思想上，主要拓展研究中国特色社会主义基本分配制度及其优势。目前，我们要深刻领会和全面落实习近平阐明的共享新理念和共同富裕原则，遵照基本分配制度来改革财富和收入的分配体制机制，处理好分配领域公平与效率的互促共进关系，打好扶贫攻坚战，进一步提升广大劳动人民满意度和幸福感。

第四，关于基本经济调节制度。政府与市场的关系构成现代社会的基本经济调节制度。习近平新时代中国特色社会主义经济思想继承和发展了马克思的相关经济思想，认为在没有达到共产主义社会之前的社会主义初级阶段，应该实行社会主义市场经济体制，要坚持社会主义市场经济改革方向，坚持辩证法、两点论，继续在社会主义基本制度与市场经济的结合上下功夫，把两方面优势都发挥好；提出中国经济体制改革的重要方向，就是使市场在资源配置中起决定性作用和更好发挥政府作用，就是“看不见的手”和“看得见的手”都要用好；强调既要积极稳妥从广度和深度上推进市场化改革，大幅度减少政府对资源的直接配置，又要更好地发挥政府的职责和作用，主要是保持宏观经济稳定，加强和优化公共服务，保障公平竞争，加强市场监管，维护市场秩序，推动可持续发展，促进共同富裕，弥补市场失灵。从实践来看，以创新为动力、将共享作为发展目标的五大发展理念的贯彻落实，在根本上要有赖于政府的保障。

可见，习近平侧重论述政府与市场有机结合的社会主义市场经济双重调节体系，二者的思想呈现批判与建构的互补递进关系。当下，应深刻领会和积极贯彻习近平关于共同更好地发挥市场和政府市场调节作用的思想精髓，既要用市场调节的优良功能去抑制“政府调节失灵”，又要用政府调节的优良功能来纠正“市场调节失灵”，从而推进高速经济增长向高质量发展的转变，加速建立现代化经济体系。

第五，关于经济全球化和开放制度。从资本主义生产方式和殖民主义在世界扩张开始，各国经济就日渐全球化，先后建立了程度和方式不一的开放制度。习近平新时代中国特色社会主义经济思想继承和发展了马克思的相关经济思想，指出要坚持双向对外开放基本国策，善于统筹国内国际两个大局，利用好国际国内两个市场、两种资源，发展更高层次的开放型经济，积极参与互利共赢型的全球经济治理；同时坚决维护我国发展利益，积极防范各种风险，确保国家经济安全，要引领国际社会塑造经济新秩序和共同经济安全；强调要继续抓好优化对外开放区域布局，防止区域开放的雷同化和恶性竞争；要推进外贸优进优出，提高国际分工的层次，加强国际产能和装备制造合作，妥善开展自贸区及投资协定谈判，积极参与全球经济治理，在充分利用中资和外汇储备的基础上有效利用外资；尤其要加快“一带一路”的国际合作和建设措施，发挥好亚投行、丝路基金等机构的融资支撑作用，抓好重大标志性工程落地。

可见，习近平分析的是21世纪经济全球化的新变化，倡导和践行以“一带一路”为建构重点的公正经济全球化和对外开放的新格局。在新时代的今天，我们要深刻领会和认真贯彻习近平关于建立人类命运共同体和合作共赢新型国际经济关系的开放思维以及自力更生是奋斗的基点的自主思想，建立更高层次的全方位和双向对等性的开放型经济体系，明智应对狭隘的贸易保护主义和金融霸权主义，在维护经济安全的开放中实现国民福利极大化，加速现代化强国的建设。

六 结语：中国已取得世界体系“准中心”地位的巨大成就

在党的十九大报告中，习近平总书记强调新时代“是我国日益走近世界舞台中央、不断为人类作出更大贡献的时代”，这与其关于我国比现在任何时候都更加接近世界舞台的中心的论断是一致的。我认为这在经济上最为突出。众所周知，世界著名马克思主义经济学家萨米尔·阿明在《世界规模的积累：欠发达理论批判》（1970年）的力著中，提出和论证了世界经济体系中的“中心—外围理论”。阿根廷劳尔·普雷维什也出版《外围资本主义：危机与改造》（1990年）一书。问题在于：当代中国还是依附于发达国家的外围国家吗？美国等七国集团是当代世界经济的中心，但我国既不依附它们，也不是外围国家，因而需要提出一个“准中心”国家的新概念。我国的经济实力、科教文卫体实力，以及倡导的“一带一路”国际合作、金砖国家、亚投行、上合组织等，表明我国现阶段已处于世界经济“准中心”的重要地位。限于篇幅，这里不作具体论证。

今后，我们只有认真学习和坚决贯彻习近平新时代中国特色社会主义思想，尤其是关于五大发展理念、生产力和经济制度的理论及其方略，才能先后圆满地实现全面建设小康社会、基本实现社会主义现代化、建设社会主义强国的三大宏伟目标，从现阶段世界经济的“准中心”向未来标准的“中心”迈进。不过，面对来自西方，甚至包括拉美国家一些舆论的质疑，指责中国在拉丁美洲、非洲的投资和能源等合作，怀疑中国也是在发展一种新的“中心—外围”之间依附关系，我们有必要声明，中国所迈向世界经济舞台的“中心”，不是重蹈西方中心国家新老帝国主义和殖民主义的覆辙，不走他们利用领先的经济技术优势来剥削其他国家劳动力的老路。中国所追求的“中心”地位，实际上是在谋求自身发展基础上促进人类命运共同体和利益共同体的发展。我国既要在经济和科技上追赶上传统的“中心”国家，以获得与发达国家平等合作的机会，又要和传统的“外围”国家进行平等和帮助性的合作，并为“外围”国家发展进步提供示范，同时还要更好地引领全球共同建立国际经济新秩序、引领共同塑造国际共同经济安全、引领共同推动公正的经济全球化。我国这些和平、发展、合作、共赢的对外交往方针的思想，来源于马克思主义及其中国化理论，尤其是习近平新时代中国特色社会主义思想。

（原载《东南学术》2018 年第 5 期）

作为科学社会主义新形态的中国特色社会主义

——论我国改革开放40年的根本经验

李崇富*

党的十一届三中全会以来，由邓小平同志在倡导“改革开放”中所开创的，其后由以江泽民、胡锦涛、习近平同志为代表的中国共产党人相继坚持和发展的中国特色社会主义，都是基于毛泽东时代在理论和实践上的先行探索、伟大成就和宝贵的历史经验为根本的政治前提、制度基础、物质条件和理论准备的；然而更为直接的，则是新时期全党全国各族人民“把马克思主义的普遍真理同我国的具体实际结合起来，走自己的道路”① 的产物。党的十七大和十八大以来，党中央对于中国特色社会主义道路的实质，一直认为：“中国特色社会主义道路之所以完全正确、之所以能够引领中国发展进步，关键在于我们既坚持了科学社会主义的基本原则，又根据我国实际和时代特征赋予其鲜明的中国特色。”② 这就意味着，中国特色社会主义属于“科学社会主义”范畴，是科学社会主义中国化的新形态。其道路、理论体系和基本制度，加速了我国社会主义现代化的历史进程。

对此，习近平同志说得好：“中国特色社会主义，是科学社会主义理论逻辑和中国社会发展历史逻辑的辩证统一。”“中国特色社会主义是社会主义而不是其他什么主义，科学社会主义基本原则不能丢，丢了就不是社会主义。”③ 因此，坚持“中国特色社会主义”与“科学社会主义”在本质上的一致性与内在的具体和历史的统一，是我们党坚定不移的政治立场和思想原则。习近平同志在党的十九大报告中，要求全党为“决胜全面建成小康社会，夺取新时代中国特色社会主义伟大胜利”，就“必须进行具有许多新的历史特点的伟大斗争”，“全党要更加自觉地坚持党的领导和我国社会主义制度，坚决反对一切削弱、歪曲、否定党的领导和我国社会主义制度的言行”④。我们中国共产党人，无论过去、现在和将来在改革开放和现代化建设中，都必须始终如一地坚持科

---

* 李崇富：中国社会科学院学部委员、马克思主义研究院教授、博士生导师，中国历史唯物主义学会名誉会长。

① 《邓小平文选》第3卷，人民出版社1993年版，第3页。

② 《改革开放三十年重要文献选编》（下），中央文献出版社2008年版，第1717页；《十八大以来重要文献选编》（上），中央文献出版社2014年版，第10页。

③ 习近平：《习近平谈治国理政》，外文出版社2014年版，第21—22页。

④ 参见习近平《决胜全面建成小康社会 夺取新时代中国特色社会主义伟大胜利——在中国共产党第十九次全国代表大会上的报告》，人民出版社2017年版。

学社会主义基本原则同中国社会实际和时代特征的统一，必须自觉地把准我国改革和发展的社会主义方向。这是我国改革开放40年取得辉煌成就的力量源泉和根本经验。

一 科学社会主义的实质和要义

中国特色社会主义，作为科学社会主义的新形态，是马克思主义普遍真理同中国新时期改革开放、现代化建设实践相结合的伟大成就和社会样态。在马克思主义的三个基本组成部分中，科学社会主义是马克思主义全部学说的核心内容，是阐明无产阶级历史使命和实现社会主义、共产主义社会何以是可能和必然的，并将转化为群众性、历史性、直接性的社会实践，直至成为社会现实的实质性、目标性、中轴性原理；而马克思主义哲学和政治经济学，都是旨在为科学社会主义作论证的两大基础性、支柱性、工具性理论。因为，前者是为之提供科学世界观和方法论的哲理基础和“伟大的认识工具”，而后者则是用以阐明社会主义社会终究要代替资本主义社会的必然性、客观规律性和历史总趋势的深层次的经济根据。可以说，全部马克思主义，都是围绕和服务于科学社会主义，而作逻辑和历史展开的科学体系。

中国特色社会主义作为科学社会主义的新形态，像任何具体事物一样，都是其普遍性与特殊性、共性与个性的有机统一。唯物辩证法认为，任何事物都是具体的，因而其共性寓于个性之中、普遍性寓于特殊性之中，共性和普遍性作为同类事物共同本质的概括，不仅高于其个性和特殊性，而且通常具有其必然性和客观规律性的指导意义。在“中国特色社会主义”这个科学概念中，“中国特色”主要是用以表征其特殊性和个性的；而“社会主义”所主要表征的，则是其普遍性和共性，是必须遵循的科学社会主义的基本原则和基本原理，因而它包含着当代资本主义必将走向社会主义、共产主义的历史必然性。

故此，以我国“社会主义初级阶段”的基本国情，作为总根据的中国特色社会主义，即“初级阶段的社会主义”①，不是任人捏弄的“面团”。我们既不能离开“中国特色”搞“社会主义”；也不能像某些人所主张的，要让“中国特色”“特殊”到“新民主主义的回归”，更不能“特殊”到要大搞所谓的“一百多年的资本主义”。因为，凡是社会主义国家，无论处于社会主义何种历史阶段，都属于广义的建设中的“共产主义”社会形态②。因此，它们必须具有起码的社会主义“共性”和“普遍性”，都必须遵循或大体遵循科学社会主义的基本原则和基本原理，并结合本国实际逐步加以贯彻，才能引领国家发展的社会主义方向。这是相对稳定和长期起作用的方面。至于这些基本原则和原理，究竟如何概括和表述，到底有哪几条，则是需要理论界深入研究和做出准确概括的一个重大理论问题。在这里，我只能根据马克思、恩格斯及其后继者的有关论断，仅就科学社会主义基本观点、基本原则、基本原理的实质和要义，即中国特色社会主义所必须遵循和逐步体现出的普遍性和共性，试图做出如下四点概括。

第一，马克思所创立的科学社会主义，作为马克思主义理论体系的核心内容，在实

---

① 《邓小平文选》第3卷，人民出版社1993年版，第252页。

② 邓小平同志说：“社会主义本身是共产主义的初级阶段，而我们中国又处在社会主义的初级阶段，就是不发达的阶段。”（见《邓小平文选》第3卷，人民出版社1993年版，第252页）

质上，既是关于无产阶级革命的科学理论，又是关于社会主义建设的科学理论，是这两者的内在统一。马克思和恩格斯曾指出“工人阶级革命的第一步”，是必须打碎剥削阶级国家机器，建立无产阶级国家政权，“使无产阶级上升为统治阶级，争得民主”；进而，“无产阶级将利用自己的政治统治，一步步地夺取资产阶级的全部资本，把一切生产工具集中在国家即组织成为统治阶级的无产阶级手里，并且尽可能快地增加生产力的总量”①。这些都是旨在开创和不断发展社会主义革命和建设事业，最终实现共产主义社会。显然，无产阶级及其政党通过领导人民革命，夺取和执掌国家政权，是开创和发展社会主义事业的根本政治前提；而社会主义建设事业的巩固和不断发展，则是无产阶级革命的继续和深化。也就是说，无产阶级革命事业既是一个分阶段和有重点的、又是前后相继和统一的社会历史进程。无产阶级革命事业在其发展的各个阶段上，必须在理论和实践探索中，始终遵循和发展马克思主义，充分发挥其指导作用，才能坚持正确的前进方向。尽管在社会主义事业发展的不同历史阶段上，其任务的重点会有所不同，但一般说来，既不能离开建设搞革命，也不能离开革命搞建设。因此，有人把包括科学社会主义在内的整个马克思主义，简单地截然二分为“革命理论”和“建设理论”，即宣扬任何形式的（直接的或间接的、公开的或隐蔽的）“告别革命论”，都是不正确和毫无根据的，是同社会主义信念和共产主义理想南辕北辙、格格不入的。

第二，马克思以其“两大发现”所揭示和论证的“两个必然”的结论，是科学社会主义的基本要义。恩格斯指出：“这两个伟大的发现——唯物主义历史观和通过剩余价值揭开资本主义生产的秘密，都应归功于马克思。由于这两个发现，社会主义变成了科学，现在首先要做的是对这门科学的一切细节和联系作进一步的探讨。”② 马克思的“这两个伟大的发现”，是支撑科学社会主义的两大理论支柱。因此，它们使马克思和恩格斯在《共产党宣言》中得出“两个必然”，即“资产阶级的灭亡和无产阶级的胜利是同样不可避免的”③ 基本结论，能够从社会历史发展的普遍规律上，以及使之同资本主义产生、发展和衰亡的客观规律，并同其向社会主义社会转变的客观规律的结合上，得到了科学的论证和深刻的阐明。而这种论证和阐明同工人阶级作为资产阶级“掘墓人”的社会地位、历史使命、革命作用的论证和阐明，以及同工人阶级解放、人类解放和全面而自由发展的论证与阐明，是紧密地联系在一起的。显然，马克思和恩格斯关于“两个必然”的表述，与我们常说的“资本主义必然灭亡和社会主义必然胜利”的表述，是完全一致和同义的。以马克思的“两大发现”作为根本理论支柱的“两个必然”的结论，是科学社会主义最基本的原则和原理，是一切共产党人站稳工人阶级立场，树立和坚定社会主义、共产主义理想信念，指引其革命、建设和改革实践的最根本的理论基础。对工人阶级及其共产党人而言：“没有这样的信念，就没有一切。”④

第三，毛泽东同志总结我们党领导中国革命的实践经验，所提出的“三大法宝”和“三大作风”，体现了科学社会主义关于无产阶级革命理论及其实践的基本精神、基本原则和基本特征，具有普遍意义。大家知道，毛泽东同志坚持把马克思列宁主义同中

---

① 《马克思恩格斯文集》第 2 卷，人民出版社 2009 年版，第 52 页。

② 《马克思恩格斯文集》第 9 卷，人民出版社 2009 年版，第 30 页。

③ 《马克思恩格斯文集》第 2 卷，人民出版社 2009 年版，第 43 页。

④ 《邓小平文选》第 3 卷，人民出版社 1993 年版，第 190 页。

国革命具体实践相结合，在毛泽东思想中，就包含对中国无产阶级革命经验的科学总结和理论概括。他曾在《〈共产党人〉发刊词》中，把我们党领导中国革命的基本经验，总结和提炼为“三大法宝”，即“统一战线，武装斗争，党的建设”①。其一，坚持“统一战线”，就要解决革命阵营、革命力量、革命主体的动员、组织和联合问题，即必须在工人阶级及其政党领导下，实行工农联盟，联合一切可以团结的力量，组织浩浩荡荡的革命和建设大军，是一切胜利之本。其二，坚持“武装斗争”，就要解决无产阶级革命道路问题，其理论根据是：“资产阶级国家由无产阶级国家（无产阶级专政）代替，不能通过‘自行消亡’，根据一般规律，只能通过暴力革命”②；而工人阶级及其共产党人所要努力争取的无产阶级革命之和平发展，往往是历史上一种“极为罕见”的“例外”③。其三，抓好“党的建设”，就要形成无产阶级革命、社会主义建设和改革的领导核心，因为“无产阶级在反对有产阶级联合力量的斗争中，只有把自身组织成为与有产阶级建立的一切旧政党不同的、相对立的政党，才能够作为一个阶级来行动”，才能够“保证社会革命获得胜利和实现革命的最高目标——消灭阶级”④。毛泽东同志在《论联合政府》中总结出我们党的“三大作风”，即“这主要就是理论和实践相结合的作风，和人民群众紧密地联系在一起的作风以及自我批评的作风”⑤，所体现的是科学社会主义的实践要求和本质特征，是防止无产阶级革命事业半途而废，进而夺取社会主义事业最终胜利的重要保障。

第四，坚持我们党和邓小平同志提出的“四项基本原则”，是实现马克思提出的关于无产阶级专政、关于社会主义“不断革命”和建设事业之“四个达到”的历史性任务的根本保证。马克思所讲的“四个达到”，即以现代化生产力发展为基础的“这种社会主义就是宣布不断革命，就是无产阶级的阶级专政，这种专政是达到消灭一切阶级差别，达到消灭这些差别所由产生的一切生产关系，达到消灭和这些生产关系相适应的一切社会关系，达到改变由这些社会关系产生出来的一切观念的必然的过渡阶段”⑥。显然，这“四个达到”作为《共产党宣言》中的两个“最彻底的决裂”——“共产主义革命就是同传统的所有制关系实行最彻底的决裂；毫不奇怪，它在自己的发展进程中要同传统的观念实行最彻底的决裂”⑦——的展开和具体化，体现了科学社会主义的彻底革命精神。而我们党和邓小平同志提出的“四项基本原则”（“第一，必须坚持社会主义道路；第二，必须坚持无产阶级专政；第三，必须坚持共产党的领导；第四，必须坚持马列主义、毛泽东思想”⑧），作为我们立党立国之本，必须始终如一、毫不动摇地加以坚持和实践。这是逐步实现马克思所讲的“四个达到”的必然要求和根本保证。而

① 《毛泽东选集》第2卷，人民出版社1991年版，第606页。

② 《列宁专题文集·论马克思主义》，人民出版社2009年版，第194页。

③ 《列宁全集》第28卷，人民出版社1990年版，第162—163页；《列宁全集》第32卷，人民出版社1985年版，第132页。

④ 《马克思恩格斯文集》第3卷，人民出版社2009年版，第228页。

⑤ 《毛泽东选集》第3卷，人民出版社1991年版，第1094页。

⑥ 《马克思恩格斯文集》第2卷，人民出版社2009年版，第166页。

⑦ 同上书，第52页。

⑧ 《邓小平文选》第2卷，人民出版社1994年版，第164—165页。

世界各国工人阶级及其共产党人，必须从理论与实践之历史的和具体的结合上，真正做到：实现这种长远的崇高目标与本国革命、建设和改革道路的统一；实现本国社会的经济变革、政治变革与观念变革的统一；实现本国社会主义不断革命论与革命发展阶段论的统一。这是科学社会主义事业取得最终胜利的最根本、最艰难、最伟大的历史使命之所在。

二　中国特色社会主义与科学社会主义的根本一致性

中国特色社会主义与科学社会主义之间，其所以具有一脉相承的、本质上的根本一致性，就在于科学社会主义的基本原则和原理，是扎根于世界的历史和现实的“放之四海而皆准”的普遍真理。它们普遍地适用于指导各国无产阶级革命，适用于指导世界由资本主义向共产主义过渡的整个历史大时代，当然也适用于指导中国社会主义革命、建设和改革的实践。中国的社会主义事业，是世界社会主义运动的一个重要组成部分。科学社会主义，是中国特色社会主义最主要的理论基础；而中国特色社会主义的理论和实践，则是马克思列宁主义及其科学社会主义在中国的运用、发展和创新，是科学社会主义中国化的新形态。这种根本的一致性至少具体表现为以下几点。

其一，它们之间具有相同的阶级立场。这就是工人阶级的立场、全体劳动阶级和人民大众的立场。科学社会主义及中国特色社会主义，都是学说、运动和社会制度的统一。当其作为学说，都是工人阶级立场和根本利益的理论表现，是工人阶级的阶级意识理论化的思想体系，是工人阶级解放条件的理论概括，是工人阶级及其政党团结奋斗的思想旗帜。同时，由于工人阶级的先进性和革命的彻底性，以及同其他劳动阶级乃至全人类解放和社会进步利益的根本一致性，所以共产党人的党性立场，就是站在工人阶级立场，也就是站在全体劳动阶级和人民大众的立场上。至于它们作为运动和社会制度，则是这种政治立场的实践贯彻、现实表现和逐步实现最终奋斗目标，所必需的历史性变革的实践阶梯、制度保障和根本规范。

其二，它们之间具有相同的世界观和方法论基础。这就是马克思主义哲学，即辩证唯物主义和历史唯物主义的世界观与方法论。这种哲学作为工人阶级的科学世界观，具有鲜明的阶级性和实践性，是科学社会主义的哲理基础，当然也是中国特色社会主义的哲理基础。中国共产党领导全国工人阶级和各族人民，在97年长期奋斗中，之所以能够在极为复杂的国内阶级关系、阶级矛盾和国内外经济、政治、文化等环境条件的发展变化中，克服重重困难，绕过种种暗礁，一步步地夺取了新民主主义革命，社会主义革命、建设和改革的胜利，就在于我们党有了马克思列宁主义、毛泽东思想和中国特色社会主义理论体系的思想武装，就在于我们党善于掌握和运用辩证唯物主义、历史唯物主义这个思想政治上的“显微镜”和“望远镜”，从而在准确分析国情和时代特征的基础上，正确地制定和贯彻党的思想政治路线、治国方略和各项方针政策，不断推进党和人民事业的发展。而我们党和国家在前进中所出现的一些失误和曲折，也往往是党的一些领导机关和领导干部在思想路线上出现了偏差，即在工作中违背了马克思主义世界观和方法论所致。邓小平同志曾在1985年指出：“中国搞社会主义走了相当曲折的道路。二十年的历史教训告诉我们一条最重要的原则：搞社会主义一定要遵循马克思主义的辩证唯物主义和历史唯物主义，也就是毛泽东同志概括的实事求是，或者说一切从实际出发。"① 这就是我们党必须始终加以坚持的思想路线。思想上政治上的路线正确与否，是决定一切的。

其三，它们之间具有相同的社会主义本质和最终的奋斗目标。这就是，社会主义革命的第一步是建立社会主义的基本制度，并通过体制改革，坚持和完善社会主义制度，促进现代生产力和整个社会主义事业不断发展，以便逐步创造条件，最终实现共产主义。中国特色社会主义之所以属于科学社会主义范畴，就在于它既是坚持科学社会主义基本原则、同时又是"切合中国实际的"社会主义。"社会主义的本质，是解放生产力，发展生产力，消灭剥削，消除两极分化，最终达到共同富裕。"邓小平同志说："我们干的是社会主义事业，最终目的是实现共产主义。"② 习近平同志也说过："革命理想高于天。""共产党员特别是党员领导干部要做共产主义远大理想和中国特色社会主义共同理想的坚定信仰者和忠实践行者。"③ 可以说，是否坚持以共产主义社会作为最终奋斗目标，是真假社会主义的试金石，是科学社会主义与资产阶级和小资产阶级社会主义的分水岭。

其四，它们之间具有相同性质的社会主体和依靠力量。这就是工人阶级及其领导下的工农联盟。中国特色社会主义同科学社会主义一样，不仅在理论上是工人阶级的"主义"，而且在实践上都主张建立工人阶级领导的国家，实行社会主义制度。众所周知，科学社会主义区别于空想社会主义的一个根本问题，就在于它是通过社会革命，而不是幼稚地设想和劝说资本家都自愿地交出自己的资产，以期消灭私有制、消灭阶级、消灭剥削和实现社会平等，就在于它是以马克思创立的唯物史观和剩余价值学说为基础，阐明了工人阶级作为资产阶级"掘墓人"的历史使命，因而它必然成为社会主义事业的领导阶级和主体力量。所有社会主义国家，在国体上，都实行无产阶级专政。只有在农民占有较大比例的国家中，工人和农民都是社会主义事业的主体和依靠力量。这时，无产阶级专政的"最高原则就是维护无产阶级同农民的联盟，使无产阶级能够保持领导作用和国家政权"④。我国宪法第一条规定："中华人民共和国是工人阶级领导的、以工农联盟为基础的人民民主专政的社会主义国家。"⑤ 人民民主专政，是无产阶级专政在我国的实现形式，即恩格斯所说的，是"间接地建立无产阶级的政治统治"⑥的形式。

其五，它们之间具有相同性质的领导核心。这就是以工人阶级先锋队——共产党作为社会主义事业的领导核心。科学社会主义有一条基本原则是："在推翻资本压迫的斗争中，在推翻这种压迫的过程中，在保持和巩固胜利的斗争中，在创建新的社会主义的社会制度的事业中，在完全消灭阶级的全部斗争中，只有一个阶级，即城市的总之是工

① 《邓小平文选》第3卷，人民出版社1993年版，第118页。

② 同上书，第63、373、110页。

③ 习近平：《习近平谈治国理政》，外文出版社2014年版，第23页。

④ 《列宁全集》第42卷，人民出版社1987年版，第49—50页。

⑤ 《改革开放三十年重要文献选编》（上），中央文献出版社2008年版，第300页。

⑥ 《马克思恩格斯文集》第1卷，人民出版社2009年版，第685页。

厂的产业工人，才能够领导全体被剥削劳动群众。"[①] 然而，这种领导作用并不能由包括全体工人的组织来实现，"只有工人阶级的政党，即共产党，才能团结、教育和组织无产阶级和全体劳动群众的先锋队，而只有这个先锋队才能抵制这些群众中不可避免的小资产阶级动摇性，抵制无产阶级中不可避免的种种行业狭隘性或行业偏见的传统和恶习的复发，并领导全体无产阶级的一切联合行动，也就是说在政治上领导无产阶级，并且通过无产阶级领导全体劳动群众。"[②] 在社会主义中国，始终坚持共产党在人民民主专政中，在社会主义革命、建设和改革中的领导地位，是我们党和国家所必须坚持的"四项基本原则"之一。毛泽东同志讲过："领导我们事业的核心力量是中国共产党。"[③] 习近平同志更是强调："中国共产党领导是中国特色社会主义最本质的特征。没有共产党，就没有新中国，就没有新中国的繁荣富强。"[④] 我们党在这方面的理论和实践，始终在坚持这条科学社会主义的基本原则。

可以说，中国特色社会主义与科学社会主义的根本一致性，是多方面和多层次的，这里不可能都全面论及。上面仅从其共有的阶级立场、世界观和方法论、最终目标、力量主体和领导核心等五个基本方面，试图阐明中国特色社会主义与科学社会主义一脉相承的本质上的根本一致性。中国特色社会主义根据中国国情和时代特征，必须努力在理论和实践上始终不渝地遵循科学社会主义基本的原则和原理。所以，它才是科学社会主义中国化的新形态，才属于"科学社会主义"范畴，并属于广义和建设中的"共产主义"社会形态，而绝不属于其他什么"社会形态"和"主义"。

三　科学社会主义的新形态"新"在何处？

中国特色社会主义，作为科学社会主义中国化的新形态，就意味着：它同科学社会主义既具有一脉相承的本质上的根本一致性，又具有相对的差异性和理论与实践上的特殊性和创新性。所谓"相对的差异性"，是指它们在研究对象和理论重点上有所不同。这是因为科学社会主义，乃至整个马克思主义，都是以人类社会特别是以近代以来整个世界的历史过程及其发展规律作为研究对象，是从综合已有的人类知识、总结世界社会主义运动的斗争经验中所形成的关于世界的"主义"，是属于国际无产阶级的"主义"，是涵盖人类社会从资本主义向共产主义过渡的整个历史大时代的"主义"。因此，科学社会主义所关注和要解决的，是人类命运和世界未来，是通过揭示整个世界发展的客观规律和历史大趋势，用以指导各国无产阶级及其政党领导社会主义革命、建设和改革的普遍真理。而中国特色社会主义，则是马克思列宁主义及其科学社会主义在中国的运用、发展和创新，是科学社会主义中国化的新形态。尽管，中国特色社会主义也具有一定的国际意义，但它在理论和实践上所要重点关注、思考和解决的主题，毕竟是坚持运用马克思列宁主义的立场、观点和方法，根据当代世界的历史条件特别是当代中国国情和实践，研究和进一步揭示中国社会主义革命、建设、改革的规律和共产党执政的规

① 《列宁专题文集·论社会主义》，人民出版社 2009 年版，第 145 页。

② 《列宁专题文集·论无产阶级政党》，人民出版社 2009 年版，第 299 页。

③ 《毛泽东文集》第 6 卷，人民出版社 1999 年版，第 350 页。

④ 习近平：《习近平谈治国理政》第 2 卷，外文出版社 2017 年版，第 18 页。

律，用以指导和不断推进中国特色社会主义事业。用毛泽东同志的话语来说，马克思列宁主义同毛泽东思想的关系，是“老师”与“学生”、“总店”与“分店”① 的关系。只是我们现在的理论表述，还要在毛泽东思想之后，再加上邓小平理论、“三个代表”重要思想、科学发展观、习近平新时代中国特色社会主义思想，即中国特色社会主义理论体系。

再就中国特色社会主义在理论和实践上的特殊性和创新性而言，我们还必须看到：

第一，中国特色社会主义是中国化的科学社会主义。首先我们要肯定，马克思主义及其科学社会主义基本原理，是“放之四海而皆准”的科学真理，对世界社会主义运动、对国际无产阶级革命及各国社会主义事业，都具有普遍和长远的指导作用。当然，这就必须像马克思和恩格斯在《共产党宣言》多篇“序言”中所反复强调的那样：“这些原理的实际运用，正如《宣言》中所说的，随时随地都要以当时的历史条件为转移。”② 对于中国共产党人来说，马克思主义及其科学社会主义基本原理，只有与中国的特殊国情、中华优秀传统文化和中国具体的社会实践相结合，使其具体化和中国化，才能更好、更有效地发挥指导作用。随着我国革命、建设和改革的不断发展，马克思主义中国化必然是一个不断发展、深化和丰富的历史过程。在这个过程中，以毛泽东、邓小平、江泽民、胡锦涛和习近平同志为主要代表的历代中国共产党人，坚持把马克思主义基本原理同我国实际和时代特征相结合，先后探索和开辟了具有中国特色的无产阶级革命道路、具有中国特色的社会主义改造道路，以及在新时期开辟和坚持走中国特色社会主义道路。由此形成了两次历史性的认识飞跃，先后产生了毛泽东思想和中国特色社会主义理论体系（包括邓小平理论、“三个代表”重要思想、科学发展观、习近平新时代中国特色社会主义思想）。中国特色社会主义是科学社会主义共性、普遍性同我国社会主义革命、建设、改革的个性与特殊性之具体和历史的统一。我们说，中国特色社会主义是科学社会主义中国化的新形态，它“新”就新在是符合中国国情的、中国化的社会主义，至今主要是“初级阶段的社会主义”，是处在人类历史前沿的、进一步焕发出生机和活力的社会主义，是有利于加快中国社会发展进步和现代化的社会主义。

第二，中国特色社会主义至今主要是“初级阶段的社会主义”。按照科学社会主义原理，社会主义制度的建立应当是以资本主义生产方式的充分发展作为历史前提的。然而，中国走上社会主义道路，因为特殊的历史机缘，却超越了资产主义充分发展的阶段，是通过党领导人民夺取了新民主主义革命的胜利，以半殖民地半封建社会的旧中国作为社会主义制度历史起点的。因此我国建设社会主义，就缺乏必要的物质和文化基础，即它不是以发达资本主义作为历史前提，而是起始于在生产力、商品经济和科学文化很不发达的旧中国的历史地基上的。

尽管如此，在毛泽东时代，党和人民曾经在社会主义革命和建设中，使中国取得了开天辟地、十分深刻的社会变革，和引以为自豪、空前巨大的建设成就；同时，由于没有先例和缺乏经验，当年在工作上也曾有过某些不足和失误。例如，我国在“三大改造”基本完成以后，曾一度想搞同“共产主义社会第一阶段”急于挂钩的“纯而又纯”的社会主义，实行过某些“超阶段”的、过于集中统一的经济体制和阶级斗争“扩大

① 参见《毛泽东文集》第5卷，人民出版社1996年版，第260—261页。

② 《马克思恩格斯文集》第2卷，人民出版社2009年版，第5页。

化”等一些过急、过“左”的政策，因而难以持久和充分地调动劳动者的积极性，难以持久和充分地发挥社会主义优越性。进入新时期，我们党和国家在“改革开放”中，通过拨乱反正，实现了由“以阶级斗争为纲”向“以经济建设为中心”的转变，由“一大二公三纯”的社会经济结构向“坚持公有制为主体、多种经济形式共同发展”的基本经济制度的转变，由计划经济体制向社会主义市场经济体制的转变。所以，新时期我们党和邓小平同志注重国情的特殊性，倡导和探索建设的中国特色社会主义，作为科学社会主义的共性、普遍性与我国社会主义的个性、特殊性之具体和历史的统一，必然要经历一个由“社会主义初级阶段”逐步向其更高阶段发展的历史过程。在当前和今后一个时期，中国特色社会主义的理论和实践，立足于当代中国实际，所致力于建设的只是“初级阶段的社会主义”。可以说，我国“社会主义初级阶段”和建设“初级阶段的社会主义”，并不是一切国家走上社会主义道路后都要必经的起始阶段，而主要是由当代中国生产力的发展水平不高、商品经济不够发达等国情所决定的一个独特的历史阶段，所能建设的是不发达、不完全和不成熟的社会主义，是不完全具备马克思所设想的“共产主义社会第一阶段”的经济、政治和文化特征的“准社会主义”，尚处在努力为实现社会主义创造条件的历史时期。

我国社会主义初级阶段，亦即“初级阶段的社会主义”，是一个实际起始于“三大改造”基本完成到社会主义现代化基本实现的历史时期，这至少需要长达一百多年的时间。这期间，我国基于现有的不太发达、不够平衡和落后于西方大国的社会生产力发展状况，所以不宜搞清一色公有制的社会主义经济结构，而必须经过体制改革，实行公有制为主体、国有经济为主导、多种所有制经济共同发展的“基本经济制度”；相应的，必须实行按劳分配为主体、多种分配形式并存的“分配制度”，即允许包括劳动、资本、技术和管理在内的各种生产要素都参与产品分配。这就是说，在“初级阶段的社会主义”中，在“坚持公有制为主体”的前提下，在发展社会主义市场经济中，还要允许个体经济、私有经济和外资经济长期存在和平等发展，并且通过依法保护公有和私有的产权、公有和私有的财产、劳动收入和非劳动收入，旨在充分发挥国有经济、集体经济、个体经济、私营经济和混合经济的积极性，以利于社会主义生产力的较快发展、市场经济的繁荣和科学技术的进步。这就意味着，中国“初级阶段的社会主义”，是在利用和整合社会主义的和某些非社会主义的乃至某些资本主义的一切积极因素，使之为实现我国社会主义现代化服务。我国是要在社会主义制度的大框架下，包括利用一切可能的非社会主义因素，尽快地实现原本应当由资本主义制度下所先行提供的社会现代化。

显然，我国“初级阶段的社会主义”是一种不完全的、“事实上不够格”[①] 的社会主义。这种社会经济特征，是不以人的意志为转移的，而且因为这种经济上的多元性，一方面会使人民和社会发展受益，另一方面也增添了社会主义经济、政治、文化、党建和外事等工作中罕见的难度。其中最根本的，就是我国存在的多种所有制经济竞争与合作的同时，必须自觉而坚定地始终坚持我国公有制的主体地位、发挥国有经济的主导作用。这是大体上维护国家的社会主义性质、坚持共产主义远大理想和最终目标所绝对必需的、不可或缺的、不可动摇的社会经济基础。我们一旦削弱、动摇和丧失了公有制的

① 《邓小平文选》第3卷，人民出版社1993年版，第225页。

主体地位，那就有违科学社会主义的根本原则，我们党就会失去长期执政的经济支柱，国家在社会形态的性质上，也会逐渐蜕变、倒退和自发地下滑为我们所不愿意看到的、违背改革初衷的情况。因而只有通过坚持和加强共产党的核心领导作用，始终维护和发展公有制经济的主体地位，始终坚持经济社会发展的社会主义方向，才能完成社会主义初级阶段的革命和建设任务，才能为使我国过渡和发展到更高的社会主义历史阶段，即为了建成完全、发达、成熟的和完全进入“共产主义社会第一阶段”的社会主义，而造就物质技术基础。

中国特色社会主义作为科学社会主义中国化的新形态，在目前和今后一段时间，即在社会主义初级阶段，从一定意义上说，它还具有某种过渡的性质。马克思主义及其科学社会主义要求我们共产党人既要立足于现实的实践和社会发展，又必须努力做到坚持注重完成现实任务同正确预见社会未来发展的统一。目前，我们党和党的理论工作都在重点关注和着重解决现阶段的理论与实践问题，是必要和正确的，但在同时，还应当前瞻性、战略性地思考和谋划的一个重大问题，就是“社会主义初级阶段”如何同其更高的社会主义阶段相衔接的问题，以便使我国能够顺利而完整地进入马克思所说的“共产主义社会第一阶段”所必须经历的“革命转变时期”和“政治上的过渡时期”①。

第三，中国特色社会主义是处在人类历史前沿和具有活力的社会主义。马克思主义的生机和活力就在于它必须随着社会实践的发展而不断发展和创新，即不断解决自己所处时代和社会实践提出的新课题与新任务。社会主义发展史告诉我们，在不同的历史条件下，马克思主义者需要重点解决不同的历史性课题，以不断推进无产阶级革命大业。

马克思和恩格斯所重点解决的历史性课题、所完成的历史性任务，是在自由资本主义时代，创立了唯物史观和剩余价值学说，使社会主义从空想发展为科学，用以教育和组织国际无产阶级，从而开创了国际共产主义运动。

列宁所重点解决的历史性课题、所完成的历史性任务，是在世界进入帝国主义时代即垄断资本主义时代，基于俄国无产阶级和布尔什维克党的革命实践，把马克思主义发展到列宁主义阶段，用以指导和夺取了俄国十月革命的胜利，使社会主义第一次由理想变为现实。

毛泽东同志所重点解决的历史性课题、所做出的历史性贡献，是继列宁之后，在帝国主义和无产阶级革命时代，把马克思列宁主义同我国实际相结合，创立了毛泽东思想，指导党和革命人民开辟了农村包围城市、最后夺取全国政权的革命道路，使我国在夺取新民主主义革命胜利的基础上，建立了新中国，进而通过生产资料所有制的根本变革，引导我国走上社会主义道路，并开始进行建设社会主义的理论和实践探索。在新时期，邓小平同志所面临的历史性课题、所取得的历史性进展，是继列宁、斯大林和毛泽东同志先后在苏联和中国进行了社会主义的“制度性革命”之后，带领我们党和人民通过倡导和进行体制改革，进行社会主义的“体制性革命”，从而开辟了中国特色社会主义道路，使社会主义重新焕发出生机和活力。所以，邓小平同志倡导的社会主义体制改革，作为“中国的第二次革命”②，所探索和解决的是社会主义制度的具体实现形式问题，初步解决了当年苏联在列宁和斯大林时代、中国在毛泽东时代尚未完全解决的历

① 参见《马克思恩格斯文集》第3卷，人民出版社2009年版，第445页。

② 《邓小平文选》第3卷，人民出版社1993年版，第113页。

史性课题。其后，以江泽民、胡锦涛、习近平同志为代表的中国共产党人，承先启后、继往开来，始终坚持和不断深化改革开放、坚持和不断推进中国特色社会主义，使我国经济社会发展不断登上新台阶，使我们的综合国力不断增强，人民生活水平逐步提高，国际地位和影响力不断提升，我国现在比以往任何时候都更加接近实现社会主义现代化和中华民族伟大复兴的发展目标。党的十八大以来，形成了以习近平同志为核心的党中央的坚强领导，在治国理政、治党治军的实践经验中所提出的新观点、新理念和新思想，所做出的一系列重大决策，通过决胜全面建成小康社会，有力推进社会主义现代化建设，使中国特色社会主义进入新时代。改革开放 40 年，我国发生的深刻的社会变革、所取得的伟大成就、所赢得的社会全面进步，都有力地证明了社会主义体制改革的探索性、正确性和创新性。尽管中国特色社会主义及其改革开放事业还存在不少深层次的矛盾和突出问题，还面临着来自国内外种种严峻挑战，还会在前进中遇到诸多意料之中和意料不到的难题与险阻，都需要我们党从战略高度上加以密切关注、正确应对、及时总结，更好地带领全国各族人民，同心同德、攻坚克难、探索前进。中国特色社会主义事业正在使中国共产党人、中国人民和中华民族走在世界社会主义探索和人类历史发展的前列，中国工人阶级、共产党人和全国各族人民，由此在世界社会主义运动中正承担着光荣的、值得自豪的历史使命和历史责任。

中国特色社会主义的理论和实践，尽管尚处在建设“初级阶段的社会主义”这个起始阶段，但它作为科学社会主义的新形态，正在不断探索、发展和完善。这种“初级阶段的社会主义”，在世界社会主义运动史上是个新生事物，老祖宗没有讲过，前人没有干过，其中包含着许多史无前例的、探索性的、定然有风险的“两难选择”，这都需要中国共产党人和马克思主义研究者去破题和逐步交出正确答案。我国建设“初级阶段的社会主义”的成功与否，非常关键，它事关中华民族的复兴大业，事关中国社会主义事业的前途命运；也在一定程度上，事关人类的历史发展进程和世界社会主义运动的未来，是世界社会主义运动能否尽快走出低潮、迎来新高潮的一个关键性的因素。

（原载《马克思主义研究》2018 年第 10 期）

真正的社会革命必然是意识形态革命

——纪念《共产党宣言》问世一百七十周年

侯惠勤*

170 年前，《共产党宣言》横空出世，宣告了工人阶级领导的史无前例的共产主义革命的到来。马克思恩格斯满怀豪情地昭告天下："共产党人不屑于隐瞒自己的观点和意图。他们公开宣布：他们的目的只有用暴力推翻全部现存的社会制度才能达到。让统治阶级在共产主义革命面前发抖吧。无产者在这个革命中失去的只是锁链。他们获得的将是整个世界。"① 近百年来中国共产党领导的伟大社会革命就是其中的组成部分。《共产党宣言》表明，真正的社会革命都是意识形态革命。其含义有二：一是通过把握未来的共同理想，凝聚人心、动员群众，实行以创建新社会制度为追求的社会变革。因此，根本问题是举什么旗、走什么路、坚持什么样的主义。中国共产党的成功，就在于对这一问题始终坚定不移、旗帜鲜明。二是支撑社会革命理想的是世界观，没有新的世界观就没有真正的社会大革命。这第二方面，是我们今天尤其要认真加以对待的。《共产党宣言》的一些基本思想在今天仍然常常受到无端的质疑，一些相关的思想阐释仍然常常遭到围攻。这表明，如果没有科学的哲学世界观支撑，共产主义理想和马克思主义的一些基本原理很容易被借口与现阶段实践不匹配而遭到唾弃。突出从世界观上解读《共产党宣言》，是今天加强马克思主义指导地位的迫切需要。

一　《共产党宣言》宣示了一种新的世界观

对于《共产党宣言》基本思想的权威解读有两种：一是为大家所熟知的、马克思恩格斯在该著作出版的各个序言中有所表述、恩格斯在 1883 年德文版序言明确概括的，其要义是从历史唯物主义揭示的人类社会发展规律上加以概括。这就是："贯穿《宣言》的基本思想：每一历史时代的经济生产以及必然由此产生的社会结构，是该时代政治的和精神的历史的基础；因此（从原始土地公有制解体以来）全部历史都是阶级斗争的历史，即社会发展各个阶段上被剥削阶级和剥削阶级之间、被统治阶级和统治阶级之间斗争的历史；而这个斗争现在已经达到这样一个阶段，即被剥削被压迫的阶级（无产阶级），如果不同时使整个社会永远摆脱剥削、压迫和阶级斗争，就不再能使自

---

* 侯惠勤：中国社会科学院马克思主义研究院教授、博士生导师。

① 《马克思恩格斯文集》第 2 卷，人民出版社 2009 年版，第 66 页。

己从剥削它压迫它的那个阶级（资产阶级）下解放出来。”① 《共产党宣言》是人类历史上第一次对人类社会发展规律的科学揭示，而且内在地包含了社会主义建设规律和共产党的执政规律。

另一个是列宁对该著作的解读，将其概括为辩证唯物主义世界观及其运用，这是我们今天应当细心品味的。列宁指出：“这部著作以天才的透彻而鲜明的语言描述了新的世界观，即把社会生活领域也包括在内的彻底的唯物主义、作为最全面最深刻的发展学说的辩证法，以及关于阶级斗争和共产主义新社会创造者无产阶级肩负的世界历史性的革命使命的理论。”② 彻底的唯物论，全面深刻的辩证法，这就是辩证唯物主义世界观，而无产阶级的世界历史使命就是这一世界观的必然结论和具体运用。这两种解读的共同之处，就在于把阶级斗争、无产阶级的历史使命和无产阶级专政等思想，上升到人类历史发展的客观规律上，用无可辩驳的思想力量，使马克思主义的基本原理成为一整块钢铸成的不可分割的整体。这样，马克思主义任何一个重要思想，不仅成为这一思想体系不可去除的部分，而且成为人类文明史的思想成果，具有不可替代的价值。从世界观上解读《共产党宣言》的意义，还在于这样可以澄清一些容易混淆的问题。例如，对于《宣言》中的两个决裂思想，即“共产主义革命就是同传统的所有制关系实行最彻底的决裂；毫不奇怪，它在自己的发展进程中要同传统的观念实行最彻底的决裂。”对此存疑的观点，就在于以为两个决裂隔断了和历史文化传统的联系。而如果从世界观上去把握，这一担心绝无必要。正如毛泽东指出的：“我们提倡百家争鸣，在各个学术部门可以有许多派、许多家，可是就世界观来说，在现代，基本上只有两家，就是无产阶级一家，资产阶级一家，或者是无产阶级的世界观，或者是资产阶级的世界观。共产主义世界观就是无产阶级的世界观，它不是任何别的阶级的世界观。”③ 从世界观和舆论斗争上看，没有调和的余地，没有固定不变的中间地带。不坚持马克思主义世界观，就没有真正的百花齐放、百家争鸣，就会成为资产阶级世界观的俘虏和附庸。

世界社会主义运动必须坚持马克思主义的指导，而马克思主义的思想基础则是哲学世界观。毛泽东在 1959 年又一次明确指出，“世界观是辩证唯物主义，这是共产党的理论基础。无产阶级专政与阶级斗争的学说是革命的理论，即运用这个世界观来观察与解决革命问题的理论。”习近平同志也在第十八届中央政治局集体学习中重申：“辩证唯物主义是中国共产党人的世界观和方法论。”历史表明，一个政权的瓦解往往从思想领域开始；世界社会主义实践的曲折历程告诉我们，马克思主义政党一旦放弃马克思主义信仰、社会主义和共产主义信念，就会土崩瓦解。而东欧剧变以来，世界社会主义运动进行了多方面的反思，各国共产党人、马克思主义者也纷纷总结经验、吸取教训、坚持战斗。但是，我们不能不看到，这种反思不仅有见仁见智、各说各话之嫌，而且回避了哲学世界观这一最根本问题的讨论，反映出当今世界社会主义运动的确存在着某种思想混乱。现在多数同志都承认苏联亡党亡国的根本原因是理想信念动摇、失落，放弃了党的领导和马克思主义思想指导，但是很少有人追问对坚持马列主义、共产党的领导没有底气而采取自行解散这种自杀式行为的深层原因何在。其实，在苏联解体前夕，美国高

① 《马克思恩格斯文集》第 2 卷，人民出版社 2009 年版，第 9 页。

② 《列宁选集》第 2 卷，人民出版社 1995 年版，第 416 页。

③ 《毛泽东文集》第 7 卷，中央文献出版社 1999 年版，第 273 页。

层思想智库的代表人物布热津斯基就提出："共产主义失败的根本原因是在哲学思想方面。马列主义的政策归根到底源于对历史的根本错误的判断和对人性的严重误解。"①对于他的这一判断，世界社会主义运动内部，包括中国学界在内，公开反驳的寥寥。以马克思主义哲学为指导的世界观、历史观正在遭到清算，取而代之的是将其视为彰显个人价值的自由批判精神。

此外，福山提出的"历史终结论"，把资本主义制度设计视为不可超越的终极模式，成为西方"普世价值"大行其道的重要支撑。这一观点的谬误，不但为越来越多的人所看清，而且福山本人也在羞答答地加以修正。但是，"历史终结论"和西方"普世价值"得以盛行的更深刻的语境是"意识形态终结论"。其催生的"非意识形态化"的实质，就是去政治化、去世界观化。否定阶级斗争和无产阶级专政还只是表象，更深层的历史颠倒是否定今天仍然存在着世界观的对立、存在着主义之争。把马克思主义哲学非意识形态化，就是否定马克思主义哲学是无产阶级的世界观，最终否定共产主义世界观。

可见，对马克思主义哲学作非意识形态化、非世界观化的曲解，是对共产主义革命的釜底抽薪式的消解。其实，西方意识形态在歇斯底里妖魔化共产主义的同时，也在歇斯底里妖魔化其哲学世界观即辩证唯物主义。可是，如果说对于共产主义的污蔑今天社会主义运动已有所回应的话，那么对于辩证唯物主义世界观的污蔑则至今没有真正的反击。相反，有的不反对共产主义的人也在起劲地反对辩证唯物主义，致使这样那样地否定辩证唯物主义世界观成为一种气候。说到底，在一些人看来，马克思主义哲学到底是世界观还是个人的自由批判精神，无非是学术讨论，不必上纲上线。非意识形态化的严重后果之一，就是使我们一些人丧失了政治敏锐性和政治鉴别力。

二　坚持马克思主义哲学世界观就必须坚持辩证唯物主义

把马克思主义哲学去世界观化，集中表现为否定辩证唯物主义，曲解历史唯物主义。对辩证唯物主义的否定是较为公开和直接的，将其视为斯大林的遗产，苏联教科书的流毒及陈旧僵化的哲学教条者在今天随处随时可见。而对历史唯物主义的否定则是较为隐讳和间接的，起码马克思主义哲学界还公认历史唯物主义属于马克思。但是，通过实践唯物主义去唯物论，将历史唯物主义偷换为个人史观，从而根本消解唯物史观，则是当今曲解历史唯物主义的普遍现象。

第一，否定辩证唯物主义的理由站不住。给辩证唯物主义编织的罪名有：其一，它是旧的形而上本体论哲学，是本质主义、历史决定论的根源，其一元论世界观、历史观导致了所谓的"垄断真理"和意识形态的僵化。这一指控致使否定客观真理、绝对真理和历史规律的观点泛滥，而多元论、相对主义和经验现象学成为时尚。但是，这种指控是站不住的。只有坚持辩证唯物主义一元世界观，世界才可认识，历史才有方向，辨别历史活动才有客观标准。承认客观真理，衡量历史是非才有标准，辨别思想成果才有尺度。相反，否定客观真理，以人性和伦理为尺度，不但标准混乱，而且必然导致强权

① ［美］兹·布热津斯基：《大失败》，军事科学院外国军事研究部译，军事科学出版社 1989 年版，第 285 页。

者当道，弱小者遭殃。所以，坚持马克思主义就是遵循历史客观规律，坚持追求客观真理、认识客观规律。正如列宁指出的："沿着马克思的理论的道路前进，我们将愈来愈接近客观真理（但决不会穷尽它）；而沿着任何其他的道路前进，除了混乱和谬误之外，我们什么也得不到。"①

其二，它是陈旧的认识论哲学或所谓"理论哲学"，立足于"主客二分"下的反映论，因而是脱离实践，脱离生活，脱离人的生存和发展的罪魁祸首，导致了所谓的教条主义和思想僵化。这一指控致使轻视理论、否定革命、拒斥历史飞跃、屈从现实、崇拜自发性的思潮泛滥，对庸俗社会进化论、改良主义和资本主义的迷信大行其道。其实，把认识论和实践论对立起来是极大的错误。毛泽东曾指出："什么叫哲学？哲学就是认识论。"认识世界和改造世界是不可分割的。没有对于客观世界的正确认识，就不能切实可行地改造世界。离开科学认识的实践，是没有前途的盲目的实践；没有理论指导的实践，不可能真正创造一个新世界。

其三，它是建立在唯物论和唯心论两大阵营对垒基础上的党派哲学，是忽视人性、抹杀个性、否定精神自由的罪魁祸首，因而是一种离开文明进步大道的宗派哲学。这一指控致使否认哲学的党性原则，否定阶级性和科学性统一的可能，否定马克思主义是工人阶级的世界观一类的观点泛滥，抽象的人性、纯粹学术性和妖魔化阶级性因而成为一些人竞相追逐的时髦。毫无疑问，这种指控是敌对意识形态的恶意曲解。从马克思主义观点看，在存在阶级划分的世界，没有抽象的人民性，而现实的人民性就是先进阶级的阶级性；工人阶级以前的先进阶级都是剥削阶级，其先进性的暂时性决定了与人民性的现实统一也是暂时的；工人阶级的特殊性就在于它是"非市民社会阶级的市民社会阶级"，没有本阶级的私利，是阶级社会解体的标志，也是人类社会从阶级社会进入无阶级社会的领导力量。因此，工人阶级的阶级性就是当今世界现实的人民性，工人阶级的阶级要求就是当代人类文明的根本出路，立足于"人类社会或社会的人类"的马克思主义新唯物主义，本质上就是工人阶级世界观。离开工人阶级的阶级性谈论人民性，对于有的人而言是幻想，而对于另一些人来说则是有意的欺骗。

第二，否定辩证唯物主义的后果严重。否定辩证唯物主义世界观，就不可能解决理想信念问题，就不可能有实事求是，就不可能有理论和实践的统一，就不可能有以人民为中心的历史观，就不可能有坚持共产党领导地位的底气和自信，也不可能有世界社会主义运动的正确方向。因此，坚持辩证唯物主义是当代世界社会主义运动的大事。

理想信念的核心问题是坚定共产主义理想，而妖魔化共产主义则是今天西方意识形态不遗余力去做的事情。福山曾如此蛮横地声称："共产主义对自由构成的威胁是如此直接和明确，其学说如今这样的不得人心，以至于我们只能认为它已经被完全赶出发达世界。"② 坚定共产主义理想仅靠经验事实是不行的。远大的理想信念不会自发地产生，它只能来自科学的理论武装，这就是辩证唯物主义所揭示的，通过辩证法、逻辑和认识论相一致而表现的历史发展客观规律。达到理论逻辑和历史逻辑的统一，才是历史发展的实践逻辑。

---

① 《列宁全集》第18卷，人民出版社1988年版，第145页。

② ［美］弗兰西斯·福山：《历史的终结及最后之人》，黄胜强、许铭原译，中国社会科学出版社2003年版，第334页。

从根本上说，理论和实践是相互依赖的。自发的、纯经验的实践可以不依赖于理论，但这种实践只是简单重复的活动，只有量的积累、没有质的飞跃。而真正推动社会历史产生质的飞跃、开创历史新篇章的实践，是引发千百万人民群众投身的社会实践，是必须有理论指导的自觉实践活动。正是在这个意义上，如列宁所指出的那样，“没有革命的理论，就不会有革命的运动”。[①] 片面地只讲实践出真知，实践是检验真理的唯一标准是不全面的，还要讲理论创新实践、理论指导实践。把理论从实践中排挤出去，视实践为天然正当（否认有狭隘的、盲目的实践活动），视实践成功为天然正确（否认有偶然的、一时的成功实践），这是今天自发性恶性膨胀的一个根源。迷恋自发性的社会心态，从根本上是排斥先进理论指导、排斥先进政党领导的，因而有碍于坚持和发展中国特色社会主义。所以列宁一再强调，“对工人运动自发性的任何崇拜，对‘自觉因素’的作用即社会民主党的作用的任何轻视，完全不管轻视者自己愿意与否，都是加强资产阶级思想体系对工人的影响。”[②] 但是，取消辩证唯物主义，就没有科学意义上的理论，就没有真正能够指导实践意义上的理论。

在当今世界整体态势依然是“西强我弱”的背景下，科学理论对于世界社会主义事业具有特殊的意义：它是我们掌握意识形态话语权乃至主导权的基本手段，破除统治思想的困难在于推倒其所依托的道德高地。统治阶级依靠其在物质生产上的支配权，通过支配精神生产资料占据道德高地，是其建立思想统治的前提。被压迫阶级颠覆统治阶级道德制高点的方法无非是两种，一是营造新的道德高地取而代之（如资产阶级用人道主义颠覆封建阶级的神学道德）；二是通过占领历史制高点颠覆统治阶级原先的道德制高点。第一种方式只有对在旧统治秩序下已经拥有优势经济实力的被统治阶级才具有可行性，因而一般是一个剥削阶级取代另一个剥削阶级的社会变革。例如奴隶主统治下的新兴封建主，封建主统治下的新兴资产阶级。以资产阶级为例，在它通过革命获得国家权力之前，就已经大体上取得了生产资料的支配权，因而可以理直气壮地声称自己就是社会的主人，从而质疑现行社会秩序的不合理。由于无产阶级在资本主义雇佣劳动制中始终处在被支配的地位，因而不可能在资本主义社会形成优势的经济力量，同时也决定了在资本主义市场经济下财富创造者的模糊与颠倒，决定了无产阶级不可能在现存秩序下建构新的道德高地。这表明，现代无产阶级冲破资产阶级的思想牢笼、颠覆其道德制高点的唯一方式就是通过占领历史制高点来达到的。只有站在超越资本主义的历史高度，资本创造财富的历史光环才会消退，批判资本主义的道德高地才能真正构建。这就必须依靠科学理论。只有通过科学理论把握人类社会的历史逻辑，才能站到历史的制高点上。正如马克思指出的，由现代无产阶级担纲的“19 世纪的社会革命不能从过去，而只能从未来汲取自己的诗情”。[③] 马克思创立的历史唯物主义实现了这一目标，从而揭示了资本主义的灭亡和共产主义的实现“同样是不可避免的”。

把科学社会主义所追求的客观真理和客观规律，通过所谓的价值真理而转化为一种伦理诉求，其后果必然使得科学社会主义在丧失了历史制高点的同时，也丧失了道德制高点。事情很清楚，以社会形态更替的客观规律为基础的马克思主义话语

① 《列宁选集》第 1 卷，人民出版社 1995 年版，第 153 页。

② 同上书，第 325 页。

③ 《马克思恩格斯选集》第 1 卷，人民出版社 2012 年版，第 671 页。

体系，本质上是阶级性话语，与西方意识形态的所谓“普世话语”相比，单纯纠缠于伦理领域的较量，肯定没有主动性。所以科学社会主义必须诉诸客观真理，诉诸历史客观规律，在占领历史制高点的同时拥有道德制高点。可见，消解客观真理已成为当代敌对意识形态渗透的重要目标，把社会主义伦理化是其基本方略。所以，解决今天的理想信念问题，就要像列宁那样，旗帜鲜明地把坚持辩证唯物主义的哲学立场提到突出的位置。

三　哲学世界观斗争的核心问题是历史主体的认定

历史总是人的历史，这似乎是常识。但是，历史有没有客观规律，人能否认识和掌握这些规律，那就存在根本对立的答案。何以如此，关键在作为历史活动主体的人如何认定。归根到底是两种认定，一是个体主体，这种认定与人们的经验似乎吻合，人的存在首先是有生命的个体。但是，生物意义上的个体并非历史活动的主体，只有在不断解决与自然的矛盾关系中，通过社会化过程才能形成历史活动的主体。从抽象的个体主体出发，肯定没有客观规律，即便有也不可知。因而历史的创造源泉最终只能诉诸抽象的人性，或所谓的“重叠共识”。立足个人主义的康德割裂现象与本质，陷入二元论和不可知论的结果表明，个体主体无法达到对于历史的科学把握。进一步说，个体主体也不符合历史事实，因为迄今为止，个人都从属于社团或阶级，没有个人历史主体的空间。

二是人民主体，这种认定要既不否定对于人的经验把握，但又要跳出对于人的经验直观，突破人民是个人的集合体这一错误认知，确立人民作为历史活动有机主体的历史认知。这就需要辩证唯物主义、历史唯物主义世界观。有了人民主体，历史才有客观规律可循，认识和掌握历史规律才成为可能。可以说，唯物史观和唯心史观的对立，从根本上是两种历史主体的对立；唯物史观是人民史观，而形形色色的唯心史观归根到底是个人史观。

确立历史活动的人民主体性，要解决一个理论难点，即现实的人实际上就是现实的人类，即人民。时下对唯物史观的一大误读，就是把马克思所说的、作为唯物史观前提的现实的个人解读为经验的个人，就是当下市民社会的人，或资本主义市场经济下的所谓“经济人”。因此，只有从这种利己主义的个人出发才是从现实的人出发，而离开这种个人的人民是抽象的人。实际上，现实之所以不等于现存，现实的人之所以不等于经验的人就在于，现实不是僵死的、一成不变的，而是不断变化发展的，现实的人不是维护现状和现存利益格局的人，而是顺应发展、推动变革、开创未来的人。因此，马克思一直认为资本主义社会的人具有异化的性质，表现为人的本质二重化，经验的人并非真正的人。马克思也曾明确指出，市民社会的个人不仅是资本主义制度的自然基础，也是旧世界观的立足点。“旧唯物主义的立脚点是市民社会，新唯物主义的立脚点则是人类社会或社会的人类。”因此，这种维护资本主义现状的人在马克思看来绝非现实的人，而不断超越资本主义现状、开创社会主义和共产主义未来的人才是现实的人，这就是以工人阶级为核心的人民群众。

马克思之所以特别重视黑格尔，就因为黑格尔的绝对精神（或绝对观念）并不是一个荒诞的杜撰，而是包含着历史唯物主义胚芽的卓越思想，即关于“现实的人类”的思想。黑格尔的这种突破与两个伟大的思想家紧密联系，这就是斯宾诺莎和费希特。尽管两位思想家的观点大相径庭，然而他们确立哲学最高原则的依据是相同的，这就是只有自身是自身原因的才能成为哲学的出发点和最高原则，也就是说，他们都依据了辩证法精神。斯宾诺莎因此以“实体”为出发点［其名言是：实体是 Causa Sui（自身原因）］，而费希特则以“自我”为出发点。两者都有其合理性。但是，他们的出发点都有片面性：斯宾诺莎的实体虽然在一定意义上揭示了物质的自我运动和相互作用，但是当他把人也等同于自然物质时，不但抹杀了人的历史主体性，而且遮蔽了人类历史的进步规律；费希特虽然凸显了人的自觉性和历史主动性，但是脱离了自然界和人自身自然的自我，同样不能创造历史，自然也谈不上揭示历史的内在规律。黑格尔的哲学体系则是对上述两者的辩证综合，正如马克思所指出的：“在黑格尔的体系中有三个因素：斯宾诺莎的实体，费希特的自我意识以及前两个因素在黑格尔那里的必然的矛盾的统一，即绝对精神。第一个因素是形而上学地改了装的、脱离人的自然。第二个因素是形而上学地改了装的、脱离自然的精神。第三个因素是形而上学地改了装的以上两个因素的统一，即现实的人和现实的人类。”[①] 马克思的这个论断，不仅指出了黑格尔哲学的特色，而且指明了历史辩证法的可能出路——现实的人及其历史发展。

当然，黑格尔只是在唯心主义范围内最大限度地接近了“现实的人”这一历史观的科学前提，并没有真正解决这一课题。但是，他给马克思的启示在于，人的本质是超出个人自身之外的客观精神，现实的人和现实的人类是在推动人和自然矛盾关系中创造历史的，历史活动的主体同历史发展规律具有一致性。马克思从人类的生产活动出发，对黑格尔的精神辩证法进行了唯物主义的颠倒，把人和自然之间的物质变换关系（生产力）及由此必然形成的人与人之间的客观关系（生产关系），作为历史矛盾运动的基础，从而形成了“现实的人类”这一历史活动的主体。

可见，马克思所说的现实的个人，不是以个人为本的抽象的个人，而是组合成人民的个人及与人民相对立的少数人。只有从生产力和生产关系矛盾运动的规律上，才能理解作为“现实的人类”的人民主体。人民是推动生产力发展和顺应生产力发展的生产关系变革的力量，它包含大多数个人但不能归结为个人。同样，只有从阶级关系和阶级斗争上才能理解人民主体。先进的生产力和生产关系是通过先进阶级代表、通过社会革命实现的，把人民和阶级对立起来是站不住的。可见，自由主义也讲人民，但把人民看作是个人的集合体，因而只有个人是真实的存在，人民则只是抽象的名词。马克思主义视域中的人民不是个人的集合体，而是以先进阶级为核心、劳动群众为基础、一切顺应历史发展的集团和个人为外延的有机整体。不懂得辩证唯物主义和历史唯物主义，就不懂得历史活动的人民主体；否定马克思主义哲学世界观，不管怎么讲人民，那都是南辕北辙。

列宁曾强调：“群众是划分为阶级的”；“阶级是由政党来领导的；政党通常是由最有威信、最有影响、最有经验、被选出担任最重要职务而称为领袖的人们所组成的比较稳定的集团来主持的。这都是起码的常识。这都是简单明了的道理。”[②] 但是，如果不懂得马克思主义哲学世界观，这些简单明了的道理和常识就会受到嘲弄，被肆意践踏，

---

① 《马克思恩格斯全集》第 2 卷，人民出版社 1957 年版，第 177 页。

② 《列宁选集》第 4 卷，人民出版社 1995 年版，第 151 页。

而谬误和混乱则大行其道。今天再读《共产党宣言》，必须加强马克思主义的世界观教育，真正读懂这一划时代的经典文献。

（原载《世界社会主义研究》2018 年第 2 期）

新时代中国马克思主义需要回答的三个重大问题

辛向阳*

中国特色社会主义已经进入新时代，新时代中国马克思主义面临着一系列极为复杂的难题需要进行科学回答。2018 年 7 月，习近平总书记在全国组织工作会议上强调指出："特别是要看到，在新时代，我们党领导人民进行伟大社会革命，涵盖领域的广泛性、触及利益格局调整的深刻性、涉及矛盾和问题的尖锐性、突破体制机制障碍的艰巨性、进行伟大斗争形势的复杂性，都是前所未有的。"① 这些前所未有的问题都是需要新时代中国马克思主义作出科学回答的。

一　新时代中国马克思主义要回答如何把处于低潮的社会主义推向高潮

20 世纪 80 年代末 90 年代初苏联解体、东欧剧变后，世界社会主义运动陷入低潮。进入新世纪以来，尽管世界社会主义运动开始出现复苏的新潮声，但总的来说，社会主义依然处在低谷期。到 21 世纪中叶，我们要实现中华民族伟大复兴的中国梦，同时科学社会主义要焕发出强大生机活力，这两者紧密相连，中华民族伟大复兴是以科学社会主义蓬勃发展为基础的。

1. 中国特色社会主义进入新时代意味着进入了一个与资本主义既合作共赢又激烈竞争的时代

2017 年 9 月 29 日，习近平总书记在十八届中央政治局第四十三次集体学习时强调："尽管我们所处的时代同马克思所处的时代相比发生了巨大而深刻的变化，但从世界社会主义 500 年的大视野来看，我们依然处在马克思主义所指明的历史时代。"② 马克思主义所指明的是一个什么样的历史时代？那就是从资本主义向社会主义大过渡的时代，是社会主义在与资本主义竞争中不断赢得比较优势，最终战胜资本主义的时代。这是我们对马克思主义保持坚定信心、对社会主义保持必胜信念的科学根据。中国特色社会主义新时代正是这个大的历史时代中的一个关键时代，要确保到 21 世纪中叶使社会

---

* 辛向阳：中国社会科学院马克思主义研究院副院长，研究员。

① 习近平：《切实贯彻落实新时代党的组织路线　全党努力把党建设得更加坚强有力》，《人民日报》2018 年 7 月 5 日。

② 习近平：《深刻认识马克思主义时代意义和现实意义　继续推进马克思主义中国化时代化大众化》，《人民日报》2017 年 9 月 30 日。

主义实现伟大复兴。

2018 年 10 月 11 日，观察者网发表了题为《一封驻美记者朋友的来信：美国对华政策，连常识都守不住了?》的文章，文中说："《纽约时报》专栏作家托马斯·弗里德曼的评论写道，今天美中间的贸易争端，不只是属于商业版面的故事，也是进入历史书籍的故事。他说：'当前的局势完全是一场斗争，为的是重新制定全球最老和最新的超级大国——美国与中国——经济和权力关系的规则。这不是一场贸易口角。'"① 归根结底，中美贸易战的背后是模式之争、制度之争、意识形态之争。2018 年 6 月以来，美国的政要反复指责中国模式。2018 年 6 月，美国国防部长马蒂斯在美国海军战争学院的毕业典礼上发表演讲时说："中国正在计划着回归明朝模式，当然以一种更强悍的方式，要求其他国家成为他们的朝贡国，对北京叩头；……这个多元的世界有很多条路，他们却只推行'一带一路'，试图在国际舞台上复制他们国内的威权模式；……并利用掠夺性的经济手段让其他国家累积巨大的债务。"② 2018 年 6 月 18 日，美国国务卿蓬佩奥在底特律经济俱乐部发表了长达 3 万多字的演讲，他表示，必须让全球经济重回"美国模式"，尤其是要在非洲驱除中国的影响，让非洲走"美国模式"，而不是"中国模式"。③ 2018 年 10 月 4 日，美国副总统彭斯在华盛顿智库哈德逊研究所就美国政府的中国政策发表长篇演说。他无知且傲慢地指责中国近年来朝着控制和压迫本国人民的方向急转弯，还可笑地指责中国的信用体系建设："到 2020 年，中国的统治者试图落实奥威尔式的体系，也就是所谓的'社会信用分数'，前提是几乎控制人们生活的方方面面。"美国政要指责的都是中国的社会政治制度，也就是说美国发动的贸易战是"醉翁之意不在酒，在乎制度之争也"。

2. 如何赢得与资本主义的比较优势

2013 年 11 月，习近平总书记就《中共中央关于全面深化改革若干重大问题的决定》向十八届三中全会所作的说明指出："我们党靠什么来振奋人心、统一思想、凝聚力量？靠什么来激发全体人民的创造精神和创造活力？靠什么来实现我国经济社会快速发展、在与资本主义竞争中赢得比较优势？靠的就是改革开放。"④ 改革开放是党和人民大踏步赶上时代的重要法宝，是坚持和发展中国特色社会主义的必由之路，是决定当代中国命运的关键一招，也是决定实现"两个一百年"奋斗目标、实现中华民族伟大复兴的关键一招。在改革开放中大力发展生产力，其中根本的一点就是发展现代化大工业，建设制造强国。早在 170 年前，马克思、恩格斯在《共产党宣言》中就明确指出："古老的民族工业被消灭了，并且每天都还在被消灭。它们被新的工业排挤掉了，新的

---

① 钟展梅：《一封驻美记者朋友的来信：美国对华政策，连常识都守不住了?》，观察者网，https：//www. guancha. cn/zhongzhanmei/2018_10_11_475110. shtml。

② 邵旭峰：《美国防长说中国推明朝模式，商务部长说要给中国更多痛苦》，搜狐网，http：//www. sohu. com/a/237528697_365982。

③ 《美国国务卿蓬佩奥：危害美国的最大"犯人"是中国》，中国网，https：//military. china. com/important/11132797/20180620/32557487. html。

④ 习近平：《关于〈中共中央关于全面深化改革若干重大问题的决定〉的说明》，《人民日报》2013 年 11 月 16 日。

工业的建立已经成为一切文明民族的生命攸关的问题。”① 推动高质量发展必须建设制造强国。从世界经济发展的规律来看，强大的国家一定有雄厚的制造业基础。20 世纪 80 年代中期，美国制造业的霸主地位受到日本的挑战，钢铁、汽车、家电、存储芯片江河日下，当时美国人发誓要“夺回失去的优势”。美国麻省理工学院在 1986 年下半年集聚了一批多学科技术专家、经济学家和管理学家组成工业生产率委员会，几十位专家学者经过历时三年的调查和研究，仅八个行业就访问了 200 多个世界级大公司、550 位专家，于 1989 年形成了名为《美国制造》的研究成果。结论就是：“一个国家要想生活得好，就要生产得好。”全球知名企业家、美中贸易委员会主席、陶氏化学 CEO 利伟诚（Andrew Liveris）出版了《美国制造：从离岸到回岸，如何改变世界》一书，他以陶氏化学公司为例指出，制造业岗位外流将导致一个国家或城市无法长期保留设计、研发与企业总部，长期脱离制造的研发能力会萎缩，“将没有知识产权的产生”。② 哈佛商学院企业管理教授加里·皮萨诺和该院技术运营管理教授威利·史出版了《制造繁荣：美国为什么需要制造业复兴》一书，强调制造业的极端重要性。加拿大马尼托巴大学终身名誉教授瓦拉科夫·斯米尔出版了《美国制造：国家繁荣为什么离不开制造业》，从美国制造史的角度，揭示出不同历史阶段制造业在推动美国崛起繁荣中起到的不可替代作用。③ 美国在当今世界高端制造业领域具有主导地位，其经济统摄力是巨大的。按照波音公司 2014 年公布的产品目录价格，每架波音 787 飞机的目录价格为 2.571 亿美元，按 1 美元兑换人民币 6.2 元的汇率计算，折合人民币约 15.94 亿元。中国必须在制造业特别是在高端制造业领域迎头赶上。2015 年国务院发布的《中国制造 2025》指出：“制造业是国民经济的主体，是立国之本、兴国之器、强国之基。”18 世纪中叶开启工业文明以来，世界强国的兴衰史和中华民族的奋斗史一再证明，没有强大的制造业，就没有国家和民族的强盛。我们要更多依靠中国装备、依托中国品牌，实现中国制造向中国创造的转变、中国速度向中国质量的转变、中国产品向中国品牌的转变，完成中国制造由大变强的战略任务，《中国制造 2025》提出，力争通过“三步走”实现制造强国的战略目标。第一步，力争用十年时间，迈入制造强国行列。到 2025 年，制造业整体素质大幅提升，创新能力显著增强。第二步，到 2035 年，我国制造业整体达到世界制造强国阵营中等水平。第三步，新中国成立一百年时，制造业大国地位更加巩固，综合实力进入世界制造强国前列。当前，美国针对《中国制造 2025》设置了种种障碍，我们必须坚定不移把这一战略贯彻下去，决不可半途而废。

推动高质量发展必须发展时间经济。马克思十分重视资本的时间性，他指出：“用时间去消灭空间，就是说，把商品从一个地方转移到另一个地方所花费的时间缩减到最低限度。资本越发展，从而资本借以流通的市场，构成资本空间流通道路的市场越扩大，资本同时也就越是力求在空间上更加扩大市场，力求用时间去更多地消灭空间。”④“生产越是以交换价值为基础，因而越是以交换为基础，交换的物质条件——交往运输手段——对生产来说就越是重要。资本按其本性来说，力求超越一切空间界限。因此，

---

① 《马克思恩格斯选集》第 1 卷，人民出版社 2012 年版，第 404 页。

② 郑渝川：《制造业兴衰如何影响美国国运?》，《广州日报》2014 年 12 月 5 日。

③ 同上。

④ 《马克思恩格斯全集》第 46 卷（下），人民出版社 1980 年版，第 33 页。

创造交换的物质条件——交往运输手段——对资本来说是极其必要的。"① 马克思重视资本的时间性，强调时间性优于空间性。推动经济高质量发展，要大力发展时间经济形态。时间经济形态就是利用时间因素，使之在经济发展中发挥更大作用的经济形态。时间经济表现为：一是时区经济，即以时区的互补为基础发展交易性经济。伦敦、纽约、东京三大世界级城市共同构成了 24 小时的不眠之夜，这为"不能过夜的资本"提供了全球运作的平台，全球三大证券市场由此形成，华尔街、伦敦金融城、新宿之间构成了一个完整的金融链条。2010 年 9 月，中央电视台播出过一部电视纪录片《华尔街》，其中讲道："纽交所结束了一天的交易，但华尔街人的工作并没有停止，3 个小时后亚洲证券交易市场的开市钟声将首先在东京敲响，11 个小时后伦敦交易市场也开始沸腾起来。在经济全球化的时代，资本已经挣脱了时空的束缚，在更加广阔的金融星球上运转着。"二是时序经济。日常经济活动不是局限于 8 小时的工作时间拉动和派生的经济活动，而是充分延伸经济活动的时长，如发展夜间经济活动，不断衍生出新的经济增长点。应发展适合人们夜间消费的经济形态，使更多的人能够在夜间进行生产和消费。我们有的城市已经开始重视夜间经济的发展。2017 年 11 月，南京市出台了《关于加快推进夜间经济发展的实施意见》，强调夜间经济的繁荣程度是一个城市经济开放度、活跃度的重要标志，是发展现代城市经济的重要内容。

二　新时代中国马克思主义要回答如何提高驾驭社会主义市场经济的能力

从 1992 年中国开始建立社会主义市场经济体制，经过 26 年的发展，我们不仅建立了这一体制，而且完善了这一体制，并且使市场在资源配置中发挥决定性作用。但同时市场经济的发展也给党的建设带来了巨大的挑战。如何使我们党不被市场逻辑所驾驭？我们党一直强调提高驾驭社会主义市场经济的能力，而且明确提出要经受住市场经济的考验。

1. 防止党内出现利益集团

防止党内出现利益集团是近百年来很多共产党人都在思考的重大问题。1923 年，匈牙利著名思想家卢卡奇出版了《历史与阶级意识》一书。法国 20 世纪最重要的思想家之一梅洛·庞蒂称誉《历史与阶级意识》一书为西方马克思主义的"圣经"，包含了西方马克思主义的秘密所在。卢卡奇曾经谈到一个问题：无产阶级内部会不会出现社会分层，进而会不会出现利益集团？卢卡奇特别指出："在（俄共）第二次代表大会关于'共产党在无产阶级革命中的作用'的论纲中几乎逐字逐句复述了《共产党宣言》中的一段话：'共产党没有任何同整个无产阶级的利益不同的利益，它比其余的无产阶级群众优越的地方在于它清楚地了解整个无产阶级所要走的历史道路，并且力求在这条道路的一切转弯处不是捍卫个别集团或职业的利益，而是捍卫整个无产阶级的利益'。"② 这个问题，意大利共产党创始人葛兰西在 1926 年也曾经提出过。我们党一直以来高度重

① 《马克思恩格斯全集》第 46 卷（下），人民出版社 1980 年版，第 16 页。

② ［匈］卢卡奇：《历史与阶级意识》，杜章智、任立、燕宏远译，商务印书馆 2009 年版，第 426 页。

视防范党内出现利益集团的问题，提出坚决防止党内出现利益集团。2015 年 10 月 29 日，习近平总书记在十八届五中全会第二次全体会议上的讲话中指出了防范党内出现利益集团的最根本的方法："全党同志特别是各级领导干部都要牢记党章中的规定：党除了工人阶级和最广大人民群众的利益，没有自己特殊的利益。如果有了自己的私利，那就什么事情都能干出来。党内不能存在形形色色的政治利益集团，也不能存在党内同党外相互勾结、权钱交易的政治利益集团。党中央坚定不移反对腐败，就是要防范和清除这种非法利益关系对党内政治生活的影响，恢复党的良好政治生态，而这项工作做得越早、越坚决、越彻底就越好。"① 一旦出现利益集团不仅会严重破坏党的政治生态，而且容易被市场经济中的利益集团所操纵。

2. 防止商品交换原则渗透到党内生活中来

2014 年 10 月 8 日，习近平总书记在党的群众路线教育实践活动总结大会上的讲话中指出："不可否认的是，在发展社会主义市场经济条件下，商品交换原则必然会渗透到党内生活中来，这是不以人的意志为转移的。社会上各种各样的诱惑缠绕着党员、干部，'温水煮青蛙'现象就会产生，一些人不知不觉就被人家请君入瓮了。"② 怎么解决这一问题？首先，广大党员干部要增强党内政治生活的政治性、时代性、原则性、战斗性，自觉抵制商品交换原则对党内生活的侵蚀，营造风清气正的良好政治生态。其次，要从制度上确立当官与发财之间的界限。习近平总书记明确说过："当官发财两条道，当官就不要发财，发财就不要当官。"③ 最后，防止被利益集团俘获。领导干部严格自律，要注重防范被利益集团"围猎"，坚持公正用权、谨慎用权、依法用权，坚持交往有原则、有界限、有规矩。

3. 有效整合各种新的社会群体的政治诉求，

防止出现"山头政治" 对于新的社会群体的涌现及其新的诉求，我们党一直高度关注。习近平总书记在多次讲话中都提到了新的社会群体的产生与发展。2013 年 11 月 19 日，时任中共中央政治局常委的刘云山在《人民日报》上发表文章强调指出："认真研究工人、农民、干部、知识分子等不同群体的利益诉求和政策诉求，包括注意关注蚁族、北漂、海归、海待、散户等社会上新出现的人群。"④ 2014 年 10 月，习近平总书记在文艺工作座谈会上的讲话中指出："近些年来，民营文化工作室、民营文化经纪机构、网络文艺社群等新的文艺组织大量涌现，网络作家、签约作家、自由撰稿人、独立制片人、独立演员歌手、自由美术工作者等新的文艺群体十分活跃。"⑤ 2015 年 5 月，习近平总书记在中央统战工作会议上的讲话中指出："随着互联网的快速发展，包括新媒体从业人员和网络'意见领袖'在内的网络人士大量涌现。在这两个群体中，有些

---

① 《习近平关于严明党的纪律和规矩论述摘编》，中央文献出版社、中国方正出版社 2016 年版，第 30—31 页。

② 习近平：《在党的群众路线教育实践活动总结大会上的讲话》，《人民日报》2014 年 10 月 9 日。

③ 霍小光、华春雨：《真诚的交流　郑重的嘱托——习近平总书记与中央党校县委书记研修班学员座谈速写》，《人民日报》2015 年 1 月 13 日。

④ 刘云山：《加强和改善党对全面深化改革的领导》，《人民日报》2013 年 11 月 19 日。

⑤ 习近平：《在文艺工作座谈会上的讲话》《人民日报》2015 年 10 月 15 日。

经营网络、是‘搭台’的，有些网上发声、是‘唱戏’的，往往能左右互联网的议题，能量不可小觑。”① 他还进一步指出：“新经济组织、新社会组织中的知识分子，如律师、会计师、评估师、税务师等专业人士，是改革开放以来快速成长起来的社会群体。目前看，这些人主要在党外、体制外，流动性很大，思想比较活跃。”② 可以说，当代中国不仅有鼠族、蚁族、啃老族、节孝族、老漂族等“族群”，而且还有教师、律师、会计师、评估师、税务师、咨询师等“雄狮军团”；不仅有留守儿童、留守妇女、留守老人构成的“387061”部队，还有网络写手、签约作家、自由撰稿人、独立制片人、独立演员歌手、自由美术工作者等组成的自由职业者。

新的社会群体有自身的利益诉求和政策诉求，也有自己的政治诉求。这些诉求在党的领导下会融合成为中国特色社会主义民主政治的重要组成部分，而不会变成游离于社会主义民主政治之外的因素，从而变成异己的力量。在党的领导下，可以把新的社会群体纳入人民代表大会制度之中，使他们的代表人士成为合格的人民代表；在党的领导下，把这些社会群体组织起来，通过他们所在的组织了解情况，开展工作；在党的领导下，与这些社会群体进行广泛全面的协商，在协商中实现这些社会群体的正当利益。

三　新时代中国马克思主义要回答如何应对中国对外开放中遇到的新挑战

当前，中国的全方位对外开放遇到了新的挑战，既有特朗普发动的中美贸易战，又有很多逆全球化的潮流。面对这些新情况，我们要善于运用马克思主义的视野看待这些挑战并提出解决问题的思路。

1. 当前的国际经济出现了两个隐形的“平行世界市场”

第一，市场经济有社会主义市场经济与资本主义市场经济之分。我们的市场经济是社会主义市场经济，这与资本主义市场经济是有区别的。社会主义市场经济强调达己也达人，资本主义市场经济是损不足而奉有余；社会主义市场经济强调经济全球化的平等性和包容性，资本主义市场经济强调的是全球经济的圈层化和个别国家的优先性。这两种市场经济在经济全球化过程中必然会发生矛盾甚至冲突，一个重要表现就是一些国家以国家安全为名禁止诸如华为这样的中国企业进行正常的投资和购并。2017 年 11 月，美国国会美中经济与安全审查委员会发布 2017 年度报告，其中关于中国对美投资部分的工作建议中限制中国国有资本对美投资和限制中国对美高科技产业投资的意图十分明显。

第二，西方对中国的市场经济一直设有各种隐形的壁垒。第一个隐形壁垒就是给中国贴上“非市场经济”国家的标签，指责中国是国家资本主义，采取各种关税政策打压中国的市场经济，如美国 2018 年 9 月 24 日实施的对中国 2000 亿美元产品加征关税政策。第二个隐形壁垒就是设置各种隐性规则和障碍，以非市场经济的不公平的方式禁止对中国的高新科技贸易。从约 70 年前的巴黎统筹委员会到 20 多年前的《瓦森纳协定》，一条主线就是禁止向中国转让高新技术。巴黎统筹委员会的正式名称是“输出管

① 《习近平关于社会主义政治建设论述摘编》，中央文献出版社 2017 年版，第 135 页。
② 同上书，第 1134 页。

制统筹委员会”，是1949年11月在美国的提议下秘密成立的，是第二次世界大战后西方发达工业国家在国际贸易领域纠集起来的一个非官方的国际机构，其宗旨是限制成员国向社会主义国家出口战略物资和高新技术。1952年成立中国委员会，是对中国实行禁运的执行机构。巴黎统筹委员会的宗旨是执行对社会主义国家的禁运政策。禁运产品有三大类，包括军事武器装备、尖端技术产品和战略产品。禁运货单有四类：Ⅰ号货单为绝对禁运者，如武器和原子能物质；Ⅱ号货单属于数量管制；Ⅲ号货单属于监视项目；中国禁单，即对中国贸易的特别禁单，该禁单所包括的项目比苏联和东欧国家所适用的国际禁单项目多500余种。苏东剧变之后，巴黎统筹委员会于1994年4月1日宣布正式解散。但很快，新的巴黎统筹委员会即《瓦森纳协定》出台。在美国的操纵下，1996年7月，以西方国家为主的33个国家在奥地利维也纳签署了《瓦森纳协定》，决定从1996年11月1日起实施新的控制清单和信息交换规则。《瓦森纳协定》包含两份控制清单：一份是军民两用商品和技术清单，涵盖了先进材料、材料处理、电子器件、计算机、电信与信息安全、传感与激光、导航与航空电子仪器、船舶与海事设备、推进系统等9大类；另一份是军品清单，涵盖了各类武器弹药、设备及作战平台等共22类。中国同样在被禁运国家之列。也就是说，中国想通过自由贸易的市场经济手段很难获取国外的高新技术，原因就是中国是社会主义国家。

2. 如何打破隐形的市场壁垒

中国的对外开放就是要打破这种隐形的市场壁垒，具体来说就是：

第一，坚定不移地把“一带一路”建设好，使“一带一路”沿线国家的市场相互融通。共建“一带一路”是中国发起的经济合作倡议，不是搞地缘政治联盟或军事同盟；共建“一带一路”是一个开放包容的进程，不是要关起门来搞小圈子或者“中国俱乐部”。五年来，共建“一带一路”倡议大幅提升了我国贸易投资自由化便利化水平，我们同“一带一路”沿线相关国家的货物贸易额累计超过5万亿美元，对外直接投资超过600亿美元，为当地创造了20多万个就业岗位。“一带一路”沿线国家的经济合作能够不断拆除世界经济中存在的市场壁垒，为各国人民造福。

第二，以更大力度推进对外开放，以更大力度维护好国家主权特别是经济主权安全。2018年10月，美墨加贸易谈判结束。在推进美墨加贸易谈判时，美国商务部部长罗斯主动爆料，新签署的协定内容中，有一项旨在阻止与中国达成贸易协定的“毒丸条款”，并有可能在未来美国与日本、欧盟等其他国家和地区达成的贸易协定中被复制。罗斯声称，《美墨加贸易协定》是一项堵塞贸易协定漏洞的措施，过去这些漏洞使得中国的贸易、知识财产权和行业补贴行为变得合法化。根据《美墨加贸易协定》中这项新的防堵中国的贸易条款，如果任何一个协定签约国与一个“非市场经济国家”签署贸易协定，那么，另外两个国家就可以在6个月内自由退出，并达成双边贸易协定。针对此条款，中国驻加拿大大使馆发言人杨云东说，中国谴责“有关国家公然干涉别国主权的霸权行径”，中国反对在世界贸易组织（WTO）架构外“杜撰”市场经济国家和非市场经济国家等概念，并对“有关国家经济主权受到损害感到悲哀”。2018年10月11日，在我国商务部举行的例行新闻发布会上，商务部发言人指出：在世界贸易组织多边贸易规则中，没有关于“非市场经济国家”的条款，其仅存在于个别成员的国内法中；建立自贸区的目的是便利成员间的贸易，不应该限制其他成员的对外关系能力，不应该搞排他主义。这种排他主义的贸易安排最终损害的一定是自己，因为经济全球化是任何人都无法阻挡的万钧列车，是世界性大河奔涌向前的潮头，任何鲁莽的力量都无法使之改道和改向。

（原载《思想理论教育》2018 年第 12 期）

维护党中央权威和集中统一领导的理论、历史和现实

金民卿[*]

加强和维护党中央权威和集中统一领导，是习近平新时代中国特色社会主义思想的重要内容。党的十九大报告在阐述新时代中国特色社会主义基本方略时指出："必须增强政治意识、大局意识、核心意识、看齐意识，自觉维护党中央权威和集中统一领导，自觉在思想上政治上行动上同党中央保持高度一致。"① 在阐述中国特色社会主义民主政治时强调："在我国政治生活中，党是居于领导地位的，加强党的集中统一领导，支持人大、政府、政协和法院、检察院依法依章程履行职能、开展工作、发挥作用，这两个方面是统一的。"② 在部署全面从严治党时强调："保证全党服从中央，坚持党中央权威和集中统一领导，是党的政治建设的首要任务。"③ 十九大党章在阐述民主集中制时规定："必须实行正确的集中，牢固树立政治意识、大局意识、核心意识、看齐意识，坚定维护以习近平同志为核心的党中央权威和集中统一领导，保证全党的团结统一和行动一致，保证党的决定得到迅速有效的贯彻执行。"④ 在中国特色社会主义进入新时代之际，我们党高度重视维护党中央权威和集中统一领导，既有深厚的理论渊源也有坚实的制度依据，既是对历史经验教训的深刻总结，更有着鲜明的现实针对性，是承担好新时代中国共产党历史使命的内在要求和根本保证，全党同志必须以高度的政治自觉和严肃的党内政治生活坚决维护党中央权威和集中统一领导。

一　维护党中央权威和集中统一领导，是马克思主义政党的根本性质和组织制度的内在要求

中国共产党是一个伟大的马克思主义政党，马克思主义党建理论的一个基本原则和重要传统，就是一以贯之地坚持和维护党中央权威，一以贯之地坚持和加强党的集中统一领导。

---

* 金民卿：中国社会科学院近代史研究所党委副书记、副所长，研究员。

① 习近平：《决胜全面建成小康社会，夺取新时代中国特色社会主义伟大胜利——在中国共产党第十九次全国代表大会上的报告》，人民出版社 2017 年版，第 20 页。

② 同上书，第 36—37 页。

③ 同上书，第 62 页。

④ 《中国共产党章程》，人民出版社 2017 年版，第 10 页。

在创立新世界观特别是科学社会主义理论、创建以马克思主义为指导的无产阶级政党、领导世界工人运动的过程中，马克思、恩格斯反复强调，马克思主义政党是工人阶级的先锋队，要始终保持自己的先进性、纯洁性、战斗性、革命性，最终取得工人阶级和全人类的解放，就必须坚决维护党的团结统一，维护党中央权威和集中统一领导，坚决反对形形色色的无政府主义和机会主义。

1847 年，欧洲工人运动中有一定影响的正义者同盟在面临发展困境之际，派出自己的领导人约瑟夫·莫尔，邀请马克思和恩格斯对同盟进行改造。马克思和恩格斯以此为契机着手把科学社会主义理论同工人运动实践创造性地结合起来，创立了以马克思主义为指导的工人阶级政党——共产主义者同盟。这年 6 月，主要由恩格斯和沃尔弗起草的《共产主义者同盟章程》明确提出：同盟由支部、区部、中央委员会和代表大会构成；代表大会是最高权力机关，执行权属于中央委员会；各级委员会都由选举产生并随时可以罢免。[①] 这些条文规定体现了马克思主义政党的民主集中制原则和中央委员会的领导核心地位。

1848 年，在《共产党宣言》这部标志着共产党正式诞生的划时代著作中，马克思和恩格斯鲜明地提出：以马克思主义武装起来的工人阶级政党——共产党，是由“最先进和最坚决的”分子组成的、全世界工人阶级和最广大人民群众的先锋队，在理论上始终坚持以马克思主义这一最先进的世界观方法论为指导，在实践上始终是走在人类解放运动和社会历史发展的最前列，是工人阶级的领导核心力量；它始终以无产阶级和全人类的解放和幸福为根本追求，没有任何同整个无产阶级利益不同的特殊利益；其最终目标就是要实现人的自由全面发展的共产主义。这些规定明确了共产党的根本政治属性和奋斗目标。1848 年革命后，马克思和恩格斯撰写了《1848 年至 1850 年的法兰西阶级斗争》《中央委员会告共产主义者同盟书》《德国的革命和反革命》等著作，深刻总结 1848 年革命的经验教训，明确提出要使共产主义者同盟成为未来更广泛的无产阶级政党的核心，要建立独立的工人阶级政党作为领导工人运动的中心，并对工人阶级政党的建党原则提出了重要探索。

19 世纪 60—70 年代，马克思和恩格斯领导创建了“第一国际”，致力于领导全世界的工人解放运动。第一国际内部成分非常复杂，思想非常混乱，拉萨尔主义、巴枯宁主义、无政府主义等严重影响国际工人运动的发展。马克思恩格斯在制定第一国际文件、同各种错误思想斗争、领导第一国际发展的过程中，突出地强调了加强党内团结统一、维护党中央权威和集中统一领导的问题。马克思起草的《国际工人协会共同章程》对国际工人协会的组织规则提出了一系列重要规定：每年召开由协会各支部选派代表组成的全协会工人代表大会，代表大会任命协会的总委员会，选举总委员会委员；协会代表大会在年会上听取总委员会关于一年来活动的公开报告；总委员会有权在必要时改变集会地点；在紧急情况下，总委员会可以早于规定的一年期限召开全协会代表大会；总委员会由参加国际协会的各国工人代表组成，总委员会从其委员中选出处理各种事务的必要负责人，如财务委员、总书记、各国通讯书记等；总委员会是在协会各国的全国性组织和地方性组织之间进行联系的国际机关；在一切适当场合，总委员会应主动向各国

① 《马克思恩格斯全集》第 42 卷，人民出版社 1979 年版，第 419—421 页。

的全国性团体或地方性团体提出建议；为了加强联系，总委员会发表定期报告。[①] 这些规定充分体现了马克思主义政党的民主集中制原则，强调了中央委员会的权威和集中统一领导。

与此同时，马克思恩格斯撰写了《所谓国际内部的分裂》《社会主义民主同盟和国际工人协会》《论权威》等重要论著，高度强调了权威和集中统一领导的极端重要性。例如，恩格斯在《论权威》中，批判了无政府主义者巴枯宁所谓反对一切权威的观点，阐明了权威在社会生活中的重要作用：权威的实质，就是以服从为前提的思想意志的集中统一；一定的权威总是同一定的社会经济基础相联系的，权威和服从不是由人的主观愿望确定的，而是由社会发展的客观要求所决定的；变革政治权威赖以产生的社会关系必须通过权威的手段，无产阶级必须牢牢维护无产阶级革命、无产阶级专政和无产阶级政党的权威，利用这个权威推翻统治阶级的统治，建立无产阶级的政权，并在无产阶级专政和无产阶级政党的领导下，开展社会主义建设。

1871 年 3 月 18 日，法国巴黎的工人阶级成功举行武装起义，创建了人类历史上第一个工人阶级专政的政府即巴黎公社。在巴黎公社革命期间，马克思就深刻洞察到巴黎公社运动存在的致命弱点——缺乏集中统一的领导。当时，在巴黎公社的政府机构内，不同派别的领导人相互争吵，不能及时有效地做出决策，在关键问题上犹豫不决，为敌人留下了喘息和反攻的机会。他在给巴黎公社委员弗兰克尔和瓦尔兰的信中指出："我觉得，公社浪费在琐碎事务和个人争执上的时间太多了。"[②] 在总结巴黎公社失败教训时，恩格斯深刻指出："巴黎公社遭到灭亡，就是由于缺乏集中和权威。"[③]

这些重要论述告诉人们，权威是社会发展和政治运动的客观要求，没有革命的权威，没有无产阶级政党的集中统一领导，就不可能取得工人阶级的革命胜利，就不可能推翻旧的社会统治，创立和建设社会主义制度，从而也就不可能实现工人阶级和全人类的彻底解放。

列宁在领导俄国革命、创建新型无产阶级政党的过程中，继承和发展了马克思主义的党建学说，严厉批判了分散主义和无政府主义，旗帜鲜明地确立和坚持党的民主集中制原则，高度重视党中央的权威和集中统一领导。

1898 年 3 月，俄国社会民主工党宣告成立，但是因为缺乏集中统一领导，缺乏领导核心的凝聚力量，缺乏民主集中制的制度保障，没有能够担负起指导俄国工人阶级运动的历史责任。针对这种情况，列宁先后发表了《怎么办》《进一步，退两步》《两种策略》《唯物主义和经验批判主义》等重要论著，为建立新型无产阶级政党奠定了思想、组织、策略和理论基础。

1904 年，在《进一步，退两步》一书中，列宁全面阐述了马克思主义政党的组织原则，强调必须建立一个组织严密、集中统一、纪律严明的新型政党，加强党的团结统一，反对党内的机会主义、个人主义和无政府主义。1905 年，列宁明确提出了民主集中制原则，他在《德国社会民主工党耶拿代表大会》一文中提出"实行彻底的集中制

---

① 《马克思恩格斯文集》第 3 卷，人民出版社 2009 年版，第 227—228 页。

② 《马克思恩格斯文集》第 10 卷，人民出版社 2009 年版，第 356 页。

③ 同上书，第 375 页。

和坚决扩大党组织内的民主制”[①]。1906 年 3 月，列宁在《提交俄国社会民主工党统一代表大会的策略纲领》一文中指出“党内民主集中制的原则是现在一致公认的原则”[②]。同年 4 月召开的俄国社会民主工党统一代表大会把民主集中制写进俄国社会民主工党党章，规定党的一切组织是按民主集中制原则建立起来的。1917 年 7 月 26 日至 8 月 3 日，布尔什维克党第六次代表大会通过的新党章明确规定，党的各级组织应当按民主集中制原则来建立：党的各级领导机关从上到下按选举产生；党的各级机关定期向自己的党组织报告工作；严格遵守党的纪律，少数服从多数；上级机关的决议，下级机关和全体党员必须绝对执行。这样，民主集中制作为马克思主义政党的根本组织制度被确立下来，并为世界各国共产党所采纳。十月革命后，民主集中制推广成为各国共产党的组织原则。在无产阶级夺取政权后，民主集中制进一步发展成为社会主义国家机关和人民团体的组织原则。

列宁在领导俄国革命和党的建设过程中，系统论述了群众、阶级、政党、领袖的关系，反复强调党中央权威、领袖权威和集中统一领导问题，同分散主义、无政府主义、机会主义进行了严肃斗争。1900 年 11 月，他在《我们运动的迫切任务》中写道：“在历史上，任何一个阶级，如果不推举出自己的善于组织运动和领导运动的政治领袖和先进代表，就不可能取得统治地位。”[③] 1920 年 4 月，针对一些“左派”幼稚病者否定党中央权威和集中统一领导的错误，列宁在《共产主义运动中的“左派”幼稚病》一书中明确提出：“在通常情况下，在多数场合，至少在现代的文明国家内，阶级是由政党来领导的；政党通常是由最有威信、最有影响、最有经验、被选出担任最重要职务而称为领袖的人们所组成的比较稳定的集团来主持的。这都是起码的常识。这都是简单明了的道理。”[④] 1921 年 8 月，他在给德国共产党员的信中指出：“造就一批有经验、有极高威望的党的领袖是一件长期的艰难的事情。但是做不到这一点，无产阶级专政、无产阶级的‘意志统一’就只能是一句空话。”[⑤]

可见，坚决维护党的集中统一领导，维护党中央和党的领袖权威，正确地坚持党的民主集中制原则，是列宁新型无产阶级政党学说的重要组成部分，列宁之所以能够领导俄国革命取得胜利，并开始社会主义建设，与他的党建学说密不可分。

中国共产党是以马克思列宁主义武装起来的中国工人阶级的先锋队，是中华民族和全体中国人民的先锋队，始终坚持民主集中制，这个根本的组织制度对维护党中央权威和集中统一领导提出了明确要求。

中国共产党从一开始就把马克思列宁主义写在自己的旗帜上，坚持马克思列宁主义的建党学说，坚持马克思主义政党的民主集中制原则。例如，在建党前夕，毛泽东就讲道：“要有一班刻苦励志的‘人’，尤其要有一种为大家共同信守的‘主义’，没有主义，是造不成空气的。我想我们学会，不可徒然做人的聚集，感情的结合，要变为主义

---

① 《列宁全集》第 11 卷，人民出版社 1987 年版，第 325 页。

② 《列宁全集》第 12 卷，人民出版社 1987 年版，第 214 页。

③ 《列宁选集》第 1 卷，人民出版社 1995 年版，第 286 页。

④ 《列宁全集》第 39 卷，人民出版社 1986 年版，第 21 页。

⑤ 《列宁全集》第 42 卷，人民出版社 1987 年版，第 100 页。

的结合才好。主义譬如一面旗子，旗子立起了，大家才有所指望，才知道趋赴。”① 随后不久，他明确指出要坚持“马克斯（即马克思——引者）的方法”，采用“激烈方法的共产主义（列宁的主义）”。这就是要把新民学会改造成为以马克思列宁主义武装起来的新型政党组织。

马克思主义政党的民主集中制原则，最初的中文翻译为“民主主义的集中权”“民主主义的中央集权”“德莫克乃西的中央集权”等。1923 年 5 月，施存统把它翻译为“民主的集中制”。1924 年 1 月，刘仁静首次以“民主集中制”来介绍布尔什维克党。此后，民主集中制这个概念被广泛运用开来，一直作为中国共产党的根本组织制度被写进党章之中。

中国共产党党章总纲明确规定，民主集中制是在民主基础上的集中和集中指导下的民主相结合的制度。它既是党的根本组织原则，也是群众路线在党的生活中的运用。一方面强调必须充分发扬党内民主，尊重党员主体地位，保障党员民主权利，发挥各级党组织和广大党员的积极性创造性；另一方面又强调必须实行正确的集中，坚定维护党中央权威和集中统一领导，保证全党的团结统一和行动一致，保证党的决定得到迅速有效的贯彻执行。

党章第十条对民主集中制做出了详细规定。其中，第一款规定：党员个人服从党的组织，少数服从多数，下级组织服从上级组织，全党各个组织和全体党员服从党的全国代表大会和中央委员会。第三款规定：党的最高领导机关，是党的全国代表大会和它所产生的中央委员会。第四款规定：党的上级组织要经常听取下级组织和党员群众的意见，及时解决他们提出的问题。党的下级组织既要向上级组织请示和报告工作，又要独立负责地解决自己职责范围内的问题。上下级组织之间要互通情报、互相支持和互相监督。第五款规定：党的各级委员会实行集体领导和个人分工负责相结合的制度。凡属重大问题都要按照集体领导、民主集中、个别酝酿、会议决定的原则，由党的委员会集体讨论，作出决定；委员会成员要根据集体的决定和分工，切实履行自己的职责。第六款规定：党禁止任何形式的个人崇拜。要保证党的领导人的活动处于党和人民的监督之下，同时维护一切代表党和人民利益的领导人的威信。②

这些规定清楚地告诉人们，加强和维护党中央权威和集中统一领导，是正确贯彻民主集中制的题中之意。民主集中制包括民主基础上的集中和集中指导下的民主两个方面，二者密切相关，辩证统一，缺一不可。民主是集中的前提和基础，只有充分发扬民主，才能达到正确的集中；集中是民主的指导和结果，只有实行高度集中，才能实现真正的民主。如果把民主与集中割裂开来，只讲集中，不讲民主，就必然出现个人独断专行，官僚主义滋长；反之，如果只讲民主，不讲集中，又会出现极端民主化以及无政府状态，严重影响党的事业发展。民主集中制把广大党员的积极性创造性同党中央的集中统一领导有机结合起来，既克服了资产阶级民主的虚伪和弊端，又防止了封建专制制度对人民民主和集体智慧的漠视，能够确保形成“又有集中又有民主，又有纪律又有自

---

① 毛泽东：《致罗璈阶信》（1920 年 11 月 25 日），《毛泽东早期文稿（1912. 6—1920. 11），湖南出版社 1990 年版，第 554 页。

② 《中国共产党章程》，人民出版社 2017 年版，第 31—32 页。

由，又有统一意志又有个人心情舒畅的生动活泼的政治局面”①。

二　维护党中央权威和集中统一领导，是中国共产党历史经验教训的深刻总结

中国共产党走过了革命、建设、改革的近百年历程，取得了辉煌成就，实现了历史跨越，也有过重大曲折，遭受过惨痛失败。正反两方面的经验教训告诉当代中国共产党人：确立并维护好领导核心极端重要，能否维护党中央权威和集中统一领导，直接关系到党的事业的兴衰成败。

长征途中，张国焘分裂党的行为给党和革命事业造成了巨大损失，通过对张国焘分裂主义错误的坚决斗争，以毛泽东为核心的党中央的权威和集中统一领导得到了维护，党的团结统一得到了不断巩固，中国共产党领导的抗日民族统一战线发展起来。

遵义会议上，毛泽东的领导核心地位得到了初步确立，党和红军的事业发生了重大转机。就在此时，发生了张国焘分裂党的严重事件。1935 年 6 月，党中央率领的中央红军同红四方面军在懋功会师，党中央根据当时形势确定了北上建立川陕甘根据地的战略方针。但是，张国焘却与中央方针背道而驰，主张向川康边退却。为了统一战略方针，中央政治局在两河口召开会议，通过了《关于一、四方面军会合后战略方针的决定》，提出两军会合后的战略方针是集中主力向北进攻，在运动战中大量消灭敌人，首先取得甘肃南部，以创造川陕甘苏区根据地，领导和推进全国抗日运动。8 月上旬，中央政治局在毛儿盖附近的沙窝召开会议，继续对张国焘进行耐心说服，通过了《中央关于一、四方面军会合后的政治形势与任务的决议》，重申两河口会议确定的战略方针。之后，党中央带领两个方面军分左右两路北上，于 8 月下旬先后抵达阿坝和巴西地区。8 月 20 日，中央政治局在毛儿盖召开扩大会议，通过了《关于目前战略方针之补充决定》，批评张国焘企图使红军西渡黄河，深入青海、宁夏、新疆僻地的错误主张，号召红四方面军团结在中央周围，坚持北上方针。9 月 8 日，张国焘拒绝执行中央北上方针，命令右路军南下，分裂党和红军，并企图危害党中央。在这种情况下，党中央不得不率领红一、三军单独北上。12 日，党中央在甘肃俄界召开政治局扩大会议，作出《关于张国焘同志的错误的决定》，再次电示张国焘要他改正错误，率队北上。张国焘继续坚持错误主张、率军南下，并于 10 月间在四川卓木碉公然另立中共中央，同党中央分庭抗礼。四方面军南下后，经过近一年奋战，虽然歼灭了许多敌人，但本身也遭到严重损失，减员一半，最后不得不北上，张国焘被迫宣布取消第二“中央”。1937 年 3 月下旬，中央政治局在延安召开扩大会议，批评张国焘分裂主义错误，作出《关于张国焘同志错误的决定》。张国焘表面上承认错误，但实际上并未真正改正。1938 年 4 月逃离延安后在武汉叛变投降，4 月 18 日中共中央作出《关于开除张国焘党籍的决定》。

张国焘公开冲击党中央权威和集中统一领导、破坏党和红军团结统一的分裂主义错误，给党和红军事业带来了巨大损失。经过党中央耐心细致的工作，红四方面军广大指战员认清了张国焘的严重错误和反党罪行，紧密团结在党中央周围，投入到轰轰烈烈的

① 《中国共产党章程》，人民出版社 2017 年版，第 21 页。

抗日民族解放战争之中，中国革命事业在党中央的集中统一领导之下开始顺利发展起来。

抗战初期，王明严重违反党的纪律，公开挑战中央权威，公开发表同党中央不一致的言论，甚至在组织上同党中央闹独立，造成了很坏影响，以毛泽东为核心的党中央对此进行了坚决斗争，维护了中央权威和集中统一领导，捍卫了党在抗日民族统一战线中的独立自主和领导权，成为领导全民族抗战的中流砥柱，为抗日战争取得最终胜利奠定了坚实基础。

1937 年 12 月 9 日至 14 日，中共中央举行政治局会议，刚从苏联回国的王明作《如何继续全国抗战与争取抗战胜利呢?》的报告，在如何巩固和扩大抗日民族统一战线方面，提出了右倾投降主义的主张，抹杀共产党和国民党在抗日战争中的原则分歧，强调“一切经过统一战线”和“一切服从统一战线”，放弃无产阶级领导权。这些主张同党中央确立的在抗日民族统一战线保持党的独立自主性和领导权的方针相去甚远。王明的错误思想一度影响了党内的很多同志。12 月 23 日，在武汉的中共中央代表团与中共中央长江局合并，王明为书记，周恩来为副书记，对外称中央代表团，对内为长江局。王明在领导长江局工作期间，不经中央同意发表了一些包含错误观点的宣言、决议和文章，推行错误主张。1938 年初，他在《群众》周刊第 4 期上发表由他起草而未经中央同意的《中共中央对时局的宣言》，这是违反党的纪律、挑战中央权威的严重错误。他发表《挽救时局的关键》一文，面对国民党的攻击作出了丧失原则的让步，附和国民党“只要一个军队”的主张，提出“统一指挥，统一编制，统一武装，统一纪律，统一待遇，统一作战计划，统一作战行动”，在党内外造成了极其恶劣的影响，极大地妨碍了华中敌后抗日游击战争和开创根据地的工作。为此，1938 年 2 月 27 日至 3 月 1 日，中央召开政治局会议对王明的错误进行深入批判。

1938 年 9 月 29 日至 11 月 6 日，中共六届六中全会上，毛泽东作题为《论新阶段》的政治报告和会议总结，全会通过《中共中央扩大的六中全会政治决议案》，批准以毛泽东为代表的中央政治局的路线，批判了统一战线问题上只讲联合不讲斗争的迁就主义错误。全会根据党内出现张国焘分裂主义、王明严重违反党的纪律等情况，通过了《关于中央委员会工作规则与纪律的决定》《关于各级党委暂行组织机构的决定》《关于各级党部工作规则与纪律的决定》等几个组织建设的文件，健全党的民主集中制和巩固党的团结统一。这次“决定中国之命运”的重要会议，克服了一系列严重错误，维护了党中央权威和集中统一领导，统一了全党步调，为实现党对抗日战争的领导，进行了全面的战略规划，此后党和革命事业走上了顺利发展的道路。

正是基于这些历史教训，在革命、建设和改革的不同历史时期，中国共产党都高度重视加强党的团结统一，维护党中央权威和集中统一领导。

1942 年 9 月 1 日，中共中央通过的《关于统一抗日根据地党的领导及调整各组织间关系的决定》明确规定：“党是无产阶级先锋队和无产阶级组织的最高形式，它应该领导一切其他组织，如军队、政府与民众团体。根据地领导的统一与一元化，应当表现在每个根据地有一个统一的领导一切的党的委员会。”① 1943 年 10 月，毛泽东在中共中

① 中央档案馆编：《中共中央关于统一抗日根据地党的领导及调整各组织间关系的决定》，《中共中央文件选集》第 13 册，中共中央党校出版社 1991 年版，第 427 页。

央西北局高级干部会议上明确提出，党、政、军各个方面必须要有集中统一的领导，要建立一个领导核心，绝不能政出多门，缺乏协调配合，搞得下面不知道怎么办。“实行一元化的领导很重要，要建立领导核心，反对‘一国三公’。”①

新中国成立后，党实现了在全国范围的执政，党在领导社会主义革命建设改革过程中，面临更为艰巨的任务和复杂的环境，更需要进一步加强党的团结统一和集中领导。在这个问题上，我们党也有着深刻的经验教训。社会主义建设时期，毛泽东针对分散主义现象，高度强调党的集中统一领导问题：“集中，只能集中于党委、政治局、书记处、常委，只能有一个核心。”② 提出了“大权独揽，小权分散；党委决定，各方去办；办也有决，不离原则；工作检查，党委有责”③ 的三十二字方针。但是，在“文化大革命”时期，党内出现了林彪、江青两个反革命集团，严重破坏了党内政治生活，极大地危害了党的集中统一领导，毛泽东、周恩来、邓小平等对他们进行了坚决斗争。在粉碎和深入批判“四人帮”之后，中国的改革开放才得以开始，中国特色社会主义道路顺利开创。在改革开放过程中，党内也曾出现不同声音，一些人主张资产阶级自由化的改革，最终酿成了严重的政治风波，给党和国家事业带来重大损失，邓小平等老一辈革命家在关键时期力挽狂澜，维护了全党的团结统一，确立了党中央权威和集中统一领导，改革开放事业才得以继续深入发展。

历史反复证明，党内出现不同声音，出现步调不一甚至内部分裂的情况，必然会造成重大政治隐患，给党的事业带来巨大损失。正因为如此，我们党始终强调全党必须自觉维护党在各项事业中的领导核心地位，高度重视维护党中央权威和集中统一领导。正是在总结历史经验教训的基础上，十八届六中全会通过的《关于新形势下党内政治生活若干准则》明确指出：坚决维护党中央权威、保证全党令行禁止，是党和国家前途命运所系，是全国各族人民根本利益所在，也是加强和规范党内政治生活的重要目的。坚持党的领导，首先是坚持党中央的集中统一领导，全党必须牢固树立四个意识，自觉在思想上政治上行动上同党中央保持高度一致。④

三 维护党中央权威和集中统一领导，是完成新时代党的历史使命的根本保证

经过长期努力，中国特色社会主义进入了以习近平同志为主要代表、全党全国人民共同创造的新时代，新时代赋予当代中国共产党人以重大的历史使命。这就要求我们党必须积极推进全面从严治党向纵深发展，加强和规范新形势下党内政治生活，维护党中央权威和集中统一领导，为承担好伟大的历史使命提供根本保证。

---

① 毛泽东：《切实执行十大政策》（1943 年 10 月 14 日），《毛泽东文集》第 3 卷，人民出版社 1996 年版，第 69 页。

② 中共中央文献研究室编，逄先知、金冲及主编：《毛泽东传 1949—1976（上）》，中央文献出版社 2003 年版，第 768 页。

③ 同上。

④ 《关于新形势下党内政治生活的若干准则 中国共产党党内监督条例》，中国法制出版社 2016 年版，第 12—13 页。

中国特色社会主义经历了长期的探索、开创和推进历程，如今进入了一个全面发展的新时代。20世纪50年代中期，我国社会主义制度基本建立之际，毛泽东就提出，要独立思考，把马列主义的基本原理同中国革命和建设的具体实际相结合；在社会主义革命和建设时期，我们要进行第二次结合，找出在中国怎样建设社会主义的道路；应从各方面考虑如何按照中国的情况办事，努力找到中国建设社会主义的具体道路。[①] 他说："不要再硬搬苏联的一切了，应该用自己的头脑思索了。应该把马列主义的基本原理同中国革命和建设的具体实际结合起来，探索在我们国家里建设社会主义的道路。"[②] 从那时开始，中国共产党就带领人民开始探索中国特色社会主义道路。但是，探索之路充满着艰辛和曲折，甚至发生了像"文化大革命"那样的严重失误。从20世纪70年代后期开始，以邓小平同志为核心的第二代中央领导集体，在历史成就和经验教训的基础上，确立了改革开放和社会主义现代化建设的中心任务，领导全国各族人民毫不动摇地坚持以经济建设为中心，坚持四项基本原则，坚持改革开放，实现了马克思主义基本原理同中国具体实际和时代特征的第二次伟大结合，成功开创了中国特色社会主义事业。以江泽民同志为核心的第三代中央领导集体和以胡锦涛同志为总书记的党中央，不断在新的历史性跨越中把中国特色社会主义事业全面推向新的境界，我国的经济实力、科技实力、国防实力、综合国力等已经进入世界前列，国际地位实现了前所未有的提升，中华民族以崭新姿态屹立于世界的东方。党的十八大以后，以习近平同志为核心的党中央，带领全党全国各族人民在新的历史起点上攻坚克难，开拓进取，进行具有许多新的历史特点的伟大斗争，推进党的建设新的伟大工程，发展中国特色社会主义伟大事业，实现中华民族复兴的伟大梦想，解决了许多长期想解决而没有解决的难题，办成了许多过去想办而没有办成的大事，取得了改革开放和社会主义现代化建设的历史性成就，推动党和国家事业发生历史性变革，全方位、开创性的历史性成就，深层次、根本性的历史性变革，标志着中国特色社会主义进入了一个全面发展的新时代。

随着中国特色社会主义新时代的到来，我国的社会主要矛盾也发生了深刻变化。经过40年改革开放，我国的社会生产力水平得到了显著提高，人民的物质文化需要也发生了明显变化，人们对物质文化生活提出了更高要求，对美好生活需要日益广泛，民主、法治、公平、正义、安全、环境等方面的要求日益增长。与此同时，经济社会发展不平衡、不充分的问题也日益凸显出来。由此，"我国社会主要矛盾已经转化为人民日益增长的美好生活需要和不平衡不充分的发展之间的矛盾"[③]。

新矛盾对党和国家事业提出了新的任务要求，新时代给当代中国共产党人赋予了新的历史使命。社会主要矛盾的历史性变化要求我们要在继续推动发展的基础上，把重点放在解决发展不平衡不充分的问题上，大力提升发展质量和效益，推动我们国家的现代化向着更高层面发展，更好地满足广大人民群众在经济、政治、文化、社会、生态等方面的需要，更好地满足人民对美好生活的追求，逐步实现全体人民的共同富裕、不断推

---

① 吴冷西：《忆毛主席》，新华出版社1995年版，第9—10页。

② 中共中央文献研究室编，逄先知、金冲及主编：《毛泽东传1949—1976（上）》，中央文献出版社2003年版，第498页。

③ 习近平：《决胜全面建成小康社会，夺取新时代中国特色社会主义伟大胜利——在中国共产党第十九次全国代表大会上的报告》，人民出版社2017年版，第11页。

进人的全面发展和社会的全面进步。为此，新时代的中国共产党人，要以实现中华民族伟大复兴的中国梦为目标引领，以推进新时代中国特色社会主义伟大事业为根本主题，以进行具有新的历史起点的伟大斗争为根本路径，以推进党的建设新的伟大工程为根本保证，坚持以人民为中心的发展思想，制定新的重大部署、重大政策，在决胜全面建成小康社会、实现第一个百年奋斗目标的基础上，开启社会主义现代化国家建设的新征程，朝着第二个百年奋斗目标开拓前进，到21世纪中叶全面建成富强民主文明和谐美丽的社会主义现代化强国，如期实现中华民族复兴的伟大梦想。

新时代赋予中国共产党人的历史使命是伟大光荣的，但是完成好这个伟大历史使命也并不是一件容易的事情。一方面，从国家事业发展的角度来看，在取得重大成就、实现繁荣发展的同时，我们也积累了一系列深层次矛盾和问题：发展不平衡、不协调、不可持续问题依然存在，在某些领域、某些地区还非常突出，核心科技的创新能力和水平还存在不小的差距，经济发展方式粗放的问题并没有得到根本解决，城乡之间、区域之间的发展差距以及不同社会群体的收入分配差距依然较大，民生领域还有诸多短板难题，影响新发展理念的因素普遍存在，社会文明水平尚需大幅提高，国家治理体系和治理能力有待加强，意识形态领域斗争严峻复杂，社会公共服务不能满足人民需要，国家安全面临不少新情况。要解决好这些问题，就必须要以更大决心冲破思想观念的束缚、突破利益固化的藩篱，以更大的魄力和勇气啃硬骨头、涉险滩、趟深水，这就对党的能力、水平、本领提出了新的更高要求。另一方面，从党自身发展来看，进入新时代的中国共产党人必须清醒地看到党的建设面临的新挑战。党的执政环境更加复杂，影响党的先进性、弱化党的纯洁性的因素长期存在，执政考验、改革开放考验、市场经济考验、外部环境考验等四大考验长期复杂，精神懈怠、能力不足、脱离群众和消极腐败等四大风险尖锐严峻。尤其是，在党内政治生活方面一些突出问题不容忽视，《关于新形势下党内政治生活的若干准则》对此做了集中概括："在一些党员、干部包括高级干部中，理想信念不坚定、对党不忠诚、纪律松弛、脱离群众、独断专行、弄虚作假、慵懒无为，个人主义、分散主义、自由主义、好人主义、宗派主义、山头主义、拜金主义不同程度存在，形式主义、官僚主义、享乐主义和奢靡之风问题突出，任人唯亲、跑官要官、买官卖官、拉票贿选现象屡禁不止，滥用权力、贪污受贿、腐化堕落、违法乱纪等现象滋生蔓延。特别是高级干部中极少数人政治野心膨胀、权欲熏心，搞阳奉阴违、结党营私、团团伙伙、拉帮结派、谋取权位等政治阴谋活动。这些问题，严重侵蚀党的思想道德基础，严重破坏党的团结和集中统一，严重损害党内政治生态和党的形象，严重影响党和人民事业发展。"① 这些突出问题如果不能得到很好的解决，中国共产党就不能练就金刚不坏之身，就不能再承担起新时代的历史使命。

打铁还须自身硬。破解新矛盾，完成新任务，肩负新使命，需要付出巨大努力，凝聚强大力量，这就更需要发挥党的领导核心作用，只有中国共产党的坚强领导才能凝聚起全体人民的集体智慧，形成发展新时代中国特色社会主义的强大合力。正是基于此，习近平同志在党的十九大报告中强调指出，必须要毫不动摇推进党的建设新的伟大工程，把党建设得更加坚强有力，不断增强党的政治领导力、思想引领力、群众组织力、

① 《关于新形势下党内政治生活的若干准则 中国共产党党内监督条例》，中国法制出版社2016年版，第2页。

社会号召力，使党永葆旺盛生命力和强大战斗力，始终走在时代前列，始终成为全国人民的主心骨，始终成为坚强领导核心。

中国共产党已经是一个拥有 8900 多万党员的大党，党越是发展壮大，就越要强化党中央权威和集中统一领导，就越需要有坚强的领导核心。只有充分维护和发挥党中央权威和集中统一领导，确立和发挥坚强领导核心的作用，才能更好地凝聚全党智慧和力量，更好形成党的强大领导力。中国共产党历来强调必须充分发挥、吸收和集中全党智慧，而全党智慧必须要得到正确集中，否则不可能真正形成集体智慧和发展合力，党中央就是集中全党智慧的“大脑”。群体的智慧出现之时会有不同的方向和侧重，核心的作用就是把这些智慧集中起来，使其朝着一个方向前进，共同形成历史发展的合力。历史反复证明，党充分发挥党中央权威和集中统一领导、确立并充分发挥领导核心作用之时，就是党的集体智慧迸发和形成强大力量之时。越是在重大转折时期，越是需要突出强调党中央权威和集中统一领导，越是需要一个坚强领导核心。中国特色社会主义进入新时代就是一个承前启后、继往开来的重大历史转折时期，党要带领人民在新的历史起点上进行具有许多新的历史特点的伟大斗争，既需要广大党员干部进行实践探索，更需要一个坚强的领导核心把这些探索的成果集中起来，形成理论和政策创新。这就是党在新时代突出强调党中央权威和集中统一领导，突出地强调习近平同志核心地位的原因所在。

党的历史和现实都告诉我们，要治理好我们这个大党、治理好我们这个大国，保证党的团结和集中统一至关重要，维护党中央权威至关重要，确立和维护习近平同志的核心地位至关重要，这是关系党和人民根本利益的大事，是关系党和国家事业长远发展的大事。为此，全党同志特别是党的领导干部，必须要牢固树立政治意识、大局意识、核心意识、看齐意识，强化维护党中央权威和集中统一领导的高度自觉；全面准确地理解和贯彻落实党的民主集中制原则，强化维护党中央权威和集中统一领导的制度保证；全面贯彻落实新时代党的建设总要求，把政治建设摆在首位，严肃党内政治生活，积极推进全面从严治党纵深发展，形成维护党中央权威和集中统一领导的良好政治生态。

（原载《红色文化学刊》2018 年第 1 期）

雄踞人类思想高峰的马克思

陈先达[*]

每个历史时代都会产生符合时代需要、具有时代特色的杰出人物。恩格斯曾赞扬资产阶级革命时代是一个“需要巨人而且产生了巨人的时代”，并列举了其中最卓越的代表，指出他们共同的历史使命是“给资产阶级的现代统治打下基础”。无产阶级革命的时代也有自己的卓越人物。不同的是，这个时代的卓越人物是为无产阶级解放和人类解放打下基础。马克思是登上历史舞台的无产阶级的最伟大代表，他科学地揭示了人类社会形态更替的历史规律，揭示了无产阶级推翻资本主义旧世界、建立社会主义和共产主义新世界的历史使命。社会形态的更替是一个漫长的历史进程，马克思没能目睹这个历史的转变，但他的理论和活动标志着历史进入了无产阶级革命的时代。

一　革命家和思想家的完美结合

马克思既是伟大的社会革命家，又是伟大的社会科学家。这是马克思主义学说的共同缔造者、与他共同战斗四十余年的恩格斯在马克思墓前讲话中的结论性评价。

恩格斯说：“马克思首先是一个革命家。”马克思是无产阶级革命的思想导师，是无产阶级革命的指引者、实践者。他和恩格斯把“正义者同盟”改造成为历史上第一个无产阶级政党“共产主义者同盟”，并为它制定了第一个科学纲领——《共产党宣言》。马克思支持1848年法国六月起义，参加1848年3月爆发的德国革命，支持法国无产阶级革命和他们建立的第一个无产阶级政权巴黎公社。他与恩格斯一道创立无产阶级第一个国际性组织“国际工人协会”，即第一国际。因为革命活动，马克思遭受普鲁士政府的迫害，比利时和法国政府的驱逐。尽管由于当时缺乏无产阶级革命夺取政权建立社会主义制度的历史条件，马克思终其一生并没有亲眼看到无产阶级革命牢固地夺取政权并建立社会主义国家，尽管马克思19世纪50年代退入书房，但并没有也从来没有想过要退出战斗。马克思不是“书斋里的学者”，“不是唯恐烧着自己手指的小心翼翼的庸人。”他终其一生都是伟大的无产阶级革命家。

当第一个无产阶级政权巴黎公社在经历72天的战斗后最终失败时，马克思就指出：巴黎公社的原则是永存的！这表明马克思对社会主义革命充满无限信心。马克思毕生关注被压迫民族的革命斗争和命运，他支持中国反对英法帝国主义以鸦片贸易为借口的侵略战争，谴责帝国主义对中国的无耻掠夺，对中国人民充满同情并对中华民族的觉醒寄

---

* 陈先达：中国人民大学哲学院一级教授。

予期待，预言“过不了多少年，我们就会看到世界上最古老的帝国做垂死挣扎，同时我们也会看到整个亚洲新纪元的曙光”。即使健康恶化的晚年，他仍然关心俄罗斯社会发展前景和俄国农村公社的命运问题，论述了关于落后国家跨越资本主义“卡夫丁峡谷”的多种可能性和条件。马克思晚年给维·伊·查苏利奇的三易其稿的复信就是确证。

关心并参与被压迫无产阶级的斗争，关心弱小民族反对外来侵略的斗争和反对本国统治者的斗争——这就是马克思作为革命家的光辉一生。马克思的一生是短暂的，只有 65 年，可他为之奋斗的伟大事业却延续至今。马克思的光辉一生为后世的革命者树立了崇高的榜样。

马克思既是伟大的革命家，又是伟大的思想家。历史上有许多著名的革命家，但他们并非伟大的思想家。也有过许多卓越的思想家，但他们并不是代表被压迫阶级的革命家。可以毫不夸张地说，只有在马克思身上，革命家和思想家才达到了历史上最完美的结合。革命性和科学性的统一，是马克思个人的品格特征，也是马克思主义学说的本质特征。

二　马克思主义理论的缔造者

恩格斯称马克思为“当代最伟大的思想家”。他说马克思的逝世，是“当代最伟大的思想家停止思想了”。恩格斯对马克思的逝世无比悲痛。他在致威·李卜克内西的信中说：“我仍然不能想象，这个天才的头脑不再用他那强有力的思想来哺育两个半球的无产阶级运动了。我们之所以有今天，都应归功于他；现代运动当前所取得的一切成就，都应归功于他的理论的和实践的活动；没有他，我们至今还会在黑暗中徘徊。”

马克思最伟大的贡献不仅在于亲自参与了无产阶级革命，更在于他创立的伟大学说。马克思的理论创造比他短暂的政治活动具有更长久的影响。马克思是个像普罗米修斯一样的盗火者，他为在黑暗中摸索的无产阶级和被压迫民族指明了解放的方向。恩格斯在给马克思的信中曾经说过：“目前首先需要我们做的，就是写出几部较大的著作，以便向许许多多非常愿意但不能独立胜任的知识浅薄的人提供必要的依据。”马克思就是这种撬动旧世界的理论支点的创造者，这是对无产阶级解放事业彪炳千秋、永载史册的伟大贡献。

马克思的思想不仅属于无产阶级，也是全人类的文化遗产。因为马克思创立的学说中包含的对世界发展规律、对人类社会发展规律的认识，大大丰富了人类积累的智慧宝库，为人类知识增加了最具创造性的新内容。并且为人类对自然、社会、人类自身的认识提供了世界观和方法论指导，从而为人文社会科学的科学化奠定了思想理论基础，为人类认识和科学进步提供了新的推动力量。

历史为无产阶级和人类贡献了一位世纪天才马克思，马克思以后的人类历史又见证了马克思主义的曲折光辉历程，见证了马克思作为伟大思想家的远见卓识和求实睿智的科学精神。马克思是被反动统治者迫害、驱逐的德国流亡者，一生贫困多病，儿子夭折，连寄信的邮票钱都没有。可这一切都没有阻止他为创立无产阶级和人类解放的理论而进行研究和写作的革命激情。卷帙浩繁的《马克思恩格斯全集》就是明证。只活了 65 年的马克思，为人类留下的思想财富如此丰富，这在人类历史上是少见的。我们纪念作为伟大革命导师的马克思，同时要纪念作为伟大思想家的马克思，牢记马克思是马克思主义学说的创立者。

当年与马克思恩格斯同时代的人创造的学说，不少已经成为历史陈迹。当代西方没有任何一个理论家能为解决西方资本主义矛盾提出一个有效的理论说明和解决方法。马克思并非高官政要，也非富可敌国的亿万富翁。就是这样一个穷困多病的人，逝世时惊动了整个欧洲，当时不少报刊发表社论和文章对他表示敬意，不少工人组织对他表示哀悼。在人类历史上为穷人说话表示哀怜的思想家并不少见，摇晃“穷人乞食袋”的各种社会主义流派也很多，但唯有马克思不是用怜悯，不是用眼泪，不是用抽象人道主义原则表示同情和抚慰，而是真正用科学理论揭示他们的处境并为他们指出解放的途径。马克思是用真理征服世界，用真理改造世界。只有真理的力量才是不可战胜的。

黑格尔说过，“伟大的灵魂——哲学史上的英雄们的身体，他们在时间里的生活，诚然是一去不复返了，但他们的著作（他们的思想、原则）却并不随着他们而俱逝。”历史上不少著名思想家逝世了，但是其思想不会死，因为它通过文字对象化为著作，可以为后人所研究、吸收和借鉴。但我们需要特别强调的是，作为思想家的马克思对历史和现实产生的影响，和历史上一些著名思想家的不同之处在于他同时是一个革命家，是一个实践者。马克思的著作不只是藏于世界各个图书馆的典籍，不只是待人阅读和研究的经典。马克思永远是活着的马克思。英国学者特里·伊格尔顿说得对：“与政治家、科学家、军人和宗教人士不同，很少有思想家能真正改变历史进程，而《共产党宣言》的作者恰恰在人类历史发展进程中发挥了决定性作用。历史上从未出现过建立在笛卡尔思想之上的政府，用柏拉图思想武装起来的游击队，或者以黑格尔的理论为指导的工会组织。马克思彻底改变了我们对人类历史的理解，这是连马克思主义最激烈的批评者也无法否认的事实。就连反社会主义思想家路德维希·冯·米塞斯也认为，社会主义是‘有史以来影响最深远的社会改革运动；也是第一个不限于某个特定群体，而受到不分种族、国别、宗教和文明的所有人支持的思想潮流’。”全世界马克思主义的信仰者之多，超过任何一种思想理论。最近英国共产党总书记罗伯特·格里菲思在回答记者提问时说，“无论是有组织的工人运动、知识分子运动，还是工会组织，甚至今天的工党，都深受马克思主义思想的指导和影响。可以说，马克思主义一直活跃在英国。”

当然，马克思主义是在斗争中发展的。马克思主义这样一种改变社会形态、改变世界政治格局的理论，必然触犯一切旧有统治者和有产者的利益。它的存在和发展，不可能无风无浪水波不惊。树欲静而风不止。一个半世纪以来反对马克思主义的思潮和学说从来没有停止过。在当代，我们应该特别注意那种把马克思主义与马克思对立起来的观点。有论者往往引用马克思说的“我只知道我自已不是马克思主义者”作为立论根据。其实，这是马克思对自称马克思主义者的法国工人党中的一些极“左”分子的批评。恩格斯在批评德国党内的一些大学生的幼稚行为时，也曾引用过马克思这句话，并且明确指出马克思这段话真实意义是为了区分“龙种与跳蚤”。

马克思主义和马克思是不可分的。马克思是马克思主义的缔造者。没有缔造马克思主义的马克思，也许是个律师，大学教授，或者只不过是名不见经传的普通知识分子，而不是现在遍及亚非拉受到人们景仰的伟大革命家和思想家；同样，没有马克思，就不可能产生马克思主义的科学体系。马克思逝世多年后，恩格斯曾深情地说：“马克思比我们大家都站得高些，看得远些，观察得多些和快些。马克思是天才，我们至多是能手。没有马克思，我们的理论远不会是现在这个样子。所以，这个理论以他的名字命名是理所当然的。”

马克思主义作为科学体系是唯一的，不存在两种根本不同的马克思主义。马克思主义是发展的，但发展着的马克思主义仍然是马克思主义。在马克思逝世后，马克思主义中会出现不同流派，当代就存在各种名称的马克思主义。但历史和实践是思想理论的过滤器，它会不断把风靡一时但终究经不起实践检验的所谓“马克思主义”抛向被历史逐渐遗忘的角落，例如所谓宗教马克思主义、存在主义的马克思主义、弗洛伊德主义的马克思主义或现象学的马克思主义等等，虽然遗声未绝，但没有多大影响力。我们并非对不同观点的马克思主义流派采取一概排斥的狭隘宗派主义态度。我们坚持马克思主义理论体系的科学性和纯洁性，但我们也会仔细倾听和分析不同的观点。例如西方马克思主义就是当代西方最为流行的一个学派。它们的理论视野和理论风格可能与我们不同。可我们并不把它视为异类。西方马克思主义并非统一的具有完全相同观点的学派，但其中不少学者由于生活在西方社会，他们对西方社会的问题和矛盾可以就近观察，有切身的体会，因此在他们的著作中会有些有价值的思想；但由于他们生活在资本主义处于主导地位的社会环境之中，由于历史和传统的影响，由于种种西方现代哲学思潮的激荡，更由于没有革命需要的推动，因此他们容易走向单纯文本的研究，走的是纯学术化、讲台化的道路。我们对西方马克思主义中的各个个人，对他们的观点和政治立场要采取具体分析的态度。既不是一概赞同，也不是简单拒绝。他山之石，可以攻玉。和而不同的原则对我们处理西方马克思主义同样适用。

我们反对把马克思以后的马克思主义与马克思的思想割裂开来，并不意味着我们认为马克思以后的所有自称的马克思主义者都是马克思思想真正的信仰者和实践者。其中确实存在龙种和跳蚤区别的问题。在当今世界的所谓马克思主义者中，有坚定的马克思主义者，但也会有自称的马克思主义者、更有打着马克思主义旗号的假马克思主义者。我们应该区分龙种和跳蚤，但这不能成为否定作为科学理论体系的马克思主义和马克思思想的不可分割的内在联系，不能成为以所谓回到真正的马克思的原典作为否定马克思以后全部马克思主义的根据。把马克思之后的全部马克思主义归为与马克思思想不同的另类，这实际是在马克思和马克思主义科学体系之间的断源截流，既否定了马克思思想的当代性，也否定了当代马克思主义存在的合理性与必要性。如果只有马克思的经典而没有马克思主义，就不可能指导革命运动和建立社会主义制度。马克思蕴藏在经典中的具有规律性思想必须成为“主义”，成为一门具有科学性、连贯性、系统性的科学学说才能发挥重大指导作用。毛泽东同志说过，“主义譬如一面旗子，旗子立起来了，大家才有所指望，才知所趋赴”。如果没有由马克思经典中具有规律性观点构成的马克思主义的旗子作为指导，只是存在着卷帙浩繁的著作和手稿，世界社会主义革命和运动就不可能是现在这个样子。

如果马克思以后的马克思主义都不是真正的马克思主义，那么真正的马克思主义在哪里？据说存在于马克思著作的原典中。这种说法貌似有理，其实似是而非。马克思的著作和马克思主义科学理论不应该是简单的互证或互斥关系，并不是马克思著作中的每句话都能成为基本原理。马克思主义基本原理是马克思经典著作中反复论述的具有规律性的观点，而且经过并且经得起实践检验和证明的，况且马克思以后的马克思主义的创造性发展和实践创造，不是所有的都能够或都应该从马克思文本中找依据。毛泽东同志曾经批评过这种本本主义的研究方法。如果把衡量马克思主义的标准求之于马克思的文本而不是实践，一切求之于本本，很容易陷入把马克思著作中的片言只语，甚至马克思自己已经删除的，或者手稿中的某个角落中寻找出的一句话，作为反对马克思主义基本原理的根据。这是我们现在常见的一种把马克思和马克思主义割裂开来的做法。我一直不同意那种把手稿置于正式出版的著作之上，把一稿置于二稿之上，把二稿置于三稿之上，把已删除的置于正式文字之上，甚至把其中任何一个论述作为衡量马克思主义基本原理正确与否的标准。从思想史角度看，研究马克思的思想发展，研究马克思何以成为马克思主义缔造者的艰难探索历程，可以采用历史的比较研究法，但是研究马克思主义基本原理不能这样。因为马克思缔造的马克思主义基本原理，经历过自我信仰的清算，经历过和恩格斯的讨论与交换意见，经历过和对手的论战，是艰难探索的结果。

马克思的经典著作和马克思主义基本原理是共存共生和相互促进的关系。掌握马克思主义基本原理提供的观点和方法，可以指导我们更深入地学习马克思的经典著作，理解它的精神实质，区分规律性的论述和个别词句，而且结合实践通过反复学习阅读经典，可以有新的体会，有助于创造性地发展马克思主义；而认真学习经典著作，可以加深我们对马克思缔造的马克思主义基本原理的理解，理解马克思为什么提出这个原理，它的理论依据和事实依据是什么，从马克思著作对原理的论述中学会他们分析问题的立场、观点和方法，从而加强实际运用的能力。

中国共产党最重视马克思主义经典著作学习。在延安时期，毛泽东同志就为干部指定过经典著作必读书目。在社会主义革命和建设时期曾经多次指定必读书目。这个传统一直延续至今。习近平同志非常重视马克思主义经典著作的学习。他在多次讲话中强调马克思主义经典著作学习的重要性，强调要通过经典著作学习，掌握马克思主义的立场观点方法。

我们重视马克思主义经典著作的研究，重视中国马克思学说的建立，重视对经典著作的历史研究和正确诠释，不是立足于寻找马克思和恩格斯、青年马克思和老年马克思、马克思主义与马克思之间的对立，在所谓空隙处、矛盾处做文章。任何一个熟悉人类思想史的人都能理解，马克思和恩格斯是两个人，都是有个性的伟大思想家，他们之间不可能不存在语言、风格的各自特点，存在学术上的分工，甚至某个观点的差异和探讨，关键在于他们基本观点上的一致性，才可能成为马克思主义学说的共同创造者；一个思想家的青年时代和老年时代的思想也不可能不存在变化，思想之路并非笔直的而是一个探索过程，关键在于是否存在一以贯之的思想内核和基本观点。一个真正伟大的思想家的思想发展历程是日渐成熟，而不是越来越倒退。思想倒退不可能真正成为伟大的思想家。至于马克思主义和马克思思想的关系更不是固守经典亦步亦趋的关系。马克思并不是马克思主义科学体系的完成者而是奠基者。马克思主义是一个开放的创造性体系，马克思主义不是终极真理，而是永远处于发展之中。马克思的经典著作不可能包括他逝世以后所有马克思主义的发展的内容，但发展着的马克思主义的思想源头是马克思的思想。正如列宁说的："沿着马克思的理论的道路前进，我们将愈来愈接近客观真理（但不会穷尽它）；而沿着任何其他的道路前进，除了混乱和谬误之外，我们什么也得不到。"这正是我们要隆重纪念马克思诞辰 200 周年的原因。

三 以问题为导向是马克思理论思维方法的精髓

问题的重要性是马克思在与莫泽斯关于国家集权问题的争论中提出来的。在1842年马克思关于中央集权问题的未完成稿中，他批评莫泽斯把"'自己抽象的哲学概念'偷偷地塞进哲学"，从而提出了问题的重要性。马克思强调，"世界史本身，除了通过提出新的问题来解答和处理老问题之外，没有别的办法"，强调"问题就是公开的、无畏的、左右一切个人的时代声音。问题就是时代的口号，是它表现自己精神状态的最实际的呼声"。

马克思创立马克思主义的理论时，自始至终贯穿着问题意识，他致力于提出新问题并寻求科学的答案。到马克思诞生前，社会主义思潮已经经历了几百年的发展，积累了许多有价值的思想，可是对人类向何处去，资本主义社会向何处去，人类如何才能获得解放，哪个阶级是人类解放的主导力量等重大问题，既没有科学地提出这些问题，更没有科学做出回答，因此社会主义长期停留在空想社会主义阶段。马克思主义的诞生标志着社会主义由空想到科学的转折，就是因为它始终围绕这个主题，从哲学、政治经济学和科学社会主义学说各个角度进行科学的研究，做出了立足现实的具有规律性的结论。不面对资本主义向何处去，人类如何获得解放的问题，就没有必要产生马克思主义；不科学地找到资本主义向何处去，人类如何获得解放的答案，就不可能产生马克思主义。可以说，牢牢掌握问题导向，是理解什么是马克思主义和如何坚持马克思主义的正确途径。

我们只要回想一下马克思的思想理论历程和他的全部著作的内核就可以明白问题的重要性。被列宁确定为马克思思想转折的两篇发表在《德法年鉴》的文章《论犹太人问题》和《〈黑格尔法哲学批判〉导言》，就是以问题为导向展开的。前文以争论犹太人如何从宗教信仰下解放出来的问题，提出政治解放和人类解放的关系问题；而后者则提出了哪个阶级是人类解放的领导力量的问题。马克思明确得出结论，只有政治解放还不是真正的解放，政治解放并不能使人类摆脱物的异化和自我异化力量的统治，只有人类解放才能摆脱资本主义制度获得解放。而这种可能性就在于"形成一个被彻底的锁链束缚着的阶级，即形成了一个非市民社会阶级的市民社会阶段"，"一个若不从其他一切社会领域解放出来从而解放其他一切社会领域就不能解放自己的"阶级，这个阶级"就是无产阶级"。马克思完全突破了把人类解放寄希望于上层阶级慈悲心、把无产阶级视为社会的累赘的空想社会主义观点。

可以说，马克思的全部著作都是直接或间接地围绕如何改变资本主义私有财产制度、人类如何获得解放，如何建立实现人的自由而全面发展的社会为轴心展开的。在《共产党宣言》中，马克思和恩格斯通过对人类历史发展规律、资本主义产生和它的历史地位、资本主义社会内在矛盾，以及无产阶级和共产党的使命的分析，以纲领和宣言的形式向全世界公布了共产党人关于资本主义向何处去和人类历史发展前景的观点。

马克思以四十年殚精竭虑、牺牲健康为代价创作《资本论》，就是通过对资本主义生产方式及与其相适应的生产关系和交换关系的分析，揭露资本主义经济运动规律，反对资产阶级经济学家"不把资本主义秩序视为是历史上过渡的发展阶段，而把它视为社会生产的绝对的最后的形式"的观点，对为什么资本主义必将为社会主义所取代，为什么作为剩余价值创造者的无产阶级必将充当资本主义制度的掘墓人从经济学角度提供了最有力的论证。

我们只要认真学习马克思和恩格斯的经典，就可以发现马克思的思想始终以资本主义社会向何处去、无产阶级和人类解放、建立人的自由全面发展的共产主义社会为轴心展开。始终坚持以资本主义时代的根本问题为导向，这是马克思之所以成为马克思主义奠基人的原因。我们阅读马克思的经典时可以把它还原为问题，从问题的角度可以更深的理解它的精髓。

以问题为导向的理论思维方法，为马克思以后的马克思主义创造性发展提供了无限的可能和空间。因为问题具有时代性、民族性和历史阶段性。马克思之后的马克思主义，必然会遇到马克思当时没有出现的新情况、新问题。正是以问题为导向，推动着马克思主义创造性发展。

四　马克思主义中国化与以人民为中心

以问题为导向是马克思主义的理论思维传统，也是中国马克思主义的本质特征。马克思主义中国化，说到底就是立足中国现实，以解决中国问题为指针。毛泽东同志说过："全世界自古以来，没有任何学问、任何东西是完全的，是再不向前发展的。""俄国的问题只能由列宁解决，中国的问题只能由中国人解决。"邓小平同志也强调："绝不能要求马克思为解决他去世之后上百年、几百年所产生的问题提供现成答案。"习近平同志特别重视问题意识和以问题为导向，党的十八大以来形成的习近平新时代中国特色社会主义思想，都具有明确的问题意识和以问题为导向的指向性。

中华人民共和国成立69年的历史是一部由站起来，到富起来，再到迎接强起来的历史。马克思主义普遍真理和中国实际相结合，从根本上说就是同解决中国不同时期面对的根本问题相结合，从而形成与其相适应的中国道路。中国道路就是解决中国问题的最成功最有效方式，中国当代马克思主义就是中国道路的理论结晶和升华。民主革命是寻找中国不同于苏联的革命道路，这就是工农武装割据，农村包围城市的中国独特的革命道路；社会主义革命和建设时期是探索在一个国家经济落后一穷二白的基础上如何建立一个完整的工业体系，使站起来的中国社会主义立得住、站得牢。在前30年，我们经历过几次战争的考验，经历过灾患的考验，经历过挫折和失误的考验，我们积累了经验也得到了教训，为改革开放奠定了社会主义基本的经济制度和政治制度基础。改革开放时期，邓小平同志找到了一条使仍然处于比较贫穷和被封锁的社会主义中国迅速变成一个富起来的中国的道路，制定了"一个中心、两个基本点"的基本路线。经过30多年的建设，中国特色社会主义取得了举世瞩目成就，成为世界第二大经济实体，成为在世界上有重大影响的大国。党的十八大以来，中国特色社会主义进入新时代，改革进入攻坚克难的深水区，中华民族迎来了从富起来到强起来的伟大飞跃。

从富起来到强起来的道路更为艰巨。从站起来到富起来，有全民奔富的动力，谁都愿意先富起来，从而释放出最大的能量和活力。富起来以后增强了国力，人民生活有了很大提高。但富有富的问题。庄子说过，富而多事。富起来会出现富而惰、富而骄，甚至因求富而利用手中权力而贪赃枉法。习近平同志敏锐把握新时代人民对美好生活的需要和不平衡不充分发展的社会主要矛盾的变化，紧紧把握如何满足人民对美好生活的向往，使改革成果惠及全体人民。

在迎接强起来的道路上，习近平同志非常清楚党和人民的重要性。吸取中国历史上“历史周期律”的经验和苏联社会主义失败的教训，习近平同志把全面从严治党、惩治腐败，倡导共产党应该自我革命放在治国理政的重要地位；根据得人心者得天下的中国传统政治智慧，总结苏联红旗落地时人民袖手旁观无动于衷的政治冷淡主义的教训，习近平同志反复强调“以人民为中心”，“人民对美好生活的向往，就是我们的奋斗目标”。以习近平同志为核心的党中央解决了许多长期想解决而没有解决的难题，办成了许多过去想办而没有办成的大事。习近平新时代中国特色社会主义思想的光辉成就和出台的一系列改革开放的新举措之所以得到全党和全国各族人民的支持和拥护，根本原因正在于此。

习近平同志在十三届全国人大一次会议上发表重要讲话时再次强调：“人民是历史的创造者，人民是真正的英雄。波澜壮阔的中华民族发展史是中国人民书写的！博大精深的中华文明是中国人民创造的！历久弥新的中华民族精神是中国人民培育的！中华民族迎来了从站起来、富起来到强起来的伟大飞跃是中国人民奋斗出来的！”

在一个曾经饱受帝国主义欺凌的中国，在一个贫困落后的中国，中国共产党人高举马克思主义和中国特色社会主义的旗帜，在实践中取得辉煌成就。习近平同志在十九大报告中“不忘初心，牢记使命”的嘱托仍然回荡在我们耳边。这就是中国共产党人和中国人民对马克思的最好纪念。

（原载《光明日报》2018 年 3 月 26 日）

科学理解马克思主义所有制理论

——访中国人民大学周新城教授

周新城*

1848年2月，共产主义者同盟制定的纲领《共产党宣言》发表，它作为马克思主义的代表性文献在170年的时间里被译成200多种文字，在世界上广泛传播，影响深远。《共产党宣言》中蕴含的马克思主义基本原理尤其受到人们的关注。2018年是我国改革开放40周年，改革开放取得的伟大成就举世瞩目，但随着改革进入深水区，许多基本的理论问题比如所有制问题亟须在理论上得到澄清，为人们科学认识马克思主义基本理论、正确理解中国特色社会主义制度和道路奠定基础。为此，我们专访了中国人民大学的周新城教授，请他谈一谈对于马克思主义所有制理论的认识，以及对于我国学界当前关于这一问题的一些错误观点的看法。

一 所有制问题是马克思主义理论的重要问题

▲：（采访者简称▲，下同）我们知道，您一直非常重视所有制问题，能谈一下您为什么如此重视这个问题吗？

●：（被采访者简称●，下同）好的。我们知道，人类要生存和发展，必须进行物质生产。在生产过程中，人们不仅和自然界发生关系，而且人们相互之间也结成一定的社会关系即生产关系。不同其他人发生社会关系的孤立的个人是无法生存的。任何生产都是在一定生产关系中进行的，离开生产关系，就不会有物质生产。生产关系的总和就是决定社会上层建筑的经济基础。在物质生产过程中人与人之间发生的经济关系是多种多样的，生产关系是一个具有多层次内容的复杂的系统。在这个系统中，生产资料所有制起着决定性的作用，它是整个生产关系的基础。在有人占有生产资料、有人丧失生产资料的社会里，谁占有生产资料，他在生产过程中就占有优势，他可以利用占有的生产资料，无偿地占有丧失生产资料的人剩余劳动创造的产品。这就是剥削。在劳动者共同占有生产资料的社会里，人人在生产资料面前是平等的，谁都不能凭借生产资料获得收入，这就为消灭剥削奠定了基础。生产是为占有生产资料的人服务的，生产资料所有制决定了生产的目的，也决定了劳动过程中和分配过程中人与人之间经济关系的性质。一个社会的性质，从经济上说，正是取决于生产资料所有制的形式。离开所有制，就无法

---

* 周新城：中国人民大学马克思主义学院教授、博士生导师。

认识经济关系的本质，也就无法判断社会的性质。正因如此，生产资料所有制成为马克思主义的一个非常重要的概念，《共产党宣言》旗帜鲜明地提出：共产主义运动的基本问题是所有制问题。

恩格斯总结人类社会发展的历史指出，社会革命虽然是政治行动，但归根到底是为了改变生产资料所有制。他说："迄今的一切革命，都是为了保护一种所有制以反对另一种所有制的革命。它们如果不侵犯另一种所有制，便不能保护这一种所有制。在法国大革命时期，是牺牲封建的所有制以拯救资产阶级的所有制。""的确，一切所谓政治革命，从头一个起到末一个止，都是为了保护一种财产而实行的，都是通过没收（或者也叫作盗窃）另一种财产而进行的。"① 这段话，确切地阐明了生产资料所有制在人类社会发展中的决定性作用。

为此，马克思恩格斯在《共产党宣言》中提出，"共产主义革命就是同传统的所有制关系实行最彻底的决裂"②。列宁也强调这一点，他说："工人阶级要获得真正的解放，必须进行从资本主义生产方式的全部发展中自然产生的社会革命，即消灭生产资料私有制，把它们变为公有制。"③ 可见，所有制问题是马克思主义理论中非常重要的问题。

▲：是的。所有制问题非常重要，但是学术界有很长时间并不太关注这个问题，您是怎么看的呢？

●：改革开放以来，学界一度出现一种倾向，即竭力淡化以至否定生产资料所有制的意义。一时间"不问所有，只问所用"的论调颇为流行。仿佛什么公有制、私有制都是无所谓的，无关紧要，只要能够发展经济就行了。有人主张："主义不能当饭吃，公有制又不能打粮食。"认为这些都是虚的，不管用，把经济搞上去，才是实的。不要问姓"公"姓"私"，导致不要问姓"社"姓"资"，也就是不要问社会制度性质这样的政治问题，同时也导致经济学研究中出现一系列的问题，例如，对分配领域的问题，总的倾向是不从生产资料所有制出发进行研究，仅仅围绕具体分配政策做文章，这就是马克思批评过的"庸俗社会主义"倾向。要知道，公有制有公有制的分配方式，私有制有私有制的分配方式，离开所有制，怎么能够说得清楚分配问题呢？淡化甚至不问所有制问题，这种看法政治上是错误的，学理上是说不通的。

二　消灭私有制是历史发展的必然趋势

▲：迄今为止的人类社会大部分都是生产资料私有制，面对着私有制带来的种种弊端，从16世纪以来的空想社会主义者就开始批判私有制，一直发展到马克思主义经典作家，更是把消灭私有制、建立公有制作为自己的旗帜，您能谈一下这个思想的发展过程吗？

●：是的，空想社会主义者曾经提出过消灭私有制的主张。身处在封建主义制度开始瓦解、资本主义制度初现端倪的历史时代的托马斯·莫尔，对资本原始积累的野蛮手

① 《马克思恩格斯选集》第4卷，人民出版社1995年版，第113页。

② 《马克思恩格斯选集》第1卷，人民出版社1995年版，第293页。

③ 《列宁全集》第6卷，人民出版社1986年版，第413页。

段和残暴行径深恶痛绝，对横遭圈地之祸而颠沛流离的劳动人民深表同情。他认为，私有制是万恶之源。在对人类社会向何处去的探索中，他构思了一个以公有制为基础，人人劳动，共同生产，共同占有，没有压迫，没有剥削，丰衣足食，道德高尚，人人无忧无虑的理想王国。他在《乌托邦》一书中详细描述了这个理想王国，开创了空想社会主义的先河，启迪了整整一代空想社会主义者。后来圣西门、欧文、傅立叶等进一步发展了莫尔的思想，形成了影响深远的空想社会主义思想体系。马克思高度评价了空想社会主义的历史功绩，对它在资本主义初期就洞察这个制度的弊病，预见公有制取代私有制的历史趋势，天才地猜测未来理想社会制度的基本特征，予以充分肯定。空想社会主义是马克思主义形成的一个重要思想来源，但马克思恩格斯也指出，空想社会主义是在资本主义发展初期，刚刚登上政治舞台的、不成熟的工人阶级的思想。他们是从人的理性出发，抨击资本主义社会的全部基础，提出未来社会的积极主张。这些主张不是建立在分析现实的物质生产关系的基础上，而是诉诸人的伦理道德观念，因而是不科学的、历史唯心主义的。同时他们找不到实现理想的力量，拒绝一切政治行动，他们总是向整个社会呼吁，主要是向统治阶级呼吁，认为只要人们理解他们的思想体系，就可以建立新社会。他们的社会主义是一种空想，不可能实现。马克思恩格斯指出，空想社会主义的意义，“是同历史的发展成反比的。阶级斗争越发展和越具有确定的形式，这种超乎阶级斗争的幻想，这种反对阶级斗争的幻想，就越失去任何实践意义和任何理论根据”①。

马克思恩格斯运用他们发现的历史唯物主义和剩余价值学说，吸收空想社会主义的积极内容，创立了科学社会主义，论证了消灭私有制、建立公有制是人类社会发展的客观规律，是历史的必然趋势。他们不是从人的善良愿望出发来批评资本主义的罪恶，设计新社会的方案的。他们认为，“道义上的愤怒，无论多么入情入理……总不能把它看作证据，而只能看作象征”②。“共产主义是从资本主义中产生出来的，它是历史地从资本主义中发展出来的，它是资本主义所产生的那种社会力量发生作用的结果。”③ 他们是从分析资本主义实际存在的物质生产关系出发，得出消灭私有制的结论的。

马克思恩格斯的理论逻辑是这样的：随着资本主义的发展，社会分工不断加深、经济联系日益密切，使得生产越来越具有社会性。每一件产品都不是单个工人个人的产物，而是由一群工人共同生产出来的，生产出来的产品供社会消费，生产上需要的物资由社会提供，各个生产单位密切联系在一起，整个国民经济融合成为一个有机的整体。生产力的这种性质，客观上要求由社会占有生产资料，并按照社会的需要调节整个国民经济的运行。但是，在资本主义条件下，生产资料是由资本家私人占有的，生产的目的是追逐剩余价值。资产阶级私有制妨碍了社会化大生产的这种客观要求的实现，生产方式同占有方式发生了矛盾，生产方式起来反抗占有方式。生产社会性与资本主义私人占有之间的矛盾就成为资本主义的基本矛盾。这个矛盾是资本主义社会一切弊病的总根子。为了解决这个矛盾，必须用生产资料公有制取代生产资料私有制。恩格斯对此有过精辟的分析，他说：“但是现在，由于大工业的发展，第一，产生了空前大规模的资本

---

① 《马克思恩格斯选集》第1卷，人民出版社1995年版，第304页。
② 《马克思恩格斯选集》第3卷，人民出版社1995年版，第492页。
③ 《列宁全集》第31卷，人民出版社1985年版，第81页。

和生产力，并且具备了能在短时期内无限提高这些生产力的手段；第二，生产力集中在少数资产者手里，而广大人民群众越来越变成无产者，资产者的财富越增加，无产者的境遇就越悲惨和难以忍受；第三，这种强大的、容易增长的生产力，已经发展到私有制和资产者远远不能驾驭的程度，以致经常引起社会制度极其剧烈的震荡。只有这时废除私有制才不仅可能，甚至完全必要。”① 马克思也形象地表达了这一思想，他说：“资本的垄断成了与这种垄断一起并在这种垄断之下繁盛起来的生产方式的桎梏。生产资料的集中和劳动的社会化，达到了同它们的资本主义外壳不能相容的地步。这个外壳就要炸毁了。资本主义私有制的丧钟就要响了。剥夺者就要被剥夺了。”②

可见，马克思恩格斯认为，消灭私有制、建立公有制，是生产力的社会性质及其发展的客观要求，是社会发展的规律，是历史的必然趋势。

▲：有一种看法认为，《共产党宣言》里说的“共产党人可以把自己的理论概括为一句话：消灭私有制”，仅仅是指消灭资产阶级私有制，而不包括个体私有制。理由是《宣言》指出：“共产主义的特征并不是要废除一般的所有制，而是要废除资产阶级的所有制。”他们认为，人的本性是自私的，彻底消灭私有制是不可能的。您怎么看？

●：我们先来看一看原文。《共产党宣言》指出：“一切所有制关系都经历了经常的历史更替、经常的历史变更。”

“共产主义的特征并不是要废除一般的所有制，而是要废除资产阶级的所有制。

但是，现代的资产阶级私有制是建立在阶级对立上面、建立在一些人对另一些人的剥削上面的产品生产和占有的最后而又最完备的表现。

从这个意义上说，共产党人可以把自己的理论概括为一句话：消灭私有制。

有人责备我们共产党人，说我们要消灭个人挣得的、自己劳动得来的财产，要消灭构成个人的一切自由、活动和独立的基础的财产。

好一个劳动得来的、自己挣得的、自己赚来的财产！你们说的是资产阶级财产出现以前的那种小资产阶级的、小农的财产吗？那种财产用不着我们去消灭，工业的发展已经把它消灭了，而且每天都在消灭它。”③

这一大段话，至少说明了四个问题：第一，一定形式的所有制是可以消灭的，可以为另一种所有制形式所取代，例如可以消灭封建地主阶级的私有制，用资产阶级私有制取代它，但所有制（生产关系中最根本的东西）总是要有的，我们不能废除一般的所有制；第二，资产阶级私有制是产生剥削、产生阶级对立的私有制的最后的、最完备的形式，消灭资产阶级私有制，实际上就意味着消灭产生剥削、产生阶级对立的私有制；第三，个体私有制在现实生活中已经被资本主义生产方式消灭了，或者正在被消灭，“用不着我们去消灭”，资产阶级在消灭封建地主所有制的同时，也在消灭个体私有制；第四，不同性质的私有制消灭的方式是不一样的，有的将通过无产阶级革命来消灭，有的则在资本主义发展过程中被资本主义生产方式消灭，但在未来的共产主义社会，所有的私有制都将不复存在。作为共产党人的理论，“消灭私有制”中的“私有制”，包括一切形式的私有制。共产党人是要彻底消灭私有制的，因为私有制是产生社会弊端的根

---

① 《马克思恩格斯选集》第1卷，人民出版社1995年版，第238页。
② 《马克思恩格斯选集》第2卷，人民出版社1995年版，第269页。
③ 《马克思恩格斯选集》第1卷，人民出版社1995年版，第286页。

源。共产党人的目标不是消灭某一种私有制形式，维护另一种私有制形式。正如列宁指出的，共产党人“不仅要推翻剥削者即地主和资本家，不仅要废除他们的所有制，而且要废除任何生产资料私有制”[①]。这就是说，个体私有制也是要消灭的。

有人在翻译问题上做文章，说翻译翻错了，不应该译为“消灭私有制”，应该译为“扬弃私有制”。对此，我国著名翻译家、理论家，原中央编译局副局长顾锦屏同志专门撰文予以批驳。他从多方面论证，译为“消灭私有制”是符合原意的、完全正确的。

▲：社会上有些人认为，人的木性是自私的，私有制是符合人的本性的，因而不可能消灭。您怎么看呢？

●：这种观点的根据就是西方经济学中的“经济人假设”。西方经济学有一个前提，那就是：人们的经济活动总是从牟取私利出发的，人总是“理性的经济人”。自私是人的亘古不变的本性。不追求个人的私利，经济活动就停止了，人类社会也就不可能存在了。这种抽象的人性论是历史唯心主义的观点，不符合客观实际。

先说一般道理。世界上没有抽象的、适用于一切社会的、全人类共同的人性。人性是由社会关系决定的，是社会关系的反映。马克思指出：“人的本质不是单个人所固有的抽象物，在其现实性上，它是一切社会关系的总和。”[②] 人的本性、本质，不能到单个人的思想、精神领域去寻找，必须到社会关系中去寻找。人性总是具体的，不同的社会关系产生不同的人性。在阶级社会里，从根本上说，人性就是阶级性。

能不能说人的本性是自私的？不能。自私是一种观念、一种思想，属于上层建筑的范畴，它是由经济基础决定的。自私并不是人的不可更改的本性。人类社会发展的历史表明，不是任何社会里的人都是自私的，原始社会的人就没有自私自利的思想。那时打到一只野兽，不会认为是我的或我家的，总是在全部落平均分配，因为如果不是集体劳动、平均分配，人都会饿死。在同一个社会里，也不是每一个人都是自私自利的，例如在封建社会里，自私自利的思想是普遍的，但宋朝的范仲淹也会有“先天下之忧而忧，后天下之乐而乐”的胸怀。自私，是私有制基础上产生的思想，它是历史的产物，而不是历史的起点，不是永恒的。将来，随着私有制的消灭，自私自利的思想必定会消失。

《共产党宣言》里说：“人们的观念、观点和概念，一句话，人们的意识，随着人们的生活条件、人们的社会关系、人们的社会存在改变而改变，这难道需要经过深思才能了解吗？”[③] 社会存在决定社会意识、经济基础决定上层建筑，这是历史唯物主义的常识。主张人的本性是自私的，然后从自私观念引申出个体私有制永恒的人，恰恰忘记了这个基本原理。他们颠倒了因果关系，头足倒置了。一个无须“经过深思”就能了解的问题，却被他们搞糊涂了。

▲：有人认为，消灭私有制，人就会变得懒惰，社会就不会发展。您觉得会是这样吗？

●：有的经济学家说，保护私有制，“实在是社会进步、经济发展的必要条件”，不保护私有制，谁都不会愿意勤恳劳动，“无恒产者，无恒心”嘛。在我国改革开放过程

---

① 《列宁选集》第4卷，人民出版社1995年版，第11页。

② 《马克思恩格斯选集》第1卷，人民出版社1995年版，第60页。

③ 同上书，第291页。

中，这是"著名经济学家"经常挂在嘴边的一种说法，他们就是根据这一点力推私有化的。其实，这种看法早已有之，并不是什么"创见"。共产主义这个"幽灵"一出现，有人就反驳共产主义说，"私有制一消灭，一切活动就会停止，懒惰之风就会兴起"。马克思恩格斯在《共产党宣言》里批驳了这种观点，他们指出："你们是承认，你们所理解的个性，不外是资产者、资产阶级私有者。"① 按照这种说法，"资产阶级社会早就应该因懒惰而灭亡了，因为在这个社会里劳者不获，获者不劳"②。在资本主义社会里，绝大多数劳动者被剥夺了生产资料，只有少数人占有生产资料，按照这种理论，资本主义社会大多数人没有"恒产"，没有"恒心"，这个社会应该难以存在和发展了，然而恰恰是这个社会，在取代封建社会的100多年时间里，创造的生产力超过了人类过去一切世代的总和！"私有制一消灭，懒惰之风就会兴起"，是站在剥削阶级立场上，用私有制决定的私有观念来观察问题得出来的结论。

三　共产党人如何对待个体私有制

▲：有人说，马克思提出未来的共产主义社会应该"重建个人所有制"，这就证明他不赞成消灭一切私有制，仅仅要求消灭资产阶级私有制，反对消灭个体私有制。您怎么看呢？

●：我们看一看马克思是怎样阐述"重建个人所有制"的。马克思指出："从资本主义生产方式产生的资本主义占有方式，从而资本主义的私有制，是对个人的、以自己劳动为基础的私有制的第一个否定。但资本主义生产由于自然过程的必然性，造成了对自身的否定。这是否定的否定。这种否定不是重新建立私有制，而是在资本主义时代的成就的基础上，也就是说，在协作和对土地及靠劳动本身生产的生产资料的共同占有的基础上，重新建立个人所有制。"③ 他说，以个人自己的劳动为基础的分散的私有制转化为资本主义私有制，也就是第一个否定，是少数掠夺者剥夺人民群众；以社会的生产经营为基础的资本主义所有制转化为社会所有制，就是第二个否定，是人民群众剥夺少数掠夺者。

显然，马克思说的个人所有制有两种类型：一是个人私有制，即生产资料归个人所有，同时个人又是劳动者，没有剥削；一是联合起来的个人的所有制，即生产资料归联合起来的个人共同占有。这种重新建立起来的个人所有制，是劳动者联合起来共同占有生产资料，也就是说，每个人既是劳动者，又是所有者。在这种个人所有制条件下，也根本不会存在剥削。这种社会个人所有制，从一定意义上说，仿佛是回到了以前的、被消灭了的个人所有制；每个人既是劳动者，又是所有者，没有人剥削人的现象，但实际上却是更高程度上的复归，在生产力充分发展基础上的复归，这是符合社会发展客观规律的。

这种重新建立的个人所有制是建立在"资本主义时代的成就"基础上的，也就是建立在资本主义发展所形成的具有社会性质的生产力基础上的。这种联合起来的个人共

① 《马克思恩格斯文集》第2卷，人民出版社2009年版，第47页。

② 同上书，第48页。

③ 《马克思恩格斯文集》第5卷，人民出版社2009年版，第874页。

同占有生产资料的社会个人所有制，实际上就是生产资料公有制，马克思把它叫作“社会所有制”。个人私有制随着资本主义的发展逐步被消灭，这就是第一个否定；随着资本主义的发展，生产力的社会性质同生产资料的资产阶级私有制产生了矛盾，按照生产力的性质，联合起来的个人共同占有生产资料这种个人所有制必然取代资产阶级私有制，这就是第二个否定。这第二个否定，并不是简单地恢复个体私有制，而是建立新形式的个人所有制：生产资料归每个人所有，但不是归个人私有，而是归联合起来的个人共同占有。这是否定之否定，是建立更高形式的个人所有制，是螺旋式的上升，而不是简单的回归。

改革开放以来，某些人囿于私有观念的束缚，一讲到个人所有制，就只想到个人私有制，完全不理解联合起来的个人共同占有生产资料的社会个人所有制。他们想不明白、也不想弄明白生产资料归每个人所有，但不归个人私有，而归所有人共同占有这种所有制，不懂得什么叫社会所有制。明明马克思强调联合起来的个人的所有制就是“社会所有制”，就是公有制，却断定马克思说共产主义要重建个人所有制，就意味着要保留个人私有制，不赞成消灭个人私有制；明明马克思强调重建个人所有制是“否定之否定”，而第二个否定“不是重新建立私有制”，却歪曲成回归个人私有制。

▲：好的，理论问题明确了，我们再来看一看现实中的个体私有制问题。个体私有制包括个体农民私有制（小农经济）、个体手工业者私有制。它们有一点是共同的：既是私有者（私人占有生产资料），又是劳动者（不剥削他人）。个体私有制主要组成部分是个体农民私有制。能否请您以小农经济为代表来谈谈应怎样对待个体私有制吗?

●：好的。随着国际共产主义运动的发展，为了联合广大贫苦农民一道进行革命斗争，无产阶级必须科学地解决怎么对待个体农民私有制的问题。既要符合党的基本纲领，消灭私有制，建立生产资料公有制，即像恩格斯说的那样，“必须以无产阶级所拥有的一切手段来为生产资料转归公共占有而斗争”①，又要照顾农民的切身利益，不能剥夺农民，因为他们是劳动者。这是一个十分困难的任务。

1894 年 9 月，马克思主义派的法国社会党南特代表大会通过的纲领试图解决这个难题，然而这个纲领存在一些原则性错误。恩格斯写了《法德农民问题》一文，在评论这个纲领的同时，全面阐述了马克思主义关于农民个体私有制问题的基本观点。

南特纲领说，占有生产资料是生产者自由的前提。现在主张维护个体私有制的人，基本上还是南特纲领的观点。然而这一说法过于笼统了，不够确切。恩格斯指出，生产者占有生产资料只有两种形式：或者是生产者个人私有，这一形式任何时候都没有作为普遍形式存在过，而且由于小生产竞争不过资本主义大生产，生产者个人占有生产资料这种形式在资本主义发展过程中日益遭到破产；或者是公共占有，这一形式的物质的和精神的前提都已经由资本主义社会的发展本身造成了。所以，争取生产资料的公共占有应当作为共产党的唯一目标。恩格斯强调指出：“社会主义的利益决不在于维护个人占有，而是在于排除它，因为凡是个人占有还存在的地方，公共占有就成为不可能。”②还应该看到，生产者个人占有生产资料的这种形式，在现代已经不能赋予这些生产者以真正的自由了，保护个体小生产，既不符合社会发展的历史趋势，也不符合个体农民的

① 《马克思恩格斯选集》第 4 卷，人民出版社 1995 年版，第 490 页。

② 同上书，第 491 页。

根本利益。因而工人阶级政党不能允诺维护生产资料个人占有的私有制，并把这一点作为换取农民支持的政策。

恩格斯在《法德农民问题》中强调，生产者个人占有生产资料这种私有制的灭亡是不可避免的。“生产资料公共占有”是我们的最终目标，“共产主义”就是实现“生产资料公共占有”的主义。在商品经济的竞争环境中，生产者个人占有生产资料的小私有制是不稳固的，它必然产生两极分化，除了少数“幸运者”在竞争中发财致富，成为剥削他人的资产者外，大多数农民注定要破产，沦为无产者。小生产被大生产排挤，这是不可避免的客观规律。要避免两极分化，避免大多数人遭受剥削的前景，唯一的办法是实行生产资料公共占有。

那么，生产资料个人占有的小农经济，怎样转变为生产资料的公共占有呢？农民是劳动者，是工人阶级可靠的同盟者。恩格斯完全赞成南特纲领的这一提法：违反小农的意志，任何持久的变革都是不可能的。尽管我们预见到小农必然灭亡，因而不能向小农群众做出一些明知不能兑现的许诺，例如允诺在任何情况下都保护他们的财产，维护农民的小块土地所有制，反对一切向他们进攻的经济力量等，因为那样并不会使农民获得解放，而只能延缓一下他们灭亡的时间，但是我们无论如何不要以自己的干预去加速其灭亡。所以，“我们决不会考虑用暴力去剥夺小农（不论有无报偿，都是一样），像我们将不得不如此对待大土地占有者那样。我们对于小农的任务，首先是把他们的私人生产和私人占有变为合作社的生产和占有，不是采用暴力，而是通过示范和为此提供社会帮助”①。恩格斯总结丹麦社会党组织合作社的经验，指出：“这里主要的是使农民理解到，我们要挽救和保全他们的房产和田产，只有把它们变成合作社的占有和合作社的生产才能做到。正是以个人占有为条件的个体经济，使农民走向灭亡。”② 农民通过组织合作社就有可能不是为了资本家的利益，而是为了他们自己的共同利益自己进行大规模的经营。

恩格斯以无产阶级革命家的战略眼光，运用马克思主义基本原理，结合小农经济的实际情况，科学地解决了无产阶级取得政权以后如何引导农民走上社会主义道路的问题。恩格斯的通过合作社引导农民实现生产资料的公共占有的思想，是完全正确的，它既符合社会发展规律的要求，也符合广大农民的愿望，代表了农民的根本利益。十月革命胜利以后，所有社会主义国家基本上都是按照恩格斯这一思想对小农经济进行社会主义改造的。

▲：中国共产党人在这方面又是怎么做的呢？

●：毛泽东根据中国的具体条件，十分重视农村的互助合作运动。1943 年，他在《组织起来》一文中指出，我国农民“几千年来都是个体经济，一家一户就是一个生产单位，这种分散的个体生产，就是封建统治的经济基础，而使农民自己陷于永远的穷苦。克服这种状况的唯一办法，就是逐渐地集体化；而达到集体化的唯一道路，依据列宁所说，就是经过合作社”③。

中华人民共和国成立以后，经过土地改革，消灭了封建土地私有制，农业生产力获

① 《马克思恩格斯选集》第 4 卷，人民出版社 1995 年版，第 498—499 页。

② 同上书，第 499—500 页。

③ 《毛泽东选集》第 3 卷，人民出版社 1991 年版，第 931 页。

得解放，但在农业中仍然是小农经济占绝对优势，这种分散的、落后的经济限制着农业生产力的发展。随着大规模经济建设的开展，小农经济同社会主义工业化事业之间的矛盾日益暴露出来。同时，小农经济是不稳固的，时刻向两极分化。为了解决这些矛盾，毛泽东提出必须按照社会主义原则逐步改造中国的农业，保证工业化事业的发展，并使农民生活逐步地、普遍地得到提高。

农业社会主义改造的途径就是合作化。毛泽东提出，农业合作化的具体道路是，经过简单的共同劳动的临时互助组，和在共同劳动基础上实行某些分工分业而有少量公共财产的常年互助组（这是带有社会主义因素的组织），到实行土地入股、统一经营而有较多公共财产的农业生产合作社（这是半社会主义性质的初级社），再到生产资料全部公共占有、取消土地入股分红、完全实行按劳分配的更高级的农业生产合作社（这是社会主义性质的农民集体经济）。毛泽东提出的由带有社会主义萌芽到半社会主义再到完全社会主义的合作化发展道路，显然比恩格斯的设想具体得多了，也更加切实可行。除了生产合作，还要发展供销合作、信贷合作，切断农民同资产阶级的联系。

到 1956 年，全国绝大部分地区基本上实现了农业合作化。在一个有几亿农民的大国，能够比较顺利地实现如此复杂、困难和深刻的社会变革，促进了农业生产和整个国民经济的发展，这的确是伟大的历史性的胜利。这场伟大的革命运动极大地丰富和发展了马克思主义，应该用浓墨重彩载入国际共产主义运动史。

总结国际共产主义运动的历史经验，我们可以得出结论：第一，共产党人的远大理想和共产党的最高纲领就是要消灭一切私有制，包括个体私有制，决不能允诺维护个体私有制。维护个体私有制是违反社会发展规律的，也不符合个体私有者的利益。第二，个体私有者是劳动者，是无产阶级在革命斗争中的同盟军。不能用对待剥削阶级的办法来消灭个体私有制。必须在坚持自愿原则的前提下，通过合作化的途径把个体私有制转变为社会主义集体所有制，把私有制转变为公有制。这是消灭个体私有制的唯一正确途径。

四 正确对待社会主义初级阶段的私有制

▲：但是在消灭私有制方面，我们的确吃过急躁冒进的亏。

●：我们说消灭私有制，并不是主张要一蹴而就。毫无疑问，消灭私有制不可能一蹴而就，需要随着条件的成熟逐步实现。恩格斯在回答“能不能一下子就把私有制废除”这一问题时指出，不能一下子就完全消灭私有制，“正像不能一下子就把现有的生产力扩大到实行财产公有所必要的程度一样”。“只有创造了所必需的大量生产资料之后，才能废除私有制。”① 一般讲，在经济文化落后的国家里进行社会主义革命和建设，由于生产力水平比较低下，发展又很不平衡，决定了私有制经济在一定范围内对国民经济的发展还具有积极作用。在实际生活中，就不能完全消灭私有制，不能实行单一的公有制。例如我国正处在社会主义初级阶段，生产力的性质和水平决定了我们只能实行公有制为主体、多种所有制经济共同发展的基本经济制度，对私有制经济还要实行鼓励、支持和引导的政策。但是应该指出，第一，私有制的存在和发展，绝不是因为私有制是

① 《马克思恩格斯选集》第 1 卷，人民出版社 1995 年版，第 239 页。

“符合人性”的先进的生产关系，而是由生产力落后这种状况所决定的；第二，将来随着生产力的发展，我们是要彻底消灭私有制的，这一目标无须隐瞒。利用私有制，发展经济，为最终消灭私有制创造条件，这是历史的辩证法。忘记了这个最终目标，就不是合格的共产党员。

▲：经常有人以我国存在多种所有制经济共同发展，对私有制经济的发展实行鼓励、支持和引导的政策为根据，提出社会主义应该是多种所有制并存的社会，不应该消灭私有制。您怎么看？

●：这种看法是错误的。社会主义制度的经济基础是公有制，这是我国宪法上写着的。中国现在实行公有制为主体、多种所有制经济共同发展的基本经济制度，是社会主义初级阶段的具体情况决定的。

我们读一下做出我国尚处在社会主义初级阶段这一论断的党的十三大报告吧。报告指出，我国是在半封建半殖民地基础上建立社会主义制度的，经济文化比较落后，需要一个相当长历史时期来实现别的国家在资本主义条件下已经实现了的工业化、社会化。我国还处在社会主义初级阶段。生产力落后，发展又不平衡，生产资料公有制所需要的具有社会性质的生产力，在许多地区、部门还不具备。因此，我们不能实行单一公有制，还需要有非公有制经济作为社会主义经济的补充。公有制为主体、多种所有制经济共同发展，是社会主义初级阶段的基本经济制度。可见，私有制的存在是社会主义初级阶段的特点，并不是社会主义的一般特征。社会主义是要消灭私有制的，不能把社会主义初级阶段的特殊现象凝固化、永恒化。

社会主义初级阶段的特点是，在所有制结构上，公有制为主体、多种所有制经济共同发展，既有社会主义性质的公有制经济，又有私有制经济（其中主要的是资本主义性质的私营经济、外资经济和个体所有制经济）；在分配领域，既有由公有制决定的按劳分配（这是主要的），又有由私有制决定的按要素分配（这是次要的），因而在一定范围内还存在剥削、两极分化现象；在生产目的方面，既有满足人民需要的生产，又有追逐剩余价值的生产；在经济运行中，既有社会主义经济规律在起作用，又有资本主义经济规律在起作用。一句话，既有社会主义因素，又有资本主义因素，两种因素并存，相互矛盾斗争着。社会主义初级阶段不是一种稳定的社会经济形态，而是一个处于过渡状态的阶段。社会主义初级阶段的发展有两种可能：一种是随着生产力的发展，生产社会化程度的提高，不断增大社会主义因素，逐步向社会主义较高阶段发展，最终实现共产主义；另一种就是倒退到资本主义去。这里决定性的问题是两种因素的力量的消长。关键是我们朝着哪个方向工作。如果听任消灭国有经济、推行私有化的主张泛滥，并付诸实践，倒退到资本主义去的情况完全可能出现。这不是耸人听闻，而是现实的危险，国际共产主义运动中已经有这样的先例。社会主义初级阶段不是凝固不变的，它总是要变化的，或者前进，或者倒退。

在充满矛盾和斗争的社会主义初级阶段，更加显示出理想、信念的重要性。“革命理想高于天”，我们必须坚定马克思主义信念，牢记共产主义理想。共产主义是远大的理想，是未来的事，但也是现实的。应该把我们的现实纲领与最高纲领统一起来，我们根据实际情况采取的每一项措施，应该都是朝着共产主义迈进的一步。只要我们不忘实现共产主义的初心，牢记消灭私有制的使命，严格履行入党宣誓的为共产主义奋斗终身的誓言，踏踏实实地工作，《共产党宣言》里“消灭私有制”的庄严宣告，就一定能够实现。

五 社会主义初级阶段的所有制问题突出表现为如何对待国有经济

▲：改革开放以来，围绕着是坚持和发展公有制还是削弱公有制问题，理论界和实际工作中都存在着激烈的争论，争论的焦点是如何对待国有经济。为什么国有经济成为问题的焦点呢？

●：这是很好理解的，因为在社会主义条件下，国有经济是公有制的主要形式。2016 年 10 月 10 日，习近平在全国国有企业党的建设工作会议上有一个重要讲话，他指出："国有企业是中国特色社会主义的重要物质基础和政治基础，是我们党执政兴国的重要支柱和依靠力量……我国国有企业为我国经济社会发展、科技进步、国防建设、民生改善作出了历史性贡献，功勋卓著，功不可没。"① 一段时间以来，社会上一些人制造了不少针对国有企业的奇谈怪论，大谈"国有企业垄断论"，宣扬"国有企业与民争利"，鼓吹"去国有化"，操弄所谓"国进民退、民进国退"等话题。我们有的同志也对这个问题看不清楚、想不明白，接受了一些模糊的、似是而非的甚至错误的观念。我们要善于从政治上看问题，决不能认为这只是一个简单的所有制问题，或者只是一个纯粹的经济问题，我们要从政治上看待有关国有企业问题的争论。国有企业是中国特色社会主义的顶梁柱，没有国有企业，整个中国特色社会主义大厦是要垮塌的。

▲：有人说，邓小平主张中国特色社会主义不需要国有经济，这是真的吗？

●：这种说法纯属谣言。我们随便翻一下《邓小平文选》，这种谣言就不攻自破。1985 年 8 月，在谈到改革必须坚持社会主义方向时，邓小平指出："社会主义有两个非常重要的方面，一是以公有制为主体，二是不搞两极分化。公有制包括全民所有制和集体所有制，现在占整个经济的百分之九十以上。"② 这里他虽然没有直接讲国有经济，但谁都知道全民所有制经济就是国有经济。《宪法》第 7 条载明："国有经济，即社会主义全民所有制经济。"另外，据《邓小平年谱》记载，1992 年 7 月 23—24 日，邓小平在审阅中共十四大报告时指出，"社会主义经济以公有制为主体"，"公有制不仅有国有企业那样的全民所有制，农村集体所有制也属于公有制范畴"③。这才是事实。

▲：也有人用恩格斯的话来证明国有经济并不是社会主义，他们说，恩格斯批评过，如果说国有经济就是社会主义，那么俾斯麦就是社会主义者了，因为俾斯麦主张烟草国营。他们据此主张消灭国有经济，实行私有化，也就是他们所说的"民营化"。您怎么看？

●：这种观点是在公然歪曲恩格斯的思想。恩格斯实际上要说的是，不是任何国有化都是社会主义，国有经济的性质取决于国家的性质。这是有道理的。国有经济，古已有之。封建社会就有国有经济，例如汉武帝的盐铁官营，那是为地主阶级统治服务的，属于封建主义性质；资本主义社会的国有化也不会改变资本的属性，不会改变雇佣和剥削工人的关系，这种国有经济是属于资本主义性质的。在社会主义国家里，无产阶级专

---

① 《习近平谈治国理政》第 2 卷，外文出版社 2017 年版，第 175—176 页。

② 《邓小平文选》第 3 卷，人民出版社 1993 年版，第 138 页。

③ 《邓小平年谱（1975—1997）》（下），中央文献出版社 2004 年版，第 1349 页。

政的国家代表了全体劳动人民的利益，它掌握生产资料所有权，运用这些生产资料为人民谋福利，这时国家所有制就是全民所有制，就是社会主义的。一些人通过歪曲恩格斯的原意，目的是为消灭国有经济、推行私有化制造舆论。社会主义社会必须由无产阶级专政的国家来掌握生产资料，建立国有经济，这是马克思恩格斯提出来的。

上面讲过，马克思恩格斯根据生产关系一定要适合生产力性质的规律，提出公有制取代私有制，即消灭私有制、建立公有制是一种客观必然性。那么，生产资料社会主义公有制采取什么形式呢？在社会主义条件下，哪个组织能够代表整个社会来占有生产资料、调控整个国民经济的运行呢？显然只有无产阶级专政的国家。这是因为，无产阶级专政的国家代表了全体劳动人民的根本利益，它是工人阶级和其他劳动人民以及一切拥护社会主义的阶层的总代表。所以，马克思恩格斯在《共产党宣言》里宣布，无产阶级取得政权以后，“将利用自己的政治统治，一步一步地夺取资产阶级的全部资本，把一切生产工具集中在国家即组织成为统治阶级的无产阶级手里”[①]。社会主义社会建立国家所有制是具有客观必然性的，所有社会主义国家在革命胜利以后都把国家所有制确定为生产资料社会主义公有制的主要形式，其依据就在这里。主张消灭国有企业，从理论上讲，这是违反马克思主义基本原理的。

（原载《马克思主义研究》2018 年第 4 期）

① 《马克思恩格斯选集》第 1 卷，人民出版社 1995 年版，第 293 页。

认识人类命运共同体的三个维度

梁树发*

人类进入21世纪以来，根据当代世界发展大势和和平发展要求，我国政府提出推动构建人类命运共同体的理念，倡导各国关系的和平、发展、合作、共赢，实现共同发展。这个理念一经提出，就得到国际社会的高度赞扬和积极响应。人类命运共同体理念也引起广大学者的关注，就人类命运共同体的实质、特征、哲学基础和意义等展开热烈讨论。作为对这一讨论的参与，本文拟从共同体建构与人的解放、哲学基础、与社会主义的关系三个维度，谈谈对人类命运共同体的理解。

一 共同体建构与人的解放

共同体是人类社会现象。从人的生命和生活过程看，它是与人类应对环境、发展自己的基本生存方式相适应的人的存在形式，人类总是以共同体的形式存在着，在社会中活动着的个人实际都是一定的共同体中的个人，单个的孤立的个人是不存在的。从人类进步的历史形态看，它就是一定形态的人类社会。按照人的发展，它是前后相继的人的依赖社会、物的依赖社会和人的自由全面发展的社会。按照生产方式的发展，它是前后相继的原始社会、奴隶社会、封建社会、资本主义社会和共产主义社会。一切以财产私有制为基础的社会都是“虚假的共同体”，人的自由全面发展的社会、共产主义社会是“真正的共同体”。在最一般的意义上，共同体是以共同利益追求为基础的调整具体主体关系的社会组织形式。它往往以一定的功能为其组织基础，具有一定的结构和表现为不同的层次。所以，共同体总是相对的。按照结构分类，有经济的、政治的、军事的和文化的等不同性质的共同体；按照功能分类，又有防止贫困、安全和健康保护、打击国际犯罪等不同功能的共同体。就层次而言，有不同人群或社会组织的共同体、民族国家的共同体、不同地区的共同体、世界共同体。世界上各个国家、民族和地区只要在某一方面具有共同利益或利益相关性，就可能搭建起该方面的世界性共同体，如环境保护、防止核战争和核扩散、防止恐怖和极端犯罪、打击贩毒和贩卖妇女儿童犯罪等世界性组织，都是一定性质或形式的共同体，并且是具体的人类命运共同体。

说到底，共同体是一定关系的整体，是构成一定共同体的主体之间的关系。它存在的根据，在于调整构成一定具体共同体的各主体之间的关系的需要，在社会层面和世界层面，按照新的提法，是社会治理和世界治理的需要。

---

* 梁树发：中国人民大学马克思主义学院教授。

人类命运共同体，是对于所有人来说命运攸关的共同体。它同样是相对的，既可能是某一民族内的、国家内的和地区内的共同体，又可能是超越民族、国家、地区限制的世界性的共同体。它的功能、性质和存在意义在于维系、关乎人类的命运。可是，人类实际的生命和生活过程中的哪一行为和行为结果不是关乎人类命运的呢？所以，所谓人类命运共同体，就其主体层次的世界性而言和就其意义所系的根本性来说，又是指最高的和最具普遍性的共同体。

人类命运共同体理念是中国共产党人和中国人民关于当前国际关系问题的理念与主张。胡锦涛在2012年11月8日召开的中国共产党第十八次全国代表大会上的报告中就提出人类命运共同体意识，指出："我们主张，在国际关系中弘扬平等互信、包容互鉴、合作共赢的精神，共同维护国际公平正义。""合作共赢，就是要倡导人类命运共同体意识，在追求本国利益时兼顾他国合理关切，在谋求本国发展中促进各国共同发展，建立更加平等均衡的新型全球发展伙伴关系，同舟共济，权责共担，增进人类共同利益。"① 2013年3月23日，习近平在莫斯科国际关系学院的演讲中，进一步系统阐述了人类命运共同体理念，指出："这个世界，各国相互联系、相互依存的程度空前加深，人类生活在同一个地球村里，生活在历史和现实交汇的同一个时空里，越来越成为你中有我、我中有你的命运共同体。"② 在博鳌亚洲论坛2015年年会开幕式上，习近平作了《迈向命运共同体　开创亚洲新未来》的主旨演讲，根据人类命运共同体意识的科学内涵，提出了建构人类命运共同体的"四个必须"，即必须坚持各国相互尊重、平等相待；必须坚持合作共赢、共同发展；必须坚持实现共同、综合、合作、可持续的安全；必须坚持不同文明兼容并蓄、交流互鉴。③

构建人类命运共同体，现实地看，是经济全球化背景下人类为维持国际社会和平发展需要的国际关系调整的积极选择，是中国政府基于对世界大势的准确把握而向世界贡献的中国方案，是关于当前和以后时期国际关系问题的中国主张。

关于人类命运共同体的理解，本文强调以下三点：

第一，尽管诸如环境保护、防止核战争和核扩散、防止恐怖和极端犯罪、打击贩毒和贩卖妇女儿童犯罪等国际组织已经存在或正在建立过程中，它们每一个都具有国际性，都是一定形式的具体的人类命运共同体。总体的人类命运共同体有待通过每一具体形式的人类命运共同体的建立来完成，但是，我们还是要强调人类命运共同体这　存在或建构行动的整体性。人类命运共同体的意义就在于它的整体存在。这种整体性既在于人类命运共同体建构任务的全面性完成，更在于对于共同体各主体来说的利益最大化、普遍化的实现。

第二，人类命运共同体，整体说来，还是一个理念，而不是现实。现存的各类共同体不是在利益关系上还存在一定狭隘性，就是在主体参与或构成上缺乏普遍性。一定的

① 胡锦涛：《坚定不移沿着中国特色社会主义道路前进　为全面建成小康社会而奋斗——在中国共产党第十八次全国代表大会上的报告》，人民出版社2012年版，第47页。

② 习近平：《顺应时代前进潮流　促进世界和平发展——在莫斯科国际关系学院的演讲》，《人民日报》2013年3月24日。

③ 习近平：《迈向命运共同体　开创亚洲新未来》，http：//news.xinhuanet.com/politics/2015-03/28/c_1114794507.htm，2015年3月28日—2017年4月6日。

主体的行动仍然受制于自己国家、地区或集团的狭隘利益。但是，国际社会对于中国政府的这一倡议反应是积极的、热烈的，不仅积极参加基于这一构想的“一带一路”建设，而且在2017年3月17日，构建人类命运共同体理念首次载入联合国安理会决议。国际社会已经开始迈入构建人类命运共同体的实际进程。

第三，人类命运共同体的建构在利益实现、价值实现上所具有的普遍性，还局限于民族、国家和地区层面的主体关系，而就其共同体建构中亦即实际对利益主体本位的超越中实现的普遍利益关系，一是还没有触及人类社会最基本的单位——个人及其集团（阶级）的利益，二是更没有触及人类生活中的根本利益关系，这种关系不仅决定着人的基本生活状况和社会地位，而且决定着人的本质。所以一旦把共同体的建构与人的解放联系起来，人类关于命运共同体的建构实践，就会向人的更深刻更基本的存在形式挺进，还会向人的根本的利益关系扩展，从而实现由人类命运共同体的建构向“自由人联合体”的建构的过渡。但是，鉴于当下人类命运共同体建构还不具有人的解放的意义或实质的人的解放的意义，我们也就不能对它做过度解读。

二　哲学基础

人类命运共同体理念的合理性可以从两个方面理解：一是客观合理性，即它反映了当代世界发展的客观形势和历史发展的总趋势；二是逻辑合理性，即它具有合理的确定的哲学基础。从客观角度看的人类命运共同体理念是对经济全球化事实的客观反映这一点，是没有疑问的。在经济全球化问题上发生的争论，不是来自于对经济全球化的认识方面，而是来自于对经济全球化的态度，即是顺应经济全球化并合理地利用它呢，还是逆经济全球化而行。逆经济全球化就是逆世界发展潮流而动。现实看，这不是多数国家的选择，甚至不是多数发达国家的选择。关于人类命运共同体理念的哲学基础是一个新问题，学者们还在探讨之中。本文认为，人类命运共同体的哲学基础是以对文明多样性的意义的承认为标志的辩证的历史进步动力观。

从历史进步动力角度理解人类命运共同体理念的哲学基础，要联系文明多样性是“人类文明进步的动力”这一命题。文明多样性理念是人类命运共同体理念的基础，人类命运共同体理念是文明多样性理念的发展。

2001年7月1日，江泽民在庆祝中国共产党成立80周年大会上的讲话中，提出一个十分重要的命题，即文明多样性是“人类文明进步的动力”。他指出：“世界是丰富多彩的。各国文明的多样性，是人类社会的基本特征，也是人类文明进步的动力。应尊重各国的历史文化、社会制度和发展模式，承认世界多样性的现实。世界各种文明和社会制度，应长期共存，在竞争比较中取长补短，在求同存异中共同发展。”① 我们注意到，上述这段话出现在讲话的国际关系问题部分中。讲话回答了这样一个问题：究竟建立一个什么样的世界经济政治秩序才适应冷战结束后世界格局的变化和各国的发展要求？国际社会当时面临两个选择：各国具有同等发展权和国际事务治理参与权的多极化世界与一国独大的单极化世界。中国力主建立多极化世界，认为世界多极化才是反映当

① 江泽民：《在庆祝中国共产党成立八十周年大会上的讲话》，人民出版社2001年版，第48页。

代世界现实和顺应历史潮流与发展要求的正确选择。这种多极化世界的理念就是建立在对文明多样性现实的承认基础上的。文明多样性的历史进步观是建立多极化世界的理论支撑。文明多样性理念特别源自中华人民共和国成立以来国际交往和全面的社会主义建设经验的科学总结。经验表明，“在世界历史条件下，任何民族、国家和地区的文明与发展都不可能在离开其他民族、国家和地区的文明与发展的影响的情况下得到实现。如果一个民族、国家和地区只把自己看作是文明的，只承认自己的文明的历史意义，从而把自己同世界，同其他民族、国家和地区的发展隔绝起来，它就是没有前途的。实行对外开放和融入世界历史进程，既以坚持民族、国家的独立性为前提，又以承认和吸收其他民族和国家的文明为前提，这才是正确的选择。”① 正是看到世界文明多样性现实和它在世界历史发展中的作用，习近平在关于国际关系问题的多次讲话中，阐述了文明多样性的现实与意义，并以此为基础提出人类命运共同体战略构想。他指出：“我们主张，在国际关系中弘扬平等互信、包容互鉴、合作共赢的精神，共同维护国际公平正义。各国都要遵循联合国宪章宗旨和原则，坚持国家不分大小、强弱、贫富一律平等，尊重世界文明多样性、发展道路多样性，推动国际关系民主化，推动人类文明进步，维护世界和平稳定，增进人类共同利益。”② 习近平在这里阐述的弘扬平等互信、包容互鉴、合作共赢的精神是人类命运共同体理念的核心内容。而平等互信、包容互鉴、合作共赢精神又是以文明多样性意识为基础的。人类命运共同体既是世界各类文明或文明主体的联合体，又是文明多样性发展了的形态。

承认文明多样性是人类文明进步的动力，具有历史进步动力观的发展的意义。唯物史观坚持逻辑与历史的统一，要求从具体的客观事实出发理解历史发展的过程及其规律，要求思想的进程从现象的多样性进到本质与规律的统一性。但是这也造成一些人对唯物史观的误解，以为唯物史观是忽视历史进程中的偶然因素和事物的差异性存在及其意义的，这使恩格斯在其晚年不得不专门撰文来纠正这种误解。概括起来，这种误解表现为两种形式：一是在把经济因素看作历史发展的决定性力量时，否认政治的和精神的因素对于历史发展的意义。针对这种倾向，恩格斯在致约瑟夫·布洛赫的信中，指出：“……根据唯物史观，历史过程中的决定性因素归根到底是现实生活的生产和再生产。无论马克思或我都从来没有肯定过比这更多的东西。如果有人在这里加以歪曲，说经济因素是唯一决定性的因素，那么他就是把这个命题变成毫无内容的、抽象的、荒诞无稽的空话。经济状况是基础，但是对历史斗争的进程发生影响并且在许多情况下主要是决定着这一斗争的形式的，还有上层建筑的各种因素：阶级斗争的各种政治形式及其成果——由胜利了的阶级在获胜以后确立的宪法等等，各种法的形式以及所有这些实际斗争在参加者头脑中的反映，政治的、法律的和哲学的理论，宗教的观点以及它们向教义体系的进一步发展。”③ 二是对历史的理解只看结果，不看过程，看不到个人（表现为意志的力量）或偶然现象在历史创造过程中的作用。针对这种倾向，恩格斯接着以上阐述指出：“但是第二，历史是这样创造的：最终的结果总是从许多单个的意志的相互

① 梁树发：《试论文明多样性的历史进步意义》，《北京行政学院学报》2003 年第 1 期。

② 习近平：《共同谱写中非人民友谊新篇章——在刚果共和国议会的演讲》，《人民日报》2013 年 3 月 30 日。

③ 《马克思恩格斯选集》第 4 卷，人民出版社 2012 年版，第 604 页。

冲突中产生出来的，而其中每一个意志，又是由于许多特殊的生活条件，才成为它所成为的那样。这样就有无数互相交错的力量，有无数个力的平行四边形，由此就产生出一个合力，即历史结果，而这个结果又可以看作一个作为整体的、不自觉地和不自主地起着作用的力量的产物。因为任何一个人的愿望都会受到任何另一个人的妨碍，而最后出现的结果就是谁都没有希望过的事物。所以到目前为止的历史总是像一种自然过程一样地进行，而且实质上也是服从于同一运动规律的。但是，各个人的意志……虽然都达不到自己的愿望，而是融合为一个总的平均数，一个总的合力，然而从这一事实中决不应作出结论说，这些意志等于零。相反，每个意志都对合力有所贡献，因而是包括在这个合力里面的。”[①] 恩格斯从历史运动最终结果的形成揭示了参与这一运动即历史创造过程的个人的作用。无论是从历史创造活动的主体——人的作用的角度去考察，还是从人的活动本身、从这一活动的表现及其意义的角度去考察，问题都是一个，即事物（作为前提或结果）多样性的存在及其意义。

“文明多样性是人类文明进步的动力”这一命题的意义，既在于唤醒人们对于一个易被忽略或忘却的文明进步过程中的基本事实的认识与关注，更在于对当代世界生活的基本样态和主流趋势的认知与明示。它告诉我们，这个趋势不仅不与经济全球化相悖，反而是它的本质要求和内在性质。它告诉我们，人类命运共同体的建构不仅不排斥多样性，反而是以它为前提的。人类命运共同体在文明多样性中生成。而就历史创造来说，文明多样性的历史进步动力性质同时决定了人类命运共同体在历史进程中的作用。也就是说，人类命运共同体的历史进步意义寓于文明多样性的历史进步意义之中。文明多样性不存在，则人类命运共同体不存在。人类命运共同体与文明多样性的这种联系，决定了它的哲学基础只能是一种以文明多样性历史进步意义的承认为标志的辩证的历史进步动力观。

三　与社会主义的关系

人类命运共同体与社会主义有没有联系？它们是一种什么联系？有关人类命运共同体问题的文章还较少讨论这个问题。本文认为，二者之间的联系是不能否认的，问题在于发现这种联系的本质，在于科学说明如何通过发挥社会主义的制度优势而推动人类命运共同体的实现。

让我们首先看看人类命运共同体与社会主义之间的差别，概括起来，它们有以下四个方面的差别：

第一，主体差别。人类命运共同体的构建主体是一定的国家、民族和地区。因此，人类命运共同体首先是一种国家关系，又称国际关系（包括不同国家之间的民族关系、地区关系），是国家、民族和地区关系的一定形态。这种形态的国家、民族和地区关系以超越具体国家、民族和地区个体利益之上的共同体利益为价值追求。社会主义作为一种制度，虽然以一定的民族国家为依托，它是一定民族国家的社会性质，但是当谈到它的主体的时候，则认识一般不停留于国家这个层面，而是这个制度和国家的阶级基础，即无产阶级和最广大劳动群众。

---

① 《马克思恩格斯选集》第4卷，人民出版社2012年版，第605—606页。

第二，制度和意识形态的差别。人类命运共同体是超越制度和意识形态界限的国际关系体系，是联结各个国家、民族和地区的基础的共同利益；社会主义则是一种特殊的社会制度，根本说来是一种以生产资料公有制为其经济基础并受与之相适应的政治的和思想的上层建筑即意识形态维护的进步社会形态。

第三，人类命运共同体的建构以现存国家的存在为前提，它并不追求通过这些国家的根本制度的改变而改变这种存在。就这一点来说，它是保守的。而社会主义是一个不断改革的社会，一个不断地改变着现状而向前发展着的社会，它最终成为那通过国家消亡和无产阶级解放而实现整个人类解放的“自由人联合体”。

第四，人类命运共同体和社会主义社会的形成条件也不相同。人类命运共同体通过国家之间的平等协商而达成，虽然其中不乏矛盾和斗争，但总的说来它不以斗争特别是阶级斗争为其存在形式和构成条件。而社会主义制度的实现则是阶级斗争的结果，一定国家的社会主义制度的维护和巩固，总的来说还要经历斗争，这种斗争在一定条件下可能表现为阶级斗争。

人类命运共同体和社会主义之间的以上差别，决定了不能把二者直接地简单地等同起来，把人类命运共同体看作社会主义的别名。但是，也不能把二者绝对地对立起来。它们具有统一性，它们互为前提。这种统一性在于：

第一，人类命运共同体是国家关系、民族关系和地区关系，即一般意义上的国际关系，因此它虽然包含却不直接提出和表现个人关系和个人命运。但人类命运共同体的实现所产生的结果，最终总会关系到每一国家、民族和地区的每一个人的前途命运，使之受益；社会主义的最终目标是实现人的解放，把人的自由全面发展作为社会主义发展的最终目的，把每个人的发展看作一切人发展的条件。所以，如果说人类命运共同体是间接提出和展现对于人的发展的意义，那么社会主义则是直接提出和展现对于人的发展的意义。

第二，人类命运共同体不仅是各个国家、民族和地区近期和长远发展的目标，而且是其实现发展的有效途径，它的建构过程和建构实现带来的效益是各个国家、民族和地区实现进步的条件。它的意义通过中国倡导的“一带一路”建设而初步显现出来。关于建设人类命运共同体的构想由中国提出，绝不是偶然的。中国在人类命运共同体构建中并不直接宣示自己的制度优势，更不以社会主义国家的名义与姿态倡导和参与共同体建构。但是，在促使中国提出这一构想的各种因素中，不可能不包含社会主义因素，因为社会主义的价值取向和人类命运共同体的价值取向根本说来是一致的，这就是使世界人民普遍受益。

第三，人类命运共同体具有现实性、超越性、多样性和开放性的特征，反映了时代的要求，反映了历史发展的大趋势。而现实性、超越性、多样性和开放性也是社会主义的特征，特别是21世纪社会主义的理念与特征。所以，它们既是人类命运共同体的本质特征，又包含了进步因素即社会主义因素。它们的影响将使21世纪的社会主义成为具有时代性的、开放主体的和多种道路或形式选择的社会主义，因而是各具特色的社会主义。

人类命运共同体与社会主义的一致性为二者的相互促进奠定了基础。就社会主义，特别是中国特色社会主义对于建构人类命运共同体的意义而言，首先，社会主义，特别是中国特色社会主义随着中国对建构人类命运共同体的积极参与而融入人类命运共同体的建构过程，并在其影响的不断深入和扩展中逐渐成为建构实践中的主导力量，使建构最大限度地向着各国人民最大受益的方向发展，实现其意义的转换与升华。即由基于国家存在事实的对一种理想的国际关系状况的追求而发展为对国家消亡条件下的那样一种理想现实的追求，这种现实就是人类命运共同体的国家关系转化为消除了对立的真正人的关系。人类命运共同体成为“自由人联合体”。当然，这是一个时间久远的未来的事情。其次，中国特色社会主义建设经验，如关于时代主题的认识、关于对外交往的经验、关于经济和社会治理的经验、关于“五位一体”中国特色社会主义事业总体布局和发展理念、关于中国特色的民族宗教政策等，都将是构建人类命运共同体的智力和思想资源。

构建人类命运共同体也将推动中国特色社会主义事业的发展，一是人类命运共同体的建构本身就是中国特色社会主义建设的实际过程和内容，因而共同体的建构也就成为中国特色社会主义建设的推动因素；二是人类命运共同体的建构必然大大改善中国特色社会主义建设的国际环境，起到化敌为友、化消极为积极的作用，并能够最大限度地吸收世界各国的发展经验和先进的技术与文化，充分利用良好的国际环境和世界秩序带给我们的难得发展机遇。

总之，人类命运共同体与社会主义之间的统一性，使两个看似不同的过程，在价值取向、实现方式上存在较大差异的过程产生了互动与互补。关于二者的关系，本文的结论是：人类命运共同体与社会主义、与中国特色社会主义、与21世纪社会主义同行。

（原载《思想理论教育导刊》2018年第3期）

研究马克思主义整体性的三大视角

张雷声*

马克思主义整体性研究是自2005年底马克思主义理论一级学科增设以来，理论界始终关注的一个重要问题。十几年过去了，理论界关于这一问题的研究虽然已经取得了较为丰硕的成果，但研究依然需要深入。在马克思主义整体性研究之于学科发展、思想政治理论课建设乃至专业课程建设的重要性、必要性等方面，理论界已形成了共识；然而，对于如何理解马克思主义整体性、马克思主义整体性研究的价值所在等问题，则尚未达成共识。这实际给我们进一步研究马克思主义整体性创造了极大空间。本文主要通过逻辑与历史相统一、共时性与历时性相统一、宏观研究与微观研究相统一的三大视角，对如何深入研究马克思主义整体性，以及马克思主义整体性研究的价值何在作出进一步探讨。

一　以逻辑与历史相统一为视角研究马克思主义整体性

逻辑与历史相统一是马克思主义方法论的重要内容。在《政治经济学批判》“导言”中，马克思对政治经济学史上存在的关于政治经济学的“两条道路”进行了研究，肯定并赞扬了“第二条道路”即从抽象上升到具体的道路，认为“在第二条道路上，抽象的规定在思维行程中导致具体的再现”。① 马克思在阐述“第二条道路”内涵的基础上，分析了逻辑与历史相统一与抽象上升到具体的关联性。他指出：“比较简单的范畴可以表现一个比较不发展的整体的处于支配地位的关系或者一个比较发展的整体的从属关系，这些关系在整体向着以一个比较具体的范畴表现出来的方面发展之前，在历史上已经存在。在这个限度内，从最简单上升到复杂这个抽象思维的进程符合现实的历史过程。”② 以劳动范畴为例，对各种不同性质、不同形式的劳动进行抽象，劳动就成为“各种劳动组成的一个具体总体的精神结果”，③ 就成为十分简单的范畴，它在表现出对历史关系抽象的同时，也适用于一切现代社会关系的抽象，从而表明“哪怕是最抽象的范畴，虽然正是由于它们的抽象而适用于一切时代，但是就这个抽象的规定性本身来说，同样是历史条件的产物，而且只有对于这些条件并在这些条件之内才具有充分的适

---

* 张雷声：中国人民大学马克思主义学院教授。

① 《马克思恩格斯文集》第8卷，人民出版社2009年版，第25页。

② 同上书，第26页。

③ 同上书，第28页。

用性”。[①] 可见，马克思强调了理论研究中在运用抽象上升到具体的方法来反映各个范畴之间的辩证逻辑联系时，需要按照历史发展的实际进程研究。因为逻辑是对历史的一种理解，是用概念体系来反映历史，而历史则是通过逻辑的方式再现出来的。当然，各个范畴之间的辩证逻辑联系必须“由它们在现代资产阶级社会中的相互关系决定”。[②]

马克思对逻辑与历史相统一的问题，之所以能够在政治经济学史上打破来自资产阶级政治经济学的困扰，做出科学的、正确的、令人信服的分析，关键就在于他以其创立的唯物史观为基础，运用唯物辩证法分析了资本主义社会结构整体和它的表现形式，探讨了资本主义生产方式的运动规律，揭示了资本主义社会发生、发展、灭亡的趋势。唯物辩证法从根本上来说，就是要告诉人们：经济的社会形态的发展“是一种自然历史过程”，揭示人类社会发展规律，“观念的东西不外是移入人的头脑并在人的头脑中改造过的物质的东西而已”。[③] 马克思强调，唯物辩证法的实质在于，“在对现存事物的肯定的理解中同时包含对现存事物的否定的理解，即对现存事物的必然灭亡的理解”；“对每一种既成的形式都是从不断的运动中，因而也是从它的暂时性方面去理解”；“它是批判的和革命的”。[④] 唯物辩证法的运用，使马克思从客观的社会经济现象和社会经济过程出发，研究关于自然、社会和思维的一般规律，得出了科学的结论。以逻辑与历史相统一为视角研究马克思主义整体性，必须建立在唯物辩证法基础之上。

在学术界，有学者在马克思主义整体性的研究中描绘了马克思主义整体性的图景，提出了多种形式的整体性，如形成的整体性、主题的整体性、方法的整体性、理论的整体性、发展的整体性、形态的整体性等，认为整体性是马克思主义的本质属性，它贯穿于马克思主义经典文本始终，我们必须把整体性作为一种框架来理解马克思主义。[⑤] 对于多种形式的整体性，究其实质而言，都可以毫无例外地归入三种形式中，即逻辑整体性、历史整体性和方法整体性。

所谓逻辑整体性，反映的是理论构成所呈现出来的内在复杂的逻辑关系。在马克思那里，正是他在批判资产阶级政治经济学的初始，就提出的“整体的联系、各部分的关系”。马克思计划他的研究“打算用不同的、独立的小册子来相继批判法、道德、政治等等，最后再以一本专门的著作来说明整体的联系、各部分的关系”。[⑥] 显然，“整体的联系、各部分的关系”是“不同的、独立的”问题相联系的整体，《1844 年经济学哲学手稿》中关于国家、法、道德、市民生活等的联系构成了国民经济学的整体。后来，在马克思关于政治经济学的深入研究中，唯物史观的创立，以及将唯物史观运用于对资本主义经济关系的分析形成的剩余价值理论和对唯物史观科学性的证明，将唯物史观和剩余价值理论运用于对资本主义社会矛盾的分析形成的共产主义学说和对唯物史观、剩余价值理论科学性的证明，更是充分反映了马克思主义理论的逻辑整体性。在当代中国马克思主义这里，逻辑整体性就表现为中国特色社会主义理论体系内部各构成内

① 《马克思恩格斯文集》第 8 卷，人民出版社 2009 年版，第 29 页。

② 同上书，第 32 页。

③ 《马克思恩格斯文集》第 5 卷，人民出版社 2009 年版，第 22 页。

④ 同上。

⑤ 参见韩庆祥等《论马克思主义的整体性》，《哲学研究》2012 年第 8、9 期。

⑥ 《马克思恩格斯文集》第 1 卷，人民出版社 2009 年版，第 111 页。

容之间的逻辑关系，例如，邓小平理论、“三个代表”重要思想、科学发展观、习近平新时代中国特色社会主义思想之间的内在统一。此外，还可以深入具体到构成内容的各问题之间的逻辑关系上，例如，中国特色社会主义发展进程中道路、理论体系、制度、文化之间的内在统一，经济建设、政治建设、文化建设、社会建设、生态文明建设之间的内在统一，创新、协调、绿色、开放、共享之间的内在统一，等等。

当逻辑整体性关于理论构成所呈现出的内在复杂的逻辑关系，从逻辑继承、逻辑脉络和逻辑发展的角度反映出来时，它就会转化为历史整体性，这就是理论逻辑统一于历史逻辑，表现为对历史逻辑的理解。在马克思那里，较为突出的是，19 世纪 70 年代中期开始资本主义世界出现的“世界主义”现象和无产阶级革命重心转移，使马克思原先关于发达国家经济关系的研究转向落后国家经济关系的研究，由《资本论》的创作转向人类学、历史学的研究。如何看待这一问题，历史整体性的眼光尤为重要。在马克思之后，列宁在以垄断为特征的资本主义时代条件下，是如何继承和发展马克思所创立的马克思主义的，毛泽东在经济文化比较落后国家建设和发展社会主义的条件下，是如何继承和发展马克思列宁主义的，邓小平、江泽民、胡锦涛、习近平在中国改革开放的历史进程中，是如何继承和发展马克思列宁主义、毛泽东思想的，同样反映的是历史整体性的研究。“一脉相承、与时俱进”是历史整体性的核心。“中国特色社会主义，是科学社会主义理论逻辑和中国社会发展历史逻辑的辩证统一”，① 强调了历史整体性关于特定理论的逻辑继承、逻辑脉络和逻辑发展，是和具体的现实紧密结合的，研究理论的“一脉相承、与时俱进”，必须放到具体实践的变化发展之中。

研究逻辑整体性和历史整体性的科学性，必须研究它的基础即方法整体性。马克思主义理论的科学性源于辩证唯物主义和历史唯物主义的科学世界观和方法论，坚持马克思主义，根本就在于坚持辩证唯物主义和历史唯物主义，坚持马克思主义的世界观、方法论，掌握马克思主义观察问题和分析问题的立场、观点和方法。在马克思主义整体性中，研究马克思主义理论内在复杂的逻辑关系，研究马克思主义理论的“一脉相承、与时俱进”，必须把握和遵循唯物辩证法。没有唯物辩证法，没有唯物辩证法的运用，就没有马克思主义；没有方法整体性，没有方法整体性的运用，就没有马克思主义的逻辑整体性和历史整体性，也就没有马克思主义整体性。马克思、恩格斯之所以能够创立马克思主义，21 世纪中国的马克思主义之所以能够在当代展现出强大的具有说服力的真理力量，关键就在于遵循和运用唯物辩证法看世界。“以科学的态度对待科学，以真理的精神追求真理”，② 是我们理解和把握马克思主义整体性中逻辑整体性、历史整体性与方法整体性之间关系的重要方法论。

二　以共时性与历时性相统一为视角研究马克思主义整体性

共时性与历时性相统一是马克思总体方法的重要内容之一。在《政治经济学批判》“导言”中，马克思以“生产是总体”为前提，在分析社会生产四个环节“构成一个总

① 习近平：《习近平谈治国理政》，外文出版社 2014 年版，第 21 页。

② 《习近平在中共中央政治局第五次集体学习时强调：深刻感悟和把握马克思主义真理力量谱写新时代中国特色社会主义新篇章》，《人民日报》2018 年 4 月 25 日。

体”的基础上，论述了从“具体总体”到“思维总体”，再到“具体总体”的过程。他指出：“具体总体作为思想总体、作为思想具体，事实上是思维的、理解的产物；但是，决不是处于直观和表象之外或驾于其上而思维着的、自我产生着的概念的产物，而是把直观和表象加工成概念这一过程的产物。”① 从“具体总体”到“思维总体”，再到“具体总体”的过程，是一个从研究到叙述的过程，是一个经过人的思维这一“专有方式”对具体总体进行加工，上升到思维总体，在思维总体中再现具体总体的过程，也即“思维用来掌握具体、把它当作一个精神上的具体再现出来”。② 从“具体总体”到“思维总体”，再到“具体总体”，是马克思总体方法的要义和精髓。显然，总体方法是理解社会经济关系构成及其运行的根本方法。马克思将总体方法的这一要义和精髓运用于分析资产阶级社会经济总体结构及其运行，其中体现出了共时性与历时性相统一的方法。

在《政治经济学批判（1857—1858 年手稿）》中，马克思在讨论政治经济学范畴在资产阶级社会经济总体结构中转化的关联性时，认为总体结构中范畴的运动具有共时性与历时性相统一的特征。马克思在“资本章”中说明了不同范畴的转换在共时性与历时性上是互补的。例如，他在对资本原始积累和资本积累这两个范畴之间转换的关联性的分析中，认为二者的转换呈现出两个显著的特点：一是历时性。马克思认为，资本原始积累是“资本的洪水期前”的过程，属于“资本的历史前提”。“这些前提作为这样的历史前提已经成为过去，因而属于资本的形成史，但决不属于资本的现代史，也就是说，不属于受资本统治的生产方式的实际体系。”③ 资本原始积累作为资本生成的史前阶段，“就像地球从流动的火海和气海的状态变为地球现在的形态所经历的过程，处于已经形成的地球的生命的彼岸一样”。④ 因此，如果仅从范畴的历时性角度考察，资本原始积累理所当然地应该排除在资本主义经济关系的总体结构之外。二是共时性。马克思指出，按照“我们的方法”，在确定“研究的是已经生成的、在自身基础上运动的资产阶级社会”的同时，也不排斥对“现代资本的形成史”的考察，⑤ 因而“表明历史考察必然开始之点，或者说，表明仅仅作为生产过程的历史形式的资产阶级经济，超越自身而追溯到早先的历史生产方式之点”。⑥ 因此，原始积累范畴的历时性，并不会妨碍这一范畴进入总体结构的考察范围。相反，在总体结构内范畴运动的一定点上，资本原始积累将转化成资本积累的共时性范畴，从而形成这两个范畴之间的新的运动序列。简而言之，资本原始积累作为历时性范畴，在资产阶级社会经济总体结构中会转化为资本积累这一共时性范畴。马克思关于资本原始积累和资本积累这两个范畴之间转换的关联性的分析，既深化了我们对资产阶级社会经济总体结构内部各范畴运动连续性的认识，也深化了我们对这一总体结构自身的运动趋势的认识。

将马克思总体方法中的共时性与历时性相统一的方法运用于对马克思主义整体性的

---

① 《马克思恩格斯文集》第 8 卷，人民出版社 2009 年版，第 25 页。

② 同上。

③ 《马克思恩格斯全集》第 30 卷，人民出版社 1995 年版，第 451 页。

④ 同上书，第 452 页。

⑤ 同上书，第 208 页。

⑥ 同上书，第 452—453 页。

研究，展现在我们面前的将是一个宏阔的、崭新的，同时也能给我们带来重要启迪的研究架构。在马克思主义整体性中，从共时性的角度必须研究马克思主义理论整体性，从历时性的角度必须研究马克思主义史的整体性，二者是可以形成互补的；也即马克思主义理论整体性具有共时性研究特征，马克思主义史整体性具有历时性研究特征，二者并非是对立的，也并非是割裂的，二者的统一性在马克思主义整体性研究中是不可忽视的。它为马克思主义理论学科从整体上研究和把握马克思主义提供了重要方法。

所谓马克思主义理论整体性的共时性研究，反映的则是一定时段一定范围马克思主义理论的内在逻辑性研究。例如，在马克思那里，我们对唯物史观、剩余价值理论、共产主义学说三者统一的研究，正是要说明马克思理论的整体性；而在习近平这里，对于"八个明确""十四个坚持"等之间内在关系的研究，正是说明习近平新时代中国特色社会主义思想的整体性。理论整体性的这种共时性研究，其科学性在于必须将共时性研究放入历时性研究之中，在史论结合中凸显理论整体性的意义和价值。

马克思主义史整体性的这一历时性研究对于人们理解马克思主义、把握理论的真理价值，其意义是非凡的。马克思主义史整体性的历时性研究，反映的是马克思主义史发展的连续性、总体性，告诉我们研究马克思主义，必须研究马克思主义的不断历史化的进程、不断变化发展的整体进程。历时性的研究，可以避免马克思主义研究的碎片化，避免"历史中断论"，可以从思想发展的长河中动态地分析问题，讲清楚马克思主义理论中马克思与恩格斯的关系，马克思与同时代马克思主义者的关系，马克思自身在青年、中年和老年之间的关系，马克思与列宁的关系，马克思与邓小平的关系，马克思与江泽民、胡锦涛、习近平的关系，等等。这种历时性研究对于马克思主义理论学科关于"源和流""前人与后人""马克思、恩格斯与当代中国的马克思主义"等的研究，无疑是具有重要推进意义的，同时也告诫我们，在马克思主义学院建设中，必须防止马克思主义学院"非马克思化"的趋向。

共时性与历时性的统一，表明了在马克思主义整体性研究中马克思主义理论整体性与马克思主义史整体性的统一性。就拿马克思理论的整体性来说，对于唯物史观、剩余价值理论、共产主义学说三者的统一，不是一个简单地从三大理论的相互关系上去说明的问题，而是要在马克思思想发展的过程中、从理论的演化和发展角度去认清的问题。从唯物史观的创立到剩余价值理论的形成，再到共产主义学说的完成，是马克思在探索资本主义生产方式运动规律的历史过程中逐步形成的整体关系，这三大理论之间的逻辑关系，需要在马克思思想发展的历史脉络和进程中来体现。显然，马克思主义史的整体性蕴含着马克思主义理论整体性，马克思主义理论整体性必须在马克思主义史的整体性中得到说明。马克思主义理论整体性与马克思主义史整体性的统一，说明没有马克思主义理论整体性的研究，无法讲清楚马克思主义史的整体性，而脱离了马克思主义史整体性的研究，马克思主义理论整体性的科学性、准确性都会大打折扣。由此可见，从共时性与历时性相统一角度研究马克思主义整体性，必须在研究"两个关系"上下功夫，即一是整体性与时间的关系，说明整体性只有在时间中、在历史发展的长河中才能得到展现；一是整体性与空间的关系，说明整体性只有在对部分、具体的理论问题之间关系的把握中才能得到展现。

三　以宏观研究与微观研究相统一为视角研究马克思主义整体性

任何一门学科，任何一个研究领域，都是集宏观研究与微观研究为一体的，既要研究宏观层面的理论，也要研究微观层面的问题，既要研究体系框架、本质规律，也要研究具体问题。宏观研究表现为一种宏大的、完整的叙事，强调的是大场域、大构想，表现为全局性的总体研究，它可以揭示马克思主义发展的本质及规律，更好地把握马克思主义发展的总体趋势；微观研究则表现为具象性研究，强调的是具体、个案，表现为局部性的具体研究，它可以搞清楚马克思主义各具体理论的准确性，更好地把握马克思主义理论的科学性，使马克思主义研究建立在可靠的基础之上。

在马克思主义整体性研究中，既需要宏观研究，即从体系、主题、规律等方面研究马克思主义整体性，更需要有微观研究，即从马克思主义内部各个具体理论问题上来研究马克思主义整体性。宏观研究引领微观研究，微观研究支撑宏观研究，二者只有相辅相成，才能相得益彰，真正体现出马克思主义整体性研究的价值。

在马克思主义整体性研究中，如果我们强调具有整体性的马克思主义理论体系建构问题，那么毫无疑问，这正是马克思主义整体性的宏观研究。以马克思主义理论主题的确定为前提，以马克思主义三大主要组成部分为基础，运用理论原理、理论原理运用、理论原理发展三者相统一的方法，构建具有整体性的马克思主义理论体系，所呈现出的马克思主义三个层次理论原理之间的内在逻辑关系，[①] 不仅使我们能够观察到逻辑整体性、历史整体性、方法整体性在体系构建中的运用，使我们能够通过具有整体性的马克思主义理论体系，领会到与时俱进理论品质的体现，而且还能够使我们对那种把马克思主义割裂为传统的马克思主义和现代的马克思主义、革命的马克思主义和建设的马克思主义、学术的马克思主义和意识形态的马克思主义，甚至广义的马克思主义和狭义的马克思主义等的说法，形成深刻的认识和有力的研判。

马克思主义整体性的宏观研究于教材体系建设的意义是不言而喻的。尽管教材体系不是理论体系本身，需要进行转化，但是，这一宏观研究成果的理论体系，由于是围绕研究主题而形成的逻辑严密、结构合理的知识系统，是由一系列相互关联的概念、命题经过严密论证和推理而构成的，因而就已奠定了教材体系形成的基础。教材体系是在坚持理论体系的严谨性、完整性的基础上，注重内容的“精”和“管用”，以及简明性、实用性、针对性的。没有科学、准确、合理的理论体系，就不可能有随之转化而来的教材体系构建的科学性、准确性、合理性。无论是思想政治理论课教材体系的构建，还是马克思主义理论学科专业课程教材体系的构建，都必须以马克思主义整体性的宏观研究为前提。只有从宏观角度研究清楚马克思主义，才能准确把握马克思主义，防止对马克思主义理论的庸俗化和教条化，才能真正做到理论研究为思想政治理论课教学服务，为学科的专业课程教学服务，也才能真正展现出马克思主义理论的真理力量。

马克思主义整体性研究还必须深入到微观层面，强化马克思主义各具体理论的整体性研究，将逻辑整体性、历史整体性、方法整体性贯穿于对马克思主义整体性的理解和

---

① 张雷声：《世界观、方法论与马克思主义基本原理的整体性》，《教学与研究》2011 年第 12 期。

研究之中。劳动、实践、真理、社会形态、商品、货币、资本、阶级等的研究属于微观研究，物质本体论、对立统一规律、劳动价值论、剩余价值论等也属于微观研究。加强对具体问题、具体理论的整体性研究，有助于解决研究中、理解中存在的偏误，回应现实中存在的各种争论，有助于我们准确理解和掌握马克思主义。

以劳动价值论为例。劳动价值论是我们在马克思主义理论的学习和研究中最易误读、误解的理论，是一个自《资本论》诞生以来备受资产阶级学者质疑和攻击的理论，同时也是一个需要在发展的现实中不断创新的理论。开展劳动价值论的整体性研究，对解决理解、发展、创新问题都是大有裨益的。

从逻辑整体性角度研究劳动价值论，① 一方面，可以全面把握劳动价值论的整体内容，认识到劳动创造价值和价值转化为生产价格同为劳动价值论的构成内容，马克思不仅在《资本论》第一卷充分阐述了劳动创造价值的问题，而且在《资本论》第三卷还对价值的内在转化形式进行了详尽的探讨。从逻辑整体性角度研究劳动创造价值问题，同样也会认识到马克思在《资本论》第一卷，不仅从抽象角度分析了劳动创造价值问题，而且还从资本主义现实角度具体分析了劳动创造价值问题。只有把劳动创造价值与价值转化为生产价格结合起来，才能真正地理解和把握劳动价值论，才能不断丰富和伸展劳动价值论的基本规定，澄清理论界关于劳动价值论争论中的各种谬误。因此，从逻辑整体性角度研究劳动价值论，是解决误读、误解甚至曲解劳动价值论，运用马克思主义立场、观点、方法发展劳动价值论的重要研究路径。另一方面，可以在把握劳动价值论的逻辑整体性基础上发展劳动价值论。在经济全球化的复杂发展中，虽然“逆全球化”乱象不可能影响劳动价值论的作用及其运用，但是，劳动价值论的社会规定即发生作用的范围远比马克思当时研究的情况复杂得多、具体得多，劳动价值论的一般规定即如价值创造、价值决定、价值规律、价值转化等，在与世界范围的资本积累、全球市场经济的发展、世界资本主义的发展、两种制度并存中的竞争，以及全球基本矛盾带来的难以解决的全球问题等的现实结合中必然发生作用。遵循马克思劳动价值论逻辑整体性的思路，发展、创新劳动价值论，就成为马克思主义研究的重要任务。

从历史整体性角度研究劳动价值论，② 可以全面地了解和把握马克思对待劳动价值论的态度，马克思是如何经历了一个从怀疑到靠近、肯定，再到创新劳动价值论的过程。这个过程不只是一个关于劳动价值论的认知、研究、创新过程，更重要的是，它是一个在经济学研究中创立、运用唯物史观，实现了劳动价值论与唯物史观内在结合的过程。通过劳动价值论历史整体性的分析，使我们能够认识到唯物史观与政治经济学研究结合的重要意义，正是这一结合，才使马克思在劳动价值论的研究上有了新的进展，才使马克思能够系统地、完整地创立起科学的劳动价值论，也才使我们能够真正把握劳动价值论的内在本质。从方法整体性角度研究劳动价值论是蕴含在劳动价值论的逻辑整体性和历史整体性的研究之中的，没有方法整体性，是无法完成劳动价值论的逻辑整体性和历史整体性研究的。因此，从历史整体性角度研究劳动价值论，讲到底，就是当我们

---

① 张雷声：《马克思劳动价值论的逻辑整体性》，《教学与研究》2018 年第 4 期。

② 张雷声等：《马克思劳动价值论研究的历史整体性》，《河海大学学报（哲学社会科学版）》2015 年第 1 期。

走向历史深处去研究马克思主义时，通过方法整体性和逻辑整体性，完全可以把握到马克思主义的历史整体性，从而才能真正去理解马克思主义、信奉马克思主义。

（原载《思想理论教育导刊》2018 年第 7 期）

科学认识十月革命的几个重要问题

季正聚*

十月革命在社会主义发展史和人类历史上产生了重要的影响。关于十月革命的性质、历史必然性、历史作用和意义等重大问题，在国际上一直存在着争论，一些反对十月革命的人提出了一些质疑、责难和攻击，列宁生前曾对此进行了深入的思考，并作了科学的回答，有力地驳斥了一些谬论。虽然十月革命爆发已经过去一百年了，但是十月革命仍然是中外理论界研究的重要问题，各种各样的观点不断涌现，很有必要对十月革命的相关问题作出明确的回答和澄清。

一　十月革命是不是一场武装暴力革命

在1905年革命中，沙皇政府残酷镇压了和平请愿的工人群众，造成了“流血星期日”，使工人群众放弃了对沙皇进行和平改良的幻想，在布尔什维克的领导下走上了武装革命的道路。

1917年二月革命后，俄国出现了两个政权，即资产阶级临时政府和工人代表苏维埃并存的局面。列宁认为，在这种形势下革命有和平发展的可能。但是，后来的形势表明，和平发展的道路走不通，布尔什维克被迫走上武装夺取政权的道路。

历史给沙皇政府和资产阶级临时政府许多次展示能力和作为的机会，但他们都无力承担起历史的责任。不能推动历史的进步，必然被人民群众所抛弃。在各种政治势力和政党徘徊不前、无所作为时，列宁和布尔什维克党的作用日益凸显。俄国革命就是在俄国社会“毫无出路”、广大群众“不愿照旧活下去”、统治阶级“不能照旧统治下去”的历史条件下发生的。1917年1月，罢工浪潮席卷全国，连沙皇宫廷佞人也笃信，沙皇专制腐败无能透顶。二月革命推翻沙皇专制，实现了政治自由，但老百姓最迫切希望解决的土地、面包、和平三大问题依然没有解决。临时政府连个像样的施政纲领也没有，接连改组依旧无法改变混乱的局面，先后发生了四月、六月和七月政府危机，但问题照旧，矛盾日趋尖锐。

从力量对比看，布尔什维克党力量逐渐壮大，越来越获得工人群众的支持。二月革命后，布尔什维克达到2.4万人，四月会议时为8万人，7月底六大时是24万人。7月，临时政府命令部队前线进攻失败的消息传到首都后，工人群众游行示威，临时政府武力镇压，并下令镇压布尔什维克党，下令逮捕列宁，列宁被迫转入地下。但到了9

* 季正聚：经济日报社副总编辑，研究员。

月，科尔尼洛夫发动叛乱，临时政府无力有效应对，在布尔什维克的领导下，叛乱被平息，广大工人群众认清了临时政府的软弱无能，布尔什维克威望大增，力量迅速壮大，各地苏维埃纷纷通过布尔什维克的决议，开始了布尔什维克化的潮流。

到10月中旬时，临时政府企图利用10月25日全俄工兵代表苏维埃二大召开之际，把布尔什维克代表一网打尽。在紧要关头，10月23日晚，列宁排除季诺维也夫等人的阻力和干扰，毅然决定武装起义。11月4日，起义爆发，革命迅速在全国蔓延。

有人依据历史的小片段，如“阿芙乐尔”号巡洋舰是如何开炮发挥多大作用、至于攻击冬宫“没有遇到什么抵抗”等历史细节，将整个十月革命夸大成“几乎不流血的革命”，是“和平非暴力的革命”，这是错误的。这影响不了十月革命本质上是“武装起义”的客观事实，这场革命是靠布尔什维克党和广大工人群众同心协力和武装斗争取得胜利的。攻占冬宫推翻资产阶级临时政府、夺取政权的起义仅是革命的关键一步，而不是夺取和在全国建立政权的“全过程”和“最后完成”！在夺取政权后，为捍卫革命果实，新生的苏维埃政权又进行了三年艰苦卓绝的内战，镇压反革命叛乱，同时还经历了抵抗十几国的武装干涉，在进行了殊死的搏斗和付出了巨大牺牲后，苏维埃政权才没有被颠覆和绞杀。因此，十月革命不只是夺取政权的过程，也是在资本主义的敌视和遏制中不断发展和巩固革命果实的过程，如果不在这场捍卫政权的斗争中用革命措施取得胜利，其命运也会和巴黎公社一样，惨遭镇压和失败。

恩格斯在研究1848年革命时指出：“把革命的发生，归咎于少数煽动者的恶意，那种迷信的时代已过去了，现在每个人都知道，任何地方发生革命动荡，其背后必然有某种社会要求。”① 从1905—1917年的十多年时间里，俄国革命运动接连不断、此起彼伏，参加革命的工人群众有几千万人。这种情况如果单纯用个别政党、派别和团体的政变和密谋来解释，显然是十分错误的。扼制不住的革命形势明确地表明，俄国的变革已经大势所趋，已经成为人心所向，满足和顺应广大工人阶级和群体的要求，才是真正识时务的俊杰。因此十月革命既不是列宁领导的布尔什维克炮制出来的，更不是所谓“一小撮狂热的恐怖分子”强加给人民的。从具体历史看当时俄国面临着种种选择，资产阶级也进行了一些努力，采取了一些改良措施，但社会的危机和矛盾依然存在，和平、土地和面包这三个难题依旧如故，人民群众由不满到希望，再到失望。于是，广大人民群众就站到了布尔什维克一边，拥护革命的道路。正如邓小平指出的：“列宁之所以是一个伟大的马克思主义者，就在于他不是从书本里，而是从实际、逻辑、哲学思想、共产主义理想上找到革命道路，在一个落后的国家干成了十月社会主义革命。”②

二 十月革命是不是社会主义革命

有人认为，十月革命的性质是资产阶级革命。因为俄国是一个经济文化落后的国家，1917年初，列宁也没有设想到俄国会爆发无产阶级革命。从当时的革命内容看，也主要是资产阶级民主革命。二月革命是资产阶级革命，从二月到十月短短的8个月，俄国的社会面貌、生产力水平不可能发生突飞猛进的大变革。

---

① 《马克思恩格斯选集》第1卷，人民出版社2012年版，第483页。

② 《邓小平文选》第3卷，人民出版社1993年版，第292页。

革命的性质是任务与目标决定的。列宁在《十月革命四周年》《论我国革命》等文中科学阐述了十月革命的性质，对一些责难作出回答。列宁也认为俄国革命直接的迫切的任务是资产阶级民主性的任务（打倒中世纪制度的残余，扫除俄国的野蛮现象和文化落后）。这等于列宁也认为革命具有资产阶级民主革命的性质。但是，列宁同时也强调如何“自觉地、坚定地和一往无前地向着社会主义革命迈进”，如何“学习在一个小农国家里进一步建设社会主义大厦”问题。

革命的中心任务和最高形式是武装夺取政权问题。在《论我国革命》一文中，列宁指出，十月革命虽然具有资产阶级民主革命的内容，但领导者是无产阶级政党而不是资产阶级。同时，通过无产阶级政权的力量创造发展文明，然后大力用国家资本主义的方法发展现代文明，努力发展经济和文化，在不断走向社会主义的过程中最终建立和建成社会主义。在《论无产阶级革命和叛徒考茨基》一书中，列宁指出，在十月革命前，自1917年4月起，就已经向人民阐述了革命不能止步于已取得的国家和资本主义的进步。“因为，不这样就不能前进，就不能拯救备受战争摧残的国家，就不能减轻被剥削劳动者的痛苦。”经济破坏已达到空前的程度而要求（不管谁愿意不愿意）向前迈进，走向社会主义。①

十月革命建立了人民当家做主的苏维埃政权。从这个意义上讲，十月革命是通过武装革命在经济文化落后的俄国进行的通往社会主义的革命。

三 关于十月革命的历史进步性

历史活动是群众的事业，人民群众创造了历史。十月革命，所解决的任务是多重的，催动了历史的进步。一是通过革命，摆脱了民族灾难，恢复社会生机和活力。苏维埃政府颁布了和平法令和土地法令，顺应人民群众渴求和平的愿望，从法律上保障和承认农民获得土地的正当性和合法性，解放了生产力，得到了农民的拥护。十月革命前，沙皇俄国民族矛盾十分尖锐。十月革命使沙皇专制统治下的各压迫民族得到了解放，缓和了民族矛盾。二是布尔什维克通过革命重塑了政治的权威，建立了强有力的革命政权，填补了二月革命爆发之后俄国事实上的权力真空，结束了社会的动荡和混乱局面。三是十月革命为经济文化落后国家跨越资本主义“卡夫丁峡谷”进行了有益的探索，独辟蹊径，走社会主义道路，丰富和发展了马克思主义的革命理论。四是十月革命进程当中所爆发出来的革命英雄主义和浪漫主义，打碎了旧制度的枷锁和束缚荡涤了污泥浊水，建立了人民群众当家做主的苏维埃政权，社会的面貌和人民群众的面貌焕然一新。

四 十月革命是如何丰富和发展马克思主义革命理论的

马克思、恩格斯生前曾设想西方发达国家进行社会主义革命的问题。在经济文化落后的俄国进行社会主义革命是否符合历史发展规律，是否符合马克思的革命理论？这在俄国党内和国际共产主义运动中一度存在争论。苏汉诺夫、普列汉诺夫、考茨基等反对十月革命的人认为，俄国不具搞社会主义革命的前提条件，只有等资本主义充分发展，

① 季正矩：《列宁传》，天地出版社2018年版，第381页。

革命条件完全“成熟”和“具备”了，才能进行社会主义革命，因此，十月革命是搞早了、搞糟了，违背了马克思的理论。这是错误的。

马克思、恩格斯一贯强调，他们的理论是发展的理论，是进一步行动的方法论，必须一切与实践相结合，而不是背得滚瓜烂熟的教条。对待革命问题也是这样，恩格斯强调，要把尊重历史规律和革命能动性相结合。恩格斯在《法德农民问题》中曾指出：我们无须等到资本主义生产发展的后果到处都以极端形式表现出来的时候，等到最后一个小手工业者和最后一个小农都变成资本主义大生产的牺牲品的时候，才来实现这种变革。

十月革命以前，列宁就指出社会主义革命道路的多样性，认为一切民族都将走向社会主义，但是一切民族的走法却不会完全一样，每个民族都会有自己的特点。列宁的这种看法体现了马克思主义认识论的矛盾普遍性和特殊性的辩证统一。

列宁经常引用歌德的这句名言：理论是灰色的，生活之树常青。十月革命胜利后，列宁在批判苏汉诺夫的观点时指出，俄国生产力尽管没有发展到足以实现社会主义的水平，但是不能以此为理由，去否定俄国进行十月革命。当时国际国内的条件和情况，使俄国具备进行革命的充分条件和可能。首先，是布尔什维克领导俄国人民在特殊的历史环境下的历史抉择。帝国主义政治经济发展是不平衡的，俄国是当时帝国主义链条中的薄弱环节，有可能率先进行社会主义革命。第一次世界大战使帝国主义相互厮杀，互相削弱了力量，同时也造成俄国资产阶级统治的危机，造就了革命形势，人民群众在毫无出路的情况下，如果不能奋起斗争，“坐等”革命的自然到来和胜利，那么就是历史的宿命论，放弃人的能动性。其次，俄国无产阶级可以充分发挥革命能动性，利用上层建筑对经济基础的能动作用，来造就社会主义所需要的经济前提。革命政权国家支配着一切大的生产资料，无产阶级掌握着国家政权，工农联盟，无产阶级对农民的领导等，通过合作社能够建成完全的社会主义社会所必需的一切。最后，俄国社会发展所体现出的特殊性并不违背世界历史发展的一般规律，因为“世界历史发展的一般规律，不仅丝毫不排斥个别发展阶段在发展的形式或顺序上表现出特殊性，反而是以此为前提的。”①针对第二国际机会主义者的攻击，列宁回答：创造文明的前提如驱逐地主，驱逐俄国资本家，然后再走向社会主义。列宁强调，如果只看到世界历史发展的一般规律而无视个别发展阶段在发展的形式或顺序上表现出的特殊性，是对唯物史观所作的机械的片面的理解，是“套中人”，是对马克思主义的迂腐理解。特别是对马克思主义中有决定意义的东西，即马克思主义的革命辩证法的不理解。②

因此，列宁领导布尔什维克在一个经济文化落后国家进行社会主义革命和建设，是前无古人的壮举，坚持和发展了马克思主义。

五 不能把苏联剧变归罪于十月革命

苏联剧变后，一些人把历史原罪归于十月革命和列宁。有人提出，十月革命违背了人类历史发展的客观规律，使俄国偏离了人类文明进步的轨道，苏联解体使社会主义遭

---

① 《列宁选集》第4卷，人民出版社2012年版，第776页。
② 同上书，第775页。

到了“大失败”，证明了“历史终结论”。

十月革命的爆发具有历史的必然性，是在历史的一些关头必然性通过偶然性表现出来，是布尔什维克党顺势而为、因势利导的结果。

历史史实已经证明，经济文化落后国家搞社会主义革命和革命胜利以后如何进行社会主义建设，是两个方面问题，不应混为一谈。十月革命开创的道路为受压迫民族指明了方向。列宁晚年探索到了通过新经济政策搞社会主义经济建设的办法，到20世纪30年代，苏联曾经成为欧洲第一经济大国、世界第二经济大国。苏联后来出现的问题主要是“建设没有搞好”。不能把苏联解体的原因归咎于十月革命。苏联的解体使世界社会主义遭遇严重挫折，但并不意味着马克思主义的无用和世界社会主义的失败，而是证明了左倾教条主义和右倾机会主义的错误对世界社会主义的严重危害性。人类社会只要存在着不自由、不人道、不民主和不公正的现象，社会主义的价值就会彰显出魅力，社会主义理想和运动就不会消失。苏联剧变的原因是多方面的。苏联建立的高度集中的政治经济体制曾经创造过惊人的历史奇迹，为打败帝国主义武装干涉和法西斯为快速工业化等发挥了巨大作用。随着岁月的流逝，这种高度集中的体制的优越性和动力逐渐衰减，弊端逐渐显现，但令人遗憾的是，苏共领导人未能对这种体制作相应的富有成效的改革和创新，导致各种问题和矛盾日益加深。到了戈尔巴乔夫时期，他看到了问题和矛盾的严重性，也有改革的动力和决心，但他没有坚持住改革的社会主义方向，没有处理好改革的力度、发展的速度与社会可承受程度的关系，导致一些新老矛盾和问题相互缠绕和共振，像病毒一样相互“交叉感染”，衍生并发更难治的“疑难杂症”。在改革经济体制受挫后，戈尔巴乔夫又草率地进行政治体制改革，而且把旧体制的缺陷、改革受挫的原因归罪于社会主义集权制度，否定斯大林，否定列宁，否定马克思主义，搞历史虚无主义，提出“根本改造整个社会大厦”，放弃共产党领导，放弃马克思主义指导地位，结果“改革”变成了“改名换性”，最终导致苏联解体。

与苏联戈尔巴乔夫改革失败形成鲜明对照的是中国改革开放的成功。中国的社会主义革命和建设道路坚持和拓宽了十月革命开创的社会主义道路。中国从实际出发，坚持改革开放，以经济建设为中心，既不走封闭僵化的老路，也不走改旗易帜的邪路，闯出了一条社会主义现代化新路，让科学社会主义在中国大地上焕发了勃勃生机和活力，彰显了中国特色社会主义的道路、理论、制度和文化自信，丰富和发展了当代中国马克思主义和21世纪的马克思主义。

六 十月革命的胜利具有深远的世界历史意义

从人类历史的发展看。历史上曾发生过各种各样的革命和政治变迁，但其结局都是由一种剥削制度代替另一种剥削制度[①]，少数人压迫多数人。十月革命则建立了无产阶级和劳动人民当家作主的无产阶级政权，实现了社会制度的根本转变和历史性跨越，社会主义从理论、运动到制度，使世界社会主义运动出现了质的飞跃。这在社会主义发展史和人类发展史上具有里程碑意义。

---

① 曹长盛：《十月社会主义革命的胜利是科学社会主义基本原则的胜利》，《科学社会主义》2007年第4期。

从无产阶级世界社会主义革命看。十月革命前，无产阶级为推翻资产阶级统治、实现社会主义进行了各种尝试，包括1848年革命，成立第一国际和第二国际，但因历史条件的限制都没有成功。巴黎公社革命是法国无产阶级建立工人革命政权的英勇壮举，但也失败了。十月革命是无产阶级第一次取得了胜利的社会主义革命，建立了世界上第一个社会主义国家政权，打破了资本主义一统天下的局面。在打败帝国主义武装干涉、在打败法西斯和进行社会主义现代化建设中，社会主义制度彰显了强大的生命活力和战斗力。

从民族解放运动的发展看。苏维埃社会主义政权以其榜样力量和道义力量，使全世界无产阶级看到了光明和希望。十月革命的胜利，不仅使俄国境内的被压迫民族获得了解放，而且鼓舞和推动了世界被压迫人民和民族的解放斗争，大批的殖民地、半殖民地国家和地区的人民从此掀起了一浪高过一浪的革命斗争，直至取得完全解放。十月革命后，不少国家成立了共产党，使民族解放和运动进入一个新阶段。中国共产党就是在共产国际的指导和帮助下成立的。

从马克思主义的发展看。十月革命的胜利，是列宁坚持马克思主义同各种机会主义、修正主义、教条主义不懈斗争的结果，在坚持马克思革命学说的基础上，提出了帝国主义论和"一国胜利论"，不断实现和推动马克思主义的时代化、本土化和大众化，使马克思主义进入到一个新阶段，产生了列宁主义，丰富和发展了马克思主义革命理论，特别是创造性坚持了马克思主义关于无产阶级暴力革命和无产阶级专政的理论，彰显了马克思主义的强大战斗力和生命力。

从对中国革命的影响看。"十月革命一声炮响，给中国送来了马列主义。"鸦片战争后，中国无数仁人志士探求实现中华民族独立、国家富强、人民幸福之路，但屡屡碰壁。十月革命鼓舞了中国无产阶级和广大工人群众，走十月革命开创的道路成为革命的选择。1921年中国共产党成立，从此中国革命的面貌焕然一新。中国革命道路是对十月革命道路的坚持和发扬。今天，对十月革命的最好的纪念，就是把我们的事情做好，中国特色社会主义是对十月革命开创的社会主义道路的继承、发展和创新。中国共产党人今天坚持和发展中国特色社会主义，实现中华民族的伟大复兴和社会主义现代化，就是对十月革命的最好纪念。

（原载《北京教育学院学报》2018年第5期）

改革开放的历史变迁与理论变革

韩　震*

习近平总书记在党的十九大报告中指出，改革开放40年来，“我们党团结带领全国各族人民不懈奋斗，推动我国经济实力、科技实力、国防实力、综合国力进入世界前列，推动我国国际地位实现前所未有的提升，党的面貌、国家的面貌、人民的面貌、军队的面貌、中华民族的面貌发生了前所未有的变化，中华民族正以崭新姿态屹立于世界的东方。”① 中国的改革开放是人类历史上波澜壮阔的历史变革进程。历史将证明，它在人类文明史上的影响和效应完全可以与欧洲的“文艺复兴”和“启蒙运动”相媲美。本文试图对中国改革开放以来历史的变迁与理论的变革，作一次历史哲学的思考。

一　启动改革开放

哲学思想往往成为社会变革的舆论先导。德国诗人海涅曾经说：“思想走在行动之前，就像闪电走在雷鸣之前一样。”② 中国的改革开放进程就是由一次思想的闪电、一次真正意义上的哲学讨论所启动的，这就是“真理标准”的大讨论。邓小平指出：“只有解放思想，坚持实事求是，一切从实际出发，理论联系实际，我们的社会主义现代化建设才能顺利进行，我们党的马克思主义、毛泽东思想的理论也才能顺利发展。从这个意义上说，关于真理标准问题的争论，的确是个思想路线问题，是个政治问题，是个关系到党和国家的前途和命运的问题。”③ 人类是在改造自然、改造社会的实践活动中不断提升自己，推动文明进步和社会发展的。不是理论活动创造历史，而是实践活动推动发展、创造历史。真正的哲学来自人民实践活动，是时代精神的精华。改革开放的时代，需要解放思想的哲学。真理标准大讨论就扮演了思想解放的理论先导。

真理标准大讨论推动我们冲破思想的牢笼。要真正打破陈规旧制的束缚，在体制机制上进行结构性改革，就必须让思想冲破牢笼。在描写欧洲从中世纪走出来的变革时，德国社会学家滕尼斯指出：“新时代的精神可以称之为改变的精神、改造的精神和变革

---

* 韩震：北京师范大学教授。

① 习近平：《决胜全面建成小康社会　夺取新时代中国特色社会主义伟大胜利——在中国共产党第十九次全国代表大会上的报告》，人民出版社2017年版，第10页。

② ［德］亨利希·海涅：《论德国宗教和哲学的历史》，海安译，商务印书馆1974年版，第150页。

③ 《邓小平文选》第2卷，人民出版社1994年版，第143页。

的精神。"[①] 作为"第二次革命"的改革开放，就是以自觉而强烈的变革精神推动了中国的发展，使中国社会发生了翻天覆地的变化。旧的习惯和陋俗往往成为限制我们创造力的枷锁，只有打破思想的牢笼，才能挣脱陈规旧俗的束缚，如对来自苏联模式所谓"计划经济"的膜拜、对市场的排斥、对商品经济的恐惧。正如邓小平指出的，"不打破思想僵化，不大大解放干部和群众的思想，四个现代化就没有希望"。无论党还是国家，"如果一切从本本出发，思想僵化，迷信盛行，那它就不能前进，它的生机就停止了，就要亡党亡国"。[②] 重要的是，中国的思想解放是着眼于历史发展和新质的生成，而不是否定性的历史行为。邓小平把改革看成是社会主义制度的自我完善。要完善社会主义制度，就要正视我们在体制机制方面存在的问题。邓小平指出："党和国家现行的一些具体制度中，还存在不少的弊端，妨碍甚至严重妨碍社会主义优越性的发挥。如不认真改革，就很难适应现代化建设的迫切需要，我们就要严重地脱离广大群众。"[③] 要变革、要创新，就必须让思想冲破旧意识的牢笼，摆脱"两个凡是"的禁锢，让思想在更加广阔的空间思考，这样的思想才能规划更加宏大的发展路径，激励整个中华民族历史变革的实践，从而拓展中华民族发展复兴的可能性空间。

真理标准大讨论推动我们走出自我封闭。理论是认识世界和改造世界的工具，而教条主义是束缚我们思想的桎梏。要真正解放思想就必须摒弃教条主义，如计划经济的教条、"一大二公"的教条、阶级斗争的教条。在真理标准大讨论中，我们不仅摒弃了"两个凡是"的教条，而且通过进一步的思考扬弃了苏联教科书模式的哲学，让带着实践温度的哲学运思多样性展开。思想的解放推动了改革，改革的实践淬炼了思想。在改革中思想持续得到解放，解放了的思想成为进一步改革的推动力量。为了发展社会主义，我们不仅可以引进发达资本主义国家的先进技术装备，也可以学习它们的管理经验。当时邓小平曾经说："中国坚持社会主义制度。吸引外资，合资经营包含资本主义成分，但我们并不担心这方面的问题，它不会影响我们社会主义的基础。至于管理方法、科学技术，则没有社会主义和资本主义之分，资本主义管理方面好的东西，社会主义也可以用。"[④] 一个人只有开放自我，才能构建一个内涵更加丰富的自我；同样，一个民族只有放开胸襟，才能成为一个具有世界历史意义的伟大民族。哲学思想启动了改革开放进程，改革开放又推动了哲学视野的拓展。哲学思考与改革开放的实践，进入了双向塑造、相互促进的历史进程。一个民族，只能在与其他文明体的交流互鉴之中，才能激发创造性的内在活力。改革给中国发展注入了动能，而且以最大的发展中国家的海量人力资源和市场推动了世界经济繁荣。不仅经济和文化发展需要国际交流互鉴，社会主义制度的完善同样需要在国际交流中得以实现。正像邓小平指出的，"我们的制度将一天天完善起来，它将吸收我们可以从世界各国吸收的进步因素，成为世界上最好的制度。"[⑤] 中国经济社会的发展，充分展现了邓小平论断的预见性，正是这种预见性思想规划并引领了当代中国的跃升式发展，让中国走向以经济建设为中心、优先发展生产力

---

① ［德］斐迪南·滕尼斯：《新时代的精神》，林荣远译，北京大学出版社 2006 年版，第 12 页。

② 《邓小平文选》第 2 卷，人民出版社 1994 年版，第 143 页。

③ 同上书，第 327 页。

④ 《邓小平年谱（1975—1997）》（下），中央文献出版社 2004 年版，第 765 页。

⑤ 《邓小平文选》第 2 卷，人民出版社 1994 年版，第 337 页。

的改革开放进程。

二 开拓发展道路

改革的哲学启动了改革的实践，改革的实践检验着改革的哲学，促进了哲学理论的深化与发展。中国改革开放的成功，背后有坚实的科学世界观和方法论。真理标准大讨论让我们重新回到马克思主义的立场观点方法，再次获得了进行彻底理论思考的勇气。我们认识到，为人民谋幸福才是我们的奋斗目标，而贫穷不是社会主义，生产力落后也不是社会主义。社会主义只有创造比资本主义更高的生产力，才能体现社会主义的优越性。正是有了这种关于社会主义新的理论发展，才能指导发展着的社会实践。

探索新的发展道路。中国改革开放的成功，就在于我们按照"解放思想、实事求是、与时俱进、求真务实"的精神，不断深化改革、扩大开放，独立自主地走出了一条中国特色社会主义道路。唯物史观在道路探索中持续地发挥着探路火炬的功能。在改革开放的道路上，我们面临着艰难的选择，一方面要走出让我们陷于徘徊和困境的"老路"，另一方面也不能走向与中国国情不符的"邪路"。在当时的历史情境下，除了"左"的思想影响之外，还有种思潮非常强劲，即"发达国家拥有最完善的制度体系，因此，这种体系同样可以灌输到其他国家，而不考虑每个国家不同的文化特征和历史条件"。[①] 但唯物史观告诉我们，社会发展都必须从特定社会的既有历史条件出发，发展不是从无到有，而是一个基于既定社会条件的历史生成过程。不同的文化和历史条件形成了人们之间不同的权利关系，这就构成不同社会发展的不同历史条件或历史前提。中国以及许多国家的改革进程正反两个方面的经验，都明确告诉我们："这种在不考虑基本权利关系和文化差异条件下进行的制度灌输，不仅其本身是无效的，而且事实也毫不留情地证明：这种做法是反生产力的。"[②] "显然，把一种解决机制强加给另一个国家，而不考虑这个国家的特殊性，不可能是一种理想的解决方式。"[③] 中国只能在马克思主义指引下走自己的路。邓小平指出："改革是社会主义制度的自我完善。"[④] 这就是说，改革开放是中国社会的自我成长、自我完善，我们是要成为更加丰富和强大的自我，而不是变成自我否定的"非我"或"他者"。

从苏联那里学来的模式也越来越缺乏活力，苏东剧变显然有其复杂的历史原因。资本主义的市场比较有活力，但又存在贫富分化的根本制度缺陷；历史也证明，凡是走新自由主义道路的发展中国家，基本上都不成功。我们应该何去何从呢？改革开放之初，以邓小平为主要代表的中国共产党人做出了走自己的路、建设中国特色社会主义的历史性抉择。在对比中俄两国的情况时，俄罗斯高等经济学院东方学教研室主任阿列克谢·马斯洛夫指出，中俄"两国改革的主要区别在于，我们是突然采取西化方针，用西方经济模式代替苏联模式。而中国的改革方式从一开始就是反映国家特色和非常务实的：

① ［印度］卡瓦基特·辛格：《不纯洁的全球化》，吴敏、刘寅龙译，中央编译出版社 2005 年版，第 147 页。

② 同上。

③ 同上书，第 149 页。

④ 《邓小平文选》第 3 卷，人民出版社 1993 年版，第 142 页。

从西方借鉴一切对中国有利的东西。同时保持经济上的独立性。中国广泛对外开放市场，但做得非常谨慎……启动改革的同时，中国人并未放弃自己的遗产，而是将其发扬光大”。[①] 显然，我们是独立自主地开展改革开放：坚持社会主义，又引进市场经济；坚持自力更生，又广开大门引进外资。我们逐渐走出了一条有中国特色的社会主义道路。中国特色社会主义，“这是一条从本国国情出发确立的道路。中国立足自身国情和实践，从中华文明中汲取智慧，博采东西方各家之长，坚守但不僵化，借鉴但不照搬，在不断探索中形成了自己的发展道路”。[②] 中国坚持独立自主的发展道路，是为了探索符合历史规律的社会主义发展路径。中国改革开放取得举世瞩目的成就，让社会主义重新焕发了生命力、提升了吸引力和影响力，使某些发达资本主义国家也感受到了模式之争的压力，这充分证明了邓小平高瞻远瞩的战略眼光。

实际上，在发展中国家寻求现代化路径过程之中，如果没有独立自主的方针，那么就很容易成为西方发达国家的附庸。中国 40 年的改革开放，“显著地缩小了与发达经济体的发展水平和生活质量差距。这一经验充分证明，只要选对了道路，即坚持改革开放促进经济发展的方向，相对落后的国家完全可以实现赶超”。[③]

寻找促进社会发展的新动力。社会要发展，就要有强劲的发展动力。动力来自何处？按照唯物史观，就是要改革生产关系，使生产力的活力得到充分释放。一方面，中国特色社会主义市场经济的建立，激活了中国社会，极大地释放了人们的创造力；另一方面，则带来了生产力的提升和生产效率的提高。

在生产力诸要素之中，人是最具能动性的力量，具有创新能力的人，是生产力水平跃升的关键。在中国改革开放过程中，尊重劳动、尊重人才，越来越成为全社会的共识。先是通过高考和教育改革，[④] 激发了全社会学习科学技术知识的热情；然后摘掉了“臭老九”的帽子，把知识分子纳入工人阶级和劳动人民的行列；随后是国家科教兴国战略和创新驱动战略的出台，鼓励人才成长、促进创新文化；创新越来越成为中国社会发展的第一驱动力，这也是中国竞争力提升的战略支撑点。我们越来越认识到，唯有不断创新者才能立于不败之地。有人说，改革开放初期中国靠的是劳动力的成本低廉，但这只是问题的一个方面；更重要的因素是，新中国成立之后，中国教育特别是义务教育的发展为改革开放和社会发展储备了人才队伍。随着社会的发展，中国的竞争力越来越走向了知识和技术创新的方向。按照经济学家费尔普斯的说法，“一个民族的繁荣取决于创新活动的广度和深度”。[⑤] 世界知识产权组织等机构于 2018 年 7 月 10 日发布的全球创新指数报告指出，中国已经跻身全球最具创新性经济体的行列，名列第 17 位。世界知识产权组织总干事弗朗西斯·高锐指出，通过精心策划、自上而下的创新战略，中

---

① ［俄］阿列克谢·马库林：《中国改革开放并未放弃自身遗产》，《参考消息》2018 年 7 月 19 日。

② 习近平：《习近平谈治国理政》第 2 卷，外文出版社 2017 年版，第 482 页。

③ 蔡昉：《四十不惑：中国改革开放发展经验分享》，中国社会科学出版社 2018 年版，第 4 页。

④ 1977 年恢复高考，激发了广大年轻人学习和追赶世界知识与技术水平的热情。高考的恢复不仅成为改革开放的前奏，而且恢复高考之后的大学生也成为推动改革开放历史进程的生力军。

⑤ ［美］埃德蒙·费尔普斯：《大繁荣：大众创新如何带来国家繁荣》，余江译，中信出版社 2013 年版，中文版“序”。

国建立了一流的知识产权制度，推动了中国创新发展。“我们看到中国经济正在进行大规模的结构转型，从低成本的劳动力密集型制造业向知识密集型产业转型，而创新是这种转型成功的关键。”① 可见，我国创新驱动战略和不断完善的国家创新体系，越来越显现了其引领发展的威力。

循序渐进稳妥推进系统性改革。唯物史观和中国传统哲学都强调历史性，一方面要有历史发展，另一方面任何发展都必须以历史条件为前提，不能割断历史。因此，我们没有搞“休克疗法”那一套，而是摸着中国实际的“石头”过市场经济这条“河”。斯蒂芬·佩里说：“中国在40年内实现了经济现代化，而美国花了100年，英国花了200年。中国做到了，不是靠机遇和运气，而是运用科学方法。这种科学方法和马克思主义有关：确认想要做的事，进行不同的试验，然后调整，再形成政策。……因此有中国特色的社会主义是经历过几十年实践考验的。”② 实际上，中国改革开放是在马克思主义科学方法论指导下展开的：如实事求是，问题导向；如改革与稳定的统一，两点论与重点论的统一；如历史思维、战略思维、创新思维、辩证思维、底线思维；如善于处理局部和全局、整体和部分、当前和长远的关系；如既注重整体谋划，又善于牵牛鼻子；等等。我们的改革是渐次展开的：从农业改革到工业改革，③ 再到服务业改革；从农村到城市，从沿海到内地，渐次展开、有序推进、逐步深入。先是打开大门“请进来”，而且在沿海的“特区”先对接融合“勾兑”，有了经验再渐次推广；接着是力求“与世界接轨”，即根据世界通行的规则改造自己的法律、机制和政策，达成与世界的对接，其表现主要是积极主动进入世界贸易组织；随后就是产业和资本“走出去”，以自主力量参与并塑造世界资本和商品大流通，其主要表现就是亚投行的建立和“一带一路”倡议。另外，中国最初的改革主要集中在经济领域，然后才逐渐扩大到政治、文化、社会等领域。我们最初的发展更加关注经济生产的发展，随后的进程越来越向经济、政治、文化、社会、生态文明等领域的综合发展过渡。这在党的工作布局的改变中可以看到清晰的轨迹，从“一个中心，两个基本点”到“两手抓，两手都要硬”；从经济、政治、文化的工作布局逐渐变成经济、政治、文化、社会、生态文明的总体布局。还有，中国的改革开放既是问题导向引领的变革，也是以制度建设性为旨归。正像有学者指出的，“推进改革开放，既要解决具体实际问题，更要注重制度化建设和法治化建设。这是因为，制度问题更带有根本性、全局性、稳定性和长期性”。④ 再者，中国的改革是根据社会发展而不断进行的持续变革。正是这种持续的变革，让中国的航船在经济全球化的海洋中绕过无数急流险滩，经济社会不断获得发展。中国在进行关于变革的思考与实践，只有在变革中才能有新的思想，只有在变革中才能走出新路。

改革开放成就了中国特色社会主义事业，而中国特色社会主义是改革开放的最大成

---

① 刘曲：《自上而下的国家战略推动中国创新发展——访世界知识产权组织总干事弗朗西斯·高锐》，《经济参考报》2018年7月10日。

② 孙微：《英国48家集团俱乐部主席斯蒂芬·佩里谈改革开放——中国的成功靠的是运用科学方法》，《环球时报》2018年5月25日。

③ 改革从农村开始，所以安徽凤阳小岗村的家庭联产承包责任制就成为中国改革开放历史进程的实践起点。

④ 魏礼群：《改革开放耕耘录》，中国言实出版社2018年版，第127页。

就。正如习近平同志指出的，“中国特色社会主义是改革开放以来党的全部理论和实践的主题，是党和人民历尽千辛万苦、付出巨大代价取得的根本成就。”[①] 这些历史性成就，就是中国人民道路自信、理论自信、制度自信、文化自信的现实基础。历史的变迁推动了理论的变革，理论的变革又进一步推动了历史的发展。这是历史前进的辩证法，也是理论创新的辩证法。

三　树立文化自信

改革开放40年来，经过长期努力特别是党的十八大以来的全面改革和深入开放，“中国特色社会主义进入了新时代，这是我国发展新的历史方位”。[②] 党的十八大以来，中国的改革并没有停步，而是继续蹄疾步稳地推进全面深化改革，取得了一系列重大突破和历史性成就。改革的态势是“全面发力、多点突破、纵深推进，着力增强改革系统性、整体性、协同性，压茬拓展改革广度和深度，推出一千五百多项改革举措，重要领域和关键环节改革取得突破性进展，主要领域改革主体框架基本确立”，有效地破除了各方面体制机制弊端。改革让“中国特色社会主义制度更加完善，国家治理体系和治理能力现代化水平明显提高，全社会发展活力和创新活力明显增强”。[③]

总体而言，改革开放以来，我们大体经历了三个阶段：一是打开大门，为了发展主动向外资开放；二是学习模仿，主动与世界接轨；三是在并跑和竞争中推动塑造更加公正合理的国际秩序。改革开放虽仅40年，其历史效应却是深远的。改革开放不仅改变了中国社会的现实面貌，而且也深刻地改变了中国人民的精神面貌。显而易见，中国的发展越来越要求重塑中国人的现代文化认同。摆脱文化自卑，重塑民族身份，已经成为当下中国发展的重要任务。一个真正具有世界历史意义的民族，必须也必然能够构建稳定开放的民族自主意识。自卑有两种表现方式，一是完全放弃自己，试图让自己变成令人羡慕的“他者”，“全盘西化”论者就是代表；二是极端情绪化地排外，敌视与自己不同的“他者”，文化复古主义就是体现。真正的文化自信应该秉持理性平和的态度，既能够认识到自己的不足，又善于发现别人的优长；既坚持自己的文化传统，又通过学习“他者”来丰富自身的文化，形成符合自身传统的时代思想理论体系。新时代呼唤新理论，我们当下的民族运思应该构建引领民族复兴的新哲学。

构建有实践基础有现实内容的哲学。实践在哲学中的首要地位，已经成为当今中国哲学界的共识。社会发展中的问题，只能通过实践才能加以理论地理解、现实地解决。社会从来不是“本来的存在”，而是通过实践而“生成的存在”。[④] 改革开放以来取得的成就所塑造的中华民族伟大复兴的历史趋势，是哲学讨论和思想解放所激发的伟大实践的行动结果。改革开放的行动实践和民族复兴的发展趋势，又呼唤作为时代精神精华的哲学理论创新。既然中国特色社会主义是改革开放以来我们党全部理论和实践的主

---

① 习近平：《决胜全面建成小康社会　夺取新时代中国特色社会主义伟大胜利——在中国共产党第十九次全国代表大会上的报告》，人民出版社2017年版，第16页。

② 同上书，第10页。

③ 同上书，第3—4页。

④ 参见韩震《生成的存在：人类实践本体论》，《江海学刊》2002年第4期。

题，那么21世纪中国的马克思主义哲学就必须反映这一主题的内容实质。

构建有交流互鉴有广泛包容性的哲学。实际上，中国人民正是在改革开放过程中才变得越来越自信，因为真正的自信就表现为开放包容。改革开放是中国自主地打开大门搞发展，特别是在“入世”之后，中国人民更加积极主动地学习运用国际市场规则，更加包容地参与市场竞争，更加开放地利用国内国外两种资源、两个市场、两类人才、两种规则，市场意识、知识产权意识、法治意识逐渐深入人心。哈佛大学历史学教授尼尔·弗格森指出：“事实上，迄今为止，中国的崛起对于美国一直是福不是祸。”[①] 但是，美国等西方发达国家一些人士依然抱持“与他者对峙”的价值观，把中国视为“战略竞争对手”，企图通过种种手段来遏制中国的发展。面对当前“逆全球化”现象以及西方发达国家民粹主义泛起的态势，中国却掷地有声地宣布：“站在新时代的历史起点上，中国开放的大门不会关闭，只会越开越大。”[②] 中国在改革开放的进程中获得了历史性发展，也只能在进一步改革开放的大潮中实现民族复兴的梦想。中国不是在建隔离“墙”，而是在建世界的联通“桥”。中国不再把世界看作是自己的“他者”，而是看作构建人类命运共同体的伙伴。“当今世界正在经历新一轮大发展大变革大调整”，“中国将以更大力度、更高水平的对外开放促进全球共同发展，为各国分享中国红利创造更多机会”。[③] 中国的国际话语不是像某些国家那样不断地制造更多的“他者”，而是积极“建群”以形成更多更大的“朋友圈”，通过交流互鉴塑造更多更广的“我们”。通过转化“他者”成为合作共赢的“我们”，不仅是中国传统价值观的追求，也是中国改革开放获得成功的经验。

构建有未来追求有高远理想的哲学。在一个经济全球化的时代，任何民族的崛起都必须以全球为舞台。全球，而不是一地一隅，应当成为我们哲学理论建构的基点。中国古代的历史哲学是“天下观”，这是当时对周边国家文化辐射的话语表达。在笔者看来，“天下”仍然是平面理解世界的概念，而“全球”才是思考世界历史的真正理论视野。随着新大陆的发现、资本主义生产方式的全球扩散以及经济全球化的进程，世界历史已经超越中国的天下观而进入了全球史的阶段。中华民族只有超越所谓“四海之内”的“天下”视野并将其转换为“全球”视域，才能在经济全球化的时代实现民族振兴。在经济全球化背景下，只有积极介入全球经济贸易合作和全球治理的进程中，中华民族才能实现伟大复兴。只有在引领世界和全球治理的探索性进程中，中华民族才能成长为一个具有世界历史意义的民族。

构建引领深化改革扩大开放的哲学。中国正走在从“站起来”“富起来”到“强起来”的历史进程中，在这一进程中仍然离不开全面深化改革、扩大开放。只有深化改革，社会才有持续不断的发展动力；只有扩大开放，中国才有成长为具有世界历史意义民族的空间。只有不断深化改革，才能在发展中调整社会关系以适应变化了的社会，获得发展的持续动力；只有不断扩大开放，才能给发展创造更大的空间、获得更多的资源。与此同时，改革的深化需要通过开放不断扩大空间和资源，而开放的扩大也因空间

① 王一：《基辛格的影响力，源于何处——弗格森访谈录》，《解放日报》2018年5月13日。

② 中华人民共和国国务院新闻办公室：《中国与世界贸易组织》，《人民日报》2018年6月29日。

③ 同上。

的扩大和差异性的增加而激励创新，推动进一步的改革。改革开放让中国得到发展，中国的发展也造福世界。习近平同志指出，“只有社会主义才能救中国，只有改革开放才能发展中国、发展社会主义、发展马克思主义。必须坚持和完善中国特色社会主义制度，不断推进国家治理体系和治理能力现代化，坚决破除一切不合时宜的思想观念和体制机制弊端，突破利益固化的藩篱，吸收人类文明有益成果，构建系统完备、科学规范、运行有效的制度体系，充分发挥我国社会主义制度优越性。”① 改革开放让中国走上了中国特色社会主义道路，而中国特色社会主义又推进了中国持续的改革开放，这种双重的推动将把中华民族引向伟大复兴的目标。

构建体现中华民族伟大复兴的哲学。中华民族复兴的哲学是有自觉主体的哲学。这个主体就是21世纪走向社会主义现代化进程的中国人民。民族复兴的哲学是与民族共命运、与人民同呼吸的。新时代的哲学是中国人民的哲学、中华民族的哲学、21世纪马克思主义的哲学。新的哲学是中国的，又是世界的；只有当中国哲学成为真正具有世界意义的哲学，她才配得上引领中华民族复兴的使命。《荀子》曰：“正利而为谓之事，正义而为谓之行”。中国的发展改变了世界格局，但是中国并不试图颠覆国际秩序，而是参与维护国际秩序。中国的历史传统决定了中国是国际秩序的维护者，而这种维护是积极的，即让国际秩序朝着更加民主、更加公正、更加合理的方向进行完善和调整。

中华民族伟大复兴的哲学是有时空定位的哲学。中国的哲学必须立足本来，但必须在借鉴外来的同时面向未来，做到与时代共节奏、与世界同步伐。只有这样，才能有高远的价值观作为哲学运思展开的广阔视野。作为时代精华的哲学都是基于特定时代和境遇的，因而是特殊的；但真正的思想精华都是面向未来理想的，都应该具有超越时空的普遍意义，因而又是普遍的。如果哲学是在思想中把握的世界，也是在现实中能够引领世界的思想，那么新的中国哲学就应该是反映全面建成小康社会的哲学，是反映中国人民为建成社会主义现代化强国而努力奋斗的哲学，是新时代中国特色社会主义的哲学表达。

中华民族伟大复兴的哲学是有强大社会功能的哲学。新的哲学是有深厚学理支撑的，更是能够引领实践的理论，可以准确地把握时代、能动地反映现实、创造性地塑造未来。人的主观意识必须通过客观活动才能得以展现，但是没有主观意识的活动不是具有实践力量的活动。正因为如此，习近平同志才把马克思主义哲学看作领导干部的“看家本领”。只有真正从理论的高度、思想的深度上转变观念，才能在对象化的实践行动上加以展开。我们必须以深化改革寻求发展的活力和动力，以扩大开放扩展发展的空间和舞台。改革开放开启于一次哲学大讨论，而改革开放的深化必然始终伴随着哲学思想的不断深化和哲学视野的持续拓展。

恩格斯曾经指出：“一个民族要想站在科学的最高峰，就一刻也不能没有理论思维。”② 中华民族的复兴呼唤引领时代价值的理论思维，也呼唤新的哲学。中国共产党无愧于“马克思主义理论创新发展的先锋代表”。③ 21世纪新时代中国马克思主义哲学

---

① 习近平：《决胜全面建成小康社会　夺取新时代中国特色社会主义伟大胜利——在中国共产党第十九次全国代表大会上的报告》，人民出版社2017年版，第21页。

② 《马克思恩格斯文集》第9卷，人民出版社2009年版，第437页。

③ 陈瑶、李家瑞：《墨西哥学者海因茨·迪特里希：中国共产党是马克思主义理论创新的先锋代表》，《光明日报》2018年5月6日。

是新的哲学。这种哲学是有自身形态的，又是开放流动的；新的哲学就是启动了改革而又继续推动自身和社会变革的哲学。这种哲学因马克思主义的中国化而实现的现代性启蒙，让中国人民超越了古代中国的哲学视野；这种哲学因具有几千年中华优秀传统文化和思维方式的滋养，有中国特色社会主义独特实践的淬炼，也应该超越西方所谓“现代性”哲学的视域。我们不仅要有高质量的“中国制造”，也要有高品质的“中国创造”，还要有独具特色的当代“中国理论”和“中国哲学”。早在160年前，马克思恩格斯就预见复兴的中国将带来“整个亚洲新纪元的曙光”。[①] 一百多年之后，21世纪中国的马克思主义用一种总体性的理论，构建了人类命运共同体的世界历史图景，这一图景体现了深邃的中国智慧，彰显了哲学理论的时代价值。

（原载《中国社会科学》2018年第11期）

① 《马克思恩格斯文集》第2卷，人民出版社2009年版，第628页。

当今世界左翼政治力量内耗现象探析

蒲国良*

世界左翼政治力量一般是指以各种内涵的社会主义、进步主义为追求目标的各国共产党、部分左翼政党、大多数社会党等在内的多类政治组织的通称。在政治光谱上一般称为左派，它们都是推动历史发展进步的政治力量。[①] 冷战结束以来，世界左翼力量特别是坚持科学社会主义的各种左翼力量遭受重挫，多数政党组织在低谷中徘徊和艰难挣扎。内外形势与环境的变化需要它们摒弃前嫌、联合对外、共同对敌。然而现实政治的博弈和斗争，又使它们中的多数未能走到一起、并肩战斗，即便有些党实现某种形式的联合与合作，大都难以顺利推进和善终。当前左翼力量之间的这种内讧与争斗，无疑是世界社会主义仍处低潮的重要原因之一。了解当今世界左翼政治组织之间合纵连横的新情况，是我们跟踪并把握国际政治尤其是世界社会主义运动变化发展的新特点、新趋势的重要线索，具有一定的政策参考与学术研究价值。

一　当今世界左翼政治力量内部纷争的主要特点概述

冷战结束以来，世界各类左翼政治力量面对资产阶级保守与反动势力的挤压和围攻，各自及相互之间都在探索和尝试某种程度的联合与合作，也有过一些政策举动。但相对而言，各自内部和相互之间的内耗与争斗反而更加凸显，给不少政党组织造成重大损失，带来严重后果。

（一）不同左翼政党之间难以“抱团”，多是各自为“政”。冷战结束以来，国际政治生态的一个突出特点是：世界许多国家的左翼政治力量大都处于新自由主义攻击和保守政党打压的相似境遇下，它们本应加强相互联合、共同对外。但现实状况却并未依据这种政治逻辑发展，最明显的是同为左翼阵营的社会党和共产党之间基本上各自为政，甚至是挤压对方。新世纪以来，德国政党格局发生新的变化，从原来的四党格局演进到德国左翼党走上政治前台的五党格局，对于传统的大党包括德国社会民主党来讲，维系多年的“最小胜利联合”[②] 的政治逻辑已经失效，时代的发展变化需要传统大党与时俱进、有新的思维。然而，德国社民党自两德重新统一后的多次大选中均誓言：宁愿在野，也不同左翼党在国家层面结成所谓“红红联盟”。该党甚至在多次大选前，事先

---

* 蒲国良：中国人民大学国际关系学院教授。

① 钟清清：《世界政党大全》，贵州教育出版社1994年版，第978页。

② 林勋建：《西方政党是如何执政的》，中共中央党校出版社2001年版，第235页。

就排除了与左翼党结盟的选项，实际上是自断与左翼党的联合之路。另一个欧洲国家希腊也是如此，希腊近几年连续举行两次大选，作为第一大党的激进左翼联盟（希腊左联党）并未与同为左翼的泛希腊社会主义运动（泛希社运）、希腊共产党联手，而是同非左翼的“独立希腊人”党联合执政。意大利民主党是从左翼民主党演化而来的，而左翼民主党的前身就是意大利共产党，于1992年改名更姓为左翼民主党，并加入到西方社会民主党的阵营中。该党在2013年大选中，拒绝与意大利重建共产党结盟参选，使得重建共只好与其他几个左翼小党结成竞选联盟，但未能跨过4%的门槛而无缘进入议会。西班牙联合左翼是由西班牙共产党主导创立的一个相对松散的左翼政党组织，但进入新世纪以来，西共和联合左翼内部围绕政治、战略与纲领的争论和分歧日益加剧，联合左翼面临分崩离析的危险。①

在发展中国家，左翼政党之间的不和现象也普遍存在。一些国家在选举或政府组阁时，左翼政党排斥左翼“兄弟”的情况屡屡出现。墨西哥在2016年举行的地方选举中，左翼的民主革命党和劳动党在各州分别与右翼的国家行动党联手，共同对付左翼执政党革命制度党，有意削弱革命制度党在国家层面的执政地位，最终赢得了12州中的7州州选。南非非国大和南非共产党之间的不和谐近期也曾一度显露，同工会大会构筑的铁三角联盟裂痕在增大。2017年6月召开的南非共十四大在强调三方执政联盟重要性的同时，却又公开表达了“独立参选”的意向，甚至表示要尽早出台该党独立参选的路线图，这是自新南非诞生以来所未有过的情况。印度国大党与印度共产党（马）和印度共产党，长期以来较少开展有实质意义的合作，更多的是在某些地方邦结成过不紧密的竞选联盟而已。事实上，在国大党2004—2014年执政的十年间，两个共产党在政府高官腐败等许多问题上也同反对党印度人民党立场一样，痛斥国大党政府，并对其一些政策进行抵制。在其他不少国家，左翼政治力量内部间这种不和甚至“同室操戈”现象，最终的结局多是一再地让亲者痛、仇者快。

（二）非执政的共产党“阵营”内部四分五裂。冷战结束后，世界上一些非执政共产党尽管也在探索各种联合方式，在全球范围内寻求在反对资本主义目标下的合作途径。例如，由希腊共产党等发起创立的世界共产党工人党国际会议，到2017年底已经召开过19次会议。但也要看到，在该平台内部，事实上存在着不同的派系，相互间的观点立场差异甚大。希腊共产党、葡萄牙共产党、古巴共产党、巴西共产党等相互间不时暗中较劲，抢抓主导权，导致有的会议甚至连一个统一的“最终声明”都难以达成。2016年在越南召开的世界共产党工人党第18次国际会议以及2017年在俄罗斯召开的世界共产党工人党工作组协调会上，围绕中共、朝鲜劳动党等加入会议工作组的问题，内部就分成了以希腊共产党、哈萨克社会主义运动、苏联共产党（苏联解体后成立的新党——作者注）等极个别党为代表的坚决反对派；以越南共产党、古巴共产党、俄罗斯联邦共产党等大多数党结成的坚决支持派；还有以叙利亚共产党、西班牙共产党等为代表的沉默派。在一些地区内部，共产党之间不仅整合困难，而且是相互间在不断地进行打斗和内耗。据西欧有的共产党内部透露，欧洲共产党尽管已十分弱小，但当前却在其内部分化成事实上的三大派别：一是以法国共产党、意大利重建共产党和德国左翼

① Vicky Short，Spain：United Left Splits as It Lurches Further Right，http：//www.wsws.org/articles/2008/mar2008/span-m06.html.

党等为代表的革新派；二是以希腊共产党和一些激进共产党为代表的传统派；三是介于两者之间的共产党，包括葡萄牙共产党、塞浦路斯劳动人民进步党、摩尔多瓦共产党人党、意共产党人党等，总体上属于温和派。三派在围绕社会主义、欧洲一体化、如何看待国际资本主义等一些重大问题上各执一词，互不买账，难以协调一致地行动。尽管这些政党组织也在欧洲范围内成立了以共产党为主导的区域性政党组织——欧洲左翼党，但欧洲共产党内部间的这种矛盾与分化，实际上是在进一步削弱其在欧洲特别是欧盟这一舞台上本已很小的作用与影响力。同样，拉美国家共产党内部步调也不一致。例如，各党对马杜罗主政的委内瑞拉局势就存在不同的立场与看法，多数党总体支持马杜罗政权，但也有包括墨西哥劳动党等在内的个别党对马杜罗当局的激进政策颇有微词。

（三）本国共产党之间相互竞争和拆台，甚至成为政坛对手。东欧剧变以来，在世界非执政共产党中，可以概括为一种总体趋势就是：多国共产党之间分裂严重，矛盾冲突经常发生，大大削弱了左翼的整体力量。[①] 那些存在多个共产党的国度，大都发生过内讧与互损情况。意大利重建共产党与共产党人党自 20 世纪 90 年代中期分离以来，双方总体上是争多和少，即便是在 2008 年大选严重失败、共产党在历史上第一次未进入国家议会的惨局下，两党仍在互挖对方“墙脚”，导致本党部分党员流失或向对方分流，造成两败俱伤。多年保持意大利第五大党地位的意大利重建共产党，如今已沦落为在国家议会、欧洲议会没有一名议员的边缘小党。意大利重建共产党与共产党人党两党党员分别从 90 年代后期大约 12 万人和 3 万人，急剧下跌到近年来的不足 4 万人和数千人。在尼泊尔，仅自 2008 年以来，尼泊尔共产党（联合马列）和尼泊尔共产党（毛中心）两党为了权力、利益数次博弈，相互拆台。近几年来，它们各自分别联手右翼的尼泊尔大会党，逼对方的政府总理下野，甚至把对方从执政党整为在野党。2016 年中期，尼共（毛中心）以尼共（联）不守信为由，联合大会党将后者赶下台，普拉昌达再次出任总理。在前几年，它们还各自把当今尼泊尔政局动荡、国家政治转型遇阻、制宪会议久拖无果的责任推给对方。更有甚者，极个别国家共产党之间的这种“相互掐架”，有的还打到了国际场合。2015 年在土耳其召开的世界共产党工人党国际会议上，来自墨西哥、巴勒斯坦等国的几个共产主义政党在这一平台上彼此水火不相容，其中先加入会议机制的党不让本国后来的党进入会议机制，在数十个共产党面前上演“同室操戈”。

（四）多国左翼政党内部乱象丛生，内斗不断带来党的分裂，直至没落。多年来，世界多国左翼政党包括诸多共产党党内大都是山头派系林立，内讧、倾轧导致的结果多是本党的分裂和内外形象受损，有的党则是加速衰落。尼泊尔毛派政党的历程比较典型。2008 年执政以来，联合尼共（毛）［现已改名为尼共（毛中心）］党内围绕权力、路线、结盟等问题的斗争持续不断。正是围绕上述问题，该党形成了以普拉昌达为首的主流派、以基兰为首的激进（传统）派和以巴特拉伊为首的所谓“温和”派。三派之间多年来互相倾轧、各不相让，最终导致基兰派分裂并于 2012 年另立新党——尼泊尔共产党（毛主义）以及巴特拉伊退党的不良后果，致使尼共（毛中心）从原来的第一大党降为第三大党，在国会中的议席不及尼共（联）的一半。有材料显示，到 2016 年

---

① 姜辉：《西方左翼何去何从?》，《国外社会科学》2015 年第 3 期。

5月，尼泊尔仅毛派政党就达十个之多，可见分裂之甚。[①] 在委内瑞拉，查韦斯去世之后，委内瑞拉统一社会主义党内矛盾也日趋凸显，2014年6月，马杜罗撤换了长期以来主管国家经济事务的计划部长希奥达尼，并指责其“背叛”了查韦斯的方针，而希奥达尼则发表公开信，批评马杜罗领导不力。统社党领导成员之一、前政府部长纳瓦罗也因公开支持希奥达尼而被开除出党。[②] 摩尔多瓦共产党人党冷战后曾连续两届执政，成为前苏东地区社会主义力量“重返”政坛之美谈。然而，正是在执政过程中，党内围绕权力、路线的斗争实际上从未停止过，不少领导人甚至是基层干部，对党主席沃罗宁长期个人大权独揽、任人唯亲、打压异己、听不进不同意见日益不满和怨愤，导致党内少壮派和有作为的领导人、总理格雷恰内等离党，于2011年成立摩尔多瓦社会主义者党。直至2016年，以该国议会副议长、本党议会党团主席为代表的14位议员集体退党，致使其在议会席位减到7席，不到鼎盛时期的十分之一。该党从曾经多年的第一大党、执政党沦为目前的一个议会小党。

同为左翼的不少社会党也是如此。德国社民党内部在世纪之交围绕“2010改革议程”出现了重大分歧，以拉封丹为代表的传统左翼，坚决不同意施罗德所主导的那种完全新自由主义式的“激进改革”，社民党所影响的工会也对这一改革甚为不满，导致拉封丹派同以施罗德、总书记明特费林等为代表的主流派彻底决裂，前者于2005年另立新党——德国劳动与社会公正选举抉择党，2007年该党又与德国民社党合并组成德国左翼党。德国社民党以这次分裂为转折点，持续走下坡路，从原来与基民盟实力大体相近，而在此后的三次大选中，双方差距明显拉大，大选得票率相差十个百分点以上，尤其是2017年大选该党仅获得20.7%的选票，有滑入二流政党的危险。印度国大党于2014年加入社会党国际，社会主义是该党意识形态的四大支柱之一。[③] 该党在百年历程中，曾发生三次大分裂，最近的一次重大分裂是1978年，英迪拉·甘地组建印度国大党（英迪拉派），成为实力最强的一派，而以布·雷迪等为代表的一派则改名为国大党（社会主义派）。

在当今世界许多国家的左翼政党内部，那些基本不掌权甚至长期在野或短暂参政的政党，也同样为权力和路线方针展开内部倾轧。意大利重建共产党自1991年成立以来，据称至少发生过12次以上的大小分裂，有的分裂给该党带来重创。1995年，该党内的激进势力指责主流派“脱离共产主义传统”并集体退党。1998年该党围绕对中左政府的财政法案发生分歧，以科苏塔为代表的党内温和派与党决裂，于1999年另立新党——意大利共产党人党，意重建共至少损失五分之一的力量。2006年，在该党重新参政后，该党内的托派因坚决反对参政而脱党，并于当年另建意大利劳动者共产党。新世纪以来特别是金融危机后，党内费雷罗派和温多拉派的争斗日益公开化，两派围绕权力分配、路线的制定多年博弈，最终以温多拉派于2009年退党、另立“左翼运动”而告终。此后该党仍接连发生多次分裂，致使其在意政坛完全边缘化。此类事件可以说在许多共产党内不胜枚举。

---

① 张树彬：《新宪法颁行后政局演变中的尼泊尔共产党》，《当代世界社会主义问题》2017年第1期。

② 徐世澄：《金融危机以来拉美左翼运动和共产党的新动向》，《求实》2015年第7期。

③ 王家瑞：《当代国外政党概览》，当代世界出版社2009年版，第242页。

二 当今世界左翼政治力量内斗不断的深刻教训与基本原因探析

世界左翼力量在众多领域场合下长期内耗、不能联合求大和向强，其原因复杂多样，难以一概而论，总体讲是多种因素相互交织和综合作用所致。不少党教训十分深刻，其主客观原因都不可忽视。

（一）教条主义地坚持所谓原则，思想解放不够。在世界左翼力量的联合中，思维观念的禁锢和僵化是导致合作难以实现的一个重要因素。一些党在面对左翼力量联合问题上，不少是因为固守原则立场而封堵了灵活求变之路。希腊共产党就明确表示，绝不在资本主义框架下谋求组建政府，声称自己是希腊政坛最正统的左翼力量，拒绝与其他"资产阶级改良主义"政党的合作，包括泛希社运、左联党等。希共反对中共加入世界共产党工人党国际会议工作组协调机制，其冠冕堂皇的理由就是，担忧所谓"中国的社会主义走向"，声称中国是"一个资本主义国家"，与资本主义大国密切互动，并经常参与世界地缘战略博弈，因此中国加入工作组只会降低该机制的"社会主义事业的分量"，等等。从中不难看出该党的教条与僵化。实际上，冷战结束以来，左翼政治力量之间以及内部的联合之所以难以实现与顺利推进，许多党的思维僵化和思想禁锢是主因。尼共（毛中心）主席普拉昌达就曾表示，该党原领导人基兰固守旧有思想，坚持武装夺取政权，因此错失了许多同尼共（联）等左翼政党合作而挤压大会党的机会。基兰自身也承认，该派决不放弃以革命手段夺取政权的道路，这也是其从尼共（毛中心）分离出来的主要原因。可以预见，在大多数左翼政党特别是非执政的共产党内部，这种状况短期不会得到根本性改观。对此，就连被西方学界和媒界长期认为相对激进的德国共产党，在 2017 年 11 月的世界共产党工人党圣彼得堡第 19 次会议上都表示：当今不少共产党仍活在过去，他们只是手拿书本，不看现实。

（二）政治包容性不够，不善于求同存异。残酷斗争、无情打击，是 20 世纪国际共产主义运动的一条惨痛教训。然而在 21 世纪不少左翼政党特别是共产党依然在此方面继续重蹈覆辙，它们不是在妥协中维护内部统一，而是在斗争中排挤不同政见者，直至把战友、盟友变成对手、敌手，这种"政治悲剧"甚至在几个国家的主流政党乃至执政党中一再重演。例如，摩尔多瓦共产党人党第二任期后期，党内持续的争斗导致曾经的战友出走另立新党成了竞争对手，但该党领导人沃罗宁并不以为然，也没有真正地从中汲取教训。如在 2009 年的总统选举中，尽管该党虽仍为第一大党，离赢得总统职位只有一票之差，却得不到其他任何政党的支持，而是一党孤军奋战，最终政权旁落、在野至今。为什么会出现这种局面呢？已经离党并另立新党的民主党领导人卢普就曾明确表示，摩共应该学会与其他各党派合作。在亚洲，典型的就是尼泊尔几个共产党。多年来，尼共（联）与尼共（毛中心）之间的斗争多于联合，两党加上分裂出去的基兰领导的尼共（毛），三个共产党足以成为本国政坛的决定性力量，然而三党多数时间并不是求同存异，共同联合对付大会党和马德西党等保守政党，而是内部混战，让大会党等从中"渔利"。前几年，在某些重大问题上，几个共产党与大会党的共识竟然多于共产党相互间的契合，这是造成尼泊尔两大共产党合作成果不彰的深刻原因。而这种结局本应是可以避免的。可喜的是，两党近来看到了问题的严重性，都在进行反思和调整，并于 2017 年底结成竞选联盟赢得大选，而实现共同执政，而且在 2018 年初两党签订了合并协议，成立统一的尼泊尔共产党。当然，不难预料，合并之路不会平坦。

在西方及一些发展中国家学者的语境中，多是把共产党等政治力量列为所谓“激进左翼”，把社会党等政治组织划入所谓“温和左翼”。这种划分是否科学另当别论，而委内瑞拉学者史蒂夫·埃尔纳通过对拉美许多激进左翼政党组织进行分析比较后得出结论说：与温和左翼不同，激进左翼更不愿意与对手协商并达成协议，也不愿作出重大让步。① 此说也许在某种程度上印证了当今国外一些非执政共产党的政治表现。

（三）历史恩怨纠纷的制约，影响左翼力量间的联合。事实上，上述许多左翼政党在历史上或者是同根同宗，或者甚至是同党，但后来的政治分野与组织决裂，使相互的信任关系受创，怀疑甚至敌意之心久久挥之不去，进而导致彼此在本国政治生活中的感情用事多于理性思维。墨西哥民主革命党是从革命制度党中分裂出来的政党，但此后多是把革命制度党视为对手乃至主要对手，甚至到2007年党的第十次特别党代会仍誓言“拒绝同革命制度党组成任何形式的政治联盟”，可见旧怨之深。摩尔多瓦2009年议会选举结果出笼后，如作为第一大党的摩共能与第四大党卢普领导的民主党结盟，摩共可望继续执政，但从摩共脱党的卢普表示，其深知摩共的行为与思想方式，不会与之合作，可感知它们彼此成见之深。希共与左联党、德国社民党与左翼党等难以结盟，意重建共同左民党（现民主党）在结盟过程中出现的矛盾与摩擦，也都不同程度地受到历史恩怨的影响。

（四）奉行机会主义所带来的政治投机行为，进一步伤害了彼此的信任和感情。现实政治生活中，许多左翼政党相互间以及内部之间的争斗，在相当程度上消弭了对外联合的功效，而这多源自于权力与路线斗争的结果。为了争权夺利，国外一些左翼政党乃至表现出一种不可理喻的两面性：一方面在意识形态上表现出僵化教条，看似为一些所谓“原则立场”誓不妥协；另一方面它们又在政治博弈中异常善变，为了得到眼前的利益特别是权力，甚至可以超越政治底线，与左翼共同的政治对手进行无原则的交易、联手，来打压曾经的“骨肉兄弟”，甚至将其拉下马。墨西哥民主革命党、尼泊尔两个共产党都曾多次为赢得选举、谋求权力和执政，从事哪怕是冒险的政治投机。正是这种无底线的投机行为，导致部分国家左翼力量之间连共同对付右翼敌手的起码联合都很难做到。这就是一些国家左翼政党既为右翼势力所利用、又遭其鄙视的深层原因。像墨西哥革命制度党，近20多年来几乎没有在总统和议会选举中与其他左翼政党结成过竞选联盟，希腊共产党与左联党也大体如此，更别说它们能为了共同的理想事业，进行有真正意义上的合作与联盟了。

（五）资产阶级政治势力对左翼政党的分化与破坏战略起了一定作用。近几十年来，左翼政治力量之间为何未能实现根本和完全意义的联合，固然是主观原因居多，但也确有其他因素的干扰，尤其是资产阶级右翼势力竭尽全力的阻挠、分化和破坏。这是导致部分左翼政党难以真正走到一起的重要外因。正是德国联盟党等右翼势力长期对共产党和社会主义的丑化宣传，对德国社民党（以及后来的左翼党）妖魔化的蛊惑，使德国社民党在政治上难以逾越两党实现在联邦层面合作的心理底线，制约了社民党的合纵连横战略，而为联盟党自身的纵横捭阖创造了更广阔的空间。尼泊尔两大共产党何以

① ［委］史蒂夫·埃尔纳：《执政的拉美激进左翼：21世纪的复杂性与挑战》，刘玉、孙雁编译，《当代世界与社会主义》2015年第4期。

很难实现长期、真正的联合，固然有两党自身的主观原因，但尼泊尔大会党从中挑拨，尤其是印度、美国等资产阶级势力的渗透、影响和干预，也在其中起了重要的作用。

三　对世界左翼政治力量联合的相关思考与认识

世界左翼政治力量内部间的纷争与倾轧，从20世纪一直延续到21世纪，几乎成了深植于其内部一颗难以拔除的“恶性肿瘤”，在相当程度上制约着整个左翼政党力量间的合作与联合，影响着世界社会主义的复苏与振兴进程，教训极其深刻。我们应加强对此问题的关注与研究力度，把握其发展演进的新去向，并适时制定灵活可行的对策，以免陷于被动。

（一）多样性、多元化对世界左翼政治力量是一把“双刃剑”，因掌控不好而产生的消极后果日趋凸显。世界部分左翼政党特别是共产党冷战后相继放弃一元化的指导思想和民主集中制原则，指导思想上的“开放”和组织制度上“大松绑”，尽管带来了部分党的多元化和多样性发展势头，党内活力有所增强，但同时伴随的松散化和分离倾向，又在相当程度上对冲消解了这一成果。因为观点主张相左、意见不统一而动辄另起炉灶、分道扬镳，成为不少左翼政党处理内部和相互关系的“经验之道”，成了一种惯性，这与世界左翼政治力量谋求联合求强的意愿和目标背道而驰。在可预见的较长时期里，它们很难走出这一怪圈。当今世界左翼政党这种思想多元化所带来的组织机制松散化、分离化的趋势，其不良后果甚至引起国外执政的共产党和发展中国家长期执政的党之高度关注。

（二）左翼政治力量只要内乱不止，对外联合就是空谈。世界左翼政党组织内部的整合是实现外部联合的前提和基础，这是总结其历史经验教训得出的结论。纵观国外大多数左翼政党特别是非执政共产党的情况，内部不和始终是横亘在其前进和发展道路上的巨大“绊脚石”。正如有学者在分析欧洲激进左翼政党现状时所指出的：党内纷争是制约欧洲以共产党为代表的激进左翼发展的“一个重要因素”。[①] 左翼力量之间和内部这种长期的“内乱”与不统一，使其无力顾及“外联”，也难以在对外联合上展示自信。实际上当今世界多数左翼政党面临的首要任务是“安内”，各党及整个左翼内部只有在遏制内讧特别是分离、分裂趋势的前提下，才可能为外部合作创造适宜的条件，真正走上联合之路。一些左翼政党领导人也认识到其重要性，像尼泊尔共产党（毛中心）、坦桑尼亚革命党、莫桑比克解放阵线党等党的领导人近期都曾发出“团结就是出路”“团结就是胜利”的呐喊。但也要看到，国外大多数左翼政党内部这种“结构性难题”，远非思想认识到就能轻易得以解决的。

（三）世界左翼特别是社会主义力量间的联合需要探索新思路。21世纪的世界政党政治同上世纪相比，发生了前所未有的深刻变化，政党政治“碎片化”以及民粹主义等思潮的泛滥，大大挤压了左翼政党特别是非执政共产党的生存发展空间。各所在国内部特别是西方反共、反社会主义势力对共产党的丑化与抹黑，严重制约了许多共产党对外寻求合作、联盟的空间与机会。对世界共产党而言，传统的对外联合思路、路径和模式，很难在当前的主客观条件下完全走得通、有成效。如何构建新时期的社会主义统一

① 林德山：《欧洲激进左翼政党现状及变化评介》，《马克思主义研究》2014年第5期。

阵线或广泛联盟，还需突破传统思维，探索新的路径和模式，仍需要许多党不断解放思想，在机制、政策等方面开拓创新，比如能否探索建立社会主义的主题性的动态联合与联盟，寻求多样化的、灵活的合作方式和途径，等等。

（四）对世界左翼特别是社会主义力量联合的政策考量，应从长计议，立足现实，力戒冒进。当前，世界社会主义力量处于一盘散沙状态，内部关系复杂，多党自身及相互之间矛盾重重，在可预见的未来很难实现有实质意义上的联合和统一的对外行动。中国共产党及其领导的社会主义中国作为当今世界最大的一支左翼与社会主义力量，究竟采取何种态度、方略与政策，影响重大。我们在战略上要增强四个自信，相信社会主义未来必定能最终战胜资本主义制度，在策略和具体政策上又要慎重稳妥；既要继续坚持韬光养晦的立场，不扛旗、不当头，又要积极地有所作为，以左翼政党力量一员的身份，适度参与到一些低敏感度的交流合作之中。

（原载《党政研究》2018年第4期）

当今国外共产党发展变化的五大亮点

柴尚金*

自《共产党宣言》发表170年以来，共产党始终是国际共产主义和世界社会主义运动的中坚力量。近年来，国外共产党在谴责批判资本主义制度、坚守社会主义核心价值的基础上，坚持守正创新，强化组织建设，扩大左翼联合阵线，总体上升态势明显，但也面临严峻挑战，其发展变化呈现出以下特点。

一　力量重聚：总体呈恢复性发展态势

当今世界以马克思主义为指导、以共产主义为奋斗目标的共产党有130多个（不含被宣布非法或自称共产主义的政治组织），其中人数过万或执政、参政或拥有议席的共产党有30多个。大多数共产党经受住了苏联解体、东欧剧变后生死存亡的考验，站稳了脚跟，开始走出力量严重下降、思想彷徨迷惘、探索变动不居、目标多变不明的低潮困境时期，进入力量重聚的恢复性发展阶段。

在社会主义国家，始终坚持共产党领导，加强执政党自身建设，充分发挥共产党在国家政治中的核心和领导作用。值得一提的是，尼泊尔两大共产党——尼泊尔共产党（联合马列）和尼泊尔共产党（毛主义中心）于2018年5月实现合并，恢复尼泊尔共产党名称，并执掌尼泊尔国家政权，成为当前世界社会主义发展的一大亮点。

当今西方发达国家基本上都有共产主义性质的政党，有的国家还有多个共产党，如英国现有英国共产党、新英国共产党、英国共产党（马列）等共产党。日本共产党共有党员40万人左右，是当今发达国家人数最多、组织程度最高和影响较大的共产党。西班牙共产党联合各方左翼力量，发动民众开展抗议活动，党的影响逐渐扩大。欧洲许多共产党受苏联解体、东欧剧变严重冲击，力量式微，纷纷加入欧洲左翼党以寻机发展。欧洲左翼党现有27个正式成员党，8个观察员党和3个伙伴党，在欧洲议会拥有52个议席，为欧洲议会第六大党团。

在当今世界共产党中，发展中国家占了大多数。南亚是共产党和左翼政党比较活跃的地区之一。印度共产党（马克思主义）［简称印共（马）］尽管失去在印度西孟加拉邦和喀拉拉邦的执政地位，在印度人民院的议席减少，但党员人数不减反增，已突破100万人，是世界上党员人数最多的非执政共产党。印共（马）同印度共产党、印度共产党（马列）、印度前进同盟、革命社会党等左翼政党组成左翼阵线，共同开展反对资

---

* 柴尚金：中联部研究室研究员。

本主义的斗争。有着近百年历史的南非共产党始终坚持与南非非洲人国民大会（简称非国大）、南非工会大会结成政治同盟，在争取民族独立和人民解放斗争中不断发展壮大，近年来党员人数迅速增加，由十年前的几万人增加到如今的28.5万人，在非国大和南非各级政府中任职的南非共产党员明显增多，有10人出任政府部长、副部长，双双创下该党历史之最。拉美共产主义运动历史悠久，现有20多个共产党。在传统政党力量衰退、年轻人不愿参与政党政治的形势下，巴西、智利、委内瑞拉、厄瓜多尔、秘鲁等国共产党都保持稳定发展，均是本国政坛中的一支重要力量。在智利，只有共产党是党员人数不降反升的传统政党，现有党员4.7万人。巴西共产党现有党员34万人，在巴西政府部门和一些市镇都有巴西共产党员担任部长、市长等职务。

俄罗斯东欧中亚地区重建的共产党多数声称是前共产党的继承者，力量趋于稳定，其探索实践重新得到本国人民的肯定和支持。俄罗斯联邦共产党现有党员约15万人，在2016年俄罗斯国家杜马选举中赢得92席，为杜马第二大党。捷克—摩拉维亚共产党现有党员3.7万人，是捷克国家议会的第三大党，在全国13个州中的9个州执政或参政，该党主席菲利普现任捷克参议院副议长。中亚的哈萨克共产人民党现有党员人数10万人，在议会下院拥有七个席位，塔吉克斯坦共产党和吉尔吉斯共产党人党发展势头良好，在本国议会都有席位。

尽管国际金融危机使得西方资本主义遭受重创，客观上为共产党和左翼力量发展创造了空间，但也有一些共产党没有抓住这一难得机遇实现逆袭，反而让西方民粹主义登堂入室。在传统右翼和民粹政党的夹击下，这些共产党被日益边缘化，处境更加艰难。

二　强化组织：重视发挥共产党传统优势

政党的力量主要体现为组织严密、团结统一。对马克思主义政党而言，依靠和发挥组织力量更为重要，也是共产党传统优势所在。然而，在国际共产主义运动史上，一些共产党没有处理好民主与集中的关系，党组织“官僚化”倾向明显，领导不能正常轮替，干部脱离民众，基层组织萎缩，党员老化；也有一些共产党放弃了马克思列宁主义指导地位和民主集中制原则，组织“扁平化”，活动“民主化”，党内派别林立，纷争分裂不断，党员人数不断减少，传统选民持续流失。近年来，许多共产党深刻认识到“民主化”弊端，吸取教训，重提民主集中制，强化组织建设。

针对党内存在的政治思想、道德作风蜕化以及“自我演变”“自我转化”问题，越南共产党以前所未有的力度加强党的政治建设和反腐工作，加大干部工作的巡视力度，查处用人不正之风，要求各级党组织努力建设纯洁、稳固的党，不断提升越共领导力与战斗力。朝鲜在政治体制上开始将“先军政治”体制转变为“党的唯一领导体系”，强化朝鲜劳动党的核心领导作用，重视发挥基层支部的堡垒作用。古巴共产党稳步推进领导层新老交替，确立了领导任期制和任职年龄限制，严把干部选拔任用关，注意民意评价，突出以德为先，初步搭建起老、中、青相结合的新一届中央领导班子。

西欧一些共产党为突破发展困境，重塑党的组织优势，注重发挥党的基层组织作用。法国共产党改变以往偏重上层控制的党建模式，重新强调支部堡垒作用，要求法共的集体行动建立在充分发挥基层作用的基础上，让基层组织成为党的思想的传播者和主要行动者。西班牙共产党长期淡化共产党色彩以迎合左翼联盟政策，党的“窗口形象”

模糊，选民很难看到西共在联盟中的地位和作用。为更好地体现自身积极形象和发挥党对左翼的政治引领作用，西共健全党的各级组织，恢复民主集中制，强化党的纯洁性和战斗力。在最近召开的西共代表大会上，重提列宁主义，恢复民主集中制，强调集中领导，变联邦委员会为中央委员会；提出西共今后仍坚持联合左翼路线，不断扩大左翼联盟，同时强化党对党员的组织要求，要求在左翼联盟中担任公职的西共党员应发挥角色作用，显示西共的行动能力；强调西共在左翼联合阵线中要掌握主动权，发挥西共的引领和主导作用。

当今各国共产党都注重引入信息网络技术，转换基层组织活动方式和影响社会的方式，成立基层网络党支部，增强基层组织活力，加强与民众的联系和沟通，吸引年轻人参与党的日常活动。日本共产党、南非共产党、哥伦比亚共产党等党的章程明确规定，党的基层支部应承担宣传、贯彻党的路线方针和政策主张及了解反馈民意的任务；党的高层干部要密切联系群众，要为劳动人民代言；普通党员要积极参加基层组织活动，完成党组织分配的工作任务。不少党注重以党章、党纲和政治决议等明确基层组织的地位、功能和作用，对基层党组织的基本任务、目标职能和运作方式都做了细致规定。印共（马）吸取地方执政失败教训，强调要采取有力措施，克服党内腐败和党的基层组织涣散等弊端。

然而，由于历史和现实原因，许多共产党的组织发展仍很困难。特别是随着新兴社会运动兴起和年轻人参与传统政治的积极性降低，共产党传统依靠力量流失，党员老化严重，年轻后备力量不足。有的党内纷争、分裂不断，党的领导层和党的基层组织难以形成合力。如摩尔多瓦共产党人党曾执政八年，失去执政地位后，该党数次分裂，党的力量遭受重大损失，被日益边缘化。

三　守正创新：坚持和发展马克思主义

过去一段时间，国外共产党对如何坚持和发展马克思主义、如何革新社会主义的认识并不相同。有的固守马列经典中的个别论断，思想保守僵化，纠缠于教条式的理论争论，以抽象原则来评判当今社会主义现实，批判资本主义仅停留在抽象的道德评判层面，左翼替代口号无法付诸实践；有的片面强调理论更新和传统变革，提倡多元化，放弃马克思主义指导地位，导致党内分歧和思想混乱，进退失据，处境更加困难；极少数党无视资本主义的新发展和新变化，政策主张激进，很难被当今社会接受，日益被边缘化。

“一切民族都将走向社会主义，这是不可避免的，但是一切民族的走法却不会完全一样。”[①] 一些共产党虽然在政策主张上仍有分歧，但普遍认为马克思主义理论不是教条，而是行动指南，必须随着实践的变化而发展。社会主义没有统一模式，要走符合各自国情党情的道路。共产党只有创新，才能摆脱目前困境，有效吸引和领导人民开展社会主义斗争。在2018年纪念马克思诞辰200周年的活动中，许多共产党强调，马克思主义不仅是科学的理论，而且是不断发展的、开放的理论，必须从实际出发，革新和发展马克思主义。只有解放思想，推动党的思想理论和政策主张与时俱进、不断创新，才

① 《列宁选集》第2卷，人民出版社1995年版，第777页。

能凝聚民心，扩大政治影响，为实现世界社会主义新发展提供保障。这些共识开始将共产党和左翼力量凝聚在一起。

执政的共产党理论创新主要表现在对什么是社会主义，如何建设社会主义以及如何处理国家和市场、民主与法治、改革与稳定等一系列重大问题上提出新看法，进行新探索。越南、朝鲜、老挝、古巴都强调要探索本国特色的社会主义，但国情各不相同，因而对本国目前所处阶段及当前任务看法各异，对经济政策的调整也各有侧重。越南共产党强调在政治上坚持党的领导，经济上完善社会主义定向的市场经济体制，文化上全面发展本民族文化，社会建设上要“建设民主、共识的社会”。老挝人革党对国家所处的发展阶段、引入市场机制、实行多种所有制形式等问题有新的认识。古巴强调当前进行的经济社会模式更新的目标是努力探索符合古巴国情的社会主义发展模式，在模式更新进程中必须坚持古巴共产党的领导作用，必须坚持以马列主义、马蒂思想和菲德尔理论为指导。多年来，中越、中老、中古、越老双边对共产党执政和社会主义建设规律的共同探讨越来越深入。2018 年 7 月，第十四次中越两党理论研讨会在越南胡志明市举行，两国政要和专家围绕“中国改革开放和越南革新事业的实践和经验”进行了广泛探讨。中国共产党同老挝人革党、古巴共产党也就改革开放和执政党建设等问题共同举行了多次理论研讨。

执政的共产党坚持和发展马克思主义的做法，对非执政的共产党起到重要的示范作用，特别是中国特色社会主义的创新理论，对国外共产党及左翼力量产生了巨大影响。发达国家共产党将关注的重点转向资本主义社会的各种现实问题，主张通过民主变革，改造现行资本主义社会，最终实现社会主义。澳大利亚共产党副主席马斯特 2018 年 5 月在中国深圳参加纪念马克思诞辰 200 周年专题研讨会时表示，澳共用了很长时间才认识到共产主义并无固定模式，各国共产党都需要找到一条适合自己的路。西班牙共产党认为，恢复列宁主义并不意味着放弃通过竞选方式赢得政权的方针，“需要结合具体情况来制定战略”，坚持“通过选举方式建设社会主义”。芬兰共产党主席瓦萨宁是一名艺术家，他称在马克思主义与现实结合中，他不是以共产党主席的名义出现在人们眼前，而是通过艺术方式，向贫民宣传马克思主义，唤醒人们对政治的关注。一些发展中国家的共产党认为，在当前形势下，通过暴力革命夺取政权是不现实的，主张在现有政治制度下，通过议会选举、与国内左翼力量联合以及开展无产阶级的国际合作等多种斗争形式来扩大党的影响，分阶段走向社会主义。南非共产党宣布进入民族民主革命的第二阶段，主要任务是以反帝、反垄断资本为中心，加速南非经济转型，争取黑人经济解放。在发展理念上强调公平优先，在政策主张上坚持独立自主，突出共产党的特色。拉美共产党主张在新的历史条件下通过民主方式开展合法斗争，强调“革命既不能模仿也不能照搬，而是需要英雄的创造”，需要制定符合各国国情的政治规划。① 俄罗斯东欧中亚各国共产党强调，要在宪法和法律范围内，为劳动者的权利而斗争，通过党在国家权力机关中的代表实施自己的政策。

① 袁东振：《拉美社会主义发展的历史、特点与趋势》，《国外理论动态》2018 年第 3 期。

四　团结合作：在左翼联合中发挥引领作用

国际金融危机后，反资本主义全球化像一面大旗，召唤众多左翼力量、非政府组织和新兴社会运动投入其中。有着国际主义传统的共产党主张扩大左翼统一战线，共同开展反对国际垄断资本和右翼保守势力的斗争。欧洲一些共产党主张与各种反对资本主义的力量和运动联合，向所有人开放，扩大党的群众基础。法国共产党二十五大上提出，继续推进左翼阵线政策，联合其他反资本主义力量，以左翼阵线开展政治斗争，结盟竞选。西班牙共产党发起抗议政府应对债务危机不力、削减社会福利保障等社会运动，成功扩大了影响，提升了西班牙联合左翼的民意支持率。一些环保主义政党（如绿党）等在各国政坛独树一帜，并成为重要的参政党。

古巴是拉美社会主义的一面旗帜，菲德尔·卡斯特罗和劳尔·卡斯特罗是具有坚定信仰的共产主义者，始终将支援世界社会主义事业当作自己应尽的国际义务。委内瑞拉总统查韦斯逝世后，劳尔·卡斯特罗表示，“古巴将永远和委内瑞拉一起战斗”，两国盟友关系不变，相互倾力支持。针对美西方和拉美右翼政权抵制委内瑞拉制宪大会及马杜罗再次当选委内瑞拉总统的行为，古巴挺身而出，公开承认委内瑞拉制宪大会及总统选举结果，表示将坚定支持委内瑞拉统一社会主义党和委内瑞拉人民的革命事业。古巴主动要求承办 2018 年“圣保罗论坛”，希望借此平台进一步凝聚左翼共识，引领拉美左翼深化团结合作。

共产党执政的国家信念相通、道路相近、命运相连，联合抵制西方“颜色革命”、打造命运共同体的意愿强烈，传统友谊历久弥新。近年来，越共、古共、朝鲜劳动党和老挝人革党都派高级代表团出席世界共产党和工人党国际会议，加强同各国共产党之间交往，重视共产党治国治党经验交流。作为世界社会主义运动的中流砥柱，社会主义国家团结合作，能够鼓舞各国共产党的人心士气，有力地推动了世界社会主义运动向前发展。

虽然当前世界社会主义力量出现重兴趋势，但世界格局演变和“黑天鹅”现象频现，助推民粹主义政党崛起。许多共产党除了继续受到右翼排斥打压外，还面临民粹主义挑战，民众基础和生存空间被进一步压缩。如何在左翼阵线中发挥共产党的政治引领作用，不断推进世界社会主义事业发展，是当今国外共产党必须破解的核心难题。

五　分享借鉴：“向东看”已成趋势

近年来，西方极端政党与民粹主义融合聚变，加速西方政党政治碎片化和资本主义国家政治极化，西方主要国家危机感加深。中国由大变强，引起美西方国家警觉，各种打压掣肘纷至沓来。特朗普坚持“美国优先”，不仅向中国发动贸易战，还向盟国收取“保护费”，资本主义世界体系日显裂痕，优势和吸引力越来越小。许多发展中国家开始抛弃过去照搬西方的做法，期待分享和借鉴中国的发展经验，以探索符合自身实际的发展道路。

2018 年 5 月，纪念马克思诞辰 200 周年专题研讨会在深圳成功举办，来自 50 个国家的 70 多个共产党共聚一堂，共同交流治国治党经验和探讨未来发展之策，引起各方强烈反响。与会的各国共产党领导干部认为，习近平新时代中国特色社会主义思想是对马克思主义的创新发展，对21世纪世界社会主义发展产生重大影响，对其他共产党探索自己的道路也具有启示意义。国外共产党十分赞赏习近平总书记提出的构建人类命运共同体理念，认为中国倡导并推动的“一带一路”建设是构建人类命运共同体的重大举措，通过“一带一路”把广大发展中国家特别是那些长期被国际多边机制边缘化的落后国家带上了共同繁荣发展的列车，展现出中国共产党建设美好世界的决心和担当。①

中国特色社会主义的成功实践，对国外共产党及其他左翼力量形成了巨大吸引力，为人类对更好社会制度的探索提供了另一种全新的选择。亚洲、非洲、拉美等广大发展中国家共产党希望学习中国在扶贫减贫、乡村振兴和实行民族平等政策等方面的经验，期待中国发挥“榜样”示范作用，引领他们实现跨越式发展。越共领导人高度关注中共十九大思想成果，责成越南中央理论委员会和胡志明国家政治学院成立专项课题组，对习近平新时代中国特色社会主义思想进行深入研究。

中国特色社会主义道路不是封闭、僵化的，而是开放、发展的。虽然国外共产党重视学习中国特色社会主义理论和实践创新经验，希望将其转化为具有世界意义的“中国方案”，但也存在一些质疑声音，认为中国出现贫富差距有违社会主义公平公正原则。对此，中国应理性对待，随着改革开放和社会主义现代化事业的不断发展，中国特色社会主义制度必然会越来越完善，中国特色社会主义道路也必然越走越宽广。“我们要把自己的事情做好，这本身就是对构建人类命运共同体的贡献。我们也要通过推动中国发展给世界创造更多机遇，通过深化自身实践探索人类社会发展规律并同世界各国分享。我们不‘输入’外国模式，也不‘输出’中国模式，不会要求别国‘复制’中国的做法。”② 与马克思主义给中国带来独立解放和民族复兴的希望之光一样，科学社会主义在中国的继承、发展和强盛，必然推动世界社会主义运动向前发展。

（原载《当代世界》2018年第8期）

① 宋涛：《发挥政党作用携手建设更加美好的世界——中联部部长宋涛介绍中国共产党与世界政党高层对话会有关情况》，《人民日报》2017年12月4日。

② 习近平：《携手建设更加美好的世界——在中国共产党与世界政党高层对话会上的主旨讲话》，《人民日报》2017年12月2日。

试析21世纪世界社会主义发展的新态势

轩传树　冷树青*

中国特色社会主义已经进入“新时代”，世界“正处在一个大发展大变革大调整的时代”，那么作为从前者到后者的中间环节，世界社会主义处于什么时代，或者说呈现了怎样的发展态势？回答以上问题，需要在世界经济政治形势变化的大框架下，对世界社会主义的力量对比、领导力量、主体力量及其横向联合等作出新的分析与判断。

一　社会主义的世界氛围已经形成

20世纪80年代末90年代初，苏联解体，东欧剧变，冷战结束，社会主义与资本主义的两种制度竞争格局从势均力敌转化为资本主义占据绝对优势而社会主义处于弱势的失衡状态。一时间，新自由主义主导的全球化高歌猛进，“历史终结论”甚嚣尘上，而世界社会主义陷入低潮，处处被动防守，社会主义在世界尤其是西方被严重虚无化、污名化。欧洲主流左翼——社会民主党甚至为规避因社会主义声誉所带来的负面影响而纷纷抛弃“民主社会主义”概念。

然而，当历史车轮驶入21世纪，两大历史事件悄然改变了既有的世界经济政治力量对比，使其发生了有利于社会主义和发展中国家的变化。

一是由资本主义核心地带引发的全球金融危机。此次危机从其影响的深度和广度来看，堪称资本主义世界20世纪30年代以来最严重的一次危机，迄今不仅没有结束的迹象，反而日益深化并衍生为包括经济危机、生态危机、政治危机、社会危机、难民危机等多重危机相互交错的系统性危机。① 危机使西方发达资本主义国家经济增长停滞甚至连续出现负增长，曾经接受被西方包装成救世良方的“华盛顿共识”的国家和地区更是乱象丛生，动荡不安。新自由主义发展理念和发展模式普遍遭到质疑，西方再也不能垄断现代化发展道路和发展模式的话语权，新自由主义神话终结了。

二是中国特色社会主义的快速崛起。改革开放40年，坚持社会主义道路的中国不仅顶住了苏联解体、东欧剧变所带来的国际压力，而且在改革开放的实践中取得了跨越式发展。就在西方资本主义国家深陷危机不能自拔的时候，中国经济总量跃升为全球第二，由低收入国家进入中等收入国家。中国经济对世界经济增长的年均贡献率更是超过

---

* 轩传树：上海社会科学院国外社会主义研究中心主任、研究员；冷树青：九江学院社会系统学研究中心教授。

① 参见米夏埃尔·布里《社会主义的第三次浪潮》，《科学社会主义》2016年第1期。

欧美日贡献率的总和，成为世界经济增长的第一引擎。社会主义中国日益走近世界舞台中央，中国道路、中国经验、中国方案逐渐成为世界关注和研究的焦点。

从逻辑上讲，新自由主义否定社会主义，全球金融危机证明了新自由主义的失败，当然也就为新自由主义所否定的社会主义提供了上升空间。中国既是最大的社会主义国家，也是最大的发展中国家，中国力量的增长本身就是世界社会主义力量的壮大，也是发展中国家国际影响力的上升。

从事实来看，一方面是西方发达资本主义国家的政治经济实力相对下降，另一方面是以中国为代表的一大批新兴市场经济体相对崛起。从 1991 年到 2011 年的 20 年间，主要发达资本主义国家美国、日本、德国、法国、英国、意大利、加拿大（G7）占世界 GDP 中的份额从三分之二下降到不足一半，而“金砖五国”则从 7% 左右上升到 20% 左右。[①] 尽管总体态势仍然是资强社弱、北富南贫，但是世界权力加速向新兴国家、重点地区向亚洲转移已是趋势，西方继续主导世界已力不从心。对此，美国国家情报委员会前副主席格雷厄姆·富勒（Graham E. Fuller）也不得不承认，“美国主导全球的时代已经结束”[②]。

相应的，世界人民在对世界社会主义运动以及对资本主义发展模式进行双重反思的基础上，在“中国之治”与“西方之乱”的鲜明对比中，日益认识到危机及其所带来的灾难的根源在于资本主义制度本身，认识到社会主义制度的优越性和中国特色社会主义的影响力。如果说“今天有数亿人用新鲜的目光向左看”[③]，那么广大左翼人士、左翼政党则开始“向东看”[④]（即向中国看）。近年来，世界范围内的“马克思热”“社会主义热”“中国热”就是体现。

如今，无论在美国还是英国，在德国还是西班牙，都可以看到越来越多的人对马克思主义的关注。可以说，马克思主义对资本主义的批判正在重新走进欧美学术界，正激发更多关于后资本主义社会经济基础的思考。[⑤] 在全球范围内，社会主义日益成为各种带有左翼倾向的政党、运动获得更大范围社会支持而高举的旗帜。不仅杜特尔特在菲律宾的大选中自称是“社会主义者”，就连作为世界资本主义大本营的美国也在 2016 年的大选中吹起了社会主义风，民主党候选人桑德斯大打社会主义牌。关于中国道路、中国模式的研究在海外已经成为显学，在国外共产党人和社会主义者看来，中国共产党的成功经验和强大理论成果，给了他们在世界其他国家开展社会主义运动的巨大动力。德国左翼党卢森堡基金会资深研究员米夏埃尔·布里（Michael Brie）在做客中共中央编译局时明确指出，世界社会主义已经进入第三次浪潮，即“社会主义 3.0”，而中国正

① 转引自王怀超教授为《世界社会主义研究年鉴（2017）》所做的“序”，上海人民出版社 2018 年版，第 6 页。

② 《外媒：美国主导全球的时代已经结束》，《参考消息》2016 年 9 月 23 日，http：//column.cankaoxiaoxi.com/2016/0923/1314877.shtml。

③ 参见美共代表在第 19 届世界共产党工人党大会上的发言。19 IMCWP，Contribution of CP USA，http：//www.solidnet.org/usa-communist-party-usa/19 - imcwp-contribution-of-cp-usa-en/09November 2017。

④ 柴尚金：《当今国外共产党发展变化的五大亮点》，《当代世界》2018 年第 8 期。

⑤ 理查德·沃尔夫：《真正的改变离不开马克思主义》，http：//world.people.com.cn/n1/2018/0222/c1002 - 29827433.html。

是这次浪潮的最重要的诞生地。

所有这些现象，“预示着资本主义世界体系转型的时刻已经到来”[①]，一种世界性的社会主义氛围已经形成。所有这些现象，也只有置于世界经济政治形势变化的大框架之下才是可以理解的。

二 社会主义政党的变革调整已成常态

时代在变，资本主义在变，作为资本主义的竞争者、超越者以及两种制度关系中的重要一方，社会主义当然也会随之变化与调整。21 世纪以来，作为社会主义运动的组织者和领导者，各国社会主义政党不管是在台上还是在台下，都在顺应时代变化和社会进步，不同程度地继续改革与调整。

当然，“改革”“调整”对社会主义国家的执政党和资本主义国家的社会主义政党来说，存在不同的内容和意指。前者改的主要是国家治理理念和方针政策，后者改的多为夺取政权的理念和政策。[②]

对于社会主义国家的执政党来说，并没有因为苏东地区推行改革失败而讳言改革甚至畏惧改革，反而在目睹了苏联解体、东欧剧变的历史惨剧和西亚北非地区的社会动荡之后，尤其是在见证了中国特色社会主义在改革开放过程中的巨大成就之后，更加坚定马克思主义指导地位和社会主义发展道路，结合各自国情，推进改革、革新、开放。社会主义国家的执政党在政治上继续加强党的建设，强化党的领导核心作用，强调马克思主义的时代化和本土化；在经济上继续强调公有制的主导地位和计划（规划）的作用，但都不再强调公有制的纯度，更不拒绝市场的作用，只是在市场化程度和私有经济比重上有所不同。越南共产党强调完善社会主义定向的市场经济体制；老挝人民革命党强调完善社会主义方向的市场经济体制；古巴共产党开始以巩固和发展社会主义为目的的“更新”社会主义经济社会模式的进程；朝鲜劳动党也在进行一定程度的市场经济实验，并迈出了允许私人承包的改革步伐。显然，它们对市场的作用、地位的不同态度，取决于其对社会主义本质的认识，也会反过来影响到对彼此国家改革的社会主义属性的界定和认同。但是，不管在什么是社会主义和如何建设社会主义等重大问题的认识上存在怎样的差异，也不管是用“改革”“革新”还是“更新”来自我定位，它们都吸取了原苏联模式的教条主义错误以及后来放弃社会主义的休克疗法的失败教训，都强调坚持社会主义道路和本国特色，也都注重学习中国经验。

而对于资本主义国家的社会主义政党来说，它们在议会民主政治框架下，继续进行着意识形态、政策主张和活动方式的调整。其中，包括共产党在内的激进左翼政党，进一步在政策主张上突出自己作为社会民主党的“替代力量”，在国内层面上捍卫社会党在战后黄金时代所取得但在冷战结束后又逐渐放弃的成就，在国际层面上反对全球化，维护弱势群体或边缘民众的利益。作为西方主流左翼的社会党，尤其欧洲地区的社会党

---

① 童晋：《21 世纪的资本主义向何处去——西方左翼人士对资本主义危机的新审视》，《世界社会主义研究动态》2016 年第 114 期。

② 李景治：《世界社会主义运动由高潮转入低潮的几点思考》，《当代世界与社会主义》2016 年第 1 期。

面对2008年金融危机以来在国家议会和欧洲议会选举的接连失利，由老牌社会党组成的“进步联盟”（Progressive Alliance）开始向“进步的社会民主”转型，它们重新定义“社会民主”的价值，试图通过“进步主义”再造“社会民主”。具有左翼色彩并主张生态社会主义的绿党，21世纪以来已由抗议性政党走向体制性政党，在放弃单一环境议题的同时，也改变了对传统政党、政府乃至欧盟的态度，不仅同其他左翼政党积极合作参加竞选，使红绿联盟成为欧洲的一个普遍政治现象，而且也普遍对欧洲一体化持赞成态度，并竭力在欧洲一体化过程中推动欧洲政策绿色化。

显然，处于大左翼或者说泛社会主义政治光谱中的各类社会主义政党，21世纪以来的改革、调整，更多的是主动出击而非被动应对；改变的是组织形式、活动方式和治理方式，而非苏联解体、东欧剧变及其以后社会主义政党所普遍呈现的方向、目标和性质上的改变。这些常态化的改革，不仅使社会主义国家得到巩固和发展，站稳了脚跟，而且使绿党相对成熟、选举成绩也日益稳定，更使希腊“激进左翼联盟”（SYRIZA）和西班牙“我们能”（Podemos）党等激进左翼快速崛起。从这个角度也可以说，两种制度力量对比的变化以及社会主义世界氛围的形成正是社会主义政党主动改革和调整的结果。

三 反资本主义的社会运动渐成气候

20世纪末，伴随“历史终结论”的还有“阶级斗争终结论”。西方国家不仅出现了所谓的“工人阶级主体性危机”，而且社会运动一度沉寂，马克思主义关于工人阶级历史使命和历史地位的学说遭到质疑和挑战，而这主要源于资本主义黄金时期建立的社会福利体系，使越来越多雇佣劳动者沉浸于中产阶级的梦幻之中。

然而，伴随苏联解体、东欧剧变后新自由主义的全球扩张，曾经受苏联社会主义制约而不得不推行社会福利的资本变得任性且贪婪。资本尤其是金融垄断资本享受超国民待遇，它们通过全球流动和产业转移赚取超额垄断利润，而工人福利却被不断削减。资本的收益率增长速度远远高于工人的工资增长速度，贫富两极分化日益严重。结果社会有效需求不足，生产相对过剩，引发金融和经济危机，而金融危机进一步加剧了社会两极分化和社会不公，使阶级政治和反资本主义的工人运动以及其他群众性运动重返欧美政治空间。

首先重返欧美政治空间的是工人运动。危机的爆发扩大了既有的贫富差距，工人工资下降，失业率攀升，生存环境恶化，工人阶级最终承担了危机所带来的一系列危害。经过危机的洗礼，作为社会主义运动的主体力量——工人阶级的阶级意识和阶级认同感有所提升，他们逐渐认识到，无论过去是穷人还是富人，是白领还是蓝领，他们都是资产阶级剥削压榨的对象，处在被剥削控制的地位。[①] 为了对这种被剥削压迫的地位表示不满和抗议，各行各业内的大罢工、跨行业的全国性大罢工此起彼伏，从美国到欧洲，从发达国家到发展中国家，他们走上街头，游行示威，通过行动捍卫自身利益。

其次还有蓬勃发展的群众性运动。金融危机以来，西方世界除了继续存在20世纪

① 李彩艳：《论全球化背景下无产阶级联合的必要性及可能性》，《世界社会主义研究动态》2017年第135期。

中期就已经发生的和平运动、生态运动、女权运动、民主权利运动等各种社会运动以外，新近还出现了大规模的愤怒者运动、占领运动、黑夜站立运动、“民主之春”运动等。尽管这些运动带有非正式性、自发性、松散性的显著特点[1]，参与者来自各行各业、各种组织和团体，议题琐碎多元，没有固定的组织机构，缺乏有效的领导和协调，最终由于执政当局的镇压或因为自身不具有持续动力而中道衰微，甚至昙花一现，但是它们总体上毕竟是由中下层民众参与其中、直指社会弊病，并喊出“为了一个更加美好的世界”“99%反对1%”“资本主义是有组织的犯罪”等口号的抗议性运动。

阶级政治的回归以及工人运动和其他群众性运动的再次勃兴，无疑反映了资本主义社会结构的两极分化和普通民众的普遍不满，而这些反映普通民众特别是下层民众诉求的抗议示威活动，对资本主义构成了现实的反思、批判和冲击，也教育并动员了民众。而且，在21世纪的时代背景下，工人阶级运动已经得到其他群众性运动的有力支持，并有联合起来共同构成反对资本主义主体力量的趋势。当然，这种联合及其反资本主义的斗争具有社会主义倾向，但并不等于社会主义运动本身。所以，为了保护好这种斗争并将其引导到社会主义运动的轨道上来，迫切需要社会主义政党尤其共产党参与其中并给予支持。也只有在这个意义上，才可以说“现在世界各地的社会主义运动比以前有很大的高涨”[2]。

四　社会主义的联合网络初步成型

当今世界社会主义流派众多、理论繁杂，不同区域的不同社会主义力量面对各自不同的现实问题，选择不同的社会主义道路，并进行着各自的理论和制度建构，从而使社会主义呈现多元、多样、多模式的特色。各社会主义力量在按照自己的政治光谱独立自主地探索本国社会主义道路的同时，也开展国内、区域性乃至世界性的一定形式的协调与合作，甚至形成一定形式的统一阵线。

这种联合是必要的，也是可能的，因为在国际金融垄断资本主导的全球化下，发达国家和发展中国家的工人阶级都同样处于受剥削的命运和境地，只不过受剥削的程度不同而已。而且，分散在各个国家、地区和行业领域的工人阶级，只有联合起来，凝聚成新的社会主义力量，才能在国际资本主义力量和保守右翼力量的联合进攻面前增强集体行动能力。[3] 这种联合大致包括三个层次。

一是国内层面的联合。这种联合通常表现为不同政治光谱的左翼政党之间的合作。这种合作在冷战时期就已存在，比如20世纪70年代法国社会党与共产党结成左翼联盟，80年代还有过一段短暂的执政联盟。冷战结束后的意大利，中左与激进左翼的联

---

① 于海青：《西班牙“我们能”党兴起透视》，《当代世界》2016年第5期。

② 加拿大曼尼托大学教授、《经济学批评》杂志主编阿兰·弗里曼（Allan Freeman）在2017年第八届世界社会主义论坛上的发言，基于人们对资本主义感到愤怒、失望和不满以及各种社会运动的高涨才做出这样的判断。参见秦振燕、吕薇洲《国外左翼聚焦“大发展大变革大调整时代的中国特色社会主义”》，《世界社会主义研究动态》2018年第11期。

③ 姜辉：《21世纪的世界社会主义：新格局、新特征、新趋势》，《世界社会主义研究》2016年第1期。

合也曾存续十余年（1994—2007 年）。21 世纪以来，除了中左的社会党与激进左翼力量联合组成竞选联盟或在野党统一战线以外，更为常见的是欧洲国家绿党同传统左翼政党社会党或共产党结成竞选或执政的“红绿联盟”。

二是区域性的联合。这种联合主要表现为同一地区内的相同性质的政党合作或结盟。在欧洲，激进左翼政党为了协调欧洲议会选举政策，把分散在各国的左翼力量整合起来。2004 年，15 个欧洲国家共产党和其他左翼政党在意大利罗马宣布成立欧洲左翼党（EL）。为了应对欧盟东扩之后“新欧洲”的挑战，使分散在 20 多个国家的 30 多个绿党能够以共同的宣言和行动表达共同的声音，进一步扩大绿党在欧洲的影响，欧洲各国绿党在 2004 年欧洲议会选举前成立了一个统一组织——“欧洲绿党”（EGP）。西亚北非地区，2011 年在黎巴嫩共产党的组织筹备下成立了“阿拉伯左翼论坛”（The Arab Left Forum）。该论坛每年集会，目前共有成员政党 28 个，已经成为阿拉伯左翼政党之间联系、交流、合作的重要平台。为了应对新自由主义的攻势，在巴西劳工党的领导和倡议下，1990 年拉美 13 个国家的 48 个政党和组织成立“圣保罗论坛”（São Paulo Forum）。该论坛大约每年举行一次，目前已经发展成为世界左派政治力量的大聚会。

三是全球性的联合。这种联合有注重相同意识形态和政治主张的同质合作，也有更为宽泛的泛左翼合作。前者如 1998 年开始的由希腊共产党倡导的共产党和工人党国际会议（IMCWP）。后者有 2004 年正式从“社会主义学者大会”分裂出来的、每年在美国纽约召开的“全球左翼论坛”（Global Left Forum），2001 年开始的由巴西劳工党发起的反新自由主义全球化的“世界社会论坛”（World Social Forum），2009 年由中国社会科学院世界社会主义研究中心倡议发起的“世界社会主义论坛”（World socialist Forum）。这些会议或论坛，每年召开一次，每次都有来自世界各地的社会主义政党、非政府组织和左翼学者代表与会，分析形势、交流情况、提出任务、协商对策等。

从国际共产主义运动史来看，社会主义力量的联合曾极大地促进了社会主义事业的发展。但是，20 世纪五六十年代中苏论战以来社会主义力量的联合陷入低潮，苏联解体、东欧剧变后的社会主义力量更是各自孤立抗争。

21 世纪以来，社会主义力量基于国内、区域性乃至全球性的联合重新形成，而且呈现出新的方式：不再是历史上第一国际、第二国际、第三国际、共产党和工人党情报局那样同质化的、正规的甚至存在上下隶属关系的国际组织，而是由独立的左翼政党、组织通过双边、多边合作，通过会议、论坛进行协调的多平台、多纽带的扁平化网络。这种网络性的协调与合作，既赋予每一个社会主义力量独立自主探索自己道路的权利和空间，也促进了统一、公平的对话，从而从总体上展现了社会主义力量的不断壮大。当然，这种网络性联合相比组织化联合，也存在一系列不足与问题，比如在关于社会主义基本理论和方向目标认识上还存在很大分歧，缺少明确的、具有较大程度共识的原则和纲领，在重大问题和重要行动上还不能形成有效的、协调一致的战略策略等。

总之，21 世纪世界社会主义发展新态势，无论是社会主义世界氛围的形成，还是社会主义领导力量主动变革、主体力量回归重组及其联合方式重构，都说明当今世界社会主义不再是 19 世纪科学社会主义诞生时那样像“幽灵”一样仅在欧洲游荡，不再是 20 世纪上半叶战争与革命时期那般高歌猛进，也不再是 20 世纪末苏联解体、东欧剧变后的一度低潮和一味防守，而是开始进入谋求振兴、恢复荣光并孕育新高潮到来的重要历史时期。

（原载《当代世界》2018 年第 11 期）

马克思主义与无神论关系的两个问题

田心铭*

2016年4月，习近平总书记在全国宗教工作会议上指出，要坚持用马克思主义立场观点方法认识和对待宗教。深入学习贯彻习近平总书记在全国宗教工作会议上的讲话精神，需要认真研究马克思主义与无神论的关系。这涉及多方面的理论和实践问题。坚持马克思主义与坚持无神论的关系，坚持马克思主义无神论与宣传无神论的关系，就是其中两个重要的理论问题，也是当前存在争议的现实问题。本文就这两个问题作一些讨论。

一 坚持马克思主义必须坚持无神论

无神论思想古已有之。在19世纪40年代马克思主义产生之前，已经经历了古代朴素的无神论、近代自然科学和唯物主义基础上的无神论等发展阶段。在马克思主义产生之后，非马克思主义的无神论仍然存在着、发展着。因此，不能把无神论与马克思主义等同起来。无神论者并不都是马克思主义者，坚持无神论未必就是坚持马克思主义。但是，也不能把马克思主义与无神论分割开来。坚持马克思主义，就必须坚持无神论。不坚持无神论，就背离了马克思主义。这可以从以下两方面来说明。

第一，马克思主义明确宣示了自己坚持无神论、反对一切有神论的立场。1871年，恩格斯在一封书信中说："要知道，马克思和我本来差不多就像巴枯宁一样早就是坚定的无神论者和唯物主义者。"[①] 在马克思和恩格斯的著作中，随处都可以看到这一论断的证据，而找不到一处相反的观点。青年马克思在1841年完成的博士论文中就批判了证明神的存在的荒谬逻辑，得出了否定一切神的存在的结论。他说："对神的存在的证明不外是空洞的同义反复。""对神的存在的一切证明都是对神不存在的证明，都是对一切关于神的观念的驳斥。"[②] 在批判黑格尔唯心主义的第一本著作《黑格尔法哲学批判》的导言中，马克思就批判了宗教，指出，"宗教是人民的鸦片""宗教只是虚幻的太阳"。他说要"废除作为人民的虚幻幸福的宗教""撕碎锁链上那些虚幻的花朵"。[③] 恩格斯在《反杜林论》中提出了关于宗教是"幻想的反映"的著名论断，指出："一切

---

* 田心铭：教育部高等学校社会科学发展研究中心原主任、教授。

① 《马克思恩格斯文集》第10卷，人民出版社2009年版，第362页。

② 《马克思恩格斯全集》第1卷，人民出版社1995年版，第100、101页。

③ 《马克思恩格斯文集》第1卷，人民出版社2009年版，第4页。

宗教不过是支配着人们日常生活的外部力量在人们头脑中的幻想的反映，在这种反映中，人间的力量采取了超人间的力量的形式。”[①] 这一论断深刻揭示了宗教的本质。恩格斯还在多篇著作中研究了原始基督教的历史，阐述了宗教产生、发展的历史和未来走向消亡的前景。

列宁指出，马克思主义继承了“绝对无神论的、坚决反对一切宗教的唯物主义的历史传统”[②]。他说：“我们应当同宗教做斗争。这是整个唯物主义的起码原则，因而也是马克思主义的起码原则。”[③] 我们所要坚持的马克思主义，是《中华人民共和国宪法》和《中国共产党章程》规定的作为我们党和国家指导思想的马克思列宁主义和中国化马克思主义。无论是马克思列宁主义的创始人，还是马克思主义中国化的开创者、从毛泽东到习近平的中国共产党主要领导人，都明确宣布我们是无神论者。

第二，马克思主义的整个科学体系是建立在无神论的基础之上的。马克思主义是完备而严整的科学世界观。科学社会主义是它的核心，政治经济学是它的主要内容，辩证唯物主义和历史唯物主义是它的哲学世界观基础。从创立新世界观之始，马克思就把自己的哲学称为“新唯物主义”[④]，把自己称为“实践的唯物主义者即共产主义者”[⑤]。马克思和恩格斯从黑格尔唯心主义哲学中拯救了自觉的辩证法，把它同唯物主义结合在一起，克服了旧唯物主义的不彻底性和形而上学性，把唯物、辩证的观点贯彻到包括人类社会在内的一切领域，创立了辩证唯物主义和历史唯物主义。这一新的世界观把整个世界看作是按照其自身规律运动和发展的物质世界，坚持从物质世界本身去说明世界，从而排除了任何世外造物主存在的可能性，因而是同一切有神论不相容的。

马克思 1859 年在《政治经济学批判（第一分册）》中第一次发表他研究政治经济学的成果时，就在序言中回顾了自己研究政治经济学的经过，并对唯物史观做出了完整、简明的表述。他在 19 世纪 40 年代形成了唯物史观的基本观点，一经形成就用它来指导自己的全部研究工作，经过一生中黄金时代 15 年的研究，创立了自己的政治经济学基础，在这本著作中“第一次科学地表述了关于社会关系的主要观点”[⑥]。马克思创立的唯物史观指导了他的政治经济学研究；他的政治经济学研究又验证了唯物史观，使其从 19 世纪 40 年代提出时“暂且还只是一个假设”的“天才思想”，在《资本论》问世以后“已经不是假设，而是科学地证明了的原理”[⑦]。正是这两个相互关联的伟大发现，即创立唯物史观和用剩余价值揭露资本主义生产的秘密，使社会主义从空想变成了科学，并建立起完整的工人阶级的科学世界观。可见，马克思主义的科学思想体系，无论从形成的历史或从理论的内在逻辑来说，都是以坚持唯物主义和无神论为前提的。

虽然马克思和恩格斯的著作中很少见到关于“无神”的专门论证，甚至马克思还

---

① 《马克思恩格斯文集》第 9 卷，人民出版社 2009 年版，第 333 页。

② 《列宁专题文集·论无产阶级政党》，人民出版社 2009 年版，第 171 页。

③ 同上。

④ 《马克思恩格斯文集》第 1 卷，人民出版社 2009 年版，第 502 页。

⑤ 同上书，第 527 页。

⑥ 《马克思恩格斯文集》第 10 卷，人民出版社 2009 年版，第 167 页。

⑦ 《列宁专题文集·论辩证唯物主义和历史唯物主义》，人民出版社 2009 年版，第 160、163 页。

反对“炫耀‘无神论’招牌”①，但是这并非是不重视无神论，而是因为他们将费尔巴哈已经完成的“把宗教世界归结于它的世俗基础”② 的工作当作自己的起点，不再去重复前人的论证，而是超越费尔巴哈，揭示出宗教产生、存在的社会根源以及使宗教随着社会的变革和发展归于消亡的现实途径。他们还超越对宗教的批判，进入广阔的社会历史领域，通过政治经济学、哲学和科学社会主义的研究，创立了完备的世界观，找到了实现工人阶级解放和人类解放的方向和道路。这表明，无神论思想在马克思主义的历史发展中处于起点的位置，在马克思主义的逻辑体系中处于基础的位置。它是位于马克思主义理论大厦底层的一块基石，是马克思主义其他一切理论的一个前提，是内在地包含于马克思主义全部理论中的一个不可或缺的因素。③ 因此，不坚持无神论肯定不是马克思主义。

作为马克思主义科学思想体系的一部分，马克思主义无神论思想发展到了一个新的阶段。坚持“无神”思想，是马克思主义无神论同其他各种无神论的共同点；但马克思主义无神论又超越了以往的一切无神论。马克思主义无神论与马克思主义基本原理的整体有机地结合在一起。它以辩证唯物主义和历史唯物主义哲学为世界观基础；它不仅要说明世界，而且要改变世界；不仅要说明世上无神，而且要致力于使人们从无神论思想的束缚中解放出来；它与科学社会主义相联系，把实现社会主义、共产主义作为自己追求的目标。因此，它比历史上一切无神论都更加科学、更加彻底，具有更加深刻和丰富的内容。

马克思主义与无神论的这种关系，决定了无神论是马克思主义宗教观中不可缺少的构成因素。坚持马克思主义宗教观，就必须坚持而不能离开马克思主义无神论，就必须有鲜明的无神论立场。但是我们看到，有些论者事实上提出了一种坚持马克思主义宗教观不必坚持无神论的主张。这种主张以不同方式表现在他们对一些问题的论述之中。这里就现实中值得注意的几个问题谈一些看法。

第一，坚持全面从严治党，必须坚持无神论。全面从严治党是“四个全面”的根本保证。“共产党员不得信仰宗教”是党中央明文规定并反复重申的一条政治纪律。全面从严治党，必须严明这条纪律。但是，有的党员领导干部公开发表文章，主张党员可以信教、教徒可以入党。这是明显违反党纪的行为。他们提出的种种理由都是站不住脚的。从思想理论层面来分析，发生这种错误的一个重要原因就在于，他们实际上认为，马克思主义和马克思主义宗教观不必坚持无神论。

例如，有些观点认为，人们的政治信仰和宗教信仰可以区分开来，所以允许宗教界领袖人物和精英分子入党，不会改变党的性质，还可以体现政治和社会意义上对宗教的关怀和包容，有助于党和政府加强对宗教在政治上和社会上的管理。人们的政治立场、政治态度与世界观、宗教信仰是既相互联系又相互区别的。对于信教群众和宗教界爱国人士，我们党将这两方面区分开来，尊重他们信仰宗教的自由，不要求他们赞同辩证唯物主义世界观，在爱国主义、社会主义旗帜下同宗教界结成统一战线。而对于共产党员，党要求他们把政治态度和世界观、宗教观统一起来，做有共产主义觉悟的工人阶级

① 《马克思恩格斯文集》第10卷，人民出版社2009年版，第4页。

② 《马克思恩格斯文集》第1卷，人民出版社2009年版，第504页。

③ 参见田心铭《“无神”是马克思主义一切理论的前提》，《科学与无神论》2013年第5期。

先锋战士。党员只有坚持辩证唯物主义和历史唯物主义，不信仰任何宗教，才能把共产主义理想和中国特色社会主义信念作为自己的政治灵魂和精神支柱，为共产主义奋斗终生。否定了共产党员作为马克思主义的信奉者必须坚持无神论，就是把加入党组织的条件降低为对统一战线工作对象的要求。如果党员可以信教、教徒可以入党，党内可以有信仰宗教的成员，党员可以同时是受某一宗教组织教规约束的信徒，就会破坏党的世界观基础，危害党的组织和全党的团结统一，危害中国特色社会主义事业。在中国，除了中国共产党，任何组织包括任何宗教组织都不可能代表最广大人民的根本利益。如果吸收宗教界领袖人物和精英分子入党，再让这些没有脱离其所属宗教的背景、利益和关系的人士以共产党员的身份去“加强对宗教在政治上和社会上的管理”，那么其结果不可能是加强而只能是破坏党和政府与宗教之间、不同宗教之间、信教群众与不信教群众之间的关系，破坏宗教和谐。[①] 那种把无神论从马克思主义完整世界观中割裂出去的观点，是同加强党的建设、坚持党的领导不相容的。

第二，从事马克思主义宗教研究，必须坚持无神论。在我国，无论信教或不信教的公民都享有宪法和法律规定的科学研究的自由。信教公民有权从自己有神论的立场出发去研究宗教问题。只要不违反国家法律法规，就应该受到法律的保护。但是，马克思主义的宗教研究，即以马克思主义为指导的宗教研究，就必须坚持马克思主义无神论。习近平总书记指出：“坚持以马克思主义为指导，是当代中国哲学社会科学区别于其他哲学社会科学的根本标志，必须旗帜鲜明加以坚持。”[②] 按照这一论断，为了发展当代中国哲学社会科学，国家设置的教学和科研机构，尤其是在其中工作的共产党员，必须坚持用马克思主义立场观点方法去分析解决本学科中的问题，对宗教问题的研究当然也不能例外。但是我们看到，有些身为共产党员的研究人员，却有意无意地回避乃至反对在宗教研究中坚持马克思主义无神论立场。例如，有的学者一边声称宗教研究要以马克思主义宗教观为指导，一边却又提出在宗教研究中采取“悬置宗教信仰”的“中立”立场，称“学界必须保持客观、中立、科学的研究立场，形成宗教学悬置宗教信仰的研究特色”。在这些论者看来，宗教学研究应该把有神还是无神、信教还是不信教的问题“悬置”起来，只去“描写性”地“客观研究宗教的历史事实”，而不去作价值判断，“不去评说‘宗教’及其‘神学’的真伪、实虚问题”。本来，世界是物质的世界，世上无神，这是人类实践和科学发展反复证明了的事实，宗教有神论则是由多种复杂原因决定的人们对客观世界的“幻想的反映”。只有马克思主义无神论的立场，才是从实际出发研究宗教问题的客观的、科学的立场。实际上并不存在既非无神论、也非有神论的“中立”的立场。“悬置”有神和无神的问题，不可能揭示宗教的本质和发展规律，不可能成为对宗教问题的真正科学的研究。马克思主义宗教观的丰富内容不能仅仅归结为无神论，但是不坚持无神论就不是马克思主义宗教观，就背离了马克思主义的立场观点方法。那种离开无神论去讲马克思主义宗教观和宗教研究的观点，在我国宗教研究中造成了严重的消极影响。一个时期以来，在我们这个共产党领导的以马克思主义为指导的社会主义国家，“有神论有人讲，无神论无人讲”，在宗教学成为显学的同时，无神论成为了濒危学科。这种现象应该引起人们深思。

---

① 参见田心铭《严明“共产党员不得信仰宗教”的政治纪律》，《红旗文稿》2016 年第 14 期。

② 习近平：《在哲学社会科学工作座谈会上的讲话》，《光明日报》2016 年 5 月 19 日。

第三，坚持马克思主义在意识形态领域的指导地位，必须保持马克思主义无神论作为主流意识形态在人民群众思想中占据主导地位。既然马克思主义无神论是马克思主义科学世界观不可缺少的构成部分，那么不言而喻，在意识形态领域坚持以马克思主义为指导，同时也就意味着保持马克思主义无神论作为主流意识形态地位。但是，有些论者却激烈反对保持马克思主义无神论的主流意识形态地位，指责这是用无神论“偷换”马克思主义的指导地位。有论者认为：“把无神论前面冠以马克思主义光环，就可以混入我国社会的‘主流意识形态’，是一种不明智的看法。”在他们看来，我国主流意识形态中不能有无神论的位置，即使是马克思主义无神论，也必须排除于主流意识形态之外，不容它“混入”。这不能不说是一种否定、反对无神论的立场。奇怪的是，他们把马克思主义的指导地位当成了排斥马克思主义无神论的理由。马克思主义与马克思主义无神论是整体与部分的关系，是前者包含后者的关系。将这二者对立起来，用前者排斥、否定后者，这究竟是思维混乱导致违背了基本的逻辑规则呢，还是这些论者心目中的“马克思主义”是排斥无神论的？我们无从得知。但可以肯定的是，一边以坚持马克思主义宗教观自我标榜，一边又排斥马克思主义无神论，这就否定了无神论在马克思主义理论体系中的基础地位，就曲解了马克思主义宗教观。

二　坚持马克思主义无神论，必须宣传马克思主义无神论

坚持马克思主义无神论，包括宣传马克思主义无神论。是否应该宣传马克思主义无神论，这是一个存在着更多分歧和争议的问题。有些论者举出种种理由，反对向群众宣传无神论。有些观点认为，无神论宣传是党内思想教育的问题；有些观点认为，在发行量很大的有影响的报纸上谈论共产党员不得信教、宗教信徒不可入党，“就像跑到宗教场所谈无神论”，会引起歧义和疑虑：“非我族类其心必异，非我信仰其友不真”；有些观点认为，这样会让宗教界“寒心”，把他们“推出去”。研读这些反对宣传无神论的各种论证，可以看到这里主要有两个问题需要弄清楚：其一是宣传无神论与尊重信仰宗教自由、团结信教群众的关系问题，即二者是否统一的问题；其二是无神论宣传的范围问题，即宣传是应该面向广大群众，还是只能限于共产党内的问题。以下就这两个问题作些讨论。

第一，宣传马克思主义无神论与尊重信教群众信仰宗教的自由、坚持爱国统一战线是统一的。“全面贯彻党的宗教信仰自由政策”是党的宗教工作基本方针“四句话”①中的第一条。党的宗教信仰自由政策是全面性的政策，贯彻这一政策必须坚持全面性。从唯物辩证法的观点看，坚持全面性，就是坚持对立统一规律，运用矛盾分析方法，全面认识客观存在的矛盾，处理好矛盾双方之间既对立又统一的关系。世上无神，但有神论和宗教将会长期存在；有人信神，有人不信；这些都是客观存在的矛盾。这些矛盾的双方之间是对立的，又是统一的。党的宗教信仰自由政策，是建立在科学认识这些矛盾基础上的、正确处理矛盾的政策。既尊重信仰宗教的自由，团结广大信教群众，又在人民群众中宣传马克思主义无神论，就是全面贯彻党的宗教信仰自由政策的体现。

① 党的宗教工作基本方针是：全面贯彻党的宗教信仰自由政策，依法管理宗教事务，坚持独立自主自办原则，积极引导宗教与社会主义社会相适应。

我们党历来要求把这两方面统一起来。1979 年，邓小平在一次谈话中同时讲到了这两个方面，他说："我们建国以来历来实行宗教信仰自由。当然，我们也进行无神论的宣传。"[①] 1982 年中共中央印发了《关于我国社会主义时期宗教问题的基本观点和基本政策》，其中规定："党和政府对宗教的工作的基本任务，就是要坚定地贯彻执行宗教信仰自由的政策，巩固和扩大各民族宗教界的爱国政治联盟。"文件同时指出："用马克思主义哲学批判唯心论（包括有神论），向人民群众特别是广大青少年进行辩证唯物论和历史唯物论的科学世界观（包括无神论）的教育，加强有关自然现象、社会进化和人的生老病死、吉凶祸福的科学文化知识的宣传，是党在宣传战线上的重要任务之一。"[②] 一个是"党和政府对宗教的工作的基本任务"，一个是"党在宣传战线上的重要任务之一"，在党中央的同一个文件中同时做出这两项规定，可见两者是统一、并行不悖的，不能将它们对立起来，用其中一个去否定、反对另一个。

断言宣传无神论会让信教群众认为共产党把具有宗教信仰的"族类"视为"其心必异""其友不真"的异己者、假朋友，蕴含着的基本预设是：共同的思想信仰，是成为真朋友所不可缺少的条件，没有共同的思想信仰，就必然是异己者。这个观点是不能成立的，是错误的。那么，是谁持有这样的观点呢？既不是中国共产党，也不是广大信教群众和宗教界人士，而是这些论者自己。以马克思主义为指导思想的中国共产党人，从来公开宣布自己在世界观上同一切宗教有神论都是对立的。在民主革命时期，毛泽东指出："共产党员可以和某些唯心论者甚至宗教徒建立在政治上行动上的反帝反封建的统一战线，但是决不能赞同他们的唯心论或宗教教义。"[③] 在社会主义时期，中共中央印发的《关于我国社会主义时期宗教问题的基本观点和基本政策》明确指出："我们共产党人是无神论者，应当坚持不懈地宣传无神论。"[④] 与此同时，党高举爱国统一战线的旗帜，真心实意地同宗教界人士交朋友，团结广大信教群众，并且获得了巨大成功，领导包括信教群众在内的人民群众不断把中国革命、建设和改革事业推向前进。广大信教群众拥护中国共产党的领导，并非是因为他们不知道共产党员是无神论者，不信仰任何宗教，而是因为他们认识到党代表了包括信教群众在内的中国最广大人民的根本利益，尊重他们信仰宗教的自由。当前，无神论和有神论这种思想信仰上的矛盾是在我国客观存在的，但这一矛盾的地位和影响是次要的、有限的，既不能片面夸大，也不必回避或隐瞒。信教群众和不信教群众在经济、政治、文化等根本利益上的一致和认同才是最重要的，正是这些因素构成了在党的领导下为中国特色社会主义事业共同奋斗的基础。这个道理，真心拥护中国共产党的广大信教群众是懂得的。那种认为只要宣传无神论就交不到真朋友，党就不能得到信教群众真心实意拥护的观点，夸大了无神论者和有神论者在思想信仰上的分歧和对立，忽视了他们在经济、政治、文化等根本利益上的一致和思想上的共识，曲解了党领导人民团结奋斗的基础。

第二，无神论宣传教育不能仅仅限于中国共产党内，必须面向广大群众展开。开展无神论宣传教育应该有一定的范围，不能是无限制的。我国宪法第三十六条规定："中

---

① 《邓小平年谱（1975—1997）》上，中央文献出版社 2004 年版，第 567 页。

② 《三中全会以来重要文献选编》下，人民出版社 1982 年版，第 1224、1238—1239 页。

③ 《毛泽东选集》第 2 卷，人民出版社 1991 年版，第 707 页。

④ 《三中全会以来重要文献选编》下，人民出版社 1982 年版，第 1225 页。

华人民共和国公民有宗教信仰自由。”“任何国家机关、社会团体和个人不得强制公民信仰宗教或者不信仰宗教，不得歧视信仰宗教的公民和不信仰宗教的公民。”“国家保护正常的宗教活动。”为了保证公民享有信仰宗教的自由和不信仰宗教的自由，为了保护正常的宗教活动同时又防止利用宗教进行破坏社会秩序、损害公民身体健康、妨碍国家教育制度的活动，对于宗教活动和无神论宣传都不能不给予一定的限制。国务院公布实施的《宗教事务条例》规定，国家依法保护正常的宗教活动和宗教活动场所，信教公民的集体宗教活动，一般应当在经登记的宗教活动场所（寺院、宫观、清真寺、教堂以及其他固定宗教活动处所）内举行，非宗教活动场所不得组织进行宗教活动。这些规定对宗教活动既是限制，又是保护。《宗教事务条例》对宗教场所内进行宗教活动的保护表明，无神论宣传不得进入宗教活动场所。这是国家法规对无神论宣传的限制。党的文件也做过明确阐述。中共中央于1950年8月19日下发的《关于天主教、基督教问题的指示》指出：“为了社会秩序之安定，教会不在教堂以外传教，同时其他团体也不到教堂及其周围进行反宗教宣传。”① 中共中央于1982年印发的《关于我国社会主义时期宗教问题的基本观点和基本政策》在强调坚持不懈地宣传无神论的同时，又明确指出：“任何人都不应当到宗教场所进行无神论的宣传，或者在信教群众中发动有神还是无神的辩论。”② 不能到宗教活动场所宣传无神论，不得在信教群众中发动有神还是无神的辩论，并不意味着无神论宣传教育只能限于共产党内。因为在宗教活动场所之外，还有广大的公共空间；在党组织之外，还有广大非宗教信徒的群众。某些论者要求把无神论宣传限制在共产党内，反对面向公众开展无神论宣传教育，这就曲解了党的宗教信仰自由政策，背离了党中央加强思想宣传和意识形态工作的指导精神。

马克思主义历来强调向群众宣传无神论。列宁指出，我们的党纲完全是建立在科学的而且是唯物主义的世界观上的。要说明我们的党纲，就必须同时说明产生宗教迷雾的真正历史根源和经济根源。因此，“我们的宣传也必须包括对无神论的宣传”③。他说：“必须不倦地进行无神论的宣传和斗争。”“要善于唤起最落后的群众自觉地对待宗教问题，自觉地批判宗教。”④ 列宁还指出，就国家而言，我们要求宗教是私人的事情，但是对于无产阶级政党，宗教并不是私人的事情，所以“我们要求教会与国家完全分离，以便用纯粹的思想武器，而且仅仅是思想武器，用我们的书刊、我们的言论来跟宗教迷雾进行斗争”⑤。我国宪法第二十四条规定，国家在人民中“进行辩证唯物主义和历史唯物主义的教育”。如前所述，《关于我国社会主义时期宗教问题的基本观点和基本政策》也指出，辩证唯物论和历史唯物论教育包括无神论教育，批判唯心论包括批判有神论。在我国，面向公众宣传唯物主义和无神论，具有充分的法律依据和政策依据。中共中央组织部、中共中央宣传部和教育部等部门于2004年5月联合下发的《关于进一步加强马克思主义无神论研究和宣传教育工作的通知》（以下简称《通知》）指出：“马克思主义无神论是辩证唯物主义和历史唯物主义世界观的重要组成部分。”“进一步

① 《建国以来重要文献选编》第1册，中央文献出版社1992年版，第411页。

② 《三中全会以来重要文献选编》下，人民出版社1982年版，第1230页。

③ 《列宁专题文集·论辩证唯物主义和历史唯物主义》，人民出版社2009年版，第222页。

④ 同上书，第324、325页。

⑤ 同上书，第221页。

加强马克思主义无神论研究和宣传教育工作，对于巩固马克思主义在意识形态领域的指导地位，保持党的先进性和纯洁性，提高全民族的思想道德素质和科学文化素质，打牢全党全国人民团结奋斗的共同思想基础，推动社会主义物质文明、政治文明和精神文明协调发展，具有十分重要的意义。”《通知》对学校的无神论宣传教育做出部署，要求“把马克思主义无神论宣传教育列入政治理论课、思想品德课和有关专业课程的教学大纲，根据不同年龄学生的特点，有针对性地开展宣传教育，切实保证教学内容和教学要求落到实处”。

在我国，特别是在占全国人口绝大多数的汉族中，信鬼神的人不少，而真正信教的人所占的比重是不大的。这是我国宗教方面的一个基本国情。也就是说，除了中国共产党党员和宗教信徒外，既非共产党员、又非宗教信徒的广大人群，占了我国人口的大多数。面向他们开展马克思主义无神论宣传教育，是党的思想宣传工作和国家教育的重要任务。尤其是广大未成年的青少年，更是无神论宣传教育的重点对象。以大众化媒体可以在信教群众中传播为由，要求把无神论教育限制在共产党内，不得面向公众展开，这既是低估了信教群众对党的政策的理解，更是目中无人，无视不信教的广大群众特别是青少年。到宗教活动场所宣传无神论和在报纸上宣传无神论，是性质完全不同的两件事情。前者是以宗教信徒为对象，无异于在信教群众中发动有神还是无神的辩论，是伤害信教群众感情、侵犯宗教信仰自由权利的行为；后者是以非特定人群为对象，其受众的主体是没有宗教信仰的人们，所反对的是有神论这种思想，而不是针对信奉有神论的人，对事而不对人。如果因为信教群众也看报纸，就反对在报纸上宣传无神论，凡信教群众可见可闻之处就不得宣传无神论，那就无异于取消无神论的宣传。按照这样的逻辑，凡不信教群众可见可闻之处，就不得有宗教活动和宗教活动场所了。显然，这样的逻辑是不能成立的。把报纸发表宣传文章说成“就像跑到宗教场所谈无神论”，是混淆了两种不同性质的行为，这是有意无意地把除共产党人党内生活之外的公共空间都当成了像宗教活动场所一样的无神论宣传的禁区，把除共产党员之外的人群都当成了宗教信徒，为宗教有神论争夺群众、争夺阵地。

习近平总书记在全国宗教工作会议上的讲话对坚持和宣传马克思主义无神论提出了明确要求。他指出：“共产党员要做坚定的马克思主义无神论者，严守党章规定，坚定理想信念，牢记党的宗旨，决不能在宗教中寻找自己的价值和信念。要加强对青少年的科学世界观宣传教育，引导他们相信科学、学习科学、传播科学，树立正确的世界观、人生观、价值观。”① 在我国，无神论者和有神论者在世界观上的不同，并不妨碍他们在政治上的认同。党的宗教信仰自由政策的出发点和落脚点，就是要最大限度地把广大信教和不信教群众团结起来。同时我们也要看到，宗教说到底是一种唯心主义世界观。我国是共产党领导的社会主义国家，既不能用封建主义、资本主义思想文化和价值观念作为全社会的精神支柱，也不能用宗教作为全社会的精神支柱。无神论和有神论之间也有意识形态领域的较量，也有某种形式的争夺人心。如果让有神论在我国蔓延开来，信仰各种宗教的人越来越多，那么最终就会对我们党的指导思想、执政基础产生影响。因此，我们不仅要坚持无神论，而且要积极宣传马克思主义无神论，普及科学文化知识，

---

① 《习近平在全国宗教工作会议上强调 发展中国特色社会主义宗教理论 全面提高新形势下宗教工作水平》，《光明日报》2016 年 4 月 24 日。

帮助和引导人们划清唯物论和唯心论、无神论和有神论、科学和迷信、文明和愚昧的界限，逐渐消除宗教产生和传播的思想基础和社会基础。

（原载《理论与评论》2018 年第 1 期）

不能颠倒坚持无神论和实行宗教信仰自由的关系

朱晓明*

2018年中央一号文件——《中共中央国务院关于实施乡村振兴战略的意见》，在第五部分“繁荣兴盛农村文化，焕发乡风文明新气象”中提出，要“加强无神论宣传教育，丰富农民群众精神文化生活，抵制封建迷信活动”。

党的十八大以来，以习近平同志为核心的党中央一再强调和重申，坚持和宣传无神论的基本观点和主张。2015年8月，习近平总书记在中央第六次西藏工作座谈会上的讲话中强调：要坚持不懈开展马克思主义祖国观、民族观、宗教观、文化观和唯物论、无神论，“团结稳定是福，分裂动乱是祸”“三个离不开”等宣传教育活动，让人民群众掌握反分裂斗争的思想武器。在这次会后下发的《关于进一步推进西藏经济社会发展和长治久安的意见》要求，广泛宣传马克思主义唯物论、无神论，普及科学知识和先进文化，引导群众追求健康文明生活方式。2016年4月，习近平同志在全国宗教工作会议上的重要讲话中，对坚持马克思主义无神论作了全面系统的阐述。他强调指出，作为马克思主义的信奉者，共产党员当然要坚持无神论，不坚持无神论就不是马克思主义者了，也就不是彻底的唯物论者了。① 我们不仅要坚持马克思主义无神论，而且要积极宣传马克思主义无神论，普及科学文化知识，帮助和引导人们划清唯物论和唯心论、无神论和有神论、科学和迷信、文明和愚昧的界限，始终保持马克思主义无神论作为主流意识形态在人民群众思想中占据主导地位。

结合学习十九大报告关于坚持辩证唯物主义、历史唯物主义和关于宗教问题的重要论述，深切感到有一个思想上、认识上、理论上的关节点、关键点必须打通。这就是要正确认识、理解和把握坚持无神论和实行宗教信仰自由之间的关系。如果在这个基本问题上厘不清，把坚持无神论和实行宗教信仰自由对立起来，就会在行动中产生偏差。这个问题厘清了，讲通了，既有利于坚持和宣传无神论，也有利于实行宗教信仰自由。

为进一步正确认识、理解和把握这对关系，初步梳理了以下六个观点：

第一，不能把宗教信仰自由歪曲为信仰宗教自由。“宗教信仰自由”是一项基本政策。它的内涵是，公民既有信仰宗教的自由，也有不信仰宗教、宣传无神论的自由。不能把“宗教信仰自由”片面解读为公民只有“信仰宗教的自由”，而忽视了公民还有

---

* 朱晓明：中国无神论学会理事长，中国社会科学院习近平新时代中国特色社会主义思想研究中心顾问。

① 《习近平出席全国宗教工作会议并发表重要讲话》，人民网2016年4月23日，http://politics.people.com.cn/n1/2016/0423/c1001－28299513－2.html。

“不信仰宗教、宣传无神论的自由”。尊重和保护这两个方面的自由，才是宗教信仰自由政策的全貌和本义。有的学者把“宗教信仰自由”等同于“信仰宗教自由”，并把它作为衡量宗教领域一切是非的唯一标准和唯一要求。在这种思潮的长期误导下，已经造成了“宗教信仰自由就是信仰宗教自由”的普遍性误读。因此，要全面、完整、规范地认识和表达宗教信仰自由的内涵。不能把宗教信仰自由歪曲为只有“信仰宗教的自由”而没有不信仰宗教和宣传无神论的自由。如果只有信教自由而没有不信教和宣传无神论的自由，那么这种被曲解的自由，实际上是不自由。

第二，宗教信仰自由，不能误解为宗教活动自由，也不能简化为宗教自由。宗教信仰、宗教思想和宗教行为、宗教活动是相互联系又有所区分的。宗教信仰自由的实质，就是要把信仰宗教和不信仰宗教，作为公民个人自由选择的“私事”。1844 年马克思和恩格斯在《神圣家族》中提出：“当单个的人已经不再把宗教当作公事而当作自己的私事来对待时，他在政治上也就从宗教下解放出来了。”①

宗教信仰自由是思想上的自由，是个人的私事，而宗教行为和宗教活动，有些就超出了个人信仰的范围，与社会和他人发生关系。涉及社会公共领域，宗教就与其他社会事务一样，必须遵守法律法规，享有在法律范围内的自由，而不是无条件的、绝对的自由。全国宗教工作会议提出对宗教活动要坚持保护合法、制止非法、遏制极端、抵御渗透、打击犯罪的原则。党的十九大报告在“有效维护国家安全”一节，提出要“严密防范和坚决打击各种渗透颠覆破坏活动、暴力恐怖活动、民族分裂活动、宗教极端活动”。② 2018 年一号文件在第六部分“加强农村基层基础工作，构建乡村治理新体系”中也强调，“依法加大对农村非法宗教活动和境外渗透活动打击力度，依法制止利用宗教干预农村公共事务，继续整治农村乱建庙宇、滥塑宗教造像”。③

第三，深刻认识马克思主义无神论是大原则。说马克思主义无神论是大原则，是和与其相关的宗教信仰自由相比较而言的。这两条原则的适用范围有所不同，一个范围大一个范围小。宗教信仰自由是宗教工作的基本原则，马克思主义无神论则不仅是与宗教工作有关的原则，同时又超出了宗教工作的范围，涉及许多不同领域不同方面的工作。全国宗教工作会议要求，我国立法、行政、司法，以及经济、政治、社会、文化、生态等方方面面都要坚持这个大原则，不要有意无意违背这个大原则。马克思主义无神论贯穿立法、行政、司法三大权力体系，覆盖经济、政治、社会、文化、生态“五位一体”的总体布局，是覆盖到方方面面，适用于方方面面的大原则。

第四，始终保持马克思主义无神论的主导地位。宗教既是一种社会实体，又是一种意识形态。因此，宗教工作既是社会管理工作，又是意识形态工作。在改革开放和建设社会主义市场经济的条件下，要全面认识和把握宗教所具有的社会实体和意识形态这两种属性。既要重视宗教的社会实体属性，强调依法管理宗教事务，积极引导宗教与社会主义社会相适应；又要看到无神论和有神论也是意识形态领域的较量，是某种形式的争夺人心，要加强和创新科学无神论宣传教育，发挥思想宣传教育工作在提升全民族科学

---

① 《马克思恩格斯全集》第 2 卷，人民出版社 1965 年版，第 143 页。

② 习近平：《决胜全面建成小康社会　夺取新时代中国特色社会主义伟大胜利》，《人民日报》2017 年 10 月 19 日。

③ 《中共中央国务院关于实施乡村振兴战略的意见》，《人民日报》2018 年 2 月 5 日。

文化素质、遏制宗教渗透蔓延、培育和践行社会主义核心价值观方面的基础性作用。

无神论和宗教信仰自由这两条基本原则在内涵上是有相容之处的，不是绝对对立、割裂的。宗教信仰自由本身就包括公民还有不信仰宗教和宣传无神论的自由。无神论与有神论在世界观上对立，但在政治上还要团结、引导宗教。在政治基础上，在法律范围内，无神论对宗教有包容性。但是，包容不能弱化主导、替代主导、失去主导。在精神领域，如同在其他社会领域一样，既要尊重差异，包容多样，又要始终保持马克思主义无神论作为主流意识形态在人民群众思想中占据主导地位。要深刻认识和把握主导性和包容性的关系。没有包括无神论在内的马克思主义意识形态的主流主导，就不能创造和维护尊重差异、包容多样的社会秩序和氛围，也不能在尊重差异中扩大社会认同、在包容多样中形成思想共识。否定马克思主义无神论主流主导地位的观点，是把这个大原则看小了、看窄了、看浅了，甚至看偏了。

第五，宗教工作的出发点、落脚点是团结、引导宗教，不是推动、发展宗教。坚持和宣传马克思主义无神论的共产党人，为什么要制定和实行宗教信仰自由政策？因为制定和实行这一政策的出发点和落脚点是超越信仰上有神无神的次要差异，实现政治上的团结合作。尽管坚持无神论的共产党人与各种宗教的信仰者在信仰上是有差异的，但是这种信仰上的次要差异并不妨碍我们为根本的、一致的共同利益在政治上团结合作。共产党人在坚持宗教信仰自由的基础上，更加强调促进信教和不信教群众的团结，目的是要把信教的人与不信教的人、把信仰不同宗教的人都团结起来、和谐相处，把他们的意志和力量集中到全面建成小康社会的共同目标上来。党和政府要通过思想教育（包括采用“团结—批评—团结”公式处理人民内部矛盾的方法）和依法管理，在政治上团结、引导宗教，而不是人为地推动、发展宗教。

第六，认清和坚持共产党人在宗教问题上的目标和价值追求。过去我们经常说对宗教要“政治上团结合作，信仰上互相尊重”。毛泽东曾经指出：“共产党员可以和某些唯心论者甚至宗教信徒建立在政治行动上的反帝反封建的统一战线，但是决不能赞同他们的唯心论和宗教教义。”[①] 说明共产党人尊重的是宗教信仰者自由选择自己信仰的权利，但是“决不能赞同他们的唯心论和宗教教义”。如果无神论只能“尊重”而不能批判有神论，那无异于让无神论放下解放人类精神的思想武器，成为“虚拟”的无神论，在实际生活中被弱化、淡化、虚化、边缘化。

党要坚持和宣传马克思主义无神论，尊重公民个人选择和保持自己的宗教信仰的自由，现在政治上的团结合作。国家要实行宗教信仰自由政策，包括公民有信仰宗教的自由和不信仰宗教、宣传无神论的自由。只讲坚持和宣传无神论，不讲实行宗教信仰自由，是片面的，同时，只讲实行宗教信仰自由，不讲坚持和宣传无神论，也是片面的。马克思在《哥达纲领批判》中指出：《哥达纲领》只提“信仰自由”而不提无神论宣传，是“不愿超越‘资产阶级的’水平”。[②]

说到底，宗教是一种唯心主义世界观。我国是共产党领导的社会主义国家，既不能用封建主义、资本主义思想意识和价值观念来作为全社会的精神支柱，也不能用宗教来作为全社会的精神支柱。无产阶级政党领导广大人民群众建设社会主义、共产主义社

① 《毛泽东选集》第2卷，人民出版社1991年版，第707页。

② 《马克思恩格斯选集》第3卷，人民出版社1995年版，第317页。

会，其中一个目标是使信仰摆脱宗教，而不仅仅是实现资产阶级的允许各种各样宗教信仰的自由。这是马克思主义的一般原则，是马克思主义宗教观的本质和归宿，也是在宗教问题上区别真假马克思主义的试金石。

在党的十九大精神和习近平新时代中国特色社会主义思想指引下，在坚持和宣传马克思主义无神论这条有时看得见有时看不见的精神思想战线上，中国无神论学会面临着新形势、新机遇、新任务、新要求。一方面，在弘扬共产主义理想信念、宣传社会主义核心价值观、始终保持马克思主义无神论作为主流意识形态在人民群众思想中占据主导地位等方面，要承担和发挥重要作用；另一方面，在消除一切损害党的先进性和纯洁性的因素、清除一切侵蚀党的健康肌体的病毒、遏制形形色色的有神论和封建迷信观念对党的肌体和国家体制的侵蚀和渗透等方面，还要承担和发挥重要作用。

（原载《世界社会主义研究》2018 年第 5 期）

第三篇

学科建设

马克思主义基本原理

一 学科概况

（一）学术活动与学术交流

2018 年，学界有关马克思主义基本原理学科的学术活动与学术交流十分活跃，主要围绕学科建设、理论前沿、马克思主义经典著作、基本原理及其应用、基本原理概论课程教学及教材建设等问题展开。

2018 年是马克思诞辰 200 周年和《共产党宣言》发表 170 周年，学界举办了系列相关学术会议。2018 年 5 月 7 日，由中国社会科学院马克思主义研究院、中国社会科学院马克思主义研究学部主办的“纪念马克思诞辰 200 周年”学术研讨会在北京召开，中国社会科学院原院长王伟光、院党组成员张英伟、原副院长李慎明、中国社会科学院马克思主义研究院原党委书记、院长邓纯东、中国社会科学院马克思主义研究学部主任程恩富、美国共产党经济委员会委员瓦迪·哈拉比以及来自北京大学、清华大学等全国知名高校和欧美的著名左翼学者等近 150 位专家学者参加了研讨。会议既关注马克思一生坚持不变的革命理念，又从当代中国特色社会主义建设现实的视角出发，阐发马克思在真理和道义的制高点上所展现的理论力量，在加强对马克思主义伟大真理的坚定信念的意义下，不断发展、开创当代中国马克思主义、21 世纪马克思主义的新境界。

2018 年 2 月 24—25 日，由中共中央党校科研部、中共中央党校马克思主义学院、中共上海市委党校联合主办的“第三期当代中国马克思主义论坛——全国党校系统纪念《共产党宣言》发表 170 周年”理论研讨会在中共上海市委党校隆重召开。来自全国党校系统的 100 多位专家学者参加会议。与会专家学者围绕“《共产党宣言》当代生命力”这一主题进行研讨发言与互动交流。2018 年 3 月 24—25 日，“世界文化论坛中国分论坛：纪念马克思诞辰 200 周年暨马克思与文化创新”研讨会在山东大学（威海）举办，会议围绕“马克思主义及其文化理论的历史价值和当代意义”“习近平新时代中国特色社会主义文化思想”“中国特色社会主义文化自觉、文化自主与文化自信”“中华优秀传统文化与中国特色社会主义文化建设”“国外马克思主义及其文化理论与文化运动”“‘文化帝国主义’理论与现象批判”展开热烈探讨。2018 年 5 月 5 日，第二届世界马克思主义大会在北京大学举行，会议主题为“马克思主义与人类命运共同体”。与会学者围绕“纪念马克思诞辰 200 周年”“马克思主义理论与文本研究”“《马藏》编纂与研究”“马克思主义与人类文明进步”“马克思主义与当代全球合作和治理”“中国改革开放 40 年与中国道路、中国理论、中国制度和中国文化”“习近平新时代中国特色社会主义思想与当代马克思主义”等议题展开深入广泛研讨。2018 年 5 月 7 日，“纪念马克思诞辰 200 周年学术研讨会”在北京召开，此次研讨会紧密围绕“马克思、恩格斯的伟大人生和伟大贡献”“《资本论》《共产党宣言》的核心要义与当代价值”“马克思主义与国际共产主义运动”“马克思主义中国化的历史进程和宝贵经验”“马克思主义基本原理与习近平新时代中国特色社会主义思想”展开研讨。2018 年 5 月 19—20 日，由中国《资本论》研究会主办，中国人民大学经济学院承办的“中国《资本论》研究会第 20 次学术研讨会——纪念马克思诞辰二百周年暨中国改革开放四十周年”在中国人民大学举行，来自全国近 80 所院校和研究机构的 200 余位专家学者参加了此次年会，与会专家学者围绕习近平新时代中国特色社会主义经济思想、中国改革开放 40 年的实践经验和理论创新、《资本论》及其当代价值、中国特色社会主义政治经济学学科建设等进行深入研讨，取得了丰硕成果。2018 年 7 月 30—31 日，“2018 年全国马克思主义基本原理研讨会”在北京举办，会议主题为“《共产党宣言》与马克思主义基本原理——纪念马克思诞辰 200 周年和《共产党宣言》发表 170 周年”，来自中国社会科学院、中国政法大学、中国人民大学、南开大学、武汉大学、四川大学等多所高校和科研院所的学者参加了会议，与会学者围绕“《共产党宣言》中的马克思主义基本原理研究”“马克思主义经典作家和著作研究”“当代中外马克思主义基本理论研究”“马克思主义基本原理应用研究”四个主题进行了热烈讨论。2018 年 10 月 26—28 日，“第七届全国马克思主义经济学论坛暨第八届全国马克思主义经济学青年论坛”在浙江大学召开，论坛围绕着“改革开放与政治经济学的重要贡献和发展”展开了深入研讨。

2018 年也是改革开放四十周年，学界举办了系列学术会议和纪念活动。2018 年 12 月 26 日，“改革开放 40 周年与马克思主义中国化——庆祝改革开放 40 周年学术研讨会”在京召开。中国社会科学院院长、党组书记、学部主席团主席谢伏瞻，中央党校（国家行政学院）副校（院）长谢春涛出席会议并讲话。中国社会科学院副院长、党组成员、马克思主义研究学部主任高培勇主持会议，学部主席团成员程恩富等演讲。来自中国社会科学院的专家学者以及中国社会科学院大学学生代表等 200 余人参加了研讨会。2018 年 5 月 12—13 日，由厦门大学马克思主义学院、福建省社会科学研究基地中国特色社会主义研究中心、《科学社会主义》杂志社联合主办的“纪念改革开放 40 周年学术研讨会”在厦门大学召开。此次会议主题为“新时代全面深化改革与马克思主义理论创新”，来自中共中央党校、《新华文摘》杂志社、东北大学、华中师范大学、福建师范大学、东北林业大学、海南师范大学、厦门大学等单位的 60 多位学者参加了会议。与会学者围绕“改革开放 40 年的历程、经验和成就”“习近平全面深化改革的理论与实践”“新时代全面深化改革的目标和任务”“全面深化改革与国家治理现代化”“全面深化改革与‘四个自信’”“改革开放与马克思主义理论创新”等议题展开广泛深入的探讨。2018 年 6 月 9—10 日，由青年哲学论坛、中国人民大学 21 世纪中国马克思主义协同创新中心和中国人民大学哲学院共同主办的“哲学与新时代：庆祝改革开放 40 周年研讨会暨第十五届马克思主义哲学创新论坛”在中国人民大学召开。来自中国社会科学院、中共中央党校、中共中央编译局、北京大学、清华大学、中国人民大学、北京师范大学、南京大学、复旦大学、南开大学等高校和科研单位，以及《求是》杂志社、《新华文摘》杂志社、《光明日报》、中国社会科学杂志社、光明网、中国社会科学网等期刊媒体的近 100 名专家学者参加了会议，与会学者围绕“哲学与新时代：庆祝改革开放 40 周年”主题展开深入研讨。2018 年 10 月 21 日，由华南师范大学马克思主义学院、《马克思主义与现实》编辑部共同主办的“改革开放与马克思主义的当代发展”学术研讨会在华南师范大学举行，来自北京大学、武汉大学、中山大学等单位的近百名学者参加会议。与会学者围绕“改革开放40年的成就与经验”“改革开放与马克思主义的当代发展”“改革开放与中国特色社会主义理论体系”“改革开放与习近平新时代中国特色社会主义思想”等议题展开探讨。上述系列学术研讨会对于推进马克思主义基本原理研究、促进学科发展均具有重要意义。

（二）教学实践探讨

如何提升《马克思主义基本原理概论》教学效果仍是2018年度高校教师最为关注的问题。在教学模式上，教师们愈加关注互联网时代如何转变教学方式，如何借助互联网技术平台提高基本原理概论课的教学实效性。教师们普遍认为基本原理概论课线上线下混合式教学效果更好，并提出了如何通过微课、慕课、翻转课堂等提升教学效果。如中山大学马克思主义学院夏银平和林滨提出，利用微信辅助教学有助于提高教学效果，但使用中要处理好图像和影像与教科书的关系，选择图像和影像需要注意其开放性、互动性、暗示性和深度性。在图像和影像选择上需要注意：课前一定要抛出具有足够吸引力的问题，课程结束后在微信中推送的影像和图像一定要起到画龙点睛的作用。[①] 此外，教师们进一步探讨了参与式教学、专题式教学、互动式教学、问题导向式教学、体验式教学、启发式教学方法，还有教师提出了原著·教材·现实“三位一体”教学方法，以全面提升原理课教学效果。如贵州师范大学马克思主义学院陈道武提出“原著·教材·现实‘三位一体’教学法”，即将原著理论、教材内容与社会现实有机结合起来，学生通过认真阅读马克思主义经典原著，夯实理论基础；教师把教材内容与原著基本原理结合起来，深化学生对理论宽度与深度的把握；教师与学生共同讨论、交流相关社会现实问题，增强学生认识问题、分析问题和解决问题的能力。陈道武认为，如果教材内容与经典原著相分离，就会缺乏理论的渊源；如果理论与现实相脱离，就会失去理论的价值与魅力。实践证明，“原著·教材·现实‘三位一体’教学法”有助于提高教学实效性。[②]

在教学内容上，2018年度，根据“马克思主义基本原理概论”课教学要求，结合时代和社会实践发展的新要求，许多教师提出把马克思主义经典原著、“习近平新时代中国特色社会主义思想”、党的十九大精神、中国优秀传统文化等融入课程教学中，以增强教学内容的现实性和时代性，提升教学效果。如上海交通大学马克思主义学院王岩认为，“马克思主义基本原理概论”课当下最紧迫的任务就是使党的十九大精神“进教材、进课堂、进头脑”。要牢牢把握“习近平新时代中国特色社会主义思想”这一主线，要掌握和运用马克思主义原理的基本观点和方法，把党的十九大精神与马克思主义基本原理有机结合起来，突出重点，抓住关键。在宏观层面，要深刻认识习近平新时代中国特色社会主义思想的时代背景、核心要义、实践要求、历史贡献、重大意义；在中观层面，要结合各个章节的教学目的和教学要求，围绕党的十九大报告对马克思主义的

① 夏银平、林滨：《图像影像与文本的互释——马克思主义基本原理概论课教学中微信平台运用问题》，《大学教育》2018年第1期。

② 陈道武：《原著·教材·现实：思想政治理论课“三位一体”教学法探索——〈马克思主义基本原理概论〉教学笔谈》，《理论观察》2018年第1期。

创新和发展，以及提出的新思想、新矛盾、新使命、新征程、新方略等，有机地将党的十九大精神融入“原理”课；在微观层面，要注重对各个概念及知识点的讲解。[①] 河南理工大学马克思主义学院葛宇宁认为，中国优秀传统文化教育与当前的“马克思主义基本原理概论”课教学之间具有良好的契合性，两者都注重科学世界观、人生观与价值观“三观”培养，两者都是人文素养教育。在“原理”课中可以借助马克思主义基本原理深度解读中国优秀传统文化，正确把握其时代性、当代价值以及它与中国特色社会主义文化的关系。把中国优秀传统文化融入“原理”课教学需要注意几个问题：要坚持马克思主义的指导地位；坚持从原理角度深度研究中国优秀传统文化；在中国优秀传统文化内容选取上要注重“精”。[②]

（三）教材建设研究

马工程办组织编写的《马克思主义基本原理概论》是当前高校普通使用的原理课教材。如何使教材日臻完善，一直是学界高度关注的问题。2018 年度，为推动习近平新时代中国特色社会主义思想“进教材、进课堂、进头脑”，深入贯彻落实党的十九大精神，中宣部、教育部组织对教材进行了全面修订。

2018 年版《马克思主义基本原理概论》全面融入了习近平新时代中国特色社会主义思想和党的十九大精神，体现了习近平总书记关于马克思主义指导地位和马克思主义理论教育的重要论述；突出体现党的十九大的昂扬精神和新时代的豪迈气概，体现马克思主义的理论自信，改变教材部分内容的叙事说理方式和沉闷笔调；吸取学界最新研究成果，吸收广大师生的意见建议，体现“教师好用、学生易学”的教材功能。

在修订内容上，2018 年版《马克思主义基本原理概论》对“导论”部分、第一章到第七章均作了不同程度的修订。例如，在“导论”部分，完善了“马克思主义”的定义；在关于“马克思主义的发展”中国阶段的部分，阐述了习近平新时代中国特色社会主义思想在马克思主义发展史上的地位；完善了马克思主义鲜明特征的表述；将“马克思主义的当代价值”单列一节，结合新时代的特点进行深入分析和说明，增强教材的时效性。

此外，2018 年版《马克思主义基本原理概论》还对教材的重点难点问题进行了新研究和新概括，主要有关于马克思主义的定义和特征、关于马克思主义的当代价值、关于社会主要矛盾及其在社会发展中的作用、关于经济全球化与资本主义新变化、关于科学社会主义一般原则，这就使新版教材更加完善。例如，关于马克思主义的定义，原来的教材是从几个侧面分别下定义，新教材给出了一个相对完整的定义：“马克思主义是由马克思和恩格斯创立并为后继者所不断发展的科学理论体系，是关于自然、社会和人类思维发展一般规律的学说，是关于社会主义必然代替资本主义、最终实现共产主义的学说，是关于无产阶级解放、全人类解放和每个人自由而全面发展的学说，是指引人民创造美好生活的行动指南。”关于马克思主义的基本特征或鲜明特征的问题，这次修订

---

① 王岩：《党的十九大精神融入“马克思主义基本原理概论”课教学的建议》，《思想理论教育》2018 年第 1 期。

② 葛宇宁：《将中国优秀传统文化融入马克思主义基本原理概论课教学的思考》，《教学研究》2018 年第 3 期。

改变了原来的概括，重新作了表述，表述更加简明。教材指出，马克思主义主要有五个特征：科学性、革命性、实践性、人民性、发展性。①

二　重大问题研究进展

2018 年是贯彻党的十九大精神的开局之年，同时也是马克思诞辰 200 周年、《共产党宣言》发表 170 周年，学科界结合新时代发展的要求，在继续深化马克思主义基础理论、重要原理研究的同时，积极回应时代课题，取得了重要成绩。

（一）基础理论研究

1. 马克思主义原理基本问题

自学科设立以来，马克思主义基本原理的内涵、基本内容、特征、体系等问题，一直是学科界普遍关注、重点研究的问题，2018 年度关于这个问题的研究出现较大转变。主要是经过 13 年的持续探讨，关于学科边界、内涵、内容概括、马克思主义整体性研究等基础理论研究已较为广泛而充分，在许多问题上亦取得共识。在此基础上，2018 年度学界关于马克思主义基本原理研究进入更为深广的领域。表现在：

一是，深入挖掘、梳理《共产党宣言》《资本论》等经典著作中关于马克思主义基本原理的本质内涵和体系构建。中国人民大学马克思主义学院教授周新城指出："马克思主义是一门科学，它是一个由其基本原理构成的科学理论体系。赞成由它的基本原理构成的理论体系，才能称之为马克思主义；不赞成甚至反对它的基本原理构成的理论体系，就不是马克思主义，而是非马克思主义或反马克思主义。"并强调指出："马克思主义基本原理是一个完整的理论体系，各个基本观点之间有着密切的有机联系，而不是孤立的、相互之间没有联系的各种论断的汇集。如果抛弃、否定了其中一个论断，其他论断就会随之被否定，按照理论逻辑推论下去，其他原理也就站不住了，整个马克思主义就会被否定。"② 武汉大学哲学学院教授朱传棨认为，《资本论》在哲学方面的一个突出成就，就是进一步验证和完善了历史唯物主义的基本观点、基本原理和基本方法，使其由"假设"变为"经过科学检验的理论"。③ 上海财经大学人文学院教授鲁品越认为，以苏联教科书为代表的传统的生产力与生产关系概念的最大缺陷是，没有明确建立在马克思劳动二重性概念的基础上，同时没有建立在马克思恩格斯关于"两种生产"（物质生产和人自身生命的生产）的基础上。在生产力的构成要素中，将微观的"劳动过程"的三要素当作社会生产力三要素，不仅不符合当代实践的发展，同时在逻辑上也无法成立，由此提出了"生产力的四要素说"。在生产关系的构成要素上，仅仅将实体产业经济的生产关系的构成要素当作整个社会生产关系的构成要素，而没有考察到《资本论》所揭示的各种关系的复杂结构，也没有概括虚拟经济与实体经济的关系、虚

---

① 本教材修订组：《〈马克思主义基本原理概论（2018 年版）〉修订说明》，《思想理论教育导刊》2018 年第 5 期。

② 周新城：《世界上只有一个马克思主义》，《世界社会主义研究》2018 年第 5 期。

③ 朱传棨：《认真研读〈资本论〉中历史唯物主义原理——纪念马克思诞辰 200 周年》，《中共福建省委党校学报》2018 年第 3 期。

拟经济内部复杂的经济关系，以及由人自身生命的生产所产生出的社会关系，由此提出了生产关系的“三层级说”。①

二是，将马克思主义基本原理的探讨与党的十九大精神及学习习近平新时代中国特色社会主义思想结合起来。学者们普遍认为，习近平新时代中国特色社会主义思想是马克思主义基本原理发展的新时代。北京大学马克思主义学院教授孙熙国认为，要运用马克思主义基本原理深刻领会习近平新时代中国特色社会主义思想的精神实质，习近平新时代中国特色社会主义思想是对马克思主义的继承和发展，实现了马克思主义基本原理与中国实际相结合的又一次伟大历史性飞跃；习近平新时代中国特色社会主义思想是党和人民实践经验和集体智慧的结晶，是全党全国人民为实现中华民族伟大复兴而奋斗的行动指南，是当代中国的马克思主义，也是21世纪的马克思主义。② 中国社会科学出版社社长、中国社会科学院习近平新时代中国特色社会主义思想研究中心赵剑英认为，党的十九大报告是以习近平为核心的党中央运用马克思主义哲学的基本原理和方法，科学分析国内外形势，把握时代重大问题，解决重大矛盾而形成的重大理论成果和政治成果。党的十九大报告用历史唯物主义的大视野把握新时代中国特色社会主义，通篇贯穿实事求是思想路线，作出习近平新时代中国特色主义思想的新概括；用社会基本矛盾原理准确把握我国社会主要矛盾的新变化，运用批判的革命的辩证法推动全面深化改革和党的自我革命，以人民为中心的发展思想体现了马克思主义群众史观和价值观的统一，并提出人与自然的生命共同体、构建人类命运共同体思想，彰显了依存共生的哲学智慧。③ 中国社会科学院大学教授侯惠勤认为，习近平新时代中国特色社会主义思想把握时代问题、阐发时代精神、引领时代潮流，既是马克思主义始终具有强大真理力量和生命力的原因，也是坚持和发展马克思主义的基本历史和理论逻辑；习近平新时代中国特色社会主义思想确立以现代工人阶级为核心的人民历史主体地位，是马克思主义全部理论的出发点和归宿，也是坚持和发展马克思主义的根本立场；习近平新时代中国特色社会主义思想坚定不移追求真理的科学态度和勇于自我革命的理论品格，是马克思主义永葆青春的生命之源，也是坚持和发展马克思主义的必要条件。④ 西安交通大学马克思主义学院周延云、李永胜认为，把马克思主义基本原理创造性地运用于中国特色社会主义实践，是以中国智慧给出中国方案、交出中国答卷的马克思主义理论创新的典范，丰富和发展了21世纪的马克思主义。⑤

三是，将马克思主义基本原理置于大数据互联网时代背景下，在新的生产力发展基础上深化马克思主义基本原理研究。随着大数据互联网技术的普遍应用，大数据互联网

---

① 鲁品越：《〈资本论〉的生产力与生产关系概念的再发现》，《上海财经大学学报（哲学社会科学版）》2018年第4期。

② 孙熙国：《习近平新时代中国特色社会主义思想与马克思主义基本原理研究的新境界》，《马克思主义理论学科建设》2018年第3期。

③ 赵剑英：《论党的十九大报告蕴含的马克思主义哲学思想》，《哲学研究》2018年第4期。

④ 侯惠勤：《习近平新时代中国特色社会主义思想对马克思主义的坚持和发展》，《红旗文稿》2018年第17期。

⑤ 周延云、李永胜：《习近平新时代中国特色社会主义思想蕴含的马克思主义基本原理》，《西安交通大学学报（社会科学版）》2018年第5期。

已经深入到社会政治、经济、文化生活的方方面面，成为新生产发展的基础和平台。近年来，学科界越来越多的学者开始关注大数据互联网时代马克思主义基本原理的研究问题。江西财经大学马克思主义学院副教授陈仕伟认为，大数据技术革命所产生的数据本体论并没有否认马克思主义哲学的物质本体论，而是继续深入；大数据技术革命为马克思主义哲学的辩证法提供了重要的技术支撑，并发展了唯物辩证法；大数据技术革命对认识论的影响充分展现了马克思主义哲学认识论的科学性；大数据技术革命对社会历史发展的影响仍然没有逃脱马克思主义哲学的唯物史观视野，因此，马克思主义哲学为大数据技术革命提供重要的哲学基础。① 贵阳学院教授阮朝辉认为，基于马克思主义生产方式的观点与方法看问题，数字技术不仅是生产资料或劳动工具，而且是统整了劳动资料、劳动工具、劳动对象、劳动者和科学技术等的“超物的生产资料”，是发展到当代的新型生产力的重要组成部分。数据技术以其原本就具有的全民共建共享属性，正在丰盈着生产资料的内涵、革新着现行生产关系和交换方式、推动着生产资料公有制的发展；数据技术作为新型生产力的重要组成部分，正在弥合着脑体劳动的截然鸿沟，弱化着专制统治和私有制的国家机器、消解着传统生产资料的时空和人为限制。充分利用和发展数据技术，还可促进增强人民群众的“四个自信”，促进中华民族伟大复兴的中国梦的实现。②

四是对马克思主义基本原理的专题研究。专题式研究是深化马克思主义基本原理研究的一种方式。2018 年度，学者们或者着重于马克思主义重要原理，或者着重于热点问题等进行了探讨。代表性成果如张雷声主编的《马克思主义基本原理专题研究》，从马克思主义基本原理的整体性、人类实践活动及其发展规律、群众史观与“以人为本”、人类社会形态的演进及其发展规律、唯物史观与剩余价值学说的结合、资本主义的基本矛盾及其历史走向、经济文化落后国家走社会主义发展道路的历史必然性、人的全面发展与共产主义社会的实现八个专题，进行了相关原理的专门研究，在一定程度上反映了学术界关于马克思主义基本原理研究的前沿。③ 西北师范大学政法学院教授王宗礼主编的《马克思主义基本原理热点问题研究》，从马克思主义整体性问题及其现实考量、马克思主义意识形态话语权的当代构建、马克思主义民主观及其出场路径、马克思的所有制理论与产权社会化趋势、马克思的国家理论与国家治理能力的现代化、马克思社会形态理论的内在逻辑与当代阐释、马克思主义生态观的生成逻辑与时代发展、马克思“世界历史”观与经济全球化等八个方面，对马克思主义基本原理进行了较为深入的探讨。④

2. 经典著作研读：

2018 年是马克思诞辰 200 周年和《共产党宣言》发表 170 周年。读经典著作，深刻感悟和把握马克思主义真理力量，是 2018 年理论主旋律。习近平总书记在纪念马克

① 陈仕伟：《大数据技术革命的马克思主义哲学基础研究》，《贵州省党校学报》2018 年第 5 期。

② 阮朝辉：《马克思主义生产方式视阈中的数据技术：性质、地位与作用》，《探索》2018 年第 1 期。

③ 张雷声主编：《马克思主义基本原理专题研究》，中国人民大学出版社 2018 年 10 月版。

④ 王宗礼主编：《马克思主义基本原理热点问题研究》，中国社会科学出版社 2018 年 9 月版。

思诞辰200周年大会上的重要讲话强调，马克思主义始终是我们党和国家的指导思想，是我们认识世界、把握规律、追求真理、改造世界的强大思想武器；共产党人要把读马克思主义经典、悟马克思主义原理当作一种生活习惯、当作一种精神追求，用经典涵养正气、淬炼思想、升华境界、指导实践。2018年度，研读马克思主义经典著作热度持续高涨，除了全国各高校、科研单位组织专业读书会、研修班等进行定期研读外，机关事业单位及广大干部群众也积极研读马克思主义经典著作。对此，在中宣部指导下，为广大党员干部深刻感悟和把握马克思主义真理力量，提高运用马克思主义基本原理解决当代中国实际问题的能力和水平，人民出版社精心组织出版了《共产党宣言》纪念版、《资本论》纪念版及《马克思恩格斯著作特辑》（15种）。同时，为方便读者了解这些经典原著的写作背景、相关脉络，更好地理解与掌握这些文本，人民出版社还策划出版了《重读〈共产党宣言〉》《重读〈资本论〉》《十五部马克思经典著作导读》等相关辅导读物。此外，2018年度研读马克思主义经典著作还出现新的特点，即在接受马克思主义经典涵养的同时，提出更高要求。如在研读经典的同时，提出要分清哪些是必须长期坚持的马克思主义基本原理，哪些是需要结合新的实际丰富发展的理论判断，哪些是必须破除的对马克思主义的教条式理解，哪些是必须澄清的附加在马克思主义名下的错误观点，以及要用科学的态度对待马克思主义，用发展着的马克思主义指导新的实践，用马克思主义理论解决新问题，与时俱进地丰富发展马克思主义、保持马克思主义生命力。

关于经典著作的具体研读，《资本论》一直以来都是学界经典著作研读的重点篇目。继2017年《资本论》德文第一版出版150周年，学界掀起《资本论》研究热潮后，2018年度《资本论》研究热潮依然持续高涨。研读内容主要集中在《资本论》方法论问题，《资本论》哲学—经济学研究范式问题，以及继续深挖《资本论》的深远意义和当代价值等方面。在《资本论》方法问题方面：复旦大学吴晓明教授指出，马克思学说的当代意义首先是方法论性质的，而《资本论》无疑最为系统而深入地展现出马克思方法的本质特征，此外，《资本论》方法在有助于把握当代世界之本质的同时，将从整体上极大地推进当代中国的哲学社会科学研究。[①] 中国人民大学卫兴华教授认为，讲马克思关于政治经济学或《资本论》的方法，需要正确理解和把握其所论述的历史方法和逻辑方法的关系，《资本论》中所应用的辩证唯物主义和历史唯物主义方法论，是总体性和根本性的方法，此外，马克思还讲到其他较具体的方法，如“抽象力”方法。[②] 复旦大学吴猛副教授提出，如果把马克思对辩证法的著名界定“对于肯定事物的否定的理解”中的“理解”概念把握为对变化中的事物所处的具体情况也即现实性前提进行判断的话，马克思的“辩证法”指对资本主义时代的历史性的否定性的揭示。而这一揭示的展开过程，就是《资本论》的“辩证方法”，这种方法是不断从被给定的政治经济学抽象观念深入具体的历史性境遇、并揭示其界限的过程。[③] 在《资本论》哲学—经济学研究范式问题方面：吉林大学白刚教授对《资本论》哲学进行了解读，他指出，《资本论》自问世以来，人们对其哲学思想的解读主要有“纯粹哲学”“经济哲

① 吴晓明：《〈资本论〉方法的当代意义》，《教学与研究》2018年第7期。

② 卫兴华：《〈资本论〉的方法问题研究》，《河北经贸大学学报》2018年第6期。

③ 吴猛：《重提这个问题：何谓〈资本论〉的“辩证方法”?》，《哲学研究》2018年第7期。

学”和“政治哲学”这三大进路。但这并不意味《资本论》有三种“哲学”，而是一种哲学的三种表现。《资本论》不仅是“运用”而且是“建构”了马克思的新哲学，唯有从哲学的高度，才能把握《资本论》作为“艺术的整体”并获得其完全的意义。[①] 中国社会科学院马克思主义研究院陈永盛助理研究员对《资本论》的研究范式进行再考察，指出缘于对《资本论》自身所属学科性质这一前提问题不明晰，导致出现学界把《资本论》当作哲学著作与经济学著作进行对立研读的现象，而解答这些问题需要打破学科界限，从马克思哲学—经济学一体性研究范式来重新理解《资本论》。[②] 在《资本论》当代价值研究方面：中国社会科学院马克思主义研究院程恩富研究员在《重读〈资本论〉》一书中从《资本论》的历史地位、核心思想和时代价值等方面深入浅出地阐述了《资本论》这部马克思伟大的巨著，特别是该书对劳动价值论、剩余价值论、经济运行机制论、经济危机论、资本主义历史命运论等进行了系统阐述。[③] 这些阐述对于我们思考当代资本主义私有制所导致的增长乏力、分配不均、经济危机等问题，以及思考我国建设现代化经济体系和实现高质量发展等问题，都具有极其重要的理论价值和现实意义。中国人民大学邱海平教授指出，学习《资本论》，有助于培养我们科学认识人类社会及其发展规律的能力；有助于培养和提高我们的逻辑思维能力；有助于我们科学认识当代世界经济发展的本质及其趋势；有助于我们进一步增强建设社会主义的自觉性和信心；有助于我们更好地认识和掌握现代市场经济的运行规律，更好地促进我国社会主义市场经济健康发展；有助于我们进一步发展当代中国马克思主义政治经济学。[④] 淮北师范大学张作云教授通过对《资本论》研究对象进行解读，指出对《资本论》研究对象的理解和把握，不仅是一个理论问题，更重要的还是一个实践问题。它不仅对马克思经济学说的继承和发展，对中国特色社会主义政治经济学理论体系的构建，而且尤其对我们正在进行的改革开放和社会主义现代化建设，都具有重要意义。

《共产党宣言》一直以来都是学界经典著作研读的重点篇目。2018 年适逢《共产党宣言》发表 170 周年，学界再次掀起了《共产党宣言》研究热潮。正如习近平总书记在纪念马克思诞辰 200 周年大会上的重要讲话指出，1848 年，马克思、恩格斯合作撰写了《共产党宣言》，一经问世就震动了世界。[⑤] 《共产党宣言》问世震动世界，不仅标志着马克思主义诞生，而且第一次全面系统地阐述了科学社会主义理论，指出共产主义运动将成为不可抗拒的历史潮流。2018 年度学界正是围绕《共产党宣言》重大理论和当代价值进行展开。在《共产党宣言》重大理论方面，复旦大学马拥军教授通过研究《共产党宣言》核心的基本思想，指出马克思强调他运用唯物史观对阶级斗争观点和阶级分析方法进行了改造，恩格斯则在后来版本的序言中反复强调《共产党宣言》的“基本思想”“核心的基本思想”是从历史的观点、经济的观点看待阶级斗争，这都

① 白刚：《〈资本论〉哲学的三大解读》，《南京社会科学》2018 年第 8 期。

② 陈永盛：《〈资本论〉哲学—经济学一体性研究范式再思考——从“读〈资本论〉问题”与“〈资本论〉阐释问题”谈起》，《哲学动态》2018 年第 12 期。

③ 程恩富、刘新刚：《重读〈资本论〉》，人民出版社 2018 年版。

④ 邱海平：《〈资本论〉的历史地位和当代价值》，《企业家日报》2018 年 7 月 2 日。

⑤ 习近平：《在纪念马克思诞辰 200 周年大会上的讲话》，《求是》2018 年第 10 期。

为我们从整体上研究《共产党宣言》提供了线索。[①] 复旦大学张双利教授总结了《共产党宣言》对资本主义的批判。她指出，《共产党宣言》对资本主义的批判同时从历史性批判和原则性批判两个角度展开。历史性批判以资产阶级概念为核心，以资产阶级社会和前资产阶级社会之间的根本差异为核心线索，明确阐述了资产阶级社会的历史起源、本质特征和内在危机。原则性批判以私有财产的概念为核心，以资产阶级社会在原则上的自相矛盾为核心线索，具体揭示了自由的原则何以在资本主义所有制这一现实机制的中介之下必然走向它的反面。[②] 中国人民大学郗戈副教授阐释了《共产党宣言》中的世界历史理论，指出《共产党宣言》在政治宣言语境中发展和深化了世界历史理论，分析了世界历史的内在矛盾，将之展开为“双重逻辑”即资本的增殖逻辑与民族国家的权力逻辑。[③] 在《共产党宣言》当代价值方面，北京大学沙健孙教授指出，党的十九大“不忘初心，牢记使命”初心和使命的确立，源头也在于中国共产主义先驱者对《共产党宣言》的不断学习和实践。[④] 中央党校严书翰教授指出，《共产党宣言》的精神真谛如共产主义崇高理想、以人民为中心的价值理念、实事求是精神和与时俱进品格等，是中国共产党人的政治基因。在人类思想史上还没有哪一本书，像《共产党宣言》这样对人类社会历史发展进程尤其是对中国共产党人产生如此巨大的影响，《共产党宣言》精神永远指引并鼓舞中国共产党人为实现千秋伟业即中华民族伟大复兴而努力奋斗。[⑤] 南京大学胡大平教授指出，《共产党宣言》提示了资本主义社会和工人阶级的命运，阐明了社会主义的必然性，从而为日益走向成熟的无产阶级提供了科学依据。[⑥]

此外，《德意志意识形态》《1844 年经济学哲学手稿》等经典名篇依然是2018 年度学界关注、研读的重点。对于《德意志意识形态》，2018 年度学界一方面主要是继续深入梳理、挖掘其中的基本原理思想，另一方面加强了对其进行文献学研究。在基本原理的梳理方面，北京大学仰海峰教授认为《德意志意识形态》是体现马克思哲学变革的重要文本。在这部著作中，马克思确立了以生产逻辑为基础的历史唯物主义构架。重读《德意志意识形态》，不仅需要展现马克思哲学变革的内在逻辑，还要展现这一文本的历史意义。[⑦] 中国社科院马克思主义研究院陈永盛研究了《德意志意识形态》中的生产思想。他指出，在《德意志意识形态》中，马克思不仅突出了生产是历史唯物主义的逻辑起点这一重要哲学特质，而且通过对生产的剖析实现了对劳动分工与社会历史发展的关系和生产力与交往形式间矛盾等历史唯物主义重要原理的揭示。[⑧] 在文献学研究方

---

① 马拥军：《〈共产党宣言〉“核心的基本思想”及其时代意义》，《思想理论教育》2018 年第 5 期。

② 张双利：《论〈共产党宣言〉对资本主义的批判》，《探索与争鸣》2018 年第 5 期。

③ 郗戈：《〈共产党宣言〉世界历史理论与人类命运共同体建构》，《湖南科技大学学报（社会科学版）》2018 年第 4 期。

④ 沙健孙：《不忘初心，牢记使命，坚持和发展中国特色社会主义——学习〈共产党宣言〉的几点体会》，《世界社会主义研究》2018 年第 4 期。

⑤ 严书翰：《〈共产党宣言〉的精神真谛是中国共产党人的政治基因——纪念〈共产党宣言〉发表 170 周年和马克思诞辰 200 周年》，《中共福建省委党校学报》2018 年第 4 期。

⑥ 胡大平：《〈共产党宣言〉：穿越时空的思想灯塔》，《理论视野》2018 年第 4 期。

⑦ 仰海峰：《〈德意志意识形态〉：理论与实践的双重意蕴》，《理论探讨》2018 年第 1 期。

⑧ 陈永盛：《理解〈德意志意识形态〉中生产思想的历史唯物主义意蕴》，《江汉论坛》2018 年第 8 期。

面，侯才教授结合对2017年底出版的MEGA2《德意志意识形态》“费尔巴哈”章的评析，对该章的主要作者、主要论战对象和主题、文本构成以及结构和排序等一系列问题进行了考证、辨析和重释，通过确认由恩格斯所标注的文稿印张数码编序，提出了以文稿印张编序为原则来进行文本重建的新方案。① 清华大学博士生王旭东研究了MEGA2 I/5《德意志意识形态·费尔巴哈章》的编辑原则，并与1972年MEGA2试刊版和2004年MEGA2先行版相关章节的编辑原则进行了比较。② 对于《1844年经济学哲学手稿》，2018年度学界除了继续梳理、挖掘其中的基本原理外，还对其进行了重读、重思，以及对其进行延伸探索。如中国人民大学张文喜教授通过重读《1844年经济学哲学手稿》指出，马克思广为人知的《1844年经济学哲学手稿》讲述的是一种关于共产主义社会的寻求。不论怎样阐述，它研究的总的主题不是一种被人道主义的目光所及的人的新观念或抽象时代，而是被置放在生产关系和经济中的人的对象性活动和趋于实践的革命的“新时代”。在《1844年经济学哲学手稿》中，实践的主题尽管没有被醒目地明示出来，但至少被奠基了。资本主义异化劳动即统治—压迫的模式也恰恰以不引人注意的方式“实践”出符合资本主义所要求、所决定的社会及时代处境。③ 复旦大学吴猛教授则通过对费尔巴哈的空间原则与马克思《1844年经济学哲学手稿》进行研究发现，费尔巴哈站在斯宾诺莎的立场上对黑格尔进行了批判，并进而提出了人本学的空间原则，马克思在《1844年经济学哲学手稿》中运用了这一原则，但这一原则的运用导致了无法借助这一原则本身消除的矛盾，这成为马克思全面批判费尔巴哈哲学的契机，从某种意义上看，这一批判可被理解为马克思对斯宾诺莎哲学路线的批判。④

3. 重要原理研究

（1）历史唯物主义原理

历史唯物主义是马克思主义最重要的原理之一。2018年度，学界关于历史唯物主义研究的最新进展表现在：

一是学界进一步深化历史唯物主义元理论问题，探讨历史唯物主义的性质、核心、内容等。哈尔滨理工大学马克思主义学院副教授马建青认为，要真正理解历史唯物主义，便需要认真对待历史唯物主义这一术语中的一个关键构成概念：“物”；在某种意义上，“物”是支撑历史唯物主义的基石之一，也是我们走进历史唯物主义的入口。在历史唯物主义看来，考察“物”不能仅仅停留在“物”的自然性或自在性，而是要深入探究“物”背后的历史意蕴和社会政治意蕴。可以说，考察“物”始终需要一种批判性的思维、一种历史的视角。由此，“物”不再是与人无涉的自在之物，而是表现为人的对象化活动的对象和产物，在其现实性上表现为一定社会关系的总和，而在资本主

---

① 侯才：《〈德意志意识形态〉“费尔巴哈”章的重释与新建——兼评MEGA2第一部第5卷〈德意志意识形态〉正式版》，《哲学研究》2018年第9期。

② 王旭东：《MEGA2 I/5〈德意志意识形态·费尔巴哈章〉编辑原则研究》，《山东社会科学》2018年第12期。

③ 张文喜：《“实践”为“时代”奠基——重读〈1844年经济学哲学手稿〉》，《同济大学学报（社会科学版）》2018年第6期。

④ 吴猛：《费尔巴哈的空间原则与马克思〈1844年经济学哲学手稿〉》，《教学与研究》2018年第12期。

义社会中具体表现“物化”的关系。如此，历史唯物主义从社会之“物”出发进入到人的历史中，探究“物”在何种意义上是属于人的，又在何种意义上是可以成为人的。[①] 北京大学哲学系教授赵家祥认为，我国学术界有些学者把历史唯物主义区分为“广义历史唯物主义”和“狭义历史唯物主义”，主要有两种区分方法：一种是把揭示社会发展普遍规律的历史发展理论称为“广义历史唯物主义”，把揭示资本主义社会发展特殊规律的历史发展理论称为“狭义历史唯物主义”；另一种是认为马克思创立的历史唯物主义是“广义历史唯物主义”，恩格斯对马克思创立的历史唯物主义的阐发是“狭义历史唯物主义”。这两种区分方法都是不正确的。任何生产都是生产一般和生产的具体社会形式的统一，以“资本逻辑”为核心的历史唯物主义称为“狭义历史唯物主义”背离历史唯物主义的基本属性，因而第一种区分方法有不当之处；恩格斯在与马克思合作之前就独立地创立了历史唯物主义一系列基本原理，恩格斯晚年系统阐释了马克思主义各个组成部分并进一步独立地提出了一系列历史唯物主义基本原理，由此说明了第二种区分方法的不当之处。[②] 南京大学哲学系唐正东认为，国外左派学者在“发展”历史唯物主义时是有特定的实践与理论语境的，我们在解读他们的观点时要特别注意这一点。结合自身的实践经验，我们在深化历史唯物主义研究时，要清晰地认识到历史唯物主义的“物”是指具体的、历史的社会关系中的物，它讲的“历史”是指社会内在矛盾的运动过程，它讲的“主义”是指与这一理论的内容辩证统一起来的革命性价值立场。只有准确地把握这些范畴的基本内涵，我们才能真正推进对历史唯物主义理论的研究。[③] 山东财经大学马克思主义学院侯继迎、西南大学马克思主义理论研究中心倪志安教授认为，在哲学发展史上，马克思哲学所实现的革命性变革，实质上是以实践思维方式否定了一切旧哲学的思维方式，我们应从实践视域理解马克思主义哲学的相关问题。以实践思维方式理解马克思创立的“历史唯物主义”，马克思所说的“真正的实证科学”是现实的、实际的科学；马克思历史唯物主义视域中的“历史”是表征实践改造“自然、社会和人自身”三大基本维度统一的“总体性”范畴，而不是“狭义的领域”范畴；马克思历史唯物主义的根基是“实践”，而不是“生产力”。[④] 山东大学马克思主义学院副教授夏巍认为，结束对历史唯物主义近代知性误读的首要任务，是再度澄明历史唯物主义的基本性质。新唯物主义立足于“现实的自然界”，“唯物主义”意味着能揭示出作为人类历史基础的社会现实，具有真正的现实性。能够实现这一点的前提是马克思赋予感性以存在论内涵和劳动的实践化。马克思的辩证法是感性劳动的辩证法，其根基是作为现实的自然界的“物质的生活关系”，这一辩证法具有革命性和批判性。马克思实现了感性与历史性的真正统一，阐明了真实的历史性原则。历史唯物主义是从经济视角切入理性规定前的“现实的自然界”而展开的存在论的探讨。它把握了真正的社会现实，呈现了世界的本质，揭开了思想史崭新的一页。[⑤]

---

① 马建青：《历史唯物主义之“物”的三重规定性》，《现代哲学》2018 年第 6 期。

② 赵家祥：《完整准确地理解马克思及其唯物史观——对“广义历史唯物主义”和“狭义历史唯物主义”区分的质疑》，《北京行政学院学报》2018 年第 3 期。

③ 唐正东：《深化历史唯物主义研究需要解决的三个问题》，《哲学原理》2018 年第 2 期。

④ 侯继迎、倪志安：《实证·总体·实践：历史唯物主义理解三题》，《哲学动态》2018 年第 1 期。

⑤ 夏巍：《历史唯物主义基本性质的存在论解读》，《学术研究》2018 年第 2 期。

二是学界着重研究了历史唯物主义在当今新时代的解读、构建和发展。新时代是一个不同于以往的世界全球化、大数据互联网云时代。厦门大学马克思主义学院教授张艳涛指出，如果要续写历史唯物主义理论体系的新篇章，那么无疑就要全面发展21世纪马克思主义、当代中国马克思主义。当代中国历史唯物主义建构的一个重要方面就是建构面向“中国问题”的历史唯物主义理论话语体系。当代中国马克思主义者的历史使命就是：一方面，要立足历史唯物主义来探寻“中国问题”的破解之道和“中国崛起”的世界历史意义；另一方面，要通过对“中国问题”的思考来发展和深化历史唯物主义，推进马克思主义的中国化，对历史唯物主义给予“中国表达”，为破解“人类问题”提供“中国方案”、贡献“中国智慧”。[①] 浙江大学马克思主义学院教授刘同舫从“构建人类命运共同体”视角，强调构建人类命运共同体是破解全球性治理难题的中国智慧和中国方案，是对21世纪历史唯物主义理论发展的原创性贡献。“在历史唯物主义的理论视野中，人类命运共同体是人类社会发展道路中不同社会形态基于互利共赢的基本导向和价值理念共同推进全球化发展的过程和图景，它立足于‘人类社会’的哲学立场，促进人类真正的‘普遍交往’以形成具有更高“共同性”水平的人类利益，并在变革全球治理体系的基础上推动全球生产力均衡发展，为实现人类社会更美好的世界景象奠定坚实的物质基础和精神基础。构建人类命运共同体的中国智慧为历史唯物主义的发展带来了前所未有的理论效应，创造了诠释历史唯物主义理论的新路径，使其具有新的思想形态，同时通过对人类命运共同体的建构性阐释，历史唯物主义理论也实现了自身的理论目标和价值追求，必将成为全球化时代的一种建构性世界观。”[②] 中国传媒大学新闻学院教授隋岩结合大数据互联网的要求，指出受众主体地位提升和移动互联网技术的普及，使高度组织化的大众传播在媒介格局中的垄断地位受到挑战，与人际传播、组织传播，尤其是高度链接化的群体传播，共同形成复杂的传播新环境、新格局，并引发了信息生产方式的变革，催生出一个“人人都能生产信息”的互联网群体传播时代。互联网群体传播挑战了大众传媒只将社会资源配置给少数精英群体的模式，新的信息生产方式开启了将社会资源配置给普通人的历史。一些个体现象可以说明，个体借助互联网群体传播吸引社会注意力、吸纳社会资源、重构资源分配关系，进而部分地再生产社会结构。[③] 中国社会科学院研究员辛向阳认为，要想使全面深化改革能够顺利进行下去，就要遵循科学的方法，这就是辩证唯物主义和历史唯物主义的世界观和方法论。必须学习和掌握社会基本矛盾分析法，深入理解全面深化改革的重要性和紧迫性，把握全面深化改革的方向性和趋势性。必须坚持物质生产力是全部社会生活的物质前提的观点，大力推进制造强国建设。必须更加自觉地坚持和运用辩证唯物主义世界观和方法论，增强改革的整体性、系统性、关联性。[④]

---

① 张艳涛：《建构面向“中国问题”的历史唯物主义理论话语体系》，《社会科学》2018年第3期。

② 刘同舫：《构建人类命运共同体对历史唯物主义的原创性贡献》，《中国社会科学》2018年第7期。

③ 隋岩：《群体传播时代：信息生产方式的变革与影响》，《中国社会科学》2018年第11期。

④ 辛向阳：《全面深化改革要坚持好辩证唯物主义和历史唯物主义的世界观和方法论》，《中共杭州市委学校学报》2018年第5期。

（2）科学社会主义基本理论研究

中央党校刘海涛教授考察和反思了社会主义从空想到科学的发展进程，他指出，空想社会主义已经在理论上搭建起社会主义学术框架，即“问题、目标、道路”。马克思、恩格斯把“物”——生产方式和交换方式、生产力和物质利益引入到这一研究范式中，实现了社会主义从空想到科学的发展。今天这个“发展”仍在继续。在当代中国，认识社会主要矛盾，明确共产党人的历史使命，探索现实途径，则是在“问题、目标、道路”上完善和发展中国特色社会主义基本要求。① 中国人民大学刘建军教授对科学社会主义基本原理进行了概括和阐释，他认为，科学社会主义基本原理可以概括为六个基本方面：社会主义根本目的与核心价值的原理、社会主义历史必然性与历史条件性的原理、无产阶级历史使命与无产阶级政党领导作用的原理、无产阶级革命与无产阶级专政的原理、社会主义社会本质特征与建设规律的原理、共产主义社会基本特征与共产主义远大理想的原理。② 湖南第一师范学院钟佩君教授系统梳理了恩格斯的科学社会主义思想，她提出，恩格斯社会主义思想主要以无产阶级解放为研究对象，经历了萌芽期（1842—1848 年）、形成期（1848—1871 年）和成熟期（1871—1895 年）三个阶段。恩格斯社会主义思想具有必然性、应然性和实然性三重维度，分别阐释了科学社会主义产生的确定性、主要内涵以及实存状态等重要问题。③ 中央党校秦刚教授系统总结了马克思对社会主义的科学论证，并阐释了其当代意义，他指出，科学社会主义是马克思奉献给人类的思想武器。这一理论科学地阐明了社会主义产生和发展的客观规律，阐明了实现社会主义的物质基础和社会力量，明确了人类解放的根本方向。坚持科学社会主义，必须与国情相结合，与时代同进步，与人民共命运，在解决实际问题中进行新的理论思考和新的理论创造。④ 北京大学陈培永研究员分析了历史上各种类型的社会主义，他指出，并非批判资本主义的、批判资本的，就是进步的社会主义学说，它有可能本身是反动的、错误的、落后的。空想社会主义并不是一去不返了，进行社会主义建设实践，过于强调社会主义的理想，想要急切地实现超越阶段的社会主义的目标，会重蹈空想社会主义的覆辙。科学社会主义之所以是科学的，是因为它把社会主义放在人类社会发展的普遍进程中去看待，不脱离客观历史发展阶段来空谈社会主义的理想。社会主义从空想变成科学，并不意味着社会主义建设不会走弯路，走错路，也不意味着每一步都会走得很正确，我们必须正确面对世界社会主义实践的挫折。⑤ 卫兴华教授等人提炼和总结了《共产党宣言》和《资本论》等马克思主义经典著作中的科学社会主义思想，并进一步阐述了科学社会主义与中国特色社会主义的关系，他们指出，在《共产党宣言》和《资本论》等著作中，马克思揭示了资本主义经济发展的规律，论证了资本主

① 刘海涛：《论社会主义从空想到科学的发展》，《科学社会主义》2018 年第 3 期。

② 刘建军：《科学社会主义基本原理的理论概括与内涵阐释》，《科学社会主义》2018 年第 3 期。

③ 钟佩君：《恩格斯科学社会主义思想的三重维度》，《湖南广播电视大学学报》2018 年第 3 期。

④ 秦刚：《马克思对社会主义的科学论证》，《科学社会主义》2018 年第 5 期。

⑤ 陈培永：《谈谈社会主义学说的反动、空想与科学》，《中共南京市委党校学报》2018 年第 5 期。

义的历史进步作用和终将被社会主义所取代的必然性。马克思揭示了未来社会主义必须大力发展生产力和实现共同富裕的本质规定，论述了科学社会主义的基本经济特点。中国特色社会主义是科学社会主义的继承与发展。改革开放40年来，中国特色社会主义理论与实践不断创新。特别是习近平新时代中国特色社会主义思想开拓了科学社会主义的新境界，创新性地提出了一系列新的理论与思想，回答了新时代出现的一系列新问题，为发展和创新中国特色社会主义提供了理论指引。①

（3）资本主义危机理论

2018年度，学术界关于资本主义及其危机的研究集中在以下三个主题上：

第一，对金融资本主义的分析批判。中国社科院杨典研究员等从社会学视角研究了金融资本主义的崛起及其影响，他指出，金融资本主义的全球化扩张使其力量超越了民族国家的范围，政府、企业、家庭和个人等行为主体都日益受到金融市场的指引和重塑，导致“社会生活金融化”趋势。其重要社会后果是：金融市场与社会脱嵌的趋势日益明显，逐渐侵蚀着国家、工会、市民社会等力量，加剧了发达资本主义国家的就业危机、贫富分化和结构性的不平等。面对金融资本对社会的侵蚀，西方社会生发出“社会自我保护”的举措，目前看来收效甚微。而如何在全球层面建立一种新的金融和市场治理架构，以有效应对金融资本主义带来的负面影响，仍任重道远。② 西南大学薛俊强教授从马克思政治经济学批判的视角审视了当代资本主义社会资本金融化趋势及其结构性转换的内在机制，他指出，当代资本主义金融化的货币衍生机制在于货币作为资本执行商品的职能；当代资本主义资本金融化的内生动力在于，资本通过金融化手段，隐性剥夺和占有劳动、疯狂追求剩余价值，并企图摆脱过剩危机。当前西方新自由主义意识形态和资本输出政策体现了金融资本对外扩张和占有全球剩余价值的内在要求。当代资本主义金融化运作虚拟迷幻，意味着资本的当代形态逐渐走向数字化、符号化和虚拟化；导致去工业化和经济虚拟泡沫化，从而滋生了其严重的经济危机、政治危机和金融危机。③ 电子科技大学欧阳彬副教授对资本主义社会日常生活金融化现象进行了分析批判，他认为，当代资本主义金融化的一个显著特征是日常生活金融化。金融化的日常消费、日常交往、日常观念成为资本主义的日常存在方式。日常生活金融化是20世纪70年代以来金融垄断资本积累方式、新自由主义国家体制、金融信息科技革命以及金融消费主义文化共同作用的结果。日常生活金融化通过对资本主义经济、政治、社会、文化与生态的全方位影响，再生产出以金融垄断资本为中心的当代资本主义总体秩序。日常生活金融化实质上是当代金融垄断资本解决自身积累的危机与矛盾、实现资本增殖的另一种新的“修复—增长”机制。日常生活金融化并不能解决资本积累困境，反而以新的方式激化了资本主义基本矛盾。④ 南京大学武海宝助理研究员分析了资本主义金

---

① 卫兴华、田超伟：《从科学社会主义到新时代中国特色社会主义——纪念马克思诞辰200周年》，《学术研究》2018年第8期。

② 杨典、欧阳璇宇：《金融资本主义的崛起及其影响——对资本主义新形态的社会学分析》，《中国社会科学》2018年第12期。

③ 薛俊强：《当代资本主义金融化趋势的政治经济学批判》，《福建论坛·人文社会科学版》2018年第12期。

④ 欧阳彬：《当代资本主义日常生活金融化批判》，《马克思主义研究》2018年第5期。

融化的发展脉络，他指出，资本主义金融化的实质是“货币资本的自治”，即货币资本从产业资本的一种形式发展为一种游离在生产过程之外但又支配和统治着社会化大生产的资本形态。它的发展经历了一个从“周期性到结构性”的过程。在产业资本主导的自由竞争时期，金融化还只是一种周期性出现的现象；当产业资本发展到垄断阶段后，金融化发展为主要资本主义国家及其殖民地经济区内的一种固定的积累结构；20 世纪 80 年代以来，金融化在全球范围内发展到顶点，并在虚拟经济中表现出其最纯粹也最耀眼的形态。上述三个阶段构成了一个完整的金融化历史发展图景。金融化就包含在资本的概念中，货币的支付手段职能、生产的社会化、利润率的下降趋势和资本过剩、资本在全球空间的拓展以及国家政策的推动是资本主义金融化的主要决定因素。① 天津商业大学王俊讲师从国际垄断资本主义全球产业链协作的视角分析了西方国家经济过度金融化现象，他认为，国际垄断资本主义全球产业链协作下总体工人国际化和国家局部工人化的并行不悖，既为西方国家经济过度金融化提供了内生动力，也决定了西方国家经济过度金融化的本质特征。通过考察 20 世纪 70 年代末西方国家进入国际垄断资本主义时代后的现实经济状况，可以发现西方国家经济过度金融化已经导致了去工业化、无产阶级贫困化和经济停滞常态化等消极后果。② 中国社会科学院陈人江助理研究员质疑了美国经济学者迈克尔·赫德森的如下观点：2008 年全球金融危机和经济停滞的原因在于金融资本膨胀和过度掠夺严重阻碍了产业和实体经济的发展，因此需要反对金融资本主义，重振产业资本主义。她指出，投机泛滥、金融膨胀是资本主义的必然结果。金融资本主义不仅在一国内取得了统治地位，同时也已经成为世界体系，这是资本主义发展到最高阶段的表现。在这个问题上，赫德森不仅暴露出对马克思观点的误读，而且陷入了圣西门主义式的空想。③

第二，对数字资本主义的研究。南京大学蓝江教授从哲学角度研究了数字资本主义的三重逻辑，他指出，理解数字时代的资本主义，把握数字资本主义的哲学内涵，首先需要从本体论上看到：一般数据正在塑造出一个类似于货币这样的巨大的数字界面或平台，将一切人和物都囊括其中，而所有的对象都必须经过一般数据的中介，在数字化空间中呈现出来。经过数字化中介的行动变成了虚体，虚体是数字化界面最基本的存在单元。这意味着在存在论上，数字时代塑造出了人与人，甚至人与非人之间的虚体交往关系。但最重要的是，作为数字资本的一般数据，是所有在数字化平台上的用户生产出来的，而被少数数字资本家占有。数字资本主义的政治经济学批判需要打破这种垄断，将虚体活动共同生产出来的一般数据，转化为一种共享，为一种真正的未来共同体铺平道路。他还运用马克思的异化理论分析了数字资本主义的新异化现象，指出，在进入到数字化时代之后，人们在热衷于各种智能设备和数据信息的同时，也感受到了一种新异化的诞生。对于数字时代的异化，需要回到马克思主义对异化的经典分析来理解，一方面

① 武海宝：《论“货币资本的自治”——资本主义金融化的发展脉络探析》，《天津社会科学》2018 年第 6 期。

② 王俊：《论西方国家经济过度金融化及其对我国的启示——基于国际垄断资本主义全球产业链协作的视角》，《当代经济研究》2018 年第 9 期。

③ 陈人江：《危机之后：重归产业资本主义？——对一种金融资本观的质疑》，《国外理论动态》2018 年第 1 期。

是青年马克思在《1844年经济学哲学手稿》中对异化劳动的批判，由于不平等的生产关系，造成了工人与产品之间的疏离。另一方面，卢卡奇的《历史与阶级意识》将物化等同于抽象物对人与人之间、人与自然之间一切关系的中介，并成为统治性的力量。今天我们面对数字时代造成的新异化现象，究竟是采用马克思的生产关系批判，还是卢卡奇的存在论式的批判，需要我们结合具体背景来思考，我们不可能彻底拒绝一般数据对日常生活的渗入和中介，倒退到一个前数字化时代来摆脱数字化的异化，但是我们可以通过拒绝私有制对一般数据共享，让我们自己产生的数据和我们本身形成一个良性的辩证运动，也唯有实现普遍的数据共享，才能帮助我们走出数字异化的囚笼，实现更美好的未来社会。[①] 吉林大学白刚教授批驳了“数字资本主义‘证伪’了《资本论》”的观点，他指出，数字资本主义借助于网络技术和数字信息，实现了资本主义存在方式的数字化生存以及资本的持续积累和不断增殖。表面上，资本的生产、流通、分配和消费及剩余价值的获取不再取决于劳动，而取决于信息和技术。实际上，数字资本主义以经济学革命的名义掩盖了私有化生产方式，以技术决定论掩盖了剩余价值的真实来源，以等价交换的价值规律掩盖了剥削，以资本积累掩盖了贫困积累和不平等。在数字资本主义这里，资本主义之为资本主义的根本——私有制和价值规律没有变。所以，数字资本主义依然处于《资本论》“政治经济学批判”的问题域之中，它并没有证伪和否定《资本论》。[②] 西安电子科技大学袁立国副教授认为，随着信息与数字媒介的发展，当代资本主义进入数字化阶段。在数字资本主义中，信息与数字媒介不是生产过程之外的中立的技术网络，而是建构社会生活的本体，数字资本主义“把一切个体甚至最偏远的个体都卷入到数字文明中来了”。从生产方式视角看，数字资本主义生产方式占统治地位的社会的财富，表现为“庞大的信息堆积”，数字资本作为一种支配性力量，推动了资本积累，制造了数字拜物教。从生产关系视角看，数字资本主义不仅没有放弃剥削，并且通过生产受众，在日常生活领域进行再生产。未来如何使信息与数字技术服务于人类的共同生活，而不是用于资本积累，是历史唯物主义和数字政治经济学批判的当代课题。[③] 南京大学博士研究生黄贺铂提出，数字资本主义时代，资本主义全球化浪潮和互联网信息变革使大众社会发展模式出现根本性的改变。马克思主义在数字资本主义框架下为传播政治经济学注入更多理论关怀和现实关切。传播政治经济学需要反思自身研究路径，并亟须回归马克思主义理论：一方面，通过回归马克思主义理论与视野来弥合自身研究盲点与反思互联网研究；另一方面，马克思主义对传播政治经济学的现实关切在全球化与本土语境下具备强劲的阐释力。总之，传播政治经济学在数字资本时代下亟须回归马克思主义，批判地看待互联网和数字媒体，敏锐体察其中权力、意识形态与技术的互动关系。[④] 南京大学博士研究生杜丹分析了数字资本主义下的空间重组问题，她认

---

① 蓝江：《一般数据、虚体、数字资本——数字资本主义的三重逻辑》，《哲学研究》2018年第3期；《从物化到数字化：数字资本主义时代的异化理论》，《社会科学》2018年第11期。

② 白刚：《数字资本主义：“证伪”了〈资本论〉?》，《上海大学学报（社会科学版）》2018年第4期。

③ 袁立国：《数字资本主义批判：历史唯物主义走向当代》，《社会科学》2018年第11期。

④ 黄贺铂：《重返马克思：数字资本主义时代传播政治经济学的理论回归》，《新闻界》2018年第11期。

为，数字资本主义时代的降临关涉到整个国家、社会乃至城市等各个维度的变化，那么要理解数字资本主义下的空间重组问题，首先需明确的是，数字资本是空间重组的前提条件，而资本与空间的关系则是着手这一分析思路的地平；其次，造成数字资本主义空间重组的缘由是非物质劳动，或者说空间重组是非物质劳动的结果。这主要体现为两个方面：一是非物质劳动产生的网络通信乃至物联网致使城市空间的邻近化格局遭到转变；二是作为非物质劳动具体体现的数字劳动促使社会网络空间的虚拟流动。最后，今天的数字资本允许离岸化资本积累成为可能，而空间也获得了聚集的规则。那么数字资本主义的空间重组主要是通过数字化平台来实现的，而数字化平台则成为空间重组的核心。①

第三，对当代资本主义危机的研究。中国社会科学院学部委员程恩富教授等人指出，2008 年以来的金融危机是资本主义经济危机在当代的主要表现形式。虽然当代金融危机在生成路径和结果方面体现出新特点，但并没有根本改变资本主义危机生成和演变的基本逻辑。资本主义经济危机的根源仍然是资本主义的基本矛盾，即生产的社会化与生产资料的资本主义私人占有之间的矛盾。而这一基本矛盾以及由此产生的四对具体矛盾在 21 世纪初的激化，只是当代资本主义在其生产关系允许范围内的局部调整而已。这四对矛盾的激化具体表现在：寡头利益短期化激化了企业内部人控制与整体长远利益之间的矛盾；经济发展虚拟化激化了资本主义经济结构的内在矛盾；分配差距悬殊化激化了生产无限扩大与有效需求相对缩小之间的矛盾；经济调节唯市场化激化了个别企业有组织性与社会生产无秩序之间的矛盾。② 中国人民大学张云飞教授梳理和分析了关于资本主义生态危机的各种理论，他指出，马克思主义科学地揭示出了生态危机的制度根源，认为它是资本主义的内生危机。生态马克思主义、历史地理唯物主义、有机马克思主义进一步揭示出了资本主义制度和资产阶级社会科学的反生态本性。但是，有机马克思主义将现代性视为造成生态危机的首要原因。在批判作为现代性之表现和表征的机械主义的问题上，生态马克思主义、历史地理唯物主义与有机马克思主义都试图将马克思和怀特海融合起来。其实，马克思思想和怀特海思想具有异质性，因此，我们必须回归到马克思主义立场上来，在消灭资本主义生态危机的基础上，努力开创社会主义生态文明新时代。③ 南开大学何自力教授从经济增长、产业结构、政府债务和福利制度 4 个方面分析了当代资本主义经济停滞的常态化，并深入剖析了资本主义经济停滞常态化的原因，分析了其带来的影响。他指出，新自由主义思潮鼓吹全盘私有化、完全市场化和极端自由化，是经济停滞常态化的重要意识形态原因，只要西方资本主义国家不放弃新自由主义这样的教条主义思维，就难以从根本上缓解西方资本主义国家面临的经济停滞困境。西方资本主义经济停滞常态化已经成为当代资本主义经济的典型特征，是资本主义生产方式发生重大转变的重要标志。④ 南开大学崔学东副教授比较了分析资本主义经济

① 杜丹：《空间重组：数字资本主义的新转向》，《社会科学》2018 年第 11 期。

② 程恩富、侯为民：《西方金融危机的根源在于资本主义基本矛盾的激化》，《红旗文稿》2018 年第 7 期。

③ 张云飞：《资本主义生态危机的批判视界》，《社会科学辑刊》2018 年第 2 期。

④ 何自力：《西方经济停滞常态化是当代资本主义经济的典型特征》，《红旗文稿》2018 年第 4 期。

危机的明斯基理论和马克思主义理论，他认为，明斯基的理论体系缺陷明显，对危机认识过于片面，对停滞—金融化缺乏有效解释，因而整合马克思和明斯基的理论体系，构建全面的资本主义危机理论也成为一种学术倾向。由于二者在方法论、理论体系、阶级立场的根本差异，这种折中主义的长期努力并未取得实质性结果。厘清二者关系，有助于把握当代资本主义矛盾及危机，更好地坚持和发展马克思主义。[①] 中国社会科学院邢文增助理研究员认为，垄断仍然是当代资本主义的根本特征，垄断资本向更大的规模发展仍是资本主义国家不可逆转的现象。在垄断资本强大力量的作用下，资本主义的经济政治决策深受利益集团的影响，从而使其偏离了正常发展的轨道，导致资本主义经济、政治和社会等方方面面的危机加剧。[②] 中央党校姬旭辉讲师研究了资本主义的系统性危机，他指出，当代资本主义的系统性危机，正是马克思所揭示的资本主义根本矛盾的演化和展开。从 20 世纪 70 年代开始，世界资本主义体系陷入长期衰退中，经济持续下行，产业结构严重失衡，利润率长期低迷，过度金融化的经济脆弱不堪，资本主义似乎很难再次从康德拉季耶夫长波的衰退阶段转入上升期。资本主义生产方式的历史性衰落不可避免，而且正在进一步深化，这是由资本主义生产方式的根本矛盾决定的。[③] 上海海事大学尹兴博士等人分析了 2008 年世界金融危机后主要发达资本主义国家时空特征的新变化，并以此揭示了中美贸易摩擦的实质，他们指出，从空间压缩转向空间隔离，财政与货币政策被金融泡沫捆绑，政治极化加剧，美国试图重塑国际经贸规则等，都是资本主义空间隔离的表现。这些国家大多没有进行深入的经济政治变革，而是采取了短期化的内外政策，虽然在短期内可缓解并转移矛盾，但却加剧了空间的碎片化，不仅牺牲了边缘地区，也不利于中心地区的长远发展。[④]

4. 现实应用研究

（1）习近平新时代中国特色社会主义思想的深入研究

2018 年度，学术界对习近平新时代中国特色社会主义思想的研究集中在以下两个方面：

第一，习近平新时代中国特色社会主义思想的总体研究。中国社会科学院马克思主义研究院院长姜辉研究员阐述了习近平新时代中国特色社会主义思想对世界社会主义的重大贡献，他指出，习近平新时代中国特色社会主义思想，既是马克思主义中国化最新成果，又为 21 世纪马克思主义创新发展作出原创性贡献，充分展现了习近平同志作为伟大马克思主义者勇于创新、善于创新的优秀品格。从对科学社会主义发展创新上看，提出以人民为中心的发展思想，深化了社会主义本质理论；提出我国社会主要矛盾发生历史性转化，发展了社会主义发展阶段理论；推进全面深化改革，提升了社会主义发展动力理论；推进国家治理体系和治理能力现代化，发展了社会主义现代化理论；统筹推进“五位一体”总体布局、协调推进“四个全面”战略布局，完善了社会主义全面发

---

① 崔学东：《当代资本主义危机是明斯基式危机，还是马克思式危机?》，《马克思主义研究》2018 年第 9 期。

② 邢文增：《垄断的发展与当代资本主义危机的加剧》，《宁夏党校学报》2018 年第 3 期。

③ 姬旭辉：《当代资本主义的系统性危机与历史性衰落》，《社会科学》2018 年第 9 期。

④ 尹兴、丁晓钦：《当代资本主义发展的空间隔离及其危机变化——兼论中美贸易摩擦》，《广东财经大学学报》2018 年第 6 期。

展理论；提出和践行新发展理念，拓展了关于社会主义发展途径和目标的理论；坚持党的全面领导，提出中国共产党领导是中国特色社会主义最本质的特征，丰富发展了马克思主义执政党建设理论；等等。这些具有重大理论意义和鲜明时代意义的新理念新思想新战略，是对科学社会主义的重大创新，同对马克思主义哲学和政治经济学的重大创新一道，共同构成了新时代创新性、系统性、典范性的理论成果，为发展21世纪马克思主义作出了原创性贡献。① 南京师范大学王永贵教授等人梳理了习近平新时代中国特色社会主义思想的生成逻辑、理论逻辑和方法论逻辑，他们指出，习近平新时代中国特色社会主义思想是主题鲜明、内容丰富的完整思想体系。用历史唯物主义和辩证唯物主义的方法研究习近平新时代中国特色社会主义思想的内在逻辑，厘清习近平新时代中国特色社会主义思想的生成环境、生成本质以及生成动力，从全局性上探析习近平新时代中国特色社会主义思想的理论逻辑，从而有利于把握习近平新时代中国特色社会主义思想的精神实质和丰富内涵。② 中国社会科学院邓纯东研究员深入分析了习近平新时代中国特色社会主义思想的本质特征，他认为，习近平新时代中国特色社会主义思想至少可以总结、提炼出八大本质特征：体现鲜明的问题导向；始终坚持马克思主义基本原理；体现中华优秀传统文化精髓；体现实事求是的思想路线；是对国内外社会发展方面经验教训的科学总结；是正确对待世界文明成果的典范；体现科学理论系统性和协调性的统一；是道路自信、理论自信、制度自信、文化自信的集中展现。③ 中国社会科学院大学特聘讲席教授侯惠勤认为，习近平新时代中国特色社会主义思想对马克思主义的坚持和发展体现在：把握时代问题、阐发时代精神、引领时代潮流；确立以现代工人阶级为核心的人民历史主体地位；坚定不移追求真理的科学态度和勇于自我革命的理论品格。④ 清华大学肖贵清教授等人总结了习近平新时代中国特色社会主义思想对科学社会主义的创新和发展，他们指出，习近平新时代中国特色社会主义思想立足于新时代中国特色社会主义的伟大实践，从历史维度总结社会主义运动的历史经验，强调科学社会主义在中国实践历程的重要历史意义；从时代维度结合中国社会主要矛盾发生转化的国情，对新时代中国特色社会主义的发展目标提出新的规划；从实践维度凝练中国经验，贡献中国智慧；从理论维度推动马克思主义在当代中国的新发展。这进一步深化了中国共产党对科学社会主义的认识，丰富和发展了科学社会主义。⑤ 武汉大学孙来斌教授等人分析了习近平新时代中国特色社会主义思想的世界意义，他们认为，习近平新时代中国特色社会主义思想不仅指引中华民族在强起来的道路上阔步前进，也焕发出科学社会主义的强大生机活力；不仅开启了中国全面建设社会主义现代化国家新征程，也拓展了发展中国

① 姜辉：《新时代中国特色社会主义对世界社会主义的重大贡献》，《人民日报》2018年5月22日。

② 王永贵、陈雪：《习近平新时代中国特色社会主义思想的三重逻辑》，《理论探讨》2018年第4期。

③ 邓纯东：《习近平新时代中国特色社会主义思想的本质特征》，《马克思主义研究》2018年第8期。

④ 侯惠勤：《习近平新时代中国特色社会主义思想对马克思主义的坚持和发展》，《红旗文稿》2018年第17期。

⑤ 肖贵清、麻省理：《习近平新时代中国特色社会主义思想对科学社会主义创新和发展的四重维度》，《思想理论教育》2018年第9期。

家走向现代化的途径，为推进全球治理贡献了中国智慧和中国方案。[①]

第二，习近平新时代中国特色社会主义经济思想的重点研究。程恩富教授总结了以新发展理念为主要内容的习近平新时代中国特色社会主义经济思想，他指出，这一思想是党的十八大以来推动我国经济发展实践的理论结晶，是中国马克思主义政治经济学的最新成果，是取得经济社会发展新的更大成就的指导思想。他还梳理了习近平关于生产力和经济制度的新思想。[②] 中国人民大学刘伟教授梳理了习近平新时代中国特色社会主义经济思想的内在逻辑，他指出，习近平新时代中国特色社会主义经济思想是历史与思想、理论与实践逻辑的有机统一：从时代提出的发展命题出发，到提出破解这一命题的新发展理念及相关的“五位一体”总布局，再到贯彻新发展理念和实现“五位一体”的基本方略——建设现代化经济体系；从如何推进现代化经济体系，深化供给侧结构性改革，到怎样推进供给侧结构性改革；从为建设现代化经济体系深化供给侧结构性改革需要创造怎样的宏观经济环境，到为此需要怎样的制度和秩序创新——“四个全面”战略布局和社会主义核心价值观培育；最后回答为什么发展——中国特色社会主义社会发展最终是以人民为中心的发展。以上内容形成了严整科学的逻辑体系。[③] 顾海良教授指出，2015 年 11 月，习近平总书记在主题为“不断开拓当代中国马克思主义政治经济学新境界”的讲话中，对中国特色“系统化的经济学说”发展的历史背景和社会根源及其实践基础和基本特征、时代意义和思想境界等问题作了阐释。党的十八大以来，中国特色“系统化的经济学说”的发展，是以“进行第二次结合”即马克思主义政治经济学基本原理与当代中国实际相结合为基本特征和学理依循，以解放和发展生产力为根本指向和重大原则，以新发展理念为主导理念和主要内容的。对中国特色“系统化的经济学说”，习近平新时代经济思想作过两次重要概括。这两次概括交相辉映、结为一体，开拓了中国特色“系统化的经济学说”探索的新境界。党的十九大之后，以现代化经济体系建设为新课题，习近平新时代中国特色社会主义经济思想对“系统化的经济学说”作了新的探索。[④] 南开大学逄锦聚教授总结了习近平新时代中国特色社会主义经济思想的时代价值和理论贡献，他认为，习近平新时代中国特色社会主义经济思想与马克思主义政治经济学基本原理、毛泽东思想和中国特色社会主义理论体系中的经济思想一脉相承，不仅有力指导了我国经济发展实践，而且开拓了马克思主义政治经济学发展的新境界，是中国特色社会主义政治经济学的最新成果。它打破了世界上只有一种经济学即西方现代主流经济学的神话，向全世界庄严宣告，中国人不仅可以创造经济发展的奇迹，而且可以创立立足中国实践同时又反映现代经济规律的经济学。习近平新时代中国特色社会主义经济思想以中国特色社会主义为主题，以中国共产党领导为根本保

---

① 孙来斌、高岳峰：《习近平新时代中国特色社会主义思想的世界意义》，《前线》2018 年第 11 期。

② 程恩富：《马克思主义及其中国化理论的巨大成就——习近平新时代中国特色社会主义经济思想述论》，《东南学术》2018 年第 5 期。

③ 刘伟：《习近平新时代中国特色社会主义经济思想的内在逻辑》，《经济研究》2018 年第 5 期。

④ 顾海良：《习近平新时代中国特色社会主义经济思想与“系统化的经济学说”的开拓》，《马克思主义与现实》2018 年第 5 期。

证，以满足人民日益增长的美好生活需要为根本目的，以创新、协调、绿色、开放、共享新发展理念为主要内容，以全面深化改革开放为根本动力，是集揭示经济发展规律、社会发展规律和人与自然关系于一体的理论体系。新时代要贯彻落实党的十九大精神，以习近平新时代中国特色社会主义经济思想为指导，为全面建成社会主义现代化强国贡献力量。[①] 中国人民大学张雷声教授总结了习近平新时代中国特色社会主义经济思想的理论贡献。她指出，以新时代社会主要矛盾的变化研判经济发展现实；以人民为中心的发展思想引领发展、造福人民；以历史性成就和深层次变革为契机推动经济高质量发展；以问题意识和实践导向制定经济发展战略；以更高层次的开放型经济推动中国经济深度融入世界。[②]

（2）中国特色社会主义政治经济学创新研究

自从2015年习近平总书记提出“中国特色社会主义政治经济学”这一重要范畴以来，理论界对中国特色社会主义政治经济学相关的一系列问题展开了持续研究，成果非常丰富。2018年度，学者们结合党的十九大报告的最新成果及中国经济的现实，对这一主题进行了深入研究。著作方面，比较有代表性的是中国社会科学院马克思主义研究院马克思主义原理部主任余斌研究员编著的《中国特色社会主义政治经济学》[③]。该书遵循从抽象到具体、从一般到个别的叙述方法，从社会生产与社会经济形态理论，到社会主义政治经济学的基本原理，再到中国特色社会主义政治经济学的主要理论，内容逐步展开和深入。主要内容包括研究对象和研究范围、研究方法和理论渊源、政治经济学一般、社会主义政治经济学一般、中国特色社会主义政治经济学等部分。该书逻辑清楚，体系完整，内容简明扼要。该书的一大特色是把马克思主义经典作家的有关论述很好地融合在对中国特色社会主义经济的分析中。

2018年度关于中国特色社会主义政治经济学创新的研究论文数量繁多，从主题上大体可以分为两类：

第一，对中国特色社会主义政治经济学的实践基础、话语体系构建等基本问题的深入探讨。北京大学顾海良教授回顾和总结了中国特色社会主义政治经济学在实践中不断探索和逐步形成的历程。他认为，建国初期毛泽东对中国社会主义经济建设基本问题的多方面探索，是中国特色社会主义政治经济学的开创性探索；从新时期开始到党的十八大的召开，是中国特色社会主义政治经济学形成和发展时期；党的十八大以来，习近平在续写马列主义基本原理同中国社会主义革命和建设具体实际“第二次结合”的新篇章中，紧密结合新时代全面建成小康社会的新的实践，推进中国特色社会主义政治经济学的新的发展，升华了中国特色“系统化的经济学说”的新的境界。[④] 复旦大学孟捷教授研究了中国特色社会主义政治经济学的政策—制度话语和学术—理论话语二者的相互

---

① 逄锦聚：《习近平新时代中国特色社会主义经济思想的时代价值和理论贡献》，《社会科学辑刊》2018年第6期。

② 张雷声：《习近平新时代中国特色社会主义经济思想的理论贡献》，《人民日报》2018年7月5日。

③ 余斌：《中国特色社会主义政治经济学》，人民日报出版社2018年版。

④ 顾海良：《中国特色社会主义政治经济学的“历史路标”》，《政治经济学评论》2018年第6期。

关系，他认为，前一种话语集中体现于党和政府的各种文件和报告所揭示的路线、方针、政策，后者则体现为学术生产的成果，两种话语虽有交集，但在类型上存在明确的差别，各自具有其相对独立性和自主性。中国特色社会主义政治经济学话语体系的建设和完善，要求实现这两种话语类型的互动和彼此间的创造性转化。政策—制度话语是在因应社会主义经济体制的重大实践问题的过程中产生的，具有特定历史时空下的现实相关性，旨在为制度变迁提供直接的方向和路线的指引。学术—理论话语则具有某种普遍性，它要从马克思主义经济学范式出发，借助马克思主义经济学的术语，为政策—制度话语提供学理的解释或系统化、一般化的说明。① 辽宁大学丁金富教授等人提出，应从中国国情出发，走自主创新之路，致力于构建既具有自我主体性、又具有时代创新性的中国特色社会主义政治经济学。以马克思主义政治经济学为指导，以中国国情与中国经验为基础，以中国原创性成果为核心的“中国范式”——现代马克思主义政治经济学的“生产方式范式”，是中国特色社会主义政治经济学不同于传统社会主义政治经济学与西方经济学的最为重要的理论特征。中国特色社会主义政治经济学学者应当树立与增强自觉、自立、自信和自强意识，坚持对中国生产方式与经济社会发展独特道路进行独立的科学研究与理论探索，形成中国特色、中国气派、中国风格的中国特色社会主义政治经济学。② 南开大学逄锦聚教授提出，坚持科学性、人民性、实践性、发展性、开放性是构建和发展中国特色社会主义政治经济学的方向和根本标准；坚持马克思主义为指导，总结好当代中国经济建设和改革开放的实践经验，坚持问题导向，加强对时代和实践发展提出的重大课题研究，吸收中国传统文化中的优秀经济思想，学习和借鉴世界各国文明成果，是构建中国特色社会主义政治经济学的根本途径；构建和发展中国特色社会主义政治经济学，需要多学科共同努力，汇聚广大的学者队伍。③

第二，新时代中国特色社会主义政治经济学的研究和解读。党的十九大报告指出中国特色社会主义进入了新时代，我国社会主要矛盾已经转化为人民日益增长的美好生活需要和不平衡不充分的发展之间的矛盾，报告还在很多方面涉及对中国特色社会主义政治经济学的创新和发展，学者们对此展开了深入研究和解读。中国社会科学院程恩富教授指出，中国特色社会主义政治经济学，是以习近平同志为核心的党中央立足中国国情，对改革开放以来中国经济发展实践的理论总结，既遵循了马克思主义政治经济学基本原理，又坚持和完善了中国特色社会主义基本经济制度，巩固和发展了公有制经济，鼓励、支持、引导了非公有制经济的发展。学好用好中国特色社会主义政治经济学，是推进国企改革、破解经济发展难题的理论武器和实践动力。④ 中国人民大学卫兴华教授阐明了新时代中国特色社会主义社会的主要矛盾及其转化，他指出，正确理解中国特色

---

① 孟捷：《论中国特色社会主义政治经济学的政策—制度话语和学术—理论话语的相互关系》，《西部论坛》2018 年第 5 期。

② 于金富、周超：《构建中国特色社会主义政治经济学需走自主创新之路》，《经济纵横》2018 年第 8 期。

③ 逄锦聚：《构建和发展中国特色社会主义政治经济学的三个重大问题》，《经济研究》2018 年第 11 期。

④ 程恩富：《学好用好中国特色社会主义政治经济学明确国企改革方向》，《领导科学论坛》2018 年第 8 期。

社会主义社会主要矛盾及其转化必须将需求侧人民对美好生活的向往的新特点与供给侧不平衡不充分发展的新特点统一起来。① 武汉大学颜鹏飞教授从《资本论》及其手稿中深入挖掘了新时代中国特色社会主义政治经济学的研究对象和逻辑起点，他提出，马克思《资本论》及其手稿所绽露的关于狭义的政治经济学体系的研究对象和逻辑起点的探索，为阐释新时代中国特色政治经济学研究对象和逻辑起点提供了富于启迪的思路和方法论。社会主义生产方式总体及其生产力和生产关系的运动规律是中国特色社会主义政治经济学这一门科学的研究对象；而现实的社会主义公有制市场经济形态条件下的“变形的商品”则是中国特色社会主义政治经济学体系的逻辑起点或元范畴。② 复旦大学周文教授等人指出，面向新时代，加强中国特色社会主义政治经济学的整体性研究尤其是特征问题研究对于深入认识和把握习近平新时代中国特色社会主义思想具有重要的意义。基于这一认识，他们梳理了面向新时代中国特色社会主义政治经济学的六个方面，即中国特色社会主义政治经济学本质观、所有制结构观、分配观、发展观、市场观、全球观。③

（3）对大数据互联网的马克思主义原理分析

随着大数据、云计算技术的普及应用，互联网已经成为人们生产、生活的基础和平台。如何运用马克思主义基本原理对数字信息、对大数据互联网的本质及其对人类社会的影响进行深入分析，是近年来学科界关注的一个重要问题。2018 年度学科界对这个问题的研究表现在两个方面。

一是对数字资本主义的马克思主义分析。南京大学哲学系蓝江认为：“理解数字时代的资本主义，把握数字资本主义的哲学内涵，首先需要从本体论上看到：一般数据正在塑造出一个类似于货币这样的巨大的数字界面或平台，将一切人和物都囊括其中，而所有的对象都必须经过一般数据的中介，在数字化空间中呈现出来。经过数字化中介的行动变成了虚体，虚体是数字化界面最基本的存在单元。这意味着在存在论上，数字时代塑造出了人与人，甚至人与非人之间的虚体交往关系。但最重要的是，作为数字资本的一般数据，是所有在数字化平台上的用户生产出来的，而被少数数字资本家占有。数字资本主义的政治经济学批判需要打破这种垄断，将虚体活动共同生产出来的一般数据，转化为一种共享，为一种真正的未来共同体铺平道路。”④ 西安电子科技大学人文学院副教授袁立国认为，在数字资本主义中，信息与数字媒介不是生产过程之外的中立的技术网络，而是建构社会生活的本体，数字资本主义“把一切个体甚至最偏远的个体都卷入到数字文明中来了”。从生产方式视角看，数字资本主义生产方式占统治地位的社会的财富，表现为“庞大的信息堆积”，数字资本作为一种支配性力量，推动了资本积累，制造了数字拜物教。从生产关系视角看，数字资本主义不仅没有放弃剥削，并

① 卫兴华：《论新时代中国特色社会主义社会主要矛盾及其转化——一个马克思主义政治经济学方法论的视角》，《当代经济研究》2018 年第 4 期。

② 颜鹏飞：《新时代中国特色社会主义政治经济学研究对象和逻辑起点——马克思《资本论》及其手稿再研究》，《内蒙古社会科学（汉文版）》2018 年第 4 期。

③ 周文、包炜杰：《新时代中国特色社会主义政治经济学特征问题》，《教学与研究》2018 年第 6 期。

④ 蓝江：《一般数据虚体数字资本——数字资本主义的三重逻辑》《哲学研究》2018 年第 3 期。

且通过生产受众，在日常生活领域进行再生产。未来如何使信息与数字技术服务于人类的共同生活，而不是用于资本积累，是历史唯物主义和数字政治经济学批判的当代课题。①

二是对大数据互联网云时代的马克思主义分析。中国人民大学哲学院副教授常晋芳认为，互联网技术向“互联网+”的经济社会新形态的转变和跃升是社会信息化变革的核心标志之一，哲学特别是马克思主义哲学有责任、有能力对这一重大社会历史变革进行全面而深入的反思。基于马克思主义哲学的基本立场观点方法，从本体论（世界观）、认识论和思维方式、价值观、话语方式、经济社会发展方式、人的存在方式等方面对“互联网+”进行哲学思考，可以认为，信息时代和“互联网+”为人类实现“自由人的联合体”的共产主义社会准备了物质技术条件。② 上海大学社会科学学部教授王天恩认为，人类文明的信息开展，呈现了人的存在方式、信息生态和社会发展动力机制的信息文明展开；信息文明凸显了发展归根结底是人的发展这一深层意蕴、人的发展从外在条件到内在需要的内在机制、社会发展从量的增加到质的进步的基本方式。由此，当代发展正呈现人的发展和社会进步的加速双向循环，其中人的发展越来越居于优先地位，发展动力的更新与人的需要的发展之间越来越直接关联，社会进步的整体水平越来越成为发展的关键。中国在引领信息文明发展的崛起过程中，既具有独一无二的优势，又面临创造力解放的关键任务。③ 中国传媒大学新闻学院教授隋岩认为，“互联网技术改变了大众传播时代以传者为中心的线性传播模式，构建了一个以网民和链接关系为根本要素的网络传播结构，使传统的信息生产者不再具有垄断地位，导致了媒体人社会身份、社会权力的转移。互联网群体传播挑战了大众传媒只将社会资源配置给少数精英群体的模式，新的信息生产方式开启了将社会资源配置给普通人的历史。一些个体现象可以说明，个体借助互联网群体传播吸引社会注意力、吸纳社会资源、重构资源分配关系，进而部分地再生产社会结构。”④

三　总体述评

自2005年至2018年，马克思主义基本原理学科设立整整13年了。在此期间，理论界就学科基本理论问题进行了广泛而充分的研究，如马克思主义基本原理的定义、内容概括、功能、特性、马克思主义整体性问题、马克思主义基本原理体系构建以及学科建设路径、方法等问题，在很多问题上达成共识，取得了重要成绩。2018年度，学科理论研究出现了较大转向，即关于上述基本理论问题的研究明显减少，以往明确的学科理论研究目标出现分散化趋势。

出现这种分散化趋势的直接原因与近年来马克思主义理论界一再强调的马克思主义理论研究要“以问题为导向”，在解决实际问题中显示马克思主义理论力量的要求是密切相关的。从马克思主义基本原理本性来说，马克思主义原理不是抽象的教条，不是本

---

① 袁立国：《数字资本主义批判：历史唯物主义走向当代》，《社会科学》2018年第11期。

② 常晋芳：《互联网+的哲学反思》，《哲学原理》2018年第2期。

③ 王天恩：《重新理解“发展”的信息文明“钥匙”》，《中国社会科学》2018年第6期。

④ 隋岩：《群体传播时代：信息生产方式的变革与影响》，《中国社会科学》2018年第11期。

本，而是行动的指南，马克思主义理论的生命力在于在解释和解决现实问题中不断发展自身，完善自身。所以，当马克思主义理论研究出现单纯的一味追求文本、追求原著引证、追求来源或者执迷于从概念到概念的抽象研究的时候，“以问题为导向”的要求就会不断被提出，提醒学者们关于马克思主义理论研究要言归正传，回归它的根本目的。

“以问题为导向”是大家都清醒认识的问题，可是实行起来不见大的成效，表现在人们对运用马克思主义基本原理解释和解决问题的能力、效果并不满意。事实上，我国社会主义建设实践日新月异，时刻都在提出新情况、新问题，而马克思主义理论研究却滞后于实践，理论的创新能力不足，理论指导实践的能力远远落后于实践的要求。对此，学者们提出了如何加强马克思主义原理学习、适应实践要求的任务，学原著、懂原理，是当前社会各界的一个普遍要求。而事实上，对马克思主义基本原理的理解和深化，功夫不能仅仅下在学理论上，而应该把学理论与懂实践、懂自然科学相结合起来。

深化马克思主义基本原理研究、加强理论创新，除了学理论之外，必须要与研究生产力发展状况、特别是自然科学发展最新成果结合起来。当初 19 世纪，马克思和恩格斯是如何创立马克思主义理论的？马克思主义理论创造来源于三个方面，一是产业革命实践，二是自然科学发展，三是前人思想成果。而产业革命之所以发生且成就巨大，正是自然科学技术发展的结果。所以，马克思特别关注自然科学发展的最新成果，时刻关注自然科学和技术创造发明及其现实应用对人类社会生产和生活的影响，从而不断丰富和完善自已的理论。今天，我们追求马克思主义理论创新也必须要在对生产力发展的实践、对自然科学技术最新成果不断研究中实现，在研究自然科学代表性成果对人类实践的影响中实现。只有如此，才能真正实现理论创新，才能真正提高马克思主义原理解释现实问题的能力，才能真正体现马克思主义原理的力量。

当今时代，科学技术日新月异，特别是以大数据互联网云计算为代表的科学技术及其广泛应用，日益成为人类生产和生活的基础和平台，从而有力地推动社会发展突飞猛进。在互联网云时代背景下，中国特色社会主义建设遇到一系列新情况新问题，亟须运用马克思主义基本原理对这些问题进行正确的分析和说明。如何科学运用马克思主义基本原理解释和解决现实问题，增强马克思主义理论的现实解释力，扩大马克思主义理论的影响力，进一步彰显马克思主义理论的生命力，这是当前马克思主义基本原理学科理论工作者必须要努力达到的目标。

2018 年度，马克思主义基本原理学科理论研究也在努力地适应时代发展要求，不断进行调整，寻找新的理论生长点。学界在进一步深化学科基本问题研究的基础上，努力寻找新发展空间，进一步拓展理论研究视野。首先就是高校的教师们深切地认识到，当今“互联网 +”时代，以 MOOC（大型开放式网络课程）、微信等为代表的新媒体铺天盖地席卷而来，给马克思主义原理教学带来了极大冲击，马克思主义基本原理概论课的教学改革迫在眉睫，教师们在努力探讨如何面对智能手机与 WiFi，如何使学生们更有效地学习马克思主义基本原理，从而提高马克思主义基本原理的现实解释力和时效性。

2018 年度，学界适应党的十九大提出的中国特色社会主义新时代的发展要求，适应大数据互联网生产力发展要求，进一步拓展马克思主义基本原理研究领域。在大数据互联网云时代，一方面马克思主义基本原理受到了挑战，很多问题需要重新定义和解释，如在大数据互联网云时代，计划经济能否实现、如何实现？剥削如何消除？公平正义的法制建设怎样实现？等等。另一方面，大数据互联网云也为马克思主义基础理论研究提供了新条件和新机遇。2018 年度，学者们将马克思主义基本原理置于大数据互联网云时代背景下，在新的生产力发展基础上深化马克思主义基本原理研究。同时也努力运用马克思主义基本原理解释和解决新时代提出的挑战和问题。这是一个很好的开端。

互联网云时代深化马克思主义基本原理研究是一个从根本上发展马克思主义的重大课题，但是，这个问题具有复杂性、综合性、深远性，使这个问题的研究具有很大难度。能否真正把互联网时代的马克思主义基本原理研究透彻，深深地考验着这个时代马克思主义学者的理论能力；如何提高运用马克思主义基本原理分析和解决时代问题的能力，关系到学科未来理论研究的水平，是一个至关重要的问题。

（供稿：张建云、崔云、陈永盛）

马克思主义中国化

一　学科概况

（一）学术活动与学术交流

2018 年，马克思主义中国化学科领域的学术会议、学术活动主要聚焦于马克思主义中国化学科的基本问题及体系构建、习近平新时代中国特色社会主义思想的重大理论和实践问题、《毛泽东思想和中国特色社会主义理论体系概论》（以下简称《概论》）课程的教学实践及教材建设等议题。

以《共产党宣言》发表 170 周年、马克思诞辰 200 周年为重要契机举办学术会议。2018 年 2 月 24—25 日，中央党校科研部、中央党校马克思主义学院、上海市委党校在北京联合举办“第三期当代中国马克思主义论坛·全国党校系统纪念《共产党宣言》发表 170 周年理论研讨会”，会议围绕《共产党宣言》的地位和价值、《共产党宣言》与新时代中国特色社会主义等问题展开深入交流。2018 年 4 月 27 日，中央社会主义学院科研部、马列教研部主办的“马克思主义与新时代中国特色社会主义”学术研讨会在北京召开，会议就马克思的生平与思想、马克思论中国问题、习近平新时代中国特色社会主义思想与马克思主义等议题进行高端对话。同日，由《中国高等教育》主办的“纪念马克思诞辰 200 周年暨学习习近平新时代中国特色社会主义思想学术研讨会”在京举行，会议就深入学习研讨马克思主义理论在中国的传播与发展、习近平新时代中国特色社会主义思想对马克思主义的创造性发展等主题进行交流。2018 年 5 月 16 日，中国社会科学杂志社等单位举办的“纪念马克思诞辰 200 周年暨学习习近平新时代中国特色社会主义思想学术研讨会”在西安举行，会议围绕“习近平新时代中国特色社会主义思想与当代马克思主义”“习近平新时代中国特色社会主义思想的理论创新与实践价值研究”“马克思主义与中国道路研究”等主题展开交流。

为全面总结和深入研究中国改革开放 40 周年的历史进程、辉煌成就和宝贵经验，理论界开展了系列学术研讨活动。2018 年 4 月 21 日，由江苏师范大学主办的“纪念改革开放四十周年与习近平新时代中国特色社会主义文化思想”学术研讨会在徐州召开。会议围绕改革开放与中国特色社会主义文化发展战略研究、改革开放四十年社会意识形态治理经验研究、中国传统文化与马克思主义中国化研究、红色文化传承与发展研究等相关问题展开深入探讨。5 月 12 日，中国社会科学院马克思主义研究院与华南师范大学联合主办的“改革开放与中国特色社会主义新时代——第九届马克思主义中国化学术论坛”在广州举行，会议围绕改革开放发生的内在逻辑、改革开放的方法与策略、全面深化改革的难题与对策、习近平新时代中国特色社会主义思想的形成、体系、地位等问题展开讨论。2018 年 8 月 15 日，全国中国特色社会主义理论研究会和中国浦东干部学院共同主办的“改革开放与新时代中国特色社会主义——第五届中国特色社会主义理论与实践论坛”在上海召开。与会专家学者从不同角度阐述了对改革开放与习近平新时代中国特色社会主义思想的研究和体会。2018 年 10 月 27—28 日，中国社会科学院马克思主义研究院与吉林大学联合主办的“中国特色社会主义新时代与马克思主义的新发展——第十一届全国马克思主义青年学者论坛”在吉林长春召开，会议围绕习近平新时代中国特色社会主义思想研究、新时代中国特色社会主义政治经济学研究、改革开放相关问题研究和中国特色社会主义的世界意义研究等议题进行讨论。

2018 年，马克思主义中国化研究重点学科的建设和课程质量也在不断加强。5 月 19 日，全国高校马克思主义理论学科研究会等单位主办的“马克思诞辰 200 周年与中国化马克思主义”全国学术研讨会暨全国高校马克思主义理论学科研究会第 36 次学科论坛在河北师范大学召开。会议围绕“习近平新时代中国特色社会主义思想研究”“中国化马克思主义基本理论研究”“当代中国化马克思主义话语体系构建研究”“马克思主义学院建设与发展研究”等议题，进行了理论探索和思想交流。10 月 28 日，由上海高校思想政治理论课“概论”课教学指导委员会主办的“改革开放四十周年与当代中国马克思主义——暨学习贯彻全国教育大会与全国宣传思想工作会议精神”理论研讨会在上海举行。与会者围绕推进马克思主义中国化最新成果“三进”工作、高校“概论课”教学、高校思政课研究及意识形态等多领域、多层面、多视角地展开研讨与交流。11 月 25 日，上海市习近平新时代中国特色社会主义思想研究中心、中共上海市委党校、上海市马克思主义研究会主办的上海市社会科学界第十六届（2018）学术年会马克思主义研究学科专场在上海举行。与会专家学者围绕“改革开放四十周年与马克思主义中国化成果国际传播”“改革开放四十周年与马克思主义中国化新历程”“改革开放与和平发展”等三个主题进行了深入的探讨交流。

（二）教学实践探讨

教学方法是传递教育理念，实现教育目标的重要手段和途径。2018 年，在《概论》课程教学中，突出系统化、立体化、综合性的教学改革方向，围绕理论教学、问题式教学、情景式教学、辩论式教学、专题教学、互动教学、案例教学等教学方式进行广泛探索。为切实提高《概论》课程的教学质量，有学者提出要运用叙事教学提升大学生对思想政治理论课的获得感。叙事教学就是将故事作为课堂内容的起点、教学探索的主要来源和逻辑主线，将教学主体、教学内容和教学方法有机整合在教学叙事中。在开展叙事教学时，要把以学生为中心和坚持立德树人的价值准则相结合，以中国优秀传统文化故事、革命历史故事和社会主义建设、改革故事作为叙事素材。① 有学者提出要综合研究以突出学生主体地位为理念引领，以素质与能力培养为目标，以“专题式”教学内容改革为核心，以“微课”教学方法改革为切入点，以课程考核改革为驱动的“考学研用”系统化教学改革。② 还有学者提出高校思政课利用 MOOC 平台推进“混合式”

① 余保刚：《运用叙事教学提升大学生对思想政治理论课获得感——以“毛泽东思想和中国特色社会主义理论体系概论”课为例》，《思想教育研究》2018 年第 11 期。

② 陈江波：《“专题”与“微课”相结合的“概论”课程系统化改革研究与实践》，《山西高等学校社会科学学报》2018 年第 4 期。

教学模式改革，不仅要明确教学模式的具体类型、线上课程和线下课程的分工、线上课程建设、线下课程建设和线上线下课程的对接等环节，还要建立完善的组织保障制度、教学管理制度、激励机制和经费保障制度。① 这些新的教育理念和方法，为马克思主义中国化学科建设注入了新的活力。

在教学内容方面，要继续深入探讨思政课的属性，强调《概论》课程的意识形态教育功能和使命。学者们一致认为，贯彻党的十九大精神是《概论》课教学的首要任务。只有深刻认识中国特色社会主义进入新时代的政治判断，准确把握我国社会主要矛盾的客观变化，正确理解习近平新时代中国特色社会主义思想的丰富内涵，科学阐释建设社会主义现代化强国的战略安排，才能真正达到相应的教学目标。② 高校思政课教学内容创新要直面大学生思想困惑，必须从中国特色社会主义建设实践中吸收鲜活的素材和总结成功的经验，不断丰富完善高校思政课理论体系。③

（三）教材建设研究

自 2007 年出版以来，《概论》教材经历了数次修订，现在各高校广泛使用的是 2018 年修订的版本。本次教材修订的基本精神在于全面深入贯彻习近平新时代中国特色社会主义思想和党的十九大精神，力求全面、系统、创新，以培养能够担当民族复兴大任的时代新人。对教材体系进行全面变革与调整，不仅保证了话语权威性、严谨性、准确性，而且在话语的呈现和表达上更加鲜活、更有感染力。随着改革开放进程的不断深入，《概论》教材还将围绕习近平新时代中国特色社会主义思想的重大理论和实践问题进一步深化、具体化，以全面反映马克思主义中国化进程的新成果、新思想和新经验。秦宣认为，教材是教学的主要依据，但不是唯一依据，在教学过程中不能照本宣科。教材的修订增加了教师的授课难度，要充分利用教材之外的经典著作和党的重要文献，拓宽并提升老师和学生的知识储备、理论能力。④ 颜玫琳认为，理论教学是高校思想政治理论课教学的基本方法。但近年来，高校思想政治理论课教学改革内容的理论性建设步伐稍显迟缓，成为影响教学质量提升的短板。增强思想政治理论课教学内容的理论性，要让教学回到对理论内容、理论逻辑、对实践的解释力上，通过不断提升理论性教学内容的供给，重视学生的理论化学习需求，开展围绕理论内容的教学方式创新，全面提升教育教学质量和水平。⑤ 还有学者认为，《概论》课程要以中国特色社会主义的重大理论和实践问题为主题，重点回答新中国为什么选择社会主义道路，如何建立社会主义制度，如何实现中华民族伟大复兴的中国梦等内容。要说明如何承继前人的理论成

---

① 李军刚、王瑶：《高校思政课“混合式”教学模式设计研究》，《长春大学学报》2018 年第 8 期。

② 肖贵清、武传鹏：《“毛泽东思想和中国特色社会主义理论体系概论”课教学贯彻党的十九大精神的几个问题》，《思想教育研究》2018 年第 2 期。

③ 任东景：《新时代高校思政课教学内容创新与实践研究》，《山西高等学校社会科学学报》2018 年第 12 期。

④ 秦宣：《〈毛泽东思想和中国特色社会主义理论体系概论（2018 年版）〉修订说明》，《思想理论教育导刊》2018 年第 5 期。

⑤ 颜玫琳：《增强高校思想政治理论课教学内容的理论性建设探析——以“毛泽东思想和中国特色社会主义理论体系概论”课为例》，《思想教育研究》2018 年第 6 期。

果谋篇布局，把教材体系转化为教学体系，为大学生解惑释疑。①

此外，2018 年湘潭大学进行学科调整，成立了马克思主义学院（毛泽东学院），这是国内成立的第一所“毛泽东学院”。

二 重大问题研究进展

（一）习近平新时代中国特色社会主义思想研究

2018 年，学术界重点围绕党的十九大报告精神，从整体性和专题性等不同维度和视角，推进习近平新时代中国特色社会主义思想的学习和研究。研究的广度和深度都在不断拓展，成果主要涉及习近平新时代中国特色社会主义思想的主题、哲学基础、理论渊源、理论框架、基本方略、基本内涵、内在逻辑、鲜明特征和重大意义等方面。

习近平新时代中国特色社会主义思想的主题是坚持和发展中国特色社会主义，基本问题是“新时代坚持和发展什么样的中国特色社会主义、怎样坚持和发展中国特色社会主义”。韩振峰认为：“八个明确”深刻揭示和回答了“新时代坚持和发展什么样的中国特色社会主义”，十四个“基本方略”深刻揭示和回答了“新时代怎样坚持和发展中国特色社会主义”。习近平新时代中国特色社会主义思想体现了党性与人民性的有机统一、世界观与方法论的有机统一、继承性与创新性的有机统一、中国立场与世界胸怀的有机统一、顶层规划与重大举措的有机统一，开辟了马克思主义发展新境界、中国特色社会主义发展新境界、新时代党的建设新境界。②

一些学者从哲学层面对习近平新时代中国特色社会主义思想进行阐释和研究。王伟光认为，广义的时代概念是从历史观的角度对人类社会发展大的历史发展进程的判定，狭义的时代概念是从某个特定的角度对某个社会发展阶段的判定。中国特色社会主义新时代与马克思主义所判断的“大的历史时代”在唯物史观基础上是一致的，同时又是有区别的。中国特色社会主义新时代特指中国特色社会主义已经站在一个新的历史起点上，进入一个新的历史阶段，处在一个新的历史方位上。只有立足“大的历史时代”背景，从我国新时代的特殊国情条件出发观察研究，才能深刻认识中国特色社会主义进入新时代和习近平新时代中国特色社会主义思想的伟大意义。③

关于习近平新时代中国特色社会主义思想的理论渊源，何毅亭指出，习近平新时代中国特色社会主义思想是在推进马克思主义中国化进程中，在传承中华优秀传统文化和革命文化、社会主义先进文化中发展起来的；是从习近平总书记几十年艰苦磨砺和从政实践中特别是多领域多层级领导岗位的历练中积累得来的；是从党的十八大以来五年的

① 陈志宏：《关于厘清〈毛泽东思想和中国特色社会主义理论体系概论〉新教材主线、主题、重点的思考》，《思想理论教育导刊》2018 年第 9 期。

② 韩振峰：《习近平新时代中国特色社会主义思想的几个重大问题初探》，《北京交通大学学报》2018 年第 1 期。

③ 王伟光：《唯物史观“大的历史时代”与习近平新时代中国特色社会主义思想》，《马克思主义哲学论丛》2018 年第 4 辑。

历史性成就和历史性变革中总结出来的；是从中国与世界的深度互动中成长而来的。[①]周小毛认为，习近平新时代中国特色社会主义思想有如下三个来源：1. 马克思主义是习近平新时代中国特色社会主义思想形成的理论基础；2. 中华优秀传统文化是习近平新时代中国特色社会主义思想形成的丰富养料；3. 西方进步文化是习近平新时代中国特色社会主义思想形成的有益借鉴。[②]

关于习近平新时代中国特色社会主义思想的内在逻辑，包心鉴认为，习近平新时代中国特色社会主义思想的内在逻辑突出体现在：凸显一大主题——从理论和实践结合上系统回答新时代坚持和发展什么样的中国特色社会主义、怎样坚持和发展中国特色社会主义；贯穿一条主线——以实现中华民族伟大复兴的中国梦为目标引领，在统筹推进"五位一体"总体布局和"四个全面"战略布局中不断开创当代中国现代化新境界；昭示一个真谛——坚持以人民为中心、坚持人民当家作主，不断增强人民获得感、幸福感、安全感，用制度体系保证人民当家作主；坚守一种品格——坚持问题导向、勇敢解决问题，在深入回答和解决当代中国面临的重大问题中把握历史机遇、创造发展机遇；彰显一份胸怀——传承中华文明、包容世界文明，在历史、现实、时代相交汇的文明"大坐标"上创造中国特色社会主义现代文明。[③]

关于习近平新时代中国特色社会主义的历史地位和理论贡献，谢伏瞻指出，习近平新时代中国特色社会主义思想是马克思主义中国化最新成果，是当代中国马克思主义、21 世纪马克思主义，是新时代最鲜活生动的马克思主义，是视野宏阔、思想深邃、理论完备、内容丰富、逻辑严密的科学体系。这一重要思想创造性地坚持和发展马克思主义，创造性地坚持和发展中国特色社会主义，对丰富发展马克思主义理论宝库作出了许多具有原创性的重要贡献，在马克思主义发展史上、世界社会主义发展史上具有划时代的意义。具体体现在以下四点：1. 创造性地提出中国特色社会主义进入新时代的思想，丰富发展了科学社会主义。2. 创造性地提出新时代中国经济发展的思想，丰富发展了马克思主义政治经济学。3. 创造性地提出新时代党的建设总要求、持之以恒全面从严治党的思想，丰富发展了马克思主义政党建设学说。4. 创造性地提出坚持和完善中国特色社会主义制度、不断推进国家治理体系和治理能力现代化的思想，丰富发展了马克思主义国家学说。[④] 李慎明认为，习近平新时代中国特色社会主义思想是中国共产党人在新时代推进理论创新的集中体现和重大成果，它极大丰富和发展了马克思主义，其所包含的关于世界治理命题的中国方案适时而生，为马克思主义在 21 世纪的发展与传播增添了强大生命力，必将在马克思主义发展史和人类思想发展史上写下光辉灿烂的一页。其历史地位和理论贡献主要表现在四个方面：1. 从中国发展大视野看，拓展了中

---

① 何毅亭：《习近平新时代中国特色社会主义思想的理论渊源和发展脉络》，《秘书工作》2018 年第 1 期。

② 周小毛：《习近平新时代中国特色社会主义思想的理论渊源探析》，《湘潭大学学报（哲学社会科学版）》2018 年第 5 期。

③ 包心鉴：《论习近平新时代中国特色社会主义思想的内在逻辑》，《中共杭州市委党校学报》2018 年第 6 期。

④ 谢伏瞻：《马克思主义是不断发展的理论——纪念马克思诞辰 200 周年》，《中国社会科学》2018 年第 5 期。

国道路；2. 从人类发展大潮流看，传递了中国理念；3. 从世界格局大调整看，提供了中国方案；4. 推进马克思主义中国化，发展21世纪马克思主义。[①]

习近平新时代中国特色社会主义思想的世界意义，也是国内外各界热议的话题。不少国内外政界人士和学者认为：习近平新时代中国特色社会主义思想为发展中国家提供中国经验，为世界提供思想的公共产品，为世界政党交流提供基础和平台。[②] 辛向阳认为，新时代中国特色社会主义正在终结发展中国家有独立性无现代化、有现代化无独立性的困境；正在终结东欧剧变以来资本主义的全球性胜利；正在终结“历史终结论”的论断；正在终结不平等的经济全球化，使经济全球化向着平等参与、共同享有、互利共赢的方向发展；正在终结“共产主义失败论”“马克思主义失败论”，使科学社会主义在21世纪的中国焕发出强大生机活力。[③] 吕薇洲认为，习近平新时代中国特色社会主义思想以全新的视野，深化了对共产党执政规律、社会主义建设规律、人类社会发展规律的认识，丰富和发展了国际共产主义运动的指导思想——科学社会主义理论。在习近平新时代中国特色社会主义思想的指导下，中国特色社会主义取得了全方位、开创性的历史成就和深层次、根本性的历史变革，正在铸造新辉煌，并将推动国际共产主义运动开辟新境界。[④]

总的来看，学术界对习近平新时代中国特色社会主义思想的研究热情高涨，势头强劲，成果也很多，其中不乏有见解深刻的文章和专著。

（二）马克思主义中国化历史进程、基本经验和基本规律研究

马克思主义中国化的历史进程、基本经验和规律，一直是马克思主义中国化研究的重要内容。王虎学认为，马克思主义中国化是马克思主义发展史上的基本史实，也构成了其重要的发展阶段。随着我国社会主义现代化进程的深入推进，特别是随着中国特色社会主义实践的深入发展以及国内理论研究的不断拓展，新时代马克思主义中国化既是一项重大的理论课题，也是一项需要不断推进的伟大事业。马克思主义中国化的过程实际上就是中国共产党人用马克思主义的立场、观点、方法分析、回答并解决中国问题、指导中国实践的历程。新时代，要把马克思主义中国化继续推向前进，我们需要而且应该有对马克思主义中国化的高度的主体自觉。[⑤] 郭建宁指出，“立足中国实践，具有历史眼光，站在时代前沿，是马克思主义中国化的基本经验，也是发展当代中国马克思主义的基本要求。在新的历史条件下推进马克思主义中国化必须注重历史维度、现实维度和时代维度”。[⑥] 学者们从不同角度、不同层面总结马克思主义中国化的基本经验，其

---

① 李慎明：《习近平新时代中国特色社会主义思想的历史地位与世界意义》，《求是》2018年第1期。

② 王婕：《国内外各界热议习近平新时代中国特色社会主义思想的世界意义》，《当代世界》2018年第1期。

③ 辛向阳：《五个终结：新时代中国特色社会主义的国际意义》，《科学社会主义》2018年第1期。

④ 吕薇洲：《习近平新时代中国特色社会主义思想开辟国际共产主义运动新境界》，《当代世界》2018年第3期。

⑤ 王虎学：《继续推进马克思主义中国化研究》，《学习时报》2018年12月28日。

⑥ 郭建宁：《马克思主义中国化三题》，《求索》2018年第14期。

基本要点还是要把马克思主义普遍真理与中国具体实际和时代特征相结合，要坚持与时俱进、不断推进理论创新。

不断推进马克思主义中国化研究，需要从哲学层面对“马克思主义中国化”的内涵和基本问题进行再思考、再定义。金民卿的观点比较具有代表性，他指出，马克思主义中国化的内涵分析，“就是要从构成要素及其矛盾关系上，揭示马克思主义中国化的内在逻辑和本质特征”，马克思主义中国化“是一个动态的过程性存在而不是静态的结果性存在，是社会实践运动过程和思想理论发展过程的统一体”，“中国化马克思主义是马克思主义中国化动态过程所形成的正确理论成果”，“马克思主义中国化内在地包含着发展主体、理论客体、实际客体、结合过程等核心要素，这些要素间的矛盾关系和相互作用，形成了一个自主创造性的结合过程。”① “马克思主义中国化”的主体、客体及其相互作用的内涵是客观而明确的，中国化马克思主义（或者中国马克思主义）则是这一运动过程的正确的理论成果。

关于马克思主义哲学中国化，赵剑英认为，中国改革开放40年的发展历程以及所取得的伟大成就，与马克思主义哲学的中国化、时代化、大众化密不可分。40年来，每到改革开放的重大历史关头，都会经历一次重要的思想解放和观念突破，而每一次思想解放和观念突破都闪耀着马克思主义哲学的光辉。中国化马克思主义哲学开启了当代中国改革开放的历史大幕，为破解改革开放中的一系列重大难题提供哲学智慧，推动改革开放不断深入。中国特色社会主义进入新时代，习近平总书记创造性地运用和发展马克思主义哲学，指引新时代改革开放再出发。② 汪信砚批驳了20世纪中期以来，西方学者就中国马克思主义哲学的“异端”论和“复制”论，他认为：这二者都否定了中国马克思主义哲学之中国特性的合法性。中国马克思主义哲学的中国特性不仅是合法的，而且是中国马克思主义哲学之为中国的马克思主义哲学的基本根据。中国马克思主义哲学之中国特性的合法性，是由马克思主义哲学的根本性质、对待马克思主义哲学的应有态度以及马克思主义哲学中国化的理论目标所决定的。中国马克思主义哲学之所以具有中国特性，最为根本的原因就在于它是中国道路的哲学表达。③ 肖贵清认为：“习近平新时代中国特色社会主义思想的哲学基础是辩证唯物主义和历史唯物主义，价值准则是人民主体地位。”④

改革开放以来马克思主义中国化理论创新成果是一脉相承的整体，学术界对不同阶段理论成果的逻辑关系进行了探讨。肖贵清认为，历史维度是总结历史经验，开创科学社会主义在中国发展新境界；时代维度是新时代坚持和发展中国特色社会主义；实践维度是凝练中国经验，提供中国方案、贡献中国智慧；理论维度是创新当代中国马克思主

---

① 金民卿：《关于马克思主义中国化内涵与特质的思考》，《人民论坛·学术前沿》2018年1月（上）。

② 赵剑英：《中国化马克思主义哲学引领改革开放的伟大历史进程》，《社会科学战线》2018年第11期。

③ 汪信砚：《马克思主义哲学中国化与中国马克思主义哲学的中国特性——对西方学者关于中国马克思主义哲学的两种谬见的回应》，《马克思主义研究》2018年第12期。

④ 肖贵清：《科学理解习近平新时代中国特色社会主义思想的几个问题》，《湖南科技大学学报（社会科学版）》2018年第1期。

义。[①] 梁树发指出："改革开放 40 年来取得的马克思主义中国化理论创新成果是一个有机整体。创新是超越性和连续性的统一。有机整体的理论基础问题涉及中国特色社会主义理论体系内部各具体理论形态之间的关系，前一具体理论形态不仅是紧随其后的理论形态的基础，而且是其后形成的所有具体形态的基础。"[②] 对于学术研究的长远、稳步发展而言，这个问题显然是不容回避和忽视的。

（三）毛泽东思想研究

2018 年既是学习贯彻习近平新时代中国特色社会主义思想和党的十九大精神之年，又是毛泽东诞辰 125 周年、马克思诞辰 200 周年、《共产党宣言》出版 170 周年、改革开放 40 周年等重大历史事件的重要时间节点，推动着毛泽东热在中国持续升温，为毛泽东思想研究进一步提供了明确遵循，中国国内各社科研究机构、高校以及其他学术研究团体等举办了多场学术研讨会、论坛，进一步推动了毛泽东思想研究的进步和学科的发展。

1. 毛泽东思想与改革开放

关于中国改革开放的历史缘起。改革开放一般以十一届三中全会为起点，但这并不意味着改革开放的思想和经验，仅仅开始于十一届三中全会。徐俊忠认为，中国社会主义改革开放的历史缘起，在于毛泽东"一五时期"及以后的持续探索。以反思、反对社会主义建设时期的教条主义为先导，深入思考改革的必要性。改革的思想涉及关于"企业自主权"如何有效实现，关于"学会以经济的办法管理经济"，关于发展"社会主义商品生产"，以及关于积极发展对外经贸、引进国外先进技术、设备、学习借鉴先进文化等等。这些都是后来改革开放面临的重大问题。这些思考和探索是破解"在中国怎样建设社会主义"问题的开始，也是对马列主义与中国实际"第二次结合"的伟大探索，成为了十一届三中全会后中国改革开放的重要思想来源。[③] 毛泽东关于社会改革最基本的思想原则是积极学习国外的先进经验，但坚决反对不顾中国具体国情和社会主义应有价值而照搬外国的东西。[④]

关于以毛泽东为核心的第一代领导集体对改革开放的历史贡献。齐彪认为，必须正确认识毛泽东那代人创建新中国的历史乃至建党以来的历史，特别是他们为改革开放作出了重要的历史贡献。（1）创建了一个工人阶级先进政党并始终保持其先进、纯洁性质，为改革开放准备了坚强领导力量。（2）建立新中国并始终维护国家统一和民族团结，为一切社会进步及改革开放提供了根本政治前提。（3）确立社会主义基本制度并始终保持其根基，为改革开放奠定了制度基础。（4）创建新型人民军队并始终置于党的绝对领导之下，为国家稳定发展及改革开放提供了坚强保障力量。（5）形成、丰富

---

① 肖贵清：《习近平新时代中国特色社会主义思想对科学社会主义创新和发展的四重维度》，《思想理论教育》2018 年第 9 期。

② 梁树发：《改革开放 40 年马克思主义理论创新成果是一个有机整体》，《当代世界与社会主义》2018 年第 4 期。

③ 徐俊忠、邓琴林：《中国社会主义改革开放的历史缘起——聚焦于新中国"一五时期"后毛泽东的艰难探索》，《湖南科技大学学报（社会科学版）》2018 年第 6 期。

④ 方正、赵振辉：《毛泽东思想与改革开放》，《马克思主义研究》2018 年第 8 期。

和发展毛泽东思想，构建了现当代及改革开放以来党和人民团结奋斗的共同思想基础。(6) 对适合中国情况的社会主义建设道路进行了艰辛探索，为改革开放和社会主义现代化建设积累了丰富经验。(7) 建立独立的比较完整的工业体系和国民经济体系，为改革开放准备了初步物质基础。(8) 培育了中国共产党的优良传统作风和伟大精神，这成为推动改革开放和现代化的强大精神动力。(9) 培养一大批社会主义事业接班人和建设者，为改革开放准备了必要的干部和人才队伍。(10) 努力改善国际环境并突破西方封锁，为对外开放创造了有利国际条件。①

毛泽东为改革开放奠定了思想基础。金民卿认为，毛泽东与改革开放具有极强的内在关联性。毛泽东是中国改革开放的思想先驱，我们要坚决批判历史虚无主义的错误思潮，不能简单否定毛泽东在改革开放方面的探索。进入新的历史时期，如果离开毛泽东思想而空洞地谈改革开放，那么中国的社会改革就会失去根基。毛泽东是中国历史上最伟大的改革者，在他的领导下，不仅实现了中华民族最深刻的制度变革，而且在社会主义的建立、巩固和完善的过程中，从来没有停止在理论和实践上的探索脚步。改革开放前三十年为改革开放奠定了不可或缺的制度基础、物质基础，我们必须正视毛泽东与改革开放的重要联系。②

毛泽东是改革开放的理论开拓者。党的八大以后，毛泽东强调把马克思主义和中国实际进行第二次结合，对改革开放作了许多重要的理论思考，具有丰富的内涵。薛广洲从唯物主义的视角分析了改革开放的起因，他认为毛泽东改革开放观的哲学逻辑蕴含着八个方面的内容：改革开放的基本方针是把国内外一切积极因素调动起来，领导者是中国共产党，客观依据是社会主义社会基本矛盾运动规律，基本方法是综合平衡的辩证方法，思想路线是实事求是，宗旨是维护广大人民的根本利益，核心是调动积极性，原则是完善公有制。③

毛泽东是改革开放的实践奠基者。在社会主义建设时期，特别是党的八大以后，毛泽东切实推动了中国改革与开放的步伐，尽管当时的改革和开放是局部的，但是这一时期奠定了与几个资本主义发达国家交往的基本格局。金民卿探讨了毛泽东改革开放思想的原始建构、实践展开及其当代价值。他认为，青年毛泽东在改造新民学会的过程中，最终确立了改造中国与世界的远大理想和坚定信念，提出了改造中国与世界的方向、目标、理论指导、制度选择、方法路径具体步骤以及中国革命的历史方位、中国与世界的关系等一系列重大的理论和实践问题。毛泽东改造中国与世界的思想是通过社会革命实现社会改造建设新型社会制度合理调整开放等一系列实践来展开的，这本质上就是一种改革开放的探索。④

毛泽东关于改革开放的思考对我们推进全面深化改革、实现中华民族伟大复兴具有重要意义。毛泽东基于社会主义基本矛盾的分析，认为社会主义必须改革；改革个性与共性的统一，必将形成不同的社会主义模式。但是改革必须保持社会主义本质，如果偏

① 齐彪：《毛泽东那代人为改革开放攒下了什么家底》，《学习时报》2018 年 12 月 17 日。

② 方正、赵振辉：《毛泽东思想与改革开放——“第五届中国社会科学院毛泽东思想论坛”综述》，《马克思主义研究》2018 年第 8 期。

③ 同上。

④ 同上。

离了社会主义基本原则和目标，这种改革就变质了。[①]

学者们普遍认为，毛泽东思想与改革开放的伟大社会革命存在着内在联系，要以实事求是的态度对待毛泽东思想，科学把握毛泽东思想和习近平新时代中国特色社会主义思想一脉相承的关系，深入学习研究宣传习近平新时代中国特色社会主义思想的精神要义和思想实质。

2. 毛泽东思想与习近平新时代中国特色社会主义思想之间的关系问题

党的十九大以后，毛泽东思想与习近平新时代中国特色社会主义思想之间的关系问题，成为理论界关注的一个热点问题。学者们一致认为，毛泽东思想是习近平新时代中国特色社会主义思想的理论渊源和思想基础。习近平新时代中国特色社会主义思想，坚持了毛泽东实事求是的思想路线，坚持并发展了毛泽东关于党的建设、人民立场、文化建设、军事外交等方面的思想观点，是毛泽东思想在新的历史条件下的继承、丰富与发展，与毛泽东思想是一脉相承的关系。

习近平新时代中国特色社会主义思想，在新的实践基础上开辟了马克思主义新境界，是新时代中国特色社会主义事业的行动指南。张国祚认为，研究毛泽东思想与习近平新时代中国特色社会主义思想的关系应把握三个线索：第一个线索是近代以来中华民族的奋斗史，久经磨难的中华民族沿着站起来、富起来和强起来的主线发展。第二条线索是理解科学社会主义在21世纪的中国被作为旗帜并焕发生机活力，有力地回应了对20世纪末期世界社会主义低潮的攻击。第三条线索是中国特色社会主义道路、理论、制度、文化为世界各国发展提供的启示。[②] 湘潭大学毛泽东思想研究中心暨马克思主义学院王文兵教授指出，把握和阐明毛泽东思想与习近平新时代中国特色社会主义思想的关系，主要有三大密切联系的分析理路：马克思主义中国化的两次历史性飞跃、中国特色社会主义的历史文化谱系和马克思主义中国化的历史文化谱系。[③]

陈金龙认为，习近平新时代中国特色社会主义思想对毛泽东思想有继承、有发展，继承性展现了中国化马克思主义的内在关联，发展性体现了中国化马克思主义的内在超越。主要包括：（1）毛泽东思想活的灵魂的继承与发展。习近平对实事求是、群众路线、独立自主的基本内涵与实践要求进行了系统阐释，要求坚持和运用好毛泽东思想活的灵魂。（2）社会主义经济建设思想的继承和发展。新中国成立前后，毛泽东对社会主义经济建设进行了艰辛探索和深入思考，提出了不少有价值的观点。习近平新时代中国特色社会主义经济思想的形成，继承和发展了毛泽东的经济建设思想。毛泽东关于社会主义经济建设的目标、思路、方法，是习近平新时代中国特色社会主义经济思想的理论来源之一。（3）社会主义政治建设思想的继承和发展。对于新时代如何坚持和完善人民代表大会制度、如何推进协商民主广泛多层制度化发展，习近平提出了系统化的主张，大大发展了毛泽东的相关论述。（4）社会主义文化建设思想的继承和发展。习近平在阐释中国特色哲学社会科学发展问题时，要求立足中国实际，借鉴传统和外域文化

---

① 陈立旭：《毛泽东社会主义改革观及当代价值》，《毛泽东研究》2018 年第 2 期。

② 蒋旭东：《毛泽东思想与习近平新时代中国特色社会主义思想探讨》，《高校社科动态》2018 年第 3 期。

③ 王文兵：《论毛泽东思想与习近平新时代中国特色社会主义思想的关系》，《湖南科技大学学报（社会科学版）》2018 年第 3 期。

的合理因素，提出具有主体性、原创性的观点，构建中国特色哲学社会科学的学科体系、学术体系、话语体系。(5) 社会主义社会建设思想的继承和发展。习近平在阐释共享发展理念时，将毛泽东的共富、共强思想作为参照，提出经济社会发展的根本目的在于改善民生，提高人民的生活水平。(5) 党的建设理论的继承和发展。习近平直接继承了毛泽东党建思想，在党的十九大报告中强调："党政军民学，东西南北中，党是领导一切的。"并将"坚持党对一切工作的领导"作为新时代坚持和发展中国特色社会主义的基本方略之一，进一步凸显了党的领导地位。①

还有学者从中国道路看毛泽东思想与习近平新时代中国特色社会主义思想。许全兴指出，在中国实践中形成的实事求是思想路线是贯穿毛泽东思想、邓小平理论、"三个代表"重要思想、科学发展观和习近平新时代中国特色社会主义思想的灵魂。学哲学、用哲学是党的优良传统，要好好珍惜党的理论传统。创造中国奇迹的哲学秘密在于实事求是。实事求是不是一劳永逸的，马克思主义与中国具体实际相结合，不能轻视实事求是的思想路线。所以，中国奇迹是按照实事求是的要求创造的，实事求是是必须一以贯之的思想路线。②

3. 毛泽东与马克思主义中国化及其相关问题

2018 年，是毛泽东"马克思主义中国化"这一重大思想和命题提出 80 周年。1938 年 10 月，毛泽东在党的六届六中全会上提出："成为伟大中华民族之一部分而与这个民族血肉相联的共产党员，离开中国特点来谈马克思主义，只是抽象的空洞的马克思主义。因此，马克思主义的中国化，使之在其每一表现中带着中国的特性，即是说，按照中国的特点去应用它，成为全党亟待了解并亟须解决的问题。"③ 许多专家学者撰写文章，纪念毛泽东提出"马克思主义中国化"这一重大思想和命题 80 周年。刘林元认为，马克思主义中国化就是马克思主义基本原理在中国实践化，目的在于改变中国，在"化"中国的同时，中国经验的系统化、理论化也丰富发展了马克思主义。实现马克思主义中国化，关键在于坚持马克思主义基本原理与中国实际的结合，坚决反对教条主义的干扰和破坏。毛泽东坚持马克思主义中国化，找到了中国革命道路。④ 曾祥云指出，关于马克思主义中国化，毛泽东有着深刻的认知和非常精辟的论述。中共一大对社会主义实践目标的确立，为毛泽东开启"中国化"思考提供了现实依据。而对科学理论应用中个性化问题的理性认知，则是他具体探索和研究"中国化"的逻辑起点。毛泽东不仅科学揭示了"中国化"的内在特质在于"具体化"，而且详细阐述了实现"中国化"的根本手段，是将马克思主义普遍原理与中国具体实际相结合，同时还深刻指明

---

① 陈金龙：《习近平新时代中国特色社会主义思想与毛泽东思想的关系略论》，《高校马克思主义理论研究》2018 年第 3 期。

② 蒋旭东：《毛泽东思想与习近平新时代中国特色社会主义思想探讨》，《高校社科动态》2018 年第 3 期。

③ 中央档案馆编：《中共中央文件选集》第 11 册，中共中央党校出版社 1991 年版，第 658—659 页。

④ 刘林元：《毛泽东与马克思主义中国化——纪念"马克思主义中国化"提出 80 周年》，《湖南科技大学学报（社会科学版）》2018 年第 6 期。

了“中国化”的根本目的就在于形成中国化马克思主义。①

学者们还提出，要把毛泽东和习近平的问题意识贯通思考。要注重收集和整理毛泽东著作的版本研究，在党的文献工作上作出贡献。②

（四）中国特色社会主义理论体系研究

2018 年，学术界围绕中国特色社会主义理论体系内部各具体理论形态之间的关系、改革开放 40 年与中国特色社会主义理论体系的整体性、中国特色社会主义理论体系的发展逻辑以及中国特色社会主义理论、制度、道路、文化相互之间关系等基本问题进行了深入研究。

关于中国特色社会主义理论体系内部各具体理论形态之间的关系，石仲泉认为：改革开放作为党领导的第二次伟大革命，取得的第一个重大理论成果，就是创立了邓小平理论。这是中国特色社会主义理论体系的奠基之石，也是中国特色社会主义理论的开篇之论。邓小平理论的提出在党的指导思想发展史上具有重大意义。它是马克思主义中国化第二次历史性飞跃的创新理论，肩负承前启后、继往开来的重任。继往承前，是对毛泽东思想的坚持。启后开来，即“三个代表”重要思想、科学发展观和习近平新时代中国特色社会主义思想与邓小平理论是继承和发展的关系。邓小平理论与后来的创新理论关系，就是本源性理论与传承性理论关系。后来的创新理论都是对邓小平理论的丰富和发展。中国特色社会主义理论体系是一个不断发展的开放理论体系。邓小平理论奠定了中国特色社会主义理论体系的坚固基石。“三个代表”重要思想是中国特色社会主义进入 21 世纪后，对马克思列宁主义、毛泽东思想、邓小平理论的继承和发展，反映了国内外发展变化对党和国家工作的新要求，对于最广泛最充分地调动一切积极因素，凝聚中国特色社会主义事业的建设者全面建设小康社会，加快发展社会主义现代化，全面推进党的建设新的伟大工程发挥了巨大作用。科学发展观是马克思主义关于发展的世界观和方法论的集中体现，对新形势下实现什么样的发展、怎样发展等重大问题作出了新的科学回答。它把党对中国特色社会主义规律的认识提高到新的水平，开辟了当代中国马克思主义发展新境界，是指导党和国家全部工作的强大思想武器。党的十八大以来，国内外形势变化和我国各项事业发展提出了必须从理论和实践结合上系统回答新时代坚持和发展什么样的中国特色社会主义、怎样坚持和发展中国特色社会主义这样重大的时代课题。围绕这个重大时代课题，党中央坚持与时俱进、求真务实，紧密结合新的时代条件和实践要求，以全新的视野深化对共产党执政规律、社会主义建设规律、人类社会发展规律的认识，形成了习近平新时代中国特色社会主义思想。这是马克思主义中国化最新成果。习近平新时代中国特色社会主义思想，同毛泽东思想、邓小平理论一样，实现了马克思主义的基本原理同当代中国实践和时代特征相结合的又一次历史性飞跃，是对中国特色社会主义理论体系的极大丰富和发展。③

---

① 曾祥云：《论毛泽东的马克思主义中国化思想——从马克思主义认识论角度》，《湖南大学学报（社会科学版）》2018 年第 5 期。

② 蒋旭东：《毛泽东思想与习近平新时代中国特色社会主义思想探讨》，《高校社科动态》2018 年第 3 期。

③ 石仲泉：《改革开放 40 年：从邓小平到习近平》，《毛泽东研究》2018 年第 5 期。

关于中国特色社会主义理论体系的整体性研究，肖贵清认为：改革开放以来，我们党在实践上大胆探索，在理论上不断突破，深刻总结实践经验，形成了由邓小平理论、“三个代表”重要思想、科学发展观和习近平新时代中国特色社会主义思想构成的中国特色社会主义理论体系，与时俱进地开辟了马克思主义发展的新境界。邓小平理论、“三个代表”重要思想、科学发展观、习近平新时代中国特色社会主义思想既一脉相承又与时俱进。邓小平理论开创了中国特色社会主义理论体系，构建出了中国特色社会主义理论体系的基本框架；“三个代表”重要思想的提出，是对改革开放实践经验的总结和党的建设理论的丰富和发展，有效回应了党面临的时代要求和执政考验，是对中国特色社会主义理论体系的丰富；科学发展观是新时期指导中国改革开放的重要思想，是对中国特色社会主义理论体系的丰富；习近平新时代中国特色社会主义思想是改革开放以来特别是党的十八大以来我们党带领人民进行改革开放实践的经验结晶，开辟了中国马克思主义发展的新境界，是中国特色社会主义理论体系的最新成果。邓小平理论、“三个代表”重要思想、科学发展观、习近平新时代中国特色社会主义思想既一脉相承又与时俱进，是改革开放以来中国共产党理论创新成果的科学性体系、阶段性成果和发展性要求的内在统一。①

关于中国特色社会主义理论体系的发展逻辑，韩庆祥认为：中国特色社会主义是马克思列宁主义基本原理在中国的具体运用与发展，是科学社会主义理论逻辑的延伸。总体来看，这一逻辑就是：以马克思列宁主义为理论逻辑的起点，继承和发展毛泽东思想，结合具体国情与时代特征形成了邓小平理论、“三个代表”重要思想、科学发展观和习近平新时代中国特色社会主义思想。② 罗文东认为：中国特色社会主义理论体系，包括邓小平理论、“三个代表”重要思想、科学发展观、习近平新时代中国特色社会主义思想，是指导党和人民实现中华民族伟大复兴的正确理论。它是新民主主义理论的继承和发展，同马克思列宁主义、毛泽东思想是坚持和发展、继承和创新的关系。分析和阐明这个理论体系的逻辑结构，便于人们从各个层面完整地把握中国特色社会主义理论体系的内涵和实质。③

关于中国特色社会主义理论体系与中国特色社会主义道路、中国特色社会主义制度、中国特色社会主义文化之间的关系，何毅亭认为：正是在带领中国人民不断回答时代之问、实践之问、人民之问的过程中，中国共产党形成和发展了包括邓小平理论、“三个代表”重要思想、科学发展观、习近平新时代中国特色社会主义思想在内的中国特色社会主义理论体系。这一理论体系坚持和发展了马克思列宁主义、毛泽东思想，凝结了几代中国共产党人带领人民不懈探索实践的智慧和心血，是中国共产党最可宝贵的政治和精神财富，是全国各族人民团结奋斗的共同思想基础。改革开放 40 年来中国共产党在社会主义道路、理论、制度、文化上进行了一系列革命性变革，开创了中国特色社会主义的崭新天地。道路、理论、制度、文化相互贯通、相互作用，构成中国特色社

① 肖贵清：《改革开放与中国特色社会主义的开创》，《求索》2018 年第 1 期。

② 韩庆祥、方兰欣：《改革开放以来中国特色社会主义的发展逻辑》，《中国特色社会主义研究》2018 年第 3 期。

③ 罗文东、陈烨：《深化对中国特色社会主义科学内涵和本质特征的认识》，《中国社会科学院研究生院学报》2018 年第 3 期。

会主义大厦的四根坚实支柱。中国特色社会主义道路是实现社会主义现代化、创造人民美好生活的必由之路，中国特色社会主义理论体系是指导党和人民实现中华民族伟大复兴的正确理论，中国特色社会主义制度是当代中国发展进步的根本制度保障，中国特色社会主义文化是激励全党全国各族人民奋勇前进的强大精神力量。在改革开放全面深化和不断发展的历史进程中，中国特色社会主义道路必将越走越宽广，中国特色社会主义理论体系必将越来越丰富，中国特色社会主义制度必将越来越成熟定型，中国特色社会主义文化必将越来越繁荣兴盛。这是极具重大意义的。①

（五）马克思主义中国化、时代化、大众化研究

2018 年，恰值中国改革开放 40 周年、马克思诞辰 200 周年，也是“马克思主义中国化”这一术语正式提出 80 周年，还是全面贯彻党的十九大精神的开局之年。这一年，学术界围绕马克思主义中国化的内涵与特质、马克思主义中国化的重大任务、改革开放与马克思主义中国化的关系、马克思主义中国化的最新理论成果、改革开放 40 年来马克思主义中国化理论成果的整体性以及中国共产党推进马克思主义大众化、时代化的历程和基本经验等基本理论问题进行了深入探讨。

关于马克思主义中国化的内涵与特质，陈先达认为：马克思主义的中国化，就是马克思主义在中国创造性发展的范例。毛泽东思想、邓小平理论、“三个代表”重要思想、科学发展观、习近平新时代中国特色社会主义思想，都是对马克思主义的继承和发展。当代中国马克思主义是发展了的马克思主义。发展了的马克思主义本质仍然是马克思主义。它与历史上的马克思列宁主义既一脉相承，又与时俱进。一脉相承的是，当代中国马克思主义坚持马克思主义基本原理，否则它就不属于马克思主义；与时俱进的是，当代中国马克思主义具有时代特色、民族特色、中国特色，是时代特征和民族特征的理论凝结，是马克思主义的创造性发展。当代中国的马克思主义，21 世纪的马克思主义，就是马克思主义，是马克思主义中国化的伟大成果。②

关于马克思主义中国化的任务和推进马克思主义中国化过程中应注意的问题，孙熙国认为：马克思主义中国化的重大任务，就是应用马克思主义基本原理来解决中国基本问题，在这过程当中形成中国化的马克思主义。第一个任务就是回答解决当代中国的问题，形成当代中国问题的科学理论；第二个任务是形成反映事物根本的彻底理论，解决当代中国马克思主义的真理性问题；第三个任务是强调马克思主义的价值性；第四个任务是形成全中国人民的共同价值追求和思想基础，解决人心不齐的问题，也就是共同的理想信念问题；第五个任务是为人类进步和发展作出贡献。习近平新时代中国特色社会主义思想为国家走向现代化的道路、为世界上想发展而且想保持独立性的国家提供了全新的选择。这是为世界人民贡献中国智慧、中国方案的问题；习近平总书记提出的全人类共同价值，就是在为人类贡献中国智慧和中国方案。马克思主义中国化过程当中应该注意四点：（1）不能离开马克思主义来进行马克思主义中国化；（2）不能离开中国实际讨论马克思主义中国化；（3）不能离开世界发展来讨论马克思主义中国化；（4）不

---

① 何毅亭：《四十年改革开放与中国特色社会主义》，《学习时报》2018 年 12 月 7 日。

② 陈先达：《占据真理和道义制高点的马克思主义》，《光明日报》2018 年 5 月 14 日。

能离开时代的变化和时间的发展来讨论马克思主义中国化。①

关于改革开放与马克思主义中国化，辛鸣认为：马克思主义中国化近百年的历史进程，本质上是马克思主义理论创新与社会革命实践创新相互激荡、相互促进的历程。马克思主义中国化理论上的突破深化造就中国社会一场又一场波澜壮阔的伟大实践，中国社会革命伟大实践的变革成就推动马克思主义中国化一次又一次实现历史飞跃。已经完成的新民主主义革命和社会主义革命是如此，正在进行的改革开放新的伟大革命同样是如此。40 年来，马克思主义再一次深刻地改变了中国，中国也不断创造性地发展了马克思主义。改革开放是马克思主义中国化创造出的伟大实践成果；改革开放不断推动马克思主义中国化实现历史飞跃。② 郑必坚认为：无论是邓小平理论、“三个代表”重要思想、科学发展观，还是习近平新时代中国特色社会主义思想，之所以是中国化的马克思主义，就在于这些思想理论都是在社会主义初级阶段历史条件下解放和发展社会生产力的科学理论。中国特色社会主义进入了新时代，我们尤其要强调始终不渝坚持“中国共产党人特色的立场、观点和方法”。习近平新时代中国特色社会主义思想作为马克思主义中国化的最新成果，正在引领我们在新时代推进马克思主义中国化的发展。③

关于马克思主义中国化的最新理论成果，戚义明认为：需要从三个维度深入领会马克思主义中国化最新成果。马克思主义同中国的具体实践、时代特征、历史文化相结合，就构成马克思主义中国化的三个维度。离开了具体实践，马克思主义就成为空谈；离开了时代特征，马克思主义就不能实现与时俱进；离开了历史文化，马克思主义就不能真正扎根发芽。作为马克思主义中国化的最新成果，习近平新时代中国特色社会主义思想在这三个维度上都得到了充分的体现。④ 学者们认为，习近平新时代中国特色社会主义思想开辟了马克思主义中国化的新境界，是马克思主义中国化的最新成果，成为中国特色社会主义理论体系的有机组成部分。

关于 40 年来马克思主义中国化理论成果的整体性，梁树发认为：改革开放 40 年来取得的马克思主义中国化理论创新成果是一个有机整体。决定这一性质的实践基础是中国特色社会主义实践，理论基础是马克思列宁主义、毛泽东思想，内在根据是中国特色社会主义理论体系的创新品质，是超越性与连续性相统一的理论性质。中国特色社会主义实践是改革开放以来中国人民在中国共产党领导下进行的伟大事业，是中国特色社会主义经济建设、政治建设、文化建设、社会建设和生态文明建设的统一，是中国特色社会主义道路。有机整体的理论基础问题也涉及中国特色社会主义理论体系内部各具体理论形态之间的关系，前一具体理论形态不仅是紧随其后形成的理论形态的基础，而且是其后形成的所有具体理论形态的基础。邓小平理论、习近平新时代中国特色社会主义思想在改革开放 40 年马克思主义理论创新成果总体（中国特色社会主义理论体系）中的

① 孙熙国：《实现马克思主义中国化的五大任务》，《北京日报》2018 年 4 月 23 日。

② 辛鸣：《改革开放与马克思主义中国化》，《学习时报》2018 年 11 月 19 日。

③ 郑必坚：《续写马克思主义中国化新篇章》，《理论视野》2018 年第 6 期。

④ 戚义明：《从三个维度深入领会马克思主义中国化最新成果》，《经济日报》2018 年 10 月 25 日。

地位及其结构性特征，是这一有机整体性质的内在规定与表现。[①]

关于改革开放40年来中国共产党推进马克思主义大众化的历程和基本经验，吴海山认为：1978年12月党的十一届三中全会，开启了马克思主义大众化的新阶段。可分为五个阶段：(1)从改革开放初到党的十二大，主要任务是让人民群众完整、准确地理解和掌握马克思主义尤其是毛泽东思想；(2)从党的十二大到1992年，主要内容是对建设有中国特色社会主义理论的学习和宣传问题；(3)从1992年到党的十六大，主要内容是学习、宣传邓小平“南方谈话”精神和邓小平理论；(4)党的十六大到党的十八大，主要内容是学习“三个代表”重要思想、科学发展观等重大战略思想，开展社会主义荣辱观教育；(5)党的十八大以来至今，主要内容是学习宣传以习近平同志为核心的党中央提出的一系列治国理政新理念新思想新战略，尤其是学习宣传习近平新时代中国特色社会主义思想，让民众理解新时代坚持和发展什么样的中国特色社会主义，怎样坚持和发展中国特色社会主义这一重大时代课题。党在推进马克思主义大众化的经验主要有：(1)要在不断推进马克思主义中国化的过程中推进马克思主义的大众化；(2)要坚持以人民群众为本的原则来推进马克思主义大众化；(3)要充分发挥不同主体在马克思主义大众化过程中的合力作用；(4)要与非马克思主义思潮进行不懈斗争；(5)要坚持和加强党对马克思主义大众化的领导。[②] 钟君认为，在互联网特别是移动互联飞速发展，舆论环境、媒体格局、传播方式发生深刻变化的形势下，推进马克思主义大众化，必须以习近平新时代中国特色社会主义思想为指导，特别是以习近平总书记关于意识形态工作的重要论述为根本遵循，严守规矩、遵循规律、做大规模、善于规划，解放思想，克服惯性，改革创新理论宣传的思维方式、讲述方式、表达方式、传播形式和传播渠道，创新马克思主义大众化宣传。[③]

关于改革开放以来中国共产党推进马克思主义时代化的历史经验，刘光明认为，马克思主义时代化，就是在坚持马克思主义基本原理的同时，把马克思主义的创新同时代的进步和特征结合起来，不断开拓马克思主义理论发展的新境界。新中国成立以来，特别是改革开放40年来，我们党在大力推进马克思主义中国化的同时也在不断推动马克思主义的时代化，为引领中国特色社会主义实践提供了强有力的理论指导。推进马克思主义时代化是我们党化解人民内部矛盾、保全国家利益的战略举措；推进马克思主义时代化是我们党突破遏制围堵、培育新的生长点的战略选择；推进马克思主义时代化是我们党顺应历史潮流、以世界眼光谋求国家利益的战略大计。从吸纳人类文明成果这一视角看待马克思主义时代化，为我们拓展国家利益打开了新的视野。如果只讲马克思主义中国化而不提时代化，容易导致国情中的一些不足和弱点得到强化，而把马克思主义中国化与时代化并列提出来，则有利于我们以世界眼光推动国情的改造，在保留中国特色中优势部分的同时，实现革故鼎新，融入世界潮流，使中国赢得谋划国家利益的世界平

---

① 梁树发：《改革开放40年马克思主义理论创新成果是一个有机整体》，《当代世界与社会主义》2018年第4期。

② 吴海山：《改革开放40年来党推进马克思主义大众化的历程和经验》，《内蒙古师范大学学报》2018年第5期。

③ 钟君：《创新马克思主义大众化宣传》，《红旗文稿》2018年第23期。

台和宽广空间。[①] 郝立新认为，紧扣时代脉搏，聆听时代声音，及时回应重大时代课题，是马克思主义与时俱进的本质体现。习近平新时代中国特色社会主义思想是在中国特色社会主义进入新时代的关键时期诞生的重要思想理论，它科学地、系统地、及时地回答了“新时代坚持和发展什么样的中国特色社会主义、怎样坚持和发展中国特色社会主义”的重大时代课题，顺应了“理论跟上时代”的迫切需要。以习近平同志为主要代表的中国共产党人，在回应中国发展面临的重大时代课题、深入探索“三大规律”、科学把握我国社会主要矛盾转化的过程中实现了马克思主义时代化的新飞跃，这种飞跃越发凸显当代中国马克思主义发展的世界意义。[②]

（六）马克思主义中国化的世界影响与发展21世纪马克思主义

马克思主义中国化的世界影响问题，学界的研究主要从中国发展及其理论成果的客观影响和中国马克思主义的国际传播两个问题领域展开。中国特色社会主义事业的持续成功推进，是马克思主义中国化的持续成功推进，是中国马克思主义的真理性、科学性和先进性的持续证明，是中国马克思主义的世界影响的持续扩大、深化的过程。中国自身的成功发展及其成功的理论创新，始终是其世界影响的客观基础。学界相关研究，也是在把握这一基本观念的基础上进行的。

如何看待当代中国马克思主义与21世纪马克思主义的辩证关系，进而发展好21世纪马克思主义？2018年5月5日在北京大学召开的第2届世界马克思主义大会上，中外学者们就金融资本全球化的限度与21世纪马克思主义的复兴展开热烈讨论并且达成共识：“金融资本引领的全球化正面临系统性的危机，全球化转向使新自由主义意识形态、制度理念和政策体系陷入全面危机，21世纪的复兴具有历史的必然性，中国化马克思主义在21世纪马克思主义复兴中将起到关键作用。”[③] 总的来看，大家既强调中国马克思主义对于发展21世纪马克思主义的核心、中心或者关键作用，也强调发展21世纪马克思主义的世界眼光、人类视野，同时注意两者的辩证关联。

发展21世纪马克思主义，马克思主义哲学的思想和观念创新是基本前提。孙正聿指出：“21世纪马克思主义哲学创新，需要哲学家们以新的哲学理念和思维方式为人类展现新的世界、提出新的思想、为人类文明的新形态提供理论自觉。”[④] 陈先达认为，发展21世纪马克思主义和当代中国马克思主义必须坚持问题导向和以人民为中心的研究导向这两个根本原则。“发展21世纪马克思主义特别是当代中国马克思主义，必须立足中国实际，不能脱离中国实践，同时要有世界眼光，要积极吸收和借鉴人类文明一

---

① 刘光明：《马克思主义时代化是个战略问题》，《前线》2018年第11期。

② 郝立新、周康林：《马克思主义时代化的新飞跃——学习习近平新时代中国特色社会主义思想》，《中国高校社会科学》2018年第1期。

③ 宋朝龙：《金融资本全球化的限度与21世纪马克思主义的复兴——第二届世界马克思主义大会专题评析》，《马克思主义研究》2018年第11期。

④ 吴宏政：《21世纪马克思主义哲学创新的理论关切——访吉林大学哲学基础理论研究中心主任孙正聿教授》，《马克思主义理论学科研究》2018年第3期。

切有益成果，不断发展和创新马克思主义。”① “中国马克思主义理论工作者必须扎根中国大地，立足中国实际，认真研究、解决中国特色社会主义建设实践中遇到的重大理论和现实问题尤其是改革中出现的重大问题。”② 这里的观点是具有代表性的，且探讨的是重大原则性问题。

温海霞、燕连福认为，从世界社会主义发展历程中把握21世纪马克思主义的理论源流；以中国特色社会主义实践为核心建构21世纪马克思主义；在关注和解决事关人类前途命运的重大问题中开辟21世纪马克思主义新境界。③ 这是强调理论源流、实践根基和世界关怀。钟明华、董扬在《21世纪马克思主义：价值与建构》一文中强调："21世纪马克思主义需要以当代中国马克思主义为主体进行发展，当代中国马克思主义的发展拓展了21世纪马克思主义的外延。”④

习近平新时代中国特色社会主义思想是当代中国马克思主义、21世纪马克思主义，如何深入全面准确把握和阐发其精神实质和思想要义，是发展21世纪马克思主义的一个基本问题。陈学明提出：“21世纪须有21世纪的马克思主义形态，习近平新时代中国特色社会主义思想代表了马克思主义在21世纪的最新发展和最新成果”，“习近平新时代中国特色社会主义思想破解了国外马克思主义思潮代表人物面临的诸难题，把马克思主义推进到了新境界和高度。”⑤ 何怀远认为：“中国特色社会主义的成功使科学社会主义在21世纪的中国焕发出强大生机活力，习近平新时代中国特色社会主义思想代表着21世纪马克思主义的新成就、新形态。”⑥ 这一问题的研究尚需持续深入推进，尤其需要从哲学、政治经济学和科学社会主义及其辩证互动的角度实现切实突破，将习近平新时代中国特色社会主义思想这个当代中国马克思主义、21世纪马克思主义的精神和智慧，完整、准确地阐发出来，为发展21世纪马克思主义打好坚实思想基础。

三　总体评述

2018年是马克思主义中国化研究学科发展史上具有特殊意义的一年。国内学术界以毛泽东提出“马克思主义中国化”命题80周年、马克思诞辰200周年、《共产党宣言》出版170周年、改革开放40周年等为契机，围绕学习、贯彻习近平新时代中国特色社会主义思想和党的十九大精神，从不同维度、不同层面对马克思主义中国化进行历史反思和现实思考，进一步推动了学科的发展。

（一）马克思主义中国化研究的视角和主要议题再次发生转变，更加注重在过去研

---

① 陈先达、孙乐强：《发展21世纪马克思主义与当代中国学者的历史使命——陈先达教授访谈录》，《南京社会科学》2018年第1期。

② 同上。

③ 温海霞、燕连福：《试论发展21世纪马克思主义的三维向度》，《西安交通大学学报（社会科学版）》2018年第3期。

④ 钟明华、董扬：《21世纪马克思主义：价值与建构》，《探索》2018年第2期。

⑤ 陈学明：《从世界马克思主义视野认识习近平新时代中国特色社会主义是“21世纪马克思主义”》，《思想理论教育导刊》2018年第3期。

⑥ 何怀远：《21世纪马克思主义的新发展》，《红旗文稿》2018年第23期。

究基础上进行更高水平的整体性研究，在研究马克思主义中国化不同历史阶段的理论成果之间相互关系方面取得一些进展。

2005年底本学科正式设立以来，马克思主义中国化研究大致经历了从整体性研究到分领域分专题研究的逐步深入过程。2018年马克思主义中国化研究迎来一系列重大历史时间节点，学术界再次转换视角，纷纷从历史和整体视角对马克思主义中国化进行审视、反思和总结。学者们着眼于“不断开辟21世纪马克思主义发展新境界”“发展21世纪马克思主义、当代中国马克思主义”的要求，对“马克思主义中国化”命题提出的历史进行再回顾、内涵再思考、经验再总结，对改革开放以来不同历史阶段形成的马克思主义中国化理论成果之间的关系进行较为深入的探究，继而对马克思主义与中华民族伟大复兴的关系进行深入思考。与其他学科发展一样，这种研究视角从整体到专题（领域）、再到整体的转换，是学科健康发展的常态。

（二）进一步深化对习近平新时代中国特色社会主义思想的研究，仍然是马克思主义中国化研究学科建设的首要任务。

党的十九大提出的习近平新时代中国特色社会主义思想是马克思主义中国化最新理论成果。研究这一主题鲜明、内容丰富、博大精深的完整的科学理论体系，是本学科义不容辞的使命。2018年，学术界掀起对习近平新时代中国特色社会主义思想的学习和研究的新高潮。重点围绕党的十九大报告精神，或从整体、或分领域分专题对习近平新时代中国特色社会主义思想进行解读、阐发和研究。研究的广度和深度都在不断拓展，成果主要涉及习近平新时代中国特色社会主义思想的主题、哲学基础、理论渊源、理论框架、基本方略、基本内涵、内在逻辑、鲜明特征和重大意义等方面。

2018年，习近平新时代中国特色社会主义思想的研究可谓是“兵多马壮”，也取得了众多理论成果，但客观地说，这些研究成果还是初步的。如，还需要进一步研究习近平新时代中国特色社会主义思想与毛泽东思想的关系、与邓小平理论的关系、与“三个代表”重要思想的关系、与科学发展观的关系。对这些马克思主义中国化进程中的重大关系不讲清楚，就很难深入推进习近平新时代中国特色社会主义思想的研究。习近平新时代中国特色社会主义思想的历史定位也是学术界关注的焦点，一些学者开始提出它是马克思主义中国化进程的“历史飞跃”[①]“新的飞跃”[②]“又一次飞跃”[③]。“飞跃说”呼之欲出，但在学界尚未成为普遍共识，对这一问题的研究还需要进一步深入。又如，关于“中国特色社会主义进入新时代”“人类命运共同体思想”等问题的认识，理论界还没有达成广泛共识。习近平新时代中国特色社会主义思想本身也还在不断发展完善，在今后相对长的一段时间内，理论界还需要集中主要力量继续跟踪和深化对这一当代中国马克思主义的研究。

（三）随着中国特色社会主义进入新时代，马克思主义面临着进一步中国化、时代化、大众化的问题，今后学术界应该加强对这一问题的研究。

---

① 姜辉：《习近平新时代中国特色社会主义思想开辟了马克思主义新境界》，《中国纪检监察》2018年第9期。

② 郝立新：《新时代视野下的中国道路和中国逻辑》，《甘肃社会科学》2019年第1期。

③ 刘熙瑞：《新时代与马克思主义中国化的最新成果》，《人民论坛·学术前沿》2018年11月上。

马克思主义“三化”（即“中国化、时代化、大众化”）问题是马克思主义中国化研究的题中应有之义。早在2009年，党的十七届四中全会提出要“不断推进马克思主义中国化、时代化、大众化”的重大历史课题。学术界对这一问题进行了研究，也取得了一些研究成果，但总体看这一问题的研究没有取得突破性进展。随着中国特色社会主义进入新时代，以习近平同志为核心的党中央多次提出“马克思主义面临着进一步中国化、时代化、大众化的问题”“锲而不舍地推进马克思主义中国化、时代化、大众化”。十八大以来的党中央在理论和实践上都大大推进了马克思主义中国化进程，但学界对这方面的研究似乎未能及时跟上。从2018年研究成果看，把“马克思主义中国化、时代化、大众化”作为一个整体进行研究的成果不多，有深度见解的研究成果则更少。

（四）对马克思主义中国化理论成果进行整体性研究，弄通马克思主义中国化不同阶段理论成果之间的关系，仍是今后一段时期内重点关注的问题。

这是马克思主义中国化研究领域一个长期没有解决的老问题。今后需要从整体性视角加强研究，尤其是要加强马克思主义中国化两次飞跃的理论成果之间的关系研究。不仅要研究毛泽东思想和中国特色社会主义理论体系之间的关系，还要研究中国特色社会主义理论体系内部不同具体形态的理论成果之间的相互关系，把它们之间既一脉相承、与时俱进又相对独立成体系的关系弄明白、说清楚。不仅要研究中国特色社会主义理论体系的最新进展——习近平新时代中国特色社会主义思想，还要继续研究邓小平理论、“三个代表”重要思想、科学发展观。加强中国特色社会主义理论史研究，并在此基础上加强对中国特色社会主义理论体系的整体性和贯通性研究。这一理论任务的完成，还需要学界在今后相当长时间内继续共同努力。

（供稿：陈亚联、彭海红、于晓雷、刘燕、翟俊刚）

马克思主义发展史

一　学科概况

2018年马克思主义发展史学科在以下几个方面有所推进。

第一，关于马克思主义文本文献和经典著作的研究持续推进。

2017年，国际马克思恩格斯基金会秘书长、柏林—勃兰登堡科学院MEGA工作站负责人格哈尔特·胡布曼博士接受了德国刊物《循环：社会学理论和历史年鉴》的专访。在此次访谈中，胡布曼博士一方面介绍了MEGA的出版历史、MEGA与以往的马克思恩格斯著作集和各种版本的差别、MEGA的国际性特征和国际性影响等；另一方面，他介绍了MEGA编辑出版工作的最新成果，如已经完成的《资本论》及其手稿部分、马克思的经济危机笔记等，并对MEGA第3、4部分未来的电子化出版方案作了详细说明。①

2017年是《资本论》第一卷出版150周年，2018年，相关研究成果陆续发表出版。原中共中央编译局马列部译审张钟朴撰文《马克思晚年留下的〈资本论〉第3册手稿和恩格斯编辑〈资本论〉第3卷的工作——〈资本论〉创作史研究之八》，重点介绍了马克思为《资本论》第3册所写手稿的总体情况，以及恩格斯在这些手稿的基础上编辑发表《资本论》第3卷的经过。1864—1865年，马克思写下《资本论》第3册"主要手稿"，这部手稿成了《资本论》第3卷的基础。1867—1882年间，手稿的写作分为两个时期：1867—1870年，马克思共为第3册写了10份片断手稿；1870—1882年，马克思为第3册写了6份片断手稿。恩格斯晚年克服重重困难，在第3册"主要手稿"的基础上，通过吸收其他片断手稿、补写部分内容、调整章节划分，历时11年多，终于编成了《资本论》第3卷。②

南京大学哲学系教授唐正东撰文《〈资本论〉及其手稿对历史唯物主义内在矛盾观的深化》，认为马克思在《德意志意识形态》等文本中所阐明的是历史观层面的内在矛盾观，主要说明的是有什么样的生产力水平就有什么样的社会关系形式。而他在《资本论》及其手稿中所阐明的是资本逻辑这种具体问题分析层面的内在矛盾观，主要说明的是资本关系本身的发展过程是如何把内在矛盾不断地生产与再生产出来的。强调马克思的内在矛盾观在后一层面的转化或深化，不仅对于我们在学术辨析的维度上正确认

---

① G.胡布曼：《整体性的马克思：关于〈马克思恩格斯全集〉历史考证版的新构想与完成》，《马克思主义与现实》2018年第3期。

② 张钟朴：《马克思晚年留下的〈资本论〉第3册手稿和恩格斯编辑〈资本论〉第3卷的工作——〈资本论〉创作史研究之八》，《马克思主义与现实》2018年第3期。

识国外学者在《资本论》解读上的相关观点具有重要的意义，而且对于我们更加深入地、自觉地把握当下社会实践活动的规律性也具有重要的启发性。[①]

此外，关于《德意志意识形态》的研究，中国人民大学哲学院教授安启念重新挖掘了《德意志意识形态》费尔巴哈章“边注”部分的唯物史观价值。他认为“边注”在马克思恩格斯哲学思想形成过程中具有重要意义，但这部分内容长期以来并未得到关注。《德意志意识形态》的费尔巴哈章的“边注”言简意赅，包含大量重要思想信息。注有“费尔巴哈”字样的“边注”，其所注的正文部分告诉我们：马克思恩格斯对费尔巴哈的批评，所指主要是费尔巴哈看不到自然界是劳动实践活动的产物，因而不懂得劳动实践活动在历史观方面的重要意义；由于费尔巴哈不懂得劳动实践活动的意义，使他看不到人与环境的相互作用，也就把历史置于自己的视野之外；马克思的实践唯物主义针对的不是自然观问题，而是历史观中的唯心主义。其中，“边注2”具有特别重要的理论价值，表现为：它全面概括了马克思在唯物史观形成过程中的思想历程；从自然科学的角度对人的类本质（即生产劳动活动）作了论证；进而揭示了唯物史观的核心思想。[②]

第二，以纪念马克思诞辰200周年、《共产党宣言》发表170周年、改革开放40周年为契机，召开了一系列理论研讨会，出版和发表了一系列重要成果。

为纪念马克思诞辰200周年，国内外开展了一系列纪念活动。中国向马克思的故乡——德国特利尔市捐赠了一座铜制马克思雕像。德国发行零元币值的欧元，纪念马克思诞生200周年。德国莱法州政府和特里尔市政府共同举办了名为“马克思（1818—1883年）生平、著作和时代”的主题展览；德国东部城市开姆尼茨，也举办了系列活动纪念马克思，包括官方组织的“马克思在开姆尼茨”的摄影比赛，在Galerie Weise举行博物馆之夜，展出与马克思相关的各种雕像、徽章、奖牌及纪念品等；德国本地的很多电视节目、报纸、杂志等主流媒体都做了许多关于马克思的专题栏目；德国举办多场纪念马克思的峰会、论坛和讲座，其中，在德国科隆由卢森堡基金会主办的“纪念马克思诞辰200周年”活动影响比较大。此外，弗里德里希·艾伯特基金会（FES）在特里尔举办了纪念活动，汉堡社会研究中心、埃尔富特大学、卡塞尔大学、弗莱堡大学等高校也联合举办了纪念马克思诞辰200周年的大型活动。[③]

为纪念马克思诞辰200周年，中国国家博物馆举办“真理的力量——纪念马克思诞辰200周年主题展览”，展览为期三个月，分为三个主题。2018年5月4日，纪念马克思诞辰200周年大会在人民大会堂隆重举行，习近平总书记在大会上发表重要讲话。2018年4月26—27日，由中央党史和文献研究院主办，以“马克思主义文献遗存的发现和收藏”为主题的第二届马克思文献典藏国际学术研讨会在北京举行。2018年5月7日，由中国社会科学院马克思主义研究院、中国社会科学院马克思主义研究学部主办的“纪念马克思诞辰200周年”学术研讨会在北京召开。2018年5月30日，由民族文化

---

① 唐正东：《〈资本论〉及其手稿对历史唯物主义内在矛盾观的深化》，《哲学研究》2018年第5期。

② 安启念：《〈德意志意识形态〉费尔巴哈章“边注”的唯物史观价值》，《哲学研究》2018年第5期。

③ 参见柴小君《德国是如何纪念马克思诞辰200周年的》，《学习时报》2018年7月30日。

宫、中国民族语文翻译局主办，中国民族图书馆、中央民族大学图书馆、民族文化宫展览馆承办的“纪念马克思诞辰200周年——马克思经典文献展”在北京民族文化宫开展。2018年8月14日，由北京大学哲学系和北京大学马克思主义哲学研究中心主办的主题为“马克思与当代世界暨纪念马克思诞辰200周年”学术研讨会在北京大学举行。值得一提的是，这也是第二十四届世界哲学大会的特邀会议之一。

全国各地举办各种形式的论坛和学术研讨，对马克思的生平、著作、精神，对马克思主义经典文献的收藏、编译、研究，对马克思主义的发展和传播、普及，对马克思主义的时代精神和当代价值等问题进行研讨。为纪念马克思诞辰200周年，靳辉明教授出版《思想巨人马克思》，中国人民大学出版社出版“走近马克思小丛书”，包括陈先达教授的《马克思与信仰》、孙正聿教授的《马克思与我们》、陈学明教授的《马克思与当代中国》、顾海良教授的《马克思与世界》。围绕马克思的生平、著作，马克思与现时代等主题发表了多篇论文。以纪念马克思诞辰200周年为契机掀起的研究马克思的热潮，再次证明马克思并没有远离我们，马克思主义始终与时代同行，马克思主义闪耀着穿越时空的真理光芒。

为纪念《共产党宣言》发表170周年，全国各地举办了理论研讨会，取得了一些理论成果。2018年1月27日，由中国社会科学网和中国社会科学院马克思主义研究院马克思主义发展研究部共同主办的“纪念《共产党宣言》发表170周年理论研讨会”在北京举行。2018年2月24—25日，由中共中央党校科研部、中共中央党校马克思主义学院、中共上海市委党校联合举办的第三期“当代中国马克思主义论坛·全国党校系统纪念《共产党宣言》发表170周年理论研讨会”在中共上海市委党校召开。2018年3月16日，由原中共中央编译局马克思主义理论研究部和广西师范大学联合主办，《马克思主义与现实》杂志和广西师范大学马克思主义学院共同承办的“纪念《共产党宣言》发表170周年理论研讨会”在广西桂林举行。主要研究成果有陈新夏《〈共产党宣言〉的现代意识和世界视野》（《马克思主义与现实》2018年第3期），王南湜《回归从〈共产党宣言〉到〈资本论〉的资本主义科学批判之路》（《马克思主义与现实》2018年第3期），钟瑞添《论〈共产党宣言〉与中国共产党的初心》（《马克思主义与现实》2018年第3期），蒋红《新时代与〈共产党宣言〉》（《哲学动态》2018年第5期），陈红娟《〈共产党宣言在中国的翻译与传播〉》（《马克思主义研究》2018年第4期）等。

2018年是改革开放40周年。2018年4月13日，中共中央总书记、国家主席、中央军委主席习近平在海南省人大会堂出席庆祝海南建省办经济特区30周年大会并发表重要讲话，为新一轮改革开放指明了前进的方向。2018年3月24—26日，由国务院发展研究中心主办、中国发展研究基金会承办的“中国发展高层论坛2018年会”在北京钓鱼台国宾馆举行。其中的经济峰会的分组讨论题目之一就是“中国改革开放四十年”。2018年5月17日，“经济研究·高层论坛——纪念改革开放40周年暨《经济研究》复刊40周年”在北京举行。2018年9月7—8日，“中国社会科学院国家高端智库论坛暨发展经济学在中国：庆祝改革开放四十周年国际研讨会”在上海召开。此外，为展现改革开放的巨大成就，由中国社会科学院国家高端智库主办，中国社会科学院科研局、中国社会科学院智库建设协调办公室承办，新华网思客、社会科学文献出版社协办的“与改革开放同行”系列智库论坛将陆续召开，论坛主要围绕改革开放40年来经济、社会、法律、国际关系等领域的理论发展、实践进展、成就与经验进行研讨。2018

年10月27—28日，由中共上海市委宣传部指导，上海交通大学主办、上海交通大学马克思主义学院承办、上海交通大学马克思主义学院新时代党的建设研究中心协办的“21世纪马克思主义和中国改革开放”国际学术研讨会在上海召开。取得的主要研究成果有蔡昉《四十不惑：中国改革开放经验分享》（中国社会科学出版社2018年版）、《中国经济改革与发展（1978—2018）》（社会科学文献出版社2018年版），郝立新《马克思主义哲学40年的回顾与前瞻》（《光明日报》2018年11月5日）。此外，原中国马克思主义哲学史学会法人代表、副会长、顾问（常务）唐源昌，现任中国马克思主义哲学史学会副会长徐素华编写了“中国马克思主义哲学史学会四十年发展史”，在“经典与当代”微信公众号上予以推送，展现了中国马克思主义哲学史学会四十年的发展历程。2018年12月18日，庆祝改革开放40周年大会在北京隆重召开，习近平总书记发表重要讲话，回顾改革开放40年的光辉历程，总结改革开放的伟大成就和宝贵经验，动员全党全国各族人民在新时代继续把改革开放推向前进，为实现“两个一百年”奋斗目标、实现中华民族伟大复兴的中国梦不懈奋斗。

第三，对习近平新时代中国特色社会主义思想的研究进一步深入推进。

2017年11月，党的十九大召开。习近平新时代中国特色社会主义思想是党的十九大取得的一项重要成果，是马克思主义中国化最新成果，是中国特色社会主义理论体系的重要组成部分。在党的十九大上，习近平新时代中国特色社会主义思想被写入党章，在2018年全国“两会”上被写入宪法。2018年，宣传贯彻党的十九大精神，学习阐释党的十九大报告既是一项重大政治任务，又是一项重大理论工程。为进一步深化习近平新时代中国特色社会主义思想的研究阐释，经党中央批准，10家习近平新时代中国特色社会主义思想研究中心（院），在中央党校、教育部、中国社会科学院、国防大学、北京市、上海市、广东省、北京大学、清华大学和中国人民大学成立。2018年，围绕习近平新时代中国特色社会主义思想，全国范围内从不同角度，结合不同主题，召开了一系列理论研讨会。马克思主义理论界围绕习近平新时代中国特色主义思想的科学体系、理论特色、哲学基础、原创性贡献、历史地位和世界意义等取得了一系列研究成果。如，韩庆祥、陈远章：《学习把握新时代中国特色社会主义的大逻辑》，《人民日报》2018年5月24日；刘志明：《中国特色社会主义的重大贡献》，《光明日报》2018年10月9日等。

二　重大问题研究进展

2018年马克思主义发展史研究重点在下列问题上有所推进。

第一，以纪念马克思诞辰200周年为契机，围绕马克思的生平和思想、马克思主义文献研究、马克思主义的本质特征和当代价值、马克思主义中国化与新时代中国特色社会主义等问题进行研究。

每逢马克思主义创始人的重要诞辰和重要著作出版的纪念年，马克思主义学术界和理论界都会掀起学习研讨马克思主义的热潮，重新回顾马克思的生平、著作和精神，总结马克思主义经典文献的收藏、编译、传播和研究工作的新进展，探讨马克思主义的时代精神和当代价值。2018年是马克思诞辰200周年，5月4日，纪念马克思诞辰200周年大会在人民大会堂隆重举行，习近平总书记在大会上发表重要讲话强调，我们纪念马克思，是为了向人类历史上最伟大的思想家致敬，也是为了宣示我们对马克思主义科学真理的坚定信念。马克思主义始终是我们党和国家的指导思想，是我们认识世界、把握规律、追求真理、改造世界的强大思想武器。新时代，中国共产党人仍然要学习马克思，学习和实践马克思主义，高扬马克思主义伟大旗帜，不断从中汲取科学智慧和理论力量，更有定力、更有自信、更有智慧地坚持和发展新时代中国特色社会主义，让马克思、恩格斯设想的人类社会美好前景不断在中国大地上生动展现出来。

关于马克思的生平和思想。马克思的思想已经成为一种世界语言，指引着人类追寻理想社会的脚步。在马克思诞辰200周年之际，回望这位思想巨人，对中国和世界都显得格外重要。党报党刊、各种学术期刊、网络媒体等纷纷刊文回顾马克思的生平和思想，展现马克思主义的真理力量，向伟大的马克思致敬。《人民日报》为纪念马克思诞辰200周年，推出任仲平文章《他的英名和事业永世长存》①。文章提出，在“世界之乱”与“中国之治”的对比中，人们再次发现马克思主义这一现代世界思想乐章最重要的主题，依然占据着真理和道义的制高点；在马克思身上，革命家与思想家达到了完美的结合；“人的解放”，是马克思主义的核心主题；从遥远西方引来的火种，让中国人找到了一种“新的世界观”，推动百年中国浩荡前行；今天，我们纪念马克思，是为了牢记“为人民谋幸福”的初心；今天，我们纪念马克思，是为了坚定“为民族谋复兴”的使命；今天，我们纪念马克思，是为了激荡“为世界谋大同”的情怀；人类可能没有什么时候比现在更需要回到马克思，去追寻生活的目的性、追求更高的价值、追问生存的意义，发现这个时代“人的尺度”；“不断开辟21世纪马克思主义发展新境界，让当代中国马克思主义放射出更加灿烂的真理光芒”。

中山大学马克思主义学院副教授童建军撰文《国外新闻媒体关于马克思诞辰200周年的报道分析》②，通过检索和分析全球近200个国家和地区的2431家报纸及11家重要通讯社关于马克思诞辰200周年的报道发现：这些国外新闻媒体对有关马克思的纪念活动进行了报道，重温马克思在资本主义的批判性分析和平等的价值追求上的历史性功绩，肯定了马克思对社会发展的预见性，赞赏马克思著作中深沉的人文主义精神，高度评价马克思在研究方法上的开创性贡献。该文认为，辩证地把握国外新闻媒体对马克思的积极认同与合理回应国外新闻媒体对马克思的肆意歪曲，对于深化我们对马克思的理解和坚定马克思主义信仰，具有重要的理论意义与实践价值。

中央财经大学马克思主义学院王静在《同时代人眼中的马克思和马克思主义——纪念马克思诞辰200周年》③一文中，通过回顾马克思同时代的人（不论是亲人、战友、论敌，还是敌视马克思的反动者）对马克思和马克思主义的认识，清晰地再现了马克思的鲜活形象，以及马克思主义能够穿越时空、经受历史检验的本质及其意义。

重申马克思主义经典文献研究的重要意义，以文本研究最新成果纪念马克思诞辰200周年。北京大学哲学系教授聂锦芳在《基于文本探寻马克思的思想世界》④一文中

---

① 任仲平：《他的英名和事业永世长存》，《人民日报》2018年5月1日。

② 童建军：《国外新闻媒体关于马克思诞辰200周年的报道分析》，《马克思主义研究》2018年第11期。

③ 王静：《同时代人眼中的马克思和马克思主义——纪念马克思诞辰200周年》，《思想理论教育导刊》2018年第7期。

④ 聂锦芳：《基于文本探寻马克思的思想世界》，《光明日报》2018年4月9日。

提出，马克思是一位特殊的思考者和写作者——他一生的写作历程长达五十余年，但成型、定稿的作品不到其全部著述的三分之一，留存下来的绝大部分是手稿、笔记、摘录和书信。对于一位产生了巨大历史影响的理论家来说，其观点和体系的丰富内涵既体现在那些表述明确的论断中，也深藏于对这些观点和体系的探索、论证过程中。马克思的很多重要思想及其论证就隐匿于那些散乱的大纲、初稿、过程稿、修正稿和补充材料之中。如果不花大的功夫对其文本细节进行甄别和辨析，而是大而化之、浅尝辄止地对待，甚至满足于外围言说、宏观定性和评价，是很难走进其丰富而深邃的思想世界的。该文根据原始文本、文献对马克思思想演变进程中的几个关节点进行重新梳理和分析，试图在马克思思想的起源与西方文化传统之间的复杂关系、马克思哲学思想转变的逻辑线索及其实质、异质思想的剥离对于思想培育和锻造的意义、政治经济学批判的逻辑建构等困扰马克思主义史研究的一些难题上有所突破。只有奠基于全面而系统的文本基础之上，将版本考证、文本解读、思想阐释与现实意义重估紧密结合起来，才能走进马克思丰富而深邃的思想世界，把握其思想演变的过程和逻辑，既有利于矫正长期以来形成的误读和曲解，也有助于体现马克思主义的当代价值。这无疑是对马克思这位人类历史上影响最深远的思想家诞辰200周年最好的纪念。

马克思恩格斯的传世文献是马克思恩格斯思想的直接现实。编校可靠而全面的经典文献，本身就是研究和发展马克思主义的基础性工作。MEGA的工作自梁赞诺夫以来既是马克思主义史的一部分，又是推动马克思主义发展的特殊力量，MEGA2尤其日益显示出这方面的影响和潜力。更深入地检视、开发、运用MEGA2，进一步提升马克思主义研究，是新时代的学术召唤。为了纪念马克思诞辰200周年，《现代哲学》2018年第3期以“MEGA研究再出发——纪念马克思诞辰200周年”为专题刊登一组论文，分别刊发南京大学特聘教授张一兵的《面对MEGA2：马克思哲学研究“再归基”》，南京大学—柏林洪堡大学联合培养哲学博士、南京大学马克思主义学院助理研究员李乾坤的《对MEGA历史上三个编辑原则的比较》，广州大学继续教育学院副教授相秀丽的《MEGA2注释的技术性错误及体例局限——以MEGA2 II/10A关于“工厂视察员报告”的注释为例》，南京大学—巴黎一大联合培养博士，南京大学马克思主义学院助理研究员刘冰菁的《MEGA2与法国马克思主义思想研究的新动态》。这组论文围绕MEGA2，就编辑原则的历史与问题、新刊布文献对既有理解的推进等方面展示新的思考和探索，希望对相关的基础经典文本研究从而对理论研究再作贡献。

关于马克思主义的本质特征及其当代价值。中国人民大学一级教授陈先达在文章《占据真理和道义制高点的马克思主义》① 中指出，马克思诞生已经200年，马克思主义创立已经170多年，马克思的名字依然在世界各地受到人们的尊敬，马克思的思想依然闪烁着耀眼的真理光芒，为什么？因为它占据着真理和道义的制高点。真理和道义结合并同处于当代制高点的论断，既是对马克思伟大光辉一生和伟大人格的精炼概括，也是对马克思主义的科学性、人民性、实践性和开放性的本质特征及其当代价值的最好诠释。在当今世界，马克思主义依然处于真理的制高点，因为它科学地回答了资本主义向何处去、人类社会向何处去这个历史之问、世纪之问、当代之问。马克思主义占据道义的制高点，因为马克思主义没有特殊利益，不牟私利，不是某个集团或阶级利益的代

① 陈先达：《占据真理和道义制高点的马克思主义》，《光明日报》2018年5月15日。

表，而是为无产阶级和人类解放而斗争的学说，代表人类绝大多数人的利益和历史进步方向。共产主义对共产党人来说，既是历史发展的规律，又是理想和信仰。共产党人坚持共产主义理想和信仰是站在真理和道义的制高点上，因为它是建立在人类社会发展规律基础上，又最符合全体中国人民的根本利益。马克思最伟大的思想遗产是马克思主义；最重要的政治遗产是世界许多国家成立的共产党；最具有号召力和吸引力的伟大理想是消灭阶级、消灭剥削，建立一个人的自由全面发展的共产主义社会；最重要的社会变革是社会主义开始由理想变成现实。中国共产党人有理由、有必要纪念马克思诞辰200周年。正是马克思主义在中国的传播，中国才开天辟地出现了中国共产党，中国先进的革命知识分子才从黑夜的摸索中找到了走出民族存亡困境和踏上民族复兴道路的理论指南，改写了中国近现代发展历史的进程，改变了20世纪中国的命运。

中央党校（国家行政学院）常务副校长（副院长）何毅亭撰文《马克思主义的当代价值——学习习近平总书记在纪念马克思诞辰200周年大会上的讲话》①，认为马克思主义之所以具有旺盛的生命力，之所以仍然是当代世界最具影响力的伟大思想，就在于它是集真理性、价值性、实践性、革命性、开放性于一身的科学理论，具有对当代社会的理论解释力和价值引领力。马克思主义占据着科学真理的制高点，科学回答了资本主义向何处去、人类社会向何处去的历史根本问题，为人类社会发展进步指明了正确前进方向。马克思主义体现着人类社会的崇高价值追求，是为无产阶级和全人类求解放、为绝大多数人谋利益的学说，为人的发展和人的解放提供了锐利思想武器马克思主义彰显着彻底的革命性，是推翻旧世界、建立新世界的革命理论，为中国共产党领导的社会革命和进行自我革命提供了磅礴精神力量。

吉林大学哲学社会科学资深教授孙正聿在《展现马克思主义的真理力量——纪念马克思诞辰200周年》② 一文中提出，作为革命家和思想家的马克思，创建了以他的名字命名的马克思主义。以马克思的“两大发现”为实质内容的马克思主义，不仅使人类自觉到自身的发展规律，而且使人类自觉到“现实的历史”即资本主义的发展规律，从而为人类解放指明了现实道路，为当代人类文明形态变革提供了伟大的社会理想。马克思主义是最为“有理”的理论、最为“讲理”的理论、最为“彻底”的理论，因而是最为“说服人”的理论。展现马克思主义的真理力量，在新时代中国特色社会主义的伟大实践中奋勇前行，是对马克思的最好纪念，也是我们的历史使命。

关于马克思主义中国化与新时代中国特色社会主义的研究。中共中央党史和文献研究院副院长贾高建撰文《不断推进马克思主义中国化时代化大众化——纪念马克思诞辰200周年》③ 提出，马克思主义是我们党的根本指导思想，在长期的实践中，我们党努力把马克思主义的普遍真理与中国的具体实际相结合，推动中国革命、建设和改革取得了一系列重大成就，同时也使马克思主义不断实现自身的中国化、时代化、大众化。

① 何毅亭:《马克思主义的当代价值——学习习近平总书记在纪念马克思诞辰200周年大会上的讲话》,《学习时报》2018年5月14日。

② 孙正聿:《展现马克思主义的真理力量——纪念马克思诞辰200周年》,《吉林大学社会科学学报》2018年第3期。

③ 贾高建:《不断推进马克思主义中国化时代化大众化——纪念马克思诞辰200周年》,《求是》2018年第8期。

如今我们纪念马克思，就是要在新的发展阶段上继续坚持马克思主义的指导地位，并以新的实践为基础，不断推进马克思主义中国化、时代化、大众化。以马克思主义为指导解决中国的实际问题，推进马克思主义中国化；把坚持与发展马克思主义统一起来，推进马克思主义时代化；重视加强马克思主义理论的宣传教育，推进马克思主义大众化。

中共中央党史和文献研究院研究员石仲泉在文章《从马克思主义到中国化马克思主义——纪念马克思诞辰200周年》[①] 中提出，马克思主义深刻地影响了世界历史和人类社会发展进程。就马克思主义理论在中国的传播来说，已进入到了中国化马克思主义理论的新时代。

中国人民大学教授卫兴华、中国人民大学经济学院博士研究生田超伟在《从科学社会主义到新时代中国特色社会主义——纪念马克思诞辰200周年》[②] 一文中提出，在《共产党宣言》和《资本论》等著作中，马克思揭示了资本主义经济发展的规律，论证了资本主义的历史进步作用和终将被社会主义所取代的必然性。马克思揭示了未来社会主义必须大力发展生产力和实现共同富裕的本质规定，论述了科学社会主义的基本经济特点。中国特色社会主义是科学社会主义的继承与发展。改革开放40年来，中国特色社会主义理论与实践不断创新。特别是习近平新时代中国特色社会主义思想开拓了科学社会主义的新境界，创新性地提出了一系列新的理论与思想，回答了新时代出现的一系列新问题，为发展和创新中国特色社会主义提供了理论指引。

第二，以纪念《共产党宣言》发表170周年为契机，围绕《共产党宣言》的核心思想、《共产党宣言》与新时代中国特色社会主义的关系、《共产党宣言》在中国的传播等问题进行了研究。

2018年是《共产党宣言》发表170周年，4月23日，中共中央政治局就《共产党宣言》及其时代意义举行第五次集体学习。中共中央总书记习近平在主持学习时强调，学习马克思主义基本理论是共产党人的必修课。我们重温《共产党宣言》，就是要深刻感悟和把握马克思主义真理力量，坚定马克思主义信仰，追溯马克思主义政党保持先进性和纯洁性的理论源头，提高全党运用马克思主义基本原理解决当代中国实际问题的能力和水平，把《共产党宣言》蕴含的科学原理和科学精神运用到统揽伟大斗争、伟大工程、伟大事业、伟大梦想的实践中去，不断谱写新时代坚持和发展中国特色社会主义新篇章。全国各地召开多场理论研讨会、刊发系列文章，重温《共产党宣言》这部马克思主义经典著作的核心思想、理论价值和时代意义。

关于《共产党宣言》的核心思想。教育部高等学校社会科学发展研究中心教授田心铭在《论〈共产党宣言〉的核心思想——纪念马克思诞辰200周年、〈共产党宣言〉发表170周年》[③] 一文中提出，恩格斯用三句话概括了贯穿《共产党宣言》并构成其核心的基本思想，集中表达了《共产党宣言》提出的新世界观。1848年《共产党宣言》

---

① 石仲泉：《从马克思主义到中国化马克思主义——纪念马克思诞辰200周年》，《毛泽东思想研究》2018年第7期。

② 卫兴华、田超伟：《从科学社会主义到新时代中国特色社会主义——纪念马克思诞辰200周年》，《学术研究》2018年第8期。

③ 田心铭：《论〈共产党宣言〉的核心思想——纪念马克思诞辰200周年、〈共产党宣言〉发表170周年》，《政治学研究》2018年第2期。

发表时，这些思想是不是真理的问题是没有完全解决的。170 年来的社会实践证明《共产党宣言》的基本原理是完全正确的。认识过程第一次飞跃产生的理论就被证明完全正确，对于一个提出了划时代的新世界观的文献来说，是认识史上的奇观，表明《共产党宣言》是人类思想史、科学史上的经典杰作，具有不可撼动的崇高地位。《共产党宣言》没有结束真理，而是用科学的理论和方法为真理的发展开辟了道路。《共产党宣言》是共产党人第一次"向全世界公开说明自己的观点、自己的目的、自己的意图"。它所昭告于天下的，就是全世界共产党人的初心。中国共产党人的初心和使命，就是把马克思主义基本原理同中国具体实际相结合而确立的党的根本宗旨和奋斗目标。开展"不忘初心，牢记使命"主题教育，必须坚持《共产党宣言》的科学世界观。党的十九大指出的"意识形态领域斗争依然复杂"的问题，在对待《共产党宣言》的态度上有突出表现。坚持马克思主义必须坚持《共产党宣言》的核心思想，否定《共产党宣言》的核心思想就否定了马克思主义。

关于《共产党宣言》的理论价值和时代意义。中共重庆市委党校教授苏伟撰文《关于〈共产党宣言〉若干理论意义与时代意义的问答——纪念马克思诞辰 200 周年、〈共产党宣言〉发表 170 周年》①，认为马克思主义的三大组成部分，尤其是以生产关系一定要适合生产力性质与状况原理为核心的唯物主义历史观、以揭露资本剥削雇佣劳动的资本理论为核心的政治经济学思想、以社会主义必将替代资本主义的历史规律为核心的科学社会主义观，都在《共产党宣言》中得到了集中而鲜明的体现。没有马列主义，没有中国共产党将其与实际相结合，就没有新中国、没有改革开放、没有中国特色社会主义。《共产党宣言》还揭示了经济全球化的趋势、必然性和规律。中国自觉投入经济全球化，使其浪潮愈加汹涌澎湃，并与以美国为代表的逆全球化支流相碰撞，但历史潮流不可阻挡。新时代中国特色社会主义的理论与实践创新，必将书写当代中国马克思主义和 21 世纪马克思主义发展的新篇章，与《共产党宣言》交相辉映。

首都师范大学陈新夏教授撰文《〈共产党宣言〉的现代意识和世界视野》②，认为《共产党宣言》的现代意识和世界视野集中体现在对资本主义开启社会现代化进程历史作用的充分肯定，以及前瞻性地指明了全球化的历史必然性及其对社会发展的影响。《共产党宣言》的现代意识和世界视野启示我们，中国特色社会主义建设应当继承和发展现代性的一切成果，坚定不移地走现代化道路，应当充分吸收人类文明的优秀成果，沿着人类文明的大道前行，建设富强、民主、文明的现代化国家，并为构建人类命运共同体作出更大的贡献。

南开大学王南湜教授撰文《回归从〈共产党宣言〉到〈资本论〉的资本主义科学批判之路》③，认为开启于《共产党宣言》而成就于《资本论》的资本主义科学批判方式，通过对资本主义生产方式的客观描述而揭示出了资本主义所内含的矛盾必然会由于利润率的下降，最终导致这一生产方式存在的不可能性。这一批判方式比《1844 年经

---

① 苏伟:《关于〈共产党宣言〉若干理论意义与时代意义的问答——纪念马克思诞辰 200 周年、〈共产党宣言〉发表 170 周年》,《探索》2018 年第 4 期。

② 陈新夏:《〈共产党宣言〉的现代意识和世界视野》,《马克思主义与现实》2018 年第 3 期。

③ 王南湜:《回归从〈共产党宣言〉到〈资本论〉的资本主义科学批判之路》,《马克思主义与现实》2018 年第 3 期。

济学哲学手稿》中异化论的道德批判方式，对于资本主义具有更大的杀伤力，因而更重要。因此我们应当从目前流行的将《资本论》视为对于资本主义道德批判的理解方式中，回归《共产党宣言》所开启的资本主义科学批判之路。

关于《共产党宣言》与新时代中国特色社会主义的关系。中共中央党校科社教研部教授胡振良在《开创科学社会主义理论的新境界——从〈共产党宣言〉到习近平新时代中国特色社会主义思想》[①] 一文中提出，《共产党宣言》的历史是世界历史、社会主义历史和新时代中国特色社会主义发展史。《共产党宣言》同新时代中国特色社会主义是一种辩证关系，是不忘初心，与时俱进的关系，是理论结合实际的关系，是世界与中国以及中国与世界的关系，是继承和发展的关系。《共产党宣言》回答了科学社会主义基本问题，是一个博大精深的理论体系，其一般原理整个说来还是完全正确的，但其运用要以历史条件为转移。新时代中国特色社会主义在继承和创新的基础上系统回答了新时代坚持和发展中国特色社会主义的主题，开创了科学社会主义新境界。

关于《共产党宣言》与马克思主义中国化。清华大学马克思主义学院教授肖贵清在《共产党宣言与马克思主义中国化》[②] 一文中提出，百余年来，《共产党宣言》始终与中华民族的命运紧密相连，其基本思想在与中国革命、建设和改革实际相结合过程中，不断实现马克思主义中国化，既在实践中解决了中国革命、建设和改革面临的具体问题，又从理论上丰富发展了马克思主义。《共产党宣言》是中国革命道路开辟的基本遵循。十月革命后，产生于西欧的马克思主义之所以能够在中国得到广泛传播，根本原因在于它适应了中国革命和社会发展的需要，给正在探索发展道路的中国人民指明了新的革命前途。《共产党宣言》全篇贯穿着阶级观点和阶级分析方法，并具体论述了资本主义条件下的阶级关系和阶级斗争策略，主张通过暴力革命推翻资本主义制度，阐发了无产阶级的领导地位、共产党人的先进性以及联合其他党派共同斗争等重要思想，为中国共产党分析和认识中国国情和阶级构成，开辟符合中国实际的革命道路提供了基本遵循。从中华人民共和国成立到1956年社会主义改造基本完成，我国初步建立了社会主义基本制度。社会主义基本制度的建立是中国革命的实践成果，是以《共产党宣言》作为理论参照所取得的伟大变革。《共产党宣言》阐明了马克思主义一般原理的实际运用要坚持具体问题具体分析，为中国特色社会主义的事业开创和发展提供了重要的方法指南。

广西师范大学马克思主义学院教授钟瑞添在《论〈共产党宣言〉与中国共产党的初心》[③] 一文中提出，《共产党宣言》在中国的传播，孕育了中国共产党，奠定了中国共产党的初心；97年来，中国共产党始终坚持《共产党宣言》对党的性质的规定，始终坚持以《共产党宣言》揭示的辩证唯物主义和历史唯物主义作为自己的世界观和方法论，始终坚守为实现人民美好生活向往的初心使命，始终坚持党员队伍的先进性、纯洁性；《共产党宣言》是中国共产党迈向新征程的精神支柱，中国共产党要带领中国人民实现中华民族的伟大复兴，其力量源泉和智慧源泉都来自对《共产党宣言》所规定的初心和使命的坚守和弘扬。

---

① 胡振良：《开创科学社会主义理论的新境界——从〈共产党宣言〉到习近平新时代中国特色社会主义思想》，《马克思主义与现实》2018年第3期。

② 肖贵清：《共产党宣言与马克思主义中国化》，《光明日报》2018年4月2日。

③ 钟瑞添：《论〈共产党宣言〉与中国共产党的初心》，《马克思主义与现实》2018年第3期。

关于《共产党宣言》的翻译传播及其影响。中共中央编译局研究员杨金海在《〈共产党宣言〉在世界的翻译传播及其影响——纪念〈共产党宣言〉发表170周年》① 一文中提出，170年来，《共产党宣言》传播到世界各国，被翻译成200多种文字，出版上千种版本，成为世界上发行量最大的社会政治和人文社会科学著作。《共产党宣言》在世界的传播不仅深刻改变了人类命运和世界格局，而且深刻影响了人类的现代文化。

第三，关于习近平新时代中国特色社会主义思想的形成逻辑、科学体系、伟大意义、哲学意蕴和原创性贡献研究。

马克思主义发展史研究注重从历史角度对现实理论发展成果进行研究和解读。从党的十八大到十九大是砥砺奋进的五年，也是中国特色社会主义理论实现历史性跨越的五年。习近平新时代中国特色社会主义思想在党的十八大以后逐渐形成，在党的十九大报告中得到明确概括和系统阐述，并被写入大会修改的《中国共产党章程》中，确立为党的指导思想。这不仅为治国理政提供了行动指南和思想武器，也为学术研究开启了新篇章和新领域。

关于习近平新时代中国特色社会主义思想的形成逻辑研究。从产生动因上看，一是主要矛盾新转化，中共中央党校经济学教研部副主任曹立教授等在《习近平新时代中国特色社会主义思想的逻辑起点》② 一文中提出，中国社会主要矛盾是习近平新时代中国特色社会主义思想的逻辑起点。中共中央党校研究生院院长、教授韩庆祥等撰文③认为，应从理论、历史和现实三个维度，全面理解和把握当今我国社会主要矛盾新转化这一重大政治判断。他们认为这不仅是中国特色社会主义理论的重大发展，也是新时代制定重大方针政策的基本依据。也有学者提出国际形势新变化、党的理论创新取得新成果、新的历史任务和奋斗目标等表明我国发展进入新的历史方位。如郑州大学公共管理学院教授谢海军在《判断新时代中国特色社会主义历史方位的四个维度》④ 一文中，从时间坐标维度、空间位置维度、发展阶段维度和矛盾变化维度等四个维度分析我国历史方位的新变化。还有学者从问题导向入手，认为党的十八大以来国内外形势新变化和事业新发展提出了理论诉求，必须从理论和实践结合上系统回答新时代坚持和发展什么样的中国特色社会主义、怎样坚持和发展中国特色社会主义，对时代变革与时代问题的理论回应创立了习近平新时代中国特色社会主义思想。⑤

关于习近平新时代中国特色社会主义思想的科学体系研究。习近平新时代中国特色社会主义思想是科学的理论体系，原中国社会科学院院长、党组书记，中国社会科学院

① 杨金海：《〈共产党宣言〉在世界的翻译传播及其影响——纪念〈共产党宣言〉发表170周年》，《中共福建省委党校学报》2018年第2期。

② 曹立、公丕宏、公丕明：《习近平新时代中国特色社会主义思想的逻辑起点》，《理论视野》2017年第11期。

③ 韩庆祥、陈曙光：《中国特色社会主义新时代的理论阐释》，《中国社会科学》2018年第1期。

④ 谢海军：《判断新时代中国特色社会主义历史方位的四个维度》，《中州学刊》2018年第1期。

⑤ 参见李君如《实现民族复兴的行动指南——深入学习领会习近平新时代中国特色社会主义思想》，《毛泽东邓小平理论研究》2017年第11期；王宗礼《习近平新时代中国特色社会主义思想的生成逻辑》，《国外理论动态》2017年第11期。

大学校长王伟光教授[①]就此撰文指出其是由主题、主线、目标、精神实质、核心内涵、实践方略构成的逻辑严谨、系统完整的理论体系。新时代坚持和发展中国特色社会主义是其鲜明主题，新时代如何治国理政是其突出主线，建设社会主义现代化强国是其明确目标，根植中国、反映民意、适应时代是其精神实质，“八个明确”是其核心内涵，“十四个坚持”是其实践方略。《十九大报告辅导读本》对“八个明确”“十四个坚持”进行了体系化梳理，认为目标问题、矛盾问题、道路问题、动力问题、保障问题、本质特征问题等六大问题构成了“八个明确”的思想体系；由党的领导、“五位一体”总体布局、“四个全面”战略布局、四大保障等四大部分构成“十四个坚持”的实践体系。[②]北京交通大学马克思主义学院院长韩振峰教授[③]则认为，“八个明确”侧重揭示和回答“新时代坚持和发展什么样的中国特色社会主义”，“十四个坚持”基本方略侧重揭示和回答“新时代怎样坚持和发展中国特色社会主义”，两者有机结合，构成了习近平新时代中国特色社会主义思想的完整内容和科学体系。上海交通大学马克思主义学院院长王岩教授在《习近平新时代中国特色社会主义思想的逻辑呈现》[④] 一文中提出，坚持和发展中国特色社会主义的深刻主题、实现中华民族伟大复兴中国梦的清晰主线、顺应人民群众对美好生活向往的鲜明主旨，构成了习近平新时代中国特色社会主义思想的基本逻辑框架。也有学者将社会主要矛盾、“五大发展理念”和四个全面串联起习近平新时代中国特色社会主义思想的理论体系，如浙江省社会科学院、浙江省马克思主义执政党建设研究中心研究员黄宇在《习近平新时代中国特色社会主义思想的逻辑基点与实践基础》[⑤] 一文中提出，习近平新时代中国特色社会主义思想以社会主要矛盾为逻辑起点、以战略思维为理论支撑、以“五大发展理念”为实践取向、以人民为中心为价值追求、以全面深化改革为基本动力、以群众路线为根本方法、以法治建设为主要依托、以全面从严治党为根本保证。北京师范大学马克思主义制度理论研究中心主任、马克思主义学院教授徐斌[⑥]提出，习近平新时代中国特色社会主义思想的五重逻辑体系：马克思主义中国化理论的继承和发展的理论逻辑，积极回应并成功解决当代中国改革和发展的现实问题的现实逻辑，在变革世界中勇于创新、推动发展的实践逻辑，实现“两个一百年”的奋斗目标、为人民谋幸福的价值逻辑，21 世纪的马克思主义和意识形态建设灵魂的思想逻辑。

关于习近平新时代中国特色社会主义思想的伟大意义研究。党的十九大召开以来，学界就习近平新时代中国特色社会主义思想的伟大意义进行了多层次、多方位的研究，对习近平新时代中国特色社会主义思想在马克思主义发展史上的意义、对科学社会主义

---

① 王伟光：《当代中国马克思主义的最新理论成果——习近平新时代中国特色社会主义思想学习体会》，《中国社会科学》2017 年第 12 期。

② 参见《党的十九大报告辅导读本》，人民出版社 2017 年版，第 19—22 页。

③ 韩振峰：《习近平新时代中国特色社会主义思想的内在逻辑》，《人民论坛》2017 年第 34 期。

④ 王岩：《习近平新时代中国特色社会主义思想的逻辑呈现》，《思想理论教育导刊》2018 年第 2 期。

⑤ 黄宇：《习近平新时代中国特色社会主义思想的逻辑基点与实践基础》，《浙江社会科学》2017 年第 12 期。

⑥ 徐斌：《习近平新时代中国特色社会主义思想的五重逻辑》，《人民论坛》2017 年第 33 期。

的发展、世界意义进行了系统阐释。从全局意义来看，理论界提出习近平新时代中国特色社会主义思想不仅对实现中华民族伟大复兴具有极其重大而深远的意义，在马克思主义发展史和世界社会主义发展史上也是具有标志性的重大事件。这一科学理论凝结着我们党对科学社会主义的理论思考、经验总结，体现着我们党对坚持和发展中国特色社会主义的担当和探索，是马克思主义中国化最新成果，是中国特色社会主义理论体系的重要组成部分，是新时代中国共产党人的精神旗帜，丰富发展了科学社会主义理论。① 中共中央党史和文献研究院院长冷溶教授对此进行进一步阐释，认为习近平新时代中国特色社会主义思想开辟了马克思主义、中国特色社会主义、治国理政、管党治党等“四个境界”。② 中国社会科学院世界社会主义研究中心主任李慎明研究员从历史与现实相结合的角度提出习近平新时代中国特色社会主义思想拓展了中国道路、传递了中国理念、提供了中国方案、发展了 21 世纪马克思主义。③ 还有学者将习近平新时代中国特色社会主义思想与共产党的历史任务、使命和前途相联系进行理论解读，如中国人民大学党委书记靳诺教授撰文提出习近平新时代中国特色社会主义思想的重大意义是不忘初心、牢记使命、继续前进的政治宣言，是实现历史性变革、开创中国特色社会主义新时代的理论纲领，是开启强国新征程、实现中国梦的行动指南。④ 有学者从理论创新的生长点等角度论述习近平新时代中国特色社会主义思想，如湖南大学中国文化软实力研究中心主任、马克思主义学院张国祚教授提出新思想在时代背景、实践基础、历史使命、理论贡献、人民至上、文化自信、社会治理、尊重自然、强军之路、外交理念、从严治党等十一个方面有重大创新。⑤ 苏州大学马克思主义学院院长田芝健教授认为，习近平新时代中国特色社会主义思想是对马克思主义的“创造性转化”“创造性运用”和“创新性发展”。⑥ 从实践意义看，清华大学习近平新时代中国特色社会主义思想研究院副院长、马克思主义学院副院长肖贵清教授认为，习近平新时代中国特色社会主义思想是决胜全面建成小康社会，进而全面建设社会主义现代化强国、实现中华民族伟大复兴的行动指南；是为人类文明发展进步贡献的中国智慧和中国方案。⑦ 从方法论意义看，东北大学马克思主义学院张海波博士、东北大学马克思主义学院院长秦书生教授认为，习近平新时代中国特色社会主义思想是一个科学的理论体系，始终贯穿着辩证唯物主义和

① 参见秋石《新时代中国特色社会主义是科学社会主义发展的新阶段》，《求是》2018 年第 13 期。

② 冷溶：《深刻领会习近平新时代中国特色社会主义思想的历史地位和丰富内涵》，《党的文献》2017 年第 6 期。

③ 李慎明：《习近平新时代中国特色社会主义思想的历史地位与世界意义》，《求是》2018 年第 1 期。

④ 靳诺：《习近平新时代中国特色社会主义思想的划时代意义》，《中国高等教育》2017 年第 21 期。

⑤ 张国祚：《习近平新时代中国特色社会主义思想的十一新》，《思想理论教育导刊》2017 年第 12 期。

⑥ 田芝健、丁新改：《习近平新时代中国特色社会主义思想的理论创新》，《苏州大学学报（哲学社会科学版）》2017 年第 6 期。

⑦ 肖贵清：《习近平新时代中国特色社会主义思想的重大意义》，《中共中央党校学报》2017 年第 6 期。

历史唯物主义世界观与方法论。[①]

关于习近平新时代中国特色社会主义思想的哲学意蕴研究。马克思主义哲学是与时俱进的开放理论体系，它内在统摄了辩证唯物主义和历史唯物主义的科学世界观和方法论，其哲学立场、观点和方法不断地熔铸于新的理论体系之内。马克思主义的哲学立场、观点和方法作为支撑其理论体系的基本架构，是21世纪马克思主义的理论精髓和思想灵魂所在。习近平新时代中国特色社会主义思想是在继承与发展马克思主义哲学立场、观点和方法的基础上续写21世纪马克思主义中国化的新版本，充分彰显和释放出马克思主义哲学的强大生命力和真理力量。深入分析习近平新时代中国特色社会主义思想对马克思主义哲学在立场、观点和方法上的继承与发展，有利于加深领会与把握其精神实质和价值内涵，并从时代高度研究新问题，不断推动马克思主义的丰富和发展。有学者提出习近平新时代中国特色社会主义思想是对马克思主义哲学立场的继承与发展。如山东大学郭云泽、浙江大学马克思主义学院院长刘同舫教授在《习近平新时代中国特色社会主义思想对马克思主义哲学的继承与发展》[②] 一文中指出，习近平新时代中国特色社会主义思想在继承和确立马克思主义哲学三维立场的基础上，不断开创人民至上的价值境界、活的新文明形态和新的时代精神。有学者从对立统一的哲学思维出发，提出习近平新时代中国特色社会主义思想是坚持辩证唯物主义和历史唯物主义方法论，认识和解决一系列重大现实问题，彰显出厚重的马克思主义哲学底蕴，实现了理论与实践的统一；习近平新时代中国特色社会主义思想是对共产党执政规律、社会主义建设规律、人类社会发展规律更自觉地把握，达到认识社会规律与提高主体实践自觉性的统一；习近平新时代中国特色社会主义思想内涵体现出客观事物发展过程连续性与非连续性的辩证法，诠释了马克思主义中国化历史进程的连续性和中国化马克思主义阶段性成果的统一；习近平新时代中国特色社会主义思想蕴含着丰富的辩证思维，在管党治党和治国理政的系统工程中，彰显唯物辩证法和唯物史观在实践中的统一。[③] 有学者从辩证唯物主义和历史唯物主义角度深入阐述习近平新时代中国特色社会主义思想的哲学意义。如：北京联合大学生物化学工程学院副研究员范宝祥、北京联合大学马克思主义学院教授张泽一撰文提出，习近平新时代中国特色社会主义思想从世界物质统一性原理出发，深刻把握国内外发展条件和发展要求的变化，提出了中国特色社会主义进入新时代的新论断；以唯物辩证法的根本方法回答了新时代坚持和发展中国特色社会主义的一系列重大问题；坚持历史唯物主义基本观点，对新时代中国特色社会主义发展的历史必然充满自信和定力。[④] 有学者将习近平新时代中国特色社会主义思想的哲学特征概括为科学性与时代性相统一、继承性与创新性相统一、系统性与针对性相统一、人民性与党性

---

① 张海波、秦书生：《习近平新时代中国特色社会主义思想的世界观和方法论意蕴》，《广西社会科学》2017年第11期。

② 郭云泽、刘同舫：《习近平新时代中国特色社会主义思想对马克思主义哲学的继承与发展》，《思想理论教育》2018年第8期。

③ 朱哲、魏璐璐：《习近平新时代中国特色社会主义思想的哲学意蕴》，《理论探讨》2018年第3期。

④ 范宝祥、张泽一：《习近平新时代中国特色社会主义思想的马克思主义哲学底蕴》，《学术探索》2018年第3期。

相统一。[①] 学界从哲学底蕴的角度，论述习近平新时代中国特色社会主义思想，作为中国新时代精神的精华，具有深厚的马克思主义哲学底蕴；以辩证唯物主义和历史唯物主义的三个基本向度观照，具有实事求是的辩证唯物论底蕴；对立统一是其唯物辩证法底蕴；以人民为中心是其唯物史观底蕴。[②]

关于习近平新时代中国特色社会主义思想的原创性贡献研究。新时代需要新思想，新思想引领新时代。习近平新时代中国特色社会主义思想是马克思主义中国化的最新成果。中共中央党校科社部副主任倪德刚教授认为，习近平新时代中国特色社会主义思想内含三大创新。一是表述方式创新。"习近平新时代中国特色社会主义思想"这一名称既明确主创者（习近平），又突出主题（中国特色社会主义），还标明历史方位（新时代）。二是体系定位创新。邓小平理论回答了"什么是社会主义、怎样建设社会主义"的问题，"三个代表"重要思想回答了"建设什么样的党、怎样建设党"的问题，科学发展观回答了"实现什么样的发展、怎样发展"的问题。最新成果则回答了"坚持和发展什么样的中国特色社会主义、怎样坚持和发展中国特色社会主义"的问题，它是实现中华民族伟大复兴的行动指南。三是历史使命创新。必须从新使命来把握新思想。新使命解答的是全面建成小康社会后的新任务、新规划。我国要在 2035 年基本实现社会主义现代化，在建国百年之际建成富强民主文明和谐美丽的社会主义现代化强国。

第四，关于唯物史观视野中的人类命运共同体思想研究。

2011 年 9 月，国务院新闻办公室发表的《中国的和平发展》白皮书较早提出了"利益共同体"和"命运共同体"概念。2012 年，党的十八大报告正式提出"人类命运共同体"概念；党的十八大以后，习近平在新加坡国立大学、在阿拉伯国家联盟总部、在亚信第五次外长会议开幕式、在秘鲁国会、博鳌亚洲论坛等一系列双多边国际场合，多次提出并阐述人类命运共同体理念的内涵和价值，向国际社会传达中国关于完善全球治理的价值观念、道路选择和目标方案。2015 年 9 月，习近平出席第七十届联合国大会一般性辩论，发表题为"携手构建合作共赢新伙伴　同心打造人类命运共同体"的重要讲话，系统阐述"人类命运共同体"的丰富内涵，即"建立平等相待、互商互谅的伙伴关系，营造公道正义、共建共享的安全格局，谋求开放创新、包容互惠的发展前景，促进和而不同、兼收并蓄的文明交流，构筑尊崇自然、绿色发展的生态体系。"[③] 这一讲话从政治、安全、经济、文化、生态五个方面，阐述了构建人类命运共同体的总体框架和实践路径。2017 年 1 月 18 日，习近平在联合国日内瓦总部发表题为"共同构建人类命运共同体"的主旨演讲。党的十九大报告提出新时代坚持和发展中国特色社会主义的十四条基本方略，而坚持推动构建人类命运共同体是基本方略之一。在第十三届全国人民代表大会通过的新宪法中，明确写入了推动构建人类命运共同体的内容。可见，构建人类命运共同体已经成为中国特色社会主义的重要内容。

---

① 湖南省社科联课题组：《习近平新时代中国特色社会主义思想的哲学特征》，《湖南社会科学》2018 年第 2 期。

② 戚嵩、邸乘光：《习近平新时代中国特色社会主义思想的哲学底蕴》，《青海社会科学》2018 年第 2 期。

③ 习近平：《携手构建合作共赢新伙伴　同心打造人类命运共同体》，《人民日报》2015 年 9 月 29 日。

黑龙江大学哲学院教授丁立群阐发了人类命运共同体理论。他认为，马克思恩格斯提出的世界历史理论以及揭示出的世界历史趋势，为人类命运共同体思想奠定了理论前提。人类命运共同体是对世界历史思想的创造性发展，是唯物史观时代化的典范，对当代全球化具有重要的建设性意义：它是对当代全球化的准确定位，是当代全球化的总体性逻辑；它克服了当代全球化初期的消解性逻辑，是当代全球化的建设性逻辑；它以世界各民族的共同价值代替了西方所谓的“普世价值”，重构了全球化的普遍理念；它克服了现代化和全球化历程中的单维物质主义，是生存价值与发展价值的统一；它为中国道路的特殊性维度升华为普遍性维度提供了可能性，使中国特色社会主义发展到了一个新阶段。①

上海财经大学教授鲁品越认为，“世界历史”是贯穿在马克思主要著作中的重要思想。资本无止境的增殖过程不断将整个世界卷入到资本的循环圈，由此产生了资本全球化过程，使人类历史成为“世界历史”。马克思恩格斯把资本全球化所导致的“世界历史”的“总体性”的形成看作共产主义社会的前提条件，认为社会主义取代资本主义的历史进程是“世界历史进程”，各个国家的历史发展道路是整个“世界历史进程”的组成部分。习近平“构建人类命运共同体”的伟大构想将这一理论转化为实践，并且提升到新的历史高度，引导人类顺应时代潮流，遵循历史规律，用新型世界秩序逐步取代当代的霸权主义世界秩序，是新时代中国特色社会主义思想的重要组成部分。②

东北大学马克思主义学院教授田鹏颖认为，“人类命运共同体”是马克思历史唯物主义的理论逻辑和现代人类文明发展的历史逻辑的辩证统一，是人类探索21世纪世界治理方案，实现共生、共担、共建、共享的伟大实践智慧，是人类逐渐实现从“虚幻共同体”向“自由人联合体”的历史跨越的重大战略。“人类命运共同体”在理论上丰富了马克思世界历史理论，在战略上为解决人类问题贡献了“中国智慧”和“中国方案”，在实践上为马克思“自由人联合体”的最高理想创造了现实条件。构建人类命运共同体需要正确的政策和策略，特别是要正确处理自觉坚持与自我发展的关系、民族主体与人类主体的关系、社会主义与资本主义的关系。③

中国人民大学马克思主义学院教授张雷声认为，人类命运共同体是以习近平同志为核心的党中央站在新时代起点上，审视全球发展大势、以加强中国对外关系发展为基点提出的重要方案，反映了马克思主义社会共同体、世界历史理论逻辑与当代世界和中国发展的历史逻辑、实践逻辑的统一。人类命运共同体是马克思社会共同体的次级范畴，生产关系性质决定社会共同体为始基范畴，而由生产关系所决定的命运共同体则为次级范畴。在生产力与生产关系的矛盾运动推动下，随着世界历史的不断演进，人类命运共同体成为应对世界体系格局不平等、经济全球化复杂性等问题的现实形态。人类命运共同体是维护世界和平、促进共同发展的必然抉择，维护世界和平与促进共同发展相辅相

---

① 丁立群：《人类命运共同体：唯物史观时代化的典范——当代全球化的建设性逻辑》，《哲学动态》2018年第6期。

② 鲁品越：《“构建人类命运共同体”伟大构想：马克思“世界历史”思想的当代飞跃》，《哲学动态》2018年第3期。

③ 田鹏颖：《历史唯物主义与人类命运共同体》，《马克思主义研究》2018年第1期。

成。人类命运共同体的建设反映的是世界和中国发展的实践逻辑的要求。[①]

三 简要评论

总体来看，2018 年马克思主义发展史学科建设取得一定进展，但以下方面仍需加强研究：

第一，必须从整体视野研究马克思主义发展的历史及其规律。通过对马克思主义发展通史、阶段史和分期史进行研究，在研究不同发展阶段的发展进程中把握马克思主义发展的整体脉络，既要加强对马克思、恩格斯等经典作家思想的研究，又要对马克思发展史开展整体性研究，并在研究中揭示马克思主义的发展历程和发展规律。

第二，要体现出马克思主义发展史研究的综合性特征。马克思主义发展史本身所研究的并非某一个特定的阶段，而是思想从出现到全面发展的整个阶段，不是针对特定国家和地区展开的研究。研究过程中必须反映出马克思主义发展史与其他研究领域发展的联系和具体研究的成果，然后揭示出马克思主义发展史的全面性。

第三，在对马克思主义通史进行研究时，着眼揭示其内在的基本规律，这是马克思主义发展史学科与其他马克思主义理论二级学科相区别的根本特征。

第四，必须加大对进入新时代的中国特色社会主义在人类社会发展史上的重大意义研究。习近平总书记在党的十九大上作的报告中明确指出：中国特色社会主义进入新时代，在中华人民共和国发展史上、中华民族发展史上具有重大意义，在世界社会主义发展史上、人类社会发展史上也具有重大意义。这是一个重要的新论断。马克思主义发展史学科要加强研究中国特色社会主义进入新时代在人类社会发展史上所具有的重大意义。

（供稿：任 洁、夏一璞）

① 张雷声：《唯物史观视野中的人类命运共同体》，《马克思主义研究》2018 年第 12 期。

国外马克思主义

2018年国外马克思主义学科建设扎实推进，研究领域更加广泛，研究深度继续拓展。2018年度恰逢马克思诞辰200周年和《共产党宣言》发表170周年，国外马克思主义政党和左翼学者举行了大量纪念活动，国内学界就此展开了深入探讨。同时，国外共产党研究在整体和个案研究上不断深入，在国外共产党史研究方面更是推出了不少最新成果。西方马克思主义研究在辩证法、经典人物、空间理论、生态马克思主义理论研究，以及对科学技术、批判理论、西方马克思主义的"马克思"研究的反思方面，提出了许多新思考和新认识。国外左翼思想研究聚焦资本主义和新自由主义批判、世界社会主义及其实践活动追踪，在一些重要理论和实践问题上取得了新进展。

一　学科概况

（一）国外共产党研究概况

2018年国外共产党研究稳中有进。在国外学界，本年度围绕国外共产党与激进左翼政治研究出版发表了系列著述，尤其在国外共产党史研究方面发表了大量研究成果，比如《英国殖民地的共产国际、反帝国主义和种族平等》《从摇摆不定到下定决心：法国共产党在1939—1944年间的抵抗运动》《日本共产党：永远的反对党，也是道德指南》《荷兰和德国的共产主义左翼（1900—1968）："列宁、托洛茨基和斯大林，都不是！"——所有工人必须独立思考！》等。在国内学界，《马克思主义研究》《当代世界与社会主义》《当代世界社会主义问题》《社会主义研究》等刊物刊发了几十篇相关研究成果，涵盖国外共产党整体性研究、国别及地区性研究、共产党与工人党国际会议研究、共产党发展史研究、共产党选举实践研究以及国外共产党对中国特色社会主义的评价研究等诸多内容。

2018年，国外共产党相互间联系密切、交流互动频繁。在全球层面，2018年11月23—25日，第20届共产党和工人党国际会议在希腊首都雅典举行，共有来自世界多国的91个共产党参加会议讨论和协商，围绕反对帝国主义战争和军事主义、捍卫共产主义运动史与无产阶级国际主义价值、加强国际团结、争取妇女权利和解放等重要议题达成广泛共识。在地区层面，2018年4月11日，来自27个欧洲国家的32名共产党和工人党代表在布鲁塞尔参加了由希共组织的第11届欧洲共产党会议。会议的主题是反对欧盟、推翻资本主义与构建社会主义的工人阶级运动。与会代表就各国工人运动形势、工人阶级团结斗争、斗争内容和方向、参与工会运动、工人运动重组的困难与可能性等进行了深入交流。2018年7月15—17日，第24届圣保罗论坛在古巴首都哈瓦那召开，来自拉美和加勒比海地区的100多个共产党、左翼组织和团体的430多名代表与会。会议围绕确立反殖民主义、支持反帝团结与和平立场进行了广泛讨论。这些共产党及左翼政党的年度盛会，为各国党的经常性联系搭建了平台。

2018 年国内相关学术活动主要包括：6 月 24 日，中国社会科学院马克思主义研究院在浙江杭州主办第六届国际共运论坛，主题是“新时代世界社会主义运动的新形势”。9 月 22—23 日，华东政法大学举行了主题为“变革·发展·挑战：改革开放与国际共产主义运动”的中俄学术研讨会。10 月 12—14 日，山东大学当代社会主义研究所举办了主题为“新时代中国特色社会主义与世界社会主义新发展”的学术年会。10 月 24—25 日，中国国际共运史学会 2018 年年会暨改革开放 40 年与世界社会主义学术研讨会在枣庄学院召开。11 月 1 日，中国社会科学院主办“改革开放与 21 世纪世界社会主义”国际研讨会。11 月 3—4 日，中国科学社会主义学会当代世界社会主义专业委员会在湖南师范大学举办“中国改革开放 40 年与世界社会主义新发展”学术研讨会暨当代世界社会主义专业委员会年会。11 月 16—18 日，福建师范大学举办“当代国外共产党发展新态势”学术研讨会。

（二）西方马克思主义研究概况

2018 年适逢马克思诞辰 200 周年，世界各地纷纷开展纪念千年思想家的活动。但在很多西方国家，“纪念”大多是知识分子代表底层群体的情绪化表达，具有实质性内容的马克思主义研究在很大程度上被边缘化。这种情况一定程度上推动西方马克思主义研究进入了反思阶段，许多基本问题也被重新思考。2018 年《马克思主义与达尔文主义》在美国的再版及畅销就很能说明问题。[①] 保罗·爱德华·格特弗瑞德则在《马克思主义的离奇死亡：新千年的欧洲左翼》中批判了“后马克思主义左翼”，指出此“左翼”背叛了马克思主义，继承了美国资本主义和帝国主义的多元文化理念。[②] 西方马克思主义学者认识到，唯有秉持马克思思想不可超越的现实性，始终将马克思思想的精髓与社会实际相结合，才能在快速发展的时代洪流中不断实现马克思思想的真理性、批判性和当代性。

在国内，西方马克思主义研究也进入一个深入反思阶段，即立足于反思，以开放的心态，全面地了解和梳理西方学界的研究现状、当下成果与历史局限，取其精华、去其糟粕，为马克思主义中国化以及马克思主义基础理论的创新服务，也为新时代中国特色社会主义的进一步发展服务。除了对空间马克思主义、生态马克思主义理论继续反思和深化研究外，2018 年在深入研究西方马克思主义辩证法、西方马克思主义经典人物，以及反思科学技术、批判理论、马克思传记等方面都有亮点。

（三）国外左翼思想研究概况

2018 年，国外左翼学者以马克思诞辰 200 周年和《共产党宣言》发表 170 周年为契机，就马克思主义的理论价值和意义、马克思主义重大基础性理论和实践问题、资本

---

① Anton Pannekoek and Nathan Weiser, *Marxism and Darwinism*, Franklin Classics Trade Press, 2018.

② Paul Edward Gottfried, *The Strange Death of Marxism: The European Left in the New Millennium*, University of Missouri, 2018.

主义制度的危机与批判等展开了深入研究和探讨。围绕这些理论问题，《每月评论》《激进政治经济学评论》《国际社会主义》《新左翼评论》等国外马克思主义和左翼期刊，发表了《马克思的开放式批判》《马克思价值理论的多重含义》《170 年后的〈共产党宣言〉》《21 世纪的〈共产党宣言〉》《当代历史的现状与垄断资本理论》《新自由主义时代的终结?》等重要论文。国外左翼学者也十分关注当今世界的重大实践问题，全球研究网、国际视点网等左翼网站刊登了大量关于美元霸权批判、对特朗普挑起的贸易战和“逆全球化”的评析、欧美国家的工人阶级状况分析、美国在世界的霸权主义行径批判、叙利亚和中东危机的实质等文章。2018 年国外左翼学术界一个重大事件是埃及著名新马克思主义理论家、全球化问题专家、经济学家萨米尔·阿明于 8 月 12 日在巴黎去世，享年 86 岁。阿明一生出版过大约五十本著作，代表作是《世界规模的积累》和《不平等的发展》，其多数著作被译为多种语言。阿明的逝世是国际左翼学术界的重大损失。

2018 年国内学界在国外左翼研究方面也取得了丰厚的研究成果。在论文方面，具有代表性的包括《当代国外马克思主义研究现状及其启示》《国外左翼学者如何看待当代资本主义的危机与困境》《国外左翼学者关于 21 世纪社会主义的三种构想》《国外左翼学者对新自由主义的批判》《当代欧美左翼思潮发展的现状与特征》《拉美四国左翼新情况与对拉美政坛“左退右进”的看法》等。在著作方面，有李慎明主编的《世界社会主义黄皮书：世界社会主义跟踪研究报告（2017—2018)》、黄继锋主编的《西方左翼学者的马克思主义观》、张开主编的《国外马克思主义政治经济学人物谱系》、林哲元的专著《空无与行动：齐泽克左翼激进政治理论研究》等出版。

2018 年国内外相关左翼学术研讨会相继召开，推动了国外左翼思想和世界社会主义研究的深入展开。英国社会主义工人党主办的“马克思主义节日 2018：社会主义思想的节日”活动周吸引了世界各地上千人参加，该活动设立了多个主题，约翰·贝拉米·福斯特、亚历克斯·卡利尼克斯等著名的马克思主义学者都在会上作了重要发言。2018 年 6 月 1 日，“纽约左翼论坛”在纽约城市大学约翰·杰伊刑事司法学院举行。该论坛是北美最重要的左翼盛会，来自北美及世界各地的左翼知识分子、左翼政党领袖、左翼学术组织代表、左翼社会活动家等与会，本届论坛的主题是“为左翼制定新战略”。“世界社会论坛”于 2018 年 3 月 12 日在巴西萨尔瓦多举行。此次论坛重点关注日益严重的水危机问题，并旗帜鲜明地反对黩武主义和战争，指出在最近的全球军备竞赛中浪费了大量资源，论坛还呼吁推动恢复和平外交。2018 年 11 月 2 日，中国社会科学院主办的第九届“世界社会主义论坛”在北京开幕。论坛主题为“世界格局、‘一带一路’与构建人类命运共同体”，来自俄罗斯、越南、古巴、老挝、德国、日本、意大利、澳大利亚、格鲁吉亚、哈萨克斯坦、巴西、土耳其等国家的专家学者参加了此次论坛。2018 年 10 月 30 日，由中国社会科学院马克思主义研究院、广西师范大学联合主办的第五届“全国国外马克思主义研究论坛（2018)”在广西桂林开幕。本届论坛的主题为“国外马克思主义研究与新时代中国特色社会主义建设”，与会学者就西方马克思主义研究、国外左翼争取和平与社会主义思想研究和人类命运共同体思想研究、国外共产党理论与实践的新发展研究和国家治理等前沿和热点问题进行了研讨交流。第二届“世界马克思主义大会”于 2018 年 5 月 5 日在北京大学召开，以“马克思主义与人类命运共同体”为主题。

二 重大问题研究进展

（一）国外共产党研究进展

近年来，国外共产党在谋求世界社会主义复兴的道路上砥砺前行。各国共产党从时代发展和本国实际出发，积极进行理论和实践创新，探索社会主义建设和发展规律。国外共产党研究在多维度、多领域反映了这些新发展和新变化。

1. 国外共产党整体性研究

2018 年度发表多篇关于国外共产党的整体性研究论文，涵盖国外共产党发展变化、联合实践、与工人运动关系变迁、党的建设及对新时代中国特色社会主义的评价等诸多方面。中联部柴尚金研究员基于对国外共产党整体发展的思考认为，近年来国外共产党在谴责批判资本主义制度、坚守社会主义核心价值的基础上，总体上升态势明显，但也面临严峻挑战，其发展变化呈现出五个“亮点”：即力量重聚，呈恢复性发展态势；强化组织，重视发挥共产党传统优势；守正创新，坚持和发展马克思主义；团结合作，在左翼联合中发挥引领作用；中国特色社会主义的成功实践，对国外共产党及其他左翼力量形成了巨大吸引力，为人类对更好社会制度的探索提供了另一种全新的选择，当前国外共产党“向东看”已成趋势。①

中国人民大学蒲国良教授探讨了包括共产党在内的国外左翼内耗现象，认为当今世界左翼政治力量特别是多国共产党组织无论是相互之间还是内部自身，都不同程度地陷入各种形式的纷争和内斗之中。内耗的主要动因是思想分歧、路线之争和权力利益争斗。这是 20 世纪国际共产主义运动的惨痛教训在 21 世纪仍未得到有效克服的重要体现。这种“恶性肿瘤”成了制约和影响世界社会主义运动复苏振兴的主要障碍之一。许多政党不同程度地认识到这些问题，但短期内很难从结构上真正解决。思考新世纪世界社会主义运动如何实现合作和联合，必须在此基础上认识并制定相关对策，既要看到前途的光明，但更要实事求是，不宜盲目乐观。② 中国社会科学院吴盈英指出，马克思恩格斯在《共产党宣言》中首次强调无产阶级政党领导工人运动的至关重要性，在这之后的 170 年里，西方共产党与工人运动的关系，经历了由亲密到疏远再到逐渐恢复密切关系的历史过程。与此同时，国际共产主义运动也呈现出从兴盛走向低迷并逐渐显露复兴的趋势。西方共产党与工人运动的变迁以及未来的发展动态，对世界社会主义事业发展具有重要影响。③

华中师范大学余维海等考察了国外共产党坚持和发展民主集中制的情况，指出民主集中制作为马克思主义政党的根本组织原则，是列宁在马克思恩格斯思想的基础上逐步形成的理论。从列宁逝世到苏联解体、东欧剧变，受共产国际的影响，大多数国外共产党都按照苏联共产党的模式理解和运用民主集中制，只有少数国外共产党对如何践行民主集中制进行了独立自主的探索。苏联解体、东欧剧变后，国外共产党出现了坚持还是

---

① 柴尚金：《当今国外共产党发展变化的五大亮点》，《当代世界》2018 年第 8 期。

② 蒲国良：《当今世界左翼政治力量内耗现象探析》，《党政研究》2018 年第 4 期。

③ 吴盈英：《西方共产党与工人运动由低迷走向复兴的新趋势》，《世界社会主义研究》2018 年第 9 期。

放弃民主集中制的分歧。大多数国外共产党继续坚持民主集中制原则，并在总结经验和汲取教训的基础上，妥善处理民主与集中的关系，积极推进党内民主建设。国外共产党在长期实行民主集中制原则的实践中所得到的经验和教训，对于我们加强和改进党的领导、更好地坚持和发展民主集中制具有重要启示。①

中国社会科学院于海青研究员在关于国外共产党对新时代中国特色社会主义认知的评析文章中指出，绝大多数共产党积极肯定中共十八大以来中国经济的飞速发展以及各方面建设的巨大成就，高度赞扬中国为推动新型国际关系的建立作出的贡献，认同中共十九大开启了新时代中国特色社会主义的新征程。但同时也有一些国外共产党提出了中国在建设与发展中存在的问题以及面临的挑战，因此在党际、国际交流和交往中，搭建多种形式、富有成效的交流平台，加强与各国共产党间的理论交流和互动显得尤为重要。②

2. 国外共产党区域性或个案研究

在欧洲共产党研究方面，山东青年政治学院张岩等以希腊共产党、法国共产党、意大利重建共产党为例，探讨了冷战后西欧共产党的适应性变革与组织转型。他们指出，衰落抑或转型，是近年来西方政党所面临的共同困境，而在西欧共产党那里表现得尤为明显。东欧剧变后，西欧社会主义运动受到强烈冲击，各国共产党面临着生死存亡的严峻考验，被迫进行艰难而曲折的适应性变革。希腊共产党、法国共产党和意大利重建共产党，代表着冷战后西欧共产党适应性变革与组织转型的三种类型：希共坚守马列主义政党的组织特征，属于守成派；意大利重建共在很大程度上抛弃了共产主义组织的遗产，属于激进转型派；法共的变革介于前两者之间，属于部分改革派。作者从政治价值取向、政党组织建设、选举表现等指标模型，对西欧共产党的适应性变革与组织转型进行了客观评价③。中国社会科学院于海青研究员对西班牙共产党第二十次全国代表大会的重要转向进行了介绍，认为作为“欧洲共产主义”的主要代表党，西班牙共产党在第二十次全国代表大会上实现了意识形态和理论战略的重大转向，重新将“列宁主义”作为党的指导思想，将“民主集中制”作为党的组织原则，重新确立联盟定位，明确倡导西班牙“退出欧盟”，对议会外斗争表现出更加积极的倾向，强调这次代表大会有可能推动西共重新转向激进政治，并对整个西方共产主义运动走向产生重要影响。在另一篇文章中，于海青分析了希腊共产党“再激进化”的发展趋向，指出希腊共产党“再激进化”是指更加强调党的革命性和独立性，强化组织纪律与集中领导，拒绝与其他政治力量进行选举合作，疏离与批判左翼社会运动，以意识形态为界重构国际联系与渠道，提出应坚持历史逻辑与理论逻辑相结合的方法来分析希共的理论与实践。④ 中国人民大学马克思主义学院杨筱寂介绍了澳大利亚共产党第十三次全国代表大会的情况，提出澳共的主要观点是主张21世纪将是社会主义的世纪，党的目标是在澳大利亚实现

---

① 余维海、肖凤华：《国外共产党坚持和发展民主集中制的经验与教训》，《马克思主义研究》2018年第10期。

② 于海青：《国外共产党评析中国特色社会主义新时代》，《马克思主义研究》2018年第1期。

③ 张岩、周明明：《冷战后西欧共产党适应性变革与组织转型评析——以希腊共产党、法国共产党、意大利重建共产党为例》，《当代世界社会主义问题研究》2018年第2期。

④ 于海青：《近年来希腊共产党“再激进化”评析》，《当代世界与社会主义》2018年第2期。

社会主义。①

在前苏东地区共产党研究方面，中国社会科学院陈爱茹副研究员对中东欧地区共产党进行了整体评析，认为中东欧16国共产党在东欧剧变后经历了从被禁止到公开的、正常的政治实践活动，从过去的执政党到当今多党制政体中的反对党、在野党的演进。2008年金融危机为其带来了新的机遇和挑战，各国共产党对马克思主义、社会主义的基本理论也开始进行更多新思考，并努力探索该地区21世纪社会主义建设道路。②上海外国语大学那传林研究员以考察俄罗斯联邦共产党党费来源为切入点，强调2012年俄共从党费来源型政党转变为国家财政型政党，国家财政资助占到其经费来源的一半以上，党的固定法人捐赠者少、捐赠数多，与大资本的关系不密切，从而对该党对政府的态度和政策产生了影响。③山东大学李亚洲教授分析了俄罗斯联邦共产党2017年理论与实践新发展的情况，认为这主要表现为缅怀伟大领袖列宁，重申俄罗斯社会主义发展方向；举行中央委员会和中央纪律监察委员会联席全体会议，坚决与俄罗斯社会上的反苏反俄现象做斗争；召开第十七次全国代表大会，规划未来一个时期的发展方向；积极投入地方选举，力争获得更多民众支持；主办十月革命系列纪念活动，极大提升党在国际上的影响力；参加北京政党高层对话会，盛赞中国共产党提出的“构建人类命运共同体”理念等，强调这一系列举措和行动，不但维护了俄罗斯民众利益和国家利益，扩大了党在国内外的影响力，而且在实践的基础上不断丰富和发展了社会主义理论。④中国社会科学院俄罗斯东欧中亚研究所姜俐研究员强调，近30年来捷摩共一直是议会党，是两大左翼政党之一。2018年7月，该党通过对少数派政府的支持，结束了长达28年的反对党身份，获得剧变以来最大程度参政的历史机遇。捷摩共是欧盟成员国中实力和影响力不断走强的共产党，其在捷克政党政治中的地位之所以不断上升，是历史原因、现实发展、政治环境和应对策略多种因素综合作用的结果。⑤

在拉美共产党研究方面，对外经济贸易大学外国语学院李紫莹副教授认为，以1997年古共五大修订党章和圣保罗论坛第七次大会对斗争方式的探讨为标志，拉美地区共产党进入新的历史发展时期。20多年来，其力量有所上升，呈现出新的发展态势。拉美主要共产党组织建立了马克思主义与本民族历史上爱国主义思想相结合的指导思想体系，坚持社会主义道路、主张左翼联合与和平斗争的策略，重视对华关系，但同时也存在着自身理论和组织建设薄弱的问题，面临内外挑战。⑥

在亚洲，日本共产党是近年来的一个研究热点。2018年，多篇文章分别从《共产

① 杨筱寂：《澳共对社会主义运动的积极探索》，《中国社会科学报》2018年5月31日。

② 陈爱茹：《中东欧国家共产党：历史、实践与未来发展趋势》，《国外理论动态》2018年第1期。

③ 那传林：《俄罗斯联邦共产党经费来源初探（2011—2016）》，《世界社会主义研究》2018年第4期。

④ 李亚洲：《俄罗斯联邦共产党理论与实践的新发展》，《当代世界社会主义问题》2018年第4期。

⑤ 姜俐：《捷克和摩拉维亚共产党在捷克政党政治中地位的变化及原因分析》，《当代世界》2018年第11期。

⑥ 李紫莹：《新时期拉美地区共产党的发展状况与理论探索》，《马克思主义研究》2018年第9期。

党宣言》、“十月革命”对日共的影响、日共理论变化、日共对科学社会主义理论探索等角度，对日共近年来的发展情况进行了深入探讨。上海社会科学院门小军考察了日共对科学社会主义的探索历程，提出虽然日共对科学社会主义理论的发展与中国学界的主流认知在某些方面有所不同，但作为探索“日本式社会主义道路”的理论努力，其现实意义与研究方法值得重视。[①] 西安电子科技大学史少傅指出，日本共产党的著名代表不破哲三认为日本共产党对马克思主义“理论上的突破点”有三个：其一，革命论。从日本的形势出发，发展了马克思主义的无产阶级武装夺取政权的暴力革命论，认为在日本应该进行民主主义革命，即实现国家的真正独立、不允许霸权主义的国际秩序；打破无规则资本主义的现状、保障国民的生活和权利、形成有规则的经济社会，并且不断地取得多数国民的支持，逐步在议会中取得领导权。其二，世界情势论。日本共产党用数据分析了发达资本主义的经济占世界经济的比重是逐步下滑的，与此同时，以社会主义为目标的国家的经济占世界经济的比重几乎是成倍增长的，由此从理论上可以认为以社会主义为目标的国家的发展前途是光明的。其三，未来社会论。在对未来社会的展望中，日共对马克思主义理论的突破点是再一次强调通过市场经济进入社会主义社会。[②]

2017 年底，尼泊尔两大左翼政党尼泊尔共产党（联合马列）和尼泊尔共产党（毛主义中心）建立的执政联盟赢得大选，结束了尼泊尔 11 年间更换 10 任总理的动荡局面。云南大学袁群教授关注这一变化，深入分析了左翼联盟取得大选胜利的原因，认为两党团结合作、竞选纲领立场鲜明、对国内高涨的反印（印度）民族主义情绪利用充分、大会党党内派别斗争加剧和竞选策略失当是左翼联盟获胜的主要原因。左翼联盟的获胜将对尼泊尔共产主义运动、国际共产主义运动以及“一带一路”倡议在尼泊尔和南亚的推进产生重要影响。而左翼联盟如何解决理论分歧，如何应对特莱平原的马迪西人问题，如何处理与印度的关系，将决定其未来前景。[③]

武汉理工大学程光德副教授关注南非共产党对现阶段南非革命的新认识，深入分析了南非共提出的“一三三”，即以“巩固联盟”为革命纲领；消除垄断资本的权力、消灭南非经济中的寄生虫、实现金融部门的转型的三种革命战略；在金融部门社会化的斗争中优先进行相关工作、巩固全面的社会保障、团结工人阶级和社区力量的三种革命战术。[④]

3. 激进左翼政党发展态势研究

近年来，结合党情国情世情，一些激进左翼政党纷纷调整政策主张，但发展态势依旧缓慢，其原因可概括为以下三方面。其一，激进左翼政党在危机时代要转变政治战略和动员方式。《激进左翼战略》一文指出，资本主义危机导致了政治的两极分化，极右翼和激进左翼力量都在增长。激进左翼的重新出现是由左翼改革派的愿望所推动的。但由于国家结构和全球资本的压力，用传统左翼运动方式实现这些愿望是不可能的。左翼

---

① 门小军：《日本共产党对科学社会主义理论的探索》，《当代世界与社会主义》2018 年第 1 期。

② 史少傅：《日本共产党对马克思主义研究“理论上的突破点”》，《学术界》2018 年第 2 期。

③ 袁群：《尼泊尔左翼联盟 2017 年大选获胜的原因、影响及其前景》，《社会主义研究》2018 年第 3 期。

④ 程光德：《南非共产党对现阶段南非革命的新认识》，《社会主义研究》2018 年第 4 期。

需要新的转型组织，将那些致力于推翻资本主义的人与那些希望真正改革的人团结起来。这样的组织需要扎根当地，发展选举力量，以克服媒体导致的边缘化。这就要求不能单纯关注议会，而要采取“人民力量”战略，特别关注有组织工人的动员。① 其二，国内外政治态势制约左翼政党发展。《东欧政治》杂志在2018年第1期围绕中东欧地区的激进左翼运动进行了一次座谈，指出中东欧地区的激进左翼正在政治上重新获得重要性，以及引发学者们的兴趣。中东欧特定的历史、社会经济和政治环境，解释了该地区社会运动和整个左派的特殊性。② 关于拉美左翼运动的研究认为，作为近年来委内瑞拉的国家发展总体战略，“21世纪社会主义”虽然在一定程度上缓解了民生困境，但未能缓解对石油经济的过度依赖，反而使该国社会对抗更为激烈，其违反市场经济原则的社会经济政策也对国家的发展产生了消极影响。③ 其三，右翼民粹主义复兴对欧洲激进左翼政党的挑战。《激进的右翼和激进的左翼政党意识形态：一个泛欧洲版图的本质属性、差别与相似》一文，探讨了当代欧洲（西欧、中欧和东欧）激进右翼和激进左翼政党意识形态的本质特征，以及它们之间的异同，强调本土主义是激进右翼意识形态的本质特征，而反对资本主义的社会主义是激进左翼意识形态的本质特征。它们对欧洲一体化的立场是一致的，但在政治立场上的模糊性导致激进左翼发展滞后。④ 显然，激进左翼政党的发展既受当前国际局势和国内政治态势的影响，也受政党自身情况的制约。

4. 国外共产党史研究的新进展

2018年，国外共产党史研究是学者关注的焦点，出版了不少研究成果。如《英国殖民地的共产国际、反帝国主义和种族平等》⑤ 对两次世界大战期间英国的三个殖民地，即南非、加拿大和澳大利亚的共产党进行比较分析，探讨了各国共产党在共产国际支持下的反殖民主义和争取种族平等的斗争。《从摇摆不定到下定决心：法国共产党在1939—1944年间的抵抗运动》⑥ 分析了法国共产党在二战期间开展抵抗运动，以及法国共产党把帝国主义的战争转变为捍卫自由的战争的情况。《贫民区的激进分子：墨西哥裔美国工人阶级中马戈尼斯塔主义者、社会主义者、摇摆分子和共产主义者》⑦ 揭露了美国墨西哥裔和奇卡诺工人阶级内部长期而丰富的政治激进主义历史，分析了移民工人在20世纪前30年越过边界进入西南地区时所富有的激进的政治意识形态、新的组织模

① Kieran Allen, “Strategies for a Radical Left”, *Global Discourse*, Vol. 8, No. 2, 2018.

② “Symposium on Radical Left in Central and Eastern Europe”, *East European Politics*, Vol. 34, No. 1, 2018, pp. 1 – 114.

③ 许丰：《委内瑞拉“21世纪社会主义”论析》，《当代世界与社会主义》2018年第4期。

④ Andreas Fagerholm, Radical Right and Radical Left Party Ideologies: A Pan-European Mapping of Necessary Attributes, Differences and Similarities, *European Politics and Society*, Vol. 19, No. 5, 2018.

⑤ Oleksa Drachewych, *The Communist International*, *Anti-Imperialism and Racial Equality in British Dominions*, Routledge 2018.

⑥ Julian Mc Phillips, *From Vacillation to Resolve*: *The French Communist Party in the Resistance*, 1939 – 1944, 2018. Newsouth Inc., 2018.

⑦ Justin Akers Chacón, “Radicals in the Barrio: Magonistas, Socialists, Wobblies, and Communists in the Mexican-American Working Class”, Haymarket Books, 2018.

式和共同的阶级经验。《日本共产党：永远的反对党，也是道德指南》[①] 提供了日本共产党从成立到现在的历史概况，探讨了该党在关键问题上的立场，并讨论了该党如何树立了高尚的道德基调，如何避免与其他政党结盟，如何容忍党内腐败，以及如何一贯地反对执政的自民党。《荷兰和德国共产主义左翼（1900—1968）“列宁、托洛茨基和斯大林，都不是!”——所有工人必须独立思考!》[②] 主要分析了以德国 KAPD-AAUD、荷兰卡普恩 KAPN 和保加利亚共产主义工人党为代表的荷兰—德国共产主义左翼党在 1921 年脱离共产国际，列宁写下《共产主义运动中的左派幼稚病》作为回应的前因后果。《1920—1991 年间的英国共产党与威尔士国家问题》[③] 认为，英国共产党及其威尔士支部虽然在选举中处于弱势，但通过工会运动发挥其影响。文章深入研究了共产党在威尔士权力下放，威尔士国家意识和威尔士民族身份，以及与工党的关系，民族党和劳动力和民族主义运动等问题。

5. 共产党国际联合述评

近年来，国外共产党多边、双边联系密切，极大地推动了国际和地区层面各党间的相互沟通、经验分享和团结协作。辽宁大学王喜满的《第 19 次共产党和工人党国际会议的主要成果与共识》[④]、中国人民大学李晓寒等的《“共产主义运动理想与当代世界社会主义斗争”——第十九次共产党工人党国际会议述评》[⑤]、温州大学刘春元的《为反对帝国主义战争、争取和平与实现社会主义而斗争——“第 19 届共产党和工人党国际会议”评析》[⑥] 三文，对 2017 年 11 月在俄罗斯圣彼得堡召开的第 19 次世界共产党和工人党国际会议进行了述评，指出会议高度赞扬了十月革命的伟大意义，充分肯定了社会主义的历史成就，分析了东欧剧变的深层原因和国际共产主义运动的当前形势，深入讨论了国际共产主义运动的战略策略，详细制定了未来行动蓝图和路线，对国外共产党的发展产生了积极的推动作用。北京青年政治学院张欢欢等基于 2017 年欧洲共产党会议，围绕欧洲共产党就十月革命伟大意义、资本主义命运与社会主义未来等重大问题的讨论情况，阐释了欧洲共产党纪念十月革命 100 周年及其对十月革命的最新认识和最新成果。[⑦] 华中师范大学余维海在《当代霍查主义力量国际联合的重要平台——“马列主义政党和组织国际会议”发展概况及述评》一文中围绕苏联解体、机会主义和修正主

---

① Peter Berton and Sam Atherton, *The Japanese Communist Party: Permanent Opposition, but Moral Compass*, Routledge, 2018.

② Philippe Bourrinet, *The Dutch and German Communist Left* (1900 - 1968), Haymarket Books, 2018.

③ Douglas Jones, *The Communist Party of Great Britain and the National Question in Wales*, 1920 - 1991, University of Wales Press, 2018.

④ 王喜满、王云龙：《第 19 次共产党和工人党国际会议的主要成果与共识》，《当代世界与社会主义》2018 年第 2 期。

⑤ 李晓寒、余科杰：《“共产主义运动理想与当代世界社会主义斗争”——第十九次共产党工人党国际会议述评》，《科学社会主义》2018 年第 3 期。

⑥ 刘春元：《为反对帝国主义战争、争取和平与实现社会主义而斗争——“第 19 届共产党和工人党国际会议”评析》，《马克思主义研究》2018 年第 5 期。

⑦ 张欢欢、禚明亮：《欧洲共产党对十月革命的最新认识——基于 2017 年欧洲共产党会议》，《上海党史与党建》2018 年第 4 期。

义、资本主义—帝国主义体系、无产阶级革命、霍查主义革命政党建设等主题进行深入讨论。作者认为，国际会议的成立标志着世界霍查主义力量已经由零星、松散的发展状态进入到谋求国际联合的新阶段。①

（二）西方马克思主义研究进展

1. 西方马克思主义辩证法研究不断深化

2018 年的西方马克思主义辩证法研究得到深化，卢卡奇的辩证法思想引起较多关注。武汉大学孙洁民指出，以卢卡奇肇始的西方马克思主义思潮，批判自然辩证法脱离主客体相互作用而倒向形而上学和实证主义，磨灭了辩证法的革命性。这种批判一方面遮蔽了自然辩证法的本来面目，并直接导致马克思主义理论整体被肢解；但另一方面也为重新理解自然辩证法提供了思路，即在马克思主义理论整体下定位自然辩证法的理论经纬，再剖析自然辩证法的方法论基础，界定其理论性质并重释马克思恩格斯对自然辩证法理论革命性的建构逻辑。② 燕山大学杨小丽指出，列宁与卢卡奇几乎在同一时期强调黑格尔辩证法对于马克思主义哲学的重要意义，但他们对于是否存在自然辩证法的问题则产生了明显的分歧。卢卡奇认为，肯定自然辩证法的存在会导致对人的主体作用忽视，导致“经济决定论”；列宁则认为，只有肯定自然辩证法的存在才能避免陷入唯心主义的窠臼。对于这一马克思主义“家族”内部的分歧，一直未能得到足够的重视和认真的清理。作者认为二者产生分歧的原因，一方面与他们对“自然”概念的不同理解相关：列宁肯定自然的客观实在性，而卢卡奇认为只存在属于社会范畴的“自然”概念；另一方面与列宁的晚年哲学笔记被遮蔽有关。二者之间的分歧最终以卢卡奇向列宁主义的“皈依”告终，其真实缘由是卢卡奇在理论逻辑层面发生了根本性转变，而非意识形态强制的结果。③

辩证法与“自然”概念存在密切关联。复旦大学张双利教授以第二自然与自由之间关系为核心线索，通过分别解析第二自然概念在黑格尔和卢卡奇那里的不同辩证内涵，说明了他们在处理第二自然问题上的不同态度以及他们之间的思想关系。第二自然在黑格尔那里有两种不同内涵，它主要指人们在健全的伦理共同体中习得的第二天性。借助第二天性的概念，黑格尔试图说明人们如何能够在伦理生活中达到实体性与主体性的同一，实现对抽象的道德立场的扬弃，黑格尔还提到了错误的“第二自然”的立场，它是对主观自由原则的直接放弃。黑格尔断定它与抽象的道德立场是处于同一错误水平上的对立的两极。黑格尔的重点在于说明伦理立场对于道德立场的超越，其思想的落脚点在于守护现代伦理生活。而第二自然在卢卡奇那里只有否定性的内涵，它说明根本没有现代意义上的伦理生活，在人与人之间的相互分离和普遍交换的双重前提之下，人与人之间的普遍的社会联系成为一种独立的力量，它反过来使每一个个体被下降为被规定

① 余维海、陈姣：《当代霍查主义力量国际联合的重要平台——“马列主义政党和组织国际会议”发展概况及述评》，《党政研究》2018 年第 6 期。

② 孙洁民：《重新理解自然辩证法——兼论西方马克思主义对自然辩证法的误释》，《自然辩证法研究》2018 年第 1 期。

③ 杨小丽：《马克思主义“家族”的内部对话——列宁与卢卡奇关于自然辩证法的两种立场》，《河北学刊》2018 年第 3 期。

的材料。卢卡奇在处理第二自然问题时，对黑格尔的相关思想进行了直接继承。在《历史与阶级意识》中，他同样认定道德的立场与第二自然的立场是处于同一错误水平上的独立的两极，并力求借助于黑格尔来实现对两者的同时超越，但由于他断定在现代资本主义世界中只有普遍的物化现象，没有以自由为原则的现代伦理生活，故他最终只能诉诸没有第二天性中介的革命行动。① 福州师范大学的任远和北京大学的李洁指出，恩格斯的《自然辩证法》描述了自然界无限发展的辩证图景。自手稿发表以来，对《自然辩证法》的研究出现了苏联构建马克思主义科学体系的研究范式、日本具体化的研究范式、西方否定自然辩证法的研究范式。我国学者在苏联和西方学者的影响下，面临着一方面试图突破传统教科书框架的任务，另一方面力图回应西方学者所制造的马克思恩格斯辩证法的差异。以维护二者一致性为目标，寻找新的马克思主义哲学解释研究范式，出现了不同于既有解释的范式解读：即从恩格斯自然辩证法的问题意识与时代意义出发，力图恢复恩格斯自身的学术旨趣。对《自然辩证法》研究范式的总结与概括，能够更好地厘清国内外研究该文本的出发点，尤其是面对新的科学技术发展所带来的挑战，明确自然辩证法的发展方向显得尤为紧迫与重要。②

2. 西方马克思主义经典人物研究的进展

第一，葛兰西研究。武汉大学蒋先欢认为，当前西方话语权在世界范围内依然占据着主导地位，中国的发展优势并没有转化为话语权的优势，中国亟须构建阐释中国道路的“中国话语”。作为一种新的革命理论，葛兰西的文化领导权思想系统阐述了无产阶级夺取资产阶级国家政权的文化策略，其内容主要包括“完整国家”理论、有机知识分子理论、阵地战革命战略、无产阶级政党理论。认真研究葛兰西文化领导权思想，有助于深入分析西方国家谋求和维持其世界话语霸权的文化策略，同时，还可以助推中国话语的自我塑造和出场，在对西方话语的祛魅和对中国性的揭示的双向努力中探索出一套适合中国、同时能够代表人类政治文明发展方向的中国话语体系。③ 河南大学张霞认为，有机知识分子理论是葛兰西马克思主义理论的重要组成部分。传统知识分子是前工业社会中的知识分子，有机知识分子是工业化发展到特定阶段的社会阶层。我们应该从社会关系整体中把握有机知识分子的科学性、价值性与实践性。④ 吉林大学吕连凤认为，葛兰西走近马克思，但又不拘泥于此，而是基于意大利的现实国情，创造性地发展了马克思主义，提出了文化领导权、知识分子等理论，不对马克思主义有深刻的理解不可能做到这一点。总体而言，葛兰西的“实践哲学”是对马克思主义的进一步阐发与深化，是哲学与政治的完美联姻。⑤

第二，卢卡奇研究。武汉大学赵凯荣教授认为《社会存在本体论》使卢卡奇和他的弟子们——布达佩斯学派发生了严重分歧，布达佩斯学派停留在主客二元对立的关系

---

① 张双利：《第二自然与自由——论卢卡奇对黑格尔第二自然概念的转化》，《复旦学报（社会科学版）》2018 年第 1 期。

② 任远、李洁：《国内外关于〈自然辩证法〉研究概况》，《自然辩证法研究》2018 年第 9 期。

③ 蒋先欢：《葛兰西文化领导权理论及其对构建中国话语体系的启示》，《理论月刊》2018 年第 10 期。

④ 张霞：《如何理解葛兰西的有机知识分子理论?》，《周口师范学院学报》2018 年第 3 期。

⑤ 吕连凤：《试论葛兰西实践哲学的当代意义》，《社会纵横》2018 年第 4 期。

中，以一种主体性原则完成了一种新的历史哲学，试图为人的实践提供一种总体性图景，从而再次把个人和类的关系理解为构成性的。而在个人和类的构成性关系中等级和从属是必然的，个人消融于类和社会之中。布达佩斯学派尝试以主体间性取代主体性，以规范性取代构成性，开辟了一条全新的现代性哲学批判道路。① 北京邮电大学刘成群研究了卢卡奇哲学进路中的克尔凯郭尔维度，指出卢卡奇的思想中主张宗教救赎的克尔凯郭尔代替陀思妥耶夫斯基承担起他建构总体性的使命。卢卡奇早年虽深受西美尔、韦伯、狄尔泰等新康德主义者的影响，但他认定康德形式伦理无法救赎灵魂的贫困，这使他转而走向了力图构建整体新世界的陀思妥耶夫斯基。然而，卢卡奇关于陀思妥耶夫斯基的计划由于庞大而复杂不得不放弃，于是在卢卡奇的思想中，同样主张宗教救赎的克尔凯郭尔代替了陀思妥耶夫斯基。而后，卢卡奇又通过克尔凯郭尔化的黑格尔主义逐渐向黑格尔的普遍辩证法回溯，这种回溯也为他后来通过黑格尔总体性的三棱镜理解马克思主义埋下了伏笔。②

除上述研究外，中国社会科学院研究生院的赵斌从反思角度思考了卢卡奇和葛兰西的研究，认为西方马克思主义创始人批判第二国际对唯物史观进行机械化理解上是正确的，但由此走上用黑格尔主义解释马克思主义的道路则是片面的。卢卡奇和葛兰西分析东西方社会发展的不同状况下无产阶级革命需要不同方式，进而主张通过高举人道主义和文化思想批判的方式取代资本主义社会，这是对马克思主义的唯心主义解读；他们批判恩格斯、列宁对马克思思想的误读，开启西方思想家对马克思和恩格斯的分离解析，开启对青年马克思和老年马克思的断裂，这也是没有认清马克思主义的全部内涵和真谛。研究西方马克思主义创始人思想需要以马克思主义为根本，立足中国特色社会主义实践，为发展 21 世纪的马克思主义贡献力量。③

3. 空间理论的深入研究

“空间”是当代激进社会理论的关键词之一。学者们进一步探讨了列菲伏尔和爱德华·苏贾等人的空间理论。南京大学张笑夷认为，虽然列菲伏尔的空间理论产生了日益重要的影响，然而，对其“空间”概念尚存在着误读和误解，以至于妨碍对其空间理论的真正理解。列菲伏尔的“空间”是一个具体的总体概念，是强调时空统一性的关于人类社会历史的空间化经验的理论再现。因此，“空间”不是与“时间”相对的一个“维度”或“视野”，而是不断生成的社会历史本身。“空间”不是“自在的”和“自为的”“自然空间”，也不是“先验的精神空间”，而是“具象空间”“空间表象”和“空间实践”三位一体的自然的、精神的和社会的一元空间。如同马克思社会地理解某种事实或现象一般，列菲伏尔不是抽象地考察空间一般，而是具体地考察空间包含的社会内容，将空间放置在生产方式、生产关系、社会形态、社会实践、历史主体、社会革命等诸多范畴内加以审视。通过这种关联，空间的真实意义才显现自身。④ 海南师范大学程广丽指出，爱德华·苏贾根据对资本主义社会空间实践与空间秩序的新变化的审视，对马克思的历史唯物主义进行了后现代性历史地理唯物主义的阐释。在对空间正义

① 赵凯荣：《布达佩斯学派与卢卡奇哲学再评价》，《山东社会科学》2018 年第 8 期。

② 刘成群、陈超芳：《论卢卡奇哲学进路中的克尔凯郭尔维度》，《学术交流》2018 年第 5 期。

③ 赵斌：《西方马克思主义创始人思想的“是”与“非”》，《世界哲学》2018 年第 2 期。

④ 张笑夷：《列菲伏尔的“空间”概念》，《山东社会科学》2018 年第 9 期。

理论混乱的多维度的解读中，苏贾立足于社会空间的辩证法，将历史的建构、地理的构筑与社会空间的生产结合起来，对后现代大都市激进空间实践理论在知识层面上进行了重构，提出了以“第三空间”为依托的三元辩证法的社会空间正义本体论。苏贾的空间正义重构的理论努力有其独到的见解，但由于其拘泥于对资本主义空间秩序、空间实践与空间经验的现象性的描述，而无法深入到对社会空间秩序的重构的根本性制约因素的思考当中去，因而不能完整地把握到资本逻辑对社会空间的统摄以及资本主义生产关系的实质，因此看不到资本主义空间秩序的重构其实是由资本霸权完成的。①

华中科技大学董慧教授认为，随着近代世界历史、城乡转换、都市分异、时空脱域及网络化重构的空间变革，空间作为既定的存在者逐渐转变为能动的行动者，作为辅助的参与者逐渐转变为主导的建构者，成为重组生产方式的动力要素，并渗入到社会政治层面和文化意识领域。空间批判理论作为承接马克思主义传统的当代理论形态，在中国本土化发展过程中，反映了学者们的现实观照和理论走向，历史与逻辑的统一使学者们深入地探讨了都市空间、人文地理、网络化社会及中国全球空间战略等核心议题，产生了许多积极的理论成果和实践策略，影响深远。② 上饶师范学院吴红涛认为，空间正义问题正日益引起学界的关注和重视。由于以往正义研究中所内含的时间偏爱性，以及传统空间认识论对空间的局限性认知，使得“空间”与“正义”之间的关系未能得到及时和充分的考量。伴随着西方现代城市中不断凸显的社会问题，由“城市权利”的倡导开始，触发了空间正义研究的可行性。空间正义思想在列斐伏尔、哈维和索亚等学者们的共同努力下，进行了相应的概念定位与理论形塑。在运用各种方法论的同时，空间正义也逐渐演变成了某种方法论，成为审视和批判各种非正义空间问题的视角与媒介。由于该研究的历史并不长，目前其存在着不少问题盲区，亟待引起研究者们的注意。③

4. 生态马克思主义研究的推进

结合现实问题进行研究成为生态马克思主义研究的一大特点。华南师范大学赵睿夫研究了本·阿格尔的思想，认为随着全球生态问题的日益严峻，生态学马克思主义已然成为当代西方马克思主义最活跃的流派之一。本·阿格尔翔实地阐述了生态危机的成因并力图形成对策。根据本·阿格尔，资本主义产生的“异化消费”是导致生态危机的最直接肇因，必须以“期望破灭了的辩证法”驱除消费领域中的异化现象，并通过分散化、去官僚化等政治经济手段，构建“稳态的社会主义”以应对生态危机。中共十九大以来，中国的生态文明建设步入新时代，“五位一体”的总布局呼吁更为联动、综合的生态建设理论。在此背景下，阿格尔的生态思想为新时代中国生态文明建设提供了全球视角的生态学马克思主义的理论范式借鉴。④ 大连外国语大学纪秀明认为，20 世纪新兴的西方生态批评，颠覆了现代性理论对人与自然关系的定位，在伦理层面高蹈自然

---

① 程广丽：《空间正义理论的重构——爱德华·苏贾的社会空间批判理论解读》，《云梦学刊》2018 年第 5 期。

② 董慧、陈兵：《空间批判理论研究的主题、趋势及意义》，《教学与研究》2018 年第 10 期。

③ 吴红涛：《从问题到方法：空间正义的理论文脉及研究反思》，《华中科技大学学报》2018 年第 6 期。

④ 赵睿夫：《本·阿格尔生态思想及其对新时代中国生态文明建设的启示》，《鄱阳湖学刊》2018 年第 3 期。

复魅。然而，这一自然伦理关系界定也不断受到自身内部的理论代谢更替及外部理论界的质疑、冲击与补充。中国叙事文本操作实践层面的意义旁出，也挑战了英美后现代既有生态伦理秩序规约的合法性。西方生态批评的伦理观在中国的阐释需要本土修正与补充，融合马克思主义自然观与发展国情的有机生态伦理观。以中西文本中自然、生存及国家伦理之博弈为文本案例，探讨生态伦理观在差异社会语境下的自我调适，以及马克思理论对西方生态批评“伦理观”的中国修正问题，具有重要当代启示价值。①

5. 反思科学技术

南京大学张一兵教授研究了维利里奥的《解放的速度》，指出维利里奥的思想中显现的激进性并不在于对资产阶级意识形态的直接批判和反对，而是在于资本主义当代远程技术的发展所引发的存在论中的深层哲学内省上。在今天数字化资本主义的网络信息技术之下，人们的生物感官被电子义肢替代了，电子图像、电子音响和电子感触器隔开了人们与世界的直接接触。远程登录的在场变得任意和偶然，世界和事件的到来通过电脑的一次按键和智能手机的一次点击，就会在一种光速电子瞬间实现在场。当远程技术中的电子即实时间—空间出现后，原来支撑海德格尔存在论中的此在当下在场已经土崩瓦解。维利里奥不能算是激进左翼学者，但他所开辟的以光电速度为视轴的、对当代资本主义的远程在场的竞速论透视却是深刻而富有哲学意境的。② 南京大学蓝江教授认为，我们不可能彻底拒绝一般数据对日常生活的渗入和中介，倒退到一个前数字化时代来摆脱数字化的异化，但是我们可以借鉴西方马克思主义的异化理论，拒绝私有制对一般数据共享，实现更美好的未来社会。③ 新疆师范大学张敏对西方马克思主义者马尔库塞和哈贝马斯的科学技术思想进行比较，指出其共同的理论来源，以及关于科学技术思想的异同。④

6. 反思批判理论

批判理论在西方马克思主义研究中占有重要位置。2018 年对批判理论的深入反思既体现在理论范式和现实问题上，也体现在对人物和流派的研究上。南京大学李乾坤认为，对阿多诺之后的法兰克福学派批判理论发展格局的考察离不开对批判理论范式的确定。在这一问题上，施威蓬豪伊泽坚持批判理论具有确定的范式，就是以商品形式和价值形式的政治经济学批判为基础；而哈贝马斯反对批判理论具有特定的范式。对阿多诺“内在于交换原则中的理性”问题理解上的差异，构成了坚持经典批判理论方向的两条路径：政治经济学批判之上的跨学科研究和新马克思阅读，走向主体间性理论方向的交往行为和规范理论路径。哈贝马斯在开阔的理论视野对时代精神做到了准确把握，但从政治经济学批判的角度，他的理论也受到了无法回避的责难。⑤ 西安文理学院刘维春认

---

① 纪秀明、柴文娇：《论马克思理论对西方生态批评观之伦理修正》，《东北大学学报（社会科学版）》2018 年第 4 期。

② 张一兵：《远托邦：远程登录杀死了在场——维利里奥的〈解放的速度〉解读》，《学术月刊》2018 年第 6 期。

③ 蓝江：《从物化到数字化——数字资本主义时代的异化理论》，《社会科学》2018 年第 11 期。

④ 张敏：《马尔库塞与哈贝马斯关于科学技术思想的比较》，《甘肃广播电视大学学报》2018 年第 4 期。

⑤ 李乾坤：《批判与建构的冲突——论阿多诺之后的法兰克福学派批判理论格局》，《江海学刊》2018 年第 4 期。

为，对西方马克思主义民主理论来说，不管是资本主义制度还是苏联的社会主义制度都没有实现真正的民主。在批判现实民主的同时，他们要么用直接“回归”马克思理论的方式来展开对社会主义民主的构想，要么用对社会主义做全新理解的方式来构架民主。然而，学院式的纯理论研究和民主在实践中的异化，最终使西方马克思主义民主走向乌托邦的困境。[①]

浙江传媒学院杨向荣教授认为，在西方思想史上，西方马克思主义历来被认为是经典马克思主义的延续与发展。但在考察西方马克思主义对资本主义的批判中，不能忽视德国文化社会学家齐美尔的影响。他认为，西方马克思主义延续了马克思对资本主义的批判精神，而齐美尔的影响则使西方马克思主义的思想家们把马克思对资本主义的政治经济学批判转化为聚焦于审美文化社会学层面的符号经济学批判。法兰克福学派的诸多理论都是对齐美尔理论的延续和补充。对马克思、齐美尔与法兰克福学派的复杂关联进行梳理，我们可以看到马克思的资本主义政治经济学批判和救赎主题是如何经由齐美尔的阐发，并由法兰克福学派建构为资本主义的审美文化学批判和救赎主题。[②] 福建师范大学罗理章和北京师范大学李夏洁辩证地介绍了艾伦·伍德对“新社会主义”的批判，认为艾伦·伍德是当今英语国家中杰出的马克思主义者。艾伦·伍德在《新社会主义》一书中指出，所谓20世纪的“新的真正的社会主义”实质上已经背离了马克思主义，是对马克思主义的错误修正。伍德从马克思主义经典理论出发，对新社会主义的“阶级退场”理论、“激进民主”和“自由民主”理论做出了深刻的批判，她既坚持了历史唯物主义的分析方法又做到了从现实问题出发，在实践中发展经典理论，但也存在未能提供具体方案和缺少系统的批判等不足之处。[③]

7. 反思西方马克思主义塑造的马克思

在西方马克思主义研究中，马克思传记是一扇窗口，它可以在一定程度上反映出西方马克思主义者是如何看待马克思的。南京大学的张亮教授认为，100年前梅林的《马克思传》值得肯定，但近20年来，西方主流学界塑造的马克思形象是不完整的。西方学界新出版的传记作品总量不算多，但大多是出自名家之手的鸿篇巨制，其中影响较大的有英国著名新闻人弗朗西斯·惠恩的《卡尔·马克思》（1999）、法国著名公共思想家雅克·阿塔利的《卡尔·马克思或思想的世界》（2005）、美国知名欧洲史学家乔纳森·斯珀伯的《卡尔·马克思：一个19世纪的人》（2013）、英国著名新左派历史学家盖瑞思·斯蒂德曼·琼斯的《卡尔·马克思：伟大与虚幻》（2016）等。建构出了自由主义化的马克思、拯救资本主义世界的犹太智者马克思、淹没在历史细节中的马克思等新的马克思传记形象。这些传记并不能为马克思的第三个百年提供新的传记标准。一名传记作者只有能够理解马克思的初心、全面掌握马克思的理论、具有足够的思想高度和开阔的全球视野，才能发现马克思平凡中的伟大，建构出伟大的马克思传记形象。众所

① 刘维春：《西方马克思主义民主理论的批判、建构与困境——从卢卡奇到拉克劳、墨菲》，《青岛科技大学学报（社会科学版）》2018年第3期。

② 杨向荣：《从政治经济学批判到审美文化学批判——马克思、齐美尔与法兰克福学派》，《浙江传媒学院学报》2018年第5期。

③ 罗理章、李夏洁：《西方后马克思主义者的乌托邦——艾伦·伍德“新社会主义”批判》，《教学与研究》2018年第7期。

周知，马克思主义有哲学、政治经济学和科学社会主义三个组成部分。这三个部分是相互联系、相互支撑的有机整体：历史唯物主义在人类思想史上第一次把对历史的解释奠定在唯物主义的基础上，从而在哲学上证明了历史规律的存在和共产主义的必然性；通过政治经济学批判，马克思发现了资本主义生产方式并科学揭示了它的运动规律及历史命运；建立在历史唯物主义和政治经济学批判基础上的科学社会主义则雄辩地证明，人类社会就像必然地进入资本主义社会一样，终将必然地进入共产主义社会，“共产主义对我们来说不是应当确立的状况，不是现实应当与之相适应的理想。我们所称为共产主义的是那种消灭现存状况的现实的运动。这个运动的条件是由现有的前提产生的。”一个马克思的传记作者必须能够对马克思主义的三个组成部分都有均衡深入的理解，否则，对于马克思及其思想，要么无法把握其实践品格和革命性，要么无法把握其科学性及当代价值，要么无法充分领会其在人类思想史上实现的革命性变革及伟大地位。①

（三）国外左翼思想研究进展

1. 纪念马克思诞辰200周年和《共产党宣言》发表170周年

2018年，恰逢马克思诞辰200周年和《共产党宣言》发表170周年，世界各国共产党召开会议、组织论坛、撰写文章，以最隆重的方式迎接这两个纪念日的到来。比如，2018年2月24—25日，葡萄牙共产党在葡萄牙首都里斯本举办以“遗产、干预和斗争——改造世界”为主题的纪念马克思诞辰200周年大会。2月26日，越南共产党在越南首都河内主办“《共产党宣言》——当今时代的理论与实践价值”国际研讨会。5月4日，意大利重建共产党在意大利斯波莱托组织题为“马克思2018：重建共产主义，重建欧洲”的纪念大会。俄罗斯联邦共产党于5月11—12日在莫斯科主办纪念马克思诞辰200周年国际论坛，有40多个国家的共产党派代表参加。俄共中央总书记久加诺夫指出，马克思的卓越思想和科学观点不仅强烈影响了19世纪，对20世纪的历史同样有决定性的影响，在未来也不可能失去意义。马克思第一个发现了资本主义生产方式的基本规律，揭示了资本主义灭亡并被社会主义取代的历史必然性，成为后来为社会正义而战的几代人的思想领袖。列宁不仅继承了马克思恩格斯的理论，还创造性地把马克思主义推进到一个新时代。俄罗斯的社会现实进一步证明了马克思的历史正确性，现在需要转向马克思和列宁的理论与原则。② 日本共产党所属的新日本出版社主办的《经济》月刊于2018年第5期策划专题“推荐马克思经济学”。5月以来，日共中央主办的《月刊学习》杂志分三期连载前党主席不破哲三的文章《学习党纲中的未来社会论——纪念马克思诞辰200周年》。5月28日，中国共产党在深圳市举办纪念马克思诞辰200周年专题研讨会，75个国家的共产党共聚一堂，深入研讨马克思主义理论问题和世界社会主义运动的现状与前景。总的来说，各国共产党高度评价《共产党宣言》作为科学社会主义奠基之作的重要性及其方法论价值，强调马克思对工人阶级革命世界观的形成以及人类经济、政治和哲学思想的发展作出了决定性贡献，一致认为马克思主义在当

① 张亮：《200年后谁做传？——当代西方学者的最新马克思传记建构及其批判》，《福建论坛·人文社会科学版》2018年第10期。

② 久加诺夫、李瑞琴：《卡尔·马克思：功勋科学家和革命家》，《世界社会主义研究》2018年第8期。

代世界仍然发挥着不可替代的作用。

国外学术界特别是左翼知识界也召开了大量以纪念马克思为主题的论坛、研讨会，西方一些“重量级”马克思主义和左翼学者也纷纷发声，捍卫马克思主义理论的当代阐释力，出现了“对马克思研究和辩论的大爆发”。俄罗斯各地自发隆重纪念马克思诞辰200周年。以俄共为主举办的一系列高规格的国际会议、论坛等是俄罗斯此次纪念活动的重要组成部分。莫斯科大学、俄罗斯科学院等召开了各种规模和类型的国际国内学术研讨会，代表着俄罗斯学界的最高水平。俄罗斯国家杜马、俄罗斯当代历史博物馆等多所重要机构举办了丰富的展览。圣彼得堡、新西伯利亚等许多城市举行了圆桌会议。许多偏远地区的城市如别尔哥罗德、彼尔姆、北极城市雅库茨克等地也组织了各种丰富、庄严的纪念活动。[①] 美国社会学家、世界体系论者沃勒斯坦指出，对于今天我们面对的一些问题，马克思的理论仍然能够作出解释。斯洛文尼亚后马克思主义哲学家斯拉沃热·齐泽克赞誉马克思精彩地描述了资本主义的“疯狂舞蹈”，其理论的适应性在一个半世纪后的今天达到了顶峰，尤其是马克思的政治经济学批判及其对资本主义动态的概述在当前仍然是完全相关的。[②] 萨米尔·阿明在《170年后的〈共产党宣言〉》中认为，即使在今天，《共产党宣言》依然具有有效性，它对资本主义鞭辟入里的分析更加符合当代现实，尤其是关于危机的理论。[③] 约翰·贝拉米·福斯特指出，今天这个时代可以表述为“生产资料生产过剩的时代”。因此，《共产党宣言》对资本主义的分析在今天依然有效，它提出的商业周期理论在一个不确定的世界中仍然是非常确定的，它对一系列危机的分析仍然是预测未来几年事态发展的核心。[④] 巴基斯坦左翼政党——人民工人党联合其他左翼组织一起庆祝马克思诞辰200周年。人民工人党前主席哈森·米图发表重要讲话，他指出，“我们如何理解、分析巴基斯坦的国情以及我们怎么去改变它是当下最重要的事，基于我们的所见所闻，即便你已经忘了马克思，也不能无视全球化和资本化给我们带来的严重危机。”[⑤]

2. 对资本主义的批判及其发展现状与趋势的研究

国外左翼学者对当前资本主义存在的深层次矛盾和问题进行了揭示和批判。美国著名左翼学者约翰·贝拉米·福斯特认为，当前北美和欧洲马克思主义思想研究出现了复兴趋势，国际金融危机首先重燃了人们对马克思主义政治经济学的兴趣。当前马克思主义理论的复兴仍存在明显的空白，这主要与资本主义生产方式批判、国家理论和文化商品化等核心问题有关。马克思主义理论要想在我们这个时代继续成为反抗资本的指导理论，就必须以具体的、开放式的方式来解决这些核心问题。对新自由主义的批评虽然至关重要，但在当前这个转型和解体的时代，必须让位于对资本主义本身更为根本的批

---

① 李瑞琴：《马克思还活着，比我们想象的要近得多——俄罗斯自发隆重纪念马克思诞辰200周年活动》，《文化软实力》2018年第3期。

② 于海青：《西方为何再现“马克思热”》，《人民论坛》2018年8月下。

③ Samir Amin, “The Communist Manifesto, 170 Years Later”, https://monthlyreview.org/2018/10/01/the-communist-manifesto－170－years-later/.

④ Paul M. Sweezy, John Mage and John Bellamy Foster, “The Communist Manifestoin the Twenty-First Century”, https://monthlyreview.org/2018/05/01/the-communist-manifesto-in-the-twenty-first-century/.

⑤ 参见 https://awamiworkersparty.org/awp-pays-homage-to-marx-on-his－200th-birth-anniversary/。

评，以形成一个新的“理性的历史”。[①] 他还指出，从2000年左右开始，垄断资本主义理论家们开始发展垄断资本主义或垄断金融资本新阶段的概念，认为我们正生活在“普遍金融化和全球化寡头垄断的晚期资本主义”中。在这个新阶段中，垄断、停滞和金融化作为同步和相互加强的趋势运行。随着国际金融危机的爆发导致金融化相对减弱，长期停滞的趋势可能会无限期地持续下去。除非出现一些新的“泡沫”，但这将会引发新的危机，“垄断资本”的基本理论框架能帮助我们更好地理解资本主义的危机和困境。[②] 当前的资本主义危机暴露出西方资本主义的深层次矛盾，国外许多左翼学者认为这是资本主义结构性、系统性危机。中国社会科学院周森副研究员对国外左翼学者关于金融垄断资本主义时代西方社会的深刻变化和危机的复杂性、结构性、系统性观点进行了介绍和研究，并对当前资本主义危机和困境的前景作了分析。[③]

国外左翼学者对“逆全球化”现象和资本主义的发展趋势也进行了分析。英国学者马丁·奥普丘奇指出，自2008年以来，人们普遍认为资本主义全球化的扩张过程似乎已经逆转，世界贸易额和外国直接投资都出现了放缓，许多国家还实施了保护主义措施，然而，我们所看到的并非全球化的终结，而是一种重塑。随着美国霸权受到挑战，我们无疑正在目睹世界经济中权力中心的重新排序。[④] 英国伦敦大学国王学院约瑟夫·库纳拉教授认为，2008年至2009年的资本主义衰退是一场拖延已久的危机，它没有被允许成为20世纪30年代那样的衰退，这反而给我们带来了一场长期的萧条——一段相对缓慢和试探性增长的漫长时期。当前，这一进程进入了一个新阶段，许多评论人士认为，2018年将是世界经济最终摆脱困境的一年。这种乐观情绪可能是错误的，当前正处于初始阶段的复苏将是“疲弱、脆弱和不确定的”。这种疲软是由于2008年至2009年的衰退未能摧毁或贬值足够多的无利可图的资本，以确保盈利能力强劲反弹。最重要的是，脆弱性来自臃肿的金融体系。此外盈利能力和复苏乏力的背景是，整个资本主义体系的利润率长期处于低位，这是一个根本问题。[⑤] 德国学者安德里亚斯·讷克认为，英国脱欧与脱欧之后英国政府的战略应被视为全球资本主义发展趋势的一部分。2008年经济危机以及紧缩政策导致的收入停滞，引发了反自由资本主义的全球运动。新的发展方向被称为组织化资本主义，即强调国家的作用。转向组织化资本主义后的世界是类似于20世纪30年代美国新政那样的良性发展，还是诸如法西斯崛起那样的历史灾难？现在做出判断还言之尚早。这在很大程度上取决于各国国内政治力量和政府间合作是否能够管控住当今趋向组织化资本主义新阶段的发展趋势所带来的紧张局势。[⑥]

---

① John Bellamy Foster, Marx's Open-Ended Critique, https: //monthlyreview. org/2018/05/01/marxs-open-ended-critique/.

② John Bellamy Foster, What Is Monopoly Capital? https: //monthlyreview. org/2018/01/01/what-is-monopoly-capital/.

③ 周森：《国外左翼学者如何看待当代资本主义的危机与困境》，《红旗文稿》2018年第10期。

④ Martin Upchurch, Is globalisation finished? http: //isj. org. uk/is-globalisation-finished/.

⑤ Joseph Choonara, The political economy of a long depression, http: //isj. org. uk/the-political-economy-of-a-long-depression/.

⑥ 安德里亚斯·讷克：《英国脱欧：迈向组织化资本主义的全球新阶段?》，刘丽坤译，《国外理论动态》2018年第6期。

3. 关于新自由主义批判和世界社会主义的研究

对新自由主义理论的批判，是当今国外左翼学界研究的焦点问题。美国学者丹尼尔·罗杰斯探索了新自由主义产生的根源之后指出，“新自由主义”一词被用来指代四种不同的现象，包括代表我们时代的晚期资本主义经济、一系列思想观念、在全球范围内传播的一系列政策措施、围绕在我们周围并意图使我们落入陷阱的霸权主义文化。它所代表的每一种现象都有现成的名称，即金融资本主义、市场原教旨主义、灾难资本主义的周期性政策、商品化自我与商品化社会想象的广泛文化。① 加拿大学者西蒙·斯普林格指出，某些评论家认为新自由主义将在我们的努力下终结。然而，所谓的新自由主义终结之后的“后新自由主义”是否存在尚不清晰，因为其支持者仍继续将新自由主义看作一个单一的、静止的、未分化的终极状态。尽管我们渴求超越新自由主义的束缚，但是，如果我们确实希望摆脱它，就必须承认新自由主义具有顽固的延续性。事实上，我们应警惕新自由主义带来的持续不断的“波动”和危机。② 中国人民大学崔晨对法国马克思主义研究的代表性学者雅克·比岱批判新自由主义的思想作了研究和介绍，认为雅克·比岱元结构—结构—世界政治的拓扑哲学体系揭示出新自由主义在哲学层面上的本质，即是霸权主义结构中的一个特殊阶段，并且这个阶段一定会被更高阶段所超越，在最终阶段会迎来世界范围内的政治解放。③

国外左翼学者基于21世纪世界资本主义与社会主义的新格局，对社会主义的未来和人类的全面自由发展提出了最新尝试和重要探索。中国人民大学马慎萧认为，国外左翼学者们重新审视20世纪的社会主义实践以及传统社会主义经济理论问题，主要考察并畅想了三种社会主义形态：作为代替旧形式的“现实社会主义”模式的“21世纪社会主义”方案、源于信息技术革命最新成果的社会主义演进构想以及作为市场社会主义新方案的“哈耶克之后的社会主义”模式。④

4. 关于国外马克思主义和左翼思想的整体研究

随着全球化的不断发展，国外马克思主义研究呈现出一些新特点。中国人民大学张晓萌副教授撰文认为，国外马克思主义在分析社会发展、剖析与批判资本主义等方面具有独到的见解，主要表现在对马克思主义经典理论的重释方面。此外，中国特色社会主义作为世界社会主义的重要组成部分，在发展中所展现的强大生机活力，引起了国外马克思主义者及左翼学者关注，中国特色社会主义道路及方案的研究成为热点。⑤ 武汉大学马克思主义学院刘冬冬以对2008年金融危机以来《新左翼评论》的刊文分析为例，对西方马克思主义和左翼学术界的研究特点进行了分析，认为西方左翼学术界紧紧跟踪时代前沿，对国际社会政治、经济热点问题展开广泛评论和研究，涵盖马克思主义、社

---

① 丹尼尔·罗杰斯：《新自由主义辨析与批判》，吴万伟译，《国外理论动态》2018年第6期。

② 西蒙·斯普林格：《审视新自由主义向后新自由主义变种》，刘祥琪、吴万运译，《国外理论动态》2018年第2期。

③ 崔晨：《法国当代马克思主义研究对新自由主义理论的批判》，《山东社会科学》2018年第10期。

④ 马慎萧：《国外左翼学者关于21世纪社会主义的三种构想》，《国外理论动态》2018年第9期。

⑤ 张晓萌、杨戎戎：《当代国外马克思主义研究现状及其启示》，《北京教育》2018年第4期。

会主义、资本主义、民主政治、经济金融、地缘政治、民族国家、文化艺术、媒体网络等诸多领域，引领着国际学术界的理论思潮，为国际学术界的理论交流探讨作出了突出贡献。① 上海理工大学胡绪明指出，在当代西方左翼思想界兴起了一股“共产主义回归”热潮，这些左翼学者对共产主义的阐释在总体上呈现为哲学先验论、激进政治学、新政治经济学批判、辩证法等多元的理论范式，只有在历史唯物主义视域中与之展开批判性的对话，才能正确把握西方左翼“共产主义观念”的理论要义。② 上海社会科学院胡莉认为，随着社会主义中国的崛起和资本主义世界体系及社会秩序的巨大变化，作为与保守主义（右翼）相对并偏向于社会主义的西方左翼思潮，特别是当代左翼激进思潮出现了与西方马克思主义思潮的合流趋势，这凸显出马克思、恩格斯视域中社会主义和共产主义的生命力。③

5. 2018 年度国外左翼发展现状研究

（1）关于欧洲、中东欧地区左翼的研究

中国人民大学袁野指出，当前欧洲左翼政党普遍面临困境，在多国议会选举中纷纷失利，政治影响力严重下滑。究其原因，在于“第三条路线”式微后，左翼政党指导思想混乱、社会基础遭到削弱、核心选民不断流失，内部分歧严重、分裂不断，治国能力受到质疑，并且面临右翼民粹主义政党越来越大的冲击。在当今国际形势不稳定、不确定因素持续增加的形势下，欧洲左翼政党应积极反省、寻找对策，发挥应有的作用，从而影响本国的政治、经济，进而在后危机时代影响欧盟甚至世界。④ 东欧剧变后，原东欧社会主义国家中的马克思主义者并未受东欧剧变的影响而变得消极，而是继续从事着马克思主义的研究和宣传。南开大学韩雷认为，从 20 世纪 90 年代开始，原东欧马克思主义者便开始结合本国实际对马克思主义研究和社会主义建设进行重新审视。他们普遍认为要用科学的态度对待马克思主义，并通过对比社会主义和非社会主义两个时期的社会发展状况来确证社会主义的优越性，同时从不同角度对如何进行马克思主义研究提出了真知灼见。⑤ 南京航空航天大学姜婧以斯洛文尼亚为例，指出在金融危机的影响下，中东欧地区的政治稳定和政治理念发生了重要变化。对资本主义发展模式的失望和反思，再次使民众转向对社会主义政党纲领的拥护上。斯洛文尼亚左翼联盟便是中东欧地区左翼政党积极发展的一个缩影。斯洛文尼亚左翼联盟的成立和在政治选举中的初露头角预示着社会主义思潮在中东欧地区的回归。⑥

（2）关于拉美左翼的研究

近多来，随着国际形势和拉美局势的变化，拉美左翼的理论与实践出现了一些新情况，拉美政坛出现了“左退右进”的局面，拉美左翼和右翼之间的力量对比发生了较

---

① 刘冬冬：《〈新左翼评论〉近十年研究综述》，《社会科学动态》2018 年第 4 期。

② 胡绪明：《当代西方激进左翼学者“新共产主义”评析》，《黑龙江社会科学》2018 年第 2 期。

③ 冯莉：《当代欧美左翼思潮发展的现状与特征》，《当代世界与社会主义》2018 年第 4 期。

④ 袁野：《欧洲左翼政党的当下困境与未来前景》，《中国社会科学报》2018 年 1 月 31 日。

⑤ 韩雷：《低谷回声：原东欧社会主义国家左翼马克思主义研究的回顾与反思》，《宜春学院学报》2018 年第 10 期。

⑥ 姜婧：《斯洛文尼亚左翼联盟的发展及评析》，《国外社会科学》2018 年第 1 期。

大变化。在拉美和国际上以及在我国学术界，对拉美政坛“左退右进”的现象有很多评论和分析。有的评论甚至认为拉美左派已经“死亡”，更多的人认为，拉美“左翼（或进步）力量执政的周期”已经结束，拉美开始了一个“右翼（或新右翼）力量执政的周期”。对此，我国大多数学者认为拉美左翼发展仍将有较强的生命力，并进行了深入分析和判断。中国社会科学院拉丁美洲研究所徐世澄研究员主要介绍了拉美四国左翼在理论与实践方面出现的新情况，并对拉美政坛的“左退右进”现象提出一些初步的看法。指出由于拉美巨大的贫富差异和尖锐的社会矛盾依然存在，拉美左翼依然拥有较强的实力和坚实的社会基础，左翼力量仍有可能在某些国家东山再起，拉美政治版图不会出现整体右倾的状况。[①] 中国社会科学院拉美研究所袁东振研究员认为，拉美社会主义的理论和实践源远流长，在发展过程中表现出强大的历史韧性和多元性。20 世纪以来马克思主义的社会主义、社会民主主义、托派社会主义及各种民族社会主义流派都在拉美获得一定的成长空间，在相互竞争中共存和发展。当前拉美社会主义的发展依然维持着各派思想和各种实践并存和相互竞争的基本格局。拉美各派社会主义有一些共同理念和价值观，但在历史渊源以及对待马克思主义、资本主义制度与社会主义制度、共产主义等重大理论和原则问题上存在明显差异。当前拉美社会主义的理论和实践探索虽面临许多难题，但其社会基础依然坚实，从长远看仍有发展空间。[②] 中国现代国际关系研究院曹廷撰文分析了墨西哥国家复兴运动党候选人洛佩斯·奥夫拉多尔当选新一届总统，成为墨西哥 89 年来首位当选的左翼政治家。认为奥夫拉多尔民族主义色彩浓厚，主张维护墨西哥国家利益，他上台后将如何带领墨西哥走出困境，以及美墨关系将向何处去均值得密切关注。同时，墨西哥是拉美地区大国，其左翼政党上台也为拉美地区的左翼力量注入新的动力，提振拉美地区左翼力量信心。[③]

（3）关于南亚和中东地区左翼的研究

山东大学张淑兰教授撰文介绍了印度左翼的发展情况，指出目前印度政党中的体制内左翼政党印共（马）和印共仍然处于受挫阶段，不仅在全国选举中失利，而且丧失了地方的长期执政权，与之相比，体制外的左翼政党印共（毛）却充满生机和活力。印度左翼政党能否准确认清国内外形势与大局，采取适宜的发展战略与行动，是其未来发展的关键，也会深刻影响印度国内政治发展的未来格局。[④] 中共中央党史和文献研究院易小明分析了中东地区黎巴嫩左翼政党发展情况，指出了这一地区左翼政党发展面临的挑战。左翼政党是黎巴嫩政坛重要的力量，但 21 世纪之后，黎巴嫩左翼阵营开始分裂，它们在叙利亚和黎巴嫩关系、黎巴嫩总统选举和选举制度改革、叙利亚内战、叙利亚难民等国内外重大问题上存在不同的看法。由于黎巴嫩新的选举法未能突破政治教派体制，加之左翼政党教派色彩不断加深，从而削弱了左翼政党的进步特性，未来黎巴嫩

---

① 徐世澄：《拉美四国左翼新情况与对拉美政坛“左退右进”的看法》，《当代世界社会主义问题》2018 年第 1 期。

② 袁东振：《拉美社会主义发展的历史、特点与趋势》，《国外理论动态》2018 年第 3 期。

③ 曹廷：《墨西哥首位左翼总统：“墨版特朗普”?》，《世界知识》2018 年第 14 期。

④ 张淑兰：《21 世纪印度左翼发展的必然性与偶然性》，《当代世界社会主义问题》2018 年第 1 期。

左翼政党的发展不容乐观。①

三 学科发展需改进的几个问题

（一）国外共产党研究方面

第一，加强对国外共产党与激进左翼运动实践的研究。从对资本主义的批判与社会主义复兴的讨论来看，相关研究多从理论层面出发，分析资本主义的本质，构想社会主义的未来形态，但在实际运动的现状研究方面，特别是对当前国外共产党与激进左翼政党的角色和作用，以及反抗资本主义运动的成效等方面的研究还有所欠缺。关于复兴社会主义的讨论，理论阐释固然重要，但结合左翼运动对世界社会主义运动发展前景进行分析，提出复兴社会主义的可行方案将更具有现实意义。

第二，加强对国外共产党和激进左翼力量合作的研究。从当前发展实际看，共产党和左翼政党间依然存在着理论分歧、多边合作障碍等问题。面对这一现实困境，如何加强左翼力量的团结，促进左翼政党之间的相互认同与合作，还有待进一步深入讨论。

第三，加强对国外共产党经验教训之于新时代中国特色社会主义启示的研究。在全球化背景下，一些发达国家共产党与激进左翼面临的问题与挑战体现了本国政党政治生态的新变化，对同时代的中国特色社会主义实践亦具有参考价值。比如社交媒体所展现的社会结构深层变迁、民众思想和需求日趋多元等现实问题，不仅是发达国家共产党和左翼政党面临的新困境，也是中国共产党未来发展过程中不容小觑的问题，对相关政党的应对策略和实践经验进行总结与分析，将有助于加深我们对这一问题的认识。

（二）西方马克思主义研究方面

当前，西方马克思主义研究面临着反思的任务，但反思应遵循什么样的标准？这个问题的含糊不清是当前制约学科发展的一个主要问题。与这个问题一脉相承的是一种道德化倾向，无论是研究对象的取舍，还是对研究对象的评价，这种倾向都影响着学术研究的深入。

一方面，反思标准含糊不清。一段时间以来，一些学者把“西方马克思主义”奉为圭臬，认为它富有“新思维”，是马克思主义的新发展；把苏联马克思主义、中国官方的马克思主义看作是“走形变样”的政治话语，是停滞的马克思主义。这显然是错误的。但如何对这种现象进行反思，到底什么样的马克思主义才是对马克思主义的新发展，什么样的马克思主义是停滞的马克思主义，这仍然是含糊不清的问题。事实上，跳过马克思主义时代化这一关键环节，不去根据自然科学新发展和社会实践的新变迁去更新和完善基础理论，在旧概念体系中自说自话，辩证唯物主义原理就可能被唯心主义地篡改，西方马克思主义学科对自己的研究对象的性质就不会有正确的评价标准，就可能在把大多数浮在面上的唯心主义理论当作学习样板，把少量的、真正有价值的唯物主义理论排除在研究和学习之外。

另一方面，评判立场存在道德化倾向。综观 2018 年的西方马克思主义研究，虽然在内容和方法上花样繁多，但无反思的道德意识似乎是隐藏在理论深处的支点。以道德

① 易小明：《黎巴嫩左翼政党：现状和展望》，《社会主义研究》2018 年第 2 期。

批判代替学术思考，这是思维上的偷工减料。把道德意识不加反思地上升为学术立场和前提，不是遵守而是背离了马克思主义唯物主义原理。马克思为什么说他自己不是马克思主义者，这在今天仍然值得思考。只要背离了辩证唯物主义原理，无论主观意愿多么良好，都可能是唯心主义的谬误，要么因为与现实相脱节而被边缘化，要么因为强行推销理想化观念带来实践中的失败。

（三）国外左翼思想研究方面

党的十八大以来，习近平总书记在多次讲话中提出了“发展 21 世纪马克思主义”的命题。因此，我们不仅要发展当代中国马克思主义，不断推进马克思主义时代化大众化中国化，坚持把马克思主义普遍原理同中国具体实际相结合。另一方面还要加强国外马克思主义和左翼理论的研究，加强与各国马克思主义者乃至非马克思主义者的沟通和交流，从中吸取有益的理论成果。我们必须深入把握国外左翼思潮和运动背后的深刻政治、经济、社会条件，只有深入分析当前资本主义的政治经济矛盾运动规律及其走向，分析各国、各地区左翼思潮、运动所处的客观社会条件，我们才会对世界左翼和进步力量的发展现状有深刻的认识。目前，国外左翼思想研究尚需进一步拓宽研究广度和深度，进一步整合力量，才能多出有分量的研究成果，进一步推动学科发展。

（供稿：陈慧平、周　淼、张　莉、宋丽丹、雷晓欢、于海青、李瑞琴）

国际共产主义运动

一 学科概况

2018 年恰逢马克思诞辰 200 周年、《共产党宣言》发表 170 周年、中国改革开放 40 周年。各国共产党和学界举办了形式多样的学术交流和纪念活动，重新认识马克思主义，加强对国际共运历史和世界社会主义实践的研讨，并推出了一系列有价值的研究成果。2018 年，在国际格局大变动大调整背景下，资本主义国家普遍陷入政局混乱、社会运动频发的困局，而中国特色社会主义展示了巨大的成就和发展潜力，引起了世界各国的关注，国际共运和世界社会主义发展态势尤其是两制斗争格局成为人们关注的重大战略热点问题。在这样的背景下，国际共运和世界社会主义研究学科引起了重视，学界对本学科的设置和划分问题进行了热烈讨论，这也成为本学科年度热点问题之一。

（一）学科发展与重要学术活动概述

1. 学科发展情况

2018 年，国内学者结合中国特色社会主义与世界社会主义运动的关系，对国际共运学科的主要问题进行了讨论，主要包括以下几个方面的问题：

（1）当前世界社会主义处在什么发展阶段？

判断世界社会主义发展阶段的前提是我们所处的大的历史时代。中国社会科学院党组成员、当代中国研究所所长、马克思主义研究院院长姜辉撰文指出：我们依然处在马克思所指明的历史时代，即从资本主义向社会主义过渡的历史时代。在这个历史时代，存在着两个阶级、两种生产方式和两种社会制度，两者并存竞争，但其本质和发展趋势是从资本主义向社会主义过渡。当前，世界处在大发展大变革大调整时期，和平与发展仍然是时代主题。

中国社科院原副院长李慎明认为：习近平总书记所讲的“我们依然处在马克思主义所指明的历史时代”，既包括马克思、恩格斯所说的大的历史时代，又包括列宁所说的帝国主义这一特定的小的历史时代；当今世界同时也处于列宁所说的金融帝国主义这一特定的小的历史时代；和平与发展这“两大主题”“两大课题”“两大问题”，绝不是几十年甚至上百年乃至更长一点的历史阶段所能轻易解决得了的。

上海社会科学院轩传树研究员认为，不管从哪种意义上来看，当前世界社会主义都可以说开始进入谋求振兴、恢复荣光并孕育新高潮到来的重要历史时期，也即一种生存空间继续扩大但挑战依然严峻，成长性与不确性并存的历史时期。

中共中央党校胡振良教授认为，现阶段国际共产主义运动和世界社会主义发展进入了改革开放的时代。改革开放的实质内容就是走出过去传统、进入现代化阶段。中国特色社会主义理论与实践进入了国际共产主义运动和世界社会主义发展中心，世界社会主义也日益走向中国特色社会主义为中心的时代。中国人民大学郭春生教授认为，从人类文明变革视角来看，二战后，人类社会经历了由战争与革命时代向和平与发展时代的转变，特别是战后新科技革命空前发展，现代科学技术解决了人类生存问题，推动人类向新的方向变化，和平与发展成为时代主题，引导人们不仅要认识和改造自然，而且不应忽视社会的主动性和积极性，否则会背离社会主义本质。

中国人民大学教授奚广庆提出，共产主义作为运动和思潮，在19世纪40年代从欧洲萌生，在西欧登上了历史舞台，一个引领无产阶级和人类解放事业、追求建设人的全面而自由发展的社会共同体的伟大运动扬帆起航了，并成长发展直至遍布全世界。经过第二国际和第三国际两个发展阶段，而中国的改革开放使社会主义重新崛起，标志国际共产主义运动的发展已经进入第三个历史阶段了。

可见，尽管学者们对当前世界社会主义发展阶段的表述还未能统一，但一致的是肯定中国特色社会主义发挥了巨大作用，将世界社会主义引向了更高的发展阶段。

（2）当前世界社会主义运动有什么新特点？

姜辉从世界格局的视角提出，在世界经济复苏乏力的背景下，以美国为首的西方国家兴起了一股“逆全球化”浪潮，贸易保护主义、孤立主义、民粹主义滋生蔓延，世界和平与发展面临的挑战更加严峻。政治多极化发生内涵和外延的重大变化。美欧等西方国家的实力相对衰落和衰退，而以金砖国家为代表的新兴市场国家和发展中国家正在群体性崛起；中国改革开放取得了巨大成就，成为国际格局中重要的力量。

轩传树和九江学院冷树青教授从全球社会主义运动视角考察提出：21世纪以来，世界范围内，各社会主义力量在按照自己的政治光谱独立自主地探索本国社会主义道路的同时，也开展国内、区域性乃至世界性的一定形式的协调与合作，甚或形成一定形式的统一阵线联合。这些联合显然不再是历史上第一国际、第二国际、第三国际、共产党和工人党情报局那样同质化的、正规的甚至存在上下隶属关系的国际组织，而是由独立的左翼政党、组织通过双边、多边合作，通过会议、论坛进行协调的多平台多纽带的扁平化网络。

（3）当前两制力量对比格局应如何判断？

姜辉在文章中提出，2008年资本主义危机之后，美国等发达资本主义国家的政治经济实力相对下降，主导世界的能力显得力不从心。苏联解体东欧剧变之后形成的资本主义“历史终结”的神话破灭，“狂飙突进”的资本主义在全球发展的进攻势头发生逆转，以中国为代表的世界社会主义和以美国西欧国家为代表的世界资本主义之间的力量对比和关系格局发生了重大变化。这次较量，虽然“资强社弱”的总体格局没有根本改变，但是资本主义在竞争中明显处于守势，以中国为代表的世界社会主义力量明显上升。

轩传树认为，两制力量对比发生了有利于社会主义的变化，社会主义世界氛围已经形成。尽管总体态势仍然是“资强社弱”“北富南贫”，但是世界权力加速向新兴国家、重点地区向亚洲转移已是趋势，西方继续主导世界的能力已力不从心。

在2018年11月17日由福建师范大学举办的“当代国外共产党发展新态势”学术研讨会上，与会专家也对此问题进行了讨论。有人提出，当前处于“两制焦灼竞争阶段”，距离马克思所说的最后阶段仍有较长时期，我们应当客观判断这样的形势，以避免苏联当年所犯的历史教训。

(4) 中国特色社会主义对世界社会主义发挥了怎样的作用?

习近平总书记在党的十九大报告中指出，中国特色社会主义进入新时代，意味着近代以来久经磨难的中华民族迎来了从站起来、富起来到强起来的伟大飞跃，迎来了实现中华民族伟大复兴的光明前景；意味着科学社会主义在21世纪的中国焕发出强大生机活力，在世界上高高举起了中国特色社会主义伟大旗帜；意味着中国特色社会主义道路、理论、制度、文化不断发展，拓展了发展中国家走向现代化的途径，给世界上那些既希望加快发展又希望保持自身独立性的国家和民族提供了全新选择，为解决人类问题贡献了中国智慧和中国方案。

中共中央党校郝永平教授、中共中央党校国家高端智库学术委员会秘书长黄相怀认为，中国道路至少向世界作出了五大历史性贡献：生存性贡献、发展性贡献、制度性贡献、文化性贡献、和平性贡献。胡振良教授提出，21世纪前50年，国际共产主义运动和世界社会主义运动面临着发展中国家现代化的主题，中国目前正在着力解决这个问题。若中国在21世纪中叶实现了“两个一百年”的奋斗目标，那么中国就走出了用马克思主义、社会主义来实现国家现代化的道路。这将是一条完全有别于西方的现代化道路，将为广大发展中国家实现现代化提供中国方案。

在2018年11月1日中国社会科学院和越南社会科学翰林院举办的国际研讨会上，越南社会科学翰林院中国研究所杜进森教授在发言中表示，中国改革开放对越南的革新提供了重要的参照经验；老挝国家社会科学院经济所所长方习·老冯认为，中国在改革开放的过程中，创造了政治进步、经济繁荣、社会和谐的新形象。

中国特色社会主义的成功也激励了资本主义国家的各国共产党。意大利共产党中央政治局委员弗朗切斯科·马林焦表示，中国的社会主义模式尽管不可复制，但对世界上实行社会主义的国家和人民来说有鼓舞作用。“中国的模式不能照搬，但对意大利有借鉴作用，也对其他发展中国家具有借鉴意义。毕竟中国的社会主义模式使得其他发展中国家看到新的社会主义发展道路，可以根据本国国情调整自身发展战略。”

(5) 当前世界社会主义是否还依旧处于苏联东欧解体以来的低潮阶段？判断高潮或低潮的标准是什么？

在中国特色社会主义进入新阶段后，以上问题成为当前科学社会主义与国际共产主义运动理论界需要深入研究的重大问题。目前学术界还未形成定论，因此国家马工程办公室和中宣部以此为题成立了重大科研项目。很多学者也开始对此问题进行探讨。例如，奚广庆教授从马克思主义方法论角度出发，提出：新世纪怎样认识与判断当代世界社会主义运动的发展态势、发展阶段、高潮、低潮这样一些问题，不能固守20世纪共产国际时代的版本，需要根据今天的历史时代和实际情况，形成新的认识，作出新的界定。

2. 重要学术活动

2018年是马克思诞辰200周年和《共产党宣言》发表170周年，全球各地都掀起了纪念马克思的热潮，马克思主义在各国日益受到重视，马克思及其理论的时代价值引发了全球热议，社会主义事业和世界社会主义运动也具有了更大的吸引力，这些都使得国际共产主义运动学科取得了较大的发展。2018年度，围绕着国际共产主义运动的研究内容，国内外各界召开了形式多样的学术交流活动。

（1）围绕马克思诞辰200周年举行了多层次的纪念会和学术交流活动

2018年5月4日，中国共产党纪念马克思诞辰200周年大会在北京人民大会堂隆重举行。中共中央总书记、国家主席习近平在会上发表重要讲话，高度评价马克思主义在人类历史上的划时代意义，深刻总结马克思主义中国化的伟大历程和经验启示，指出马克思主义始终是我们党和国家的指导思想，是我们认识世界、把握规律、追求真理、改造世界的强大思想武器。同一天，纪念马克思诞辰200周年国际研讨会暨第六届社会主义国际论坛在越南河内举行，主题为“马克思的思想遗产与时代意义”。来自越南、中国和老挝学界的300多名专家学者出席会议。在古巴，何塞·马蒂文化协会与马蒂研究中心在古巴首都哈瓦那联合举行了主题为“何塞·马蒂、卡尔·马克思与社会主义”的研讨会，以纪念马克思诞辰200周年。

5月5日，由北京大学主办、北京大学马克思主义学院和北京大学习近平新时代中国特色社会主义思想研究院承办的第二届世界马克思主义大会在北京大学举行。大会以“马克思主义与人类命运共同体”为主题。700多位国内外学者围绕“马克思主义理论与文本研究”“习近平新时代中国特色社会主义思想与当代马克思主义”等议题展开深入研讨。

5月28日，由中国共产党举办、各国共产党及左翼政党参加的“纪念马克思诞辰200周年专题研讨会”在深圳举办，主题是“21世纪马克思主义与世界社会主义未来”。来自50个国家75个共产党的100余位领导人和代表参会。

（2）围绕当代资本主义热点问题及左翼的斗争策略等展开研讨和交流

6月1—3日，2018年纽约左翼论坛在纽约城市大学约翰·杰伊刑事司法学院举行。论坛的主题是“为左翼制定新战略”。来自北美及世界各地的左翼知识分子、左翼政党领袖、左翼学术组织代表、左翼社会活动家等人士与会。

9月23—24日，希腊共产主义青年团在雅典主办了第14次欧洲共产主义青年组织会议，来自欧洲各国的24个共产主义青年组织参加了会议。会议的主要口号是：“加强共产主义青年组织，加强反对帝国主义战争和资本主义剥削的斗争，为青年争取当前的教育—工作—生活权利！”

10月13—14日，由北京大学区域与国别研究院、北京大学政府管理学院、北京大学欧洲研究中心共同主办的“天下论坛”在北京大学英杰交流中心举行，主题为“民粹主义、右翼政治与欧盟的未来”。

11月23—25日，第20次共产党和工人党国际会议在雅典希腊共产党总部召开，共有来自73个国家的91个党参加。会议主题为“当代的工人阶级及其盟友、工人阶级的政治先锋队——共产党和工人党在反对剥削和帝国主义战争、争取工人和人民权利、争取和平、争取社会主义的斗争中的任务。”

（3）围绕世界社会主义运动的理论与现实问题进行多方位的交流研讨

6月24日，由中国社会科学院马克思主义研究院和浙江工业大学共同主办的“新时代世界社会主义运动的新形势——第六届国际共产主义运动论坛”在杭州举行。与会学者围绕“习近平新时代中国特色社会主义思想研究”“新时代世界社会主义运动的新发展与新挑战”“《共产党宣言》的时代价值”“纪念马克思诞辰200周年：国际共产主义运动的历史与现实”“构建人类命运共同体与全球政党合作”等议题进行了交流。

7月28—29日，由中国科学社会主义学会、中共中央党校科学社会主义教研部、甘肃省委党校联合主办的中国科学社会主义学会2018年学术年会在甘肃省委党校召开，主题为“改革开放40年与新时代中国特色社会主义”。

11月1日，“改革开放与21世纪世界社会主义”国际研讨会在北京召开。会议由中国社会科学院、越南社会科学翰林院主办，中国社会科学院马克思主义研究院承办。来自中越老等国的学者共同总结中国改革开放40年及越南、老挝革新的成就和经验，共同展望21世纪世界社会主义和马克思主义的创新和发展。

11月2—3日，由中国社会科学院主办的第九届世界社会主义论坛在北京召开。论坛主题为：世界格局、“一带一路”与构建人类命运共同体。来自中国、俄罗斯、越南、古巴、老挝、德国、日本、意大利、澳大利亚、格鲁吉亚、哈萨克斯坦、巴西、土耳其等国家的200余位代表，围论坛主题，深入探讨了三大议题：“一带一路”倡议与新的经济全球化；国际金融垄断、世界格局变化与发展中国家的前途和命运；构建人类命运共同体是实现世界持久和平，最终实现每个人自由而全面发展的战略纲领。

11月24日，北京国际共运史学会在中国人民大学召开“科学社会主义与共运”研讨会。与会专家学者围绕“世界社会主义运动的发展状况与前景”“马克思恩格斯和《共产党宣言》”以及“新时代中国特色社会主义”等议题展开了研讨。

12月18日，庆祝改革开放40周年大会在北京人民大会堂隆重举行。中共中央总书记、国家主席习近平在会上发表重要讲话，高度评价改革开放的伟大意义，强调改革开放是中国共产党的一次伟大觉醒。

12月22日，中国社会科学院马克思主义研究院国际共产主义运动研究部在北京举办了“2018年世界社会主义形势暨《国际共运发展报告》专家审议报告会”，国内30多名国际共运研究领域的专家和学者对本年度的国际共运发展形势进行了总结和交流，同时对马克思主义研究院出版《国际共运黄皮书》表示积极肯定。

3. 国际共运研究领域即将推出新项目和新成果

本学科以年度报告形式出版的著作目前有三种：一是中国社会科学院世界社会主义中心主办、李慎明研究员主编的《世界社会主义跟踪研究报告——且听低谷新潮声》黄皮书。二是上海社会科学院中国马克思主义研究所和国外马克思主义研究中心徐觉哉研究员主编、上海人民出版社出版的《世界社会主义研究年鉴》。三是华中师范大学国外马克思主义政党研究中心聂运麟教授、余维海副教授主编的《国际共产主义运动年鉴》。三者各有特色，各有侧重，为我国学者学习研究世界社会主义和了解主要国外共产党状况提供了很好的参考资料。

为了及时跟踪和发布每年国际共产主义运动和世界社会主义发展的最新动态，中国社会科学院马克思主义研究院以国际共产主义运动登峰战略重点学科为依托，发挥国际共产主义运动研究部多种外语人才专注国别问题研究的独特优势，结合中国社会科学院创新工程项目《世界社会主义思潮与运动新进展研究》的资源，开放式引入国内其他单位的研究力量，共同撰写“国际共运黄皮书”即年度《国际共产主义运动发展报告》，聘请本学科权威专家组成专家指导委员会对报告的选题和稿件进行指导，从而实现了国际共运学科资源的优化组合，共同推动国际共运学科的发展。从2019年起，每年由社会科学文献出版社以皮书形式出版。

从2018年起，中国社会科学院马克思主义研究院设立了“当前世界社会主义思潮与运动新进展研究”创新课题项目。本项目成果将以皮书形式发表年度《国际共产主义运动发展报告》，它将以开放形式邀请国内其他研究机构的专家参与其中，为国内国际共运和世界社会主义研究打造一个创新团队和研究平台，拓展国际共运和世界社会主义学科以及中国社会科学院马克思主义研究院的研究成果，为国内学者提供及时、全面、第一手的世界社会主义和国际共运发展报告。本项目成果力争为推动国际共运学科发展助一臂之力，同时也为理解当今世界面临的百年未有之大变局提供马克思主义的观察和解读。

（二）研究成果

1. 对马克思主义的历史价值与时代意义的研究成果丰富

2018 年是马克思诞辰 200 周年，学者们从多方面对马克思主义的历史价值与时代意义进行了探讨。同时 2018 年也是《共产党宣言》发表 170 周年，因而对《共产党宣言》的研究更是成为学界的关注重点。

从总体上研究马克思主义的代表性著述包括：中国社会科学院大学王伟光教授的《沿着马克思指引的方向，高举马克思主义伟大旗帜，夺取中国特色社会主义伟大胜利》，俄共总书记久加诺夫的《卡尔·马克思：功勋科学家和革命家》，北京大学国际关系学院黄宗良教授、北京大学国际关系学院项佐涛副教授的《热话题与冷思考——关于“以新视野看待马克思主义发展”的对话》，北京大学马克思主义学院顾海良教授的《马克思主义：与中国改革开放同行》，复旦大学陈学明教授、中国人民大学罗骞教授的《“强起来”的新时代，离不开马克思》，等等。

对《共产党宣言》及马克思主义其他具体理论进行研究的代表性著述包括：中国社会科学院吴恩远研究员的《科学社会主义具有强大生命力》，中国人民大学国际关系学院蒲国良教授的《〈共产党宣言〉序言/导言研究简论——纪念〈共产党宣言〉发表 170 周年》，清华大学马克思主义学院刘书林教授的《〈共产党宣言〉：指导工人阶级开创新世界的纲领》，中国人民大学周新城教授的《认清民主社会主义的本质，划清科学社会主义与民主社会主义的界限——纪念〈共产党宣言〉发表 170 周年》，教育部高等学校社会科学发展研究中心原主任田心铭的《论〈共产党宣言〉的核心思想》，等等。

2. 对资本主义热点问题的研究深化了对资本主义制度的批判

一是对民粹主义的研究。2018 年，民粹主义在资本主义国家持续发酵，深刻影响了当代世界的民主政治和全球化进程。因此，民粹主义的研究成为学者们重要的关注点，推出了许多著述。如：山东大学政治学与公共管理学院臧秀玲教授等的《西欧右翼民粹主义政党崛起的动因与影响》、中国矿业大学马克思主义学院讲师高建明的《右翼民粹主义的挑战与社会党国际的分裂》、西班牙作家乔尔豪·阿古德罗的《难民危机与民粹主义的恶性螺旋》、现代国际关系研究院欧洲研究所董一凡的《当前欧洲民粹主义的主要特点与发展趋势》、山东大学哲学与社会发展学院宋全成教授的《反移民、反全球化的民粹主义何以能在欧美兴起》、同济大学德国问题研究所/欧盟研究所所长郑春荣教授的《欧洲民粹主义政党崛起的影响》、中国人民大学国际关系学院林红的《西方民粹主义的话语政治及其面临的批判》、中国社会科学院欧洲研究所张浚研究员的《欧洲的国家转型及其政治图景——从欧洲民粹主义谈起》，等等。

二是对美国等国家的战略调整及其所引发的世界格局的变化等的研究。2018 年，欧美逆全球化现象持续发展，美国相继退出多个国际组织和协定，美国和欧盟等国家的贸易保护主义加重，多边主义受到冲击，对经济全球化进程和世界格局都产生了重要影响，甚至引发了“新冷战”的讨论。因此，学者们也加强了这一方面的研究，代表性著述有：中国社会科学院荣誉学部委员、中国国际问题研究基金会世界经济中心主任谷源洋的《应对特朗普“乐见贸易战”的政策选择》，北京大学经济学院王跃生教授的《世界经济或将进入多趋势并存的时代：表征、成因与未来——兼论特朗普的“三零贸易秩序”》，美国乔治·华盛顿大学艾略特国际事务学院沈大伟教授等的《2018 年美国与东南亚的关系：延续多于改变》，中国人民大学国际关系学院副教授刁大明的《美国特朗普政府首年执政评估》，中国社会科学院马克思主义研究院刘海霞副研究员的《大国关系调整的新态势与中国特色大国外交》，中国社会科学院美国研究所王欢副研究员和刘辉助理研究员的《特朗普执政对国际环境的影响》，中国现代国际关系研究院副研究员田文林的《美国退出伊核协议的原因与影响》，复旦大学美国研究中心韦宗友教授的《美国对“一带一路”倡议的认知与中美竞合》，国防科技大学国际关系学院国际安全研究中心葛汉文副教授的《“拒绝衰落”与美国“要塞化”：特朗普的大战略》，等等。

三是对法国黄马甲运动的研究。自金融危机以来，西方国家不断爆发大规模社会运动。2018 年更是爆发了影响巨大的黄马甲运动，在法国乃至全球都引发了重大反响。其爆发的原因是什么？黄马甲运动将走向何方？这些问题都成为学者们研究的热点。代表性著述有：吉林大学公共外交学院副院长孙兴杰的《马克龙的“黄马甲”之困》，国际问题研究基金会欧洲中心主任孙海潮的《法国“黄背心”运动反映出欧洲社会沉疴》，中国社会科学院美国研究所魏南枝的《法国爆发“黄马甲”运动的内外部因素》，中国人民大学重阳金融研究院高级研究员何亚非的《法国“黄背心”风暴背后的必然性》，上海外国语大学王文新教授的《“黄背心”运动：马克龙改革的可为与不可为》，北京外国语大学亿阳讲席教授丁一凡的《法国“黄背心运动”何以难平息》，等等。

3. 对世界社会主义的研究取得突破性进展

2018 年度，国内外学术界针对当代世界社会主义这一主题发表了大量的著述，其中代表性的著作有：李慎明主编的《世界社会主义跟踪研究报告（2017—2018）——且听低谷新潮声（之十四）》。该书选取 2017—2018 年度世界社会主义研究中心有权威性、前沿性和代表性的研究成果集结而成。全书从 7 个方面对当今世界范围内的社会主义思潮、理论、运动与制度进行了多视角、深层次、全方位的研究与探讨，反映了世界社会主义领域，尤其是亚洲、欧洲、美洲地区社会主义发展和研究动态。

尤其值得注意的是，由中国人民大学国际关系学院高放教授主编的《世界社会主义史》丛书是 2018 年度研究的一项重大成果。丛书围绕社会主义历史发展的主题，在内容上，以 500 年来社会主义发展历程中的重要事件、重要人物、重要思想为核心内容，突出道路与抉择过程。本丛书包括四部：第一部是蒲国良的《社会主义思想：从乌托邦到科学（1516—1848）》，第二部是高放的《社会主义运动：从理论到实践（1848—1917）》，第三部是北京大学国际关系学院孔寒冰教授和项佐涛副教授的《社会主义制度：从一国到多国的演进（1917—1991）》，第四部是郭春生的《社会主义革新：从地区到全球（1991—2013）》。

此外，还有系列文章反映了越南古巴老挝朝鲜等国社会主义改革和发展新进展，尤其是对越南的研究成果较为丰富，其中又以对越南党的建设和反腐败研究成果为最。

（三）学科发展特点

一是集中研究了重要历史人物及其理论的历史意义与当代价值。2018 年正好是马克思诞辰 200 周年和《共产党宣言》发表 170 周年，这些都是国际共产主义运动学科的重要内容。因此学者们不仅加强了对马克思及其理论的研究，而且将这一研究与当前资本主义的现实与世界社会主义的发展联系起来，肯定了马克思主义的当代价值，进一步明确了马克思主义在世界社会主义运动中的意义和作用，由此使本学科研究的现实针对性以及理论价值更为凸显。

二是积极跟踪当代资本主义和世界社会主义的发展动态，将理论与现实结合起来进行研究，以把握世界社会主义的发展规律和态势。国际共产主义运动学科的研究除包含对国际共运史的重要人物、理论和历史事件的深入挖掘外，还包含对现实社会主义国家实践跟踪研究和当代资本主义制度的反思与批判，对当代世界社会主义运动现状及发展趋势的研究与探索，对这些内容的研究有助于不断深化和发展马克思主义经典作家对资本主义和社会主义的理论认识，从总体上把握资本主义的历史命运和社会主义的发展前景。

三是重大纪念活动和学术研讨活动活跃。围绕马克思诞辰 200 周年等，世界各国和国内举行了多场相关主题纪念活动和学术交流。这些研讨活动进一步深化了学界对马克思主义理论在当代的适用性的认识，也有助于我们进一步用马克思主义的立场、观点和方法来分析当前的现实，厘清各种思想上的谬误，准确把握世界社会主义的发展趋势。与此同时，学术交流与研讨对于拓展研究视野、提升学科影响、推进学科研究等具有重要作用。多元化的学术活动不仅为学科研究，尤其是一些重要问题的深入研究，提供了重要平台，也为研究人员更广泛的交流与合作创造了重要条件。

四是对国际共运学科划分问题进行热烈讨论。

对于当前是否还存在国际共产主义运动，以及国际共产主义运动学科应该如何设置的问题，我国学界存在不同意见。2018 年的讨论尤为热烈。主要集中在以下几个问题：

1. 关于当前是否还存在国际共产主义运动？第一种观点认为，当前已经不存在国际共产主义运动，而是作为历史存在。第二种观点认为，国际共产主义运动依然存在是明摆着的事实。只不过不是传统意义的国际共产主义运动，不再是一个中心、一条路线、一种模式的那种国际共产主义运动。它是以社会主义制度替代资本主义制度为目标、以实现共产主义为理想、由共产党领导、以争取无产阶级及其广大劳动人民的解放为己任的运动，这一运动在今天的世界上是客观存在的。

2. 关于国际共运学科应归属世界历史、国际政治还是马克思主义？第一种观点：把国际共产主义运动史作为一门历史科学，把社会主义现状学划给世界社会主义。第二种观点：科学社会主义和国际共运史不能代替当代国际共产主义运动。因此主张继续保留国际共运学科作为马克思主义二级学科。而在中国人民大学、北京大学等，虽然保留了国际共运和世界社会主义学科，但被划归国际关系学院，成为国际政治下属学科。

由此可见，我国学界对国际共产主义运动、世界社会主义研究，以及国际共运和世界社会主义学科定位非常混乱，迫切需要加强研究并加以明确和统一。

二 重大问题研究进展

（一）马克思主义的历史价值与时代意义

马克思主义是关于全世界无产阶级和全人类彻底解放的学说，其诞生及发展与国际共运密切相连，其科学性也在不断被国际共运所力证。2018 年正值马克思诞辰 200 周年和《共产党宣言》发表 170 周年，各种纪念活动与学术研讨引发了人们就马克思主义对包括国际共运在内的人类社会发展的历史价值与时代意义的讨论。

一方面，充分肯定了马克思主义对国际共运的历史价值。

在世界各国的纪念活动中，马克思主义的历史价值得到充分肯定。在社会主义国家，例如在中国，纪念马克思诞辰 200 周年大会于 2018 年 5 月 4 日在北京人民大会堂举行。习近平总书记发表了重要讲话，高度评价了马克思主义在人类历史上的划时代意义："《共产党宣言》发表 170 年来，马克思主义在世界上得到广泛传播。在人类思想史上，没有一种思想理论像马克思主义那样对人类产生了如此广泛而深刻的影响。在马克思亲自领导下，在马克思主义指导下，'第一国际'等国际工人组织相继创立和发展，在不同时期指导和推动了国际工人运动的联合和斗争。在马克思主义影响下，马克思主义政党在世界范围内如雨后春笋般建立和发展起来，人民第一次成为自己命运的主人，成为实现自身解放和全人类解放的根本政治力量。"① 又如在越南，越共中央党校先后在河内举办了主题为"《共产党宣言》——当今时代的理论与实践价值"和"马克思的思想遗产与时代意义——纪念马克思诞辰 200 周年"国际学术研讨会，越共中央理论委员会的专家们纷纷撰文，对马克思思想的科学性和时代价值给予高度评价。其中，越共中央书记处书记、中央理论委员会主任、胡志明国家政治学院院长阮春胜强调："唯物史观与剩余价值理论作为马克思的两大发现，科学地揭示了人类历史的发展规律。列宁肯定了马克思思想是科学的、革命的学说，并结合十月革命胜利后建立的世界上第一个社会主义国家的革命与建设实践对马克思思想进行补充和发展，形成了列宁主义。马克思列宁主义业已成为世界工人阶级的理论武装。"② 再如老挝，虽然理论研究相对滞后，但理论家们也积极参加中国越南主办的国际研讨会，撰写论文肯定马克思主义具有永久价值。老挝国家政治行政学院科学管理司司长本·提·库阿米赛教授撰文强调："马克思为无产阶级建立了科学和革命的世界观，为人们认识世界和改造世界提供了正确的理论方法。马克思主义是完整的思想体系，它的辩证法和唯物史观阐明了人类社会发展的方向，指明了人类的发展与无产阶级的解放事业是统一的……马列主义是工人阶级及其先锋队共产党在反对资本主义，进而建设社会主义和实现共产主义理想中关于世界观和方法论的思想体系。马克思主义、列宁主义自诞生以来已经分别走过 170 多年和 100 多年的历史，经过了多个不同的发展阶段，并与工人阶级斗争、工人运动以及国际共产主义运动的历史紧密相关。"③

① 习近平：《在纪念马克思诞辰 200 周年大会上的讲话》，《人民日报》2018 年 5 月 5 日。

② 潘西华：《马克思的思想遗产与时代意义——"纪念马克思诞辰 200 周年国际研讨会暨第六届社会主义国际论坛"综述》，《马克思主义研究》2018 年第 9 期。

③ ［老挝］本·提·库阿米赛：《马克思主义的永久价值》，《马克思主义研究》2018 年第 12 期。

不仅在社会主义国家，类似的纪念活动也在非执政的其他国家共产党和左翼中展开。例如英国共产党总书记罗伯特·格里菲思在接受《参考消息》记者专访时说，《共产党宣言》所揭示的客观真理对当代社会仍然意义重大，从诞生之日起马克思主义一直在影响英国。在葡萄牙，2018 年 2 月 24—25 日，葡萄牙共产党在里斯本以“遗产、干预和斗争——改造世界”为主题举行纪念马克思诞辰 200 周年大会，围绕经济、社会、哲学、文化、政治等主题，对马克思的理论著作、革命活动，特别是其思想遗产对实现当代社会转型的重要意义进行了广泛探讨。此外，也有不少共产党组织发表长文，深入剖析《共产党宣言》以及马克思主义的历史、理论与现实意义。[①] 在纪念活动与学术讨论中，人们也重新认识和发现马克思和马克思主义，强调其对工人阶级革命世界观的形成以及人类经济、政治和哲学思想的发展作出了决定性贡献，一致认为马克思主义在当代世界仍然发挥着不可替代的作用。

另一方面，充分肯定了马克思主义的现时代意义，强调在创新性运用中发挥马克思主义对社会主义实践的指导作用。

正如习近平总书记在 2017 年 9 月 29 日主持第十八届中央政治局第 43 次集体学习时所强调的：“尽管我们所处的时代同马克思所处的时代相比发生了巨大而深刻的变化，但从世界社会主义 500 年的大视野来看，我们依然处在马克思主义所指明的历史时代。这是我们对马克思主义保持坚定信心、对社会主义保持必胜信念的科学依据。”[②] 马克思主义对现实仍然具有极强的指导意义，这一点越来越成为更多人的共识。在社会主义国家，习近平总书记在纪念马克思诞辰 200 周年大会上的讲话指出：从《共产党宣言》发表到今天，170 年过去了，人类社会发生了翻天覆地的变化，但马克思主义所阐述的一般原理整个来说仍然是完全正确的。我们要坚持和运用辩证唯物主义和历史唯物主义的世界观和方法论，坚持和运用马克思主义立场、观点、方法，坚持和运用马克思主义关于世界的物质性及其发展规律，关于人类社会发展的自然性、历史性及其相关规律，关于人的解放和自由全面发展的规律，关于认识的本质及其发展规律等原理，坚持和运用马克思主义的实践观、群众观、阶级观、发展观、矛盾观，真正把马克思主义这个看家本领学精悟透用好。[③] 阮春胜也强调：“在现实中需要与具体的历史条件相结合，在创造性的运用中得以创新和发展。为此，我们一是要肯定马克思思想遗产的价值；二是在评价和运用马克思列宁主义时应避免教条主义；三是应继续在灵活运用中补充和发展马克思主义，创新性地发展马克思主义；四是要继续用马克思主义来解决新的问题。”[④] 本·提·库阿米赛也在文章中指出：“近几十年来，对于各社会主义国家执政的共产党、工人阶级和劳动人民，乃至世界上为了和平、独立、民主、社会进步和社会主义而斗争的各国共产党和人民来说，马列主义已经成为他们的思想基础和行动指南。……马列主义和社会主义正面临着巨大的挑战和为了发展而革新的迫切要求。由于

---

① 于海青：《照亮人类历史前进方向的灯塔——各国共产党隆重纪念马克思诞辰 200 周年和〈共产党宣言〉发表 170 周年》，《红旗文稿》2018 年第 7 期。

② 《习近平谈治国理政》（第 2 卷），外文出版社 2017 年版，第 66 页。

③ 习近平：《在纪念马克思诞辰 200 周年大会上的讲话》，《人民日报》2018 年 5 月 5 日。

④ 潘西华：《马克思的思想遗产与时代意义——“纪念马克思诞辰 200 周年国际研讨会暨第六届社会主义国际论坛”综述》，《马克思主义研究》2018 年第 9 期。

马列主义对全世界共产党人、对社会主义未来、对社会主义定向的革新事业都具有生死存亡的意义，因此，我们需要在革新发展、改革创新的基础上，重新认识马列主义和社会主义，明确马列主义科学性和革命性本质。①

在非社会主义国家，马克思的思想遗产及马克思主义的现实意义也得到充分肯定。例如，在俄罗斯，虽然在马克思主义指引下建立了第一个社会主义国家的苏联已经解体，但马克思在俄罗斯的历史地位和作用是不容抹杀的。俄共总书记久加诺夫 2018 年 5 月 11 日在俄共“纪念伟大的科学家、哲学家和革命家卡尔·马克思诞生 200 周年”国际会议上的主旨报告中指出：“无论怎样高度评价马克思在世界历史中的作用，都是不为过的……马克思的观点在人类社会历史发展中发挥了至关重要的作用，它开启了人类社会从剥削中解放出来的时代，证明了社会主义胜利的必然性。它给予工人以思想的‘大锤’，借此可以打破资本主义制度中最强大最复杂的链条。”又如，英国工党影子内阁财政大臣、著名的马克思主义信仰者约翰·麦克唐奈发表题为《迈入二十一世纪：作为当代变革力量的马克思主义》的讲话，表达了对马克思主义的坚决拥护，他指出，对于工党而言，马克思主义是“予以今天变革的力量”。各国共产党高度评价《共产党宣言》作为科学社会主义奠基之作的重要性及其方法论价值，强调马克思对工人阶级革命世界观的形成以及人类经济、政治和哲学思想的发展作出了决定性贡献，一致认为马克思主义在当代世界仍然发挥着不可替代的作用。②

这些全球性的纪念活动表明：“两个世纪过去了，人类社会发生了巨大而深刻的变化，但马克思的名字依然在世界各地受到人们的尊敬，马克思的学说依然闪烁着耀眼的真理光芒！”③ 正如已故高放教授所指出的：“马克思主义科学指明了无产阶级要完成实现全人类的解放，达到每一个人的解放这个历史使命，必须由无产阶级政党领导全世界无产者联合广大人民群众开展国际共产主义运动，掌握政权，进而依靠政权，建设社会主义和共产主义，所以马克思主义科学是整个国际共产主义运动由始至终的指路明灯。”④

（二）苏东地区原社会主义国家对比中国改革开放反思社会主义建设与改革

中国改革开放和中国特色社会主义的成功也激励了各国共产党。俄媒惊叹：“中国的公路里程总长度已位居世界第二，达到 477 万公里，其中 13.6 万公里是高速公路。目前中国平均每年铺设 7 条高速公路，每一条的长度都相当于从莫斯科到圣彼得堡的新收费公路。而后者花了 8 年时间才建成。”中国的发展和建设速度早已超越俄罗斯的三套车。⑤

根纳季·久加诺夫谈到他对中国改革开放和中国道路、中国方案的认识时表示，中国取得的一切成就及转变成世界强国，与坚持社会主义发展道路和中国共产党的领导作

---

① ［老挝］本·提·库阿米赛：《马克思主义的永久价值》，周增亮译，《马克思主义研究》2018 年第 12 期。

② 于海青：《2018 年国外共产党的新发展与新态势》，《当代世界》2019 年第 2 期。

③ 习近平：《在纪念马克思诞辰 200 周年大会上的讲话》，《人民日报》2018 年 5 月 5 日。

④ 高放：《国际共产主义运动史纲》，陕西师范大学出版总社 2018 年版，第 1 页。

⑤ ［俄］瓦西里·休罗夫：《中国龙飞离三套车》，《劳动报》2018 年 10 月 11 日，参考消息网，http：//www.cankaoxiaoxi.com/china/20181011/2337356.shtml

用密不可分；在美国加大对华压力的情况下，中国只有通过对本国经济实现深刻的现代化、成为科技领域世界领导者的方式才能应对；中国的出路不在于自我孤立，而是应该沿着改革开放和建设公正世界秩序的道路走下去；新时代中国特色社会主义是可以代替西方方案的人类社会发展新模式，"除了以不公正的全球化、霸权主义和伦理道德价值观退化为标志的西方方案之外，中国提供了可行的替代方案"。他认为，"汇集各民族价值观念的社会主义制度，可以并应该成为人类命运共同体的意识形态基础和经济基础。而中国在这方面是当之无愧的旗舰司令员"。[①] 俄罗斯联邦共产党中央主席团成员卡姆涅夫也认为，中国改革开放成功的关键在于坚持中国共产党的领导。习近平新时代中国特色社会主义思想既坚持又创造性地发展了马克思主义，是推动中国繁荣昌盛的重要保证。[②]

对比中国坚持社会主义取得的成功，俄罗斯和苏东地区原社会主义国家也开始反思苏联模式的经验教训。俄罗斯联邦共产党试图从社会主义建设中存在的问题、苏共执政党内部的问题、戈尔巴乔夫的叛变改革、西方和平演变等几大方面来分析苏联社会主义失败的原因。对此，学者们近年来从意识形态建构方面进行了反思，有的认为苏联国家认同的建构是建立在以马克思主义为主导的政治认同基础之上的，意识形态建设在其中发挥了关键作用。由于后期意识形态建设的削弱和变异，苏联政治认同出现危机，在多重因素的作用下国家最终走向解体。[③]

也有学者在反思苏联解体中历史虚无主义原因时认为，其表现形式是，否定包括十月革命在内的苏共历史、全盘否定斯大林、抹黑苏共创始人列宁；其危害机制是，通过瓦解主流意识形态扰乱人们的思想、通过否定社会主义制度颠覆人们的价值追求、通过质疑共产主义信仰侵蚀人们的精神支柱；其支持力量是，全盘否定斯大林的赫鲁晓夫、推行"新思维"的戈尔巴乔夫、西方"和平演变"的反动势力。学者们认为，反思苏联解体中的意识形态和价值认同危机，对我们加强意识形态建设和国家政治与价值认同、维护国家的统一和稳定具有重要启示。[④]

作为苏联共产党和社会主义建设的思想基础的马克思主义，在俄国也经历了苏联时期和当代俄罗斯时期两个发展阶段，其中，俄罗斯哲学家奥伊则尔曼等人也进行了一些反思。苏联哲学把历史唯物主义看作辩证唯物主义在社会历史领域的运用。在奥伊则尔曼看来，这种理解不仅将二者割裂开来，而且将辩证唯物主义和历史唯物主义看作两个"主义"，实际上，它们是同一个"主义"的两个方面，也就是说，马克思的唯物主义既具有辩证性，又具有历史性。奥伊则尔曼研究了唯物史观的基本范畴和理论，认为社会生产理论是唯物主义历史观的基础，生产力是物质生产和精神生产的统一，生产力学说的最重要内容是研究科学和精神生产在生产劳动发展中的作用，研究新产品和新的物质生产部门在创造过程中的作用。他反对苏联哲学把历史唯物主义看作关于人类社会发

---

① 胡晓光：《中国道路是人类社会发展新模式——专访俄共领导人久加诺夫》，《参考消息》2018年12月19日。

② 《国际回声》，《人民日报》2018年7月30日。

③ 吴玉军、李世辉：《政治认同危机与国家的解体——对苏联国家认同建构的反思》，《新疆社会科学》2017年第6期。

④ 陈宏滨：《苏联解体的历史虚无主义之因》，《南华大学学报》2018年第5期。

展的动力和普遍规律的科学，因为马克思在《给〈祖国纪事〉编辑部的信》中，明确反对把历史唯物主义变成一般普遍道路的历史哲学理论，因此，奥伊则尔曼强调，“历史唯物主义作为方法论只是具体研究历史过程的方法，它要求分析每个历史阶段和每个国家，考虑它们的特殊性。”①

对苏联社会主义失败的原因进行深入反思后，学者们多认为，苏联社会主义后期作为执政党的苏共自身出现了严重的问题，表现出对马克思列宁主义的教条理解和僵化保守、故步自封的思想惰性，同时偏离了原有的社会主义发展道路，此外西方资本主义国家的长期和平演变战略以及戈尔巴乔夫等人背叛性的改革思路等，最终导致了苏联社会主义的失败。因此有学者考察苏联剧变后反思其历史教训时认为，第一，必须以科学的态度对待马克思主义。第二，必须毫不动摇地坚持共产党的性质和宗旨。第三，必须坚持和加强党的全面领导，坚持改革正确方向。第四，必须积极稳妥地发展社会主义民主。第五，必须全面从严治党。②

目前为止，包括苏东地区原社会主义国家共产党在内的世界各国共产党、工人党都高度评价中国改革开放和中国特色社会主义的成功为推动 21 世纪马克思主义和科学社会主义的发展，推动世界社会主义运动的复苏，推动构建人类命运共同体、建设美好世界所付出的巨大努力和作出的重要贡献。他们一是普遍认为，习近平新时代中国特色社会主义思想强调要探索发展中国家现代化建设新路、推动构建人类命运共同体，这表明中国共产党既是为中国人民谋幸福的政党，也是为人类进步事业而奋斗的政党，不仅关注本国人民福祉，也具备世界眼光和大党担当。二是认为中国在“一带一路”建设过程中提出的思想理念也日益深入人心。三是高度赞赏中共自我革命的勇气。认为中国共产党在以习近平总书记为核心的党中央坚强领导下，坚定不移推进全面从严治党，不断提高党的执政能力和领导水平，为中国取得的历史性成就、发生的历史性变革奠定了最坚实的基础。四是普遍认可中国开始发挥负责任大国作用，为世界治理体系变革和安全和平作出了新的更大贡献。同时，他们也认为，如何在各自国家学习和实践中国的成功经验，则还需要结合各自国家的具体国情、历史文化、社会条件给出实施细则，以及兼顾不同国家在发展理念、政治民主、人权观念、文化价值、风俗习惯、宗教影响等方面的不同认识。

（三）西方“重新发现”马克思

2018 年正值国际金融危机爆发十周年，西方发达资本主义国家经济仍未完全恢复，各种矛盾日益加剧，各界人士对过去和现在流行于西方的主流思潮——新自由主义表示极度的失望。在这一背景下，国外学者在审视他们自己的相关理论的同时，开始把目光转向了马克思主义，重新发现了马克思理论的重要性。

塞浦路斯大学政治学教授斯塔维洛斯·托姆巴佐斯指出，断裂和离心时代的文明危机已经开启了一场新的旷日持久的社会斗争时期，其结果不可预料。在这一背景下，研究马克思的著作（尤其是《资本论》）是必不可少的，它不能使我们预测未来，但却能

① 张静：《反思苏联哲学开启俄罗斯马克思主义的新阶段》，《中国社会科学报》2018 年 11 月 29 日。

② 谢峰：《苏联社会主义制度的建立和苏联模式的兴衰》，《党建研究》2018 年第 7 期。

使我们更好地理解这场危机的性质和详细说明它的进程，以更有效地参与当前和未来的斗争。[①]

马克思对资本主义制度的揭露与批判引发国外学者关注的同时，马克思对未来社会的设想也是重点研究内容。比如美国左翼专栏作家布兰恩·琼斯指出，马克思和恩格斯在社会主义将确切像什么的问题上没有勾画多少内容，因为社会主义本身就不是两个人在屋子里就能决定的，重点是“多数人”根据他们认为合适的蓝图来重塑社会。[②] 在对未来社会的构建过程中，苏联模式是挥之不去的梦魇。如果无法厘清苏联模式与新社会之间的关系，后者将不可能值得期待。爱尔兰都柏林城市大学教授罗纳尔多·蒙克就试图在批判苏联模式的基础上，把握马克思的本真思想。他认为，马克思对后资本主义时代的观点是务实的，不是建在空中楼阁之上，他没有把一些乌托邦的未来强加给无产阶级，而是想要这个阶级构建它自己的未来。在蒙克看来：“社会主义对于马克思而言远不是废除私有财产或者市场那么简单，马克思对资本主义之后生活的设想的核心内容是其激进的自由概念，在那里，每个人的自由发展是消除一切约束他们自治权的条件。如果自由联合生产者想要创造一个胜过资本主义的社会，资本主义的异化社会关系必须被超越。”[③]

马克思主义学派的重要代表人物、美国著名左翼社会学家埃里克·赖特在对当代资本主义进行深刻的反思和批判的基础上，详细阐释了他的社会主义新规划。赖特社会主义新规划的目标是寻找超越当代资本主义的可能性路径，建立一个公平正义的社会主义社会，实现人的自由解放和全面发展。在整个社会主义新规划中，赖特围绕着：为什么要超越资本主义、什么是社会主义、如何实现社会主义这三个问题展开思考，提出了社会主义规划面临的三个任务：批判与诊断、可替代性方案的选择，以及向社会主义过渡的基本策略，建构了一个相对完整的社会主义新规划方案。赖特认为，所谓社会主义新规划就是消除资本主义的社会不平等，消灭剥削性的经济关系与压迫性的社会关系；社会主义新规划的核心价值是主张人人都享有平等的权利和过上幸福的生活。[④]

金融资本全球化的系统性危机以及新自由主义作为意识形态、制度理念和政策体系的失效，呼唤着马克思主义在21世纪的复兴，而马克思主义的内在理论和实践品格、马克思主义通过东方社会主义实践中所获得的新的理论形式和实践形态，也赋予了马克思主义以引领全球化新阶段的制度能力。21世纪马克思主义既有复兴的历史需求，又有复兴的现实能力，因而21世纪马克思主义的复兴是一个具有内在历史必然性的过程。[⑤]

与此同时，2018年是《共产党宣言》出版170周年、马克思诞辰200周年的时间

---

① 刘明明：《正确认识金融危机以来马克思主义的时代价值——基于国外左翼学者的视角》，《思想教育研究》2018年第6期。

② 同上。

③ 同上。

④ 付文忠、马莲：《埃里克·赖特对当代资本主义的批判及其社会主义新规划》，《马克思主义文化研究》2018年第1期。

⑤ 宋朝龙：《金融资本全球化的限度与21世纪马克思主义的复兴》，《马克思主义研究》2018年第11期。

节点。世界各国共产党围绕纪念《共产党宣言》发表和马克思诞辰举行了形式多样的活动。美国共产党在其“人民世界”网站的“马克思主义问答”栏目中围绕《共产党宣言》设置专题，以选择题形式帮助人们更好地学习和理解《共产党宣言》内容，同时还连续撰文对展现马克思在19世纪40年代政治活动的电影“青年马克思”进行介绍和评析，勾勒了《共产党宣言》的写作背景以及马克思早期思想的发展轨迹。澳大利亚共产党在其党报《工人周报》上刊登德国诗人、共产党人布莱希特在一百年前改编自《共产党宣言》的诗作，并于2月22日在珀斯组织纪念《共产党宣言》发表研讨会。2月19日，法国共产党《人道报》与“马克思2018”在巴黎共同主办“马克思论坛”，热烈讨论历史与现实中“马克思的思想”及其资本主义批判理论的当代价值。3月14日，古巴召开“纪念马克思逝世135周年”圆桌会议，古共中央第二书记何塞·拉蒙·马特多主持。此外，也有不少共产党组织发表长文，深入剖析《共产党宣言》以及马克思主义的历史、理论与现实意义。[①] 比利时工人党在布鲁塞尔举办了“纪念马克思诞辰200周年”活动。美国匹兹堡市中心的SPACE画廊举办了一场展览，41名各国艺术家参与其中，他们希望通过艺术让人们认识马克思及其思想。5月1日，委内瑞拉首都加拉加斯的革命大道举行了马克思铜像的揭幕仪式。5月3—5日，委内瑞拉举办21世纪的第一届马克思国际大会，会议的名称为“改变当今世界所面临的挑战及玻利维亚革命的使命”。

（四）民粹主义在资本主义世界持续发酵，正深刻影响当代世界发达资本主义国家的国内政治格局

民粹主义正在席卷资本主义世界。撇开2016年英国通过全民公投方式决定退出欧盟、2017年在法国大选和荷兰议会选举中民粹主义所获得的支持和影响进一步增强这些现象不谈，2018年，意大利五星运动成为该国最大政党，并组成西欧首个民粹主义政府。在中东欧国家，如波兰、匈牙利的执政党不再是中间党派。匈牙利总理欧尔班与波兰政坛的实际掌权者卡钦斯基，因国内的高就业率以及劳动力短缺问题的缓解享有极高的人气。巴西极右翼总统雅尔·博尔索纳罗的民粹主义政策也值得关注。

现如今，民粹主义的兴起已直接影响到当代世界的民主政治和全球化进程。学者们正在逐渐认识到，民粹主义在资本主义世界正在引发“共振”效应，自2009年以来，欧洲经济、安全和社会问题叠加为政治民粹化提供了温床。从现象上看，反全球化、反一体化和国家主义回归，被一些国家视为应对危机的政治解决方案，并在地方、国家和欧洲一体化三个层面出现互动与共振，以至于民粹主义已部分进入主流政治并得到容忍。

民粹主义政党的兴起是西方国家近几十年来正在发生的政治巨变中的一个较为明显的表现；西方国家在近几十年中发生的深刻变化是导致民粹主义政党兴起等一系列政治变化的主要原因。当前西方国家正在发生怎样的巨变？相关巨变又是怎样导致民粹主义政党兴起的？对于这一问题，学者们从多个方面进行了探讨，认为民粹主义的兴起是政治、经济、文化、社会多方面因素综合作用的结果。中国社会科学院政治学研究所所长

① 于海青：《照亮人类历史前进方向的灯塔——各国共产党隆重纪念马克思诞辰200周年和〈共产党宣言〉发表170周年》，《红旗文稿》2018年第7期。

房宁研究员等认为，民粹主义兴起的经济原因就是过度福利化。西方国家的极端民主化造成了国家能力的严重削弱。在经济发展难有起色、社会问题日渐凸显的背景之下，西方国家的政治民主化发展却变得愈发趋向于强调自由与无序。这种极端民主化的政治发展带来了难以解决的副产品，即西方国家政权在吸纳、调节各类社会矛盾和社会关系方面，国家能力处于不断下降的趋势之中。在涉及移民控制、预算平衡等问题上，西方国家的一些政府甚至出现了明显的履职困难。就此而言，民粹主义也就成为了当代西方政治民主的一面“镜子”，展现了西方民主政治的某种阴暗之处，也形成了促其反思的作用。①

作为一支政党政治力量，在政治光谱中，西方民粹主义存在极左与极右两种截然不同的意识形态。英国巴斯大学比较政治学荣休教授罗杰·伊特韦尔认为，前者主要关注经济问题，如失业或工资增长停滞等问题。后者主要关注那些有可能导致国民同一性丧失的威胁，如贸易限制和政府对工业的援助。民粹主义者对广义范围的精英群体（如商业、媒体等领域的从业人员）抱有敌意，并声称这些精英无视人民的意愿。民粹主义者往往自诩为真正的民主主义者，因为他们代表了被精英忽视的人民的意愿。民粹主义者认为，随着精英受教育的水平不断提高，并且越来越国际化，他们对普通人的处境将无法感同身受。在欧洲，民粹主义的兴起正在挑战欧盟秉承的开放、民主的价值观。当前，欧盟朝一体化方向采取任何举措，都可能激起民粹主义者的不满。民粹主义者优先考虑国家利益，并承诺让那些认为自己被精英忽视的人发表意见。民粹主义者不是旧式的民族主义者。旧式的民族主义者往往要求封闭经济来往，而当下的民粹主义者更关心国际合作的公平和性质。不过，相比于全球秩序，欧洲民粹主义者更关注国内问题。他们已认识到开放贸易可以带来经济增长。②

随着民粹主义政党的崛起，欧洲的政党格局依据支持或反对全球化的不同选择而重新分化组合。中国人民大学国际关系学院教授田野认为，随着新自由主义全球化的推进，主流左翼政党通过劳动力市场的灵活性改革等方式来满足人力资本要素所有者的需求，不再顾及产业工人的利益。原本作为主流左翼政党选民基础的产业工人由此陷入了没有政治代言人的困境。民粹主义政党借机填补了空白，成为维护产业工人利益的政党，相应地通过反自由贸易、反移民、反欧元等反全球化诉求来吸引产业工人的支持。③ 以澳大利亚单一民族党为例，广西玉林师范学院研究员任志江认为，在探究右翼民粹主义政党兴起的深层原因的问题上，由于民族问题、经济问题、社会问题、政治问题、文化问题的累积叠加，当前西方国家的政治正逐步由和谐转向对立、由稳定转向动荡、由温和转向激进、由开放转向保守、由普世主义盛行转向狭隘民族主义盛行、由上升通道转向下降通道，这些转变是西方国家正在经历的一轮巨变的重要特点。④ 以匈牙利民族民粹主义政党尤比克党为例，在对中东欧地区右翼民族民粹主义政治的复杂性和

---

① 房宁、涂锋：《当前民粹主义辨析：兴起、影响与实质》，《探索》2018 年第 6 期。

② 赵媛：《关注民粹主义对国际秩序的影响》，《中国社会科学报》2018 年 10 月 31 日。

③ 田野：《全球化、要素禀赋和政党重组——对欧洲民粹主义浪潮的一项解释》，《教学与研究》2018 年第 10 期。

④ 任志江：《论右翼民粹主义政党兴起的深层原因及启示意义——以澳大利亚单一民族党为例》，《国外社会科学》2018 年第 2 期。

多样性的认识的论域中，中国社会科学院马克思主义研究院张莉副研究员认为，学术界和新闻界对右翼民粹主义政治在欧美取得成功，包括对英国脱欧公投和特朗普运动的报道和分析，倾向于将民粹主义与民族主义这两种现象混淆，两者之间的关系也没有得到系统性的论述。站在“我们”与“他们”两极化对立角度，来构建民粹主义的上/下纵向维度与民族主义的内/外横向维度。“人民”作为民粹主义主体，“民族”作为民族主义的主体，两者主体边界的重合度成了两者的衔接。①

作为一股政治与社会思潮，第三波民粹主义席卷欧美发达国家并对世界其他地区产生影响。温州职业技术学院人文传播系副教授沈潜等认为，除了经济因素，种族与文化问题是第三波民粹主义在欧美兴盛的原因。在选举政治中，移民、少数族裔、恐怖主义、分离主义等议题成为欧美国家选民的重要关切，为民粹主义提供了土壤。在充分发展的政党政治和选举政治的民主制度里，民粹主义取得了完全的影响力。民粹主义同民族分离主义、文化孤立主义和民族（国家）主义等极端思潮存在合流趋势，影响着各国政党政治和选举政治，给世界政治局势带来不确定性。第三波民粹主义既是对精英政治的反叛，又是对代议制民主的补充；它表现了人们对普世价值的疑虑，代表人民力量的回归，是一股不容小觑的政治力量。② 张浚认为，在欧洲福利国家框架下实现的国家、市场和社会三者平衡向市场倾斜，国家为社会提供保护的能力被不断削弱，劳动者的社会权益被不断缩减，这是各类民粹主义政治力量日渐高涨的根本原因。③ 北京大学政府管理学院政治学系副教授段德敏指出，现代社会带来的不仅仅是人与人之间的身份平等，同时也将“经济”变成人的生活的核心，“政治”被看作第二位的东西。真正理解民粹主义，特别是民主与民粹的区别，必须突出“政治”这一维度，强调其自身的、内在的重要性。④ 天津师范大学政治文化与政治文明建设研究院高春芽教授认为，现代国家中的民主政治主要表现为代议政治，公民选举代表组建代议机构，并借助代表之间的政治协商实现制度包容。由于政治过程代表性的丧失，西方国家中兴起了反建制的民粹主义。从国家与社会关系的角度，民粹主义否定代议政治的正当性。从公民与代表关系的角度，民粹主义否定精英政治的正当性。民粹主义者试图超越代议制的中介渠道，重申人民主权的激进内涵，认为只有实现人民的统治才能改变权力精英的执政僵局。在代议民主出现失灵的情况下，民粹主义将社会利益冲突政治化，展示了制度运行过程中的对抗关系。⑤

山东大学东北亚学院副院长张景全教授认为，以“民众精英对立”为核心的民粹主义，作为一种政治思潮与政治现象在美国甚嚣尘上。目前，它正处于内涵核心“聚变”与外延功效“裂变”阶段，对美国内政、外交的影响值得高度关注。在美国民粹主义思潮之下，特朗普政府的对外政策具有强烈的经济民族主义倾向，具有强烈民粹主

---

① 张莉：《民族主义与民粹主义：意识形态的构建还是政治策略的选择——以匈牙利民族民粹主义政党尤比克党为例》，《国外社会科学》2018 年第 2 期。

② 沈潜等：《人民力量的回归第三波民粹主义再评价》，《浙江大学学报（人文社会科学版）》2018 年第 3 期。

③ 张浚：《欧洲的国家转型及其政治图景——从欧洲民粹主义谈起》，《欧洲研究》2018 年第 3 期。

④ 段德敏：《民粹主义的“政治”之维》，《学海》2018 年第 4 期。

⑤ 高春芽：《民粹化民主的制度逻辑：包容与对抗》，《学海》2018 年第 4 期。

义二元思维下的双边模式偏好，给国际社会带来了很大的不确定性。[①]

近年来，世界经济政治形势的发展日趋错综复杂，西方国家新一轮民粹主义兴起，引发了单边主义的政策后果以及国际格局的新走向。房宁认为，围绕新一轮的民粹主义，从兴起、影响和实质三个方面看，民粹主义兴起是西方国家过度福利化和极端民主化的结果。这导致西方国家政策的不确定性增加，并倾向于在外部寻找“假想敌”以转移国内矛盾。从实质上说，民粹主义是西方资本主义国家所面临的制度困境。在新一轮科技进步与生产体系变革的冲击下，西方国家内部经济体系日趋失衡，制度层面又无法进行有效回应，极端化的民粹主义意识形态遂成为必然选择。民粹主义具有外溢效应，不仅有可能重新激活西方的冷战思维，也有可能激起西方国家新一轮的霸权主义与强权政治。[②]

（五）国外社会主义国家改革新进展

在变革中求发展，是社会主义国家的主要任务和历史使命。2018 年，越南、老挝的革新开放事业有新发展，古巴修宪及社会经济模式更新进入历史新阶段，朝鲜内政外交战略发生重大转变，这些重大事件吸引了国内外学者的广泛关注。

1. 越南加强干部队伍建设的新举措

2018 年越南共产党召开十二届七中和八中全会，颁布干部队伍建设新文件，出台改革新举措，实现了党政最高领导人职务“双肩挑”。与以往相比，本次干部队伍建设的政策目标明确、重点突出、配套措施具体、更有操作性，特别是明确了战略级干部的范畴、条件和发展规划。

为配合战略级干部队伍建设目标的顺利实施，越共七中全会通过了两个提案，一是薪酬制度改革提案，二是保险政策改革提案，以此保证干部队伍建设具备相应的物质基础。薪酬政策改革提案将薪酬政策改革与行政改革、精简机构、提高政治系统和事业单位活动效果相联系，为建设廉洁、精锐、高效的政治系统，为防治贪污腐败和浪费、实现社会进步与公平做出贡献。[③] 有学者认为，越共十二届七中全会通过的加强战略级干部队伍建设的决议和相关配套措施，是越共为适应新的国际国内形势、为配合越南社会主义法权国家建设和加大反腐败力度，从而巩固越南共产党领导地位而作出的正确应对。越共总书记阮富仲在《全国防治腐败工作会议上的总结讲话》中提出，必须打造“不能贪的预防机制”“不敢贪的惩治机制”“不必贪的保障机制”。[④] 越共七中全会通过的三项决议如果能够得到充分落实，将为越南干部队伍建设，尤其是反腐败工作提供重要的物质保障和制度保障。阮富仲在十二届七中全会闭幕会上发表讲话指出，干部和干部工作是党建和政治系统建设中特别重要的问题，对革命成败具有决定意义。[⑤]

---

① 张景全：《民粹主义思潮下的特朗普政府内政与外交》，《人民论坛》2018 年第 22 期。

② 房宁：《当前西方民粹主义辨析：兴起、影响与实质》，《探索》2018 年第 6 期。

③ 周增亮、潘金娥：《越共干部队伍建设新举措》，《世界知识》2018 年第 16 期。

④ 潘金娥：《越共反腐的实践成效与借鉴意义》，《人民论坛 · 学术前沿》2018 年第 20 期。

⑤ 《阮富仲总书记在越共十二届七中全会闭幕会上的发言》，《越南共产党电子报》2018 年 5 月 15 日，http：//www. cpv. org. vn/tu-lieu-van-kien/van-kien-dang/nghi-quyet-hoi-nghi-bch-trung-uong/khoa-xii/doc－151420189103446. html。

干部队伍建设离不开马克思主义理论修养的提高和社会主义理想信念的坚守。越南的马克思主义研究与政治、经济革新的结合越来越紧密，形成了关于建设社会主义的经济、政治、文化、外交和党建等一系列观点，其中有些理论相对成熟。面临的主要挑战是党员干部对越南社会主义革新方向的认识不统一、对社会主义定向的市场经济理论认识不足、如何保证越共的执政安全仍未知答案。① 在民主化公开化不断得到鼓励而党的领导不断被削弱的背景下，各种社会思潮和非政府组织活动泛滥成灾。近几年越南爆发的游行示威活动与越共放松对媒体的管控和西方自由化取向的政治体制改革有直接的关系。政治自由化公开化倾向动摇党员干部的社会主义理想信念，威胁越共的执政安全。② 对此，越南共产党高度重视意识形态工作，加强法律制度建设以及媒体管理。③

2. 古巴修宪与“经济更新”进入深水区

2018 年，古巴启动了新一轮宪法修订工作，顺利实现了最高领导层更替，困扰古巴多年的国家领导人制度性更替问题已得到了初步解决。新宪法中有关古巴领导人任期制和古巴政治体制调整等内容广受关注。“坚守”与“更新”无疑代表了古巴此轮修宪的核心要义。一方面，古巴始终认为，社会主义制度是实现国家主权和独立的根本保障，修宪将进一步夯实古巴社会主义的制度基础。另一方面，古巴试图通过修宪，坚定依法治国的决心和信心，并积极寻求国家治理体系的现代化，从而加快实现“繁荣与可持续社会主义”的更新目标。新宪法中对国家领导人任期制、议行分立制、集体领导制和地方行政体制的新规定，既维护了古巴上下的政治团结与稳定，又有力地促进了古巴政权体系和行政体制的民主化、科学化与法制化。④

新宪法旨在适应古巴社会经济模式更新的历史新阶段。古巴各界对社会主义经济改革的方向具有高度共识，但在改革的方式和进度上仍存在一定争论，如何制定既能保增长、提效率，又能改善人民福祉的经济政策是各方关切的焦点。新宪法草案对古巴所有制结构、资源分配方式和外资等核心问题的阐述回应了各方猜测和疑虑。总体而言，新宪法草案重申了社会主义基本经济制度的各项原则，对制约经济更新的各种结构性问题均给予了正面回应，但对市场经济、私营经济、外资利用等热点问题的表述较为有限，且态度审慎。

长期面临经济困难的古巴“经济更新”进入深水区，具体的目标模式仍未确定。尽管更新的方向已基本明确，但在落实的过程中，仍存在各种主客观限制和问题。根据古共七大公布的数据，仅有 21% 的纲要内容在过去五年得到了落实。有古巴学者认为，考虑到改革初期更新范围主要集中在阻力较小和争议较少的领域，更新进展显然还不够理想。⑤ 自劳尔·卡斯特罗主政以来，古巴强调社会主义公有制和计划经济为主导的前

---

① 潘金娥、周增亮：《21 世纪越南马克思主义研究：路径与成果》，《世界社会主义研究》2018 年第 10 期。

② 潘金娥：《越共放松媒体管控和实行西方民主化改革的严重后果》，载李慎明主编《世界社会主义跟踪研究报告（2018～2019）——且听低谷新潮声（之十五）》，社会科学文献出版社 2019 年版，第 586 页。

③ 粟远辉：《革新开放以来越南共产党引领社会思潮的经验与启示》，《广西社会科学》2018 年第 8 期。

④ 贺钦：《古巴修宪：“坚守”与“更新”是核心要义》，《世界知识》2018 年第 16 期。

⑤ ［古巴］里卡多·托雷斯·佩雷兹著，贺钦译：《古巴经济模式更新：十年回顾与反思》，《当代世界社会主义问题》2018 年第 2 期。

提下，承认市场的客观必要性和私人所有权的补充作用。古巴的私营经济快速发展，甚至出现了贫富分化现象，但作为经济主体的国有部门的活力仍然有待激发。古巴的模式更新在所有制结构、市场的运用、对平均主义和效率的认识以及党和国家的作用等方面都发生了改变，但仍然在社会主义理论创新和国际环境等方面面临着挑战。[①] 有关所有制与开放的问题将留待新一届政府解决。

3. 朝鲜内政外交战略发生重大转变

2018 年伊始，朝鲜对内对外政策峰回路转，半岛局势出现明显缓和的迹象。对外交往上，中朝首脑会晤重申双方传统友谊，朝韩首脑会晤更是宣布“战争结束”，美朝首脑会晤也把推进半岛无核化提上日程。对内政策上，金正恩在朝鲜劳动党七届三中全会上号召全党全国集中一切力量进行社会主义经济建设。国内外政要与学者针对朝鲜半岛局势新变化所产生的影响进行热议。美国总统特朗普通过推特发文表示，朝鲜宣布停止核导试验是“很大进步”，并期待同金正恩举行会晤。中国外交部新闻发言人表示，祝愿朝鲜在发展经济，提高人民生活水平的道路上不断取得成果，中国将继续为此发挥积极作用。韩国青瓦台也发表声明表示赞赏，认为朝鲜的重大决定是非常有意义的事情，符合全世界的期待。

大部分学者认为，朝鲜内政外交战略发生重大转变的缘由，是多种因素综合的结果，既有外因，也有内因，内因是根本性原因。根本性原因是由多方面因素所造成的国民经济困难和国内政治困局：一是朝鲜难以承受因发展核武器而带来的制裁成本，二是金正恩多次承诺改善民生却难以兑现，三是国际制裁将使国内的改革举措难以为继。2018 年下半年以来，国内一些旅行社纷纷推出新的赴朝鲜旅游产品，媒体和学术界也对赴朝鲜旅游展开了热议，有学者指出，旅游业在朝鲜经济中占据的比重正在逐渐加大，今后或许能够成为朝鲜的支柱产业。朝鲜学者认为，旅游业在朝鲜经济结构中占据比重还非常微小，但从发展前景来看，2018 年相继举行的三次北南首脑会谈、一次朝美首脑会谈、三次中朝首脑会谈，逐步构筑起了有利于朝鲜半岛地区和平稳定的局势，形成一种有利于朝鲜旅游业发展的内部环境。朝鲜对国际旅游服务尤为重视，并为此开展旅游教育事业和研究工作，并一直在落实各项措施，以发展国际旅游。因此，旅游业发展是很有前景的。[②] 除了朝鲜劳动党七届三中全会，朝鲜与中美韩三国首脑会谈，朝鲜内政外交战略发生重大转变的动作还有：朝鲜最高人民会议常委会委员长金永南率朝鲜高级别代表团出席平昌冬奥会、朝鲜拆除丰溪里核试验场、朝韩启动铁路联合考察并举行开工仪式、朝韩拆除边防哨所。[③]

4. 老挝革新开放与中老命运共同体新进展

2018 年，老挝召开老挝人民革命党的十届六中、七中全会和国会八届五次、六次会议，对老挝政治、经济、文化、社会、生态建设和党的建设等各个方面的成就与经验进行了全面总结并做出了新的部署。从整体来看，老挝投资环境改善，革新开放步伐加快，国民经济平稳增长，政局基本稳定。与上述三个社会主义国家相比，老挝在国内学术界显得默默无闻，互联网上的大部分中国民众甚至不知道老挝是社会主义国家。近年来，国内外学者对老挝人

---

① 杨建民：《古巴“更新”：探索新的社会主义发展模式》，《国外理论动态》2018 年第 3 期。

② ［朝鲜］林光男：《朝鲜正在国家层面推动旅游业发展》，《世界知识》2019 年第 2 期。

③ 李敦球：《朝鲜半岛 2018 年最有影响力的十大事件》，《中国青年报》2018 年 12 月 26 日。

民革命党八大以来的相关研究成果逐渐增加，对老挝马克思主义的研究呈现积极发展态势，尤其老挝的宗教政策和意识形态建设的独特之处引起中国学者的关注。①

党际交往密切、重点合作项目积极推进、人文交流丰富多彩，中老命运共同体建设内涵不断丰富，中老命运共同体建设取得实质性进展。西方媒体称老挝正在日益融入中国的供应链，中国的基础设施投资让老挝人用上电。但老挝经济社会发展基础较差，面临西方国家企图利用人权等问题对其进行和平演变的压力。老挝学者方习·老冯表示，老挝全面实施经济体制改革和对外开放政策，社会经济逐步发展。但贫富差距扩大及农村和城市发展不平衡等问题导致老挝的减贫工作任重而道远。还有学者认为老挝的革新开放取得了显著成果，但老挝的社会主义发展道路存在一定的不足，面临一些挑战。如老挝政府机构改革中出现的问题。一是被动改革，改革缺乏总体规划和前瞻性，没有进行长远的战略性部署。二是改革范围狭小、形式单一。三是缺乏民众参与，忽视了民众参与的重要性。② 老挝社会主义建设面临一些亟待解决的问题，如全党对革新路线的认识和理解仍不够深入；社会经济基础薄弱，宏观经济不够稳定；劳动力缺乏技能和吃苦耐劳精神不足、纪律性差等问题；不能严格依法管理国家和经济社会事务，存在钻法律空子、违反法律等行为和各种形式的贪污腐败现象；部分地区存在不安定因素；上级对下级、组织对个人以及各部门之间的相互监督检查不能严格执行党的有关原则；不少党员干部存在理想信念淡薄、革命道德滑坡，工作作风不扎实，为人民服务、为国家奉献精神不足等问题。③

总之，越南共产党、古巴共产党、朝鲜劳动党、老挝人民革命党加强政治建设，强化执政党领导地位，推动经济社会和党的建设取得新进展；同时重视理想信念教育，加快培养造就高素质干部队伍；优化经济结构，调整增长模式，促进经济稳定发展；在各自国家的社会主义实践探索中坚持和发展社会主义。④

（六）世界社会主义运动与发展道路的理论探讨

国内外学者通常把越南、古巴、朝鲜、老挝放在一起进行比较，或者把它们中的一个或数个与中国进行对比，从而得出不同的结论。

1. 对社会主义国家发展状况的比较

多年来，社会主义国家依据各自的特殊国情做出了各具特色的实践探索，形成了各具特色的社会主义理论。中国、越南、古巴、老挝和朝鲜由于各自的特殊国情，在对原有体制和发展路径进行调整的过程中，存在对变革的不同认识、启动变革的时间点不同、改革过程中的经济体制改革的差别和政治体制变革的异同，最后导致实践成果的显

---

① 周增亮、潘金娥：《中国学者对老挝社会主义研究的几个特点》，《东南亚纵横》2018 年第 5 期。

② 黄伦宽：《国外社会主义国家政府机构改革研究——老挝的经验与启示》，《法制与社会》2018 年第 25 期。

③ ［老挝］坎曼·占塔琅西：《老挝人民革命党确立老挝迈向社会主义的路线》，《当代世界》2018 年第 9 期。

④ 柴尚金：《越、老、朝、古加强执政党建设 促进经济发展 探索世界左翼合作》，转引自李慎明主编《世界社会主义跟踪研究报告（2018—2019）——且听低谷新潮声（之十五）》，社会科学文献出版社 2019 年版，第 573 页。

著区别。越南和老挝在经济上取得了显著的成就，在当今全球经济普遍放缓的情况下，它们被看成具有吸引力的新兴经济体和具有发展潜力的国家。古巴和朝鲜面对美国和西方的制裁，变革进程举步维艰，但它们在教育、医疗、环保和某些科技领域的发展被世界所认可，特别是古巴，被称为可持续发展的典范。在政治体制变革方面，各社会主义国家坚持独立探索，由于其复杂程度远远大于经济体制的变革，成功与否还难以给出明确答案，各国在这方面的实践差异性是显而易见的。①

2018 年 5 月 4 日，纪念马克思诞辰 200 周年国际研讨会暨第六届社会主义国际论坛在越南河内举行，中国、老挝、越南的专家学者们从各个领域肯定了马克思思想的理论价值与时代意义。有专家特别指出，中越两国对本国社会发展阶段的定位不同，反映出中越两党在马克思列宁主义与本国实践相结合的过程中产生了新的理论认识，形成了民族化或本土化的马克思主义，使马克思主义具有了时代特征和现实生命力。中越两国社会主义建设实践的成功证明了马克思主义的实践性和科学性。② 此外，还有学者对越南、古巴、老挝和朝鲜处理本国宗教问题的理论与实践做了分析。四国把马克思主义宗教思想与本国国情相结合，深化了对本国宗教问题的认识，并在宗教实践中采取了一系列举措，取得了良好的效果，但也存在一些不足之处：如政教关系还不稳定、民族与宗教问题还没有得到根本解决、宗教外交依然处于弱势、抑制宗教的消极面发力不当。③

2. 对社会主义发展模式的讨论

由于各国国情的特殊性，即生产力发展水平的不同，共产党自身成熟程度的不同，社会阶级基础构成状况的不同，历史文化与革命传统的不同，以及历史和现实的、国内和国际的各种因素的交互作用，社会主义的发展道路必然呈现出多样性的特点。这是社会主义发展道路多样性的原因。原苏联模式的失败教训和中国模式的成功经验等相关方面研究有很多，越南模式的得与失、古巴可能的“经济更新”模式、朝鲜复制越南模式或借鉴中国模式的可能性等问题，开始进入国内外学者的研究视野。

社会主义国家之间有许多天然的相似性，同社会主义国家加强团结与合作，将成为朝鲜调整战略并加强对外交往的基础。朝鲜全方位地加强对世界其他国家的交往与合作，尤其是与发达资本主义国家开展技术合作与引进，也将成为一种现实的选择。然而，朝鲜加强同外部的交往，并不代表放弃朝鲜特色社会主义发展道路的主导权。自金正恩执政以来，朝鲜领导人多次强调经济上的自主性，政治上的独立性，独立自主地开展社会主义建设，不受其他任何国家的干扰。2018 年 9 月 9 日朝鲜国庆 70 周年大会召开，朝鲜最高人民会议常任委员会委员长金永南在报告会上表示：“在新的战略路线指导下，朝鲜开始了经济建设大进军，以自力更生的精神，在完成国家经济发展五年计划目标中展开了增产突击运动，争取在经济建设和改善民生方面实现决定性转变，建设科技强国、人才强国。”④ 不难预测，自力更生将成为朝鲜特色社会主义发展道路的根本

① 潘金娥：《当代社会主义的探索、创新与发展》，《马克思主义研究》2018 年第 3 期。

② 潘西华：《马克思的思想遗产与时代意义》，《马克思主义研究》2018 年第 9 期。

③ 林清龙、林怀艺：《国外执政共产党处理与宗教关系的理论与实践及其启示》，《科学与无神论》2018 年第 4 期。

④ 《金正恩视察国家科学院》，《朝鲜劳动新闻》（http://www.rodong.rep.kp/cn/index.php?strPageID=SF01_02_01&newsID=2018-01-12-0001）。

准则。

3. 对社会主义国家命运共同体的期待

随着中国日益走近世界舞台中央，中国作为世界社会主义运动的定盘星和压仓石作用更加突出，中国倡导的构建人类命运共同体理念得到越来越多国家的认可。国内外政要与学者认为，坚持共产党领导和社会主义道路是现存社会主义国家最大的利益交汇点，社会主义各国有必要推动世界社会主义运动复兴，打造社会主义国家战略共同体。老挝是最早认同中国构建人类命运共同体的周边国家，将中老是具有战略意义的命运共同体的表述写入中老联合声明。①

越共中央总书记阮富仲称，习近平提出的构建人类命运共同体主张体现了中国的全球视野和大国担当。构建中越命运共同体具有坚实基础和长远意义，是推动新时期中越关系发展的必然要求。②“一带一路”倡议提出以来，中越两国不断加强战略对接，实现了政策沟通意愿明确、设施联通成效显著、贸易合作发展迅速、投资合作逐年提升、资金融通稳步推进、民心相通精彩纷呈的局面。在“一带一路”倡议的推动下，中越两国全方位合作将走向更大规模、更宽领域、更深层次发展。③ 有学者指出，由于种种原因，朝鲜半岛和东北亚未能进入中国“一带一路”倡议和建设的规划圈。周边国家应该立刻调整思维，将打通东北亚大陆桥与“一带一路”倡议和建设联系起来，首先推动建设“中朝韩经济走廊”，在此基础上逐步发展为覆盖中朝韩俄蒙日六国的“东北亚经济走廊”，进而推动“东北亚命运共同体”建设。这些行动的实施具有重大的地缘经济和地缘战略价值。④

三 学科发展需要注意和改进的问题

随着中国特色社会主义对世界社会主义和国际共产主义运动发挥越来越强大的引领作用，世界社会主义复兴的话题越来越引起人们的关注。因此，关于国际共运学科问题，也得到越来越多的重视。但从总体来看，本学科发展与国家实际发展需求很不匹配，国际共运学科仍处于比较薄弱的境地，在许多方面都有待进一步加强。

首先，缺少主流学科建设支撑环境。当前我国国内高校和科研机构中大多未设立“国际共产主义运动”学科，教育部取消了国际共运二级学科，这导致本学科的研究工作缺少主流学科建设的支撑，也为跨单位、跨学科的合作研究设置了障碍。

其次，研究力量分散，人才缺乏。目前，研究国际共运和世界社会主义的学者分散在全国各高校中，全国有近百个硕士点和十多个博士点，这些研究力量需要集中整合。总体来看，国际共产主义运动理论研究队伍缺乏国内有影响的代表性人物或学科带头

① 柴尚金：《越、老、朝、古加强执政党建设 促进经济发展 探索世界左翼合作》，转引自李慎明主编《世界社会主义跟踪研究报告（2018—2019）——且听低谷新潮声（之十五）》，社会科学文献出版社2019年3月，第573页。

② 潘金娥：《构建中越命运共同体，为提升中越关系和构建世界社会主义国家命运共同体做出贡献》，《东南亚纵横》2018年第6期。

③ 金丹：《“一带一路”倡议在越南的进展、成果和前景》，《学术探索》2018年第1期。

④ 李敦球：《构建朝鲜半岛地缘经济新格局的战略意义》，《中国青年报》2018年7月11日。

人。现有科研人员过少，学术专长和主攻方向分散，使学科的发展后继乏力。这些需要各研究机构之间的横向联合，加强合作。

再次，缺少重大创新性成果。近年来，尽管学科研究有了一定进展，推出了一系列的相关著述，但总体来看研究成果的前沿性不够，缺少具有标志性的重大成果。2018年中国社会科学院马克思主义研究院国际共产主义运动研究部开始编撰年度“国际共产主义运动发展报告”，2019 年即将出版首册，有望成为这一领域的新突破。

最后，国际共运学科的理论创新不足，理论引领实践问题有待进一步努力。例如，频繁爆发的西方群众运动中并未发挥共产党的领导作用，导致运动的性质并非属于国际共运而更是民粹主义的彰显。这些现象需要国际共运理论的创新。

要解决这些问题，推进学科的发展，一方面需要我们站在马克思主义的立场上，密切联系实际，根据日益复杂的现实情况，不断向前推进马克思主义经典作家对资本主义和社会主义的理论分析；另一方面，也需要国家和理论界、学术界加大对本学科的重视与扶持，在学科设置、人才培养等方面为学科发展提供更多的平台和机遇。

（供稿：潘金娥、邢文增、孙应帅、潘西华、贺　钦、刘向阳、遇　荟）

中国近现代史基本问题*

一　学科概况

（一）学科研究状况

1. 关于近代史研究

2018 年，国内关于中国近代史的研究取得较大进展。

第一，学界高度评价改革开放 40 年来近代史研究的发展。2018 年 8 月 6 日，中国社会科学院学部委员张海鹏在《人民日报》发表了《根深叶茂，史苑繁荣——改革开放 40 年来我国历史学的发展》的文章，文中介绍了改革开放以来我国近代史研究的新变化，并指出最大的变化主要是学科对象的变化。11 月 26 日，中国社会科学院近代史研究所所长王建朗在《人民日报》发表了《春风过处草木青欣——改革开放以来中国近代史研究的创新发展》的文章，认为改革开放以来中国近代史的研究领域变得更为广阔，由比较偏重政治史研究发展成多领域百花齐放，形成了门类齐全的完整的中国近代史学科体系。此外，其他几名学者还在《广东社会科学》发表文章，分别探讨了改革开放以来近代思想史、近代文化史、近代社会史的研究进程和发展情况。

第二，近代史研究的一些著作和史料出版。首先是《中国近现代史纲要》在 2015 年版的基础上进行了修订。为推动习近平新时代中国特色社会主义思想进教材、进课堂、进头脑，深入贯彻落实党的十九大和十九届二中、三中全会精神，中宣部、教育部组织对包括《中国近现代史纲要》在内的高校思想政治理论课教材进行修订。全面体现党的十九大精神，全面贯彻习近平新时代中国特色社会主义思想，是这次教材修订工作始终遵循的指导思想，也是教材修订的基本精神。这次教材修订的主要内容是：对下编尤其是下编第十章“改革开放和现代化建设新时期”进行修订，这是本次教材修订最重要的内容；同时，对教材其他部分也作必要的增补、修改。2018 年 1 月，张海鹏等著的《简明近代中国史读本》出版。该书以马克思主义唯物史观为指导，用通俗化的笔墨，全景式地呈现了中国近代百余年的历程。该书是贯彻落实党的十九大关于加强爱国主义、集体主义、社会主义教育，引导人们树立正确的历史观、民族观、国家观、文化观的要求，起到了向大众宣传科学历史观、传播正确的历史知识、推广史学研究的科学成果等方面的目的。由中国社会科学院近代史研究所郑大华研究员主编的“十二五”国家重点图书规划项目和国家出版基金重点资助项目“近代湖湘文化研究丛书”由岳麓书社出版。丛书共 220 万字，由五本独立成编的著作组成：（1）《地域文化理论视野下的湖湘文化研究》；（2）《近代湖湘文化与近代中国历史进程》；（3）《近代湖湘

---

* 为了避免与中国近现代史学科重复，本报告主要关注党建党史学科问题的研究。

文化与近代湘籍人才群体》；（4）《近代湖湘文化转型中的民俗文化》；（5）《近代湖湘文化精神及其当代价值》。此外，7 月，北京大学历史学系教授徐勇、臧运祜总主编的《日本侵华决策史料丛编》由社会科学文献出版社出版。11 月，《旭日残阳：清帝退位与接收清朝》出版，该书以“旭日残阳”譬喻共和登台与帝制终结，聚焦武昌起事至清帝退位、民国肇建的半年左右时间里，风起云涌的中国政治舞台上各种势力的博弈角逐，也就是严格意义上辛亥革命的历史进程。

第三，学术活动丰富多彩。2018 年是第一次世界大战结束 100 周年，11 月 3—4 日，“‘全球史视域下的一战与中国’国际学术研讨会”在上海大学宝山校区召开。本年度还举办了各类学术研讨会。5 月，中国近代史学科体系的理论建构与学术反思研讨会在山东曲阜召开；第五届抗战青年会在上海召开；中国中俄关系研讨会年会暨“中俄关系的历史与中俄发展道路比较及新形势下的中俄关系”国际学术研讨会在青岛召开。6 月，“纪念毛泽东《论持久战》发表 80 周年”学术研讨会在北京召开；“多元视野下的中共苏维埃革命”学术研讨会在厦门召开；中国抗日战争史学会 2018 年年会暨“改革开放四十年抗日战争研究回顾与展望”学术研讨会在重庆召开。8 月，“中华民族抗战历史教育与抗战精神传承”研讨会在武汉召开。9 月，“唯物史观与民国人物”研讨会在北京召开；第七期“中国近代史论坛”在河北保定召开。10 月，“社会文化视野下的中共党员与党性”学术研讨会在杭州召开；“国际视野下的民国史研究：第二届中华民国史青年论坛”在上海召开。10 月，“多元化与规范化：中国口述历史的发展之路”学术研讨会在杭州召开。12 月，第 20 届中国社会科学院近代史研究所青年学术论坛在海口举行。

第四，抗日战争研究取得了较多成果。2018 年，是毛泽东发表《论持久战》80 周年，相关研究成果也增多。中国对日作战是要速决还是要持久，中国能不能打持久战，以及如何才能持久等问题，早在抗战爆发前后，国人中就已经有过不少议论，国共两党也都有过这样或那样的主张和设想。毛泽东《论持久战》一文为什么不是发表在那时，而是到了抗战爆发一年之后才发表呢？华东师范大学特聘教授杨奎松具体考察了造成这种情况的种种复杂原因，并做出了与前人不同的分析和解读。[①] 暨南大学历史系硕士研究生鄢海亮则梳理了《论持久战》版本变动的过程，比较分析了文本内容的异同，从而有助于丰富对这段历史的认知。[②] 中国社会科学院近代史研究所研究员黄道炫认为，就抗战的事实言，持久的对日抗战，激发了中国民族意识的成长，抗战一般被认为是中国民族国家形成的重要催化剂。[③]

第五，深入批判近代史研究中的历史虚无主义问题。中国社会科学院近代史研究所党委书记、研究员夏春涛在中国社会科学网发表《历史虚无主义的产生背景、主要特征及其危害》文章指出，历史虚无主义言论林林总总，在不同时期挑起的话题却不尽相同，其主要特征大致可归纳为以下几点：（1）话题主要集中在中国近代史、中共党史，把原本清晰、明确的历史虚无化、模糊化，对历史作错误解读，提出颠覆性结论。（2）谈论的虽是历史问题，但谈论者大多不是专业学者，而是非历史专业学者在谈，

---

① 参见杨奎松《毛泽东为什么要写论持久战?》，《抗日战争研究》2018 年第 3 期。

② 参见鄢海亮《毛泽东〈论持久战〉版本研究》，《抗日战争研究》2018 年第 3 期。

③ 参见黄道炫《战时中国民众的民族意识》，《史学月刊》2018 年第 2 期。

在解读历史时大多以点带面、以偏概全，甚至信口开河。（3）谈论的虽是历史问题，而其关注的却是现实；貌似学术话题，落脚点却是现实政治，与学术研究根本不沾边，属于借题发挥。（4）其传播途径起初为书刊，后来让位于互联网，微信、博客成为主要平台。中国社会科学院近代史研究所研究员马勇在接受光明网记者采访时指出，历史虚无主义是对主流历史叙事的背离，也是对主流价值观、世界观的背离。反对历史虚无主义，就是强调用主流历史叙事解读历史，用主流意识形态、主流价值观要求自己。中国社会科学院近代史研究所研究员高士华则驳斥了网上为日本关东军开脱罪责的错误说法，明确指出关东军就是侵略军，并提出要进一步加强对日俄战争的全面研究和对日本侵华史的整体研究。①

第六，档案资料收集和平台建设进一步加强。2018 年 9 月 3 日，“抗日战争与近代中日关系文献数据平台”正式上线，该平台由中国社会科学院、国家图书馆、国家档案局共同牵头建立，是国家社科基金“抗日战争研究专项工程”的一部分，向全球学术界、教育界和民众永久免费开放。该平台包含了从 1931 年到 1945 年抗日战争时期的图书、期刊、报道、图片等。截至 8 月底，平台资料已总计近 1000 万页。12 月 21 日，抗战文献数据平台还与崔永元口述历史研究中心签订了合作协议，双方围绕崔永元口述史中心所收藏的抗战文献的整理与利用问题展开合作。此外，鉴于前人的经验和苏区史研究的实际需要，国家社会科学基金重大招标项目“中央苏区民间史料收集、整理与研究”特设了一个子课题，着力于基层档案的搜集、整理与研究。②

2. 关于党史研究

2018 年度，中共党史与文献的研究和学科建设情况如下。

第一，改革开放史研究成为重中之重。2018 年是改革开放 40 周年。相关学术力量加大了对改革开放的研究，各大出版社则纷纷策划了改革开放专题的研究丛书或专著。从研究力量上来看，不仅是党史界加强了研究，其他领域学者其中不乏跨学科、一些亲历者撰写了比较有价值的成果。12 月 17 日，中共中央党史和文献研究院编纂的《改革开放四十年大事记》，在《人民日报》整版刊登。各期刊特别是党史类期刊也刊登了相当数量的学术论文，出版了一批比较有分量的图书如《中国改革开放全景录》《中国改革开放 40 年丛书》等。《中国改革开放全景录》是中宣部确定的庆祝改革开放 40 周年重点出版物，由中央党史和文献研究院与人民出版社共同组织编写，该丛书共 32 卷，以习近平新时代中国特色社会主义思想为指导，全景式生动展现了我国改革开放 40 年所取得的辉煌成就。《中国改革开放 40 年丛书》由中国人民大学中共党史党建研究院组织编写，分设经济、政治、文化、社会、生态文明、外交和执政党建设等七个专题卷，全方位、多视角、立体化地回顾和总结改革开放 40 年的光辉历程、辉煌成就和历史经验。

第二，围绕一些历史人物和历史事件举行纪念性学术活动。2018 年也是中国共产党六届六中全会召开 80 周年、“五一”口号发布 70 周年、“大跃进”60 周年、知青上山下乡运动 50 周年，党史界积极展开研究并举办相应学术研讨会。围绕以上纪念活动，

① 高士华：《关东军当然是侵略军——澄清网上为日本关东军开脱罪责的错误说法》，《北京日报》2018 年 12 月 10 日。

② 参见黄道炫、戴利朝《档案与苏区研究》，《苏区研究》2018 年第 6 期。

学者们分别从不同视角出发，在诸多领域发表了一系列高质量、高水平的学术成果，产生了一些具有一定启发性的新观点。如复旦大学历史学系教授金光耀、上海社会科学院历史研究所研究员金大陆两人主持的“知青史研究笔谈”，约请了有知青经历的资深学者、没有知青经历但在学术研究上已有建树的年轻一代学者，以及以知青史为学位论文题目的博士生“老中青”三代参与了笔谈。中共中央党史和文献研究院研究员郑谦认为，历史研究要从史实出发，而不能误入“需要引导、态度先行、真相缺位”的“后真相主义”歧途。知青史研究应当有强烈的现实关怀，应当有“经世致用”的追求，但也要注意在无止境的解释与再解释中保持正确的方向，为解决中国问题提供科学的历史观照。① 中国社会科学院历史研究所研究员定宜庄认为，知青集体回忆录这种由集体写作、以自己真实经历为内容的形式，很好地体现了知青行为一代人的“集体性”、小群体的多样性、个体感受的差异性几个方面的共同特征。知青集体撰写回忆录在最近几年达到高潮，之所以突然在数量上急剧增加且参与者众多，主要是因为知青特别是其中的“老三届”都来到了一个特定的年龄段。② 福建师范大学社会历史学院教授叶青认为，对于归侨知青这样的特定群体研究应有整体关怀，与时代“同频共振”，同时应该注意揭示差异，观照分层，展开比较研究。③

第三，中国共产党精神的研究成果进一步增多。近些年来，各地以地域形成的精神成果为基础，建立了干部学院，开展党性教育、初心教育及红色教育，成为干部教育的特色。与此同时，习近平对于右玉精神、塞罕坝精神、乌兰牧骑精神等也进行过批示和指示。在这些背景下，对于中国共产党的精神成果的研究增多。人民出版社出版的《红船映初心》一书，由著名党史专家邵维正教授和国防大学联合勤务学院副教授刘晓宝所著。全书特色鲜明、通俗生动，是当前广大党员群众学习和弘扬“红船精神”的很有特色的一本党史读物，为开展“不忘初心、牢记使命”主题教育，提供了重要的辅助读物。又比如中国社会科学院马克思主义研究院原党委书记、院长邓纯东主编了“中国共产党伟大精神研究”系列丛书，包括了30余种精神成果。而《光明日报》红船初心特刊，也成为一个相关研究成果发表的重要平台。

第四，党史文献不断推出。2018年度，相关部门推出了《十八大以来重要文献选编》（下）、《论坚持全面深化改革》、《习近平扶贫论述摘编》、《论坚持推动构建人类命运共同体》、《习近平关于总体国家安全观论述摘编》、《习近平谈“一带一路”》等文选读本，夯实了推动新时代党史研究的文献基础，为党史文献研究的不断推陈出新创造了条件。

第五，学科建设顺利推进。2018年11月3日，在湖南师范大学召开了第30届全国中共党史党建（含马克思主义中国化）学位点会议，会上，第八届张静如中共党史党建优秀论文奖评选结果揭晓，9名作者获奖。教育部高等学校社会科学发展研究中心主任、北京师范大学教授王炳林在《中国高校社会科学》2018年第1期发表《中共党史学科基本理论问题论要》的文章，是党史学科建设2018年度较为代表性的成果。文章认为，新时期中共党史学科发展遇到新挑战，学科定位不够清晰，历史虚无主义思潮损

---

① 郑谦：《知青史研究中应当注意的几个问题》，《中共党史研究》2018年第9期。

② 定宜庄：《知青集体编写回忆录的特点和发展过程》，《中共党史研究》2018年第9期。

③ 叶青：《归侨知青史研究中的若干思考》，《中共党史研究》2018年第9期。

害了学科形象。文章深入探讨了党史学科定位、指导理论与方法、发展史与史料支撑、学术规范与成果转化传播等问题，对于提升中共党史的研究水平具有一定的理论价值和现实意义。

3. 关于国史研究

2018 年，在习近平“历史是最好的教科书”等相关论述精神的指导下，推动了国史研究和国史学科建设进展。

第一，改革开放 40 年经济建设无疑是 2018 年度国史研究的最大热点。关于改革开放 40 年的所有制理论，中国社会科学院经济研究所研究员胡家勇认为，改革开放初期，个体经济破土而出，在“铁板一块”的所有制结构上打开了一个缺口，从此中国所有制结构的演进便获得了内生动力和呈现自身的规律性。[①] 关于农村改革和经济建设，中国宏观经济研究院研究员马晓河、中国宏观经济研究院产业经济与技术经济研究所副研究员刘振中、中国农业科学院农业经济研究所研究员钟钰认为，40 年来，农村有五大事件对中国经济社会发展产生了重大而深远的影响。土地制度改革，从体制根子上解决了农产品供给激励机制缺乏问题，为中国在 40 年里利用人口红利实现经济高速增长提供了难得的条件；以市场化为目标的农产品购销体制改革，为国民经济市场化改革提供了可借鉴的经验；乡镇企业的迅猛发展推进了我国经济结构的战略转型；农村税费改革催生了城乡公共服务均等化；精准扶贫脱贫为建立以中等收入群体为主的橄榄型社会新格局积累了条件。[②] 关于改革开放 40 年来中央和地方财政关系，中国社会科学院当代中国研究所副研究员王丹莉、副所长武力认为，改革开放以来，伴随着由计划经济体制向市场经济体制的转变，中国经历了一个财政分权的过程：（1）财政包干下的放权尝试（1979—1993）；（2）分税制：财政分配制度框架的初步确立（1994—2003）；（3）公共财政与现代财政制度构建（2004 年至今）。[③] 2018 年度还产生了一些改革开放 40 年经济建设的著作，魏礼群主编的《复兴之路：中国改革开放 40 年回顾与展望丛书》；国家税务总局税收科学研究所编著的《改革开放 40 年中国税收改革发展研究——从助力经济转型到服务国家治理》，等等。这些著作既有综合的研究，也有对各行业和各地的研究，在行业研究上，主要涉及改革开放 40 年的经济体制、金融财税、住房改革、城镇化、扶贫开发、农村合作制等。

第二，以国史事件、人物纪念活动为主的学术活动比较活跃。2018 年是十一届三中全会召开 40 周年。除了中央召开了纪念大会外，国史学界也通过加强学术研讨进行纪念。中华人民共和国史学会会长、中国社会科学院原副院长朱佳木的《我所知道的十一届三中全会》修订后再版。2018 年度，中国社会科学院当代中国研究所和中华人民共和国史学会继续共同举办了一年一度的国史年会和“陈云与当代中国”年会，还举办了毛泽东、刘少奇、周恩来、王震等党和国家领导人的诞辰纪念学术会议。相关学术会议还有：中国社会科学院第六届马克思主义当代中国史理论论坛、中国社会科学院

① 胡家勇：《改革开放 40 年中国所有制理论的创新和发展》，《中州学刊》2018 年第 5 期。

② 马晓河等：《农村改革 40 年：影响中国经济社会发展的五大事件》，《中国人民大学学报》2018 年第 3 期。

③ 王丹莉、武力：《改革开放以来中央与地方财政关系的演进与透视》，《中共党史研究》2018 年第 12 期。

第四届唯物史观与马克思主义史学理论论坛、“民间历史文献与中国近现代史研究”学术研讨会、“三线建设与新时代中国特色社会主义文化”学术交流会、“马克思主义中国化与改革开放”学术座谈会等。这些学术活动，推动了国史研究。

第三，学科建设进一步受到重视。继2012年出版了四卷本的《中华人民共和国史稿》之后，《中华人民共和国史稿》第5卷、第6卷、第7卷各编研组均召开了专家审稿会，听取各方面专家的审稿意见并做好书稿完善工作。国史学者2018年度还就国史研究理论方法进行了一定的探讨。中国社会科学院当代中国研究所博士后流动站和依托中国社会科学院当代中国研究所的中国社会科学院研究生院中华人民共和国国史系本年招收了一定数量的博士后、博士研究生和硕士研究生。8月13—18日，第八期“中华人民共和国史高级研修班”在长春举办，来自全国近20个省、区、市，以及部分高校和国家有关单位的国史、党史、地方志研究、教学骨干60余人参加此期研修班学习。

第四，在国史教育上发挥作用。史学的功能在于资政育人。习近平总书记也指出：历史、现实、未来是相通的。历史是过去的现实，现实是未来的历史。2018年度，中华人民共和国史教育网在“影像中国”“资料中心”“大学国史教育”“中学国史教育”等栏目上也加强了建设。

第五，学科基础设施建设和应用。2018年度，较多高校购买使用了中华人民共和国国史库。中华人民共和国国史库简称“中国国史库”，是由当代中国出版社、谷浪远景（北京）科技发展有限公司联合开发，涉及内容《当代中国》、《中华人民共和国史编年》和《当代中国城市发展》等近年来难得一见的珍贵文献。收录图书近300卷、5.5万种文献，3万余幅历史图片，2亿余字，是研究新中国成立以来各历史时期的经济、社会、文化和政治发展等方面的权威官方史志总集资源。

4. 关于党建研究的动态和主要成果

2018年是党的十九大召开之后的开局之年，党的学说与党的建设学科研究呈现欣欣向荣之势，为新时代党的建设和新的伟大工程的顺利推进，提供了理论武装和实践指导。在习近平新时代中国特色社会主义思想的指引下，2018年度党建学科的地位和建设工作进一步增强、内容得到丰富，研究深度和广度不断提升，体现出鲜明的时代感。

第一，习近平关于党的建设重要论述的研究。党的十八大以来全面从严治党的实践和理论，标示着习近平关于党的建设重要论述实践操作性强，正式形成科学的理论体系。习近平同志关于党的建设的重要论述，表明我们党对执政党建设规律的认识达到了新高度，意味着中国化的马克思主义党建理论体系进一步丰富。在中国知网，检索2018年度，篇名含有“党建”的各类文章7290篇，较2017年增加716篇。而检索关键词“习近平党建思想”，2018年度有各类文章95篇，相比2017年度增加15篇[①]。通过相关数据查询也发现，“习近平关于党的建设重要论述”已经越来越受社会各界关注，成为学术界、理论界的研究重点。有学者分别从时代背景、主要内容、特点意义等方面阐述习近平关于党的建设重要论述[②]；有学者从继承与创新、理论与实践、重点与全面、思想与制度、常态与长效几个方面阐述习近平新时代全面从严治党思想的方法

① 中国知网数据经常有更新变化，以上数据为2019年4月26日取得。

② 张荣臣：《习近平执政党建设思想研究》，《湖湘论坛》2018年第1期。

论[①]；有学者分析了习近平党的思想建设理论创新和党的十八大以来党的思想建设的基本经验，提出：把坚定理想信念作为党的思想建设的首要任务，用习近平新时代中国特色社会主义思想武装全党，加强党内政治文化建设，不断推进党的思想建设制度化[②]；有学者研究了习近平关于党的建设重要论述的立足点和出发点、根本目的和目标导向、核心内容和关键所在，分析了党的十九大报告、习近平新时代中国特色社会主义思想与习近平关于党的建设重要论述的关系[③]。

第二，党建领域的具体问题研究。党的十九大以后，研究习近平新时代党建思想的视角呈多层次、立体化、全方位。围绕党的十九大提出的党建新目标、新任务、新要求，围绕2018年习近平总书记的各重要场合讲话中对党的建设作出的新指示，党建领域具体问题的研究进一步深化，其中形成的重要观点体现在以下六个方面：一是政治建设方面，突出党的领导；二是思想建设方面，突出理想信念；三是组织建设方面，突出从严治吏；四是作风建设方面，突出反腐机制；五是纪律建设方面，突出正风肃纪；六是制度建设方面，突出党内法规体系建设。

第三，党建前沿问题、热点问题。2018 年度党的建设研究前沿和热点问题有所变化，主要聚焦于“关于改革开放党的建设经验总结的研究”“关于习近平党建思想体系的研究”“关于党的全面领导、集中统一领导的研究”“关于新时代党的组织路线的研究”“关于党的建设总要求、总目标、总布局的研究”“关于党的政治建设研究”“关于党的纪律建设研究”等。其中，较为深入地研究和讨论了习近平同志在党的建设的途径和方法上提出的重大创新观点。比如，提出坚持思想建党和制度治党相统一的观点，强调全面从严治党既要解决思想问题，又要解决制度问题；关于坚持使命引领和问题导向相统一的观点，强调党的建设要紧紧围绕党的历史使命和奋斗目标，使全面从严治党的一切努力都集中到增强党的“四自能力”上，集中到提高党的领导能力和执政能力、保持和发展党的先进性和纯洁性上来；关于坚持抓“关键少数”和管“绝大多数”相统一的观点，强调从严治党关键是要抓住领导干部这个“关键少数”，要对领导干部特别是高级干部提出更高更严的标准，进行更严的管理和监督；同时也要对广大党员提出普遍性要求，把全面从严治党落实到每个支部、每名党员。

第四，党建著作的出版。2018 年，红旗出版社的《新时代党建丛书》（5 册）、《打铁必须自身硬（新时代党的建设新的伟大工程）》，党建读物出版社的《怎样加强党的作风建设》、《全面从严治党这五年——十八大以来党的建设和组织工作成就与经验》，中共党史出版社的《新时代党的建设丛书》（9 册）、《改革开放四十年的执政党建设》，党建读物出版社的《党的建设大事记》，人民日报出版社的《新时代党的建设探微》，人民出版社的《不忘初心牢记使命——中国共产党加强自身建设的历史传承与时代超越》，方正出版社的《新时代全面推进党的建设图解》，中国人民大学出版社的《建设世界上强大的政党》，新华出版社的《全面从严治党再出发》等重点著作陆续出版。

---

① 王晓青：《习近平新时代全面从严治党思想的方法论》，《贵州省党校学报》2018 年第 3 期。

② 杨德山：《习近平党的思想建设理论创新述析》，《马克思主义理论学科研究》2018 年第 1 期。

③ 邸乘光：《党的十九大报告与习近平新时代党建思想》，《中共杭州市委党校学报》2018 年第 1 期。

第五，党的建设学科建设。2018 年党建研究围绕习近平党建思想体系这一主体，采用以史、论、史论结合、比较研究、学科交叉、调查研究、案例分析研究等方法。在研究内容上，对马克思主义建党理论、马克思主义党建理论、中国共产党建设史、中国共产党建设论、党务工作、世界政党比较等都有深入的探究。学术界、理论界围绕习近平总书记提出的新思想、新方法进行学理上的阐释。为落实《关于加强和改进新形势下高校思想政治工作的意见》文件提出的“支持有条件的高校在马克思主义理论一级学科下设置党的建设二级学科”和国务院学位办《关于推进部分学位授予单位设置“党的建设”二级学科的通知》，全国 11 所高校重点马克思主义学院设置“党的建设”专业博士、硕士学位点，多所“双一流”高校也开始自设该专业并招收研究生。2018 年，中国社会科学院、中央党校、北京大学、中国人民大学等 8 家科研单位招收了第一批党建专业博士研究生。2018 年 11 月，首期全国高校“党的建设”学科师资培训班在中国人民大学马克思主义学院举办，来自全国 50 余所高校的教师参加培训。

（二）党建党史领域主要活动

1. 组建中央党史和文献研究院

党史和文献工作是党的事业的重要组成部分。为加强党的历史和理论研究，统筹党史研究、文献编辑和著作编译的资源力量，构建全党的理论研究综合体系，促进党的理论研究和党的实践研究相结合，打造党的历史和理论研究高端平台，将中央党史研究室、中央文献研究室、中央编译局的职责整合，组建中央党史和文献研究院，作为党中央直属事业单位。中央党史和文献研究院对外保留中央编译局牌子。新机构成立后的主要职责是，研究马克思主义基本理论、马克思主义中国化及其主要代表人物，研究习近平新时代中国特色社会主义思想，研究中国共产党历史，编辑编译马克思主义经典作家重要文献、党和国家重要文献、主要领导人著作，征集整理重要党史文献资料等。

2. 举行庆祝改革开放 40 周年理论研讨会

2018 年 12 月 23—24 日，中央宣传部、中央改革办、中央党校（国家行政学院）、中央党史和文献研究院、国家发展改革委、教育部、商务部、中国社会科学院、中央军委政治工作部在北京召开庆祝改革开放 40 周年理论研讨会。中央和国家机关有关部门、地方、企业负责同志和专家学者 20 人作了大会发言。研讨会主办单位负责同志、专家学者代表和部分理论研究机构、地方党委宣传部负责同志等，共约 300 人参加会议。这次理论研讨会，是庆祝改革开放 40 周年活动的一项重要内容。研讨会期间，代表们围绕学习习近平总书记重要讲话进行了充分交流，深化了对党的十一届三中全会重大意义和深远影响的认识，深化了对改革开放 40 年光辉历程、伟大成就、宝贵经验、实践启示的认识，深化了对高举改革开放旗帜、把新时代改革开放引向深入的认识，进一步明确了理论工作者的历史责任。

3. 召开纪念中共中央发布“五一口号”70 周年座谈会

2018 年 4 月 28 日，纪念中共中央发布“五一口号”70 周年座谈会在京举行，中共中央政治局常委、全国政协主席汪洋出席并讲话。他强调，要深刻认识中共中央发布“五一口号”的重要历史意义，认真总结 70 年来多党合作的重要经验，以习近平新时代中国特色社会主义思想为指导，增强“四个意识”，坚定“四个自信”，不忘合作初心、继续携手前进，把我国新型政党制度坚持好、发展好、完善好。

4. 中共党史学家郑德荣入选改革开放杰出贡献100人

改革开放40周年之际，党中央决定表彰一批为改革开放作出杰出贡献的个人。根据评选表彰工作部署，在各地区各部门反复比选、组织考察、集体研究提出推荐人选的基础上，经归口评审、统筹考虑，产生了100名改革开放杰出贡献表彰对象。著名中共党史专家、东北师范大学原副校长、全国优秀共产党员郑德荣入选，并被誉为“马克思主义中国化理论研究的推动者”。

5. 第五届“执政党建设理论与实践”论坛在上海大学召开。2018年5月25—27日，第五届“执政党建设理论与实践”论坛在上海大学召开，论坛主题为“改革开放40年党的建设与新时代政党自信”。论坛由中国社会科学院马克思主义研究院、上海大学、中国科学院大学联合主办，中国社会科学院习近平新时代中国特色社会主义思想研究中心、中国社会科学院马克思主义研究院中国化研究部、上海大学马克思主义学院、中国科学院大学马克思主义学院、上海大学政党治理研究中心、上海市高校马克思主义理论智库—强国战略与话语权研究中心共同承办。来自全国社科院系统、党校系统、各高校、部队院校和企业170余位专家学者与会。开幕式由上海大学马克思主义学院院长欧阳光明教授主持，中国社科院党组成员、全国党建研究会副会长张英伟，上海大学党委副书记、纪委书记段勇，上海市党建研究会常务副会长、上海市委讲师团副团长冯小敏分别致辞。在之后的议程中，与会专家主要围绕改革开放40年来党的建设、习近平党建思想、中国共产党的自信等论题进行研讨。并对新时代党的理论创新、党建新布局、反腐败斗争等热点问题进行了深入探讨。

6. “时代先锋　民族脊梁——首届中国共产党领导力论坛”在上海开幕。论坛由中国领导科学研究会、中国浦东干部学院、中共上海市委党校、上海市社会科学界联合会联合主办，于2018年6月28—29日举行，来自中共中央纪律检查委员会、中共中央组织部、中共中央党校（国家行政学院）、国防大学、中国浦东干部学院、中共上海市委宣传部、中共上海市委党校、中国人民大学等单位的100余位专家学者参加论坛。此次论坛旨在加强对中国共产党领导力的研究，深化对中国共产党执政规律和领导力建设规律的认识，更好地推动中国特色领导力建设，推进具有中国风格、中国气派、中国智慧的领导科学学科发展。围绕“中共领导力基本特征”“中共组织领导力”“中共领袖领导力”等问题，与会专家学者们进行了热烈讨论。

7. 首期全国高校“党的建设”学科师资培训班顺利举办。为落实《关于加强和改进新形势下高校思想政治工作的意见》文件提出的“支持有条件的高校在马克思主义理论一级学科下设置党的建设二级学科”和国务院学位办《关于推进部分学位授予单位设置“党的建设”二级学科的通知》，2018年11月14—18日，首期全国高校“党的建设”学科师资培训班在中国人民大学马克思主义学院举办。该培训班面向全国高校教师举办培训，旨在提高学员对党建学科基础理论、基本问题、主要内容、研究方法、学术前沿等方面的理解认识，加强全国高校“党的建设”学科师资队伍建设。本次培训班为期五天，邀请国内知名党建专家学者参与授课，采取集中授课和党务实践相结合的形式。该培训将分批次举办，预计将覆盖全国党建学科教师260余人。

8. 全国党建研究会非公专委会2018年会在台州召开。2018年12月11日，全国党建研究会非公有制经济组织党建研究专业委员会2018年会在台州召开。论坛指出：要厚植“红色基因”，切实强化上市公司政治引领；要激发“红色动能”，有力促进上市公司健康发展；要树牢“红色理念”，积极履行上市公司社会责任等重要观点，提出要在全力打造上市公司党建示范高地上做出示范引领。

（三）中国社会科学院党建党史学科建设状况

2018 年，中国社会科学院党建党史学科建设平稳有序进行，在学术研究、科研队伍建设和人才培养等方面取得良好成绩。

1. 学科成员概况

中国社会科学院党建党史学科主要依托于党建党史研究室，现有学科主要成员 7 名，其中研究员 3 名、副研究员 3 名、助理研究员 2 名。学科带头人系金民卿研究员。7 名学科成员参加中国社会科学院创新工程。

2. 主持或参与课题情况

2018 年，金民卿、戴立兴、刘海飞参与了中国社会科学院副院长王京清主持的国家重大委托课题“习近平党建思想研究”，项目进展顺利；陈志刚、戴立兴、刘德中、刘海飞、于晓雷等参与了中国社会科学院马克思主义研究院院长邓纯东主持的中央宣传部重大委托项目“加强党内监督与建设廉洁政治研究”；陈志刚主持的“十八大以来党的建设理论创新研究”和戴立兴主持的“新时代全面从严治党研究”创新课题进展顺利；刘海飞主持的国家社科基金项目“中国共产党干部任用中的五湖四海原则研究”积极推进；陈志刚主持的全国政协办公厅委托课题“人民政协是具有中国特色的制度安排研究”已完成；院三个体系建设课题“马克思主义党建概论”，由陈志刚负责，正在推进中。

3. 组织大型学术活动、进行学术讲座、接受媒体采访情况

2018 年 5 月 25—27 日，第五届“执政党建设理论与实践”论坛在上海大学召开，论坛主题为“改革开放 40 年党的建设与新时代政党自信”。论坛由中国社会科学院马克思主义研究院、上海大学、中国科学院大学联合主办。与会专家主要围绕改革开放 40 年来党的建设、习近平党建思想、中国共产党的自信等论题进行研讨。并对新时代党的理论创新、党建新布局、反腐败斗争等热点问题进行了深入探讨。

邓纯东、金民卿、陈志刚、戴立兴等学者就党的十九大会议精神、习近平新时代中国特色社会主义思想等问题多次接受媒体采访，并应邀举办学术讲座。特别是，党的十九大刚一结束，就组织本学科研究人员在人民网、光明网、中国社会科学网、马克思主义研究网等重要网站发表了 20 多篇系列文章，并组织人员在报纸、杂志等刊物发表理论文章，对会议精神进行解读、宣传。

4. 发表科研成果

中国社会科学院党建党史学科在 2018 年度取得丰硕科研成果。

本学科相关研究人员先后出版专著 2 部：《新时代中国共产党的伟大精神》（戴立兴等著），《新时代党的建设探微》（陈志刚著）。

在《人民日报》《光明日报》《红旗文稿》《人民论坛》《中国社会科学报》等刊物、报纸上公开发表各种学术论文 30 余篇，其中核心期刊 20 多篇。主要有：《习近平新时代中国特色社会主义思想的本质特征》（邓纯东），发表于《马克思主义研究》2018 年第 8 期；《坚定不移推动全面从严治党向纵深发展》（金民卿），发表于《求是》2018 年第 5 期；《历史的选择》（陈志刚），发表于《光明日报》2018 年 3 月 15 日；

《用全党大学习推动党和人民事业大发展》（戴立兴），发表于《人民日报》2018 年 6 月 12 日；《腐败的本质与反腐治本之策》（刘德中），发表于《世界社会主义研究》2018 年第 6 期；《习近平选人用人思想研究》（刘海飞），发表于《求实》2018 年第 5 期；等等。

本学科研究人员还撰写《要报》等内部文稿 10 多篇；参加各类调研课题撰写 5 万多字。其中，戴立兴撰写的《泉州非公党组织发挥服务功能的有益探索》《民族英雄和革命先烈不容亵渎》分别荣获中国社会科学院 2017 年度优秀对策特等奖、一等奖。

二　重大问题研究进展

1. 关于新时代党的建设总要求、总目标、总布局的研究

党的十九大提出了新时代党的建设的总要求、总目标、总布局。理论界普遍认为，这个总要求、总目标、总布局集中体现了党的性质、宗旨、纲领，体现了新时代中国共产党人的价值取向、政治定力、使命担当。围绕这个总要求、总目标、总布局，新时代党的建设研究必须牢牢把握这个总要求、总目标、总布局。理论界认为，在研究中必须明确中国共产党信“马”、姓“共”，必须要坚持人民的立场；必须要怀有自我革命的精神，通过增强自我净化、自我完善、自我革新、自我提高能力，不断纯洁党的肌体，确保党的先进性、纯洁性；要经得起风浪考验，时刻保持政治定力和战略定力，坚持从自身实际出发，绝不犯颠覆性错误，同时又坚持与时俱进、不断吸纳新的养分，保持生机活力。

2. 关于改革开放史的研究

改革开放史研究，是当前学术界和理论界研究的一个重大课题。关于改革开放史研究的特点，一是从时间维度看，越是改革开放初期和早期的问题研究得越多越深入，例如关于真理标准问题大讨论等；二是从研究内容看，经济体制改革始终是重心和热点。① 中国经济体制改革研究会特约研究员萧冬连指出，在国内，关于改革开放历程回顾有影响的学术观点多来自一些经济学家。这种局面应当有所改变，讲述中国故事，党史国史界学者不应当缺席，需要多做区域性的、专题性的和个案性的研究。② 厦门大学马克思主义学院副教授孟永认为，改革开放 40 年来既是中国经济社会发生迅速变化的时期，更是国人心态发生巨大变迁的年代。可以说，伴随改革开放而来的是群体心态结构的解体与重建。因而，改革开放史不仅要研究人们社会经济生活的变迁，而且应当将之与心态史研究结合起来，多层次地揭示和把握这段历史。③

3. 关于“大跃进”的研究

2018 年是“大跃进”运动发生 60 周年，学界在这方面的研究有了新成果。

中共中央党史和文献研究院院务委员、研究员陈晋（副部长级）在《新湘评论》刊登连载文章认为，1958 年遭受严重挫折的“大跃进”运动，是毛泽东心中永远的隐

① 教育部习近平新时代中国特色社会主义思想研究中心：《改革开放史研究：回顾与展望（构建中国特色哲学社会科学）》，《人民日报》2018 年 7 月 9 日。

② 萧冬连：《改革开放史应当成为党史国史研究的重点》，《北京日报》2018 年 4 月 23 日。

③ 孟永：《试析改革开放史研究的心态维度》，《中共党史研究》2018 年第 1 期。

痛。从这年冬发现“大跃进”和人民公社化运动中有弄虚作假和狂热浮夸的弊端，一直到晚年，毛泽东在各种场合不下50次谈论其间的错误和教训。这在《毛泽东年谱（1949—1976）》里有大量记载。毛泽东对“大跃进”运动的反思，体现出从承担责任到初步纠正，从痛定思痛总结教训到沉下来摸索建设规律，进而如履薄冰地对待经济实践，这样一种心理轨迹。在长达10多年的时间里，他对经济发展速度，似乎总是心存余悸，以防止宏观经济再出现大起伏、大折腾。看来，是下了决心不再在同一条河流里两次失足。①

华东师范大学周边国家研究院院长沈志华关注了“大跃进”中的苏联援华专家的问题，他通过查阅原始档案认为，从1957年开始，中苏双方已经开始逐步调整专家政策，苏联向中国派遣专家的数量呈现出逐年减少的趋势，至于苏联顾问，在1958年夏天之后，就基本上撤退回国了。不仅顾问人数大量削减，在1958年秋天掀起的“大跃进”浪潮中，苏联技术专家的作用也开始减弱了。同时，随着中苏政治关系日趋紧张，苏联专家的工作条件和环境也出现了令人不安的变化。中国政府因政治运动的影响，限制了苏联专家作用的发挥；与此同时，由于苏联有关机构管理不善，造成专家工作混乱的局面，也是不利于专家在华开展工作的原因之一。②

中国社会科学院当代中国研究所研究员张金才则考察分析了邓小平和陈云对“大跃进”运动认识的异同点，认为相同点为：都希望我国工农业生产和建设发展得更快一些，并认为“二五”计划的建设客观上有条件比“一五”计划的建设发展得更快一些；都认为加快经济发展速度需要条件，不能违背客观经济规律；起初都从积极的方面去看待和支持“大跃进”；随着“大跃进”运动的发展，两人看到了其中出现的一些“左”的错误，思想认识都发生了较大变化。不同点为：“大跃进”运动之初，邓小平表现也是比较积极的，而陈云则相对冷静；对于毛泽东发动的“大跃进”，邓小平和刘少奇、周恩来一样没有反对，而陈云是没有说话；邓小平后来多次谈到“大跃进”，并对“大跃进”进行反思，而陈云则很少谈及“大跃进”。其原因有：他们在“大跃进”运动中承担的领导责任不同；领导经济工作的思路不同；工作经历和在党中央的领导分工不同。③

中国社会科学院当代中国研究所副研究员王丹莉则尝试探讨“大跃进”时期财政放权的核心内容、深远影响及其真正动因。她认为促成“大跃进”时期中央与地方财政关系转变的一个重要因素是第一个五年计划后期新中国工业发展战略的细微调整，财政的放权缓解了中央政府的投资压力，通过提高地方政府财权实现了工业再积累。中央与地方的财政关系，和新中国的工业化进程有着密切的内在关联，央地财政关系服务于工业化进程并依工业化不同阶段而适时调整。对于“大跃进”时期财政放权的认识和解读不应仅局限于财政管理体制的层面，还应该更多地关注它与新中国工业化进程的内在联系及其对工业布局产生的长远影响。④

---

① 《毛泽东的经验与智慧19：不在同一条河流两次失足——毛泽东是怎样吸取大跃进教训的》，《新湘评论》2018年第15、17期。

② 沈志华：《“大跃进”中的苏联援华专家》，《江淮文史》2018年第5期。

③ 张金才：《邓小平和陈云对“大跃进”的认识》，《安徽史学》2018年第3期。

④ 王丹莉：《工业布局调整中的中央与地方关系：解读“大跃进”时期的财政放权》，《中国经济史研究》2018年第5期。

4. 关于党的政治建设研究

加强党政治建设，把党的政治建设摆在首位，以党的政治建设为统领是新时代党建布局的新内容和新要求。2018 年，党的政治建设是学术界和理论界的研究热点。中国社会科学院党组成员、马克思主义研究院院长、党委书记姜辉认为，把党的政治建设作为根本性建设是对马克思主义政党建设规律认识的进一步深化；把党的政治建设作为根本性建设是对我们党加强党的政治建设宝贵经验的总结升华；把党的政治建设作为根本性建设是对新时代深入推进党的政治建设的战略部署。① 有学者提出要在理论依据、历史逻辑、现实基础、时代价值、实践路向五个方面理解中国共产党的政治建设，认为理论依据是马克思主义权威观，历史逻辑是中国共产党人的建党经验，现实基础是提升党的社会号召力，时代价值是强化政治引领，实践路向是思想引领②；有学者从改革开放四十年的角度系统分析党的政治建设的核心理念、本质要求和实践逻辑③；有学者把党的政治建设思想和习近平新时代的政治建设思想统一起来，分析了习近平新时代党的政治建设思想的形成、发展、内容和意义④；有学者指出，加强党的政治建设，需要从"政权意识""利益代表""政党纲领""政治关系"的视角加以推进⑤；有学者从党的执政能力、领导能力、治理能力和党的政治建设的关系入手，阐述以政治建设助推党的建设的新的伟大工程⑥；有学者提出，当前学术界、理论界一般从政党建设的一般意义来阐述党的政治建设，认为政治是政党的基本属性，这是政治建设摆在首位的基本原因，然而革命时期毛泽东为什么着重于从思想上建党，从当时的社会背景以及新时代把政治建设摆在首位的现实背景着手分析，得出一个基本规律：党的建设必须随着时代的发展而不断调整侧重点，这样才能够不断巩固党的自身，加强党的领导⑦；有学者从政治状态优化论、政党形态完善论、政党生态净化论三个维度分析了新时代中国共产党政治建设的实践理路⑧。

三 关于深入中国近代史基本问题研究的若干问题

2018 年，近代史、党史、国史和党建研究还存在一些亟待解决的问题。

1. 关于近代史和党史、国史研究存在的问题

关于反对历史虚无主义。近一二十年，历史虚无主义沉渣泛起，是近代史、党史、

---

① 姜辉：《把党的政治建设作为党的根本性建设》，《光明日报》2018 年 12 月 3 日。

② 李仕波：《理解中国共产党政治建设为根本性建设的几个维度》，《江苏行政学院学报》2018 年第 5 期。

③ 仇文利：《党的政治建设的核心理念》，《学术界》2018 年第 9 期。

④ 郝丹梅：《习近平新时代党的政治建设思想探析》，《汉江论坛》2018 年第 8 期。

⑤ 刘宗洪：《政治的逻辑与新时代党的政治建设》，《中共中央党校学报》2018 年第 4 期。

⑥ 刘汉峰：《以政治建设为统领全面推进伟大工程建设》，《中国特色社会主义研究》2018 年第 2 期。

⑦ 牛安生：《把党的政治建设摆在首位的当代价值及基本要求》，《中共宁波市委党校学报》2018 年第 4 期。

⑧ 张师伟：《新时代中国共产党政治建设重要价值的三个维度分析》，《理论探讨》2018 年第 2 期。

国史领域的一大“公害”，无论是近代史研究，还是党史国史研究，都面临着反对历史虚无主义的问题。然而，在反对历史虚无主义过程中也存在着方式、方法和有效性的问题。要避免隔空“无的放矢”、文字式的“吆喝”；要讲究方法、手段，对历史虚无主义现象的来由、动机进行区分，从而作出道义上的“鞭挞”或是理论上的批判；在诉诸网络管理或法律行政手段的选择时争取做到“出手”即攻其要害，直奔历史虚无主义“大本营”。历史虚无主义的产生背景很复杂，反对历史虚无主义是一个长期的过程，对此要充分运用好现代化的手段，比如运用好大数据分析和心理分析等。

关于学科定位。2018 年的实践表明，党史国史都存在一个学科定位的问题。中共党史学科在国务院学位授予划分时，是居于政治学一级学科下的二级学科，门类属于法学。而以往的中共党史学教程则是将党史定位于一门政治学很强的历史学，这种“矛盾”一直没有解决。在政治学类期刊框架下的《中共党史研究》（原中共中央党史研究室主管、党史类权威刊物）在 2018 年中国社会科学院中国社会科学评价中心评定《中国人文社会科学期刊评价报告（AMI）》时，主动要求放到历史学类，结果在新的评定标准范式下过去的权威期刊变成一个扩展期刊，造成被排除在核心期刊之外的尴尬境地。2018 年，张海鹏在《人民日报》发表《根深叶茂，史苑繁荣——改革开放 40 年来我国历史学的发展》的文章时，并未将当代中国史列入其历史学的范畴。从而引发了国史界的一阵议论感慨。国史学科是新兴的一门专业，长期以来，其学科归属难以确定，其毕业学生在授予学位时是暂时放在历史学门类、中国史一级学科之下。从逻辑上来讲，历史学既然有古代史、近代史，那么就一定有当代史，从以上可以看出，传统的历史学界并未将其认可为历史学科体系，同样这是一件尴尬的事情。

关于学科建设。从学科发展的角度来说，一个学科能不能拿出有分量的经典性代表作出来，影响着该学科的地位。因此，产生一定数量的经典代表作和教材体系，是该学科立足之本。一段时间以来，党史国史学科之所以在实际中存在被边缘化的情况，一方面是与这两个专业设置时间晚、没有与国外对应的学科有关系，另一方面也与党史国史学界一直没能拿出有影响的代表作有关系。党的十八大以来，习近平总书记提出了要加强“学科体系、学术体系、话语体系”建设的任务，党史国史学科一定要抓住历史机遇，加强自身学科建设，从而不断产生有社会影响力的作品。

2. 党建研究需要注意的若干问题

党建研究的价值在于它在实践中的指导作用。目前来看，虽然党建研究的力量多，成果也比较丰硕，但是如何使成果得到有效转化，是一个值得解决的问题。一是研究成果本身要体现学术性和实践性相结合。研究本身要首先做好调查研究工作和统计分析工作，这样的成果才能经得住考验。二是学科建设及研究工作要善于区分和把握学科的党建、工作的党建、理论的党建、学术的党建、宣传的党建这五者之间的关系。

经过对 2018 年党建研究成果的系统分析比对，以下几方面的内容须引起今后党建研究工作者的关注：（1）加强党的政治建设研究；（2）深化用制度管权管人管事专题研究；（3）习近平新时代党建思想研究；（4）坚持和加强党的全面领导研究；（5）坚定不移推进全面从严治党研究；（6）增强忧患意识、防范风险挑战研究；（7）发展积极健康的党内政治文化研究；（8）重点加强基层党组织建设研究；（9）中国共产党的领导力研究。

（供稿：戴立兴、刘海飞、王冠丞）

思想政治教育

一　学科概况

2018 年是思想政治教育研究蓬勃发展的一年。在纪念改革开放 40 周年的大背景下，围绕贯彻落实习近平总书记在全国宣传思想工作会议、全国教育大会、纪念马克思诞辰 200 周年大会、庆祝改革开放 40 周年大会的一系列重要讲话精神，思想政治教育学科建设和理论研究取得重要进展。

（一）学术活动与学术交流

2018 年，思想政治教育学界学术交流活动进一步活跃，研讨主题的政治高度和理论前沿性增强，各类研讨会主题鲜明，研讨内容丰富。研讨会主题集中在新时代中国特色社会主义与思想政治教育、思想政治理论课教学、重要时间节点的纪念活动等。研讨会关注思想理论领域重大理论问题与现实问题，并将综合研究与专题研究相结合，为专家学者和广大教师提供学术研究平台和学习交流渠道，对于深化学科理论研究和推进学科建设起到了积极作用。

2018 年 2 月 28 日，教育部在京召开“2018 年度高校思想政治工作研讨会”。会议对 2018 年工作提出五个“牢牢把握”和四个“贯穿始终”要求，强调要把深入学习宣传贯彻习近平新时代中国特色社会主义思想和党的十九大精神作为贯穿全年的工作主线，按照学懂弄通做实的总要求，着力明理明道、着力入脑入心、着力落地落实，做好进教材、进课堂、进师生头脑工作，使党的创新理论全面融入高校思想政治工作。

2018 年 3 月 31 日，全国高校思想政治理论课教育教学改革创新研讨会在广州华南理工大学举行。与会学者围绕高校思想政治理论课教育教学改革创新、推动习近平新时代中国特色社会主义思想进课堂、进教材、进头脑等问题进行了深入研讨。

2018 年 4 月 14—15 日，中国社会科学院马克思主义研究院在河南洛阳举办“2018 年全国思想政治教育学术研讨会”，会议由中国社会科学院马克思主义研究院原理研究部、洛阳师范学院马克思主义学院承办。研讨会主题为“习近平新时代中国特色社会主义思想与新时代思想政治教育创新”。与会学者围绕新时代思想政治教育的战略定位、培养担当民族复兴大任的时代新人、做大学生人生成长的指导者和引路人等问题展开了讨论和交流。

2018 年 4 月 21 日，第六届全国重点院校思想政治教育本科专业协同建设研讨会在河海大学举行。研讨会通过搭建高校协同平台，深入研讨了全国思想政治教育本科专业建设问题。兰州大学马克思主义学院原院长、全国思政本科专业协同会发起人之一王学俭教授为大会作主旨报告。与会专家学者围绕“新时代思想政治教育学科建设的新遭遇”“新时代思想政治教育专业人才培养体系”“思想政治教育专业建设与高校思政工作”等专题展开了热烈研讨。

2018 年 6 月 15 日，上海财经大学马克思主义学院和《思想理论教育导刊》编辑部、《思想理论教育》编辑部主办的“新时代思想政治教育学科发展”高端论坛在上海财经大学召开。论坛围绕“新时代思政学科发展与时代新人培养”“习近平新时代中国特色社会主义思想‘三进’”“新时代思想政治理论课教学”等议题展开了深入研讨。

2018 年 7 月 14 日，由兰州大学马克思主义学院承办的“第三届中国西部高校马克思主义论坛”开幕式在兰州大学举行。论坛以“学习宣传贯彻习近平新时代中国特色社会主义思想，全面提升思想政治理论课教学水平”为主题，旨在全面贯彻落实全国高校思想政治工作会议精神，做好习近平新时代中国特色社会主义思想“三进”工作，构建西部高校马克思主义学院交流平台，促进西部高校马克思主义理论学科的共同发展。与会嘉宾共同为“兰州大学新时代思想政治教育工作研究院”揭牌，这是首家“新时代思想政治教育工作研究院”。

2018 年 7 月 19 日，由中国高等教育学会和中国高等教育学会思想政治教育分会联合举办的“纪念马克思诞辰 200 周年专题研讨会暨第四届思想政治教育创新发展学术研讨会”在北京师范大学举办。与会代表结合习近平在纪念马克思诞辰 200 周年大会上的讲话，围绕《共产党宣言》及其时代意义、习近平新时代中国特色社会主义思想与 21 世纪马克思主义、改革开放 40 周年与思想政治教育创新发展等主题进行了深入研讨。

2018 年 8 月 20—22 日，教育部高校思想政治理论课程研究中心、河北科技大学在石家庄联合主办“新时代高校思想政治理论课教学改革与创新研讨会”。与会代表围绕新时代高校思想政治理论课教材体系转化、重点难点问题、实践教学模式等话题进行了深入交流。

2018 年 9 月 1 日，中国人民大学马克思主义学院、北京高校思想政治理论课高精尖创新中心联合主办以“思想政治教育的中国经验与中国体验（1978—2018）”为主题的“思想政治教育学科青年学者论坛”。与会学者围绕思想政治教育基础理论、改革开放与思想政治教育、思想政治教育与新时代等专题，共同探讨了改革开放 40 年来思想政治教育的中国经验与中国体验。

2018 年 9 月 16—17 日，由北京师范大学思想政治工作研究院、《学校党建与思想教育》杂志、桂林理工大学马克思主义学院共同主办的“新时代高校思想政治教育实践育人高端论坛”在桂林举行。与会代表们围绕思想政治教育实践育人的理论基础、功能定位及路径模式探索等问题展开深入研讨。

（二）思想政治教育学科建设探讨

思想政治教育学科建设关涉学科边界、学科内涵、学科使命和科学体系建构等学科存在的前提性和基础性问题，直接影响思想政治教育的科学化建设，因而是思想政治教育学界持续关注的问题。2018 年，学界围绕加强思想政治学科建设问题的讨论，提出了一些新的见解。

准确把握学科属性是加强学科建设的基本前提。思想政治教育学科是马克思主义理论科学体系中的一个组成部分，因此，要从马克思主义理论学科的高度和总体性上思考思想政治教育的学科建设。对此，梅荣政教授认为，首先要牢固树立“育新人”的目标观，把培养德智体美劳全面发展的社会主义建设者和接班人作为一切教学活动、教学环节、培养过程的总目标。马克思主义理论学科点的一切教学活动、教学环节、培养过程的设计，都要根据本学科属性和独特要求，具体体现培养德智体美劳全面发展的社会主义建设者和接班人的总目标，而不能“两张皮”，仅把总目标口号化、标签化。其次是要始终坚持“立德树人”的质量观，要深刻领悟马克思主义是完整世界观。强化马克思主义经典、原理及创造性运用的教学。最后是坚持把建设一支高素质的师资队伍作为基础工作，以时不我待的态度来抓紧师资队伍建设。师资队伍建设历来是学科、专业建设的基础。新时代对学科师资队伍建设提出新要求，要抓紧形成更高水平的人才培养体系。①

有学者强调，思想政治教育学科是一门综合性很强的学科体系，因此，要在研究思想政治教育起源的基础上，以学科本质、政治属性及课程知识结构为立足点，来探讨思想政治教育的独立性及综合性的学科属性。从学科定位的角度，得出独立性是综合性的前提，综合性是独立性的条件，两者统一于思想政治教育学科中。② 主张从综合性、多方位视角看待思想政治教育学科的角色和定位：从形成发展来看，思想政治教育学科是一门多科融合的交叉综合学科；从社会功能和理论本质来看，它是一门马克思主义意识形态学科；从实践维度看，它是具有中国向度的哲学社会学科。思想政治教育学的学科特质，决定了它必须在产生更多原创成果、回应更多时代命题的基础上，才能获得更深厚持久的发展动力。③ 也有学者提出，思想政治教育学科虽然具有综合性，但依然具有相对独立性，应从思想政治教育学科作为相对独立的具体学科来考察，并提出构建自己的范畴体系是现代思想政治教育学作为一门学科走向成熟的标志之一。他们认为，现代思想政治教育学作为一门学科走向成熟的标志之一，就是已经构建了自己的范畴体系，而现代思想政治教育学基本范畴是现代思想政治教育学范畴体系的重要组成部分。构建现代思想政治教育学基本范畴及其体系必须遵循三个方法论原则，即逻辑与历史一致的原则，从抽象上升到具体的原则，辩证法、认识论和逻辑学三者同一的原则；必须遵循五个基本原则，即客观全面性原则、实践求是性原则、动态开放性原则、创新前瞻性原则、系统综合性原则。④

有学者认为，思想政治教育的学科使命，与新时代中国特色社会主义的建设的根本任务和根本目标是一致的。在中国特色社会主义进入新时代的历史方位和时代背景下，思想政治教育学科的学科使命，首先是用党的创新理论武装头脑。思想政治教育在长期的实践中始终秉持的重要职责就是用马克思主义理论武装人民群众，为中国共产党保持

① 梅荣政：《在改革开放中马克思主义理论学科的创建和发展》，《马克思主义理论学科研究》2018 年第 5 期。

② 郭亚如、陈俊钊：《浅析思想政治教育学科的独立性与综合性》，《广西青年干部学院学报》2018 年第 5 期。

③ 赵芳、刘新庚：《关于思想政治教育学学科属性的新认识》，《湘潭大学学报（哲学社会科学版）》2018 年第 3 期。

④ 徐志远、周政龙：《论现代思想政治教育学基本范畴及其体系的构建原则》，《高校党建与思想教育》2018 年第 15 期。

党的团结统一的思想基础作出了积极贡献。中国特色社会主义进入了新时代，思想政治教育的首要学科使命，就是用习近平新时代中国特色社会主义思想武装全党，学习领悟其中蕴含的新理念新思想新观点新论断。其次是切实肩负并履行培育和践行社会主义核心价值观使命，把社会主义核心价值观融入社会发展各个方面，内化于心、外化于行，真正转化为社会大众的价值标准和行为规范。要深入挖掘中华优秀传统文化的宝贵资源，开掘其中蕴含的思想观念、人文精神、道德规范，为人们提供广泛的精神指引。最后是落实立德树人根本任务的学科使命。坚持以马克思主义为指导，全面贯彻落实党的教育方针，切实加强和改进大学生思想政治教育，帮助大学生掌握科学的世界观和方法论，提升运用马克思主义的立场观点和方法认识和改造世界的能力，铸就理想信念、掌握丰富知识、锤炼高尚品格，为一生成长奠定良好的思想基础。①

（三）教材建设研究

马工程办组织编写的《马克思主义基本原理概论》《毛泽东思想和中国特色社会主义理论体系概论》《中国近现代史纲要》《思想道德修养与法律基础》是当前高校普遍使用的思想政治理论课教材。如何使教材日臻完善，一直是学界高度关注的问题。2018年，为推动习近平新时代中国特色社会主义思想进教材、进课堂、进头脑，深入贯彻落实党的十九大和十九届二中、三中全会精神，中宣部、教育部组织对思想政治理论课教材以及教学大纲进行了全面修订。其中，《思想道德修养与法律基础》在此次教材建设工作中作了较大幅度的修订。

新修订的《思想道德修养与法律基础》（2018 年版）立足新时代、贯穿新思想、着眼新要求、运用新话语，在整体框架设计上以习近平新时代中国特色社会主义思想为指导，以引导大学生努力成长为能够担当民族复兴大任的时代新人为着眼点。在修订内容上，2018 年版《思想道德修养与法律基础》对绪论部分、第一章到第六章均作了不同程度的修订。例如：在绪论中，新版教材从大学生的人生发展新阶段落笔，放眼中国特色社会主义的新时代，在人生新阶段与发展新时代的视野交融中，阐述了中国特色社会主义进入新时代的伟大意义，新时代中国特色社会主义建设的新征程、新使命，强调青年大学生作为时代新人要以民族复兴为己任。第一章以“人生的青春之问”为章题，展开了对如何正确认识人的本质、人生观的主要内容、人生观与世界观的关系、个人与社会的关系等问题的探讨。在第二章“坚定理想信念”部分，探讨了理想信念的内涵、特征及其重要意义，强调理想信念是精神之“钙”；并专门将中国特色社会主义共同理想、共产主义远大理想各专门设目予以呈现和阐述，努力引导大学生将对理想信念的思考建立在对马克思主义的深刻理解之上，建立在对历史规律的深刻把握之上。在第三章“弘扬中国精神”中，根据习近平总书记在第十三届全国人民代表大会第一次会议上的重要讲话，从伟大创造精神、伟大奋斗精神、伟大团结精神、伟大梦想精神四个方面对中华民族精神的内涵做了相应的呈现，并对大学生如何成为忠诚的爱国者、做改革创新的生力军做出了比较详尽的阐述。第六章中充分反映了 2018 年 3 月十三届全国人大一次会议审议通过的《中华人民共和国宪法修正案》等重大成果，强调宪法是治国安邦

---

① 黄蓉生、崔健：《论新时代思想政治教育的学科使命》，《马克思主义理论学科研究》2018 年第 2 期。

的总章程，是党和人民意志的集中体现，是中国特色社会主义法律体系的核心。

新版教材进一步充实了许多新的内容，教材的框架结构发生了比较大的变化。教材涵盖内容广泛，理论点、知识点很多，许多内容在教材中都以非常简要的形式呈现出来。2018 年版教材注重了教材体系向教学体系的转化。①

（四）教学实践探讨

创新教学理念和方法，不断提升思想政治教育课程教学效果，仍是 2018 年度高校教师关注的问题之一。在教学模式上，对互联网和大数据条件下转变教学方式的期待进一步提高，对借助互联网技术平台提高思想政治教育课程的教学实效性进行了多方面的探索，并提出了通过微课、慕课、雨课堂、翻转课堂等提升教学效果的思路。同时，也有一种意见认为，应更加强调教师的主动性，注重教学过程的情境化，通过改善师生关系提高教学效果。

在教学模式改革目标和路径上，有学者认为，研究型大学人才培养具有“精英性、研究性、创新性、实践性、开放性”的“五性”特征，需要正确处理好思想政治理论课程与人才培养的内在关系，对当前思想政治理论课教学模式进行反思和改革。在具体思路上，新的教学模式改革路径应当使课程定性与精英性相吻合；教学理念与研究性相匹配；教学方案与创新性相融合，教学手段与实践性相适应，教学设计与开放性相结合。② 也有学者针对当下高校思想教育教学与学生日常思想行为教育相对割裂，特别对当代大学生的主要社会心态问题，提出以解决传统高校思想教育工作存在的薄弱环节为突破口，探索思想政治教育“理论教学平台”和“实践教学平台”的联动式教学模式，提高思想教育工作的效果。③

在思想政治教育载体和平台建设上，国内学者也进行了新的思考。有学者提出，新时代下的高校思政课教学应融合现代化网络载体，多采用混合式教学，而“雨课堂”则是混合式教学中网络载体的最新实现形式。“雨课堂”将复杂的信息技术手段融入 PowerPoint 和微信，覆盖教学全过程，可以实现教师与学生的有效互动，推动高校思想政治教育载体的创新发展。④ 微课同样也是一种新的探索。微课为高校思政教育带来了前所未有的便利，在实现“泛在教育”和“泛在学习”方面效果显著。但利用技术促进学习的诸多条件在很多高校并不完全具备，各高校应审时度势，高度重视教学模式，在着力构建思政教育网络平台，实现教学资源共享等方面力求创新。⑤

教学工作需要建立在良好的师生互动关系的基础上。思想政治教育课的教学改革和创新，既需要突破旧的做法，也需要创造良好的教学实践环境。这是思想政治理论课教

① 本教材修订组、沈壮海：《〈思想道德修养与法律基础〉（2018 年版）修订说明》，《思想理论教育导刊》2018 年第 5 期。

② 曹奕：《人才培养与高校思政课教学模式改革探究》，《江苏高教》2018 年第 9 期。

③ 周一杨、张子奇、韩笑：《“双平台联动式”思想政治教育模式对大学生社会心态影响的研究》，《理论观察》2018 年第 6 期。

④ 唐柏玲：《高校思想政治理论课“雨课堂”载体创新探索》，《学理论》2018 年第 8 期。

⑤ 李向东：《微课在高校思想政治教育教学中的应用与创新》，《现代教育科学》2018 年第 7 期。

学中的一个关注重点。有学者提出，在新的历史条件下，应创设经典朗读式体验教学，开设具有人文情怀的思想教育共享课程，提高教学效果。具体来说，一是通过创设网络模块式共享教学，充分利用“互联网”开展教学活动；二是通过创设问题实战式分享教学，完善心理健康咨询服务体系；三是通过创设全真情景式情感教学，深入开展思想政治教育实践活动。[①] 也有学者指出，目前现行学校对于教师的要求，主要以研究发表论文为主，课堂上的教学和服务被置于次要地位。至于制作“慕课”课程，完全不列入任何评价的制度中。制作思想政治理论课“慕课”课程消耗的时间远比大家想象得更惊人。制作“慕课”课程还要面临全新的师生关系。“慕课”意义植根于“慕课”的情境脉络之中。因此，建议学校推行师徒式的模式，建立教师彼此之间的信任感，这将有利于通过慕课形式传授知识。[②]

二　重大问题研究进展

2018 年度，围绕思想政治教育学科建设和发展问题，学界研究进一步深入。在基础理论方面，主要研究重点是思想政治教育的学科属性和定位、学科功能与作用、学科研究范式与内容、发展与创新等问题；在现实热点问题上则主要集中在习近平新时代思想政治教育观、思想政治教育热点形成规律、思想政治教育话语权等问题，取得了一些新的进展。

（一）基础理论研究

1. 思想政治教育本质和社会属性研究

思想政治教育本质是思想政治教育理论研究的基础性和前沿性问题，对思想政治教育本质的把握是推进思想政治教育学科发展和实践深化的前提。近年来，学界对思想政治教育本质问题的研究取得了进一步的进展。2018 年，学者们从不同角度对思想政治教育的本质进行了深入探讨。关于如何研究思想政治教育的本质与社会属性问题，主要有以下几种认识。

一是从马克思主义理论教育与思想政治教育的关系来分析。有学者认为，马克思主义理论教育与思想政治教育绝不仅仅是称谓上的区分，而是一个在实践中如何处理二者关系、在理论上如何深化二者研究、在学科上如何规划二者发展的重要问题。正确处理马克思主义理论教育与思想政治教育的关系，要处理好共性和个性的关系、性质与本质的关系、类别与子属关系以及适度注意两者话语的差异。[③] 还有学者认为，宣传马克思主义是马克思主义思想政治教育的本质，它集中体现了马克思主义思想政治教育的精髓、基本特征和根本目的，是马克思主义思想政治教育实践的前提和基础。深入分析、

① 杜晓平、毛宗福：《大学生思想政治教育融汇式教学实践探究》，《学校党建与思想教育》2018 年第 14 期。

② 汪继红：《试析开放教育思想政治理论课“慕课”教学模式的优势与局限》，《新课程研究》2018 年第 8 期。

③ 吴林龙：《试论马克思主义理论教育与思想政治教育的学理关系》，《学校党建与思想教育》2018 年第 21 期。

理解和掌握马克思主义思想政治教育的本质，坚持马克思主义思想政治教育的本质，对巩固马克思主义在意识形态领域的主导地位、推进马克思主义思想政治教育的科学发展和实现中华民族伟大复兴的中国梦具有重要的时代价值。[①] 还有学者从人的本质理论来认识思想政治教育，认为实现人的自由而全面的发展是思想政治教育的终极目标，也是马克思主义追求的根本价值目标。马克思关于人的本质理论，既是科学认识思想政治教育对象的理论依据，又为思想政治教育的价值实现提供了有效途径。[②]

二是从思想政治教育社会属性的角度来研究。有学者提出，思想政治教育社会属性是思想政治教育深入社会，在与社会互动中所彰显出的自身固有的性质与特征，它内在地包含不断获得社会确认、拓展社会共识、助推个体生命价值展开等本质规定。思想政治教育与社会的双向互动，促使思想政治教育社会属性研究视角从“结构”向“过程”的转向。通过把握思想政治教育社会属性的本质规定，明晰思想政治教育社会属性实践转化的内在机理，进而实现其把握社会发展趋势，追求社会正义；探索一种人与社会、人与自然健康和谐的生活方式，助力社会治理；培育个体现代化人格，成就“人是目的”的目标追求。[③] 也有学者认为，社会性作为思想政治教育的一般属性，指思想政治教育与社会系统之间相互联系、相互作用的关系。它内在地包含社会关联的公共性、社会制约的先在性和社会作用的能动性等本质规定。在新时代背景下，彰显这一属性，不仅要坚持社会适应性、社会服务性和社会超越性原则，也要做好思想政治教育社会性结构的时代建构工作，有效开发其社会性资源，并充分发挥其社会性功能。[④] 有学者提出，发挥思想政治教育的特色和优势，需要比较鉴别，推动思想政治教育的当代转型。信仰是一种精神力量，理论是一种逻辑力量，教育是一种实践力量，三者相互依存，协调统一，共同促进思想政治教育的健康发展。[⑤] 另有学者提出，思想政治教育应适应现代性，注重思想政治教育的社会哺育功能，使现代社会中国家统合思想的供给与现实中个人思想需求之间实现供需平衡。在新的社会形势下，思想政治教育应该立足社会，关注现实中人的思想变化，发动社会做思想政治教育工作，从现实逻辑出发，以新的思维审视和认识思想政治教育功能及其发挥途径。[⑥]

三是从价值观等角度对思想政治教育的本质与属性进行的分析。有学者提出，在思想政治教育学中，价值常以精神或观念的方式存在，一般以真善美为价值指向。基于思想政治教育的内涵与特点分析，思想政治教育在本质上是价值观念的教育，通过理论教

---

① 杨叶平：《马克思主义思想政治教育本质问题及其时代价值》，《甘肃理论学刊》2018 年第 3 期。

② 何忠乐：《马克思人的本质理论与思想政治教育价值实现》，《宁夏党校学报》2018 年第 3 期。

③ 李敏：《论思想政治教育社会属性的本质规定及实践运行》，《思想教育研究》2018 年第 8 期。

④ 王瑕莉：《论思想政治教育社会性的本质规定及其在当代的彰显》，《思想教育研究》2018 年第 1 期。

⑤ 杨晓慧：《信仰·理论·教育：思想政治教育的三种力量》，《东北师范大学学报（哲学社会科学版）》2018 年第 1 期。

⑥ 刘红梅、孙其昂：《现代性视域下思想政治教育社会哺育功能的双重逻辑探析》，《南京社会科学》2018 年第 7 期。

育、情感教育、实践教育等一系列知情意的对象化感性活动，将内化的价值观不断落实到行为中去，实现思想政治教育教人求真、教人求善、教人求美的有机统一，达到行为与价值观相契合，激发思想政治教育的原初动力，增强思想政治教育的说服力与实效性。①

四是从思想政治教育理论品质和具体方式方法进行的研究。理论品质和教育方法同样是研究者关心的问题。有学者提出，思想政治教育学的理论品质主要表现在理论内涵的彻底性、意义诠释的普遍性和广泛性、理论原则的坚定性、理论表现的延展性、理论逻辑的自洽性、理论魅力的感召性等。理论品质的形成，最深厚的基础是实践，最关键的环节是凝练和反思，对象化又是很重要的反思要求。此外，理论品质成长还离不开诸多理论之间的交互作用和取长补短，更不能脱离周围环境的制约作用，其中包括国家需要、社会成长内需对理论品质成长与提升所提出的要求。② 也有学者认为，从本质看，高校“滴灌式”思想政治教育是点滴指导、细致入微的精细化教育，是循序渐进、持续滋润的渗透性教育，是对症下药、求真务实的高效化教育。从核心理念看，高校“滴灌式”思想政治教育坚持以生为本的素质教育理念、德育为先的品德教育理念、尊重差异的个性教育理念。从实现方式看，它采用以德为根的因材施教方式、主动贴近的点滴指导方式、潜移默化的环境育人方式。③

2. 关于思想政治教育基本矛盾研究

对思想政治教育基本矛盾的判断，关系到对思想政治教育发展规律的把握。有学者提出，以往关于思想政治教育基本矛盾的研究，主要形成了“社会要求与受教育者状况的矛盾”“社会期待与个人选择的矛盾”等代表性观点，这些观点与思想政治教育客观的历史过程存在明显背离。现在必须进入思想这一思想政治教育的核心领域，其中思想的能动性与思想主体的双重存在形式催生出思想政治教育基本矛盾的双方，即思想统决诉求与思想自决诉求，这二者的矛盾运动是思想政治教育运动发展的根本动力。④ 也有学者认为，目前学术界的相关研究存在把思想政治教育“基本矛盾”与“过程矛盾”混为一谈，错误地从思想领域探寻思想政治教育基本矛盾诞生地以及忽视受教育者思想的能动超越性等方面的理论不足。为拨开这一理论迷雾，一方面，应从矛盾发起者和矛盾逻辑起点两个方向确认思想政治教育基本矛盾的主客体结构和逻辑关系，破解“谁之矛盾”的理论之谜；另一方面，应从过程性、属人性和超越性等维度对思想政治教育基本矛盾的“内在规定性”展开反思与追问，进而回应思想政治教育基本矛盾究竟是“何种矛盾性”这一理论问题。⑤

---

① 聂雨晴、周云冉：《价值观教育视角下思想政治教育的本质探析》，《福建教育学院学报》2018年第2期。

② 邱柏生：《论思想政治教育学的理论品质成长》，《思想理论教育》2018年第9期。

③ 李维意、赵英杰：《高校“滴灌式”思想政治教育的本质特征、核心理念和实现方式》，《河北大学学报（哲学社会科学版）》2018年第5期。

④ 王莹、孙其昂：《思想政治教育基本矛盾“老问题”的新探索》，《思想教育研究》2018年第1期。

⑤ 梁海娜、李红亮：《谁之矛盾？何种矛盾性？——思想政治教育基本矛盾再思考》，《思想教育研究》2018年第12期。

3. 思想政治教育的研究范式与内容建构研究

在思想政治教育领域的诸问题之中，思想政治教育研究范式属于亟待解答的重大难题。思想政治教育的内容是构成思想政治教育理论体系的重要方面，对于实践中思想政治教育的实效性也具有重要作用。2018 年度，学者们围绕研究范式和内容建构，对思想政治教育的发展创新进行了进一步的探讨。

范式是一种具备普遍共识特征的研究框架，思想政治教育作为一门科学同样需要具有一定的理论范式。有学者提出，虽然思想政治教育研究的理论范式在不断发展中扩大、兼容、与时俱进，但本质上很难脱离传统的研究。因此，应适应新时代的要求，进一步增强创新意识、激发创新活力，实现理论范式创新、解读范式革新、实践范式增新、验证范式立新，增强催生思想政治教育新范式产生动力。① 在过去的研究中，多从学术领域的视角和学科的视角来阐释范式的含义，但思想政治教育研究范式与思想政治教育范式的混淆认识和混杂运用较为突出。有学者就此指出，诊断问题、规范研究、调控学科、塑造共同体是思想政治教育研究范式的主要功能。当前，思想政治教育研究范式既不处于“前范式阶段”或“无范式阶段”，也不处于“范式危机阶段”或“范式革命阶段”，而是处于“范式建构阶段”或“范式转换阶段”，在此前提下，必须科学地优化现有的思想政治教育研究范式。② 也有学者认为，思想政治教育正处于从传统社会哲学范式向人学范式转换过程，意味着学科规则的重新确立和思维方式的改变。在这一过程中，构成思想政治教育的基本要素面临着重新定位的问题，诸如思想政治教育者和受教育者关系的定位、思想政治教育内容与受教育者的契合、思想政治教育方法与受教育者的匹配等。基于范式转换的规定性及存在问题的特殊性，可以从思想政治教育者和受教育者主体性发挥场域的划分、核心内容的界定、方法体系的构建以及思想政治教育最终目的的实现等角度来探寻解决问题的基本思路。③

思想政治教育内容建构是思想政治学科发展的基础，这种内容建构同样需要随着时代的发展而调整。有学者提出，目前关于思想政治教育内容建构研究的观点可概括为三类：要素论、结构论和内生论。在这三类观点中，后者均在前者的基础上发展而来，它们既相互独立又充满争议。思想政治教育内容建构研究应是包含个人、社会和学科发展三个维度的融合研究，个人与社会两个维度构成了思想政治教育内容发展的内外动力，学科发展则规制了内容的范围。在此基础上，人本价值取向、创新的深层拓展和边界的厘清成为思想政治教育内容建构的未来指向。④

4. 思想政治教育的功能与方法研究

思想政治教育的功能是改造人的思想、转变人的观念、提高人的思想道德素质。思

① 童晗：《论新时代思想政治教育理论研究的范式创新》，《齐齐哈尔大学学报（哲学社会科学版）》2018 年第 11 期。

② 郭绍均：《思想政治教育研究范式的内涵、功能及其优化》，《思想教育研究》2018 年第 9 期。

③ 石海兵、王苗：《范式转换视角下的思想政治教育基本要素定位》，《高校辅导员》2018 年第 5 期。

④ 陈双泉、吴琼热、合木吐拉·艾山：《个人、社会与学科发展：思想政治教育内容建构的三维审视》，《贵州社会科学》2018 年第 3 期。

想政治教育的方法，是将思想政治教育科学内容付诸现实、实现其时代价值的关键环节。在思想政治教育的功能与作用上，较多学者倾向于从人学视野考察思想政治教育的价值与社会作用，思想政治教育方法是服务于前者的。2018 年度，学者们围绕这两个方面进行了探讨。

新时代思想政治教育方法的恰当运用，是确保高校思政工作顺利开展的前提和基础。伴随着我国迈入新时代，高校思想政治教育工作方法也应该不断创新，融入新时代。有学者提出，客观性、有效性和辩证性是科学的思想政治教育方法必须具备的基本特征，而创新是实现三者内在统一的根本途径和手段。思想政治教育方法创新是教育主体在继承和借鉴以往思想政治教育方法成果的基础上，运用现代思维方式和最近的科学技术手段改进原来不完善的或创造出原来不存在的思想政治教育方式方法和路径的活动过程。其实质就是对原有思想政治教育方法的超越，人的超越性存在由此构成思想政治教育方法创新的哲学生存论基础。①

育人模式的选择关系到思想政治教育理念的落实和成效。有学者认为，当前育人模式应以大学生的有效需求为出发点，尊重大学生的个体差异，以“文”教化人心，在规则之下引导大学生个性发展。在新时代背景下，就积极构建高校思想政治教育“精致育人”模式，它在教育的内容上体现针对性，在教育安排上体现科学性，在教育方法上体现艺术性。其主要特征是问题导向型需求管理、规则意识下个性管理、扁平化组织项目管理、兴趣朋辈型自我管理、精致模块式以文化人、思想政治教育微辅导等六个方面。②

实现全员、全过程、全方位育人是新形势下高校思想政治教育的新要求。有学者提出，“三全育人”体现了立德树人的内在要求，顺应了人才培养的发展趋势，契合了思政工作的发展规律。“三全育人”的路径是要努力构建德智体美劳全面培养的教育体系，形成更高水平的人才培养体系。“三全育人”的关键是加强党对教育工作的全面领导，统筹协调家庭、学校、政府、社会各方面育人责任。③ 也有学者认为，实现“三全育人”和加强主阵地建设需要重点考察和解决三个关键问题：一是强化马克思主义对其他学科的引领与加强教师队伍马克思主义理论教育，实现全员育人；二是以铸魂为目标推动高校思想政治教育体系创新，实现全过程育人；三是维护和巩固马克思主义在高校意识形态领域指导地位，实现全方位育人。④

5. 关于思想政治教育话语问题研究

思想政治理论教育话语体系是马克思主义中国化理论成果的重要体现，加强思想政治教育话语体系创新，是增强思想政治教育的必然要求。因而，思想政治教育话语转型

---

① 孙静静：《人的超越性存在：思想政治教育方法创新的哲学生存论基础》，《山东青年政治学院学报》2018 年第 5 期。

② 金建龙：《新时代高校思想政治教育“精致育人”模式研究》，《黑龙江教育学院学报》2018 年第 9 期。

③ 杨晓慧：《高等教育“三全育人”：理论意蕴、现实难题与实践路径》，《中国高等教育》2018 年第 9 期。

④ 李红权：《“三全”视域下的高校思想政治教育主阵地建设》，《湖北社会科学》2018 年第 3 期。

也成为学者们关注的话题。学界主要探讨了思想政治教育话语权的重要性和特点，当前话语面临的困境和如何实现话语转换等问题。

思想政治教育话语权建设，需要有方法论的指导。有学者认为，思想政治教育的方法论原则既是马克思主义意识形态规定性的本质体现，也是正确把握思想政治教育话语权建设规律的基本前提。具体而言，思想政治教育话语权建设的方法论原则主要为坚持一元指导与多样并存相统一的原则；坚持思想政治教育的党性原则；坚持思想政治教育的整体性原则；坚持面向“中国问题”的实践原则。①

有学者从思想政治话语的形态出发提出，思想政治教育话语的产生是把统治阶级的利益需要形成普遍观念并上升为公众意识的过程，蕴含三种基本形态：代表统治阶级根本利益的政治话语、追求普遍观念形式的学术话语与融合社会成员共同利益的生活话语。这三种话语形态相互影响、相互作用、相互依存、相得益彰，构成思想政治教育话语的内核、中间层与具备渗透功能的表层，为言说对象提供政策规范、知识系统与行为意义。在思想政治教育过程中三者需要相互配合起来发挥作用。② 也有学者指出，思想政治教育在长期实践过程中形成了政治话语、理论话语和教材话语等话语形态，而社会转型与网络发展给思想政治教育话语带来的冲击，导致思想政治教育话语缺乏底气、没有生气、不接地气。因此，思想政治教育话语必须实现政治话语向科学话语转化，以提高话语解释力增强话语底气；必须实现理论话语向现实话语转化，以增强话语生命力形成话语生气；必须实现教材话语向教学话语转化，以提升话语感召力更接地气。③

有学者从思想政治教育话语建构的角度进行分析，认为思想政治教育话语建构要遵循内容为基础、情感为机理、启发为方向的内在逻辑。内容向度的思想政治教育话语建构可依据思想政治教育主体、过程、客体进行内容选择，并进行理论话语、价值话语和实践话语建构；情感向度的思想政治教育话语建构能激发教育者的情感，并满足教育对象的情感需要；启发向度的思想政治教育话语建构是在坚持传统话语的基础上，进行话语形式创新，使话语富有智慧。三个向度的话语建构为思想政治教育话语育人功能的实现提供了可能。④ 也有学者提出，只有在教师、学生、话语自身吸引力以及话语环境优化等多种因素均得到满足时，思想政治教育话语权才能真正成为有效的话语权。新媒体时代，思想政治教育话语权面临权威受损、接受抵触、传播滞后、引导失范等困境，需要通过重拾言语自信、树立责任意识、丰富语言表达、加强舆情监测等途径实现话语权的重构。⑤ 还有学者认为，构建新时代思想政治教育话语体系，应改变话语模式，从宣传思维走向故事思维，提升思想政治教育话语内容的信度；构建通识性学科话语体系，

---

① 史小宁、权新月：《论思想政治教育话语权建设的方法论原则》，《思想教育研究》2018 年第 1 期。

② 侯丽羽、张耀灿：《论思想政治教育话语的三种基本形态》，《马克思主义研究》2018 年第 12 期。

③ 王永友、龚春燕：《蕴底气、涵生气、接地气：实现思想政治教育话语“三转化”》，《湖北社会科学》2018 年第 7 期。

④ 王海建：《思想政治教育话语建构的三个向度》，《高校辅导员学刊》2018 年第 6 期。

⑤ 李洪全、吴荣顺：《新媒体时代思想政治教育话语权重构研究》，《教育评论》2018 年第 12 期。

形成内在逻辑生成的话语系统，提高思想政治教育话语深度；改变叙事的话语语境，由静态的话语预设到动态性语境下的话语生成，扩宽话语的广度。

6. 关于思想政治教育比较研究

有学者认为，比较思想政治教育学科体系建设有四个着力点：在知识体系建构上，要遵循学科知识内在生成的逻辑规律，加强外在知识传播的载体建设；在活动体系建构上，要构建学科研究活动和实践活动的贯通机制，实现比较研究活动中的理论与实践的有效对接；在组织体系建构上，要推动学科的内在建制，加强学科的社会建制，在规训体系建构上，要形成专业人才培养制度、设立学术讲座制度及完善学科建设制度。[①] 也有学者提出，思想政治教育比较研究的学理根据应从三个维度展开讨论。从思想政治教育哲学维度看，将思想政治教育本质界定为精神政治，可为比较研究提供有效度的学科知识信念。从思想政治教育学基本原理维度看，不同国家和地区的思想政治教育活动都是在个体性政治社会发展需要与统治者维持整体性政治社会秩序需要的价值性互动中展开的，这是比较研究可通约性的理解平台。从思想政治教育实践维度看，政治现代化是不同国家和地区思想政治教育发展共同的历史背景，构建人类命运共同体应是共享性的思想政治教育发展趋向，也应是思想政治教育比较研究在当代的实践源泉和学术使命。[②]

有研究者对俄罗斯思想政治教育做了总结和分析。21 世纪以来，俄罗斯吸取以往的失败教训，通过完善教育法、确立客观理性的“新历史观”、重塑俄罗斯特色的价值观等方式，以社会学、伦理学等专业课为平台，开启了高校思想政治教育理性回归与创新的进程，取得显著成效。针对高校停止思想政治教育，导致青年大学生价值观陷入极端混乱的现状，俄罗斯改变了初期高校教育去政治化、去意识形态化的做法，采取了一系列新举措，逐步恢复以爱国主义为核心的高校思想政治教育。针对歪曲历史、消解俄罗斯国家身份认同、传播俄罗斯落后论，俄罗斯政府采取了一系列措施反击历史虚无主义，重塑客观理性的“新历史观”以法律形式保护俄罗斯的历史，开展全民普及的历史教育，从历史教育工作者和教材编写入手，强化对青年的历史传统教育、爱国主义教育，培养年轻一代对祖国历史文化的认同感和自豪感，树立正确的历史观。比较分析苏俄高校思想政治教育成败的利弊得失，对我国的启示主要有：正确的价值观是高校思想政治教育的根基；正确的历史观是高校思想政治教育合法性基础；政治性与学理性兼容是高校思想政治教育的基本原则。要从新时代构建人类命运共同体的高度，正视社会主义核心价值观与西方价值观的碰撞与交融；正确把握学术自由与政治意识形态的合理界限；确立政治性与学理性兼容的基本原则，积极探索高校思想政治教育与伦理学、政治学等人文学科交叉融合的教学新形式；重视实践活动对培育思想品质的作用，积极探索多种形式的课外活动。[③]

---

① 郗厚军、康秀云：《比较思想政治教育学科体系建设的四个着力点》，《思想教育研究》2018 年第 3 期。

② 金林南、刘娟：《思想政治教育比较研究的三重学理根据》，《思想理论研究》2018 年第 8 期。

③ 郭丽双：《重塑历史观与价值观：俄罗斯高校思想政治教育的理性回归及启示》，《马克思主义与现实》2018 年第 2 期。

（二）现实热点问题研究

思想政治教育研究热点与现实具有紧密的联系，并对学科发展产生重要影响。2018年度，学界围绕这方面提出了一些新观点。多数学者认为，思想政治教育热点的形成，体现为理论与实践领域中的研究聚焦。有学者提出，对思想政治教育热点既要从基础理论的深化与延伸中理解，也要在实践的发展与需求中把握。也有学者认为，思想政治教育热点研究与思想政治教育学科发展是双向互动机制，当前应当在热点研究的聚焦和深化过程中，将研究成果作用于学科发展。

1. 马克思主义经典著作的思想政治教育研究

从文献和经典著作出发，联系实际深入探究马克思主义思想政治教育理论，一直是思想政治教育理论界研究的重点领域。2018 年在这方面的研究不仅涉及对一些重要著作的整体性认识，而且涉及对个别论断的新理解；不仅包括马克思恩格斯的早期思想，而且涵盖列宁等人的经典论断。学者们从不同侧面进一步阐释了自己的见解，提出了一些值得注意的新观点。

有研究者认为，从思想政治教育实践的角度解读《共产党宣言》，意味着不是把《共产党宣言》看作包含思想政治教育相关论断的文本，而是看作马克思的一次思想政治教育行动。在《共产党宣言》的创作过程中，马克思在文体、写作原则、表达方式等方面作了充分的考虑，回应了当时情境下对无产阶级进行思想政治教育的要求。《共产党宣言》既从逻辑上证明了无产阶级革命的正当性，又通过高超的修辞手段增强了文字的鼓动性，充分展现了思想政治教育的力量。作为思想政治教育实践的载体，《共产党宣言》实现了主体与客体、理论与实践、原则与策略、理性与修辞的统一，这是马克思主义思想政治教育的应有品格。①

针对《〈黑格尔法哲学批判〉导言》（简称《导言》）中阐述的思想政治教育问题，李忠军、钟启东认为，对“神圣形象”与“非神圣形象”的揭露和批判，是马克思在《导言》中阐述无产阶级思想政治教育的逻辑起点。而在“理论彻底”中“彻底击中”“人民的园地”，从而“掌握群众”“变成物质力量”，则是无产阶级思想政治教育逻辑重点，反映出无产阶级思想政治教育的核心内涵与本质追求。无产阶级思想政治教育的逻辑终点是指其落脚点，把实现“人的解放”作为价值追求和奋斗目标，是无产阶级思想政治教育同其他一切剥削阶级思想政治教育的根本区别，是无产阶级思想政治教育的根本优势。现实性原则是无产阶级思想政治教育开展理论建设和实践转化获得根本铸魂实效的基本方法论遵循。② 钟启东提出，“理论一经掌握群众也会变成物质力量”的科学论断，集中阐释了马克思主义思想政治教育的基本立场、观点和方法论要求。该论断确立了思想政治教育的唯物主义哲学立场，强调了思想政治教育的群众立场；提出了思想政治教育的本质追求和基本规律；澄明了思想政治教育要围绕人研究人说服人掌握人而又造福于人的人本观点；指明了思想政治教育的主要内容是说服教育，方法原则是

---

① 常宴会：《〈共产党宣言〉：马克思主义思想政治教育的实践典范》，《思想教育研究》2018 年第 11 期。

② 李忠军、钟启东：《〈黑格尔法哲学批判·导言〉的思想政治教育逻辑》，《教学与研究》2018 年第 6 期。

“理论说服”。[①]

李忠军、钟启东认为，在经典文本中，马克思恩格斯对思想政治教育的根本立场问题，从坚持为无产阶级及其革命运动服务，坚持共产党的领导，坚持群众路线等方面进行了回答。马克思恩格斯明确提出，唯物史观的逻辑起点是从事实际活动的人，只有坚持把现实的个人作为理论建设和实践发展的逻辑起点，才能真正获得科学性、人民性和现实性。从转化原则来看，思想政治教育必须不断推进自身的生活化和现实化，使人们在现实生活中理解和运用先进的思想理论。从实施主体看，是“使用实践力量的人”，因此，马克思主义思想政治教育者在品格与能力上提出的总体要求就是，要有领导能力与思想魅力，要有坚定信念和理论修养，要有热情勇气和强大精神，要有党性原则和灵活变通的方法。[②]

有研究者提出，列宁的“灌输”思想是对思想政治教育本质最恰切的揭示，它回答了“为什么要进行思想政治教育，怎么样进行思想政治教育，谁来进行思想政治教育和对谁进行思想政治教育”等一系列基本问题；明确提出了思想政治教育的核心任务是开展“理论斗争”，理论斗争是与政治斗争、经济斗争同等重要的无产阶级斗争手段；明确提出了思想政治教育的组织队伍是“职业革命家”明确提出了思想政治教育的重要载体是“党报”。列宁还提出了一些具体的论断，如：对社会主义意识形态的任何轻视和任何脱离，都意味着资产阶级意识形态的加强；作为“灌输”执行者的思想政治教育者应该是“理论家”“宣传员”“鼓动员”和“组织者”的统一体；正面教育是鼓舞人、激励人、教育人的有效方法，以正面教育为主是马克思主义思想政治教育一直坚持和长期遵循的一个重要方针；等等。[③]

2. 习近平新时代思想政治教育观研究

习近平新时代思想政治教育思想是习近平同志关于思想政治教育论述的集中体现，是习近平新时代中国特色社会主义思想的重要组成部分。2018 年度，学界主要围绕习近平“立德树人”思想、高校教师思想政治工作等进行了深入探讨，涉及习近平新时代思想政治教育思想的丰富内涵、理论特色和逻辑主线等方面。

习近平“立德树人”教育思想是习近平新时代中国特色社会主义思想的有机组成部分。有学者认为，贯彻习近平“立德树人”教育思想，要从教育的基本问题、本质、方法、价值的逻辑理路去把握。“立德树人”是教育的根本任务，把“立德树人”作为高校思想政治工作贯穿教育教学全过程的中心环节、“立德树人”是高校立身之本这三个重要论断。必须准确理解“立德树人”与培育和践行社会主义核心价值观、加强理想信念教育、坚持社会主义办学方向、人的全面发展四个方面的关系，并确实落实好

---

① 钟启东：《“理论掌握群众变成物质力量”的思想政治教育学解析》，《湖北社会科学》2018 年第 11 期。

② 李忠军、钟启东：《马克思恩格斯经典文本中关于思想政治教育的核心论断》，《马克思主义研究》2018 年第 9 期。

③ 张智：《列宁〈怎么办?〉的思想政治教育意蕴》，《马克思主义理论学科研究》2018 年第 1 期。

“立德树人”的实践要求。[①] 还有学者提出，习近平“立德树人”思想揭示了教育的根本任务、根本目的、根本价值，包含政治思想教育、道德教育、个性心理品质培养三个方面的有机统一，准确概括了教育的本质特征，继承、丰富和发展了党的教育理论。新时期加强大学生思想政治教育，要以习近平“立德树人”思想为指导，加强“四个自信”教育、理想信念教育、社会主义核心价值观教育、时代责任感和历史使命感教育，培养德智体美劳全面发展的社会主义建设者和接班人。[②] 还有学者提出，探索高校立德树人创新体系要以习近平关于教育的重要论述为指导思想和理论基础，同时在具体工作层面还需要作系统的马克思主义人学、主体人类学和教育学追问和建构，建立人的生命本体论：结构与选择、“人格结构与选择”图形理论和人格五商论。在上述理论基础和知识准备的前提下，系统探索和建立高校立德树人创新体系，包括目标和内容体系、课程体系、途径方法体系、人格测量与咨询体系和思想政治教育队伍建设体系。[③]

顾海良则深入分析了习近平思想政治教育观的“根本”方面。在根本要求和基本理论上，要以“加强党对意识形态工作的领导”为战略旨向，以“四服务”和“三培养”为根本方向，以立德树人为“根本任务”“中心环节”和“立身之本”，以加强党的领导为根本保证；在根本目标和基本遵循上，要以培养“有理想、有本领、有担当”的人才为根本目标，以提高思想政治素质为本质要求，以践行社会主义核心价值观为根本内涵，以“内化于心、外化于行”为基本遵循；在基本理念和方法上，要以高校思想政治理论课为主渠道，以“三势”和“三因”为基本理念，以高校教师队伍建设为关键，以制度体制建设为基础条件。[④] 有学者认为，结合新时代的新特点，习近平新时代思想政治教育观以“变”与“不变”的辩证关系为逻辑起点，以凝聚和巩固共同理想信念为逻辑主线，以全过程、全覆盖、以人民为中心的理念和方法为逻辑支点，形成了具有重大指导意义的思想政治教育理论逻辑系统。[⑤] 还有学者认为，十八大以来，习近平总书记对如何做好思想政治工作做过多次论述，经典性地表述了新时代思想政治工作应该遵循的若干原则。主要有：“只能加强、不能削弱”的原则，“高举旗帜、引领导向”的原则，“统一思想、凝聚共识”的原则，“团结人民、鼓舞士气”的原则，“重点人群、关键少数”的原则，“将心比心、以心换心”的原则，“敢抓敢管、敢于亮剑”的原则，“落细落小、日用不觉”的原则，“喜闻乐见、简易方便”的原则，以及“绵绵用力、久久为功”的原则等。[⑥] 另有学者认为，习近平总书记围绕红色文化发表的系

① 苏国红、李卫华、吴超：《习近平“立德树人”教育思想的主要内涵及其实践要求》，《思想理论教育导刊》2018 年第 3 期。

② 谢安国：《习近平立德树人思想的科学内涵和重大意义》，《国家行政教育学院学报》2018 年第 11 期。

③ 陈秉公：《学习习近平关于教育的重要论述 探索高校立德树人创新体系》，《思想教育研究》2018 年第 10 期。

④ 顾海良：《新时代高校思想政治教育的理论指导和发展理念——学习习近平新时代中国特色社会主义思想》，《思想理论教育导刊》2018 年第 1 期。

⑤ 张凯、张澍军：《论习近平新时代思想政治教育观的思想渊源和逻辑脉络》，《思想政治教育研究》2018 年第 5 期。

⑥ 刘建军：《新时代思想政治工作的十大原则——习近平对思想政治工作原则的创新发展》，《学术界》2018 年第 9 期。

列论述，成为习近平新时代中国特色社会主义思想的内在必然构成。习近平红色文化论述引领思想政治教育学科创新发展，涵养思想政治教育文化根基，指导思想政治教育生动实践，成为新时代思想政治教育发展的行动指南。①

党的十八大以来，习近平总书记针对高校教师思想政治教育提出一系列新思想新观点新论断新举措，思想深邃、内容丰富和逻辑清晰。有学者从总体上系统概括了习近平高校思想政治教育观，主要内容包括战略地位论、角色定位论、职责使命论、师德建设论、根本保证论、理念创新论等，体现了在植根实践中不断创新理论、在问题指向里准确把握目标导向、在价值引领中充盈睿智辩证思维、在党性指导下彰显人民至上立场的基本特质，对推进新时代高校教师思想政治工作科学化发展颇具指导意义，有助于引领新时代教师队伍建设的方向与进程。② 还有学者提出，习近平新时代高校党建思想是加强思想政治教育的基础，它由方位论、价值论、工程论三部分组成，贯穿着“现实—价值—方法”的逻辑主线，是新时代高校党建理论创新、实践创新、制度创新的“系统集成”，当前需要准确把握习近平新时代高校党建思想的逻辑起点、理论体系及其方法论意义。③ 高度重视青年思想政治教育，是习近平新时代思想政治教育观的重要体现。有学者提出，习近平新时代青年教育思想具有方向性、时代性、渗透性和实践性的理论特质，其中的方向性就是党性要求。习近平新时代青年教育思想在教育导向上，明确了理想信念教育、社会主义核心价值观教育、中华优秀传统文化教育和法治宣传教育等教育向度。④ 也有学者认为，习近平青年思想政治教育观的基本内容是以中国梦为核心的理想信念教育、社会主义核心价值观教育和中华优秀传统文化教育；基本原则是方向性、实践性、渗透性等原则；实现途径是读书学习、榜样示范和制度创新。⑤

3. 新媒体环境下思想政治教育的创新发展

思想政治教育载体的创新是主体发展的内在需要，是思想政治教育学科发展的迫切需求，也是时代发展的必然要求。在信息技术条件下，新媒体已经成为高校立德树人、凝魂聚气的网络思想政治教育阵地。以习近平同志为核心的党中央高度重视思想政治宣传工作，指出“过不了互联网这一关，就过不了长期执政这一关”，要运用新媒体新技术使工作活起来，加强互联网思想政治工作载体建设，做好网上舆论工作的意识形态指引。2018 年学术界对此进行了热烈的讨论，取得了一些新的进展。

有学者指出，从现实社会空间向虚拟网络空间的“空间转向”，为思想政治教育新范式的形成提供了崭新的空间条件。网络思想政治教育的快速发展也为其“空间范式”的提出进行了必要的知识积累。“空间范式”凸显马克思主义公共性理论和社会空间理

---

① 黄蓉生、丁玉峰：《习近平红色文化论述的思想政治教育价值探析》，《思想教育研究》2018 年第 9 期。

② 郗厚军、康秀云：《习近平总书记关于高校教师思想政治工作论述的理论意涵、主要内容及基本特质》，《思想理论教育》2018 年第 12 期。

③ 刘佳：《习近平新时代高校党建思想的理论内涵研究》，《思想政治教育研究》2018 年第 2 期。

④ 王学俭、阿剑波：《习近平新时代青年教育思想及其价值旨归》，《思想教育研究》2018 年第 8 期。

⑤ 于洋：《浅论习近平青年思想政治教育观》，《新西部》2018 年第 5 期。

论的理论特性，旨在透过“空间”的维度，发展网络思想政治教育的理论和方法体系。“空间范式”有助于凸显网络思想政治教育研究的学术旨趣，凝聚学科共识，培育知识信念，整合学术资源，建构更加专业的话语体系，形成一个影响广泛的网络思想政治教育学术共同体。[①] 也有学者主张，新媒体在思想政治教育中的作用具有必然性，但也有其局限性。高校既要理性认识思想政治教育的新媒体“双刃剑”效应，又要准把握新媒体时代网络思想政治教育的发展规律，做到因势而谋、应势而动、顺势而为。[②]

网络思想政治教育方法创新发展是指基于互联网络、大数据等新技术所构建的网络空间对思想政治教育方法的革新。有学者提出，探讨网络思想政治教育创新发展所需要的条件，需要从理论、实践和技术等三个维度来进行，需要面向网络思想政治教育活动中各种主客观条件的相互支撑，其目标是更好地推进网络思想政治教育方法服从服务于网络思想政治教育实践。[③] 也有学者指出，现代思想政治教育信息有效传播存在着策略选择问题。当前我国思想政治教育信息传播中的策略，表现应从以下几个方面着手：一是赋予普遍性的形式；二是坚持利益表征的言论与实践方向的统一；三是不断创新、重在建设；四是要具备有度的自由选择；五是要讲究策略的多样性和策略组合优势等。[④] 还有学者认为，网络思想政治教育的崛起，源于思想政治教育面对网络社会引发的社会结构和人类生活方式的深刻变革解释不足。网络思想政治教育概念建构，是在新的思维方式和新的视野中，观察、审视不同场域中思想政治教育活动现象，打破虚拟与现实之间的隔阂，进而实现思想政治教育在“线上与线下”的双向互嵌，“在场空间”与“缺场空间”的全面贯通。[⑤] 针对思想政治教育大数据的形成与运用，有学者提出，思想政治教育大数据的生成体现出原始形态、初级形态、中级形态和高级形态四个阶段递进性生成和发展的规律性，大数据的运用也体现出在矛盾变化中寻找因果性、在偶然现象中寻找必然性、在可能空间中寻找现实性、在系统数据中寻找相关性四种现实性分析和运用逻辑。在思想政治教育大数据观的视野下，当前应以大数据思维、技术和资源等促进思想政治教育创新。[⑥]

在互联网普及和新媒体条件下，局域网、新闻传媒等对于人们的影响日益增强。有学者提出，校园网络亚传播圈是一个既开放又相对封闭的信息传播子网络，是高校网络思想政治教育的主战场。必须从高校思想政治教育的鲜明特点、成熟经验和历史使命出发，重新认识高校思想政治教育与互联网的相互关系。在校园网络亚传播圈内培育意见

---

① 陈宗章：《网络思想政治教育研究的“空间范式”》，《重庆邮电大学学报（社会科学版）》2018 年第 6 期。

② 尹毅、朱睿、唐琳：《新媒体时代创新网络思政育人“有效供给”的探索》，《高校共青团研究》2018 年第 4 期。

③ 曾令辉：《论网络思想政治教育方法创新发展的条件》，《学校党建与思想教育》2018 年第 21 期。

④ 邱柏生：《关注现代思想政治教育信息有效传播的策略问题》，《学校党建与思想教育》2018 年第 9 期。

⑤ 卢岚：《网络思想政治教育：从概念建构到关联性议题审视》，《理论与改革》2018 年第 6 期。

⑥ 刘宏达、杨灵珍：《思想政治教育大数据的生成规律与运用逻辑》，《教学与研究》2018 年第 5 期。

领袖是做好高校网络思想政治教育的突破口。[①] 也有学者提出，高校思政课与移动信息技术的深度融合，是高校思政课推进教育信息化、深化教学改革的必然趋势。实现这种“跨界融合”，一是要推行学教并重的教学理念，构建思政课教与学的新方式；二是要改变思政课传统教学结构，提升思政课教学的供给平衡；三是创设思政课生态教学环境，推动信息化思政课教学发展，切实为培养担当民族复兴大任的时代新人提供实践进路和智力支持。[②]

载体是思想政治教育必不可少的平台和有效工具，新时代思想政治工作载体的发展面临新形势。有学者指出，新时代思想政治工作既继承了传统载体的优势，又针对新情况新形势不断进行载体的发展与创新，在实践中涌现出了诸多具有新时代特征的思想政治教育载体。其中既有言传身教的传统载体，又有互联网、移动客户端、微博微信等即时通信工具等现代载体；既有报刊、书籍等纸质媒体，又有广播、电视、户外广告、分众媒体等多元传播媒介；既有课堂教学的主渠道，又有各种文化娱乐、社会实践、志愿服务等活动载体；既有企业文化、社区文化、校园文化等文化载体，也有师生互动、朋辈教育、心理咨询等人际关系载体；既有正式组织、正式制度等管理载体，又有各种非正式的群众性自组织载体。新时代思想政治工作载体的分众化发展、互动性发展、融合式发展的新态势，是对新时代经济社会发展、信息技术发展、人们思想观念发展的必然回应，也构成了新时代思想政治教育创新发展的重要标志和强大驱动力。[③]

4. 关于红色文化的思想政治教育功能研究

党的十九大报告提出，要弘扬革命文化。红色基因作为革命精神的传承，是红色精神的一种重要表现形式，是中国革命文化的核心内容。红色基因以红色资源为依托，以红色文化为载体，具备重要的育人功能，也是高等院校最为珍贵的思想政治教育资源。2018 年学术界对此进行了探讨。有学者指出，红色家风是老一辈无产阶级革命家和优秀共产党人在革命实践、社会主义建设和改革开放历史进程中形成的家庭风尚，是长期积淀而成的、较为稳定的价值观念、生活方式、行为习惯、文化氛围、精神风貌的总和。在中国特色社会主义新时代背景下，红色家风具有为国家建设提供精神动力、引导价值观和人生观的方向、评判和约束人的行为等德育功能。在相关制度的保障下，充分开发利用红色家风资源，集家庭、学习和社会合力，能促使红色家风和德育系统及其各要素的有效互动，实现红色家风德育功能。[④] 有学者指出，德育是研究生教育中最重要的一环。要培养德才兼备的高层次人才，需要充分发挥红色基因的育人功能，使红色基因在研究生思想政治教育中发挥重要的作用，实现德才兼备人才培养目标。随着时代的发展和变迁，尤其是在经济全球化和社会变迁的时代背景下，我们应当赋予红色基因新

---

① 沈晓海：《校园网络亚传播圈视域下高校思想政治教育创新》，《南京航空航天大学学报（社会科学版）》2018 年第 3 期。

② 赵浚、张澍军：《高校思政课与移动信息技术深度融合的耦合与进路》，《学术探索》2018 年第 5 期。

③ 孙梦婵、杨威：《论新时代思想政治教育载体的新发展》，《思想政治教育研究》2018 年第 6 期。

④ 杨美新、黄丽：《“新时代”红色家风德育功能及其实现路径探析》，《当代教育理论与实践》2018 年第 4 期。

的内涵。①

地方红色资源是思想品德课教学中发挥德育功能的重要补充。有学者提出，在思想品德教学中渗透地方红色资源，不仅可以激发学生学习的兴趣，拓展思想品德课程资源，增强学科的直观性，培养学生的学习能力，还有利于对学生进行情感、态度、价值观教育。教师可以针对开发地方红色资源提升思想品德课的德育功能进行探讨，从而更好地提高思想品德学科的教学质量和育人效果。②

围绕红色资源与红色文化的关系，有学者认为需要进一步厘清其内涵，达成一致。红色资源的德育实践存在着实践覆盖面有限、实践氛围还不是很理想、实践合力欠缺、深层次剖析解读不足等问题，需要进一步开拓、完善开发空间。为此，高校有必要突破传统德育教学的时空限制，将红色资源融入网络、融入实践，通过拓展网络教育、加强实践氛围、构建合作平台、选修与必修结合、提升解读力度等具体举措，构建课堂教学、网络教学、实践教学、第二课堂相结合的立体式红色教育新模式，构建“四位一体”立体式红色资源德育实践模式。③

5. 关于思想政治教育热点研究的发展规律

思想政治教育热点研究已成为目前学界关注的焦点，但鲜有人从“元问题”的角度对其研究。冯刚组织编写的《思想政治教育研究热点年度发布（2017）》，对2017年度思想政治教育研究在范畴、方法、内容、载体、功能价值以及专题领域等方面研究的新进展、新成果进行了梳理，分析其中的阶段性特点、存在的不足和未来发展趋势。2018年度有研究者对思想政治教育热点研究的内涵、产生、特征与价值等基本问题作了分析。所谓热点研究，主要是针对理论研究与实践探索中的难点、重点问题进行长时间的持续关注和深入探讨。研究热点往往反映着某一学科、某一领域正在产生或即将产生的重要议题，预示着下一阶段研究的主要方向，是学界共同关切的重要问题。研究热点的形成不是来自研究者的主观臆造，而是理论和实践不断向前发展的必然结果。从热点产生的过程看，它不仅包含了基础理论问题的逐步深化，也包含了实践中产生的新的理论需求和研究趋势。思想政治教育的研究热点，一般可以理解为一定时期内思想政治教育理论与实践领域中的研究聚焦。思想政治教育热点研究必然要符合其所处的时代背景、学科现状，必须具有鲜明的实践指向。把握思想政治教育热点研究的发展规律，要在基础理论的延伸与深化、实践的发展与需求中聚焦、探索热点难题，深刻理解热点研究与学科发展的双向互动机制。研究热点往往反映着某一学科、某一领域正在产生或即将产生的重要议题，预示着下一阶段研究的主要方向，是学界共同关切的重要问题。改革开放以来，尤其是党的十八大以来，我国经济社会快速发展，国内外形势发生很大变化，思想政治教育的主体、客体、环境都呈现出新特征，思想政治教育实践也面临新要求、新任务、新情况、新挑战。思想政治教育热点研究必须要从实践中发现问题、讨论问题、解决问题，才能指导实践不断向前推进。推动学科理论与实践的共同发展是思想政治教育热点研究的价值所在。推动学科理论与实践的共同发展是思想政治教育热点研究的价值所在。首先，热点问题是学术研究的聚焦点，代表着、预示着理论研究的发展

① 王广波：《红色基因与研究生思想政治教育研究》，《高等教育评论》2018年第2期。

② 李新华：《浅谈开发地方红色资源提升思想品德课的德育功能》，《学周刊》2018年第13期。

③ 张国艳：《论浙江红色资源的德育实践问题及对策路径》，《教育观察》2018年第13期。

方向和趋势，只有准确把握热点问题，深化热点研究，才能持续推进思想政治教育理论创新发展，因此，思想政治教育理论研究必须要关注热点问题。其次，推动思想政治教育实践创新要关切研究热点。在思想政治教育实践中，离不开热点研究对其进行积极、必要的科学指引，为思想政治教育实践提供及时、充足的智力支持。无论是深化学科基础理论研究，还是推动实践创新发展，都需要敏锐洞察和准确把握思想政治教育的研究热点及其变化规律，从中发现问题导向和演进趋势，预测下一阶段的研究主题和发展方向。[①]

三 总体述评

进入新时代以来，党中央对意识形态工作和哲学社会科学工作高度重视，为激发思想政治教育研究活力和形成合力创造了条件，思想政治教育理论学术研究日趋繁荣，以马克思主义为指导的思想政治教育学原理知识体系日趋丰富，以交叉融合为特征的分支学科不断完善，思想政治教育研究迈入了一个新阶段。但是，思想政治教育实践依然面临新问题和新挑战，这就给思想政治教育研究提出新的难题，需要我们去研究破解。

从 2018 年思想政治教育学科研究成果的总体情况来看，呈现两大特点：一是现实问题研究的热爆与基础理论研究的低潮并存；二是学术成果数量上的持续攀升与质量和水平参差不齐的矛盾。思想政治教育的学科边界仍有些泛化，学科研究的基础仍然较为薄弱，研究成果分布不均衡、实证研究力度不足、原创性代表著作总体偏少、对重大现实问题解释乏力、理论成果转化应用欠缺，思想政治教育方法论、发展史和比较研究相对滞后和薄弱。这些都是当前思想政治教育学科研究必须正视和破解的难题，需要我们坚持求真务实的态度，牢牢把握理论研究的自觉性和主动性，要以宏观的视野审视思想政治教育学科研究，注重培养系统性、立体性和超前性思维，促进研究方法的不断更新、研究领域的不断拓展。

一是进一步增强了学科自觉，紧密结合新时代特征和要求，进一步增强其学科化和学术性，重点是加强基础理论的研究。学科基础理论解决的是学科的根本性问题，对于整个学科来说处于基础性地位，决定和影响着整个学科的发展。对思想政治教育现实问题的研究需要基础理论的支撑，其实质是建立在对马克思主义理论指导的自觉坚守、对构建中国特色思想政治教育学科体系的积极探索的基础之上，也是建立在本学科研究对象、研究方法、研究体系和研究方式的基础之上，以此才能与其他学科对现实思想理论问题的研究相区别。2018 年，思想政治教育基础理论研究的内容涉及本质、有效性、主导性、主体间性、元问题、人学、载体、发生、范畴、价值、生态、和谐、环节、功能、经验、合力、内容结构、社会整合、系统、效益、政策环境、过程矛盾和规律、精神资源、公众参与、交往、沟通、话语、现代转型、创新动力、道德矢量等十分广泛的问题。研究的分散化倾向较突出，在重要问题上突破和创新不够，很多研究成果具有重复性、宣传性，而原创性较差。如关于思想政治教育中的话语权研究，系统性不足，现实针对性也不强。思想政治教育的学科体系、学术体系和话语体系之间的衔接还需要进一步加强，思想政治教育研究的科学化水平仍有待提高。

---

① 冯刚：《把握思想政治教育热点研究的发展规律》，《思想教育研究》2018 年第 2 期。

二是思想政治教育学科的进一步发展，需要确立强烈的问题意识，直面当前的研究困境。坚持问题导向是马克思主义的鲜明特点。偏离问题导向或问题意识不强是目前思想政治教育理论研究乏力的重要原因之一。思想政治教育要把“问题意识”作为思想政治教育研究创新的突破口和着力点。思想政治教育研究要拓展思想政治教育实践的“问题域”，回答实践不断提出的问题。要紧密联系现实，对重大社会热点问题和争论给予及时的解答，并通过新媒体等渠道及时回应，发挥正面的引导作用。坚持对重大现实问题的关注是思想政治教育研究提升理论敏锐度和现实解释力的重要保障。思想政治教育重大现实问题研究主要包括对当代社会思潮、社会主义核心价值观、优秀传统文化、革命文化、国际化、立法问题等现实问题的关注与考察。

三是在新时代思想政治教育学科的发展，要全面系统地提升思想政治教育的学科内涵，丰富其新时代内容、拓展其研究方法。只有提出符合科学发展规律的建设路径与举措，才能拓展思想政治教育学科服务国家、服务社会、服务人民的功能。要做到这一点，就必须提倡和鼓励研究方法上的多样化。除了运用传统思辨方法以外，还可以根据论题需要适当地运用统计调查方法、人类学方法等多种方法，不仅要扩大思想政治教育学科成果的发表渠道，也要提升思想政治教育研究的国际话语权。同时，要推动学术争鸣和交流。特别要以多学科的研究视角来审视和研究思想政治教育，避免思想政治教育学科陷入“照本宣科”“闭门造车”的困境。跨学科研究对于不断完善思想政治教育学科体系，扩展思想政治教育学科建设视野，推动思想政治教育科学化发展具有重要意义。

（供稿：侯为民、李春华）

科学无神论

在2016年4月召开的全国宗教工作会议上，习近平总书记发表重要讲话，提出坚持马克思主义无神论是大原则，要始终保持马克思主义无神论作为主流意识形态在人民群众思想中占据主导地位。习近平总书记关于马克思主义无神论重要思想，为科学无神论学科建设开辟新时代的前进方向。2018年科学无神论学科发展出现新的局面。

一 学科发展概况

（一）学术活动和学术交流

2018年，中国社会科学院科学与无神论研究中心与中国无神论学会联合举办一系列的学术研讨会和工作座谈会，不断推动科学无神论的学科建设。

1. 科学无神论论坛

8月1日，第六届科学无神论论坛在内蒙古满洲里召开。论坛的主题为“高举新时代的思想旗帜，加强科学无神论学科建设”。论坛由中国社会科学院马克思主义理论学科建设与理论研究工程领导小组主办，中国社会科学院科学与无神论研究中心、中国无神论学会、内蒙古大学马克思主义学院、内蒙古大学满洲里学院联合承办。来自北京、内蒙古、黑龙江、吉林、辽宁、甘肃、新疆、河北、河南、山东、四川、浙江、湖北、湖南、上海、重庆、江西、安徽、广东的近90名学者参会。满洲里市委书记陈立新、内蒙古大学党委书记朱炳文出席开幕式并致欢迎辞，全国政协民宗委原主任朱维群参加论坛并发表讲话。

中国无神论学会理事长朱晓明研究员对马克思主义无神论学科的建设、现状、可行性方案和学科体系做出总体性阐释。他分析了马克思主义无神论学科建设的机遇、现状，提出建设马克思主义无神论学科的可行性方案和加强马克思主义无神论的理论建设的设想。教育部社科中心田心铭研究员阐发无神论在习近平新时代中国特色社会主义思想中的地位。统战部宗教研究中心加润国研究员认为，马克思主义无神论属于马克思主义理论学科的基础学科，应该成为马克思主义一级学科下面的二级学科。中国社会科学院科学与无神论研究中心主任习五一研究员提出要抵御宗教向大学校园渗透、抵御国际基督教右翼势力的文化渗透，警惕国际伊斯兰教原教旨主义的文化渗透。中国社会科学院马克思主义研究院赵智奎研究员对中国无神论话语权的现状表示担忧，对马克思主义无神论大众化提出建议。内蒙古大学马克思主义学院常务副院长陈智教授介绍针对民族地区高校科学无神论教育的调研状况。中国无神论学会副理事长、上海师范大学李申教授通过他新著的《中国无神论史》阐释无神论研究的要点，包括：无神论是在反对有神论的过程中产生和发展起来的，没有有神论就没有无神论；古代没有彻底的无神论者；古代的无神论观念，往往是首先促成有神论的发展和变化等。与会学者还就构建无神论学科相关的热点、难点问题进行深入的讨论，重点议题是明确马克思主义无神论在习近平新时代中国特色社会主义思想中的意义和作用。

2. 中国无神论学会年会

以“新时代无神论的使命和任务”为主题的中国无神论学会第五次会员代表大会暨2018年学术年会，12月1—2日在北京隆重召开。来自中国社会科学院、全国政协民宗委、中国藏学研究中心、教育部社科中心、国家宗教事务局、北京科技大学、《科学与无神论》杂志社、北京大学、北京师范大学、上海师范大学、中国反邪教协会、中国科普研究所、中央网信办、中国人民公安大学等70多家单位的近100名专家、学者参加大会。中国无神论学会第四届理事会理事长、中国藏学研究中心原党组书记朱晓明代表理事会作“以思想认识的新飞跃，承担起新时代无神论事业的使命和任务”为主题的工作报告。报告指出，学会第四届会员代表大会以来的五年，正是学习贯彻党的十八大、十九大精神的五年。学会围绕中心，服务大局，积极推进马克思主义无神论的研究和宣传，凸显了两个显著的学术活跃期。第一个活跃期，是围绕学习贯彻2016年4月召开的全国宗教工作会议精神，形成了学习研究、建言献策、宣传贯彻习近平关于坚持和宣传马克思主义无神论重要论述的新高潮。第二个活跃期，是围绕学习贯彻党的十九大精神，形成了全面学习领会、深入阐发宣传马克思主义无神论在新时代中国特色社会主义伟大事业中使命任务的新高潮。

为表彰88岁高龄的中国社会科学院荣誉学部委员、世界宗教研究所原所长、《科学与无神论》杂志主编杜继文先生在科学无神论事业上的突出贡献，中国无神论学会决定授予其终身成就奖。全国政协民宗委原主任朱维群同志为其颁发证书。

大会选举通过105位学者为中国无神论学会第五届理事会理事。大会选举通过第五届理事会领导成员名单如下：荣誉理事长朱晓明；副理事长习五一、王慧梅、左鹏、加润国、张新鹰、龚云、颜实、樊建新；秘书长由习五一兼任；副秘书长王珍、黄艳红、黄超、彭无情、戴继诚。

教育部社科研究中心田心铭研究员、中国无神论学会副理事长兼秘书长习五一研究员、《科学与无神论》杂志社社长张新鹰研究员、中国社会科学院信息情报院龚云研究员分别在会上作主旨发言。田心铭指出，积极引导宗教与社会主义社会相适应，是党的宗教工作的根本方向和目的。他认为，坚持还是否定列宁“战斗的无神论”的争论，实质在于当代中国要不要旗帜鲜明地坚持马克思主义无神论、反对有神论。习五一指出，将某些少数民族与特定的宗教捆绑在一起的“教族捆绑”的理念，最大的弊端就是导致民族的封闭，不利于中华认同、国家认同，其潜在危险不容低估。张新鹰强调，与实际工作层面的“创新推进”相比，理论界优先论证和宣传习近平总书记对于中国特色社会主义宗教理论的丰富和发展，特别是在全国宗教工作会议上重要讲话的根本精神，还有很大不足。龚云认为新时期无神论研究应全面准确贯彻习近平在宗教工作会议上的讲话精神，创新推进民族宗教工作。与会的专家学者围绕“马克思主义无神论理论与实践研究”“马克思主义无神论宣传教育研究”等专题进行深入研讨。

3. 主要学术活动

中国社会科学院科学与无神论研究中心和中国社会科学院马克思主义研究院马克思主义无神论研究室是我国重要的研究科学无神论的专业机构。该中心主任习五一和副主任黄艳红在努力开拓专业研究领域的同时，积极参加各种学术活动，向社会各界人士宣传马克思主义无神论。科学无神论研究专业团队在2018年的主要学术活动如下：

1月27日，习五一参加昆仑策研究院召开的2018年年会，发言题目是“重视新媒体，建立马克思主义无神论的话语权”。

3月10日，《科学与无神论》杂志社主办“习近平新时代中国特色社会主义宗教理论”学习研讨会。

4月24日，中国社会科学院信息情报院召开“基督教在农村渗透现状、原因及相关对策”研讨会。中国无神论学会副理事长习五一、张新鹰、加润国、左鹏等7位学者应邀参加座谈会，发言稿编辑成7篇内部报告，发表在《理论研究动态》2018年第4期。

5月6日，习五一参加第二届“问道玉渊潭：中华优秀传统文化与马克思主义中国化”学术研讨会，发表大会主题报告，题目是“弘扬中华优秀传统文化，培育中华民族共同体意识”。

5月7日、6月21日，习五一分别为中国人民大学举办的郑州市委干部培训班和贵州省贵阳市民宗委干部培训班讲课，题目是“宗教因素与国家文化安全”。

6月5日，习五一为中国政法大学举办的广西百色市防范处理邪教系统干部培训班讲课，题目是“以维护国家安全的视角审视邪教”。

8月30日，中国无神论学会召开“马克思主义无神论概论（提纲）”研讨会。

10月，《科学与无神论》杂志社召开“马克思主义宗教观与马克思主义无神论”研讨会。

10月，中国社会科学院马克思主义研究院黄艳红副研究员参加华东师范大学举办的“Public Understanding of Science”国际交流工作坊。

10月6日，习五一为广东财经大学党委中心理论组暨全校中层干部举办讲座，题目是“学习贯彻习近平总书记关于宗教工作重要讲话精神，抵御宗教向大学校园渗透”。

10月22日，习五一为内蒙古自治区满洲里市委中心理论组举办讲座，题目是“学习贯彻习近平总书记关于宗教工作重要讲话精神”。

10月26—28日，习五一参加在河南科技大学举办的“任继愈哲学文献整理与研究学术研讨会”，发言题目是“科学无神论的真理与智慧”。

10月30日，习五一为中原工学院“弘德讲坛”举办讲座，题目是“学习贯彻习近平总书记关于宗教工作重要讲话精神，抵御宗教向大学校园渗透”。

11月13日，习五一为交通部在昆明举办的“交通运输行业贯彻《反恐怖主持法》培训班”讲课，题目是“简论宗教极端主义与暴力恐怖主义”。

11月26日，习五一参加中国反邪教协会举办的全国高校反邪教工作专项课题研讨会，发言题目是“关于高校抵御邪教工作的建议”。

12月，中国社会科学院马克思主义研究院马克思主义无神论研究室举办以“科学精神、科学素质与无神论”为主题的小型研讨会，并邀请了华东师范大学和中国科学院大学的有关学者参加。

（二）主要科研项目

经中共中央宣传部批准，“马克思主义无神论基础理论和教育问题研究”被确立为2016年度马克思主义理论研究和建设工程重大项目，同时列为国家社科基金重大项目。首席专家为中国无神论学会的专家朱晓明、习五一、张新鹰、龚云、加润国、左鹏和王珍。项目下设6个子课题，分别为：（1）马克思主义无神论的地位作用和范畴内涵研究；（2）马克思主义经典作家无神论思想研究；（3）马克思主义无神论中国化研究；（4）习近平治国理政思想中的无神论思想研究；（5）马克思主义无神论教育的历史经验；（6）马克思主义无神论教育的现状、问题及对策研究。2018年该项目科研工作进展顺利，取得丰富的学术成果。

中国社会科学院马研院马克思主义无神论研究室龚云研究员主持的创新课题“改革开放以来无神论宣传教育的历史经验与教训”2017年立项。该项目为期五年。2018年，龚云调往中国社会科学院中国特色社会主义理论研究中心任执行主任。中国社会科学院马研院马克思主义无神论研究室主任黄艳红副研究员继续负责中国社会科学院创新课题“改革开放以来无神论宣传教育的历史经验与教训”，科研工作进展顺利。

李申主持的国家社科基金重大项目《任继愈哲学文献整理与研究》科学工作进展顺利，取得丰富的学术成果，2018年底顺利结项。

习五一承担的国家社科基金项目“马克思主义无神论中国化研究”，科研工作进展顺利。

（三）新媒体微博成为宣传科学无神论的重要平台

随着信息技术的突飞猛进，新媒体成为人们获取信息的主要途径。截至2018年6月30日，我国网民规模达到8.02亿。其中，手机网民规模已达7.88亿，网民通过手机接入互联网的比例高达98.3%。在某种意义上说，谁掌握了互联网，谁就把握时代的主动权。科学无神论学者开拓微博、微信公众号等传播方式，大力传播正能量，不断推动社会进步。以科学无神论为宗旨的微信公众号刊登许多颇有思想价值的文章，将在重大研究问题进展中综述。这里将重点综述2018年习五一教授的微博。我国主流媒体以民族宗教问题敏感为由，除官方文章外，基本上不刊登此类信息。新媒体成为观察民族宗教问题的主要渠道。

自2016年初至今，习五一教授实名制认证的新浪微博，成为马克思主义无神论者重要的新媒体平台。截至2018年12月31日，习五一微博发布微博15979篇，粉丝达到525787，累计阅读量达到14.6亿人次。其中2018年，习五一微博全年发布微博4618篇，年度阅读总量6.7亿，粉丝从251455增加到525787，年度增加27.4万。

2018年，为了加强科学无神论的宣传力度，习五一修订微博宗旨。原来的宗旨是：“推动科教兴国战略，坚持政教分离原则，尊重宗教信仰自由，遏制极端抵御渗透。”现在修订为：“弘扬科学无神论、世俗人文主义，推动科教兴国。坚持政教分离，宗教信仰自由，治理清真泛化，遏制宗教极端。打破教族一体束缚，培育中华民族共同体意识。”2018年度，习五一的微博不断探索与网友互动的新路径，先后开辟主持七个话题，即：“治理清真泛化”“遏制宗教极端”“培育中华民族共同体意识”“宗教信仰自由，打破教族一体”“政教分离”“教育与宗教相分离”“科学无神论论坛”。这七个话题的阅读总量达到3.2亿人次；讨论总数达到26.8万。在网友的大力支持下，“政教分离”升级为超级话题。“治理清真泛化”“遏制宗教极端”“培育中华民族共同体意识”三个话题登上热门话题推荐流。这些措施有力地提升了习五一微博的宣传力度。

2018年习五一微博的热点话题之中，有两个重要问题值得关注。第一，坚持教育与宗教相分离，抵御宗教向大学校园渗透；第二，打破“教族一体”的束缚，培育中华民族共同体意识。

1. 坚持教育与宗教相分离，抵御宗教向大学校园渗透

当前，我国高校抵御宗教向大学校园渗透的工作围绕两个重点：其一，抵御国际基督教右翼势力的文化渗透；其二，抵御国际伊斯兰教激进主义的文化渗透。习五一的微博重点关注后者，即抵御国际伊斯兰教激进主义对我国高校的文化渗透。

近20年来，我国的一些公办高校和科研机构中，伊斯兰教研究领域逐步形成两化的格局，即：学术队伍“穆斯林化”，学术导向“伊斯兰化”。一批具有伊斯兰宗教教育背景（包括国内和海外）的知识分子，逐步成为伊斯兰教研究的主力军。当前，我国研究伊斯兰教的学者约有一百多人，主要由有穆斯林背景的学者组成，非穆斯林学者仅占约1/10；在读的研究生中，非穆斯林背景的学生也仅为1/10左右。

一些学者在工作中难以摆脱宗教信仰的束缚。他们被一些地方官员视为专家学者，奉为上宾，客观上为其搭建了宣教的平台。有些人反对伊斯兰教的中国化，视文化融合、民族融合为文化同化和民族同化，在研究中不能坚持学术路径，所谓“研究成果”实为变相宣教。更有甚者，有些学者当面一套，背后一套，公共场合观点公允，私下却是另一套信仰式话语。在西北一些高校中，已形成穆斯林师生宣教的小圈子。个别与伊斯兰教相关的院系、研究所，脱离世俗研究的路径，出现了“经学化”的趋势。这与国家教育导向相悖。

个别学者将伊斯兰教激进主义奉为“正本清源”，视伊斯兰教的阿拉伯渊源神圣不可侵犯，拒绝当代中国任何伊斯兰教本土化的尝试。

近些年，一些研究伊斯兰教的学者不断发表科研成果，论证“在回族聚居地区”“承认和恢复伊斯兰教的法律性”。2015年，有学者提出：“伊斯兰教法是宗教教义、道德规范和法律制度的集合体”；“在恢复性司法中承认和恢复伊斯兰教的法律性”；政教合一的伊斯兰教教法，是造物主的启示，是以伊斯兰教义为准则的法律体系。众所周知，我国宪法的指导思想是马列主义，其哲学基础是“辩证唯物主义和历史唯物主义”。这些学术研究企图将沙利亚法融入我国法律体系的倾向是十分危险的。

我国依法治国。“一切法律、行政法规和地方性法规都不得同宪法相抵触。”任何组织或者个人都不得有超越宪法和法律的特权。抵御宗教激进主义向国家法律体系渗透，是我们重要的历史责任。

近些年，国际宗教激进主义十分活跃，在高校教学研究领域宣扬伊斯兰教成为向校园传播宗教的重要途径。虽然我国教育法规定教育与宗教相分离，任何组织和个人不得在学校进行宗教活动，但校园里的宗教活动仍在持续升温，特别是在西北地区的某些高校里。

2018年5月22日凌晨，西北某政法学院一位学生给习五一教授发求救信说，学校支持穆斯林学生的封斋行为，个别穆斯林学生不但夜里喧闹影响其他学生休息，还对其他学生口出威胁，严重影响到其他学生的学习和生活。这是近些年来校园宗教活动升温

的表现之一。2014 年，在该政法学院只是穆斯林学生在封斋期间请求管理员别将门锁死，而四年之后，2018 年，该校有关部门公然发布《关于穆斯林同学封斋期间夜间出入公寓的通知》，规定穆斯林同学申请登记，每晚 2：30—4：00 结伴出入楼门。这样重要的学院的领导缺乏意识形态管理责任意识，为校园学生集体封斋的宗教活动大开方便之门，影响学生正常生活，违反我国教育法。经习五一的微博曝光后，该学院立即采取措施进行整改。

某些高校官方新媒体里出现宣传宗教的信息，也是宗教向校园渗透的现象之一。2018 年 6 月 8 日，西北某著名大学等学校团委官微发博文纪念伊斯兰教领袖穆罕穆德逝世。习五一发布微博质疑："宣传伊斯兰教知识是共青团委的本职工作吗？"同日，团中央学校部通知："作为具有鲜明政治属性的共青团组织微博发布此类信息，肯定是极其不合适的。""学校团委对团学组织新媒体平台的管理负主要责任。若各高校新媒体平台再次出现此种情况，团中央学校部将严肃问责。"

近些年来，在国际国内复杂因素的影响下，伊斯兰激进主义思潮向高校渗透的现象，出现从西北地区向中东部地区扩张的趋势。某些国家重点大学，某些著名教授，在公共场所公开宣扬伊斯兰教教义。习五一的微博上播出了河北某大学教授在清真寺演讲，宣传伊斯兰教的"普世价值"的视频。作为大学教授，在公共场所宣扬宗教教义引人深思。

有的高校竟然出现聘请以伊斯兰教为国教的留学生担任公共选修课教师，向学生宣扬伊斯兰教教义。2018 年 5 月 29 日，习五一微博反映南京某大学工学院公共选修课，请该校在读博士留学生讲授《伊斯兰文化》。这所大学是国家"211 工程"重点建设大学、"985 优势学科创新平台"和"双一流"一流学科建设高校。根据该校教务处的信息，该博士生设计的英文课程大纲，内容包括伊斯兰文化、伊斯兰信仰、伊斯兰历法、伊斯兰节日等，具体教学内容有：学习古兰经，学习如何小净，学习如何礼拜，现场实践操作演示等。这显然是公开在我国高校课堂上传播宗教，举行宗教活动。

在我国高校开设《伊斯兰文化》公选课，第一原则是以马克思主义宗教观为指导。一位外国留学生从宗教信仰者的角度，站在我国高校讲台上，宣讲伊斯兰文化，涉嫌违反教育与宗教相分离的教育法。

在校园生活领域里，一些高校以照顾某些少数民族饮食习惯为由，开设清真餐厅。在学校清真餐厅里，张贴宣传宗教教义的宣传画和标语，以制造浓郁清真气氛为时尚。某些大学竟然根据某种宗教教义，新修穆斯林专用沐浴区。综上情况，贯彻落实国家教育法，抵御宗教向大学校园渗透将是一场艰巨的持久战。

2. 打破"教族一体"的束缚，培育中华民族共同体意识

"教族一体"的理念依然拥有主流话语权。在一些教材里，在各大博物馆展板上，比比皆是。习五一的微博上开辟来稿选登，网友经常披露各种证据。

10 月 23 日，全国哲学社会科学规划办发布《2018 年度国家社科基金重大项目立项名单公示》。10 月 24 日，习五一微博质疑第 236 项"回族十三经的收集、校勘与释读"，涉嫌违反宪法，涉嫌将民族与宗教捆绑。

"十三经"，指回族、东乡族、保安族、撒拉族四个少数民族中的阿訇在清真寺进行伊斯兰教经堂教育使用的十三本教材。这十三本书，从语言上分为阿拉伯语和波斯语，从内容上分为语言工具类、教义教法类、哲学伦理类、经训类、文学类五种，是中

国穆斯林学者参照中国儒家经典“十三经”，形成的伊斯兰教宗教教育教材。

回族是中华民族56个民族之一，回族同胞并不天生都是穆斯林。据湖北省一项社会调查的数据，该地区40%的回族已经世俗化。随着现代化的进程，越来越多的回族同胞成为先进的共产主义者。国家社科基金重大项目将中国伊斯兰经堂教育的《十三经》称为《回族十三经》，涉嫌违反宪法宗教信仰自由原则，涉嫌将民族与宗教捆绑，是原则性错误。习五一随即实名向该办发函，建议撤销国家社科基金重大项目“回族十二经的收集、校勘与释读”的立项。大批网友实名致函国家社科规划办，提出同样的诉求。11月6日，《2018年度国家社科基金重大项目立项名单》正式公布，第236项被撤销。

11月10日，习五一微博指出：国内某法学研究机构组织编写的普法教材——《宗教事务普法宣传册》涉嫌违宪。该宣传册写道：“《古兰经》中有记载，回族实行族内通婚，但男性可以娶非伊斯兰教和信仰伊斯兰教的其他民族的女性为妻，限制女性与非伊斯兰教以及信仰伊斯兰教的其他民族男性通婚。与回族结婚非伊斯兰教男性和女性必须皈依伊斯兰教，履行入教手续，接受伊斯兰教的约束。”姑且不论，《古兰经》形成的年代远远早于回族形成的年代，法学研究机构专家编写的普法教材，竟然宣扬某种宗教教义，宣扬教族一体，涉嫌违反政教分离的原则。这样的普法宣传教育书籍不应在京东出售，应当马上下架。该微博发布后阅读量达到60多万。该书的编辑与习五一联系，告知有关部门的领导十分重视，一周之内销毁全部书籍。

“教族捆绑”的理念，无论在理论上还是实践上都值得商榷。民族由先天血缘、历史文化等因素构成，而宗教信仰是公民个人后天的自由选择。从价值取向上考察，民族与宗教有本质的差异。民族强调“以人为本”，宗教强调“以神为本”；民族强调公民身份和世俗权利，宗教强调教民身份和宗教义务；民族关注人权和人民主权，宗教强调“神权”和人对神的义务；民族关注现世生活，而宗教关注彼岸理想。打破民族和宗教捆绑，反对强迫信仰教义，每一位公民都有信仰和不信仰某种宗教的权利。

在“教族一体”的思维方式下，有关部门打着“民族团结”旗帜，提出“三入”政策，即“入口”“入寺”“入土”，实质上成为发展某种特定宗教的推动力。以“入口”为名，制定清真产业的特殊优惠政策，成为推动清真泛化的重要推动力。以“入寺”为名，人大、政协的某些特定群体的代表不断提出议案，要求政府动用财政经费修建清真寺。以“入土”为名，人大、政协的某些特定群体的代表不断提出议案，要求政府出资、出地修建某族公墓。2018年7月30日，铜川市民政部门回复一位人大代表修建回民公墓的提案时，告知“为了尊重少数民族的丧葬习俗”，“落实汉墓迁坟”，“统一绿化管理”，方便“回族群众走坟”。难道不同民族人士死后必须隔离安葬吗?“三入”政策，为某些特定的少数族群争取特权，违反“各民族一律平等”宪法的原则，不利于各民族交流交往交融，不利于培养中华民族共同体意识。

“教族一体”论最大的弊端就是导致民族的封闭。“教族一体”论的现实危害，就是用特定的宗教捆绑特定的民族，让民族浸透宗教的特质。以宗教作为民族核心价值会导致出现离心和异化迹象，减弱对中华民族的向心力。打破“教族一体”的束缚，废除发展特定宗教的“三入”政策，应当提上日程。

遏制宗教极端思想，打破教族一体的束缚，地处反恐去极端化第一线的新疆维吾尔自治区，正兴起一场新的思想解放运动。推动少数民族地区的社会发展进步，不是落实

“三人”，而是推动“三学”。在少数民族职业技能培训班里，学习国家通用语言，学习国家政策法规，学习各种职业技能。鼓励少数民族脱离宗教的束缚，鼓励跨民族通婚，推动民族交往交流交融。

习近平总书记在2014年召开的中央民族工作会议上指出：“加强中华民族大团结，长远和根本的是增强文化认同，建设各民族共有精神家园，积极培养中华民族共同体意识。”这是党中央首度使用“中华民族共同体”的概念。这是当前中国民族问题治理思路的革命性转变。党的十九大报告指出：“铸牢中华民族共同体意识，加强各民族交往交流交融。”这是党的代表大会第一次提出“铸牢中华民族共同体意识”，“加强各民族交往交流交融”。

“中华民族”一词出现于晚清，1902年，梁启超在《论中国学术思想变迁之大势》中首先使用。20世纪30年代，“抗战”爆发，中华民族面临“亡国灭种”的危险，“中华民族是一个”的观点成为时代的最强音。2018年全国“两会”修宪，“中华民族”第一次正式被写入我国宪法。当前，我国正处于现代民族国家建设之中，民族认同和国家认同冲突的问题仍然比较突出。比如：2009年，中宣部、教育部、国家民委联合发布《关于在学校开展民族团结教育活动的通知》，要求全国大中小学广泛开展民族团结教育，纳入课程和考试评价。为此，教育部、国家民委组织编写并向全国中小学发行民族团结教育四本系列教材：即《中华大家庭》《民族常识》《民族政策常识》《民族理论常识》。

一些学者指出，教育部和国家民委统编的教材主要讲各个民族的分界差异，主导倾向是强化各民族的“分”而不是“合”，容易导致民族分界意识的增强，不利于中华民族认同和国家的长治久安。该系列教材几乎不讲中华大家庭各民族的血肉联系，融合共通，不讲中华民族的形成发展，而对中国民族状况，“多元”讲得很多，“一体性”几乎不讲。这种片面的倾向，不利于形成中华民族的凝聚力和向心力。在统一的中华民族内，如果不讲共同性，而是片面强调本民族所属，强化本民族意识，强化分界意识，不利于中华认同、国家认同，不利于“建设中华民族共有精神家园”，势必淡化国家意识、公民意识，有害于中华民族大团结的思想基础，其潜在危险不容低估。

习五一指出，应促进民族政策向有利于增强中华民族凝聚力的方向调整。中华民族是多元一体的民族。“多元”是要素，“一体”才是主线。尊重多元，重在一体，文化的一体性，攸关中华文明的生死存亡。中华文明历经劫难而不死，就在于有强大的文化凝聚力和向心力。中华文明的传统不像西方文明那样强调血统和语言，而是强调伦理道德、文化认同。“大一统”思想是中华传统文化最重要的精髓之一。历经世代传承，一脉相承，成为中华民族的根基。“大一统”有利于多民族的文化交融，共同构筑中华文明。“以人为本”的人文主义是中华文化思想精华之一。中国传统文化思想中以“人”为贵、以“民”为本的理念具有跨时代生命力，是我们“培育中华民族共同体意识”智慧源泉。打破“教族一体”的束缚，培育中华民族共同体意识，是新时代赋予我们的历史使命。

二　重大问题研究进展

2018 年，科学无神论工作者在学术期刊和微信公共号上发表学术论文和争鸣文章，其研究进展归纳为以下六个方面，即：马克思主义无神论理论研究，科学无神论与宗教研究，遏制宗教极端、抵御宗教渗透，中外无神论思想史研究，自然科学与宗教关系研究，马克思主义无神论宣传教育工作。

（一）马克思主义无神论理论研究

2018 年学习党的十九大精神，坚持和发展新时代中国特色社会主义宗教理论成为马克思主义无神论理论建设的新契机。

朱晓明指出，要以党的十九大精神为指引，坚持无神论原则，把握宗教工作的正确方向。党的十九大报告关于宗教工作的重要论述不仅是新时代宗教工作的重要指导，而且为我们指明新时代无神论研究和宣传教育的新形势、新机遇、新任务和新要求。宗教工作面临的形势、情况和问题发生很大变化，加强党对宗教工作的领导变得更加紧迫。我们不能把宗教信仰自由歪曲为信仰宗教自由，也不能误解为宗教活动自由，甚至“简化”为“宗教自由”。应深刻认识马克思主义无神论是大原则，宗教工作的出发点、落脚点是团结、引导宗教，而不是推动、发展宗教。中国无神论学会要坚持共产主义理想信念，宣传社会主义核心价值观，遏制形形色色的有神论和封建迷信观念对党的肌体和国家体制的侵蚀和渗透；要始终保持党和国家意识形态领域、精神文化领域的朗朗乾坤、风清气正。①

田心铭指出，习近平新时代中国特色社会主义思想内在地包含着无神论。贯彻习近平新时代中国特色社会主义思想必须坚持无神论。习近平新时代中国特色社会主义思想是科学的理论、人民的理论、实践的理论、不断发展的开放的理论。坚持科学的理论，必须坚持无神论。坚持人民的理论，必须坚持无神论。坚持无神论必须以习近平新时代中国特色社会主义思想为指导。深入学习、研究习近平新时代中国特色社会主义思想中的无神论思想，是当前无神论工作的重要任务。无神论研究宣传教育属于意识形态工作领域，要从意识形态的角度来认识坚持无神论的重要性和深远意义，遵循党的意识形态工作方针做好这项工作。②

张新鹰指出，党的十九大报告涉及宗教工作方面的内容言简意赅，为认识和处理新时代的宗教问题提供根本遵循。最近五年，我们在坚持对基本政策理论全面把握、总体接续的同时，开始实现对此前二三十年宗教工作思路、格局的必要变革和调整。党的宗教工作正在努力开创具有一定转折意义的新局面。在涉教工作中保持问题意识、阵地意识、全局意识、人民意识，对党和国家整体事业具有重大意义。新形势下，应该明确突出问题导向，以党的宗教政策为保证，以依法管理、独立自主自办、坚持中国化方向为

---

① 朱晓明：《以十九大精神为指引，坚持无神论原则，把握宗教工作的正确方向》，《科学与无神论》2018 年第 1 期。

② 田心铭：《习近平新时代中国特色社会主义思想中的马克思主义无神论》，《理论与评论》2018 年第 5 期。

要素，沿着把宗教纳入国家治理体系、将其管住管好的思路，全力引导宗教与中国特色社会主义新时代相适应。①

加润国指出：党的十八大以来，在以习近平为核心的党中央高度重视和坚强领导下，党的宗教工作经历极不平凡的五年，取得全方位、开创性成就，推动宗教工作发生深层次、根本性变革。创新指导思想，修订宗教法规，强化依法治理。在习近平新时代中国特色社会主义思想指引下，宗教工作发生历史性变革。以党的十九大精神指引新时代宗教工作，就要坚持马克思主义立场观点方法，在“导”上想得深、看得透、把得准，树立意识形态、统一战线、社会治理“三位一体”的大宗教工作观，整合党政军群工作力量，加强党中央集中统一领导，确保“导”之有方、“导”之有力、“导”之有效，牢牢掌握宗教工作主动权。②

田心铭指出，第一，坚持马克思主义必须坚持无神论。原因在于两点：即，马克思主义明确宣示自己坚持无神论、反对一切有神论的立场；马克思主义的整个科学体系建立在无神论的基础之上。不坚持无神论肯定不是马克思主义。马克思主义与无神论的这种关系，决定无神论是马克思主义宗教观中不可缺少的构成因素。因此，在现实工作中必须注意：一是坚持全面从严治党，必须坚持无神论。二是从事马克思主义宗教研究，必须坚持无神论。三是坚持马克思主义在意识形态领域的指导地位，必须保持马克思主义无神论作为主流意识形态在人民群众思想中占据主导地位。第二，坚持马克思主义无神论，必须宣传马克思主义无神论。一是宣传马克思主义无神论与尊重信教群众信仰宗教的自由、坚持爱国统一战线是统一的；二是无神论宣传教育不能仅仅限于中国共产党内，必须面向广大群众展开。因此，我们不仅要坚持无神论，而且要积极宣传马克思主义无神论，普及科学文化知识，帮助和引导人们划清唯物论和唯心论、无神论和有神论、科学和迷信、文明和愚昧的界限，逐渐消除宗教产生和传播的思想基础和社会基础。③

朱晓明论证了正确认识、理解和把握坚持无神论和实行宗教信仰自由之间的关系。第一，“宗教信仰自由”的内涵是，公民既有信仰宗教的自由，也有不信仰宗教、宣传无神论的自由。不能把“宗教信仰自由”片面解读为公民只有“信仰宗教的自由”，而忽视了公民还有“不信仰宗教、宣传无神论的自由”。第二，宗教信仰自由，不能误解为宗教活动自由。宗教信仰、宗教思想和宗教行为、宗教活动相互联系又有所区分。宗教信仰自由的实质，就是要把信仰宗教和不信仰宗教，作为公民个人自由选择的“私事”。宗教信仰自由是思想上的自由，是个人的私事，而宗教行为和宗教活动，有些就超出了个人信仰的范围，与社会和他人发生关系。涉及社会公共领域，就必须遵守法律法规，享有在法律范围内的自由，而不是无条件的绝对的自由。第三，深刻认识马克思主义无神论是大原则。马克思主义无神论涉及许多不同领域的工作，贯穿立法、行政、司法三大权力体系，覆盖经济、政治、社会、文化、生态“五位一体”的总体布局。第四，始终保持马克思主义无神论的主导地位。无神论与有神论在世界观上对立，但在

① 张新鹰：《集中论证，大力宣传习近平新时代中国特色社会主义宗教理论》，《科学与无神论》2018 年第 2 期。

② 加润国：《以十九大精神指引新时代宗教工作》，《科学与无神论》2018 年第 5 期。

③ 田心铭：《新时代中国特色社会主义中的科学无神论》，《科学与无神论》2018 年第 1 期。

政治上还要团结、引导宗教。在政治基础上，在法律范围内，无神论对宗教有包容性。但是，包容不能弱化主导、替代主导、失去主导。没有包括无神论在内的马克思主义意识形态的主流主导，就不能创造和维护尊重差异、包容多样的社会秩序和氛围，也不能在尊重差异中扩大社会认同、在包容多样中形成思想共识。第五，宗教工作的出发点、落脚点是团结、引导宗教，不是推动、发展宗教。第六，认清和坚持共产党人在宗教问题上的目标和价值追求。①

加润国论证了科学无神论是马克思主义的理论前提，是科学社会主义的逻辑起点，是马克思主义理论大厦的基石。他指出，宗教有神论的普遍存在和巨大影响，决定了无神论宣传教育是党的意识形态工作的重要内容和基础工程。改革开放以来，无神论宣传教育被严重忽视，成为宗教有神论渗透蔓延的重要原因，导致马克思主义的信仰根基遭受严重侵蚀。因此，重视和加强无神论宣传教育，不仅要设立专门机构、完善体制机制，纠正宗教工作的片面性，而且要加强党的建设和思想政治教育，校正宗教学研究方向。②

北京科技大学左鹏教授论证了中共党员不准信仰宗教与党的宗教信仰自由政策并不矛盾。他认为，作为一项思想原则、组织原则和政治纪律，中共党员不准信仰宗教是由党的辩证唯物主义世界观基础决定的。中共党员从入党之日起，就选择了公民宗教信仰自由中不信仰宗教的自由，这也是公民宪法权利的实现形式。允许党员信教、教徒入党，实际上是将政治信仰与宗教信仰相隔离，将党员发展对象与党的统一战线工作对象相混淆。只有不信仰宗教的中共党员，才能全面贯彻党的宗教信仰自由政策，坚持不懈地进行马克思主义无神论宣传教育。③

习五一研究了当代中国马克思主义宗教学的开创者和奠基人任继愈先生从事马克思主义宗教学和无神论研究的历程。她指出，“研究宗教，批判神学”是任继愈先生一生坚持的学术理念。任继愈提出的中国无神论学会“对国家兴亡肩负重要责任”“科学无神论是我们国家的立国之本”观点等具有深刻的思想价值。任继愈明确指出：“如果科学无神论在我们国家站不住、立不稳，老百姓安身立命要靠求神，那么我们立国就失去了根本，就可能国家衰败。”“科学无神论的宣传和教育，是一项需要长期坚持的工作，是科教兴国战略的重要组成部分，也是马克思主义宣传教育的重要组成部分。”④

陈智阐述了党和国家领导人乌兰夫同志的马克思主义无神论思想与实践。她指出，乌兰夫在长期的工作实践中，始终坚持从我国多民族的特殊国情出发，把马克思主义无神论与中国民族问题的具体实际相结合，在理论上和实践中丰富和发展马克思主义无神论，集中体现在其思想与实践的以“三性论”为基础、以辩证法为统领、以信仰自由为原则等三个基本特征上。事实证明，乌兰夫几十年全面贯彻执行宗教信仰自由政策，

---

① 朱晓明：《不能颠倒坚持无神论和实行宗教信仰自由的关系》，《世界社会主义研究》2018年第5期。

② 加润国：《科学无神论是社会主义意识形态的重要基石》，《文化软实力研究》2018年第6期。

③ 左鹏：《中共党员不准信仰宗教与党的宗教信仰自由政策并不矛盾》，《毛泽东邓小平理论研究》2018年第2期。

④ 习五一：《科学无神论的真理与智慧》，《科学与无神论》2018年第1期。

基于对宗教和民族关系的深刻理解，对藏传佛教采取极为慎重的态度，使宗教由统治阶级统治蒙古族的工具，逐步变为有助于民族发展的社会力量。①

福建农林大学林贤明副教授阐述了马克思主义无神论中国化的实践前提，包括中国人的信仰状态、信仰障碍以及信仰中的无神论思想；分析其中国化实践中面临的挑战，包括如何与中国的传统信仰相结合，如何科学地解释世界；指出马克思主义无神论中国化的实践方向，包括加强党的领导和无神论宣传教育，完善法律法规，践行马克思主义宗教观。②

中国人民解放军陆军工程大学丁郁副教授研究了马克思主义无神论中国化与中国传统文化的关系。她认为，中国传统文化蕴含的价值取向、思维方式、人文精神、道德规范，体现出鲜明的“无神”特色，为马克思主义无神论中国化提供优秀基因。弘扬科学精神，批判抵制传统文化中腐朽落后的文化残余，实现民众文化心理的转型，为马克思主义无神论的中国化开辟道路、扫清障碍。马克思主义无神论中国化的过程，就是不断用辩证唯物主义和历史唯物主义的世界观武装头脑的过程。中国传统文化除旧布新，脱胎换骨，逐步实现现代化。③

（二）科学无神论与宗教研究

中国社会科学院世界宗教研究所曾传辉研究员分析了改革开放 40 年来中国共产党“宗教治理”的理论与实践。他认为，中国共产党领导中国人民在革命、建设和改革过程中，创造性地将马克思主义基本理论运用于宗教工作之中，尤其是改革开放 40 年来，逐步把宗教纳入国家治理体系，形成中国特色社会主义宗教理论。具体体现在八个方面：一是宗教工作的迅速恢复和宗教政策的全面落实开创宗教治理的新局面；二是 1982 年 19 号文件为中国特色宗教治理奠定理论和政策基石；三是恢复和建设宗教团体为宗教治理架起桥梁和纽带；四是宗教工作基本方针树起中国特色宗教治理的政策支柱；五是依法管理宗教事务为宗教治理提供操作遵循；六是处理好宗教信仰自由与无神论宣传的辩证关系为中国特色宗教治理提供价值引领；七是处理好开展宗教方面国际交往与抵制宗教渗透的辩证关系为宗教治理建立了国际交流的安全机制；八是习近平新时代中国特色社会主义思想将我国宗教治理水平提升到历史新高度。④

中国社会科学院世界宗教研究所李维建研究员指出：“族教一体”论强调民族与宗教的一体性，将某一种宗教作为本民族永恒的宗教信仰与传统、与本民族的民族身份不可分割，从而强迫民族成员信教。“族教一体”论不符合世界各民族发展的现实。改宗或不信教在民族或族群的历史与现实中都是普遍现象。“族教一体”论要求全民族信教，有违宗教信仰自由通行理念和宪法原则，违反党和国家的政策和法律。“族教一体”论将民族问题与宗教问题捆绑，给我国的民族和宗教工作带来极大的困扰。引导宗教中国化就要引导国人破除“族教一体”观念，在理论上批判“族教一体”论，实

① 陈智：《乌兰夫对马克思主义无神论的丰富与发展》，《科学与无神论》2018 年第 2 期。

② 林贤明：《马克思主义无神论的中国化实践》，《科学与无神论》2018 年第 3 期。

③ 丁郁：《马克思主义无神论中国化与中国传统文化》，《科学与无神论》2018 年第 4 期。

④ 曾传辉：《改革开放四十年中国宗教治理的回顾与反思》，《中央社会主义学院学报》2018 年第 2 期。

践中放弃“族教一体”论，共铸中华民族一体观念。①

广西大学马克思主义学院院长徐秦法教授等重读马克思主义关于宗教起源、宗教本质及宗教价值观的经典论述，分析马克思主义对有神论的批判思想，从无神论的角度、科学的角度和认识论的角度，分析当前处理宗教问题、邪教问题的实践。作者认为，邪教使人自身在自我意识丧失的心理情境下，狂热追求某些虚幻的目标，进而做出过激的行为。而过激的狂热情感是邪教发生和发展的原始动力。宗教在短时间内不会被消灭，只会转化，宗教只是人类的发展历程中的一个部分，不是全部。承认宗教在社会主义社会存在的长期性，不等于承认它有永恒性。坚持宗教信仰政策，绝不意味着对宗教事务不管不顾，任由其发展。②

中共重庆市长寿区委党校副校长陈国富对马克思宗教批判思想的无神论意义进行研究。他指出，马丁·路德的宗教改革，虽然取消教会和教士的权威，并使个人成为宗教信仰的主体，但其宗教改革并没有也不可能消灭宗教本身，人们并没有摆脱宗教而成为无神论者。在马克思看来，宗教虽然有其积极的一面，亦即能够给人们提供精神补偿，但对于在基督教统治下的德国来说，对宗教的批判不仅非常必要而且是其他一切批判的前提。马克思把宗教批判归结为对资本主义社会现实世界的批判，认为从对人类社会现实生活的虚幻反映中产生出来的宗教，必然会随着私有制和人类社会意识形态的灭亡而最终走向灭亡。马克思的宗教批判思想并不是对宗教的简单否定，而是对宗教的积极扬弃。③

针对国家宪法尊重宗教信仰自由就意味着不能批判宗教的说法，有学者进行分析。作者认为，尊重宗教信仰自由是指尊重信徒人格、尊重公民信教的权利，并不等于尊重宗教信仰，更不等于自由传播宗教。自由地选择信仰某一种或不信仰某一种宗教，这是权利。宪法和法律保障和尊重的是这种权利，而不是宗教信仰本身。而要求保障和尊重宗教信仰，那不是权利，而是特权。相反，不尊重宗教信仰，批判宗教，是宪法赋予我们的权利。作者认为，宗教信仰自由，本身就包含了不信仰乃至批判宗教的自由。批判宗教，是最基本的人权。④

新疆社会科学院马品彦研究员等分析新疆地区宗教关系的演变历史和现状。作者指出，一教或两教为主、多教并存是新疆宗教历史格局的基本特点。在新疆的宗教关系史上，虽有过短暂的战争或冲突，但多种宗教和谐共处、交融共存是新疆地区宗教关系的主流。维吾尔族先民一直信仰多种宗教，改信伊斯兰教是多重历史因素作用的结果。历史经验表明，只有宗教关系和谐，新疆的社会稳定和经济繁荣才有基础和保障。要坚持我国宗教中国化方向，积极引导宗教与社会主义社会相适应。⑤

---

① 李维建：《反对“族教一体”论，引导宗教中国化》，《新疆社会科学》2018 年第 3 期。

② 徐秦法、刘星亮：《马克思宗教观的精神向度》，《科学与无神论》2018 年第 5 期。

③ 陈国富：《马克思宗教批判思想的无神论意义探析》，《科学与无神论》2018 年第 6 期。

④ 李苦舟：《根本就没有“尊重宗教信仰”，这是法律常识》，《科学公园》（微信公众号）2018 年 11 月 18 日。

⑤ 马品彦、祖力亚提·司马义：《交融共存是新疆地区宗教关系的主流》，《求是》2018 年第 20 期。

（三）遏制宗教极端、抵御宗教渗透

左鹏教授分析有机马克思主义的神学背景、神学本质以及通过话语转换进入中国的过程。他指出，有机马克思主义的思想源头是“过程神学”，而“过程神学”是当代美国颇具影响力的神学流派，它试图以“过程思想”恢复上帝在宇宙论中的本体地位。近年来，“过程思想”假借过程哲学之名，进入中国的一些大学和研究机构，随后又华丽转身为建设性后现代主义，意识形态化为有机马克思主义。经过几番话语转换，过程哲学、建设性后现代主义被看作一种新型伦理观，有机马克思主义更是被视为应对生态危机的“新马克思主义”，其目的是要进入中国教育系统，影响中国生态文明建设乃至整个现代化建设的方向。①

针对一些境外媒体对我国新疆宗教治理状况的质疑和批评，新媒体上出现撰文批驳的文章。作者认为，动不动就拿“宗教自由”说事的人，其实是将“个人信仰自由”与“宗教组织的行动自由”混为一谈。国内一些地下教会与境外势力勾结，他们追求的不是“自由”，而是无法无天。那些鼓吹“中国缺乏宗教自由”、呼吁政府“为宗教活动松绑”的学者，客观上成为协助宗教势力渗透公共空间、影响社会稳定的帮凶。作者批驳关于宗教问题的认识误区：（1）宗教信仰是神圣的，不可触碰；（2）宗教需要尊重，在任何场合都批判不得；（3）公共空间应为开展宗教活动提供便利条件；（4）为了尊重他人的宗教信仰，在社交场合要考虑宗教戒律；（5）处理宗教问题，要遵循“国际社会”的准则，考虑“国际社会”的反应。作者认为，合理的宗教政策应立足于“两手抓”：一手管理合法宗教活动，另一手严厉打击一切非法宗教活动。对于宗教活动的有力管理，恰恰是为了捍卫最广大人民群众的个人信仰自由，防止他们被宗教活动所裹挟和胁迫。

中共那曲市委党校的次白、才多杰等分析西藏宗教问题现状。作者认为，西藏宗教的主要问题是一些少数僧人不能与“藏独”势力在政治上划清界限，广大农牧民群众的生产、生活仍然受到藏传佛教消极因素的影响，少数党员干部信仰宗教以及对党的宗教政策理解和执行不够，个别寺庙经济实力强大，干预行政、司法和教育、婚姻等。正确处理这些问题的主要措施有以下几点：一是加强对于藏传佛教寺庙的管理和对于藏传佛教僧人的引导和教育；二是坚持对农牧民群众进行宗教信仰自由政策和唯物论、无神论的教育；三是共产党员必须树立马克思主义宗教观，不得信仰宗教；四是关注并依法调控藏传佛教寺庙经济实力的发展。②

2018 年 10 月 17 日、30 日，美国波士顿大学学者詹姆斯·华莱士博士（Dr. James Wallace）在上海大学全球问题研究院做了两场讲座。这两次讲座的主题分别是《“一带一路”倡议面临的文化和宗教风险》和《冷战时期美国外交政策中的宗教应用及其副作用》。在第一场讲座中，华莱士认为世界正在愈发宗教化，从三方面提出中国在“一带一路”建设中面临的文化和宗教风险。风险之一就是，“一带一路”倡议沿路几乎全都是宗教化程度很高的国家，这会带来一系列的风险。风险之二是西方世界对“宗教信仰自由”的干预。风险之三则为宗教多样性的挑战。在第二场讲座中，华莱士用一

① 左鹏：《从过程神学到有机马克思主义的话语转换》，《理论与评论》2018 年第 1 期。

② 次白、才多杰等：《西藏宗教问题现状及其对策研究》，《西藏发展论坛》2018 年第 2 期。

系列美国中情局利用宗教事务开展情报行动的事例，包括对苏联的意识形态斗争、干涉意大利选举、参与伊朗的政变，还有利用传教士威廉·杨（William Young）的影响力与毒枭武装合作对抗中国和越南，等等，明确指出宗教对冷战时期美国的政治外交等方面起着举足轻重的作用。①

（四）中外无神论思想史研究

李申探讨中国传统文化精华和糟粕问题，论述中国传统文化总体上是有神论性质，分析无神论在传统文化中的地位，认为中国传统文化的发展服从整个人类文化发展的普遍规律。他认为，希望人们警惕传统文化中被人为附加的神学色彩，并不会否认传统文化中优秀的文化成果。剔除神学内容的中国哲学中的许多认识成果，仍然是今天哲学发展的财富。他坚信中国无神论事业能够发扬光大，不是因为我们的传统文化中有什么无神论基因，而是因为无神论是正确的思想理论。②

北京师范大学历史学院博士许龙波以清末报刊中的无神论资料为中心，分析中国无神论思想的觉醒、特点及传播。他指出，在清末国家危亡的形势之下，无神论思想逐渐觉醒，在西方自然科学理论支持下，逐渐呈现出新的面貌，其势力也越发强大。清末革命派刊物宣传的无神论思想，一则着眼于启发民智，二则其斗争矛头直指清王朝和帝国主义。伴随着甲午战后大众传媒的兴起，无神论思想有新的传播介质，因而与普罗大众有了更广泛的接触，产生巨大的社会影响。③

唐山师范学院讲师王士良运用马克思主义无神论的理论，研究《国语》关于天人关系或人神关系的言论。他认为，宗教学的基本问题是天人关系或者说是神与人的关系。《国语》作为一部先秦时期的重要史学著作，其所记载的关于天人关系或人神关系的言论，呈现出这一基本问题在西周至春秋时期由“事神保民”向“人事必将与天地相参”的思想变迁，构成中国无神论思想发展的重要阶段。④

李申梳理近代中国的宗教问题，论述鸦片战争后基督教“骑炮弹飞进中国”的过程、“天津教案”的经过、基督教和儒教教义的冲突、义和团运动与西方传教士等重大历史事件⑤。他梳理现代中国的宗教问题，论述传统宗教的存废与改革、1920年代的“非基督教运动”、1940—1950年代的基督教三自爱国运动、“文化大革命”时期宗教政策的破坏、改革开放之后关于宗教问题的学术争论，以及“无神论无人讲”和“特异功能”运动，一直到21世纪中国面临的宗教渗透问题⑥。

---

① 《搅乱人间的“神”：美国外交视野下的宗教》，《澎湃新闻》2018年11月7日。

② 李申：《中国传统文化精华、糟粕与无神论问题（初探——和无神论朋友们谈中国传统文化）》，《科学与无神论》2018年第1期。

③ 许龙波：《大众传媒视野下的清末无神论思想》，《齐齐哈尔大学学报（哲学社会科学版）》2018年第8期。

④ 王士良：《马克思主义无神论视域下〈国语〉中人神关系的思想史变迁》，《科学与无神论》2018年第1期。

⑤ 李申：《近代中国宗教问题》（一、二、三），《中国科学探索中心》（微信公众号）2018年11月7日、10日、12日。

⑥ 李申：《现当代中国的宗教问题》（一、二），《中国科学探索中心》（微信公众号）2018年11月26日、28日。

河南大学马克思主义学院陈卫华副教授阐释西方语境中无神论思想理论路径。作者认为：无论是西方历史上的无神论还是当今无神论思想都是复杂的社会文化现象，尽管它至今在西方仍处于亚文化的地位，但这不影响其在与有神论和宗教的斗争中发展为一种特色鲜明的思想体系。它依托于进化论等现代科学的力量，彰显人自身的本质和理性力量，不但完成了从神到人的思维方式的革命性变革，更把它现实化为一种可能的生活方式。西方无神论理论特征是，第一，无神论的本质特征是否定的肯定。无神论虽从词源学上是个否定的词，是对神学世界观的反抗，但无神论的逻辑结构本身则是作为否定的肯定。当无神论者真正地认识到无神论内在的本质特征即否定的肯定，才能够真正做到有破有立，破而有功，立而有据。第二，无神论的“非寄生性”。虽然无神论在西方历史中的定义简单，就是相信上帝或神不存在，但现实的无神论却有着极其深刻的内涵和外延。无神论不仅仅拒绝上帝的存在，而且是对任何超自然和超验的现实的拒斥。如果不能坚持无所不能的批判，号召终结神话，建立一个除魅的世界，那么就等于没有批判。①

1957 年著名哲学家罗素出版《我为什么不是基督徒》一书，批判基督教。如今，有人在新媒体上以“为什么我不是基督徒”为题，继续探讨。作者认为，从基督教徒普遍的素养和待人处事的态度及方式就可以断定，基督教信仰对人的心灵和精神没有多少造就的作用；基督徒在传教时玩弄文字游戏和使用双重标准来为自己的信仰辩护，而且还常常会犯循环论证等逻辑错误；基督徒还会使用偷换概念、乞题等技巧；基督教派别繁多，教义内容充满各种矛盾，教徒因为恐惧而常常存在不健康的心理压抑。②

2018 年出版的《牛津通识读本：无神论》论证无神论作为一种认知观念体系的存在。书评者指出，该书用通俗易懂的语言阐释无神论伦理，指出为什么无神论可以与道德伦理相兼容，而非有神论者所抹黑的那样；论述无神论的人生如何实现，回顾历史上的无神论，指出无神论的兴起是人类文明的进步。③

（五）自然科学与宗教关系研究

山西大学讲师贾林海考察不同历史时期科学与宗教的关系。他认为，古代自然科学依附于占统治地位的宗教神学，两者同根同源，难分彼此，很少对立。近代自然科学日益发展壮大，独立于宗教神学，冲突是主流。而在科学昌明的现代，科学观念占主导地位，宗教让步于现代科学，两者关系缓和，以对话为主。④

由朱清时等学者引发的关于佛学与科学的关系，以及现代科学与神学观念关系的争论仍在继续。不少学者纷纷站出来批评。中央民族大学教授于祺明指出量子纠缠支持灵魂不灭这一荒谬观点的实质和要害所在，深入分析其错误的原因和掉入陷阱之路径。量子纠缠是微观物体的性质，而意识是人脑的功能；量子与意识是层次大不相同的两回事，试图用量子纠缠来直接说明人脑意识，必然会得出荒诞的结论。用微观粒子的性质来机械式地说明宏观物体的性质是犯了还原论的错误。从意识独立（或意识决定）推

---

① 陈卫华：《西方语境中无神论思想阐释的理论路径》，《科学与无神论》2018 年第 3 期。

② Andrew Hong：《为什么我不是基督徒》（一、二、三），《科学公园》（微信公众号）2018 年 6 月 3 日、5 日、12 日。

③ 郑渝川：《为无神论辩护》，《经略网刊》（微信公众号）2018 年 6 月 29 号。

④ 贾林海：《科学与宗教：同源、对立到对话》，《自然辩证法研究》2018 年第 8 期。

出灵魂不灭，最终得出上帝的存在，这是歪曲科学来证明神学结论的道路。①

有人指出，朱清时迷信的真气和气脉，纯属伪科学；他迷信的佛教世界观是错误的。朱清时的观点实际上已经是神创论，和婆罗门教、印度教的“梵我一如”“梵我合一”“宇宙大灵”对接起来。而佛陀的构建的世界和现实世界不符，在地理大发现之后，佛教整个体系就彻底破产。②

中国科学院大学任定成教授等梳理从心理学角度对极端膜拜伤害问题的研究。作者指出，对极端膜拜团体造成身心伤害现象的科学研究，集中在对极端膜拜伤害的界定、测量和机制三个方面。文本分析表明，对极端膜拜伤害的界定从“洗脑”转向了“心理虐待”，对这类伤害的经验观察由个体症状转向了群体行为和经历的描述，测量方法由传统心理测试工具变成了新型团体心理虐待量表，膜拜伤害的心理机制研究在综合环境和个人精神特质两种因素的基础上建立二者交互的病理模型，表观遗传学和人际神经生物学用于极端膜拜伤害的生理机制研究已见端倪。然而迄今对于极端膜拜伤害的学术研究尚未形成范式。③

一般来说，很少有心理学家对迷信现象进行研究，然而迷信有其心理基础。有研究指出，负面情绪、动机冲突、完美倾向、超价倾向、外归因倾向、死亡恐惧和分离创伤、权威人格与从众心理、投射心理、刻板行为、集体癔症、心身反应与安慰剂效应、精神病理现象和药物致幻等十三种心理学现象都与迷信有关。作者建议针对一些迷信现象尤其是一些社会影响较大的案例进行实证研究。④

中国科普研究所张晓磊博士等分析当代人产生迷信现象的原因。作者认为，迷信是一种认知发生迷失的非理性行为，首先与人们的心理有着密切的关联。对未知世界的恐惧、在生活中遇到的困难，以及人的自我保护本能，都会使人向迷信靠拢。对待未知领域的不同态度决定了不同认知体系的形成。把未知交给神灵，就必然导致迷信和盲从。而把未知交给科学，就是用先进的知识体系和系统的求知方法不断向未来探索未知，寻找答案，使人类社会的文明程度达到前所未有的新高度。⑤

有人对中国人为什么热衷于算命进行探讨。作者指出，一个地区是否迷信并不是由其教育水平的高低所决定。迷信的根源是一种普遍的心理学倾向，即虚构事情的因果解释，为的是获得一种控制感，以消除未知或者不确定所带来的紧张和焦虑。算命先生其实也提供一种心理咨询，并且与正规机构的心理咨询相比还具有一定的优势，如顾客没有心理顾虑，收费相对较低，周期短。⑥

（六）马克思主义无神论宣传教育工作

全国政协民族和宗教委员会原主任朱维群指出，改革开放以来，信教人数持续膨

---

① 于祺明：《量子纠缠支持灵魂不灭吗?》，《科学与无神论》2018 年第 1 期。

② 半路：《朱清时，你迷信的佛教世界观是错误的!》，《科学公园》（微信公众号）2018 年 5 月 12 日。

③ 任定成等：《心理学视角下的极端膜拜伤害问题》，《心理科学进展》2018 年第 12 期。

④ 郑军：《迷信现象的心理基础》（上、下），《中国科学探索中心》（微信公众号）2018 年 9 月 7 日、10 日。

⑤ 张晓磊、郑念：《当代人为什么会迷信？有解药吗?》，《北京科技报》2018 年 9 月 20 日。

⑥ 魏小乐：《中国人为什么痴迷算命》，《民俗学论坛》（微信公众号）2018 年 10 月 5 日。

胀、宗教和有神论的社会影响持续扩大，境外利用宗教进行渗透加剧，有神论渗入党员队伍思想等问题不断发生。在西北一些地方，“泛清真化”“去中国化”“沙化”“阿化”思想蔓延。在一些属于扶贫重点的藏区，全国扶贫任务最重，成片的寺庙盖起，金碧辉煌，竞相炫耀。一些企业老板、公众明星竞相以“活佛”弟子自诩，影响到一些青年争相凑近，以求“净化心灵”。此种乱象，反映了意识形态领域两种不同世界观的消长，不同程度地从各个方面影响着国家的发展、稳定、安全。对此，除了需要有法律手段、行政管理手段参与解决之外，还需要特别重视教育和思想引导的手段，其中带有根本性的，就是无神论教育和宣传的普及与深入。而且由于它始终同中国社会现实问题的解决紧密联系，同执政党思想建设紧密联系，所以这种研究、教育和宣传带有某种紧迫性。具体到实际工作，需要从以下几方面着手。一是马克思主义无神论教育要从青少年抓起；二是马克思主义无神论教育要纳入党组织的思想建设；三是加强马克思主义无神论学科建设；四是要密切关注现实生活中宗教领域的态势，掌握真实情况，作出准确判断，科学预见未来。①

常熟理工学院徐志坚副教授认为，基层反邪教工作中加强马克思主义无神论教育不仅是理论问题，更是现实需要。要把马克思主义无神论思想的指导融入科学研判、体制更新、细致工作、相互协作、紧抓重点、长期跟踪研究各个方面。要发挥主流媒体宣传作用，重视网络文化等新媒体，把马克思主义无神论融入宣传教育中去，制定个性化工作方案，有针对性地教育转化邪教骨干成员。②

盐城工学院马克思主义学院副教授侯慧艳等分析党内无神论世界观弱化问题。作者指出，党内无神论世界观弱化问题包括党员信教、党员迷信和少数党组织对群众无神论世界观弱化无所作为三种情况。其弱化的主要原因是党的建设问题，而不是党员个人问题。因此，思想建党与制度治党有机结合，就成为治理党内无神论世界观弱化问题的根本途径。③

2018 年，中央和地方报刊加强党的政治建设，不断刊登文章，宣传共产党员必须做坚定的马克思主义无神论者。

三　思考与建议

从 2018 年开始，随着 2016 年全国宗教工作会议上习近平总书记的讲话精神的落实，新修订的《宗教事务条例》的实施，马克思主义无神论的宣传教育开始纳入到全国各级地方政府部门的工作议程。从本学科举办的两次全国性会议来看，马克思主义无神论研究开始得到全国各高校马克思主义学院老师们的积极响应，他们开始涉猎马克思宗教批判思想和无神论思想的研究，分析探讨和总结课堂教学和教育工作中面临的无神论宣传教育问题。

---

① 朱维群：《马克思主义无神论的教育与宣传要有紧迫感》，《科学与无神论》2018 年第 5 期。

② 徐志坚：《论马克思主义无神论教育融入基层反邪教工作的机制与载体》，《经济与社会发展》2018 年第 3 期。

③ 侯慧艳、薛伟娟：《党内无神论世界观弱化问题的主要表现及其治理》，《科学与无神论》2018 年第 3 期。

然而，如何全面深入地阐释习近平新时代中国特色社会主义思想中的马克思主义无神论思想，围绕我国当前面临的重大现实问题，进行理论和实践研究，仍然是本学科的重要研究任务。尽管目前科学无神论在网络上的传播声音越来越大，但是学术研究仍然十分薄弱。加强本学科的基础研究，编写教材，培养研究生等，都是本学科发展面临的重要问题。此外，如何加强本学科学术研究成果的宣传，也是当前亟待解决的一个重要问题。

科学无神论作为一门新兴和交叉学科，尚未获得明确的学科位置。同时，由于研究人才极度匮乏，本学科建设困难重重。尽管全国的高校和科研机构人员开始关注本学科的研究，但是这对他们来说仍然是新的领域。中国社会科学院马克思主义研究院马克思主义无神论研究室作为全国唯一一家专门的研究机构，人才队伍建设十分艰难，亟须充实研究队伍。

（供稿：习五一、黄艳红、张俭松）

第四篇

热点聚焦

习近平新时代中国特色社会主义思想的研究阐释

习近平新时代中国特色社会主义思想是以习近平同志为代表的当代中国共产党人理论创新的最新成果。国家行政学院范文教授将习近平新时代中国特色社会主义思想的主要内容归纳为十二个方面，包括历史方位、鲜明主题、奋斗目标、发展方式、总体布局、战略布局、发展动力、发展保障、安全保障、外部环境、政治保证、治国理政世界观方法论、价值观等。① 安徽省社会科学院邸乘光研究员认为，习近平新时代中国特色社会主义思想大体包括基本思想理论、基本方针方略和具体理论政策三个层面的内容。②

习近平新时代中国特色社会主义思想内容丰富、博大精深，是一个系统完整的科学思想体系。中国人民大学郝立新教授和周康林等人认为：习近平新时代中国特色社会主义思想科学地、系统地、及时地回答了“新时代坚持和发展什么样的中国特色社会主义、怎样坚持和发展中国特色社会主义”的重大时代课题。③ 南京大学洪银兴教授对习近平新时代中国特色社会主义经济思想进行了论述，认为这一思想理论回答了社会主义发展中大国如何实现国家富强人民富裕的重大问题，比如：在东方经济落后的国家建设什么样的社会主义、能否通过社会主义道路走向富强、社会主义和市场经济能否结合和怎样结合、在二元结构突出的农业大国如何实现现代化、在后起的资源相对缺乏的国家如何实现可持续发展等等。④

习近平新时代中国特色社会主义思想作为马克思主义中国化的最新成果，是全党全国各族人民为实现中华民族伟大复兴而奋斗的行动指南。北京交通大学韩振峰教授提出：习近平新时代中国特色社会主义思想体现了党性与人民性的有机统一、世界观与方法论的有机统一、继承性与创新性的有机统一、中国立场与世界胸怀的有机统一、顶层规划与重大举措的有机统一。⑤ 浙江省社会科学院黄宇研究员认为，习近平新时代中国特色社会主义思想

---

① 范文：《习近平新时代中国特色社会主义思想的理论框架》，《国家行政学院学报》2018 年第 2 期。

② 邸乘光：《论习近平新时代中国特色社会主义思想》，《新疆师范大学学报》2018 年第 2 期。

③ 郝立新、周康林：《马克思主义时代化的新飞跃——学习习近平新时代中国特色社会主义思想》，《中国高校社会科学》2018 年第 1 期。

④ 洪银兴：《习近平新时代中国特色社会主义经济思想引领经济强国建设》，《红旗文稿》2018 年第 1 期。

⑤ 韩振峰：《习近平新时代中国特色社会主义思想的几个重大问题初探》，《北京交通大学学报》2018 年第 1 期。

呈现出四个“新”的鲜明时代特征，即开辟了马克思主义中国化的新境界，开辟了治国理政的新境界，开辟了世界社会主义运动的新境界，开辟了人类社会发展的新境界。[①]

（供稿：贾可卿）

① 黄宇：《习近平新时代中国特色社会主义思想的发展历程、逻辑体系与根本特征》，《浙江学刊》2018 年第 1 期。

改革开放四十年历史经验的总结

在庆祝改革开放40周年大会上的讲话中，习近平同志强调改革开放是中国人民和中华民族发展史上一次伟大革命，是坚持和发展中国特色社会主义的必由之路，是实现“两个一百年”奋斗目标、实现中华民族伟大复兴的关键一招。中国人民大学李景治教授对改革开放的成功经验进行了总结：始终坚持改革开放的正确方向，始终坚持党的领导和基本路线，坚定走中国特色社会主义道路；始终坚持解放思想、实事求是的思想路线，不断推进理论和实践创新；始终坚持解放和发展生产力，坚定不移以经济建设为中心；始终坚持以人为本，以增进人民福祉为出发点和落脚点，努力实现社会公平正义，充分尊重人民主体地位，积极促进人的全面发展；始终坚持正确处理改革开放中的各种关系，正确处理改革发展稳定的关系、经济体制改革和政治体制改革的关系、深化改革和扩大对外开放的关系。[①] 中共中央党校祝灵君教授提出：改革开放40年之所以取得了举世瞩目的成就，中国强大的国家能力无疑是关键，而中国共产党的领导力则是国家成功关键之关键。[②]

许多学者围绕改革开放的重大经济社会影响展开了讨论。中国社会科学院金碚研究员分析了改革开放40年的制度逻辑与治理思维，认为：改革开放如同一个“阿基米德支点”，有效撬动了中国这个超大规模经济体，推动其走上加速工业化进程。今天从高速增长转向高质量发展需要改革开放新思维，需要精心安排新制度、新战略与新政策。解放思想，改革开放，勇于创新，奋进包容，是中国40年工业化历史的最珍贵精神遗产。[③] 中国社会科学院武力研究员和张林鹏等人对政府、市场、社会三者之间的关系进行了探讨。经过改革开放，市场逐渐成为资源配置的决定性因素。社会经市场化、城市化的推动，由单一公有制下的高度组织化转向阶层多样、利益多元、城乡一体的市民社会。今后三者关系发展的目标应是政府有为、市场有效、社会有序。[④] 中国社会科学院蔡昉研究员认为：人口红利是改革开放40年来中国经济增长的主要贡献因素，但在改革开放时期才实现了高速增长。因此，要实现经济增长还需要具备充分条件，即改革开放。改革意味着消除生产要素流动的体制障碍，改善生产要素的

---

① 李景治：《中国改革开放的成功经验》，《江西师范大学学报》2018年第1期。

② 祝灵君：《党的领导力与国家能力——兼论中国改革开放40年的成就与经验》，《当代世界与社会主义》2018年第5期。

③ 金碚：《中国改革开放40年的制度逻辑与治理思维》，《经济管理》2018年第6期。

④ 武力、张林鹏：《改革开放40年政府、市场、社会关系的演变》，《国家行政学院学报》2018年第5期。

供给和提高生产率，提高潜在增长能力以及实际增长速度。①

（供稿：贾可卿）

① 蔡昉等:《改革开放40年与中国经济发展》,《经济学动态》2018年第8期。

坚持“两个毫不动摇”

国有经济与非国有经济共存是现代经济体系的重要特征。由于各自的特点、优势不同，两者在国民经济中的关系是互补性、合作性的。习近平总书记在民营企业座谈会上高度评价民营经济的重大贡献和重要地位，强调坚持“两个毫不动摇”。《人民日报》的评论员文章就此指出：公有制经济和非公有制经济犹如中国经济的两翼，缺一不可。两翼密切配合、协同发展，为推动高质量发展提供强劲动力。[①] 中国社会科学院刘迎秋研究员认为：国有企业是中国特色社会主义的重要物质基础和政治基础，是我们党执政兴国的重要支柱和依靠力量。同时，我国非公有制经济已经成为经济持续健康发展的重要力量。二者良性竞争、相互协作，是经济持续健康发展的重要途径。[②] 吉林大学张嘉昕教授和王庆琦撰文认为：我国属于中等收入国家，与发达国家收入水平相距甚远，发展不平衡不充分的问题比较突出。这要求我们坚持“两个毫不动摇”方针，推动公有制经济与非公有制经济共同发展，最大限度地满足人民群众的需要。[③]

在一段时期出现过的“私营经济离场论”试图否定和动摇中国社会主义基本经济制度和社会主义市场经济体制，是企图开历史倒车的错误思想。《经济日报》的平言就此强调，中央所鼓励的混合所有制经济绝非计划经济时代“一大二公”的翻版，公有制经济财产权和非公有制经济财产权同样不可侵犯，“两个毫不动摇”任何时候都不能偏废。[④] 中共中央党校冯俏彬教授也指出：“私营经济离场论”在法律与政策层面没有任何依据，也没有现代经济理论依据。应坚定非公企业发展的决心、增强非公企业发展的信心，避免带来一些蛊惑人心的负面影响。[⑤] 按照“两个毫不动摇”方针，中央废除对非公有制经济各种形式的不合理规定，清理妨碍统一市场和公平竞争的各种规定和做法，推进制度创新，推动国有经济、民营经济的融合发展。国务院国资委研究中心周丽莎副研究员认为：完善产权制度是坚持“两个毫不动摇”的重要保障。为社会合法财产提供切实有效的保

① 《人民日报》评论员：《“两个毫不动摇”必须长期坚持》，《人民日报》2018 年 9 月 29 日。

② 刘迎秋：《“两个毫不动摇”缺一不可》，《淮南日报》2018 年 3 月 16 日。

③ 张嘉昕、王庆琦：《坚持“两个毫不动摇”是基于我国国情的现实选择》，《红旗文稿》2018 年第 21 期。

④ 平言：《“两个毫不动摇”任何时候都不能偏废》，《经济日报》2018 年 9 月 13 日。

⑤ 冯俏彬：《以“两个毫不动摇”为准绳坚定不移发展民营经济》，《中国党政干部论坛》2018 年第 10 期。

护，形成高效运作的市场竞争环境，能够坚定民营经济长期发展的信心，最终为我国经济的长期稳定增长提供持久的动力源泉。[①]

（供稿：贾可卿）

① 周丽莎：《坚持两个“毫不动摇”完善产权制度和要素市场化配置》，《第一财经日报》2018年2月1日。

人类命运共同体的深入研究

自党的十九大报告提出推动构建人类命运共同体的任务以来，人类命运共同体构想始终是马克思主义理论界关注的一个热点问题。2018 年度，学者们从马克思主义理论的不同视角对人类命运共同体的科学内涵、理论贡献和时代意义进行了阐释。东北大学田鹏颖教授运用历史唯物主义理论分析了人类命运共同体的理论和现实意义，他指出，“人类命运共同体”是马克思历史唯物主义的理论逻辑和现代人类文明发展的历史逻辑的辩证统一，是人类探索 21 世纪世界治理方案，实现共生、共担、共建、共享的伟大实践智慧，是人类逐渐实现从“虚幻共同体”向“自由人联合体”的历史跨越的重大战略。“人类命运共同体”在理论上丰富了马克思世界历史理论，在战略上为解决人类问题贡献了“中国智慧”和“中国方案”，在实践上为马克思“自由人联合体”的最高理想创造了现实条件。构建人类命运共同体需要正确的政策和策略，特别是要正确处理自觉坚持与自我发展的关系、民族主体与人类主体的关系、社会主义与资本主义的关系。[①] 中国人民大学罗骞教授从马克思主义视角评价了人类命运共同体思想的当代价值，他认为，构建人类命运共同体是 21 世纪马克思主义的重要使命，是马克思主义自由全面发展宗旨在当代的具体展开方式。构建人类命运共同体是对马克思主义的丰富发展，它拓展了马克思主义的叙事主体，在历史发展过程中实现马克思主义的根本宗旨，并发展了马克思主义的政治理念。构建人类命运共同体坚持了实事求是的思想路线、马克思主义总体性的方法论和马克思主义主体性的历史观。构建人类命运共同体是马克思主义当代化和中国化的最新成果，是习近平新时代中国特色社会主义思想的重要内容。[②] 上海财经大学鲁品越教授从马克思“世界历史”思想的高度分析和评价了人类命运共同体，他认为，“世界历史”是贯穿在马克思主要著作中的重要思想。资本无止境的增殖过程不断将整个世界卷入到资本的循环圈，由此产生了资本全球化过程，使人类历史成为“世界历史”。马克思恩格斯把资本全球化所导致的“世界历史”的“总体性”的形成看作共产主义社会的前提条件，认为社会主义取代资本主义的历史进程是“世界历史进程”，各个国家的历史发展道路是整个“世界历史进程”的组成部分。习近平“构建人类命运共同体”的伟大构想将这一理论转化为实践，并且提升到新的历史高度，引导人类顺应时代潮流，遵循历史规律，用新型世界秩序逐步取代当代的霸权主义世界秩序，是新时代中国特色社会主

① 田鹏颖：《历史唯物主义与“人类命运共同体”》，《马克思主义研究》2018 年第 1 期。

② 罗骞：《构建人类命运共同体：21 世纪马克思主义的重要命题》，《理论探索》2018 年第 2 期。

义思想的重要组成部分。[①] 浙江大学刘同舫教授阐述了人类命运共同体思想对历史唯物主义的原创性贡献，他指出，构建人类命运共同体是习近平新时代中国特色社会主义思想中一项具有战略高度和现实紧迫感的伟大构想，充分彰显了当代中国共产党人的理想追求和智识精神。构建人类命运共同体作为破解全球性治理难题的中国智慧和中国方案，是对21世纪历史唯物主义理论发展的原创性贡献。在历史唯物主义的理论视野中，人类命运共同体是人类社会发展道路中不同社会形态基于互利共赢的基本导向和价值理念共同推进全球化发展的过程和图景，它立足于"人类社会"的哲学立场，促进人类真正的"普遍交往"以形成具有更高"共同性"水平的人类利益，并在变革全球治理体系的基础上推动全球生产力均衡发展，为实现人类社会更美好的世界景象奠定坚实的物质基础和精神基础。构建人类命运共同体的中国智慧为历史唯物主义的发展带来了前所未有的理论效应，创造了诠释历史唯物主义理论的新路径，使其具有新的思想形态，同时通过对人类命运共同体的建构性阐释，历史唯物主义理论也实现了自身的理论目标和价值追求，必将成为全球化时代的一种建构性世界观。[②] 张雷声教授也从历史唯物主义视阈审视了人类命运共同体，她认为，人类命运共同体是马克思社会共同体的次级范畴，生产关系性质决定社会共同体为始基范畴，而由生产关系所决定的命运共同体则为次级范畴。在生产力与生产关系的矛盾运动推动下，随着世界历史的不断演进，人类命运共同体成为应对世界体系格局不平等、经济全球化复杂性等问题的现实形态。人类命运共同体是维护世界和平、促进共同发展的必然抉择，维护世界和平与促进共同发展相辅相成。人类命运共同体的建设反映的是世界和中国发展的实践逻辑的要求。[③]

（供稿：彭五堂）

① 鲁品越:《"构建人类命运共同体"伟大构想：马克思"世界历史"思想的当代飞跃》,《哲学动态》2018年第3期。

② 刘同舫:《构建人类命运共同体对历史唯物主义的原创性贡献》,《中国社会科学》2018年第7期。

③ 张雷声:《唯物史观视野中的人类命运共同体》,《马克思主义研究》2018年第12期。

马克思主义正义理论的持续研究和争论

公平正义问题是近年来马克思主义理论界持续关注和深入研究的一个热点问题，2018 年度，对该问题的研究和争论进一步深入，甚至国外学者也加入进来。中国人民大学段忠桥教授在 2017 年发表文章认为，20 世纪 70 年代艾伦·伍德提出的“马克思并不认为资本主义是不正义的”命题，不仅全部解读是错误的，而且理由都不能成立，因此“伍德命题”的逻辑结论必然不能成立。[①] 针对段忠桥的批评，艾伦·伍德教授在《中国社会科学》发表文章进行了回应，他认为，段忠桥误解了他的观点乃至马克思恩格斯的观点。权利和正义，正如马克思所设定的，从来都是建立在现存的生产关系的基础上。一个交易与之相符合，就是正义的；一个交易与之相矛盾，就是不正义的。世界上没有在此之上或是超出它之外的正义标准。因此，马克思反对从正义出发批判资本主义。[②] 此外，段忠桥教授还进一步研究了平等与正义的关系，他提出，恩格斯在《反杜林论》第一编第十章“道德和法。平等”中表明：一切人，或者至少是一个国家的一切公民，或者一个社会的一切成员，都应当有平等的政治地位和社会地位，这种平等要求是从人就他们是人而言的这种平等观念中引申出来的；平等观念是一种规范性价值判断，是正义的表现；现代平等要求是资产阶级首先提出来的；资产阶级的平等要求只停留在政治权利的平等上；无产阶级的平等要求则要进而实现社会和经济领域的平等；无产阶级平等要求的实际内容都是消灭阶级的要求。[③] 南开大学王南湜教授认为，尽管马克思自身并未表述过一种系统的正义理论，但是在将历史唯物主义阐释为兼容决定论与能动论、从而兼容规范性理论的前提下，我们能够通过马克思所构想的社会主义社会之适合正义存在的条件而建构出一种马克思主义的正义理论。由于这一正义理论基于道德规范的历史性原则，从而超越了近代道德哲学之完备形态的康德道德哲学，且由于其基于人的自由发展原则而对不平等分配加以调节的理论进路，而比罗尔斯正义论的差别原则在直觉上更为自然，从而也更为优越。比之社群主义道德哲学试图回到古代、从而陷入时代错置而不具可行性，这一立足于现代社会生活的理论亦更为合理、可行。[④] 中山大学林育川教授从历史唯物主义视域研究了规范正义问题，他指出，马克思恩格斯的历史唯物主义不是立足于历史相对主义

---

① 段忠桥：《对“伍德命题”文本依据的辨析与回应》，《中国社会科学》2017 年第 9 期。

② 艾伦·伍德：《马克思反对从正义出发批判资本主义——对段忠桥教授的回应》，李义天译，《中国社会科学》2018 年第 6 期。

③ 段忠桥：《平等是正义的表现——读恩格斯的〈反杜林论〉》，《哲学研究》2018 年第 4 期。

④ 王南湜：《马克思的正义理论：一种可能的建构》，《哲学研究》2018 年第 6 期。

的立场反对一切规范正义，而是反对那些自称普适的和永恒的规范正义；他们所认同的规范正义同样不是某种非历史的价值悬设，而是从资本主义社会中历史地产生出来的社会主义规范正义。我们可以通过澄清马克思恩格斯对于社会主义正义的确切态度来挖掘他们文本中的规范性价值观，并借鉴当代西方左翼正义理论的有益思想资源来建构一种马克思主义正义理论。① 岭南师范学院胡潇教授运用唯物史观研究了空间正义问题，他指出，空间正义问题在社会生活与学术研究领域日益凸显。规模浩大、急促推进的城市化，以及全民深度关注的房地产业问题，更使空间正义有了前所未有的现实紧迫性。作为社会正义的形塑，空间正义表达同时也创生着社会正义。空间正义的理解与诠释，必须遵循马克思恩格斯创立的唯物史观原则，以生产方式为基底，从社会经济立论，澄明制约空间正义的人权与产权关系；在人与自然、空间生产与物质生产的互动中，深入探讨、阐释空间连续性和间断性的内在统一，以及由此决定的空间价值的整体性、普遍性和局域性、特殊性的辩证关系；揭示栖居场所正义性体验的致思特点及其对空间正义社会认知的还原论机制。这种叙事逻辑的寻绎和发挥，将助深化、拓展空间正义研究，彰显其学术与现实的意义。②

（供稿：彭五堂）

---

① 林育川：《历史唯物主义视域中的规范正义——一种可能的马克思主义正义理论》，《哲学研究》2018 年第 8 期。

② 胡潇：《空间正义的唯物史观叙事——基于马克思恩格斯的思想》，《中国社会科学》2018 年第 10 期。

中国特色社会主义进入新时代在马克思主义发展史上的意义

中国特色社会主义进入新时代，是对我国发展方位的新判断，是对进入21世纪第二个十年，面对世界百年不遇的大变局，中国共产党向何处去、中国向何处去、社会主义向何处去、人类社会向何处去成为时代关切的重大课题的科学回答。中国特色社会主义进入新时代不仅为党和国家的发展标新了历史方位、擘画了发展蓝图，也为社会主义和人类社会的发展指引了前进方向、描绘了美好愿景，昭示着中国共产党、中华民族、世界社会主义和现代国际秩序的发展迎来新时代。

中国特色社会主义进入新时代，不仅在中华人民共和国发展史上、中华民族发展史上具有重大意义，在世界社会主义发展史上、人类社会发展史上也具有重大意义，更是马克思主义发展史上重要的里程碑。如何深刻认识新时代的中国特色社会主义在马克思主义发展史上的意义成为2018年的理论热点。

有学者从人类历史发展的角度阐述中国特色社会主义从理论到实践对人类文明、人类实践的继承与发展、丰富与创新。中国社会科学院马克思主义研究院副院长辛向阳研究员论述了新时代中国特色社会主义对人类社会与理论发展的三重重要意义：首先，新时代中国特色社会主义在人类历史上破解了一个后发国家面临的两难困境，使现代化与保持自身独立性实现兼容。其次，新时代中国特色社会主义将破解人类贫困这一古老的难题，在2020年之后短短的30年内把中国建设成为社会主义现代化强国，为人类社会发展提供全新的图景。最后，新时代中国特色社会主义是建立在对人类社会发展规律自觉认识基础上的，这决定了中国日益走近世界舞台中心，中国的发展与人类命运关系越来越密切。

还有学者从中国共产党、中华民族、社会主义与人类社会这四个层层递进的角度系统阐释了新时代中国特色社会主义的重大理论与实践意义。天津市中国特色社会主义理论体系研究中心特聘研究员孙明增发文指出，第一，中国特色社会主义进入新时代，意味着中国共产党的发展迎来“凤凰浴火获重生”的新时代，为新时代深入推进党的建设新的伟大工程提供了立体“坐标系”和精准“定位仪”，开启了“不断提高党的执政能力和领导水平”的新征程。第二，中国特色社会主义进入新时代，意味着中华民族伟大复兴迎来“长风破浪会有时”的新时代。在党的领导下，中国正在推进决胜全面建成小康社会的防范化解重大风险、精准脱贫、污染防治三大攻坚战，大步迈向实现中华民族伟大复兴中国梦的新征程。第三，中国特色社会主义进入新时代，意味着世界社会主义发展迎来“风景这边独好”的新时代。在中国共产党领导下，中国道路、中国模式、中国经验、中国方案将在国际舞台上展现更大影响力、感召力、塑造力，为其他国家探索自身发展道路提供重要借鉴，不断开辟世界社会主义发展的新境界。第四，中国特色社会主义进入新时代，意味着人类社会和现代国际秩序发展迎来“听唱新翻杨柳枝”的新时代。中国越来越有机会、有能力、有意愿为中国和世界同步发展作出新贡献。

（供稿：夏一璞）

关于如何正确理解马克思恩格斯共产主义思想的研究

共产主义首先是一种反对、消灭、改造资本主义的无产阶级革命运动。世界各国的共产党人都是在这一基本立场上起步和发展而来的。共产主义理想就是共产党人投身于这一历史的思想基础。习近平总书记反复强调“革命理想高于天”，把理想信念比作共产党人“精神上的钙”“精神支柱”“政治灵魂”和“安身立命的根本”；多次指出“不能空谈”“不能讳言”“不能丢掉”共产主义远大理想。在党的十九大报告中，习近平总书记指出：“思想建设是党的基础性建设。革命理想高于天。共产主义远大理想和中国特色社会主义共同理想，是中国共产党人的精神支柱和政治灵魂，也是保持党的团结统一的思想基础。要把坚定理想信念作为党的思想建设的首要任务，教育引导全党牢记党的宗旨，挺起共产党人的精神脊梁，解决好世界观、人生观、价值观这个‘总开关’问题，自觉做共产主义远大理想和中国特色社会主义共同理想的坚定信仰者和忠实的实践者。”但是，长期以来，国内外对共产主义的理解还有很多误区和困惑。国外一些学者、政客视其为“洪水猛兽”。他们称马克思主义是20世纪最大的幻想，是基督教天国理念的现代版，是乌托邦的旗帜等。国内对共产主义的理解和认识也存在乌托邦化、虚无化或者经验化的误区和倾向。

中国地质大学（北京）马克思主义学院院长、教授杨峻岭，清华大学高校德育研究中心副主任、教授吴潜涛认为，在马克思恩格斯的视阈中，共产主义是一个科学严谨的逻辑体系，是一场现实的社会历史运动，也是一种崇高的、具有恒久意义的价值追求。从“逻辑体系”“历史运动”“价值追求”三重向度科学解读马克思恩格斯共产主义的科学内涵，对于我们把共产主义的坚定信念牢固建立在对科学理论的理性认同上，建立在对历史规律的正确认识上，具有重要的理论意义和实践价值。① 西南财经大学教授赵磊认为，当下关于共产主义主要有三个困惑，一是共产主义要“消灭私有制”何需隐瞒？二是共产主义要“消灭分工”，为何可能？三是共产主义的“劳动份额”，如何计量？针对这三点困惑，他认为，私有制的消亡是历史发展的客观趋势，共产党人有充分的理论自信把“消灭私有制”写在自己的旗帜上。马克思主义关于“消灭分工”思想以及“人的自由全面发展”的论断并非空想，而是有着坚实客观依据的科学结论。在未来社会，直接计量劳动不仅成为可能，而且越来越成为普遍现

① 杨峻岭、吴潜涛：《全面理解马克思恩格斯共产主义的科学内涵》，《马克思主义研究》2018年第4期。

象。这时，劳动作为“人的类本质”不再被产品价值的表象所遮蔽。[①]

（供稿：任　洁）

① 赵磊：《澄清质疑共产主义的三个理论困惑》，《马克思主义研究》2018 年第 4 期。

关于马克思历史决定论的研究

自从马克思主义诞生之日起对于它的误解、诘难、歪曲就从未间断过，“马克思主义是一种宿命论”“马克思主义是一种乌托邦”“马克思主义将世间万物都归结于经济因素”等观点，一直萦绕于国际学界。甚至有很多西方学者不断将“过时”的论点强加在马克思主义身上。[①]面对对马克思主义的种种非难，如何澄清马克思唯物史观所蕴含的历史决定论的性质，进而如何认识中国特色社会主义道路的历史必然性，成为摆在我国学界面前的一项重大而迫切的理论课题。

历史决定论是关于人类社会历史进程受因果性、规律性和必然性支配和决定的理论观点。马克思主义唯物史观是一种科学的历史决定论。面对波普尔等人对马克思及其历史决定论的诘责，我们既要准确把握历史决定论的内涵与外延，针对历史非决定论的主要论点进行有力批驳，又要厘清马克思的历史决定论即唯物史观的本质蕴涵与基本特点，更要在现实语境下深化对中国道路历史必然性的认识。

波普尔认为，马克思主义就是一种历史决定论，是“历史主义的最纯粹的、最发达的和最危险的形式”。他把马克思主义简化为经济决定论和机械决定论，并将马克思主义看作整体主义的控制和乌托邦式的社会改造理论。然而对历史决定论的批判存在明显的局限。复旦大学马克思主义学院博士研究生包炜杰、复旦大学马克思主义学院教授吴海江[②]认为，波普尔对社会历史发展存在规律的否定，具有对规律解释的狭隘化倾向。在否定规律的同时，他将单一要素的科学知识视为社会进程的决定性因素，过分拔高了科学知识在社会发展中的地位。其次，他批评历史决定论所采用的整体主义方法论，存在明显的个人主义偏好。他预设了一种情境以佐证他的观点，即“个人在当前它所描述为势不可挡的和恶魔般的经济力量面前，所处的孤立无援状态”。然而，历史决定论不是一味强调必然决定偶然，而是基于社会生产力发展的客观趋势和人的自由全面发展的前景，以更好地遵循社会历史发展的一般规律。反观之，出于对规律的恐惧，进而过分强调个人自由选择，也是一种理性至上的泛滥。更深入来看，波普尔在社会历史进程中只见“个人”，不见“规律”，他所主张的“并不存在进步的规律，一切都依赖我们自身”，是一种典型的个人本体论。从个人本体出发，历史发展呈现出偶然性和碎片化倾向，进而产生历史没有客观规律的错误看法，换言之，即使存在规律，但由于偶然性的支配

---

① 参见莱泽克·科拉科夫斯基《马克思主义的主要流派》第三卷，唐少杰等译，黑龙江大学出版社 2015 年版，第 506 页。

② 参见包炜杰、吴海江《马克思的历史决定论及其当代价值——兼评卡尔·波普尔的〈历史决定论的贫困〉》，《马克思主义研究》2018 年第 9 期。

而导致规律不可认识。

归根结底，波普尔的社会历史观是一种基于个人本体论的“个人史观”，而唯物史观和唯心史观的分界线恰恰在于坚持人民史观还是个人史观，因此，从这个意义上来讲，波普尔的历史决定论批判的最大局限在于他的唯心史观，并从唯心史观的立场出发推导出不存在客观规律。相反，唯物史观不仅揭示客观规律，而且肯定人民作为历史主体的作用，只有从人民主体出发，才能真正实现遵循客观规律和坚持人民创造历史的有机统一。

（供稿：夏一璞）

国外左翼纪念《共产党宣言》发表170周年与马克思诞辰200周年

2018年是马克思的重要著作《共产党宣言》发表170周年，也是马克思诞辰200周年。国外左翼举办了大量纪念马克思的活动，如研讨会、展览、讲座和专题图书的出版等。比如，德国罗莎卢森堡基金会于5月2—6日在柏林举办了“马克思诞辰200周年：政治、理论与社会主义”大型国际会议。[①] 美国著名左翼杂志《异见》刊载纪念马克思的文章，强调马克思200年诞辰之际，人们再次见证了马克思的复兴。[②] 各国共产党也开展了系列纪念活动。比如美国共产党在其“人民世界”网站的“马克思主义问答”栏目中围绕《共产党宣言》设置专题，以选择题形式帮助人们更好地学习《共产党宣言》内容。法国共产党《人道报》与“马克思2018”在巴黎共同主办“马克思论坛”，讨论历史与现实中的“马克思的思想”及其资本主义批判理论的当代价值。越南胡志明国家政治学院等在河内举办题为“《共产党宣言》——当今时代的理论与实践价值”国际研讨会。[③] 古巴共产党举办了纪念马克思的系列活动，官方杂志《古巴社会主义者》出版了纪念马克思的特刊；[④] 尼泊尔共产党主办了纪念马克思诞辰200周年的国际研讨会，来自中国、日本和朝鲜等18个国家的23个马克思主义政党参加了研讨会，等等。

对相关问题的介绍和评析，成为2018年度国内学界的研究热点。于海青从宏观视角介绍了国外共产党开展各种活动纪念马克思诞辰和《共产党宣言》发表的情况，提出各国共产党深刻阐释《共产党宣言》和马克思主义的历史与理论贡献，探讨其对认识和分析当代资本主义新发展新变化的方法论价值，并从《共产党宣言》和马克思主义基本理论出发，深入思考当前世界社会主义运动从低谷走向振兴的战略策略。[⑤]

多位学者对国外共产党纪念马克思诞辰的重要文章进行了译介。毕松翻译俄罗斯联邦共产党《关于纪念卡尔·马克思

---

① Marx200—Eine Dokumentation，https：//www. rosalux. de/en/documentation/id/38784/marx200 - eine-dokumentation/.

② Andrew Hartman，Marx at 200：Just Getting Started，May 4，2018，https：//www. dissentmagazine. org/online_articles/karl-marx-at - 200 - just-getting-started.

③ 陈振凯、侯颗：《世界各地在纪念》，《人民日报（海外版）》2018年5月3日。

④ Cuba marks 200th anniversary of Karl Marx，Xinhua，May 5，2018，http：//www. xinhuanet. com/english/2018 - 05/06/c_137158534. htm.

⑤ 于海青：《照亮人类历史前进方向的灯塔——国外共产党隆重纪念马克思诞辰200周年和〈共产党宣言〉发表170周年》，《红旗文稿》2018年第7期。

诞辰二百周年的决定》指出，在人类历史中，只有少数几位思想家的事业能对全世界的命运产生影响。时至今日，马克思仍然对社会—经济和政治发展产生最强烈的影响。[①] 李瑞琴翻译俄共中央主席久加诺夫文章指出，马克思的卓越思想和科学观点不仅强烈影响了19世纪，对20世纪的历史同样有决定性的影响，在未来也不可能失去意义。中国取得的巨大飞跃，成为全球经济和科学发展的领导者，这一切都要归功于马克思的理论遗产。[②] 潘金娥翻译俄共中央理论委员会副主席黎有义的纪念文章指出，马克思主义是革命的科学，是人类为摆脱压迫、剥削和不公而进行解放斗争的科学。马克思主义区别于其他学说的本质特征是其具有科学性与革命性的统一。在当今时代，马列主义仍是唯一能完成人类历史任务的科学、革命的学说。[③]

为纪念《共产党宣言》发表170周年，《中国社会科学报》刊发了探讨国外共产党对《共产党宣言》认知和发展的系列文章。华中师范大学余维海通过与法国学者让-努马·迪康热的对话，系统介绍了《共产党宣言》在法国的传播及其对法国共产党和法国社会的影响。[④] 西安电子科技大学史少博等对日共前主席不破哲三进行专访，阐释《共产党宣言》对于日本共产主义者的历史与现实意义，强调《共产党宣言》是科学社会主义学说的起点，其中包含着许多对现代世界具有重要意义的命题，既是我们开展运动的目标，也应该成为全世界的共同目标。[⑤] 尼泊尔共产党外联部中国事务部刘洋等采访了尼泊尔普什帕·拉尔纪念基金会前主席贾拉·纳特·卡纳尔，阐述了《共产党宣言》对尼泊尔从封建走向现代的重要影响。[⑥]

2018年5月28日，在中国共产党与世界政党高层对话会框架下，中共中央联络部以“21世纪马克思主义与世界社会主义未来”为题举办了纪念马克思诞辰200周年研讨会。这是中国首次举办的以马克思为主题的专题研讨会，来自50个国家75个共产党的100余位领导人和代表参会。会议交流思想、凝聚共识，赋予马克思主义新的时代内涵，与时俱进地推动了马克思主义本土化的发展。

（供稿：宋丽丹、于海青）

---

① 毕松译：《俄罗斯联邦共产党中央委员会主席团〈关于纪念卡尔·马克思诞辰二百周年的决定〉节选》，《中国社会科学报》2018年4月26日。

② ［俄］久加诺夫：《卡尔·马克思：功勋科学家和革命家》，李瑞琴译，《世界社会主义研究》2018年第8期。

③ ［俄］黎有义：《马克思主义的科学性革命性及时代意义》，潘金娥译，《世界社会主义研究》2018年第8期。

④ 余维海：《〈共产党宣言〉与法国共产党的发展》，《中国社会科学报》2018年5月31日。

⑤ 史少博等译：《〈共产党宣言〉与日本共产党的发展》，《中国社会科学报》2018年9月27日。

⑥ 刘洋、王东红：《〈共产党宣言〉与尼泊尔共产党的发展》，《中国社会科学报》2018年12月27日。

生态马克思主义研究的多角度深入推进

在2018年的西方马克思主义学术热点中，生态马克思主义研究以多角度深入推进的态势独具特色。从宏观的学术概览看，张晓认为，21世纪以来，西方生态马克思主义呈现出发展放缓、内部对立凸显、偏重理论化的形态特征。在理论形态上，主要延续了既有的自然思维，拓宽了研究视野，强化了生态理论研究的社会价值。不足之处在于，虽然维持了马克思主义在西方的理论存在，但表现出缺乏实证论证、忽略对部分社会主义国家的生态发展考察、自身面临理论困境和无法脱离现有资本主义权力体制等问题，发展动力愈加匮乏。①

在对学术分歧的阐述上，程广丽指出，对于生态危机根源的追问与思考，形成不同的批判路向。有些研究者把生态危机的根源归于资本所主导的生产，另有部分研究者则认为是生产本身引发生态危机的爆发。两种不同批判路向的分歧的原因在于对生态马克思主义的资本批判路向的不同理解。生态马克思主义认为，生产是造成生态危机的直接原因，资本是带来生态危机的根本原因，并且把资本逻辑作为导致生态危机的最终根源。跃出生态马克思主义的思路，从唯物史观的立场看，资本主义的生产逻辑与资本逻辑具有同一性，资本逻辑或生产逻辑的“泛化”。②

在著名学术人物的研究上，张冠楠从生态危机的“原罪”与“救赎”的角度探寻了福斯特的生态观。福斯特认为，危机的原因需要超出生物学、人口学和技术以外的因素做出解释，这便是历史的生产方式，特别是资本主义制度。③ 罗顺元论述了伯克特生态学马克思主义的一个核心观点。伯克特强调，从马克思价值论的视角看，资本主义有固有的敌对自然的倾向。价值与自然的矛盾是价值只有量的属性，它反映不了自然与劳动的多种多样的质的属性。价值与自然的矛盾在资本主义下具体表现为毁灭自然界的生态多样性、使人与自然异化分离、造成自然碎片化、使生态危机扩展到全球等。④ 张琳论述了戴维·佩珀的“社会性的自然”，指出佩珀的“社会性的自然”具有辩证唯物主义性质，是一个社会概念。佩珀的思想赋予了马克思主义的自然和历史的唯物主义

① 张晓：《21世纪以来西方生态马克思主义的发展格局、理论形态与当代反思》，《马克思主义现实》2018年第4期。

② 程广丽：《生态危机的根源究竟是生产还是资本——从生态马克思主义的资本批判路向说起》，《理论探讨》2018年第5期。

③ 张冠楠：《生态危机的“原罪”与“救赎”探寻——基于福斯特生态学马克思主义思想的分析》，《哈尔滨学院学报》2018年第9期。

④ 罗顺元：《从马克思的价值论看资本主义的反生态本质——论伯克特生态学马克思主义的一个核心观点》，《生态经济》2018年第1期。

内涵以生态学意义，进一步延展了马克思主义自然本体论的内容，从而对一些西方马克思主义者对马克思的攻击给予了反击。[①]

（供稿：陈慧平）

① 张琳：《社会性的自然：戴维·佩珀生态自然观的自然本体论》，《南京林业大学学报（人文社会科学版）》2018年第3期。

关于世界社会主义与国际共产主义运动的学科划分

“国际共产主义运动研究”与“世界社会主义研究”的学科设置在我国学界是一个存在争议的话题。自20世纪东欧剧变后，国际共产主义运动遭受了沉重打击，世界社会主义陷入低潮，传统的国际共运学科受到冲击，“世界社会主义”概念开始被频繁使用，国际共运学科在很多高校被改称为世界社会主义学科，一度出现了用“世界社会主义研究”替代“国际共产主义运动研究”的情况。2018年，世界社会主义与国际共产主义运动学科的划分问题再次引起学界关注。在多个相关主题研讨会上，专家们发表了不同的观点，本学科的一些杂志还发表了访谈文章。

中国社会科学院大学特聘教授王学东认为：“传统意义上的国际共产主义运动虽然已经没有了，但是国际共产主义运动史却仍然存在并将永远存在，就像明朝、清朝没有了，明史、清史仍然存在一样。如果这样看问题，那么就不能用世界社会主义来取代国际共运史，而应当用当代世界社会主义来延续或补充国际共运史。两者合起来可以称作‘国际共运史和世界社会主义学科’”。①

对于那些认为“国际共产主义运动已经不存在了”的观点，不少学者持不同意见。中国社会科学院马克思主义研究院刘淑春研究员表示：“几年前意大利共产党人党的国际书记来访时问我，现在还有国际共运吗？我的回答是：有！只不过不是传统意义的国际共运，不再是一个中心、一条路线、一种模式的那种国际共产主义运动。它是以社会主义制度替代资本主义制度为目标、以实现共产主义为理想、由共产党领导、以争取无产阶级及其广大劳动人民的解放为己任的运动，这一运动在今天的世界上是客观存在的，而且有其历史渊源。即使将当代国际共产主义运动包含在广义的世界社会主义运动之中，我们也不能不看到，这一运动与其他各种社会主义思潮、流派、运动，甚至政党是有区别的。国际共产主义运动过去、现在都是存在的，只是因为时代的发展、国际政治力量格局的改变，它的表现形态与以往不同了。”②

在2018年12月22日中国社会科学院马克思主义研究院举行的国际共产主义运动形势研讨会上，中国社会科学院党组成员、当代中国研究所所长、马克思主义研究院院长姜辉研究员，上海社会科学院轩传树研究员，中共中央党校胡振良教

---

① 王学东、邓岩：《“国际共产主义运动史”与“世界社会主义”的关系——访王学东教授》，《社会主义研究》2018年第6期。

② 摘录内容为刘淑春在2018年11月17日于福州举行的“当代国外共产党发展新态势”研讨会上的发言。

授，山东大学崔桂田教授，中国人民大学郭春生教授等在发言中一致认为，国际共运是客观存在的。国际共运既包括国际共运史，也有当下的国际共产主义运动。轩传树进一步指出，国际共运仍然是现实存在的，只是存在的形式不再是共产主义者同盟、三个国际时代的传统意义上的国际共运。现在的国际共运具有怎样的独特性？可以说是一种多样性存在，它既有社会制度意义上的国家性存在——比如几个现实社会主义国家，也有局部执政的地区性存在——比如印度的几个邦，甚至还有横向联合意义上的国际性存在——比如世界共产党工人党国际会议，至于作为思潮的社会性存在和作为政党的组织性存在则几乎遍及世界各个国家了。一言以蔽之，当今国际共运仍然是一种世界性存在，只不过相对于资本主义力量的联合进攻，以共产党领导的国际共产主义运动压力很大且联合不足。因此，我们在回答共产主义运动的国际性、世界性的同时，还需要对共产主义相对于其他社会主义力量的作用和地位作出判断。郭春生强调，国际共运存在是明摆着的事实，需要我们去研究这些问题，表明我们重视的态度。

可见，关于国际共运和世界社会主义学科设置问题，在我国学界并未形成统一意见。这种状况对本学科的学术地位造成了消极影响，在教育部最新学科分类中已经把国际共运从政治学二级学科取消，而马克思主义学科也未将此列入其所属范围。这无疑不利于国际共运和世界社会主义的研究，与我国当前在世界社会主义运动中的实际地位、与发挥中国特色社会主义对世界社会主义的引领作用的目标格格不入。这一状况有必要加以改变。

（供稿：潘西华）

从俄罗斯新版历史教科书看俄罗斯对苏联历史的评价

苏联解体后，俄罗斯史学界没有统一的教科书，有些甚至还充斥着抹黑俄罗斯历史的内容。后来，普京要求编写统一的中学历史教材。为此，俄罗斯历史协会组织专家首先制定了《俄罗斯历史统一教材新教法总构想框架》，作为新编教材的指导思想。2016 年新编历史教材经由俄罗斯教育和科学部批准出版，共有两种：

一是由俄罗斯科学院院士托尔库诺夫任主席，具体由加利诺夫等八位作者写成的《俄国史·十年级》[①]，由莫斯科教育出版社出版，共有三册，叙事较为详细（简称教育版教材）。

二是由通讯院士、历史学家奥·沃洛布耶夫等三人编写的《俄国史：20 世纪初至 21 世纪初》[②]，由莫斯科大鸨出版社出版，供中学十年级学生使用，因只有一册，故叙事较为简略（简称大鸨版教材）。

新版历史教科书基本反映了俄罗斯学界的主流观点和国家历史观，也反映了普京执政当局的编写思路，即“不管我们的祖辈曾经站在哪个阵营，让我们牢记一点：我们是统一的民族，我们是一个民族，我们只有一个俄罗斯”。而在中国学界，有学者认为，新版历史教科书对列宁等苏联领导人给予了正面描述，重评了“苏联解体”等重大事件。也有学者认为，教科书只是如实客观地反映了俄罗斯史学界的最新研究成果，谈不上“重评”。

其中，对于“十月革命”性质的评价，有学者认为教材没有直接下结论。孟什维克领导人马尔托夫称十月革命是十月政变，教材没有表明态度，而是正反两方面的观点都有反映。[③] 对于列宁在俄国革命中的作用，两本教材都强调，正是列宁的回国改变了社会主义者与临时政府的合作政策，也改变了二月革命后俄国各政党合作建立民主共和国的局势。[④] 也有学者认为，“教育版教材”指出，“十月革命是布尔什维克选择历史和被历史选择的结果”。“无可争议”“伟大”“不可动摇”

---

① Горинов М. М., Данилов А. А., Моруков М. Ю. и др. /Под ред. Торкунова А. В. ИсторияРоссии. 10 класс. В 3 – х частях. М.: Просвещение, 2016.

② Волобуев О. В., Карпачев С. П., Романов П. Н. История России: начало XX-начало XXI века. 10 класс. М.: Дрофа, 2016.

③ Волобуев О. В., Карпачев С. П., Романов П. Н. История России: начало XX-начало XXI века. 10 класс. С 62.

④ 左凤荣：《俄新编中学历史教材对苏联体制和苏共领导人的看法》，《俄罗斯学刊》2018 年第 1 期。

无疑是对列宁肯定的价值评价。[①]

关于对苏联斯大林时期和“斯大林体制”的评价，有学者认为，教科书对其取得的社会进步还是肯定的，但“也出现了民主萎缩、加强意识形态审查、寻找‘人民的敌人’和大规模的政治镇压，其高潮是1937—1938年”[②]。对于“政治镇压”，“教育版教材”用的题目是“镇压政策”，“大鸨版教材”用的题目是“大恐怖的机器”。而教科书评价“斯大林的社会主义”的特征是：管理上的过分中央集权、领袖专政、党的机关代替苏维埃的权力、迷信用行政方法解决政治和经济任务。在进行工业化跃进的同时，建立了古拉格集中营，利用犯人的强制劳动。[③]

也有学者认为，“教育版教材”尽可能不做价值判断，而是以文献研究和思考题的方式给读者以做结论的空间。对于斯大林个人的作用，教科书肯定了斯大林在卫国战争中的作用。[④] 还有学者用调查数据表明，教科书反映了俄罗斯对斯大林评价的这种变化。2017年俄罗斯著名民调机构“列瓦达中心”的一项调查结果显示：38%的俄罗斯人在回答“历史上最杰出的人物”时，把斯大林放在第一位。

对于戈尔巴乔夫的改革和苏联解体的评价，有学者认为，两本教材都没有过分谴责戈尔巴乔夫，强调他的改革是对苏联体制危机的回应。也没有把苏联解体归咎于西方的和平演变，主要还是从体制和政策失误上找原因。[⑤] 但也有学者认为，“教育版教材”对戈尔巴乔夫的改革和苏联解体持批判态度，否认了戈尔巴乔夫的“新思维”。[⑥]

从俄罗斯新版历史教科书的不同引用和不同解读可以看出，

一、历史研究难以做到真正的思想“多元化”和立场“中立化”。尽管苏联解体后的俄罗斯官方和学界鼓吹思想和研究的“多元化”，实质上主流学界仍是不允许或者说做不到真正的思想“多元化”和立场“中立化”。

二、历史研究难以做到真正的“非意识形态化”。从苏联解体的历史教训中可见，意识形态领域的坍塌正是从历史虚无主义开始的。历史教材对包括卫国战争、战后恢复在内的苏联历史一概抹黑，使苏联俨然成了“历史的黑洞”。学生们无所适从，进而将思想领域的混乱进一步扩大化，最终招致苏联解体等严重后果。[⑦] 因此，牢记苏联“非意识形态化”的深刻教训，坚持不懈地与国内的历史虚无主义思潮作斗争，对坚持马克思主义和习近平新时代中国特色社会主义思想在

---

① 武卉昕：《俄新编中学历史教材对苏联体制和苏共领导人的评价》，《红旗文稿》2018年第16期。

② Горинов М. М.， Данилов А. А.， Моруков М. Ю. и др. ⁄Под ред. Торкунова А. В. ИсторияРоссии. 10 класс. В 1 – й части. С. 6.

③ Ibid..

④ 武卉昕：《俄新编中学历史教材对苏联体制和苏共领导人的评价》，《红旗文稿》2018年第16期。

⑤ Волобуев О. В.， Карпачев С. П.， Романов П. Н. История России：начало XX – начало XXI века. 10 класс. С. 300.

⑥ 武卉昕：《俄新编中学历史教材对苏联体制和苏共领导人的评价》，《红旗文稿》2018年第16期。

⑦ 欧阳向英：《从苏联解体看历史虚无主义的危害》，《红旗文稿》2018年第6期。

“意识形态”领域的指导地位，坚持中国共产党的领导，克服历史研究中的历史虚无主义倾向，同心实现中华民族伟大复兴中国梦都极为重要。

（供稿：孙应帅）

法国“黄马甲”运动的深层原因与未来走向

法国总统马克龙为履行《巴黎气候协议》，2018 年将柴油税每公升上调了 6.2%，这一政策直接引发了法国民众的“黄马甲”抗议活动。2018 年 11 月 17 日活动首日有逾 28 万法国民众参与了抗议示威。此后，每到周末，身穿黄背心的抗议者们就涌向巴黎的各种公共场所进行抗议。2018 年 12 月 10 日晚 8 点，法国总统马克龙发表电视讲话，对“黄马甲”运动作出了一些让步。12 月 17 日，法国总理爱德华·菲利普公开认错。“黄马甲”运动中，到处都有“打倒资产阶级统治”“推翻马克龙政府”等醒目的标语。这场运动是自 1968 年以来，范围最大、影响最深、打砸程度最严重的一次抗议运动，被法国财政部长 Bruno le Maire 描述为“法国经济的灾难”。

法国为何爆发“黄马甲”运动？很多学者认为“上调燃油附加税”只是这场运动的直接导火索，而庞大的金融权力和全球化受益不均才是其深层次原因。中国社会科学院美国研究所学者魏南枝指出，“黄马甲”运动出现在法国这样的发达国家，与此前美国和西方跨国资本主导推动的经济全球化所带来的多重负面效应密切相关。其根本的结构性弱点在于，政府是每个国家的，市场却是全球性的，这就存在经济正义维护者的缺位。法国的“黄马甲”运动充分显示出经济全球化与经济正义的张力，亟待法国政府与法国人民一起寻找适合法国国情、促进法国经济正义的发展之道。[①] 吉林大学公共外交学院副院长孙兴杰认为，黄马甲运动就是法国不同世界折叠后的撕扯和对抗，而这件“马甲”无疑已经套在了马克龙的身上。[②] 上海市决策咨询研究基地首席专家余南平认为，法国出现“黄马甲”运动，本身就是法国社会进入“后现代社会”各种结构性矛盾的体现，也反映了后现代社会福利体系一旦固化和僵化，改革就会异常艰难，稍有不慎会引发深层社会问题。[③]

关于“黄马甲”运动的未来走向，学者们意见并不一致，这也是运动本身的特点所致。该运动蔓延至荷兰、比利时、加拿大、德国、以色列多国。几个国家的抗议缘由也许并不完全一样，但这却反映了欧洲当下面临的社会困境。据 CNN 报道，外交政策专家 Dominique Moisi 称，法国总统当前面临的危机不仅仅是法国的危机，同时也是整个欧洲未来的危机。[④] 孙兴杰认为，在未来，黄马甲运动有可能会朝着意大利“五星运动”的方向发展。没有集中或者明确的政治目标，但是却可以动员极大的力量，最终能够登堂入室。

① 魏南枝：《法国爆发“黄马甲”运动的内外部因素》，《红旗文稿》2018 年第 24 期。

② 孙兴杰：《马克龙的“黄马甲”之困》，《中国经营报》2018 年 12 月 10 日。

③ 余南平：《“黄马甲”折射法国后现代社会撕裂》，《文汇报》2018 年 12 月 11 日。

④ 谢莲：《“黄马甲运动”蔓延至比利时、荷兰，欧洲怎么了?》，《新京报》2018 年 12 月 9 日。

也有学者和经济学家认为，“黄马甲”运动虽然蔓延，但不会影响欧洲经济走向。伦敦银行家西蒙认为，“它会像前面数任政府遭遇的抗议示威那样很快归于平静，我们要关注的不是执政者本身，而是政策的变革最终能给法国或者欧盟带来什么。毕竟我们要的不是政治，而是生活”。中国国际问题研究院欧洲所所长崔洪建在接受时代财经采访时指出，“黄马甲”运动目前只是法国民众的经济诉求，暂时没有迹象表明会影响欧洲经济。①

随着这场运动中伴有暴力行径，法国工程师洛朗在社交平台发起一项名为“红围巾”的活动，其强调并非反对“黄马甲”运动，而是抗议游行中的暴力行为，应遵守宪法和民主精神。已有35000人加入“红围巾”群组，8000人表示将会参加有关游行。② 这也使“黄马甲”运动的走向更显得扑朔迷离。目前来看，我们很难判断此次运动将往何处去。但总体来看，“黄马甲”运动再次凸显法国社会撕裂严重，社会分歧与阶层分化进一步加重，这一点是毋庸置疑的。这场运动既不是左翼运动也不是极右翼运动，而是一次综合运动。在民粹主义思潮盛行的法国，运动本身体现了资本主义社会当下的无序性，同时证明了资本主义政治制度的无效与衰落，西方社会所标榜的“自由、平等、博爱”等价值信条正走向破灭与衰落。

（供稿：遇　荟）

---

① 徐津晶：《“黄马甲”运动蔓延　但不会影响欧洲经济走向》，《时代财经》2018年12月11日。

② http：//news. ifeng. com/a/20190110/60230747_0. shtml.

朝鲜社会主义道路将走向何方

2018 年 4 月 20 日，朝鲜劳动党第七届中央委员会第三次全体会议（简称朝鲜劳动党七届三中全会）召开，金正恩在会上宣布新战略路线，并号召朝鲜全党全国集中一切力量进行社会主义经济建设。之后，金正恩及其他朝鲜党政领导人在国际舞台上十分活跃，频频出访，积极开展多边外交，同时进行经济考察与经济合作，重新树立朝鲜在国际上的正面形象。基于此，国内外学术界将目光聚焦于朝鲜今后的发展道路，那么朝鲜未来发展会借鉴别国模式吗？朝鲜社会主义道路将走向何方？

朝鲜可否复制“越南模式”？近年来，金正恩在不同场合表达要借鉴“越南模式”的愿望，向越南学习社会主义经济建设的经验及做法，但是学习什么样的经验做法，以及采用什么样的合作方式，还是个未知数。根据两国的国情特点和政策取向进行判断，由于越南强调要充分发挥私人经济的作用，积极推动国有企业的私有化，让更多私人性质的资本进入市场。而朝鲜一贯强调社会主义计划经济体系和发挥公有制在社会主义经济中的主体作用，金正恩执政以来的所有经济政策都没有触及这一点。与此同时，两国当前对社会主义本质的不同理解以及所处发展阶段不一样，因而两国对经济体制改革目标的定位也会不同。基于此，朝鲜和越南尽管在社会主义制度和道路方面具有一定的相似性，但越南革新的历史背景、自身条件，以及国际环境与目前朝鲜战略性调整具有很大差异性。从社会主义改革路径来说，朝鲜变革不可能完全复制越南模式，但可以借鉴越南的某些做法。①

朝鲜可否借鉴“中国模式”？2012 年金正恩执政以后，朝鲜对经济领域进行一系列重大调整：在农业领域推行“圃田担当制”。农民所得农产品的一部分上缴国家后，剩余部分可以留为私有，从而激发了农民的生产积极性。这基本是效仿中国所推行的家庭联产承包责任制。在企业推行“建立我们式的经济管理体系”，实施企业经理负责制，将经营权下放给生产单位，扩大企业决策自主权。经营者只要完成国家上缴计划，剩余部分可由生产单位和各协作部门自行处置分配，跟我国国企改革中所有权和经营权分离高度相似。朝鲜还启动一些其他经济措施，如废除覆盖全民的配给制，建立允许私人交换的市场，这与中国 20 世纪 80 年代所推行的“计划经济为主、市场调节为辅”的体制改革高度相似，与之前朝鲜的传统计划经济已迥然不同。

由于两个国家在经济制度上都坚持公有制，在政治制度上都坚持一党专政，并把共产党的领导作为本国特色社会主义最本质的特征，同时在社会主义建设的经济实践中，朝鲜已在农业、工业和开发区等

① 潘金娥、周增亮：《朝鲜可否复制“越南模式”》，《世界知识》2018 年第 20 期。

多个领域借鉴了中国的经验。除了外部国际环境外，朝鲜当前对内对外经济调整举措与中国改革开放初期的政策取向具有很大的相似性，如果朝鲜在社会主义经济建设领域借鉴中国已经成熟的做法与经验，加强与中国的经济合作，将更加有利于朝鲜从中国经济发展中受益，加快实现“朝鲜式社会主义”。

然而，朝鲜目前还需要迈过半岛无核化和取消国际制裁两道坎，可这依旧是一个十分漫长的过程。一是朝美在半岛无核化路径上分歧依旧严重，一方用“停止核试验”，一方始终用“弃核”，究竟是“先弃核、后安全保障”，还是“阶段性、同步走”，双方迄今未能达成一致意见。仅仅凭借一两次首脑会晤是难以消除几十年敌对状态的。二是美国尚未表达取消对朝制裁的任何迹象。第一次金特会后不久，特朗普签署行政令，将自 2008 年延续至今的“涉及朝鲜（威胁）的国家紧急状态”延长一年，继续保持对朝鲜的经济制裁。目前，朝鲜不仅要发展经济，打破制裁，打破国际孤立状态，更希望构筑一个有保障的和平环境，以谋求国家的长远发展，可美国的政策显然与之背道而驰。

2018 年朝鲜主动发起和平攻势，促使半岛局势向对话方向发展，实际上是为新国家战略路线转变铺路，其战略转变将对半岛乃至东北亚局势产生重要影响。然而，当朝鲜调整国家发展战略后，究竟将走出怎样一条路子，是否效仿“越南模式”或者“中国模式”，其发展走向值得关注。由于金正恩执政以来，朝鲜领导人多次强调经济上的自主性，政治上的独立性，独立自主地开展社会主义建设，不受其他任何国家的干扰。不难猜想，朝鲜无论采取什么样的方式加强同外部的交往，都并不代表其放弃朝鲜社会主义发展道路的主导权，自力更生将成为朝鲜社会主义发展道路的根本准则。

（供稿：张福军）

关于党的全面领导、集中统一领导的研究

围绕党的集中统一领导问题，学术界、理论界从历史、理论和实践三个方面进行阐述。有学者从党的全面领导和全面从严治党的关系上分析加强党的全面领导、集中统一领导的重大意义，认为：全面从严治党保证党的全面领导，是中国社会主义现代化建设规律的体现，反映了“伟大斗争、伟大工程、伟大事业、伟大梦想”的内在联系。新时代加强党的全面领导必须以全面从严治党作保证；必须把严的标准、严的措施贯穿于管党治党全过程和各方面，实现系统化和全覆盖；必须全面发挥从严治党功能，使管党治党落实到提高党的领导能力上；必须营造风清气正的政治生态，为全面从严治党创造良好环境；必须防止党内形成既得利益集团，捍卫党的先进性；必须防止和消除各种各样的“两面人”现象，消除全面从严治党的盲区①；有学者提出新时代加强党的集中统一领导具有很强的战略意义，分析了加强党的集中统一领导的理论内涵要求、实践战略需求②；有学者认为，习近平党建思想是马克思主义建党理论与新的历史条件下中国共产党建设实践相结合的产物，是马克思主义党建理论最新成果，分析了习近平党建思想的基本理念、基本思路、基本方法、基本任务和重大意义③；有学者从历史、理论与现实维度分析党领导一切的思想，分析党的十九大报告重申党领导一切思想的现实背景和现实意义，给出新时代坚持党领导一切的实践路径④。

（供稿：刘海飞、王冠丞）

---

① 姚桓：《加强党的全面领导和践行全面从严治党——理论逻辑与实践难点》，《华东师范大学学报（哲学社会科学版）》2018 年第 2 期。

② 程竹汝，李熠：《论新时代“加强党的集中统一领导”的战略意义》，《探索》2018 年第 4 期。

③ 丁俊萍：《习近平党建思想的鲜明特征和重大意义》，《马克思主义理论学科研究》2018 年第 3 期，

④ 文建龙：《论习近平十九大报告重申党领导一切的思想》，《观察与思考》2018 年第 2 期。

关于“五一口号”发布和新型政党制度的研究

2018 年 2 月 6 日，习近平总书记在同党外人士座谈并共迎新春时宣布将“组织中共中央发布‘五一口号’70 周年系列纪念活动”。在这一背景下，对于“五一口号”发布和新型政党制度的研究成为了该年度的热点。

绝大多数学者认为，发布“五一口号”对于新型政党制度具有奠基作用。中央统战部原副秘书长张献生指出：中国共产党领导的多党合作和政治协商制度，作为具有中国特色的社会主义政党制度和我国的基本政治制度，既不同于一党制，也不同于两党制、多党制，而是“中国共产党、中国人民和各民主党派、无党派人士的伟大政治创造，是从中国土壤中生长出来的新型政党制度”。70 年前中国共产党发布“五一口号”，为中国新型政党制度的形成和发展注入了红色基因，奠定了坚实基础。① 安徽社会主义学院教授齐春雷认为，1948 年中共中央适时提出的纪念“五一”劳动节口号，有力地推进了新型政党制度——中国共产党领导的多党合作与政治协商制度的确立、发展。②

一些学者对于新型政党制度的优势进行了探讨。宁夏社会主义学院副教授李淑萍认为，“三个新”和“三个有效避免”全方位、多视角阐述了我国多党合作制度的鲜明特色和独特优势：（1）从“利益代表”维度上看，新型政党制度新就新在更加真实、广泛、持久的代表性；（2）从功能维度看，新型政党制度新就新在是团结奋斗而不是恶性竞争的政党关系；（3）从效果维度上看，新型政党制度新就新在决策上具有更加民主高效的制度体系。③

部分学者探讨了改革开放以来新型政党制度的创新发展。中国社会科学院当代中国研究所研究员刘维芳认为，改革开放以来 40 年间，中国新型政党制度经历了前后相续的四个发展阶段：改革开放初期的恢复和发展阶段；社会主义市场经济条件下的探索阶段；全面建设小康社会条件下的发展阶段；全面建成小康社会条件下的创新发展阶段。经过这四个阶段，中国新型政党制度在理论政策、相关章程和制度机制方面不断发展和完善，体现出鲜明的特色和巨大的优势。④

绝大多数学者认为新型政党制度具有世界意义。钟声在《人民日报》刊文指出：新型政党制度以合作和协商取代了西方政党之间的彼此倾轧与争斗，具有鲜明独特的中国特色和中国气度，给世界政党

---

① 张献生：《五一口号：为中国新型政党制度奠基》，《人民政协报》2018 年 4 月 4 日。

② 齐春雷：《“五一口号”与多党合作的新型政党制度》，《江淮文史》2018 年第 3 期。

③ 李淑萍：《深刻理解和把握新型政党制度的“三个新”》，《山东社会主义学院学报》2018 年第 3 期。

④ 刘维芳：《改革开放 40 年中国新型政党制度发展考察》，《统一战线学研究》2018 年第 3 期。

政治文明发展带来一种新的模式，彰显出中国智慧，为如何践行“政党的责任”提供了可借鉴的范本，为人类探索更好政治制度提供了中国方案。① 河南省社会主义学院副教授张鹏立认为，新型政党制度具有世界意义，它从崭新的政党制度、和谐的政党关系、新颖的民主形式等几个方面为人类社会民主政治和政治文明作出了重要贡献。②

（供稿：刘海飞、王冠丞）

① 钟声：《中国新型政党制度带给世界的启示》，《人民日报》2018 年 3 月 10 日。

② 张鹏立：《新型政党制度的历史内涵与世界意义》，《湖南省社会主义学院学报》2018 年第 6 期。

关于“新革命史”问题的探讨

2009年南开大学历史学院中国社会史研究中心教授李金铮首次提出“新革命史”这一概念①以来，“新革命史”的问题越来越受到学界的关注。

2018年，李金铮又进一步阐释关于“新革命史”的看法，他认为，“新革命史”提法的产生，有一个较长的研究与反思过程。这一过程，是改革开放以来中共革命史学术发展的一个见证。所谓新革命史，是指回归历史学轨道，坚持朴素的实事求是精神，力图改进传统革命史观的简单思维模式，重视常识、常情、常理并尝试使用新的理念和方法，对中共革命史进行重新审视和研究，以揭示中共革命的运作形态尤其是艰难、曲折与复杂性，进而提出一套符合革命史实际的问题、概念和理论。②

上海师范大学人文与传播学院教授董丽敏则提出了不同的看法，认为：作为讨论新中国文明内涵的前提，如何认识和把握中国革命特别是中共领导的阶级革命的内涵，确实是不容忽视的关键所在。虽然“革命前”和“革命后”是有差异的，但若无前者的逻辑支撑，后者便无法获得合法性依据。新中国的国家和社会建设的方案恰恰是在延安时期就已经奠定了基础。中共领导的阶级革命当然是从中国已有的革命传统中孕育而生的，但并不能推断出它就是对以往革命的一种简单延续或重复。20世纪中国所经历的三场革命——共和革命、国民革命、阶级革命，被“新革命史”的研究理念大而化之地归入“中国革命”的大传统中，但研究者理应看到不同革命的历史针对性各异，背后的政治理念也不一样，所提供的未来想象更具有巨大差异。在此语境下，“新革命史”的研究范式可能存在着内容上的“撑大”问题和时段上的“拉长”问题，这样的简单加法或替代性方案，到底是打开了还是重新封闭了对中共革命的认识，如何来保证新的方法的叠加或更替所应指向的理论生产性，尚需进一步讨论；将中国革命置入诸如“多国竞争”的多元化格局并和其他国家的革命开展类比或开展新的整合性讨论等，其间的利弊得失也需要给予自觉思考。③

浙江大学蒋介石与近代中国研究中心主任陈红民教授也加入了探讨，他认为，所有的理论与方法，都是为了准确地解释历史，深入地研究历史，都是工具，能用就好，没有新旧、高下之分，能解决问题是最重要的。对于具体问题的研究，“新

---

① 参见李金铮《向“新革命史”转型——国家与社会视野下的中共革命史研究》，山西省历史学会专题资料汇编，2009年。

② 李金诤：《“新革命史”：由来、理念及实践》，《江海学刊》2018年第2期。

③ 董丽敏：《对“新革命史”研究理念的重新认识》（摘编），《中共党史研究》2018年第5期，原文载于《开放时代》2018年第1期“人民共和国的文明内涵”专栏。

方法”未必比“老方法”更管用。如果不顾实际情况，一味求“新理论”“新方法”，那就是舍本逐末了。“新革命史”概念的提出，对于深化与丰富革命史的研究，在理论上是有积极探索意义的，且在实践中取得了一些成果，值得肯定。但同时“新革命史”这一学术概念还需要在历史研究中检验。①

（供稿：刘海飞、王冠丞）

① 陈红民：《“新革命史”学术概念的省思：何为新，为何新，如何新?》，《苏区研究》2018 年第 5 期。

新时代思想政治教育的创新发展

思想政治教育的内容和形式始终要随着现实变化和时代发展而不断丰富和逐步演变，这是思想政治教育实践的内在规律。随着我国进入新时代中国特色社会主义这一科学论断的提出，思想政治教育如何适应新时代条件而进一步创新发展，日益成为理论界的热点话题。2018 年，学术界针对新时代思想政治教育的创新发展的讨论，主要集中在三个方面：

首先，历史方位变化和新时代社会主要矛盾的变化给思想政治教育带来的挑战和新要求。有学者提出，新时代高校思想政治教育的内容，主要应包括：以塑造学生思想观念为核心的思想教育；以铸牢学生理想信念为核心的政治教育；以涵育学生道德品质为核心的道德教育；以培养学生健康心态为核心的心理健康教育；以提升学生文化素养为核心的文化教育；以完善学生法治素养为核心的法治教育；以增强学生实践能力为核心的实践教育；等等。[①] 也有学者认为，思想政治教育迈向新时代需要关注发展中的“不平衡”“不充分”的问题。加强高校思想政治教育内化的研究，需要从信息传导、心理机制、内化活动等过程结构分析内化的发展逻辑，找准方位，理顺方法，更好地回应高校思想政治工作的时代使命。[②] 还有学者认为，新时代社会主要矛盾转化背景下，我国思想政治教育需要告别过去以客体、知识、结果、感性为导向的思维方式，转向以主体、价值、过程和数据为导向的思维方式。[③]

其次，新时代背景下我国思想政治教育面对的新问题和创新的方向。有学者提出，思想政治教育内部的主要矛盾表现为教育客体的真实需要和教育主体的有效供给之间的矛盾，从大学生的真实需要来看，新时代的新转化主要表现为：一是需要的价值观倾向发生转化；二是需要的满足感发生转化。因此，需要以习近平新时代中国特色社会主义思想为指导，充实新时代大学生思想政治教育新内容。要以新时代新理念为指向，化解思想政治教育供给不平衡的矛盾，积极探索思想政治教育的新方法、新手段和新话语，坚持思想政治教育的主客体协调发展和开放发展，打开课堂门、学校门、国门的三扇门，在

① 冯留建、刘国瑞：《新时代高校思想政治教育内容创新研究》，《学校党建与思想教育》2018 年第 14 期。

② 唐登蕓、吴满意：《新时代高校思想政治教育内化的价值、逻辑与改进》，《思想教育研究》2018 年第 8 期。

③ 任晓霞：《新时代社会主要矛盾转化背景下思想政治教育思维方式的创新研究》，《改革与开放》2018 年第 20 期。

"引进来"与"走出去"上双向发力。[①] 也有学者认为，新时代思想政治教育学科创新中的元理论研究，基本任务是审视和反思思想政治教育方法论理论的论证，具有本原性、规范性、延展性和综合性的研究特点。元理论研究有助于进一步拓展新时代思想政治教育方法论改进和优化的空间，实现方法论理论体系的重点突破和整体提升。[②] 还有学者提出，新时代社会主要矛盾变化深刻影响大学生思想政治教育的主题、内容和方法，要以理想信念教育为根本，引导大学生树立"四个正确认识"，弘扬和践行社会主义核心价值观；同时，要坚持以人为本，贴近时代要求，强化实践教育，注重工作创新，探索符合新时代要求的实践路径。[③]

最后，在新时代背景下思想政治教育创新的基本原则和方法路径，学术界也进行了有益的探讨。有学者提出，中国特色社会主义进入新时代，为了实现人才培养目标，必须坚持和加强灌输理论，同时应在运用策略上力争创新，使灌输理论适应时代的发展，展现其应用的魅力。[④] 也有学者认为，思想政治教育载体的发展是思想政治教育发展最为直接、最为活跃、最为显著的标志。当前思想政治教育载体需要变换自身的形态，顺应时代发展的需要和思想政治教育实践发展的需要，不断对思想政治教育的载体进行继承创新、整合优化，适应多样化、分众化、互动性和融合式发展的新态势。[⑤]

（供稿：侯为民）

① 蒲清平、何丽玲：《新时代大学生思想政治教育内部矛盾的新变化与新应对》，《思想教育研究》2018 年第 7 期。

② 杨勇、娄淑华：《思想政治教育方法论元理论研究论纲——关于新时代思想政治教育学科创新的思考》，《思想教育研究》2018 年第 6 期。

③ 魏建功、任爽：《新时代社会主要矛盾变化视域下的大学生思想政治教育及实践路径》，《学术与探索》2018 年第 10 期。

④ 张虹、吴学林：《新时代灌输理论在高校思想政治教育中的坚守与创新》，《文教资料》2018 年第 27 期。

⑤ 孙梦婵、杨威：《论新时代思想政治教育载体的新发展》，《思想政治教育研究》2018 年第 3 期。

改革开放40年我国思想政治教育的基本经验

2018年是改革开放40周年，这40年也是思想政治教育大发展的历史时期。围绕改革开放以来我国思想政治教育取得的历史性成就和主要经验，学术界从不同侧面进行了较集中的讨论，推动了对思想政治教育工作的进一步思考和创新。

思想政治教育学科的成立与发展乃至当前的繁荣，与我国改革开放的历史性变革密不可分。冯刚认为，改革开放40年来，我国在思想政治教育方面取得的巨大成就主要体现在四个方面：1、不断丰富和发展马克思主义思想政治教育理论，创造性地回答了“培养什么人、如何培养人、为谁培养人”这一根本问题。2、积极拓展和创新高校思想政治教育方法路径，努力解决高校思想政治教育针对性、实效性这一现实难题。3、持之以恒加强高校思想政治教育队伍建设，积极推进了工作队伍专业素养、职业能力提升这一核心问题。4、积极谋划高校思想政治教育系统构建、整体推进，初步解决了协同育人、合力育人这一重要问题。根本的原因在于，我国思想政治教育始终贯彻党的教育方针，始终坚持马克思主义在意识形态的指导地位，始终坚持立德树人。① 田雪飞认为，改革开放40年来我国思想政治教育围绕服务社会的价值核心具有一个转变过程，并呈现了新的变化与倾向。从20世纪70年代末到90年代末，思想政治教育由政治向经济转向的社会价值论，到21世纪初期思想政治教育个人价值论，再到党的十八大以来思想政治教育人与社会统合的价值论，反映了思想政治教育改革不断向着马克思主义人的解放目标前进的历程，科学把握了思想政治教育的本质。②

一些学者对思想政治教育的基本经验进行了分析。冯培提出，改革开放40年高校思想政治教育诸多经验中可以总结出三条基本经验，即：坚持问题导向与历史担当相统一、坚持创新变革与注重实效相统一、坚持“致广大”与“尽精微”相统一。③ 张毅翔则认为，改革开放40年思想政治教育的基本经验，主要有四条：始终坚持围绕党的中心工作，保障改革开放和经济建设的社会主义方向；始终坚持以人民为核心，提升人民群众的政治认同、价值认同和情感认同；始终坚持和发展马克思主义，确保思想政治教育的科学性与彻底性；始终坚持与时俱进，把握思想政治教育的“时”“是”“新”，开拓思想政治教育新局面。这四条基本经验遵

---

① 冯刚：《改革开放40年来高校思想政治教育发展的经验与展望》，《中国高等教育》2018年第Z2期。

② 田雪飞：《改革开放40年思想政治教育价值论研究》，《思想教育研究》2018年第10期。

③ 冯培：《坚持“三个统一”：改革开放40年高校思想政治教育的基本经验》，《思想理论教育导刊》2018年第11期。

循了中国特色社会主义发展规律和思想政治教育规律，分别扣准了思想政治教育的根本、核心、本质和动力。①

高校是思想政治教育的主阵地，青年学生是开展思想政治教育的重点对象。围绕这方面的思想政治教育经验，学术界也进行了探讨和分析。黄大勤认为，改革开放40年来思想政治教育的主要经验在于：1、加强高校思想政治教育，培养优秀人才。2、高举马克思主义大旗，用最新理论成果武装师生的头脑。3、高校思想政治教育要与解决实际问题相结合。4、高校思想政治教育坚持传统与创新相结合。② 关于大学生思想政治教育方面的经验，孟新超、何玉芳提出，改革开放40年来我国大学生思想政治教育在总体指向上保持了相对的稳定，体现了“变”中之“不变”。这种不变主要在于：坚持以马克思主义为指导始终不变；坚持党的领导和反映社会主义性质、发展要求始终不变；努力实现人的全面发展的目标指向不变。③

（供稿：侯为民）

① 张毅翔：《改革开放40年思想政治教育基本经验的实践理路》，《马克思主义与现实》2018年第5期。

② 黄大勤：《改革开放40年高校思想政治教育发展经验》，《内蒙古财经大学学报》2018年第4期。

③ 孟新超、何玉芳：《“变”与“不变”——改革开放40年来大学生思想政治教育目标的历史发展》，《北京德育》2018年第11期。

思想政治理论课“翻转课堂”热的反思

翻转课堂源于美国，是信息化时代一种新型教学模式。翻转课堂颠覆了传统教学流程，为学生的个性化学习提供了可能。就翻转课堂的积极作用而言，很多学者认为，它推动了基础教育优质资源共享和基础教育深层次变革，重塑了教师专业发展内涵，促进了教育公平。翻转课堂的价值，主要体现在它能够提升学生课堂参与度、注重学生差异和促进学生发展。翻转课堂颠覆了传统教学流程，为学生的个性化学习提供了可能。研究者对其价值的表述有所不同，但集中体现在几方面：一是促进了学生的个性化发展，二是与信息技术融合，三是教学结构的改变提升了教学效果。①

近年来，“翻转课堂”尤为显眼，深得一些思想政治理论课教师青睐，对“翻转课堂”抱以厚望，有人甚至提出用“翻转课堂”代替、终结“传统课堂”。一些新闻媒体也推波助澜，使得“翻转课堂”成为热门话语，似乎成为提高思想政治理论课实效性的“不二选择”。对于这种现象，我们要在系统分析的基础上，把握“‘热’与‘冷’的辩证法”，既顺势而为，又冷静思考，以期获得对思想政治理论课“翻转课堂”的正确认识，从而更好地发挥其在提高教学实效性中的作用。不少研究者认为，应当以辩证、多元的思维考量翻转课堂的价值与限度，而非一味地赞扬与称颂。翻转课堂是对传统的知识传授和知识内化在时间和形式上的颠倒安排，它追求以学习者为中心，能够有助于学习者知识体系的构建，但在教师素质、优质资源和评价机制等方面存在局限，从而制约了翻转课堂的实施，并可能会引发新的不公平。翻转课堂可以提高学生解决单一问题的能力，但在促进“学习者全面发展”上乏力。在对翻转课堂的反思中，有学者认为，不宜将“翻转课堂”简单地视作一种全新的教学理念和现代教学模式。如果理论准备不足，仓促进行的“翻转课堂”往往是形式大于内容；有的学校借“翻转课堂”之名，大幅度压缩课堂教学时间。因此，对于思想政治理论课绝不能“一翻了之”，而应进一步对“翻转课堂”加强理论与实践探究。②

翻转课堂对师生角色、能力与观念以及学校信息技术设备提出了更高要求。有学者提出，对于高校课堂教学变革，翻转课堂的价值在于提供一种理想的模式选择，为自主能力培养提供倒逼机制，推动在线教育资源有效应用。但也导致教学工作量与教师工作重心、全面发展与两极分化、个案翻转与全面翻转之间存在张力。在实践中，通过引入人工智能技术等措施

---

① 郝琦蕾、王丽：《国内翻转课堂教学模式研究述评》，《中国现代教育装备》2018 年第 9 期。

② 赵继伟：《关于思想政治理论课“翻转课堂”热的冷思考》，《思想理论教育导刊》2018 年第 4 期。

可减少教师的时间顾虑；通过构建翻转学习共同体，实施精准指导，可消解翻转课堂的两极分化；通过倡导适度翻转，可匡正实践主体的偏颇认知。① 也有学者认为，翻转课堂在教学时间的调整、教学空间的扩展、教学顺序流程的转变、教师角色的转型等实现了课堂变革。翻转课堂真正发挥作用需要从虚向实转变，以深度学习、创造性发展为目标指向，与信息技术深度融合。② 还有学者提出，国内众多高校、中小学实施翻转课堂效果欠佳，原因在于国内翻转课堂热源于媒体、教育界推崇及契合我国课改要求，而非似美国是其教育实践发展的产物。因此，需要将翻转课堂本土化，一方面是将翻转课堂的核心理念（如自主学习、以人为本、合作探究）渗透到我国传统课堂教学模式之中；另一方面，创建中国特色的翻转课堂教学模式，即智慧课堂。③

（供稿：侯为民）

① 郝兆杰、李昊、马黎明：《翻转课堂之于高校课堂教学变革：价值、限度与超越》，《中国教育信息化》2018 年第 18 期。

② 赵雪艳：《实与虚：翻转课堂之课堂变革分析》，《基础教育研究》2018 年第 23 期。

③ 苏荟、刘纪芳：《刍议新型教学模式的中国化——对国内翻转课堂热的探因与反思》，《兵团教育学院学报》2018 年第 1 期。

学者聚焦习近平关于新时代宗教问题与宗教工作的重要论述

党的十八大以来，习近平总书记提出了一系列关于新时代宗教工作的重要论述，对于我们正确处理当前的宗教问题与宗教工作具有重要指导意义。

朱晓明认为，党的十九大报告坚持以人民为中心的发展思想，高度重视意识形态工作、重视精神的力量、重视文化的作用，以及对马克思主义无神论研究和宣传教育的指导作用。针对社会实践中出现的问题，朱晓明提出，要明确宗教工作前进的航向，“人民有信仰”不能误读为“宗教信仰”，要正确认识坚持无神论和实行宗教信仰自由等问题。① 他还以解决突出问题为导向，以政治意识、大局意识为着眼点，以体制机制保障为抓手等三个方面，解读了习近平关于新时代宗教问题和宗教工作重要论述的创新和发展，显示了党的十八大以来的历史性变革赋予中国特色社会主义宗教理论的创新性、实践性价值。②

田心铭认为，马克思主义无神论是习近平新时代中国特色社会主义思想的哲学基础的内在构成，坚持马克思主义无神论是共产党员“不忘初心，牢记使命”所不可缺少的重要思想基础。某些还没有真正找到精神家园的共产党员和领导干部，应该在“不忘初心，牢记使命”主题教育中补上马克思主义无神论这堂思想教育课。③

加润国认为，学习贯彻党的十九大精神，在新起点上做好党的宗教工作，就要以习近平新时代中国特色社会主义思想为指导，深刻认识宗教工作的历史性成就，准确把握宗教工作的历史性变革，奋力开拓新时代宗教工作新境界。在“导”上想得深、看得透、把得准，树立意识形态、统一战线、社会治理“三位一体”的大宗教工作观，整合党政军群工作力量，加强党中央集中统一领导，牢牢掌握宗教工作主动权。④

张新鹰认为，习近平总书记2016年在全国宗教工作会议上发表重要讲话，该讲话的基本理念就是要把宗教纳入国家治理体系管住管好，中心要求就是要最大限度把广大信教群众和不信教群众团结在党的周围，根本精神就是全党要认真思考和回答以往未曾提出过的“三个如何”的

---

① 朱晓明：《以十九大精神为指引，坚持无神论原则，把握宗教工作的正确方向》，《科学与无神论》2018 年第 1 期。

② 朱晓明：《问题导向·政治担当·创新推进——学习习近平关于新时代宗教问题和宗教工作的重要论述》，《科学与无神论》2018 年第 6 期。

③ 田心铭：《新时代中国特色社会主义中的科学无神论》，《科学与无神论》2018 年第 1 期。

④ 加润国：《以十九大精神指引新时代宗教工作》，《科学与无神论》2018 年第 5 期。

重大课题。[①] 而党的十九大报告涉及宗教工作方面的内容充满了战略思维、创新思维、辩证思维、法治思维、底线思维，显示了充分的政治定力和政治智慧，为认识和处理中国特色社会主义新时代的宗教问题提供了根本遵循。[②]

（供稿：杨俊峰）

① 张新鹰：《集中论证、大力宣传习近平新时代中国特色社会主义宗教理论》，《科学与无神论》2018年第2期。

② 张新鹰：《学习十九大报告涉及宗教工作论述的初步体会与思考》，《科学与无神论》2018年第1期。

中华传统文化与无神论的关系问题持续引发热议

中国传统文化具有鲜明的人文主义思想倾向与丰富的无神论思想因素。正确认识和把握优秀传统文化与无神论的关系，不但能为科学无神论学科提供坚实的文化基础，更有助于促进当前科学无神论的宣传与教育工作。

李申坚持“儒教是教”说，认为这基于中国古人信神的历史事实。“儒教”虽然不具有世界宗教的一些特征，但确是古代中国的国家宗教。中国古代之所以具有丰富的无神论传统，首先是由于中国古代有着同样丰富、甚至更加丰富的有神论传统，才有无神论反对有神论的事。中国古代的无神论者反对淫祀，对鬼神说的某些方面提出质疑和否定，虽然正确进步，但其目的是为了维护正祀与正信，不应过度夸大。由“儒教非教”说带来的数典忘祖、误解甚至有意曲解中国传统文化的现象，会影响到对于什么是有神、什么是无神的判断，给无神论的研究和宣传造成认识错误，而由这样的认识错误已经造成了诸如“文化大革命”以及特异功能和伪气功泛滥等巨大的社会危害。指明中国传统文化也是宗教文化，只是要人们警惕传统文化中被人为附加的神学油彩，而并不会否认其中的优秀文化成果。问题并不在于传统文化本身如何，而仅仅在于我们今天要创造一种什么样的文化，要继承传统文化中的哪一部分。中国无神论事业能否发扬光大，不在于我们的传统文化中有什么无神论基因，而在于我们相信无神论是正确的，在于我们今天的团结奋斗。①

蒲创国认为，透过儒学对天人关系的认识，可以看出儒学的有神论主张。儒家的天人关系在本质上是神人关系。在儒家天人关系理论的发展过程中，天道自然观与天人感应思想始终交织在一起，既融合又斗争，共同保证了天的主宰地位，同时又重视人德，具有强烈的人文主义精神。② 苏珍则对民国初期思想家们对康有为孔教思想的拒斥进行了考察，他认为，早期思想家们对孔教思想的拒斥，在今天抬高“孔教”思想的趋势下，对坚定无神论思想、反对泛宗教化仍然具有重要的研究价值。③

与此不同，丁郁认为，中国传统文化蕴含的价值取向、思维方式、人文精神、道德规范，体现出鲜明的“无神”特色，为马克思主义无神论中国化提供了优秀基

---

① 李申：《中国传统文化精华、糟粕与无神论问题（初探）——和无神论朋友们谈中国传统文化》，《科学与无神论》2018 年第 1 期。

② 蒲创国：《儒学有神论思想中的人文主义精神——以天人关系为例》，《科学与无神论》2018 年第 6 期。

③ 苏珍：《早期思想家对康有为孔教思想的批判及其当代反思》，《科学与无神论》2018 年第 3 期。

因。[①] 王士良则考察了《国语》中所记载的关于天人关系或人神关系的言论，认为其中呈现出西周至春秋时期由“事神保民”向“人事必将与天地相参”的思想史变迁，构成了中国无神论思想发展的重要阶段，具有深远的历史意义。[②] 彭无情通过勾勒新疆多元宗教文化交融的情况，揭示了中华文化因置身的时空多样性和连续性而呈现出一体多元格局。他认为，作为中华文化不可分割的重要组成部分，新疆区域文化是中原文化与西域文化长期交融的结果，表现出“一元主导，多元交融，和而不同”的文化特点。[③]

（供稿：杨俊峰）

① 丁郁：《马克思主义无神论中国化与中国传统文化》，《科学与无神论》2018 年第 4 期。

② 王士良：《马克思主义无神论视域下〈国语〉中人神关系的思想史变迁》，《科学与无神论》2018 年第 1 期。

③ 彭无情：《中华文化视野下新疆多元宗教文化的交融一体》，《科学与无神论》2018 年第 5 期。

第五篇

论文荟萃

马克思主义基本原理

【新时代中国特色社会主义对世界社会主义的重大贡献】

*姜辉**，*《人民日报》2018年5月22日*

习近平新时代中国特色社会主义思想，既是马克思主义中国化最新成果，又为21世纪马克思主义创新发展作出原创性贡献，充分展现了习近平同志作为伟大马克思主义者勇于创新、善于创新的优秀品格。比如，从对科学社会主义发展创新上看，提出以人民为中心的发展思想，深化了社会主义本质理论；提出我国社会主要矛盾发生历史性转化，发展了社会主义发展阶段理论；推进全面深化改革，提升了社会主义发展动力理论；推进国家治理体系和治理能力现代化，发展了社会主义现代化理论；统筹推进“五位一体”总体布局、协调推进“四个全面”战略布局，完善了社会主义全面发展理论；提出和践行新发展理念，拓展了关于社会主义发展途径和目标的理论；坚持党的全面领导，提出中国共产党领导是中国特色社会主义最本质的特征，丰富发展了马克思主义执政党建设理论；等等。这些具有重大理论意义和鲜明时代意义的新理念新思想新战略，是对科学社会主义的重大创新，同对马克思主义哲学和政治经济学的重大创新一道，共同构成了新时代创新性、系统性、典范性的理论成果，为发展21世纪马克思主义作出了原创性贡献。

在为人类对更好社会制度的探索提供中国方案的21世纪，以中国共产党为领导核心的中国特色社会主义事业对世界的影响必将越来越大。从一定意义上说，中国特色社会主义代表着世界社会主义的未来。这是中国特色社会主义道路自信、理论自信、制度自信、文化自信的集中体现，也是中国共产党对社会主义事业及人类社会发展与文明进步的历史担当。根据党的十九大描绘的宏伟蓝图，到21世纪中叶，中国将全面建成富强民主文明和谐美丽的社会主义现代化强国，成为综合国力和国际影响力领先的国家，中华民族将以更加昂扬的姿态屹立于世界民族之林。新时代中国特色社会主义将以全面发展的巨大成就，成为世界社会主义走向振兴当之无愧的中流砥柱。

中国特色社会主义制度建设的成果，不仅是中国的，也是世界的；不仅为中国社会主义现代化建设、实现民族复兴提供保障，而且为促进人类进步和世界文明发展作出贡献。中国是一个拥有13亿多人口的发展中大国，制度建设和创新的每一个重大进步和成就，都会对整个世界产生广泛而深远的影响。邓小平同志充满信心地展望：“我们的制度将一天天完善起来，它将吸收我们可以从世界各国吸收的进步因素，成为世界上最好的制度。”习近平同志掷地有声地指出：“随着中国特

---

* 姜辉：中国社会科学院党组成员，当代中国研究所所长、马克思主义研究院院长。

色社会主义不断发展，我们的制度必将越来越成熟，我国社会主义制度的优越性必将进一步显现，我们的道路必将越走越宽广”。今天，全党全国人民正在以习近平同志为核心的党中央坚强领导下，以更加饱满坚毅的姿态推动承载着13亿多中国人民伟大梦想的中华巨轮继续劈波斩浪、扬帆远航。我们必将书写新时代中国特色社会主义事业的辉煌篇章，也必将开创21世纪世界社会主义发展新局面。

（供稿：彭五堂）

【**不忘初心，牢记使命，坚持和发展中国特色社会主义**——学习《共产党宣言》的几点体会】

沙健孙*，《世界社会主义研究》2018年第4期

《共产党宣言》（以下简称《宣言》）是共产主义的纲领性文件，其阐述的科学社会主义理论对人类历史产生了深远影响。党的十九大号召我们要“不忘初心，牢记使命”，坚持和发展中国特色社会主义，为实现共产主义的远大理想而奋斗。这个初心和使命的确立，其源头就在于中国共产主义运动的先驱者对《宣言》的学习、研究、宣传和实践。体现在：

其一，《宣言》通过对生产力和生产关系矛盾运动规律的历史分析，论证了“资产阶级的灭亡和无产阶级的胜利是同样不可避免的”，科学揭示了人类历史发展的总趋势，也指引着我们牢固树立共产主义的远大理想和坚定信念。我们今天正处在社会主义的初级阶段，共产主义理想的最终实现还要经历漫长的历史过程。我们之所以必须坚持共产主义的理想、信念，是因为：只有坚持共产主义的理想、信念，我们才能具有政治上的坚定性，始终沿着正确方向不断前行；才能站得高，看得远，在贯彻执行党的当前阶段的纲领、路线和方针政策时具有高度的自觉性，而不致左右摇摆、迷失方向；才能在执政、改革开放和发展社会主义市场经济的条件下，自觉抵制资产阶级腐朽思想和生活方式的侵蚀，保持住共产党员的先进性、纯洁性。

其二，《宣言》关于共产主义革命就是同传统的所有制关系、传统的观念实行“最彻底的决裂”，证明了我国坚持公有制为主体、共同富裕的社会主义基本经济制度和分配制度，是新时代坚持和发展中国特色社会主义的题中应有之义。一个公有制占主体，一个共同富裕，这是我们所必须坚持的社会主义的根本原则。

其三，《宣言》关于共产主义运动是“绝大多数人的，为着绝大多数人谋利益”的论述和党的十九大坚持人民主体地位、全心全意为人民服务的根本宗旨是一脉相承的。党的十九大报告指出：人民是历史的创造者，是决定党和国家前途命运的根本力量。必须坚持人民主体地位，坚持立党为公、执政为民，践行全心全意为人民服务的根本宗旨，把党的群众路线贯彻到治国理政全部活动之中，把人民对美好生活的向往作为奋斗目标，依靠人民创造历史伟业。这同《宣言》关于共产主义运动是“绝大多数人的，为着绝大多数人谋利益的运动”的论述，是一脉相承的。

其四，《宣言》指出，“在实践方面，共产党人是各国工人政党中最坚决的、始终起推动作用的部分；在理论方面，他们胜过其余无产阶级群众的地方在于他们了解无产阶级运动的条件、进程和一般结

* 沙健孙：原中央党史研究室副主任，中国社会科学院习近平新时代中国特色社会主义思想研究中心学术顾问。

果”。关于共产党的纲领，《宣言》指出，“共产党人的最近目的”是“使无产阶级形成为阶级，推翻资产阶级的统治，由无产阶级夺取政权”；它的长远的奋斗目标，是消灭私有制、消灭阶级和阶级对立，建设共产主义新社会。《宣言》关于共产党的性质、特点、纲领和战略策略原则等，对于中国共产党的建设和发展，具有重要的指导作用。

（供稿：张建云）

【《共产党宣言》的精神真谛是中国共产党人的政治基因——纪念〈共产党宣言〉发表170周年和马克思诞辰200周年**】**

严书翰*，《中共福建省委党校学报》2018年第4期

从中国共产党领袖对《共产党宣言》的重要论述中可以清楚地看出：《共产党宣言》对于中国革命、建设和改革产生深刻影响和重要作用。毛泽东说过：“有三本书特别深刻地铭刻在我的心中，建立起我对马克思主义的信仰。”第一本就是陈望道翻译的《共产党宣言》。1992年，邓小平在南方谈话中讲道，“我的入门老师是《共产党宣言》”。习近平曾经给党的高中级干部开过需要精读的18本马克思主义经典著作清单，其中第一本就是《共产党宣言》。

《共产党宣言》（下文简称《宣言》）精神的科学内涵包括三个层面的内容：一是基本原理，二是基本观点，三是基本方法。《宣言》包含的基本原理也就是马克思恩格斯说的“一般原理”，主要体现在1883年恩格斯为《宣言》写的德文版序言中所概括的三个相互联系的基本原理：一是唯物史观，即“每一历史时代的经济生产以及必然由此产生的社会结构，是该时代政治的和精神的历史的基础”，只有从这一基础出发，这一历史才能得到说明。二是阶级斗争理论，即自从原始社会解体以来，“全部历史都是阶级斗争的历史，即社会发展各个阶段上被剥削阶级和剥削阶级之间、被统治阶级和统治阶级之间斗争的历史”。三是无产阶级革命的理论，即阶级斗争在现阶段主要表现为无产阶级反对资产阶级的斗争。《宣言》阐述的基本观点不少，我们认为最重要的是要把握马克思恩格斯关于革命的观点和批判的观点。《宣言》中关于“两个决裂”的革命观点是对无产阶级革命理论的经典论述。关于批判的观点是《宣言》中闪光的基本观点，马克思恩格斯在对各种社会主义流派的批判中坚持了这两条标准：一是生产力标准，即看其是否促进还是束缚生产力发展，二是历史标准，即看其是否推动还是阻碍历史进步甚至开历史倒车。《宣言》阐述和运用的基本方法体现了马克思主义科学世界观和方法论，其中极为重要的是理论联系实际的方法。在《宣言》中理论联系实际既是贯穿此书的思想红线，又是把握此书精神的“钥匙”。

《共产党宣言》的精神真谛如共产主义崇高理想、以人民为中心的价值理念、实事求是精神和与时俱进品格等，是中国共产党人的政治基因。在人类思想史上还没有哪一本书，像《共产党宣言》这样对人类社会历史发展进程尤其是对中国共产党人产生如此巨大的影响，《共产党宣言》精神永远指引并鼓舞中国共产党人为实现千秋伟业即中华民族伟大复兴而努力奋斗。

（供稿：张建云）

---

* 严书翰：中共中央党校教授。

【唯物史观视野中的人类命运共同体】

张雷声*，《马克思主义研究》2018年第12期

人类命运共同体作为世界范围人的群体共同存在的状态，作为利益共同体与安全共同体、文明共同体、责任共同体的统一体，与马克思在一个多世纪之前所论述的社会共同体有着相同之处。在创立唯物史观的基础上，马克思对“自然共同体”“虚假共同体”“真正共同体”等形态的分析，都抓住了共同体的内在要素即利益问题，进一步说，抓住了特殊利益与共同利益的关系问题。不可否认，社会共同体也是利益共同体。在这个共同体内部，整体和个体之间的利益关系成为衡量共同体发展状况的一把标尺。

但是，社会共同体的实质则在于生产关系这一始基关系的变革，没有生产关系的变革，就没有生产力发展水平的提高，就没有人的发展，也就没有共同体的演化和进步，更不可能有人类社会由低级向高级发展的规律。以生产力发展水平为标志的生产关系的变革乃至交换关系、分配关系、消费关系的变革，决定着社会共同体的性质。因此，社会共同体在本质上是特定社会生产关系的共同体，是特定社会制度的共同体。可以认为，马克思对社会共同体的分析，是沿着社会生产关系变革的思路，在对资本主义社会“虚假共同体”进行全面批判的基础上，科学分析未来理想社会“真正共同体”的实质。如果从性质上来把握社会共同体，那么，在共同体这个范围内，社会共同体就是始基范畴，而由生产关系的性质所决定的利益共同体等则为次级范畴。从这个意义上说，作为反映中国特色大国外交合作共赢理念的人类命运共同体，所强调的利益共同性虽然是和责任共担、安全与共、文明互鉴、共同治理紧密联系在一起的，是高于、超于民族利益的共同利益，但是，它并不承载社会形态演化、社会制度演变的任务，它只是一种典型的利益共同体。因此，人类命运共同体并不是马克思所说的社会共同体本身，而只是社会共同体的次级范畴。如果把人类命运共同体等同于社会共同体，从社会形态、社会制度角度来研究人类命运共同体的指向，势必会在世界范围内加剧和扩散“中国威胁论”“中国担忧论”等的影响，加重国际社会对中国的疑虑和恐惧。

人类命运共同体是马克思主义理论逻辑与当代世界和中国发展的历史逻辑、实践逻辑的统一。马克思主义社会共同体、世界历史理论蕴藏于当代世界和中国发展的历史逻辑、实践逻辑之中，而当代世界和中国发展的历史逻辑、实践逻辑则是马克思主义社会共同体、世界历史理论逻辑的现实基础。在理论逻辑统一于历史逻辑、实践逻辑中，马克思主义社会共同体、世界历史理论的当代价值得到了充分彰显。

（供稿：彭五堂）

【西方经济停滞常态化是当代资本主义经济的典型特征】

何自力**，《红旗文稿》2018年第4期

一　西方资本主义经济停滞常态化的表现

1. 经济持续下行，失业率居高不下，复苏和新的繁荣遥遥无期，经济实力衰落明显。

2. 产业结构严重失衡，服务业难以

* 张雷声：中国人民大学马克思主义学院教授。

** 何自力：南开大学经济学院教授。

支撑经济繁荣。在西方国家，服务业已经占到整个三次产业增加值的75%以上，吸纳了社会大量的就业人口。传统制造业则高度萎缩，高科技产业独木难以成林，既无力扩大内需，也难以拉动世界经济增长。

3. 政府债务负担不断加重，公共开支难以为继。西方国家加工制造业的衰退弱化了经济增长，政府扩大财政收入失去了经济来源。

4. 福利制度难以为继，中产阶级分化，阶级对抗加剧。随着去工业化和经济衰退的加剧，福利保障越来越缺乏足够的财力做支撑，福利水平呈现不断下降的趋势。

二 西方资本主义经济停滞常态化的原因

一是以私有制和雇佣劳动为基础的基本经济制度严重阻碍生产力发展。

二是新技术、新机器加快排挤劳动。其实资本与劳动关系的这一悖论恰恰是资本主义生产方式的本质特性，这一特性可以称为劳资关系悖论。这一悖论在工业资本主义条件下的存在和发展，必然导致工业资本主义走向衰落并陷入危机：即越来越多的劳动者被资本主导的新技术、新机器所排挤，越来越多的传统加工制造行业被淘汰，产业空心化越来越严重。

三是经济过度金融化。金融自由化使经济过度金融化，在过度金融化条件下，金融资本凭借对资金供给的控制而支配实体经济成为金融寡头，贪婪的金融寡头进而脱离实体经济，通过形形色色的金融衍生工具在国内外股票市场、债券市场、基金市场以及房地产市场呼风唤雨，巧取豪夺，使财富以惊人的速度膨胀，其结果是虚拟经济的发展与实体经济的发展严重脱节，最终导致金融危机爆发，经济陷入全面衰退。

四是以权力制衡为特征的政治法律制度运行效率低下。在西方国家的政治实践中，私人资本利益集团占有社会资源，绑架公共权力，不允许政府过多干预和限制自己的权利。

三 西方资本主义经济停滞常态化的影响

首先，推动西方资本主义进入动荡、矛盾和冲突多发期。目前西方国家正在面临许多前所未有的社会问题，这些问题相互缠绕，相互影响，随经济持续停滞而不断加剧，引发社会的广泛不满和抗议，社会矛盾和冲突空前尖锐。

其次，西方国家将失去经济全球化的主导能力。2008年国际金融危机之后，世界各国政府纷纷采取反危机措施救助经济，但是时至今日复苏极其缓慢和不确定，世界经济各项指标均未达到危机前的水平。这一切与发达经济体失去经济全球化主导能力有直接关系。

最后，导致世界和平与发展面临越来越大的威胁。美国对其霸权地位的衰落不会坐以待毙，而是要竭尽全力加以维护，为此，美国采取了一系列手段以求自保。比如，在贸易上实施保护主义政策。

（供稿：彭五堂）

【**平等是正义的表现**——读恩格斯的《反杜林论》】

段忠桥*，《哲学研究》2018年第4期

现代平等观念不是从来就有的，而是历史地产生的。只是到了15世纪末之后，现代的平等观念才随着资产阶级以及与其相伴的无产阶级的出现而出现，并逐渐成

* 段忠桥：中国人民大学哲学院教授。

为某种自然而然的、不言而喻的东西。

现代平等观念的内容只限于权利。现代平等观念所讲的一切人就他们是人而言是平等的，意指的不是一切人“在所有方面”都是平等的，而只是意指他们在“权利”上是平等的。正是因为将平等观念的内容限于权利，所以，恩格斯把从现代平等观念引申出的现代平等要求限定在一切人都应当拥有的“平等的政治地位和社会地位”。

平等观念就其性质而言，是一种规范性价值判断，属于道德和法的范畴。它虽然也是人们对所处的社会关系和政治关系的相应反映，却不是事实判断意义上的反映，而是规范性价值判断意义上的反映，因为它是以“肯定的或否定的，得到赞同的或遭到反对的”形式出现的。具体而言，平等观念，即一切人就他们是人而言是平等的，讲的不是一种在现实社会中已经存在的情况，而是一种在现实社会中尚未存在但被社会的一部分人（资产阶级和与其相伴的无产阶级）视为应当实现的情况。

平等观念是正义的表现。对于平等观念是规范性价值判断，恩格斯在《〈反杜林论〉的准备材料》中还从正义的角度做了说明：（1）“平等是正义的表现，是完善的政治制度或社会制度的原则，这一观念完全是历史地产生的。”（2）“为了得出‘平等＝正义’这个命题，几乎用了以往的全部历史，而这只有在有了资产阶级和无产阶级的时候才能做到。”（3）“如果想把平等＝正义当成是最高的原则和最终的真理，那是荒唐的。”

无产阶级的平等要求是对资产阶级的平等要求的超越。资产阶级的平等要求对消除封建不平等虽然起了巨大的作用，但从现代平等观念，即一切人就他们是人而言是平等的来看，资产阶级的平等要求又是不彻底的。这是因为它还只停留在政治权利的平等上，而未涉及社会和经济上的平等，而没有后者的进一步实现，前者的实现就是空话。所以，“无产阶级抓住了资产阶级的话柄：平等应当不仅是表面的，不仅在国家的领域中实行，它还应当是实际的，还应当在社会的、经济的领域中实行”。

平等观念对于无产阶级投身社会主义运动具有巨大的激励作用，但这种作用不能无限夸大。恩格斯之所以要用很大篇幅论述平等观念本身，是因为他考虑到平等观念对社会主义运动的鼓动作用和对无产阶级的鼓动价值。无产阶级投身于社会主义运动不是仅仅基于对历史发展规律的科学认识，而且还基于对正义事业的追求。由于平等观念是正义的表现，故此，恩格斯对它的作用给予了高度的评价，强调它“今天在差不多所有的国家的社会主义运动中仍起着巨大的鼓动作用”。然而，对平等观念的这种作用却不能无限夸大，因为“如果我们对现代劳动产品分配方式（它造成赤贫和豪富、饥饿和穷奢极欲的尖锐对立）的日益逼近的变革所抱的信心，只是基于一种意识，即认为这种分配方式是非正义的，而正义总有一天一定要胜利，那就糟了，我们就得长久等待下去”。

（供稿：彭五堂）

【完整准确地理解马克思及其唯物史观——对“广义历史唯物主义”和“狭义历史唯物主义”区分的质疑】

赵家祥*，《北京行政学院学报》2018年第3期

我国学术界有些学者，把历史唯物主义区分为“广义历史唯物主义”和“狭义

* 赵家祥：北京大学哲学系教授。

历史唯物主义”。主要有两种区分方法：一种是把揭示社会发展普遍规律的历史发展理论称为“广义历史唯物主义”，把揭示资本主义社会发展特殊规律的历史发展理论称为“狭义历史唯物主义”；另一种是认为马克思创立的历史唯物主义是“广义历史唯物主义”，恩格斯对马克思创立的历史唯物主义的阐发是“狭义历史唯物主义”。这两种区分方法都是不正确的。

任何生产都是生产一般和生产的具体社会形式的统一。在资本主义社会中，生产一般就是马克思所说的劳动过程，即有些学者所说的“生产逻辑”；生产的具体社会形式，就是价值增殖过程，即有些学者所说的“资本逻辑”。在现实的资本主义生产过程中，既不存在脱离“资本逻辑”的劳动过程，也没有其中不存在劳动过程的价值增殖过程。换句话说，在资本主义社会，既没有脱离“资本逻辑”的“生产逻辑”，也没有不存在“生产逻辑”于其中的“资本逻辑”。“生产逻辑”和“资本逻辑”结合在一起就是资本主义的生产过程。由此可见，把资本主义的劳动过程称为“生产逻辑”，把资本主义的价值增殖过程称为“资本逻辑”，把研究“生产逻辑”即劳动过程的发展规律的历史理论称为“广义历史唯物主义”，把研究“资本逻辑”即价值增殖过程的发展规律的历史理论称为“狭义历史唯物主义”，就是把生产一般与生产的具体社会形式、把资本主义劳动过程与价值增殖过程割裂开来了，把它们看作各自孤立存在的两个不同的过程，这是完全违背马克思的思想本意的。

把以“资本逻辑”为核心的历史唯物主义称为“狭义历史唯物主义”，背离了历史唯物主义的基本属性，因而第一种区分方法有不当之处。这是因为，历史唯物主义是关于历史发展普遍规律（或称一般规律）的科学，任何研究某一种社会形态发展的特殊规律的历史发展理论，都只是历史唯物主义的一个组成部分，而不能成为历史唯物主义的一种独立形态。把研究某一种社会形态发展的特殊规律的历史发展理论称为“狭义历史唯物主义”，认为它是与研究社会发展普遍规律的“广义历史唯物主义”相区别的一种历史唯物主义的独立形态，必然导致历史发展理论上的混乱。

恩格斯在与马克思合作之前就独立地创立了历史唯物主义一系列基本原理。如恩格斯对政治经济学的研究就早于马克思，他在1843年底至1844年1月撰写了《政治经济学批判大纲》，并在《德法年鉴》上发表。这部著作虽然尚不成熟，但它初步奠定了马克思主义政治经济学的基础，为唯物史观和科学社会主义的创立提供了一定的理论前提，对马克思研究和创立政治经济学有一定的启发作用，因而得到马克思的高度评价。

恩格斯晚年系统阐释了马克思主义各个组成部分并进一步独立地提出了一系列历史唯物主义基本原理，提出了历史发展的“交互作用论”。提出了历史发展的“合力论”。强调政治上层建筑和社会意识的能动作用。深化对社会发展规律的认识，只有把马克思、恩格斯共同创立与分别独立创立和阐发的所有历史唯物主义基本原理有机地综合在一起，才能真正反映历史唯物主义的丰富内容。

（供稿：张建云）

【《资本论》的方法问题研究】

卫兴华*，《河北经贸大学学报》

* 卫兴华：中国人民大学经济学院教授。

2018 年第 6 期

马克思对历史唯物主义的定义告诉我们，生产力决定生产关系，生产关系要适应生产力发展的规律是适用于一切社会制度的普遍规律，但这个规律是通过各社会的特殊规律变化表现出来的。《资本论》中讲历史唯物主义，重在阐明人类社会历史发展的客观规律，特别是资本主义经济发展的客观规律，其核心思想是要揭示资本主义最终被社会主义所代替的社会发展规律。在《资本论》中，运用辩证法和历史唯物主义（也称唯物史观）研究资本主义，贯穿于各个方面。例如：

（一）不要资本家和地主个人对资本主义制度负责的观点，在我国长期没有得到重视。然而，这是个重要的理论和实际问题。有的学派把资本主义剥削制度归罪于资本家个人并进行辱骂，而马克思不这样做。马克思不归罪于资本家和地主个人，不去辱骂，绝不是要“用玫瑰色描绘资本家和地主的面貌”。马克思把资本主义关系中的人物看作是“经济范畴的人格化”。资本家是资本的人格化，地主是土地的人格化，工人是雇佣劳动的人格化。只要有资本主义制度，必然形成这样的关系，因此，与其他社会主义流派的观点相比，马克思的观点是“不能要个人对这些关系负责的”。

（二）《资本论》对资产阶级的历史地位和作用，也是以唯物史观的方法进行评价的。《共产党宣言》中指出了资产阶级和资本主义在发展生产力中的进步作用：资产阶级在它不到一百年的阶级统治中所创造的生产力，比过去一切时代创造的全部生产力还要多，还要大。

（三）从整体性和系统性上准确把握历史唯物主义方法论，对其错误理解要批判。关于历史唯物主义的理论还存在另一个怎样科学理解的问题。马克思主义把人类社会的发展和社会制度更替视为历史的必然，应主要由生产力和生产关系相互关系的规律来说明，不能诉诸道德、正义、公平等理念来说明。随着生产力的发展，依次出现了由奴隶制度转向封建主义制度，再转向资本主义制度的历史过程。这只是私有制和剥削制度的更替。不过，生产力和生产关系都有了新的发展与进步，特别是资本主义的发展更有进步意义。但是，马克思、恩格斯绝没有肯定和认同甚至称赞各种剥削制度下的主流观点，不会称赞剥削制度是公平的、正义的、合理的。

《资本论》中所应用的辩证唯物主义和历史唯物主义方法论，是总体性和根本性的方法，此外，马克思还讲到其他较具体的方法，如“抽象力”方法，无论自然科学或哲学社会科学的研究，都需要应用抽象方法。讲马克思关于政治经济学或《资本论》的方法，需要正确理解和把握其所论述的历史方法和逻辑方法的关系，这是一个不可忽视的重要的方法论问题。这里所讲的历史方法和逻辑方法，是指马克思建立政治经济学理论体系时，关于逻辑结构和各种经济范畴的顺序安排问题。

（供稿：张建云）

【论社会主义市场经济的三个根本问题】

余斌*，《重庆工商大学学报（社会科学版）》2018 年第 1 期

坚持和发展社会主义市场经济，必须紧紧抓住和解决好基本制度、生产目的和资源配置这三个根本问题。这三个根本问题也构成了中国特色社会主义政治经济学的核心内容。

* 余斌：中国社会科学院马克思主义研究院马克思主义原理部主任，研究员。

公有制主体地位之所以不能动摇，是因为“把资本主义生产过程从其连续性来考察，或作为再生产来考察，它不仅生产商品，不仅生产剩余价值，而且还生产出资本家和雇佣工人的社会关系，并使之永久化”。显然，社会主义市场经济在发展多种所有制经济时，必须能够阻止非公有制经济中存在的那种资本家和雇佣工人的社会关系的永久化，否则必然会使社会主义初级阶段日益僵化，不仅不能进入社会主义更高阶段，而且会倒退到资本主义社会中去。所以，邓小平指出，“反对资产阶级自由化还是要讲”。他还提出，社会主义制度具有“能够集中力量办大事的优势”。而这个优势也来源于公有制经济。也正是因为如此，习近平提出的“两个不能动摇”（即公有制主体地位不能动摇和国有经济主导作用不能动摇）就成为社会主义初级阶段基本经济制度必须坚守的基本准则。

习近平在庆祝中国共产党成立95周年大会上的讲话中明确指出，“带领人民创造幸福生活，是我们党始终不渝的奋斗目标。我们要顺应人民群众对美好生活的向往，坚持以人民为中心的发展思想，以保障和改善民生为重点，发展各项社会事业，加大收入分配调节力度，打赢脱贫攻坚战，保证人民平等参与、平等发展权利，使改革发展成果更多更公平惠及全体人民，朝着实现全体人民共同富裕的目标稳步迈进。”这应当成为中国分配制度改革的根本要求，而要实现这个要求除了坚持上述基本经济制度和基本分配制度是没有别的出路的。

我们不仅要解放和发展生产力，还要保证被解放和发展了的生产力归人民所有，这同样意味着我们必须坚持公有制为主体。如果中国改革开放所解放和发展的生产力主要是保留在外资手上或国内少数资产者手上，那么这个解放和发展了的生产力就绝不会带来和谐社会和共同富裕。

最后要指出的是，进行或参与资源配置的公共经济部门，并不是只有政府。马克思对未来社会设想的是一个用公共的生产资料进行劳动的自由人联合体。《中华人民共和国宪法》规定：“中华人民共和国的一切权力属于人民。人民行使国家权力的机关是全国人民代表大会和地方各级人民代表大会。”因此，全国人民代表大会及地方各级人民代表大会及其常务委员会也应当而且更应当在资源配置上发挥积极作用。邓小平曾经指出：“企业下放，政企分开，是经济体制改革，也是政治体制改革。”而从政治经济体制改革的角度出发，可以考虑将国务院下属的国家发展和改革委员会、国土资源部与国有资产监管管理委员会合并成立国民经济院，与最高法院地位相同，直接对全国人民代表大会负责，从而彻底实现政企分开。

（供稿：彭五堂）

【《资本论》及其手稿对历史唯物主义内在矛盾观的深化】

唐正东*，《哲学研究》2018年第5期

马克思在《德意志意识形态》中就已经在历史观的层面提出了历史唯物主义的内在矛盾运动理论。在《德意志意识形态》中，马克思（与恩格斯一起）同样也基于对客观历史事实的指认而清晰地抓住了资本主义的内在矛盾，只不过他不是通过商业危机的理论环节，而是通过对生产力与交往形式的矛盾的阐释来揭示这一点的。在马克思看来，资本主义大工业

* 唐正东：南京大学哲学系教授。

虽然创造了大量的生产力，但私有制却成了它发展的桎梏，“在私有制的统治下，这些生产力只获得了片面的发展，对大多数人来说成了破坏的力量，而许多这样的生产力在私有制下根本得不到利用”。他从生产力与交往形式的角度对此所做的阐释不仅奠定了历史唯物主义客观规律论的思想基础，而且也从科学方法论的角度为把这一理论运用到现实问题的分析之中提供了重要的前提。

当我们的解读视域转向马克思具体的资本批判理论时，我们会发现马克思在这一过程中把这种内在矛盾观推进到了一个更为复杂和深刻的层面。马克思清楚地认识到，资本主义的内在矛盾是资本在作为物和生产关系双重维度上的生产与再生产过程中不断展现出来的，它所反映的，并不只是分配关系的不合理或生产力的浪费，也是资本逻辑本身以及作为其现实基础的资本主义制度的内在矛盾。马克思在《资本论》及其手稿中所阐述的这种内在矛盾观并非如国外学界有些学者所说的那样，是一种与历史观层面的内在矛盾运动理论相对立的、只限于分析资本主义社会的“新辩证法”，而是历史唯物主义内在矛盾观在资本分析层面的发展与深化。具体来说，首先，在《资本论》中马克思已经不再只是关注有什么样的生产力条件就有什么样的生产关系形式，而是敏锐地看到了生产力的发展既是资本关系发展的基础，又是其发展的结果。其次，马克思不仅看到了资本关系本身的发展过程即这种关系本身是怎么被再生产出来的，而且更为重要的是，他还看到了这种关系的再生产是如何必然再生产出它本身的解体的。最后，马克思对资本主义条件下工人阶级的贫困化现象也作出了比以前更为深入的阐述，因为从资本逻辑的角度所展开的阐述比仅仅从竞争角度进行的论述要深刻得多。

强调马克思在《资本论》及其手稿中的内在矛盾观是以资本关系中内在矛盾的生产与再生产过程为核心内容的，其意义有二：首先，凸显历史唯物主义内在矛盾观在具体问题分析层面的作用，可以推动我们去探究事物或具体社会形态的客观运动规律，并致力于遵循和运用这种规律。其次，在学理辨析的层面上直指当代国外左派学界的一些学者对《资本论》及其手稿展开的所谓“新辩证法”式的解读。

（供稿：张建云）

马克思主义中国化

【习近平新时代中国特色社会主义思想理论创新的四个维度】

王永贵、刘希刚*，《毛泽东邓小平理论》2018 年第 11 期

习近平新时代中国特色社会主义思想是由一系列新思想新观点、新判断新理念、新战略新举措构成的完整理论体系，实现了对中国特色社会主义新时代最宏大、最本质、最深层问题的科学回答和理论创新。这种理论创新性体现在思想的生成发展、思想传承、道路价值、国际影响四个维度，是一个由实践到理论、由思想到价值，由此及彼、由内而外的理论创新逻辑，体现出理论性和实践性、继承性和时代性、科学性和价值性的有机统一；在理论创新层次上反映出认识把握中国特色社会主义、马克思主义中国化、科学社会主义、人类命运共同体等重大主题的逻辑关系和发展规律的新突破、新提升与新境界；在理论创新形态上分别体现为中国特色社会主义理论体系的最新成果、马克思主义中国化发展的理论新篇、科学社会主义的发展新境界、世界人类命运共同体构建的中国新方案。

一、生成发展维度的理论创新：中国特色社会主义理论体系的最新成果。这一维度的创新是该思想理论创新的根基，主要包括以下四个理论创新点。第一，提出中国特色社会主义新时代社会主要矛盾变化的科学结论；第二，体现对于新时代中国特色社会主义规律逻辑的科学把握；第三，实现关于新时代中国特色社会主义战略全局的科学谋划；第四，展示中国特色社会主义领导核心永葆先进性的自觉自信。

二、思想传承维度的理论创新：马克思主义中国化发展的理论新篇。习近平新时代中国特色社会主义思想“是马克思主义中国化最新成果”，是当今时代最生动、最鲜活的中国化马克思主义。这是该思想理论创新的活力源泉，主要有以下三个理论创新点。第一，与红色基因一脉相承的马克思主义中国化新成果；第二，结合时代特征推动理论发展的马克思主义时代化新成果；第三，运用马克思主义世界观方法论指导建设实践的创造性、应用性新成果。

三、道路价值维度的理论创新：科学社会主义的发展新境界。作为总结提炼中国共产党领导中国发展经验、原则、特色与智慧的理论成果，习近平新时代中国特色社会主义思想贯穿着“对科学社会主义的理论思考、经验总结”，开辟了科学社会主义发展新境界。这是该思想理论创新的示范效应，包括以下四个理论创新点。第一，中国发展道路之成功经验的科学总结；第二，中国发展道路之社会主义原则的遵循坚守；第三，中国发展道路之

---

* 王永贵：南京师范大学社会主义意识形态研究中心教授、博士生导师，江苏省中国特色社会主义理论体系研究中心特聘研究员；刘希刚：南京财经大学马克思主义学院教授、硕士生导师。

中国特色的最新概括；第四，科学社会主义发展之中国智慧的充分展现。

四、国际影响维度的理论创新：世界人类命运共同体构建的中国新方案。习近平新时代中国特色社会主义思想是构建世界人类命运共同体的中国新方案。这是该思想理论创新的价值外显，主要有以下三个理论创新点：第一，提供发展中国家走向现代化的中国经验；第二，提出引领“全球之治”的中国方案；第三，凸显人类思想史上自信展现的中国话语。

（供稿：陈亚联）

【新时代马克思主义中国化的基本经验】

徐永军*，《学习时报》2018 年 4 月 18 日

习近平新时代中国特色社会主义思想，是当代中国智慧的最高表现和理论上的最高概括。从理论和实际相结合、历史和现实相贯通、国际和国内相关联的视角，对五年多来党的理论创新实践进行考察，至少有以下四条基本经验。

一、坚定“四个自信”，在深刻认识马克思主义的时代意义和现实意义、中国特色社会主义的科学性和真理性中，保持新时代马克思主义中国化的正确方向。党的十八大以来，习近平总书记反复要求全党坚定中国特色社会主义道路自信、理论自信、制度自信、文化自信。正是这份自信，不仅增强了我们在理想追求上的政治定力，而且增强了我们继续推进马克思主义中国化的理论自觉。这种自觉，体现在毫不动摇地坚持马克思主义指导地位、对马克思主义当代价值的深刻认识、对中国特色社会主义的坚定信念等方面。

二、坚持问题导向，在应对重大挑战、抵御重大风险、克服重大阻力、解决重大矛盾中，丰富新时代马克思主义中国化的科学内涵。以习近平同志为核心的党中央，提出了“四个全面”战略布局，提出了创新、协调、绿色、开放、共享的发展理念，明确了全面深化改革和全面推进依法治国的总目标，作出了我国社会主要矛盾已经转化为人民日益增长的美好生活需要和不平衡不充分的发展之间的矛盾等重大政治判断，提出并实施了创新驱动发展战略、乡村振兴战略、军民融合发展战略、京津冀协同发展等重大战略思想。这些新思想新理念新战略，都是运用马克思主义基本原理解决当代中国实际问题的结果，是新时代马克思主义中国化的重要成果。

三、树立历史眼光，在把握历史规律、汲取吸优秀传统文化养分中，赋予新时代马克思主义中国化更多中国风格中国气派。中华民族悠久的历史，独具特色、博大精深的灿烂文化，是我们树立历史眼光、涵养历史思维的重要源泉，是马克思主义中国化的肥沃土壤。以习近平同志为核心的党中央坚持把历史、现实、未来贯通起来，对一系列重大问题作出深刻的历史比较和分析，在推进马克思主义中国化新征程中展现出深邃的历史眼光。这种眼光，体现在对历史经验的总结、对中华优秀传统文化的继承和弘扬和对中华优秀传统文化创造性转化和创新性发展等方面。

四、坚持全球视野，在为全球治理和人类对美好社会制度探索提供中国智慧、中国方案中，彰显新时代马克思主义中国化的世界意义。五年多来，习近平总书记立足中国看世界，面向世界看中国，应时代之变迁、领时代之先声、立时代之潮头，提出了一系列治国理政和全球治理的新思想新理念，展现了宽广的全球视野。

* 徐永军：中央党史和文献研究院院务委员会委员。

这种视野，体现在科学分析和把握世界发展大势、统筹国际国内两个大局、为全球治理提供中国智慧和中国方案等方面。

（供稿：陈亚联）

【当代中国改革开放怎样彰显马克思主义生命力】

包心鉴*，《理论与改革》2018 年第 4 期

2018 年是人类伟大导师马克思诞辰 200 周年，是当代中国改革开放 40 周年。中国共产党隆重纪念这两件大事，具有重大而深远的意义，也具有内在的逻辑关联：马克思主义是科学的理论，创造性地揭示了人类社会发展规律，在指导人类社会变革中闪烁着耀眼的光芒，当代中国持续 40 年的改革开放，从根本意义上说是在马克思主义指引下的伟大社会变革，在时代性、实践性、人民性、科学性上深刻彰显了马克思主义的强大生命力；马克思主义是在时代潮流和社会实践中不断发展的开放的理论，当代中国改革开放伟大实践，历史性地推进了马克思主义中国化新飞跃，创造了当代中国马克思主义、21 世纪马克思主义，这是中国特色社会主义在改革开放中不断前进的根本保证；在新时代中国特色社会主义新征程中，继承改革开放光荣传统，全面深化改革、继续扩大开放，必将使 21 世纪中国的马克思主义展现出更强大、更有说服力的真理力量。

一、时代性是马克思主义的最本质属性：当代中国改革开放，在深刻坚持时代性上彰显了马克思主义的强大生命力。当代中国改革开放，正是在深刻坚持时代性上体现了马克思主义的本质属性，赋予马克思主义以强大生命力，不断彰显了马克思主义指导中国社会变革的伟大真理力量。40 年前，党的十一届三中全会所以能果断作出改革开放的重大决策，中国共产党人所以能领导人民义无反顾地走上改革开放之路，有许多主观原因和客观原因，其中一个最根本最重要的原因，就是以邓小平为代表的中国共产党人面向时代新变化的新的时代觉醒。

二、实践性是马克思主义的最鲜明品格：当代中国改革开放，在深刻坚持实践性上彰显了马克思主义的强大生命力。坚持实践第一，用实践来检验真理和发展真理，是中国共产党人认识社会主义、果断改革开放、选择中国特色社会主义道路的最重要法宝。我国新时期改革开放，忠实坚持和鲜明彰显了马克思主义的实践性品格。发生在 40 年前的“实践是检验真理的唯一标准”的大讨论，对于当代中国改革开放具有非同寻常的意义。正是这场大讨论，吹响了新时期解放思想的号角，拉开了新时期改革开放的帷幕。中国特色社会主义进入新时代，新时代中国特色社会主义依然在实践中，依然需要通过彰显马克思主义实践性品格的改革开放把中国特色社会主义各项事业不断推向前进。

三、人民性是马克思主义的最深邃真谛：当代中国改革开放，在深刻坚持人民性上彰显了马克思主义的强大生命力。马克思主义的人民性真谛，在当代中国改革开放中得到了充分彰显。40 年改革开放历程有许多成功经验，其中最重要最宝贵的经验，就是尊重人民群众的首创精神，发挥人民群众的主体作用，不断增进人民群众的获得感、幸福感、安全感，把人民群众高兴不高兴、满意不满意、放心不放心作为制定改革政策的根本依据，作为判

---

* 包心鉴：济南大学政法学院名誉院长，山东大学博士生导师，中国政治学会副会长，中国科学社会主义学会副会长。

断改革措施得失的根本标准。

四、科学性是马克思主义的最恒久魅力：当代中国改革开放，在深刻坚持科学性上彰显了马克思主义的强大生命力。当代中国40年的改革开放，从根本意义上说，就是中国共产党领导人民在社会变革实践中不断地探索规律从而能动地运用规律、不断地从必然王国向自由王国飞跃的过程。中国特色社会主义进入新时代，新时代并没有穷尽中国特色社会主义真理，而是进一步开辟了探索中国特色社会主义发展规律之路。

（供稿：王永浩）

【请别拉毛泽东为“王阳明热”抬轿】

许全兴*，《湖南科技大学学报（社会科学版）》2018年第6期

近几年来，有人为抬高王阳明心学，编造历史，认为青年毛泽东“对《王阳明全集》《传习录》逐字逐句做批注”，毛泽东是“王阳明心学的实践者”，毛泽东能打胜仗是受王阳明“心上学”的影响，等等，毫无根据地夸大王阳明心学对毛泽东的影响，硬拉毛泽东来为“阳明心学热”抬轿，极不可取。

对王阳明及其心学的评价高一点或低一点，肯定了不该肯定的东西或否定了不该否定的东西，这纯粹是学术问题，完全可以百家争鸣，而不能由名人权威来裁定。若振振有词地一再声称：“21世纪一定是王阳明的世纪”，这恐怕就别有深意了。

优秀传统文化是一个国家、一个民族传承和发展的根本。但传统文化不可避免受到时代条件的限制，不可避免存在陈旧过时或糟粕性的东西。因此对传统文化不能一股脑儿都拿到今天来照套照用。要坚持古为今用、以古鉴今，坚持有鉴别的对待、有扬弃的继承，而不能搞厚古薄今、以古非今，努力实现传统文化的创造性转化、创新性发展，使之与现实文化相融相通，共同服务以文化人的任务。我们要完整地准确地理解党中央和习近平同志有关对待传统文化和建设中国特色社会主义新文化的思想和方针，反对虚无主义、复古主义、教条主义和实用主义，防止片面性和极端化。

（供稿：王永浩）

【论马克思主义中国化理论形态演进的内在逻辑】

种海峰**，《马克思主义研究》2018年第2期

从一般的普遍性的马克思主义再到中国化的马克思主义，作为理论的马克思主义始终贯穿于其全部过程。无论是马克思主义中国化实践之前、之中，还是相对独立的中国化的一个过程完成之后，马克思主义理论并未缺席而始终“在场”，只不过改变了初始的“原生形态”而以“次生形态”的特殊方式呈现出来。马克思主义中国化理论形态的演进及其逻辑进展大致依次经历以下几个形态：

第一种形态是进入中国化主体认识范围的马克思主义。马克思主义中国化的具体内容，即能够进入中国化主体认识范围的马克思主义，必然是根据中国面临的特定的实际问题因时因地而有所不同。实际问题或中国“真问题”的凸显，以及一般的、抽象的并带有普遍性质的马克思主义理论是否能够成为进入中国化主体“视阈”中的马克思主义，主要取决于三

* 许全兴：中共中央党校教授。

** 种海峰：杭州师范大学马克思主义学院教授。

点：客观情势、主体需要以及中国人对马克思主义的认同。

第二种形态是作为理论与实践中间环节之实践观念的马克思主义。当主体一旦选定马克思主义中国化的理论对象或内容以后，要把这种理论付诸实施，还必须通过一定的加工、制作，对其进行某种理论“变形”，使其脱去理论本然的抽象性，建立起适用于具体实践的实践观念。马克思主义理论作为一种揭示了人类社会发展基本规律、“放之四海而皆准”的普遍性的抽象理论观念，是不能够直接用来指导中国革命和建设实践的，只有使它转化成为能被当下社会实践主体所理解和掌握的社会思想或学说，把其转化为马克思主义中国化实践观念（通常以纲领、战略、政策、路线、方针、策略、规划等方式表现出来），才能够使其从一种指导实践“抽象的”可能性转变为“现实的”可能性。

第三种形态是中国化具体实践中的马克思主义。马克思主义中国化实践观念一旦建立起来之后，马克思主义中国化实践活动就可以随即据此现实地开启。在马克思主义中国化实践过程中，我们不仅要用马克思主义指导实践，而且要通过正在进行的具体实践来检验、阐释马克思主义基本原理的真理性，更要善于运用马克思主义科学的世界观和方法论对实践中出现的偏差进行纠正和调适，以充分发挥马克思主义对中国化实践的指导、校正与引领功能。

第四种形态是中国化的马克思主义。作为中国的马克思主义，它是中国共产党立足于中国革命、建设与改革发展的实际，深刻研究和把握中国的历史、文化与现实，在认真分析和解决中国实际问题的基础上对马克思主义的发展与创新，彰显了马克思主义与时俱进的理论品质，表征了马克思主义之所以能够具有强大生命力的内在根据。中国化马克思主义只有不断地进行理论发展与理论创新，才能使马克思主义中国化这一进程得以顺利、健康地继续推进，才能不断谱写马克思主义中国化的崭新篇章。

由于马克思主义中国化是一个连续不断的理论与实践相互依赖、相互作用、相互转化并循环往复的承接与耦合过程，因而，现实的马克思主义中国化理论形态的演进就会呈现较为复杂的、多样态的特征。

（供稿：王永浩）

【毛泽东晚年对战争与和平问题的深思】

杨明伟*，《毛泽东邓小平理论研究》2018 年第 4 期

战争与和平，是阶级社会产生以来人类始终面对的一对相互矛盾又相互统一的概念，两者之间的关系充满了辩证法。一代又一代中国共产党人，以马克思主义理论为指导，在领导人民进行长期革命、建设和改革的历程中，在处理和平与战争问题的过程中，积累了丰富的哲学理论思考和斗争实践经验，为我们提供了重要的理论源泉和丰富的思想积淀。作为党的第一代成熟的领导集体的核心，毛泽东在这个问题上的一些重要思考，尤其值得我们借鉴。

一、毛泽东反复思考战争与和平问题的缘由。从目前掌握的材料看，毛泽东晚年深思战争与和平问题，其出发点主要有以下四个方面。第一，战争是政治的继续，必须从政治高度关注战争与和平问题。第二，在战争没有消亡的前提下，要

---

* 杨明伟：中央党史和文献研究院研究员。

善于深入研究战争规律。第三，随着西方敌对势力由战争威胁转向和平演变，对中国采取了两手政策，我们也要加强“两手”准备。第四，天下并不太平，我们思想上始终不能麻痹大意，总要有一根弦。

二、毛泽东晚年有关战争与和平问题的主要观点。（一）“我们是坚持和平反对战争的。但是，如果帝国主义一定要发动战争，我们的态度：第一条，反对；第二条，不怕。”（二）“准备好了敌人可能不来，准备不好敌人就可能来。”（三）“人不犯我，我不犯人；人若犯我，我必犯人。”（四）“团结得像一个人一样，共同对敌。”（五）“备战、备荒、为人民”，“一切为了人民”。（六）帝国主义和强权政治“制度不改变，战争不可避免”，但“战争与和平是互相转化的”。

三、怎么看待毛泽东的这些思考。（一）“忘战必危”——站在马克思主义唯物史观上来观察和分析问题。（二）“能战方能止战”——站在马克思主义唯物辩证法的观点上来考虑和解决问题。（三）“决不能牺牲国家核心利益”——站在党、国家和民族发展的前途命运上来观察和思考问题。

综上所述，毛泽东关于战争与和平问题的思考，尽管在当时的历史条件下有一些内容与客观情况存在一定的偏离，在一定程度上也高估了战争“迫在眉睫”的紧迫性；尽管他提出的一些思想观点有一定的时代和环境局限，但从总体上看，特别是结合当今国际斗争的复杂性来看，毛泽东这些分析、研究和决断的认识成果，既丰富和发展了马克思主义基本观点，也提醒和教育了中国人民，还启迪了当今中国和世界政治领域的战略判断。今天我们面临着各种各样、各个领域的战争或争斗形态（包括政治的、经济的、文化的以及近期发生的“中美贸易战”等），毛泽东这些思考的精髓，至今仍然具有极强的现实指导作用和方法论意义，是我们进行具有许多新的历史特点的伟大斗争所要汲取的精神源泉。

（供稿：王永浩）

【对邓小平理论研究中若干问题的再思考】

陈亚联*，《西藏研究》2018 年第 5 期

过去关于邓小平理论的研究成果可谓汗牛充栋，其中不乏精品大作。随着时间的沉淀和实践的反复检验，尤其是近年来，涉及邓小平理论的新资料、新问题和新争论不断出现，需要我们结合新时代国际国内形势，从研究方法、研究资料和基本观点等方面对这些成果进行再梳理、再思考，回应各种困惑和质疑，为全面深化改革提供精神动力和理论支撑，为进一步完善发展习近平新时代中国特色社会主义思想提供方向指引和理论支持。

一、邓小平理论的开放性与边界问题。邓小平理论应该有一个边界，这个边界使它成为它自己。可以从“长度”“宽度”和“高度”几个维度来阐释邓小平理论的边界。所谓“长度”，主要指邓小平理论形成过程的起点、节点和结点之间的范围，强调的是邓小平理论的时间维度。所谓“宽度”，主要指邓小平理论大厦的外围边界及其内在逻辑关系。所谓“高度”，主要指邓小平理论的历史方位和历史作用问题，重点讨论的是邓小平理论在整个马克思主义中的位置问题，针对

* 陈亚联：中国社会科学院马克思主义研究院中国特色社会主义理论体系研究室主任、副研究员。

的是无限拔高或肆意矮化邓小平理论的现象。

二、个人贡献和集体智慧问题。邓小平理论的主要创立者是邓小平，邓小平理论是党和人民实践经验和集体智慧的结晶。一方面肯定了邓小平对邓小平理论的个人贡献，同时也肯定了邓小平理论不仅仅是个人思想，也是“集体成果”，是党和人民实践经验和集体智慧的结晶。这一定位无疑是客观的、正确的。邓小平理论中一些重大思想和观点，往往是由党的其他领导人首先提出，被邓小平接受和进行概括。加强对“集体智慧”的研究，可以使得邓小平理论更加厚实、丰满。为此我们应该回到当时理论形成过程的历史场景，研究当时第二代领导集体以及包括理论界在内的人民群众对邓小平理论的贡献。

三、专题性与整体性问题。长期以来，理论界对邓小平理论的研究视野重在分门别类，注意力常常在于一个个具体论断和观点的考证及辩诬上。邓小平理论的整体性要求不是将各个领域的研究简单地累积和拼加起来，而是要着眼于各个领域之间的有机联系，研究它们怎样在形成、发展、成熟过程中相互影响、相互制约，怎样将这些不同领域的理论观点有机地联结起来，从而真正有效地构成理论发展的统一进程。提出邓小平理论的整体性问题，还有一个直接原因，那就是当前思想理论界存在对邓小平理论的误解、曲解、肢解的现象，这种误解、曲解和肢解通过网络等媒体传播很广，影响不可小觑。

四、坚持发展与“非邓化”问题。近年来，“非邓化”的思潮在思想理论界时隐时现，网络、手机等新媒体上时常可见一些否定改革开放、否定邓小平和邓小平理论，把邓小平理论与新时代中国特色社会主义思想相割裂、甚至对立的文章。这些现象必须引起我们的重视和警惕。我们应该站在党和国家前途命运的高度，以历史唯物主义的态度客观、公正评价邓小平，不要像某些人或势力搞“非毛化”那样搞“非邓化”，要看清否定邓小平和邓小平理论的巨大危害性，坚决反对、揭批“非邓化”思潮。

（供稿：王永浩）

【在实践中感悟和把握马克思主义的真理力量——纪念《实践是检验真理的唯一标准》发表40周年】

杨耕[*]，《光明日报》2018 年 5 月 11 日

1978 年 5 月 11 日，《光明日报》以“本报特约评论员”名义在头版发表《实践是检验真理的唯一标准》。由此引发了关于真理标准问题的讨论，催生了思想解放运动，并为恢复和发展党的一切从实际出发，实事求是，理论联系实际的思想路线奠定了哲学基础；更重要的是，《实践是检验真理的唯一标准》一文及其引发的讨论，实际上是当代中国改革的先声，拉开了建设中国特色社会主义这一波澜壮阔的历史进程的序幕。40 年后的今天，改革取得了巨大成就，中国大踏步赶上时代，中国特色社会主义已经进入新时代。站在这一新的历史方位重读《实践是检验真理的唯一标准》，我们深深地体会到真理标准问题的讨论的确“具有深远的历史意义”，深刻地感悟到马克思主义的真理力量。

一、在实践中发现和发展真理。《实践是检验真理的唯一标准》不仅重申实践是检验真理的唯一标准，而且强调实践

[*] 杨耕：北京师范大学教授。

是检验马克思主义政党的路线是否正确的唯一标准。这同样是思想上的拨乱反正。真理标准问题的讨论之所以“具有深远的历史意义”，是因为实践是检验真理的唯一标准这一哲学命题具有政治内涵，是因为它契合着当时中国的政治问题，即破除“两个凡是”的思想禁锢，恢复党的实事求是的思想路线。《实践是检验真理的唯一标准》给我们的重要启示就在于，哲学具有知识体系和意识形态双重属性，我们必须正确理解和把握哲学与政治的关系。哲学当然不等于政治，但哲学又不可能脱离政治。哲学总是具有自己独特的政治背景，总是以自己独特的方式蕴含着政治，总是具有这样或那样的政治效应。所以，哲学变革是政治变革的先导。

二、在实践中深化和发展“实践标准”。实践是检验真理的唯一标准，但这个标准在自然科学和社会科学中又有不同的表现形式。在自然科学中，实验室方法是检验真理的根本方法。社会科学很难运用实验室方法。之所以如此，是因为在这里，有待检验的已经不是单纯的对客观对象的理论认识，而是与理论认识密切相关的路线方针政策，这些路线方针政策都在一定的理论认识的基础上融进了如何满足人的需要的价值因素。对理论认识真伪的检验和对路线方针政策正确与否的检验，是同一个过程的两个方面。在当代中国的改革实践中，中国共产党人不仅坚持了“实践标准”，而且深化和发展了“实践标准”，这就是，提出并阐述了“生产力标准”和“人民群众标准”。

三、在实践中坚持和发展马克思主义。《实践是检验真理的唯一标准》给我们的又一重要启示，就是必须坚持理论与实践的统一这一马克思主义的基本原则，以实际问题为中心研究马克思主义，深刻感悟和把握马克思主义的真理力量，在实践中坚持和发展马克思主义，发展当代中国的马克思主义。在当代中国，坚持和发展马克思主义，就是要把马克思主义基本原理同当代中国具体实际相结合，关注和回答重大的现实问题，并使现实问题上升为理论问题。习近平新时代中国特色社会主义思想就是对这一系列新的重大的现实问题和理论问题的深刻总结与系统回答，凝聚着马克思主义的真理力量，体现了马克思主义的科学世界观和马克思主义政党的人民立场的统一，体现了理论与实践的统一，是面向21世纪的发展着的马克思主义。

（供稿：王永浩）

【新时代意识形态工作要在增强凝聚力和引领力上下功夫】

姜辉*，《中国党政干部论坛》2018年第9期

习近平总书记在全国宣传思想工作会议上指出，中国特色社会主义进入新时代，必须把统一思想、凝聚力量作为宣传思想工作的中心环节。全党特别是宣传思想战线必须担负起建设具有强大凝聚力和引领力的社会主义意识形态的战略任务。这是从新时代党和国家事业全局出发，突出强调意识形态工作的极端重要性，并对新时代意识形态工作作出的重要部署，是当前做好意识形态工作的根本遵循。

一、正确把握新时代意识形态领域存在的突出问题，在关键处、要害处下功夫。增强社会主义意识形态凝聚力和引领力，必须进一步探索总结新时代意识形态建设规律，关键是坚持问题导向，认真研究解决当前意识形态领域存在的突出问

* 姜辉：中国社会科学院党组成员，当代中国研究所所长、马克思主义研究院院长。

题。一是马克思主义指导地位与多样化社会思潮的关系问题。二是社会主义核心价值观与多元化价值观念的关系问题。三是中国国际地位和影响力提升与面对各种遏制的问题。四是意识形态管理工作方式面临各种新媒体迅猛发展的挑战问题。近几年来，移动互联网技术正在经历裂变式发展，加速推动意识形态领域发生“移动化革命”，由传统媒体主导的“意识形态场域”被彻底改变。因此，做好意识形态工作，要把维护网络意识形态安全作为重中之重。

二、紧紧围绕“统一思想、凝聚力量”中心环节，切实增强社会主义意识形态的凝聚力和引领力。新时代是意识形态建设任务更加繁重的时期，也是大有作为的时期。要因事而化、因时而进、因势而新，以习近平新时代中国特色社会主义思想为指导，以不断增强思想工作“两个巩固”为根本任务，以坚定“四个自信”为关键，以服务党和国家工作大局为方针，以增强主流意识形态的凝聚力和引领力为着力点，为决胜全面建成小康社会、实现“两个一百年”奋斗目标、夺取新时代中国特色社会主义新胜利提供强大的思想引领、舆论引导、理论支撑和精神力量。一是做好做强马克思主义宣传教育工作，特别是要在学懂弄通做实习近平新时代中国特色社会主义思想上下功夫。新时代中国共产党人要深入学习掌握马克思主义基本原理和立场观点方法，不断从中汲取科学智慧和理论力量，用经典涵养正气、淬炼思想、升华境界、指导实践，真正把马克思主义这个看家本领学精悟透用好。二是牢牢掌握意识形态工作领导权。各级党组织必须全面落实意识形态工作责任制，坚持党管宣传、党管阵地、党管舆论、党管媒体，做到守土有责、守土负责、守土尽责，压实压紧各级党委（党组）责任，做到任务落实不马虎、阵地管理不懈怠、责任追究不含糊，确保意识形态安全和政治安全。三是持续提升主流意识形态的话语权和引领力。要围绕干部群众普遍关心的理论和现实问题，开展具有说服力的理论阐释、具有号召力的教育引导、具有感染力的典型宣传，更加高昂地弘扬主旋律、更加强劲地壮大正能量。四是增强意识形态工作队伍政治素养和专业能力。意识形态工作队伍要不断提高政治觉悟和政治能力，不断强化政治敏锐性和政治鉴别力，不断增强脚力眼力脑力笔力，做到善于从政治上观察和处理问题。要坚持以立为本、立破并举，加强对各种社会思潮的辨析和引导，敢于发声亮剑，善于释疑解惑，守护好社会主义意识形态的前沿阵地。五是不断创新意识形态工作的方式和方法。既要注重意识形态的教育性、灌输性，又要注重意识形态的说服性、说理性，根据受众需要精准施策。同时还要适应现代传播方式、传播形态、传播格局的深刻变革，做好新媒体意识形态建设。

（供稿：王永浩）

【始终坚持我们党最鲜明的品格】

金民卿*，《经济日报》2018 年 1 月 11 日

党的十九大报告中提出了一个重大论断：勇于自我革命，从严管党治党，是我们党最鲜明的品格。这个鲜明品格是由我们党的政治属性和思想基础决定的，是在长期革命建设改革的实践中锻造的，在新时代党的建设新的伟大工程中得到了充分体现，我们要始终坚持并不断发扬光大。

* 金民卿：中国社会科学院近代史研究所党委副书记、副所长。

一、勇于自我革命、从严管党治党的鲜明品格源于党的政治属性和思想文化基础。中国共产党是马克思主义政党，始终坚定不移高举马克思主义旗帜，继承中华优秀思想文化的精髓，这是勇于自我革命、从严管党治党鲜明品格的政治基础和文化渊源。勇于自我革命、从严管党治党的鲜明品格，植根于我们党特有的先进性和纯洁性。中国共产党从成立那天起，就自觉地担当中国工人阶级先锋队、中国人民和中华民族先锋队的历史责任，在思想上毫不动摇地坚持以马克思主义为指导，在实践上始终保持与时俱进的品格，追随时代步伐，适应时代要求，勇于进行自我革命、自我更新，消除一切损害党的先进性和纯洁性的因素，清除一切侵蚀党的健康肌体的病毒，不断实现自我超越、自我提高，始终保持思想上、组织上的先进性和纯洁性。勇于自我革命、从严管党治党的鲜明品格，植根于我们党的初心和使命。勇于自我革命、从严管党治党的鲜明品格，植根于我们党的思想和文化基础。

二、勇于自我革命、从严管党治党的鲜明品格是在长期发展实践中锻造出来的。中国共产党已经带领人民走过了近百年极不平凡的历程，在革命建设改革的接续奋斗中，我们党积累了加强自身建设的宝贵经验和优良传统，锻造了勇于自我革命、从严管党治党的鲜明品格。革命战争时期，中国共产党人筚路蓝缕、艰辛开拓，在领导中国革命走向不断胜利的过程中，逐步形成了勇于自我革命、从严管党治党的鲜明品格。在领导建设和改革的长期执政实践中，我们党更是勇于迎接新的问题和挑战，敢于直面自己的挫折和失误，下大力气加强党的建设，不断推进执政条件下的自我发展和完善。近百年发展奋进的历史证明，中国共产党是一个具有强大自我革命勇气、自我更新能力的马克思主义先进政党，是一个从不掩饰自己失误的光明磊落的先锋队组织，不仅敢于而且善于知错、认错、纠错，不仅敢于而且善于清除自身存在的各种不足，在政治、思想、组织、纪律、作风等各个方面从严从实管党治党。

三、勇于自我革命、从严管党治党是新时代党的建设的鲜明特征和核心内容。党的十八大以来，以习近平同志为核心的党中央创新发展马克思主义党建学说，把全面从严治党纳入“四个全面”战略布局，坚定不移推进全面从严治党、依规治党，发展和丰富了勇于自我革命、从严管党治党的鲜明品格。中国特色社会主义进入了新时代，我们党正以崭新的姿态带领全国各族人民踏上新的征程。新时代新征程新目标新任务，对党的建设提出了新的更高要求，全党同志一定要在习近平新时代中国特色社会主义思想的指引下，坚持和发扬勇于自我革命、从严管党治党的鲜明品格和优良传统，坚定不移推动全面从严治党向纵深发展，为决胜全面建成小康社会、夺取新时代中国特色社会主义的伟大胜利而不懈奋斗。

（供稿：王永浩）

马克思主义发展史

【马克思的精神和思想永世长存】

靳辉明*，《高校马克思主义理论研究》2018 年第 1 期

2018 年 5 月 5 日是一个非常值得纪念的日子！200 年前的今天，无产阶级的伟大理论家、革命家马克思诞生在德国西南部的特利尔小城。他虽然逝世 135 年了，但是，他的名字，他的学说，依然响彻云霄，影响着当今世界和人类的未来。马克思对人类思想作出的最大贡献是：揭示了人类社会生活的本质和发展规律；揭露了资本剥削的秘密，发现了资本主义社会的矛盾及其运动的特殊规律，在此基础上，完成了社会主义从空想到科学的转变。

他是亘古罕见的思想巨人。他一生都在思想，可谓是生命不息，思想不止。他通过思想，结合对当时的社会实践的研究，发现了现存理论与社会现实的矛盾，在汲取人类历史创造的优秀思想成果的基础上，创造了新的世界观、历史观和科学共产主义理论，把人类精神推进到一个新的历史阶段。

他是不畏惧任何艰险的真理的探索者。在资本主义社会的环境里，揭露资产阶级剥削的秘密，研究资本主义产生、发展及其必然灭亡的规律，是一条荆棘丛生的道路，随时都会遇到风险。马克思从不向艰险低头，以一种毫无畏惧的精神探索真理，直到取得辉煌的科学成果。

他是不向任何困难险阻屈服而英勇向前的历史伟人。马克思一生都是在反动派的迫害和贫困的压力下度过的，他经历了常人难以想象的苦难而进行理论创造和革命工作，并取得了辉煌的业绩。

马克思主义是我们指导思想的理论基础，共产主义是我们的崇高理想。今天，纪念马克思诞辰 200 周年，最好的行动就是要认真地研读著作，深刻地把握马克思主义基本原理，在新的历史条件下，结合新的社会实践和时代特征，总结历史经验，研究时代课题，用马克思主义的世界观和方法论指导我们各项工作，把马克思主义继续推向前进，使马克思主义永远常新常青，造福于人类。当今世界仍然需要马克思主义，马克思的思想和精神将永世长存！

（供稿：任　洁）

【习近平新时代中国特色社会主义思想对马克思主义的坚持和发展】

侯惠勤**，《红旗文稿》2018 年第 17 期

马克思主义和近代以来的中国是休戚与共、生死相依的命运共同体。坚持和发展马克思主义就是维系这个命运共同体的一根红线，是我们对于马克思最宝贵的精

* 靳辉明：中国社会科学院学部委员、教授。

** 侯惠勤：中国社会科学院大学特聘讲席教授、中国历史唯物主义学会会长。

神财富的真正继承。今天，必须在这一理论站位上，才能真正学懂弄通做实习近平新时代中国特色社会主义思想。

一　把握时代问题、阐发时代精神、引领时代潮流，既是马克思主义始终具有强大真理力量和生命力的原因，也是坚持和发展马克思主义的基本的历史和理论逻辑

时代是思想之母，实践是理论之源。对任何思想的认识和评价都依据于它对其赖以产生的那个时代及其特征的把握程度，而对时代、时代潮流和时代精神的科学把握，则是马克思和他的继承者们在思想上一脉相承的特点。因此，认识马克思，必须认识产生他的那个时代；评价马克思，必须着眼于马克思对于时代的把握；继承马克思的精神财富，必须坚持和发展马克思科学把握时代的立场观点方法。

把握时代的关键，在于破解“时代之问”。虽然对于时代的挑战人们都有不同程度的感知，但是难在正确地提出问题。马克思第一个看到了无产阶级革命取代资产阶级革命的历史趋势。

“中国特色社会主义进入新时代”正是基于当代中国发生的历史性变化、对我国所处的新历史方位所作出的科学论断，同时也是基于当代世界格局和新秩序，特别是当代中国与世界关系的历史性变化所作出的重大判断。

二　确立以现代工人阶级为核心的人民历史主体地位，是马克思主义全部理论的出发点和归宿，也是坚持和发展马克思主义的根本立场

确立人民的历史主体地位，必须解决人民是如何创造历史的这一难题。马克思视域中的人民不是个人的集合体，而是以先进阶级为核心、劳动群众为基础、一切顺应历史发展的集团和个人为外延的有机整体。确立人民历史主体地位，通过无产阶级的解放运动实现人类的真正解放，是马克思主义具有强大真理力量的根源所在。

以人民为中心，是习近平新时代中国特色社会主义思想具有强大凝聚力的实践基础。把人民放在最高位置的执政理念，以人民为中心的发展理念，坚持人民主体地位的制度设计，把人民对美好生活的向往作为奋斗目标，等等，有力保证了全体人民同心同德、团结奋斗。

坚持以人民为中心的发展思想，我们正在走出一条打破“国强必霸”逻辑的强国之路。这一发展思维的特点就是，将他国的发展视为本国的机遇，将本国的发展转化为他国的机遇，在互利合作中实现共赢。实现这一发展思维，关键在不称霸、不以自我为中心、不偏执于一己之私、更不试图坐享其成。中国重返世界舞台的中央，既是体现和平发展的世界潮流的重大事件，又进一步增强了和平发展不可逆的时代潮流。

三　坚定不移追求真理的科学态度和勇于自我革命的理论品格，是马克思主义永葆青春的生命之源，也是坚持和发展马克思主义的必要条件

马克思主义之所以能够不断创新、永葆活力，从其自身看，就在于具有自我革命的理论品格。马克思在创立自己的思想之初就提出，要体现彻底的批判精神，“就是说，这种批判既不怕自己所作的结论，也不怕同现有各种势力发生冲突”。这正是马克思主义科学态度的集中表现。

中国共产党之所以信仰马克思主义，就因为中国的先进分子从马克思列宁主义的科学真理中看到了解决中国问题的出路。由此决定了中国共产党对待马克思主义的科学态度，即坚持用马克思主义解决中国问题，坚持把马克思主义基本原理同当代中国实际和时代特点紧密结合起来，不断把马克思主义中国化推向前进。实现

理想、完成使命，必须具备坚强的意志品质，因此必须自觉塑造革命精神。中国共产党人的这种自我革命精神，集中表现在把领导人民进行伟大的社会革命和勇于自我革命的党的建设伟大工程有机统一起来，坚持以党的自我革命来推动党领导人民进行的伟大社会革命。

（供稿：任　洁）

【马克思主义者身份认同与马克思主义发展主体意识自觉】

梁树发*，《马克思主义理论学科研究》2018 年第 3 期

有学者过度解读马克思的“我只知道我自己不是马克思主义者”这句话，一定要把它解释为马克思对其与马克思主义关系的切割，解释为马克思主义者不是马克思的继承人。这个关于马克思的马克思主义者身份问题，与其说是一个马克思与马克思主义的关系问题，不如说是一个如何正确对待马克思主义的问题。它同“什么是马克思主义”提问一样，成为马克思主义发展史上的一种特殊规律性现象，构成科学马克思主义史观的经验基础。

一　身份认同与主体意识

可以说，对于每一位从事马克思主义事业（无论是实践的还是理论的）的人来说，都有一个是否是马克思主义者的身份问题。该文提出“马克思主义者身份认同与马克思主义发展主体意识自觉”问题，把马克思主义发展史上发生过的马克思主义者身份认同，特别是马克思主义者身份自我认同现象与马克思主义发展主体意识自觉问题联系起来，是因为这种现象所反映的是一个马克思主义者是否具有对于马克思主义的主体意识问题，一个对于马克思主义的主体意识自觉问题。从马克思主义发展的历史来看，“身份认同”现象实际成为一个反映、检验甚至激发马克思主义者的主体意识自觉的经验基础。

关于这个基础，我们先从对马克思的“我只知道我自己不是马克思主义者”这句话的理解谈起。

二　经验基础与问题实质

在马克思自己的文献中，是查不到马克思的“我只知道我自己不是马克思主义者”这句话的出处的，目前流传的马克思的这句话都来自他人之口。比较权威的材料来自以下三个人：恩格斯、梅林和洛帕廷。

马克思的“我只知道我自己不是马克思主义者”这句话，实际不是对他的马克思主义者的身份的拒绝，而是对那些既不完全懂得马克思主义，又不能正确对待马克思主义的不够格的“马克思主义者”身份的拒绝。从马克思的这句话中不能得出“马克思不是马克思主义者”的一般结论。马克思在这句话中拒绝的那种“马克思主义者”身份，是那些愿意接受马克思的思想、遵从马克思的教导，但不能正确地理解他的思想，更不能正确地对待他的思想的革命家。这些人其实就是马克思的学生、战友，绝不是马克思的政治上的敌人。马克思说他自己不是马克思主义者，目的不是要同他们个人断绝往来，不发生联系，而是要同他们对待他的思想的方式划清界限。

三　马克思主义发展主体意识自觉

根据经验，与马克思主义者身份相联系的马克思主义发展主体意识自觉具有以下表现形式或实现过程：

（一）“我是马克思主义者。”这是一个马克思主义者对自己身份的自我意识，

* 梁树发：中国人民大学马克思主义学院教授。

是通常情况下马克思主义者驱动与规范自己行为的观念基础和精神动力。

（二）“要做真正懂得马克思主义的马克思主义者。”懂得马克思主义，是一个马克思主义的认识问题，是马克思主义者应该具有的基本理论品质。一个成熟的马克思主义者一定是一个用马克思主义理论武装起来的人，并且是懂得马克思主义，甚至是精通马克思主义的人，而不是一个不懂得马克思主义或对马克思主义一知半解的人。

（三）“要做正确对待马克思主义的马克思主义者。”对什么是马克思主义的问题的回答、对一个研究流派和理论形态的马克思主义性质的判断，都必须坚持理论和实践统一的原则。如何对待马克思主义的问题，不仅有一个是否把它运用于实践的问题，接受实践检验的问题，还有一个其他方式问题，因为理论与实践统一的原则也是一种方式。所谓其他方式，根据马克思主义发展史的经验，它特别是一个能否把马克思主义看作一种方法、当作一种方法的问题。所谓马克思主义发展主体意识自觉就是在如何对待马克思主义问题上的方法自觉。

（四）“做在实践上和理论上创新的马克思主义者。”马克思主义发展的实质在于创新。创新是时代的潮流，是实现发展的必由之路。对于马克思主义发展而言，创新具有实践创新和理论创新双重意义。

（供稿：任　洁）

【改革开放以来中国特色社会主义的发展逻辑】

韩庆祥、方兰欣*，《中国特色社会主义研究》2018 年第 3 期

党的十九大报告指出：“经过长期努力，中国特色社会主义进入了新时代，这是我国发展新的历史方位。”新时代标定我国发展新的历史方位，无论是总结历史经验，还是揭示发展规律，抑或是推进理论创新，都给我们提出一个必须进行全面深入研究的重大课题：如何理解和把握中国特色社会主义进入新时代的发展逻辑？

揭示改革开放以来中国特色社会主义开创的逻辑起点是研究的出发点。这一出发点，从改革开放角度看，是解放和发展社会生产力；从社会主义现代化建设角度看，是社会结构转型。

揭示中国特色社会主义的历史发展阶段及其划分标准，可以从四个根本角度入手：一是从中国社会主义建设的前半程和后半程来划分。前半程的主要历史任务是建立社会主义基本制度，并在此基础上进行改革。后半程的主要历史任务是通过全面深化改革，完善和发展中国特色社会主义制度，推进国家治理体系和治理能力现代化。二是从“富起来”到“强起来”的历史飞跃来划分。改革开放开辟了中国特色社会主义，实现了中华民族从“站起来”到“富起来”的历史性飞跃，稳定解决了温饱问题并正在决胜全面建成小康社会。进入新时代，“两个一百年”奋斗目标转换期，中国特色社会主义开启了从“富起来”到“强起来”的现代化强国新征程。三是从社会主要矛盾发展演进来划分。从党的十一届三中全会到十八大，主要是完成由穷国成为大国的历史任务，人民群众日益增长的物质文化需要与落后社会生产之间的矛盾是社会主要矛盾。党的十八大以后，以习近平同志为主要代表的中国共产党人，主要是完成由大国成为强国的历史任务，其社会主要矛盾

* 韩庆祥：中共中央党校研究生院院长，教授；方兰欣：郑州大学马克思主义学院讲师。

发生变化，破解发展不平衡不充分的问题。四是从社会发展的动力机制、平衡机制和治理机制的协调并形成合力来划分。改革开放初期，主要致力于激发经济社会发展的动力机制。之后，主要致力于建立健全经济社会发展的平衡机制；进入新时代，以习近平同志为主要代表的中国共产党人要着力解决经济社会发展的治理机制问题，推动国家治理体系与治理能力现代化。

根据以上分析，改革开放以来中国特色社会主义的发展逻辑主要包括历史逻辑、现实逻辑、价值逻辑、理论逻辑和世界逻辑。

（供稿：任　洁）

【马克思主义哲学40年的回顾与前瞻】

郝立新[*]，《光明日报》2018年11月5日

从关于真理标准问题的讨论拉开思想解放的帷幕开始，中国马克思主义哲学伴随中国改革开放走过了不平凡的40年历程，取得了显著成就。回顾历史，马克思主义哲学研究在回应时代进步和实践发展所提出的重大问题中展开，在应对当代哲学理论发展挑战、吸收人类文明发展成果中前行。反思现状，哲学研究依然存在问题导向、现实取向、话语体系、研究方法、功能发挥等方面的问题和不足。展望未来，哲学研究应该坚持三个面向的原则，关注与追踪实践发展、科学进步和哲学前沿，在实践创新和理论创新的良性互动中继续推进21世纪中国马克思主义哲学的发展。

一　改革开放实践基础上哲学研究的重大进展

重大哲学理论问题研究的突破性进展。一是实践问题和实践观研究。学术界在对马克思主义哲学当代形态的理解上逐步形成共识，即认为马克思主义哲学是以辩证物质观为基础，以科学实践观为核心，以唯物辩证法为方法，以辩证性、历史性、实践性为特征，以反映现实世界规律和社会生活本质为主要内容的新唯物主义形态。二是发展问题、人学问题和价值问题也成为改革开放以来马克思主义哲学研究的热点和重点问题。

哲学基本原理和哲学史研究取得重大进展。学界对马克思主义哲学原理研究状况进行了深入反思，并围绕本体论、认识论、辩证法、唯物史观等方面展开深入探讨。

关注现实的应用哲学蓬勃兴起与发展。以马克思主义哲学方法建构符合时代发展要求的政治哲学、经济哲学、文化哲学等，运用马克思主义哲学的时代精神审视社会发展过程中产生的现实问题，构成了当代中国哲学发展的重要趋势。

马克思主义哲学中国化研究向纵深推进。学者们探索马克思主义哲学中国化的基本内涵、历史进程和发展规律等基础理论问题，对中国特色社会主义理论体系中的哲学思想进行了系统探讨，力图建构中国特色、中国风格、中国气派的中国化马克思主义哲学的新形态；对中国特色社会主义理论体系蕴含的哲学思想进行了有深度的研究，对社会发展的中国道路与中国经验进行了哲学概括和总结。

二　当前哲学研究面临的问题

一是在中国特色哲学形态及其话语体系的构建上，仍然存在自觉不够、自信不足的现象。二是在哲学基础理论研究和分支应用研究的一些领域，还存在一些不够深入、不甚合理之处。主要表现在认识和

* 郝立新：中国人民大学哲学院院长、教授。

处理“史”与“论”、学术性与现实性、理论研究与教学研究、本土和外来的关系上。三是马克思主义学科整体发展和分支发展不平衡的现象。

三 对哲学研究未来发展的思考

伴随着中国特色社会主义进入新时代，我国马克思主义哲学研究也进入了新的发展阶段。我们应在总结改革开放 40 年哲学研究取得的成就和研判目前尚存问题的基础上，厘清未来发展思路，明确主攻方向。

明确哲学与时代的结合点，找准新时代马克思主义哲学研究发展的新生长点。加快构建中国特色马克思主义哲学学术体系、学科体系、话语体系。在马克思主义哲学基础理论研究上，需要解决研究中的史与论的结合问题，处理好文本研究与当代现实问题研究的关系。深化应用哲学的研究。应用哲学需要加强马克思主义哲学原理和方法论的支撑与指导。进一步总结改革开放 40 年来中国化马克思主义哲学的发展进程，探讨马克思主义哲学中国化与中国特色社会主义理论体系的关系。

时代在前进，哲学在发展。马克思主义哲学研究者大有可为。我们期待着新时代的中国马克思主义哲学研究不断创新发展，取得更大进展。

（供稿：任 洁）

【马克思主义发展史学科群建设之思——马克思主义传播史研究视角】

杨金海*，《北京行政学院学报》2018 年第 1 期

2018 年是马克思诞辰 200 周年，研究马克思主义发展史学科群建设应当说是纪念马克思的最好方式之一。马克思主义发展史是马克思主义理论研究和教学中的重要学科之一。要想把它建设好，需要研究和建设马克思主义发展史学科群。从传统的马克思主义三个组成部分看，这个学科群应当包括马克思主义哲学史、政治经济学史和科学社会主义史。这些当然是研究和讲授马克思主义发展史所必需的。但这门学科要继续深入发展，还需要有新的视角，并由此开辟新的学科领域。马克思主义传播史研究应当是一个重要的新视角和新领域。

马克思主义传播史研究涉及一个学科群。它至少包括这样一些内容：马克思学、列宁学、马克思主义学、马克思主义典藏体系研究、马克思主义经典文本系列考据解读、马克思主义在世界的传播、马克思主义在中国的传播等。

一 关于马克思学、列宁学和马克思主义学

从理论上看，原来的马克思主义发展史，包括马克思主义哲学史等研究，在宏观层面上几乎已经穷尽了所有问题，要向前推进，就需要借用物理学的思维方法，向微观层次进军。只有借鉴传统考据学、现代解释学以及国外马克思学所包含的合理方法和优秀成果，对马克思和恩格斯的生平事业及其思想做深入细致的文本、版本、话语体系以及语境、语义等专题研究，才能把研究引向深入。这些年来很多重大现实问题的争论归根到底都与对经典作家的基本概念、基本观点等理解不深相联系。比如对社会主义本质的理解、对“以人为本”的理解等，之所以存在分歧，都是因为对马克思和恩格斯的思想缺乏全面而深入的分析、考证。从实践上看，中国马克思主义实践模式的转变，即从革命实践到建设实践的转变，也需要我们的理论研究视角从

* 杨金海：中央党史和文献研究院研究员、广西师范大学特聘教授、博士生导师。

根本上来一个转变。只有从建设理论的视角重新研究经典著作，才能更加全面地理解马克思和恩格斯的思想。同样，也应当用上述方法研究列宁学。要研究马克思主义在中国的发展史，还应当研究毛泽东学、邓小平学。

二　关于“马藏”以及马克思主义经典文本的考据研究

要深入研究马克思主义发展史，必须读经典，这也是以往马克思主义发展史研究要下的功夫。随着研究的深入，我们越来越觉得需要把这些经典原著的各种版本都收集起来，形成马克思主义典藏系列，或曰“马藏”，并借鉴传统的典藏研究方法，对“马藏”进行系统整理和考据性、比较性研究。

考据性解读经典重在突出文献性和考证性。重新解读经典要力求充分了解国内外有关研究成果，特别是要充分了解我国新时期在经典著作翻译和研究方面所发现的新文献、取得的新成果。在此基础上，要对经典著作形成的历史背景、国内外传播、原著重要思想观点，以及后人对这些观点的理解及其流变等，进行考证研究。如果说过去的解读主要是“注”的话，那么，现在解读则要进一步体现“疏”的特点。“注”重在对经典作家的观点进行注释性解读；“疏”则主要是对各种文本以及前人各种注释性解读的梳理，并在此基础上做出总体性的新解读，目的是对经典著作中的基本观点有更全面更深入的理解。通过这种“注疏”性考据研究，才能做到不仅知其然，而且知其所以然，才能更加全面地理解和把握经典作家的思想，并了解后人对经典作家思想理解的历史流变。这样，也才能够为教学和科研提供尽可能丰富的文献资料。

三　关于马克思主义传播史研究

马克思主义自 1848 年问世以来，其经典文本和思想在世界各国传播很广。应当说它是人类现代思想史上传播最广、影响最大的思想潮流。这至少表现在六个方面：一是马克思主义经典著作各种语言文字的文本在世界上传播最广；二是马克思主义是当今世界上最大的话语体系；三是它影响并带动形成了世界上一大批著名思想家；四是它深刻影响了当今世界各国的哲学社会科学或人文科学；五是它深刻影响了世界各国的社会思想文化和制度文化；六是它深刻影响了世界各国的大众文化。在当今世界上，马克思主义已经深入到人类文明的方方面面。所以，萨特、德里达等人认为，马克思主义是不可超越的。在西方国家的学术界，几乎每一门人文社会科学都要讲到马克思的思想，不懂马克思甚至被看作无知的代名词。所以，研究马克思主义在世界的传播史，应当深入系统地研究这些经典文本以及在各个国家传播的情况，还应当研究有关的人物、事件，以及马克思主义在这些国家的影响等。

（供稿：夏一璞）

【中国特色社会主义进入新时代在人类社会发展史上的意义】

辛向阳*，《国外社会科学》2018 年第 1 期

习近平总书记在党的十九大上作的报告中明确指出：中国特色社会主义进入新时代，在中华人民共和国发展史上、中华民族发展史上具有重大意义，在世界社会主义发展史上、人类社会发展史上也具有重大意义。这是一个重要的新论断。为什么说中国特色社会主义进入新时代在人类

* 辛向阳：中国社会科学院马克思主义研究院副院长、研究员、博士生导师。

社会发展史上具有重大意义？其重大意义在哪里？

一 新时代中国特色社会主义在人类历史上破解了一个后发国家面临的两难困境，使现代化与保持自身独立性实现兼容

中国特色社会主义的发展和完善，为人类社会提供了一种崭新的现代化道路，就是不依靠霸权主义、殖民主义的掠夺，也不依靠成为依附性国家，而是依靠自身的内生发展实现现代化。我们的现代化道路注定了必须走一条全新的路，就是依靠自身力量走向现代化，是独立自主的现代化。新时代中国特色社会主义不仅要决胜全面建成小康社会、进而全面建设社会主义现代化强国，而且要全国各族人民团结奋斗、不断创造美好生活、逐步实现全体人民共同富裕，更要日益走近世界舞台中央、不断为人类作出更大贡献。这样的中国特色社会主义拓展了发展中国家走向现代化的途径，给世界上那些既希望加快发展又希望保持自身独立性的国家和民族提供了全新选择，为解决人类问题贡献了中国智慧和中国方案。

二 新时代中国特色社会主义将破解人类贫困这一古老的难题

进入中国特色社会主义新时代的起始的五年，脱贫攻坚战取得决定性进展，6000多万贫困人口稳定脱贫，贫困发生率从10.2%下降到4%以下。这是人类减贫历史上的奇迹。今后三年，我们要坚决打赢脱贫攻坚战，让贫困人口和贫困地区同全国一道进入全面小康社会，为此，党的十九大提出：强化党政一把手负总责的责任制，坚持大扶贫格局，注重扶贫同扶志、扶智相结合，深入实施东西部扶贫协作，重点攻克深度贫困地区脱贫任务，确保到2020年我国现行标准下农村贫困人口实现脱贫，贫困县全部摘帽，解决区域性整体贫困，做到脱真贫、真脱贫。中国正在极大地改变人类贫困的地貌，改写着人类发展的历史进程，把贫困的古老歌谣变成富裕的新曲。中国在2020年打赢脱贫攻坚战，为世界减贫事业作出了历史性的直接贡献，而且为其他国家摆脱贫困提供了有效的路径。

三 新时代中国特色社会主义是建立在对人类社会发展规律自觉认识基础上的，这就决定了中国日益走近世界舞台中心，中国的发展与人类命运越来越密切

新时代中国特色社会主义思想强调：纵观近代以来的历史，建立公正合理的国际秩序是人类孜孜以求的目标，更是不以人的意志为转移的客观趋势；从360多年前《威斯特伐利亚和约》确立的平等和主权原则，到150多年前日内瓦公约确立的国际人道主义精神；从70多年前联合国宪章明确的四大宗旨和七项原则，到60多年前万隆会议倡导的和平共处五项原则，国际关系演变积累了一系列公认的原则。这些原则实际上反映的是人类社会发展规律，也反映了国际关系演变规律。遵循这一规律，党的十九大提出：我们呼吁，各国人民同心协力，构建人类命运共同体，建设持久和平、普遍安全、共同繁荣、开放包容、清洁美丽的世界。要相互尊重、平等协商，坚决摒弃冷战思维和强权政治，走对话而不对抗、结伴而不结盟的国与国交往新路。

这一新路之所以能够走得通，是因为新时代中国特色社会主义力量的壮大，这一力量是世界和平稳定的真正压舱石。构建人类命运共同体是人类的向往，更是新时代中国特色社会主义肩负的世界责任。

（供稿：夏一璞）

【更加自觉地坚持党的领导】

刘志明*,《马克思主义研究》2018年第10期

着眼于解决中国共产党人在日益复杂的国际国内环境下坚持住党的领导、坚持和发展中国特色社会主义的问题，习近平总书记在党的十九大报告中向全党提出了新时代更加自觉地坚持党的领导的要求。不折不扣地践行这一要求，对不断增强党的政治领导力、思想引领力、群众组织力、社会号召力，永葆党旺盛的生命力和强大的战斗力，对党更加坚强有力地领导和团结全国各族人民决胜全面建成小康社会，进行伟大斗争、建设伟大工程、推进伟大事业、实现伟大梦想，具有重大而深远的意义。

一　深刻认识更加自觉坚持党的领导的重大意义

更加自觉坚持党的领导，首先涉及深刻认识坚持党的领导的重大意义的问题。对重大意义的认识不深刻，坚持党的领导势必很难做到更加自觉。在新时代，更加自觉坚持党的领导有什么重大意义？党的性质、宗旨、使命和奋斗目标昭示我们，更加自觉地坚持党的领导，事关坚持和发展中国特色社会主义，事关人民幸福、民族复兴，事关治国理政的根本。

中国共产党“自觉地认定自己是人民群众在特定的历史时期为完成特定的历史任务的一种工具”，它的一切奋斗和工作从来都是为了造福人民，为了实现好、维护好、发展好最广大人民的根本利益。为此，中国共产党奋力开创、坚持和发展中国特色社会主义。在开创、坚持和发展中国特色社会主义的历史进程中，党的领导地位和领导作用不仅至关重要，而且成为中国特色社会主义最本质的特征，成为中国特色社会主义制度的最大优势。

中国近代以来的历史深刻昭示我们，坚持党的领导是引领中国走向繁荣、发展和复兴的中国道路之魂，是实现中华民族伟大复兴的关键所在。近代以来，实现中华民族的伟大复兴是中华民族最伟大的梦想。为了实现这一梦想，先进的中国人也曾前赴后继，不懈奋斗，但是，在中国共产党成立之前，中华民族因为没有中国共产党坚强有力的领导，不能很好地团结凝聚起来，成为一盘散沙，民族复兴始终只能是空想，积贫积弱日甚一日。只是在中国共产党成立后，历经革命、建设、改革的接续奋斗，中华民族才成功实现了由不断衰落到根本扭转命运、持续走向繁荣富强的伟大飞跃，中国人民也才成功实现了从站起来到富起来、强起来的伟大飞跃。今天，用习近平总书记的话说：“我们比历史上任何时期都更接近中华民族伟大复兴的目标，比历史上任何时期都更有信心、有能力实现这个目标。”实践充分证明，历史和人民选择中国共产党领导中华民族伟大复兴的事业是正确的，必须长期坚持、永不动摇。

习近平总书记指出：“我们治国理政的根本，就是中国共产党领导和社会主义制度。”中国共产党领导和中国特色社会主义制度是我们自己的，不是从哪里克隆来的，也不是亦步亦趋效仿别人的。我们党领导人民治理国家和社会的实践证明，中国共产党的领导和社会主义制度，是我国政治稳定、经济发展、民族团结、社会安定的根本点，是国家繁荣富强和长治久安的根本保证。

二　科学把握新时代坚持党的领导的基本内涵

明确坚持党的领导的基本内涵是更加

---

* 刘志明：中国社会科学院马克思主义研究院马克思主义发展研究部主任、研究员。

自觉地坚持党的领导的前提和基础。如果对党的领导的基本内涵不清楚不明了，那么更加自觉地坚持党的领导就无从谈起。在新时代，坚持党的领导的基本内涵，可以归结为以下“四个坚持”。

坚持加强和维护党中央权威和集中统一领导，是确保党和国家事业发展正确方向的根本保证，是全党全国人民凝聚起来、紧密团结起来的根本保证，是党和国家前途命运所系，是全国各族人民根本利益所在。在新时代，坚持党的领导，首先要坚持加强和维护党中央权威和集中统一领导。只有这样，才能引领全党全国人民万众一心地向着伟大事业、伟大梦想不断前进。

坚持党总揽全局、协调各方的领导核心作用，从根本上有效避免了中国出现各自为政、一盘散沙的局面。坚持党的领导，就是坚持党总揽全局、协调各方的领导核心作用，尤其要确保中国共产党在国家治理体系大系统中始终处在总揽全局、协调各方的地位，确保中国共产党始终成为中国特色社会主义事业的领导核心。正如习近平总书记指出的：“在国家治理体系的大棋局中，党中央则是坐镇中军帐的‘帅’，车马炮各展其长，一盘棋大局分明。”

坚持党的全面领导和党对一切工作的领导，体现在党对国家大政方针和经济社会发展全局工作的政治领导，体现在党对军队和其他人民民主专政的国家机器的绝对领导和党管干部原则上，也体现在党治国理政的全过程和各环节，等等。正如习近平总书记在党的十九大报告中指出的：“党政军民学，东西南北中，党是领导一切的。”

严格执行和维护党的组织纪律，如果不严明党的纪律，党的凝聚力和战斗力就会大大削弱，党的领导能力和执政能力也会大大削弱。毋庸讳言，新时代加强党的领导面临的一个主要挑战就是党的领导弱化和组织涣散、纪律松弛。在新时代，更加自觉地坚持党的领导，必须自觉加强全党的组织纪律性，彻底改变组织涣散、纪律松弛的局面。否则，党就会沦为各取所需、自行其是的“私人俱乐部”。

三　把更加自觉地坚持党的领导落到实处

在新时代，更加自觉地坚持党的领导，不能停留在口头上，止步于思想环节，而要落实到方方面面的实际工作中。要切实履行加强和维护党中央集中统一领导这一共同的政治责任，要完善坚持党的全面领导的制度，确保党的领导全覆盖，确保党总揽全局、协调各方，要自觉践行全心全意为人民服务的根本宗旨，要强化组织意识，严明党的纪律，要坚持全面从严治党，全面加强党的建设。

四、坚决反对一切削弱、歪曲、否定党的领导的言行

中国革命、建设和改革的历史和实践一再证明，什么时候我们对坚持党的领导信念坚定，自觉地在国家和社会生活的方方面面坚持党的领导，什么时候我们党和国家的事业就发展顺利。在新时代，我们继续推进党和国家事业发展，续写坚持和发展中国特色社会主义的新篇章，必须坚决反对同自觉坚持党的领导格格不入的一切削弱、歪曲、否定党的领导的言行。

（供稿：夏一璞）

【“构建人类命运共同体”伟大构想：马克思“世界历史”思想的当代飞跃】

鲁品越*，《哲学动态》2018 年第

* 鲁品越：上海财经大学教授。

3 期

当今世界正处于“大发展大变革大调整时期”，世界秩序面临着新的变革。在这一重要的历史转折期，习近平同志提出的“构建人类命运共同体”伟大构想及其一系列重大国策与举措，不仅将马克思的“世界历史”思想上升到新时代的高度，而且实现了从理论到实践的伟大飞跃，必将对人类历史产生深远影响，是中国化的马克思主义——习近平新时代中国特色社会主义思想的最新成果。

一 作为总体的“世界历史”：唯物史观的重要思想

首先，人类历史成为总体的“世界历史”，是资本利用人类生产实践所产生的社会关系力量来实现自身增殖，由此进行无限扩张的必然结果。社会关系及其产生的“社会总体性”来源于人类物质生产实践，而作为“总体”的“世界历史”则产生于资本主义生产方式下的物质生产实践。这才是对“社会总体性”与“世界历史”的生成的实事求是的科学解释。

其次，由资本所推动的“世界历史”进程，其基础是经济全球化，由此引起整个资本主义文明的全球扩张，形成作为“总体”的“世界历史”进程。经济基础决定上层建筑，资本在追求经济上的全球扩张的同时，必然要将其经济权力转化为政治权力和文化权力，因为只有如此才能为其资本扩张扫清道路。因此，资本必然追求资本主义文化与政治制度向世界各国扩张，以其硬实力和软实力向全球推行有利于资本扩张的政治制度、意识形态和社会文化。

再次，资本主义的发展史不是孤立的国别发展史，而是作为“总体”的“世界历史”，因此资本主义被社会主义取代的历史进程是“世界历史进程”，其中各个国家的历史发展道路是整个“世界历史进程”的组成部分。

最后，马克思恩格斯把资本全球化所导致的“世界历史”的“总体性”的形成看作共产主义社会的前提条件。

二 构建人类命运共同体：当代世界历史进程对新型世界秩序的呼唤

一百多年来的历史进程证明了马克思“世界历史”思想的深刻性与前瞻性，这最鲜明地表现在由此形成的国际资本主义世界秩序的历史演变中。这种世界秩序的“世界历史进程”，已历经殖民主义和霸权主义阶段，当代正在走向新的发展阶段。

其一，从殖民主义世界秩序到霸权主义世界秩序。

由资本扩张形成的最初的世界秩序，是野蛮的殖民主义世界秩序。资本主义国家建立这种世界秩序的根本目的是掠夺落后国家的资源财富和开拓国际市场，由此维护本国资本运行与扩张。这一根本目的由资本的本性所致——因为资本所生产的剩余价值，必须寻找其“体外”的扩张空间才能转化为新的资本，由此通过“体外循环”来维持自身运行。在二战结束之后，被奴役的殖民地国家掀起了反对殖民主义、争取民族独立的历史浪潮。这些力量相互交错，最终导致野蛮的殖民主义世界秩序彻底瓦解，由此演变出一种新的世界秩序——霸权主义世界秩序。

其二，霸权主义世界秩序的内在矛盾及其自我否定。

与殖民主义世界秩序的发展脉络相似，霸权主义世界秩序同样面临着深刻的内在矛盾。这是因为，资本主义内在矛盾的本质并没有改变，它不可避免地要在国际关系中表现出来。霸权主义国家追求的只是自身资本的扩张，追求“本国第一”，而罔顾对世界各国人民乃至全人类造成的伤害；而这必然导致其陷入自我否定。

其三，“世界历史”发展呼吁新世界

秩序——“构建人类命运共同体”。

中国改革开放的实践逻辑使中国进入新时代，而“世界历史”的客观发展逻辑正在使国际社会也产生了进入新时代的强烈需要。如上所述，“世界历史”发展趋势证明：霸权主义世界秩序处于分崩离析的边缘，必将逐步退出历史舞台。那么，取代霸权主义秩序的新型世界秩序，究竟是怎样的秩序？这是事关全人类未来命运的大问题。正是在这一历史关节点上，习近平总书记提出了“构建人类命运共同体”的伟大构想，为“世界历史”指明了前行的道路。这是由马克思所指出的作为“总体”的“世界历史”的内在逻辑所决定的。

三　构建人类命运共同体：新时代世界秩序的本质与世界历史方位

“构建人类命运共同体”的过程，也即构建“新时代世界秩序”的过程。这个过程及其所要达到的目标，与“霸权主义世界秩序”具有本质的不同。这些本质差异表现在以下方面。

第一，构建“新时代世界秩序”的经济基础的驱动力，不是某国或某个国际集团的资本扩张动力，而是世界各国与相关当事国的人民的共同福祉和互利共赢，是世界各国之间在和平发展过程中的共同需要。

第二，构建“新时代世界秩序”的物质载体，不是那种不平等的国际产业链和金融霸权的国际金融链，而是通过平等协商、互利共赢的原则，由相关国家共同建设并将各国人民利益联系起来的交通纽带、能源纽带、经济纽带与文化纽带，它们通过各种作为硬件与软件的基础设施，编织起各国之间的命运共同体。

第三，“新时代世界秩序”的理论基础，不是某种由少数天才人物发现并强加于世界各国的“普世价值”，而是在构建人类命运共同体的过程中，人们休戚与共而逐渐形成和不断发展的“共同价值”，是世界各国人民为了自身利益与各方共同利益，通过平等协商与交往而形成的价值观念。

第四，“新时代世界秩序”的政治军事基础，不是靠霸权国家在世界各国建立军事基地，通过军事同盟制造“保护国”与“假想敌”之间的国际对立来维系霸权主义地位，而是靠各国人民同心协力，相互尊重，平等协商，“推动建设相互尊重、公平正义、合作共赢的新型国际关系”。

推进“人类命运共同体”的构建是从资本主义世界到社会主义世界过渡的漫长历史过程的一种历史形态，它通过建立人与人之间的普遍的“现实关系的丰富性”为人的解放创造前提，这就是“人类命运共同体”的历史方位。

（供稿：夏一璞）

【马克思的历史决定论及其当代价值——兼评卡尔·波普尔的《历史决定论的贫困》】

包炜杰、吴海江*，《马克思主义研究》2018 年第 9 期

自从马克思主义诞生之日起对于它的误解、诘难、歪曲就从未间断过，“马克思主义是一种宿命论”“马克思主义是一种乌托邦”“马克思主义将世间万物都归结于经济因素”等观点一直萦绕于国际学界。面对这些对马克思主义的种种非难，如何澄清马克思唯物史观所蕴含的历史决定论的性质，进而如何认识中国特色

* 包炜杰：复旦大学马克思主义学院博士研究生；吴海江：复旦大学马克思主义学院教授、博士生导师。

社会主义道路的历史必然性，成为摆在我国学界面前的一项重大而迫切的理论课题。

一　波普尔对历史决定论的批判及其局限

作为“历史决定论”这一概念的最初提出者，波普尔在《历史决定论的贫困》一书开篇中对“历史决定论”做了这样的界定：“‘历史决定论’是探讨社会科学的一种方法，它假定历史预测是社会科学的主要目的，并且假定可以通过发现隐藏在历史演变下面的‘节律’或‘模式’、‘规律’或‘倾向’来达到这个目的。”波普尔从知识的不断发展这一特性出发，否认“普遍”规律的存在，认为历史决定论者把“规律”与“趋势”混淆、“终点”和“目标”混淆。需要强调的是，波普尔认为，马克思主义是迄今为止最纯粹、影响最广泛，因而也是最危险的历史决定论形式。他把马克思主义简化为经济决定论和机械决定论，并将马克思主义看作整体主义的控制和乌托邦式的社会改造理论。

然而，波普尔对历史决定论的批判存在明显的局限。首先，波普尔否认社会历史发展存在规律，因此具有对规律解释的狭隘化倾向。在否定规律的同时，他将单一要素的科学知识视为社会进程的决定性因素，过分拔高了科学知识在社会发展中的地位。其次，他批评历史决定论所采用的整体主义方法论，存在明显的个人主义偏好。他预设了一种情境以佐证他的观点，即“个人在当前它所描述为势不可挡的和恶魔般的经济力量面前，所处的孤立无援状态”。

二　作为科学的历史决定论的唯物史观

首先，马克思的唯物史观是一种科学的历史决定论，不同于一般意义上的历史决定论。“这种历史观就在于：从直接生活的物质生产出发阐述现实的生产过程，把同这种生产方式相联系的、它所产生的交往形式即各个不同阶段上的市民社会理解为整个历史的基础”。基于此，马克思恩格斯区分了唯物史观与以往的历史观。

其次，马克思的历史决定论强调历史的决定性、必然性，既有先定性，又有开创性。马克思的历史决定论强调了以物质生产为基础的社会分工促成了人类历史的发展，而人类历史的物质基础以及生产力与生产关系的矛盾统一规律佐证了马克思的历史决定论。与此同时，马克思恩格斯关于人民创造历史的观点以唯物史观的理论形式表达出来。

第三，马克思的历史决定论不是经济决定论，更不是宿命论。面对有人“污名化”马克思的历史决定论为经济决定论，恩格斯晚年在几篇书信中再次阐发了唯物史观，如1890年的《致约瑟夫·布洛赫》和1894年的《致瓦尔特·博尔吉乌斯》，他反复重申以下几点：（1）经济基础的作用是决定性的，但不是唯一性的；（2）社会历史是经济必然性基础上的上层建筑及其他各因素交互作用的结果；（3）人们自己创造自己的历史，历史是由无数个个人意志的平行四边形合力构成的；（4）纯粹的历史必然性只存在于逻辑之中，历史同样是由偶然性与必然性构成的。

三　中国特色社会主义的发展逻辑

从马克思主义经典文本到中国特色社会主义实践，始终存在一个跨度。就唯物史观而言，前文的努力在于：承认唯物史观是一种科学的辩证的历史决定论，并从其“对手”经济决定论的论断中加以否定，既从文本意义上为马克思的历史决定论正名，又从论证手法上对矮化马克思历史决定论作了澄清。然而，对于马克思主义经典原著，既要原原本本地读，更要对其作时代化理解。当今，中国特色社会主义进入新时代，如何在马克思科学的历史决定论的理论框架下加以审视，其中一个关键的线索就在于把握中国特色社会主义建设和发展过程中的规律性，即正确把握中国特色社会主义的发展逻辑。

从历史决定论来看，中国特色社会主义符合“三大规律”，具有合规律性的特质。从主体能动性来看，中国特色社会主义坚持“人民至上”的价值立场，尊重人民的实践和创造。从方法论来看，中国特色社会主义始终坚持“顶层设计与基层探索”相结合。

（供稿：夏一璞）

国外马克思主义

【拉美社会主义发展的历史、特点与趋势】

袁东振*，《国外理论动态》2018 年第 3 期

社会主义在拉美绵延近 170 年，表现出强大的历史韧性，表明其在该地区有着深厚的社会、历史和政治基础。首先，社会主义思想在拉美有着深厚的社会基础。拉美国家一直缺乏深刻的社会变革，财富占有和收入分配严重不合理，社会矛盾和社会冲突不断加剧。社会主义关于平等和社会公平的主张满足了中下阶层实现社会变革、合理分享发展利益的愿望和诉求，具有较大的号召力和影响力。其次，社会主义在拉美有着强大的实践支撑。左翼力量不断发展壮大是拉美社会主义实践的强大动力和重要保障。左右翼相互竞争、交替发展一直是该地区重要的政治现象，左翼力量在拉美的政治社会发展中发挥着巨大的和不可替代的作用。一般地说，拉美左翼对传统或现存的社会政治秩序不满，主张政治社会变革，进行利益和权力再分配，这与社会主义的主张极为契合。左翼力量的发展壮大有利于拉美社会主义思想的发展和实践的推进。最后，古巴社会主义革命和建设成就给拉美社会主义的发展以极大激励。古巴逐渐成为拉美社会主义的大本营和左翼力量的精神引领。古巴不仅给拉美左翼以思想指导，并且给予各种方式的支持，成为拉美社会主义发展的重要推动力。特别值得指出的是，拉美民主制度日益巩固，多党制环境逐渐稳定，这为左翼政党和社会主义者开展合法斗争、通过民主途径取得政权提供了现实可能性，为拉美社会主义思想和实践的发展提供了有利的政治和社会环境。

拉美社会主义思想和实践一直具有多元性和多样性的特点。随着历史发展，有些社会主义思潮归于衰落，但拉美社会主义思想和实践的上述特点一直保留了下来。从 19 世纪中叶起拉美就存在多种社会主义思潮，从 20 世纪至今，马克思主义的社会主义、社会民主主义、托派社会主义以及各种形式的民族社会主义都在拉美获得一定的发展空间，多种社会主义思想和流派在竞争中共存和发展。拉美社会主义思想和理论流派众多，组织形式各异，实践途径多样。拉美的各种社会主义思想和实践既有一些共性，也有难以弥合的差异。拉美各派社会主义存在某些共性：否定资本主义，对资本主义和新自由主义持批判态度；认同社会主义理念；主张建立政治民主、实现社会公平；强调独立自主和对外关系多元化，支持拉美团结合作，反对美国霸权主义。但拉美各派社会主义也存在明显的差异性，在历史渊源以及对待马克思主义、资本主义制度与社会主义制度、共产主义的态度等重大理论和原则问题上有明显分歧。

---

* 袁东振：中国社会科学院拉丁美洲研究所研究员。

拉美社会主义的社会基础依然坚实，其基本主张与拉美中下社会阶层实现社会公平的诉求高度一致，从长远看仍有进一步发展的空间。拉美各派社会主义面临的挑战及发展前景不尽相同。拉美马克思主义的社会主义仍有重要的社会政治影响，但面临发展的新困境；拉美社会民主主义的温和化、改良化和全民化倾向存在着根本的局限性，使其难以有更大的成长空间；拉美民族社会主义的实践探索具有较大的不确定性，将在曲折中发展；拉美托派社会主义和激进左翼的社会主义存在严重缺陷，难以获得突破性进展，难以摆脱边缘化的地位。

（供稿：雷晓欢）

【国外左翼学者谈世界社会主义运动宣传工作的机遇、问题、挑战与建议】

李强、李淑清*，《世界社会主义研究》2018 年第 1 期

当前世界各地群众运动、社会主义运动高涨，人们普遍对资本主义感到愤怒、失望和不满，希望有更好的社会制度替代资本主义制度。虽然其中有很多是对资本主义社会的不满或民粹主义运动，但是，在这个革命时期，带有明显社会主义性质的群众运动还没有占据主流，工人运动还是分散的，有很多工人运动还没有把马克思主义作为理论指导。但如果善加利用，对世界社会主义的发展则是非常有利的。同时，社会主义中国的发展和中国特色社会主义的巨大成就也是对社会主义优越性的证明，中国的发展具有面向未来的战略眼光，“中国梦”是整个人类的梦，是人类的未来。中国的发展为世界社会主义运动的发展创造了有利条件，为世界各国的社会主义宣传工作提供了机遇，也提出了迫切要求。

当前世界社会主义的宣传工作存在的问题主要是宣传力量非常薄弱，宣传工作跟不上世界社会主义运动的发展，这是世界社会主义运动的短板。而西方资本主义投入大量的人力物力任意歪曲、抹黑社会主义，尤其是歪曲、抹黑中国特色社会主义。因此社会主义和中国特色社会主义被各国人民误解的问题一直很严重。具体而言，主要有以下原因：社会主义缺乏宣传平台，而西方媒体则大肆歪曲社会主义制度和中国社会。由于宣传不足，社会主义被认为很遥远、不现实。由于宣传不够，中国特色社会主义要么不被了解，要么被误解。

各国学者对如何提高社会主义宣传工作提出了建议。一是办好论坛、杂志等交流平台，邀请更多西方左翼学者和政治人士参与。二是重点加强对第三世界国家、原苏东社会主义国家、拉美国家的宣传。三是构建宣传和教育网络，宣传社会主义思想。四是增加对中国特色社会主义重要文献的翻译和宣传工作。五是选择最合适的斗争方式。

党的十九大指出：“中国特色社会主义进入新时代，意味着近代以来久经磨难的中华民族迎来了从站起来、富起来到强起来的伟大飞跃，迎来了实现中华民族伟大复兴的光明前景；意味着科学社会主义在 21 世纪的中国焕发出强大生机活力，在世界上高高举起了中国特色社会主义伟大旗帜；意味着中国特色社会主义道路、理论、制度、文化不断发展，拓展了发展中国家走向现代化的途径，给世界上那些既希望加快发展又希望保持自身独立性的国家和民族提供了全新选择，为解决人类问题贡献了中国智慧和中国方案。”要完

* 李强：中国社会科学院信息情报研究院编辑；李淑清：中国农业大学烟台研究院副教授。

成这个伟大任务，扩大社会主义在世界舞台的宣传是一项艰巨而迫切的任务。

（供稿：雷晓欢）

【欧洲左翼政党谱系视角下的“绿色转型”】

郇庆治*，《国外社会科学》2018年第6期

欧洲绿党、左翼党和社会民主党之间存在着明显的共同点和差异。对欧洲绿党而言，“绿色转型”是一个基于对现实生态环境挑战议题（危机）进行理论回应的复合性概念。其认为，当代资本主义社会的绿色变革或转变必须在多重维度或意义上主动地推进或积极地顺应。对左翼党和社会民主党而言，所谓“欧洲的绿色转型”主要是指“公正与可持续的经济转型”“绿色的工业转型”“生态技术革新取向的绿色转型”“能源与交通体系转型”。左翼党的“社会生态转型”概念显然有着更为完整的政治意识形态和政策革新意涵，所谓“欧洲的社会生态转型”是一种以“社会的和民主的转型”为核心内容，从生产方式、发展方式到能源消费方式的整个社会的全方位转变。左翼党主张通过对现存制度性平台和各种替代性运动的积极参与构建一种“绿色左翼”新政治联盟。而社会民主党的“经济绿色转型”概念，更多意指的是“新的智慧的绿色增长”“可持续增长”“新的工业革命”“能源与低碳经济转型”“生产消费与交通方式转型”。它更多的是将“绿色转型”视为传统经济增长方式与能源技术体系的一种低（去）碳化转变，因而所需要的不仅是借助各种政策帮助那些在转型过程中陷于困顿的群体，而且要使包括工商业在内的社会主体成为这一转型过程的积极参与者和受益者。

欧洲绿党、左翼党和社会民主党的上述“绿色转型”观点是否以及在何种程度上构成了一种系统性的或内在契合的“绿色左翼”意识形态与政治呢？在理论层面上，一方面，无论是绿党、左翼党还是社会民主党都不仅仅把生态环境问题视为一种经济技术或公共管理缺陷，而是充分认识到其复杂的经济社会、政治与文化成因，并强调利用综合性的路径手段来加以系统性应对，尤其反对简单诉诸资本或市场经济手段的运用。它们频繁使用的多形态或语态意义上的“转型”概念其实是对生态环境问题应对的多维度或层面特性的证实或确认。绿党和左翼党对“绿色转型”过程中社会公正重要性的强调，绿党和社会民主党对“绿色转型”过程中经济（工业）绿化重要性的强调，也是另外一个政党大致可以接受的。可以说，当代社会中生态环境、经济社会、政治与文化等各方面的全面转型和包括经济社会、政治法律和文化价值观等在内的综合性转型动力与战略，已构成绿党、左翼党和社会民主党的“大左翼”政党的“红绿”政治共识。另一方面，各自的意识形态和政治传统又确实在妨碍着它们对生态主义（生态可持续性）和社会主义（社会公正）的进一步“红绿”融合。严格说来，只有左翼党明确主张一种生态马克思主义或生态社会主义的理论立场，即同时坚持对资本主义基本制度框架的否定和对社会主义未来的替代性选择，而绿党和社会民主党所吁求的社会公平与社会正义都并不直接指向资本主义经济与政治体制本身——如果说绿党相对激进的“欧洲的绿色转型”愿景依然蕴含着对资本主义主导性现实的强烈生态否定，那么社

* 郇庆治：北京大学马克思主义学院教授。

会民主党的“经济的绿色转型”则已经有着浓郁的生态资本主义色彩，并因而遭到左翼党的政治批评。

（供稿：雷晓欢）

【新时代中国特色社会主义的世界意义——以国际社会论中国对世界的贡献为视角】

李瑞琴*，《当代世界社会主义问题》2018 年第 3 期

一种道路、理论或制度的世界意义，须对世界各民族国家发展具有示范性、借鉴性、方向性和引领性等实践性特征，并能够紧扣时代主题，为解决当代世界重大问题提供指导。在国际社会的视野下，新时代中国特色社会主义以独特的中国方案、中国智慧、中国担当，出色应对、推动解决人类共同面临的各类问题，为世界和平发展作出卓越贡献。在全球治理、制度道路选择、国家治理等多层面多维度，新时代中国特色社会主义呈现出多重视域下的世界意义，具体表现在以下方面：

第一，全球化及全球治理视域下的中国担当、中国方案。中国力推形成世界开放发展的全球化新格局，代表人类发展大势，中国担当彰显深远历史意义。中国坚持和平发展道路，构建人类命运共同体的倡议多次被写入联合国决议并形成世界共识，中国方案快速进入实践过程。第二，世界社会主义运动及社会制度视域下的中国旗帜、中国道路。一方面，十月革命与中共十九大一脉相承于科学社会主义，新时代中国特色社会主义成为 21 世纪世界社会主义运动的旗帜。另一方面，中国特色社会主义道路是 21 世纪最具发展潜力和活力的制度模式、现代化方案，为发展中国家树立了榜样。第三，民族复兴及国家治理体系视域下的中国经验、中国智慧。中国创造性地提出“精准扶贫”理念，谱写了人类反贫困史辉煌篇章，为世界作出了重大贡献。同时，全面从严治党、强力反腐、推进重塑国际反腐秩序，彰显出中国经验和中国智慧于世界之独特贡献。

总之，全球化及全球治理视域下的中国担当、中国方案，世界社会主义运动及社会制度视域下的中国旗帜、中国道路，民族复兴及国家治理体系视域下的中国经验、中国智慧，以及中国致力于世界和平发展的努力，使世界主要国家对中国的态度正经历着从怀疑到认可、从旁观到并肩同行的过程。中国特色社会主义进入了新时代，中国的国际地位、国际战略方位发生了质的变化。在国际社会的关注和期待下，新时代中国特色社会主义的世界意义还将在更广泛的视域不断展现。

（供稿：于海青）

【试析 21 世纪社会主义发展新态势】

轩传树**，《当代世界》2018 年第 11 期

回答当前世界社会主义发展态势问题，需要在世界政治经济形势变化的大框架下，对世界社会主义和资本主义的力量对比，社会主义领导力量、主体力量及其横向联合等，做出新的分析与判断。

第一，世界社会主义力量的壮大和上升。20 世纪 80 年代末 90 年代初，苏联解体，东欧剧变，冷战结束，社会主义与资本主义两种制度竞争的格局从势均力敌转化为资本主义占据绝对优势而社会主义处于弱势的失衡状态。然而，当历史车轮

* 李瑞琴：中国社会科学院马克思主义研究院研究员。

** 轩传树：上海社会科学院国外社会主义研究中心研究员。

驶入21世纪，两大历史事件，即资本主义核心地带引发全球金融危机以及中国特色社会主义的快速崛起，悄然改变了既有的世界经济政治力量对比，使其发生了有利于社会主义和发展中国家的变化。

第二，社会主义政党的变革调整已成常态。21世纪以来，作为社会主义运动的组织者和领导者，各国社会主义政党不管是在台上还是在台下，都在顺应时代变化和社会进步，不同程度地继续改革与调整。当然，“改革”“调整”对社会主义国家的执政党和资本主义国家的社会主义政党来说，存在不同的内容和意指。前者改的主要是国家治理理念和方针政策，后者改的多为夺取政权的理念和政策。

第三，反资本主义的社会运动渐成气候。首先重返欧美政治空间的是工人运动。其次还有蓬勃发展的群众性运动。这无疑反映了资本主义社会结构的两极分化和普通民众的普遍不满，而这些反映普通民众特别是下层民众诉求的抗议示威活动，对资本主义构成了现实的反思、批判和冲击，也教育并动员了民众。而且在21世纪的时代背景下，工人阶级运动已经得到其他群众性运动的有力支持，并有联合起来共同构成反对资本主义主体力量的趋势。

第四，社会主义的联合网络初步成型。一是国内层面的联合。21世纪以来，除了中左的社会党与激进左翼力量联合组成竞选联盟或在野党统一战线以外，更为常见的是欧洲国家绿党同传统左翼政党社会党或共产党结成竞选或执政的“红绿联盟”。二是区域性的联合。在欧洲，激进左翼政党为了协调欧洲议会选举政策，把分散在各国的左翼力量整合起来。在西亚北非地区，2011年在黎巴嫩共产党的组织筹备下成立了“阿拉伯左翼论坛”。为了应对新自由主义的攻势，在巴西劳工党的领导和倡议下，1990年拉美13个国家的48个政党和组织成立“圣保罗论坛”。三是全球性的联合。这种联合有注重相同意识形态和政治主张的同质合作，也有更为宽泛的泛左翼合作。

总之，21世纪世界社会主义发展新态势，说明当今世界社会主义开始进入谋求振兴、恢复荣光并孕育新高潮到来的重要历史时期。

（供稿：于海青）

【国外共产党坚持和发展民主集中制的经验和教训】

余维海、肖凤华*，《马克思主义研究》2018年第10期

民主集中制是马克思主义政党的根本组织原则。苏联解体、东欧剧变后，国外共产党在坚持还是放弃民主集中制的问题上产生了分歧，而坚持民主集中制的共产党在如何发展民主集中制上也有不同的探索。系统总结国外共产党在坚持和发展民主集中制上的经验与教训，对于我们加强和改进党的领导、更好地坚持和发展民主集中制具有重要的启示。

一、民主集中制的起源。虽然马克思恩格斯没有明确提出民主集中制的概念，但是在共产主义者同盟和第一国际中贯彻了民主集中制的精神。马克思恩格斯的思想为民主集中制原则的形成奠定了理论基础。列宁不断丰富了民主集中制的思想。20世纪20年代，许多共产党在共产国际的帮助下纷纷成立，并且作为共产国际的支部。受共产国际的影响，民主集中制成为当时国外共产党的组织原则。

---

* 余维海：华中师范大学国外马克思主义政党研究中心副教授；肖凤华：华中师范大学国外马克思主义政党研究中心硕士研究生。

二、国外共产党曲解或抛弃民主集中制的历史教训。在列宁逝世后，随着斯大林个人地位和权力的巩固，苏联共产党的民主集中制蜕变为官僚主义集中制。片面强调集中，忽视民主，用委任制或变相的委任制代替选举制，个人决定代替集体领导，中央监察委员会丧失了对党的领袖的监督作用，用国家安全机关监控全党并镇压持不同意见的党员。戈尔巴乔夫领导下的苏联共产党则走向另一个极端，苏共二十八大否定了在行政命令体制下形成的僵硬的集中制，实行“彻底民主化”。大多数国外共产党都是按照苏联共产党的模式理解和运用民主集中制，将民主集中制教条化，忽视党内民主，使党内权力高度集中。20世纪六七十年代，在西欧共产党中有较大影响的“欧洲共产主义”对民主集中制原则也提出了质疑。苏联解体、东欧剧变对世界社会主义运动的冲击在共产党内部主要表现为关于民主集中制原则的激烈讨论。大多数国外共产党主张要坚持和发展民主集中制，只有极少数国外共产党放弃了民主集中制，如意大利重建共产党、西班牙共产党、法国共产党等。放弃民主集中制原则对这些国外共产党产生了不良的影响。

三、国外共产党对坚持和发展民主集中制的有益探索。20世纪90年代，在世界社会主义运动遭受挫折后，大多数国外共产党仍然在马克思列宁主义的指导下创造性地坚持和发展民主集中制，具体表现在强调发展党内民主、不断发展集中、处理好民主与集中的关系等方面。

四、启示。首先，加强和改进党的领导，必须坚定不移地坚持民主集中制；其次，坚持民主集中制，必须加强民主集中制的制度建设，建立贯彻民主集中制的有效机制和渠道；最后，坚持民主集中制，既要加强党内民主建设，也要加强党的纪律建设。

（供稿：于海青）

【近年来希腊共产党“再激进化”评析】

于海青[*]，《科学社会主义》2018年第2期

欧洲主权债务危机发生后，希腊共产党（简称“希共”）进一步“左”转，出现了一个明显的“再激进化”过程。正确认识希共当前的理论和实践，不能简单地冠以“教条主义”“宗派主义”，需结合其历史与理论发展逻辑进行深入分析。

一　希腊共产党“再激进化”的政治社会背景

从政党政治发展看，希腊共产党的制度内实践陷入极其严峻的困难境地。整体上已经回落至20世纪90年代的水平。尽管希共在诸多分析中强调选举失利的客观原因，但面临自身发展困境，显然需要深入总结经验并确立新的发展方向，这成为希共进行理论重塑的主要动因。

从制度外运动发展看，与反危机的紧缩政策伴生的“反紧缩运动”，开启了希腊群众性反建制斗争的“抗议周期”。到底如何认识这些多样化的新运动？换言之，应该如何界定当前希腊社会主义运动的发展阶段以及党在现阶段的任务、目标？应该如何处理党与诸社会运动的关系？这些新的形势和条件促使希共做出理论回应，并对自身进行再定位。

二　希腊共产党“再激进化”的主要表现

第一，反思历史，重新界定社会发展阶段与党的斗争性质；第二，重修党章，

* 于海青：中国社会科学院马克思主义研究院研究员。

强化党的组织纪律与集中领导；第三，强调党的独立性，拒绝意识形态妥协与选举合作；第四，坚持独立的反资本主义斗争，疏离和批判其他社会政治运动；第五，与其他激进左翼政党矛盾公开化，寻求重塑国际联系与渠道。

三　怎样看待希腊共产党的“再激进化”

近年来，希腊共产党在西方左翼和社会主义运动中饱受非议。不少共产党或左翼人士批评其过于僵化和封闭，理论政策脱离实际。在西方学界，对希共的分析也大多以批评为主。笔者认为，正确认识当前希共的“再激进化”，还需遵循其历史和理论发展脉络，抓住以下四个层面的分析线索：

一是把握希共发展的历史连续性。至少在目前缺少内外部颠覆因素的条件下，希共在意识形态上不存在出现方向性调整或重构的可能性。

二是观照希共的政党理念与政治定位。希共是典型的政策取向或使命型政党，其目标不是为了扩大选民支持以赢得选举，而是进行制度替代，最终实现工人阶级的解放理想。

三是深入探究资本主义危机后希共陷入困境的原因。激进主义意识形态与危机后希共的困境并不存在直接因果关系。希共在主观上忽视社会主义发展道路的多样性，过于强调反资本主义战略的整齐划一，自我孤立、隔绝于各种左翼进步运动，很大程度上阻碍了希共的发展进程。

四是落脚于分析社会主义的实现方式问题。对当前西方共产党来说，避免在议会选举和议会外运动之间走极端，明确自己的优势和目标所在，平衡好议会内外斗争的侧重点，是包括希腊共产党在内的西方共产主义运动谋求进一步发展所要解决的关键问题。

（供稿：雷晓欢）

【国外马克思主义视域中的马克思主义——以卢卡奇、柯尔施与葛兰西为例】

仰海峰*，《国外社会科学》2018 年第 1 期

卢卡奇、柯尔施与葛兰西抓住了马克思哲学思想中的主体性维度，并从实践出发做了充分的发挥，这种发挥在当时的条件下具有合理性，有助于推进当时的无产阶级运动。他们更为强调马克思主义哲学的方法论特征，强调马克思主义哲学的批判性，这在当时将马克思主义哲学教条化的时代，有助于激活马克思的哲学，并形成了不同的解释传统，这是他们的理论贡献，这种贡献在今天仍然被后来者所关注，但从马克思思想发展的总体过程来看，以《关于费尔巴哈的提纲》中的“实践”概念为基础主体性理论，只是其生产逻辑的重要内容，即使是卢卡奇在关于社会存在的本体论中对《资本论》进行了新的研究，但其理论立足点仍然是实践范畴具体化后的劳动，这是一种劳动本体论式的建构。《德意志意识形态》中建构的生产逻辑可以分为两个维度，即客体维度和主体维度，客体维度实际上被第二国际时代的学者们所强化，而主体维度则是通过劳动本体论建构起来的。生产逻辑的确立虽然构成了马克思哲学思想革命的重要环节，使马克思哲学从传统哲学中走出来，但这并不意味着生产逻辑就是马克思哲学中的唯一逻辑，也不是其面对资本主义社会时最为根本的逻辑。按照作者的理解，在马克思后来的思想发展中，特别是在《资本论》中，确立了以资本逻辑

* 仰海峰：北京大学哲学系教授。

为主导的资本逻辑统摄生产逻辑的理论思路，如何从资本逻辑入手来重新理解马克思，这是国外马克思主义创始人并没有探讨的问题，实际上也是困扰着后来者的问题。在这个意义上，今天面对卢卡奇、柯尔施与葛兰西的思想，不能简单地下判断说他们是马克思主义者或不是马克思主义者，而是要在对马克思思想的不断深化中进行反思，只有这样，我们才能一方面充分吸收过去研究中的合理内容，从而在一种开放的视野中推进马克思主义哲学的研究，这是国外马克思主义研究中需要着力的问题。

（供稿：陈慧平）

【西方马克思主义在当代英美的传播与接受】

张秀琴*,《学术界》2018 年第 2 期

从总体来看，当代英美马克思主义主要议题是：文化、历史与经济。这三个议题之间并非彼此孤立，相反，经济学渗透在文化与历史中，且这一政治经济学批判研究传统经由英国传播到美国之后，几乎贯穿整个美国马克思主义学界，使得其哲学、文化和历史研究都充满了政治经济学研究的底蕴（尤以对《资本论》的研讨为例）。这一英美传统，其主要研究范式，则是在分析法框架指导下的理论探索，其旨趣主要致力于重建历史唯物主义这一传统西方马克思主义所倡导的“20世纪工程”。虽然其研究路径也即分析方法，在全球马克思主义传播与接受史中具有独特地位（特别是与欧陆的唯理论传统相较），但毫无疑问，1920 年代以后逐渐兴起于欧陆的西方马克思主义传统、特别是其文化研究传统，对英美马克思主义的影响是十分巨大的，暂不论英美学者圈子言必称的阿尔都塞和葛兰西（实际上，他们中有很多人是通过西方马克思主义的中介才走进马克思的），仅是法兰克福学派一批代表人物因二战而在美国的学术移民，就对整个美国马克思主义学界环境造成了至今不可忽视的持续影响。然而，即便如此，英美马克思主义依然一如既往地（有意无意）“游移于”人本主义（文化主义）和科学主义（结构主义）之间，以期从中找出一条更为适宜和符合时代精神的英美式“马克思主义道路”。

（供稿：陈慧平）

* 张秀琴：中国人民大学马克思主义学院教授。

国际共产主义运动

【西方多党民主陷入理论与现实困境】

柴尚金[*]，《光明日报》2018 年 4 月 3 日

近年来，西方国家民粹主义与极端政党崛起，选举民主和多党制衡日趋游戏化，深陷政治极化、治理失效、社会失序困境。对西方奉为圭臬的多党竞争民主进行深刻反思，成为包括西方理论界在内的国际理论界的重要话题。

多党选举“功夫在票外”，西方“政治合法性”渐失。西方政治是用金钱打造“民主牌坊”，西方政客与资本寡头生死与共，金钱政治与西方民主狼狈为奸。从表面上看，选举民主一人一票，公民行使了自己的民主权利。然而，权力角逐是按金钱而不是按民主原则进行的，选举结果很难体现真实民意，也很难选出公认的优秀领导人。选民在投下手中神圣一票后，对由谁来组成政府、政府如何决策等国家大事就没有发言权了。候选人通过各种手段当选后，往往将竞选承诺束之高阁，符合多数民意的许多重大民生问题往往不会纳入决策选项。民主投票选出的政府不依民意办事，精英政治越来越成为寡头政治。虽然金钱政治并不都是赤裸裸的权钱交易，但利益集团诱惑政客、政客“量身定制”公共政策以满足资本利益的置换关系是不变的，“一人一票”表面上的平等掩盖了金钱政治事实上的不公平。虽然金钱不可能完全决定选举的最终结果，金主并不一定会选上总统，但没有足够的竞选资金，政客们的“总统梦”肯定圆不了。西方主流政党竞选主张大多迁就大资本，他们的区别只在于政府权力大小多少程度的不同，不管谁上台，都改变不了资本主义国家政权为资本利益最大化服务的本质属性。

党派恶斗是西方之乱的“病原体”。西方多党博弈与制衡，多以裹胁民意、绑架国家利益、加速国家政治极化和社会分裂为代价。近年来，欧洲融欧和反欧、经济全球化和反全球化的党派争斗激烈，政党博弈制衡开始演变为缺乏理性包容的“否决政治”。在当下西方“精英民主”体制下，精英阶层越来越孤立和固化，由此招致草根阶层越来越多的不满和怨恨。民众对政府的不满，实质上是对寡头政治的反抗，欧美国家民粹主义崛起，不能不说是西方“精英民主”的副产品。

强推西式民主是一些国家动荡之滥觞。在西方人眼中，西式民主是世界上最好的政治制度，因而有“义务”将这一制度推向全世界。事实证明，西式民主推行到哪里，哪里就动乱不断。西方还以民主失范、选举不公为借口，加大对一些所谓“极权国家”进行“颜色革命”攻势，大肆干涉别国内政，充分暴露其假民主、真霸权面目。目前，西方敌视社会主义的本性不但没有改变，反而表现得更为露

---

* 柴尚金：中共中央对外联络部正局级参赞，中国当代世界研究中心高级研究员。

骨。西方如此强推西式民主，最后搬起石头砸自己的脚。欧洲遭遇了汹涌的难民潮，极端民粹思潮崛起，西式民主饱受质疑。

（供稿：遇　荟）

【当前西方民粹主义辨析：兴起、影响与实质】

房宁、涂锋*，《探索》2018 年第 6 期

当前西方民粹主义的兴起可以从经济与政治两个维度来考察。在经济维度上，西方国家长期的过度福利化造成了社会预期的巨大落差。在主观层面，长期维持的过度福利化使得社会公众的高预期变得缺乏足够弹性，进而无法随经济周期的变化而进行有效调整。在客观层面，社会流动性下降又必然加剧了社会分歧与阶层对立。这种主客观之间的矛盾是难以调和的，两者之间的紧张关系使得社会预期形成了巨大落差。在涉及社会财富与经济地位的问题上，一旦社会公众的失落感与不满情绪变得难以抑制时，就必然会激发强烈的民粹主义社会政治思潮。

在政治维度上，西方国家的极端民主化造成了国家能力的严重削弱。民粹主义成为了当代西方政治民主的一面“镜子”，展现了西方民主政治的某种阴暗之处，也形成了促其反思的作用。更进一步来说，极端民主化还使得资本力量在西方国家政治舞台上占据了愈发强势的地位。其结果是西方国家的各种政治制度安排愈发地向强大的资本力量做出妥协。受此影响，西方社会中调节社会矛盾的几大制度支柱都承受着空前的压力，其国家能力的削弱也就变得难以避免。

民粹主义的影响力波及政治层面，并且开始影响着各自国家的政策走向。具体来说，这种影响及其所引发的政策后果涉及以下两个方面：第一，国内政策外部归因。在民粹主义政治势力的鼓动和压力下，包括移民威胁论、文明冲突论、地缘政治威胁论等政治话语逐渐进入西方国家政党政治宣传和政治动员的主流论述。西方国家政治的核心议题变得越来越具对抗性，其主流话语也变得越来越具有攻击性。在西欧各国，传统温和党派呈现明显颓势，而持排外与孤立立场的极右翼党派已经摆脱过去的边缘地位，逐渐成为各国政坛中不可忽视的重要力量。第二，政策选择的不确定性提升。民粹主义的另一个后果是使得西方国家的政策选择变得高度不确定。极端民主化与过度福利化使得西方国家内部形成高度的社会对立，并且逐渐改变了原有的政治与社会生态。不同政党、不同社会团体之间的信任感大幅降低，相互敌视增加，各自的偏见与固执也愈发强烈。实际上，在民粹主义大潮的裹挟之下，西方各国主流温和派政党都受制于选举压力，纷纷被动应对社会的非理性诉求。当各党派都采取机会主义策略时，政策选择的风险偏好就明显提升，政策结果的不确定性也大幅增加。

从实质上说，民粹主义是西方资本主义国家所面临的制度困境。在新一轮科技进步与生产体系变革的冲击下，西方国家内部经济体系日趋失衡，制度层面又无法进行有效回应，极端化的民粹主义意识形态遂成为必然选择。民粹主义具有外溢效应，不仅有可能重新激活西方的冷战思维，也有可能激起西方国家新一轮的霸权主义与强权政治。

* 房宁：中国社会科学院政治学研究所所长，研究员，博士生导师；涂峰：中国社会科学院政治学研究所助理研究员。

（供稿：遇　荟）

【透视当今欧洲社会民主主义】

赵俊杰*，《世界知识》2018 年第 1 期

社会民主主义是当今世界上的一种主流政治思潮。在欧洲政坛，英国工党、德国社民党和法国社会党历史悠久、势力较强、影响很大。在近期的选举中这些政党均败北，标志着当今欧洲社会民主主义遭受重创。

但欧洲社会民主主义的历史政绩不应否定。进入 21 世纪，社会党国际依据形势变化对其纲领作了修改，主张全面接受市场经济，限制政府在治理中的作用，重视全球气候变化和环境保护，建立一个多边主义的国际新秩序。正是欧洲社会民主党百余年的不懈努力，才使得工人阶级和广大中下层民众的劳动条件、工资待遇、生活环境和社会福利越来越好。欧洲社会的繁荣与进步、文明与辉煌同社会民主主义的勃兴是分不开的。

欧洲社会民主主义近年来开始遭遇挫折。从经济因素来分析，欧洲经济面临的困境以及中左翼执政党的决策失误、政策偏差和改革不力，往往逼得国内的富裕阶层移民海外避税，而广大工薪阶层的缴税压力越来越大，最终招致不少选民的反感和反对。面对经济全球化带来的巨大压力，欧洲传统的中左翼政党找不到应对危机的脱困之道，在治国理政中不能给广大中下层民众带来实惠，推行的改革措施又得不到民众支持，必然要吞下选举的苦果。从社会因素来看，全球化程度的加深助推国家资本主义的新发展，而欧洲传统的中左翼政党未能适应新形势的需要及时变革创新，导致社会危机无法化解。如果说欧洲国家的税收政策直接导致国际资本逃税、政府财政入不敷出，那么欧洲社会面临的“养老金”问题可以说是陷入了“庞氏骗局”困境。为解决人口老龄化问题，一些中左翼政党只好“拆东墙补西墙”，把本该用于研发创新和招贤纳智的投资用于填补社会福利的巨额窟窿。结果“养老金”严重束缚了投资人和劳动者的积极性。

综合观之，欧洲传统中左翼政党在大选中纷纷败北是多种因素共同作用的结果。其中，面对高潮迭起的全球化浪潮，欧洲社会民主主义找不到良方来适应新形势的发展，在治国理政的观念上与中右翼政党更加趋同，逐渐失去社会民主主义的特性和光彩，败北结果就在所难免。

但对当前欧洲社会民主主义遭受的重大挫折也应该辩证地看待。没有欧洲社会民主主义运动，就没有今天欧洲广大民众幸福的生活。当前欧洲社会民主主义面临的困境也是欧洲传统的中右翼政党所面临的，欧洲债务危机、难民危机及英国脱离欧盟引发的欧洲观念认同危机，加之极右翼民粹主义的蠢蠢欲动，充分表明当今欧洲社会并非太平盛世，西方资本主义发展模式仍然存在很多问题，作为欧洲政坛“百年老店”的社会党、社民党和工党都需要变革和团结，都需要创新和转型，它们会从理论和实践两方面不断总结教训，探索应对党内危机和治国理政的新方略。

（供稿：遇　荟）

【二战后社会主义国家第一次改革浪潮辨析】

郭春生**，《当代世界与社会主义》2018 年第 2 期

---

* 赵俊杰：中国社会科学院欧洲研究所研究员。

** 郭春生：中国人民大学国际关系学院教授，博士生导师。

斯大林去世不久，在苏联东欧社会主义国家就出现了一系列改革，进而汇聚成一次社会主义改革的浪潮。斯大林时期确立的苏联社会主义模式对和平时期的社会主义建设来说有许多不适应之处，所以，当和平到来的时候，改革就成为大势所趋。这次改革浪潮以南斯拉夫的社会主义自治改革为先导，以苏共二十大为开始标志，波兰、匈牙利的社会主义改革是重要组成部分，“布拉格之春”改革是这一浪潮的最高峰。

第一次社会主义改革浪潮的主题就是克服苏联社会主义模式权力高度集中的弊端，逐步将集中于中央的政治经济权力分割出来，将它们让渡给代表着社会的企业和个人，从而激发社会的活力和积极性。相比赫鲁晓夫的改革而言，东欧其他社会主义国家的改革具有系统性、整体性和短暂性的特点。但是，苏联的国家民族主义、大国主义、大党主义干扰了东欧社会主义国家的改革。其国家民族主义表现为极端的民族利己主义。伴随着大党主义、大国主义的干扰，苏联压制了波兰的改革，出兵镇压了匈牙利、捷克斯洛伐克的改革。捷克斯洛伐克的改革被苏联等国出兵镇压是这次改革大浪潮失败的标志。而苏联国内的改革也在镇压了“布拉格之春”之后逐渐终止。

历史证明，谋求系统地、一蹴而就地改革苏联社会主义模式，往往是难以成功的。其失败原因包括：第一，这是苏联的国家民族主义之下的民族利己主义作祟的结果。第二，大国主义是苏联出兵镇压东欧国家改革的支柱。第三，大党主义是苏共在社会主义旗帜掩盖下的本质属性。苏联的大国主义和大党主义，本质上都是国家民族主义，也就是说，是出于苏联国家的民族利益。苏联的这种国家民族主义以大俄罗斯民族主义为核心，以追求苏联的国家利益为表现形式。它们极大地干扰了改革，是社会主义国家第一次改革浪潮失败的重要原因。

二战后第一次社会主义改革浪潮中苏联与东欧国家的关系为我们提供了非常深刻的教训。在国际政治中，特别是社会主义国家之间的政治中，需要特别警惕国家民族主义、大国主义、大党主义等不良倾向的危害，无论是大国与小国之间，无论是什么性质的国家，都应该本着“互相尊重主权和领土完整，互不侵犯，互不干涉内政，平等互利，和平共处”的原则处理相互关系。

（供稿：潘西华）

【越共反腐的实践成效与借鉴意义】

潘金娥*，《人民论坛·学术前沿》2018 年第 20 期

腐败在越南被视为“国难”，危及党和国家的生死存亡。反腐败工作被越南共产党确定为具有紧迫性的困难而复杂的长期性重要任务。越共十二大以来，越南致力于从制度上建立一整套“不能贪、不敢贪、不必贪”的反腐体制机制，并出台系列政策措施以消灭这一“内寇”。强化对反腐工作的领导和监督，打造“不能贪的预防机制”。越共认为，反腐败是党、政府和全国人民共同的事业和任务，而人民群众是反腐败的主力军，因而反腐工作要从党、政府和人民群众等多个渠道全面抓，筑牢防止腐败的高墙。改革中央反腐工作指导机构，加强党对反腐的全面指导。腐败问题在越共十大前引起越共中央的高度重视，出台了多个相关文件决议。越共十届三中全会决议、十一届五中

* 潘金娥：中国社会科学院马克思主义研究院研究员。

全会第21－KL/TW号结论和党的十二大文件中都对反腐败的目标、观点、主张、任务和措施做了全面明确规定。充分发挥党中央纪律检查委员会和政府监察部门的作用，加强对公职人员的监督和贪污腐败行为的查处。发挥国会和祖国阵线各级组织的监督作用。充分发挥媒体和人民群众的监督作用。

加强反腐机制和法律建设，打造“不敢贪的惩治机制和威慑机制”。不断增强和完善党内规章制度和纪律约束，拉起反腐高压线。越共首先从颁布党的相关决议并加强党内规章制度着手，采取多项措施打击贪污腐败行为。制定和完善法律法规，为打击和惩治贪污腐败行为提供法律保障。完善优秀干部的选拔机制，强化领导责任制，加强对腐败行为的处分和制裁。

提高党员干部的精神修养和物质待遇，打造“不必腐的保障机制”。加强理论和思想道德教育，为党员干部防腐抗变提供思想保障。改革公务员的待遇制度，让工资成为人们的主要收入来源。

越共通过加强制度建设，形成了“不能贪、不敢贪、不想贪”的反腐路线，过去几年的实践证明这一措施取得明显成效。然而，越南的反腐工作依然形势严峻，前面还有很长的路要走。究其原因，可分为直接原因和根本原因。直接原因有四点：一是越南社会总体法律意识淡薄，法律不健全，且执法不严、有法不依，人情社会容易滋生腐败现象；二是干部管理体制和工资待遇制度存在问题，难以解决；三是党员干部对反腐问题的认识不到位，党内检查和监察工作不彻底，存在走过场的现象；四是严重的腐败行为常常有复杂的背景，甚至与政治斗争和权力有关，因而难以解决。而从根本上来说，还是越南社会主义制度还不完善。其中，为了使生产力发展水平与生产关系相符合，越南过于关注经济发展的激励机制而忽视了市场经济的负面影响，这是导致腐败的一个重要诱因。

2017年下半年以来，越共反腐风声鹤唳，以前所未有的力度查处了一系列重大要案，逮捕了一批高官，展示了反腐无禁区、无例外的决心，在全国掀起了反腐运动的浪潮。中越两党具有很多相似之处，越共反腐的机制建设和实践做法，对我国反腐倡廉工作具有一定借鉴和参考意义。

（供稿：贺　钦）

【论社会主义国家命运共同体的公共治理】

李珍刚*，《学习论坛》2018年第10期

随着全球化的深入发展，人类社会日益成为休戚与共的命运共同体。社会主义国家命运共同体是人类命运共同体的重要组成部分，它是社会主义国家之间，基于共同的马克思主义意识形态以及历史与现实共同利益关系的命运共同体。社会主义国家命运共同体的建构是一项复杂的系统性工程，有着内在的逻辑。长期以来，社会主义国家一直走在探索命运共同体的路上。新时代，各个社会主义国家需要采取适当的方式方法，参与社会主义国家命运共同体的公共治理，携手开拓社会主义事业发展新局面。

社会主义国家命运共同体的内涵

当前，社会主义国家命运共同体正处于建构之中。从现实情况看，它具有以下特征：意识形态的共同性，国家制度的同

* 李珍刚：广西民族大学教授。

构性，历史联系的渊源性，社会发展的开放性。社会主义国家命运共同体不同于结盟、联盟和同盟。它是建立在共同需要、自愿参与基础上的合作伙伴，是彼此平等、相互尊重的国家群体。它以协商为基础采取协调行动，与结盟、联盟和同盟有着本质区别。

社会主义国家命运共同体建构的内在逻辑

从历史上看，社会主义国家建构命运共同体有其必然性。社会主义作为资本主义汪洋大海中的新生力量，其生存和发展面临着复杂而严峻的环境。这促使社会主义力量必须联合起来，结成命运共同体，只有这样，才能共同渡过难关，共同成长和发展。社会主义国家命运共同体起步于19 世纪中叶。20 世纪 90 年代以来，中国、越南、老挝、朝鲜和古巴几个社会主义国家不仅顶住了苏联解体和东欧剧变带来的冲击，而且在社会主义事业上都有不同程度的发展。中国与其他社会主义国家之间的关系呈现出蓬勃发展的良好态势。同样，越南、老挝、朝鲜、古巴在彼此关系建构方面，也形成了不同程度的合作关系。这些都形成了社会主义国家命运共同体的基础。

社会主义国家命运共同体建构的方式方法

以共商共建共享实现共赢发展，以亲诚惠容夯实国际关系基础，以平等相待增进彼此理解，以结伴不结盟留足国际关系发展空间。

社会主义国家命运共同体公共治理的路径选择

凝聚共识，积聚力量，建构社会主义国家命运共同体，构建基于发展成熟期的社会主义国家命运共同体，妥善处理社会主义国家命运共同体与其他命运共同体的关系，打铁还需自身硬——社会主义国家执政党建设是构建社会主义国家命运共同体的关键，平等互利合作——打牢社会主义国家命运共同体发展的社会基础，形成以人民为中心、多维参与互动的社会主义国家命运共同体公共治理新格局，构建基于互信的社会主义国家命运共同体。

在求发展、谋共赢的国际大背景下，社会主义国家命运共同体正逐渐成型，展现出前所未有的影响力和巨大的发展潜力。当今时代，社会主义国家仍面临着巨大的压力和挑战，社会主义国家联合起来，相互尊重，相互合作，才能增强抗压能力，应对挑战。

（供稿：贺　钦）

【苏联社会主义制度的建立和苏联模式的兴衰】

谢峰*，《党建研究》2018 年第 7 期

人类历史上首次大规模的社会主义建设，是从苏联开始的。列宁去世后，斯大林领导苏联布尔什维克党和人民继承了列宁开创的事业，进行了巩固和建设世界上第一个社会主义国家的创造性探索，取得了辉煌成就，也留下了深刻的教训。

世界上第一个社会主义国家不是诞生在发达的西欧，而是出现在相对落后的俄国。根据马克思的设想，未来的社会主义——共产主义社会最终要消灭私有制，没有商品货币，实行按需分配，劳动成了快乐的事情，人人得到全面发展。在其初期的社会主义阶段，实行公有制、计划经济和按劳分配。但该设想是建立在生产力高度发达的基础之上的，在落后的俄国如何建设社会主义？布尔什维克党没有任何经验可以借鉴。在 20 世纪 20 年代末和

* 谢峰：中共中央党校党建部副主任，教授。

30年代，布尔什维克党进行了一系列理论探索，实行过两种社会主义模式：一是1918年至1921年间的军事共产主义，二是1921年至1928年间的新经济政策。

军事共产主义也称战时共产主义，主要施行于十月革命后的内战期间。主要包括实行国家统制经济，由国家控制生产分配；实行余粮收集制和食物配给制，人民生活由国家统一安排定量供给；成立劳动军，实行普遍义务劳动制，全国成为大兵营。军事共产主义的实施为打赢战争提供了保障，但也使经济恶化、食品匮乏。1921年列宁放弃该政策转而实行新经济政策。其核心举措是以粮食税取代余粮征集制，允许多种经济成分并存，利用国家资本主义发展经济。其实质是允许市场存在，国家不再控制生产消费，工农产品通过市场自由贸易，以达到工农业共同发展。

1929年新经济政策结束后，斯大林又回到军事共产主义，建立起一整套高度集权模式，该模式的建立伴随着工业化运动、全盘农业集体化运动和一系列政治运动过程。苏联工业化运动的主要特点是优先发展重工业，尽快把苏联从农业国变成工业国。但苏联模式的局限性则体现在：在经济领域，实行单一的公有制和国家指令性计划经济，国家控制全国的生产、流通和消费，排斥市场机制和商品经济，经济缺少竞争和活力；重工业过重，忽视轻工业和农业，国民经济比例失调，市场供应紧张，人民生活受到影响；用行政化手段管理经济，影响了企业的积极性创造性。在政治领域，国家权力集中于苏共，没有其他政党存在，而且党内民主制度不健全，监督机制缺乏，后期官僚特权和腐败现象严重，法制遭到破坏，政党脱离群众，党的指导思想教条主义严重。在思想文化领域，把苏联模式教条化神圣化，用行政手段、阶级斗争的手段干预思想文化领域的活动，导致思想文化界缺少生气。

总之，苏联这个国家无论是建立还是剧变、解体，给世界带来的影响都是巨大的。它的建立在人类历史上开创了社会主义篇章，它的剧变、解体也给世界社会主义运动造成沉重打击，应当引发我们对人类社会未来走向更深入的思考。

（供稿：孙应帅）

【中苏分裂与越南劳动党对国际共运的认知和表达（1960—1964）】

陈波*，《当代世界与社会主义》2018年第3期

20世纪60年代是越南战争不断升级的时期，而此时中苏关系由两党分歧逐步走向两国关系的破裂。面对美国的强大压力，希望获得中苏两国援助的越南不得不面对中苏在意识形态领域的争论。基本上，越南劳动党对中苏分裂时期国际共产主义运动的看法，既与当时越南的对外政策有关，也是马克思列宁主义理论在越南战争环境下实践的产物。或者说，统一战争时期的越南外交，与当时的国际共运形势密不可分。

1960年，中苏在意识形态领域分歧的公开化，让极力争取两国支持的越南劳动党颇感为难。值得注意的是，为了最大限度地争取国际支持，越南力图在中苏之间保持平衡。为了促成中苏和解，8月7日，胡志明来到北戴河，黄文欢和阮春水随行。越南代表团先与周恩来会晤，后又会见毛泽东，称越南要召开党的代表大会，准备去苏联征求意见，“顺便”调解中苏矛盾，希望社会主义国家的共产党保

* 陈波：华东师范大学历史学系、周边国家研究院。

持团结，共同对付美国。8 月 19 日，胡志明从莫斯科回来以后，又到北京与毛泽东会晤，双方谈论的大部分内容是关于中苏分歧问题。胡志明转达说，苏联方面对时代特征和帝国主义问题的认识与中国同志是一致的，但是对战争与和平、和平共处及和平过渡问题有不同意见。胡志明多次强调，希望中苏会谈能实现并取得好结果。

1961 年 10 月，苏共二十二大召开。越方对此次会议极为关切，但也感到事情复杂。1962 年年底，《学习》杂志发表黎笋署名“陈宋”的文章，结合两次莫斯科会议的文件发表对国际共运形势的看法。文章开始对修正主义提出了批判，认为其“极力粉饰资本主义”。对于和平问题，文章指出，“战争是帝国主义的本性”，而现在，美帝国主义是制造战争的罪魁，是国际宪兵，是世界人民的主要剥削者。尽管帝国主义已被大大削弱了，但侵略的本性并没有改变。和平共处并不像修正主义者所鼓吹的取消阶级斗争，而是社会主义和资本主义之间的一种阶级斗争形式。文章认为，巩固国际共产主义运动的团结是各国共产党和工人党的“头等大事”。而为巩固团结，首先要反对修正主义，同时反对教条主义和宗派主义，保卫马克思列宁主义的纯洁性。可见，60 年代上半叶，越南劳动党对中苏分歧和国际共运的态度发生了从“避免评论”到“反帝反修”的变化。

同时，中苏分歧和分裂也成为一种“镜像”，促进了越南劳动党“独立自主”话语的生成。1965 年 12 月，在越南劳动党三届十二中全会上，第一书记黎笋就国际形势发表看法：美国全面介入之后，越南战争进入到最为困难的阶段，与此同时，国际共运对世界革命的路线存在不同意见，中苏分歧到勃列日涅夫时期更为激烈。对于三大以来对国际问题的决议，黎笋表示，如果要准确把握决议的基本精神，就必须承认越南劳动党的革命路线与苏共、中共有所不同。“我们希望与苏联和中国团结，但我党也必须独立自主。独立自主体现了一个马列主义政党对本民族命运和国际共产主义运动高度负责的精神，要准确并富有创造性地将马克思列宁主义的各项原则运用到本民族和世界革命的实践中去。”这成为越南 20 世纪 70 年代政策调整乃至 80 年代“革新开放”的思想前提。

（供稿：孙应帅）

【列宁和卢森堡在十月革命两个问题上的思想分歧】

俞良早*，《理论月刊》2018 年第 4 期

十月革命是列宁和俄国布尔什维克党领导人民进行的一场以建立工农政权为目的的重大政治事件。它发生之初，即遭到俄国政界和学术界以及国际政界和学术界一些人的否定和反对。国际共产主义运动阵营中的一些人，也对它表示了不理解和不赞同的看法。1918 年，德国著名国际共产主义运动活动家罗莎·卢森堡写作的《论俄国革命》小册子，对十月革命以及苏维埃政权的政策和措施提出了非议。

一是在“民族自决权”问题上，列宁向来主张民族自决权。在十月革命以前和十月革命过程中，他论述民族自决权问题的著作有 60 余篇。1902 年，列宁在起草的《俄国社会民主工党纲领草案》中即写道：俄国民主革命胜利即建立民主宪法基础上的共和国后，“承认国内各民族

* 俞良早：南京师范大学公共管理学院教授，博士生导师。

都有自决权”。但卢森堡认为，布尔什维克给予非俄罗斯民族以“民族自决权”，换取这些民族支持无产阶级革命事业，打算“完全落空了”。列宁关于民族自决权的思想和苏维埃政权相关的政策，被卢森堡理解为脱离实际的“空洞词句”和一种“随机应变的政策”而导致的策略，并且它没有也不可能达到期望的目的。因此，民族自决权变成了非俄罗斯民族的资产阶级的工具。而列宁指出，无须在意原来的俄罗斯会划分为多少个独立的共和国，无须在意国界划在哪里，但必须保持各民族无产阶级以及劳动者的团结和联盟；允许非俄罗斯民族分离和建立独立国家，但必须对非俄罗斯民族的资产阶级反苏维埃势力进行斗争。这里列宁表达的也是各国无产阶级团结斗争的思想以及无产阶级的团结与联盟同民族自决以及建立独立国家不相矛盾的思想。

二是在立宪会议问题上，在十月武装起义以前，俄国的一部分群众崇拜资产阶级的政治统治形式即“立宪会议”。布尔什维克为了让广大群众在此方面产生亲身的经历和经验，正确地选择俄国未来的政权形式，支持举行立宪会议。鉴于立宪会议反对无产阶级革命的立场和行为，苏维埃政权命令驱散了立宪会议。对于布尔什维克和苏维埃政权驱散立宪会议，卢森堡提出了如下批评意见：1. 尽管立宪会议反映了过时的旧状态，但人民群众的情绪会对代议机构产生正面的、革命的影响，纠正它的错误倾向。2. 苏维埃政权驱散立宪会议的办法比立宪会议有可能产生的坏结果“更坏”。她说，任何民主机构都有它的局限性和缺陷，而且恐怕人类设立的一切机构都不可避免地有局限性和缺陷。但是对于这种局限性和缺陷，有纠正的办法，这正是生机勃勃的群众运动。然而列宁和布尔什维克没有找到正确的办法，没有以群众运动纠正立宪会议的局限性和缺陷，而是驱散了它。3. 卢森堡认为苏维埃俄国的选举权是一种“空想的、脱离社会现实的幻想产物”。在关于解散立宪会议和选举权问题上，列宁阐述了自己的思想。其内容主要是：1. 按照在资产阶级统治下存在的那些党派所提出的候选人名单召集的立宪会议，必然同进行十月革命的被剥削劳动阶级的意志和利益相冲突。2. 立宪会议拒绝承认十月革命和苏维埃政权，“割断了它同俄罗斯苏维埃共和国的一切联系”，成为苏维埃政权前进道路上的障碍。3. 苏维埃制度以及它的选举制度，是“任何一个国家的民主制都无法与之相比”的民主制。

对比卢森堡和列宁在解散立宪会议及苏俄选举权问题上的思想，可以得出以下几个结论：1. 卢森堡对俄国政治斗争的实际缺乏真实的认识，以推理和想象的方案或图式去衡量苏俄的现实生活，其思想或结论不符合苏俄的实际。列宁的思想形成于斗争实践中，是切合实际的和科学的。2. 卢森堡在认识俄国革命问题时不善于使用阶级分析的方法，往往产生模糊的、错误的认识。列宁则善于运用阶级分析的方法并产生正确的观点。马克思主义阶级分析的方法，是人们认识社会和社会问题的不可多得的思想方法。

（供稿：孙应帅）

中国近现代史基本问题

【改革开放四十年党的建设成就与经验】

李景田*，《人民日报》2018年12月29日

一　改革开放40年党的建设的丰富实践和卓越成就

党的建设卓越成就主要体现在八个方面：一是坚持和加强党的全面领导，党的执政能力和领导水平不断提高；二是旗帜鲜明加强党的政治建设，有力维护了党中央权威和集中统一领导；三是着力加强党的思想建设，全党团结奋斗的思想基础更加巩固；四是努力培养选拔党和人民需要的好干部，适应改革开放和现代化建设要求的执政骨干队伍不断壮大；五是大力加强党的基层组织和党员队伍建设，党执政的组织基础更加牢固；六是持之以恒加强党的作风建设，始终保持党同人民群众的血肉联系；七是坚定不移推进反腐败斗争，党的肌体更加纯洁、拒腐防变能力不断增强；八是扎实推进党的制度建设，制度治党、依规治党水平不断提升。

二　改革开放40年加强党的建设的宝贵经验

必须深刻认识党的领导是中国特色社会主义的本质特征和最大优势，紧紧围绕坚持和加强党的全面领导以推进党的建设，确保党始终成为中国特色社会主义事业的坚强领导核心。只有紧紧围绕坚持和加强党的全面领导，推进党的建设新的伟大工程，才能抓住党的建设的根本，不断提高党的建设水平，确保我们党在世界风云变幻面前，在建设中国特色社会主义的伟大征程中，始终成为坚强领导核心。

必须深刻认识党的建设是为党的政治路线服务的，紧密联系党所肩负的历史使命以加强党的建设，保证党的建设新的伟大工程始终朝着正确的方向推进。加强党的建设，必须紧紧围绕党的历史使命和政治路线去规划、去部署、去落实，必须把党的政治路线坚持得好不好，党的中心任务完成得好不好，作为党的建设方向是否正确、成效是否显著的重要检验标准。只要坚持住这一点，党就能够永远保持旺盛生命力和强大战斗力。

必须始终不渝坚持以人民为中心的根本立场，把实现好、维护好、发展好最广大人民的根本利益作为党的建设的出发点和落脚点，保证党始终得到人民群众的拥护和支持。只有坚持党的根本宗旨，始终把人民放在心中最高位置，党的建设才能有深厚的力量源泉，党的执政根基才能更加牢固。

必须坚持以加强党的长期执政能力建设、先进性和纯洁性建设为主线，以政治建设为统领全面推进党的各方面建设。这条主线是贯穿党的建设各领域和全过程的中心线；这一布局是新时代党的建设的总体性要求。只有牢牢抓住党的建设的主线，坚持以党的政治建设为统领，才能抓

* 李景田：全国党建研究会会长。

住党的建设的主要矛盾，统筹推进各方面党建工作，不断提高党的建设质量。

必须顺应时代发展要求，以改革创新精神加强党的建设，始终保持党的生机活力。只有坚持解放思想，大力推动党的建设的改革创新，才能不断增强党的生机活力，保证党始终走在时代前列。

必须坚持党要管党、全面从严治党，不断解决党内出现的突出问题，提高党自我净化、自我完善、自我革新、自我提高的能力。只有坚定不移全面从严治党，持之以恒进行自我革命，才能始终保持党的先进性和纯洁性，使党永远立于不败之地。

（供稿：刘德中、刘海飞）

【新时代党建研究要有“三个并重”】

全林*，《解放日报》2018 年 12 月 4 日

坚持和加强党的全面领导，离不开对党建工作的系统研究和理论思考。从学科特性角度来看，党建研究是理论性、实证性和实践性的有机结合与统一。

党建研究需要着眼于回应重大理论问题，体现学术研究的理论品格和理论深度。如何强化党的政治领导力、思想引领力、群众组织力、社会号召力？如何确保党在世界形势深刻变化的进程中，始终走在时代前列？如何在应对国内外各种风险和考验的进程中，始终成为全国人民的主心骨？如何在坚持和发展中国特色社会主义的进程中，使党始终成为坚强领导核心？这些问题都要有整体性、科学性、系统性的理论回应。

党建研究需要借鉴社会科学的实证思维，体现学术研究的科学性与严谨性。如果把党建日常工作转化为可以识别和分析的数据，党建研究就具备了实证性研究的重要基础——由理论分析向数据化、指标化转变，即由传统的抽象模糊转为可量化、可比较、可评估的实证性、系统性和科学化研究。随着大数据的创新发展，党建研究的科学化、实证化将成为党建学科发展的重要增长点。

党建研究需要聚焦和思考一线问题，体现学术研究的现实价值和现实关怀。党建研究的理论性、实证性、实践性是相辅相成的有机整体，共同构成新时代党建研究的重要特性和学科特色。具体来看，理论研究通过借助实证思维和科学方法的检验、支撑，才能更具说服力和解释力；实证研究唯有结合理论研究的问题意识和理论范式，才能避免“就事论事”或“只见树木不见森林”；理论研究和实证思维的最终目的是解决现实世界中党建工作的各种宏观、微观问题，党建研究的出发点和落脚点始终是理论指导实践。

下一步，为进一步推动党建研究的创新发展，建议做好以下三个方面的工作：

一是理论思维和实证思维并重。要认真梳理研究、学习贯彻习近平新时代中国特色社会主义思想蕴含的新时代党建思想，包括理论创新、思维创新和方法创新等角度。同时，加强党史研究和党建研究的结合，克服在党史研究中对党建研究和党建理论建构不足、在党建研究中对历史问题研究和实证思维不够的两块短板。

二是学术研究和咨政建言并重。学理探讨和对策研究并不矛盾，而可以相互促进、相得益彰。一方面，通过高质量的研究成果形成良好的学术规范和学科品格，用学术语言讲好中国共产党治国理政和党的建设的“中国故事”。另一方面，围绕新时代党的建设各个方面的重大理论和实

* 全林：上海交通大学马克思主义学院教授。

际问题，总结成熟经验做法、深化规律性认识，各级主管部门提供对策性建议，为加强和改善党的领导和党的建设提供智力支持。

三是学科建设和人才培养并重。党建研究要强化学科建设，提高学术研究水平，紧紧抓住马克思主义理论一级学科下设党的建设二级学科的机遇，进一步完善党建学科建设体系，促进教学科研深度融合，构建学生、学术和学科一体化发展的新模式。特别是，要着力培养一批理论功底扎实、勇于开拓创新、善于联系实际的党建专业人才，为党的各项工作输送高质量人才。

（供稿：刘德中、刘海飞）

【邓小平对我国社会主义改革开放和现代化建设的若干基本设计及其深远意义】

杨胜群、孔昕*，《党的文献》2018年第6期

习近平2014年8月20日在纪念邓小平同志诞辰110周年座谈会上的讲话中，对邓小平在新的历史时期的历史地位有一个全面的、高度概括的评价，即邓小平是“中国社会主义改革开放和现代化建设的总设计师，中国特色社会主义道路的开创者，邓小平理论的主要创立者”。这三个定位既相互联系又相互区别，每个定位都有其独特含义。“总设计师”的定位，凸显的是邓小平对中国社会主义改革开放和现代化建设这一伟大事业所作的“基本思路”设计的历史贡献。长期以来，人们对邓小平开创中国特色社会主义道路、创立邓小平理论的历史贡献研究、阐释得比较多，而对他作为中国社会主义改革开放和现代化建设的总设计师的历史地位及历史贡献，从宏观上研究、阐释相对较少。

邓小平在开创改革开放历史新时期和中国特色社会主义道路的过程中，坚持从中国最基本的国情和实际出发，总结我国社会主义建设的历史经验和人民群众新的实践经验，不仅系统性地提出了中国特色社会主义的理论原则，创立了邓小平理论的科学体系，而且从理论与实践的结合上，对我国社会主义改革开放和现代化建设作出了一系列基本设计。其中，最重要的有党和国家基本政治路线设计，现代化发展战略设计，现代化发展的战略重点设计，社会主义初级阶段基本经济制度设计，社会主义经济体制设计，对外开放目标、途径及步骤设计，社会主义民主法治建设的目标、途径设计，社会主义精神文明建设设计，军队现代化建设设计，国际战略和对外政策设计，实行祖国和平统一的方式设计，党的建设的目标和要求设计，等等。其中党和国家基本政治路线设计，即党在社会主义初级阶段“一个中心、两个基本点”的基本路线设计；社会主义现代化发展战略设计，即小康社会目标设计和“三步走”的现代化发展战略目标及步骤设计；社会主义现代化发展的战略重点设计，即从科技是第一生产力到科教兴国战略的设计；社会主义初级阶段基本经济制度设计，即公有制为主体、多种所有制经济共同发展的基本经济制度设计；社会主义经济体制设计，即建立和完善社会主义市场经济体制的设计；对外开放设计，即对外开放的基本目标、途径及步骤的设计。历史实践表明，这些基本设计对我国社会主义改革开放和现代化建设的发展具有长远的指导意义。

---

* 杨胜群：中国社会科学院政治学研究所研究员，原中共中央文献研究室常务副主任、编审；孔昕：中共中央党史和文献研究院助理研究员。

（供稿：刘德中、刘海飞）

【党的十八大以来五年党内教育述评】

欧阳淞*，《中共党史研究》2018 年第 5 期

一　时代课题与历史自觉

党的十八大以来的五年间，由党中央部署的在全党开展的党内教育主要包括党的群众路线教育实践活动、“三严三实”专题教育和“两学一做”学习教育。这三项党内教育可以说是高潮迭起，但又张弛有度；是大张旗鼓，但又落细落实；是有动有静，但又入脑入心；是一脉相承，但又与时俱进。其部署和推进，有着深刻的时代背景。

二　总体要求与主要做法

三项党内教育在主要做法上有三个共同的方面。一是强化理论武装，把学习习近平总书记系列重要讲话精神摆在首位。二是强化问题意识，促进全党特别是党员领导干部持续改“四风”转作风。三是强化主体责任，层层推动党内教育任务的落实。

综观党的十八大之后五年推进的这三项党内教育，从教育对象来看，经历了“全党”到“党员领导干部”再到“全党”的过程，党员领导干部始终是重点；从教育内容来看，经历了“群众路线”到“三严三实”再到“党章党规、系列讲话”，习近平总书记系列讲话始终是学习的重点；从教育形式看，经历了“集中教育”到“专题教育”再到“常态化制度化学习教育”的转变，从严从实始终是必不可少的重要要求。从三项党内教育的总体流程看，前一项教育是后一项乃至后两项教育的必要前提和有益铺垫，而后一项或后两项教育则是前面已开展教育的巩固提高和合理拓展。

三　显著成效和重要启示

党的十八大以来五年党内教育取得了显著成效。第一，始终把学习习近平总书记系列重要讲话精神摆在首位，强化思想理论武装，党员、干部“四个意识”显著增强。第二，党员干部受到一次深刻的马克思主义群众观点和党的群众路线教育，“四风”积弊得到有效整治，党群、干群关系有了明显好转。第三，领导干部干事创业的原则要求和行为准则进一步明确，秉公用权、依法用权的自觉性明显增强，为改革发展稳定提供了强大正能量。第四，党员、干部党性观念进一步强化，党内政治生活的政治性、时代性、原则性、战斗性进一步增强，基层党建整体工作水平有了较大提升。

五年来三项党内教育积累了宝贵经验，为在全面从严治党中加强党的自身建设提供了有益启示。一是必须坚持用科学理论武装头脑，把深入学习贯彻习近平新时代中国特色社会主义思想作为首要任务，以高度的使命感和责任感，系统学习、深入学习，切实把思想和行动统一到习近平新时代中国特色社会主义思想上来，切实做到真学真懂真信真用。二是必须坚持以党的政治建设为统领，保证全党服从以习近平同志为核心的党中央，坚持党中央权威和集中统一领导。三是必须坚持问题导向，以解决问题的实际成效取信于民。四是必须坚持以上率下，强化主体责任。五是必须坚持围绕中心、服务大局，以良好作风和形象推动事业发展。六是必须坚持从严管党治党。

（供稿：刘德中、刘海飞）

---

* 欧阳淞：全国人大常委会委员，中共党史学会会长，中共党史人物研究会会长，全国党建研究会顾问，马克思主义理论研究和建设工程咨询委员。

【中国共产党与中华民族复兴的三次伟大飞跃】

张树军[*],《求是》2018 年第 17 期

一、中华民族从东亚病夫到站起来的伟大飞跃，以铁一般的事实证明只有社会主义才能救中国。“站起来”是近代中国人民革命斗争的时代主题，是“富起来”“强起来”的根本前提，是实现中华民族伟大复兴的首要奋斗目标。带着为中国人民谋幸福、为中华民族谋复兴的初心和使命，经过28 年艰苦卓绝的斗争，中国共产党人带领人民完成新民主主义革命，建立中华人民共和国，为中华民族伟大复兴创造了根本政治前提。新中国成立后，中国共产党团结带领全国各族人民，创造性地完成从新民主主义到社会主义的转变，全面确立社会主义基本制度，将中华民族复兴伟业引上社会主义的历史征程。党领导人民开展大规模社会主义建设，不仅在赢得政治独立之后又赢得经济独立，而且积累了社会主义建设的宝贵经验，形成了立足国情的经济、政治、文化制度，为中华民族伟大复兴确立了一个新的发展起点。

在这一次伟大飞跃中，中国共产党领导人民，把马克思主义基本原理同中国革命和建设的具体实际结合起来，创立了马克思主义中国化的第一个伟大理论成果——毛泽东思想。毛泽东思想是马克思列宁主义在中国革命与建设中的运用和发展，是被实践证明了的关于中国革命和建设的正确理论原则和经验总结。经过延安整风和党的七大，毛泽东思想作为中国化的马克思主义为全党认同并写入党章，成功把中国革命引向胜利。新中国成立后，毛泽东思想得到进一步丰富和发展。毛泽东思想中关于社会主义经济、政治、文化建设的一系列独创性理论成果，为新时期开创中国特色社会主义做了重要理论准备。

二、中华民族从站起来到富起来的伟大飞跃，以铁一般的事实证明只有中国特色社会主义才能发展中国。“富起来”是建设中国特色社会主义的经济价值目标，是“强起来”的经济基础，是实现中华民族伟大复兴的必经阶段。在这一次伟大飞跃中，中国共产党领导人民，把马克思主义基本原理同中国改革开放的具体实际结合起来，创立了邓小平理论、“三个代表”重要思想、科学发展观。

三、中华民族从富起来到强起来的伟大飞跃，以铁一般的事实证明只有坚持和发展中国特色社会主义才能实现中华民族伟大复兴。在这一次伟大飞跃中，以习近平同志为核心的党中央，顺应时代发展，从理论和实践结合上系统回答了新时代坚持和发展什么样的中国特色社会主义、怎样坚持和发展中国特色社会主义这个新时代的重大课题，创立了马克思主义中国化的最新理论成果——习近平新时代中国特色社会主义思想。

四、三次伟大飞跃的历史启示。始终坚持中国共产党的领导，是实现中华民族伟大复兴的根本政治保证；始终坚持马克思主义并不断推进马克思主义中国化时代化大众化，是实现中华民族伟大复兴的根本思想保证；始终坚持紧紧依靠人民，是实现中华民族伟大复兴的根本力量源泉；始终坚持及时解决时代重大问题，是实现中华民族伟大复兴的重要方法论。

（供稿：刘德中、刘海飞）

【民国时期“现代化”概念的流播、认知

[*] 张树军：第十三届全国政协文化文史和学习委员会委员，原中共中央党史和文献研究院院务委员会委员。

与运用】

黄兴涛、陈鹏*，《历史研究》2018年第6期

现代化或称近代化，长期以来被认为是晚清以降中国历史演进的主题之一。以“现代化”的发生、发展和挫折来把握中国近代史，也被公认为相对于“革命”范式的另一重要范式，甚至反思现代化的种种新范式的构想。

一　“现代化”语词和概念在中国的最早出现与最初流行

现代化概念起源于西方。总体来说，20世纪20年代前中期，“现代化”（或称“近代化”）语词还只是初登历史舞台，社会各界尚未普遍使用。

20世纪20年代末和30年代的最初几年，乃是“现代化”语词在中国逐渐流播开来的重要时期。该词不仅凸显了与“现时代化”时间意义相一致的内容（并不一定是正面意义），也逐渐明确了其与“古代”和“传统”相对应的那种“实质性”的整体内涵。当两者统一起来时，其正面概念价值遂得以确立。就“现代化”一词的现代意义而言，罗荣渠提供的且被学界征引多年的最早例证，出自1927年12月商务印书馆出版的《新土耳其》。在此之前的同年4月，《东方杂志》发文称颂阿富汗启动的“现代化”改革乃是模仿日本的明治维新，系一个融政治、经济、税务、教育变革于一体的综合计划，亦是这方面的例证。

二　“现代化”概念流播开来的历史契机与“国家现代化”的整体诉求

综观20世纪20年代末和30年代初“现代化”语词的使用，具体用法虽有差异，但其所表达的现代化概念内涵，显然从一开始就包括自然和社会两方面的发展内容，并体现出政治、经济和文化等全方位整体变革的综合性认知趋向，并不像有的研究者所强调的那样，从此时开始，逐渐流行开来的“现代化”理念总体上曾明显经历了一个从重文化到重社会经济的内涵转变。

作者认为，20世纪20年代末和30年代初“现代化”概念初步流行开来，乃是国际国内多种因素综合作用，甚至是矛盾作用的产物。除了“唯物史观盛行的语境”背景外，1929年世界经济危机和1931年日本侵占中国东北所激发的巨大民族危机意识，以及1928年国民政府全国统一政权的建立及其高调鼓吹的“现代建国论”，乃至稍后于1934年3月发起的旨在对抗“西化论”的“中国本位文化建设运动”等，都曾产生了不同程度的影响。就民族主义情感的激发而言，其实也是政治民族主义和文化民族主义互动的结果。

三　“现代化”概念内涵的认知：代表性的阐释与思考

20世纪30年代尤其是1933年《申报月刊》发起“现代化”问题讨论之后，学界逐渐将其作为重要的社会科学名词和概念，从多角度予以定义和阐释。从各自专业背景和观察视角出发，将“现代化”融入某一具体社会领域加以把握，是20世纪30年代中后期及之后知识精英较为普遍的做法。他们赋予“现代化”在不同领域相对明晰的概念内涵，但各种单一化视角的解读方式，往往也会武断地排斥现代化的其他必要内涵，难免失之偏颇。

从1934年起，已有学者意识到片面理解“现代化”的视野局限，尝试全面、综合把握该语词和概念的含义，既自觉区分“现代化”含义的不同面相和层次，又注重提炼“现代化”的基本内涵，充

* 黄兴涛：中国人民大学历史学院教授；陈鹏：中央民族大学历史文化学院讲师。

分理解各部分、各要素之间的整体性和关联性。1934—1935 年间教育家罗家伦、留美归国的政治学家张熙若、湖北报人万巨星均主张将“现代化”切割为若干层面来把握，同时还充分认识到不同层面的“现代化”是不可分割的一个整体。他们已清醒地认识到，单纯追求物质、技术层面的现代化，并不能支撑整体现代化，现代化不仅要求物质与精神、自然与社会的协调并进，更重要的还在于实现现代思维方式与基本价值理念的有机统一。

“现代化”概念之运用：社会政治动员与历史书写

随着“现代化”观念在中国社会的广泛播扬，各主要政党均敏锐捕捉到这股势不可挡的强势思潮，他们根据各自的政治立场和意识形态需要，及时吸纳、解读和运用“现代化”语词，使之成为社会政治动员和历史书写的重要概念工具。

20 世纪三四十年代，国民党在高举“民族复兴”旗帜的同时，也正式将知识界热烈研讨的“现代化国家”理念，提升为最高层次的执政目标和发展追求。作者认为，阎锡山或许是抗战时期最热衷于使用“现代化”语词的国民党大员。1937 年前后，在晋绥地区遭遇日寇猛烈进攻，成为抗战最前线的危险时刻，他极力鼓吹和传播“现代化”理念，以服务于抗战卫国大业。

当时，中国共产党和中国青年党也积极参与到“现代化”概念的使用和话语构建中来，借此表达本党的政治立场和主张。某种程度上说，“现代化”概念和用语的流行，也与这三股政治力量在知识界彼此互动、共同推动不无关系。

（供稿：刘德中、刘海飞）

思想政治教育

【论新时代思想政治教育创新发展的基本遵循】

骆郁廷、项敬尧[*]，《思想理论教育》2018 年第 1 期

思想政治教育在中国革命、建设和改革的各个时期始终服务于党和国家事业发展，是党的优良传统和政治优势。改革开放以来，中国共产党保持和发扬思想政治教育的优良传统，紧紧围绕坚持和发展中国特色社会主义的时代主题，推动思想政治教育理论与实践发展进入新阶段、新境界，开创了中国特色社会主义思想政治教育。党的十九大报告中提出的新表述、新论断、新思想，为新时代思想政治教育创新发展提供了根本遵循，明确了时代要求和指导思想，以及目标、内容、方法等。决胜全面建成小康社会、完成新时代中国共产党的历史使命、解决我国社会的主要矛盾均需要新时代思想政治教育创新发展。习近平新时代中国特色社会主义思想是新时代党和国家各项工作的强大思想武器，理所当然也是新时代思想政治教育创新发展应坚持的指导思想。“八个明确”的丰富内涵和“十四条基本方略”为新时代思想政治教育创新发展既指明了维度指向，也提供了具体思路。中国特色社会主义进入了新时代，这是我国发展新的历史方位，形成了新时代思想政治教育创新发展的时代要求，为新时代思想政治教育工作提供了思想遵循、目标遵循和内容遵循。新时代思想政治教育创新发展要以习近平新时代中国特色社会主义思想为指导，以培养担当民族复兴大任的时代新人为目标，推进习近平新时代中国特色社会主义思想深入人心，加强理想信念、“四个自信”、社会主义核心价值观教育，坚持以人民为中心，加强人文关怀。

（供稿：侯为民、梁海峰）

【改革开放以来高校思想政治工作的实践与理论发展】

冯刚、成黎明[**]，《思想理论教育》2018 年第 10 期

改革开放以来，高校思想政治工作走过了不平凡的发展历程，取得了巨大发展成就。改革开放以来，我们党始终坚持把马克思主义基本原理同中国具体实际相结合，紧密结合时代条件和实践要求进行理论探索，取得了一系列重大理论创新成果，先后形成了邓小平理论、“三个代表”重要思想、科学发展观、习近平新时代中国特色社会主义思想，并被确立为党的指导思想，为坚持和发展中国特色社会主义提供了思想武器和行动指南，也为高校思想政治工作不断向前发展提供了理

---

[*] 骆郁廷：武汉大学马克思主义学院教授，博士生导师；项敬尧：武汉大学马克思主义学院博士研究生。

[**] 冯刚：北京师范大学马克思主义学院教授，博士生导师；成黎明：湖南大学校办公室副主任。

论指导和根本方向。思想政治工作有力保障高校社会主义办学方向，思想政治工作内容方法途径不断丰富创新。40 年来，高校思想政治工作坚持围绕落实立德树人根本任务，不断充实调整思想政治教育内容，拓展工作阵地，创新方法途径，更新技术手段，逐步构建起较为科学完善的高校思想政治工作任务、内容、方法体系。思想政治工作队伍力量不断壮大加强；对中国特色社会主义教育事业根本问题、高校思想政治工作基本规律和理念内涵的认识不断深化，在学术界，理论工作者对思想政治教育过程的基本要素、阶段环节、主要特征、基本矛盾、基本规律等展开了积极探索，达成了众多共识。在新时代，高校思想政治工作要坚持以习近平新时代中国特色社会主义思想为指导，立足新起点、勇担新使命，以更宽广的视野、更高远的境界、更科学的思维进行整体思考和全局谋划。在人才培养体系中构筑高校思想政治工作体系，在合力育人、协同育人中实现价值引领，在解决思想问题与解决实际问题的结合中满足学生成长发展期待，在高校思想政治工作中增强文化的力量，在加强思想政治教育基础理论研究中提升工作质量。

（供稿：侯为民、梁海峰）

【马克思恩格斯经典文本中关于思想政治教育的核心论断】

李忠军、钟启东*，《马克思主义研究》2018 年第 9 期

思想政治教育的本原根据是对思想政治教育“是什么”“为什么”“应当是什么”等问题的追问和揭示。在经典文本中，马克思恩格斯对这些思想政治教育学的立论问题进行了科学阐释，揭示了思想政治教育的本质功能、社会根源与根本使命。马克思恩格斯经典文本中关于思想政治教育的核心论断集中体现了马克思主义思想政治教育的基本立场、观点和方法。坚持思想政治教育的无产阶级党性立场，意味着坚持为无产阶级及其革命运动服务，坚持共产党的领导，坚持群众路线，充分相信和依靠群众，从群众中来到群众中去。马克思主义思想政治教育必须始终服务于社会生产力发展这个根本任务，必须坚持用马克思主义的科学真理武装人民大众，引领和鼓舞人民群众创造和发挥出源源不断的物质力量，为每个人自由全面本质的实现及发展奠定物质基础。马克思恩格斯把“现实的个人”作为思想政治教育的逻辑起点，实质上是回答了我们从事思想政治教育理论研究、开展铸魂育人实践活动时，如何看待思想政治教育的服务对象问题，同时不断提升人民群众的思想觉悟、精神境界和道德情操。思想政治教育理论建设和实践发展的转化原则，要求思想政治教育要真正引导人们接受和运用先进的思想理论。解决思想与现实的统一问题，关键在于把自身视作一种“现实生活的任务”，通过实践方式来解决人们的思想认识问题和实践指导问题。马克思恩格斯将思想政治教育的实施主体界定为“使用实践力量的人”。对于马克思主义思想政治教育者在品格与能力上提出的总体要求就是，要有领导能力与思想魅力，要有坚定信念和理论修养，要有热情勇气和强大精神，要有党性原则和灵活变通方法。

（供稿：侯为民、梁海峰）

* 李忠军：吉林大学马克思主义学院教授，博士生导师；钟启东：吉林大学马克思主义学院讲师。

【历史虚无主义批判】

余斌[*]，《思想理论教育导刊》2018年第4期

历史虚无主义是当前中国一切错误思想和思潮的集中体现，这是因为所有的这些错误思想和思潮都必然是否定马克思主义和社会主义道路的。当前中国的历史虚无主义源于资产阶级自由化，是资产阶级自由化的一个恶果。可以把伪造历史作为历史虚无主义的第一种定义，把唯心主义历史观称为第二种历史虚无主义，把僵硬的也就是非辩证的唯物主义历史观，包括抽象的经验主义历史观即从虚幻的而不是现实的人出发的历史观，称为第三种历史虚无主义。每一种历史虚无主义的观点并不是只对应其中的一种定义。有些历史虚无主义的观点是可以同时符合其中的两种甚至三种定义的。反对历史虚无主义，必须坚持实事求是。而要做到实事求是，就必须敢于论战，敢于亮剑。

（供稿：侯为民、梁海峰）

【深化中国共产党思想政治教育百年历史与经验研究】

王树荫[**]，《东北师范大学学报（哲学社会科学版）》2018年第5期

研究中国共产党思想政治教育百年历史和经验，要明晰新时代中国特色社会主义历史方位，以马克思主义唯物史观和唯物辩证法为理论基石，以我们党关于党史和国史重大问题的科学分析和正确结论为基本遵循，以党的思想政治教育的历史脉络和理论发展为核心依据，以推动解决新时代思想政治教育的实际问题为重要旨归，解析思想政治教育的重要文献和典型案例，梳理中国共产党思想政治教育的大事纪要和历史进程，总结思想政治教育的成功经验和基本规律，丰富中国马克思主义思想政治教育理论，探讨思想政治教育的现实问题和复杂原因，提出增强新时代思想政治教育实效性的宏观对策和具体建议，提升中国共产党思想政治教育史学科建设科学化水平。

站在中国共产党和思想政治教育百年历史与整体视野高度，审视和阐释思想政治教育历史经验的时代转换与当代价值，总结百年思想政治教育历史经验，服务新时代思想政治教育实践，是中国共产党思想政治教育历史研究的关键性问题。中国共产党思想政治教育史是思想政治教育的分支学科，思想政治教育学（理论、原理）需要思想政治教育历史支撑，“一论二史”奠定学科坚实基础。在重难点上，要突破“文献资料的收集与整理”“百年历史的系统梳理与学理概括”“百年历史的属性界定与边界厘清”三个方面。在思路与方法上，需要充分运用历史文献，夯实研究基础。坚持史论结合，提炼与创新学术观点。阶段史与专题史相结合，细化历史经验研究。在主要视域上，需要聚焦思想政治教育服务党的事业和人的发展的历史进程研究，思想政治教育理论萌芽、形成、成熟与发展研究，思想政治教育目标任务、方针原则与内容方法演变发展研究，思想政治教育领导体制、组织机构、制度安排与队伍建设历史沿革研究，思想政治教育历史经验与当代价值研究。

（供稿：侯为民、梁海峰）

---

* 余斌：中国社会科学院马克思主义研究院研究员，博士生导师。

** 王树荫：北京师范大学马克思主义学院教授，博士生导师。

【人民日益增长的美好精神生活需要对思想政治教育提出的新课题】

颜晓峰*，《思想教育研究》2018 年第 3 期

人民的美好生活需要包含丰富的领域，美好精神生活需要是一个重要方面。满足人民美好生活需要是一个多渠道多方式的过程，思想政治教育是满足人民美好精神生活需要的一条有效途径。社会主要矛盾变化在思想政治教育领域的表现，要求深入研究思想政治教育如何适应和满足人民日益增长的美好精神生活需要的新课题。总的来说，新的社会主要矛盾意味着，人民对物质文化生活提出了更高要求，自然包括对美好精神生活的更高要求，不仅要求高质量的物质生活，而且要求高品位的精神生活。马克思主义是把人的精神生活纳入人的物质生活特别是实践生活来把握的，认为人的精神生活不能离开人的实践活动来进行，人的美好精神生活也只能是人的实践活动发展、进步、升华在精神领域的表现和反映。思想政治教育则是依据马克思主义基本原理，遵循实践活动和精神活动相统一的规律，针对不同人群的不同需要，提供实现美好精神生活的正确途径和方法。思想政治教育深入人心，首先要立其根本、立其长远。有了远大理想支撑，就能够不忘初心、不变其志、不改其道、不悔其节。其次，是要使核心价值观成为自觉，追求完善人格。最后，是要将社会主义核心价值观转化为人们的情感认同和行为习惯，是思想政治教育的重要职责。思想政治教育要推进中国特色社会主义文化的普及和传播，增强文化自信和文化认同。在精神生活领域，存在着各种腐朽落后文化，是美好精神生活的腐蚀剂和消解剂。思想政治教育就是要在这种较量和斗争中，让真善美战胜假恶丑，用精神向上的动力克服思想颓废的引力，用道德向善的攀登摆脱品德堕落的滑坡。

（供稿：侯为民、梁海峰）

【思想政治教育学的当代转向——应用思想政治教育的内涵与特征】

高德胜、王瑶、张耀灿**，《思想教育研究》2018 年第 5 期

当前思想政治教育研究大多偏向于理论建构，对当代社会领域切实存在的问题缺乏针对性的引导和教育，思想政治教育学由此面临着紧迫的当代转向问题。应用思想政治教育是表征思想政治教育学的一个分支，与理论思想政治教育相对而言，其特征是将理论思想政治教育学揭示的原理、原则、观点和方法论运用于具体的社会现象，关注个性化群体，不期待宏大理论建构，重视个案现实结论，从而获得对社会现象发生、发展的具体规律性的认识，并提出相应的解决办法。应用思想政治教育既是观点又是方法，以具体性应用为基础立论，重点解决“针对谁”“教什么”与“如何教”的问题。这三重核心问题构成了应用思想政治教育内涵的主要框架，亦是应用思想政治教育作为学科之所以成立的根本着力点，更是思想政治教育学实现当代转向的基本立足点。思想政治教育对象是思想政治教育活动得以发生的关键要素。应用思想政治教育对象由主要针对“体制内”群体转向为“体制外”人群，这也是应用思想政治教育与理论思想政治教育的最明显区别。应用思想政治

---

* 颜晓峰：天津大学马克思主义学院教授，博士生导师。

** 高德胜：吉林大学马克思主义学院教授，博士生导师；王瑶：吉林大学马克思主义学院；张耀灿：中国社会科学院马克思主义学院教授，博士生导师。

教育内容是依据应用思想政治教育的主旨目标以及教育对象的现实需求所确定的，由以往的理论化、强制化和体制化内容转向为具体性、务实性、多样性内容。应用思想政治教育方式由以往的理论灌输式转向为软性切入式，具体表现为“思政诊所教育”这一方式的运用。应用思想政治教育的特殊性，还表现在应用思想政治教育的教育语言、研究方法以及教育任务三个方面的当代转向上，即：由以往的政治语言转向为群众语言；由以往的文本性研究转向实证研究；由以往的纯粹说教转向切实解决问题。

（供稿：侯为民、梁海峰）

【“思想政治教育与十九大精神”思维论要——基于思想政治教育分化转型**】**

孙其昂*，《思想政治教育研究》2018年第2期

思想政治教育学科的角色与思想政治教育实践的角色是不同的。思想政治教育分化客观上出现思想政治教育理论与实践的区分，这是思想政治教育自身和社会的双向共同指向。现在，学习、宣传和贯彻党的十九大精神，就应当有这种自觉。思想政治教育以分化后的格局姿态，既从思想政治教育总体服务党的十九大精神学习宣传贯彻，也从四个子系统即思想政治教育四个维度服务党的十九大精神学习宣传贯彻；同样，将党的十九大精神资源回馈至思想政治教育整体和四个维度，进而推进思想政治教育各个维度及整体的发展。思想政治教育是一个整体性范畴，在它的下位已经分化为四个方面，即思想政治教育实践、思想政治教育学、思想政治教育学科、思想政治教育环境。从实践角度看，思想政治教育宣传党的十九大精神，这是思想政治教育实践义不容辞的任务。思想政治教育系统需要学习消化党的十九大精神，思想政治教育队伍接受党的十九大精神培训，组织宣讲党的十九大精神，党的十九大精神“三进”，这些都是思想政治教育实践维度要做的工作。从学科角度看，思想政治教育学科要在党的十九大精神指导下调整学科建设规划和计划，推进思想政治教育学科的时代化发展。从环境角度看，党的十九大精神及党的十九大后中国特色社会主义事业及国内外关系的变化，为思想政治教育提供了一个全新的环境，这就是“新时代”。思想政治教育主体可以根据思想政治教育新理论框架分成思想政治教育主体和思想政治教育实践主体、学主体、学科主体、环境主体，不同主体与党的十九大精神构成不同的关系。即使同在思想政治教育实践领域，也有不同主体。每个领域都可以分为直接主体和背景主体。思想政治教育系统思维是思想政治教育现代化需要探讨及培育的新思维，以思想政治教育的“内—外”“上—下”“动—静”“前—后”等思维探讨思想政治教育与党的十九大精神的关系，推进思想政治教育发展和学习理解贯彻党的十九大精神的双重收获。

（供稿：侯为民、梁海峰）

【正确把握“课程思政”与思政课程的关系】

石书臣**，《思想理论教育》2018年第11期

从育人的概念到“课程思政”理念的提出和演进，体现了对高校育人本质的深化和新时代高校思想政治工作的协同要

* 孙其昂：河海大学马克思主义学院教授，博士生导师。

** 石书臣：上海师范大学马克思主义学院教授，博士生导师。

求。“课程思政”与思政课程的核心内涵都是育人，二者都是高校思想政治工作的内在要求，但又有不同侧重。二者的本质联系主要体现在任务和目标上的共同性、方向和功能上的一致性、内容和要求上的契合性等方面。“课程思政”与思政课程都是高校思想政治工作的重要组成部分，二者是一个“课程思政共同体”，共同担负着立德树人的根本任务，发挥着对大学生的思想价值引领作用，二者的共同目标是把大学生培养成为中国特色社会主义合格建设者和可靠接班人。“课程思政”和思政课程的方向和功能在本质上是一致的，二者都要坚持社会主义办学方向和发挥育人功能；并且，两者在本质上都是发挥思想政治教育功能。“课程思政”与思政课程的不同侧重主要体现在思政内容、课程地位、课程特点和思政优势等方面。“课程思政”的“思政”主要侧重于思想价值引领方面，强调在各类各门课程（包括思想政治理论课、专业课和通识课）中增强政治意识和加强思想价值引领；而思政课程的“思政”侧重于思想政治理论方面，主要进行系统的思想政治理论教育。不能将“课程思政”等同于“专业课程思政”，也不能等同于“思政课程”。在贯彻“课程思政”的课程观的改革实践中应避免专业课“思政化”和思想政治理论课“通识化”的倾向。“课程思政”的课程观，虽然强调把思想价值引领放在首位，但不能替代专业知识的学习，不能把专业课“思政化”。只有明确“课程思政”与思政课程的不同特点，才能充分发挥二者各自的思想政治教育功能和育人优势，形成协同效应，增强育人合力。

（供稿：侯为民、梁海峰）

【论新时代集体主义研究的着力点】

朱小娟*，《教学与研究》2018 年第 11 期

在新时代进一步强化集体主义研究，需要重新审视其发展历程与重要进展，明确其未来发展趋向。强化集体主义研究，要客观把握集体主义研究的兴起与阶段性特征，全面理解集体主义研究的成果及主要观点，正确评析集体主义研究的现状及其呈现出来的显著特点。对集体主义研究业已取得的成果进行认真梳理和全面把握，是有效开展新时代集体主义研究的基本前提，有利于明确其今后的发展方向，使研究更具有针对性和创新性。综观国内集体主义研究成果，可将之归纳为五大论题：一是集体主义的内涵及历史嬗变；二是马克思主义经典作家及中共领导人的集体主义思想；三是集体主义与个人主义的关系；四是集体主义与社会主义市场经济的关系；五是集体主义与社会主义核心价值体系（价值观）的关系。近年来在集体主义研究方面做出的努力，不仅促进了集体主义自身的发展，还促进了人们对集体主义的理解与践行，为强化互助合作的人际关系及良好的社会风尚奠定了坚实的思想道德基础。这些研究成果，有利于集体主义研究的日益深化和集体主义实践的整体推进，进而为决胜全面建成小康社会及夺取新时代中国特色社会主义伟大胜利提供更强大的精神动力与道德滋养。

（供稿：侯为民、梁海峰）

---

* 朱小娟：河海大学马克思主义学院讲师。

科学无神论

【马克思主义无神论的教育与宣传要有紧迫感】

朱维群[*]，《科学与无神论》2018年第5期

改革开放以来，信教人数持续膨胀、宗教和有神论的社会影响持续扩大、境外利用宗教进行渗透加剧、有神论渗入党员队伍思想等问题不断发生。产生这些现象的原因是多方面的，但世界观的标尺失之于宽，辩证唯物主义和历史唯物主义的教育与宣传薄弱，无疑是其中的重要原因。其中包括对马克思主义无神论的教育与宣传重视不够，有关工作跟不上形势变化。

马克思主义无神论作为辩证唯物主义与历史唯物主义哲学的基石，在我们整个意识形态工作中带有前提性、根本性、基础性。它的研究、教育与宣传无疑是个长过程，需要足够耐心、细致、深入的工作，需要社会实践与理论探索的深厚积累。同时，由于它始终同中国社会现实问题的解决紧密联系，同执政党思想建设紧密联系，所以这种研究、教育与宣传不能不带有某种紧迫性，要求我们以更大的努力，将其运用于中国特色社会主义建设的实际，更有现实针对性，更快取得社会效果。

具体到实际工作，重复以下几点建议：

马克思主义无神论教育要从青少年抓起。有必要在学校思想政治教育或适宜课程中适时安排专门的无神论课程，使学生有机会直接接触科学无神论学说。这样，有助于他们科学世界观的及早形成，也有助于他们长成后在复杂的社会意识形态中作出正确判断和选择。

马克思主义无神论教育要纳入党组织的思想建设。一个时期以来信教人数不正常上升和宗教社会影响的扩大，与有些党员特别是有些领导干部缺乏马克思主义无神论教育的思想根基有很大关系。鉴于目前党的世界观建设领域存在问题的普遍性和严峻性，有必要在各级党校中把无神论教育单拎出来作为课程或讲座，予以强调和部署；在广大基层，把无神论教育列入党组织生活必不可少的一项内容，使基层党员弄懂道理，知晓纪律，自觉履行党组织的要求。

加强马克思主义无神论学科建设。要努力争取在马克思主义理论一级学科下，设立马克思主义无神论二级学科，如果能做到这一条，将使无神论研究的学科地位有一个较大的、也比较符合实际的提升，为扩大这一研究的学术影响力、吸引更多马克思主义理论研究人才投入这一领域工作创造根本性有利条件。

关注和支持党和政府的宗教工作。我们今天从事无神论研究，要自觉服从于党和国家事业的大局，同宗教工作的实际紧密结合。具体的结合，有的直接一些，有

---

* 朱维群：全国政协民族和宗教委员会原主任。

的间接一些，但重要的是能自觉地通过马克思主义无神论的研究，为中国特色社会主义宗教理论和宗教工作重大政策的形成与执行提供世界观的基础，并且努力维护这一基础不被渗透、动摇和破坏。

（供稿：杨俊峰）

【科学无神论的真理与智慧】

习五一*，《科学与无神论》2018 年第 1 期

在当代中国文化思想领域里，任继愈先生一生辛勤耕耘，硕果累累。作者认为，任先生有关科学无神论思想的认识包括以下方面。

一、“马克思主义宗教学本质上是一种科学无神论。”任继愈先生是当代中国马克思主义宗教学的开创者和奠基人。他指出：“马克思主义宗教学在无神论问题上的彻底性，并不在于它主张科学无神论的坚决性，而是在于它科学地揭示了宗教的本质及其发生、发展和走向消亡的客观规律。”中国的社会基础决定着马克思主义无神论中国化的实践方向。马克思主义无神论的中国化形成两条基本原则：第一，保障宗教在信仰层面完全自由。在社会政治和经济层面，宗教必须适应中国人民的总体利益，适应社会发展的历史进程，不允许利用宗教威胁国家安全与民族团结，不允许利用宗教颠覆社会主义制度。从而把信仰问题与政治问题严格区分开来。第二，宗教有神论的观念是错误的，与科学和唯物论相对立的，但它属于世界观思想问题，不能动用行政手段解决，只能采取说服教育，而且主要通过社会的实际变革，由信仰者自觉决定。

二、“研究宗教，批判神学。”毛泽东主席“研究宗教，批判神学”的批示是他一生坚持的学术理念。我们认真分析这一批示，有三个要点：一是宗教研究要掌握在马克思主义者手中。马克思主义学者与宗教信徒不同，研究宗教，要坚持唯物论和无神论，而不能坚持唯心论和有神论。二是要坚持用历史唯物主义的观点研究宗教。必须从客观实际出发，用历史来说明宗教，而不能用宗教来说明历史；坚持一分为二的辩证态度，既肯定宗教积极的一面，也批评其消极的一面。三是要批判宗教神学。研究宗教问题如果不坚持无神论，不批判神学，就离开了马克思主义，就不是马克思主义的宗教研究。根据毛主席的批示，任继愈先生创办当代中国第一个宗教学研究机构——世界宗教研究所。任先生坚持以马克思主义为指南，领导全所科研人员研究宗教。在他的领导下，当代中国的马克思主义宗教学健康发展，成绩斐然。

三、“科学无神论是我们国家的立国之本。”任继愈先生生前三十年如一日，致力于马克思主义无神论研究。自改革开放以来，科学无神论事业的发展，经历过两个重要的转折点。第一次是 20 世纪 90 年代末，第二次是 2009 年冬至 2010 年春。这两个重要的转折点都与任继愈先生密切相关。1996 年，在他的倡导下，中国无神论学会恢复工作。1999 年，他又领导学会同仁创办了《科学与无神论》杂志。2009 年冬至 2010 年春，在任先生的努力下，中国社会科学院决定在马克思主义研究院组建“马克思主义无神论研究室”，成立中国社会科学院“科学与无神论研究中心”。这不但推进了科学无神论学科的建设，而且影响全国有关领域的思想形态和学术结构向良性转变，对先进

* 习五一：中国社会科学院科学与无神论研究中心主任，马克思主义研究院研究员，兼任中国无神论学会副理事长、秘书长。

文化的建设和民族素质的提高，产生了积极的作用。

我们一定要继承任继愈先生的崇高精神，锲而不舍，百折不挠，将科学无神论学科逐步建设起来。让任先生的遗愿化为实际的宏图。

（供稿：杨俊峰）

【以十九大精神指引新时代宗教工作】

加润国*，《科学与无神论》2018 年第 5 期

学习贯彻党的十九大精神，在新起点上做好党的宗教工作，就要以习近平新时代中国特色社会主义思想为指导，深刻认识宗教工作的历史性成就，准确把握宗教工作的历史性变革，奋力开拓新时代宗教工作新境界。

一　深刻认识宗教工作的历史性成就

党的十八大以来，在以习近平同志为核心的党中央高度重视和坚强领导下，党的宗教工作经历了极不平凡的五年，取得了全方位、开创性成就，推动宗教工作发生了深层次、根本性变革。包括：发表系列讲话，创新指导思想；修订宗教法规，强化依法治理；开展调研检查，落实工作责任。

二　准确把握宗教工作的历史性变革

在习近平新时代中国特色社会主义思想指引下，宗教工作创新推进，思想不重视、认识不正确、工作不会做的问题逐步解决，五牛拉车、不知所往的现象逐步消除，宗教工作发生了历史性变革。包括：①搞准思想认识，校正工作方向。坚持马克思主义立场观点方法、坚持实事求是、坚持辩证法、坚持党的一贯主张，既反对片面夸大宗教的积极作用而简单地“放”，也反对片面夸大宗教的消极作用而简单地“收”，必须辩证看待宗教的社会作用，坚持“导”的正确态度，积极引导宗教与社会主义社会相适应。②明确工作理念，创立治理思想。习近平总书记明确提出，宗教工作本质上是群众工作，全面贯彻党的宗教工作基本方针重点是积极引导宗教与社会主义社会相适应，坚持以“导”为核心理念的宗教治理现代化思想，把中国特色社会主义宗教理论推进到新阶段，实现了宗教工作指导思想的又一次与时俱进。③完善治理体系，提升工作格局。以习近平同志为核心的党中央深刻认识宗教工作的综合性和全局性，把宗教治理纳入国家治理体系，明确各有关部门和群团组织的宗教工作责任，加强党中央对宗教工作的集中统一领导，宗教治理体系逐步完善。

三　奋力开拓新时代宗教工作新境界

党的十九大明确宣告中国特色社会主义进入新时代，新时代要决胜全面建成小康社会、开启全面建设社会主义现代化国家新征程，党和国家各项工作都要有新气象，宗教工作必须开拓新境界。包括：增强“四个意识”，坚持正确方向，用习近平新时代中国特色社会主义思想武装头脑，确保党的宗教工作沿着正确方向破浪前进；坚定“四个自信”，提高治理水平。强化责任担当，解决突出问题；坚持问题导向，强化责任担当，拿出新时代应有的政治勇气和责任担当，解决宗教领域影响改革发展稳定的突出问题，奋力开创宗教工作新局面。

总之，以党的十九大精神指引新时代宗教工作，就要坚持马克思主义立场观点方法，在“导”上想得深、看得透、把得准，树立意识形态、统一战线、社会治理“三位一体”的大宗教工作观，整合党政

* 加润国：浙江大学马克思主义学院兼职教授。

军群工作力量，加强党中央集中统一领导，确保“导”之有方、“导”之有力、“导”之有效，牢牢掌握宗教工作主动权。

（供稿：杨俊峰）

【集中论证、大力宣传习近平新时代中国特色社会主义宗教理论】

张新鹰*，《科学与无神论》2018 年第 2 期

习近平总书记 2016 年在全国宗教工作会议上发表重要讲话已将届两年。讲话通篇贯穿马克思主义的立场、观点、方法，充满理论新意和思想洞见，树立了马克思主义宗教观在我们党统筹国际国内两个大局的创新实践中与中国宗教和宗教工作实际密切结合的典范，筑起了丰富和发展中国特色社会主义宗教理论的一座里程碑，事实上宣告了习近平中国特色社会主义宗教理论的正式形成，是一份具有深刻现实意义和深远历史意义的纲领性文献。

贯彻落实讲话，不仅仅是要对其中涉及各宗教的重点工作展开攻关，务见实效，更要特别重视认识和掌握讲话的基本理念、中心要求和根本精神，在总思路、全方位上体悟总书记的深邃意图和宏观考量。讲话的基本理念是要把宗教纳入国家治理体系管住管好，中心要求是要最大限度把广大信教和不信教群众团结在党的周围，根本精神是全党要认真思考和回答以往未曾提出过的“三个如何”的重大课题。从上述基本理念、中心要求和根本精神出发，讲话主要反映的是在全面建成小康社会和随后实现三十年“两步走”奋斗目标的一个长时段中，我们党在带领中国迈向民族伟大复兴、实现世界强国之梦的道路上，针对宗教“软实力”的正向建构与逆向挑战并存的态势，运用“三个一以贯之”思想所设定的引导与化解并行、趋利与祛弊联动的双重性整体战略。为了保证这个整体战略的顺利实施，当务之急是要强化“四个意识”尤其是核心意识、看齐意识，自觉领悟讲话中出现的新提法、新亮点，首先把党员领导干部的认识高度统一到讲话精神的轨道上来。

就目前情况而言，一个关键的问题是要正确处理对中国特色社会主义宗教理论的继承与发展、坚持与创新的辩证关系，明确体认习近平总书记全国宗教工作会议讲话正是在继承时注重发展、在坚持中致力创新、以发展体现继承、以创新促进坚持的标志性成果，也是党的十八大以来宗教工作方面理论和实践发生历史性变革的标志性成果。如果说对马克思主义无神论所做出的前所未有的标举和强调，构成了习近平新时代中国特色社会主义宗教理论的立足点和关键内容，那么，在依法治国、实现“五位一体”总体布局的全过程坚持马克思主义无神论这个“大原则”，就是理解把握习近平总书记在全国宗教工作会议讲话精神的钥匙和门径。为了促使学术骨干队伍振奋精神，跟上中央的步伐，应该有必要采取适当办法让一定范围的相关人员更充分了解习近平总书记讲话的整体面貌，以帮助他们重新校正“看齐”的基准。同时，对于公开质疑或刻意曲解讲话内容的党内异议，应当予以有力的辩驳和廓清。

（供稿：杨俊峰）

【中共党员不准信仰宗教与党的宗教信仰自由政策并不矛盾】

左鹏**，《毛泽东邓小平理论研究》

---

* 张新鹰：《科学与无神论》杂志社社长，研究员。

** 左鹏：北京科技大学马克思主义学院教授，博士生导师。

2018 年第 2 期

党员不准信仰宗教是我们党基于辩证唯物主义世界观长期坚持的思想原则、组织原则和政治纪律，在全面从严治党的新形势下再次强调，既是严格规范党内政治生活的需要，也是全面贯彻党的宗教信仰自由政策的需要。

一 中共党员不准信仰宗教是由党的辩证唯物主义世界观基础决定的

无神论是马克思主义全部理论大厦最底层的基石。党员如果信仰了宗教，就必然抛弃他在入党时即已确立的这份信仰、这份信念、这份忠诚，转而把自己和人类的命运寄托于超自然的神灵、造物主，不再相信人自身的力量和社会发展的客观规律，不再接受马克思主义的辩证唯物主义世界观基础。因此，党员不准信仰宗教就成了中国共产党一贯坚持的一项思想原则、组织原则和政治纪律。中国共产党对其党员在世界观上的要求既是严格也是连贯的。

二 中共党员从入党之日起就选择了公民宗教信仰自由中不信仰宗教的自由

不信仰宗教和信仰宗教一样，都是公民宗教信仰自由的实现形式。包括党员在内的社会上大多数人不信仰任何宗教，行使的正是公民宗教信仰自由中不信仰宗教的自由。中国共产党为了维护自己在思想上、组织上的统一，捍卫自己的辩证唯物主义世界观基础，要求党员不信仰宗教，其实就是要求党员行使宪法赋予公民的宗教信仰自由中不信仰宗教的自由。

对于宪法赋予公民的宗教信仰自由，普通公民可以选择信仰，也可以选择不信仰，但党员只能选择不信仰，不能选择信仰，这是因为，党员不是普通公民，而是有着特殊政治责任的公民。特殊政治责任要求党员必须做坚定的马克思主义无神论者，忠诚党的事业，履行党员义务，严守党的纪律。

三 只有不信仰宗教的中共党员才能全面贯彻党的宗教信仰自由政策

宗教信仰自由是我们党一项长期的基本政策。贯彻这项政策，需要努力造就一支系统掌握中国特色社会主义宗教理论、具有很强政治意识和担当精神的党的宗教工作干部队伍。要把党的宗教信仰自由政策全面落到实处的，绝不可能是宗教信徒，只可能是不信仰任何宗教的共产党员。

如果在党的宗教工作中放弃了马克思主义无神论的宣传教育，就等于在整个意识形态工作中放弃了马克思主义无神论的大原则，最终将动摇党的辩证唯物主义世界观基础，危及党的各项事业发展。少数民族中的党员干部可以支持和参加一些由宗教礼仪转化而来的民族传统的婚丧仪式、群众性节日活动，以避免脱离群众、把自己孤立起来。但在支持和参加的全过程中，一定要从思想上同宗教信仰划清界限。在少数民族地区也是一样，只有永葆党的先进性和纯洁性，才能坚持党的宗教工作正确方向，使宗教信仰自由政策得到全面贯彻执行。

（供稿：杨俊峰）

【交融共存是新疆地区宗教关系的主流】

马品彦、祖力亚提·司马义*，《求是》2018 年第 20 期

我们必须坚持马克思主义宗教观，正确认识新疆宗教发展演变史，准确理解和全面贯彻党的宗教政策和宗教工作基本方针，促进新疆地区各种宗教和谐共存、健

---

* 马品彦：新疆社会科学院宗教研究所研究员；祖力亚提·司马义：新疆大学政治与公共管理学院党委书记、教授。

康发展。

一、多种宗教交融并存是新疆宗教发展演变的基本特点。历史证明，一教或两教为主、多教并存是新疆宗教历史格局的基本特点。“三股势力”否认新疆自古以来多种宗教并存的历史，鼓吹宗教极端思想，蛊惑信教群众，实质是打着宗教的幌子进行渗透破坏、煽动暴力恐怖活动。

二、多种宗教和谐共处、交融共存是新疆地区宗教关系的主流。在历史发展的长河中，宗教战争或教派冲突是相对短暂的，从来没有改变过新疆地区多种宗教并存的格局，也从来没有改变过多种宗教吸收融合、平和包容的关系。近年来，宗教极端势力极力否定新疆宗教交融共存的历史，其目的就是企图利用宗教煽动、蛊惑、蒙蔽信教群众，排斥其他宗教，造成“一教独大”的局面。

三、维吾尔族先民一直信仰多种宗教，改信伊斯兰教是多重历史因素作用的结果。维吾尔族先民最初信仰的是原始宗教和萨满教，后来相继信仰过袄教、佛教、摩尼教、景教和伊斯兰教等。伊斯兰教既不是维吾尔族人“天生信仰”的宗教，也不是“唯一信仰”的宗教。直到今天，仍有一些维吾尔族群众信奉其他宗教或不信仰宗教。

四、促进宗教关系和谐是新疆稳定繁荣的历史经验。新疆历来是多种宗教并存的地区，宗教关系和谐对新疆经济社会的稳定与发展具有十分重大的意义。历史经验表明，只有宗教关系和谐，新疆的社会稳定和经济繁荣才有基础和保障。防范和打击宗教极端势力，是铲除滋生宗教极端思想的土壤，更好地维护宗教和睦与社会和谐，保障公民宗教信仰自由权利。宗教工作本质上是群众工作，必须正确认识和对待信教群众，始终坚持政治上团结合作、信仰上互相尊重，把他们团结在党和政府周围。共产党员要坚决执行不信仰宗教、不参加宗教活动的规定，在思想上同宗教信仰划清界限，做坚定的马克思主义无神论者。

五、坚持我国宗教中国化方向，积极引导宗教与社会主义社会相适应。必须弘扬我国宗教中国化的历史传统，用社会主义核心价值观引领、用中华文化浸润我国各种宗教，支持宗教界深入挖掘教义教规中有利于社会和谐、时代进步、健康文明的内容，对教义教规作出符合中国社会发展进步要求、符合中华优秀传统文化价值的阐释，努力把宗教教义同中华文化相融合，教育宗教界人士和信教群众，弘扬中华民族优良传统，努力为促进经济发展、社会和谐、文化繁荣、民族团结、祖国统一服务。

（供稿：杨俊峰）

【乌兰夫对马克思主义无神论的丰富与发展】

陈智*，《科学与无神论》2018 年第 2 期

乌兰夫是我国卓越的民族工作领导人，在长期的民族工作实践中，他始终注意从我国多民族的特殊国情出发，特别是从内蒙古的实际出发，以丰富的智慧、敏锐的洞察力和伟大的气魄，把马克思主义的民族理论同中国民族问题的具体实际相结合，创造性地开展工作，成功解决了许多复杂的民族问题，积累了丰富的民族工作经验，在理论上和实践中丰富和发展了马克思主义民族理论。

一、突出强调了民族问题存在的长期性。长期性是社会主义时期民族问题的基

* 陈智：内蒙古大学马克思主义学院党总支书记兼副院长、教授。

本特征。乌兰夫在20世纪五六十年代反复强调民族问题的长期性，指出民族问题的长期存在，尤其是各民族在经济文化发展的事实上的不平等需要很长时间才能解决，这将成为今后我们国内民族问题的一个主要内容。

二、科学界定了社会主义民族问题的性质和内涵。如何科学判断社会主义民族关系的性质，直接关系到能否正确认识、妥善处理我国的民族问题，这既是一个重大的理论问题，又是一个重大的实践问题。乌兰夫民族工作实践贯穿的一条红线就是民族平等团结思想。他旗帜鲜明地反对资产阶级民族主义，坚持马克思主义民族观，最早提出了各民族谁也离不开谁的思想。正是由于乌兰夫如此旗帜鲜明地反对资产阶级民族主义，才有力地消除了不利于民族团结进步的各种干扰，使内蒙古自治区很早就建立起了新型的民族关系，从而推动了我国社会主义民族关系的形成和发展。

三、明确指出了消除民族间事实不平等的根本途径。衡量民族工作得失的根本标准只能是发展。解决社会主义时期民族间事实上不平等的根本途径是大力发展少数民族地区的经济文化。20世纪50年代早期，乌兰夫即强调民族平等不仅体现在获得平等的政治权利上，而且还体现在各民族发展上的平等方面。在主持内蒙古工作期间，乌兰夫从自治区的民族特点、地区特点和经济特点出发，及时总结正反两方面的经验教训，制定出了一系列有利于经济文化发展的方针和政策。经济方面，他创造了一套适合少数民族地区经济发展的成功经验。文化教育方面，他高度重视民族地区经济文化发展与人才培养之间的辩证关系。在重视民族地区干部和人才的培养与选用的同时，乌兰夫也特别强调民族地区干部和人才的培养要与当地经济文化的发展相协调。

四、成功开辟了实现民族区域自治的道路。乌兰夫领导创建了我国第一个少数民族自治区，致力于民族区域自治机关的民族化，重视民族区域自治的法制建设，把内蒙古建设成了政治稳定、经济发展、文化繁荣、民族团结的模范自治区，为我国少数民族地区推行民族区域自治树立了成功的典范。他创造性地提出实现民族区域自治路线图，领导实现了机关民族化，同时也重视民族法制建设。

（供稿：杨俊峰）

【改革开放四十年中国宗教治理的回顾与反思】

曾传辉*，《中央社会主义学院学报》2018年第4期

1978年中共十一届三中全会开启了中国改革开放的新时代，40年以来，宗教信仰自由政策得到全面恢复，经过历届中央领导集体的顶层设计，不断审时度势加以改进，中国特色宗教治理越来越丰富和完善。

一、宗教工作的迅速恢复和宗教政策的全面落实开创了宗教治理的新局面。中国各级政府为恢复、落实宗教信仰自由政策作出了巨大努力，平反了宗教界人士蒙受的冤假错案，恢复开放了宗教活动场所。很短时间内，各宗教均出现从恢复到快速发展，甚至爆发增长的情况。

二、1982年19号文件为中国特色宗教治理奠定了理论和政策基石。这份影响深远的纲领性文件是马克思主义关于宗教问题的基本理论同中国宗教问题的具体实践相结合的典范，为开创宗教工作新局面

* 曾传辉：中国社会科学院世界宗教研究所研究员。

和中国特色宗教治理奠定了坚实的思想基础。

三、恢复和建设宗教团体为宗教治理架起了桥梁和纽带。1979 年 9 月以后，全国各地宗教团体和爱国组织恢复了活动。自 1980 年 4 月起，各宗教团体陆续召开全国性会议，选举产生相应的领导机构。宗教教育和宗教界人才培养机构陆续建立，各宗教团体恢复和创办了宗教刊物。互联网兴起以后，各宗教组织的网站如雨后春笋般建立起来。

四、宗教工作基本方针树起了中国特色宗教治理的政策支柱。根据 1993 年江泽民在全国统战工作会议上讲话，全国宗教工作反复强调“长期坚持三句话，经常抓好三件事（讲政策、抓管理、促适应）”。2001 年江泽民又将坚持独立自主自办原则作为工作要点与前面提到的三句话并列，至此宗教工作“四句话”的内容全部提炼出来。

五、依法管理宗教事务为宗教治理提供了操作遵循。改革开放以来，加强社会主义法治建设一直是中央的重要国策。

六、处理好宗教信仰自由与无神论宣传的辩证关系为中国特色宗教治理提供价值引领。改革开放以后，中央历任领导集体均强调党员必须做坚定的无神论者，不得信仰宗教，这是历届中央领导集体反复强调的原则和纪律。

七、处理好开展宗教方面国际交往与抵制宗教渗透的辩证关系为宗教治理建立了国际交流的安全机制。改革开放初期，在落实宗教政策中，中央就非常注重宗教方面的涉外工作。在开放日益扩大的时代，宗教方面的国际交流迅速增长。与此同时，境外敌对势力利用宗教有计划有组织地进行渗透的情况也越来越严重。对此，我国政府采取一系列强有力的措施，标本兼治，依法依规地进行遏制和打击。

八、习近平新时代中国特色社会主义思想将我国宗教治理水平提升到一个历史新高度。党的十八大以来，习近平系列重要讲话有不少关于宗教工作的内容，尤其是 2016 年他在全国宗教工作会议上的讲话是中国共产党新的领导集体根据所处的历史方位、所面临的国内外形势、所肩负的历史使命，结合宗教问题和宗教工作的新情况进行的理论分析和政策把握，内容十分丰富深邃，将马克思主义宗教观发展推向了历史新高度。

（供稿：杨俊峰）

【反对“族教一体”论，引导宗教中国化】

李维建*，《新疆社会科学》2018 年第 3 期

一　“族教一体”论的特征

“族教一体”论的核心要点有三：(1) 全民族信教，不允许民族内部有无神论者存在。(2) 族即教，教即族，全民族的所有成员信仰且只能信仰一种特定的宗教，不许信仰其他宗教，实行族教捆绑。(3) 强迫信教，不管你愿不愿意，只要属于这个群体就必须信教。因此，“族教一体”论的本质就是族教捆绑，强迫信教。

二　“族教一体”不符合时代发展，难以自圆其说

（一）从哲学上说，“族教一体”论不符合唯物辩证法，不符合“变化是永恒的”辩证法规律。（二）“族教一体”论不符合世界各民族发展的现实。改宗或不信教在民族或族群的历史与现实中都是普遍现象。现实世界中已找不出一个民族

* 李维建：中国社会科学院世界宗教研究所研究员。

的所有成员仅信仰某一种宗教的情况。（三）“族教一体”论不符合民族与宗教关系史，有违世界范围内宗教演变的规律。（四）“族教一体”论要求全民族信教，有违宗教信仰自由通行理念和宪法原则，违反党和国家的政策和法律。（五）从一个中共党员的视角来看，“族教一体”论还存在着与党的世界观和党章党纪的冲突。其一，“族教一体”论永恒地绑定民族与宗教，等于间接否定马克思主义的宗教消亡论。其二，作为一名共产党员，如果坚持“族教一体”论，就意味着违反党章党纪的规定。中国共产党党员的世界观是辩证唯物主义、历史唯物主义，不允许信仰宗教，中国共产党历来强调这条纪律。（六）“族教一体”论不符合宗教中国化精神。“族教一体”论在文化上不尊重中国世俗的历史文化传统，在时代性上与社会主义国家的世俗性发展方向很难相向而行。（七）当前，“族教一体”论背后有宗教极端主义的支撑。

三　反对“族教一体”论，推进宗教中国化

在我国，“族教一体”论仍有一定的社会基础，与“族教一体”论做斗争，不论在理论上还是实践中，仍是一项长期的、艰苦的工作。反对“族教一体”论是一项启发民智、教育群众的工作。“族教一体”论将民族问题与宗教问题捆绑，给我国的民族和宗教工作带来极大的困扰。反对“族教一体”论是贯彻落实党和国家的民族、宗教政策，做好民族、宗教工作的需要；是维护民族团结、反对分裂主义和宗教极端主义的需要；是引导宗教中国化的需要。政、教、学三界要在认清“族教一体”论本质的基础上，加强沟通，分别检讨过去在这个问题上认识的不足之处。

总之，引导宗教中国化就要引导国人破除“族教一体”观念，在理论上批判“族教一体”论，实践中放弃“族教一体”论，共铸中华民族一体观念。

（供稿：杨俊峰）

【西方语境中无神论思想阐释的理论路径】

陈卫华*，《科学与无神论》2018 年第 3 期

与有神论不同，无神论在西方是最容易被误解的哲学立场之一。但是，还是有一些研究者试图拨开历史和现实的迷雾，在理论上关注和研究这一西方哲学中非常重要的立场。

一　无神论的词源学阐释

无论是西方历史上的无神论还是当今的无神论思想都是非常复杂的社会文化现象，尽管它至今在西方仍处于亚文化的地位，但这不影响其在与有神论和宗教的斗争中成长和发展为一种相对系统和特色鲜明的思想体系，它依托于进化论等现代科学的力量，彰显人自身的本质和理性力量，不但完成了从神到人的思维方式的革命性变革，更把它现实化为一种可能的生活方式。随着世界向世俗化方向的发展，无神论试图对人的生存、生活事件、家庭、工作和社会等等，尤其是死亡问题作出回答。它不仅仅只有否定的意义，而是一种日益完善的思想体系，是一种文化样态，有着更为广泛的文化意义。

二　无神论的类别阐释

在亚伯拉罕信仰系统中，有神论者坚信上帝是全知、全能、全善者的断言，而无神论者则表示怀疑和否定。无神论有各种各样的形式。它通常表述为“我不相

* 陈卫华：河南大学马克思主义学院副教授，中国社会科学院马克思主义学院博士。

信上帝或者超自然的存在”。因为缺乏证据，无神论者认为没有理由相信超自然。西方无神论不论积极的和消极的、显性的和隐形的、强的和弱的、彻底的和不彻底的、友好的或不友好的，对无神论思想的阐释来说都是非常重要的。对无神论进行划分本身没有好坏之分，只是从不同的视角对无神论思想的考察和研究，为进一步研究无神论的基本特征和意义作了理论上的准备工作。同时，也在现实层面上进一步澄清了思想，在西方主流宗教背景文化下为无神论这一思想上的少数派指明了方向，甚至为其日后政治诉求的提出、意识形态话语权的争夺以及无神论群体身份认同等做了相关的理论铺垫。

三　无神论的特性阐释

虽然至今无神论作为对有神论的否定在西方还不是一门独立的学科，仍然依附于哲学和神学，但是它作为与有神论相对立的一种社会文化现象，甚至是一种思想体系，却有着自己独特的理论特征。

第一，无神论的本质特征是否定的肯定。无神论虽从词源学上是个否定的词，是对神学世界观的反抗，但无神论的逻辑结构本身则是作为肯定的否定。

只有当无神论者真正地认识到无神论内在的本质特征即否定的肯定，才能够真正做到有破有立，破而有功，立而有据。第二，无神论的“非寄生性”。虽然无神论在西方历史中的定义简单，就是相信上帝或神不存在，但现实的无神论却有着极其深刻的内涵和外延。无神论不仅仅拒绝上帝的存在，还是对任何超自然和超验的现实的拒斥。在无神论者看来，如果不能坚持无所不能的批判，号召终结神话，建立一个除魅的世界，那么就等于没有批判。

（供稿：杨俊峰）

第六篇

著作选介

马克思主义基本原理

【中国特色社会主义政治经济学】

余斌[*]，人民日报出版社 2018 年版

该书遵循从抽象到具体、从一般到个别的叙述方法，从社会生产与社会经济形态理论，到社会主义政治经济学的基本原理，再到中国特色社会主义政治经济学的主要理论，内容逐步展开和深入。主要内容包括研究对象和研究范围、研究方法和理论渊源、中国特色社会主义政治经济学等部分。该书逻辑清楚，体系完整，内容简明扼要。该书的一大特色是把马克思主义经典作家的有关论述很好地融合在对中国特色社会主义经济的分析中，不仅阐释了马克思主义政治经济学的理论一般和中国特色社会主义政治经济学的理论特殊，还结合中国具体国情阐述了如何走社会主义道路、发展社会主义市场经济，并提出具有中国特色的经济管理、城乡经济发展、社会主义经济调控和国有企业改革等发展举措。该书以理论与实际相结合的方式，论述中国如何才能从社会主义初级阶段向更高阶段迈进，成为实现共同富裕的社会主义现代化强国，引领经济全球化的健康发展。

（供稿：彭五堂）

【回到《资本论》：21 世纪的“政治经济学批判”】

白刚[**]，人民出版社 2018 年版

该书是一部从哲学视角对《资本论》进行深入研究的学术著作，全书除导言外分为上下两篇共十章。上篇是“作为‘历史唯物主义’的《资本论》”，包括“资本与资本逻辑”“《资本论》的‘逻辑’”“《资本论》的‘辩证法’”“《资本论》的‘革命’”“《资本论》与历史唯物主义”等内容；下篇是“作为‘政治哲学’的《资本论》”，包括“《资本论》与‘政治哲学’”“《资本论》与‘自由’”“《资本论》与‘正义’”“《资本论》与‘现代性’”“《资本论》与‘希望空间’”等章节。该书认为，《资本论》作为一个“艺术的整体”，既不是单纯的经济学著作，也不是单纯的哲学著作，更不是单纯的科学社会主义著作，而是三者有机结合的真理，把握这一真理必须从“政治哲学”去解读《资本论》。作为“政治经济学批判”，《资本论》在分析现实经济事务中把“求解放的理论”和“为自由的斗争”结合了起来，《资本论》真正是无产阶级走向自由解放的“圣经”和“助产婆”。在《资本论》的“政治经济学批判”视野中，生产、交换、分配，商品、货币、资本、剩余价值，辩证法、革命、自由、正义、现代性以及唯物史观等，都具有了追求人类解放的“政治哲学”意蕴。正是在《资

* 余斌：中国社会科学院马克思主义研究院马克思主义原理部主任，研究员。

** 白刚：吉林大学哲学社会学院教授。

本论》的“政治经济学批判”的语境中，马克思提出了“政治哲学”之维。

（供稿：彭五堂）

【学科贯通视野中的马克思主义基本原理研究：“从抽象上升到具体”的一种解读】

刘召峰*，浙江大学出版社 2018 年版

该书除导论外分为上中下三篇共 14 章。上篇以“从抽象上升到具体”的逻辑对马克思主义基本原理进行了新的解读：首先，对马克思“从抽象上升到具体”的方法进行了辨析和拓展运用；而后，以“从抽象上升到具体”的逻辑，解读了马克思的“人的解放”思想、《资本论》的哲学意蕴、马克思的劳动价值论、科学社会主义的具体化与马克思主义基本原理的过程统一性。中篇力图在马克思主义基本原理的整体性视野中重新审视社会形态理论及相关争论：回顾马克思的社会形态理论在中国的传播和研究史，考辨社会形态、经济的社会形态、社会形式等核心概念，追问马克思考察社会形态问题的理论逻辑，评论相关学术争论。下篇展示了马克思主义的学科贯通视野之于研究具体理论问题的重要意义：以《资本论》及其手稿中的相关论述为主要理论依据，对李大钊《我的马克思主义观》进行了新的评析，对毛泽东对社会主义商品生产的论述的贡献进行了新的概括，对王学典教授关于唯物史观、历史主义和阶级观点的论述提出了商榷意见，对马克思主义人才理论进行了新的梳理，并基于网络问卷分析了“马克思主义整体性研究”的研究基础及存在的问题，同时提出了几点建议。

（供稿：彭五堂）

【马克思主义基本原理专题研究】

张雷声**主编，中国人民大学出版社 2018 年版

该书是关于马克思主义基本原理专题研究成果的概括和总结，在一定程度上反映了学术界关于马克思主义基本原理研究的前沿。全书由导论和八章构成，第一章马克思主义基本原理的整体性，包括马克思主义基本原理整体性的内涵与研究层次，世界观、方法论与马克思主义基本原理整体性，马克思主义基本原理整体性在研究和教学中的应用等内容。第二章人类实践活动及其发展规律，包括社会生活的实践本质，人类实践形态的当代发展，中国特色社会主义实践的哲学意蕴。第三章群众史观与“以人为本”，包括马克思主义群众史观及其在当代的发展，马克思主义群众史观的人本意蕴，“以人为本”的价值实现。第四章人类社会形态的演进及其发展规律，包括马克思主义社会形态理论的历史发展，马克思主义社会形态理论的基本内容，社会形态发展的基本规律。第五章唯物史观与剩余价值学说的结合，包括唯物史观的创立和剩余价值理论的发轫，唯物史观的科学表述和剩余价值理论的创立，剩余价值理论的完成和唯物史观的继续完善，唯物史观和剩余价值理论的逻辑关联。第六章资本主义的基本矛盾及其历史走向，包括资本主义基本矛盾及其在当代的发展，资本主义基本矛盾与经济全球化，资本主义基本矛盾与资本主义世界经济危机。第七章经济文化落后国家走社会主义发展道路的历史必然性，包括马

* 刘召峰：浙江大学马克思主义学院副教授。

** 张雷声：中国人民大学马克思主义学院教授。

克思恩格斯关于落后国家社会主义发展道路的设想，列宁对落后国家社会发展道路理论的深化等。第八章人的全面发展与共产主义社会的实现，包括马克思主义人的全面发展理论，共产主义社会是实现人的全面发展的社会形态等。全书体现了马克思主义基本原理的科学性、实践性和时代性。

（供稿：张建云）

【马克思主义信仰十讲】

陈先达*，人民出版社2018年版

作为“2016中国好书”之《马克思主义十五讲》的姊妹篇，该书对理论领域和实际工作中较为关注的十个马克思主义信仰重大理论问题作了回答。包括：马克思是不朽的，恩格斯指出：“我们之所以有今天的一切，都应当归功于他；现代运动当前所取得的一切成就，都应归功于他的理论活动和实践活动；没有他，我们至今还会在黑暗中徘徊。”要坚定马克思主义信仰。马克思主义当然是科学学说，但对以马克思主义为指导的共产党来说，对马克思主义者和一切反对资本主义制度的革命者来说，马克思主义学说可以成为一种信仰。这里所说的信仰，就是行为原则、理想追求、价值目标。在马克思恩格斯的全部著作中，《共产党宣言》是篇幅较小但影响巨大的著作。它可以被看作是其全部成熟著作的纲领和红线，是理解什么是马克思主义的关键。马克思恩格斯的全部著作，就是为实现《共产党宣言》中的两个必然性，为实现无产阶级的彻底解放而进行的理论研究。马克思主义具有强大生命力，未来属于马克思主义。在发展21世纪马克思主义和当代中国马克思主义的过程中，必须要坚持两个根本原则：一是问题导向原则；二是坚持以人民为中心的研究导向，等等。全书重在解决真懂真信的问题，解决好为什么人的问题，并最终落实到怎么用上来，说理透彻，行文流畅，既具有学术厚度又具有可读性。

（供稿：张建云）

【马克思主义的整体性研究】

赵家祥**，北京大学出版社2018年版

《马克思主义的整体性研究》论述了马克思主义哲学、马克思主义政治经济学和科学社会主义学说等各个组成部分构成一个统一的整体，只有从整体上理解马克思主义，才能掌握马克思主义的精神实质，完整准确地掌握马克思主义的基本概念和基本原理。全书包括导论和五编内容。导论从马克思主义产生的社会历史背景、理论来源、理论体系、发展过程、经典著作的实际情况、实现马克思主义整体性的基本途径和根本方法等方面论述了马克思主义的整体性。第一编阐述了马克思主义的形成过程的整体性，分析了《〈黑格尔法哲学批判〉导言》《1844年经济学哲学手稿》《关于费尔巴哈的提纲》等在马克思主义发展史上的地位。第二编阐述了马克思主义实践观点的整体性，包括实践的本质和丰富内容、实践观点在马克思主义理论体系中的地位、把握理论与实践关系的复杂性等内容。第三编阐述了马克思主义物质生产理论的整体性，讨论了《资本论》及其手稿中的生产力概念、生产关系概念、生产方式概念等内容。第四编阐述马克思主义社会历史规律理论的整

* 陈先达：中国人民大学哲学院教授。

** 赵家祥：北京大学哲学系教授。

体性，包括社会历史规律的性质、人的活动的目的性和社会发展的规律性、历史决定论和主体选择及其相互关系等。第五编阐述了社会发展道路及社会主义前途和命运理论的整体性，包括马克思恩格斯著作中未来社会名称的历史演变、资本的伟大文明作用，反思社会主义的前途和命运的新视角等内容。

（供稿：张建云）

马克思主义中国化

【马克思主义中国化的思想逻辑】

金民卿*，社会科学文献出版社 2018 年版

该书是一部关于马克思主义中国化基础理论研究的专著，分八章：马克思主义中国化的历史述要、马克思主义中国化的内涵分析、马克思主义中国化的发生逻辑、马克思主义中国化的核心矛盾、马克思主义中国化的逻辑进程、马克思主义中国化的理论维度、马克思主义中国化的发展机制、马克思主义中国化的成果形态。该书依次围绕历史论、概念论、发生论、矛盾论、逻辑论、内容论、机制论、成果论的逻辑递进关系展开，以求对马克思主义中国化的历史发展、本质内涵、发生基础、内在要素、逻辑进程、内容维度、发展机制、成果形态等进行梳理。作者认为，这种递进关系既是马克思主义中国化的“客观”逻辑进程，也是对其进行哲学分析的“主观”逻辑进程。该书深入深层的学术意蕴之中，对马克思主义中国化的基础理论和总体框架进行探索，形成比较系统的马克思主义中国化的思想逻辑，具有较强的学术价值。书中提出的理论认知和分析方法，突破了当前马克思主义中国化研究中过分依赖党史模式、现象描述和主流话语阐释等局限性，有助于增强该领域研究的学术深度，形成了马克思主义中国化思想逻辑研究的基本框架，也为学科建设提供了基础理论支撑。该书系作者的《马克思主义化思想史论》的姊妹篇。

（供稿：郑萍）

【中国特色社会主义与人类文明发展道路研究】

李红军、陈留根**，中国社会科学出版社 2018 年版

该书分六章。第一章人类文明发展的一般特点和东方国家文明进步道路的特殊性。第二章人类文明发展事业中的中国特色社会主义。第三章中国特色社会主义是中华文明发展的新阶段。第四章将中国特色社会主义同几种模式进行比较，说明了与经典科学社会主义的联系和区别、与苏联模式社会主义的异同和关系、与民主社会主义模式的分歧和借鉴、与新美国模式的区别和相通之处。第五章论述了中国特色社会主义对人类文明发展的贡献，即中国特色社会主义道路展示了世界文明发展多样性的基本特质，为解决人类文明的共同性问题提供了现实可能，唤起了人们对社会主义的信心；中国特色社会主义理论体系深化了对三大规律的认识，提供了理论指南和思想借鉴；中国特色社会主义制

---

* 金民卿：中国社会科学院近代史研究所党委副书记、副所长，研究员，博士生导师。

** 李红军：贵州师范大学历史与政治学院教授，马克思主义理论专业博士生导师；陈留根：河南理工大学马克思主义学院副教授，硕士生导师。

度实现了人类社会制度史上的深刻变革，为正确处理人类社会面临的问题提供了新思路。第六章坚持和发展中国特色社会主义、推动人类文明发展，提出在人类文明发展视野中推进中国特色社会主义建设，处理好同多种文明的关系。该书认为，中国特色社会主义在人类文明发展方面作出了伟大创造和独特贡献，坚持中国特色社会主义道路不能离开世界文明发展大道，中国特色社会主义与人类文明发展道路之间是对立统一关系、一般和特殊的关系。该书是作者承担的国家社科基金项目的成果。

（供稿：郑萍）

【中国特色社会主义与相关“主义”比较研究】

赵明义、蒋锐、臧秀玲*等，人民出版社2018年版

该书从学理上对中国特色社会主义同其他七个相关“主义”进行系统而科学的比较研究。全书分为上、下两篇，共十个部分。上篇“人类社会历史发展进程中的中国特色社会主义”分三个部分：人类社会及社会主义发展进程中的中国特色社会主义，中国特色社会主义的道路、理论体系和制度，当代全球化视阈中的中国特色社会主义，正面系统地阐述了中国特色社会主义道路、理论体系和制度的形成发展、主要内容及其实质，指出中国特色社会主义在人类社会和社会主义发展进程以及全球化视野中具有独特地位与作用。下篇“中国特色社会主义与相关‘主义’比较辨析”分七个部分，将中国特色社会主义与经典科学社会主义、斯大林模式社会主义、新民主主义、三民主义、民主社会主义、当代资本主义、封建社会主义的关系和区别进行了系统的比较分析，并在此基础上对几种质疑中国社会主义根本性质的错误观点如“经典科学社会主义过时论”“中国社会主义背离马克思主义论”“重建新民主主义论”“资本主义论”等进行了较有说服力的辨析与驳斥。该书是学界关于中国特色社会主义理论研究的一部力作，对理论界关心的一些焦点问题、争议问题也有所触碰，具有较高的学术价值和现实意义。该书为国家社科基金重大项目的结项成果。

（供稿：郑萍）

【马克思主义哲学形态史·第五卷　马克思主义哲学的中国化形态（上）：毛泽东哲学思想】

徐素华**，中国社会科学出版社2018年版

该书探索和总结马克思主义哲学中国化的过程、规律及成果，以毛泽东哲学思想为主要研究对象，同时涉及为马克思主义哲学中国化作出过贡献的部分马克思主义哲学家和理论研究者，重点探讨他们创立的一种哲学新形态，即中国化形态的马克思主义哲学。全书分十一章，对马克思主义哲学中国化形态的理论源头和属性、形成的文化背景和独特条件（即深厚的中国传统思想文化根基、西方思想文化的学习和接受、特有的人生阅历和丰富的社会实践）、中国化形态马克思主义哲学的形成发展和中国特征（认识哲学、方法

---

* 赵明义（1932—2018）：山东大学终身教授，中国科学社会主义与国际共产主义运动学科重要奠基人；蒋锐：山东大学政治学与公共管理学院教授，山东大学当代社会主义研究所副主任，博士生导师；臧秀玲：山东大学政治学与公共管理学院教授，博士生导师。

** 徐素华：中国社会科学院哲学研究所研究员。

哲学、群众哲学）进行了探讨总结，进而对毛泽东如何把马克思主义社会形态学说中国化、如何使马克思主义阶级斗争学说中国化、如何使马克思主义阶级斗争分析方法中国化进行了深入探讨。该书的特色在于把马克思主义哲学中国化研究具体到每一个相关的哲学观点、方法和哲学学说，细致到每一个相关的哲学原理和哲学概念、范畴。吴元梁主编《马克思主义哲学形态史》是中国社会科学院文库·哲学宗教研究系列图书，是中国社会科学院创新工程学术出版资助项目。

（供稿：郑萍）

【中国特色社会主义理论体系建设40年】

阮青*，人民出版社2018年版

该书是一部关于中国特色社会主义理论体系创立、形成、发展和全面阐述的思想发展史著作，由总论和十六章构成。通过对中国特色社会主义理论体系发展史系统深入的研究，说明其产生的时代背景、实践基础、基本内涵、主要特征、历史演进等，在此基础上概括出中国特色社会主义理论体系的精髓论、主题论、国情论、目标论、发展论、改革开放论、经济建设论、民主政治论、先进文化论、社会建设论、生态文明建设论、国防和军队建设论、祖国统一论、和平外交论、人民主体论、执政党建设论等十六个重大理论问题，从思想发展史的角度进行研究，以史带论，史论结合，努力阐述清楚每一个重大理论观点的提出、形成、发展和全面阐述的历史脉络、实践依据和逻辑的合理性，力图构建起中国特色社会主义理论体系的基本框架，总结和揭示中国共产党理论创新的基本经验和基本规律。该书指出，中国特色社会主义理论体系经历了从邓小平理论、“三个代表”重要思想、科学发展观到习近平新时代中国特色社会主义思想的发展过程，其间有着既一脉相承又与时俱进的内在联系。一脉相承又与时俱进的关系，说明各个理论之间既相互贯通又层层递进，体现了改革开放新时期以来中国共产党理论创新成果的科学性体系、阶段性成果和发展性要求的内在统一。

（供稿：郑萍）

---

* 阮青：中共中央党校（国家行政学院）哲学教研部马列哲学史教研室主任、教授、博士生导师。

马克思主义发展史

【马克思主义发展史（第一卷）——马克思主义的创立（1840—1848）】

郝立新、臧峰宇*编，人民出版社 2018 年版

《马克思主义发展史》（十卷本）以整体性的视野阐述马克思主义170余年来形成、发展和在新的实践中不断深化的历史过程，着重总结马克思主义创新发展的历史经验，探索马克思主义发展的基本规律及未来趋势，特别关注马克思主义中国化的理论成果和基本经验，力求为未来世界社会主义实践尤其是新时代中国特色社会主义实践提供科学的理论支持。

《马克思主义发展史（第一卷）：马克思主义的创立（1840—1848）》全面阐述了19世纪40年代马克思主义的创立过程。全书考察了欧洲当时社会经济发展状况、革命风暴、自然科学和人文社会科学发展成就，在思想史的解读中再现了马克思主义形成的时代背景、思想来源；展示了马克思和恩格斯早期思想发展轨迹以及他们向唯物史观迈进的路径与印记，呈现了新世界观的天才萌芽和马克思的伟大发现；引导读者沿着马克思和恩格斯进一步阐发新世界观的历程，感知马克思主义诞生的思想光芒。

（供稿：任　洁）

【马克思主义发展史（第二卷）——马克思主义体系的形成及发展（1848—1875）】

张雷声**编，人民出版社 2018 年版

《马克思主义发展史（第二卷）：马克思主义体系的形成及发展（1848—1875）》全面系统地阐述了马克思恩格斯及同时代的马克思主义者，于19世纪40年代末至70年代中期这一时期，在参加工人运动、阶级斗争实践，以及与错误思潮的论战中，形成了马克思主义体系，发展了马克思主义理论。在这一过程中，马克思恩格斯实现了人类思想史上的伟大革命，使马克思主义从众多思想流派中脱颖而出，成为同资产阶级思想相对立的科学的理论体系。

（供稿：任　洁）

【马克思主义发展史（第三卷）——马克思主义在论战和研究中日益深化（1875—1895）】

张云飞、袁雷***编，人民出版社 2018 年版

《马克思主义发展史（第三卷）：马克思主义在论战和研究中日益深化（1875—1895）》主要考察1875年到1895年间马克思主义的发展史。在此时期，马

---

* 郝立新：中国人民大学哲学院院长，教授；臧峰宇：中国人民大学哲学院副院长，教授。

** 张雷声：中国人民大学马克思主义学院教授。

*** 张云飞：中国人民大学马克思主义学院教授；袁雷：北京工商大学马克思主义学院讲师。

克思恩格斯提出了自然辩证法的构想，揭示了家庭、私有制和国家的起源，提出了不通过资本主义制度的“卡夫丁峡谷”设想，以史学研究证实了社会形态理论，科学预测了资本主义垄断趋势，扩展了《资本论》视野，突出了唯物史观的辩证法向度。他们指导各国创立工人政党，反对机会主义，科学探索无产阶级斗争策略。这是马克思主义在论战和研究中日益深化的阶段。

（供稿：任　洁）

【思想中的时代和时代中的信仰】

陈先达[*]，中国人民大学出版社 2018 年版

该书聚焦于马克思主义研究领域的重大理论问题，围绕“解读马克思主义的新视”“文化与哲学”“哲学要与现实对话”“专业、职业与信仰”四个主题展开论述，重在解决真懂真信马克思主义的问题。全书重申并强调了马克思主义理论工作者要自信、自强、自尊，不断加强自身的理论修养和对实际问题的研究，增强自尊的资本和自信的底气；同时要关注社会现实，不断推进马克思主义中国化、时代化和大众化的进程。该书体现了作者对马克思主义理论研究强烈的担当意识、宏阔的思想境界、深厚的理论功底和不懈的探索精神。

（供稿：任　洁）

【思想巨人马克思】

靳辉明[**]，中国社会科学出版社 2018 年版

在千年之交，西方学界和媒体把马克思评为“千年伟大的思想家”“千年思想家”“千年伟人”。为纪念马克思诞辰 200 周年，该书作者靳辉明先生试图把马克思的生平传记和理论创造有机地统一起来，汲取传记翔实的背景资料，又不淹没于浩瀚、烦琐的人物故事之中；突出马克思思想发展轨迹和理论创造，又不游离于马克思的苦难生活经历和参与的社会活动，使他的思想有血有肉，根深叶茂。笔者力求史论结合，以论为主，做到历史的、逻辑的统一，思想发展和社会实践的结合，思想的深化和概念的表述的辩证统一。该书作者用辩证逻辑的方法，而不是用形式逻辑的方法研究马克思的生平活动、思想轨迹和马克思主义基本原理的科学表述，特别是以马克思的思想转变和两个伟大发现为主线展开该书的论述。该书力求给人们展现一个真实的马克思，真正的马克思，展现他的伟大人格和不朽的理论贡献，作为向马克思诞辰 200 周年的一份致敬。

（供稿：任　洁）

【“走近马克思”小丛书】

陈先达、孙正聿、陈学明、顾海良[***]，中国人民大学出版社 2018 年版

《马克思与信仰》（陈先达著）——聚焦于马克思主义信仰领域的重大理论问题，围绕“日常生活”“文化自信”“理论和理论工作者的责任与使命”“信仰”等主题展开论述，重在解决真懂真信马克思主义的问题。全书重申并强调了马克思

---

[*] 陈先达：中国人民大学哲学院一级教授。

[**] 靳辉明：中国社会科学院学部委员、教授。

[***] 孙正聿：吉林大学哲学社会科学资深教授；陈学明：复旦大学哲学系教授；顾海良：教育部社会科学委员会副主任、北京大学马克思主义学院教授。

主义理论工作者要自信、自强、自尊，不断加强自身的理论修养和对实际问题的研究，增强自尊的资本和自信的底气；同时要关注社会现实，不断推进马克思主义中国化、时代化和大众化的进程。该书体现了作者对马克思主义理论研究强烈的担当意识、宏阔的思想境界、深厚的理论功底和不懈的探索精神；行文流畅、深入浅出，既具有理论厚度又具有可读性。

《马克思与我们》（孙正聿著）——马克思是“千年思想家”。了解马克思的生平和事业，理解马克思的学说和思想，懂得以马克思命名的马克思主义的当代价值与意义，我们才能把握人类历史的发展规律，树立正确的人生理想、信念和追求。该书通过对马克思与我们的人生观、马克思与我们的历史观、马克思与我们的时代观、马克思与我们的科学观、马克思与我们的宗教观、马克思与我们的文明观、马克思与我们的理想观等方面的论述，带领我们“重读马克思”“走进马克思”，理解马克思主义的当代价值。

《马克思与当代中国》（陈学明著）——中国站到了实现“强起来”的新的历史起点上，迎来了从“富起来”到“强起来”的伟大飞跃。历史已经证明，马克思主义与中国具体实践相结合改变了近代以来中国的历史，不仅让中国“站起来”，而且让中国“富起来”。中国要“强起来”，是否继续需要马克思主义的指引？从“站起来”“富起来”到“强起来”的过程，是马克思主义在中国不断弱化还是日益强化的过程？中国要“强起来”究竟需要做些什么，马克思主义又能为我们提供什么样的思想资源？马克思主义在正走向“强起来”的当代中国的命运与前途如何？该书力图对这些问题做出富有说服力的回答。

《马克思与世界》（顾海良著）——一个多世纪以来，由马克思点亮的唯物史观的思想火炬，驱散了人们认识世界的迷雾，至今依然保持着强大的生命力。该书有力地论证了马克思主义于世界、于中国之生命力，即马克思主义不同于思想史上其他重要的哲学体系。马克思及其思想不是止步于解释世界，而是强调改变世界，为世界不同国家的发展指明路径和方法；而马克思关于世界历史的理解，恰恰成为中国探索社会发展道路问题的关键。该书注重梳理马克思思想的演进过程，通过对马克思经典著作中的哲学、政治经济学概念的思辨阐释，重新发现19世纪70年代后马克思思想发生的重大变化：在肯定世界历史统一性的同时，马克思科学地预见到社会发展的多样性、历史条件的差异性，推动世界各国形成自己独特的发展道路。

（供稿：任　洁）

国外马克思主义

【世界社会主义跟踪研究报告（2017—2018）——且听低谷新潮声】

李慎明[*]主编，社会科学文献出版社2018年版

该书是中国社会科学院世界社会主义研究中心主持编撰的第14本“世界社会主义黄皮书”，由2017—2018年度世界社会主义研究中心有前沿性和代表性的研究成果集结而成。全书从7个方面对当今世界范围内的社会主义思潮、理论、运动与制度进行了多视角、深层次、全方位的研究与探讨，反映了世界社会主义领域，尤其是亚洲、欧洲、美洲地区社会主义发展和研究的动态，推出了很多有分量的理论文章，对深化社会主义理论的探索与实践不无裨益。

全书分七个部分。第一部分总论；第二部分收录了学习中共十九大报告的系列文章，重点介绍了国内外对十九大报告的解读；第三部分主要介绍学习习近平重要思想的心得体会；第四部分是世界社会主义运动与政党动态，重点介绍了越南共产党关于党的建设的理论与实践、日本共产党如何看待中国的社会主义建设、澳大利亚共产党对时代及社会主义实践的最新探索、俄罗斯联邦共产党的社会主义理论与实践新发展、当前古巴关于社会主义模式“更新”的目标模式之争等；第五部分是纪念十月革命胜利100周年专题研究，重点介绍了俄罗斯纪念“十月革命100周年”和“俄国革命100周年”的相关动态，阐述十月革命的意义，驳斥对十月革命的诋毁和妖魔化；第六部分重点介绍美国的最新动态，着重解读了特朗普的内政外交政策，以及当前美国的“社会主义”论争及思考；第七部分是专题研究。

（供稿：雷晓欢）

【西方左翼学者的马克思主义观】

黄继锋[**]主编，中国人民大学出版社2018年版

该书主要梳理和阐述了西方左翼学者的马克思主义观。西方左翼学者的马克思主义观大致分为两个层面：一是西方左翼学者对马克思主义理论的解读和阐释；二是西方左翼学者运用马克思主义立场、观点对当代西方社会现实的分析批判。

全书大致从西方左翼学者对马克思主义理论的阐释及其立足马克思主义立场对当代西方社会的批判两个层面，分别介绍和评析了西方左翼学者关于马克思与恩格斯的思想关系、马克思与列宁的思想关系、“两个马克思”的争论、马克思与黑格尔的思想关系等问题的观点，以及西方左翼学者的实践观、认识论思想、历史唯物主义观、意识形态理论、异化理论、剩余价值理论观、阶级观、社会公正观、资

---

* 李慎明：中国社会科学院世界社会主义研究中心主任、研究员。

** 黄继锋：中国人民大学马克思主义学院教授。

本主义观、社会主义观。我们从中认识到应该科学地看待西方左翼学者的马克思主义观，不论是第一层面还是第二层面的观点，都是马克思主义与当代西方社会经济、政治、文化相碰撞的产物，是马克思主义在当代西方传播、发展的反映。其中的一些成果丰富和发展了马克思主义理论；有的尽管并不科学，但也或多或少地反映了错综复杂的时代变化，并在现实中产生了一定的影响。对于曲解甚至挑战马克思主义理论的观点，不能人云亦云，跟着西方的观点跑，也不能简单地加以否定，而应该以科学的态度对之进行分析与批判，从中寻求马克思主义的“真精神”。

（供稿：雷晓欢）

【政党与民主新论】

柴尚金*著，中国民主与发展出版社 2018 年版

该书立足政党并运用政党政治原理，在充分肯定政党对现代民主政体运作意义的基础上，以问题为导向，不回避敏感问题和疑难问题，对当今世界上不同类型民主的深刻变革进行了系统比较和梳理，并着眼创新，分别对现代政党本质及其类型，政党政治与民主政治，西方民主理论与马克思主义民主观，无产阶级政党和社会主义民主，竞争性政党与西方民主制度，世界政党政治的新变化与西方多党民主面临的挑战进行了具体阐释，提出了独立见解和思想观点。作者认为，在多元、多样、多变的时代，西方政党政治、社会结构、民众价值取向和生活方式都发生了深刻变化，政党政治沦落为选举游戏，政党竞选成为领袖们的“精英秀”，金钱政治、极化政治、腐败政治越来越突出，西方多党民主深陷制度困境。

民主选举和政党政治也许可以不用暴力形式完成政权轮替，但不能达到选贤任能这一选举的终极目的，西方代议民主下的选举制度很难解决如何确保国家由贤能之士执政这一关键问题。以政党活动为主体的代议制民主面临挑战，不能以代议制民主取代其他形式的民主。

该书以事实为依据，以个案研究为基础，宏观概括和个体解剖相结合，对政党和民主研究中的一些前沿、难点问题进行了深入研究。全书结构纵横契合，资料新颖丰富，内容精选得体，是一部在整体结构和思想内容上都有一定创新的政党和民主研究力作。

（供稿：于海青）

【人间正道是沧桑——世界社会主义五百年】

顾海良**主编，中国人民大学出版社 2018 年版

该书展现了世界社会主义 500 年波澜壮阔的发展历程，揭示了世界社会主义发展的内在规律，前瞻世界社会主义的未来前景，深刻总结了共产党执政规律、社会主义建设规律和人类社会发展规律。该书认为，社会主义是人类文明历史发展的产物，是人类对理想社会不懈追求的成果，凝聚着世世代代劳动人民及先进思想家力求摆脱奴役和依附、争取自由和解放的憧憬与渴望。在社会主义理想信念的鼓舞下，人类历史舞台上演出了一幕幕威武雄壮、经久不衰的社会历史的话剧。在社会主义旗帜的指引下，百年中国发生了深刻的历史性变化，从根本上改变了中国人民

* 柴尚金：中联部研究室研究员。

** 顾海良：北京大学教授。

和中华民族的历史命运，不可逆转地结束了近代以来中国内忧外患、积贫积弱的前途命运，不可逆转地走上了中国特色社会主义道路，不可逆转地开启了中华民族走向伟大复兴的新的历史进程。该书以世界社会主义五百年发展进程为线索，深入总结无产阶级革命、社会主义建设的经验教训，深刻揭示中国特色社会主义形成的合理性、发展的规律性和历史的必然性，是纪念马克思诞辰 200 周年和《共产党宣言》发表 170 周年的重要著作。

（供稿：于海青）

【西方马克思主义理论】

阎孟伟[*]，广西人民出版社 2018 年版

该书围绕“西方马克思主义”这一主题进行论述和导读，介绍了 17 部当代著名的有影响力的西方马克思主义者的学术著作：卢卡奇的《历史与阶级意识》、柯尔施的《马克思主义和哲学》、葛兰西的《狱中札记》、布洛赫的《希望的原理》、马尔库塞的《爱欲与文明》、阿尔都塞的《保守马克思》、阿尔都塞与巴里巴尔合著的《读〈资本论〉》、列菲弗尔的《论国家——从黑格尔到斯大林和毛泽东》、梅洛庞蒂的《辩证法的历险》、德拉沃尔佩的《卢梭和马克思》、柯亨《卡尔·马克思的历史理论——一个辩护》《自我所有、自由和平等》、埃尔斯特的《理解马克思》、罗默的《在自由中丧失：马克思主义经济哲学导论》、福斯特的《马克思的生态学——唯物主义与自然》《生态危机与资本主义》、墨菲的《政治的回归》，是对当代西方马克思主义思潮和不同流派的一个较为系统的梳理。

（供稿：陈慧平）

---

[*] 阎孟伟：南开大学哲学院教授。

国际共产主义运动

【国际共产主义运动史纲（1847—1917）（上、下）】

高放*，陕西师范大学出版社2018年版

该书关注的是从1847年第一个共产党——共产主义同盟创建到1917年俄国十月革命胜利这七十年的历史，分为上下两卷，共十章。分别为：马克思主义人的解放科学第一次应运诞生；世界上第一个共产党——共产主义者同盟创建活动；共产党人第一次参加革命——欧洲1848年革命流光溢彩；第一个政党性的国际工人组织——第一国际光芒四射；第一个工人阶级政权——巴黎公社的崭新创举；世界上第一个社会主义政党——德国社会民主党首建垂范；第一个社会主义政党的国际组织——第二国际功败垂成；转型社会主义政党——俄国布尔什维克党异军突起；社会主义政党第一次参与领导的革命——俄国1905—1907年民主革命败中有成；第一次社会主义革命——俄国十月革命的胜利。结语：国际共产主义运动七十年的历史启示。

该书用“一个科学理论”“两个国际组织”“三个革命政党”和“四个革命高潮”对这七十年的历史作出简明又便于领会和记忆的概括。该书认为，国际共运从1847年到1917年的七十年间，在马克思主义科学指引之下，经过两个国际组织和三个革命浪潮的冲击，终于在1917年于俄国建立第一个社会主义国家，从此国际共产主义运动就从理论转变为实践，进而开辟了社会主义制度建设的新阶段。1847年创建第一个共产党后，两代众多共产党人经过七十年不懈奋斗，终于取得俄国一国首先胜利，建立了一个地跨欧亚两洲辽阔广大的社会主义国家阵地。这是国际共运的重大成就。其波澜壮阔、跌宕起伏的历史进程和经验教训，是非常值得我们认真学习和总结的。

（供稿：潘西华）

【《共产党宣言》在中国】

孙应帅、唐辉、杨雨林**，山西出版传媒集团2018年版

该书从早期共产主义者对《共产党宣言》的传播和借鉴、《共产党宣言》与中国共产主义小组的成立、从《共产党宣言》到中国共产党诞生、《共产党宣言》指导下的中国工人运动、《共产党宣言》与中共第一代领导集体、邓小平理论对《共产党宣言》基本思想的坚持和发展、“三个代表”重要思想对《共产党宣言》的坚持和发展、科学发展观对

* 高放：中国人民大学国际关系学院教授。

** 孙应帅：中国社会科学院马克思主义研究院研究员；唐辉：成都纺织高等专科学校副教授；杨雨林：中国社会科学院研究生院博士研究生。

《共产党宣言》的坚持和发展，特别是以习近平同志为核心的党中央对《共产党宣言》的坚持和发展等方面，系统回顾了中国共产党以《共产党宣言》的基本思想为指导，满怀远大理想，不忘初心，不断前行的伟大历程。内容使人精神振奋，感慨万千，增强了我们对中国特色社会主义的道路自信、理论自信、制度自信、文化自信。

该书获得了中国国家出版基金的资助。

（供稿：潘西华）

【重新解读资本主义的历史演化——基于21世纪马克思主义的视角】

赵志军[*]，中国社会科学出版社2018年版

该书站在21世纪的历史节点回过头来重新审视资本主义历史演化，由此发现该演化进程既不能简单地靠生产力发展来理解，也不能简单地用资本集中的程度去解读。经过20世纪西方社会几次深刻的结构性变革，历史进程中的后来者们目睹了资本主义一次又一次的整体性社会体制更替，他们意识到在特定的历史时期和历史条件下，资本主义会由一系列特定的政治、经济、意识形态和社会要素按照特定的组织原则以相互“配套”的方式“结构”而成一个社会整体，系统性地行使特定的功能以解决资本积累和资本主义经济系统自身再生产所面临的问题。资本主义正是通过这种“全社会体制”的形成、运作、危机和更替来实现自身演化的。该书具体展示了三种全社会体制（自我调节的市场经济、社会民主主义导向的国家调控资本主义、新自由主义全球化）的兴衰更替，揭示了资本主义历史演化的基本路径，解答了长期以来在相关领域一系列疑而未决的历史问题和理论问题。

该书共分为六部分。第一部分为导论；第二部分为重新认识资本主义社会经济形态起源；第三部分重点分析了自我调节的市场经济体制；第四部分重点研究了社会民主主义导向的国家调控资本主义体制；第五部分着重分析了新自由主义全球化经济体制；第六部分为结论。

（供稿：遇　荟）

【资本主义，社会主义，生态：迷失与方向】

［法］安德列·高兹[**]，商务印书馆2018年版

该书主要论述了资本主义、社会主义与生态的关系，阐述了作者对社会主义的未来和生态社会主义发展道路的基本看法，主张在新的社会历史条件下，社会主义左翼与“新社会运动”的主流——生态运动——结盟，共同反对晚期资本主义。该书延续了高兹前两部具有影响的著作的思想理路，在技术发展改变了工作的性质和劳动者队伍结构的背景下，探索面向左右两派的新的政治议程。高兹分析了右派所面临的资本欲求与传统价值撕裂的困境，左派的投降主义和向基要主义的倒退，通过对于经济理性的批判和对关键的社会冲突的重新定义，提出扩大人类行动的自治、提升人类自我实现的马克思主义解决方案。

该书分为十章，其中第五章、第八章和第九章为重点论述章节。第五章重新定义社会主义；第八章重点探讨左翼的出

* 赵志军：加拿大约克大学政治学博士。

** ［法］安德列·高兹：法国当代著名左翼思想家。

路；第九章则从缩短工时的角度分析劳动与就业。

（供稿：遇　荟）

【世界社会主义史（丛书）】

蒲国良、高放、孔寒冰、项佐涛、郭春生*，北京师范大学出版社 2018 年版

该丛书围绕社会主义 500 年发展史中的重要事件、重要人物、重要思想，根据史论结合、论从史出的原则，以生动的笔触、多维的视角、深入的研究，全面展现了社会主义思想从乌托邦到科学的发展，社会主义运动从理论到实践的转变，社会主义制度从一国到多国的演进和社会主义革新从地区到全球的拓展，历经高潮与低潮、成功与挫折，跌宕起伏、波澜壮阔的历史进程，是一套史料丰富、前沿性强、轻松耐读的系列丛书，是具有纪念“社会主义思想提出 500 年”和“马克思诞辰 200 周年”双重意义的精品图书。

该丛书按世界社会主义的发展历程，分为《社会主义思想：从空想到科学（1516—1848）》《社会主义运动：从理论到实践（1848—1917）》《社会主义制度：从一国到多国（1917—1991）》《社会主义革新：从地区到全球（1991—2013）》四部。由蒲国良教授撰写的第一部《社会主义思想：从空想到科学（1516—1848）》，着重展现了空想社会主义的产生和发展，以莫尔、康帕内拉、圣西门、傅立叶、欧文等空想社会主义者的变动为线索，以生动语言配合名家视角梳理社会主义空想阶段的发展特色。由高放教授撰写的第二部《社会主义运动：从理论到实践（1848—1917）》，集中展现了马克思、恩格斯如何将社会主义从空想变为科学，从理论到实践，开启拓荒之路。由孔寒冰教授和项佐涛副教授撰写的第三部《社会主义制度：从一国到多国（1917—1991）》，以宏观视角配合精妙点评展现社会主义发展由一国到多国的情状与特点。由郭春生教授撰写的第四部《社会主义革新：从地区到全球（1991—2013）》，以新时代社会主义发展的新局面为根基，展现社会主义发展变化的全新面貌。

（供稿：贺　钦）

* 蒲国良：中国人民大学国际关系学院教授；高放：中国人民大学国际关系学院教授；孔寒冰：北京大学国际关系学院比较政治学系、世界社会主义研究所教授；项佐涛：北京大学国际关系学院比较政治学系、世界社会主义研究所副教授；郭春生：中国人民大学国际关系学院教授。

中国近现代史基本问题

【党的历史论稿】

欧阳淞*，中共党史出版社和党建读物出版社2018年版

该书约55.8万字，是已出版的《党的建设论稿》的姊妹篇。该书收入欧阳淞2001年5月至2018年5月关于党的历史研究的文稿，主要集中在其担任原中共中央党史研究室主任及中共党史学会会长、中国中共党史人物研究会会长时期的著述。该书编成六辑，分别是“党的宏观历史研究”“党的历史事件研究”“党的历史人物研究” “党史学理论研究”“党史工作研究”“党史研究和党史工作实例”，从六个方面辑录了欧阳淞近十年来特别是党的十八大以来发表于《人民日报》《求是》《光明日报》《中国社会科学》《中共党史研究》等报刊的党史研究或关于党史工作的文章及少量首次公开刊布的内部文稿。这些文章，既有对党的宏观历史的理论性问题的阐释，又有对党史重大事件和重要党史人物的微观细节的记述，更有针对党史研究方法论的深入解析，还有关于党史工作的具体指导。还有一些文章，细致记述了部分大型党史基本著作编写情况，展示了诸多作业细节，对于从事党史研究及工作的业务人员，有一定指导启发意义。

（供稿：刘海飞、王冠丞）

【改革开放四十年大事记】

中共中央党史和文献研究院编，人民出版社2018年版

该书坚持以习近平新时代中国特色社会主义思想为指导，紧扣改革开放主题，集中记述了党的十一届三中全会以来40年间，以邓小平同志为核心的党的第二代中央领导集体、以江泽民同志为核心的党的第三代中央领导集体、以胡锦涛同志为总书记的党中央、以习近平同志为核心的党中央，团结带领全国各族人民，承前启后，继往开来，以巨大政治魄力和坚定决心接力推进改革开放伟大事业的实践历程，记述了党在改革开放中取得的重大理论创新成果，进行战略擘画、制定的路线方针政策，带领人民开拓进取、不懈奋斗、取得的历史性成就和发生的历史性变革。该书的编辑出版将有助于广大党员、干部、群众更加深刻地认识习近平新时代中国特色社会主义思想是全面深化改革的根本指导思想，更加深刻地认识改革开放是坚持和发展中国特色社会主义的必由之路，更加深刻地认识改革开放是决定当代中国命运的关键一招，也是决定实现“两个一百年”奋斗目标和中华民族伟大复兴中国梦的关键一招，更加深刻地认识中国共产党、中国人民和中国特色社会主义的伟大力量，更加紧密地团结在以习近平同志为核心的党中央周围，高举新时代

* 欧阳淞：全国人大常委会委员，中共党史学会会长，中共党史人物研究会会长，全国党建研究会顾问，马克思主义理论研究和建设工程咨询委员。

改革开放旗帜，以更坚定的信心、更有力的措施，在更高起点、更高层次、更高目标上将改革开放进行到底。

（供稿：刘海飞、王冠丞）

【党的建设大事记（十八大——十九大）】

中共中央组织部党建研究所，党建读物出版社 2018 年版

该书是中共中央组织部党建研究所五年一度的常规图书，收录了从党的十八大至十九大 5 年期间，党中央关于加强党的领导、党的建设方面的重要指示、决定；中央政治局常委的有关重要讲话、谈话；中央各部委召开的关于党的建设的重要会议、重要活动及颁布的文件等。全书以时间顺序编排，除记事以外，还对重要的党建思想理论观点作简要记述。党的十八大以来，党和国家事业取得历史性成就，发生历史性变革，党的建设新的伟大工程取得了一系列成就。编写《大事记》就是要通过大事记这种形式，记录和反映以习近平同志为核心的党中央全面从严治党的伟大实践，记录和反映我们党推进新时代党的建设新的伟大工程的具体实践，记录和反映党在自身建设上取得的历史性成就、发生的历史性变革，以激励广大党员、干部、群众为决胜全面建成小康社会、加快推进社会主义现代化、实现中华民族伟大复兴的中国梦而不懈奋斗。

（供稿：刘海飞、王冠丞）

【打铁必须自身硬：改革开放四十年党建史】

张士义*编，天地出版社 2018 年版

改革开放 40 年，是中国共产党团结和带领全国各族人民为实现国家富强与人民幸福而不懈奋斗的 40 年，是马克思主义基本原理同中国具体实践相结合、探索适合中国国情的建设道路、不断推进马克思主义中国化并取得辉煌成就的 40 年，是加强和改进党的自身建设、保持和发展党的先进性、不断发展壮大的 40 年。该书结合改革开放 40 年党和国家的历史进程，全面记录改革开放 40 年来中国共产党党建工作、干部队伍建设的全貌，描绘了改革开放 40 年来中国共产党反思、探索、发展、创新之路的曲折与辉煌。

（供稿：刘海飞、王冠丞）

【简明近代中国史读本】

张海鹏**等，中国社会科学出版社 2018 年版

该书以马克思主义唯物史观为指导，用通俗化的笔墨，全景式地呈现了中国近代百余年的历程，既综合了学术界近 20 多年来的学术成果，又浓缩和贯彻了张海鹏数十载研究中国近代史的学术心得和对中国近代史规律的认识和思考，用读者易于接受的文字表述了出来。该书也是中国社会科学出版社落实贯彻党的十九大关于加强爱国主义、集体主义、社会主义教育，引导人们树立正确的历史观、民族观、国家观、文化观的要求，在向大众宣传科学历史观、传播正确的历史知识、推广史学研究的科学成果等方面所做的有益的尝试。

---

* 张士义：中共中央党史和文献研究院第六研究部副主任、研究员，全国党建研究会特邀研究员。

** 张海鹏：中国社会科学院学部委员，兼任国务院学位委员会委员兼历史学科评议组召集人。

（供稿：刘海飞、王冠丞）

【打铁必须自身硬】

张志明[*]编，红旗出版社2018年版

党的十九大以来，党的建设被摆在突出位置，提出“在统揽伟大斗争、伟大工程、伟大事业、伟大梦想中，起决定性作用的是新时代党的建设新的伟大工程”。新时代党的建设总要求提出，“把党建设成为始终走在时代前列、人民衷心拥护、勇于自我革命、经得起各种风浪考验、朝气蓬勃的马克思主义执政党”，为新时代党的建设指明了方向。该书集中论述了新时代党的建设新纲领新部署新举措，明确了党的建设的目标、主线和布局，更加深入地发展地再现了全面从严治党的重大战略。对各级党组织紧紧围绕党的政治路线进行党的建设，全面推进党的政治建设、思想建设、组织建设、作风建设、纪律建设，把党的建设与我们党所领导的事业紧密联系在一起，具有非常积极的指导意义。

（供稿：刘海飞、王冠丞）

---

* 张志明：中共中央党校党建部主任、党章党规研究中心主任、全国党建研究会副秘书长

思想政治教育

【高校马克思主义理论教学与研究文库】

教育部社科司编，中国人民大学出版社2018年版

该套丛书致力于推动高校教师围绕重大理论和现实问题以及学生关心的热点问题开展研究，提升马克思主义理论学科发展中基础性、导向性和战略性问题的研究水平，整体展现马克思主义理论学科发展成就。丛书在已有相关研究成果的基础上，着眼于马克思主义理论的运用，着眼于对实际问题的理论思考，着眼于帮助大学生解决思想认识问题和理论困惑，着眼于新的实践和新的发展，从马克思主义经典著作研究、思想政治理论和现实问题研究等方面，提出了具有较强创新性和重要学术价值的观点。丛书主要包括：张雷声著《思想政治理论课教学的境界》、高放著《科学社会主义学科基本问题研究》、陈先达著《思想中的时代和时代中的信仰》、逄锦聚著《马克思主义理论教育教学论》、张澍军著《学科重要理论探索：我的18个思想政治教育见识见解》、佘双好著《思想政治理论课程教学法探析》、王易著《传统文化与思想政治教育创新》、戴钢书等著《高校思想政治理论课教学跨学科研究方法论》、周向军著《马克思主义理论与马克思主义观发展研究》、吴潜涛著《思想政治教育教学与研究》、陈锡喜著《意识形态：当代中国的理论和实践》、骆郁廷著《思想政治教育引论》、王展飞著《亲历与思考：高校思想政治理论课建设与改革研究》、周之良著《思想政治教育探微》、马绍孟著《马克思主义中国化与思想政治教育专题研究》、王学俭著《思想政治教育理论与实践问题的研究视角》、张耀灿著《思想政治教育学科建设研究》、罗国杰著《道德教育与“两课”教学》、刘建军著《寻找思想政治教育的独特视角》、顾海良著《高校思想政治理论课程建设研究》等。

（供稿：侯为民）

【比较思想政治教育学前沿问题研究】

康秀云[*]，学习出版社2018年版

该书围绕比较思想政治教育学学科建设必须回答的学科基础理论问题，针对学科发展中某些极少被涉猎但又不可能绕开的基本理论进行了探讨。厘清了比较思想政治教育学学科中存在的某些边界不清和认识模糊的问题，探究了比较思想政治教育学学科的基本概念、学科性质、研究目标、研究范式等。对比较思想政治教育学学科研究中某些看似不言自明、不证自明的判断存在和发展的根据及原因进行了分析，并联系当代中国实际深入研究了比较思想政治教育学的可能性、可比性及可借鉴性等问题。该书还对我国比较思想政治教育学科学化和现代化建构等发展趋向提

---

* 康秀云：东北师范大学马克思主义学院教授，博士生导师。

出了一些建议。

（供稿：侯为民）

【思想政治教育的文化自觉研究】

雷骥[*]，中国社会科学出版社 2018 年版

该书以新时代中国特色社会主义思想为指导，坚持社会主义核心价值观，深入探讨了思想政治教育文化自觉的基本内容、表现形态以及如何提升思想政治教育的文化自觉、增强思想政治教育实效性等问题，阐明了思想政治教育的文化自觉是决定思想政治教育实效性的重要因素。作者在书中提出了充分发挥教育主体的文化自觉、自觉开启教育客体的文化自觉、共同赋予介体和环体的文化自觉等命题，将之作为实现思想政治教育的实效性的途径。

（供稿：侯为民）

【思想政治教育人文关怀的理论与方法研究】

王习胜[**]，人民出版社 2018 年版

该书从思想政治教育人文关怀的理念出发，立足于提升思想政治教育获得感，对思想政治教育人文关怀的新方法和新技术支撑进行了较系统的研究。从理论基础看，该书致力于继承和吸收中外思想界的优秀成果，参照其人文关怀的成功经验，阐明思想政治教育的主题和主旨，并进而探讨建构相对系统而有效的思想政治教育人文关怀的理论和方法。在具体内容上，该书广泛汲取了国际学界在心理咨询、意义治疗、哲学实践等领域的方法和技术，汲取中华优秀传统文化和马克思主义经典作家的思想资源，围绕具有操作性的人文关怀方法甚至技术进行了多方面的分析，研究了思想咨商、思想分析在提升思想政治教育人文关怀对象的获得感方面所发挥的作用，初步构建了思想政治教育人文关怀的基本理论，创新了相关方法和技术。

（供稿：侯为民）

【社会之镜：思想政治教育社会整合研究】

叶方兴[***]，上海人民出版社 2018 年版

该书以现代社会分化（大社会）对思想政治教育社会（小社会）产生的“负能量”作为问题缘起，针对现代社会对思想政治教育产生的影响与冲击，探讨了思想政治教育社会整合的目标、特征、功能和内在逻辑。通过对思想政治教育社会结构分化带来的结构断裂、要素链接失衡、内部场域联动失调、社会关系失序等现实问题的分析，该书深入研究了马克思的社会观及其阐释效应，阐述了思想政治教育社会整合外部条件的内涵、理论依据和实践要求。作者从社会制度整合、社会组织整合、社会文化整合、社会话语整合和社会主体整合等多层侧面，对思想政治教育社会整合的路径进行了探讨。在此基础上，作者进一步分析了思想政治教育社会整合的政治、经济和文化等多方面的条件支持因素，阐述了构建顺畅和谐的社会交往方式和马克思主义意识形态的自我完善等主题。

（供稿：侯为民）

---

* 雷骥：洛阳师范学院马克思主义学院教授。

** 王习胜：安徽师范大学马克思主义学院教授，博士生导师。

*** 叶方兴：华东师范大学马克思主义学院讲师。

科学无神论

【科学无神论（第2辑）】

习五一*，中国社会科学出版社2018年版

该书是中国社会科学院马克思主义理论学科建设与理论研究工程系列丛书《科学无神论》系列的第二辑，包括特约文稿、社会主义核心价值观与科学无神论、科学无神论理论研究、科学无神论与宗教研究及科学无神论的宣传教育等五部分，收录科学无神论领域最新研究文章33篇。尽管各篇论文关注的对象与角度有所不同，但都具有相同的立场与信念，都认为：科学无神论是社会主义核心价值观的应有之义；在宗教研究中坚持实事求是，必须从宗教有神论在社会生活中存在而神在世界上不存在这个矛盾的基本事实出发；“党员不能信教”原则不可动摇，对党员进行科学无神论教育不仅是可能的而且是必需的。针对近年来宗教有神论日益抬头的趋势，学者们呼吁要通过科学无神论的研究与宣传，使非正常的“宗教热”冷下来，捍卫“教育与宗教相分离”立法的尊严，让社会主义核心价值观占据舆论的主流。该书既具有一定的理论深度，又表现出浓厚的现实关怀，代表了科学无神论学科的最新研究成果。

（供稿：杨俊峰）

【中国科学史】

李申**，广西师范大学出版社2018年版

该书以时间为序，从先秦到明清，分朝代介绍了中国科学的发展历程，内容涉及地质、气象、数学、医学、生物、音律、历法、地理等领域，体量宏大而丰富。作者对科学与技术进行了划分，力求描述中国古代科学发展的历史，揭示中国古人认识世界的曲折历程，相当于对中国的自然科学进行了系统梳理，并明确指出了不同学科的终结时间。针对“中国有无科学”这一著名问题，作者提出，科学本身具有从最简单的确切知识到最复杂的知识系统的发展序列。虽然正确的程度有区别，但在一定范围内都是正确的知识。至于知识系统化的程度，也是随时代发展而发展的。和其他民族一样，中国古人很早就开始了探求有关自然界各种知识的活动。为了解决人们的吃饭、穿衣问题，中国古人也尽自己能够尽到的努力，去发展关于自然界的知识，并且取得了和其他古代民族相比毫不逊色的辉煌成就。欧洲从文艺复兴之后，科学呈现出加速度发展的趋势。而中国的社会和中国的科学，还仍在原来的框架之内、以传统的速度前进。当时的中国人没有意识到这种差

---

* 习五一：中国社会科学院科学与无神论研究中心主任，马克思主义研究院研究员，兼任中国无神论学会副理事长、秘书长。

** 李申：中国无神论学会副理事长，研究员。

距意味着什么，没有积极主动地学习和吸收欧洲先进的科学知识，这是中国科学发展的失误。作为一部纯粹的、离开技术问题的中国科学史，该书立论新颖，具有严谨的专业性，又深入浅出，极富可读性。

（供稿：杨俊峰）

【无神论】

［英］朱利安·巴吉尼*，译林出版社 2018 年版

该书是当代西方无神论思潮的重要著作。作者以严密的逻辑、生动的语言和例证，为无神论提供了定义与肯定性论证，探讨了无神论者的道德之源和人生意义，破除了无神论同纳粹和苏联极权的必然联系。作者既反对激进的宗教又反对战斗无神论，其论证有助于澄清对无神论的一些常见误解，倡导人本主义。在西方文化的氛围中，无神论通常被视为一种负面的、相当消极的信仰，表现为拒绝道德价值和目的，同时激烈地反对各种形式的宗教。朱利安·巴吉尼在该书中首先驱除了围绕着无神论的错觉，表明没有宗教信仰的生活也可以积极、有意义、有道德。作者还直面 20 世纪无神论国家（如苏联）的失败，为无神论提出了一种具有可行性的现实思想基础。正如作者所说，该书为“各类读者，包括希望了解无神论系统性论证和解释的无神论者、认为自己事实上可能是无神论者的不可知论者，以及那些真诚期望理解无神论的宗教信徒”所写，是一本闪耀着思辨之光的优秀哲学普及类图书。

（供稿：杨俊峰）

【马克思主义与宗教：一种对马克思批判基督教的描述和评估】

［英］戴维·麦克莱伦**，天津人民出版社 2018 年版

该书作者是国际知名的马克思主义研究者，其有关马克思主义的著述在欧美有着深刻的学术影响力。该书认为，面对宗教在当前世界政治中影响越来越大的问题，深刻理解马克思主义对宗教的相关分析非常重要。作者对马克思、恩格斯关于宗教，特别是基督教的思想作了有深度的梳理，并以此进一步考察宗教对德国的社会主义民主的影响，以及考察葛兰西和法兰克福学派对宗教的反思，以此来呈现马克思主义与宗教的关系。而对马克思主义与宗教关系的破解也有助于理解马克思主义与正义、马克思主义与道德、马克思主义与意识形态的关系，并有助于反思当今世界的宗教状况。尽管出于马克思主义经典作家的写作背景，该书所提到的宗教多数情况下是指基督教，但作者采用的分析却是具有普遍性的，也可以用以处理涉及当代中国的相关问题。该书简练而又不乏深刻地梳理，其视野开阔，角度独特，思想深厚，兼具思想史家和哲学家的双重风采，具有独特的学术价值。阅读这一著作，能使读者在较短的时间内把握马克思主义与宗教之间关系的本质和历史，增进对马克思主义宗教观的理解。

（供稿：杨俊峰）

【境外宗教渗透研究】

段德智***主编，人民出版社 2018 年版

该著作是教育部哲学社会科学研究重

* ［英］朱利安·巴吉尼：英国哲学家和作家。

** ［英］戴维·麦克莱伦：英国伦敦大学哥德史密斯学院政治学客座教授。

*** 段德智：武汉大学哲学学院宗教学系教授，武汉大学人文社会科学研究院驻院研究员。

大课题攻关项目“境外宗教渗透与我国意识形态安全战略研究”的一项成果，收录了课题组成员发表的一系列论文，主题为依据辩证唯物史观，对境外宗教渗透进行长时段的意识形态分析。全书共分为五章。其中，第一章“境外宗教渗透概论”为“总论”，对境外宗教渗透进行了逻辑解析，阐释了境外宗教渗透意识形态输出所具有的政治本质，论证了批判“意识形态终结论”的历史必要性；第二章“美国公民宗教与境外宗教渗透”、第三章“境外宗教渗透与东欧剧变”和第四章“境外宗教渗透与宗教民族主义”，分别从美国公民宗教、东欧剧变和宗教民族主义等三个维度具体阐述了境外宗教渗透的意识形态性质和政治本质，论证了防范和抵制境外宗教渗透对于维护社会主义国家的意识形态安全和国家安全的极端重要性；第五章“新中国抵制境外宗教渗透的历史经验与战略思考”，在总结我国防范和抵制境外宗教渗透历史经验的基础上，对社会主义国家防范和抵制境外宗教渗透进行了战略思考，强调指出，社会主义国家要有效防范和抵制境外宗教渗透不仅需要具备战略眼光，而且还需要具有一系列战略举措、组织保障和战略管理。

（供稿：杨俊峰）

第七篇

课题概览

2018年度国家哲学社会科学基金课题简介（部分）

【新时代社会主要矛盾转化下我国创新型国家建设研究（重点项目）】

华南理工大学公共管理学院　范旭

研究意义：习近平总书记在党的十九大报告中鲜明提出“中国特色社会主义进入新时代，我国社会主要矛盾已经转化为人民日益增长的美好生活需要和不平衡不充分的发展之间的矛盾”，并强调“加快建设创新型国家”。创新发展居于国家发展全局的核心位置，化解社会主要矛盾是党和国家的根本任务和工作重心，应该成为创新发展的根本目标。新时代加快建设创新型国家要紧扣我国社会主要矛盾变化，扎实践行习近平新时代中国特色社会主义科技创新思想，全面增强科技创新的支撑引领作用，着力解决不平衡不充分等关系国计民生的重大问题，切实增强人民群众的获得感幸福感。在这一背景下，系统总结党的十八大以来我国建设创新型国家的实践经验，深入探讨新时代社会主要矛盾转化对创新型国家建设的影响，探索新时代创新型国家建设在化解社会主要矛盾中的作用和路径，这对我国抢抓新科技革命和产业变革历史机遇，实现从科技大国到创新型国家、进而到科技强国的宏大历史进程的跨越，具有重要意义。

研究内容：围绕社会主要矛盾转化下我国创新型国家建设进行深入研究，主要聚焦三个方面：（1）社会主要矛盾转化对我国建设创新型国家的影响和要求，重点研究社会主要矛盾转化对新时代加快建设创新型国家的要求。（2）党的十八大以来我国建设创新型国家的实践经验，重点探讨建设创新型国家的成功经验和不足之处。（3）创新型国家建设在化解新矛盾的路径选择，重点探讨创新型国家建设在化解发展不平衡不充分问题、破解新的社会主要矛盾中的作用和途径。本课题研究以问题为导向，按照发现问题、解决问题的逻辑开展研究。首先，通过揭示“社会主要矛盾转化”和“创新型国家”的内在关联，确立研究主题。其次，以党的十八大以来我国建设创新型国家的实践经验为切入点，结合国外典型国家建设创新型国家的实践经验，分析我国建设创新型国家遇到的问题。再次，在深入分析新时代社会主要矛盾特点的基础上，探讨社会主要矛盾转化对创新型国家建设提出的新要求。最后，基于社会主要矛盾转化的新要求，分析新时代我国建设创新型国家的路径选择以及新时代我国建设创新型国家的理论启示。

研究特色：从破解新的社会主要矛盾这个党和国家的根本任务和工作重点出发，研究在国家发展全局中居于重要位置的创新型国家建设问题；从应对社会主要矛盾转化的视角总结党的十八大以来我国建设创新型国家的实践经验，并从化解新矛盾的角度研究新时代创新型国家建设的内容和路径。

【习近平新时代中国特色社会主义生态文明思想研究（重点项目）】

北京大学马克思主义学院　郇庆治

研究意义：该课题研究具有如下三个方面的意义和价值。（1）有助于在习近平新时代中国特色社会主义思想的理论体系与宏大语境之下对习近平总书记的生态文明（建设）思想做出更加系统而深入的科学概括；（2）有助于从理论上阐明习近平总书记生态文明思想的哲学理论基础和理论体系意涵；（3）有助于更好地指导、规约我国的社会主义生态文明建设实践。

研究内容：该课题将以党的十九大报告所系统阐述的习近平新时代中国特色社会主义思想为根本或总体依据，紧密结合十九大修改后的《中国共产党党章》以及党中央组织的对党的十九大精神的权威解读与宣讲，系统探讨习近平总书记生态文明思想的形成发展过程、哲学理论基础、思想理论体系意涵和地方践行实践，从而对习近平生态文明思想做出一种新时代中国特色社会主义思想体系视角之下的、理论与实践相结合的较完整阐释。在技术层面上，该课题将设置如下四个子课题，并呈现为一种动态演进的逻辑架构。子课题一关于习近平生态文明思想形成发展过程的考察，旨在从动态的角度阐明这一思想产生于实践并在实践中不断形成完善的历史过程，从而为后面的理论基础分析和理论体系分析奠定一个坚实的基础；然后，子课题二和子课题三将分别探讨习近平生态文明思想的哲学理论基础和理论体系意涵，这是该课题研究的重点和核心，以阐明它与新时代中国特色社会主义思想之间部分与整体的密切关系，以及它如何构成了一个自身完整的理论体系；最后，子课题四将在实践层面上探讨习近平生态文明思想如何来源于实践又在指导规范着实践，从而为这一重要思想的现实生成与不断发展提供一种实践维度下的阐释或论证。

研究创新：该课题可望在三个方面有所创新。（1）较准确地勾勒习近平生态文明思想的内容构成与理论体系；（2）较清楚地阐明生态文明建设与新时代中国特色社会主义思想及其方略的不可分割关系；（3）较清晰地阐明“社会主义生态文明观”的基本内容及其理论依据。其最终成果将是一部《习近平新时代中国特色社会主义生态文明思想研究》的学术专著（30 万字左右）。

【价值论视阈下中华民族共同体意识研究（重点项目）】

内蒙古大学马克思主义学院　陈智

研究意义：我国是统一的多民族国家，习近平总书记在党的十九大报告中所强调的“铸牢中华民族共同体意识”在揭示新时代民族工作新内涵和重大历史使命的同时，也为学术界、理论界指明了新的研究方向、提出了新的研究课题。当前从价值论视角对“中华民族共同体意识”进行规范化理论研究具有重要的学术和应用价值。就学术价值而言，有助于深化对中国特色的民族共同体问题的研究，并为这一研究提供一个新的视角。科学把握中华民族共同体意识的时代价值，深入考察价值论立场下中华民族共同体意识的理论来源与历史逻辑，全面剖析中国共产党价值观与中华民族共同体意识的关系问题，从马克思主义价值论的人民主体性、实践性和具体历史性出发积极探索新时代中华民族共同体意识的价值论意蕴，深入总结和反思既有研究的视角与方法，科学构建培育中华民族共同体意识的有效路径，努力尝试将“合理性”的理论探讨转化为“有效性”的实际应用，有助于促进中国特色的民族共同体理论的发展，建立更具规范性、系统性的中华民族共同体意识问题研究范式。就应用价值而言，有助于为深入开展民族团结进步教育提供重要参考。从马克思主义价值论立场和视野对多学科的中华民族共同体意识的研究资源进行辩证整合，有利于在实践中深入开展民族团结进步教育，有利于引导全社会坚定“四个自信”、聚合民族复兴的智慧和力量，有利于在构建人类命运共同体的实践中提供中国方案，为从事民族工作的理论研究者和社会实践者进一步深入学习马克思主义民族理论、学习中国共产党的民族理论和民族政策提供参考，推进中国共产党价值观与中华民族共同体意识创新发展之间内在逻辑的探索，强化中国共产党价值观的引领作用，推动中华民族共同体建设。

研究内容：本课题主要是立足“新时代”党的民族工作理论与实践研究的最新要求和现实问题，立足实现国家强起来的时代逻辑，立足阐释好中国特色的民族研究话语的理论自觉，首先从概念史角度对中华民族共同体意识的话语起源和时代价值进行探索，进而从价值论立场考察中华民族共同体意识的理论来源与历史逻辑，然后剖析中国共产党价值观与中华民族共同体意识的关系问题，从而揭示新时代中华民族共同体意识的价值论意蕴，最后，从培育共同价值的角度提出筑牢中华民族共同体意识的优化路径。

研究创新：希望通过本课题的研究，努力实现三个方面的创新。（1）研究视野的丰富拓展。尝试打破既有研究忽视哲学价值论视域的局限，自觉立足中华民族的自身话语，立足中国人的历史文化心理，立足中国民族复兴的伟大实践，立足中国共产党新时代的伟大使命，将西方民族国家理论纳入中国本土文化价值视野进行观照，从哲学价值论角度对中华民族共同体意识作整体的透视和分析，力求突破传统与现代、自我与他者、公与私的划界困境。（2）研究成果的辩证整合。试图在“跨学科”的基础上把碎片化的中华民族共同体意识研究成果系统化、理论化、规范化，一方面为中国特色的马克思主义民族理论的进一步发展奠定知识论基础，另一方面为其他传统学科的发展提供方法论借鉴。（3）培育路径的优化分析。始终以“公共理性/共同价值”作为重要标准和依据研究中华民族共同体意识培育问题，而不是仅停留在传统的情感共同体的构建路径上。

【习近平重提“跳出历史周期律”问题研究（重点项目）】

山东师范大学马克思主义学院　张福记

研究意义：“跳出历史周期律”这一命题，最初是 1945 年 7 月黄炎培访问延安与毛泽东谈话时提出的。学术界对于历史周期律内涵存在不同的理解，一般指政权兴衰成败过程中呈现出的规律性现象。在“窑洞对”中，主要涉及执政者消极懈怠和执政能力不足而出现腐败盛行、政怠宦成、人亡政息、求荣取辱等政治现象，从而政权不可避免地走向衰败。中国共产党全国执政已 70 周年，也即将成为一个百年老党，基于东欧剧变这一历史事实，中国共产党能否永葆初心、充满活力，正确应对执政过程各种重大挑战与风险，从而跳出历史周期律，实现长期执政和党与国家的长治久安，这是非常严肃而现实的重大问题。这一课题的研究具有重大的理论意义和现实价值。从跳出历史周期律这一视角对习近平总书记治国理政的理论与实践进行考察与审视，能够更好地理解以习近平总书记为核心的党中央为实现中华民族复兴而探索一条长治久安新路的艰辛，从而更加深刻地领会其提出的一系列治国理政的新思想、新观念、新战略，更加自觉地团结在党中央周围。

研究内容：（1）首先遵循系统思维的要求对历史周期律的内涵进行再认识，并简要分析历史上发生历史周期律的原因、对策及后果。历史周期律的发生是一个多因素起作用的大系统。（2）结合新时代世情、国情、党情、民情的变化，在新的时代方位，揭示习总书记重提跳出历史周期律的主要原因及时代意义。（3）重点分析以习近平总书记为核心的党中央，为跳出历史周期律，实现中国共产党长期执政和国家长治久安而进行的理论与实践的艰辛探索。（4）以比较的视角，将毛泽东、习近平及古今中外典型政权兴亡案例与中国进行比较分析，加深对新一代党中央跳出历史周期律探索的认识，并总结其特点。（5）在此基础上，习近平探索跳出历史周期律的理论与实践进行评析，并对这一开放的课题贡献我们自我的思考。

研究创新：（1）跳出历史周期律不仅仅是执政者自身建设问题，人心向背的长期维持根本上取决于社会的可持续繁荣及社会系统的良性运行，构建起有和谐秩序又充满活力的制度体系；（2）习近平跳出历史周期律的探索虽然仍然强调执政党的自身建设，但他最重系统思维，其党的十八大以来治国理政的新思想新理念新战略是一个跳出历史周期律实现党和国家长治久安的大系统答卷，表现为“五位一体”的总体布局和“四个全面”的重大战略及“四个伟大”的大格局，这是从根本上跳出历史周期律的路径；(3) 中国共产党跳出历史周期律的过程，实际是中国社会发生革命性变革的过程，不仅需要中国共产党的自我革命，让老党充满生机活力，更是中国社会以现代化为核心内容的一场社会革命；（4）中国跳出历史周期律的过程，也是中国共产党不断引领世界进步，开拓人类命运共同体新境界的过程，这样，中国社会才能有效摆脱外部的威胁，真正实现和平崛起；（5）采取系统的、历史的、比较的、文献的、实证的多种研究方法，突破了既有的基于某一层面的研究，形成自己的研究特色。

【时代问题转换与马克思主义哲学史内在逻辑研究（重点项目）】

西南大学马克思主义学院 胡刘

研究意义：马克思主义哲学史作为以哲学方式历史地求解时代问题的“问题史”，其内在逻辑的展开始终是与时代问题的转换紧密地联系在一起的。但是，迄今大多数研究成果都未能依据时代问题转换及其课题化去审视和发掘其内在逻辑，以至于把马克思主义哲学史变成了与现实历史无关的纯粹的观念史或文献史。因此，在时代呼唤发展 21 世纪中国马克思主义哲学的背景下，基于时代问题的转换去深入发掘马克思主义哲学史内在逻辑，并由此把握马克思主义哲学发展的基本规律，显得尤为迫切。本项目研究的学术价值在于：第一，系统发掘时代问题转换与马克思主义哲学发展过程的内在统一关系，深化和推进对马克思主义哲学作为“时代精神的精华”和“文化的活的灵魂”的理解与阐释；第二，准确拓展马克思主义哲学史内在逻辑的基本内涵，实现对马克思主义哲学史的历史逻辑、理论主题逻辑与理论逻辑的统一关系及其具体变化的系统把握，深化对马克思主义哲学发展基本规律及其作用机制的科学理解；第三，校正马克思主义哲学史的“问题史”性质，科学把握马克思主义哲学史的问题导向，丰富和拓展马克思主义哲学史研究的学术视野、思路和方法。其应用价值在于：第一，凸显马克思主义哲学与现实生活的紧密关系，为人们增强对马克思主义的理论自信以及驳斥马克思主义“过时论”提供理论支撑和方法指引；第二，彰显马克思主义哲学史研究的问题意识，为提升和推进马克思主义哲学大众化、时代化与中国化的水准以及探寻21世纪中国马克思主义哲学的生长点提供理论依据。

研究内容：本项目以整个马克思主义哲学史展开的内在逻辑为研究对象，主要分析马克思主义哲学史内在逻辑的基本内涵，梳理和揭示马克思主义哲学史内在逻辑的复杂变化过程及其具体表现，概括与提炼马克思主义哲学发展的基本规律及其运作机制，阐明马克思主义哲学史的“问题史”性质。具体探讨六方面的内容：（1）马克思主义哲学史内在逻辑的基本内涵、轴线及其结构要素与关联机制；（2）无产阶级的解放与马克思恩格斯的课题化及其哲学理论建构的关系；（3）落后国家的无产阶级革命及社会主义建设与“正统马克思主义者”的课题化及其哲学理论的变奏发展的关系；（4）超越“资本全面统治”的理想社会建构与西方马克思主义者的课题化及其哲学理论多元探索的关系；（5）中国革命和中国特色社会主义建设与中国马克思主义者的课题化及其哲学理论创新的关系；（6）马克思主义哲学发展的基本规律、运作机制与发展21世纪中国马克思主义哲学的生长点与基本路径。

研究特色：（1）秉承“真正的批判要分析的不是答案，而是问题”的学术思想传统以及“坚持问题导向是马克思主义的鲜明特点”的论断，提出并阐明马克思主义哲学是“问题哲学”与马克思主义哲学史是“问题史”的新思想。（2）提出并阐明以下独特和新颖的观点：①马克思哲学变革的实质在于把哲学史归结为“问题史”与把哲学归结为“问题哲学”；②马克思主义哲学史是以“现代性批判”及其历史性转换为导向的“问题史”；③马克思主义哲学问题史“一本而万殊”的内在逻辑，体现了马克思主义哲学发展的“统一性”与“差异性”的辩证法。（3）彰显从马克思主义整体性高度用问题激活马克思主义哲学史研究的方法。

【马克思主义视阈下全球价值链中风险的社会放大及其防控研究（重点项目）】

北京理工大学人文与社会科学学院
宋宪萍

研究背景：近几年来，随着国际经济的波动叠加，新常态下风险的社会放大已经成为我国这样的发展中国家在全球价值链背景下的重要表征。在以跨国公司为主导的全球价值链全球市场空间的建构与解构过程中，形成了以跨国公司为系统集成者的全球生产网络。出于对利润和核心竞争力的保护，领导厂商主导的链条具有内在的隔绝机制，全球生产网络虽然有助于本土企业实现以要素投入规模扩张和成本降低为主的工艺升级与产品升级的全球价值链低端升级，但是却难以帮助本土企业实现以培育自主创新能力为主的功能升级、节点升级为内涵的全球价值链高端升级。被“锁定”或“俘获”于全球价值链序贯分工体系低端的本土企业，在跨国公司的网络权力支配中，只是逐订单而居，缺乏创新源泉，反而弱化了对越来越不确定、挑战越来越严峻复杂的国际经济环境的风险抵御能力。尤其当前以贸易保护主义为主要特征的“逆全球化”趋势，引发了随之而来的“全球贸易低迷”，进一步加剧了中国企业面临世界经济政策环境不确定性的经营风险与潜在冲击。因此，如何转变对外经济发展方式，在更高层次上参与国际分工，对全球价值链中的风险及其放大进行有效防控，适应经济全球化新形势，建立安全高效的开放型经济体系，防风险工作已经成为推动中国经济保持中高速增长、迈向中高端水平的重要议题之一。本研究拟从马克思主义风险理论视角，为全球价值链中风险的社会放大寻找新的理论解释和防控路径。

研究内容：在全球价值链中，由不同主体利益冲突和世界市场博弈引发的风险及其放大，只有通过资本逻辑视阈来进行分析，才能揭示风险放大的根本原因和破解思路。因此，本课题以马克思主义风险理论为基础，基于资本与风险的内在关联，致力于研究资本逻辑引致的风险社会放大机理，探索摆脱全球价值链低端锁定的路径。本课题研究内容主要包括：全球价值链背景下风险的社会放大表征、马克思主义风险理论的逻辑生成、全球价值链中资本逻辑引致的风险社会放大机理、全球价值链中风险社会放大的本土检验、全球价值链中风险社会放大对我国的影响、我国防控风险的社会放大的治理思路。

研究创新：在理论方面，对马克思主义风险理论进行了系统梳理和挖掘，对风险的社会放大机理给予全新解释，发展了马克思主义风险理论；在观点方面，对全球价值链中发达国家在风险放大中的本质进行界定，对全球价值链中发展中国家的角色重新认识，对发展中国家政府在防控风险放大中的作用明确定位；在方法方面，突破社会学中风险社会放大的 SARF 分析框架，跳出“损失的不确定性”的概念局限，重点凸显风险的资本逻辑视角，强调跨国资本流动而引致的现代社会的两歧性及其资本根源，马克思主义风险理论的界定在本课题的研究中承担基础和核心的功能。同时把资本逻辑在现代社会衍生的新理论，如金融杠杆、空间生产、后福特制生产方式、跨国生产网络等引入风险的社会放大研究中，对合理解释风险的社会放大形成机理及防控机制提供更为有力的支持，增强研究成果的时代意义和实践意义。

【世界社会主义发展的现状、主要问题与基本趋势研究（重点项目）】

中国人民大学马克思主义学院 汪亭友

研究意义：党的十九大提出中国特色社会主义进入新时代在世界社会主义发展史上具有重大意义，之后习近平总书记多次强调这个重要论断，表明党中央以更宽广的视野、更长远的眼光看待中国特色社会主义。中国特色社会主义是世界社会主义的重要组成部分，在促进世界社会主义和人类进步事业中发挥着越来越重大的作用。从世界社会主义的视角看新时代中国特色社会主义，探讨新时代中国特色社会主义与世界社会主义的关系，无疑具有重要的理论与实践意义。

研究内容：世界社会主义的现状、总体态势与基本特点；东欧剧变的历史教训及对当今世界格局的影响；社会主义国家的改革（革新）开放事业及其发展前景；资本主义世界共产党的艰辛探索、面临的困境及其发展前景；拉美地区的社会主义运动及其特点与发展前景；西方社会左翼运动与左翼思潮对社会主义的探索与启示；当代资本主义的新变化与世界社会主义的发展趋势；新时代中国特色社会主义与世界社会主义的关系及其发展趋势等。

研究创新：在学术思想和学术观点上，强调对世界社会主义进行宏观的整体的理论研究，不局限于某一地区或具体国家的政党或流派的实践、主张、理论或纲领；强调把世界社会主义的研究，同探究“三大规律”结合起来，从本质上把握世界社会主义；强调把世界社会主义的研究同中国特色社会主义结合起来，厘清中国特色社会主义的历史由来和理论渊源，分析中国特色社会主义面临的挑战和机遇；强调从总体上把握世界社会主义的发展态势与基本特点，充分认识两个主义、两种制度之间较量和斗争的长期性艰巨性与曲折性；强调根据资本主义的新变化新特征，研究世界社会主义的新趋势新任务，探究资本主义国家共产党的理论和政策；强调运用马克思主义的基本理论，联系国际共运史上的重大问题，研究资本主义国家的共产党在议会道路和武装革命道路等问题上的最新经验与教训；强调重视比较研究社会主义国家改革（革新）开放的理论与实践，分析其共性和各自特色、成就和问题、机遇与挑战；强调重视东欧剧变问题的研究及其对当今世界的影响、对中国的启示，特别是东欧剧变中的历史虚无主义。搞清楚这些问题，对于认清我们所处的时代，坚定理想信念，夺取新时代中国特色社会主义伟大胜利，实现中华民族伟大复兴，有着重要的现实意义和长远意义。在研究方法上，坚持总分结合、突出重点的研究思路；注重历史问题、现实问题与理论问题相统一；强调研究的问题导向，重视理论与实际的有机结合，突出针对性、宏观性、整体性、理论性，把握规律和趋势。

【未来5—10年中国周边安全的风险评估与防范研究（重点项目）】

中国社会科学院亚太与全球战略研究院　张洁

研究意义：中国周边安全是一个内容广泛、动态性和复杂性很强的议题，研究周边安全的整体变化趋势，主要影响因子及其相互作用，并在制定中国周边安全战略的基础上，对未来存在安全风险做出预判和提出防范措施，均具有较为重要的学术意义和现实意义。

研究内容：课题研究内容主要包括四个部分。第一部分是梳理和研究周边、周边安全环境、安全风险等关键性概念的形成和演变、内涵与外延，并确定影响安全环境的要素（如地区体系与格局、大国关系、次区域双边关系、热点问题等）、权重、相互关系等。在此基础上，构建多层次的周边安全环境的分析框架，即力量格局（国际—周边—次区域）、国家关系、结合功能性安全热点议题等。第二部分主要研究中国周边安全环境的历史演变、发展动力与阶段特征。运用历史学研究方法，以中华人民共和国成立以来至今为研究时段，分期研究中国周边安全环境在各个时段的主要特征、影响因素，以及相应的外交与安全政策的得失。第三部分研究当前中国周边安全的基本态势与未来主要潜在安全风险。重点分析：地区安全格局的解构与重组；主要大国关系；中国与次区域主要国家关系。由于双边关系是影响周边安全最重要、最复杂和变动最多的因素，因此，主要大国关系和次区域国家关系将通过指标设计，进行量化分析和跟踪预测；最后是现有主要地区安全热点问题的特点、发展趋势以及潜在的安全风险。“一带一路”与周边安全也是本课题研究的重点，在预判未来安全风险中，将把“一带一路”可能在周边地区面临的安全风险作为主要内容之一。第四部分是关于周边安全战略的构建与风险防范机制。只有从全球视野和战略高度确立周边在中国崛起中的地位，根据中国的国家利益，处理主要大国关系和双边关系，对地区主要热点问题作出优先排序，并构建有利于中国的地区秩序，中国才能在未来把握对安全威胁的来源以及主动采取防范措施。因此，制定中国周边安全战略是未来中国处理周边事务的现实需求和对理论研究提出的新要求。

研究特色：第一，基于长时段的跟踪研究，在注重中国周边安全环境的长期性和整体性基础上，对未来5—10年的主要安全风险来源做出预判。第二，运用定性与定量分析方法，预判未来的主要周边安全风险。定量分析方法将主要运用于对双边关系变化的监测。第三，紧扣新时期中国特色大国国际关系理论研究的需求，将结合党的十九大之后的新发展与新要求，主要表现在两方面，一是将周边安全与“一带一路”结合，重点研究“一带一路”中面临的安全挑战，二是抓住周边安全环境变化的时效性特点，将“一带一路”倡议和海上安全问题作为未来5—10年中国周边安全问题的核心议题，预判未来“一带一路”可能在周边地区面临的安全风险。第四，对策研究与理论研究相结合。以过去10年对中国周边安全研究的积累为基础，观测周边安全环境的整体性变化趋势，以构建周边安全战略为主要目标，同时结合地区秩序的新变化，以及周边国家在政治选举、经济发展等方面的年度性变化特征，对可能出现的安全风险作出预判。

【列宁对俄国民粹主义批判及其当代启示研究（一般项目）】

中山大学马克思主义学院　夏银平

研究意义：研究列宁对俄国民粹主义错误思潮的批判是理解列宁主义形成理论和现实的重要基础和前提。列宁早期对俄国民粹主义错误思潮批判的研究是理解列宁主义产生、发展的历史的重要组成部分，可以科学地揭示列宁思想演变的过程，揭示列宁主义在批判错误思潮中产生和发展规律，为马列主义研究创新提供重要的来源。从世界范围看，本课题的研究为世界范围内崛起的民粹主义错误思潮提供批判的武器。本课题的学术价值在于，从批判错误思潮角度研究不仅有助于揭示列宁主义从产生到占主导地位并在世界范围内广泛传播的曲折历程，进一步理解列宁主义的批判本质和批判功能。目前学者对列宁主义研究中忽略列宁批判错误思潮问题的研究，而这点往往成为西方学者攻击、责难、否定列宁主义的科学性的借口。现有成果并未将列宁早期对民粹主义的批判当作重要问题，也未能有效地把列宁主义发展的内在逻辑联系起来做出系统性的分析。本课题旨在为探索列宁主义完整体系、推动马克思主义理论的发展、提升其现实解释力贡献绵薄之力。应用价值在于，作为漂浮性能指的民粹主义意识形态，无论左、右翼民粹主义具有通约性。研究列宁对民粹主义的批判，为当今世界民粹主义错误思潮提供最有说服力的批判的武器；对内可以压缩民粹主义的现实空间，为政府应对日益兴起的民粹主义提供一定的政策建议，为构建和谐社会，化解社会矛盾提供一定的理论指导。

研究内容：包括列宁对民粹主义的经济理论、社会理论、革命理论以及教育文化理论方面的批判；列宁民粹主义批判的历史背景、理论渊源、主要特点、列宁在批判错误思潮中发展起来的列宁主义内涵；列宁民粹主义批判对普列汉诺夫批判的超越性；列宁民粹主义批判的当代价值。

研究创新：重点通过对列宁经典文本的归纳及相关争论问题的梳理分析列宁对民粹主义批判的主要内容，立足列宁主义形成中的批判性特征，研究列宁超越其他批判民粹主义的错误要义。难点在于从列宁对民粹主义批判的历史中分析出列宁主义形成史，分析列宁对普列汉诺夫对民粹主义批判的超越性，分析列宁批判民粹主义的当代的价值，从而为批判当代国内外盛行的民粹主义错误思潮寻找切实有效的方案。创新点在于研究列宁对俄国民粹主义错误思潮的批判在列宁主义形成中的作用，归纳出列宁批判错误思潮方法论的一般特征，具体概括列宁的民粹主义批判对世界右翼民粹主义崛起的启示，为主流意识形态建设提供有价值意见。

【马克思主义认知体系及其科学性研究（一般项目）】

上海交通大学马克思主义学院　吕旭龙

研究意义：系统地阐明马克思主义哲学对西方传统知识论的超越性无疑是极其重要的，但中国学术界至今尚未有专门深入的研究。传统观点认为，马克思主义认知理论的起点是“实践”，这固然是对的，但现在看来这种见解还比较笼统，很有必要进一步探究下去。我们意识到，“实践”首先是人的实践，而不是其他，而且这个“人”理应是“自觉的”，而不是“自发的”。在马克思看来，我们所有认知活动的根本目的在于自觉地求“善”（Goodness），而不只是抽象地求“真”（Truth）。能否超越西方传统知识论的局限，在中国还涉及另一个相关问题：“中国有知识论哲学吗?”因为在漫长的文明传承中，作为最主流意识形态的儒家思想，一贯主张认知活动的根本目的在于改变我们的生活，而不是纯粹地静观与概念建构。在21世纪日益全球化的今天，思想与文化的抗争越来越直接而激烈。系统地阐明马克思主义知识观的科学性，不断发展和完善中国化马克思主义认知体系，开创新范式引领新时代，这是中国学人的神圣使命与不可推卸的责任。

研究内容：（1）西方传统知识论以“理性的人”为认知主体，以“求真”为核心，在通常使用“我知道”或“我在想”这些语词的意义上研究知识和思想，脱离现实环境孤立地研究人的认识活动的起源和本质。这种知识论抽象地谈论“信念”“真”与“确证”。而在马克思主义看来，全部认识活动都是在人的生存实践活动基础上展开并服务于这一活动的。基于这个原理，我们主张，摆脱认知困境最合理的方式是：否定“理性的人”的先验设定，改变“抽象理性”的思维模式，放弃“绝对不可错的”确证观，转而以“自觉的人”为认知起点，建构实践主体间的知识论。（2）中国人“四个自信”的核心与根本保证是“自觉的人”。只有始终坚持从“自觉的人”出发分析现实问题，我们的认知才不会发生大的偏差，才能确保我们的科学发展、经济发展、社会发展始终造福于人民。

研究特色：第一，从“求善”知识论的角度深入系统地回答：为什么马克思主义是真正的哲学。并且进而，从学理层面论证为什么中国改革采取“摸石头过河”与“顶层设计”辩证统一的探索方式，体现了“知行合一”，能够有效地克服西方传统知识论形而上学化的弊端。第二，深入探讨“求真”与“求善”的关系，着重阐明马克思主义实践真理观的根本主张：“求真”是手段，“求善”是目的。并且进而，从学理层面论证反对“本本主义”的必要性，为解放人们的思想提供哲学依据。第三，批判吸收当代西方哲学流派的合理成分，丰富和发展马克思主义自身。长期以来，由于受到西方传统知识论的规约，马克思哲学原著中有关知识与真理的论断未被充分、准确地解读。本课题对此进行再诠释。第四，深入探讨“求善”与“德性”的关系，在中西哲学的比较中，将中国传统文化有关知识的主张，置于知识论范式下进行系统性整理。阐明马克思主义理论中国化进程中，在知识论领域有所作为的必要性与可行性。

【马克思劳动价值论在中国的百年传播、发展与创新研究（一般项目）】

西安建筑科技大学马克思主义学院　李仙娥

研究意义：在对国内外马克思劳动价值论研究成果进行系统性诠释与批判的基础上，探究马克思劳动价值论在中国百年传播、发展与创新的历史轨迹、思想脉络、思想特征、重要作用及其历史经验。澄清新时代背景下，发展和创新马克思劳动价值论应坚持的理论框架、基本内容及其实践路径。（1）理论意义：有助于深化马克思劳动价值论的历史、理论和实践研究，深化中国特色社会主义政治经济学理论基础的研究，深化习近平新时代中国特色社会主义经济思想的理论谱系研究，有效推进马克思劳动价值论的中国化、时代化、大众化。（2）实践意义：为坚持、发展和创新马克思劳动价值论提供历史借鉴和有益启示，为中国特色社会主义政治经济学话语体系建设提供理论支撑，为新时代知识型、技能型、创新型劳动大军的建设和权益保护提供现实指导，进一步坚定马克思主义理论自信和中国特色社会主义的道路自信、理论自信、文化自信和制度自信。

研究内容：梳理百年来马克思劳动价值论在中国的传播、发展和创新历程，分析其时代背景、历史脉络和阶段性特征，追问其价值、意义与问题，探寻其历史经验及当代启示。总体框架：（1）聚焦中国百年“马克思劳动价值论”传播、发展与创新历程的重大意义；（2）分析马克思劳动价值论百年中国传播、发展与创新的基本框架（从马克思主义理论整体性视域围绕中华民族站起来、富起来、强起来的历史主题变迁，从主体、话语形态、内容、方法、手段、效果等方面论证马克思劳动价值论百年来的思想变迁）；（3）新中国成立前马克思劳动价值论在中国传播、发展与创新的阶段性特征、经验与问题；（4）改革开放前马克思劳动价值论在新中国的传播、发展与创新的历程、经验与问题；（5）改革开放40年来马克思劳动价值论的争论、发展与创新的历史轨迹和基本经验；（6）现实境遇中的马克思劳动价值论面临的机遇与挑战（在阐述新时代背景下马克思劳动价值论面临的理论挑战的基础上，运用SWOT分析法，对发展马克思劳动价值论存在的优势、劣势、机遇和挑战进行战略考量）；（7）推进新时代马克思主义劳动价值论传播、发展与创新的内容及其实践路径（从大众形态、学理形态和政治形态等话语体系有机统一的视域，阐述马克思劳动价值论发展和创新的内容与实践路径）。

研究特色：（1）体现跨学科研究的特色，凸显科学社会主义、马克思主义政治经济学与哲学、思想史、传播学及相关学科融合、交叉的特色；结合“站起来”“富起来”“强起来”百年中国三大历史主题转化，在马克思主义理论学科整合中阐释马克思劳动价值论传播、发展与创新。（2）回首百年来马克思劳动价值论在中国传播、发展与创新的思想脉络，揭示传播是发展、创新的基础，而发展、创新则有利于更好地传播，三者在不同时期各有侧重又相辅相成，在革命、建设和改革的不同历史时期，经由不同的主体产生了独特而珍贵的历史作用，积累了宝贵的历史经验。回溯其理论逻辑、实践逻辑和历史逻辑，彰显了中国特色社会主义理论的兴起、发展以及新时代习近平中国特色社会主义思想的确立与马克思劳动价值论的传播、发展与创新一脉相承。（3）研究方法上运用“大历史观”，围绕中国共产党领导人民探索和接续奋斗的历史主线，从宏观、中观与微观，过去、现实与未来，中国与世界的有机联系中阐述发展脉络和路径。

【毛泽东哲学思想与新时代中国特色哲学社会科学话语体系建构研究（一般项目）】

延安大学政治与法学学院　常改香

研究意义：改革开放以来，我国哲学

社会科学繁荣发展，取得显著成就。但是，与党中央的要求相比，与国家经济社会发展的需要相比，我国哲学社会科学话语体系还不够完善完备，影响力战斗力还不够强大有力，与我国目前的国家实力和享有的国际地位不相称。毛泽东时代，我国经济发展水平极其有限，但是哲学社会科学话语体系却独具中国特色中国风格中国气派，毛泽东哲学思想是当时国内外极具影响力、战斗力、凝聚力的话语体系。新时代中国经济发展迅速、特色鲜明，但是哲学社会科学话语体系的特色却尚未形成，毛泽东是一位善于“用社会科学来了解社会，改造社会，进行社会革命”的革命家、思想家、语言学家。“《矛盾论》《实践论》等哲学名篇至今仍具有重要指导意义，他的许多调查研究名篇对我国社会作出了鞭辟入里的分析，是社会科学的经典之作。”新时代我们要建构中国特色哲学社会科学话语体系同样要吸收和借鉴毛泽东哲学思想的话语设计、话语理念、话语表达、话语特点等。

研究内容：（1）毛泽东哲学思想奠定新时代中国特色哲学社会科学话语体系的核心理念；（2）毛泽东哲学思想昭示出新时代中国特色哲学社会科学话语体系的主要内容；（3）毛泽东哲学思想提供了新时代中国特色哲学社会科学话语体系的基本方法；（4）毛泽东哲学思想明示出建构新时代中国特色哲学社会科学话语体系的重要意义；（5）毛泽东哲学思想视域下新时代中国特色哲学社会科学话语体系的雏形。

研究创新：（1）学术思想：构建新时代中国特色哲学社会科学话语体系是时代发展和中国式现代性话语体系建设的基本要求；毛泽东哲学思想是近代以来独具特色、独具影响力的特色哲学社会科学话语体系；新时代中国特色哲学社会科学话语体系要实现继承性与民族性、原创性与时代性、专业性与体系性的有机统一。（2）学术观点：中国特色哲学社会科学话语体系建构要积极借鉴毛泽东哲学思想的话语设计、话语表达、话语创新等方面的积极成果；当代中国构建中国特色哲学社会科学话语体系应该接着毛泽东哲学思想话语体系讲；习近平新时代中国特色社会主义思想就是毛泽东哲学思想在当代中国的发展，中国特色哲学社会科学话语体系要对其做好论述、发展、创新。（3）研究方法：类比思维与逻辑推理相结合，比较研究与现实关注相结合。

【葛兰西社会主义思想的时代解析（一般项目）】

中国社会科学院马克思主义研究院
潘西华

研究意义：安东尼奥·葛兰西作为意大利共产党的领袖和创始人，国际共产主义运动杰出的活动家。在探索意大利向社会主义过渡的道路、反法西斯斗争和创新马克思主义理论方面作出了重要贡献，理论魅力十足。即便是在其逝世八十一年后的今天，其思想仍然可以帮助我们理解当代政治、社会、文化领域的问题。

研究内容：葛兰西在反思东西方社会差异的基础上，提出了包括“文化领导权”、阵地战等思想在内的西方社会主义革命策略，并对意大利如何向社会主义过渡、未来社会主义如何治理提出了构想。葛兰西对意大利社会主义的认识与思考呈现“总体性”“有机性”的特征，其提出的革命战略与构想无不是在持续建构无产阶级政党同其他社会从属阶级、群众之间的“动态的平衡”关系中实现的。葛兰西对社会主义的探索，不仅在理论上实现了对马克思主义的继承与革新，而且在实践中为意大利共产党和工人阶级运动提供了行动指南。虽说这些探索由于葛兰西的过早离世而成为一种“未完成”的政治思索，但其影响已逾越时空，其思想不仅得以在意大利本土、欧美、亚洲、拉丁美洲、非洲等国家和地区广泛传播与实践，在全球范围内形成了“葛兰西热”；而且对欧洲发达资本主义国家如何过渡到社会主义、无产阶级革命战略选择以及世界社会主义运动发展和创新有重要的历史意义；对于我国在新时代如何建构和发展21世纪马克思主义，如何进行社会主义政治文化建设、如何改善和提高中国共产党的执政能力也有一定借鉴意义，值得我们去深入思考和研究。

研究特色：（1）选题新。综观国内学界有关葛兰西思想的研究，鲜有对葛兰西社会主义思想进行深入文本解读、对葛兰西社会主义思想的国际传播历史与现实跟踪研究进行梳理和对比的专著。本课题致力于此，并且结合变化了时代主题对葛兰西社会主义思想的丰富内涵、理论与现实意义进行时代解读。（2）观点新。本课题以“独创性、总体性、有机性、时代性、批判性”概括葛兰西社会主义思想的逻辑起点、丰富内涵、国际传播的历史回溯与现实跟踪、葛兰西社会主义思想理论与实践意义的现实考量，力求全面、准确、精练。（3）研究方法新。本课题选取时代解析的维度，运用文献学方法确保文本资料的准确性；运用比较分析法突显葛兰西社会主义思想的独创性；运用科学和价值统一方法避免泛泛而谈，发掘葛兰西社会主义思想的真正价值所在；运用历史辩证法彰显葛兰西社会主义思想的时代性。

【全球视阈下的习近平新时代观研究（一般项目）】

南京师范大学公共管理学院　杨守明

研究背景：“时代观”问题的学术研究，源于对马克思主义经典作家时代观的研究，主要涉及经典作家有关时代、时代主题的总体认识和基本判断。认为马克思、恩格斯把生产方式和社会经济制度的变革看作划分时代的依据和标准，从而论证了“三形态理论”与“五形态理论”的时代发展规律；列宁着重以阶级关系为依据和标准，确定时代的主要内容和发展方向，并认为当今世界仍然处在列宁所判断的“从资本主义向社会主义过渡的时代”。毛泽东在此基础上，进一步从国际社会主要矛盾视角认识时代特征，认为二战后“世界革命已经进入一个伟大的新时代”。邓小平也是从国际社会主要矛盾出发，首次提出“时代主题”的概念和理论。认为国际社会的主要矛盾是划分时代主题的依据和标准。习近平又在国际社会时代主题不变的情况下，创造性地从一个国家内部主要矛盾出发，提出中国特色社会主义进入新时代。总之，关于时代观的学术研究，经历了从（马、恩、列、斯）对较长历史时期国际社会基本矛盾（时代）的考察；逐渐细化到（毛、邓）对较长历史时期内国际社会某一发展阶段主要矛盾（时代主题）的考察；再深入到（习近平）在时代主题不变的情况下，对一个国家内部社会主要矛盾（中国新时代）的考察。从而反映了时代观研究不断细化和深入的学术研究进程。

研究内容：（1）基本内涵：国内意涵与国际意涵。新时代观是关于我国社会的总体认识和基本判断：①认为我国社会主要矛盾发生了变化，并由此推论我国社会全局的历史性变化，但仍认为我国社会主义初级阶段等基本国情没有因此而变化。②认为中国社会发展进入“强起来”的新阶段；21世纪科学社会主义在中国焕发出强大生机活力。③认为中国与世界的关系发生了变化，中国由国际社会的参与者、建设者，进入“引领者”

的阶段。中国为发展中国家走向现代化提供了全新选择；为解决人类问题贡献了智慧和方案。以上总体认识和基本判断包含了新时代观的国内、国际双重意涵。（2）形成依据：现实因素与历史逻辑。所谓新时代，是指目前中国社会发展进入“强起来”的新阶段。而对目前社会发展新阶段形成依据的判断，是基于国际、国内两个维度来考量的。具体来说，是基于国际、国内两个维度，一方面考量中国社会发展新阶段形成的现实因素；另一方面考量中国社会发展新阶段形成的历史逻辑。（3）价值体现：理论贡献与实践意义。时代观是对整个社会的总体认识和基本判断，是制定国家发展战略的基本依据，也是方针政策实施的行动指南。从毛泽东到邓小平新中国社会发展阶段的重大转变，都是源于两代领导人时代观的转变。而目前中国进入“新时代”，标志着社会发展又面临一次重大转变，因而习近平新时代观，对于当前制定国家发展战略、方针政策以及实施方案都有重要的实践意义。另外，时代观源于对社会现实的高度概括，又要随着社会的发展而演变。然而，自1978年改革开放至今已整整40年，这阶段中国社会现实发生了重大变化，而相应的时代理论还徘徊在40年前邓小平判断的“和平与发展”。因此，习近平新时代观是对马克思主义时代理论体系的补充和完善。

研究创新：（1）学术思想：习近平新时代观中“人类命运共同体”理念反映了人类社会的进步性；（2）学术观点：习近平新时代观、新时代中国特色社会主义思想和基本方略的形成基础是统一的；（3）研究视角：目前国内外学者主要是从中国视角，分别研究新时代（观）及其对中国和世界的意义，而本课题着眼于从国内外综合因素，即全球视角研究新时代观。

【中国共产党基层组织弱化虚化边缘化问题调查与解决路径研究（一般项目）】

北京师范大学马克思主义学院　张润枝

研究背景：党的基层组织是党在社会基层组织中的战斗堡垒，是党的全部工作和战斗力的基础。着力解决一些基层党组织弱化虚化边缘化问题，是党的十九大提出的重要任务。本课题由此提出如下设问：基层党组织弱化虚化边缘化的表现是什么？它们是怎样发生的？不同类型的基层党组织在这一问题上的表现有无差别？解决这一问题应该从哪个角度去思考和建构？

研究内容：（1）论题背景：基层党组织建设的历史经验和现实要求。关注三方面的内容：一是历史经验研究，探讨中国共产党在不同历史时期加强基层组织建设的基本做法、典型事例、主要经验；二是习近平总书记关于基层党组织建设思想研究，包括基层党组织的地位和功能、工作方式，以及对各类基层党组织建设的具体要求；三是新时代全面从严治党对基层党组织提出的现实要求，以及当前基层党组织面临的挑战。（2）论域阐释：基层党组织弱化虚化边缘化的含义、表现方式及判定依据。总体而言，基层党组织弱化虚化边缘化是指基层党组织在领导基层治理中主导地位受到挑战，作用发挥不明显甚至消失，整合功能弱化。但具体到不同领域不同类型的基层党组织，其内涵所指又呈现出特殊性。本部分将立足于党组织与党员、群众及其他组织的相互关系，深入探讨“弱化虚化边缘化”的具体含义、在不同基层党组织中的表现方式及判定依据。（3）理论假设：从组织运行的视角看基层党组织弱化虚化边缘化的发生机理。将基于如下观点展开研究：①党的基层组织从本质上说是一个有政治属性和信仰属性的组织系统，其中出现的各种问题都与组织本身密切相关。②基层党组织弱化虚化边缘化既是一种既定现实状况，也是一个动态发生发展过程，不仅受到社会转型带来的社会结构、资源配置方式、群众思维和行为逻辑变化的影响，也受到组织运行中组织设置、组织决策、组织生活、组织评价、组织监督、组织协同等环节的制约。③党的十九大提出以提升组织力为重点，抓住了基层党组织建设的关键环节，基层党组织应完善运行过程，提高自身的政治领导力、决策执行力、过程控制力、社会整合力、群众凝聚力。（4）实践调研：分类别分领域对不同基层党组织弱化虚化边缘化现状进行调研。依据前述理论假设，以高校、企业、机关、农村、社区、社会组织等基层党组织为分类研究对象，采取量化研究和质性研究相结合的研究方法，深入考察其组织运行过程，明晰可能存在的弱化虚化边缘化的突出表现和发生缘由，并提出相应对策建议。同时对前述理论假设进行验证，完善理论设定。（5）研究落点：提升基层党组织组织力，破解弱化虚化边缘化难题。第一，提升政治领导力，突出政治功能，强化基层党组织在社会中的主导作用；第二，提高决策执行力，扩大群众参与决策途径，有效落实党的方针路线政策；第三，加强过程控制力，完善组织制度，创新活动方式和考核评价方式；第四，提升社会整合力，创新组织设置模式，优化组织功能，使党的影响力深入基层社会内部；第五，加强群众凝聚力，着力解决关系群众切身利益的突出矛盾和问题，赢得群众支持。

研究创新：（1）在问题选择上。强化问题导向，抓住基层党组织弱化虚化边缘化这一关键点，探究全面加强基层组织建设的路径，使研究更加有针对性和可操作性。（2）在学术观点上。我们认为基层党组织从本质上是一个有政治属性和信仰属性的组织系统，其中出现的各种问题都与组织力强弱有关，提升组织力是破解基层党组织建设难题的必然路径。（3）在研究方法上。采用量化研究与质性研究相结合的方法，通过数据分析建立影响基层党组织存在问题的测量模型和内部稳定的结构模型；同时通过质性研究更好地展现基层党组织建设弱化、虚化、边缘化的发生过程和发生机制，增强研究的可视性和准确性。

【《资本论》及其手稿中的辩证法思想研究（一般项目）】

东北师范大学马克思主义学院　杨淑静

研究意义：国内外学术界在对《资本论》及其手稿的辩证法思想研究上取得了丰硕的成果，从不同的角度详细地阐释了《资本论》及其手稿中的抽象与具体、历史与逻辑的关系等问题。这为本课题从马克思“人类自由解放学说”这一思想旨趣的高度上去理解和把握《资本论》及其手稿的辩证法提供了充分的前期理论准备。本课题将以马克思“人类自由解放学说”的思想旨趣为切入点去理解《资本论》及其手稿中的辩证法思想，在批判旧世界与发现新世界的双重向度中重新思考《资本论》及其手稿中的辩证法思想。这对于澄清《资本论》及其手稿中辩证法的理论本意，揭示马克思“合理形态”的辩证法，推进整个马克思哲学研究具有重要的学术意义和价值。同时，本课题研究对于我们深入理解马克思的思维方式和理论方法，洞见现代资本主义社会的运行逻辑，把握资本主义的未来走向，思考未来中国社会的发展，亦具有重要的现实意义。

研究内容：本课题将以马克思哲学“人类自由解放”的理论旨趣为基点，重新审视《资本论》及其手稿中的辩证法思想。第一，以梳理《资本论》辩证法与黑格尔辩证法的理论传承关系为前提，重新审视辩证法的“颠倒”难题；第二，以澄清辩证法“神秘形式”与“合理形态”为核心，阐释《资本论》何以构建马克思合理形态的“新辩证法”；第三，以厘清《资本论》辩证法的“批判性”和“革命性”为主题，洞见辩证法“批判旧世界”“发现新世界”的双重向度；第四，以反思和追问《资本论》的“研究方法”与“叙述方法”为基础，阐释《资本论》辩证法作为“大写字母”的人类社会发展的大逻辑。

研究特色：（1）本课题通过纵向历史分析的方法，将《资本论》及其手稿中的辩证法置于同黑格尔辩证法的理论传承关系和马克思自身的辩证法发展史的双重维度中，澄清《资本论》辩证法的理论本性。（2）本课题通过超学科的研究方法，从马克思“人类自由解放”的理论旨趣出发，直面问题本身，反观《资本论》及其手稿中的辩证法思想。在“批判旧世界”和“发现新世界”的双重维度中重新诠释《资本论》及其手稿中的辩证法思想。（3）本课题采用横向比较哲学的方法，综合国内外学术界关于《资本论》辩证法思想研究的各种理论成果，提出《资本论》及其手稿中的辩证法不仅仅是一种表达方式和研究方法，其最重要的理论贡献是揭示了人类文明发展的“大逻辑”。（4）本课题通过理论研究与现实反思相结合的研究方法，将对《资本论》及其手稿中的辩证法思想的研究与当代资本主义社会批判结合起来，从《资本论》辩证法的立场、观点和方法出发洞察和批判当代资本主义社会，找到一条人类社会未来发展的合理性道路。

【整体性视阈下马克思“人类学笔记”研究（一般项目）】

天津师范大学马克思主义学院　谢江平

研究意义：《人类学笔记》是马克思研究前资本主义社会包括原始社会发展规律的一部重要著作，课题研究具有重要的学术价值和现实意义。第一，有利于厘清晚年马克思学术思想与关系，全面准确的理解马克思主义；第二，驳斥西方学者制造的马克思恩格斯对立论、晚年马克思与早年马克思对立论，捍卫马克思主义的整体性；第三，《人类学笔记》中涉及的社会形态更替的统一性和多样性理论、落后国家跨越卡夫丁峡谷理论等，对于建设中国特色社会主义事业具有重要的参考价值。

研究内容：课题主要围绕《马克思恩格斯全集》第一版第45卷、《马列主义研究资料》1987年第1—4期、《古代社会史笔记》1996年版单行本和 The Ethnological Notebooks of Karl Marx1974年英文版进行研究。综合运用文献研究法和比较研究法等方法探讨马克思学术思想、学术方法的发展演进过程，全面准确地评价马克思晚年学术贡献。同时从观念史角度考察唯物史观的若干重要范畴，梳理马克思恩格斯学术思想关系，强调马克思主义思想、方法的整体性。力求全面评价《人类学笔记》在马克思主义思想史中的地位，阐明《人类学笔记》在唯物史观、政治经济学、人类学继史学方法论方面的思想贡献。课题的总体框架大致分为以下六个部分：（1）《人类学笔记》的版本及传播研究：涉及对国内外版本的传播及研究和《人类学笔记》既有解读模式及其影响研究。（2）《人类学笔记》的学术主题研究：考察《人类学笔记》的写作背景和写作目的，探讨笔记中各篇章学术主题及其关系。（3）《人类学笔记》及相关文本关系研究：梳理马克思人学理论发展史、晚年政治经济学研究成果和晚年书信关系以及与马克思恩格斯晚年学术思想关系。(4)《人类学笔记》若干重要理论范畴研究：主要涉及笔记中的国家理论、社会形态理论和亚细亚生产方式概念等相关思想。(5)《人类学笔记》方法论研究：包括"从后思索法"到历史实证研究和马克思人类学研究的哲学、政治经济学、文化学的方法论演进。(6)《人类学笔记》现实意义研究：探讨马克思关于东方社会与落后国家跨越卡夫丁峡谷思想；研究马克思"古代社会共同体"与习近平"人类命运共同体"思想。

研究特色：第一，揭示马克思思想、马克思主义的统一性、整体性。课题致力于将《人类学笔记》与马克思早期、中期文本进行统一研究，对唯物史观的社会形态理论、社会历史发展规律、国家理论以及史学研究方法进行综合研究，有助于揭示唯物史观的统一性、整体性。第二，挖掘《人类学笔记》有关"早期人类共同体"的相关论述，丰富习近平总书记"人类命运共同体"思想。

【马克思主义经济学视角的人民币国际化战略选择研究（一般项目）】

东莞理工学院经济与管理学院　刘伟

研究意义：（1）学术意义：①利用马克思主义经济学对人民币国际化战略问题进行分析，是对马克思主义理论的深刻理解及与现代经济发展相适应的理论探讨，有助于深化马克思主义经济学与中国实践的结合；②是深刻理解和全面把握人民币国际化的实质、意义、地位与作用的有效途径，为进一步深化对于人民币国际化的理解和认识拓展视野、创造条件，也为巩固和提升人民币的国际地位营造氛围；③是探索发展中国家货币国际化理论的创新和发展，是对国际货币理论的有益补充。（2）应用意义：本课题利用马克思货币理论，探讨人民币国际化战略问题，有助于从本质上认识人民币国际化的问题，也有利于为人民币国际化路径的选择提供方向性指导，以此来维护我国在国际经济事务中的正常利益，并摆脱人民币成为美国泄洪区的可能，保证我国经济持续、健康和稳定的发展。

研究内容：（1）货币国际化与人民币国际化概念界定。本项目认为，货币的国际化分为完全国际化和不完全国际化。人民币国际化有人民币完全国际化和不完全国际化之分。（2）马克思主义经济学与货币国际化研究。根据马克思货币理论，主权货币不适合充当完全国际化的国际货币，国际货币应该是满足世界需求的、具有商品属性的、非主权的货币。这就为人民币国际化战略提供了指导性方向。(3）人民币国际化战略选择的原则。以马克思主义经济学为指导，结合国内外经济形势，本项目认为，人民币国际化战略选择的原则。①人民币国际化主要目的不是为了与美元争霸，而是为了避免美元霸权对我国经济的影响。②人民币国际化战略选择必须与我国市场经济渐进式改革相适应。③人民币不适合完全国际化。（4）当前人民币国际战略存在的问题分析。利用马克思主义经济学，并结合国内外经济形势，本项目认为当前人民币国际化过程中存在的问题表现在：①没有处理好稳定、改革和发展之间的关系，导致人民币汇率波动。②没有充分考虑当前国际货币体系的因素，人民币不适合完全国际化。（5）马克思主义经济学与人民币国际化战略合理选择：不完全国际化。本部分主要是在马克思主义经济学的指导下，结合国内外环境探讨人民币不完全国际化的合理性。①人民币不完全国际化是对世界经济的长期负责。②人民币不完全国际化可以保障我国在国际经济事务中的正当权益免受损失。③人民币不完全国际化是当前对抗美元霸权的有力武器。（6）马克思主义经济学与人民币不完全国际化的路径研究。在马克思主义经济学的指导下，人民币不完全国际化的路径可以从短期和长期两个方面进行分析。短期内，在放缓资本项目开放步伐的基础上完善人民币计价和结算手段，保持汇率稳定。长期内，以石油期货和黄金期货为商品锚，实行人民币与世界其他国际货币挂钩，人民币与石油期货和黄金期货挂钩的双挂钩机制，而将国际储备货币的职能仍然留给美元。这既符合马克思货币理论所要求的国际货币应该具有非主权的商品属性，同时也没有冲击美元国际储备货币的地位，有利于人民币国际化的开展。

研究创新：（1）视角创新。选题以马克思主义经济学为出发点，对人民币国际化战略选择进行全面分析与论证。（2）观点创新。选题对当前学术界提出的主权货币充当国际货币以及人民币完全国际化提出了质疑，认为人民币应该走不完全国际化道路，即充分发挥人民币计价和结算功能，但不成为国际储备货币。

【马克思主义经济学视角下金融资本异化研究（一般项目）】

郑州轻工业学院经济与管理学院 裴卫旗

研究意义：（1）理论意义：把马克思主义经济学的基本观点和方法引入到金融资本异化的分析框架之内，通过厘清马克思金融资本异化思想与西方经济思想史中有关金融资本异化思想的理论分析，探寻马克思金融资本异化思想与其所创立的科学的劳动价值论、剩余价值理论和资本积累理论之间密切的联系，可以为丰富和完善金融资本的基本理论内容提供有益的补充。（2）现实意义：我国正处在一个资本迅速扩张的时期，经过改革开放40年的市场化发展，我国经济正步入资本化阶段，发展金融市场的核心是资本市场，实体经济如何发展，经济结构如何向调整存量与做优增量并举合理性转变，经济发展方式如何向质量效率型合理性转变，这些国计民生的重大问题都与金融资本密不可分。本课题对关于金融资本异化问题上的态度和做法，对这些问题的顺利解决和我国改革的走向、成败有着密切的关系。

研究内容：马克思主义经济学视角下的金融资本异化源自马克思的异化劳动思想，指在经济金融化条件下，现代金融资本背离其原有职能，变成与其自身相异的一种资本，不再为经济发展与实体经济服务，逐渐从生产服务等经济活动中游离出来，出现自我膨胀的畸形发展现象，形成了相对独立的在虚拟经济形态基础上的功能变异，降低了经济基础与社会根本的稳定性，导致经济衰退，驱使贫富分化，变成历次危机的源头。本课题首先对国内外关于金融资本异化的文献进行梳理，指出马克思主义金融资本异化理论的优越性。在坚持马克思主义经济学基本理论的基础上，对金融资本异化形成机制进行研究，界定金融资本异化内涵，分析引起金融资本异化的相关因素，找出金融资本异化评价方法，通过其评价方法对世界一些国家金融资本异化状况进行分析。接着分析金融资本异化所引起的一系列问题，并对我国金融资本异化形成机制和效应进行研究，找出金融资本异化对我国实体经济、经济发展方式合理性转变以及经济结构合理性转变的影响与关系。最后，为了应对金融资本异化及其带来的一系列问题，提出目标和政策建议。

研究创新：（1）提出在马克思主义经济学视角下金融资本异化思想，找出导致金融资本异化的因素，金融资本异化的客观标准与金融资本异化对经济社会造成的不良影响，如实体经济萎缩、信用崩溃、金融领域不确定性增加、社会风险加大、贫富差距扩大以及金融危机。（2）将理论问题的经典性与现实问题的热点性巧妙结合。本课题从马克思主义经济学视角出发，针对实体经济发展、我国经济发展方式和经济结构转变问题进行相关研究，涉及实体经济问题，解决我国经济发展方式规模速度型转变问题和经济结构增量扩能性等热点问题。

【马克思主义社会形态理论与中国历史发展进程研究（一般项目）】

厦门大学人文学院　邱士杰

研究意义：马克思主义的社会形态理论是深刻影响了20世纪东亚各地历史学发展和社会革命的历史唯物主义概念，而中国历史发展进程是否/如何实现阶段性的演进则是这个概念传入东亚之后引发最多讨论的核心课题。据此，本课题希望探索马克思主义社会形态理论为何与如何成为诠释中国历史进程的思想资源，进而为深化社会形态理论在日后的应用奠定良好的学术史基础。

研究内容：（1）本课题首先纵览晚近国内外学者对社会形态理论的尝试及其应用于中国历史发展进程上的各种成果，并以此为基础评估社会形态理论在20世纪前半期传入东亚时所展现出来的各种特色，特别是这些特色在今日的延续和断裂。（2）本课题将着重分析研究者较少提及的1949年以前俄语社会形态著作之汉译史、国产的社会形态汉语著作的出版史，并以“半殖民地半封建社会”理论史为主要线索，侧重介绍郭沫若、范文澜、吕振羽、王学文、陈翰笙、侯外庐、薛暮桥、何干之、王亚南、许涤新、陶希圣等学者如何应用社会形态理论来研究中国历史进程。而检测这些学者能否掌握“社会形态”“经济的社会形态”“社会形式”“经济基础”“生产方式”“生产关系”“生产力”这些范畴、能否辨析和运用这些范畴，将是评估这些学者如何诠释从而应用社会形态理论的关键工作。（3）1949年以前的日本马克思主义者曾将社会形态理论应用于日本本身、日本殖民地，以及中国历史，分别产生了知名的“日本资本主义论争”“满州经济论争”和“中国统一化论争”，并影响一些中国马克思主义者对于中国历史进程的解释。（4）在中国大陆和日本马克思主义的影响下，日本殖民统治时期的朝鲜半岛和中国台湾也开始产生各种以社会形态理论分析在地社会的论述。本课题将对上述问题加以介绍。

研究创新：绝大部分既有研究都把“正确”诠释与解读马克思主义社会形态理论的“原始意涵”作为最重要的工作。而本课题的独特学术价值在于采取了经济思想史的视角：对于社会形态理论在传入亚洲之后所得到的各种理解方式，以及经由这些理解方式而对中国历史发展进程所产生的各种诠释，无论正误，本课题都试图将之视为有意义的思想资源。本课题认为这些思想资源将可以反过来深化今人对于社会形态理论的理解，进而更好地应用在中国历史发展进程的研究上。

【恩格斯晚年坚持和发展马克思主义的历史经验研究（青年项目）】

上海交通大学马克思主义学院　张娅

研究意义：恩格斯晚年是马克思主义发展史上的一个重要阶段。马克思逝世后，恩格斯不仅独自承担起马克思生前未竟的理论事业，而且开始独立思考社会主义的前途和命运。面对资本主义的新变化，恩格斯重新思考和回答了一系列社会主义的基本问题，在新的历史条件下坚持和发展了马克思主义，对马克思主义的传播和发展创新等产生了重大且深远的影响。研究恩格斯晚年坚持和发展马克思主义的历史经验，有助于回答“如何与时俱进地坚持和发展马克思主义”这一重大问题，对推动新时代中国特色社会主义的发展、21 世纪马克思主义的发展创新及 21 世纪社会主义的复兴，具有十分重要的价值。然而，学界总体上对恩格斯晚年思想在马克思主义发展史上的价值挖掘不够，许多误解尚未完全澄清，亦给本选题研究增添了紧迫性。具体而言，选题的学术价值主要体现在：第一，深化马克思主义发展史基本经验研究；第二，深化恩格斯思想的价值研究；第三，深化马克思—恩格斯关系研究，捍卫马克思主义的整体性。选题的应用价值在于，恩格斯晚年在新的历史条件下坚持和发展马克思主义的历史经验，实际上是他对“如何与时俱进地坚持和发展马克思主义”这一问题的回答，有助于为新时代推动中国特色社会主义的发展创新提供理论基础和方法论基础。

研究内容：本课题主要研究恩格斯晚年对马克思主义的坚持和发展，以及实现对马克思主义的坚持和发展的历史经验。主要通过以下几个问题的研究来总结和提升历史经验。其一，恩格斯晚年思想的性质及其与马克思主义的关系；即论证恩格斯晚年坚持和发展了马克思主义。其二，恩格斯晚年为什么要发展马克思主义；即说明马克思主义需要与时俱进地发展。其三，恩格斯晚年如何在坚持马克思主义中发展马克思主义；即总结马克思主义能够与时俱进实现发展的方法论。其四，恩格斯晚年坚持和发展马克思主义的历史影响；即研究对待马克思主义的不同态度对马克思主义命运及社会主义实践的影响，总结马克思主义生命力的彰显和体现问题。

研究创新：其一，研究视角的创新。本课题以马克思主义发展史的历史经验的视角去研究恩格斯晚年思想，对于恩格斯晚年思想的性质、影响、当代意义等有新的理解角度。其二，研究方法的创新。本课题注重思想史考察以及文献的综合考察，在史论的综合把握中再总结一般性意义上的历史经验。其三，研究思路的创新。本课题在文献建构基础上，以围绕恩格斯晚年思想的性质和贡献为重点，总结和提炼恩格斯晚年坚持和发展马克思主义的历史经验。

（供稿：杨　静）

2018年度中国社会科学院创新项目简介（部分）

【新时代中国特色大国外交研究】

中国社会科学院世界经济与政治研究所　张宇燕

研究意义：党的十八大以来，面对错综复杂的国际形势和纷繁复杂的外交任务，以习近平同志为核心的党中央准确把握世界格局变化和中国发展大势，全面推进新时代中国特色大国外交，提出了一系列重大对外战略思想、外交政策和策略方针，开展了一系列重大外交行动，不仅为全面建成小康社会创造了有利外部环境，在国际体系变局中全面提升了中国的战略影响力和制度性权利，而且有力推动了国际格局朝着和平、稳定、公正和更加有利于世界发展繁荣的方向演进。

研究内容：本项目将根据党的十九大精神，一方面深入研究阐释习近平总书记在外交战线提出和执行的一系列新理念新思想新战略，深入系统地梳理阐释、概括提炼这些新理念新思想新战略的学理基础、理论体系、逻辑起点和方法论，这对中国国际关系学科的发展具有重要意义，同时也有助于中国国际关系学派的形成；另一方面将多维度跟踪研究未来五年的中国外交，包括国际环境、外交理念、外交原则、外交目标、大国外交、周边外交、第三世界外交、多边外交。本项目不仅从理论上对中国外交的方方面面进行学理分析，而且要发挥智库作用，形成对策建议，上报有关部门。另外，我们的部分研究成果也可以作为学习宣传党的十九大精神的辅导材料，供其他部门的干部群众参考使用。本项目的研究对象是未来五年的中国外交。为此，我们将以习近平外交思想为基础，搭建一个新时代中国特色大国外交的总体分析框架，包括国际环境、外交任务和外交抓手。具体而言，我们认为，习近平外交思想可以用“一个基本判断、两个战略目标、三个工作抓手”来表述。一个基本判断就是坚持和平发展时代主题的基本判断不动摇。两个对外战略目标分别是推动建立新型国际关系、推动构建人类命运共同体。三个工作抓手分别是推动“一带一路”建设、积极参与全球治理、贡献人类共同价值。在总体分析框架形成后，我们将从判断、目标和抓手三方面入手，来密切跟踪研究中国外交的主要方面，包括国际环境、大国外交、周边外交、第三世界外交、多边外交和互联网外交。这些方面将构建本项目的主要研究内容。

研究特色：本项目的创新之处主要体现在问题选择、学术观点和话语体系方面。本项目的核心问题来自于新时代中国外交波澜壮阔的宏伟实践。研究这一问题有助于我们总结和把握中国特色大国外交理论的发展，有助于我们理解中国外交总体布局，有助于我们观察和分析当前和今后一个时期中国外交政策的走向。我们将用党的十九大精神和中国化马克思主义的观点来指导本项目的研究工作，提出一个新时代中国特色大国外交的分析框架，而这个框架将以习近平外交思想为核心。这一最基本最重要的学术观点是现有的各类研究不具备的。另外，我们还要根据国际形势的变化以及中国外交的发展，动态性地分析国际问题，不断提出针对具体问题的新观点新解释。我们将全面而系统地阐述习近平外交思想，并以此尝试构建一个新时代中国特色大国外交的话语体系。这一话语体系将涵盖环境判断、总体目标、工作抓手三大方面，把发展观、安全观、合作观、全球治理观和正确义利观等一系列外交话语串联起来，使之科学化、系统化和完备化。

【政治发展与国家治理】

中国社会科学院政治学研究所　房宁

研究意义：实践是理论的先声，伟大的实践呼唤和催生着伟大的理论。自新中国成立后特别是改革开放四十年来，历经一番艰难探索和实践创新，我国社会主义现代化事业取得了举世瞩目的历史性成就，由此迎来了实现全面建成小康社会和中华民族伟大复兴的新时代。与以往相比，崛起的中国更加需要世界眼光，更加需要智力支持。时代与国家的双重需求，一方面为包括政治学在内的社会科学提供了前所未有的发展动力，另一方面也急切要求学者们从中国实践中提炼新概念、从中国经验中建构新理论。具体到政治学来说，国内有关政治发展与国家治理的既有研究，大多是以西方发达国家的现代化进程为研究内容和经验支撑，围绕政治发展、民主建设、国家治理、基层自治等主题，先后出版了大量的学术著作。应该说，这些研究成果，对全面现代化进程中的当代中国具有很强的镜鉴意义。然而，现在的问题是，中国的政治学需要尽快赶上实践的步伐，亲身经历一个“经验主义”的阶段，系统总结本土政治发展和国家治理的经验及规律。只有从一点一滴做起，以扎实的实地调研、翔实的个案描述为基础，拼出一张中国政治发展和国家治理的“地图”，建构具有中国特色的政治理论才有可能。

研究内容：项目组以 2018—2022 年为一个完整的研究周期，每年在国内外精心选取 3—4 个调研点，重点跟踪关注浙江省和四川省的实践创新，着力于在以下四方面作深化研究：一是对改革开放以来特别是新时代的政治发展与国家治理实践进行全面梳理和理论提升；二是实地调研各地的制度创新，发现并总结基层民主治理的典型案例；三是比较研究全球化背景下世界各国特别是东亚地区政治发展与国家治理过程中的历史经验；四是与学界同人一起共同推动构建具有中国特色、中国风格的政治学学术体系和话语体系。

研究特色：项目组深入践行“用脚底板做学问”的良好所风，下大力气开展经验性研究，全面深入了解国情世情民情，通过现场观察、深度访谈、个案比较等研究方法，对某些具有典型意义的基层政治实践作全景式扫描和分析，追求政治建设和治理细节的“场景再现”，并以此管窥国家层面的政治发展和治理进程。项目组希望，经过五年的持续努力，对于我国现代化进程中政治发展与国家治理实践能够形成新概括，进而推动中国特色政治发展与国家治理理论的建构工作取得新的更大成绩。

【党的建设与政治体制改革】

中国社会科学院政治学研究所　田改伟

研究意义：党的十八大以后，党的建设和中国政治体制改革有了许多新举措，出现了许多新情况、新要求，也面临着不少新的问题与挑战，加强该项目研究主要有两个方面的价值和意义。（1）对于落实党的十八大以来的中央精神，尤其是党的十九大精神对党的建设和政治体制改革的新要求，具有十分重要的实践价值。党把自身的改革和完善中国特色社会主义制度结合起来，以党的自身改革力度推动党领导的事业改革的深度。加强党的建设与政治体制改革研究，对于助力党更好适应社会变化新的要求，在加强自身建设的同时推动中国政治在实践中走得更稳、更远，具有十分重要的实践意义。（2）搞好党的建设与政治体制改革研究，对于正确认识中国，提高中国的道路自信、理论自信、制度自信、文化自信具有重要的理论价值和意义。加强对党的建设和政治体制改革的研究，会提高人们对我国基本政治制度的理解，加强中国政治学的理论建设。有利于我们探寻保持党长期执政、国家长治久安的规律与途径。有助于我们反对国内外形形色色的错误认识和错误思想。

研究内容：党的建设与政治体制改革研究，要围绕党的事业来进行，根据党在当前的主要任务和总体要求来推进。本课题重点对以下几个方面的问题进行研究：（1）党的政治生态研究。在全面从严治党的新要求下，政治生态发生了新的变化，出现了新的情况和新的问题，要加强政治生态尤其是干部生态的研究。（2）党和国家的政治安全研究。研究我国政治安全面临的新要求、新问题、新挑战。维护我国政治安全尤其是政权安全的手段和方式方法，探讨中国特色国家安全观的理论内涵。（3）研究农村基层党组织建设。总结、提炼各地在建立服务型、学习型、创新型基层党组织方面积累的经验。总结基层党组织在发挥好领导作用，提高组织力方面的经验和教训。总结在新的社会领域加强党的建设面临的问题，研究在决胜全面实现小康社会、完成精准扶贫任务的关键时刻，党组织作用的发挥情况等。（4）纪检监察制度的研究。尤其是加强对纪检监察体制机制改革的研究，跟踪研究建立监察委员会的情况，研究在纪检监察体制改革和工作运行过程中如何加强党的建设。（5）总结党的十八大以来政治体制改革的经验，以及推进政治体制改革的着力点。重点研究我们党和国家的领导体制的改革和变化，研究我国完善和发挥基本政治制度优势的途径，如何完善权力配置和权力运行的体制机制，深入挖掘我国改革背后的政治逻辑和理论支撑。

研究特色：（1）研究主要目的是充分发挥智库的作用。既为决策部门建言资政，又要用学术话语解读好党和国家的政策。（2）在充分的调查研究得出结论，不唯书、不唯上、只唯实。调查研究是理论认识的基础。重点调研基层党组织建设状况，政治体制运行状况，国家政策执行的实际情况，在此基础上得出结论。（3）进行多学科多视角的研究。根据课题内容，对党的建设和政治体制改革从政治学、经济学、组织学、心理学、统计学等进行多学科、多角度的观察和研究，努力寻找蕴含其中的规律性。

【习近平新时代中国特色社会主义宗教理论和宗教治理研究】

中国社会科学院世界宗教研究所 曾传辉

研究意义：当前国际国内的民族宗教问题日趋复杂，国际上宗教极端势力、极端主义思潮随着改革开放和全球化步伐加快，越来越深入地影响到国内；国内“三股势力”“疆独”“藏独”时有抬头、邪教蔓延、基督教向校园渗透等。在学术上，我们面临的同行竞争日趋激烈，而我们的人手和能力远远不能满足党和国家及上级领导对我们的要求。时事形势和学术发展趋势两方面都要求我们在中国社会科学院创新工程新措施的引领下，在院所两级领导的带领下，利用好现有条件，团结所内外、院内外的同行，整合资源，引进新力量，更加努力地开展学术创新工作，迎接新挑战，争取多出成果，培养更多人才。马克思主义宗教观研究室现在是该学科唯一的常设学术研究机构，我们希望通过努力，把该研究室建设成为马克思主义宗教学的重镇，在现实问题和理论问题上都具有重要的影响力和话语权。

研究内容：本项目未来3年的总目标是系统开展"习近平新时代中国特色社会主义宗教理论和政策研究"。其研究方向包含：(1) 马克思、恩格斯原典研究，这是每位研究人员都要重视的必修课；(2) 坚持我国宗教中国化研究；(3) 中国化马克思主义宗教学研究；(4) 其他社会主义国家马克思主义宗教观研究；(5) 西方马克思主义宗教观研究；(6) 马克思主义宗教观与无神论关系研究。具体地讲，2018年计划工作是：(1) 写一篇学科综述；(2) 开一次马克思主义宗教观研讨会；(3) 出版《马克思主义宗教观研究（2017）》《马克思主义宗教观研究（2018）》集刊两本；(4) 为《中国宗教研究年鉴》写一篇书稿；(5) 写一篇《马克思主义宗教观前沿研究报告》；(6) 写一篇理论文章及批判错误思潮的文章；(7) 每人每年至少在核心刊物上发表一篇学术论文或出版一本专著；(8) 完成《马克思主义宗教学概论》教材的编写；(9) 出版专著《马克思恩格斯列宁宗教论著研究》。

研究特色：首先，在积极贯彻院创新体制机制的条件下，认真用好研究室的自由裁量权。在研究方向协调配合方面，做如下安排：曾传辉同志在负责本学科全面研究工作的基础上，侧重点为马克思主义经典作家宗教理论和马克思主义宗教观基本理论研究；黄奎侧重点为马克思主义宗教观中国化研究；谢添负责中国共产党历史上的宗教理论和政策研究；许春梅负责传统文化现代转化研究。在经费分配方面，既要考虑均衡，也要有侧重。其次，在学科和研究建设上的创新是用出成果锻炼人才，用人才推动成果产出。为了推进马克思主义宗教观研究，提高学术研究水准，尽快出成果，出人才，采取的措施有：(1) 每年召开一次马克思主义宗教观研讨会；(2) 每年编辑出版一本《马克思主义宗教观研究》辑刊；(3) 每两年撰写一篇本学科前沿研究报告；(4) 不定期举办马克思主义宗教观学术讲座或座谈会，邀请国内同行专家进行学术交流；(5) 每年积极完成上级交办的学科发展综述和《中国宗教研究年鉴》的部分撰写任务。

【世界社会主义思潮与运动的新进展研究】

中国社会科学院马克思主义研究院
潘金娥

研究意义：当前，改革开放和中国特色社会主义建设取得的巨大成就改变了世界社会主义发展态势和格局，并对世界的影响与日俱增，如何发挥中国特色社会主义对世界社会主义运动的引领作用从而为世界社会主义走出东欧剧变以来的低潮，逐渐走上振兴之路？这成为中国共产党人面临的历史性重要课题。从国际层面看，东欧剧变后，尤其是2008年金融危机以来，世界社会主义思潮和运动呈现出模式多元化、力量构成复杂化、国际合作形式多样化等新动向。在这一背景下，紧密跟踪和深入研究社会主义思潮在各个国家和地区的发展状况，全面把握世界各国共产党、左翼政党发展的新态势、新特点，了解世界社会主义各国革新发展的新动向，将有助于我们正确把握社会主义与资本主义两种制度力量比对格局，把握世界社会主义的总体发展态势和走向，有利于进一步增强我国社会主义的理论、道路和制度自信，从而为中国特色社会主义理论创新和实践发展提供可借鉴的经验和启示，为如何发挥中国特色社会主义对世界社会主义的引领作用提供重要参考。

研究内容：本项目以中国社科院马研院国际共运部全部科研人员为课题组成员，发挥本研究部人员外语优势突出，跟踪形势紧密的特点，通过跟踪研究每年国际共产主义运动和世界社会主义的最新发展形势，撰写年度国际共运发展报告，最终形成年度《国际共产主义运动发展报告》黄皮书，计划每年出版一本，并在项目5年计划结束后延续研究，将其打造为社科院马研院的一项精品成果。国际共运黄皮书的基本内容框架包括：总报告、专题报告和附录三个部分。其中，三个专题分别为：对国际共运理论和年度重大问题进行讨论的“理论聚焦篇”，对现有世界社会主义国家的理论创新与实践发展动态进行阐述和分析的“改革发展篇”，以及对国外共产党和左翼政党思潮和运动新进展进行跟踪分析的“思潮运动篇”。附录为从当年国际共运学科主要事件中甄选出来的年度“国际共产主义运动重大事件50项”，概要性地呈现当年本学科的重点、热点、焦点问题和重大事件、重要人物、重要成果等。总报告以各专题报告为基础，并进行必要的补充，以完整呈现当年国际共运总体发展态势特点并进行趋势预判。除了国际共运黄皮书外，本研究项目还将配合马克思主义中国化创新智库研究和国际共运登峰学科建设规划要求，适时上报或发表相关研究报告。

研究特色：本项目与社会科学文献出版社合作，以皮书形式发表年度《国际共产主义运动发展报告》，这实际上是第一本严格意义上的国际共运或世界社会主义研究的皮书，它将以开放形式邀请国内其他研究机构的专家参与其中，为国内国际共运和世界社会主义研究打造一个创新团队和研究平台，拓展了国际共运和世界社会主义学科以及中国社科院马研院的研究成果，为国内学者提供及时、全面、第一手的世界社会主义和国际共运发展报告。本项目成果力争为推动国际共运学科发展助一臂之力，同时也为理解当今世界面临的百年未有之大变局提供马克思主义的观察和解读。

【习近平新时代中国特色社会主义思想与马克思主义基本原理关系研究】

中国社会科学院马克思主义研究院
余斌

研究背景：有关习近平新时代中国特色社会主义思想与马克思主义基本原理关系的研究始于中共十八大之后。党的十八大之后，习近平总书记发表了系列重要讲话，特别是在主持十八届中央政治局集体学习历史唯物主义、辩证唯物主义基本原理和方法论时的两次重要讲话，为学界的相关研究提供了直接的材料。不少学者针对讲话发表了文章，学者们认为习近平的讲话在强调和阐明了马克思主义基本原理的相关内容基础上，丰富了马克思主义的内容。党的十八届六中全会确认了习近平同志的核心地位、党的十九大正式提出了“习近平新时代中国特色社会主义思想”这一表述之后，学界掀起了一股研究习近平新时代中国特色社会主义思想高潮。研究的重点是习近平新时代中国特色社会主义思想本身，着重其创新的方面，如张国祚教授的《习近平新时代中国特色社会主义思想的十一新》、黄宇教授的《习近平新时代中国特色社会主义思想的逻辑基点与实践基础》等，但鲜见联系马克思主义基本原理的研究成果。

研究内容：中共中央宣传部出版了《习近平新时代中国特色社会主义思想三十讲》，系统地阐述了习近平新时代中国特色社会主义思想的主要内容，是广大干部群众学习的通俗教材。本项目根据该书阐述的习近平新时代中国特色社会主义思想，研究和提炼这三十讲中每一讲内容里有关的马克思主义基本原理，进一步论证习近平新时代中国特色社会主义思想与马克思主义经典作家思想的一脉相承，进一步论证习近平新时代中国特色社会主义思想是马克思主义中国化最新成果，是21世纪马克思主义、当代中国马克思主义，同时展现马克思主义基本原理的当代价值。

研究特色：本项目的研究把《习近平新时代中国特色社会主义思想三十讲》与马克思主义经典著作主要是马克思恩格斯和列宁的著作有机联系起来，结合马克思主义经典著作中的观点和论述，运用马克思主义基本原理对习近平新时代中国特色社会主义思想进行了进一步的论证和阐述。本研究还从习近平新时代中国特色社会主义思想中提炼与概括其立场、观点和方法，以及中国特色社会主义建设的几个重大问题，以此与马克思主义基本原理的问题意识及内容相对照，既考察基本原理的相对运动性，也考察基本原理的深度发展。

【互联网时代马克思主义基本原理研究——互联网时代物质生产方式的根本变革及其深远意义】

中国社会科学院马克思主义研究院　张建云

研究意义：生产力的发展是人类社会发展的最终的决定力量。当今时代，大数据互联网云技术给人类的生产和生活带来的深刻变化没有哪项科技成果能与之相比。20世纪90年代以来，随着互联网技术的迅猛发展和深度普及，互联网日益渗透到社会经济、政治、文化等各领域的每一个细胞之中，成为人类生产和生活的基础和平台。随着大数据互联网云时代的到来，人类的物质生产方式正在发生不同于传统工业化时代的根本性变革，最为根本的变革就在于实现了生产与消费的一体化。物质生产方式变革对人类社会发展具有根本性意义。透过纷繁复杂的表象，运用马克思主义基本原理准确把握、理性总结和概括物质生产方式伟大变革的本质，对于我们深刻理解互联网时代、理解我们正在经历的经验生活，从而对于我们运用科学理论指导生产和生活、进行更好的理念设计和制度安排，都具有十分重要的现实意义。同时，大数据互联网时代物质生产方式根本变革，又从经验现实层面证明了马克思主义基本原理的科学性和真理性，资本主义灭亡和共产主义胜利，从来没有像今天这样正在变成经验现实。

研究内容：本项目研究的目标是加强大数据互联网时代马克思主义基本原理研究，一方面，运用马克思主义基本原理阐释和分析当今时代物质生产方式根本变革的本质和特点，为当前经济社会发展的理念设计和制度安排提供科学理论指导和支持。另一方面，以当前大数据互联网时代物质生产方式引发的一系列社会变革为依据，论证马克思主义基本原理的科学性和真理性，展现马克思主义理论的生命力和特有魅力。本项目研究的总体框架和主要内容如下：大数据互联网云技术革命及其深远意义；大数据互联网实现了生产与消费一体化，由此带来生产模式、劳动方式的根本转变，社会发展驱动由资本驱动转为信息创新驱动，社会组织方式由科层制组织形式转变为网状分工体系，小微化、自组织化趋势。

研究创新：（1）准确揭示大数据互联网技术的核心内容和本质。当前马克思主义理论研究中，对互联网信息技术革命的核心内容和本质进行深入探讨的成果很少。事实上，科学技术是第一生产力，要研究一个社会是什么样的，必须要对其科学技术进行深入研究。本项目拟在深刻理解和把握马克思主义基本原理的基础上，从哲学理论的高度进行抽象和概括，科学揭示互联网技术的核心内容和本质，进而揭示当今时代社会生产力发展的根本状况。（2）科学总结、概括互联网时代物质生产方式发生的根本变革。当今时代，大数据互联网给人们生产、生活带来的根本性变化有目共睹，正如当年大机器和电的使用一样，大数据互联网使人类的生产活动进入到了一个新的高度和平台。但是，大数据互联网在信息数据化基础上将人类生产力发展带到了一个什么的水平？如何概括当今互联网时代人类生产的本质和根本特性？如何总结、提炼互联网时代生产力发展对生产方式发展的客观要求？如何依据当今时代生产方式的根本变革进行更好的制度设计和安排？等等，需要运用马克思主义基本原理进行科学的分析和判断。

【马克思恩格斯民生思想及其在当代中国的新发展】

中国社会科学院马克思主义研究院
杨静

研究意义：中国特色社会主义已经进入新时代，人民对美好生活的向往更加强烈，我国也将不断地向全面建成富强民主文明和谐美丽的社会主义现代化强国迈进。因此，以马克思恩格斯重要民生思想为指导，突出马克思主义理论的批判性、开放性、科学性、实践性、人本性，以未来社会的“理想民生”为理论基石，充分厘清我国社会主要矛盾的民生向度，深入研究社会主要矛盾转化中的民生问题，实现马克思恩格斯民生思想的新拓展、新发展，不仅有助于在实现社会主义现代化中坚守人民的主体地位，还将有助于探索满足人民美好生活需要的实现路径，更将有助于化解社会主要矛盾，推动我国社会主义向新的历史发展阶段不断迈进。

研究内容：本项目主要循着“思想史研究—文本分析—理论阐释—现实分析—实现路径”的思路对马克思恩格斯的民生思想及其在当代中国的新发展进行深入研究。（1）从马克思恩格斯思想发展的“现实性”入手，研究马克思恩格斯民生思想产生的社会背景、思想来源、发展历程，对马克思恩格斯民生思想的发展演进的内在逻辑，作出深入的理论探讨；（2）从马克思恩格斯文本研究入手，深入挖掘社会主要矛盾历史变迁中人民需要的多样性、层次性和社会生产的发展性、阶段性特征以及两者的双向互构关系，在“经济发展—社会发展—人的发展”中全面系统地深入研究马克思恩格斯的民生思想，在理论、历史与现实的整体把握中深入挖掘马克思恩格斯民生思想的理论价值与实践价值；（3）以马克思恩格斯思想为指导科学阐释中国特色社会主义民生思想的新发展，特别是对十九大报告中社会主要矛盾转化中的民生问题做出理论上的科学回答，不断实现马克思主义中国化的理论创新；（4）对我国社会主要矛盾转化中民生问题进行历史性梳理，并深入研究新时代社会主要矛盾转化背景下的民生蕴义、民生难点等。

研究特色：（1）在研究问题的选择上，具有重大的理论意义与现实意义。有助于为指导我国社会主义民生实践奠定理论基础；有助于增强马克思主义当代理论的指导性；有助于从中探求出新时代社会主要矛盾转化背景下科学解决我国民生问题的路径。（2）在研究方法和分析工具上，注重运用唯物史观和唯物辩证法，采用文本分析与归纳研究相结合、理论研究与实际研究相结合、规范研究与实证研究相结合，以及历史研究与比较研究相结合的方法来展开研究。（3）在文献资料的收集整理上，充分做好经典文献与前沿文献的收集整理工作，既尊重经典又汲取前沿。（4）在话语体系上，突破以西方公共产品理论、公共选择理论来指导和解决我国民生问题的路径依赖，切实以创新发展的马克思主义民生理论来指导实践。

【当代若干西方话语的批判吸收借鉴研究】

中国社会科学院马克思主义研究院 侯为民

研究意义：西方话语作为人类文化成果的一部分，具有两面性。一方面，西方话语中有一些话语反映了新的历史要求，在一定程度上体现了人类社会的共性层面的内容，具有一定的理论内涵，需要我们合理地借鉴；另一方面，西方话语的一大部分，作为资产阶级主流意识形态的体现，尽管表面上不偏不倚，似乎代表全人类的共同利益，但本质上反映的是资产阶级的立场和观点，具有误导和欺骗性。在新时代中国特色社会主义条件下，特别是在全球化和逆全球化并存的历史新时期，中国要掌握国际话语权，既需要借鉴国际经验，科学辨别西方话语中的错误话语和误导性话语；也需要吸收西方话语中的有益成分，对其改造使用，使之体现中国特色、凝聚中国经验、包含中国文化基因，成为人类命运共同体中文化共同体的一个重要组成部分。

研究内容：（1）梳理和辨析目前国内学术界和舆论界的西方话语，针对影响广、对意识形态作用大、覆盖面宽的西方话语开展分类总结；（2）提炼目前我国正在使用、发挥一定积极作用的西方话语，总结一些值得改造和利用的术语和范畴；（3）围绕“可以借鉴改造的西方话语”，辨析这些话语的实质和价值导向，探讨其对马克思主义话语权的侵蚀、争夺和影响；（4）立足马克思主义立场观点和方法，以正确借鉴的研究态度和方式方法，系统论证其正确的成分和可以借鉴的方面。

研究特色：（1）研究的系统性和全面性。力求对西方话语涉及的文献进行系列化整理和剖析，力争成为国内话语体系研究领域的重要参考书籍。（2）重视比较研究。以马克思主义基本范畴、话语及其内涵以及中国化马克思主义话语为参照，对一些错误的西方话语和错解、曲解马克思主义话语进行辨析和批驳，为当代中国马克思主义话语体系的构建提供基础性研究成果和借鉴。（3）重视话语分析的问题导向。收集和梳理当前可以改造使用的西方话语，指出其积极的成分，揭示其内在的不足。利用西方话语中的有益成分为我所用，使之成为中国提升国际话语权的重要补充。

【新时代全面从严治党研究】

中国社会科学院马克思主义研究院 戴立兴

研究意义：党的十九大提出了习近平新时代中国特色社会主义思想，其中包括了丰富的新时代党的建设思想，新时代全面从严治党研究必须以此为指导来进行。本课题的理论价值在于，研究新时代全面从严治党思想，不能仅立足于历史事实和文献资料，而是要用马克思主义的科学方法，进行理论上的抽象总结和升华，从对具体历史实践的思考上升到具体的理论，进而发现全面从严治党思想的逻辑展开历程，以研究它的内在客观规律性，这是本研究的难点所在，也是价值所在。本选题的研究有利于完善马克思主义执政党建设；有利于马克思主义中国化理论的丰富和发展。本课题的应用价值在于，在长期执政背景下，一些党员干部危机意识、斗争意识逐渐丧失，安于现状、安于享乐、不思进取、腐化堕落现象时有发生，这是同党的性质和宗旨严重背离的。长此以往，必将影响党在群众中的形象，影响党的先进性作用发挥，错失飞跃发展的重大历史机遇期，给党的建设和国家发展带来难以弥补的重大损失。党的十八大以来，新一届中央领导集体引领中华民族实现伟大复兴的“四个全面”战略布局构建完成。作为“四个全面”点睛之笔的全面从严治党战略思想，为新的历史条件下加强和改进党的建设提供了新的理论指导，为中国共产党的建设思想注入了丰足的精神食粮。认真研究新时代全面从严治党思想，并以此为指导，紧紧地依靠人民群众，坚持自我革新发展，坚定不移地推进中国特色社会主义现代化建设，中国就一定能早日实现“两个一百年”奋斗目标和中华民族伟大复兴的中国梦。

研究内容：本课题以习近平新时代中国特色社会主义思想为指导，以全面从严治党为主要研究对象，主要研究全面从严治党的重要地位和意义，全面从严治党的探索演变，全面从严治党的基本原则，全面从严治党必须处理的重大关系，当前全面从严治党的主要问题，难点和重点，推进全面从严治党创新的方向和建议等问题。

研究特色：（1）选题较新，建立课题体系。十九大报告从思想、组织、作风、反腐倡廉、制度建设和执政能力建设等多方面提出了全面从严治党的战略思想，为进一步构建党的建设理论体系奠定了坚实基础。（2）选材较广，把握课题实质。精选内容，从总体上对全面从严治党思想进行研究。（3）归纳构建全面从严治党思想体系。即以实现中华民族伟大复兴的中国梦为战略目标，筑牢思想建设根基，强化组织建设保障，深入推进作风建设，持续反腐倡廉，扎紧制度反腐之笼，坚持依章依规从严治党，不断提高党的执政能力和水平，密切党和群众的血肉联系，推进国家治理体系和治理能力的现代化。

【建设具有强大凝聚力和引领力的社会主义意识形态研究】

中国社会科学院马克思主义研究院
朱继东

研究意义：改革开放40年来，在全球化、市场化、网络化大潮的冲击下，尤其是随着西方国家持续对我国进行意识形态渗透，如何建设具有强大凝聚力和引领力的社会主义意识形态，成为一个不容回避的重大问题，也是维护国家意识形态安全乃至整个国家安全的重要问题之一。党的十九大报告明确提出“建设具有强大凝聚力和引领力的社会主义意识形态，使全体人民在理想信念、价值理念、道德观念上紧紧团结在一起。”而剖析目前意识形态安全存在的众多挑战的主要原因，其中一个非常重要的原因便是社会主义意识形态凝聚力、引领力不够，究其根源，主要是对社会主义意识形态在思想上塑造不够、理论上讲不清楚、在立场上不够鲜明、在实践中建设不力等，党的十九大作出的这一重大战略部署便是抓住了一个非常关键的突破口，是牢牢掌握意识形态工作领导权、管理权、话语权的关键所在，是全党必须完成好的一个战略任务，也是开创新时代意识形态工作新局面的重点所在。因此，本课题研究具有重大的理论意义和实践意义。

研究内容：首先就社会主义意识形态建设中存在的问题进行深入调研，找出社会主义意识形态凝聚力、引领力方面存在的主要问题，然后深入剖析问题的根源，在此基础上，以习近平新时代中国特色社会主义思想为重要指导，直面新时代对社会主义意识形态建设提出的新要求，认真学习习近平总书记关于意识形态的相关论述，理论联系实际提出增强社会主义意识形态凝聚力、引领力的对策建议，为建设具有强大凝聚力和引领力的社会主义意识形态提供理论支撑和实践指导。其中，社会主义意识形态凝聚力、引领力是本项目的主要研究对象，对当前社会主义意识形态凝聚力、引领力方面存在的主要问题及其根源的研究、习近平意识形态思想、建设具有强大凝聚力和引领力的社会主义意识形态的对策建议研究等是本项目的主要内容。努力通过对建设具有强大凝聚力和引领力的社会主义意识形态的对策建议研究，为我们党在新时代以建设具有强大凝聚力和引领力的社会主义意识形态为抓手进一步提升做好意识形态工作的能力、水平提供理论和实践相结合的有针对性的指导，并在此基础上，形成应对社会主义意识形态凝聚力和引领力建设的科学理论体系、长效机制。

研究特色：科学梳理、总结、研究新时代社会主义意识形态凝聚力和引领力建设的应对策略研究是一项艰巨而复杂的意识形态工程，不仅要在着力点选定、方法改进上下功夫，更要在理念转变、针对性提升、机制完善上充分重视。采取实证调研与对策研究相结合的研究方法，实践效应现状及其原因分析，可以使理论研究的指导性、前瞻性、针对性、可行性等得到充分彰显，并得到实践的检验与肯定。同时，注重大数据统计等先进手段的应用，定性与定量相结合，使得研究成果更具有科学性、指导性。

【大发展大变革大调整时期国外左翼争取和平与社会主义思潮研究】

中国社会科学院马克思主义研究院
李瑞琴

研究意义：（1）处于大发展大变革大调整时期的当代世界，各种思潮近年非常活跃，尤其是民粹主义、民族主义、宗教极端主义、奉行贸易保护主义的逆全球化等国际社会思潮，已经成为影响国际社会的重要显性因素。当下国外左翼学者对于上述错误思潮的批判构成世界左翼思想理论的重要部分。紧密跟踪世界各种思潮和动态，认真研究国外左翼学者的观点，及时做出符合实际的研判，并加以吸收借鉴，对于进一步推进新时代中国特色社会主义有极为重要的、独到的现实意义。（2）新时代中国特色社会主义思想独树一帜，成为影响当代世界发展的重要思想理论，世界左翼力量对于中国道路的关注度明显提高，对中国问题的研究日益深入。在世界社会主义运动视域下，当代世界关于中国问题的研究成果既具有历史厚重感，又有时代前沿性，成为世界左翼思想理论的重要内容。在一些知名左翼学者的思想和理论中，关于中国道路的内容已经构成其重要组成部分。（3）历史越是久远，一些重大事件的影响越是深远和不可忽视。全面、深刻、不断地总结东欧剧变的原因与教训，并结合新的时代条件审视其当代意义，是马克思主义者永恒的任务。（4）国外左翼学者对资本主义制度的批判和对未来社会主义的理论探索仍然是左翼思想的主要话题。跟踪世界左翼思潮、各国共产党思想理论的发展变化，研究新的时代条件下左翼思想的实践形态，是国外左翼思想研究的必需课题。

研究内容：（1）国外左翼的资本主义批判理论及其对社会主义道路和社会主义建设理论的看法。（2）欧美发达资本主义国家的左翼思潮和运动现状。2008年金融危机以来，欧美发达资本主义国家的左翼社会主义运动十分突出。左翼政治力量登上欧美发达资本主义国家的主流政治舞台，主流政坛出现左右翼极化现象：美国主流政坛出现了右翼民粹主义特朗普和左翼社会主义桑德斯之间的对立；法国主流政坛出现了极右翼勒庞和极左翼梅朗雄的对立；英国极右翼政党独立党与工党中“左翼激进主义者”科尔宾的对立；

等等。(3)第三世界国家左翼社会主义运动的理论与现状。紧密跟踪研究拉美、非洲和亚洲地区的社会主义运动，重点关注原苏东地区左翼思潮、理论、运动的新情况、新动向、新进展。(4)国外左翼学者和共产党领袖的重要思想和观点。(5)对左翼社会主义运动及思想理论的反思。(6)热点现象追踪研究等。

研究特色：本课题重点对以下问题进行研究性突破：把握当代世界左翼思想理论的热点问题、前沿问题及发展状况；在世界左翼思想理论的视野下研究新时代中国特色社会主义思想对世界的作用和影响；在世界社会主义运动的视域下研究中国特色社会主义事业对人类发展的贡献；研究前苏东地区的现状及其对世界社会主义运动的启示。本项目的研究，对我们全面把握当代资本主义的新变化和新特征、维护世界的和平与发展、促进全球治理体系变革，具有较强的启示参考价值和意义。

【国外共产党理论与实践新发展研究】

中国社会科学院马克思主义研究院　于海青

研究意义：习近平总书记在 2017 年 9 月 29 日中央政治局集体学习的讲话中，强调对当代世界马克思主义思潮的新成果“要密切关注和研究”。作为当代世界马克思主义思潮重要组成部分的国外共产党理论与实践，国际金融危机后在理论与实践上出现了许多新的发展与变化。加强对国外共产党理论与实践新发展的追踪和研究，是落实总书记讲话精神的重大任务。同时，系统研究国外共产党在金融危机以来的发展变化、特点及其对世界社会主义运动发展趋势的影响等基本问题，对于深入研究世界社会主义运动的理论、现状和发展前景，对于深入总结国际共产主义运动的经验和教训，推进国外马克思主义学科建设与发展，无疑也具有重要的理论价值和现实意义。

研究内容：本项目的研究对象是国外共产党，主要内容是国外共产党在金融危机以来的新发展新变化，主要通过专题形式开展研究，主要内容涉及：(1)国际金融危机以来国外共产党新发展透视。通过以综合研究或地区性、国别性研究为切入点，阐释国际金融危机以来世界共产党发展特点、新理论新思想的提出、发展趋势、前景与问题等。(2)地区性或国别性共产党的新变化研究。(3)国外共产党相互关系及与其他激进左翼和社会运动的关系研究，如内部矛盾与国际联合的新趋势等。从国外左翼和社会主义运动发展的大视野出发，探讨共产党与左翼运动的新发展及其相互影响。(4)国外共产党与新时代中国特色社会主义，关注国外共产党对新时代中国特色社会主义的认识与评价等问题。

研究特色：国内目前关于国外共产党的研究成果较多，但总体上跟踪和介绍情况较多，深入的理论考察和分析较少。同时，纠结于细枝末节的问题介绍较多，而着眼于当代资本主义政治经济现实与世界社会主义运动未来发展的深入理论分析和探讨较少。本项目在综合把握国内研究现状的基础上，致力于拓展学术研究视野，尝试以问题研究为突破口，结合金融危机后西方资本主义的新变化考察国外共产党的新发展新走向。这一方面有助于深入研究国外共产党的理论和实践，服务于世界社会主义运动的发展与振兴事业；另一方面也可以为国内的西方左翼和社会主义运动研究提供参考和借鉴，推动国际共运和国外马克思主义学科的深入发展。

（供稿：杨　静）

2018年度教育部人文社会科学研究课题简介（部分）

【青年黑格尔派到马克思的历史观演进逻辑研究（规划基金项目）】

辽宁大学哲学与公共管理学院　叔贵峰

研究意义：以“历史观”的逻辑演进为线索来揭示马克思唯物史观形成的理论前提。青年黑格尔派是黑格尔和马克思哲学思想之间不可缺少的理论中介，马克思在《神圣家族》《德意志意识形态》等论著中与这些唯心史观的斗争和决裂中逐步地建立了以实践为根基的唯物史观。要充分地理解这些思想，就必须要追溯到青年黑格尔派的宗教批判的整体思潮之中，提供一个从黑格尔经青年黑格尔派再发展到马克思唯物史观的总体逻辑进程。

研究内容：青年黑格尔派在其对宗教史的批判中建构起他们的唯心主义历史观，这种历史观试图以“理性”“类本质”和“自我”作为历史发展的根据，去除宗教史中非理性的成分，在客观上完成宗教史向人类历史的理性还原，实现了历史观上的一次变革。其变革的意义不仅在于将黑格尔的宗教批判精神引入到基督教的历史领域，而且也为马克思的唯物史观建构提供了必要的思想前提。马克思在早期哲学中正是通过对青年黑格尔派的激烈的批判和彻底的清算，极力反对用主观抽象出来的理性、精神等一切“怪影”作为历史发展的根据，而必须从人类实践的物质生活领域去寻求推动历史前进的“现实力量”，从而完成了以“实践”为基石唯物史观的理论建构。本课题通过对青年黑格尔派和马克思相关文本的研究，力争梳理清晰从黑格尔到马克思历史观演变和发展的整体逻辑脉络，重点突出历史观的根基从“绝对理性”不断地向“人自身”回归，并最终确立在人的实践之上的逻辑演进路径，研究的结论要对马克思唯物史观变革的实质予以历史观的理论定位。课题以马克思唯物史观的历史观前提作为研究对象，以德国古典哲学以来的“历史观”发展为线索，着重揭示从基督教的宗教史观到青年黑格尔派的理性唯心史观，再到马克思的实践唯物史的“历史观”变革进程及其逻辑演变环节。

研究特色：本课题的研究从青年黑格尔派的宗教批判思想中梳理出其唯心主义历史观的“原像”，并探求从他们的历史观走向马克思唯物史观的逻辑演进过程。这会在学理上为我们勾勒出马克思唯物史观形成过程的整体性，同时，马克思唯物史观是建立在对于宗教和理性唯心史观的充分扬弃基础之上，因此，一些西方当代学者企图将马克思的唯物史观宗教化、乌托邦化的“歪理”便不攻自破。

【资本主体性批判与共产主义价值观问题研究（青年基金项目）】

东北财经大学马克思主义学院　郭晶

研究背景：现代社会资本成为拥有权力的主体，支配着现实的人及其劳动，个人只是这一权力的象征或符号。资本主体性批判指向的正是这一日趋强化的资本和人在主客体关系上的异化，并意在消灭资本主体性，捍卫人的主体性和自由。共产主义价值观的核心是扬弃资本主义私有制及一切异化，实现人的自由全面发展，马克思的资本主体性批判和共产主义价值观之间存在着可寻的内在逻辑联系。本课题意在阐述二者之间的逻辑关联，尝试从资本主体性批判的视角来理解马克思共产主义价值观的形成和实现，活跃和丰富马克思主义理论研究，在马克思诞辰200周年之际向马克思致敬。

研究意义：当今时代，资本主体性呈现出强化的趋势，资本主体性已经成为现代社会的普遍现象。马克思资本主体性批判揭示出超越资本权力统治的逻辑，将人从“对物的依赖关系”中解放出来，将主客体关系从资本权力的支配下解放出来，这是人类解放的必然要求，也是马克思资本主体性批判的现实意义。立足当今时代现状，研究马克思的资本主体性批判和共产主义价值观问题，可以为当今时代我们辩证地看待资本，合理使用资本提供启发，也为保有共产主义价值观提供信念和支持。

研究内容：本课题研究首先对资本主体性的内涵、资本主体性的新形式及其日趋强化以及资本主体性批判的理论内容进行研究和阐释，在此基础之上探究资本主体性与共产主义价值观的形成和实现之间的理论关联，马克思批判资本主体性但并不否定其在消除封建社会价值观念中的重要作用，呈现马克思资本主体性批判的辩证视域。只有辩证看待资本主体性作用，才能更好地阐明资本主体性在共产主义价值观实现过程中的阶段性作用，为立足当前发展阶段，应对当前社会发展困境提供启发。

研究特色：本课题研究意在从资本主体性批判这一特定角度来理解马克思的共产主义价值观，实现对马克思主义较为整体的理解。当今时代资本逻辑日益成为统治社会一切领域的主导逻辑，此课题研究为人摆脱资本统治提供启发，回应当前我国经济社会发展现实，因而更加贴近时代现状。

【《资本论》的价值哲学思想及其当代意义研究（青年基金项目）】

福建师范大学马克思主义学院　李逢铃

研究意义：随着《资本论》研究的不断推进，如何理解《资本论》的哲学思想已成为当前国内学者研究的焦点话题。一直以来，人们对《资本论》的事实性解读要甚于规范性解读，即人们更倾向于接受或辩护马克思在此文本中阐述了客观规律性的东西，而不愿相信或多作阐释其中所蕴含的价值规范性的东西。但实际上，《资本论》不仅揭示了现代社会的经济运行规律，同时也揭示了现代人的存在境况及历史命运，批判了现代社会的价值基础及其观念，并指明了人类自由解放发展的方向。由此，本课题试图系统研究《资本论》价值哲学，以期在政治经济学批判视角中重新理解马克思主义价值哲学，进而思考经济全球化背景下当代中国特色社会主义现代性事业建设中出现的价值问题。

研究内容：本课题试图通过系统研究《资本论》的价值哲学思想，以思考当代中国特色社会主义现代性事业建设中出现的相关性问题。在总体上看，本课题主要从三个方面的内容展开：首先，将结合马克思早期思想、同休谟、斯密、边沁等西方思想家的思想进行比较性研究，以说明《资本论》的哲学革命。其次，通过辨析当前国内外学者关于正义、自由等价值问题的争论，以呈现《资本论》的理论意义。最后，通过思考全球化视野下当代中国现代性事业建设过程中出现的问题，诸如社会价值观、生态文明、新发展理念、人类命运共同体以及幸福生活等问题，以突出《资本论》的当代意义。在具体上看，本课题主要研究以下几个方面的问题：如何理解和把握作为价值哲学的《资本论》；阐述《资本论》对启蒙以来现代社会价值基础的解构；探究《资本论》对近代西方思想家价值思想的批判；阐释《资本论》中对现代人的存在方式、历史命运与解放的思考；辨析当前国内外学者围绕《资本论》所展开的相关价值问题的争论；思考当代中国特色社会主义现代性事业建设中的价值问题；等等。

研究特色：本课题研究的特色之处在于试图发掘马克思《资本论》的人文价值精神方面。在前人研究的基础上，试图突破以下两点研究：其一，在对《资本论》价值哲学思想的解读中重新认识其中的唯物史观。我们认为《资本论》中的“资本”既是主体也是客体，而“劳动”所开启的事实与价值则形成了资本批判的两个基础，即通过政治经济学批判与价值哲学批判，使得唯物史观在事实性与价值性的统一中得以完整表征。其二，充分挖掘《资本论》价值哲学思想的当代意义。我们将在课题研究的基础上，一方面辨析当前学术界，特别是西方左翼、右翼思想家对《资本论》相关问题的解读；另一方面反思当前中国特色社会主义现代性事业建设中出现的问题，例如生态、新发展理念、市场经济道德建设以及核心价值观的培育与践行等问题。

【比较视域中拉美社会民主主义研究（青年基金项目）】

曲阜师范大学马克思主义学院 李莹

研究意义：在诸多国外社会主义思潮中，社会民主主义的影响不容忽视，它源自欧洲，影响力遍及全球。拉美是除欧洲之外社会民主主义发展最显著的地区，然而长期以来并未引起学界的足够重视。本课题将拉美社会民主主义的研究置于多维比较视域之中，具有三点意义。（1）有助于深化对拉美社会民主主义理论及实践的认识。综合比较拉美社会民主主义与欧洲、亚非发展中国家社会民主主义，以及拉美其他左翼的异同，有助于深刻认识拉美社会民主主义的改良主义本质。（2）有助于全面把握拉美左翼运动的发展规律及趋势。近年来，拉美政局接连生变，呈现“左退右进”态势。以代表温和左翼的社会民主主义为切入点，加强对拉美左翼的比较研究有助于全面把握拉美左翼运动的发展规律及趋势。（3）有助于增强建设中国特色社会主义事业的信心和力量。拉美社会民主主义的百年历史表明，欧洲社会民主主义不适合拉美土壤。中国和拉美各国同为发展中国家，面临一些相似的问题，中国问题的解决必须采用中国方案，决不能照搬西方经验，迷信西方的各种主义。

研究内容：本课题的研究沿着三大模块依次递进的逻辑理路进行。（1）模块一：拉美社会民主主义的历史、理论及实践（比较研究的基础）。一是植根于拉美历史，将拉美社会民主主义的百年发展历程划分为初步发展、潜在性发展、低落、崛起、受挫及调整五大阶段；二是从政治、经济、社会、国际等方面阐述了拉美社会民主主义的基本理论；三是采取国别研究与地区研究相结合的方式，分析拉美典型国家社会民主主义实践，并总结特点。（2）模块二：多维比较视域中的拉美社会民主主义（比较研究的展开）。一是从思想来源、基本理论、具体实践等方面对拉美社会民主主义与欧洲社会民主主义进行比较；二是从理论及政党来源、具体实践、现实发展等方面对拉美社会民主主义与亚非发展中国家社会民主主义进行比较；三是从基本理论及具体实践方面，对拉美社会民主主义与共产党、基督教民主党、新左翼等其他拉美左翼进行比较。（3）模块三：拉美社会民主主义的发展动向及前景（比较研究的目的）。一是剖析拉美社会民主主义的改良主义本质并探析其波浪式发展规律的表现及原因；二是分析拉美社会民主主义的现实境况及内外根源；三是评估拉美社会民主主义的发展前景；四是总结拉美社会民主主义百年兴衰的启示。

研究创新：本课题在选题视角、理论观点、研究方法等方面存在创新。（1）选题视角：将拉美社会民主主义的研究置于多维比较视域之中，摆脱了孤立研究的单薄性及片面性，有助于更为深入地把握拉美社会民主主义的本质及发展规律，并对整个拉美左翼运动的发展趋势做出科学的判断。（2）理论观点：拉美社会民主主义本质上属于资产阶级改良主义思潮，主张在资本主义体制内推进经济社会的结构性改革，其成效必然是短期的、局部的，终究难以有序地完成系统性转型的目标，根本无法成为解决发展中国家问题的良方。（3）研究方法：本课题以辩证唯物主义及历史唯物主义方法为基础，综合运用文献研究、比较研究、个案分析、系统分析法等多种研究方法，以确保研究的科学性、有效性。

【马克思的劳动权利思想及其当代价值研究（青年基金项目）】

西南大学党委办公室　曾庆洪

研究意义：研究马克思的劳动权利思想，将其价值运用到当代实践中，具有重要意义。理论上，一是立足于马克思的经典著作，选择劳动权利思想展开，是对马克思权利思想的深度挖掘和体系完善。二是研究马克思主义基本原理在制度和实践领域的发展，必然为马克思主义基本原理的科学性、实践性提供生动例证。三是厘清劳动权利的内涵、性质等，凝练出价值理念，从建构、实现和保障等角度论证劳动权利体系，丰富了劳动权利的一般理论。四是以分析劳动保障中的问题为起点，反射到劳动范畴的界定等理论中，弥补了当前劳动权利研究的某些空白。实践上，一是勾勒出其劳动权利的价值图谱，由此建构起与实践相适应的劳动权利体系。二是突破现有研究较多聚焦工业社会劳动问题，以马克思主义的劳动观为基础，关注退休返聘、灵活劳动等自主劳动问题，保护部分易被忽视的劳动权利。三是梳理我国劳动保障发展历史、现状，总结出马克思劳动权利思想的经验启示，找准结合点，参照国际人权公约和国际劳工标准等，进一步提升劳动保障的实际效果。

研究内容：研究以马克思的经典论述为范畴，总结马克思的劳动权利思想及其发展，凝练出思想的当代价值并加以适用，推动劳动保障实践的不断完善。具体包括五个方面：（1）马克思劳动权利思想的形成。探索劳动权利的产生背景，以法哲学孕育为基础，由劳动权利在异化主题和资本论框架下的解读和诠释出发，厘清思想在不同历史分期中逐渐形成、完善的历程。（2）马克思劳动权利思想的内容结构。在辨识劳动、劳动者等基本范畴基础上，分析作为核心的多元个体劳动权利和日益被强调的集体劳动权利所构成的劳动权利，提炼出马克思视野中劳动权利具有的阶级性、从属性、多重性、发展性等主要特征。（3）马克思劳动权利思想的发展及其在中国的实践。梳理了国内外马克思主义经典作家关于劳动权利思想的继承和发展，联系中国实际，凝练出中国劳动保障实践发展的有益经验。（4）马克思劳动权利思想的当代价值及其应用。立足解决劳动无序、不公、受迫等问题，应用秩序、平等、自由等理念，推衍出其在中国实践中反歧视、倾斜保护、劳资自治等价值内涵，由此建构起相对完整的权利体系。（5）马克思劳动权利思想中国实践的完善。着眼劳动保障实践在权利体系、劳动基准、保障措施等新发展，结合当前新变化，突出问题导向，以推动充分公平就业、完善劳动合同制度、保障劳动参与权利等为目标，挖掘构建和谐劳动关系的路径。

研究特色：（1）弄清马克思劳动权利思想的形成过程，全面阐述、论证作为整体的马克思劳动权利思想，阐明了马克思的劳动权利思想的内容有哪些、其思想核心和价值何在，即马克思著述中的劳动权利思想的基本构造、主要内容、价值提炼等。（2）结合实践变化，以马克思的基本理念、基本思想建构劳动权利体系，使劳动权利保障的思路、途径等适应现实需求。（3）将思想与中国实践结合，总结我国劳动权利保障的启示，借鉴国际经验，把各国经济社会发展中的共性问题与植根于中国土壤的个性问题统筹考虑，更好解决当前中国实践中存在的问题，建构起合适的劳动权利制度体系。

【《资本论》及其手稿中的社会批判思想及其当代价值研究（青年基金项目）】

浙江大学马克思主义学院　付文军

研究意义：《资本论》及其手稿不仅旨在揭示资本主义的“经济运动规律”，还深刻回应了人类社会的“历史之谜”。《资本论》及其手稿不仅包含着马克思“革命性变革”的主要成果，还确证了人类社会的发展方向和道路。在全球陷入危机的状况中，我们必须就教于马克思。他对资本主义社会的诸多批判性简介将有助于我们分析和应对当前复杂的社会历史问题。

研究内容：（1）“时代之问”的经济学和哲学求索。“时代是出卷人”，而“问题就是时代的口号”。“时代”作为“出卷人”，古典经济学家和古典哲学家们分别针对时代的问卷进行了力所能及的答复。然而，这些经济学和哲学的求索都只不过是立足“市民社会”的解释性方案，它们并非真正意义上的批判性研究，因而根本不能触及问题的实质和核心。马克思的工作就是以哲学（批判）作为工具来分析社会经济问题，继而完整地呈现出资本主义世界的面貌。（2）政治经济学批判：市民社会的解剖之道。秉承“对市民社会的解剖应该到政治经济学中去寻求”的原则，马克思以“资本主义生产方式以及和它相适应的生产关系和交换关系”为对象，唯物、辩证且历史地分析了资本主义的现象与本质、历史与逻辑。这也是以“政治经济学批判”为副标题的《资本论》的工作要旨。也正是在政治经济学批判中，马克思构建了关于市民社会的解剖学。（3）资本时代的切身体验：“批判旧世界”。资本主义世界是一个“颠倒的世界”，物与形而上学的共谋铸就了“抽象成为统治”的尴尬局面。深受资本逻辑的钳制，“现代经济关系”中的自由、平等、理性、公正等维度纷纷瓦解殆尽。马克思为我们展现了一个“在基本制度方面沦落为错误与邪恶的世界”，一个“在道德上要遭到谴责的世界”。正由此，我们必须回到马克思早年提出的革命号召：“要对现存的一切进行无情的批判”。（4）资本主义的“自我否定”：“使现存世界革命化”。科学运用黑格尔“合理内核”，马克思展开了对资本主义社会的强力批判。通过对资本主义生产方式的自我摧毁、阶级结构的直接对立和经济范畴的自我运动的政治经济学批判，马克思确认了资本主义的“自我否定”乃社会的动力之源。通过对资本主义社会中广泛存在的自然、道德、法律和资本自身等限制的述说，马克思展开了他的规范性批判程式。（5）资本批判的理论旨归：“发现新世界”。“发现新世界”才是马克思社会批判理论的旨归。通过对“此岸世界”与“彼岸世界”的勘察，马克思指明了从“虚幻共同体”到“真正共同体”路径，并畅想了美妙的“自由王国”的场景。（6）“未竟之业”的当代传承及其意义。面对“文化工业”“病态社会”“消费社会”“技术时代”和“数字时代”的诸多问题，不同的马克思主义理论家们作了不同的批判性分析，这些分析中的合理成分对于指导我们当下的社会建设具有重大意义。

研究创新：（1）重思马克思“改变世界”的宣言。在以政治经济学来“解剖”市民社会的过程中，“改变世界”的抱负得到了全面呈现。通过对资本主义生产方式及其复杂关系的批判性反思，马克思著书立说的政治意旨、方法和逻辑都得到了全面呈现。（2）深入理解资本主义“自我否定”的逻辑，对资本主义的内在破坏性进行一个全面的考察。《资本论》及其手稿不仅是对资本主义必然灭亡的指证，还是对资本主义“病症”的彻底“诊疗”，并竭力找寻了化解资本主义社会诸多问题的良方。

【马克思的历史客观性观念与虚无主义批判研究（青年基金项目）】

吉林大学哲学社会学院　刘雄伟

研究意义：中国经济的高速发展已经带来了严重的精神困境，虚无主义就是其典型表现。但在以往的研究中，学者更多地囿于价值学的视角来考量虚无主义课题，这就导致虚无主义得以产生的社会历史背景没有被真正发掘出来。与其他思想家相比，马克思不再把对虚无主义的克服寄托于如何在哲学的意义上重建新价值，而是通过对人类历史发展规律的确证，既指认了虚无主义来临的必然性，又科学地说明了虚无主义的历史暂时性。本项目力求突破虚无主义研究的价值学路向，立足于历史唯物主义所澄明的客观的历史，来重思现代性的虚无主义课题。

研究内容：本项目的主要内容包括四个部分。第一部分重点讨论了青年马克思对施蒂纳的批判。正是在批判施蒂纳的过程中，青年马克思看到了抽象的“无”在宗教批判中的软弱无力，并由此而决定要把自己的事业建立在社会历史的“实有”的基础之上。第二部分通过与尼采、海德格尔的比较，阐释了马克思克服虚无主义的独特路径。与尼采、海德格尔不同，马克思并没有在哲学的层面上来考察虚无主义的思想谱系，进而凸显现代人的精神危机，而是出离了价值论的视域，把对虚无主义的克服，诉诸对现实历史的政治经济学批判。通过对现实历史的政治经济学批判，马克思发现了现实历史的客观规律，进而也为克服虚无主义奠定了基础。第三部分着重阐释了马克思的历史辩证法对虚无主义的内在遏制。传统形而上学不顾现实历史的辩证运动而追逐抽象的理念世界，最终坠入虚无主义的深渊。马克思之所以能够规避虚无主义，就是因为他的辩证法真正深入到历史的本质向度之中了，从而破解了遮蔽“现实历史”的种种意识形态理论。第四部分着重从史观的意义上阐释唯物史观对历史虚无主义的内在超越。当前中国语境中的历史虚无主义批判，更多的是从史实而非史观的层面展开的。在史观的意义上，唯物史观之所以没有滑向历史虚无主义，就在于它始终以辩证的态度对待历史的目标和人类的未来。

研究创新：首先，重新理解历史唯物主义意义上的“历史”观念。马克思的历史观念既不是编年史，也不是黑格尔式的理性史，而是人类文明史。马克思对人类文明史客观演进的考察，奠基于他对资本主义的政治经济学批判，因而马克思的历史观念在根本上超出了传统的历史哲学。其次，回击海德格尔等现代西方哲学家对马克思是一个虚无主义者的指认。海德格尔等哲学家把马克思主义哲学看作是西方传统形而上学的延续，认为它也是虚无主义的。本项目在现代哲学的语境中，发掘了历史唯物主义在对待虚无主义课题上的基本立场、思路、观点和方法，从而有力地回击了这种批评。

（供稿：杨　静）

第八篇

会议综述

新时代中国特色社会主义与世界社会主义的发展

——“社会主义的历史、现实与未来”国际学术研讨会综述

刘　军　李　洋

2017年10月，恰逢党的十九大召开之际，北京大学马克思主义学院、北京大学中国道路与中国化马克思主义协同创新中心和北京大学中国特色社会主义理论大众化与国际传播协同创新中心，共同举办“社会主义的历史、现实与未来”国际学术研讨会。来自美国、英国、德国、俄罗斯、意大利、奥地利、加拿大、印度、匈牙利等国以及中国台湾地区和大陆的50多位专家学者与会。与会中外学者围绕新时代中国特色社会主义、苏联等国的社会主义发展历史、当代社会主义发展以及对社会主义未来的展望等主题，进行了深入探讨。

一　习近平新时代中国特色社会主义思想：内涵与意义

习近平新时代中国特色社会主义思想回答了在新时代坚持和发展什么样的中国特色社会主义、怎样坚持和发展中国特色社会主义的问题，明确了新时代中国特色社会主义建设的基本方略。与会学者普遍认为，这一思想对中国的社会主义建设乃至世界社会主义的发展有着重大意义，值得深入探讨。

（一）习近平新时代中国特色社会主义思想的理论与现实基础

习近平新时代中国特色社会主义思想，是以中国和世界的发展变化为依据对党的指导思想的传承和发展，是与中国社会主义事业实践创新相呼应的理论创新，也是对新时代新问题的新回应。北京大学顾海良教授从中国梦和世界社会主义发展历程的角度，阐发了习近平新时代中国特色社会主义思想的“理论源点”和“逻辑起点”。他认为，习近平新时代中国特色社会主义思想，以近代中国及世界的变化、变革为出发点，对中国发展新的历史方位做出了准确判断。以中国道路、中国力量和中国精神为基础的中国梦，奠定了习近平新时代中国特色社会主义思想的历史和逻辑起点；世界社会主义五百年运动，为习近平新时代中国特色社会主义思想提供了思想资源。北京大学黄宗良教授从社会、文化和政治三个层面对中国特色社会主义的建设成就做了系统总结，认为习近平新时代中国特色社会主义思想是中国经验的集中体现，有着深厚的理论与现实基础。

北京大学孙熙国教授从新实践、新时代、新使命和新理论四个维度对新时代中国特

色社会主义的历史方位作了深入解读。他指出，新的实践呼唤新的时代，新的时代面临新的使命和任务，因此需要有新的理论来解决新矛盾，因此，新实践、新时代、新使命和新理论密切相关。而且，习近平新时代中国特色社会主义思想既是中国的也是世界的，既是对中国马克思主义发展的历史性贡献，也是对世界马克思主义发展的历史性贡献。

（二）世界社会主义视角下的中国特色社会主义新时代

中国特色社会主义进入新时代，不仅在中国共产党、中华人民共和国和中华民族的历史上有着重要意义，在世界社会主义发展史上也有重要意义。北京大学哲学系王东教授指出，中国共产党第十九次全国代表大会的召开，不仅标志着中国特色社会主义进入了新时代，也标志着当代世界社会主义已经走出低谷，迎接复兴。中国共产党十九大是21 世纪的共产党宣言。

中国台湾佛光大学姜新立教授认为，在世界社会主义发展史上，新时代中国特色社会主义是一种新型的社会主义模式，它是从生活本身出发、从人民的福祉出发建构的社会主义，它为21 世纪世界社会主义乃至人类文明的发展提供了新道路与新方案。中国社会科学院姜辉研究员认为，新时代中国特色社会主义将推动世界社会主义发展进入新阶段，新时代中国的马克思主义也将为马克思主义的进一步发展作出原创性贡献。新时代中国特色社会主义充分展现了社会主义制度的巨大优越性，必将对 21 世纪马克思主义与世界社会主义的发展产生巨大深远的历史影响。

（三）新时代中国特色社会主义的世界影响

对人类文明发展史的影响，也是中国特色社会主义进入新时代一个重要方面的意义。中国特色社会主义建设的成功经验，为解决全球性问题、建设高效可操作的社会制度模式，切实推动世界发展等都提供了中国智慧和方案。俄罗斯莫斯科国立大学亚历山大·布兹加林教授认为，新时代中国特色社会主义思想为解决人类社会的共同问题提供了新的思路和方向。当今世界面临很多问题，金融危机、生态环境危机频发，但西方传统的经济学和哲学理论已难以为当代危机提供有效的解决方案，马克思主义包括习近平新时代中国特色社会主义思想在应对全球性问题、普遍性问题上提供了新的思路和方法。

德国不莱梅大学奥托·考斯彻纳教授、罗莎·卢森堡基金会米歇尔·布里教授等也对中国社会主义建设给予了高度评价。考斯彻纳认为中国的社会组织形式、中国特色社会主义制度是一种高效的制度形式。通过对比“中国梦”和“欧洲梦”，布里认为中国领导人表现出具有伟大而明确的梦想，并且有明确的时间表即“两个一百年”来实现这一梦想，这体现出了中国智慧和中国方案的执行魅力。武汉大学孙来斌教授也在发言中表示，中国制度不仅会为实现中华民族伟大复兴提供可靠制度保障，而且将为人类探索更好的社会制度，提供中国方案与中国智慧。

二　历史回顾：苏联等国的社会主义事业

回顾世界社会主义运动五百年的历史，有许多值得深入探究的经验与教训。2017

年正值俄国十月革命100周年，十月革命后建立的第一个社会主义国家——苏联，对世界社会主义发展产生了深远影响。一批民族国家相继走上社会主义道路或进行了具有社会主义色彩的建设。苏联等国社会主义道路的开辟和社会主义建设的历史，成为与会学者深入讨论的一个重要主题。

（一）苏联社会主义道路的开辟

苏联社会主义道路的开辟是在世界史上具有重大意义的事件，时隔一百年回顾这段历史，对其认识也在不断更新。南京师范大学俞良早教授分析了列宁的理论与苏联建设实践。他认为，列宁和布尔什维克党在理论上坚持了马克思主义原理，坚持了关于无产阶级政党革命性、先进性、纯洁性的基本原理，坚持了关于朝着社会主义和共产主义目标前进、克服千难万险、奋勇前进的基本原理。他们也开辟了改变旧经济关系、建设“铁一般”的无产阶级政党的领导、开辟吸收旧文化建设无产阶级新文化的新航路。

北京大学刘军教授探讨了对俄国革命的评价问题。刘军认为，评价十月革命，有三大基本原则和两种基本方法，三大基本原则分别是历史的普遍性和特殊性相统一的原则、历史尺度和价值尺度相统一的原则、历史和现实相统一的原则，两种基本方法分别是阶级分析方法和辩证分析方法。他指出，对于历史事件的评价，要注意历史尺度和价值尺度的综合。中国人民大学哲学院安启念教授认为苏联的社会主义是俄国封建落后的思想文化观念和社会主义道路相结合的产物，是跳跃式发展的社会主义。受发展的跳跃性和思想文化的封建滞后性所影响，这种社会主义从产生时起就必然存在很多问题，无法保证国家的持续发展。

（二）对苏联等国社会主义建设的分析与评价

“苏联模式”的社会主义建设取得了重大成就，但也在发展中埋下了导致最终解体的诱因。20世纪，印度、匈牙利等国，也在苏联的影响下发展了社会主义。回顾这些历史，对于当今的社会主义建设也有启发意义。剑桥大学荣休教授大卫·兰恩分析了苏联经济建设的巨大成就与解体原因，他认为苏联的建设证明工业社会可以在没有资产阶级主导、没有市场经济的情况下建立起来。苏联实施的国家主导型计划经济模式在20世纪取得了成功，这种计划经济模式曾为包括中国和古巴在内的很多国家所效仿，甚至对法国、英国等欧洲国家的公共政策制定也产生了很大影响。但后来，苏联试图加入资本主义世界经济体系，在加入这一体系的过程中，上升的社会阶级在外部利益的支持下，积极谋求向市场经济和个人产权的转变，这一转变削弱了苏联的社会主义系统，最终导致苏联解体。

印度旁遮普大学的包文德尔·辛格·提瓦纳教授和阿姆利泽纳那克大学沙拉吉特·迪黑仑教授分析了印度的社会主义发展历史过程。提瓦纳教授认为，十月革命启发了印度的殖民斗争和自由斗争，催生了印度共产党和其他社会主义性质的组织，有些组织直到今天依然活跃在印度的政治中。迪黑仑教授分析了社会主义在印度的起源、社会主义组织在印度的建立以及社会主义思想在印度的传播。匈牙利罗兰大学托马斯·克劳斯教授也简要介绍了匈牙利的社会主义革命和建设情况。

三 现实关切：当代社会主义理论与实践发展

随着经济社会环境的发展，社会主义的理论与实践都面临许多新的时代状况，需要对科学社会主义理论、对社会主义本身进行更加深入的理解。同时，面对社会发展特别是科技进步带来的新因素，也需用社会主义的角度对此进行关注。研讨会上，与会学者就当下社会主义理论与实践中的一些热点问题，提出了许多有价值的见解。

（一）对科学社会主义理论的新理解

对科学社会主义和共产主义的理解一直在随着时代的进步而不断加深，北京大学孙代尧教授从四个方面分析了科学社会主义保持顽强生命力并在21世纪的中国开辟发展新境界的原因。一是科学社会主义具有在大跨度的时空范围内保持活力的内在素质，这些素质中最重要就是由唯物史观提供的方法论。二是科学社会主义是关于人的解放和自由全面发展的学说，这个价值观代表了人类追求的最高境界，反映了劳动群众的根本利益。三是科学社会主义具有自我发展、自我更新、自我超越的品质，既引领时代发展，又从解读时代变迁的问题中不断丰富和发展。四是科学社会主义行走在人类文明发展大道上，是人类追求文明进步的思想，推动人类文明发展。

英国伦敦都市大学艾伦·弗里曼教授阐述了他对共产主义内涵的新理解。弗里曼认为，共产主义社会是每个人根据自身的需要、根据个人的能力本领充分发展自己的社会，它具有资本主义社会无法实现的丰富价值意涵。共产主义本身有两个非常重要的内涵，一个是自由，一个是普遍的权利和平等。这两个内涵意味着工人阶级及共产党是共产主义的实现主体，他们要为复兴共产主义提供条件。

（二）社会主义精神的内涵及变迁

“社会主义”作为一种历史久远的理念，对其本身的理解也需要从更多的角度加以丰富，北京大学宇文利教授从精神史的角度，对社会主义精神内涵及其发展变迁进行了回顾。他认为，社会主义的出现，代表了一种崭新的人类社会实践模式和社会发展模型，同时也孕育了一种前所未有的社会精神，即社会主义精神。这种社会主义精神的发展主要经历了四个阶段，从最初的公有平等精神，到人类解放精神，又发展为民主主义精神。而社会主义要想走向世界、面向未来，则必须要实现精神跃升，在世界范围内实现和平主义精神。他指出，中国的社会主义在文化和现实中都体现着这种和平主义精神。

（三）生态问题、人工智能与社会主义

生态环境问题是当前最受关注的人类的共同问题之一，奥地利维也纳大学约瑟夫·鲍姆教授探讨了生态社会主义的这一主题。他指出，生态危机的爆发主要是因为人类对大自然的过度剥削，而资本主义由于本身无法消除对劳动和自然的剥削，无法有效解决生态危机，因此需要在社会主义的制度框架下寻求生态问题的解决。鲍姆认为，解决生态问题的关键，是要从社会经济环境的总体出发制定新的联合性解决方案。中国提出的生态文明建设理念，为生态社会主义的发展提供了新的参考思路。

人工智能是最近一段时间最新兴起的热门话题，是科技进步改变人类生产和生活状况的典型体现。中共中央编译局彭萍萍研究员关注了这一新课题，探讨了人工智能对社会主义发展的影响。彭萍萍认为，人工智能的发展将给人类社会发展带来革命性变革，将提高劳动生产率，实现社会生产力的整体跃升；将对传统行业带来冲击并重新定义衣食住行；将冲击或重塑某些行业，导致结构性或全面性失业。人工智能的发展对未来社会发展将产生巨大影响，未来的社会主义研究将面临新的研究环境和条件，这对未来社会主义的研究提出了新要求。

四　未来展望：新时代的社会主义

社会主义的一大魅力在于它是一种有着明确未来向度的理念。当前的资本主义秩序本身存在深重的内在危机，这决定了它要向更加进步的社会形态转变，即向社会主义过渡；尽管这个过渡将是一个漫长的时期，但考察社会主义发展的历史与现实，特别是新时代中国特色社会主义事业的诸多成就，与会学者都坚信，社会主义将有广阔的未来。

（一）资本主义危机与向社会主义的过渡

资本主义的危机是全方位的，它的经济、社会、文化、政治等多方面都存在问题，而这些问题都只能靠向社会主义过渡来解决。美国杜肯大学教授、北京大学哲学系讲席教授汤姆·洛克摩尔重点讨论了从资本主义向社会主义过渡的必然性以及如何过渡的问题。他认为，资本主义可以满足人类的基本需求，但是无法满足人类的个人发展需求，个人发展只能在摆脱了经济枷锁之后的共产主义社会中实现，因此必须向共产主义过渡。

莫斯科国立大学现代马克思主义研究中心研究员娜塔莉娅·亚科维拉从教育分化的角度论述了当代资本主义的危机。她认为，在背离社会主义理念的情况下，现在社会出现了教育商业化的趋向，美国、俄罗斯、印度、日本、乌干达等国家都有这样的趋势。教育商业化有可能导致教育分化，进而导致阶级分化，这是非常危险的信号，这一趋势如果继续发展，将造成严重的社会不平等和社会分层问题。

英国肯特大学荣休教授肖恩·赛耶斯也关注了当代资本主义的危机与社会主义的可能性。他指出，苏联虽然最终解体，但是十月革命留存下来的社会活力仍然存在，这种活力是社会主义继续发展的动力。鉴于当前资本主义充满危机与发展停滞的状况，社会主义是有未来的，甚至有可能建立激进的新秩序。意大利 MarxVentuno 杂志编辑安德瑞·卡托纳关注向社会主义过渡的文化问题。他认为向社会主义的转变不是一个自发的过程，需要有清晰且强大的政治文化引导未来的人类进入社会主义。

（二）关于社会主义未来发展的展望

与会学者普遍对社会主义的未来充满了信心，但也认为社会主义要顺利发展，需要不断根据新的时代状况进行与时俱进的自我调整，不断实现新目标。俄罗斯莫斯科国立大学研究员达雷尔·扎布罗夫对社会主义经济的新模式发表了独到看法。他认为，不能全盘否认计划经济，转为市场经济。市场和计划都是过时的机制，现在需要的是一种新的方式来推动发展，这种新的方式是市场和计划机制二者的辩证统一。这种新方式与当今很多国家实行的混合经济不同，它是经济管理的新方式，是人民的或者自治的方式，这种方式有计划，但不集权，不是私人占有，这种方式能够代替市场成为管理经济的新方式。

美国纽约城市大学教授理查德·沃林教授回顾了欧洲各国特别是法国的社会历史发展进程，认为要想发展社会主义，必须正确理解马克思主义和社会主义，不能僵化、教条地理解马克思主义。沃林表示，马克思对社会主义的论述和预测是基于19世纪的历史情况的，21世纪情况已经发生了变化，现实的革命形势也发生了巨大变化，因此关于社会主义发展的理论也要进行变化，现实的社会主义是比较有弹性的去僵化的过程。只有在立足历史与现实的基础上，才能对社会主义的未来作出有意义的展望，更好地促进社会主义的发展。

北京大学孙蚌珠教授从中国共产党的奋斗历史出发，阐释了社会主义的实践历程及光明前景。孙蚌珠指出，中国共产党始终把为人民谋幸福、为民族谋复兴作为现实奋斗目标，并且有计划、有步骤地实现目标，实现了长、中、短期目标的统一。社会主义在中国的发展进程和所取得的成就，以及现在所具备的发展潜力，都展现了社会主义未来的光明图景。

本次会议影响广泛，讨论主题丰富，取得了很好的效果。加拿大约克大学荣休教授赛义德·拉尼马表示，自己对这次会议讨论的丰富内容印象深刻，回到加拿大之后自己要做一个中国形象的积极宣传者，为加拿大和中国之间的学术交流贡献力量。莫斯科国立大学柳德米拉·布兹加林教授表示，俄罗斯也举办过很多类似的研讨活动，但中国举办的此次会议无论在规模上，还是在议题讨论的广度和深度上都让人印象深刻。与会学者普遍认为，这次会议为国际学者间的交流沟通提供了很好的平台，有力推动了社会主义理论和社会主义实践在当代世界的发展。

（原载《理论与现代化》2018年第2期）

新时代推进马克思主义中国化新发展
——“第十届全国马克思主义青年学者论坛”综述

范方红

为推动青年学者对马克思主义中国化的研究，2017年10月21—22日，由中国社会科学院马克思主义研究院与贵州大学联合主办、《马克思主义研究》编辑部与贵州大学马克思主义学院联合承办、《贵州社会科学》编辑部等机构协办的“第十届全国马克思主义青年学者论坛”在贵阳孔学堂召开。中国社会科学院马克思主义研究院院长、党委书记邓纯东，副院长樊建新，贵州大学党委副书记骆长江，南京师范大学教授、长江学者王永贵，贵州大学马克思主义学院党委书记罗玉达、院长张国安，《马克思主义研究》编辑部主任谭晓军、《马克思主义与现实》常务副主编黄晓武、《贵州社会科学》执行主编黄旭东等专家同来自全国70多所高校以及科研机构的120多位青年学者参加了论坛。这次论坛在以下四个方面取得了丰硕的成果。

一　坚持马克思主义的指导，维护新时代意识形态安全

党的十八大以来，党中央高度重视意识形态工作，对新形势下如何维护意识形态安全提出了一系列新观点、新要求。维护意识形态安全，核心就是要坚持马克思主义对哲学社会科学的指导。

邓纯东研究员分析了我国哲学社会科学坚持以马克思主义为指导的现实必要性和重要性。他指出，这是由我国哲学社会科学的阶级属性、社会属性与意识形态属性所决定的。他列举了当前西方学术思想与学术价值对我国哲学社会科学的诸多冲击与影响，指出有些领域还相当严重，不少社会科学领域还存在“失语”“失踪”“失声”的现象。不少学者的研究没有体现马克思主义的立场、观点与方法。他强调，照搬西方的学术原则与标准，无法指导中国哲学社会科学的健康发展，还会影响青年学者的价值取向，危害我国意识形态的安全。他提出，坚持马克思主义对哲学社会科学研究的指导，不仅要清除有害于马克思主义指导地位的思想理论与学术行为的干扰，还要建立完善的马克思主义学科体系、学术体系与话语体系，尤其是教材体系；更重要的是，高校教师要树立马克思主义的世界观、人生观与价值观，才能真正做到对马克思主义指导地位的坚持，才能更有效地维护我国以马克思主义为主导的意识形态的安全。

樊建新研究员指出，以马克思主义为指导，是我国哲学社会科学事业的基本要求。他分析了当前学术界存在的对马克思主义的误解和割裂，以及把马克思主义非意识形态化的倾向，指出既不能离开马克思主义来研究中国现实，也不能离开现实来研究马克思

主义。离开马克思主义的指导，现实研究就会迷失方向，脱离现实，研究马克思主义就会失去意义；哲学社会科学研究不能将马克思主义标签化、空泛化、边缘化，更不能将马克思主义空心化。党的十九大对我们研究、发展马克思主义提出了更高的要求，青年学者要把握马克思主义的整体性和科学性，做一个真正的马克思主义学者，推动马克思主义在中国的新发展。

重庆邮电大学郑洁教授提出，大数据时代意识形态安全面临诸多挑战，应在互联网领域采取加强马克思主义阵地建设、提升信息安全保障能力、强化道德体系建设与舆论导向等措施，变危机的挑战为发展的机遇。

华南理工大学祝全永副教授则针对历史虚无主义的危害，提出了坚持历史唯物主义为指导及捍卫历史研究的科学性、发挥主流媒体的舆论引导作用、加强对新媒体的监管力度三大应对措施。

二 坚定中国特色社会主义道路，推动新时代社会发展

中国特色社会主义道路是将马克思主义与中国社会发展实践相结合的成功范例。尤其是党的十八大以来，以习近平同志为核心的党中央提出了一系列新思想、新战略，形成了一系列新成果，如中国特色的扶贫思想、把人民对美好生活的向往作为奋斗目标等国家治理思想，以及“一带一路”“人类命运共同体”“共享发展”等全球治理思想，在实践上继续推进了中国特色社会主义道路的发展，在理论上继续推动了马克思主义中国化的进程。

王永贵教授认为，当前世界处于大变革、大发展、大调整的时期，大时代需要大格局，大格局需要大智慧，习近平总书记提出的“打造人类命运共同体”为全球治理提供了新的价值理念，并且通过“一带一路”“共建共享共赢”“亲诚惠容”等中国智慧，创新了全球治理体制，改变了全球治理格局，中国通过与其他国家形成合力，着力于全球公共危机治理，成为全球治理体系中重要的参与者和践行者，体现了负责任大国的担当，推动实现中华民族伟大复兴与世界和平发展的价值旨归。

张国安教授指出，中国特色社会主义扶贫道路是中国特色社会主义道路的有机组成部分。中国扶贫事业取得了举世公认的成就，得益于中国特色的扶贫理念、切合实际的扶贫战略与政策、具有实效的扶贫组织形式与不断丰富发展的扶贫经验，包括产业扶贫、移民搬迁、教育扶贫、精准扶贫等。这些组成了理论与实践相结合的扶贫体系，形成了独具特色的“中国扶贫道路”——党的领导、领袖重视、依靠群众、重视教育、主动性强等，为世界扶贫事业提供了中国经验。

中国人民大学宋友文副教授提出，新时代中国特色社会主义思想含有价值理想、价值标准、价值共识这三重价值观意蕴，习近平治国理政价值观包含了坚定共产主义的价值理想、坚持人民至上的价值标准、凝聚社会发展的价值共识这三大内容。从价值层面解决了中国的发展向何处去的问题。

三 坚定文化自信，发展中国特色社会主义文化

新时代中国特色社会主义的发展，在理论上离不开马克思主义中国化，在文化上离

不开中国特色社会主义文化的发展。社会主义的文化自信与文化发展，已成为马克思主义研究的重要内容。

华侨大学薛秀军教授指出，中华优秀传统文化是构筑中国精神、中国气质的文化之根，是中国特色社会主义文化的重要源头。对中华优秀传统文化要坚持继承和创新的统一，创造性发挥中华优秀传统文化的优势。随着中国从现代化的追赶者到领跑者的转变，中华优秀传统文化要在与多元文化的交流、碰撞中为世界发展贡献中国智慧、中国方案。

中国社会科学院王钰鑫副研究员指出，中国特色社会主义的文化自信贯通了中国优秀传统文化、革命文化与社会主义先进文化，并且在与世界不同文化的交流互鉴中得到了发展；他分析了中国特色社会主义文化自信的生成逻辑、实践逻辑、价值逻辑与共生逻辑；强调文化自信是中国特色社会主义道路自信、理论自信与制度自信的内在理论要求。

中央民族大学王文东教授解析了当代社会的文化自我主义，指出它以文化世俗化、价值虚无、人文精神失落为特征。他认为，当代中国民族文化传承与发展的价值意蕴在于：文化自信、文化自觉与文化自强是人文精神重建的基本前提，是民族文化传承的基本价值起点；“以人为本”构成民族文化传承的根本价值诉求；“科学发展观”构成民族文化传承的现实之路；“和谐发展”“共享发展”构成民族文化传承的本质之维。

北京科技大学许慎则考察了革命文化的出场、演进，分析了其强大生命力的内在逻辑，指出革命文化具有大众品质，能激扬国家精神，能突破前行的阻力，能凝心聚力，能为新时期中华民族的伟大复兴提供文化自信与内在动力。

四　研读经典，感悟习近平新时代中国特色社会主义思想

研读马克思主义经典，是青年学者正确领悟马克思主义立场、观点与方法的基础功夫。

贵州大学胡芳教授对列宁社会主义意识形态的重要意义进行了阐述，从社会制度的变革、社会结构的再生产、社会生产力的再生产方面对其进行定位，在理论和实践的整体链条中分析了社会主义意识形态的内在逻辑。她指出，列宁并不仅仅视意识形态为上层建筑，他比马克思更重视意识形态的作用，更强调意识形态中人的主体性、实践的整体性。列宁务实的特质，强调实践批判优于理论空谈，自我构建的整体性优于局部性。这就为“人类命运共同体”的生成提供了新的思想导向和价值引领。

贵州理工大学欧阳德君副教授对马克思原典考察后指出，马克思阶级斗争的目的是实现每个人的“自由发展”与“全面发展”；阶级斗争的形式包含“暴力”，但不限于“暴力”；阶级斗争是“普遍性”与“特殊性”的统一，需要在实践中不断发展。

南京理工大学卢德友副教授对当前历史唯物主义遭受的“过时论”“无证实论”“贫困的决定论”这三个质疑作了理论上的回应。他认为，历史唯物主义具有强烈的时代感，人类历史发生了巨大变迁，但没有越出历史唯物主义划定的基本框架，即生产力与生产关系、经济基础与上层建筑的矛盾运动是推动历史发展的根本动力；历史唯物主义揭示社会发展的合规律性，具有超越经验的实证性；其辩证法和实践论，是面向实践的方法论。

闭幕式上，谭晓军研究员充分肯定了青年学者们具有的现实观照、问题意识与使命意识，并对广大青年学者今后的学术发展提出了要提高马克思主义理论素养、坚持马克思主义理论自信的期许，激励青年学者专注于对新时代中国特色社会主义思想的研究和学生的培养。

本次论坛充分展示了青年学者在马克思主义中国化领域的重要成果，显示了中国特色社会主义新时代青年学者具有的正确学术风范与学术追求。参与论坛的专家、学者们以马克思主义的立场、观点、方法并结合党的十九大精神分析当前中国特色社会主义建设过程中出现的意识形态、文化建设、社会治理、全球治理等问题，具有较强的问题意识与时代气息；注重对党和国家政策的解读与发挥，关注了马克思主义在高校的发展，体现了学者的责任感与使命感；注意将马克思主义中国化放在全球化、网络化、中华民族崛起的大背景下来考察，显示了我国马克思主义青年学者具有开阔的学术视野、较强的独立思考能力与学术创新精神。

（原载《马克思主义研究》2018 年第 3 期）

党的十九大精神与马克思主义理论创新

——“中国历史唯物主义学会2017年年会”综述

赵立峰　廖志诚

2017年11月4—5日，中国历史唯物主义学会2017年年会在福州举行。会议由中国历史唯物主义学会、中国社会科学院国家文化安全与意识形态建设研究中心、福建师范大学共同主办，福建师范大学马克思主义学院承办，来自全国高校、党校、军校、科研院所、出版机构、新闻媒体等单位的200余位专家学者参加了研讨会。会议主题是“历史唯物主义与天下大势”，与会人员围绕党的十九大报告与马克思主义理论创新，展开深入研讨与广泛交流，取得丰硕成果。

一　深入学习研究党的十九大精神和习近平新时代中国特色社会主义思想，在学懂弄通做实上下功夫，形成高度的理论自觉和理论认同

中国社会科学院党组成员张英伟同志在开幕词中指出，党的十九大报告是党在新时代开启新征程、续写新篇章的政治宣言和行动纲领。习近平新时代中国特色社会主义思想，不仅是马克思主义中国化的最新成果，更是马克思列宁主义同中国实际相结合的第三次历史性飞跃。他提出，与会理论工作者应把构建中国特色哲学社会科学作为工作重点，化为自身的思想自觉、行动自觉；应努力提高对中国特色社会主义建设规律的认识水平，不断开辟当代中国马克思主义发展新境界；中国历史唯物主义学会要充分发挥自身特色和优势，扎实推进理论创新，为巩固马克思主义在意识形态领域的指导地位作出新贡献。

中国历史唯物主义学会会长、中国社会科学院国家文化安全与意识形态建设研究中心主任侯惠勤教授在主题报告中指出，党的十九大报告体现了马克思主义的真理力量和理论创新的鲜活魅力，展示了马克思主义理论创新的根本特点，是马克思主义中国化、时代化、大众化的经典样板。首先，马克思主义理论创新之道：实事求是，即从不断变化的实际出发，通过反复实践和不断探索获得规律性的科学认识，最终形成新的思想理论成果。“新时代”是对今天面对实际的准确判断，是对当今历史阶段的科学概括。我们必须解决的时代问题：坚持和发展什么样的中国特色社会主义，如何坚持和发展中国特色社会主义？我们必须长期坚持的指导思想：习近平新时代中国特色社会主义思想。其次，马克思主义理论创新之理：继承发展，即坚持把马克思主义基本原理运用到新的历史条件下，在推进马克思主义中国化、时代化、大众化中发展马克思主义。习近平新

时代中国特色社会主义思想与邓小平理论、“三个代表”重要思想、科学发展观一脉相承，在理论上实现了整体性的创新、发展。最后，马克思主义理论创新之本：集体智慧的结晶，即通常以领袖个人创新形式表达的思想成果，本质上是党和人民集体经验和集体智慧的结晶。这是领袖、政党和人民不可分割关系在理论创新上的生动体现。人民是创造历史的现实主体，也是马克思主义理论创新的集体主体。

中国历史唯物主义学会副会长、中国人民大学校长助理兼马克思主义学院院长郝立新教授认为，习近平新时代中国特色社会主义思想开辟了当代中国马克思主义发展的新境界；创新性地总结了时代发展的新特点，提出了新的时代观；深化了对社会发展规律、中国特色社会主义建设规律以及执政党建设规律的认识；创新性地揭示了社会主要矛盾转化，深刻阐述了新时代中国特色社会主义发展的阶段性特点；提出了实现现代化目标“两步走”的战略构想，全面阐述了新时代中国共产党的使命、领导和建设。中国历史唯物主义学会副会长、中国社会科学出版社社长赵剑英教授认为，党的十九大报告具有很强的前瞻性、思想性、战略性和指导性，展示了历史唯物主义的大视野，坚持了实事求是的思想，阐释了社会主要矛盾新变化，体现了以人民为中心的发展思想，闪耀着马克思主义哲学真理的光芒。

二　加快构建中国特色哲学社会科学，打造意识形态坚强阵地，牢牢掌握意识形态工作领导权、话语权和主导权

侯惠勤教授认为，唯物论、反映论、共产主义等马克思主义核心理论必须坚持，坚持住就能走出新路，丢了就会使创新走入死胡同。马克思主义理论创新的关键不在于改变其形态，哲学的发展也不在于创造新概念，问题在于怎样运用马克思主义最基本的东西，不断指导和解决前进中遇到的问题。在构建中国特色哲学社会科学上的“不忘初心”，表现在把马克思主义的核心话语找回来、坚持住，在新的历史条件下进行阐发，这就是哲学社会科学工作者的使命。上海交通大学马克思主义学院院长王岩教授认为，构建具有中国特色的马克思主义政治哲学话语体系起码包含七项内容：马克思主义历史唯物主义、当代中国重大理论与现实问题、中华优秀传统政治文化、治国理政的政治智慧、西方政治哲学的时代价值、价值理性及其科学内涵和政治价值的范畴体系。南京师范大学马克思主义学院副院长张志丹教授认为，意识形态研究要树立学科建设意识，以解决长期以来意识形态研究中存在的隔绝分散状态，具有重要的学术和现实意义。

广东医科大学马克思主义学院操奇教授认为，提升主流意识形态话语权必须有科学的运行机制，即说服机制，主要包括理论说服、价值说服、事实说服、话语说服、艺术说服五个机制。中南财经政法大学马克思主义学院副院长韩美群教授提出，应当认清西方话语理论的本质内涵，大胆吸收借鉴其积极因素，绝不能陷入其理论逻辑之中，必须在马克思主义的指导下，打破西方话语垄断地位。武汉大学马克思主义学院金伟教授认为，不仅要促进中国话语走出去，也要把国外一些积极话语引进来，国内学者要多走出去传播中国好声音，积极应对西方的一些思想观念。福建师范大学马克思主义学院陈桂蓉教授认为，道德话语的价值不容低估，应打破现阶段国家治理中道德话语边缘化的窘境，致力于道德话语的整合与创新。华中科技大学马克思主义学院刘家俊教授提出，在高校思想政治理论课教学改革中，要将学生作为教学的“主体”，发挥教师的“主导”

作用，激发“论语课堂式对话”积极性、兴奋点话题。还有学者提出，新媒体环境下必须培养自己的红色大V，发挥在网络舆论场上激浊扬清、弘扬正气的作用。

三　加强党史、党建及全面从严治党问题研究，牢记中国共产党人的历史使命，推进党的建设伟大事业不断胜利前进

关于党的历史使命，中国历史唯物主义学会理事、上海财经大学马克思主义学院刘光峰教授认为，“不忘初心，牢记使命”闪烁着习近平新时代中国特色社会主义思想的光辉，要从理论和实践两个层面积极探索“不忘初心”的有效途径。关于我国社会主要矛盾的变化，中国历史唯物主义学会副会长、首都师范大学出版社社长杨生平教授提出，应该放在社会主义初级阶段发展的连续性与阶段性相统一的意义上去理解，研究主要矛盾是怎么引起的，以及主要矛盾变化以后应该怎么做。中国历史唯物主义学会副秘书长、中国社会科学院国家文化安全与意识形态建设研究中心副主任兼秘书长朱继东研究员认为，新时代是以习近平同志为核心、为领袖的时代，是在站起来、富起来基础上迎来的强起来时代；新思想是历史性飞跃，是社会主义现代化建设全过程、党的建设各方面都必须坚持的思想指南、行动指南；新目标是新时代的中国共产党人对中国人民的庄严承诺。只有把握好三者的关系，才能真正高举新思想旗帜，才能在新时代实现新目标、创造新辉煌。

围绕全面从严治党，与会学者从理论渊源、历史借鉴、现实需要、科学内涵以及价值意蕴等方面发表了见解。四川省社会科学院毛泽东思想研究所单孝虹研究员认为，全面从严治党强调了管党治党工作范畴的周密性、主体对象的完整性和功能目的的全局性，体现了党中央治党管党方略的整体性、系统性和科学性，是全面管党与从严治党、预防与教育的有机统一。

四　加强治国理政新理念新思想新战略研究，坚定中国特色社会主义道路，在坚持中推进马克思主义理论创新发展

中国历史唯物主义学会副会长、华中师范大学林剑教授认为，中国共产党始终在坚持中创新和发展马克思主义，党的十九大报告中每个新提法都有新的命题，每个新的命题都是重大的理论创新，其中的核心是习近平新时代中国特色社会主义思想。中国历史唯物主义学会副会长、国防大学政治学院何怀远教授指出，党的十九大报告充分体现了中国共产党“以人民为中心”的价值追求，即把党性与人民性统一起来；把社会财富快速增加与全体人民共同富裕统一起来；把人民利益放在至高无上的位置；确立求真务实的工作作风。中国历史唯物主义学会理事、郑州大学马克思主义学院院长于向东教授认为，人民主体思想在习近平新时代中国特色社会主义思想中居于基础性的突出位置，其内涵可以概括为九个方面：目标追求观、历史动力思想、人民利益至上观、以人民为中心的发展思想、保障和改善民生思想、人民当家作主思想、群众路线思想、担负文化使命观、造福世界人民观。济南社会科学院文史哲研究所王鲁宁研究员认为，习近平以人民为中心的发展思想及群众观具有管全局、管根本、管长远的导向意义，是马克思主

义人民观在当代中国的最新理论成果，体现了群众观与发展观的统一。

福建师范大学马克思主义学院邓翠华教授认为，生活方式绿色化是公众参与生态文明建设的重要方式。只有建立起包括宣传教育机制、激励惩罚机制、生产生活绿色转变协同机制以及绿色政策支持和法律保障等长效机制，才能促进公众自觉地践行绿色化生活方式。东北师范大学马克思主义学院胡海波教授认为，必须把马克思主义的具体理论置于一定的历史坐标之中加以考察，从而分清哪些是具有大时空超越性的基本理论，哪些是在具体环境下的具体结论。无视马克思主义理论的历史性，其结果必然是背离马克思主义的精神实质。中共江西省委党校杨海副教授认为，全党要时刻准备应对重大挑战、抵御重大风险、克服重大阻力、解决重大矛盾，要全面梳理、提炼、研究马克思现代性诊断中的“风险”思想，防范当下中国整体转型发展中出现的许多高度复杂化的、“变异”的新风险。

通过本次年会，与会学者一致表示，要始终坚持马克思主义的立场、观点和方法，牢固树立政治意识、大局意识、核心意识、看齐意识，进一步增强中国特色社会主义道路自信、理论自信、制度自信、文化自信，准确把握中国特色社会主义进入新时代这一历史方位，为推进实践基础上的理论创新作出更大贡献。

（原载《马克思主义研究》2018 年第 4 期）

社会主义各国共议马克思主义与社会主义建设

——“第五届社会主义国际论坛”综述

潘西华

2017 年 11 月 22—23 日，第五届社会主义国际论坛在老挝万象举行。本届论坛受中国社会科学院“社科论坛”资助，由老挝社会科学院、中国社会科学院马克思主义研究院、越南社会科学翰林院哲学所共同主办，由老挝社会科学院承办，论坛的主题为“马克思主义与社会主义建设”。来自中国、老挝、越南的专家学者以及老挝党和国家政府部门公职人员共 120 多人参加了本届论坛。古巴共和国驻老挝大使玛利亚·德拉孔塞晋西翁·穆纽兹·普利耶多、朝鲜民主主义人民共和国驻老挝大使李常根出席会议。

在开幕式上，三国学者代表团团长及古巴大使分别致辞。老挝社会科学院院长苏孔森·赛雅烈教授致辞说，马克思列宁主义具有宏伟的思想和科学的观念，社会主义各国虽然国情不同，但都能创造性地运用马克思列宁主义来建设本国的社会主义。中国特色社会主义改革开放的伟大成就，越南、老挝社会主义革新试验的成果，以及古巴、朝鲜的社会主义建设，都证明了马克思列宁主义的基本原则是正确的，具有很强的生命力，鼓舞了社会主义国家的发展。社会主义国家应加强团结与合作，共同促进社会主义的发展。中国社会科学院马克思主义研究院副院长樊建新研究员致辞说，中国、越南、老挝、古巴、朝鲜同为社会主义国家，都以马克思主义为指导，理想信念相通，发展道路相近，前途命运相关，这是五国关系发展的重要政治根基，也为深化五国的党际交流、促进互学互鉴、加强治党治国经验交流提供了广阔的舞台。作为当今世界社会主义运动的中坚力量，我们五国应该携起手来，深入研究经济全球化背景下各国共产党和其他左翼的基本状况、改革和革新实践及其发展趋势，以及当代资本主义的新变化，共同推动世界社会主义运动的复兴。越南社会科学翰林院副院长范文德教授致辞说，当前社会主义国家在现实发展中面临一些共性的问题，例如民主建设、法治建设、腐败问题、政治稳定、社会团结等，要解决这些问题，必须确保马克思主义的指导地位，必须发挥马克思主义在社会主义建设和促进廉政建设方面的指导作用。玛利亚·德拉孔塞晋西翁·穆纽兹·普利耶多致辞说，马克思列宁主义是全世界革命人民的指导思想。马克思主义从来不是一个既定方案，而是一种方法、一种诠释、一门科学。对于世界社会主义运动的复兴来说，认真学习和广泛传播马克思列宁主义具有根本的、决定性的、至关重要的意义。

来自中国社会科学院、中国人民大学、大连理工大学、厦门大学、广西师范大学、贵州大学、华中师范大学、贵州师范大学、云南农业大学、老挝社会科学院、越南社会科学翰林院的 30 多位专家学者围绕论坛主题作了精彩发言和交流。

一 马克思主义与社会主义的基本问题

马克思主义在各国和地区社会主义实践（革命、建设、改革、发展）的应用过程，就是把马克思主义的基本原理，特别是其灵魂——立场、世界观、方法论，同各国所处的国际环境、时代背景和本国具体实际相结合，形成具有本国特色和时代特征的马克思主义理论与实践形态的过程。

云南农业大学马克思主义学院方文副教授认为，马克思主义作为“伟大的认识工具”，是我们观察世界、分析问题的有力思想武器，是回答和解决当前我国改革发展中各种重大理论和实践问题的科学指南，是指导我们进行社会主义建设唯一正确的科学理论。

贵州师范大学马克思主义学院院长欧阳恩良教授借助对《巴黎手稿》中马克思共产主义思想的分析认为，必须在实践中将科学社会主义作为社会主义国家改革和建设的行动指南，必须正确处理坚持马克思主义基本原理与推进各社会主义国家革新开放的关系，必须将马克思主义的基本原理与时代发展需要相结合，及时对本国社会主要矛盾的发展变化作出科学准确的判断。

厦门大学马克思主义学院白锡能教授从学理视角分析认为，“什么是社会主义”的问题实际上包含了两个问题：一是什么是马克思所界定的完全意义上的社会主义？二是现阶段我们要建设的是什么样的社会主义？现时代的社会主义产生有其必然性，考察现时代的社会主义有两个准则（规律准则和价值准则）和三个维度，即社会主义的本质规定、社会主义的现实运动以及社会主义的发展过程，并且这三个维度是辩证统一的。

越南社会科学翰林院阮英俊副教授认为，社会主义在20世纪并不像马克思所设想的那样首先发生在发达资本主义国家并得以在发达资本主义国家发展，而是在经济文化比较落后的俄国首先建成并得以初步发展，这是由社会发展基本规律造成的。落后国家建设社会主义既需要用马克思主义的基本观点和方法来指导社会实践，又需要根据实际国情来进行具体分析。

二 马克思主义与社会主义经济建设

马克思、恩格斯、列宁对人类社会经济发展的基本看法及其设想在各国社会主义经济建设中起到了直接的理论指导和科学预见作用。与会专家学者一致肯定了马克思主义在各国社会主义经济发展中的应用，特别是公有制对于社会主义的意义。

樊建新研究员从马克思主义基本理论和中国特色社会主义实践两方面进行了分析。一是“所有制是判断一个社会性质的根本标志”。生产资料所有制是区分不同社会形态和社会性质的重要标志，是全部社会关系的基础。任何淡化所有制、否定所有制的重要意义的观点，都是错误的。二是关于社会主义初级阶段需要什么样的所有制结构的问题。他认为，经济文化落后的国家建设社会主义，一开始必定是低起点的、低水平的和不发达的。如果我们的理论和政策超越或滞后于这个阶段的要求，社会主义实践就会遭受损失。

越南社会科学翰林院阮氏槐副教授认为，公有制是一种客观要素。社会主义国家必须首先在法律上肯定公有制在社会主义经济中的地位和作用。但公有制也不是绝对的，我们应当准确定位本国所处的社会主义发展阶段，根据生产力发展水平，承认各种所有制经济成分的存在，合理界定公有制、私有制和混合所有制经济成分所占比例，以利于解决生产力和生产关系之间的矛盾。

贵州大学马克思主义学院张国安教授认为，中国特色社会主义经济建设所取得的巨大成就，与马克思主义的指导作用分不开，并且可以说马克思主义起了关键作用。只有运用马克思主义的观点、方法客观分析每一阶段经济建设的现状和问题，才能找到解决问题的正确思路，才能够确定经济建设发展的正确方向。

老挝社会科学院经济研究所所长方习·老冯副教授认为，经济增长是经济社会评估的重要指标。目前老挝的经济增长存在诸多问题，原因有很多方面。政府需要在各个领域力争完成经济发展计划和战略的同时，认真解决由此引发的社会不良影响和问题。

三　马克思主义与社会主义政治建设

马克思、恩格斯、列宁关于人类未来政治发展的设想中，不仅包括对阶级消灭、国家消亡的论述，也包括对民主发展、民族融合等问题的论述。与会者结合本国实际充分肯定了马克思列宁主义在健全人民民主国家、发展政治制度和促进团结中的指导作用。

越南社会科学翰林院阮庭祥博士认为，民主作为一个历史的概念，在马克思列宁主义之前就存在。社会主义民主作为一种新型的民主，是民主的最高发展形式。人民民主是马克思列宁主义的创造。十月革命后俄国建立了第一个社会主义国家，本质上是人民民主专政国家。随后，包括中国、越南在内的各国共产党也在效仿和实践中根据本国国情对之加以调整、创新。

老挝社会科学院政治研究所代理所长卡盘·米拉翁博士认为，健全和完善政治体制是目前推进社会主义事业、迈向社会主义道路所要求的。老挝人民革命党对未来健全和完善人民民主制度政治体制建设制定了一系列方针，也做了许多具体工作：提高和加深对人民民主制度政治体系的认识、了解与研究，制订党和政府的工作计划；加强党政及其体系的领导作用；继续改善政府机关的职能和作用；根据经济政治发展的情况，更新群众组织的内容和行动计划；重视公务人员数量和质量的培养，以适应政治体系的发展；重视人民民主政治组织与活动的领导工作；引导监督政治体系的运行。这些方针旨在改善政治组织机构，促使所有组织充分履行其职责和权力。

老挝社会科学院历史研究所代理所长彭沙万·翁迪展介绍了老挝人民革命党在促进民族大团结中的作用。他认为，不管是在民族解放时期，还是处于向社会主义过渡的时期，都必须认识到民族大团结、各民族同心协力、各民族人民主动参与是社会主义发展的基础。老挝人民革命党在独立探索本国发展道路的过程中，重视融合各民族之间的差异，消除相互间的隔阂，有助于促进民族团结，保持政治社会稳定。

四　马克思主义与社会主义文化建设

马克思、恩格斯、列宁对未来共产主义社会人类文化的发展所提出的设想，为社会主义国家进行社会主义文化建设提供了基本价值取向和最终奋斗目标。与会者都十分强调马克思主义在培育社会主义文化价值观方面的作用。

越南社会科学翰林院哲学所所长阮才东认为，社会主义不仅仅是理论和发展模式，还需要在文化方面塑造社会主义核心价值。越南在社会主义建设中遇到的诸多问题都需要借助加深对马克思列宁主义和胡志明思想的研究、革新思维来加以解决。

越南社会科学翰林院段世兴副教授认为，经济全球化在为广大发展中国家创造发展条件、提供全球化方案机遇的同时，也带来了挑战。目前社会上存在的很多问题都与资本主义文化价值有关，社会主义国家对此应保持警醒。

老挝社会科学院文化研究所所长宋森·赛雅翁认为，老挝是多元文化并存的国家，老挝人民革命党在领导可持续发展道路上十分注重保护和发扬老挝多元文化的作用。老挝人民革命党十分注意处理好群众文化与生态文化的关系，在学校教育中倡导全面教育，传授党政相关的理念、文化。在政治思想教育中，也十分强调爱国观念。

广西师范大学马克思主义学院钟瑞添教授认为，中国共产党的伟大精神主要有三方面来源：一是源于马克思主义建党理论，马克思主义政党学说是党的指导思想。二是源于中华民族优秀传统文化，这是中国共产党精神形成的内在基因。三是源于中国共产党90多年淬火成钢的奋斗史，使党的伟大精神逐渐形成独具特色的谱系。中国共产党的伟大精神在推进社会主义现代化建设过程中起到了精神动力和信念支撑作用，我们必须大力弘扬。

五　中国特色社会主义对马克思主义的新发展

马克思主义在指导各国社会主义实践的过程中，自身也得以不断丰富和发展。在中国共产党第十九次全国代表大会上，习近平总书记首次提出的“新时代中国特色社会主义思想”是马克思主义中国化的最新成果。与会专家学者对此展开了充分交流。

中国人民大学马克思主义学院院长郝立新教授认为，习近平新时代中国特色社会主义思想是对马列主义、毛泽东思想的继承和发展，是对中国特色社会主义理论体系既有成果的继承和发展。这一思想创新性地运用马克思主义基本原理解答时代课题，创新性地总结了时代发展特点，创新性地提出新的科学理论体系，创新性地提出中国特色社会主义发展的基本方略。这一新思想高度概括了中国实践、中国经验，集中凝结了中国智慧、中国精神，标志着马克思主义中国化的最新成果，开辟了当代中国马克思主义的新境界，显示出当代中国马克思主义的强大生命力，展现了当代中国共产党人所坚持的科学指导思想的强大真理力量。

大连理工大学马克思主义学院院长洪晓楠教授阐述了新发展理念的中国价值与世界意义。他说，“创新、协调、绿色、开放、共享”五大发展理念的中国价值体现在：新发展理念来自中国发展经验和教训的深刻启示，蕴含着尊重规律、按规律办事的实践逻辑；新发展理念是针对中国发展中的突出矛盾和问题提出来的，贯穿着鲜明的问题导向；新发展理念坚持发展为了人民、发展依靠人民、发展成果由人民共享，彰显着人民至上、以人民为中心的价值取向；新发展理念贯穿着鲜明的百姓导向、民生导向，反映着中国共产党立党为公、执政为民的根本宗旨。新发展理念的提出具有世界意义，具体表现在：新发展理念是对西方发展理论的超越；新发展理念是对西方现代化理论的超越；新发展理念既是对马克思主义发展观的继承和发展，也是对科学发展观的继承和发展；新发展理念为世界各国特别是发展中国家的发展提供了许多值得借鉴的理念。

在四个单元的讨论环节，三国的专家学者们对上述四个议题所涉及的经济发展、党建、环境、反腐败、意识形态建设、人力资源建设、教育等共性问题进行了深入、广泛、坦诚的交流和讨论。与会学者一致认为，当今时代，马克思列宁主义理论对于社会主义发展仍具有重要的指导意义。

（原载《马克思主义研究》2018年第5期）

开辟新时代无神论事业的新境界

——2017年中国无神论学会学术年会综述

韩　琪

2017年12月2—3日，中国无神论学会2017年学术年会在北京召开。此次年会主题是“学习贯彻党的十九大精神，坚持马克思主义无神论大原则”，由中国无神论学会、中国社会科学院科学与无神论研究中心、中国科学院大学马克思主义学院联合主办。来自中国社会科学院、教育部高等学校社会科学发展研究中心、中国科学院大学、清华大学、北京师范大学、中国矿业大学、中国人民公安大学、北京科技大学、中国人民解放军陆军工程大学、华东政法大学、西南民族大学、内蒙古工业大学、新疆石河子大学等科研机构和高等院校的50余位老中青专家学者参加了年会。

全国政协民族和宗教委员会主任朱维群出席开幕式。中国科学院大学马克思主义学院院长、中纪委驻中科院纪检组原组长王庭大研究员，中国社会科学院马克思主义研究院副院长樊建新研究员出席开幕式并致辞。王庭大表示，中国科学院大学马克思主义研究院将与新成立的膜拜现象研究中心协同工作，开展科学无神论与邪教问题研究，力争从教学、研究和人才培养方面把无神论的理论研究和邪教问题的现实研究结合起来，为我国无神论事业和邪教治理事业作出贡献。樊建新强调，王伟光院长在第五届科学无神论论坛上的书面发言，就是在阐释习近平总书记关于“坚持马克思主义无神论是大原则”这句话。我们共产党人不仅要坚持马克思主义无神论，而且要积极宣传马克思主义无神论；要始终保持马克思主义无神论作为主流意识形态，在人民群众中占据主导地位。

在为期一天半的会议中，与会学者围绕着坚持无神论原则、把握宗教工作的正确方向，中国特色社会主义新时代的科学无神论思想、邪教问题研究以及抵御境外利用宗教渗透等主题进行了深入研讨和热烈交流。

一　坚持无神论原则，把握宗教工作的正确方向

中国无神论学会理事长、中国藏学研究中心原党组书记朱晓明研究员在主旨发言中指出，要以党的十九大精神为指引，坚持无神论原则，把握宗教工作的正确方向。党的十九大报告中关于宗教工作的重要论述不仅是对新时代宗教工作的重要指导，而且对我们认识新时代无神论研究和宣传教育工作的新形势、新机遇、新任务和新要求，也具有重要的现实意义。这些论述明确了宗教工作前进的航向，有利于辩证看待宗教的社会作

用；有利于依法规范宗教活动，提高宗教工作的法治化水平；有利于信教群众增强“公民意识”。在改革开放近四十年的今天，宗教工作面临的形势、情况和问题已经发生了很大变化，加强党对宗教工作的领导变得更加紧迫。我们不能将十九大报告中的“人民有信仰”误读为“宗教信仰”。只有坚持以社会主义核心价值观为基础和导向的“人民有信仰”，才能使“国家有力量，民族有希望”。应正确认识坚持无神论和实行宗教信仰自由，如果把这两者对立起来，就会在行动中产生偏差。而且不能把宗教信仰自由歪曲为信仰宗教自由，也不能误解为宗教活动自由，甚至“简化”为“宗教自由”。应深刻认识马克思主义无神论是大原则。宗教工作的出发点、落脚点是团结、引导宗教界和信教群众，而不是推动、发展宗教。在新的时代下，中国无神论学会一方面要发扬共产主义理想信念，宣传社会主义核心价值观，始终保持马克思主义无神论作为主流意识形态在人民群众思想中占据主导地位；另一方面还要遏制形形色色的有神论和封建迷信观念对党的肌体和国家体制的侵蚀和渗透。要始终保持党和国家意识形态领域、精神文化领域朗朗乾坤，风清气正！

中国社科院科学与无神论研究中心主任习五一研究员强调，“坚持我国宗教的中国化方向”是新时代宗教工作的新战略。随着国内国际形势发生深刻变化，我国宗教领域出现许多新问题，一些问题呈增长态势。有的宗教出现“去中国化”倾向，向国外宗教看齐；境外利用宗教进行渗透活动加剧，宗教极端主义在一些地方蔓延，甚至引发暴力恐怖事件。一些学者在工作中难以摆脱宗教信仰的束缚。他们被地方官员视为专家，奉为上宾，客观上为其搭建了宣教的平台。有些人反对伊斯兰教的中国化，视文化融合、民族融合为文化同化和民族同化，所谓的“研究成果”实为变相宣教。更有甚者，有些学者当面一套，背后一套，公共场合观点公允，私下却是另一套信仰式话语。“坚持我国宗教的中国化方向”作为新时代宗教工作的新战略，是推动解决宗教领域突出问题的关键举措。特别对抵御境外利用宗教进行渗透、遏制宗教极端思想蔓延、治理“逆中国化”现象等，是治本之策。

《科学与无神论》杂志社社长张新鹰研究员指出，党的十九大报告涉及宗教工作方面的内容言简意赅，充满战略思维、创新思维、辩证思维、法治思维、底线思维，显示出充分的政治定力和政治智慧，为认识和处理中国特色社会主义新时代的宗教问题提供了根本遵循。最近五年，在坚持对基本政策理论全面把握、总体接续的同时，开始实现对此前二三十年间宗教工作思路、格局的必要变革和调整。党的宗教工作正在努力开创带有一定转折意义的新局面。宗教工作需要各方面、各部门齐抓共管，协力做好。在涉教工作中保持问题意识、忧患意识、阵地意识、人民意识，对党和国家整体事业具有重大意义。新形势下，着力的重点不在于让同样由普通群众为主要成分的宗教群体以和其他公民不同的社会特殊成员身份参与经济社会建设，不在于将“促进经济社会发展”笼统视为宗教方面固有的“积极作用”，而是明确突出问题导向，以党的宗教政策为保证，以依法管理、独立自主自办、坚持中国化方向为要素，沿着把宗教纳入国家治理体系管住管好的思路，全力引导宗教与中国特色社会主义新时代相适应。

国家宗教事务局宗教研究中心副主任加润国研究员指出，学习贯彻党的十九大精神，在新起点上做好党的宗教工作，必须以习近平新时代中国特色社会主义思想为指导，深刻认识宗教工作的历史性成就，准确把握宗教工作的历史性变革，奋力开拓新时代宗教工作的新境界。做好新时代的宗教工作必须首先解决思想认识问题，要坚持马克思主义立场观点方法、坚持实事求是、坚持辩证法、坚持党的一贯主张，既反对片面夸大宗教的积极作用，简单地“放”，也反对片面夸大宗教的消极作用，简单地“收”，必须辩证看待宗教的社会作用，坚持“导”的正确态度。要把宗教治理纳入国家治理体系，明确各有关部门和群团组织的宗教工作责任，加强党对宗教工作的集中统一领导，逐步完善宗教治理体系。宗教工作必须讲政治、讲大局，也要增强核心意识和看齐意识。宗教工作干部要坚定道路自信、理论自信、制度自信、文化自信，坚持依法治理和保护合法、制止非法、遏制极端、抵御渗透、打击犯罪的基本原则，积极引导宗教与社会主义社会相适应。具体来说，要依法治理天主教地下势力、基督教私设聚会点和非法组织，大力加强教育、文化、商贸等领域宗教治理，坚决抵御境外利用宗教进行渗透，确保国家政治安全和意识形态安全。依法开展去极端化工作和清真概念泛化治理，坚决制止宗教干涉行政、司法、教育和社会生活，确保政教关系积极健康、信教与不信教群众关系和谐。

河北省社科院徐麟研究员认为，社会主义中国的宗教中国化有两个基本点：一是党和政府的引领、教育和引导，二是各宗教因教制宜的主动作为。因此，佛道二教的任务是进一步提升中国化的新境界；伊斯兰教的固本之策是全力抵制并克服若干地区部分穆斯林的“去中国化”倾向，摧毁极端主义分子赖以存身的社会土壤；天主教的当务之急是从上到下就贯彻落实宪法第 36 条第 4 款和摆正“圣统制”在社会主义中国的地位形成一个明确认识；基督教则应重申联合礼拜的权威，不允许任何已经消失的中外差会死灰复燃。

中国人民公安大学戴继诚教授强调，习近平新时代中国特色社会主义宗教工作思想是中国特色社会主义宗教理论的重要组成部分，具有鲜明的时代特色与宽广的理论视野，不仅是做好新形势下宗教工作的纲领性文献，也为马克思主义宗教学研究指明了方向，拓展了空间。我们一定要高度重视宗教问题和宗教工作，要牢牢坚持我国宗教的中国化方向，要提高宗教工作的法治化水平，而共产党员一定要做坚定的马克思主义无神论者。

内蒙古工业大学教师王奇昌博士指出，坚持宗教中国化方向是积极引导宗教与社会主义社会相适应在新形势下的重要任务，需要在党的宗教工作基本方针框架下进行。坚持宗教中国化方向不仅是对中国历史经验的继承性发展，也带有中国特色社会主义的鲜明色彩。强调这一原则既是应对中国宗教领域的新情况，也是对全球化时代下宗教极端主义和宗教原教旨主义不断扩张的一个警惕。实现这一原则离不开宗教界的努力，但关键在于宗教事务部门的支持和引导。该部门需要着重树立正确的方向，及时纠偏，同时要防止利用公共资源助长宗教发展的情况。

此外，中国社科院黄艳红副研究员考察并分析了境内外对新《宗教事务条例》的评论和报道。中国社会科学院韩琪探讨了十九大报告中“坚持我国宗教的中国化方向”这一决策的政治认同含义。渤海大学章玉丽考察了当前大学生宗教信仰问题的现状以及对策。西南民族大学王虹分析了当前西方电影艺术中的宗教意识形态色彩。

二　中国特色社会主义新时代的科学无神论思想

教育部高等学校社会科学发展研究中心原主任田心铭研究员在主旨发言中指出，无论从形成过程还是思想内容来说，习近平新时代中国特色社会主义思想都是建立在辩证唯物主义和历史唯物主义的哲学基础之上，是对马克思主义的继承和发展。而无神论是内在于马克思主义哲学即辩证唯物主义和历史唯物主义科学世界观的一个构成因素，是包含在其中的不可分割的一部分。有论者否定无神论在马克思主义哲学中的地位，这样的论调如果不是不可救药的思维混乱，那就是有意无意地曲解马克思主义宗教观和马克思主义哲学。马克思主义无神论也是习近平新时代中国特色社会主义思想的哲学基础的内在构成因素，是处于最底层的一块基石。而且，坚持马克思主义无神论是“不忘初心、牢记使命”所不可缺少的重要思想基础。党把沿着中国特色社会主义道路实现中华民族伟大复兴作为自己现阶段的奋斗目标。是否承认人民群众是历史的创造者，是否承认社会发展的客观规律，这是唯物史观同包括有神论的唯心史观的根本分歧所在。共产党员只有做坚定的马克思主义无神论者，才能坚定理想信念，不忘党的目标和宗旨。我们要用马克思主义无神论为习近平新时代中国特色社会主义思想的哲学世界观基础培根固土，为共产党员“不忘初心、牢记使命”筑牢世界观、历史观基础。

中国科学院大学马克思主义学院副院长任定成教授在主旨发言中对当前时代无神论发展的十大趋势进行了分析。世界范围内，随着发达国家经济增速放缓进入产业结构调整期，后发国家和新兴经济体在学习的同时也开始找寻新的发展道路。中国随着物质财富的增加和积累，开始进入精细化和全面发展的新时期，在精神领域出现的调适和变化尤其值得关注。精神领域的活动和变化会对无神论的处境和状态产生重要影响。未来无神论的发展将会呈现十大新趋势。（1）反神论（disblief in God or gods）将会更加理直气壮并渐成气势。（2）非神论（belief in Thing or Things）观点将会丰富自己的内涵。（3）狭义的无神论（absence of belief in God or gods）会扩展自己的存在空间。（4）无神论会在神的信仰与有神论行为困境中找到新的立身之地。（5）世俗人文主义会更加渴求科学与无神论之间的联系。（6）公众科学素养建设中将会加强无神论的内容。（7）无神论将会进一步祛除有神论的道德外衣。（8）无神论将在反对邪教和有害气功中扩大影响。（9）部分官员、大款、明星们养生和心身修炼等活动将会是有神论和无神论较量的新场所。（10）中国的无神论将在世界上施展无形的影响并与有神论并存。

内蒙古大学陈智教授探讨了党和国家卓越领导人乌兰夫同志在长期宗教工作实践中对马克思主义无神论的丰富和发展。乌兰夫的宗教工作思想在宗教改革实践中逐渐形成，表现为三个主要特征，即坚持以“三性论”为基础、以辩证法为统领、以信仰自由为原则。藏传佛教在蒙古民族中影响深厚，这是由藏传佛教的群众性、历史性和民族性决定的。因此，内蒙古地区的宗教改革不能过激，而应采取慎重、稳妥的办法，以团结、柔和的态度对待藏传佛教上层人士以及藏传佛教信教群众，尽可能团结一切可以团结的力量。在宗教改革实践中，乌兰夫始终坚持辩证法，以变化发展的观点看待藏传佛教，以具体问题具体分析的方法制定切实可行的宗教政策。土改时期他逐步废除藏传佛教的各项宗教特权，社会主义改造时期逐步改造喇嘛和寺庙经济，改革开放之后则提倡落实宗教政策。乌兰夫的处理方式既坚持宗教信仰自由，保护宗教界的合法权益，又强调政教分离，废除宗教特权。这一系列改革藏传佛教的有效措施合理解决了长期以来藏传佛教对内蒙古地区政治、经济、文化和人口繁衍的不利影响，获得了十分显著的成果。乌兰夫同志的努力，推动了藏传佛教与蒙古民族的发展繁荣相适应，使之从统治阶级统治蒙古族的工具，转变成有助于民族发展繁荣的社会力量。

北京科技大学左鹏教授考察了我国当前进行无神论宣传教育的掣肘因素。在中国进行无神论宣传教育理应不成问题。历史上，从没有哪个宗教成为思想文化的主导，人文主义传统始终占据显著优势。现实中，执政的中国共产党一直以无神论为世界观基础，经常强调坚持无神论的重要性。然而，在相当一段时间内，“有神论有人讲，无神论无人讲”的情况普遍。直到今天，社会上对无神论还是有大量的不理解和非议，中央关于无神论宣传教育的要求还是很难落到实处。重要原因之一就是无神论专业人才的奇缺。这就需要培育和发展无神论学科，加大无神论专业人才的培养力度。要创造条件，使青年人才尽快走上相关岗位，在无神论宣传教育领域发挥重要作用。

北京师范大学李志英教授指出，党员公开信教的现象原因很复杂，最重要的一点就是忘记了党的初心和宗旨。党的指导思想之基础是辩证唯物主义和历史唯物主义，因此党内没有宗教信仰的余地。党的初心和宗旨是为实现共产主义而奋斗，现阶段的根本任务就是为中国人民谋幸福，为中华民族谋复兴。正是这一宗旨推动中国革命和建设一步步走向成功，中国从一个贫穷落后的弱国变成今天繁荣昌盛的大国。这些成就靠祈祷神的保佑是不可能实现的。然而，由于入党前培训不足，再加上党内教育薄弱，致使党员思想混乱，很多人缺乏初心意识和使命意识。因此，必须从入党前的培训、入党后的思想教育入手，实现党员教育的全程化。要加强辩证唯物论和历史唯物主义教育，不断提高党员的思想修养，提高党员抵制乃至回击宗教侵袭的能力。要普及马克思主义无神论教育和党的宗教政策教育，提高党员干部应对宗教影响问题的警觉性。

中国人民解放军陆军工程大学丁郁副教授认为，与其他领域相比，马克思无神论中国化的进程比较缓慢，对中国特色社会主义现代化建设，特别是文化建设、信仰建设构成严重的制约。要推进马克思主义无神论的中国化，必须深入研究和正确处理它与中国传统文化的关系。马克思主义无神论中国化离不开中国传统文化的优秀基因。“无神”是中国传统文化的重要特征，以人为本的人文主义精神、注重现实的实践理性思维方式和提升人生境界的道德规范系统，都体现着中国传统文化的“无神”特色。马克思主义无神论中国化的重要前提即破除迷信思维，必须在批判传统有神论中实现民众文化心理的转型，要注重在全社会形成理性的文化观。我们要在传承发展中华优秀传统文化中推进马克思主义无神论的中国化。马克思主义无神论中国化与中国传统文化现代化具有内在统一性。要积极发挥传统文化在宗教中国化进程中的作用，这是马克思主义无神论中国化的重要方面。要探寻马克思主义信仰与中国传统文化的契合之处，共建当代国人的信仰家园。

河南大学陈卫华副教授指出，自《共产党宣言》发表之后，马克思主义对西方世界，尤其是基督教世界产生了强烈的影响，其历史地位和现实影响力绝对不容忽视。一直以来，西方世界敌视、丑化、妖魔化共产主义意识形态，并将之与“无神论者无道德”的思维传统相结合，同时庸俗化对唯物主义的理解，这三者共同构成了马克思主义无神论在西方尤其是在美国的历史境遇。然而，在世俗化浪潮的冲击下，当代西方新无神论、世俗人文主义等新启蒙者正是在完全不自知的情况下继承了马克思主义革命的、彻底的无神论思想。可以说，马克思主义无神论隐姓埋名穿越了漫长的历史岁月，现在正在西方世界掀起一股头脑风暴，并现实化为一种可能的生活方式。

中国科学院大学魏建武指出，信仰和理性之争是西方文化的核心，这种争论在现代西方呈现出一种全新的形态。《剑桥无神论指南》（The Cambridge Companion to Atheism）和《牛津无神论手册》（The Oxford Handbook of Atheism）便体现了这种全新的形态。它们按照学术的共同规范，汇集了当代各种倾向不同的学者对无神论问题的最新研究成果，前者重点介绍了西方古代至现代各种主要类型的有关神是否存在的论证，后者重点介绍了无神论在各种理论流派、在各种文化背景中的形态，无神论与科学的关系，在艺术中的表现等等。两部文集的作者，特别是《牛津无神论手册》的编者虽然提示，无神论问题不仅是神是否存在的问题，更是神的存在与否与人的现实生活的各个方面的关系的问题，但他们没有对这一内涵做出深入的阐发。西方信仰与理性之争的文化传统与中国以人文主义为主的文化传统有较大差别，无神论在两种传统中的内涵和位置都不相同。这两部文集有其鲜明的西方视角，而中国的无神论研究需要从自己的视角对其加以鉴别和借鉴。

此外，中央民族大学于祺明教授探讨了现代科学的三大发现即暗物质、暗能量以及量子纠缠对无神论思想带来的挑战。中国矿业大学李超英副教授针对某些学者将马克思主义与无神论割裂开来的观点进行了分析和驳斥。北京工商大学姚洪越副教授分析了在马克思主义无神论中国化进程中传承和发展中华经典故事的意义和价值。中国科学院大学常征考察了当代中国大学生思想政治理论课中的无神论教育的现状以及问题。山东济宁学院苏珍探讨了中国早期马克思主义者对康有为孔教思想的拒斥。

三　邪教及膜拜团体问题研究

中国科学院大学膜拜现象研究中心主任张增一教授在主旨发言中对英文报纸关于膜拜团体的报道进行了框架分析。自20世纪70年代以来，随着后现代主义在西方社会的兴起，传统价值观、道德观和社会秩序受到严峻挑战，各种边缘文化或反主流文化的思潮蔓延。膜拜团体（cult），包括边缘教派、新兴宗教和替代宗教，在这一时期获得前所未有的发展。其中有一小部分膜拜团体由于宣扬教主崇拜以及精神控制，直接危害到现代社会秩序和规范。邪教团体伤害其成员以及危害社会的事件逐渐引起国内外广泛关注。通过对主要英文报纸对膜拜团体报道的分析发现，《纽约时报》是最关注邪教问题的西方报纸。而通过对《纽约时报》关于邪教操控和虐待方面报道的框架分析发现，对西方的邪教比如“大卫教派”的报道和对中国“法轮功”的报道，这两者所持立场几乎截然相反。对“法轮功”的报道倾向于将它描述成一种健身实践方式，或者融合佛、道与传统文化，并与气功有很强关联性的一个宗教“教派”（sect），只有在引用中国官方话语时才用到“邪教”一词。李洪志被描述成受害者，中国政府取缔“法轮功”则被视为违反宗教自由、维护政府权威和侵犯人权。事实上，《纽约时报》对“法轮功”的报道，没能严格遵守新闻报道的平衡原则和中立立场，美国主流媒体将“法轮功”事件构建成了一个典型的人权事件。因此，即便是《纽约时报》这样享誉世界的报纸，也是带有双重标准，其所谓的新闻框架和议程设置终究植根于美国的国家意识形态、政治、经济和文化。

中国人民公安大学洪帆副教授考察基于不同文化传统的邪教的招募策略。转型期的中国社会发生深刻的变革，曾经高度一体化的社会管理体制逐渐松动，尤其在基层，无所不在的集体“关怀”的瓦解使得人们失去了以往形式上的一致目标，转而追求个人的生存和利益的实现。在这样的背景下，一些邪教团体利用群众多方面的精神需求，以各种宗教或文化传统形势招摇惑众，吸纳不明真相的群众加入，以达到其不可告人的目的。中国邪教团体按其文化渊源主要分为三类，它们在招募成员的策略和方式上有共通之处，如散布世界末日论，神化教主等，但在具体操作层面则各有特点。基于基督教文化的邪教团体主要在民间教会或家庭教会中，以基督教为旗号，通过拉拢骨干成员来扩大自己的规模。基于佛教文化的邪教团体主要通过宣扬个人修行，为亲人祈福等方式来吸引信徒。基于中国传统文化的邪教团体则倾向于把练功健身、治病养生作为吸引人们加入的主要手段。通过剖析邪教招募成员的策略，可以探索满足人们精神或现实需求的替代方案，为帮助前成员脱离邪教团体、恢复身心健康提供依据，进而探索从满足群众需求的角度改革社会治理模式的新思路，以满足新时代广大群众对精神生活的需求。

此外，中国科学院大学膜拜现象研究中心陈天嘉副教授分析了中外膜拜团体的新有神论。中国科学院大学邵鹏考察了中国某邪教教主早期合作者的造神和祛神过程。中国科学院大学何晨宏对膜拜伤害，即膜拜团体对其成员及相关群众造成的身心伤害，进行了概念梳理和测度分析。

四 抵御境外宗教渗透

新疆石河子大学马克思主义学院院长张勇教授指出，利用宗教向学校渗透是“三股势力”的一贯手段，应当进行抵御和严加防范。由于美国等西方国家对中国崛起的担忧，再加上新疆本身多民族、多宗教、多文化并存，其历史发展和区域发展不平衡等因素，新疆的境外宗教渗透情况堪忧。“伊扎布特”（阿语，伊斯兰解放党）、“伊吉拉特”（阿语，迁徙）等宗教极端组织面向学校散布非法宗教宣传品，通过互联网和地下讲经点，着重面向新疆籍学生群体灌输民族分裂和宗教极端思想。他们以宗教信仰自由为名，鼓吹宗教至上、伊斯兰教优越论等谬论；煽动少数民族学生对党和政府的不满情绪，鼓吹民族仇视；鼓吹泛清真化的思想，在学生中制造民族隔阂。受这种反动宣传的影响，部分学生在宗教等问题上出现狭隘和极端意识，少数甚至前往国外参加“东突”组织。我们在学校与境外宗教渗透进行斗争，不是个宗教问题，而是巩固社会主义教育阵地，维护民族团结，捍卫祖国统一。广大学生必须正确认识，首先，学校禁止宗教以及宗教活动是符合我国宪法规定的。其次，要完整理解国家的宗教信仰自由政策。一个人或民族的宗教信仰不是与生俱来的，宗教信仰也不是无条件的自由。最后，要正确认识民族风俗习惯与宗教的联系以及区别。我们应当以加强价值观教育为核心，构筑青年学生抵御宗教渗透的思想防线；以开展民族团结教育为契机，促进各族学生交流交往交融。要注重横向联系，建立健全教育、公安、统战、民宗部门协同机制。学校领导、干部和教师也要增强政治意识、政权意识和阵地意识。

国防大学张强副教授指出，“颜色革命”是西方国家用以推行全球战略的工具性概念，带有明显的政治扩张色彩，而宗教因素在其中起到了特殊的作用。首先，西方势力惯于主动出击，运用宗教手段进行战略渗透。早在冷战时期，西方势力就非常注重利用宗教“推广民主”，并将其视为全球意识形态战略的重要组成部分。冷战结束后，“和平演变”提法逐渐减少，但西方势力以“普世价值”为名进行意识形态渗透，策动“颜色革命”颠覆异己政权，其方法和策略相对于冷战时期并没有根本区别。其次，西方势力善于借力打力，利用宗教问题搅动地区局势。中东无疑是西方预设的全球战略格局的关键组成部分。由于中东各国与西方世界在宗教、政治、文化等领域的意识形态差异，西方势力利用宗教问题进行政治干预，搅动地区局势以获利。教派矛盾和霸权干涉的交互作用使得中东地区地缘政治日趋复杂。最后，西方势力乐于旁敲侧击，操纵宗教势力干预他国内政。西方躲在幕后，借助基金会、非政府组织以及互联网等新媒体，通过无形之手资助、拉拢和培养亲西方的反政府人士，对目标国进行长期政治渗透，待机会来临，直接帮助策划、起事。这时，一些热衷于政治的宗教势力及其代表人物往往容易被西方国家所“看好”，对他们来说，从宗教信仰到政治行动，其实只有一小步的距离。正因为如此，西方势力极力推动宗教的政治化从而为“颜色革命”开辟道路。这些做法在短时期内不会改变，应当引起我们的高度关注和警惕。

新疆维吾尔自治区党委宣传部巡视员、新疆宗教学会会长刘仲康研究员应邀在大会重点发言中简要介绍了新疆“去极端化”工作取得的成效以及仍然面临的任务。新疆石河子大学李瑞君教授探讨了新疆宗教事务管理中的政府责任。

中国无神论学会副理事长加润国研究员在总结发言中指出，中国无神论学会2017年学术年会是在党的十九大闭幕之后不久召开的，是一次承前启后、继往开来、在新的历史起点上夺取新时代无神论事业新胜利的重要年会，在中国无神论学会史、中国无神论史上具有重大意义。党的十八大以来，以习近平同志为核心的党中央高度重视无神论事业，在理论和实践的结合上对新时代要不要坚持和宣传无神论、怎样坚持和宣传无神论进行理论探索，取得重大理论创新成果，创立习近平新时代无神论思想，引领中国无神论事业进入了新时代。在朱晓明理事长的带领下，中国无神论学会的同志们在许多具有新的历史特点的伟大斗争中推进了中国的无神论事业。如今在党的十九大精神的正确指引下，我们比以往任何时候都更加有能力、有信心战胜各种有神论思想的渗透蔓延，从根本上扭转无神论宣传教育的被动局面，开辟新时代无神论事业的新境界，为发展21世纪马克思主义无神论作出新的贡献！

（原载《科学与无神论》2018年第1期）

努力推进新时代思想政治教育创新

——“2018 年全国思想政治教育学术研讨会”综述

朱　燕

为进一步学习贯彻习近平新时代中国特色社会主义思想，2018 年 4 月 13—15 日，由中国社会科学院马克思主义研究院和洛阳师范学院联合主办，中国社会科学院马克思主义研究院原理研究部、洛阳师范学院马克思主义学院承办，《马克思主义研究》编辑部等机构协办的“2018 年全国思想政治教育学术研讨会”在河南洛阳举行。来自中国社会科学院、洛阳师范学院、中国人民大学、武汉大学、中国政法大学、郑州大学、中国石油大学（华东）、山东师范大学、西南大学等高校和科研院所的马克思主义理论研究和思想政治教育研究领域的专家学者，以及《中国高等教育》《学校党建与思想教育》《思想理论教育》《思想教育研究》《思想理论教育导刊》等报刊的编辑人员，共有 100 余人参会。洛阳师范学院党委副书记宋文献主持开幕式。洛阳师范学院党委书记王洪彬、中共河南省委高校工作委员会专职专员陈垠亭、中国社会科学院马克思主义研究院院长、党委书记邓纯东先后致辞。教育部思想政治工作司副司长张文斌、武汉大学思想政治教育研究院教授骆郁廷、大连海事大学马克思主义学院教授曲建武、中国人民大学马克思主义学院教授王易、郑州大学教授郑永扣、中国社会科学院马克思主义研究院副院长金民卿分别作了主题报告；山东师范大学教授万光侠、中国人民大学马克思主义学院教授张旭、中国社会科学院马克思主义研究院研究员李春华、中国政法大学马克思主义学院研究员邰丽华、西南大学马克思主义研究中心研究员王永友、华中师范大学马克思主义学院教授余玉花、洛阳师范学院马克思主义学院教授吕斌等分别作了大会发言。

一　深入学习习近平新时代中国特色社会主义思想

关于习近平新时代中国特色社会主义思想对马克思主义哲学的创新和发展问题。金民卿认为，马克思主义通过以人民立场、唯物史观和辩证唯物主义为标志的理论立场革命、思想观点革命和思想方法论革命，实现了人类哲学史上的一场重大革命。马克思主义哲学向内的理论完整性和向外的实践指向性、马克思主义哲学真理体系性和开放发展性、世界普遍性和民族具体性这三大张力决定了马克思主义哲学必然要与时俱进地发展。马克思主义哲学在中国的发展是其发展性的重要体现。以毛泽东思想为核心的中国化马克思主义哲学思想，其核心内容是矛盾论哲学。习近平新时代中国特色社会主义思想体现了中国化马克思主义哲学在当今中国的最新发展成果，其在立场、观点和方法层面提出了一系列重要的新论断，系统阐述了生产力观点、阶级观点和群众观点，系统阐发了马克思主义的基本方法，开启了坚持和发展马克思主义哲学的新境界。习近平新时代中国特色社会主义思想在思想路线、社会历史发展规律理论和辩证思维方面提出了一系列新认识，把马克思主义哲学重要原理的运用推进到新高度。习近平新时代中国特色社会主义思想不仅在具体的观点和政策措施上，而且在哲学观点的新运用和重要发展上作出了突出贡献。

二　马克思主义理论与新时代思想政治教育工作研究

张文斌将如何做好高校思想政治工作归纳为五个关键词。一是神形兼备。从内容上，围绕新时代的主题、习近平新时代中国特色社会主义思想的主线、社会主义核心价值观的主流，确保高校始终作为培育“四个自信”、维护意识形态安全、培养社会主义事业建设者和接班人的坚强阵地。从形式上，通过创新话语体系、活动方式、技术手段增强高校思想政治教育工作的吸引力、针对性、时代感。二是师生兼顾。突出学生的主体地位，引导学生立志为先，立学为基，明大德、守公德、严私德；突出教师的主导地位，引导教师教书和育人相统一、言传和身教相统一、潜心问道和关注社会相统一、学术自由和学术规范相统一。三是内外兼修。统筹课内课外，树立思政有讲台，讲台有思政的观念；统筹分内分外，自觉防止和克服单纯的业务观念，把思政教育当成分内之事，体现在教学、科研、行政、后勤各项工作中；统筹校内校外，形成各部门齐抓共管、协同部门组织协调、社会各方积极参与的常态。四是德法兼治。进一步推动高校学习宣传和贯彻实施宪法，用法制化思维、法治方式推动高校思想政治教育工作。五是软硬兼备。遵循思想政治教育规律、教书育人规律、学生成长成才规律。一手抓思想教育引导软建设，把解决思想问题同解决实际问题相结合；一手抓意识形态责任制硬约束，把全面从严治党落实到高校思想政治教育工作中。

骆郁廷从五个方面阐述了新时代思想政治教育的使命。第一，贯彻新思想。把学习、研究、传播习近平新时代中国特色社会主义思想作为战略重点，在学好、弄通、悟透上下功夫，并贯彻到思想政治教育理论课教学、日常思想政治教育及其他思想政治教育活动中。第二，聚焦新矛盾。深刻认识我国社会主要矛盾变化的科学依据和客观必然性，深刻认识我国社会主要矛盾的变化和思想政治教育的内在关联，正确认识新时代社会主要矛盾的本质和内涵、主要矛盾的两个方面及其内在联系、主要矛盾和主要任务的内在关联。第三，实现新使命。深刻认识建设社会主义现代化强国和中华民族伟大复兴的历史使命，强化新时代中华民族伟大复兴的重要任务，增强自信、汇聚力量。第四，培育创新人才。培养有理想的时代新人，把社会理想和个人理想有机结合，把树立理想和实现理想相结合；培养有本领的时代新人，培养具有创新精神和创新能力的创新性人才，优化人才结构，增强社会实践能力，提高自主创新能力，提高抵御风险的能力；培养有担当的时代新人，乐于奉献、敢于担当、勇于负责。第五，开辟新舞台。适应时代需要，增强国际意识和世界眼光，增强开放意识，防范、抵御西方的价值渗透，维护国家安全和国家利益。

万光侠认为，新时代思想政治教育的理论创新应构建新的思想政治教育理论形态，即实践生存论思想政治教育。第一，要从马克思主义实践观和人的生存论视角来审视新时代思想政治教育理论创新，以克服旧唯物主义的片面性。第二，新时代实践生存论思想政治教育的理论架构主要研究人和自然的关系、人和社会的关系、人和自我的关系问题，即生态实践生存论思想政治教育、社会实践生存论思想政治教育、自我实践生存论思想政治教育。第三，新时代实践生存论思想政治教育践行的根本原则是坚持党对意识形态的绝对领导，坚持以习近平新时代中国特色社会主义思想为指导，基本原则是以人民为中心，要围绕人民，依靠人民，人民共享。

李春华认为，新时代思想政治教育有三个着力点：一是学习、研究、宣传习近平新时代中国特色社会主义思想。这是新时代社会主义事业的指导思想，以理论教育和思想教育为主要内容的思想政治教育理应以此为重点。二是弘扬新时代精神。例如，自信精神、责任担当精神、开放包容精神。三是引导新需求。思想政治教育要引导健康、合理、绿色的需要。倡导艰苦奋斗，倡导与社会主义初级阶段相适应的需要。新时代思想政治教育只有加强自身建设，才能够承担起宣传新时代思想、弘扬新时代精神、引导新时代需要的伟大使命。

余玉花认为，应加强新时代思想政治教育的理论研究。当前，思想政治教育专业发展在理论研究上存在宣传性多于研究性、模仿照搬多于思考创新、缺乏理论的深刻性和启迪性、理论的逻辑和历史吻合度不高、缺乏思想碰撞的学术批判性等不足。新时代思想政治教育专业应建构在马克思主义哲学基础上，应加强马克思主义教育哲学、政治哲学、道德哲学、法哲学、人生哲学等理论研究，以丰富思想政治教育专业的理论基础。思想政治教育的理论研究不是纯理论的研究，不是从概念到概念的教条式研究，必须结合新时代社会变革提出的新问题进行研究。

三 马克思主义理论与思想政治教育课教育教学实践研究

王易将思想政治教育理论热点难点问题的研究性教学经验归纳为：围绕一个突出的主题，抓住两个基本层面，注意三个紧密结合，突出四个基本要求。一是围绕思想政治教育理论热点难点问题，采取教学相长的方式，从教师的角度，结合教师的学术专长，进行专题性的讲述；从学生的角度，充分发挥学生自身的积极性和主动性。二是抓住理论和实践两个层面的热点难点问题。在理论层面，根据教师的学术专长进行专题性研究，使理论难点、社会热点结合学生的特点得到统一展现；在实践层面，充分利用思想政治理论课实践教学的环节调动学生的积极性、主动性。三是紧密结合思想文化多元化的时代背景，紧密结合当前青年学生的特点和实际需要，紧密结合思政课建设的新要求。四是突出深耕教材、创新内容、讲清理论、投入情感四个基本要求，充分调动学生参与课程的积极性，使课程体现出针对性和实效性。

吕斌认为，推动马克思主义理论的最新成果进教材、进课堂、进头脑是高校思政课教学的首要任务。“三进”中进头脑是目标、重点和难点。课堂是思想政治教育的主渠道、主战场和主阵地。现在的课堂存在到课率低、抬头率低、点头率低的“三低”现象，“三低”现象反映的是教师教育教学的本领不足和本领恐慌，同时也是方法落后的表现，新方法不会用，老方法不管用，因此要优化课堂教学环节，提高思政课的实效。

王永友认为，新时代思想政治教育要实现其话语的三个转化，即实现文件式表达的政治话语向实践检验的科学话语转化，命令式表达的政治话语向人文关怀的科学话语转化，体现宣传式表达的政治话语向学术理性的科学话语转化。

郑永扣认为，要从充分发挥党委的领导核心作用、全面提高思政课的教育教学质量，需要从三个方面掌握高校政治教育工作领导权。一是党委领导，协同联动，课程思政。要坚持和强化党委统一领导，引领高校大思政的工作格局；协同联动，同向发力，构筑高校大思政的教学环境；要与社会教育、家庭教育有效衔接，同向同行形成大思政的社会教育环境。二是理论为本，内容为王，方法为要，提升思政课的教育教学质量。三是真学、真懂、真信，突出发挥思政课教师的主力军作用。

（原载《马克思主义研究》2018 年第 8 期）

加强习近平新时代中国特色社会主义经济思想研究

——“中国经济规律研究会第28届年会”综述

蒋永穆　朱　莉

2018年4月21—22日，由中国经济规律研究会和四川大学共同主办的“习近平新时代中国特色社会主义经济思想研讨会暨中国经济规律研究会第28届年会”在四川大学举行。来自中国社会科学院、武汉大学、复旦大学、吉林大学、上海财经大学、首都经济贸易大学、福建师范大学和四川大学等单位的专家学者出席会议。四川大学副校长晏世经教授出席并致欢迎辞，中国经济规律研究会会长、中国社会科学院马克思主义研究学部主任程恩富教授发表了主旨演讲。

一　关于马克思主义经济学的继承与发展

程恩富教授认为，马克思的经济思想科学地批判了资本主义市场经济弊端及其理论，原则性地阐述了科学社会主义的经济制度及其理论，是人类经济思想史上的伟大革命，对于正确认识当代资本主义和中国特色社会主义经济具有重要价值。党的十八大以来，我国形成了习近平新时代中国特色社会主义经济思想，开辟了马克思主义经济思想的新境界，进一步丰富和发展了马克思主义经济思想。在马克思经济思想和习近平经济思想研究过程中应做到“五个高度重视”，即高度重视科技引领的生产力法则、高度重视社会基本经济制度、高度重视社会基本分配制度、高度重视社会基本调节制度、高度重视经济全球化与开放性经济。习近平中国特色社会主义经济思想不仅是指导中国转向高质量发展阶段、建设社会主义强国目标的重要指引，还将在更广阔的世界舞台上发挥重要影响。

福建师范大学原校长李建平教授认为，新自由主义的理论核心——市场拜物教，片面夸大资本主义私有制条件下的市场对经济发展的作用，反对任何形式的国家干预，是对市场经济的过度崇拜，其实质是人与物关系的颠倒。马克思在充分肯定资本主义市场的巨大历史进步作用的同时，指出现代市场、市场经济具有二重性，并从十个方面分析了市场和市场经济的缺陷。在任何时候，坚持公有制的主体地位和国有经济的中流砥柱作用，我们都不能有丝毫的动摇，要坚决清除新自由主义所散布的对市场的神化和崇拜的迷雾，还市场以本来面目，恢复和树立人在市场上的真正权威，切实做到“以人为本”。

国防大学曹雷教授基于马克思主义的“货币职能危机论”视角，分析了目前我国面临的诸多金融风险问题。他认为我国金融风险防控对策要在坚持社会主义基本经济制度、分配制度改革、增强金融社会主义制度属性、转变经济发展方式、加强国家宏观调控、区别对待过剩产能的基础上，有针对性地防控债务、泡沫和外汇风险。

上海财经大学马克思主义学院陆夏副研究员从哲学与经济学对发展的内涵与动力来源进行阐释的基础上，对“新发展理念”的马克思主义政治经济学内涵进行了深入解析。如在论及“开放”发展的政治经济学内涵中指出，比较优势理论早已不适合我国经济的发展，提出新时代应坚持“自主知识产权优势理论”。

四川大学经济学院朱方明教授认为，经济发展的根本问题是社会生产力的发展问题，但又不仅仅表现为生产力的发展，也包括社会生产关系的进步以及上层建筑在内的整个社会的系统性改善。中国特色社会主义经济发展理论充分体现了马克思主义基本原理与中国实际的有机结合，是中国共产党在理论创新和实践探索中取得的最新理论成果。“五位一体”总体布局和新发展理念要求正确处理生产力与生产关系、经济基础与上层建筑、人与自然的关系，充分体现了人民的主体性、满足人民需要的目的性以及人的全面发展的重要性。

二　关于习近平新时代中国特色社会主义经济思想

上海对外贸易大学王朝科教授认为，发展规律（原理）论、发展道路论、发展战略论和发展政策论构成了习近平新时代中国特色社会主义经济思想的理论结构，是马克思主义政治经济学在中国的当代发展，是马克思主义政治经济学的最新成果。习近平新时代中国特色社会主义经济思想是对作为实践形态的中国特色社会主义经济发展内在必然性和规律性的科学认识，坚持党对经济工作的集中统一领导是中国经济始终沿着科学社会主义的正确方向发展的重要保障。

成都市社科联主席杨继瑞教授认为，优等的自然条件有利于活劳动创造更多价值，绿水青山作为优等资源和优等土地的组成部分，在其他条件相同的情况下，能够带来相比一般土地更多的超额利润和级差收益。因此，在其他条件相同的情况下，生态环境越好，越能够使相关产品更具竞争力，获得的收益也势必更高。习近平总书记的“绿水青山论”强调了生态环境对于经济发展的重要性。

中国社会科学院马克思主义研究院侯为民研究员认为，习近平新时代中国特色社会主义经济思想是新的历史方位社会主义经济建设的系统化学说。在历史维度上，它是对中国特色社会主义经济理论的拓展，是从中国经济新的事实材料中总结出的科学结论，也是中国马克思主义时代观的集中体现。习近平新时代中国特色社会主义经济思想的主要理论内涵包括：中国特色社会主义的本质特征、完善基本经济制度、坚持五大发展理念、以人民为中心的发展思想、协同发挥市场和政府两者作用、重视民生建设、建设现代化经济体系等方面。

厦门大学马克思主义学院肖斌副教授认为，习近平关于政治经济化和经济政治化的论述，要求我们必须树立一种经济与政治交互作用的思维方式——经济问题，政治看待；政治问题，经济解决。审视国企问题，要站在国企作为我党的重要的政治基础的高度；审视农地流转和集体经济问题，要站在夯实工农联盟的高度。党的领导是政治和经济的辩证统一。

三 关于中国特色社会主义政治经济学的理论创新

首都经济贸易大学原校长文魁教授认为，为适应强起来的伟大新时代发展的需要，相应地就必须进行伟大斗争、建设伟大工程、推进中国特色社会主义伟大事业，同时也就必须构建作为其指导思想的新时代马克思主义政治经济学。在构建我国新时代马克思主义政治经济学框架之前，首先应该明确五个基本前提，在此基础上阐释创新是经济发展的主要驱动力，协调是经济发展的必然规律，开放是经济发展、强国的必由之路，共享是经济发展的重要目标，绿色是发展经济的必然要求，在贯彻五大发展理念中构建现代化经济体系。

西南大学祝志勇教授认为，中国特色社会主义政治经济学的理论创新主要表现为：在基本立场上，它代表取得政权后的无产阶级的根本利益，即以人民为中心；在研究对象上，它根据社会主义初级阶段的基本矛盾和根本任务，把研究对象扩展到生产力，建立解放、发展、保护生产力和“推动社会生产力水平整体跃升”的经济学说；在基本任务上，它为了增强替代资本主义的物质基础，更加注重社会主义初级阶段经济发展规律的研究。

四川大学经济学院蒋和胜教授认为，新时代主要矛盾发生变化，决定了新时代中国特色社会主义的基本经济规律，就是通过协调平衡、全面充分的发展，来保证最大限度地满足人民日益增长的美好生活的需要，实现人的全面发展，这是由社会主义基本经济制度和现阶段的主要矛盾决定的。

四 关于建设现代化经济体系的理论与现实问题

南开大学张俊山教授认为，在中国特色社会主义发展的新时代，提高经济发展质量，需要坚持社会主义方向，全面深化改革，按照社会主义的要求全面改革资本主义的市场经济。要把社会生产逐步转变到新的科技基础之上；准确认识各行业在经济与社会中地位作用，正确发挥生产与流通及其他社会服务的功能；加强国家监管，端正经济活动的社会主义方向；继续加强农业这个基础，杜绝粮食危机萌芽；按照健康、绿色的消费需求推进经济高质量发展。

复旦大学马克思主义学院高建昆副教授认为，现代化经济体系是以高质量发展为基本运行特征的动态有机系统。从纵向看，我国现代化经济体系的基本运行特征是以创新力和竞争力的不断增强为核心的高质量发展。其中，经济体系的竞争力是以创新力为基础的。从横向看，我国现代化经济体系包括产业体系、市场体系、收入分配体系、城乡区域发展体系、绿色发展体系、开放体系、资源配置体系和产权体系等不同层面的核心子系统。建设现代化经济体系，应从这些子系统的内在结构性特点出发进行系统推进。

上海市发展改革研究院傅尔基研究员认为，田园综合体是以农村集体经济组织和农民为主体、“农村房地产”社会租赁为主途的具有特色优势的综合化产业开发、商业化市场经营、生态化环境治理和田园化社区建设的一个可供选择的乡村振兴战略途径，具有多产业、多业态、多功能、多主体和多收入“五大综合体”特征，必须制定立足新发展理念指导的田园综合体建设方略。

武汉大学经济发展研究中心王今朝教授认为，党的十九大提出的建设现代化经济体系的任务必须与党的十九大对中国社会主要矛盾变化的判断联系起来。中国社会主要矛盾的变化是在中国改革开放40年的经济社会发展中产生的。我们实行的是社会主义市场经济，对西方市场经济理论不可迷信，社会主义市场经济的内涵还有待充实，而建设现代化经济体系的理论的提出是对社会主义市场经济命题的继承和重大发展。

（原载《马克思主义研究》2018年第6期）

马克思的思想遗产与时代意义

——“纪念马克思诞辰200周年国际研讨会暨第六届社会主义国际论坛”综述

潘西华

2018年5月4日，“纪念马克思诞辰200周年国际研讨会暨第六届社会主义国际论坛”在越南河内胡志明国家政治学院（越共中央党校）举行。本届会议的主题为“马克思的思想遗产与时代意义”。来自越南主要党政机构、越共中央宣教部、越共中央理论委员会、越共中央党校、越南社会科学翰林院和其他研究机构的代表以及来自中国、老挝学术界的300多名专家学者出席了本次会议。

越共中央书记处书记、中央理论委员会主任、胡志明国家政治学院院长阮春胜代表越共中央党校致辞，并做主旨演讲，高度肯定了马克思思想遗产的理论价值。他指出，马克思作为天才的理论家和革命家，留给我们丰富而庞大的思想遗产，在哲学、社会学、历史学、经济学等各个领域作出了重大贡献。唯物史观与剩余价值理论作为马克思的两大发现，科学揭示了人类历史的发展规律。列宁肯定了马克思思想是科学的、革命的学说，并结合十月革命胜利后建立的世界上第一个社会主义国家的革命与建设实践对马克思思想进行补充和发展，形成了列宁主义。马克思列宁主义业已成为世界工人阶级的理论武装，在现实中需要与具体的历史条件相结合，在创造性运用中得以创新和发展。为此，我们一是要肯定马克思思想遗产的价值；二是在评价和运用马克思列宁主义时应避免教条主义；三是应继续在灵活运用中完善马克思主义，创新性地发展马克思主义；四是要继续用马克思主义来解决新的问题。

中国社会科学院马克思主义研究院副院长金民卿代表中国代表团发言。首先，他介绍了第六届社会主义国际论坛的背景，对越共中央参与筹办本次论坛表示赞赏，感谢越共中央对马克思主义理论研究和各国合作的重视。他向大会介绍，中共中央正在中国北京人民大会堂隆重召开纪念马克思诞辰200周年大会，中共中央总书记、国家主席、中央军委主席习近平同志出席大会并发表重要讲话，高度评价马克思和马克思主义。各国之所以纪念马克思，就是因为他有最彻底的、最深厚的、最广泛的、最坚定的人民立场；是因为他有伟大的真理力量，把认识世界的武器交给了全世界，尤其是无产阶级；是因为他有伟大的实践力量，给工人阶级和全世界提供了行动指南；是因为他有伟大的世界历史意义，他创立的马克思主义持久地指引人类历史发展。其次，他重点介绍了马克思主义中国化的内涵和基本特点。他认为，马克思主义中国化是多要素互动的、自主创造性的结合过程。一是马克思主义中国化是包含着马克思主义理论、发展主体、中国实际、结合过程、结合成果等多要素互动的动态过程。二是马克思主义中国化是独立自主的、创造性的结合过程，是一个学习、吸收、融合、再生、突破、创新的过程，中国化马克思主义在本质上是一种再生形态的马克思主义。三是马克思主义中国化是建立在科学方法论基础上的能动性的结合。在新时代到来之际，当代中国共产党人创立了习近平新时代中国特色社会主义思想。这是马克思主义中国化的最新理论成果，深刻回答了中国共产党向何处去、中国特色社会主义向何处去、当代世界向何处去等重大问题，为马克思主义增添了许多原创性的新内容，让 21 世纪的马克思主义展现出更加灿烂的真理光芒。

老挝国家社会科学院经济所所长方习·老冯就“马克思恩格斯关于环境和自然的思想以及可持续发展的问题”谈了几点看法。他说，马克思恩格斯在有关环境和自然的思想中强调了自然的优先地位，人类依靠自然生存和发展。人类与自然是统一的，人与自然应该和谐共生。只有提高人民保护环境的意识，倡导绿色发展，建设绿色经济，方能在改善人类生存与发展环境的同时，实现经济的可持续发展。老挝人民革命党目前正着手解决环境污染的治理与改善问题。

越南胡志明国家政治学院教授黎有义以“马克思主义的科学性、革命性与时代意义”为题作了发言。他认为，马克思主义的科学性、革命性与时代性是统一的。马克思的两大发现奠定了科学社会主义的基础，对于人类解放起到理论指导作用。马克思主义作为普遍真理，理论价值长久存在。我们不应把马克思主义当作教条，而应视为行动指南，应根据各国实际创造性地运用。中国、越南取得的社会主义建设成就已经显示出马克思主义的活力。

中国社会科学院马克思主义研究院国际共产主义运动研究部副主任潘金娥在《马克思主义过渡时期的理论与中越两国的实践》一文中指出，中越两国对本国社会发展阶段的定位不同，反映出中越两党在马克思列宁主义与本国实践相结合的过程中产生了新的理论认识，形成了民族化或本土化的马克思主义。同时，中越两国通过实践创新使马克思主义得到发展，具有了时代特征和现实生命力。中越两国社会主义建设实践的成功证明了马克思主义的实践性和科学性，也体现了马克思主义关于社会主义发展道路多样性的观点。

武汉大学教授汪信砚就“马克思主义哲学中国化对中国道路的探索”作了发言。他认为，近百年来的马克思主义哲学中国化从根本上说就是为了探索和解决中国走什么道路的问题，而中国化马克思主义哲学则是中国道路的哲学表达。中国早期马克思主义者在紧密联系中国实际传播马克思主义哲学并因而开启马克思主义哲学中国化之初，对中国道路作了初步的哲学表达。毛泽东的哲学思想是马克思主义哲学中国化的第一个重大标志性成果，它对“中国向何处去”的问题做出了创造性的解答，是中国民主革命时期和中华人民共和国成立初期中国道路的哲学表达。改革开放 40 年来，中国马克思主义哲学研究把马克思主义哲学与当代中国实际和时代特征相结合，努力推进马克思主义哲学中国化，在积极回应当代中国实践需要、聚焦中国问题、总结中国经验的过程中取得了多方面的理论成就，在不同阶段对中国特色社会主义道路的探索发挥了理论先导的引领作用，成为改革开放时期中国道路的哲学表达。

越南中央理论委员会委员谢玉晋阐述了“马克思关于民主思想对越南社会主义民主的影响”。马克思曾经批判各种非民主及假冒民主的国家制度，认为不以人民为中心的民主有名无实，是反民主的。社会主义民主作为一种新型的民主，是民主的最高发展形式。在越南，胡志明思想发展了马克思关于民主的思想。法律是人民存在的最重要的制度保障，政治投票权体现了人民对政治的参与。人民通过各种形式参与国家事务，实现人民监督、人民协商、人民当家作主。尽管现在生活已经有了很大变化，但马克思关于民主的思想仍有价值。

老挝国家经济研究院宋森·迪翁撒就“马克思主义关于扩大再生产的理论对当前社会主义全面可持续发展的贡献”作了发言，重点阐述了马克思关于资本再生产危机的理论。他说，马克思早已提出了资本主义再生产的学说，并且使用剩余价值率这一概念来描述资本主义所追求的利润最大化。马克思强调经济危机最根本的原因在于供过于求，这一理论至今仍有重要价值。世界各国特别是社会主义国家将马克思的思想运用于本国实践，力求解决本国所面临的问题，促进马克思主义在各国实践中的灵活运用。

越南社会科学翰林院教授胡士贵就“马克思关于人的重要思想”做了阐述。他说，马克思发现了人的本质及现代人的特点。这为解释现代人在各个领域的思想和行为方式、解释各种宗教和理论提供了理论武器。

大连理工大学马克思主义学院院长洪晓楠就“全球化与文化多样性”作了发言。他说，随着经济全球化、政治多极化的深入发展，各种思想文化交流、交融、交锋更加频繁。文化的多样性与统一性是对立统一的关系。我们既不能因为强调文化的统一性而否定文化的多样性，也不能因为强调文化的多样性而否定文化的统一性。只有在对立中把握统一，在统一中把握对立，才能真正把各民族和国家正常的文化交流、交汇、交锋与某些西方人士鼓吹的世界文明、世界文化的“同质化”说教区别开来，真正廓清“文化全球化”的迷雾，看清“文化全球化”的意识形态本质。

中国社会科学院马克思主义研究院研究员孙应帅在《马克思主义阶级理论与中国社会阶级阶层结构变化》一文中指出，阶级理论和阶级分析方法是马克思主义的重要组成部分，对于分析当今资本主义世界的深层矛盾和社会结构失衡现象仍然具有现实意义。在今日运用马克思主义阶级理论主要是运用阶级分析的视角和方法，并注意把握阶级与阶层理论的区别与联系。

阮春胜在大会总结中指出，中国、老挝、越南的专家学者们共聚一堂，通过理论研讨形式向马克思及其伟大思想致敬，从各个领域肯定了马克思思想的理论价值与时代意义。与会者达成以下共识：第一，马克思本人及其思想对人类进步作出了伟大贡献；第二，马克思的辩证唯物主义和历史唯物主义等为我们解决各种阶级和世界问题提供了理论指导；第三，马克思的思想是人类思想的遗产，各国实践需要从本国实际出发，灵活运用马克思的思想解决社会主义实践问题；第四，马克思主义面临新的机遇与挑战；第五，我们应该继续深入研究和发展马克思主义。此外，他还特别肯定了中国马克思主义本土化的成果和特点，认为中国将马克思主义中国化看成是一个过程，提出“包容性全球化”的观点等，值得大家学习和借鉴。

本次研讨会共收到会议论文100篇。学者们肯定了马克思思想遗产的科学性和时代价值，强调当今世界上各个社会主义国家要灵活运用和发展马克思主义，肯定了中国、越南、老挝本着创新精神运用和发展马克思主义所取得的理论与实践成就，特别是中国特色社会主义所取得的新的理论与实践成就。越方表示，所有参会者的论文将由会议主办方翻译为英文，以英文和越文两种语言结集出版。

经中、越、老三方初步协商决定，第七届社会主义国际论坛将于 2019 年 7 月在中国大连召开，会议主题暂定为“新时代党的建设与社会主义发展”。

（原载《马克思主义研究》2018 年第 9 期）

金融资本全球化的限度与 21 世纪马克思主义的复兴

——第二届世界马克思主义大会专题评析

宋朝龙

第二届世界马克思主义大会于 2018 年 5 月 5 日在北京大学召开。本届大会适逢马克思诞辰 200 周年和《共产党宣言》发表 170 周年，大会主题是“马克思主义与人类命运共同体”，会议共设十个分论坛和四个高端论坛。会议期间，中外学者就金融资本全球化的限度以及 21 世纪马克思主义的复兴展开了热烈的讨论。与会学者对金融资本的内在矛盾及其引领全球化的限度，作为意识形态、制度理念和政策体系的新自由主义危机，21 世纪马克思主义的复兴及中国化马克思主义在 21 世纪马克思主义复兴中的地位等重大问题，进行了深入的阐发和探讨。

一　金融资本全球化的限度

2008 年金融危机以来世界体系内在危机的深入发展以及危机中所蕴含的全球化转向契机，成为与会学者重点讨论的对象。讨论中涉及的具体问题如下。

第一，金融资本与社会再生产的矛盾。笔者在发言中把金融资本的积累逻辑纳入《资本论》的逻辑展开过程并指出，《资本论》从对商品生产的分析开始，通过价值形式的转化，实现了逻辑上从抽象到具体的分析过程。马克思通过对价值形式转化为货币、货币转化为资本、资本分化为职能资本的形式、银行资本对产业资本和商业资本形式上的统治地位的分析，为金融资本的分析打下了坚实的基础。后来，希法亭和列宁又进一步论证了银行资本对产业资本和商业资本从形式上的统治地位发展到实质上的统治地位，阐述了金融资本的形成过程。作为从产业资本、商业资本和银行资本垄断融合基础上发展起来的资本形态，金融资本支配了社会生产和再生产的体系，也支配了社会再生产中的产业链、流通链和信用链。金融资本的积累具有双重逻辑，即具有生产性积累和非生产性积累的双重逻辑。所谓金融资本的生产性积累是指金融资本通过生产革命、流通革命和信用革命而实现的积累；所谓金融资本的非生产性积累，是指金融资本通过定价权垄断、不动产寻租、投机证券、有计划地制造和利用危机、操控国债等方式实现的积累。金融资本的非生产性积累，是与社会生产和再生产的利益相对立的。马西莫·达莱玛对金融资本的积累逻辑及其破坏性进行了深入的剖析。他认为，新自由主义的制度理念和政策体系对金融资本放松了监管，金融资本的积累不以社会生产为中心，而是以财富分配为中心。金融资本为投机的逻辑所主导，企业纷纷转向追求短期利润的模式，中长期的发展规划变得非常困难。金融资本的积累方式最终损害了生产力的发展、扭曲了分配关系、加剧了社会冲突。金融资本采取了低利率的信贷政策来刺激需求，结果使美国家庭负债高涨，导致了金融泡沫，而金融泡沫的破裂又反过来波及银行和实体经济。在对金融危机的救助中，政府印发了大量纸币，但货币供应的增加并没有产生生产性投资的增加。希腊马其顿大学斯塔·马夫罗迪亚斯教授也分析了当代资本主义中金融体系的决定性地位。他认为，金融资本通过影了银行来统治，机构投资者居于主导地位，公司追逐短期金融利益而忽视了长期战略利益以及长远发展规划。土耳其卡迪尔哈斯大学副教授欧兹·奥尔汉加济认为金融资本因掌握了定价权而获得了从社会攫取财富的特权。金融资本中的无形资产，例如著作权、商标、专利等，在资本积累中的地位增加，形成了垄断，成为市场准入的障碍。金融资本通过无形资产所提供的垄断利润加强了自身的地位，但是对实体经济的促进却趋于停滞。

第二，金融资本的积累方式必然造成经济危机。与社会再生产相对立的金融资本，在其积累周期的一定阶段必然导致信用危机、债务危机并最终会演化为系统性的经济危机。埃及著名经济学家萨米尔·阿明认为，在生产过剩、贫富差距日益增大的情况下，为了吸收过剩资本，才导致了资本金融化的解决办法。但是，以金融化的方式来解决资本积累过剩的危机，不但不能达到目的反而会适得其反，造成更深刻的危机。希腊马其顿大学斯塔·马夫罗迪亚斯认为金融资本主义的统治是独裁式的。在金融化的条件下，家庭债务被纳入到金融部门，中产阶级陷入信贷、保险等剥削网之中，损害了实体经济，导致了多种危机。笔者认为，金融资本的积累方式中包含着一个悖论逻辑，即当金融资本的生产性危机出现时，它试图通过利用和加剧非生产性积累的方式，即试图通过加剧剥夺性积累、投机性积累、制造资产泡沫、房地产的投机、国债操纵等方式来解决危机，结果却是饮鸩止渴，不但没有解决危机，反而加深了危机。金融资本的积累方式损害了社会生产和再生产的正常条件。马克思认为阻碍资本发展的是资本自身，同样道理，阻碍金融资本发展的也是金融资本自身，这是金融资本自身的悖论逻辑。

第三，金融资本积累的经济危机转化为政治危机。金融资本的积累方式导致了制造业空心化，导致了严重的阶级分化，致使中产阶级的队伍萎缩、处境恶化，而政府在危机面前优先救助金融寡头的政策更是雪上加霜，国家背上了沉重的债务包袱，社会福利削减、教育经费缩减、大学学费上涨、公务员薪酬降低，民众对国家、对资产阶级国家的形式民主制度失去信心。马西莫·达莱玛指出，1960 年美国金融部门的利润占美国公司利润的 14%，2008 年达到 39%；占全球人口不到 1% 的金融富豪拥有世界财富的 44%，而 70% 的世界贫困人口只拥有全球财富的 3%。菲律宾国立大学教授如姆鲁·图阿松指出，全球 1% 的富人在全球收入中的占比从 1980 年的 16% 上升到了 2016 年的 20%，而最贫穷的 50% 的人口收入份额却只有 9%。上海财经大学丁晓钦教授认为，金融危机导致了经济停滞与金融泡沫并存的局面。为了应对损失，美国推出庞大的经济刺激计划，增强流动性，国家为破产的私人垄断的信用背书，使财政赤字占 GDP 的比例迅速增长，最终引发主权债务危机，致使政府信用下降。近两年的欧美经济虽然有所复苏，但在财政政策和货币政策上仍然处于左右为难的危机，财政危机始终是挥之不去的阴影，货币政策的回旋空间也越来越少。金融资本的统治越来越呈现出其阻碍人类进步的本质属性。

第四，金融资本积累的经济危机导致了金融资本的霸权危机。美国金融危机不是一次短周期的危机，而是长时段的结构性危机。金融资本的全球化经过30多年的扩张之后，进入长波下降和霸权转移期。美国试图用军事上强硬的手腕来弥补它在经济上衰弱的趋势，但是这种试图以军事霸权挽救颓势的努力，只是表明了美国霸权的基础已经动摇。在过去五六百年的世界历史中，资本主义的世界体系一直处于霸权的不断更替之中，从荷兰到英国，从英国到美国，从美国到东亚，都表现出这种特征：当一个霸权国家处在上升时期时，其金融资本的积累更多地体现生产性积累的逻辑，而当金融资本的积累更多地借助非生产性逻辑来积累的时候，这个霸权的根基将被自身的积累方式所腐蚀，这个霸权也将逐步走向衰落。在霸权国家处于上升期的时候，这个国家一般会主张经济自由主义，提倡贸易和投资上的自由开放，但是当霸权国家处于衰落阶段时，保护主义就会抬头。马西莫·达莱玛认为，美国为应对危机采取了保护主义和民族主义手段；当代的世界没有和解、没有均一化，反而是民族的、宗教的身份差异在加大，冲突在加剧。中国社会科学院原副院长李慎明研究员认为，2008年以来国际金融危机是推迟多年、推迟多次而必然要爆发的，再有十年也走不出去。中国社会科学院许建康研究员认为，特朗普政权是衰败中的美国垄断资本主义的表现。他的中东政策，代表军工联合体、化石能源垄断集团。现在美国在全球挑起矛盾的政策，就是美国霸权下降的表现。

第五，金融资本的霸权危机为全球化转向提供了契机。自20世纪70年代金融资本推动了新一轮全球化以来，曾爆发多次危机。但是，2008年危机以前的危机，或者是局部性的危机，或者是在世界体系的边缘国家、半边缘国家爆发的，例如在拉美、东南亚、俄罗斯等地方爆发的危机；而2008年的全球经济危机转移到国际金融资本的核心地带即美国，这是资本主义全球化的一个转折点。2008年全球经济危机爆发以来，资本主义中心国家传统的解决危机的办法顺次失效，美国新自由主义转向新民粹主义，带头反全球化、逆全球化，这是全球化转向的迹象，在深刻的全球化危机中，蕴含着人类社会对新发展道路的寻求。英国萨塞克斯大学迈克尔·唐迈教授认为，美国霸权正在衰落，世界权力中心正向亚欧转移。李慎明研究员认为当代的金融帝国主义正是列宁所说的寄生性、腐朽性的资本主义。未来二三十年乃至21世纪的整个上半叶，世界将是一个大动荡、大改组甚至是一个革命大发展的时代。阿明认为当代金融垄断资本所导致的危机，是通过资产阶级任何所谓的理性政策都不能解决的。资本主义现在所面临的危机，不是资本主义内的局部性危机，而是资本主义本质的危机。当前并不是和平竞争、民主和经济繁荣的时代，而是暴力冲突越来越多的时代，这种形势可能导致革命。对于很多发展中国家而言，包括中国和其他第三世界的国家，危机也可能是新的机遇。

二　新自由主义作为意识形态、制度理念和政策体系的危机

20世纪70年代末以来，在旧殖民主义体系解体的基础上，金融资本在主权国家体系的基础上重建了资本的霸权体系；和旧殖民主义时代的资本帝国不同，新的金融资本帝国采取了新自由主义的意识形态、制度理念和政策体系。新自由主义在公民和经济人自由的掩盖下，实际上放纵了金融资本的自由；新自由主义的制度理念和政策体系放任了金融资本的非生产性积累，加强了金融贵族的力量和地位；新自由主义所庇护下的金

融资本积累使实体经济成本激增，导致了产业空心化、产业转移和中产阶级衰落；新自由主义使金融资本自由地支配着国家这一公共权力，而面对金融资本积累造成的深刻社会危机，新自由主义不惜以新民粹主义的面目出现，来向其他国家和民族转嫁危机，这就是以特朗普为代表的新民粹主义兴起和全球化逆转的实质。

第一，新自由主义之形式自由原则的虚假性。新自由主义是形式主义的制度理念，它把现实的人理解为抽象的人，它把人从生产关系中抽离出来，使人作为原子般的个体，进入一个由孤立个体组成的所谓契约社会。新自由主义把自由意志之间的契约关系设定为唯一合法的社会关系，而契约关系背后的生产关系，是这种自由主义所掌握不了也对付不了的。新自由主义认为形式自由就是真正的自由，而实际上，资本主义的一切弊端都是在形式自由的基础上、在不违背形式自由的前提下产生的。新自由主义不是从人们所处的生产关系来判断人的社会地位，而是抽象地理解人。俄罗斯莫斯科大学布兹加林教授指出，按照自由主义观点，全世界没有穷人而只有懒人、只有不努力的人。穷，是因为不努力、不想工作、不想创业。事实上，在俄罗斯，有数量众多的普通老师，他们在贫困的乡村工作，每月只能领到微薄的工资，但他们的工作却非常努力，而同时俄罗斯的很多富翁却带着不正当的“原罪”而积累起巨额财富。造成这种社会差别的原因是不能从自由主义的假设中得到解释的，是不能仅仅用个人不够努力来解释的。阿明指出，资本主义的意识形态系统让人们以为自己是一个自由的个人，但实际上只是一个消费者。这种对人实行去政治化的文化宣传其实是一种“柔性的法西斯主义”，之所以说它是柔性的，是因为人们并不需要主动地支持它，却又不得不被动地接受它。

第二，新自由主义的中产阶级主导社会的神话遭到破产。新自由主义以抽象的公民文化遮蔽住资本的逻辑，使资本的逻辑融合于、消失于抽象的公民文化的逻辑之中。在抽掉了资本逻辑的基础上，新自由主义制造了一个中产阶级支配社会的神话。但是，在现实中，金融资本的积累造成了中产阶级的衰落，中产阶级主导论的新自由主义神话被打破。中国社会科学院宋丽丹回顾了中产阶级神话在西方被树立起来的时代背景：500多年的资本主义全球化使西方成为全球财富的积累中心，第二次世界大战后汽车等耐用消费品进入工人家庭，工人甚至还可以拥有一定数量的股票等，于是出现了所谓橄榄形社会、中产阶级支配社会的神话。新自由主义认为，中产阶级社会是最完美的，所以历史终结了。但是，在现实中，金融资本的统治使中产阶级不堪重负，在美国中产阶级是收入负债比最高的群体。

第三，新自由主义“极小国家”观念的破灭。新自由主义以个人权利为至上原则，公共权力只是必不可少的“恶”。在新自由主义的理念中，只允许最小国家、极小国家的存在。这样设计的公共权力无力解决资本积累所造成的市民社会的矛盾和分裂，无法遏制金融资本的非生产性积累，无力逃脱金融资本的悖论逻辑，面对金融资本积累造成深刻的经济、社会危机更是无力应对，新自由主义的传统政策，货币扩张、减税、削减福利等政策，不但没有解决危机，反而使危机向纵深发展。以美国总统特朗普民粹主义为代表的右翼思潮和政策体系的崛起，标志着新自由主义最小国家观念的破灭。芬兰奥伯学术大学简·奥托·安德森教授认为，新自由主义全球化削弱了国家的权力，使国家调节危机的能力大大降低。马西莫·达莱玛认为，美国政治体系实际上是一美元一票，而不是一人一票。金融集团操纵着国民的观点，扭曲了民主力量的实践。这样的政治系统不但不能纠正反而加强了市场失灵。现代社会存在着政治与法律中的抽象平等和生产条件中的真实不平等之间的矛盾，没有管制的资本主义导致了一些不可持续的矛盾以及战争的风险，面对这些问题，新自由主义无力应对，需要马克思主义的分析思路和解决方案。

第四，新自由主义“人权高于主权”观念的破灭。新自由主义以“人权高于主权”的口号作为干涉其他国家的意识形态武器，但是自特朗普执政以来，美国带头放弃传统的“政治正确”理念，带头放弃所谓普世的人权理念，带头操纵民粹主义、民族主义和种族主义，连形式主义的人权外交也不能坚持，而使其霸权主义更直观地暴露出来。马西莫·达莱玛指出，新自由主义霸权的思想基石植根于20世纪80年代的里根总统和撒切尔夫人所提出的一些理论。经济全球化所借以发展起来的那些新自由主义观念还没有进行反思和受到批判，全球化就发展起来了。但是，全球化的实际运行和新自由主义的先知们所预言的有很大差异。2008年的全球金融经济危机后，民族主义者和其他的保守主义者抬头，新自由主义全球化的危机风险最终导致一个右翼化的解决方案，就像特朗普总统的行动所展示的那样，而这有可能会开启一个危险的时代，一个充满了紧张和冲突的时代，最终可能会导致一场新的冷战。中国社会科学院陈人江认为，当代世界的政治特点是世界规模的保守主义抬头，而当代保守主义的第一个特点是它披上了民粹主义的外衣。世界范围的右翼保守主义势力泛滥构成了我们当代这个混乱不堪的全球体系的一个真实图景。

第五，新自由主义“历史终结论”观念破灭，全球化正在寻求新的制度文明。1991年苏联解体，在当时的文化氛围下，美国政治学家弗兰西斯·福山发表了《历史的终结及最后之人》，宣称在欧洲的共产主义结束之后，世界将会在资本主义和自由主义之下生存，市场也会结束社会冲突，在西方资本主义文化模式的基础上统一全世界。在《历史的终结及最后之人》中，他宣布新自由主义的资本主义制度是人类社会的终极社会形式。但到2012年，福山又发表了《历史的未来》，观点发生了完全的改变，承认美国那样的新自由主义秩序并不是历史的终结。后来，福山多次来中国，而他关注的重点正是新自由主义中的薄弱环节，也是中国模式中的国家能力问题。巴勒斯坦民主阵线学者特稀·阿尔卡利布认为，福山提出“历史终结论”，而资本主义绝不是历史的终极形态。第三世界论坛的喀麦隆学者本纳德·福诺教授认为，在冷战之后自由主义将会赢得世界，对于持有这样观点的人来说我们这次世界马克思主义大会本身就是一次有力的回击。

三 21世纪马克思主义复兴的前景

金融资本全球化的系统性危机以及新自由主义作为意识形态、制度理念和政策体系的失效，呼唤着马克思主义在21世纪的复兴，而马克思主义的内在理论和实践品格、马克思主义通过东方社会主义实践中所获得的新的理论形式和实践形态，也赋予了马克思主义以引领全球化新阶段的制度能力。21世纪马克思主义既有复兴的历史需求，又有复兴的现实能力，因而21世纪马克思主义的复兴是一个具有内在历史必然性的过程。

第一，21世纪马克思主义具有批判金融资本的能力，而马克思主义所指导的社会主义具有扬弃金融资本悖论逻辑的制度能力。马西莫·达莱玛指出，金融资本虽不是马克思早期和中期著作中的核心，但后期的马克思在对伦敦城的功能探索中，也开始关注金融问题了。到了《资本论》的第三卷，特别是在第三卷的没有完成的部分中，马克思指出，虚拟资本的价值完全是从收入的资本化中衍生出来的，并没有实际的生产活动做基础。当代的金融资本和马克思所描述的并不完全相同，但马克思的论述可以帮助我们去理解当代金融资本的现实。法国《经济与政治》杂志编委弗雷德里克·博卡拉认为，垄断金融资本的问题不仅是经济的问题，而且是政治问题。人类需要新的制度来克服金融资本的问题。危机所提出的政治经济制度的转变问题，不是哪个资产阶级政府所能回答的问题，而是需要到共产主义当中去寻求答案。人类社会需要新的方向，而不是美国确立的方向。笔者在发言中指出，马克思主义政治经济学展开了对金融资本的科学分析和批判。《资本论》为分析金融资本及其内在的悖论逻辑打下了坚实的基础，希法亭、列宁以及后来的马克思主义理论家，按照《资本论》的逻辑规划，对金融资本及其与市民社会、国家、全球化的关系进行了丰富的分析。马克思主义还对超越金融资本的制度路径进行了伟大的探索。在《路易·波拿巴的雾月十八日》等经典著作中，马克思对早期法国、英国金融贵族和土地贵族的联合执政进行了分析，并探讨了无产阶级社会革命所可能有的制度形式。在《法兰西内战》中，马克思对巴黎公社经济政策的分析也是以对金融资本的改造为基础的。针对金融贵族和土地贵族的联合势力，马克思提出土地国有化、垄断性生产资料国有化、银行国有化等主张。后来在东方社会主义的实践中，经过正反两方面的实践探索，终于逐步寻求到既能发挥金融资本生产性逻辑又能克服其非生产性逻辑的社会主义制度形式。

第二，21 世纪马克思主义具有引领落后国家实现现代化的能力。马克思主义对落后国家革命和建设的指导能力，经过苏联解体东欧剧变的教训和中国改革开放的实践经验得到了提升。笔者认为，中国模式既利用了金融资本的生产性逻辑又具有克服金融资本非生产性逻辑的制度潜能，既发挥了市场有效配置资源的优势又以社会主义的制度优势弥补了市场的缺陷。中国模式为第三世界国家提供了一个很好的借鉴。俄罗斯科学院哲学研究所研究员舍甫琴科认为中国的成就具有世界历史意义。埃及民族进步统一集团党学者谢里夫·穆罕默德·菲亚德认为中国模式把一个贫穷落后国家发展成为全新的、强大的、富强的国家。中国在处理政府和市场的关系、工业和农业的关系、城市和农村的关系方面取得了丰富的经验，中国致力于推动世界各国的共同发展，中国特色社会主义为后发国家提供了一条自主发展的榜样。菲律宾大学艾维塔·希梅内斯教授认为贫穷问题是菲律宾的重大问题，中国解决贫困问题的经验为菲律宾树立了榜样。

第三，21 世纪马克思主义具有引领全球化新阶段的能力。与会学者认为中国的崛起对全球化新阶段的发展方向具有重大的指引意义。吉林大学白刚教授认为，马克思主义传入中国，与中国实际相结合，取得了中国特色社会主义的理论成果。未来的马克思主义将从中国走向世界。北京大学黄宗良教授认为，在经济全球化时代，人类面临着一系列必须由全人类一起来解决的问题。在当今条件下，用人类命运共同体的理念解决全球问题，是符合历史发展规律的。英国伦敦经济与商业政策署前署长罗思义认为，人类命运共同体是马克思主义精神的一种延伸。美国进步中心教授亚当·赫什认为，新自由主义政策主导下所形成的美国积累结构正处于逐步瓦解的态势，而中国模式的积累结构则处于迅猛发展的过程中。中国正逐步改变现有的不合理的国际秩序。在未来，无论是变革既有国际机构还是建设以社会主义和人类命运共同体为基础的新国际机构，都需要把目光更多地投向中国。

第四，21 世纪马克思主义具有应对新帝国主义和新自由主义冲击的免疫力和自信力。21 世纪的马克思主义面临着更为艰巨的任务和挑战，需要马克思主义发挥自身的科学力量和实践能力来迎接和解决这些问题，并且在一系列重大问题的解决中获得新的生命力。阿德汉·赛义德认为，美国在叙利亚、伊拉克等国家发动战争，目的就是控制整个世界，而我们现在的重中之重就是要共同终结这种旧的世界秩序。帝国主义的霸权逻辑就是直接发动战争或者通过代理人试图控制其他国家。中国也在遭受着来自帝国主义国家的威胁，比如南海问题，就是一个例证。阿明认为美日欧集团是当代的联合帝国主义，美日欧金融集团要将中国纳入金融资本主导的经济全球化体系中，如果真是如此的话，中国的发展成果将会付之东流，中国将会遭遇像俄罗斯那样的结局。只要中国没有陷入金融资本的全球化安排中，中国就可以避免金融资本积累所导致的危机和振荡。金融资本的全球化要求中国放弃“土地非商品化”原则。苏联和东欧国家当初为了获得西方的接纳，作出让步，但最终却走向毁灭。亚历山大·布兹加林教授认为霸权主义不仅在军事上，而且在经济上、文化上都富有侵略性。希望中国不要陷入全球霸权主义的陷阱中。苏联当初的新自由主义改革犯了错误，现在俄罗斯的经济发展停滞不前，希望中国不要再犯这些错误。

第五，中国化马克思主义以及中国共产党在 21 世纪马克思主义复兴中的关键地位。中国模式和中国化马克思主义在 21 世纪马克思主义的复兴中具有举足轻重的作用。中国现代化道路和现代化模式，是中国化马克思主义献给全球化新阶段的新发展理念。中国模式在经济制度上强调既充分利用市场的积极职能又限制、克服其消极职能，在政治制度上强调既发挥人民民主又保证充分的国家能力来调节社会发展中的各种矛盾，在全球化新阶段的顶层设计上集中表现为提出并践行人类命运共同体的理念。中国化马克思主义、中国模式能否顺利发展，能否担负起引领落后国家现代化、引领全球化的发展任务，关键在于中国共产党。教育部高等学校社会科学发展研究中心田心铭研究员、西南大学原党委书记黄蓉生教授、解放军南京政治学院何怀远教授都特别强调了党的建设与共产党人不忘初心的重要关系。上海财经大学章忠民教授认为，中国共产党当前的主要挑战有四个：第一，要保持党内旺盛的革命斗争精神；第二，始终坚持以人民为中心；第三，始终要保持一种开放和学习的心态；第四，防止自身的腐败问题。中国社会科学院马克思主义研究院院长、党委书记邓纯东研究员认为，马克思主义指导地位要真正得到落实，需要实现以下几个基本要求：一是要把马克思主义指导地位在理想信念里面贯穿起来；二是在宪法中确定马克思主义指导地位；三是应该明确落实马克思主义作为我们国家主流意识形态的地位；四是我国所有文化工作和文化产品的生产都应该体现贯穿马克思主义的指导作用；五是马克思主义指导地位应该落实到国家治理体系、治理能力现代化的建设之中；六是我们的国家工作人员真正成为马克思主义所讲的人民的公仆，对人民负责。

四 小结

参加第二届世界马克思主义大会的中外学者通过深入的讨论，达成了基本共识：金融资本引领的全球化正面临系统性的危机，全球化转向使新自由主义意识形态、制度理念和政策体系陷入全面危机，21 世纪马克思主义的复兴具有历史的必然性，中国化马克思主义在 21 世纪马克思主义复兴中将起到关键作用，而中国化马克思主义要引领 21 世纪马克思主义的复兴，关键又取决于中国共产党，取决于中国共产党的自身建设。上述共识对我们认识世界历史大势，认识马克思主义在 21 世纪对人类社会发展的理论和实践价值，有着深刻的启发意义！

（原载《马克思主义研究》2018 年第 11 期）

深刻领悟和把握马克思主义的科学智慧与真理力量

——“纪念马克思诞辰200周年学术研讨会”综述

刘道一

为了重温马克思的崇高精神与光辉思想，深刻领会和把握马克思主义的真理力量，由中国社会科学院马克思主义研究院和中国社会科学院马克思主义研究学部联合主办的“纪念马克思诞辰200周年学术研讨会”于2018年5月7日在北京召开。第十三届全国政协民族和宗教委员会主任、中国社会科学院原院长、中国社会科学院大学校长王伟光作主题报告，中国社会科学院党组成员张英伟致辞，中国社会科学院世界社会主义研究中心主任、中国社会科学院原副院长李慎明出席会议并讲话。中国社会科学院马克思主义研究院院长、党委书记邓纯东，中国社会科学院马克思主义研究学部主任程恩富，美国共产党经济委员会委员瓦迪·哈拉比，中共中央党史和文献研究院院务委员会委员季正聚，以及来自北京大学、清华大学、中国人民大学、复旦大学、南开大学等高校学者和欧美左翼学者近150人出席研讨会。

一　坚定理想信念，真正在实践中把马克思主义这个看家本领学精、悟透、用好

习近平总书记在纪念马克思诞辰200周年大会上强调，要“真正把马克思主义这个看家本领学精悟透用好”。王伟光在主题报告中指出，这一表述充分体现了以习近平同志为核心的党中央对马克思主义的深刻认识和高度重视，是习近平总书记基于理论逻辑、历史经验和现实发展，对全党提出的时代指令，也是对马克思最有价值、最有意义的纪念。自马克思主义诞生以来，整个世界发生了巨大的变化，但马克思主义依然具有其适用性、可信性和可行性，是不可动摇的科学真理，具有极强的解释力和指导性。学习掌握马克思主义最重要的是掌握马克思主义放之四海而皆准的立场、观点和方法，即辩证唯物主义和历史唯物主义。学精、悟透、用好马克思主义，要把马克思主义真理转化为观察问题的立场和解决问题的工作方法，在现实工作中不断增强理论思维和分析问题的能力，提高驾驭复杂局面、处理复杂矛盾的本领，准确把握党和国家事业发展大势与历史发展规律，从而推进中国特色社会主义事业建设，是党的思想领域建设的一项重要战略任务。他强调，掌握好马克思主义这个看家本领，必须坚定马克思主义信仰，提倡马克思学风，掌握马克思主义思想方法和工作方法。在工作中坚持以人民为中心，坚

持实事求是、一切从实际出发，坚持问题意识、问题导向，以不断推进共产主义远大理想与中国特色社会主义共同理想的实现。

学习和领会马克思主义精髓，关键在于坚持“以人民为中心”的发展思想指针，张英伟在致辞中指出，以马克思的名字命名的“马克思主义”作为指导中国革命和建设实践的思想原则，深刻地改变了世界，也改变了中国，其对世界历史的判断的一般原理，到现在仍是正确的。马克思主义从现实的、从事实际活动的人出发做出科学阐述，关注劳苦大众的生活，“人民性”是马克思主义最鲜明的品格，依靠人民创造历史伟业是马克思主义不断发展的内在动力源泉。习近平新时代中国特色社会主义思想，是马克思主义中国化的最新成果，是当代中国马克思主义和21世纪马克思主义。深入学习研究阐释习近平新时代中国特色社会主义思想的深刻内涵、丰富内容、核心要义、重要地位、历史贡献、时代价值、世界意义是广大理论工作者义不容辞的责任。

将马克思主义的科学理论视野拓展到全球领域，李慎明认为，当今时代并没有超出马克思、列宁所概括的时代特征，当前资本主义的寄生性、腐朽性已日益显现，资本主义在自身框架内无法解决其根本矛盾而必将走向灭亡。在这样的时代背景之下，世界呼唤一种新的治理理念与治理方案，也就是将马克思主义普遍真理同当今世情相结合而超越新自由主义的国际政治理论，这就要从马克思主义理论出发论述人类命运共同体的未来方略，在这个意义上，作为“世界治理的中国方案”的习近平新时代中国特色社会主义思想，有着光辉的时代价值，开辟了21世纪马克思主义发展的新境界。

二 坚持马克思主义在党的建设、思想文化建设、国家治理等方面的指导地位

马克思主义中国化的实践进程已经取得了举世公认的累累硕果，这就要求我们必须坚定不移地将马克思主义作为国家意识形态，坚持马克思主义的指导地位。邓纯东表示，对比当前资本主义世界所面临的经济、政治、社会等层面的危机、东欧剧变后转型国家的全面停滞状态与中国特色社会主义道路的空前成功，充分证明了马克思主义的真理性。马克思主义揭示的人类社会发展规律没有过时，而且正在得到更充分的验证。要充分认识马克思主义真理的伟大力量，坚持马克思主义的指导地位，就是要有对马克思主义的坚定信念、对中国特色社会主义的坚定信任和对共产主义远大理想的坚定信仰，必须坚持马克思主义作为国家意识形态的核心地位，坚决反对与社会主义核心价值观相冲突的思想观念影响社会主义信念。马克思所阐述的科学判断时代特征的方法论，在当今中国特色社会主义进入新时代的背景下，是始终指导我们认识时代进步的客观标准。他强调，以马克思主义指导哲学社会科学研究，建设中国特色的哲学社会科学话语体系，就必须以科学的态度对待科学、以真理的态度对待真理，开辟21世纪马克思主义发展的新境界。

坚持马克思主义的指导地位，是由马克思主义自身的科学性所决定的。季正聚认为，在世界现代文明的进程当中，马克思主义对人类社会变革和人类思想史产生了深远影响。马克思主义自诞生以来，之所以保持旺盛的生机和活力就在于它本身具有强大的真理力量、道义力量，它对历史的深刻洞察力、对现实的透彻穿透力、对未来的科学把

握和引领力，在今天都有着决定性的指导意义。

坚持马克思主义的指导地位，就是要坚持将共产主义作为奋斗的最终目标。复旦大学马克思主义学院常务副院长李冉表示，共产主义作为共产党员的最大初心和最高使命，我们既要从现实性的维度出发，将共产主义作为一种扬弃资本主义的现实运动，又要从理想信念的高度，把马克思主义确立为革命理想和信仰，在最高纲领和未来目标的意义上，完成理想与现实的“合题”，为未来的共产主义道路奠定坚实的根基。

三 坚持马克思主义的“革命”精神，将“革命的彻底性”贯彻到底

在中国特色社会主义新时代，绝不能忽视马克思主义的“革命性”特征，程恩富表示，习近平所强调的“伟大斗争”和“革命精神”是当代中国马克思主义所必须重视的理论课题，要在研究中将“革命的彻底性”贯彻到底，作出完整的理解。具体而论，“革命”具有多层次的丰富内涵，除了生产力方面的科技革命和军事革命以外，主要表现为：推翻旧政权，建立并捍卫新政权意义上的“夺权性革命”；社会主义制度自我完善与发展意义上的“改革性革命”；社会主义初级阶段向未来阶段和共产主义社会转变意义上的“过渡性革命”。通过科学、全面、完整地理解和把握这一内涵的三重规定性，以澄清种种对“革命”意蕴的误读乃至曲解，从而树立起正确的马克思主义革命观。当前，我国仍处于社会主义初级阶段，虽然这是一个相当漫长的历史过程，但并不是我们的终极目标，今后还要向新的更高的阶段发展和过渡，也正是在这样的认识基础上，当代中国共产党人必须以将革命进行到底的精神，推动中国特色社会主义伟大实践沿着马克思主义的正确方向不断前行。

唯物主义是马克思主义理论革命性的重要基础，中国社会科学院大学马克思主义学院学术委员会主任侯惠勤认为，马克思主义理论博大精深、生机勃勃，其最突出的理论特色，就是彻底的唯物论世界观，有了唯物论，才能够提出“主观符合客观”的思想，才能够认识客观真理，反对形形色色的唯心主义、折中主义。在当代中国坚持马克思主义的科学真理，就是在真理和道义的制高点上，坚持辩证唯物主义和历史唯物主义的科学指导，将科学精神贯彻于工作的方方面面。

政治经济学批判是马克思主义科学“革命”的重要理论指向，美国马萨诸塞大学阿默斯特分校的大卫·科茨表示，马克思在“革命的辩证法”的高度上所论述的社会发展理论，将政治、经济、文化等多方面的因素纳入理论思考之中，使得当代社会的重大理论问题得到了有效的分析和解决。在经济学领域与马克思主义相对立的自由主义的“西方经济学”，不仅无法科学地解释中国崛起的真正意涵，还会对经济社会发展造成错误的指引，使得危机再次出现，因此必须在理论上予以拒绝。瓦迪·哈拉比认为，与东欧剧变之后所广泛乐观接受的“历史的终结”的局面形成对比，当前世界经济危机所昭示的全球性的经济社会发展不均衡、大范围的环境问题和日益严峻的国际战争威胁，都证明了曾经的自由主义政治路线无法为人类带来真正的繁荣和幸福，反而使人类面临由资本主义总体危机所引发的灾难性境况，而只有马克思主义才能使人类命运共同体的重重危机得到根本性的解决。

四　正确领悟和把握马克思一生不变的理想追求，努力开拓21世纪马克思主义的新境界

马克思主义理论的国际影响在21世纪愈发显著，中国社会科学院哲学所副所长冯颜利表示，马克思在当今世界仍然是最有影响力的思想家，他基于唯物主义而提出的“公正”思想，不是抽象地探讨正义概念，而是要从现实出发、从物质世界出发来揭示“公正”观念的历史性内涵，在道义的制高点上，走一条“以人民为中心”的正义之路。中国人民大学马克思主义学院副院长张旭认为，纪念马克思应以《资本论》的当代价值作为切入点，既要认识到资本主义的野蛮性与局限性，也要充分认识到资本主义的进步性和必然性，提出具有中国立场、中国气度、中国格局的批判理论，以增强马克思主义政治经济学的解释力和创造力。

纵观马克思一生的奋斗历程，中国社会科学院马克思主义研究院马克思主义原理研究部主任余斌表示，马克思在志向、主义、情感三个方面都有着“一生不变”的特质，马克思是历史上第一个为人类的解放和人民的幸福而不懈工作、作出了巨大牺牲的伟大思想家，也是使人文社会科学的研究从玄学转化为科学的智者，还是一个一生不变的马克思主义者。

学习和领会马克思主义的精深要义，必须做到理论与实践相结合，中国社会科学院哲学所副所长崔唯航认为，作为一名理论工作者，要有明确的实践导向，不能脱离实际来抽象地谈论马克思主义，要面对现实的问题，在实践中凸显马克思主义的真理力量。

清华大学马克思主义学院刘书林认为，马克思主义的实践观、群众观、阶级观、发展观和矛盾观是当代中国实践的重要指导。马克思主义作为“人民的理论”，是支撑共产主义伟大信念的重要支柱，也是马克思留给人类的最为宝贵的精神财富。

北京大学中国特色社会主义理论体系研究中心郭建宁表示，马克思主义中国化的最新成果就是习近平新时代中国特色社会主义思想，是当代中国的马克思主义、21世纪的马克思主义的新境界，是中国话语、中国方案、中国逻辑的思想之本、行动之源。

（原载《马克思主义研究》2018年第7期）

学好用好经典，在新时代继续推进马克思主义中国化

——中国《资本论》研究会第20次学术研讨会综述

李　琼　艳　红

2018年是马克思诞辰200周年，《共产党宣言》发表170周年，中国改革开放40周年，5月4日习近平总书记在纪念马克思诞辰200周年大会上发表了重要讲话。在此背景下，2018年5月19日，由中国《资本论》研究会主办，中国人民大学经济学院承办的“中国资本论研究会第20次学术研讨会——纪念马克思诞辰200周年暨中国改革开放40周年”学术会议在中国人民大学隆重召开。来自全国近80所院校和研究机构的200余位专家学者参加了本届年会，大会围绕《资本论》和习近平同志在纪念马克思诞辰200周年大会的重要讲话，紧密联系中国改革开放40年的生动实践，展开了深入研讨。

一　《资本论》及其当代价值

当今时代，资本主义世界和资本主义体系不断呈现出新的变化，中国特色社会主义也进入新时代，如何研究和学习《资本论》并发掘其当代价值，是一个十分重要的问题。

中国人民大学林岗教授在大会上解读了新时代学习和实践马克思主义理论的伟大意义。他认为，习近平同志的讲话对我们在新时代中国特色社会主义条件下学习和坚持马克思主义具有指导作用，是与时俱进、发展马克思主义的指南。总书记在马克思诞辰200周年纪念大会的讲话中有两个问题具有根本的重要性：一个是关于人类社会发展规律的思想，目前的中国特色社会主义发展阶段要坚持两个毫不动摇，毫不动摇巩固和发展公有制经济、毫不动摇鼓励支持和引导非公有制经济的发展。另一个是坚守人民立场的思想，为了在更高水平上推进保障和改善民生，必须加快对相应制度的改革与完善，比如将主要由消费者承担的在流通环节征收的增值税改为对高收入和巨额财产征收高额累进税制度，当然也要保障那些新的社会阶层的合理利益诉求。

福建师范大学李建平教授就《资本论》拜物教理论的当代价值提出自己的观点。关于拜物教理论马克思在《资本论》和手稿中做了比较系统的论述，其中包括商品拜物教、货币拜物教、资本拜物教，是《资本论》科学的政治经济学理论体系重要组成部分，是马克思留给后人的理论遗产，我们应在当代中国发挥其应有的作用。马克思所

说的三种拜物教不同程度的存在于当代中国社会现实中，更体现出权利拜物教、市场拜物教等新形式，对于这些新形式我们需要用马克思《资本论》的拜物教理论进行批判和分析。消除拜物教是一个长期的历史过程，需要有一定的社会物质基础和一系列的物质生存条件，而这些条件本身又是长期、痛苦的、历史发展的自然产物。按照习近平同志所说，我们要赢得优势、赢得主动、赢得未来，不断提高运用马克思主义分析和解决实际问题的能力，不断坚定马克思主义信仰和共产主义理想。

吉林财经大学丁堡骏教授分析了《资本论》对于资本主义生产方式和社会主义生产方式的意义，并重点阐述了《资本论》的俄国化和中国化问题，认为这是对马克思、恩格斯关于经济文化落后的国家可以“不通过资本主义制度的卡夫丁峡谷”直接过渡到社会主义的思想的创造性应用和发展。具体来说，《资本论》的俄国化经历了从马克思的亲自指导到列宁十月社会主义革命和政治经济建设再到斯大林苏联社会主义等阶段，《资本论》的中国化则经历了三个阶段：毛泽东中国特色社会主义时期、邓小平中国特色社会主义时期、习近平新时代中国特色社会主义思想。两者在方法论上是相通的，都是运用《资本论》的辩证唯物主义和历史唯物主义的世界观和方法论，具体问题具体分析，都是把马克思主义本土化。此外，如何贯彻共同富裕及以人民为中心的原则、全球化和反全球化问题、资本主义生产方式的思想和共产主义社会生产方式的思想之间的关系等都是值得关注的重大理论问题。他强调，马克思主义经济学最重要的本质就是批判的、革命的、与时俱进的，中国马克思主义理论工作者既要批判现代西方经济学，也要批判各种错误的社会主义思潮，这样才能为马克思主义本土化提供理想的理论支持。

福建师范大学黄瑾教授基于马克思主义政治经济学视角对逆全球化的本质进行分析，认为逆全球化反对的不是资本主义本身，而是金融资本全球扩张过程当中产业资本的衰落；逆全球化主张的不是全球化的全面退潮，而是主张对商品贸易进行保护；以贸易战为威胁逼迫他国开放金融，推动金融服务贸易的一种全球化，与其说是全球化的倒退，不如说是资本全球化的必然产物。中国应对逆全球化的方法是以“一带一路”倡议为载体，坚持人类命运共同体理念向世界发出中国强有力的声音。

中国人民大学杨志教授对《资本论》自身的价值、《资本论》的当代价值以及高校教员应该如何为开辟新境界而奋斗等问题提出自己的看法。她认为，唯物史观和剩余价值理论两个伟大发现体现了《资本论》的自身价值。她还从人与自然的辩证关系出发，阐释了人类命运共同体的重大意义，认为马克思主义理论的当代价值在于提供了历史的、辩证的、系统的思维方法。

复旦大学孟捷教授认为，《资本论》给我们提供了两大理论，一个是《资本论》对当代市场经济动态效率分析。马克思关于在大工业崛起以后生产剩余价值占主导地位的方法是相对于剩余价值生产的假设，很大程度上是对动态效率的解释。一个是市场经济病理学的分析。资本主义由于它的各种限制，它往往不能达到相对剩余价值生产理论所描绘的那个理想状态，对于市场经济矛盾的病理学分析可以帮助我们理解为什么我们还要更好的发挥国家的作用。

中国人民大学谢富胜教授认为，论述《资本论》的当代价值必须从现实出发，应当依据当代资本主义的现实，对生产方式、生产关系、资本循环等问题在当代的表现形式、特征、发展趋势等方面作出马克思主义视角的解读，体现出《资本论》对当代现实的极具洞察力、前瞻性和本质揭示性的理论分析解释力，从而彰显出《资本论》和马克思主义的理论和现实指导意义。中共中央党校王天义教授依据自己在讲授马克思理论内容的侧重点变化，从问题导向的角度谈到目前经济社会中的诸多问题，包括自然资源价格的研究、服务部门引入马克思两部类模型等。《中国社会科学》杂志社许建康研究员提出十七个需要进一步研究的课题，包括时代的认识、世界基本矛盾的认识、全球化的新变化、“一带一路”全球化、市场资源配置等，从历史到现实，从国内到国际，内容丰富。此外，河北省社会科学院王传林研究员认为马克思的劳动价值论和剩余价值理论的当代价值有利于认识市场经济的内在矛盾，这个矛盾就是全社会总供给价值大于总需求价值。

圣彼得堡大学经济理论教研室主任梁赞诺夫对全球化背景之下，马克思主义、马克思思想体系在整个世界经济思想体系中的作用发表自己的看法。他认为，资本主义发展到今天仍然是带有自身矛盾的资本主义，但又呈现出新的特征，面临新的形势和问题，我们要重新研读《资本论》，不断充实我们理论研究的基础，对现代资本主义有一个全新的理解。马克思主义理论是非常有生命力的理论，应该把马克思主义理论研究和后马克思主义时代发展紧密联系起来，为实践提供具有价值的理论依据。

二　习近平新时代中国特色社会主义经济思想

与会代表就如何从总体上掌握习近平新时代中国特色社会主义经济思想体系和深刻内涵，以及习近平经济思想形成的实践基础、核心和基本原则等问题进行了热烈讨论，提出要把习近平新时代中国特色社会主义经济思想看成是一个开放、发展的理论体系。

中国人民大学胡钧教授指出，《共产党宣言》标志着科学社会主义产生，《资本论》标志着科学社会主义的完成，中国特色社会主义标志着科学社会主义的成功，《共产党宣言》《资本论》和新时代中国特色社会主义是一脉相承的。他还重点说明了为什么马克思主义一传入中国就立刻掌握了中国的先进分子，成为他们争取中华民族复兴的思想武器，并认为党的十九大报告贯穿一个很重要的中心思想就是要树立大家对中国特色社会主义的信念。他提出要正确理解什么是中国特色社会主义，以及思考为什么习近平同志讲把中国特色社会主义叫作科学社会主义的成功。

教育部社会科学委员会顾海良教授对习近平新时代中国特色社会主义经济思想做了系统的阐述。他认为习近平经济思想有四条重大原则：一是关于解放和发展社会生产力；二是坚持社会主义市场经济改革方向；三是坚持调动各方面的积极性，充分调动人的积极性；四是防止陷入中等收入陷阱。以人民为中心的新发展理念是四大原则在实践中的体现，中国共产党对经济工作的统一领导和以人民为中心的发展思想是习近平经济思想的本质特征。要按照习近平经济思想来确定中国特色社会主义政治经济学的理论体系。

南京大学洪银兴教授指出，习近平新时代中国特色社会主义经济思想是中国特色社会主义政治经济学理论体系的灵魂。构建中国特色社会主义政治经济学理论体系要以中国经济建设、改革和发展作为背景，讲好中国故事，并坚持两个原则：以人民为中心的原则和以新时代重大发展问题为导向的原则。中国特色社会主义政治经济学应该包括经济发展理论、经济制度理论、经济运行理论三个部分。

中国人民大学邱海平教授认为，在党的领导下，新中国成立以来，特别是改革开放以来，中国特色社会主义的实践取得了辉煌的成就，中国经济学界的核心任务就是要立足新时代，努力构建新时代中国特色社会主义政治经济学，这个任务虽然非常繁重，应该说也是中国经济学界面临的难得的历史机遇。认真学习研究和科学理解习近平新时代中国特色社会主义经济思想，不仅是党的理论政策的宣传，更是构建中国特色社会主义政治经济学理论体系的首要课题和必由之路。

对于习近平新时代中国特色社会主义经济思想与马克思主义的联系问题，中国社会科学院程恩富教授以习近平同志在纪念五四运动 100 周年大会上的讲话为例进行了说明。认为总书记在讲话中提到要学习研究马克思主义关于生产力和生产关系的理论，说明他们都共同关注生产力和生产关系的关系问题，高度重视生产力方面的因素，强调科技创新是引领发展的第一动力，也共同高度重视产权制度、所有制制度、基本调节制度、经济开放制度。但是对习近平总书记讲话存在误读现象，比如在解读中存在重科技轻基本制度的问题，因此对总书记的讲话要辩证统一的加以科学理解，要掌握精髓，避免出现误差。

中国社会科学院郭冠清教授梳理了习近平经济思想形成的脉络，认为从 1969 年到陕北当知青，到清华大学学习，和后来在正定县以及在福建工作的 17 年半，这些经历对习近平经济思想的形成有很大的影响。我们所知道的习近平经济思想都可以从他的实践经历中找到缘由，这些历史资料可以帮助我们从理论和实践结合的角度来更好地理解习近平经济思想的科学性。陕西省《资本论》研究会孔祥利教授也持相同观点，他认为，习近平新时代中国特色社会主义经济思想具有深厚的实践基础，许多重要思想的形成都能从总书记成长、工作的经历当中找到依据，他把这一思想的形成区分为三个阶段：知青岁月是主要思想形成的实践起点；河北正定与福建工作期间是主要思想形成发展的实践积累阶段；浙江、上海工作期间则是这一思想的实践深化阶段；十八大以来是这一理论最终形成并发展的阶段。

关于中国共产党对经济工作全面领导的问题，与会代表也进行了深入讨论，认为这是习近平新时代中国特色社会主义经济思想的一个重要原则，代表着我们对社会主义市场经济规律认识的深化。中共中央党校王天义教授在发言中指出，以人民为中心的思想是习近平新时代中国特色社会主义经济思想的核心，新发展理念是其主要内容，坚持共产党对经济工作负总责及全面领导则是其根本原则。复旦大学周文教授认为，坚持党对经济工作的全面领导这一认识使得传统政府与市场二元论变成党的领导、政府与市场的三元论。中共中央党校张开副教授强调指出，坚持党对经济工作的全面领导不仅是习近平新时代中国特色社会主义经济思想的根本原则，也是首要的经济原则，现有研究和讨论存在对这一原则重视和强调不够的问题。

三　中国改革开放 40 年的实践经验和理论创新

中国改革开放 40 年的实践经验证明，马克思主义为中国革命、建设、改革提供了强大思想武器。马克思主义发展史就是根据时代、实践、认识的发展而不断发展的历史，坚持马克思主义就是用马克思主义来解释时代发展的新趋势、新特征，探索新课题，回应新挑战。

中国人民大学卫兴华教授对我国社会主要矛盾中的不平衡不充分发展问题进行了深

入解读。他认为，这个问题既是马克思主义政治经济学和中国特色社会主义政治经济学的一个重要的理论与实践问题，也是我们改革开放四十年来经济发展的结果。把这个不平衡不充分的发展仅仅理解为城乡不平衡、区域不平衡、收入不平衡等是不够全面的，应结合人们日益增长的物质文化需要来理解，不能离开供给和需求来谈不充分和不平衡。因此，所谓的不平衡、不充分，其实就是指随着生产力的发展和提高，供给水平提高赶不上人们日益增长的美好生活需要，相对于需求来讲的供给的不充分。正因为不能充分的满足日益提高的美好生活需要，所以形成了供给和需求的不平衡。要从宏观的角度同时考虑供求两侧的问题，要满足美好生活的需要就要提高供给水平，才能达到供求的平衡。

南开大学张彤玉教授认为，新时代中国特色社会主义主要矛盾的概括在习近平新时代中国特色社会主义经济思想当中居于首要位置，对思想体系起到定位以及历史坐标的作用。主要矛盾在本质上是需求和供给之间的矛盾，矛盾的主要方面在供给侧，可以衍生出在扩大总需求同时深化供给侧结构性改革的宏大主题。要正确处理三个方面的关系，一是中国特色社会主义发展中的变与不变的关系；二是供给侧结构性改革中的技术创新与制度创新的关系；三是新时代中国经济与世界经济的关系、社会主义和资本主义的关系等。四川大学蒋永穆教授认为，党的十九大提出的社会主要矛盾中发展的不平衡不充分的问题指的是经济发展不平衡、不充分问题。一是我们进入了新时代，但是社会主义初级阶段的基本国情没有变；二是中国特色社会主义进入了新的历史方位，但基本方略也在发生变化；三是解放和发展社会生产力是社会主义的本质要素，进入新时代后始终把解放和发展生产力作为一个根本点；四是社会文化、生态等方面的不平衡、不充分从根本上也是由经济发展不平衡、不充分带来的。所以，经济发展不平衡不充分仍然是发展不平衡不充分中的根本问题。天津师范大学丁为民教授认为，认清主要矛盾和矛盾的主要方面，正确认识我国社会所处阶段，对于执政党带领人民确定前进方向、明确工作重点以及制定路线、方针和政策，构建经济理论体系等具有重大的理论指导意义。

武汉大学简新华教授认为，中国改革开放 40 年的成就是在中国特色社会主义政治经济学指导下取得的巨大成就，全面深化改革更是需要中国特色社会主义政治经济学的指导。西方经济学理论对中国改革开放只是借鉴和参考的作用，并非起指导作用。实行公有制才是更合理、更有效的历史趋势，虽然市场的决定性作用很重要，但是政府合理调控不可或缺，其中不仅包括宏观经济政策，还包括制定和实行国家规划。所以现代西方经济学中有些理论和方法是经过改造和完善以后才能用在中国的改革开放中，不能照抄照搬。

辽宁大学谢地教授认为，新时代中国特色社会主义收入分配原则必须坚持以人民为中心的发展思想，不断促进个人的全面发展和全体人民的共同富裕。解决我国收入分配中存在的问题必须从实际出发而不是从教条出发；收入分配制度要与现行混合所有制的社会主义初级阶段基本经济制度相适应；在坚持完善社会主义市场经济条件下公有制要继续坚持按劳分配原则。

北京师范大学白暴力教授认为，作为马克思主义者不仅要深入系统的研究马克思主义理论，而且还要研究当代的马克思及当代的马克思主义，即习近平新时代中国特色社会主义经济思想，并且在学术上进行进一步的推进和探讨马克思的经济理论。十八大以来，以习近平为核心的党中央所提出的“人民主体论”是对马克思主义政治经济学的丰富和发展，构成了中国特色政治经济学体系的逻辑起点。应以此为出发点，完善中国特色政治经济学体系的构建工作。

四　中国特色社会主义政治经济学学科建设

中国特色社会主义政治经济学作为马克思主义政治经济学基本理论与中国特色社会主义经济建设实践相结合的理论成果，作为指导中国特色社会主义经济建设的理论基础，受到政治经济学界的高度重视，与会学者就学科建设和中国特色社会主义政治经济学教学研究问题进行了讨论。

中国人民大学邱海平教授认为，中国特色社会主义政治经济学建设在新时代具有极其重要的意义，我们现在要思考为什么有这个新时代，什么是新时代？新时代提出了新思想、要解决的新问题和要实现的新目标。在学科体系建设上，我们既要重视基本理论，又要与时俱进，要以总书记新时代经济思想为新的内容，不能照搬以往，要构建新的理论范式。另外，现行的学科分类不合理，把政治经济学和西方经济学并列为两个二级学科，不能体现马克思主义经济理论的指导地位，建议国务院学科办把政治经济学学科增设为一级学科。

中国特色社会主义政治经济学要揭示新时代的经济规律，而要揭示经济规律就要求我们投身到社会实践中去，同时要面对重大现实问题展开研究。广东外语外贸大学董晓麟教授认为，学科建设应关注队伍建设，当前队伍建设青黄不接人很少，这是当前亟待解决的问题。陕西财经大学李玲娥谈到政治经济学教材体系问题，指出目前可供教师选择的教材种类太少，影响了教学效果。重庆工商大学易淼说明了地方院校的困难和政治经济学教育被边缘化的问题。辽宁大学周健老师提出构建学科体系要以问题内容为导向，强调马克思主义的方法论意义和指导作用。陕西师范大学张娜博士指出，学科建设在内容上要重视对社会主义国家改革经验教训的总结，要吸收《资本论》中的思想和方法。

（原载《当代经济研究》2018 年第 10 期）

坚持和加强党的全面领导

——“第十一届中国特色社会主义论坛”综述

张　莉

2018年5月25—26日，由《思想理论教育导刊》编辑部、《红旗文稿》杂志社、重庆市中国特色社会主义理论体系研究中心、重庆文理学院共同主办的第十一届中国特色社会主义论坛——“坚持和加强党的全面领导”高层研讨会在重庆文理学院举行。原湖北省委常委、宣传部部长尹汉宁，中共重庆市委宣传部副部长曾维伦，重庆文理学院党委书记孙泽平，《思想理论教育导刊》主编阎志坚，《红旗文稿》杂志社总编辑刘玉辉等出席开幕式并致辞。国务院国资委新闻中心、中共重庆市委宣传部、重庆市委教育工委、新疆维吾尔自治区委组织部、湖北省委宣传部、广东省委宣传部等10余个相关单位，中国人民大学、北京师范大学、吉林大学、四川大学、西南大学等20余个省、市、自治区的60余所高校，近10个期刊杂志社共计100余名领导、专家和学者参加了本次研讨会。

会上，尹汉宁作了题为《关于坚持和加强党的全面领导的几点认识》的主题报告，论述了坚持和加强党的全面领导的思想内涵、根本合法性和工作着力点等。他提出，坚持和加强党的全面领导居于社会主义民主政治体系的最高领导层次，党的领导制度是管总的制度，党的领导居于最高层次、具有领导作用；中国共产党的全面领导同西方新型政党政治有着质的区别。党的全面领导的根本合法性在于人心向背，超越了从单一的法律条文、法律程序上讲的合法性。坚持和加强党的全面领导的工作着力点是，建立健全党的领导体制机制，强化党的组织在同级组织中的领导。

一　坚持和加强党的全面领导的科学含义

《思想理论教育导刊》主编阎志坚讲到，党的十九大提出了新时代党的建设的总要求，坚持和加强党的全面领导是重中之重，对新时代坚定不移地进行全面从严治党具有纲领性意义，对实现“两个一百年”奋斗目标和实现中华民族伟大复兴中国梦具有保证性作用。高校坚持和加强党的全面领导就是要坚持和加强党对高校的各项工作的领导，坚持社会主义办学方向，把党的教育方针贯彻落实到工作的方方面面，贯彻落实立德树人的根本任务，着力培养德智体全面发展的中国特色社会主义事业合格建设者和可靠接班人。

北京交通大学颜吾佴教授深入论证了两个命题：中国共产党领导是不是中国特色社会主义本身所固有的？是否决定中国特色社会主义的性质、面貌和发展？他提出，在中华人民共和国建立过程中，各种政治力量都发挥了重要的作用，但中国共产党的作用具有根本性，没有中国共产党领导就没有新中国；在社会主义建立过程中，中国共产党领导人民选择了社会主义并且开展建设，没有中国共产党就没有中国的社会主义；在社会主义发展过程中，中国共产党领导人民走上中国特色社会主义道路，没有中国共产党的领导就没有中国特色社会主义。其次，中国共产党的领导决定中国特色社会主义的社会主义本质属性，决定新时代中国特色社会主义主要矛盾的解决，决定中华民族伟大复兴中国梦的实现。中国共产党领导是中国特色社会主义最本质的特征，决定中国特色社会主义的性质、面貌和发展。

北京交通大学马克思主义学院何玉芳教授阐述了新时代坚持和加强党的全面领导的内在逻辑。一是对马克思主义哲学的理论自觉的认识论逻辑。二是历史实践逻辑。三是现实实践逻辑。

二　坚持和加强党的政治领导

湖南大学柳礼泉教授阐释了不忘初心的时代担当。他提出，为人民谋幸福、为民族谋复兴是中国共产党人的精神标识和根本遵循，是砥砺前进的根本动力，宣示了共产党人的使命担当。不忘初心的时代担当要求中国共产党人要不忘历史来路，永葆初心，要把准时代脉络；认清现实境遇，坚定信心，解答好时代问题；要坚持未来使命，充满信心，擘画好时代道路。

《行政与法》主编王菲菲阐释了旗帜鲜明讲政治的逻辑遵循。第一，从理论逻辑看，旗帜鲜明讲政治是马克思主义政党的基本遵循和价值追求。旗帜鲜明讲政治，是由马克思主义政党的性质决定，是中国共产党的基本遵循。同时，旗帜鲜明讲政治贯穿以人民为中心的价值追求，是中国共产党的根本政治立场。第二，从历史逻辑看，旗帜鲜明讲政治是中国共产党的优良传统和政治自觉，中国共产党讲政治具有延续性与一贯性。第三，从现实逻辑看，旗帜鲜明讲政治是新时代我党应对各种风险与挑战的必然要求。

湖南科技大学吴怀友教授论述了加强党的政治领导的两个关键。一是正确认识和处理好五大关系。即，政治建设的统领地位与以经济建设为中心，党的政治建设与党的思想及其他建设，加强党的全面领导与改善党的全面领导，维护中央权威与调动地方领导干部主动性，党委集体领导与个人分工负责。二是切实解决好五大问题。即政治立场、方向、原则、道路问题，政治建设首要地位问题，全面领导本领能力不足问题，党员干部不作为不敢为问题，党政职责与权限边界问题。

三　坚持和加强党的思想引领

东北师范大学李艳教授提出，思想引领力关乎思想主导权，决定党的领导。有强大的思想引领力才有坚定的自信力、强大的凝聚力、坚实的战斗力，才能取得思想的主导权。增强新时代党的思想引领力的对策是：坚定理想信念，牢牢把握马克思主义话语权；把握思想方法，坚持运用马克思主义立场、观点和方法，回应重大社会关切；开展学习教育，建设学习型政党，创造增强党的思想引领力的必要条件；讲好中国故事，积极推动中国共产党与世界政党高层对话，共话共建美好世界；掌握网络舆论，增强党的网络空间驾驭力，画出网上网下最大同心圆。

重庆师范大学邓卓明教授提出，引领社会思潮是社会主义意识形态建设的重要内容。中国共产党通过引领社会思潮，真正把握党对思想的领导权。改革开放以来中国共产党引领社会思潮的经验有五条：坚持把引领社会思潮作为党在意识形态领域的重要责任，把马克思主义作为引领社会思潮的指导思想，把凝聚共识作为引领社会思潮的关键，把“尊重差异、包容多样”作为引领社会思潮的重要原则，把构建合力作为引领社会思潮的有效途径。

重庆文理学院何腊生教授提出，中国共产党是自我革命与伟大社会革命的统一论者。第一，以自我革命推动社会革命是中国共产党成立以来的优良传统及中国发展成功的历史经验。第二，党的自我革命与社会革命相辅相成：党的自我革命是进行社会革命的前提条件，社会革命是党的自我革命的基础和动力。第三，继续推进新时代中国特色社会主义伟大社会革命。一方面要勇于进行党的自我革命，既要坚持和加强党的全面领导，又要推进党的建设新的伟大工程；另一方面要把伟大社会革命继续推向前进，既要发扬彻底的革命精神，又要继续推进改革开放。

四　加强党的建设与全面从严治党

西南大学黄蓉生教授深入论证全面从严治党实践与完善和落实民主集中制的内在逻辑、战略意义与实践要求。她提出，全面从严治党与民主集中制的理论源自马克思在改革共产主义同盟章程中提出的“中央委员会是全盟的权力执行机关，向代表大会报告工作”，源自列宁强调的“党的一切组织是按民主集中制原则建立起来的”，源于1927年《中国共产党第三次修正案决案》对“党部的指导原则为民主集中制”的明确规定。全面从严治党与完善落实民主集中制意义深远。实践要求：必须旗帜鲜明地讲政治，用习近平新时代中国特色社会主义思想武装全党，加强高素质专业化干部队伍建设，持之以恒正风肃纪，健全和落实民主集中制各项制度。

北京师范大学张润枝教授阐述了全面从严治党的理论逻辑与展开结构。第一，初心和使命是全面从严治党的逻辑起点，卓著成效是全面从严治党向纵深发展的现实基础和实践前提。第二，以政治建设为统领，以“组织”“制度”“人”为关键词是全面从严治党的展开结构。第三，发展积极健康的党内政治文化全面净化党内政治生态是全面从严治党的目标指向。

中共内蒙古自治区委员会党校孙杰教授考察了中国共产党全面从严治党的渊源，提出，一是将加强党的政治建设作为新时代党的建设的统领和牵引，抓住党的建设的“牛鼻子”。二是用习近平新时代中国特色社会主义思想武装全党，为党凝心聚力、汇聚全党力量提供精神动力。三是将制度建党贯穿其中，实现依法治国和依规治党有效结合。四是提高党的执政本领，切实增强中国共产党在统筹推进“四个伟大”中的本领。

东华大学周德红教授提出全面从严治党的战略思维与实施路径。其战略思维包括：“全面”“从严”“从实”是全面从严治党的思想内涵和战略定位，制度是战略保障，作风是战略基础，从严管理干部是战略重点。全面从严治党的路径为：坚持理论学习与社会实践相结合，加强政治建设和思想建设；坚持思想建设和制度建设结合，加强组织建设和制度建设；坚持责任意识和担当意识结合，加强作风建设。

五　坚持和加强党的政治文化建设

首都师范大学徐志宏教授论述了发展党内政治文化。他提出，政治文化是政党的灵魂、生命。积极健康的党内政治文化形成严肃健康的党内政治生活，形成良好纯洁的政治生态。中国共产党科学的理论指导、远大的理想信念、为人民服务的根本宗旨、民主集中制度、牺牲小我成就大我的价值追求的政治文化，给中国人民的面貌、中华民族的面貌、中国社会的面貌、中国军队的面貌带来根本性改变。当前发展积极健康的党内政治文化的对策是：坚持科学的理论指导，坚定崇高的理想信念，坚持组织制度建设，坚守正确的价值追求。

中国人民大学何虎生教授论述了党内政治文化建设的基本原则及实现路径。基本原则是：既要高扬马克思主义文化的“政治性”，又要传承中华优秀传统文化的“文化性”；既要挖掘革命文化的“革命性”，又要把握社会主义先进文化的“时代性”；既要体现反对落后腐朽文化的“战斗性”，又要注重彰显党性文化的“原则性”。党内政治文化建设的主观路径是，“多”“少”兼顾——既要广大党员主动践行，又要领导干部带头表率；“责”“权”兼备——既要坚决履行党员义务，又要正确行使民主权利；“内”“外”兼修——既要认真开展组织生活，又要积极塑造和谐家风。党内政治文化建设的客观路径，既要以党章为根本遵循，又要注重健全党内制度体系；既要把纪律挺在前面，又要与国家法律衔接；既要规范选人用人制度，又要完善党内监督制度。

六　高校坚持和加强党的全面领导

池州学院孙晓峰教授论述了新时代提升高校党委全面领导力的实现路径。一是坚持党管办学方向，提升政治统驭力。要把好政治方向、把好服务导向、把好价值取向。二是坚持党管意识形态，提升思想引领力。要坚守“主渠道”、抢占“主战场”、筑牢“主心骨”。三是坚持党管干部人才，提升组织凝聚力。四是坚持党管改革发展，提升科学决策力。五是坚持党管群团组织，提升社会号召力。六是坚持党管部署落实，提升督察执行力。七是坚持从严治党，提升执纪问责力。

北华大学赵贵臣教授提出加强高校党委全面领导的五条路径。第一，厘清三个关系。领导与负责、党委与行政、民主与集中。第二，理解高校党委全面领导的四重内涵。完成培养德智体美全面发展的社会主义建设者和接班人的根本任务；坚持立德树人的根本标准、师德师风的教师评价标准；培养爱国、励志、求真、力行的人才。第三，改善高校党委全面领导的关键环节。提升学校党委书记教育家兼政治家的基本素质，摆正党委集体智慧与党委书记的个人意志的关系，优化依法治校的基本流程。第四，实现全面领导的基本策略。加强人才队伍建设、政策机制建设、大学文化建设。第五，优化高校党委全面领导的保障体系。

新疆师范大学周月华教授论述了新疆高校巩固和加强党的全面领导的策略。她提出，新疆地处我国反分裂、反恐怖、反渗透的前沿阵地，新疆高校一直是西方敌对势力和境内外“三股势力”渗透破坏的重点目标。针对当前新疆高校出现的问题，她提出四个“不动摇”。必须牢牢把握社会主义办学方向不动摇，坚持传播马克思主义和培育社会主义核心价值观不动摇，遵循高校思想政治工作规律不动摇，旗帜鲜明地抵御各种错误腐朽思潮不动摇。

新疆农业职业技术学院王学利教授阐述了坚持和加强党对新疆高职院校的全面领导。针对新疆高职院校存在现实问题，他提出：一是加强党对高职院校的政治领导，坚持党委领导下的校长负责制，院系党组织领导下的院系主任负责制，教师学生党支部的建设负责制。二是坚持党对高校的思想价值引领，把马克思主义打造成高职院校最鲜亮的底色，对学生进行“五观”“五认同”和社会主义核心价值观的教育，真正解决好怎样培养人、培养什么人、为谁培养人的根本问题。

七　基层及乡村坚持和加强党的全面领导

中共宁波市委宣传部宣教处潘智副处长论述了新时代基层党员的教育工作举措。第一，强化责任主体，贴近群众需求，夯实基层宣传思想文化工作基础。即，强化阵地建设，夯实基层宣传思想文化工作基础；强化载体建设，激发基层宣传思想工作内生动力；强化机制建设，推动基层宣传思想工作落细落实。第二，完善顶层设计，开展分层宣讲，着眼解决理论“讲得好”的问题。即，找准定位，注重分众，典型推动。第三，夯实基层基础，落实组织制度，努力实现新时代党员教育工作新突破。即，落实一岗双责，制度化推进；开展绩效管理，项目化推进；编制教学教材，精准化推进；组建教师队伍，专业化推进；建立网络平台，信息化推进。

安徽农业大学黄洪雷教授论述了乡村振兴必须坚持和加强党的全面领导的具体举措。第一，加强农村基层党组织的政治建设，保证正确的政治方向、政治立场、政治言论、政治行为，牢固树立“四个意识”。第二，加强农村基层党组织的思想建设，保证始终用马列主义、毛泽东思想和中国特色社会主义理论体系特别是习近平新时代中国特色社会主义思想武装头脑。第三，加强农村基层党组织的组织建设，稳固党在农村的执政根基，确保党的路线方针政策和决策部署贯彻落实。第四，加强农村基层党组织的作风建设，不断接受群众监督、舆论监督和纪律监督。第五，加强农村基层党组织的纪律建设，把纪律挺在前面，守住底线、不越红线、不碰高压线。第六，坚持和加强农村基层党组织建设，把制度建设贯穿其中，深入推进反腐败斗争。

八　坚持和加强党对互联网络的全面领导

闽南师范大学钟发亮教授论述了新时代加强党对网信事业的领导。他提出，要从党的执政地位和国家安全的高度思考党在网信工作中的领导举措。第一，自觉用习近平网络强国战略思想统揽网信事业发展，充分发挥党对网信工作的主导引领功能。第二，建立健全党对网信工作的领导体制机制，充分发挥党对网信工作的统筹协调功能。第三，充分发挥基层党组织在网信事业建设中的作用，加快网信人才队伍建设，切实增强党对网信工作的集中统一领导。

长沙理工大学张明海教授阐述了新时代维护网络意识形态安全的着力点。第一，必须加强党的理论创新，彰显马克思主义的真理性与科学性，强化主流意识形态的网络话语引领力。第二，合理设置传播议程，积极主动发声，发挥主流权威媒体的网络舆论导向力。第三，坚持党的集中统一领导，形成网上网下同心圆，提高党员领导干部网络驾驭力。第四，推动核心技术突破，实施国家大数据战略工程，增强意识形态网络风险防范力。

本届论坛上，专家们从不同视角深入阐释了坚持和加强党的全面领导的相关问题，交流发言站位高、观点新、论述精辟，既具有较强的思想性和引领性，又具有较强的现实性和启发性，为新时代我们坚持和加强党的全面领导提供了很好借鉴。

（原载《思想理论教育导刊》2018 年第 7 期）

“改革开放与高校马克思主义理论教学创新研究论坛”综述

舒　展　罗小燕

改革开放40年来我国经济社会所取得的辉煌成就，是在坚持、传承、发展和创新马克思主义理论的前提下取得的，高校马克思主义理论和教学工作者的理论研究和教学探索，一路伴随着改革开放的探索和推进的过程。2018年既是中国改革开放40周年，同时也是马克思诞辰200周年、《共产党宣言》发表170周年，纪念意义重大。由中国高校经济理论与思政教改研究会、福州大学马克思主义学院、福建省高校思想政治理论课“舒展名师工作室”联合主办的“改革开放与高校马克思主义理论教学创新研究论坛”，于2018年5月26—27日，在福州大学怡山校区成功举行。来自中国社会科学院、哈尔滨工业大学、厦门大学、南开大学、复旦大学、西安交通大学、吉林财经大学、浙江工商大学等50多所高校和科研机构以及《求是》《思想理论教育导刊》《当代经济研究》《马克思主义理论学科研究》等期刊媒体近130位专家学者参会。人民网、腾讯网、中华教育网等进行了会议报道。

本届论坛共进行了四场学术报告会和一场学术沙龙。与会专家围绕会议主题，就相关问题进行了充分的研讨。

一　关于改革开放与中国特色社会主义政治经济学的基本理论问题研讨

政治经济学是马克思主义三大组成部分之一，我国社会主义改革开放的伟大实践，创新和丰富着马克思主义政治经济学的内容，逐渐形成了中国特色社会主义政治经济学，构成习近平新时代中国特色社会主义思想的主要内容。中国特色社会主义政治经济学的基本理论问题，是我国高校思想政治理论课的重要内容之一，与会专家就高校马克思主义经济理论相关重点难点问题展开研讨。中国社会科学院经济研究所副所长胡乐明教授从政治经济学的经济长波理论角度，分析在2020—2050年间“两步走战略”面临的机遇和挑战。他认为，长波理论表明，每一次经济长波都在技术上对应着不同的技术革命浪潮，在产业上对应着不同的产业体系，在制度上对应着不同的积累体制和管理模式，并在空间上对应着全球经济中心和经济格局的变动。因此，中国要顺利实现“两步走”战略，必须抓住机遇，顺应第三次技术革命的一些新的技术发展趋势，进行战略的调整和决策。南开大学陈弘教授的“经济决定论”漫谈，从西方马克思主义传统中将“经济的重视”视为“经济决定论”以及相反相成的借鉴，提出改革开放过程中的两个“决不能”：决不能“以为经济发展了世界上的一切事情都迎刃而解”、决不能落入“减增长提高福利水平”的陷阱。陈弘教授表示在新时代背景下，我们仍应坚持唯物史观的基本观点，并坚持生产力是最终的决定因素，进一步发展生产力。厦门大学党委宣传部副部长、马克思主义学院肖斌副教授认为，习近平国企改革发展思想包含习近平站在政治的高度看待国企改革问题，习近平将混合所有制改革和中国特色现代化国企制度作为国企改革的两翼，习近平将国企改革紧扣认识、适应、引领经济新常态的大逻辑三重维度，强调国有企业做大做强对经济发展的重要性。复旦大学马克思主义学院高建昆副教授从新时代我国经济发展的阶段性特征以及现代经济体系的内涵入手，提出要以新发展理念为引领，充分借鉴发达国家有益做法，紧密结合我国经济发展实际，建设现代化经济体系。

二　关于改革开放与马克思主义中国化的基本理论问题研讨

改革开放 40 年的今天，科学社会主义在 21 世纪的中国焕发出强大的生机活力。习近平在纪念马克思诞辰 200 周年纪念大会上的讲话中指出，马克思主义理论是科学的、人民的、实践的、不断发展的开放的理论，马克思主义理论博大精深、常学常新。吉林财经大学副校长丁堡骏教授围绕着《资本论》的俄国化和中国化，从《共产党宣言》到《资本论》、从《资本论》俄国化和建立苏俄特色社会主义，到《资本论》中国化和走中国特色社会主义道路的内容，论述马克思主义与时俱进的理论品质。丁堡骏教授认为《资本论》俄国化和中国化，是处在特殊社会历史条件下的不同国家，代表社会前进方向的社会进步力量的阶级的历史选择。他认为对马克思诞辰 200 周年的最好纪念，就是要继承和发展马克思所追求的事业。在当代中国，面临的主要问题就是坚持和发展中国特色社会主义，批判形形色色的资产阶级社会主义思潮。哈尔滨工业大学马克思主义学院院长徐奉臻教授从中国需要坚持发展什么样的社会主义出发，围绕“四版说”，阐述了其中蕴含的马克思主义基本原理。她认为中国特色社会主义，不是简单延续我国传统文化的母版，不是简单套用马克思主义设想的模板，也不是其他国家社会主义实践的再版，更不是国外现代化发展的翻版。

三　关于改革开放与马克思主义理论教学法探索的研讨

改革开放 40 年来，高校的思想政治理论教学改革探索也一直在进行中，教材体系、教学体系、教学内容和实践教学活动不断在探索中发展，为中国特色社会主义事业培养了一批批合格的人才。与会专家学者围绕高校马克思主义理论教育对改革开放的贡献研究、新时代高校思想政治理论课教学创新研究等议题进行了热烈探讨。东北师范大学马克思主义学院张森林教授认为加强大学生马克思主义国际形势观、政策观教育，是新时代高校形势与政策教育与时俱进的必然要求。烟台大学赵文静教授围绕教育教学的过程中要学习和践行马克思政党理论进行发言。哈尔滨工程大学马克思主义学院陈坤教授针对高校思想政治网络教育资源碎片化、缺少专业指导、内容与形式有限等问题，提出有必要建立专业化程度高、内容形式丰富多样的高校思想教育网络运营体系。福州大学马克思主义学院谢菲教授认为基于“历史情景剧”教学法的实效性在主体、客体、媒介三个层面所呈现的现状与问题，有必要从理论、实践、制度三个层面对其实效性的提升路径做一综合探究。北京邮电大学马克思主义学院院长周晔教授认为高校思想政治理论课应该树立起大思政格局，让思想政治理论课从“闭环”走向“开环”，让大数据跟踪检验学生课堂教育的长期效果。

（原载《思想理论教育导刊》2018 年第 7 期）

习近平新时代中国特色社会主义思想是21世纪的马克思主义

——中联部纪念马克思诞辰200周年专题研讨会综述

季　思

2018年5月28日，由中共中央对外联络部在中国共产党与世界政党高层对话会框架下主办的纪念马克思诞辰200周年专题研讨会在深圳举行。这是改革开放特别是苏东剧变近30年来，中国共产党首次大规模邀请各国共产党、工人党来华出席专题研讨活动，共有来自50个国家和地区的75个共产党、工人党的100余位领导人和代表参会。中共中央总书记、国家主席习近平向研讨会致贺信。中联部部长宋涛出席开幕式、宣读贺信并发表主旨讲话。此次研讨会主题为“21世纪马克思主义与世界社会主义未来”，下设三个分议题：马克思的历史贡献与马克思主义的当代价值，习近平新时代中国特色社会主义思想与21世纪的马克思主义，中国特色社会主义的理论与实践和世界社会主义的未来。与会中外代表围绕主题和分议题展开深入交流，达成广泛共识。

一　马克思主义为人类文明进步作出巨大贡献，21世纪马克思主义必须同时代主题和各国具体实践相结合，才能焕发出强大的生机和活力

与会代表一致认为，马克思主义在历史上的作用和当代价值是不可估量的。它造福的不仅是得益于历史唯物主义和唯物辩证法而获得极大推动力的社会科学，也不仅是由于资本主义生产理论领域的重要发现而丰富起来的政治经济学，更重要的是，马克思主义理论在许多国家和民族的历史上真正发挥了决定命运的作用，开辟了人类社会从剥削中解放出来的新纪元，证明了社会主义胜利的历史必然性。自马克思主义诞生以来，人类社会发生了巨大而深刻的变化，但是马克思的名字依然在世界各地受到人们的尊敬，马克思的学说依然闪烁着真理的光芒。实践证明，通过现代生产力、特别是科学技术的发展，社会主义最美好的本质和价值正在显现。马克思主义在当今世界依然拥有最强大的生命力和国际影响力。马克思主义仍然是最令人信服的科学学说，始终鼓舞各国共产党和左翼政党建设一个为了人民，以人民为中心，解放人民的美好社会。

与会代表认为，马克思对于资本主义的分析在今天仍具有重要指导意义，可以帮助人们了解资本主义的运行机制以及经济危机的根源。2008年以来，美国和西方资本主义陷入了一场深重的危机。西方国家的领导人也开始思考马克思主义理论，以此寻找并

反思资本主义社会的深层次矛盾。当代资本主义已经进入了更具侵略性和剥削性的全球化时代，21 世纪的马克思主义者必须充分考虑几十年来全球范围内所发生的新变化，特别是资本主义在全球化时代所经历的快速发展和质的提升，以创新的方式走向社会主义。

与会代表认为，马克思主义具有与时俱进的理论品质。马克思主义是科学真理，但如何将这一思想武器运用于实践，如何将马克思主义关于社会主义的设想变成现实，并没有统一的答案。马克思是一个天才，但他仍然受到其所处时代的局限，不能要求马克思代替后人去思考他那个时代并没有出现的问题。马克思的整个世界观不是现成的教条，而是进一步研究的出发点和供这种研究所使用的方法，不能机械地照搬照抄。坚持和发展马克思主义必须从事实出发，回应时代主题，与实践相结合，特别是要同每个国家的具体实践相结合。21 世纪的马克思主义不仅是“存在于 21 世纪的马克思主义（Marxism in the 21st Century）”，更是“服务于 21 世纪的马克思主义（Marxism FOR the 21st Century）”。

二 习近平新时代中国特色社会主义思想是当代中国马克思主义、21 世纪马克思主义，具有重要的世界意义和影响

与会代表一致认为，改革开放 40 年来，特别是党的十八大以来，在习近平新时代中国特色社会主义思想的指引下，中国特色社会主义理论与实践探索不断取得新的历史性成就，战胜了贫穷落后，成为全球经济和科技发展的领军力量。中国特色社会主义的成功本质上是马克思主义和社会主义的成功，向世界表明了马克思主义的强大生命力和社会主义制度的巨大优越性。

与会代表认为，习近平新时代中国特色社会主义思想从当今中国的现实出发，提出了政治、经济、社会、文化、军事、外交等一系列理念和政策，致力于把中国建设成为社会主义现代化强国。新时代中国特色社会主义的成功探索既具有中国特色，也符合人类社会客观发展趋势，是马克思主义在 21 世纪的新发展，是马克思主义中国化的最新理论成果。它将中国的社会实际与马克思主义思想相结合，回答了新时代坚持和发展什么样的中国特色社会主义、怎样坚持和发展中国特色社会主义的重大问题。这一思想是对马克思主义活的发展，而不是僵化、固化的马克思主义，会指导中国走向复兴。它证明了马克思主义在 21 世纪的生机和活力，表明马克思主义可以不断实现自我革新、与时俱进。

与会代表认为，习近平新时代中国特色社会主义思想具有重要的世界意义和影响。随着资本主义矛盾日益深化，许多国家在全球化浪潮面前难以招架，在开放环境中无法实现独立发展，究其原因，是缺乏应对世界资本挑战的良方。习近平新时代中国特色社会主义思想适时提供了解决方案。在两种制度并存且要长期并存的现实中，中国共产党很好地处理了政府和市场、党的领导与资本的关系，在牢牢把握国家发展方向的同时取得稳定和繁荣发展，中国经验对于世界、特别是广大发展中国家具有重要的引领意义。习近平新时代中国特色社会主义思想将在国际社会发挥更大的引领作用，“中国所做的不仅关乎理解世界，更重要的是改造世界”。

三　中国特色社会主义的成功实践为世界社会主义树立了典范，各国共产党和左翼力量之间应加强对话交流、互学互鉴，推动世界社会主义运动发展

与会代表认为，当今世界已经进入新时代，正在发生翻天覆地的变化。世界各国有不同的社会主义探索，也存在不同的社会主义模式，中国在社会主义探索方面取得举世瞩目的成就，因为它结合马克思主义理论的创新和中国的现实，树立了一个里程碑，作出了表率，也表明在21世纪建设社会主义已经有了非常好的条件。特别是习近平提出“一带一路”倡议、构建人类命运共同体、建设美好世界等主张，使中国特色社会主义具有世界意义，将推动世界永远成为马克思主义发展的“绿洲”。在21世纪，中国特色社会主义的发展除了为世界提供物质支持外，更为重要的是提供思想和理念支持，新时代中国特色社会主义将深刻改变世界。

与会代表认为，新自由主义和华盛顿共识不利于贫穷国家的发展，只会导致这些国家民族经济崩溃并引发金融危机，世界各国人民都在寻求资本主义民主体制的替代方案。中国特色社会主义的成功实践给世界社会主义力量以极大的鼓舞和信心，也提供了发展的参考和借鉴。21世纪应该是复苏和复兴社会主义的时代。各国共产党和左翼力量都面临着相同或相似的问题，加强相互对话和交流显得尤为必要。当前，世界社会主义力量需要团结起来，加强合作与交流，互学互鉴，推动社会主义发展进入更高阶段，各国共产党间的合作是社会主义未来发展的重要基石，是当前迈出的重要一步。有代表指出，衷心希望在中国共产党与世界政党高层对话会框架下，中国共产党和世界各国共产党的交流合作能实现机制化。

（原载《毛泽东邓小平理论研究》2018年第6期）

马克思和卢森堡：思想遗产与当代价值

——“世界政治经济学学会第 13 届论坛”综述

张芷寻

世界政治经济学学会（WAPE）是由世界各地马克思经济学家和相关团体创立的国际性学术组织。其宗旨是利用现代马克思主义经济学来分析和研究世界经济，揭示其发展规律和运行机制，并提供政策建议，以促进国家和全球层面的经济和社会进步。此前的 12 届 WAPE 论坛先后在中国上海、日本岛根、中国北京、法国巴黎、中国苏州、美国阿默斯特、墨西哥墨西哥城、巴西弗洛里亚诺波利斯、越南河内、南非约翰内斯堡、印度帕蒂亚拉和俄罗斯莫斯科等地召开。论坛专注于“经济全球化”“资本劳动关系”“可持续发展”“全球民主治理”“21 世纪社会主义”“资本主义危机”“21 世纪人类发展”“不平等和世界资本主义”“增长、发展和社会正义”“资本主义的不平衡发展和危机”“全球化、就业和农业”以及“十月革命”等主题的研究。学会会刊《世界政治经济学评论》由英国柏拉图出版社在伦敦出版。由学会建立的“21 世纪世界政治经济学杰出成果奖”自 2009 年起每年颁发一次，以表彰政治经济学中的优秀书籍或文章的作者，它旨在通过向 2001 年以来在马克思主义经济学理论或方法方面取得重要创新的经济学家颁发奖项，以促进世界各地马克思主义经济学的研究。2010 年由学会设立的“世界马克思经济学奖”，旨在通过奖励在马克思主义经济学理论、方法及应用研究上具有重大创新的世界各国学者，以促进马克思主义经济学研究在世界范围内的繁荣与发展。

2018 年 7 月，由德国柏林经济政法大学、罗莎·卢森堡基金会、马克思恩格斯基金会共同主办的“马克思和卢森堡：思想遗产与当代价值——世界政治经济学学会第 13 届论坛”在柏林举行。来自中国、俄罗斯、日本、印度、以色列、美国、加拿大、德国、英国、意大利、法国、奥地利、瑞士、芬兰、爱尔兰、希腊、土耳其、西班牙、波兰、南非、墨西哥、巴西和澳大利亚等 23 个国家的约 200 名学者出席了本次论坛。论坛期间进行了德国社会主义者纪念碑瞻仰仪式、世界政治经济学学会理事会议、植树仪式、马克思铜像揭幕仪式、主论坛开幕式、2018 年度“世界马克思经济学奖”和“21 世纪世界政治经济学杰出成果奖”颁奖仪式、3 次大会研讨、14 次分会研讨、主论坛闭幕式等多项议程。

世界政治经济学学会秘书长、上海财经大学丁晓钦教授主持开幕式，世界政治经济学学会会长、中国社会科学院学部委员程恩富教授致开幕词。德国柏林经济政法大学副校长哈拉尔德·格莱斯纳（Harald Gleissner）教授、德国卢森堡基金会代表迈克尔·布里（Michael Brie）教授、德国共产党副主席汉斯·皮特·布伦纳（Mr. Hans-Peter

Brenner）先生和德国马克思恩格斯研究基金会代表赫尔穆特·邓科哈泽（Helmut Dunkhase）博士分别致欢迎辞。中国著名马克思主义经济学家、福建师范大学原校长陈征教授、法国马恩河谷大学荣誉退休教授让－克洛德·德洛奈（Jean-Claude Delaunay）教授和英国伦敦城市大学艾伦·弗里曼（Alan Freeman）教授获2018年度（第8届）“世界马克思经济学奖”；美国棕榈滩州立大学大卫·S. 佩纳（David S. Pena）教授、中国南开大学何自力教授、德国马克思主义学者艾克·考普夫（Eike Kopf）教授、德国柏林经济政法大学汉斯约里·赫尔（Hansjorg Herr）教授、澳大利亚麦考瑞大学伊丽莎白·马格纳尼（Elisabetta Magnani）教授、日本广岛大学佐中忠司（Tadashi Sanaka）教授、俄罗斯自由经济学会会长谢尔盖·博德鲁诺夫（Sergei Bodrunov）博士、希腊马其顿大学斯塔夫罗斯·马夫罗迪亚斯（Stavros Mavroudeas）教授、中国吉林大学李政教授、比利时马克思主义研究所亨利·霍本（Henri Houben）博士等10人荣获2018年度（第9届）“21世纪世界政治经济学杰出成果奖”。

论坛期间，与会专家就马克思和卢森堡的思想及其当代价值，《共产党宣言》与世界社会主义运动，世界体系论：中心、外围与准中心，资本主义基本矛盾与各类经济危机，世界经济不平衡发展与当代资本主义新变化，公正的经济全球化与狭隘的逆全球化，“一带一路”国际合作与共享发展，构建国际经济政治军事新秩序与人类命运共同体，列宁的帝国主义论与当代新帝国主义，新殖民主义辨析，新自由主义的新动向及对世界经济和民生的负效益，世界马克思主义政治经济学学派研究，以及政治经济学其他相关议题展开了充分的交流和研讨。

一　马克思主义思想及其当代价值

土耳其爱国党副主席耶尔德勒姆（Yildirim Koc）认为，马克思揭示了殖民地起义对资本主义世界危机的影响，为被殖民者制定了革命战略，殖民地在他的革命战略的指导下发生了重大变革。马克思的双重使命理论指导了工人阶级，带领工人阶级掌握了政权。马克思对于殖民地的革命战略，对世界格局的发展产生了深刻的影响，对构建新型国际关系有重要的指导作用。来自奥地利转型组织的赫尔曼·德沃夏克（Hermann Dworczak）认为，马克思用抽象到具体的方法对资本主义结构及其内在危机、商品的矛盾等进行分析，马克思主义已经被历史和时间证明其正确性，当今马克思主义学者应该继承和发展马克思主义思想。

中国苏州大学方世南教授认为，马克思既有丰富的无产阶级革命和无产阶级专政的红色思想，又有丰富的人与自然和谐共生的绿色思想。马克思主义关于人与自然关系的思想指导了新时代生态文明实践，推进了人与自然和谐共生的现代化，具有十分重大的理论意义和实践价值。中国扬州大学的刘诚教授认为，马克思对未来社会主义社会政治文明建设的科学论述，是建设中国特色社会主义政治文明的指导思想，具有重要的时代价值。

俄罗斯莫斯科国立大学的娜塔莉亚·伊科夫列瓦（Natalia Iakovleva）研究员认为，马克思主义对教学和培训等方面进行了本质的分析，马克思揭示了教育在不同历史社会经济形态和社会发展过程中起到的作用。马克思还指出为什么、如何以及在多大程度上才能使教育成为一个重要的链条。马克思的思想能够指导当今学者解决教育商业化、金融化、教育帝国主义、腐败化和管理化等问题。

澳大利亚共产党副主席大卫·麦特斯（David Matters）认为，马克思克服了空想社会主义，在新时代的危机中建立了科学的社会主义，21 世纪的马克思主义学者应在成功中获取经验，在失败中吸取教训。马克思主义仍然反映了我们当今世界的现实，并呼唤一个人类建立控制自己的命运、结束人类剥削的新时代。

二 马克思主义经济学的创新发展

日本庆应义塾大学、世界政治经济学学会副会长大西广（Hiroshi Onishi）教授用数学模型将价值确定为主观优化问题，生产函数假设劳动力回报率减少，但通过技术最终回归劳动，劳动方式在生产过程中起到了更重要的作用等分析，最终得到劳动力与价值成正比，符合马克思的劳动价值论的结论。在模型中，大西广教授还展示了生产力的重要性、生产函数的一些参数和时间的稀缺性。

佐中忠司教授提出了一个创新的公式，探索利润率上升和下降之间的明显区别。正确使用这个公式可以设立一个关于利润率趋势的标准。虽然关于利润率下降趋势的规律的研究很可能会受到阻碍，但是他从模型的角度重新审视了有关利润率下降规律的一些关键点。

伊丽莎白·马格纳尼教授认为，社会金融是金融创新中一个相对被忽视的方面，社会金融的表现即金融 F 和劳动力 L 或 F－L－F 之间的循环运动，提供了关于金融和劳动力的联系，同时保持一个不变的特征：劳动力和金融之间潜在的权力不平等。

中国河南大学孙世强教授认为，国企和私企等市场主体支配和使用生产力要素的目的及强度存在差异，不仅存在意识、能力、福祉等方面的公私差异取向，也存在供给生产关系性质的差别。市场主体作用域具有应然性，国企作用域是客观存在的，人为通过私有化路径弱化甚至取替国企作用域必然削弱社会生产生活条件。生产力与生产关系的和谐统一符合社会公共利益，只能寄托国企实现，并将马克思生产关系反作用于生产力理论现实化。

三 区域、人口与生态的政治经济学研究

日本农业技术大学吉田央（Hiroshi Yoshida）教授认为，随着世界人口的不断增加，需要进一步增加粮食产量。虽然有必要使用各种技术来增加食品的生产，但正确使用农药是增加粮食产量的重要技术之一。阐明各国农药管理体系差异的现状、制定农药管理体系发展模式、减少农药管理体系世界差异的策略，有助于预防全世界农药造成的危害。

中国郑州大学牛文涛副教授利用中国的省级城市化数据，通过构建面板数据模型，尝试对城市空间扩张与半城市化群体住房困境的内在关系进行了实证研究。得出了半城市化群体参与城市空间权益谈判及实现住房自给的能力因城市空间的扩张而趋于恶化，城市蔓延引致了这一群体的“城市逃离”倾向的结论，并提出了解决的途径和措施。

中国吉林大学李政教授在发言中提出了财政分权影响区域创新效率的相关假设，并运用 2003 年至 2015 年省级面板数据加以验证，得出了财政分权与政府创新偏好均显著

提升了区域创新效率。但是分地区考察发现，财政分权对区域创新的影响及其传导机制存在区域差异的结论。中国郑州大学杜书云教授从乡村振兴背景下，探讨集体所有权如何实现，如何壮大集体经济，探索可复制可推广的经验，走出适应不同经济资源和市场条件的新型发展道路。

中国政法大学赵卯生教授认为，生态学马克思主义日益走向成熟，并在当代世界产生着越来越大的影响。他剖析了生态马克思主义的主旨：在当代资本主义生态危机下，重建马克思主义，把北美的生态运动引导到社会主义变革的道路上来，最终实现人与自然的双重解放。

四　技术、社会与经济增长

中国政法大学傅扬教授认为，关于技术问题，马克思对技术的负面效应进行了分析与批判，但这种批判是对技术的社会批判。马克思将技术与技术的社会应用做了区分，马克思认为，技术的异化是由技术的社会应用造成的，而非技术本身。中国福州大学的周小亮教授基于马克思的人与技术辩证观，以否定之否定规律说明新时代人与技术关系将迎来新一轮否定。据此提出马克思人与技术辩证观的当代价值是重新确立劳动者主导地位和科学认识技术条件，实现新时代中国特色社会主义的高质量发展和包容性增长。

日本庆应义塾大学李晨（Li Chen）博士将技术进步和劳动力供给增长纳入马克思的最优增长模型，将劳动份额和资本份额设定为工具变量。该模型提供了两个欧拉方程来描述经济增长的动态运动，同时阐述了技术进步和劳动力供给增长对中国经济增长路径的不同影响，以及消费品部门和投资品部门之间总劳动力和总资本分配的变化。

墨西哥国立自治大学赫塞·本杰明·卢雅诺·洛佩兹（Jose Benjamin Lujano Lopez）教授认为，美国的霸权和经济增长已进入衰退阶段。主要原因有三：第一，数字和网络技术的潜力；二是收入不平等和集中；三是全球经济整体表现令人失望。美国面临新的大国崛起的挑战：中国在数字和网络技术的同化方面取得了很大进展，并将其纳入了社会体制框架。如今，中国的凝聚力与美国在全球范围内的竞争能力是可以相提并论的。

五　新自由主义与资本主义危机理论

美国麻省大学阿姆赫斯特分校大卫·科茨（David Kotz）教授认为，近年来，一波独裁右翼民族主义（ARWN）浪潮席卷全球许多国家。在许多国家都出现了支持或争取权力的政党和政治领导人。他解释了 ARWN 的特征，并分析了最近 ARWN 政治人物、政党和政权的崛起，这可以为马克思主义理论家长期关注的两个问题提供一些线索：一是议会制民主与阶级统治的关系，二是经济危机给资本主义带来的不仅仅是短暂的问题，它还会引发可能破坏体系稳定的进程。

中国泉州师范学院刘义圣教授认为新自由主义在经济上宣扬私有化、自由化、市场化，在政治上反对公有制、社会主义、国家干预，同马克思主义、社会主义和中国国情格格不入。另外，新自由主义的理论也存在不少缺陷，不具备在我国实行的基本条件。因此，新自由主义不适用于社会主义中国，我们应该探寻适用于中国的理论和实践道路。

波兰科依敏斯基大学加文·瑞（Gavin Rae）认为，当代资本主义的主要矛盾之一，是生产力和技术的空前发展与经济社会生活日益不稳定和无序之间的矛盾。马克思主义关于资本有机构成上升和利润率下降的理论为理解这些现象提供了一个框架。通过把这些矛盾理解为社会过程，包括人与人之间的互动（而不是事物之间的互动），可以将其纳入社会学分析。有鉴于此，将马克思主义经济危机理论纳入社会学分析具有重要意义。加文·瑞还简要地阐述了马克思主义危机理论在社会学领域中可能得到丰富应用的几个交叉领域，以及如何利用社会反常的概念来增进对这些领域的了解。这种观点与其他马克思主义社会学分析并不矛盾，它有可能深化和扩大马克思主义社会学领域的研究，并将其重新导向对全球资本主义的当前现实的关注。

德国共产党理论家恩斯特·赫尔佐格（Ernst Herzog）阐述了基于马克思的危机理论，资本主义危机的实质可以简化为生产力社会化和私人占有的基本矛盾。因此，资本主义危机源于过度积累、生产过剩与不平衡。资本主义危机自2008年以来再次增多，针对资本主义危机的停滞和长期发展的迹象，必须运用危机理论，以确定工人阶级运动的方向。

六　习近平新时代中国特色社会主义思想与“一带一路”的成就

程恩富教授首先提出了马克思主义的多重内涵、多样性和整体性，强调正确认识马克思主义中国化的意义，解释了中国在毛泽东思想指导下取得的巨大经济成就，以及在中国社会主义理论指导下取得的更大经济成就这两大经济奇迹。他阐述了习近平新时代中国特色社会主义思想的经济构成，以及生产力和经济制度的新思路。最后指出，在新时代，中国经济已达到“准中心”地位，并且越来越接近中心地位。

中国中央财经大学林光彬教授阐述了中国道路所展示的世界意义，即一个农业国如何在实现现代化中向全面小康、共同富裕、民主富强的发展演进道路；在未来，中国将坚持和发展中国特色社会主义政治经济学，在习近平新时代中国特色社会主义思想的指导下，总结和提炼中国改革开放和社会主义现代化建设的伟大实践经验，不断完善中国特色社会主义政治经济学理论体系。

印度吉里发展研究所查兰·维尔马（Charan Verma）教授认为，中国的“一带一路”似乎已成为促进亚洲、非洲、美洲、欧洲以及地缘经济贸易的纽带，促进了全球经济一体化和繁荣。作为一个旨在促进全球共同繁荣的跨大陆平台，中国追求的是在平等的基础上构建繁荣的经济。英国中央兰开夏大学詹妮弗·克莱格（Jennifer Clegg）同样认为，中国提出“一带一路”倡议及其建设，正在构造一种新的国际融资模式，即国际金融转向生产性投资，缓解了国际经济中管理金融与生产之间的矛盾，使整体发展更加稳定。

中国广东财经大学黄晓凤教授认为，“一带一路”沿线国家产业合作具有重复合作博弈特征，经过无限次博弈，可形成共赢的帕累托最优结果。她利用贸易特化指数分析“一带一路”沿线国家的产业互补性，阐明产业合作的必要性；创建动态演化博弈模型，求解在多重差异下产业合作与生态共赢的均衡点，为达到均衡点，利用Shapley值法寻求沿线国家产业合作的利益补偿方法，以解决产业合作引起的跨境污染问题，并在此基础上建构“一带一路”沿线国家产业合作的可持续发展机制。中国中央财经大学孙敏副教授认为，当前构建一种新型的国际关系来改变世界的发展失衡状况、重建国家之间的共生关系、共同完善全球治理十分必要。“一带一路”旨在从市场、政府和社会三个层面致力于相互尊重、公平正义、合作共赢的新型国际关系的构建。

主论坛闭幕式上，本届论坛的合作媒体、欧洲最大的左翼报纸《年轻的世界》（Junge Welt）主编阿诺德·施尔泽尔（Arnold Schölzel）博士致辞，学会副会长艾伦·弗里曼（Alan Freeman）教授宣读了本届论坛共识宣言，丁晓钦教授宣布理事会决议，汉斯约里·赫尔教授、学会常务理事科内利斯·伦克尔（Cornelius Renkl）教授代表本届论坛承办方致辞，学会常务理事、加拿大明尼托巴大学拉迪卡·德赛（Radhika Desai）教授代表下一届论坛承办方致辞。学会会长程恩富教授致闭幕词，并宣布“21 世纪的阶级、民族和国家——世界政治经济学学会第 14 届论坛”将于 2019 年 7 月中旬在加拿大和古巴举行。

（原载《马克思主义研究》2018 年第 12 期）

改革开放40年与新时代中国特色社会主义

——中国科学社会主义学会2018年学术年会综述

武晓超　徐浩然

2018年7月28—29日，由中国科学社会主义学会、中共中央党校科学社会主义教研部、中共甘肃省委党校联合主办的中国科学社会主义学会2018年学术年会在兰州召开。中共中央党校（国家行政学院）副校长（副院长）甄占民出席会议并作讲话。中共甘肃省委常委、宣传部部长陈青出席会议并致辞。中国科学社会主义学会会长、中共中央党校一级教授王怀超，中国科学社会主义学会副会长包心鉴、许耀桐、宋萌荣、祝黄河等作主题发言。中国科学社会主义学会常务副会长、中共中央党校科学社会主义教研部主任秦刚主持开幕式并作总结发言。中共甘肃省委党校副校长李润强、中共中央党校科学社会主义教研部副主任倪德刚分别主持大会主题发言和闭幕式。

甄占民副校长（副院长）指出，本次学术年会的召开恰逢改革开放40周年、《共产党宣言》发表170周年、马克思诞辰200周年，年会以“改革开放40年与新时代中国特色社会主义”为主题，深刻总结改革开放的历史进程和基本经验，对于坚持和发展中国特色社会主义具有重要而特殊的意义。在讲话中，甄占民副校长（副院长）系统梳理了改革开放的发展历程，深刻阐释了习近平总书记关于改革开放的重要论述。他指出，以1978年党的十一届三中全会为标志，我们党领导人民开启了改革开放的新时期。改革开放与中国特色社会主义相伴而生、同步而行，是一个休戚与共的有机过程。改革开放和中国特色社会主义始终相辅相成，同向共进。一部改革开放史就是一部中国特色社会主义形成和发展史。党的十八大以来，以习近平同志为核心的党中央高举改革开放旗帜，统筹两个伟大革命，以坚定政治勇气和高超政治智慧推动改革开放，对全面深化改革做出系统部署，在深化改革中续写了中国特色社会主义的新篇章。习近平总书记在带领人民进行新的伟大斗争的生动实践中，提出了一系列富有时代特点和创新价值的、关于改革开放的新的思想观点。这些思想观点系统完整，相互贯通，是习近平新时代中国特色社会主义思想的重要组成部分，是我们立足新时代坚持和发展中国特色社会主义的行动指南。他强调，我们要深入学习贯彻习近平新时代中国特色社会主义思想和党的十九大精神，全面系统地把握习近平总书记关于改革开放的一系列新的思想观点，认真研究思考在全面深化改革开放中坚持和发展中国特色社会主义的重大理论和实践问题：第一，如何以更深的视角总结改革开放40年的历史经验；第二，如何以更高的站位来审视改革开放；第三，如何以更强的定力推动改革开放；第四，如何以更高的标准把握改革开放；第五，如何以更坚定的意志推进改革开放。

本次年会以“改革开放40年与新时代中国特色社会主义”为主题，同时围绕三个分议题有序展开，即“改革开放40年的历史经验”“新时代中国特色社会主义”“世界社会主义发展态势”。这样的议题设计，既有历史的纵深，又有当代的视野；既主题相对集中，也提供了多样的角度。来自全国党校、高等院校、社科院、军队院校等教学科研机构的260余名专家学者参加研讨。

一　改革开放40年的历史经验

与会专家学者就改革开放的实质和基本经验、改革开放的伟大成就和历史意义、改革开放的历史进程和发展阶段等展开充分讨论。

中国科学社会主义学会会长、中共中央党校一级教授王怀超以“中国改革开放的实质及其基本经验”为题作大会主题发言。王怀超指出，中国改革开放的实质，一是扬弃苏联模式，即扬弃高度集权，对外封闭，缺乏效率的苏联模式，建立具有中国特色、充满生机活力、富有效率、开放包容、高度民主、法制完备的社会主义经济政治体制的过程；二是遵循人类社会发展的普遍规律，吸收全人类创造的一切优秀成果，从中国国情和时代特征出发，探索一条使中国尽快走向人类文明大道的过程。其目的在于追赶时代，推动中国社会从传统社会向现代社会转型。王怀超还从七个方面系统总结了中国改革开放的基本经验：第一，改革开放是决定命运的关键抉择，不改革死路一条。改革开放是推动中国社会进步的基本形式，是中国社会主义制度自我完善和发展的根本途径。第二，解放思想，开拓创新，始终保持一种积极进取的精神状态。改革开放是不断解放思想，不断开拓创新的过程。创新首先是理论创新，是理念变革，是思想革命，必须有一种解放思想、大胆探索、勇于开拓、积极进取的精神。第三，改革的着眼点和落脚点，都要始终放在解放和发展生产力、富民强国上。正是因为解放和发展生产力，极大地调动了广大人民群众的积极性、创造性，促进了社会生产力巨大进步，综合国力显著增强，人民生活水平普遍提高，使社会主义建设事业重新焕发出蓬勃生机。第四，要把改革与开放紧密结合起来，在开放中推进改革。改革与开放，就如同车之两轮，鸟之双翼，是推动中国社会快速发展的主要动力。第五，要正确处理发展、改革与稳定之间的关系。经济社会发展是一切工作的中心，是改革和稳定的目的；改革是推动社会经济发展的强大动力，是发展和稳定的重要保证；稳定是改革和发展的基础，社会不稳定，就什么事也做不成。第六，人民群众是改革的主体，是推动改革开放的决定性力量。第七，有一个坚强领导核心。改革开放是一项庞大的系统工程，是一场伟大的社会试验，是一场深刻的社会变革。其规模之大，影响之深，情况之复杂，工作难度之大，没有一个强有力的领导核心是不可能顺利完成的。

中共辽宁省委党校宋萌荣从两个方面总结了改革开放40年的根本经验：第一，重新认识和积极调整与当代资本主义世界体系的关系。从试图与当代资本主义及其世界体系全面决裂和对立，转变为使不成熟的社会主义重新融入世界，在学习、借鉴和利用资本主义及其文明成果中发展壮大。第二，正确认识中国社会主义建设所处的历史方位和发展阶段——社会主义初级阶段，并将这一科学判断作为改革开放40年党的战略、路线和政策的基石。这两条根本经验对于新时代中国特色社会主义积极应对当前世界大变局和中国改革发展新挑战，继续实现创新发展具有重要启示：一是必须坚持我国处于并将长期处于社会主义初级阶段的科学判断和基本路线，以经济建设为中心不能动摇，社会主义市场经济体制不能动摇；二是必须坚持全面深化改革和继续扩大开放不动摇，既不走闭关锁国的老路，也不能重蹈苏联“两个平行的世界市场”之路。第三，必须集中力量办好自己的事，坚持独立自主自力更生，特别是在关系国家综合国力和核心竞争力的高科技发展上坚持自主创新，走好中国社会主义现代化强国富民之路。第四，必须坚持以人民为中心的发展思想，把人民利益至上作为深化改革和扩大开放的根本原则。第五，必须坚持对外关系上韬光养晦，并积极探索新的国际环境下韬光养晦与崛起中大国担当相结合的战略支点，积极推动全球治理体系变革和构建新型国际关系。第六，必须坚持党的领导。全面深化改革的成功推进，关键在党，关键在人。

国家行政学院许耀桐从七个方面总结了中国改革开放40年的历史意义：一是最为成功有效的改革。这场波澜壮阔、气吞山河的改革不仅催生了中国的强劲崛起，而且创造了全新的中国特色社会主义理论体系和制度体系。二是持续时间最久的改革。这场改革从1978年党的十一届三中全会开始，还将延续到2049年新中国成立一百年时，以实现富强民主文明和谐美丽的社会主义现代化强国目标。三是最具丰富内涵的改革。当代中国的改革是全方位的、综合式的，前所未有地涵盖了经济体制、政治体制、文化体制、社会体制、生态文明体制五大方面。四是最为复杂深刻的改革。改革是对传统社会主义体制的深刻革命，继续解放和发展生产力。同时改革还引发了社会关系、思想领域的巨大变化，对人的社会生活、思想观念都产生了深刻久远的影响。五是最为睿智策略的改革，即采取了邓小平提出的“摸着石头过河”的渐进式改革策略。当前改革进入全面深化改革新时期，既要实现从“摸着石头过河”到加强顶层设计的转变，也要继续坚持“胆子要大，步子要稳”的渐进式改革策略。六是最有价值意义的改革。自改革开放以来，中国发生了翻天覆地的变化，从生产技术形态、经济运行方式和政治路线方针政策等层面，完成了向着现代化的社会转型，实现了四个巨大转变：实现了从未工业化国家向工业化国家的转变；实现了从以阶级斗争为纲到以经济建设为中心的转变；实现了从计划经济到市场经济的转变；实现了从闭关锁国到全面开放的转变。七是最有坚强领导力量的改革。中国共产党的领导，是不断推进改革发展的根本保证。

山东社科联原副主席包心鉴从更为深远的历史视角高度评价改革开放40年的重大意义。他认为，纪念改革开放40年与纪念马克思诞辰200周年之间存在着内在的逻辑联系。马克思主义是在时代潮流和社会实践中不断发展的开放的理论，当代中国改革开放伟大实践历史性地推进了马克思主义中国化新飞跃，创造了当代中国马克思主义、21世纪马克思主义。当代中国改革开放在时代性、实践性、人民性、科学性上，深刻彰显了马克思主义的强大生命力：第一，改革开放深刻坚持了马克思主义的时代性。40年前，党的十一届三中全会作出改革开放的重大决策，其根本原因在于以邓小平为代表的中国共产党人面向时代新变化的新的时代觉醒。中国特色社会主义进入新时代，是以习近平为核心的党中央谋划全面深化改革新战略、开辟全面深化改革新征程的时代逻辑。第二，改革开放深刻坚持了马克思主义的实践性。40年前，“实践是检验真理的唯一标准”大讨论确立了实践检验真理和发展真理的最高权威，为改革开放奠定了思想基础。40年后，具有实践性品格的改革开放是全面加快我国社会主义现代化进程、夺取新时代中国特色社会主义新胜利的根本法宝。第三，改革开放深刻坚持了马克思主义的人民性。改革开放最宝贵的经验就是尊重人民群众的首创精神，发挥对人民群众的主体作用，不断增进人民群众的获得感、幸福感和安全感。第四，改革开放深刻坚持了马克思主义的科学性。改革开放是中国共产党领导人民在社会实践中不断地探索规律从而能动地运用规律、不断地从必然王国向自由王国飞跃的过程。新时代中国特色社会主义进一步开辟了探索中国特色社会主义发展规律之路。

关于改革开放的历史进程和发展阶段。江苏省委党校徐民华以每十年为一个节点，结合国际环境新威胁和国内发展新挑战，历史地回顾了改革开放的发展过程。中国共产党人强烈的历史使命感，勇于解放思想、实践探索的创新精神，勇于修正错误，坚持真理的科学精神，推动改革开放披荆斩棘、砥砺前行，不断从胜利走向胜利。国家行政学院许耀桐把改革开放 40 年划分为五个历史阶段：一是改革的酝酿起步和局部试验（1978 年 12 月—1984 年 9 月）；二是全面展开经济体制改革和探索政治体制改革（1984 年 10 月—1989 年 5 月）；三是改革出现波动和改革的调整坚持（1989 年 6 月—1992 年 9 月）；四是建立和完善社会主义市场经济体制（1992 年 10 月—2013 年 10 月）；五是改革进入新时期和推进全面深化改革（2013 年 11 月至今）。中共四川省委党校杨继荣总结了改革开放以来党内选举制度发展的四个阶段：一是党内选举制度恢复和改革方向确立阶段（1978 年 12 月到 1987 年 10 月）；二是党内差额选举推广和党内选举制度框架创建阶段（1987 年 10 月到 1997 年 9 月）；三是党内选举制度基层实验活跃阶段（1997 年 10 月到 2007 年 10 月）；四是党内选举改革的深化阶段（2007 年 10 月至今）。

二　新时代中国特色社会主义

改革开放 40 年来，我们党团结带领全国各族人民不懈奋斗，开拓进取，取得了全方位、历史性的伟大成就。经过长期努力，中国特色社会主义进入了新时代，这是我国发展新的历史方位。沿着改革开放 40 年和中国特色社会主义的历史线索，与会专家就深刻理解中国特色社会主义进入新时代的战略判断、深入学习贯彻习近平新时代中国特色社会主义思想和党的十九大精神进行了广泛研讨。

关于深刻理解中国特色社会主义新时代的战略判断。复旦大学吴海江从人类文明发展史高度，提出新时代中国特色社会主义引领 21 世纪中华民族的伟大复兴，将开启一种新型人类文明。这种新型人类文明突破了中华民族传统文明的历史局限，融通了中华文明、现代文明和世界文明。它以马克思主义为指导实现了中华民族从传统向现代转型的现代性问题，同时立足中华传统精神，倡导开放、包容、普惠、平等、共赢的多元性文明。郑州大学谢海军认为，深刻理解中国特色社会主义进入新时代的战略判断，离不开对中国特色社会主义新时代社会主要矛盾转变与社会主义初级阶段基本国情不变的辩证理解。社会主要矛盾新变化和所处历史阶段的不变存在着内在的逻辑关联：一是社会主要矛盾与所处历史阶段的关系表现为矛盾与矛盾存在条件之间的关系。所处历史阶段是社会主要矛盾变与不变的存在条件。二是社会主要矛盾与所处历史阶段的关系表现为社会主要矛盾和社会基本矛盾的关系，所处历史阶段的不变是立足于生产力和生产关系角度的社会基本矛盾不变。三是社会主要矛盾与所处历史阶段的关系表现为矛盾量变和质变的关系，社会主要矛盾的转变是阶段性部分质变。四是社会主要矛盾与所处历史阶段的关系表现为矛盾的普遍性和特殊性，尤其是体现了社会主要矛盾的多元性与所处历史阶段的单一性并存的特殊性。邢台学院窦孟朔认为，中国特色社会主义进入新时代，尤其体现在民生领域的重大变化：一是民生消费由数量增长为主向质量提升为主转变；二是民生需求由私人产品为主向私人产品和公共产品并重转变；三是国民收入由落差式增长向同步式增长转变；四是我国人口由农村居住为主在向城镇聚集为主转变；五是人民生活由差别性改善向公平性改善转变；六是民生事业由局部发展向全面发展升级转变；七是民生建设由探索式行进向制度化推进转变；八是民生改善由纳入经济建设向统领经济社会发展转变。立足于中国特色社会主义新时代的历史方位和我国社会主要矛盾的转变，他认为新时代民生建设的基本路径：一是以就业增收为中心的民生经济建设，二是以民生权益为核心的民生政治建设，三是以社会主义核心价值观为引领的民生文化建设，四是以公共服务现代化为目标的民生社会建设，五是以人民为中心的民生生态建设。

关于深刻学习贯彻习近平新时代中国特色社会主义思想和党的十九大精神。北京交通大学韩振峰认为，全面理解习近平新时代中国特色社会主义思想和党的十九大精神，要着重六个方面：一个主题——坚持和发展中国特色社会主义。中国特色社会主义是改革开放 40 年来我们党全部理论和全部实践的主题，坚持和发展中国特色社会主义是习近平新时代中国特色社会主义思想、党的十八大精神、十九大精神的主题和主线。两大判断：中国特色社会主义进入了新时代和我国社会主要矛盾已经转化为人民日益增长的美好生活需要和不平衡不充分的发展之间的矛盾。三大任务：全面建成小康社会、基本实现现代化、社会主义现代化强国。四大重点即四个全面战略布局：全面建成小康社会、全面深化改革、全面依法治国、全面从严治党。五大路径即“五位一体”总体布局：中国特色社会主义经济建设、政治建设、文化建设、社会建设、生态文明建设。六大目标：全面深化改革的目标、全面依法治国的目标、新时代建军目标、新时代两岸关系目标、新时代中国特色大国外交目标和新时代党的建设目标。中共甘肃省委党校陈永胜高度凝练地总结了习近平新时代中国特色社会主义思想的八大特征：一是人民性——人民性是习近平新时代中国特色社会主义思想的根本立场和出发点。二是政治性——始终把政治建设摆在首位，政治是带有根本性和全局性的问题。三是革命性——以党的自我革命来推动党领导人民进行的伟大社会革命。四是斗争性——进行好具有新的历史特点的伟大斗争是实现中华民族伟大复兴的引擎和动力。五是时代性——习近平新时代中国特色社会主义思想有鲜明的时代意识和问题导向，深切关注和科学谋划当代中国一系列关系到全局的重大战略问题。六是民族性——把新时代中国特色社会主义融入奠基于悠久历史文明自信的中华民族伟大复兴。七是鲜明的实践性。八是全面性和系统性。

三 当代世界社会主义发展态势

改革开放 40 年来，党领导人民历经千辛万苦、付出巨大代价取得的根本成就是中国特色社会主义。中国特色社会主义进入新时代，不仅使科学社会主义在 21 世纪的中国焕发出强大生机活力，而且对世界社会主义发展史和人类社会发展史也具有重要意义。与会专家立足中国看世界，结合世界看中国，关于中国特色社会主义对世界社会主义发展史、社会主义改革史的历史意义，新时代中国特色社会主义的国际形势和发展优势等展开深入交流。

中国科学社会主义学会常务副会长、中共中央党校科学社会主义教研部主任秦刚指出，改革开放 40 年的进程，是我们党不断推进中国特色社会主义理论创新、实践创新的过程。其中最重要创新有这样几个方面：一是实现了社会主义与市场经济的结合。这样的结合，更新了社会主义建设方式，让市场和利益驱动激发社会活力。二是实现了社会主义与民主法治的有机结合。这样的结合，摆脱了用阶级斗争思维解决社会矛盾、社会问题的思路，形成党的领导、人民当家作主、依法治国三者统一的治国方略，促进了国家和社会治理体系的创新。三是实现了社会主义与经济全球化的有机结合。这样的结合拓展发展空间，增强经济社会发展的能源资源保障能力，同时也把中国发展与世界发展联系在一起，互通有无、相互促进，可以利益共享、命运共担。四是实现了社会主义与中华文化的有机结合。这样的结合，使社会主义融入了民族精神，打上了中华文化的烙印，与爱国主义更加紧密的联系在一起。五是实现社会主义与党的建设的有机结合。这样的结合，强化社会主义制度的优势，使社会主义的建设和发展有了可靠的政治保证。中国特色社会主义的理论和实践创新，使马克思主义、科学社会主义在当代中国展现出新的生机和活力。

中国人民大学郭春生结合二战后世界社会主义改革的两次浪潮，高度评价了改革开放 40 年和中国特色社会主义在社会主义改革史上的历史地位。他认为，二战后世界社会主义改革出现了两次大的浪潮。第一次改革浪潮从 1949 年南斯拉夫自治社会主义改革开始，到 1968 年苏联镇压捷克斯洛伐克“布拉格之春”宣告结束。第二次改革浪潮以 1978 年中国共产党的十一届三中全会为开始标志，一直持续到现在。在世界社会主义第二次改革浪潮中，中国的改革开放不仅是改革浪潮的开拓者，而且是改革浪潮的坚守者，更是改革浪潮的引领者。

关于当代世界社会主义的国际形势和发展态势。中国社会科学院罗文东认为，以电子信息技术、网络技术和人工智能为主要生产力的信息革命为世界社会主义带来了历史机遇和发展前景。从内在本质和发展趋势上看，信息革命一方面加深了资本主义社会的基本矛盾，动摇了资本主义世界体系和国际格局，另一方面为社会主义自主劳动和计划管理创造了越来越充分的物质技术条件，为社会主义生产关系和上层建筑的巩固和完善准备了必要的经济社会条件，为我们实现社会主义现代化和中华民族伟大复兴带来了历史机遇，也展示了人类解放和社会主义创新发展的光明前景。中共中央党校科学社会主义教研部郭强从当代世界正处于转型过渡时期的宏观视野中研判当代世界社会主义发展态势。他认为，虽然全球化是世界历史发展不可逆转的大趋势，但从 2010 年以来一直到 2035 年之前，世界历史正在进入逆全球化的调整时期。他强调，逆全球化并不是反全球化，而是以美国为首的主要资本主义国家寻求重建发达国家俱乐部，主张从 WTO 等全球性国际组织退回到区域化组织。在逆全球化的国际形势下，中国要在中美贸易摩擦中取胜，一要和先进生产力联合，二要和深化改革、扩大开放联合，三要和世界人民大联合。中国科学社会主义学会会长王怀超也深度解析了中美矛盾的实质：一是成长中的大国与守成大国之间的矛盾；二是资本主义制度和社会主义制度的矛盾；三是两种不同的意识形态分歧造成的矛盾。

（原载《科学社会主义》2018 年第 5 期）

中外马克思主义对话：碰撞、交流、互鉴

——“新时代中外马克思主义学者学术交流会”综述

杨　方　王桂艳

2018年9月10日，“新时代中外马克思主义学者学术交流会”在天津师范大学举行。会议由中国社会科学院信息情报研究院、天津市教育委员会、天津市中国特色社会主义理论体系研究中心共同主办，由《国外社会科学》编辑部、天津师范大学马克思主义学院承办，天津市高校思政课杨仁忠名师工作室协办。来自德国的斯蒂芬·柏格（StefanBerger）教授及国内的近50位专家学者参加了本次会议。与会学者从不同的研究角度进行了具体深入而又富有启发性的研讨与交流对话。

一　国外马克思主义发展历史、现状与趋势

国外马克思主义的发展状况是这次会议的重要议题。德国著名马克思主义学者、德国波鸿鲁尔大学社会运动学院院长斯蒂芬·柏格教授做了题为“马克思诞辰200年后的马克思主义”（Marxism 200 Yearsafter the Birth of Marx）的主题报告。首先，他介绍了2018年在德国特里尔市举办的一系列纪念马克思的展览活动。在此期间，德国民众及媒体表现出对马克思的强烈兴趣。其次，他重点介绍了德国社会民主党的历史及其马克思主义传统。德国社会民主党最初信奉马克思主义，1914年之前是第二国际的模范政党，对德国社会的马克思主义发展曾发挥了积极作用，但在后来的发展过程中渐渐与马克思主义的传统有所偏离。德国社会民主党内部曾存在许多不同派别，这些派别之间存在着关于马克思主义观点的争论。社会民主党目前在德国的参议系统中仍然占有非常多的席位。再次，斯蒂芬·柏格教授梳理了历史上出现的诸多马克思主义流派，评价了这些流派对马克思主义发展产生的不同影响。他认为，俄国列宁主义、奥地利马克思主义、中国毛泽东思想、法国人民阵线运动对共产主义的发展作出了卓越贡献，而修正主义是逆马克思主义潮流的，斯大林主义也不利于马克思主义的发展。在学术研究领域，欧洲马克思主义研究者如安东尼奥·葛兰西、鲁道夫·希法亭、路易斯·阿尔都塞、爱德华汤普森及法兰克福学派的思想在今天仍有很强的影响力。欧洲马克思主义者希望通过他们的政策方式实现社会的转型和社会公平正义。最后，斯蒂芬·柏格教授分析了近些年马克思主义发展的趋势。第一，应该试图重新构建马克思主义传统。虽然苏联解体和东欧剧变之后，这些国家的共产主义政党力量呈削弱趋势，但还是具有一定的地位。2008年世界金融危机之后激进左派政党崛起，马克思主义重新被世界关注。全球资本主义世界范围内社会的不公正、寻求更高程度的平等是大家更关注于马克思主义的根本

原因。第二，马克思同样是马克思主义的一个怀疑论者。马克思并不希望他的思想变为一种意识形态，我们应该从历史的角度去看待马克思，特别是在21世纪的今天，应该结合当地当时的历史及其全球发展的具体情况来看待马克思主义的发展。

河北师范大学马克思主义学院张艳玲教授与大家交流了在学习和讲授国外马克思主义过程中必须弄清楚的几个问题。第一，必须弄清楚概念，如西方马克思主义、正统马克思主义、经典马克思主义、新马克思主义、后马克思主义，等等。第二，必须弄清楚国外马克思主义的历史背景和发展过程。第三，必须关注国外马克思主义理论的热点问题。第四，必须弄清楚国外马克思主义中科学主义与人文主义思潮的分歧。第五，必须弄清楚国外马克思主义的基本特征和趋势。第六，必须弄清楚国外马克思主义的诸多流派到底是不是马克思主义。天津师范大学马克思主义学院孔德永教授借用马克思主义中国化的研究方法强调国外马克思主义研究要重视问题导向、问题意识，不仅应关注宏观视角的研究，也要重视微观问题的研究。

二　习近平新时代中国特色社会主义思想

新时代中国特色社会主义思想是对马克思主义的继承和发展，它体现了马克思主义在中国发展的最新理论成果。与国外马克思主义发展相比，它具有自己独有的特征。中国社会科学院信息情报研究院副院长辛向阳研究员在主题报告中总结了习近平新时代中国特色社会主义思想的三大特征。第一，深厚的时代哲学性。习近平总书记非常重视马克思主义哲学的学习，尤其是辩证唯物主义和历史唯物主义基本原理和方法论的学习和运用。中国特色社会主义既坚持科学社会主义基本原则，又根据时代条件赋予其鲜明的中国特色。我们当前的理论要解决的时代问题就是“挨骂”的问题，因此争取国际话语权至关重要。第二，强大的物质力量性。习近平总书记的思想深深扎根于人民大众之中，了解人民诉求，关注社会矛盾和人民需求的转化。理论一经群众掌握就会变为认识世界、改造世界的强大物质力量。强大的物质力量性还体现在语言的大众化上。习近平总书记“5·17”讲话指出，马克思主义在一些学科中“失语”、教材中“失踪”、论坛上“失声”，这种状况必须引起我们高度重视。第三，强大的理论彻底性。主流意识形态表达不能含糊、不能留空隙。习近平总书记在党的十九大报告中提出的“八个明确”思想关于中国共产党的表述用了三个“最”字。他认为中国共产党最无与伦比的一点就是保证权力交接平稳有序地进行。我国社会主义改革的成功实践用事实宣告了“历史终结论”的破产，打破了各国最终都要以西方制度模式为归宿的单线式历史观，给世界上那些既希望加快发展又希望保持自身独立性的国家和民族提供了全新选择，为解决人类问题贡献了中国智慧和中国方案。总之，习近平总书记的思想博大精深、内涵丰富，我们要深入把握其科学内涵、鲜明特征及精髓要义。

辽宁工业大学马克思主义学院院长艾志强教授从交叉学科角度论述了习近平关于科学技术的思想。他认为，习近平新时代思想源于中国特色社会主义伟大实践，对这一实践起着最重要支撑作用的是中国的科技发展。目前对习近平科技思想研究存在的主要问题是没有真正深入到其关于科技论述的体系内部，尤其是没有很好地呈现习近平科技理论体系结构及构成成分之间的逻辑关系。拉卡托斯的科学哲学理论认为任何科学理论都是由硬核、保护带和启示法三部分组成。习近平关于科技的重要论述是一个包含着稳定的内核、灵活的保护带和充裕的启示法的理论体系，其中关于科技地位的论述是整个论述的内核，与马克思科技思想的内核相一致。艾志强教授将科学技术上升到事关国家兴亡的高度，认为一切工作都是为了实现科技强大地位的观点还有待商榷。另外，林建华教授诠释了新时代的内涵，并从自己独特的视角界定了什么是中华民族伟大复兴，即“在宽广的世界视野中旨在实现中华民族重现曾经拥有的辉煌，屹立于世界民族之林，引领世界浩荡潮流，在21世纪浴火再造、涅槃新生”。

三　人类命运共同体思想研究

人类命运共同体思想成为近几年马克思主义专家学者们共同关注的主题之一，与会学者非常关注人类命运共同体与经济全球化的关系问题，并针对这一问题提出了不同见解。南开大学哲学院、加拿大萨斯喀彻温大学教授阎孟伟做了“从竞争博弈到合作共赢——从经济全球化角度来看习近平构建人类命运共同体思想的内涵和意义”的主题发言。他认为经济全球化的核心内容是市场经济机制突破民族国家界限在世界范围内的拓展。经济全球化的固有模式是竞争博弈模式。人类命运共同体这个概念并不是经济全球化的翻版，而是旨在解决经济全球化固有的困境和难题。他提出了人类命运共同体思想的基本理念：追求合作共赢模式；追求国际公平与正义；追求国际关系民主化；追求世界持久和平；彻底打破强国霸权的逻辑。总之，人类命运共同体的基本内容代表了世界发展的新方向。

天津师范大学马克思主义学院谢江平研究员做了题为“构建人类命运共同体，推动新型全球化”的发言。他指出，国际上出现的民粹主义思潮对全球化和人类命运共同体构建造成了威胁。民粹主义不是解决国内问题的办法，相反，搞贸易战害人不利己。他还分析了人民民主与民粹主义的区别，认为习近平总书记提出构建人类命运共同体就是倡导一种新型全球化，人类命运共同体从单一的主体思维走向差异的多元主体思维，从狭隘的血缘地域共同体走向人类命运共同体，只有从这种观念出发才能实现人类共同发展、共同繁荣。

天津师范大学马克思主义学院秦龙教授做了题为“马克思共同体形态理论的世界政治意义”的发言，他认为马克思共同体形态理论以人结成的组织形态为切入点，高度关注人的生存状态、现实发展和未来实践。在这种对人的存在高度关切的过程中，政治组织成为马克思对人考察的重点内容，寻求政治传统的融合；批判抽象共同体，实现政治逻辑的超越；超越虚幻共同体，达成政治结构的调试；指向真正共同体，推进政治体系的成熟。马克思共同体形态理论从逻辑与历史双重向度考察了世界政治发展的过去、现在和未来。

四　中外马克思主义比较研究

北京外国语大学马克思主义学院院长林建华教授做了“进一步提升中外马克思主义比较研究学科意识”的主题发言。他清晰地阐释了中外马克思主义比较研究学科构建的思想和基本思路。一是马克思主义研究进入新时代，呈现活跃态势。马克思主义研究的主线就是如何看待和诠释人类解放、如何不断推进和最终实现人类解放。二是创建中外马克思主义比较研究学科平台。他介绍了北京外国语大学中外马克思主义比较研究学科硕士点的设立。林建华教授指出，20 世纪 70 年代末以来，国外马克思主义对推进当代中国的思想解放和改革开放，当代中国道路的探索、当代中国马克思主义的发展都起到了重要的启迪作用。国外马克思主义研究已受到中国学者的高度重视，而国外研究马克思主义的许多学者对中国马克思主义、中国特色社会主义道路却知之不多、理解不深，甚至存在误读、误解、误判的现象，在马克思主义中国化认同方面存在诸多问题，这与我们研究国外马克思主义的情况形成不对等的局面。当代中国逐渐形成了经典马克思主义、中国马克思主义与国外马克思主义研究比较、对话的态势，并由对国外马克思主义的单向为主的借鉴转向中国马克思主义与国外马克思主义双向甚至多向互建，以期实现理论资源的共享与互补。三是推进马克思主义研究的关键点：比较、互鉴、创新。马克思主义研究的重要基础性工作就是研究原著，在此基础上进行比较，在比较中互鉴，实现由域外理论阐释到本土问题借鉴，再到双向或多向交流互鉴的转换，在互鉴中创新、在共享中提升。

五　小结

参与本次会议的专家学者对于此次议题基本达成了以下共识。第一，国外马克思主义流派众多，学习和研究的一个重点内容就是厘清这些流派的主要观点和立场，分清它们是属于马克思主义还是非马克思主义，甚至是反马克思主义，尤其是对于新出现的国外马克思主义思潮，我们更应该认真甄别对待。第二，中外专家都否定了“历史终结论”。

柏格教授讲到福山的《历史终结论》，他认为虽然貌似资本主义在与社会主义斗争的过程中取得了胜利，但在 2008 年金融危机之后，马克思主义重新受到世界人民的关注和重视。辛向阳研究员指出落后国家实现现代化并不只有西方制度模式这一条道路，各国完全可以走出自己的道路来。资本主义与社会主义的模式之争还在路上，无所谓终结，而且从目前形势和发展趋势来看，社会主义的发展前景更加光明、潜力更大。第三，与会专家学者认为无论从学科设置还是从研究方法来看，都应把中外马克思主义比较研究提升到一个更高的层次，放到更重要的位置。

中外学者对个别问题还存在一些观点上的争论和分歧。第一，柏格教授谈到了德国社会一直存在对中国特色社会主义的质疑。由于德国主流意识形态与中国不同，德国学者和民众很难理解中国所选择的道路。部分国外的马克思主义学者也在怀疑中国特色社会主义是不是马克思主义，他也提出中国应该发展正统马克思主义。还有一些国家对马克思主义、社会主义存在非常大的误解。林建华教授和辛向阳研究员针对这一问题提出了自己的观点。一些国外马克思主义学者对中国特色社会主义道路选择的历史原因不了解，对马克思主义中国化的理论成果不理解，对中国马克思主义意识形态不认同。这些现象说明中国的“挨骂”问题还没有得到根本解决，中国对外政策宣传还有不到位之处。第二，柏格教授指出，斯大林主义在后期对马克思主义的思想解放是一种扼杀，不利于马克思主义的发展。柏格教授认为，我们应该对过去的斯大林主义历史进行批判，重新构建马克思主义传统。辛向阳研究员提出，中国从没有斯大林主义这一提法。“斯大林主义”这一名词最早由拉扎尔·卡冈诺维奇提出，被反对斯大林的评论家们广泛运用，1945 年后在美国使用尤其普遍。中国在认识到斯大林时期所形成的苏联模式弊端后开始进行改革，探索中国道路。第三，柏格教授认为，马克思是马克思主义的怀疑论者，马克思并不希望他的思想变为一种意识形态。辛向阳研究员明确反对这一观点，他指出我们就是要旗帜鲜明地把马克思主义作为党和国家的意识形态，在中国，马克思主义的指导地位不容置疑。

在会议接近尾声之时，中国社会科学院《国外社会科学》杂志副主编张静研究员做了总结发言，她概括了每位专家的发言主旨，并指出本次会议安排紧凑、内容丰富、效率极高，此次学术交流会的成功举办不仅为促进国内外马克思主义研究者的交流互动及未来合作奠定了基础，而且对于进一步推进新时代中国特色社会主义理论伟大创新产生了积极意义。

（原载《国外社会科学》2018 年第 6 期）

改革开放实践与中国马克思主义哲学发展

——“中国马克思主义哲学史学会2018年年会”综述

杨洪源

为纪念马克思诞辰200周年、《共产党宣言》发表170周年和中国改革开放40周年，“改革开放实践与中国马克思主义哲学发展”理论研讨会暨中国马克思主义哲学史学会2018年年会，于2018年9月22—23日在广西南宁举行。本次会议由中国马克思主义哲学史学会、中国社会科学院哲学研究所主办，中国马克思主义研究基金会、《教学与研究》编辑部协办，广西大学马克思主义学院承办。来自全国各高校、党校和科研机构的专家、学者200余人主要围绕以下几个议题进行了多维度的深入探讨。

一　改革开放40年中国马克思主义哲学的发展

每个原理都有自己出现的世纪，时代变革强烈地呼唤并推动着哲学的探索与创新。改革开放40周年的历史进程，极大地增强了中国马克思主义哲学的理论自觉和发展自信，有力地推动着它的发展。

回溯改革开放以来中国马克思主义哲学的发展历程，中国人民大学郝立新教授指出，这启示着哲学工作者既要有着强烈的时代感，以把握时代问题从而概括时代精神，在坚守中发展中国的马克思主义哲学；也要树立起强烈的使命感，从哲学的维度上关注现代化历史进程中的重大现实问题，在互动中推动当代中国马克思主义哲学的发展。中国人民大学安启念教授强调，改革开放以来的中国马克思主义哲学研究始终聚焦于马克思本人的哲学，其深层原因在于马克思的哲学思想符合了中国改革廾放实践以及整个社会和人的命运发生深刻变化产生的理论需要。中山大学徐俊忠教授着眼于新中国“一五时期”后毛泽东的艰难探索，条分缕析地揭示出中国社会主义改革开放的历史缘起。中共中央党校董德刚教授提出，哲学工作者应当以理论的方式为改革开放鼓与呼，潜心研究马克思主义哲学基础理论。中共中央党校薛广洲教授揭示了马克思主义发展与中国改革开放之间的必然的、历史的、逻辑的内在联系。中国人民大学张秀琴教授聚焦卢卡奇《心灵与形式》中的物化逻辑研究，集中展现了改革开放以来中国学界关于西方马克思主义研究的最新成果。辽宁大学郭忠义教授认为，唯物史观规定了中国道路的历史起点和基本路标，中国道路是唯物史观发展视域的直接现实。

改革开放的40年中，中国马克思主义哲学研究虽然不乏各种曲折的探索，但在总体上表现为历史与逻辑的统一：它在为中国的改革开放与现代化建设提供理论支持与智力保障的同时，本身也成为这一伟大实践的有机组成部分。

中国人民大学梁树发教授指出，改革开放40年来取得的马克思主义中国化理论创新成果组成了一个有机的整体。决定这一性质的实践基础、理论基础与内在根据分别为：中国特色社会主义实践、马克思列宁主义和毛泽东思想，以及中国特色社会主义理论体系的创新品格、超越性与连续性相统一的性质。中国社会科学院徐素华研究员详尽考察了伴随改革开放应运而生的中国马克思主义哲学史学会的发展历程。北京大学杨学功教授基于研究主题、研究取向、研究方式及其所形成的总体风貌等，将40年来中国马克思主义哲学研究划分为三个阶段，并逐一作了概略的学术回顾和清理。中国社会科学院单继刚研究员主张使用“汉传马哲”这一术语来厘清中国马克思主义哲学研究的历程及其特色。广西师范大学谭培文教授论证了改革开放以来的中国实践与中国话语权的辩证关系，强调探索中国实践的新形式和加大以其为基础的理论创新力度等的重要性。无独有偶，南京大学张明副教授也以改革开放与中国话语的理论创新为题，系统回答了上述问题。

在反思和回答各种重大现实问题的过程中形成了经济哲学、历史哲学和政治哲学等部门哲学，这是改革开放以来中国马克思主义哲学理论创新的一大突出表现。中国社会科学院魏小萍研究员指出，经历了40年改革开放的中国特色社会主义进入新时代，向我们提出了进一步从经济哲学的角度理解马克思的研究思路和批判精神这一理论诉求，以便于更好地认识当下、把脉未来。南京大学刘怀玉教授从历史哲学的维度刻画出马克思理论的“原貌”及其可能具有的当代方法论意义和价值。他认为，马克思以历史性的社会结构为中心的辩证法本身兼具复杂的时间和地理空间想象，因而是一种能够成功地反抗不断转型了的资本主义生产方式和统治方式的开放视野与实践策略。西南大学胡刘教授提出，马克思历史哲学将“资本批判”作为解答“资本主导的‘世界历史’向何处去”这一时代问题的理论视域，仍然蕴含着考察资本作为塑造世界主要社会权力的当今时代不可或缺的基本思路与方法。

二　马克思诞辰200周年的哲学思考

适逢马克思诞辰200周年之际，以马克思主义为符码的思想研究与社会运动，继续推进到了新的高潮。从哲学的维度对马克思的思想和马克思主义作持续且深入的思考，成为顺理成章的事情。

中共中央党校董振华教授提出，用辩证法的精神来理解马克思主义的开放性理论品格和共产主义的内涵，从而在实践基础上进行理论创新，用发展的马克思主义来指导新的实践，以进行伟大斗争、建设伟大工程、推进伟大事业、实现伟大梦想。中山大学钟明华教授不仅从基本内涵、主要特征、时代课题、理论建构与发展逻辑的角度，对21世纪的马克思主义作了系统且全面的解释，还强调重新认识马克思及其思想所表征的情怀，即在批判、改造和超越资本主义基础上解决人类社会发展的时代课题。奥地利格拉茨大学卢卡斯·麦尔教授重点阐释了马克思哲学中的异化、平等、正义、剥削、自由等观念及其当代价值。上海财经大学卜祥记教授认为，重新呈现马克思哲学的学术性内涵和鲜明的直接现实性品格，特别是哲学范式的革命与实践唯物主义的开启、从物质利益的困惑走向对资本主义的经济学解剖，对于明确当代马克思主义哲学研究的现实性课题及其时代使命具有重要意义。厦门大学张艳涛教授以当代中国语境中的马克思主义哲学所具有的多重属性为论据，提出从学说、学术与学养相统一的高度来解答“当代中国需要什么样的马克思主义哲学”这一根本问题。

思想与其“身后”的时代往往有着一定的“断裂”。如何真正地“走进”或“回到”马克思的思想世界，其之于现时代的价值究竟几何，始终是摆在马克思主义哲学研究者面前的重大课题。

“回到马克思”必然离不开一定的方法论。北京大学聂锦芳教授指出，运用版本考证、文本解读和思想阐释相统一的文本学研究方法，奠基于全面而系统的文本基础之上扎扎实实的研究，最终会呈现出一个与以往很不相同的马克思形象，形成对马克思思想新的理解。诸如马克思思想起源与西方文化传统关系辨析、马克思思想发生转变的线索及其实质解释，以及马克思资本理论的复杂性和批判过程的曲折性甄别等。吉林大学王庆丰教授强调范畴之于理解马克思思想的重要性。他通过梳理马克思反省“宗教批判”、政治经济学批判和生命政治批判，来阐释与践行其“绝对命令”的思想历程，以彰显出马克思内在思想的连贯性和统一性。中国社会科学院杨洪源副研究员认为，文本学研究所呈现的马克思思想世界，是一个开放的、发展的动态过程。这种思想的未完成性和开放性，从根本上决定了马克思能够与19世纪以后的时代发生“接触”而历久弥新。

文本个案研究毫无疑问是阐释马克思思想的起点。选择那些体现马克思思想的特质、内涵与发展趋势的经典著作作为研究重点，有助于客观呈现马克思思想的原貌进而阐释其现实价值。有鉴于此，中国人民大学张新教授提出，只有在深刻总结历史经验和教训的意义上，用马克思原著中的基本观点和基本思想去检视后人对其的运用和发挥是否符合马克思思想的本意，才具有正确性和必要性。在“回到马克思”的过程中首先应该回到《共产党宣言》中去。中国人民大学郗戈教授认为，青年马克思著作研究向成熟马克思著作研究的“重心转移”现象具有“学科范式转换”的重大意义。新范式基于《资本论》哲学思想研究，内在引申出切中当代现实的一系列关键问题，开启了若干重大的新问题域。北京工业大学彭宏伟教授以《资本论》及其手稿为范本，详尽展示了马克思的市场理论的科学性、超越性和革命性。浙江大学刘召峰副教授从经济学与哲学类比的视角，重新探讨了将实践（和历史）唯物主义上升为《资本论》哲学思想的必要性。

三　新时代中国特色社会主义的理论与实践

习近平新时代中国特色社会主义思想是在改革开放时期取得的马克思主义中国化最新理论成果，是对马克思列宁主义、毛泽东思想和改革开放以来形成的各具体形态的中国特色社会主义理论的继承和发展。聚焦新时代中国特色社会主义的理论与实践的关系，与会学者进行了系统的研讨。

中共中央党校许全兴教授认为，重申并牢牢把握实事求是这一马克思主义的精髓，有助于更好地把握习近平新时代中国特色社会主义思想、有力地推进新时代中国特色社会主义建设。华南师范大学刘卓红教授结合习近平总书记关于改革开放的重要论述，论证了新时代改革开放思想中包含的社会革命的要义以及科学、实践、发展的三重逻辑，指明这不仅是马克思主义社会革命观的最新表征，而且是中国化马克思主义改革观的重大推进。北京科技大学李晓光教授提出，新时代中国特色社会主义文化内涵在一定意义上可以说是文本维度与价值维度、历史维度与现实维度、理论维度与实践维度的统一。陕西师范大学张琳教授指出，只有抓住习近平新时代中国特色社会主义思想中关于社会主要矛盾变化的重要论述，才能清醒地观察和把握中国发展的全局，进一步明确发展的方向、任务和工作重点，实现平衡发展、充分发展。

深入理解习近平新时代中国特色社会主义思想，一个重要的方面就是在厘清它与马克思主义理论的内在联系的基础上，从哲学层面即在坚持和运用辩证唯物主义和历史唯物主义上下功夫。

黑龙江大学康渝生教授系统阐述了习近平总书记关于人类命运共同体的重要论述与马克思“真正共同体思想”之间的继承和创新关系，并基于此诠释习近平新时代中国特色社会主义思想将科学社会主义从理论形态引向实践，从而成为中国特色社会主义建设的行动指南。广西大学杨通进教授以“人与自然是生命共同体”为切入点，强调应牢固树立人类命运共同体理念，积极探索与全球生态文明建设相适应的体制机制，克服西方生态哲学研究盲点，为全球生态文明建设提供思想资源。安徽大学吴家华教授指出，习近平新时代中国特色社会主义思想是运用唯物辩证法分析和解决重大时代课题、实现理论创新的典范。遵循唯物辩证法作为方法论，有助于深刻领会习近平新时代中国特色社会主义思想的时代背景、重大意义、创新观点、理论体系和实践要求。四川大学黄金辉教授认为，以历史唯物主义的基本原理为方法论，可以从社会主要矛盾、执政党的自觉与人民主体三个维度，来理解新时代中国特色社会主义所处的历史方位，深化对新时代中国特色社会主义本质属性与时代使命的认识。大连外国语大学王桂泉教授提出，辩证唯物主义和历史唯物主义、新时代党和国家事业发生的历史性变革，分别为中国社会主要矛盾的变化提供了重要的学理支撑与实践依据。

本次会议主题明确、观点突出、讨论热烈，取得了丰硕的理论研究成果。与会学者充分把握了新的历史契机，坚持马克思主义的立场、观点与方法，为推进改革开放实践的理论反思，加强习近平新时代中国特色社会主义思想的深入研究，开拓21世纪马克思主义哲学的创新发展，贡献了深邃的哲学智慧，奠定了坚实的理论基础。

（原载《教学与研究》2018年第12期）

中国特色社会主义经济学的创新发展

——全国第十二届马克思主义经济学发展与创新论坛综述

林光彬　何召鹏　尹志锋

站在“两个一百年”奋斗目标的历史交汇点上，为总结改革开放以来的理论创新，开拓当代中国马克思主义政治经济学新境界，中国社会科学院经济研究所、《经济研究》编辑部与中央财经大学经济学院、中国政治经济学研究中心、马克思主义与当代中国发展道路协同创新中心共同主办的全国第十二届马克思主义经济学发展与创新论坛暨纪念改革开放四十周年研讨会于2018年10月19—20日在中央财经大学举办，来自国内各高校、研究机构和报刊媒体的近100位专家学者参加了本届论坛。与会专家围绕“改革开放、发展新阶段与中国特色社会主义经济学的创新发展”这一主题进行了深入讨论和交流，形成了一系列有价值的观点和认识。

一　中国特色社会主义政治经济学指导我国经济发展

（一）中国经济改革以什么理论为指导

在国内学术界，关于改革开放的成就是在什么经济理论指导下取得的，是一个热点问题。中国社会科学院高培勇教授认为，改革开放40年来，中国特色社会主义经济的发展靠的不是照搬照抄马克思主义经典作家的论述，也不是照搬照抄西方经济学教科书的内容，靠的是以马克思主义为指导、立足中国实践解决中国问题的探索，形成了具有中国特色的经济学理论成果，这也是中国特色社会主义理论体系的重要组成部分。南京大学洪银兴教授认为，中国的改革开放是在中国化的马克思主义政治经济学的指导下进行的。南开大学逄锦聚教授认为，中国改革开放是在中国人自己创造的理论指导下取得的，是马克思主义与中国经济实践发展相结合形成的马克思主义中国化理论成果指导下取得的，那种认为只要把中国的实践装入西方经济学之中就是中国特色社会主义政治经济学的观点是错误的。武汉大学简新华教授认为，中国的改革开放是参考借鉴西方经济学而不是以西方经济学为指导，因为参考借鉴不等于指导，中国改革发展过程中遇到的许多问题在西方经济学中找不到答案，以西方经济学为指导可能使中国经济改革发展误入歧途。实践证明，中国经济改革是在中国特色社会主义政治经济学指导下取得巨大成就的，全面深化改革更需要以中国特色社会主义政治经济学为指导。

（二）中国特色社会主义政治经济学发展的历史演进

中国特色社会主义政治经济学的发展历程与中国经济发展的阶段性特征相伴随。北京大学中国道路与中国化马克思主义协同创新中心主任顾海良教授认为，改革开放四十年创立了中国特色社会主义政治经济学理论体系。中国特色社会主义政治经济学发展的历史起点和逻辑起点是毛泽东的《论十大关系》。随后，中国特色社会主义政治经济学经历了两个重要阶段：一是改革开放到党的十八大。党的十二届三中全会通过《中共中央关于经济体制改革的决定》，邓小平同志认为这“写出了中国特色社会主义政治经济学的初稿”。党的十四大提出发展社会主义市场经济，这在马克思主义发展史上甚至在经济思想史上都是一个重大的突破。二是党的十八大以来，以习近平新时代中国特色社会主义思想为指导，中国特色社会主义政治经济学发展成为新时代中国特色社会主义政治经济学。

（三）如何发展中国特色社会主义政治经济学

关于中国要建立什么样的政治经济学，谁来建设，怎么建设，南开大学逄锦聚教授认为，中国特色社会主义政治经济学应该把马克思主义基本原理与当代中国改革开放和现代化建设实际相结合，其具有五个属性，即科学性、人民性、实践性、发展性和开放性。绝不能把建设中国特色社会主义政治经济学的任务仅仅理解为是政治经济学一个学科的事情，而应该是理论经济学和应用经济学共同的事业。中国特色的社会主义政治经济学已经构建起来了，但不完善，需要跟上实践和时代的步伐，并需要经济学科的广大学者广泛吸取人民群众创造的实践经验，形成开放的体系。中央财经大学林光彬教授认为，中国政治经济学一定是揭示中国国家经济运行内在逻辑和基本规律的理论分析学，不能用资本主义国家经济运行的内在逻辑和基本规律套用在中国，一定要体现国家管理经济的主体性、理论的经世致用属性。这就必须从中国的国家建构、国体和政体出发来立论，不能以他国理论为基础来构建。他指出，中国的政治经济学在古代农业社会的典型理论是轻重论，在现代工业社会的典型理论是国民经济综合平衡理论。中央财经大学冯春安教授认为，坚持辩证唯物主义和历史唯物主义为指导，以各尽所能、按需分配和人的自由全面发展为特征的共产主义理想为目标，是中国特色社会主义政治经济学的本质特征；结合实际，吸收古今中外优秀成果，创新价值和所有制理论，坚持两个不动摇方针，正确处理劳资关系和公私关系，促进社会主义市场经济健康稳定和谐发展，是中国特色社会主义政治经济学的主要任务；以习近平人类命运共同体理念，正确处理国际关系，实现中华民族伟大复兴，是发展中国特色社会主义政治经济学的新要求。

（四）习近平新时代中国特色社会主义经济思想开创了发展新阶段

习近平新时代中国特色社会主义思想是21世纪的马克思主义，是中国特色社会主义理论的最新成果，它开创了马克思主义经济理论发展的新阶段。中国人民大学谢富胜教授指出，科学的理论体系主要是由一般、特殊、个别组成的多层次复合的思想理论体系。习近平新时代中国特色社会主义经济思想的一系列论述与重大观点，揭示了中国特色社会主义经济学发展的本质规律；确定了社会主义初级阶段主要矛盾发生了变化，中国特色社会主义进入新时代；阐明了新时代中国特色社会主义经济发展的战略和措施。这体现了中国特色社会主义经济发展从一般到特殊再到个别的认识论，构成内在逻辑一致的有机整体。中国社会科学院郭冠清教授认为，习近平新时代中国特色社会主义经济思想主要有五个理论创新：新发展理念是破解时代发展难题、引领经济发展的新发展观，是最突出的理论创新；“坚持以人民为中心的发展思想”贯穿于新时代经济发展之中，并以“精准脱贫”作为当代最重要的实践形态，是科学回答“为谁发展”时代之问的理论创新；“新常态”经济思想是对经济发展“历史”阶段的准确判断，是全面科学理解与引领中国经济发展走向的“总开关”和“金钥匙”；“以供给侧结构性改革为经济发展的主线”是对处于经济发展新常态阶段，面对我国社会主要矛盾变化，探索“怎样干”中形成的理论创新；“坚持加强党对经济工作的集中统一领导，坚持使市场在资源配置中起决定性作用和更好发挥政府作用”创新性地构建了一个“党、政府、市场”三位一体的理论框架，是对社会主义与市场经济结合的新突破。

二　将中国改革开放的经验上升为系统化的经济理论学说

（一）改革开放推动了马克思主义政治经济学的创新发展

中国改革开放与政治经济学领域的理论发展是相互影响相辅而成的。南京大学洪银兴教授指出，改革开放的每一次重大进展都是马克思主义政治经济学领域的重大突破，而且改革开放的实践又进一步推动了中国特色社会主义政治经济学理论的创新和发展。中国四十年的经济改革首先明确了所处的发展阶段，确立了社会主要矛盾的转化。中国的经济改革是从四个维度来推进的，即资源配置方式改革、所有制结构调整、收入分配结构的调整和供给侧结构性改革。他主张应该对中国的改革开放实践用马克思主义理论、政治经济学理论进行系统阐释。

（二）中国发展突破了传统经济学的范式

理论是历史的产物，不同的时代有不同的理论。复旦大学陈平教授认为，中国经济发展改变了工业革命以来的世界格局，中国经济发展颠覆了西方主流经济学的理论框架，中国革命和发展的历史也创新发展了马克思主义经济学。他主张，中国政治经济学的发展必须总结中国经验，要重新理解生产力与生产关系之间的辩证关系，要把批判资本主义的政治经济学发展为以建设社会主义为主的政治经济学，总结社会主义发展史。

（三）改革开放推动了社会主义基本经济制度的理论创新

改革开放后，我国社会主义初级阶段理论的确立，推动了基本经济制度的理论突破。南京大学洪银兴教授指出，公有制理论的突破是非常大的。首先，公有制经济不是指公有制企业，而是指公有资本，包括国有资本和集体资本；其次，以公有制为主体的含义更加侧重于其影响力，突出表现为控制国民经济命脉，对经济发展起主导作用。从实现形式看，公有资产不一定都在完全的公有企业中经营，也可以在包含非公有资产的混合所有制企业中经营。中国人民大学教授周新城指出，社会主义初级阶段基本经济制度是我们党几代领导集体经过长期艰苦探索得出的成果，必须正确把握市场经济与基本经济制度的关系，关注中国社会主义初级阶段基本经济制度未来的发展趋势。清华大学蔡继明教授指出，改革开放以来，伴随着以公有制为主体多种所有制经济共同发展的混合所有制结构的形成，我国的分配制度亦从单一的按劳分配逐步转变为按生产要素贡献分配，而分配制度的重大变革又是以按生产要素贡献分配理论的创新为基础的。按生产要素贡献分配理论认为，初次分配中只要各种要素的收入与其价值创造贡献相一致，该分配就是公平合理而有效的，这就为发展非公经济和保护私有财产提供了理论依据。西北大学白永秀教授和刘盼博士指出，改革开放40年来，非公有制经济的发展经历了“利用论”“补充论”“重要组成论”“同等待遇论”和“同等地位论”五个阶段，在这一过程中非公有制经济从无到有、由弱到强，构成社会主义市场经济体制在我国探索、建立并完善的缩影。南京大学葛扬教授从基本经济制度的历史选择、内在逻辑、实践逻辑三个维度剖析了我国基本经济制度选择的合理性与历史必然性，并以此为基础阐明我国基本经济制度的理论创新。中央财经大学何召鹏博士指出，社会主义公有制具有二重属性：一方面具有公共性，在社会主义市场经济的实现体制中表现为计划性；另一方面具有商品性，在社会主义市场经济的实现体制中表现为资本性。其中公共性、计划性是社会主义公有制的本质属性。清华大学高泽华博士从生产社会化理论出发，认为中国特色社会主义的混合经济本身就是社会主义的本质特征，并不是一种向经典共产主义或资本主义过渡的经济形态。

（四）改革开放推动了财政金融理论的创新发展

中国的金融发展与改革开放相伴而行。中央财经大学王广谦教授认为，近40年来中国的经济学理论取得了长足发展，其中金融学理论的发展是最为显著的领域之一。在马克思主义政治经济学的发展中，不论是研究范畴的扩展还是研究体系和研究内容的深化，金融学都成为其理论体系中最核心的部分。他指出，改革开放40年中国金融学理论的发展与政治经济学的发展一样沿着两条线索展开：一是市场经济国家现代金融理论成果的引进和吸收，二是基于中国改革开放实践的理论创新。他指出，就经济金融理论研究来说，我们已经走过了以引进吸收为主的阶段，理论创新变得更加重要。

财政是国家治理的基础。中央财经大学白彦锋教授通过分析我国的发展状况和财政建设经验提出大国财政建设的中国模式。他指出，随着全球发展不确定性的增加，蒂布特模型国际化对国家财政收入汲取和国家主权带来挑战，大国财政建设之路面临多重挑战。他将世界主要大国的财政建设归结为“一枝独秀”型和“全能”型两种类型，将发展过程总结为初级、中级和高级三个阶段，并针对我国的实际发展状况，提出实现大国财政的政策方略。

三　开拓当代马克思主义政治经济学的新境界

（一）立足新时代、新阶段，研究新问题

中国经济主要矛盾和发展阶段变化对经济理论创新提出了新的要求。中国社会科学院高培勇教授指出，高质量发展阶段有三大政策线索：一是对当前经济运行当中面临的主要矛盾和矛盾的主要方面的判断。当前中国经济运行面临的主要矛盾是结构问题，矛盾的主要方面是供给侧。二是高质量发展阶段中国宏观经济政策的主线是供给侧结构性改革，这是对传统意义的需求管理政策的颠覆性的变革和方向性的改变，从需求侧转向供给侧，从盯着需求总量的变化转为对供给结构、供给质量的管理，从短期的逆向调节转到中长期经济持续平稳健康发展。三是当前宏观调控实施的根本途径在于深化改革，根本的问题仍然是体制机制性的障碍。他提出，要防止陷入外部需求、总量变化等研究的惯性思维，要重视高质量发展阶段的经济理论研究，开拓我国经济理论研究的新时代。

中美贸易摩擦是近期各界关注的焦点。中国人民大学林岗教授认为，美国贸易逆差形成的原因是去工业化。去工业化与金融化是同一枚硬币的两面，美国经济高度金融化的代价是去工业化。贸易摩擦会使美国的既得利益受损，不可能带来制造业回归。因为贸易摩擦破坏了有利于美国的世界贸易及货币体系，会使美国丧失由这个体系所获得的巨大利益。推行贸易保护主义，很可能加速反美元联盟的形成，形成世界性的去美元趋势，使美国丧失货币霸权。虽然美国发动贸易摩擦短期内会影响我国制造业的发展，但长期来说并不可持续，中国巨大的发展潜力终会赢得胜利。复旦大学周文教授指出，中美贸易摩擦的实质为不公平贸易、不公平竞争。依据比较优势来进行国际分工，会导致中国陷入比较优势陷阱。经济学话语体系构建方面，他指出中国的经济改革与经济学原理是一致的，需要重塑经济学的中国话语，重新认识中国特色社会主义市场经济。郑州大学王海杰教授指出，随着中美贸易摩擦不断升级，中国制造业既面临全球价值链的"低端锁定"，又面临美国贸易保护主义和贸易摩擦的影响。他提出中国制造业价值链重构的三维理论框架、契约均衡机制和实践路径。

（二）我们要建立一个什么样的市场经济社会

中国需要一个什么样的社会主义市场经济，要塑造一个什么类型的市场社会，这关乎全中国人的切身福祉。首都经济贸易大学杨春学教授指出，不同的市场社会模式有不同的社会形态，比如美国是效率优先、兼顾公平；北欧国家是公平优先、兼顾效率。对于中国社会要塑造的是什么类型的市场社会形态，他认为，在经济领域，除土地外，我国要素市场化程度低，存在畸形发展，无法引导资金有效配置；在社会公共领域，公平问题突出，双轨制和多轨制不利于实现社会公平，也不利于普遍提升民众福利。《中国社会科学》杂志社许建康研究员主张从唯物史观来看中国社会主义市场经济的历史定位，提出从国际范围内归纳出各个时代社会主义实践的核心要素及其演进的内在逻辑，在此基础上对中国社会主义市场经济的历史定位做出科学研判。

乡村发展、扶贫攻坚是我国实现全面小康的重要组成部分。四川大学蒋永穆教授认为，乡村振兴战略既是适应新时代我国社会主要矛盾变化的必然选择，又是解决当前社会主要矛盾的重大举措。实施乡村振兴战略的着力点在于顺应和把握社会主要矛盾和"三农"主要矛盾的变化，统筹推进农村经济、政治、文化、社会、生态文明建设，能够有效破解农业农村发展不平衡不充分的问题。

山东大学（威海）宁光杰教授运用中国家庭追踪调查（CFPS）2010 年、2012 年和 2014 年数据，研究了近年我国家庭财产性收入如何形成，如何导致食利阶层出现的原因。他认为制度环境对食利阶层形成具有重要影响，转移性收入、来自虚拟部门的工资性收入和经营性收入也与食利活动密不可分。他指出，虽然数据显示目前中国食利阶层比例只有 1%—3%，但其负面影响不容忽视，要采取有效措施减少食利活动，将其负面影响限制在最小范围内。

四　马克思主义政治经济学基本理论的发展

（一）资本全球化及再生产理论

资本全球化是当代世界经济发展的显著特征，已经远远超过了马克思写《资本论》

那个时代的广度和深度。复旦大学石磊教授认为，资本的逻辑无非就是时时处处强制为自己开辟道路。资本逻辑具有两种内生趋势：一是殖民化与霸权；二是全球分工与合作。资本逻辑的两重性，意味着资本逻辑本身是中性的，它可能指向殖民主义和霸权主义，也可能指向国际合作和共建人类命运共同体。中央财经大学齐兰教授认为，当代马克思主义垄断资本理论的拓展与深化集中体现在两个方面：一是在20世纪中后期全球化进程加快的背景下，垄断资本以发达国家跨国公司为载体不断向全球扩张，以实现对全球生产和贸易及技术等的主导与控制，此时垄断资本与全球化紧密融合，形成垄断资本的全球化，由此垄断资本理论与全球化理论、跨国公司理论融合，扩展了传统的垄断资本理论内容；二是进入21世纪以来，尤其是美国金融危机的发生，凸显垄断资本脱实向虚态势，跨国金融集团在全球范围和一国经济中的渗透与控制日益增强，此时垄断资本与金融化深度融合，形成垄断资本的金融化，由此垄断资本理论与金融化理论、金融资本理论融合，进一步深化了垄断资本理论内涵。

湖南师范大学谭政勋教授等在马克思主义经济学框架下，拓展马克思再生产理论并发现两个具有递进关系的重要结论：当经济增长的主要动力由快速有效但更为短暂的固定资产投资转变为速度更慢但更为长久的消费支出时，经济增长可能存在减速换挡；在不同的经济发展阶段，劳动收入份额或工资的增加对经济增长起到不同的作用。

（二）利润率下降理论及收入分配理论

中央财经大学樊勇教授和李昊楠以2011—2015年制造业微观数据为基础，考察了利润率下降理论中与资本有机构成相关的争议，使用“营改增”外生性政策冲击构建的工具变量缓解内生性后表明：虽然资本有机构成上升会通过对剩余价值率的影响削弱利润率下降的幅度，但不会改变其方向，利润率下降理论仍然成立。

四川大学张衔教授提出收入分配最优比例的黄金分割率猜想。他指出，适当的劳动收入份额有利于维持生产关系的稳定性，亦能够较好调动资本与劳动因素的积极性。通过数据实证，他提出如果劳动收入份额处在黄金分割的位置，整个经济运行平稳，就业比较稳定，失业率比较低，价格水平比较高，且趋向黄金分割率会带来经济状况的改善。

（三）政治经济学研究方法

中山大学朱富强教授提出，在对待马克思经济学的态度上，正确的方式应该将社会实践与学说体系以及将具体理论和分析思维区分开来，尤其需要继承和发扬马克思经济学的高次元分析思维，要体现“理论与实践的统一”。武汉大学王今朝教授指出，实证经济学和规范经济学被认为分别是研究“是”和“应该是”的经济学。西方新古典经济学和宏观经济学是基于资本主义的“应该是”所产生的“是”，而这个“是”反过来又加强了它的“应该是”，具有最强的规范含义。

（原载《经济研究》2018年第12期）

积极推动社会主义生态文明的国际话语构建

——“社会主义生态文明的全球视野与国际语境国际学术研讨会”综述

任　铃

社会主义生态文明是一个同学术和现实有着紧密关联的重大问题，并具有中国和世界的双重维度。在生态文明话语的交融和构建过程中，中国理应发挥重要的主体性推进作用，使社会主义生态文明“走出去”和“引进来”，从而凝聚更多国内外共识和建设性力量。2018 年 10 月 25—28 日，来自奥地利维也纳大学、奥地利自然资源与生命科学大学、厄瓜多尔玻利瓦尔安第斯大学、北京大学和海南师范大学等高校和研究机构的 80 余名国内外代表，围绕“社会主义生态文明的全球视野与国际语境”这一会议主题进行了深入的学理研讨和话语交融。其中，国际视野下的社会主义生态文明成为实质性问题和焦点性话题。

一　社会生态转型理论与社会主义生态文明

社会生态转型理论与社会主义生态文明在此次会议中具有总体性和前提性的地位和作用。社会生态转型理论是以布兰德为代表的西方学者针对西方实际发生的理论和实践变革所提出的，该理论主张要对当前的绿色经济和生态现代化战略进行超越。作为一种资本主义的替代性方案，社会生态转型理论代表着以解放之维解决资本主义多重危机的路径选择。马克思主义指导下的社会主义生态文明同样是资本主义的替代性方案，并且是以从根本上变革社会制度和生产方式为前提而提出的对资本主义社会进行整体性变革的科学理论。同为超越和替代资本主义的理论构想，二者有着进行对话交流的学理基础和现实需要。

来自奥地利维也纳大学政治系的乌尔里希·布兰德（Ulrich Brand）教授、奥地利自然资源与生命科学大学的克里斯托夫·格尔克（Christoph Gorg）教授和北京大学的郇庆治教授就这一专题进行了交流。布兰德教授着重分析了社会生态转型的超越绿色资本主义的本质特征，并强调作为一种生产方式的“帝国式生活方式”是实施全球性社会生态转型的根本性障碍。在此，布兰德教授集中对帝国主义的生产方式和生活模式进行了批判，尤其关注到环境问题与不同的生产生活方式相结合所产生的不同后果及其在社会生态转型当中的重要作用。布兰德教授主要从社会生态学的角度考察了人类社会转型的生物物理基础，认为第二次世界大战以来人类社会经济发展的“大加速”直接导致了目前包括全球气候变化在内的严峻生态环境挑战，也构成了我们思考人类社会全面转型的基础与方向。全球气候变化已经成为影响人类社会持续发展的严峻挑战。显然，对于这一问题的解决，不仅需要依靠技术手段，更需要人类社会的全面转型。郇庆治教授指出，尽管社会生态转型理论有着自身的缺憾和不确定性，但对于我们今天的社会主义生态文明研究却同时具有基础概念阐释与方法论层面上的启迪价值，因为“五位一体”意义上的当代中国社会主义生态文明建设其实也是一种全面的、立体的社会转型。可见，“无论是就我国面临的生态环境问题的严重性和复杂程度而言，还是就我们所拥有的生态文化资源与思维传统来说，生态文明及其建设都将是一种综合性或立体性的‘绿色化’”。对此，中国将马克思主义的生态思想具体化和创新化，并在开放性的学术空间中不断将其推进。

社会生态转型理论与社会主义生态文明这一专题的交流，开拓了东西方学者进一步思考对话的空间。从社会生态转型理论来看，学者们需要对这一理论的整体分析框架、逻辑以及欧洲左翼学界对此研究的最新进展进行更为深入的分析，具体包括：作为一种批判性概念或理论，“社会生态转型”理论的未来社会构想是什么，如何实现其过渡？该理论所设定的变革主体或推动力量以及国家和其他角色（比如左翼政党、社会运动团体和智库）在社会生态转型进程中的作用有哪些？“社会生态转型”理论与欧美国家现实中发生着的社会转型过程的现实关系如何？等等。从社会主义生态文明来看，学者们需要对诸如中国社会主义生态文明讨论的核心性概念（比如集体财产所有权、国家规划与监管、“五位一体”方法论、“两山论”、人与自然生命共同体与人类命运共同体）有哪些，这些概念的讨论何以有助于向一种生态的社会主义社会的转型，它们在何种意义上构成了不同于欧美话语体系的中国特色概念话语，以及中国学界和政界互动所形成的总体思路等问题，进行更为深入的思考和创建。

二 超越发展理论与社会主义生态文明

自二战以来，发展理论和发展话语持续升温，已经成为世界性的突出主题和理论热点。这不仅源于战后世界重建的现实渴望，更来自重建之后“经济增长”所带来的各种困扰。尤其是西方发展模式展现给世人的建设性成绩和破坏性后果，使人们开始对西方主导的发展理念和发展模式进行深刻反思。超越发展理论和社会主义生态文明都是对已有发展观进行批判性建构和推进性创新所取得的重要成果。在此，试图解决环境问题与发展问题的矛盾，是二战以来发展观的核心问题。超越发展并非要否认和回避发展和环境问题的内在一致性，而是在另一种发展的前提、模式和框架下实现二者的协调发展。基于此，能否超越资本逻辑主导下的发展是关键性问题。在中国社会主义生态文明中同样存在环境和发展问题，同样需要解决“绿色青山”和“金山银山”的关系问题。

来自厄瓜多尔玻利瓦尔安第斯大学的米里亚姆·朗（Miriam Lang）教授、北京邮电大学的李全喜博士、海南师范大学的郭根山教授和北京大学的刘琦博士对此专题展开了论述。朗教授着重阐述了在社会生态转型过程中拉美国家所面临的独特经济社会环境，认为“超越发展”并回归“好生活”追求才应是社会生态转型的价值理念基础。李全喜博士对绿色资本主义思潮的本质内涵及现实局限进行了分析，认为绿色资本主义思潮在解决当前资本主义国家的环境问题时，希冀市场机制与技术变革的结合，而非对当前资本主义社会体系进行彻底性变革；但在现实发展中，绿色资本主义无法改变资本主义框架中市场逻辑和技术逻辑的现实困境，以社会主义制度为前提的中国社会主义生态文明建设是真正的希望所在。郭根山教授提出了生态文明是建立在唯物主义历史观与社会观基础上的社会发展方略的鲜明观点，认为在马克思主义看来，只有建立在社会生产实践活动基础之上的人与自然的对立统一才是人类历史存在与发展的基础；资本主义社会中出现的人与自然的冲突并非单纯的技术问题，而需要从生产力与生产关系这个基本矛盾的宏观层面加以考察；只有建立在生产资料公有制基础之上的社会主义、共产主义社会才能真正实现人与自然和谐相处。博士生刘琦提出，超越发展理论对主流发展话语及其背后的意识形态提出了批判，主张寻求一种“发展替代”方案而不是各种“替代发展”方案；还对进步左翼政府所实施的“新榨取主义”模式提出了批评，认为这是传统“榨取主义”模式的继续，并没有超越背后线性发展意识形态的支配；进而提出基于“好生活”价值理念的未来社会构想与过渡战略，并对现实存在的具有变革潜能的实践举措进行了考察。

超越发展理论和社会主义生态文明这一专题的理论话题将研讨推向深入。从超越发展理论来看，学者们需要深入了解和思考如下问题：“超越发展”中的“发展”一词究竟应如何理解？是否存在着非资本主义体系下的发展模式或路径？不以发展为基础的替代性经济体制是否可以确保社会与生态的可持续性？“发展替代”的理论意涵及其付诸实践的政治基础与政策框架是什么？或者说，超越发展理论作为一种激进政治哲学如何促成现实政治实践变革？超越发展向何处去以及“好生活”如何实现？社会主义生态文明是否可以为其提供理论构想和现实期盼？等等。而从社会主义生态文明来看，学者们需要深入了解和思考的是：如何理解全球“转型左翼”或“绿色左翼”话语理论体系构建与政治联合的近期前景？如何认识当代拉美（以“超越发展”理论为代表）和中国（以“社会主义生态文明”理论与实践为代表）在其中可能扮演的促进性角色？如何在现存的制度和政策框架之内得以推进或实现？基于此，作为一种文明形态的生态文明究竟得以在何种制度框架内实现，这本身是一个重要的理论探讨和实践话题。

三　社会主义生态文明的政治哲学基础

社会主义生态文明的政治哲学基础是在人类社会历史发展的总体视野当中破解生态和发展难题的基础性理论，对这一问题的前瞻性思考和系统性关注是国内诸多学者的理论旨趣所在。在理解社会主义生态文明的政治哲学基础时，同样离不开科学社会主义的指导。对科学社会主义的正确理解是确定社会主义生态文明政治哲学基础的理论前提。在此，马克思主义在理论形态上找到了实现生态文明、保证人类永续发展的光明之路。在马克思主义整体性理论体系当中，社会主义与生态文明二者共存一体，“这种共产主义，作为完成了的自然主义，等于人道主义，而作为完成了的人道主义，等于自然主义，它是人和自然界之间、人和人之间的矛盾的真正解决，是存在和本质、对象化和自我确证、自由和必然、个体和类之间的斗争的真正解决”。因此，马克思主义无疑是社会主义生态文明的指导思想，其政治哲学也成为这一专题学者们探讨的核心性话题。

来自哈尔滨工业大学的解保军教授、中南财经政法大学的郭剑仁博士以及南京工业大学的任铃教授对此专题展开了探讨。解保军教授以“人与自然和谐共生的现代化：

对西方现代化的反拨与超越”为主线，提出了马克思主义关于人与自然之间的关系对社会主义生态文明的重要意义。其中，中国共产党提出的“人与自然和谐共生的现代化”，汲取了中国人与自然紧张关系的经验教训，实现了对西方现代化的反拨与超越，并为广大发展中国家追赶现代化开辟了非西方的现代化道路，体现了中国作为全球生态文明建设的重要参与者、贡献者和引领者的责任担当，因而具有重要的本体论层面的创新意义。郭剑仁博士从马克思恩格斯关于创造社会与自然关系和谐、劳动与新型生产生活方式、个体感觉与需要的自由发展等经典论述出发，阐述了对于社会主义生态文明的哲学基础的理解，尤其是提出每个人的自由发展这一具体性话题，使得社会主义生态文明具有了可行性的政治哲学基础。作为一以贯之的理论，马克思恩格斯的生态理论必然涉及在理论上研究社会、个人和自然及其彼此之间关系的应然状态，以及解决资本主义条件下社会与自然之间的冲突问题即生态危机问题的方向和途径。任铃教授认为马克思主义理应成为社会主义生态文明的政治哲学基础。在进行东西方的学术交流和对话时，可以从马克思主义是科学性和革命性相统一的科学理论这一角度对马克思主义进行全面性理解。一方面，作为一种斗争的理论，“意识形态”的建构和传播是马克思主义实现其社会理想的重要方法和手段；另一方面，“唯物史观”更是揭示了人类社会历史发展的根本性规律。在此，“意识形态”是形式，“唯物史观”是实质。也就是说，马克思主义在根本上是一种符合历史发展规律的科学的理论体系。

学界关于社会主义生态文明的政治哲学基础的主张有所不同，马克思主义的生态思想和生态学马克思主义二者成为差别所在。在此，尚需在确定性和开放性之间对这一问题进行科学把握。应该说，在马克思主义生态思想和生态学马克思主义二者之间，前者是根本性的，后者是补充性的，这样才能为社会主义生态文明奠定更为宽广的发展空间。生态学马克思主义对马克思和恩格斯的生态思想和方法的关注具有积极意义，但我们需要从更为整体和全面的方式和角度来理解马克思主义的理论整体性，避免取其一而忽视其余。在这里，中国特色社会主义生态文明极大程度地丰富和发展了马克思主义，并以总体性框架提供了解决生态环境问题和实现永续公平发展的更为全面和根本的方式方法。

四 社会主义生态文明的话语体系构建

话语范畴和体系是进行学术交流的基础性工程，事关社会主义生态文明的未来愿景和总体构想。在此，中国和西方学界在话语体系方面有一个重要差别，即西方的学术话语体系是一个相对连贯性的接续和探讨，而中国的话语体系是非连续性甚至是发生了较大转换。自工业革命以来，西方学界围绕“资本、市场、政府、市民社会、民主、社会运动”等构建了其解决社会生态问题的基础性范畴。尽管在统一的问题框架下，不同流派的学术观点有所差别，甚至存在根本性分歧，比如以生态危机为例，可以是对资本主义制度进行根本性批判和超越，也可以是力图在资本主义制度框架内进行修复和完善。但对于中国学界来讲，由于历史的原因而形成的话语范畴的转换，从更长的历史时段看，经历了传统文化的流变、马克思主义的传入以及马克思主义中国化的继承、创新和发展等阶段。

中央财经大学的李强博士、北京林业大学的杨志华博士、山东大学的李昕蕾博士、南京信息工程大学的徐海红教授、山西财经大学的王素萍教授、东华理工大学的华启和博士就此专题展开了探讨。李强博士以“公司 + 村集体 + 农户”的新型经济模式为例，阐述了社会主义生态文明话语与政策体系下资本引入可以使经济与环境获得双赢的现实可能性，从经济学角度进行了交叉性的学理思考。李昕蕾博士指出，在全球治理的共有知识构建过程中，知识演进应跳出既有的“西方中心主义”的结构性桎梏，转为关注基于关系性和过程性的“知识生产的演进性权力”研究，强调多元文化在其关系互动过程中从人类共同命运的包容性和协进性角度出发，通过共有知识的塑造来推动全球善治的实现。在这一背景下，智库联盟建设可以促进多领域、多学科智库间的协调、交叉与融合，形成中国特有的智库集群，在重大问题上开展多视角下的协同耦合研究并共同发声。王素萍教授探讨了环境保护合力集聚下的社会主义生态文明发展机制，提出生态文明建设是一个涉及多维度、多层次和多领域的复杂系统工程，需要全社会形成合力，环境保护要走“合力”之路，从而更好地推动中国特色社会主义社会的和谐发展。杨志华博士注意到可持续发展战略在西方社会遭遇的现实问题，即由于其对西方资本利益集团的利益损害，使得可持续发展战略被“细枝末节”化，引向自然资源保护等角落，并由此提出了在社会主义生态文明的话语构建中利益主体之间的话语博弈问题。华启和博士从历时性维度指出，经过改革开放 40 年的伟大实践和中华人民共和国成立以来近 70 年的持续探索，历代中央领导集体在发展经济的过程中，提出了各具时代特征的生态文明建设话语体系，实现了从谋求生存时代的“跟着讲”到谋求发展时代的“接着讲”再到谋求现代化新时代的“领着讲”的历史性飞跃，逐步形成了具有中国特色的社会主义生态文明建设话语体系，全面提升了中国在全球生态治理体系中的制度性话语权，为全球生态治理贡献了中国智慧和中国方案。

可见，在社会主义生态文明话语构建过程中，存在两个问题：一是中国自身需要更具连贯性的话语规范和范畴，二是东西方缺乏能够得到双方共同认可的话语体系和范畴。对于中国学界来说，进行社会主义生态文明研究所面临的最大困境和亟待解决的问题就是话语范畴和体系的构建，并在马克思主义指导下，最终实现中、西、马的融合创新。马克思主义自西方传入中国后，其理论体系成为指导中国革命和建设的根本性立场、原则和方法，并不断同中国实践相结合，获得了蓬勃的发展。因此，马克思主义是否可以以及如何更好发挥在东西方生态文明话语交流当中的桥梁作用，成为当代生态文明建设的重要命题。

五 社会主义生态文明的制度构架及其过渡

生态文明制度是中国特色社会主义制度的有机组成部分，已经成为新时代推进生态文明建设的重要抓手和有效保障。党的十八大以来，以习近平同志为核心的党中央在治国理政实践中提出了一系列关于生态文明制度建设的新理念新思想新战略，生态文明制度体系加快形成。正如习近平同志在 2016 年 11 月 28 日作出的《关于做好生态文明建设工作的指示》中指出的：“要深化生态文明体制改革，尽快把生态文明制度的‘四梁八柱’建立起来，把生态文明建设纳入制度化、法制化轨道。”在 2018 年召开的全国生态环境保护大会上，习近平同志进一步指出，要用最严格的制度和最严密的法治保护生态环境，要加快制度创新，强化制度执行，让制度成为刚性约束和不可触碰的高压红线。围绕于此，与会专家从国家战略宏观和地方具体微观的双重层面展开了充分的学理分析和实践探寻。

来自中共中央党校的李宏伟教授、生态环境部南京环境科学院所的鞠昌华博士、海南师范大学的杨英姿教授、董前程教授以及福建师范大学的蔡华杰教授等，主要从国家宏观战略层面进行探讨。李宏伟教针对党的十八大之前中国生态文明制度建设中存在的主要问题，从实现国家治理体系现代化的战略高度看待生态文明制度体系的完善，并重点介绍了十八大以来中国生态文明建设制度的建立与完善以及大力推进生态文明制度建设的路径探讨。鞠昌华博士围绕“社会主义生态文明的制度创新战略及其实践”进行论述，指出理论逻辑、执政逻辑和现实逻辑是共同引领和推进中国的生态文明建设的发展逻辑。在对中国生态文明体制改革的顶层设计、改革特点及改革成效进行了深入剖析之后，提出对中国生态文明体制改革的审视及思考以及如何避免生态文明建设路径陷阱的学理判定。杨英姿教授强调社会主义生态文明的政治哲学阐释与制度构建的关键并不是对资本本身的彻底摒弃，而是使之从一种价值追求重新回到工具的位置上。董前程教授从伦理维度对中国特色社会主义生态文明理论深入分析，提出了要大力推进与中国生态文明建设相适应的、以生态平衡为核心的生态和谐的伦理理念，以生态理性为核心的生态发展的伦理实践，以生态良知为核心的生态责任的伦理担当，以及以生态自由为核心的生态公正伦理保障。蔡华杰教授强调，具体的制度构建与切实的过渡战略对于作为一个整体的社会主义生态文明建设来说具有极其重要的意义，因而它们不能简单建立在抽象的价值理念正确和道德批判上，而是应该建立在对人类社会发展规律的科学把握上。

来自南京林业大学的曹顺先教授、中共青海省委党校的马洪波教授、山西大学的王继创博士、中共湖北省委党校的鲁长安博士以及兰州理工大学的刘海霞博士，主要从地方实践探索层面进行探讨。曹顺先教授于 2018 年 7 月底 8 月初对江苏和浙江部分市、村进行的问卷调查和访谈，基于生态文明建设的历程、进展、成就、特色、经验和教训，提出了生态文明建设中的难题及其破解思路、途径和方法。马洪波教授以三江源国家公园实践探索为例，对该地的国家公园管理体制进行了详细介绍，指出社会主义政治取向与地方生态智慧尊重相结合是中国国家公园制度创建的根本基础。王继创博士分析了晋西北右玉县是如何在长期改善生态实践的过程中形成了用以指导生态实践的独特的生态文化，进而形成了自下而上的生态实践文化和生态实践形式。鲁长安博士对习近平生态文明思想进行了即时、精准、深入的领会和研究，并结合湖北省具体实际，以工程化和项目化为抓手推动湖北长江经济带的绿色发展，最终实现社会主义生态文明的理论建构和实践推进。刘海霞博士提出在推进中国特色社会主义伟大实践中，习近平同志创造性地提出了内涵丰富而深刻的生态文明思想，主要体现在生命共同体观、生态民生观、“两山”观、美丽中国观和文明兴衰观五个方面。

这一专题的专家从历史、理论、现实等多维视角展开了深入论述，将学理研究和现实进展，理论辨析和思想引领有机结合，在全球视野和国际语境中对社会主义生态文明进行了有意义、有价值、有思考、有创见的探讨，并从何以出场、逻辑层次和过渡途径三个方面探讨了社会主义生态文明制度构架，为我们提供了这一问题的根本性追问、逻辑性框架和实践性路径等方面的有价值的探讨。围绕“社会主义生态文明的制度构架及其过渡”展开的研讨，既是此次论坛的重要落脚点，又为后续研究展开了想象空间。

在此，我们需要进一步思考社会主义为生态文明提供的社会制度前提和框架，以及中国特色社会主义生态文明的创建性空间等问题。

六　结语：未来展望

郇庆治教授在总结中对以社会生态转型理论和超越发展理论这些西方在解决生态和发展问题时的代表性理论进行了辩证分析，提出尽管上述理论依然有着自身的发展空间和探讨空间，但对于中国特色社会主义生态文明研究仍然具有重要的启迪价值。同时，与欧美国家绿色左翼学者倡导的“社会生态转型”非常不同的是，中国的生态文明及其建设话语是在社会主义制度框架和文化观念体系基本得以确立的宏观背景和语境下进行的，因而它既是中国特色社会主义自身发展中的题中之意，又拥有中国共产党这个强有力的领导力量。在此，需要中国学者不断努力，使社会主义生态文明不仅通过国家的政策话语进入国际舞台，而且成为学术话语被更多国家所接受，从而内嵌到西方学术话语结构当中，最终策动实现全球社会主义文明的美好愿景。

在研讨过程中可以发现，西方学者频繁使用生态文明（Eco-civilization）的概念。可见，作为中国学界和政界创新的重大理论成果的概念性展现，已经纳入西方学者的话语当中。但是，社会主义生态文明更多是一个在中国学界认可度和使用度较高的概念。此外，中国特色社会主义生态文明的地方实践是中西方学者共同的兴趣点所在，并在研讨会上分为两场专题进行了充分的展示和交流。当然，中国学者以“解剖麻雀”的方式进行了有距离的学理分析，为中国特色社会主义生态文明建设的实践进展留有充分的探讨空间。尽管东西双方达成深入共识尚需一段时间，但国外学者对中国生态文明理论和现实问题的关注和思考，以及中国学者为此积极搭建的对话平台和合作框架，已经开启了这一进程。当然，关于生态文明的具体性分析尚需从东西方学界交流的一般性基础、原则和进程进一步探讨，真正形成包容性的理论格局。

“社会主义生态文明研究小组”成立于2015年6月，它致力于研究中国的社会主义生态文明理论与实践、构建一个全国性的学术网络平台并参与促进全球性的绿色左翼国际对话。2015—2017年，在以“社会生态转型与中国可持续发展”为主题的“北大—罗莎·卢森堡对话”合作框架下，该小组已举办了“多学科视野下的环境挑战再阐释”中德研讨会，“绿色增长、绿色资本主义与社会生态转型”系列研讨会，“社会主义生态文明与中国绿色左翼研究”研讨会，“中国社会主义生态文明研究小组”2015年、2016年和2017年学术年会，第一届“社会主义生态文明与社会生态转型”博士生论坛等活动。2018—2020年，在以“社会主义生态文明与社会生态转型”为主题的“北大—罗莎·卢森堡中心”合作框架下，小组将着力研究“作为一种转型政治（话语）的社会主义生态文明”这一学术议题，而学术年会是研究小组（第二期）进行学术讨论与交流的主要形式。此次研讨会是社会主义生态文明小组在学术研究上取得的又一重要进展，并将推动社会主义生态文明的国际话语构建。

（原载《鄱阳湖学刊》2018年第6期）

改革开放与当代中国马克思主义的理论创新

——“第七届中日社会主义学者论坛”综述

刘　芹　黄　薇

2018 年 10 月 30 日，由中国社会科学院马克思主义研究院、日本社会主义协会、山东理工大学联合主办的“第七届中日社会主义学者论坛”在山东理工大学举行。山东理工大学党委副书记胡兴禹、中国社会科学院马克思主义研究院副院长金民卿、日本社会主义协会代表濑户宏先后致辞并做主题报告。来自中国社会科学院、日本社会主义协会、吉林大学、山东师范大学、河南科技大学及山东理工大学等高校、科研院所及学术社团的专家学者 90 多人参加了本届论坛。

一　改革开放是当代中国的伟大社会变革

2018 年是中国改革开放 40 周年，与会学者就改革开放与中国特色社会主义建设之间的关系、改革开放发展的内在机制等问题进行了深入探讨与交流。

金民卿从中国特色社会主义伟大事业成功发展的内在基因、坚实基础和具体实现路径等方面切入，阐述了改革开放是中国共产党领导中国人民所进行的伟大社会革命，是中国特色社会主义发展的必由之路。他认为，改革开放的鲜明特征表现在始终坚持马克思主义指导，毫不动摇地贯彻党的全面领导，始终坚持独立自主自力更生原则，始终坚持面向世界开放发展，始终坚持正确处理改革、发展、稳定的关系及始终坚持中国特色社会主义道路的正确方向，由此奠定了中国特色社会主义伟大事业成功发展的坚实基础，推动中国特色社会主义实现了伟大的历史性飞跃。新时代，中国发展到一个新的历史方位，我国社会主要矛盾发生了深刻变化，只有积极推动全面深化改革才是夺取新时代中国特色社会主义伟大胜利的必由之路。

关于经济全球化视野下如何认识未来社会主义经济形态、中国改革开放及历史发展进程等问题。日本摄南大学名誉教授及《社会主义》主编濑户宏、中国社科院马研院副研究员郑萍、山东理工大学马克思主义学院副教授刘芹介绍了日本学者的研究成果。

一是在对未来社会发展形态问题上，濑户宏主要探讨了中国社会主义发展过程中市场经济与社会主义制度之间的关系，他认为，市场与市场经济是两个不同的概念，不能因为社会发展进程中存在着发展问题而否认马克思主义理论的指导作用。郑萍则介绍了日本共产党新修订的党纲，日本共产党把超越资本主义的未来社会表述为并列的“社会主义・共产主义”阶段，认为“生产资料的社会化”是“把生产资料的所有、管理和运用交由社会来掌管”，取得社会变革成功之后，将会促使人们的生活方式与生产活动方式实现根本性改变，实现经济飞跃式发展，并将此阶段作为探索适合日本社会发展的独特形式，但日本共产党并没有对此做出具体形式的规定。

二是在对中国改革开放进程的认知问题上，刘芹对日本学者竹内实对于中国改革开放初期历程的追踪进行了评述，介绍了竹内实对毛泽东和邓小平两代领导人的前后继承关系，他本人对中国革命与现代化模式的认识理解，肯定了他在增进日中两国理解沟通交流、促进日中和平友好交往的贡献，展示了竹内实等日本学者对中国改革开放认知的域外视角。濑户宏还认为，中国由社会主义初级阶段向中高级阶段过渡时必须采用和平方式。中国在未来社会主义中高级阶段将是以公有制经济为中心、按计划运营经济的社会。

二　习近平新时代中国特色社会主义思想是当代中国马克思主义的新发展

与会学者围绕对马克思主义基本理论及发展的解读、对习近平新时代中国特色社会主义思想内涵的解读及对当代中国社会发展的指导意义等内容进行了探讨与交流。

1. 2018 年是马克思诞辰 200 周年，与会学者对马克思主义基本理论及发展分别从不同视角进行了解读

中国社科院马研院研究员侯为民认为，中国市场化改革面临着重新审视市场效率及其目标函数、不同经济主体及经济成分之间的博弈等问题，马克思的相对剩余价值理论可以为我们提供有益的参考。目前在全面深化改革中关于改革路径的思想分歧，主要来源于人们对市场经济效率的不同理解。马克思将市场经济效率与生产的技术因素和制度因素结合起来进行考察，是一种动态的市场效率理论。由于市场经济机制已经成为当前中国经济资源配置的主要方式，这一理论对中国进一步深化改革显然有重要启示。中国的投资过热或者投资过度，是由相对剩余价值生产日益占据主导地位决定的。中国经济的高质量发展，不可能依靠私人经济扩张和促进竞争的市场体系来实现。配置资源是市场效率的重要体现，但市场效率不能仅仅局限于资源配置。社会主义市场经济条件下，仍需要坚持公有制经济为主体的基本经济制度并发展国有经济，这是中国未来深化改革的必然选择。

山东理工大学马克思主义学院教授李述森认为，马克思主义是一种恢宏庞大、内容极其丰富的思想理论体系，其中“社会主义革命理论”占有特别重要的地位，它是以工人阶级为主体的整体行动，是资本主义高度发达和发展的必然结果。马克思主义在向世界各国、各民族传播的过程中，必然要与这些国家、民族的历史文化传统、价值诉求、现实发展状况及内在需求等发生碰撞与交融，经历一个民族化过程。从世界范围来看，马克思主义民族化分为欧洲（原生类型）、俄国（次生类型）和中国（次次生类型）三种代表性类型。

山东理工大学马克思主义学院教授孙民认为，马克思主义哲学中国化发展和创新与中国道路本质是统一的，它不仅具有坚实的哲学根基，而且还蕴含于改革开放的伟大实践之中。马克思主义哲学中国化发展与创新对中国道路的开辟具有根本性的指导意义，中国道路的开创，丰富和发展了马克思主义哲学中国化的内涵。表现为实践优先、开放创新的哲学担当，高扬人民主体性原则，实践辩证法的创造性应用等方面。马克思主义

哲学中国化是中国道路的哲学提升，中国道路的哲学问题；中国道路蕴含的哲学问题就是马克思主义哲学中国化的发展与创新，是中国道路问题中的哲学。

2. 在对习近平新时代中国特色社会主义思想整体性认识上，与会学者对其理论特质、时代维度等进行了深入解读与探讨

吉林大学马克思主义学院教授陈松友认为习近平新时代中国特色社会主义思想的理论特质在于坚持党性与人民性相统一，彰显出中国共产党的责任担当；坚持一脉相承和与时俱进相结合，开拓了马克思主义中国化的新境界；坚持问题意识与目标导向相契合，谱写了建设社会主义现代化强国的新篇章；坚持民族性与世界性的共生发展，推动以构建人类命运共同体为标志的国际关系新格局。山东师范大学马克思主义学院教授史家亮解读了习近平新时代中国特色社会主义思想回答时代问题的维度，他认为，战略目标维度是在新的历史起点上推进实现中华民族伟大复兴中国梦；指导思想维度是丰富和发展21世纪马克思主义；核心价值维度是把为人民造福事业推向新阶段；国际战略维度是持续推进人类和平与发展的崇高事业；政治保证维度是不断把党的建设新的伟大工程推向前进等。习近平新时代中国特色社会主义思想是立足时代之基、回答时代之问的科学理论。

3. 习近平新时代中国特色社会主义思想开辟了马克思主义中国化的新境界

习近平新时代中国特色社会主义思想在党的建设、国家治理、意识形态建设及文化建设等方面都具有重要的理论与现实意义。中国社科院马研院研究员陈志刚认为习近平新时代中国特色社会主义思想以全新的视野，在理论上深化了对共产党执政规律的认识，主要表现在党的领导地位上，坚持党对一切工作的领导，强调党的领导是中国特色社会主义的最本质特征，是中国特色社会主义最大的制度优势；在领导方式上，必须确立党的领导核心，坚决维护党中央的权威和集中统一领导；在国家治理问题上，坚持党的领导、依法治国和人民民主的统一，不断推进社会主义民主政治建设，不断推进国家治理体系和治理能力现代化；在政党关系问题上，坚持中国共产党领导的多党合作与政治协商制度；在政党自身建设问题上，必须深入推进全面从严治党的战略部署，坚持以党的自我革命推进伟大社会革命；在执政理念上，必须坚持立党为公、执政为民，坚持以人民群众对美好生活的向往作为我们的奋斗目标。

河南科技大学马克思主义学院教授刘振江以习近平新时代国家治理的理论与实践为研究对象，围绕习近平新时代国家治理一系列重要论述的生成逻辑、核心理念、理论框架、顶层设计、鲜明特色及历史贡献进行了探讨。他认为，党的十八大以来，习近平总书记站在新的历史方位，把完善和发展中国特色社会主义，实现国家治理体系和国家治理能力现代化作为全面深化改革总目标，进行了系统的理论阐释和实践探索，并取得了非凡的治理成效。

山东理工大学马克思主义学院副教授付安玲认为，随着现代网络信息技术的不断发展变化，以网络媒体为代表的新媒体成为我们面对的“最大变量”，网络意识形态领域的变化尤为明显。面对新变化、新挑战、新问题和新要求，需要我们不断增强问题意识，不断提升新媒体时代主流意识形态网络引领力，这主要表现为提升主流意识形态网络引领力建设的问题更复杂、路径更完善、意义更重大。

河南大学马克思主义学院副教授王丽娟从新时代理想信念教育切入，认为，习近平理想信念观是在坚定共产主义远大理想的同时，又充分吸收了中国传统社会理想的优秀

思想元素，实现了两种社会理想在中国特色社会主义建设实践中的辩证融合。

三　积极发展中日和平友好关系是两国人民的共同心愿

2018 年是中日和平友好条约换文生效 40 周年，中日两国学者就发展中日和平友好关系问题进行了交流与探讨。

胡兴禹在致辞中指出，中日两国互为重要邻国，保持和平友好交往和各领域合作符合双方共同利益，也是双方发展的共同愿望。长期以来，中日双方学者本着互利共赢原则，始终秉持着中日联合声明、中日和平友好条约精神，是加强两国人文交流和深化各领域务实交流合作，推动中日关系发展，维护亚洲和世界和平、稳定与繁荣等方面的传承者、践行者与贡献者。日本社会主义协会九州支局代表、福冈县日中友好协会事务局长中村元气以 2014—2017 年连续四年举办的“九州日中友好交流访华团”为例，介绍了在民间层面竭尽全力推进日中友好的情况。他说，这一活动每届的主题都很突出，规模在不断扩大，九州地区与中国的友好交流圈也在不断扩展。日本社会民主党神奈川县联合副代表佐佐木克己则以“日本的选举制度——现状与课题”为题，结合社会民主党神奈川县选举概况，向中国学者介绍了日本的选举制度及选举现状，包括作为候选人立场、众议院选举制度及选举实际情况等。日本学者北川鉴一则以“日本国宪法的结构与护宪运动”为题，向中国学者介绍了日本国宪法的制定历史、宪法结构等内容，及 2012 年日本自民党改宪草案的情况。这些介绍拓宽了中国学者的视野，促进了两国学者间的学术交流。

中国社科院日本研究所教授吕耀东探讨了习近平新时代中国特色社会主义外交思想的发展、内涵及指导意义。对此，他从十个方面做了介绍，即：坚持以维护党中央权威为统领，加强党对外交工作的集中统一领导；坚持以实现中华民族伟大复兴为使命，推进中国特色大国外交；坚持以维护世界和平、促进共同发展为宗旨，推动构建人类命运共同体；坚持以中国特色社会主义为根本，增强战略自信；坚持以共商、共建、共享为原则，推动“一带一路”建设；坚持以相互尊重、合作共赢为基础，走和平发展道路；坚持以深化外交布局为依托，打造全球伙伴关系；坚持以“公平正义”为理念，引领全球治理体系改革；坚持以国家核心利益为底线，维护国家主权、安全、发展利益；坚持以对外工作优良传统和时代特征相结合为方向，塑造中国外交独特风范。党的十九大报告中关于中国外交部分的最大亮点是提出了中国特色大国外交要推动构建新型国际关系，推动构建人类命运共同体。十九大报告用两个“构建”指明了中国外交的方向，明确了中国特色大国外交要推动构建新型国际关系，推动构建人类命运共同体的方略。他以东亚区域经济一体化为例，说明其目前现状、发展局限，未来发展态势及新格局等。今天的东亚区域经济一体化发展出现了新的格局，显现出复杂化与多元化特点，中国的“一带一路”倡议对东亚区域经济一体化的构建与整合具有重要的积极作用。

陈志刚在对论坛进行总结时说，2018 年正值改革开放 40 周年，又是马克思诞辰 200 周年，因而本届会议主题很好地体现出“改革开放”“当代中国马克思主义”“发展马克思主义”三个关键词。他认为，中国改革开放事业的成功主要是中国内部因素的驱动，是中国共产党领导中国人民把马克思主义基本原理与新时代中国特色社会主义建设事业相结合的产物。习近平新时代中国特色社会主义思想是当代中国马克思主义的新发展，推进了马克思主义的中国化、时代化、大众化的历史进程。

（原载《马克思主义研究》2018 年第 12 期）

2018 年“马克思主义政治学论坛”综述

鲁 鹏 郭斌慧

2018 年 11 月 3 日，由中国社会科学院政治学研究所主办，福建师范大学承办的 2018 年暨第五届“马克思主义政治学论坛”在福州市顺利召开。来自全国多所高校与科研机构的 70 余名专家学者与会，围绕新时代马克思主义政治学与中国政治发展的重大理论与实践问题，展开了深入讨论和交流。

一 构建新时代马克思主义政治学体系

在中国特色社会主义新时代的语境下，如何坚持以马克思主义为指导来构建具有中国特色的马克思主义政治学体系？与会者就此问题进行了一系列的深入研讨。

（一）马克思主义政治学内涵的普遍意义与话语体系的本土化

有学者指出，马克思主义政治学是以人类利益为指向、从生活实际出发的政治科学，主要是用马克思主义的科学精神研究政治实践。为此，要明确马克思主义政治学的基本概念和基本范畴，运用历史唯物主义的科学研究方法，构造诸范畴之间的逻辑关系。譬如怎样理解“政治”的概念、社会主义的政治关系及其一般发展规律等，都需要重新考察和再认识。

有学者认为，形成本土化的政治学话语体系是建构中国马克思主义政治学的基础。有学者提出，必须反思西方政治学的话语体系，跳出既有的问题意识、概念范畴和理论论断的窠臼去直接观照生活世界，在借鉴人类已有合理成果的基础上，创造新的概念和命题，以便更科学地认识人类的政治生活。

（二）政治学研究要关注现实政治问题

有学者指出，关注现实政治问题是构建马克思主义政治学的基本路径。当代中国的政治学研究应当着眼于政治发展中的重大政治现象和重大政治问题，对其给予系统深入的理论阐释。这些问题包括：如何深化党的领导、人民当家作主和依法治国的有机统一原则及实现形式，如何深化对中国式国家治理现代化的理论阐述和实践问题的研究，如何通过改革进一步健全社会主义民主制度，如何健全中国式的权力运行制约和监督体系等。

（三）政治学研究要破除两种教条主义

有学者认为，在马克思主义政治学的发展中要破除教条主义，要勇于创新。在当今马克思主义政治学研究中存在着土教条和洋教条。前者的表现是妄自尊大、故步自封；而后者的表现是用西方的问题意识、议题设定、概念范畴、价值取向来设定中国马克思主义政治学研究的方向和方法。有鉴于此，在建构中国马克思主义政治学时，一方面，要警惕教条主义地对待马克思主义，坚持从人类命运共同体的视角而不是西方中心主义的视角去把握问题、设定议题，构建理论；另一方面，要避免盲目排斥西方政治学研究的有益成果，坚持在完整和准确理解西方政治学真谛的前提下，从中国国情出发辩证地汲取西方政治学的学术成果。

二　新时代马克思主义政治学的理论与实践

中国特色社会主义进入新时代，要求马克思主义政治学在理论上作出回应，给予研究，作出新判断，贡献新理论。与会学者根据各自的研究和实践，展开了热烈讨论。

（一）习近平新时代中国特色社会主义思想的政治学意蕴

有学者指出，习近平新时代中国特色社会主义思想具有深厚的共产主义意蕴。一是我们党从成立之初就把共产主义作为自己的政治理想。二是习近平新时代中国特色社会主义思想与共产主义理想具有内在一致性。三是习近平总书记所提倡的不忘初心，牢记使命，在实干兴邦中追求远大理想是对为共产主义而奋斗的真实表达。

与会者认为，习近平总书记在党的十九大报告中提出的“党是最高政治领导力量”这一论断，不仅为当代中国的政治发展与国家治理标注出基本遵循，也提炼出了立足中国政治发展实践的中国政治学标识性概念。因此既具有极为重大的现实政治意义，也具有极为重大的学理意义。这一论断体现了厚重历史逻辑、彻底理论逻辑、坚实实践逻辑的高度统一，实现了对马克思主义政治学理论的重大创新。

（二）推进国家治理体系和治理能力现代化

与会者指出，必须确保党在推进国家治理体系和治理能力现代化中的引领作用。为此要注意三个方面的内容：一是要牢记党的政治领导在国家治理体系中的核心地位。二是要遵循国家治理能力现代化的基本规律和基本方向以加强党的政治领导。三是要充分发挥党的政治领导在国家治理能力现代化系统工程中的统筹和推动作用，纵深推进国家治理能力的体系化、系统化、现代化、科学化建设。

有学者强调，在推进国家治理体系和治理能力现代化的过程中要坚持以人民为中心。坚持以人民为中心的发展思想，是中国特色社会主义进入新时代之后面临的首要议题。要把以人民为中心的发展思想贯彻于制度建设之中，实现这一思想的制度化。要发挥现有治国理政制度体系的应有作用，提高通过这套制度体系管理国家和社会公共事务的能力。其中重要的一环就是充分发挥人大制度的作用，把以人民为中心落到实处。

有学者指出，互联网时代的政治传播新途径对于国家治理体系和治理能力现代化具有重要作用。互联网技术是进行政治传播的先进手段，可以及时向社会传播党的重大决定和重大信息，扩大党的政治影响力。但同时要避免互联网传播的缺陷，实现有效传播。

（三）改革开放40年来中国政治发展的经验

与会者指出，“国家—社会”互动关系是中国政治发展的重要维度，也是决定政治稳定的关键因素。改革开放40年来，中国的“国家—社会”关系保持了相对平衡，社会相对和谐，政治大局相对稳定。中国在“国家—社会”关系领域的基本成就与发展路径，是中国道路的生动体现，蕴含着丰富的治理经验。

有学者认为，中国改革开放进程中选择了法治方式。对这一方式的选择立足于党和国家在长治久安、民主的成长、市场经济的驾驭、执政党自我革命等各方面的实践逻辑，继承和发展了党关于法治建设探索所取得的有益经验，在经历了正式开启、接续夯实和稳固确立等三个相互衔接的实践历程之后，形成并遵循了坚持“党的领导”“人民主体地位”“走自己的路”的实践经验。有学者提出，改革开放以来贤能与民主的融合产生了贤能民主的治理方式，在领导干部任用和科学决策方面发挥了重要作用。还有学者对中国改革开放40年来农村土地制度改革的政治逻辑进行了研究，指出只有继续改革才能释放更大的制度红利。还有学者对改革开放以来逐渐形成的中国模式进行了理论阐释，强调中国特色社会主义最大优势在于党的领导。

三　新时代党的建设新布局

中国共产党的建设是马克思主义政治学研究的核心问题之一。与会者就党的建设的相关理论、法规和制度、基层党组织建设、反腐败等多方面问题进行了深入的讨论。

（一）中国化的党建理论

有学者强调，中国共产党的建设是新时代中国特色政治学的基本理论问题之一。精准把握、科学阐释和坚定践行中国共产党的建设，是新时代中国政治学者的职责。为此要注意三方面问题：一是要坚持党在自身建设中的首要地位和统领作用；二是要坚持马克思主义政治分析方法；三是要坚持党的自我革命。习近平总书记关于党发挥彻底的自我革命精神的思想，对马克思主义政党学说、新时代中国特色政治学基本理论作出了原创性贡献。

有学者指出，习近平总书记对“规矩”问题的理论探索，不仅在全面从严治党思想体系中有着基础性作用，而且深化了对执政党建设规律的认识，是新时期马克思主义党建理论中国化的重要表征。习近平总书记将党的规矩具体概括为党章、党的纪律、国家法律及党的“优良传统和工作惯例”这四个方面，这就使得“规矩”有着具体而明确的范围。

有学者强调，改革开放40年来，党对非公经济党建理论的认识也在不断完善，这主要体现在四方面：一是不断明晰加强非公经济党建的必要性和紧迫性。二是厘清非公经济党组织的功能定位。三是不断明确党对非公经济人士的态度。四是不断完善非公经济党建的思路方法。当前，非公经济党建的问题是如何将党的理论创新更好地付诸实践，以引导非公经济更加健康地发展，为全面建成小康社会和实现中华民族伟大复兴而贡献力量。

（二）依法依规从严治党

有学者指出，全面从严治党是党的十八大以来中国政治生活的最大变化，体现了中国治国理政基本逻辑的重大发展。而依规治党是新时代全面从严治党的重大突破，把依法治国和依规治党有机统一起来，传承了中国共产党思想建党和制度治党相结合的传统。运用法治思维和法治方式，高度重视依据党内法规管党治党，这是马克思主义政党发展的新实践新趋势，也是新时代马克思主义政治学研究应关注的重要方向。

（三）加强基层党组织建设

有学者指出，党的十九大报告提出要提升党的基层组织的组织力，突出其政治功能，这为加强基层党建明确了方向。特别要解决基层党组织存在的五个深层次问题。一是农村基层党组织失去了其发挥作用的物质基础。二是城市化抽空了农村精英。三是社会组织力量冲击了基层党组织的组织力。四是网络信息技术解构了党组织的信息传输渠道，使党员获得信息“泯然众人”，从而弱化了党员的身份认同。五是市场化催生利益个体化，导致集体意识难以培养，党的意识被逐渐弱化。在现实中这些问题的负面效应往往相互叠加，从而将问题更加复杂化。要搞好基层党组织建设，必须把党的建设纳入国家改革和发展的整体布局之中，本着先易后难的原则，在战略层面上谋划党的建设的未来。

（原载《政治学研究》2018 年第 6 期）

（会议综述栏目供稿：张晓敏）

大 事 记

2018 年 1 月 11 日，习近平总书记在十九届中央纪委二次全会上发表重要讲话，深刻阐述了党的十九大关于全面从严治党的战略部署，进一步总结了党的十八大以来全面从严治党的重要经验，深入分析了党面临的风险和挑战，明确提出了当前和今后一个时期全面从严治党的总体要求和主要任务，为把全面从严治党引向深入，开创全面从严治党新局面，作了科学的战略部署。

2018 年 1 月 12—16 日，由北京大学马克思主义学院、北京大学中国道路和中国化马克思主义协同创新中心、北京大学中国特色社会主义理论大众化与国际传播协同创新中心、北京大学中国文化发展研究中心联合主办的“北京大学第八届未名论坛暨全国马克思主义理论及相关学科博士研究生高级研讨班”在京开班。主题为“新时代中国特色社会主义与马克思主义的当代使命”，以嘉宾讲座、高端学者对话、青年学者学术对话、博士生沙龙等为主要形式，邀请主讲嘉宾围绕“习近平新时代中国特色社会主义思想研究”“国家治理：中国传统、西方经验与社会主义”“全球化、人类命运共同体与马克思主义”“文本、理论与实践：马克思主义当代化的路径”等议题为学员授课并开展研讨。

2018 年 1 月 13 日，由中共中央编译局《马克思主义与现实》杂志、山东省马克思主义中国化研究基地、曲阜师范大学马克思主义学院、《齐鲁学刊》联合主办的“习近平新时代中国特色社会主义思想高端论坛”在山东曲阜召开。来自中共中央编译局、中国社会科学院、山东社会科学院、上海交通大学、南京师范大学等单位的专家学者 30 余人参加了本次论坛。本次论坛围绕习近平新时代中国特色社会主义思想展开研讨，具有十分重要的理论意义和现实价值。

2018 年 1 月 13 日，由中央党校报刊社主办，苏州大学马克思主义学院、江苏苏州亨通集团协办的民企党建实践创新研讨会在中央党校举行。与会专家和各界人士以亨通集团多年来始终坚持不懈推进党建工作的经验和做法为案例，围绕非公企业党建工作与企业发展的关系等问题各抒己见，对新时代非公企业如何进一步做好党建工作，如何通过推进党建工作为企业发展助力等问题进行了深入探讨。此次研讨会是十九大以来以民企党建为主题召开的首个高规格研讨会，得到了中组部、中央党校、多家中央媒体、全国党建研究会、国内党建专业媒体的关注。

2018 年 1 月 13 日，党的十九大党章实施与加快形成党内法规制度体系专题研讨会在武汉举行。研讨会由湖北省中国特色社会主义理论体系研究中心、武汉大学党内法规研究中心联合主办，湖北省中国特色社会主义理论体系研究中心武汉大学分中心、武汉大学廉政研究中心、湖北省廉政文化建设研究会、武汉出版集团承办。来自全国 60 余所高校及科研院所的 200 余名专家学者参加会议。与会专家学者分别就党章研究、党内法规制度体系研究、党内法规学科建设与政党法治比较研究、党内政治文化与政治生态研究等方面开展集中研讨。会上发布了《扎紧制度的笼子——中国共产党党内法规制度的重大发展研究》《日本政党法规和党内法规选译》《德国政党法规和党内法规选译》《中国共产党党内法规制度建设年度报告（2016）》《永远在路上：全面从严治党关键词》等系列成果。

2018 年 1 月 13—14 日，“新时代马克思主义学院建设与发展”高端论坛在天津举行。来自北京大学、武汉大学等全国 32 所高校的近百名马克思主义学院的专家、学者，围绕《高等学校马克思主义学院建设标准》（2017 年本）展开深入讨论，探寻新时代高水平马克思主义学院建设与发展的路径。与会者通过专题学术报告、分组讨论等形式，共同探讨了马克思主义学院建设与发展的时代特征、机遇挑战、历史使命、建设方略、发展动力等重大课题，并围绕新时代马克思主义学院由高速度发展到高质量发展的转变，不断增强内涵式发展动力，实现“建设重点课程、重点学科和重点马克思主义学院”的目标等问题进行了交流讨论。

2018 年 1 月 16 日，“2017 年度中国十大学术热点发布会暨面向新时代的中国学术研究展望论坛”在北京举行。2017 年度中国十大学术热点分别是：习近平新时代中国特色社会主义思想研究、人类命运共同体与全球治理的中国方案、民法总则的制度创新与理论阐释、《资本论》的历史地位与当代价值、人工智能对社会发展的影响与挑战、IP 产业发展与网络文艺新形态、海昏侯墓考古发掘与历史文化研究、未来教育与未来学校的发展图景、中国特色社会主义政治经济学理论体系构建、共享发展理念推动下的共享经济模式研究。十大学术热点紧扣 2017 年我国重大的理论和实践课题，反映了一年来学术理论界关注的重点、焦点和亮点，代表了 2017 年我国哲学社会科学学术研究的重要成果。来自中国社会科学院、上海市社会科学界联合会、上海社会科学院等的代表共 150 余人参加了发布会及学术论坛。活动由中国人民大学书报资料中心、《学术月刊》杂志社和《光明日报》理论部共同主办，是主办机构连续第 15 年发布。

2018 年 1 月 18 日，由中国社会科学院哲学研究所主办，《哲学研究》编辑部、《哲学动态》编辑部、《世界哲学》编辑部承办的“新时代与哲学：深入学习贯彻党的十九大精神哲学高峰论坛”在北京举行。来自北京大学、中共中央党校、中国人民大学、苏州大学、辽宁大学、东北师范大学、江苏师范大学、上海财经大学、黑龙江大学等单位的 50 余位学者出席。与会者围绕习近平新时代中国特色社会主义思想的哲学意义与时代价值，习近平新时代中国特色社会主义思想的哲学内涵与特征，中国特色社会主义进入新时代的时代精神与哲学使命，社会主要矛盾转化的哲学基础，马克思主义哲学在新时代的范式创新、话语创新、路径创新，中国特色、中国风格、中国气派的新时代马克思主义哲学等议题展开深入讨论与交流。

2018 年 1 月 19 日，北京市习近平新时代中国特色社会主义思想研究中心正式揭牌成立。为进一步深化习近平新时代中国特色社会主义思想的研究阐释，经党中央批准，首批 10 家习近平新时代中国特色社会主义思想研究中心（院），分别在中共中央党校、教育部、中国社会科学院、国防大学、北京市、上海市、广东省、北京大学、清华大学和中国人民大学成立。北京市习近平新时代中国特色社会主义思想研究中心将充分发挥首都哲学社会科学学科和人才优势，努力建设成为具有重要影响力的习近平新时代中国特色社会主义思想理论研究中心、宣传阐释中心和传播交流中心。

2018年1月19—20日，首届马克思主义治国理政论坛暨马克思主义海洋文明与“一带一路”学术研讨会在海南省三亚市海南热带海洋学院召开。会议由中国社会科学院马克思主义研究院和海南热带海洋学院共同主办，由中国社会科学院马克思主义研究院原理部、海南热带海洋学院马克思主义学院、中国社科院马研院—海南热带海洋学院理论创新基地联合承办。来自中国社会科学院、北京航空航天大学、中国现代国际关系研究院、海南师范大学等全国各高校、科研院所的近100名专家学者参加了研讨会。与会学者围绕马克思主义的海洋文明思想及当代价值、马克思主义的人类命运共同体思想特别是习近平的人类命运共同体思想、“一带一路”倡议等展开了热烈的探讨。

2018年1月21—22日，北京高校中国化马克思主义教学研究会2017年年会在北京召开。来自北京各大高校的百余名专家学者围绕“以十九大精神为指导，进一步提升‘概论课’教学质量”的会议主题进行了集中研讨。各位与会老师围绕如何推进党的十九大精神“三进”、办好改革开放40周年纪念活动、强化思政课教师队伍建设、提升思政教学效果等问题进行专题研讨与分组交流。他们认为及时、准确、全面地把党的十九大精神融入思政课教学中，让学生学习领会到以习近平同志为核心的党中央治国理政新理念、新思想和新战略是备课的重点。要更深入地学习和理解党的十九大报告及其主题精神，以党的十九大精神引领教学和科研，使其进课堂，最终真正进学生头脑。

2018年1月25日，第二届“世界马克思主义大会”发布会在北京大学举行。会上旨在汇编世界马克思主义经典文献、由北京大学牵头实施的《马藏》编纂工程目前正顺利推进。预计2018年将首次出版10卷，共计500万字，以促进马克思主义理论研究。《马藏》编纂工程由北大联合国内外相关研究机构共同实施，于2015年启动。这项历时约20年的重大基础性学术文化工程将通过搜集汇编与马克思主义发展相关的各类文献，全面展现马克思主义发展历程，以期成为世界范围内一部较为完备的马克思主义研究文献总汇。中国编部分计划于2024年左右完成，主要包括19世纪下半叶马克思主义传入中国以后的文献；国际编部分则计划于2035年左右完成，汇编国际上相关文献和研究成果。

2018年1月29日，“习近平新时代中国特色社会主义思想与马克思主义理论学科研究新境界——暨《马克思主义理论学科学术发展报告（2016）》工作会”在北京大学马克思主义学院举行。来自多所高校马克思主义理论学科带头人及专家学者出席会议。与会专家一致认为，当前，作为高校哲学社会科学特别是马克思主义理论学科研究的重要方向和重点内容，习近平新时代中国特色社会主义思想已经进入深度研究阶段。这必然要求今后马克思主义理论学科要在加强党的领导、意识形态领导权话语权、发展新时代中国特色社会主义等国家重大理论构建中，发挥更加重要的作用。会议同时发布了《马克思主义理论学科学术发展报告（2016）》（以下简称《发展报告》）一书。该书由北京大学马克思主义学院组编，清华大学马克思主义学院、中国人民大学马克思主义学院、吉林大学马克思主义学院、南开大学马克思主义学院、山东大学马克思主义学院、复旦大学马克思主义学院等共同编撰。2016年度《发展报告》分为三大板块：一是

2016 年马克思主义理论学科建设和发展的重要事项；二是 2016 年马克思主义理论各二级学科学术发展的主要进展和成果；三是 2016 年马克思主义理论学科发展的综合情况报告。

2018 年 1 月，教育部马克思主义理论研究和建设工程重点教材修订工作推进会在北京举行。会议要求，全面修订 96 种教育部马工程重点教材要把握好五个方面：作为政治任务来办；按照教材规律来办；依据修订规范来办；树立使命意识来办；顺应时代特征来办。与会专家就深入学习贯彻党的十九大精神，推进教育现代化，做好马工程重点教材修订工作等作了专题辅导报告。已出版的 32 种教育部马工程重点教材修订组主持人和部分成员，正在编写和审查的 64 种马工程重点教材主编和部分成员，以及教育部有关司局和出版单位的相关负责同志 200 余人参会。

2018 年 2 月 2 日，中国社会科学院习近平新时代中国特色社会主义思想研究中心在北京召开理论座谈会，与会 30 多位专家学者围绕“学习习近平总书记 2018 年‘1·5’重要讲话精神、纪念《共产党宣言》发表 170 周年”会议主题进行深入探讨和交流。与会专家一致认为，在中国特色社会主义进入新时代的新的历史时期，重温《共产党宣言》具有十分重大的理论意义和现实意义。170 年前，《共产党宣言》横空出世，宣告了工人阶级领导的伟大的共产主义革命的到来。170 年后，习近平总书记宣告，中国特色社会主义是中国共产党领导的伟大社会革命的成果和继续，必须一以贯之进行下去，“1·5”重要讲话可以说是 21 世纪中国马克思主义的社会革命宣言。全党要深入学习习近平总书记“1·5”重要讲话，掌握精神实质和精髓要义，对于全党全国人民在新时代统一思想，凝聚力量，增强党性，发扬革命精神，担负起新时代历史使命，具有极其重要的意义。

2018 年 2 月 4 日，由中共中央对外联络部、光明日报社联合主办的“深入学习习近平总书记在中国共产党与世界政党高层对话会上重要主旨讲话精神”座谈会在京举行。来自全国知识界、理论界和新闻界的 150 余位学者与会，围绕构建人类命运共同体中的政党责任担当、新型政党关系与政党自信、中国共产党对外话语体系构建等议题，展开深入交流探讨。与会专家一致认为，习近平总书记的主旨讲话是习近平新时代中国特色社会主义思想的重要组成部分，也是习近平新时代中国特色社会主义思想在对外工作领域的最新理论成果，对新形势下如何构建人类命运共同体进行了深刻阐述，进一步指明了中国共产党和各国政党在新时代的历史责任和历史使命，具有非常重要的理论意义和现实针对性。

2018 年 2 月 24—25 日，第三期当代中国马克思主义论坛·全国党校系统纪念《共产党宣言》发表 170 周年理论研讨会在上海市委党校召开。研讨会由中央党校科研部、中央党校马克思主义学院、中共上海市委党校联合举办，来自全国党校系统的 100 多位专家学者参加会议。与会专家认为，《共产党宣言》的思想光辉并没有因岁月流逝而褪色，它不仅为过去 170 年中无产阶级争取自身解放的斗争提供了科学理论指导和行动指南，而且为当代世界社会主义者开创美好未来提供了不竭的思想源泉，《共产党宣言》

是每一位共产党人的必修课。习近平新时代中国特色社会主义思想，与以《共产党宣言》为代表的马克思主义和马克思主义中国化成果一脉相承，从根本上说是对《共产党宣言》所阐释的基本理论的继承和发展。中国特色社会主义进入新时代，正在成为21世纪科学社会主义发展的奇迹，成为世界社会主义的中流砥柱，成为社会主义运动方兴未艾的标志。在当今中国，坚持新时代中国特色社会主义，就是真正坚持科学社会主义；坚持习近平新时代中国特色社会主义思想，就是真正坚持马克思主义。

2018年3月1日，《2017—2018世界社会主义黄皮书》发布暨“习近平新时代中国特色社会主义思想与《共产党宣言》”研讨会在北京召开。此次研讨会由中国社会科学院世界社会主义研究中心、习近平新时代中国特色社会主义思想研究中心、社会科学文献出版社共同举办。来自中组部、教育部、中联部、中央政策研究室、中央党校、中国社会科学院、中央编译局、国防大学、清华大学、北京大学、中国人民大学、武汉大学、山东大学、中共上海市委党校等部委、研究机构和高校的近150名专家学者参加了研讨会。与会专家认为，从《共产党宣言》到习近平新时代中国特色社会主义思想，我们在新时代高举中国特色社会主义伟大旗帜，一以贯之坚持和发展中国特色社会主义，就是在中国广袤的土地上继续践行《共产党宣言》的精髓要义。新时代中国特色社会主义发展得越好，随《共产党宣言》发表而诞生的马克思主义的生命力在世界范围内将越加旺盛。这是对《共产党宣言》最好的纪念。此次出版的《2017—2018世界社会主义黄皮书》从中国特色社会主义进入新时代入手，分析了党的十九大报告所具有的里程碑意义，阐明了习近平新时代中国特色社会主义思想是中国特色社会主义理论体系的最新成果，是马克思主义在当代中国的新发展。

2018年3月17日，上海市马克思主义研究会第七届会员大会暨“改革开放新指南：习近平新时代中国特色社会主义思想”研讨会在中共上海市委党校举行。学者针对当前马克思主义研究中存在的突出问题、围绕如何深入学习习近平新时代中国特色社会主义思想作了交流发言。与会者一致认为，习近平新时代中国特色社会主义思想这一重要理论的提出，使中国特色社会主义的理论、实践都上升到了新台阶，当前应加强马克思主义整体性研究，领悟新时代思想的关键和精髓，习近平新时代中国特色社会主义思想的关键和精髓是以人民为中心。

2018年3月24日，由华东师范大学、中国浦东干部学院联合举办的人类命运共同体与区域发展首届论坛暨首批代表性成果发布会在北京召开。会议聚焦如何推动人类命运共同体理念在区域层面的落地。论坛发布了华东师大研究团队的首批研究成果，与会专家予以充分肯定和高度评价并展开热烈研讨。与会学者认为，构建人类命运共同体重要思想是当代中国共产党人基于中国实践、观照人类命运提出的独特创见，体现出天下一家、同舟共济的理念，汇聚了世界各族人民对和平发展和繁荣向往的最大公约数，区域发展是人类命运共同体构建的基础和落地，人类命运共同体正在从国家层面、跨国别的不同区域、国家内部不同区域等渐次展开。

2018年3月24日，“习近平新时代中国特色社会主义思想研究”全国学术研讨会暨全国高校马克思主义理论学科研究会第34次学科论坛在海南省海口市举行。会议由全国高校马克思主义理论学科研究会、海南师范大学马克思主义学院、《马克思主义理论学科研究》杂志社和海南师范大学习近平新时代中国特色社会主义思想研究中心联合主办。来自全国80余所高校及科研院所的160多位专家学者出席会议。与会学者聚焦习近平新时代中国特色社会主义思想研究这一会议主题主线，围绕党建理论与历史经验、以人民为中心、人类命运共同体、新发展理念、社会主义文化、生态文明、思想政治教育等重要议题，就党探索中国特色社会主义的历史经验、深化对新时代中国特色社会主义思想的研究、促进当代中国马克思主义的大众化、马克思主义理论学科发展等方面开展深入研讨。

2018年3月30—31日，中宣部在上海召开学习宣传贯彻习近平新时代中国特色社会主义思想系列研讨会第二场研讨会，这次会议的主题是“新时代 新目标 新征程”。中央有关部门、社科研究单位、高校、习近平新时代中国特色社会主义思想研究中心（院）、理论工作“四大平台”、上海市社科理论界部分专家学者以及地方负责同志共120多人参加了研讨会。与会专家学者围绕深入学习宣传贯彻党的十九大精神进行了热烈深入的研讨。与会专家学者一致认为，深入学习宣传贯彻党的十九大精神，是全党全国一项长期的重大政治任务。必须深刻领会、准确把握党的十九大提出的新的重大思想、重大判断、重大战略和重大任务，激发拥抱新时代、实现新目标、奋斗新征程的动力和热情，切实把党的十九大精神落实到经济社会发展各方面，推动党和国家各项事业不断开创新局面、创造新业绩。

2018年4月7日，南开大学成立了全国首家马克思主义社会学研究中心，“马克思主义与新时代中国社会学话语体系建构”学术研讨会、“新时代马克思主义社会学学科建设圆桌论坛”同期召开。来自中国社科院、中央党校，中国社会学会、天津市社会学会、山西省社会学会，北京大学、清华大学、南开大学、中国人民大学、武汉大学、中山大学、吉林大学、华东师范大学、上海大学、天津师范大学等高校，相关社科类学术刊物的50余名专家学者及部分师生与会研讨。会议指出，加强马克思主义对哲学社会科学发展的指导地位已成为繁荣发展新时代哲学社会科学的基本原则，南开大学马克思主义社会学研究中心的成立是坚持这个基本原则的体现。南开大学马克思主义社会学研究中心主要依托南开大学社会学一级学科的学术力量，在理论研究方面，重点开展马克思主义社会学重大基础理论研究、马克思主义社会学中国化研究以及新时代中国特色马克思主义社会学理论创新研究；在应用研究方面，围绕新时代中国社会治理、社会建设、城市化发展、精准扶贫、生态文明、一带一路等课题，重点开展国情调查和政策咨询研究。该中心致力于打造国内外学术交流合作的高端平台，在南开大学“双一流”学科建设资源支持下，逐步建设成为国内一流、世界知名的马克思主义社会学研究基地。

2018年4月7—9日，首届习近平新时代中国特色社会主义经济思想研讨会暨改革开放四十年回顾与展望活动在厦门大学举办。来自高校、党校及社科研究单位的数十位经济学家、学者参加了此次研讨会。研讨会议题涵盖：习近平新时代中国特色社会主义经济思想的内涵、显著特征与理论突破，中国特色社会主义政治经济学的理论内核，以人民为中心的发展思想，新时代我国社会的主要矛盾变化，党的十三大以来分配理论创新与分配制度变革，优化经济结构与推进供给侧改革，新时代下中国新的改革开放，政府与市场关系等。本次研讨活动由中央和国家机关工委《紫光阁》杂志社、厦门大学经济学院与王亚南经济研究院、厦门大学习近平新时代中国特色社会主义思想研究院、复旦大学马克思主义研究院联合举办。研讨会期间，作为此次活动的重要组成部分，中国特色社会主义政治经济学学科建设院长论坛7日下午召开，国内高校相关院系负责人围绕新时代中国特色社会主义政治经济学的学科体系、人才培养模式、教材建设、教学与研究方法等进行探讨，凝聚共识。

2018年4月9日，在中央组织部、中央宣传部的支持下，浙江红船干部学院在党的诞生地——嘉兴市揭牌，"红船精神"研究院同时挂牌。浙江红船干部学院将以弘扬"红船精神"为主线，深入开展习近平新时代中国特色社会主义思想研究、宣传和教育，力争办成不忘初心的政治学院、"红船精神"的研究学院、新发展理念的知行学院、引领未来的创新学院和世界政党的交流学院。培训对象包括中高级党政领导干部、企事业单位中高层管理人员、高级专业技术人员等。同时，还将承接国内外有关政党、政府、企业和社会团体委托的培训项目。"红船精神"研究院经中共浙江省委常委会研究同意组建，紧紧围绕进一步深化学习、宣传、研究和践行"红船精神"的核心任务，着力加强"红船精神"深刻内涵、历史地位、时代价值及其在浙江的实践等方面的研究阐释和宣传解读工作，推出有水平、有特色、有影响的研究成果。

2018年4月12日，中央统战部在京召开纪念中共中央发布"五一口号"70周年多党合作理论研讨会。会议强调1948年中共中央发布"五一口号"是我国政党制度史上的重大事件，要深入研究我国政党制度的丰富内涵和重大意义，构建新型政党制度理论体系。各民主党派中央有关负责同志，无党派人士代表和有关专家学者参加会议。

2018年4月12日，"构建新时代中国人权话语体系"理论研讨会在湖南长沙举行。会议由中国人权研究会、中共湖南省委宣传部主办，中南大学人权研究中心、法学院承办。来自全国高校、研究机构和相关部门的近70名专家学者围绕新时代中国人权话语体系的培育、新时代中国人权话语的传播、新时代中国人权话语权与国际人权治理等议题进行了深入研讨。会议指出，构建新时代中国人权话语体系必须坚持以习近平新时代中国特色主义思想领导，学习好、领会好、贯彻好习近平关于人权的重要论述、重要思想；要从中国与世界发展进步的逻辑出发，从中国人权事业发展的伟大实践出发，提炼出具有鲜明时代感的中国人权新观念、新事物；必须看到在实现中外话语对接方面的短板，推动中国人权话语走出去，增强传播意识；构建新时代人权话语体系一定要善于打通中外，要借鉴人类文明成果，凝聚中外人权话语共识。

2018年4月13日，第四届"当代中国马克思主义研究创新论坛"在中国社会科学院哲学研究所举办。此次论坛主题为"马克思哲学与当代中国——纪念马克思诞辰200周年"。论坛由中国社会科学院哲学研究所、复旦大学马克思主义研究院和上海社会科学院中国马克思主义研究所联合举办，来自中国社会科学院、上海社会科学院、北京大学、中国人民大学、复旦大学等高校和研究机构的专家学者近30余人参会并发言。此次论坛在纪念马克思诞辰200周年之际，在当代中国社会处于大变革的时代背景下召开，如何从马克思哲学中汲取理论、思想、方法的智慧，并与当代中国发展相结合，成为与会者关注、探讨和热议的话题。

2018年4月13—15日，“思想政治理论教育传统优势同信息技术高度融合”学术研讨会在重庆邮电大学举办。会议由重庆邮电大学主办，《马克思主义理论学科研究》编辑部、《思想理论教育》编辑部协办，重庆邮电大学社科处、重庆邮电大学马克思主义学院、重庆市高校网络文化建设和管理协会、全国高校思想政治理论课名师工作室联盟、重庆市高校思想政治理论课名师工作室——郑洁工作室承办。来自中国人民大学、武汉大学、吉林大学、中山大学、北京师范大学、教育部社科中心等120多所国内高校和科研院所的200余位专家学者参加了会议。与会专家学者围绕“党的十九大精神与高校思想政治理论课教学改革研究”“习近平新时代中国特色社会主义思想‘三进’研究”“新媒体新技术与思想政治理论课教学的融合机制研究”“新时代马克思主义学院建设和马克思主义理论学科建设”等议题展开分论坛交流。与会专家学者表示，今后将努力推进思想政治理论教育传统优势同信息技术高度融合，共同开创思想政治理论教育的新篇章。会议期间，召开了马克思主义学院院长论坛和全国高校思想政治理论课名师工作室联盟工作会议。来自全国17所高校马克思主义学院的院长（书记）围绕马克思主义学院建设、马克思主义理论学科发展、思想政治理论课建设、新版教材的衔接与培训、教师教学科研能力提升等主题进行了讨论。名师工作室联盟工作会议围绕如何配合高校思政课教师队伍建设年开展相关工作、收集以答疑解惑为导向的思政课热点难点问题、建立思政课共享教学资源库、提升思政课教师信息素养等议题进行了安排和部署。

2018年4月13—15日，2018年全国思想政治教育学术研讨会在河南省洛阳市召开。此次研讨会由中国社会科学院马克思主义研究院和洛阳师范学院共同主办，主题为“习近平新时代中国特色社会主义思想与新时代思想政治教育创新”。会议由《马克思主义研究》编辑部、《思想理论教育》编辑部、《学校党建与思想教育》编辑部、《思想政治教育研究》编辑部等国内马克思主义理论重要学术刊物协办。来自中国社会科学院、洛阳师范学院、人民大学、武汉大学等高校、科研院所的马克思主义理论研究和思想政治教育研究领域，以及《马克思主义研究》《中国高等教育》等报刊的200余名专家学者参加研讨会。研讨会紧紧围绕党的十九大精神、围绕习近平新时代中国特色社会主义思想这一核心，在创新教育内容、革新教育技术手段，丰富教育形式等方面展示了最新的理论成果，就思想政治教育中的“以人民为中心”、红色资源、习近平的青年思想、文化自信等问题展开了广泛、深入的研讨。

2018年4月14日，中国社会科学院马克思主义理论学科建设和理论研究工程领导小组创办、马克思主义研究院承办的第五届“中国社会科学院毛泽东思想论坛”在北京召开。此次论坛主题为“毛泽东思想与改革开放”。来自中国社会科学院、中国人民大学、中山大学、浙江大学、南开大学、南京大学、中央民族大学、湖南大学、厦门大学、中国农业大学、湘潭大学、湖南大学、华南师范大学、郑州大学、河南科技大学等60多个单位的120多名专家参加了此次会议。参会学者围绕政治、经济、外交、军事、党建、文化、社会等方面，就相关主题进行了发言讨论。本次论坛对于澄清毛泽东与改革开放关系、回应那些把毛泽东与改革开放对立起来、看作是“封闭僵化老路”代表等错误主张，抵制历史虚无主义倾向的思想观点具有一定意义。

2018年4月14日，“第三届劳动人权马克思主义论坛”在上海师范大学举行。此次论坛以“保障劳动幸福，彰显社会主义精神”为主题，对当代社会主义条件下的劳动问题进行跨学科的深入研讨。来自全国各地的130多位专家与会并一致认为，劳动问题的研究对于确立马克思主义独特的劳动话语体系具有重要的作用。与会专家认为，在马克思主义理论体系中，劳动是话语的基础。在马克思主义话语体系中，对劳动等基础性理论问题的深入研究，体现了劳动话语的地位和声音大小，形成独树一帜的马克思主义劳动话语体系，这对于整个中国特色哲学社会科学话语体系建设都会产生深远的影响。与会专家指出，研究劳动问题时应该特别关注劳动幸福权的问题。习近平总书记提出了美好生活的概念，美好生活应该包含劳动本身的快乐和幸福。劳动幸福权作为人人应有的基本权利，不仅符合马克思的自由劳动思想，而且也与时俱进地与习近平新时代中国特色社会主义思想相吻合。劳动问题既是一个马克思主义理论的基础性话题，又是一个新时代的新课题，值得学界认真地去进行深入研究。

2018年4月14日，延安大学中共党史与延安学研究中心学术委员会会议暨延安精神与新时代全面从严治党学术研讨会在延安大学举行。会议由延安大学中共党史与延安学研究中心，延安大学延安精神研究中心、政法学院、马克思主义学院、泽东干部学院、中国共产党革命精神与文化资源研究中心等联合主办。与会学者围绕如何进一步推动延安精神研究、延安精神对新时代全面从严治党的意义和价值、延安精神的时代传承等问题进行深入讨论。与会学者一致认为，延安是共产党人的精神家园，新时代要加强延安精神研究的学理性和系统性，从扎实的史料入手，深入发掘和阐释延安时期中国共产党管党治党的好经验、好做法，为新时代全面从严治党提供有价值有影响的重大理论研究成果，并加强中国延安学研究的话语体系建设以及国际学术交流，使我们的理论成果成为彰显中国智慧和中国方案的重要组成部分。

2018年4月14日，“不忘初心、牢记使命”党内政治文化建设典型案例研讨会在北京人民大会堂举行。此次会议由中央党校党建部、中共运城市委、民生智库联合主办。来自中央组织部、中央宣传部、中央政策研究室、中央党校（国家行政学院）、公安部、国务院国资委、中国社会科学院、国务院扶贫办、《求是》杂志社、北京大学、清华大学、国防大学、北京工商大学等单位领导专家共100余人出席了会议。与会者认为，党中央提出要在全党开展“不忘初心、牢记使命”主题教育，就是要教育全党同志用习近平新时代中国特色社会主义思想武装头脑、指导实践、推动工作。与会者提出，要以党内政治文化建设为平台，把优秀传统文化作为宝贵资源，努力探求党内政治文化与优秀传统文化的结合，使基层党建工作与新时代党的建设总要求同频共振，推动经济社会健康有序发展。此次研讨会结合山西运城盐湖区委党内政治文化建设的实践探索，研讨探索党内政治文化建设的有效经验，努力为提高新时代党建工作的质量提供有益的借鉴。

2018 年 4 月 14 日，“贯彻党的十九大精神，推进马克思主义理论研究和教学”学术研讨会暨中国高等教育学会马克思主义研究分会 2018 年年会在四川成都召开。会议由中国高等教育学会马克思主义研究分会、《红旗文稿》杂志社、四川师范大学马克思主义学院共同主办。来自全国多所高校及科研院所的百余名学者参会。会议强调，高校学习贯彻党的十九大精神，要切实做好习近平新时代中国特色社会主义思想进学术、进学科、进课程、进培训、进读本“五进”工作，强调学习习近平同志系列讲话、贯彻十九大精神是当前和今后一段时间内理论研究者的重要工作。与会专家学者还围绕中国共产党的初心和使命、新时代我国主要矛盾、构建人类命运共同体、十九大精神融入高校思政课教学、传统文化的继承与创新等议题展开了深入讨论。

2018 年 4 月 14—15 日，中国社会科学院当代中国研究所、南开大学历史学院、河北省历史学会和邯郸学院联合主办的“民间历史文献与中国近现代史研究”学术研讨会在邯郸学院召开。会议由邯郸学院、当代中国研究所“当代中国政治与行政制度史研究中心”和“当代中国文化建设与发展史研究中心”共同承办，来自中央党史和文献研究院、中共中央党校、中国社会科学院、南开大学、北京师范大学、重庆交通大学、河北省社会科学院、河北师范大学、河北大学、邯郸学院等科研机构和高等院校的 70 多位专家学者参与研讨。与会学者围绕民间文献以及历史档案与中国近现代史的理论、方法和实证研究等主题进行深入探讨。

2018 年 4 月 19 日，《马克思主义大辞典》首发式暨出版座谈会在北京举行。本次活动由中共湖北省委宣传部、湖北省新闻出版广电局、武汉大学联合举办，中宣部、教育部社科司、辞典编辑委员会相关人员及部分作者代表等 100 多人参加。《马克思主义大辞典》是马克思主义中国化、时代化、大众化的重要成果。全书分为“马克思主义”“列宁主义”“毛泽东思想”和“中国特色社会主义理论体系”四编，含马克思主义基本概念、原理、代表性著作、代表性人物、重大历史事件、重要会议、思潮流派等 2094 个条目，全面呈现了马克思主义发展的历史条件、历史进程、重要载体和马克思主义的基本立场、基本观点、基本方法。该书坚持马克思主义基本原理，坚持中国共产党人的马克思主义观，着力突出马克思主义中国化进程中，特别是党的十八大以来理论创新成果，是正确理解和把握马克思主义基本原理、基本知识及其在中国发展创新运用的工具书、教科书、历史书。

2018 年 4 月 20 日至 21 日，“高校思想政治工作和意识形态问题研究”理论研讨会在苏州大学举行。会议由教育部习近平新时代中国特色社会主义思想研究中心、教育部高等学校社会科学发展研究中心、苏州大学联合主办，苏州大学马克思主义学院等单位承办，来自教育部与清华大学、天津大学、武汉大学、华中师范大学等高校的 100 余位专家学者参会。研讨会聚焦高校思想政治工作与意识形态工作，重点探讨了思想政治工作与意识形态的关系、新时代意识形态建设，以及新时代思想政治工作如何满足大学生的精神需求等理论前沿议题。

2018 年 4 月 21 日，中国社会科学院第六届科学社会主义论坛（2018）在江西南昌召开。会议由中国社会科学院马克思主义理论学科建设与理论研究工作领导小组主办，中国社会科学院马克思主义研究院、江西师范大学共同承办。来自中央党校、中国社会科学院、中央党史和文献研究院、江西师范大学等科研院所和高校的近 100 位专家学者参加会议。会议围绕马克思的生平和思想、中国共产党的初心和使命、习近平新时代中国特色社会主义思想对马克思列宁主义、毛泽东思想、邓小平理论、“三个代表”重要思想、科学发展观的继承和发展等议题展开深入讨论。与会专家学者一致认为，中国特色社会主义进入新时代，意味着我们在世界上高高举起了中国特色社会主义的伟大旗帜。我们一以贯之坚持和发展中国特色社会主义，必须不忘初心，牢记使命，坚定马克思主义信仰，坚持科学社会主义基本原则，必须深入贯彻落实习近平新时代中国特色社会主义思想和党的十九大精神，继续推进马克思主义中国化、时代化、大众化，奋力开创新时代中国特色社会主义事业新局面。

2018 年 4 月 21 日，“《共产党宣言》与 21 世纪中国马克思主义”全国学术研讨会暨全国高校马克思主义理论学科研究会第 35 次学科论坛在安徽芜湖举行。论坛由全国高校马克思主义学科研究会、《马克思主义理论学科研究》编辑部和安徽师范大学马克思主义学院共同举办。来自 48 所高校的 105 位学者参加研讨会。与会学者围绕会议主题，从“《共产党宣言》的历史背景、主要内容与地位研究”“《共产党宣言》与中国革命、建设和改革研究”“《共产党宣言》的译介与传播研究”“中国化马克思主义基本理论研究”“习近平新时代中国特色社会主义思想研究”“马克思理论学科建设与人才培养研究”“马克思主义学院建设与发展研究”等多个方面展开了深入探讨。

2018 年 4 月 21 日，“马克思主义社会学的历史发展与实践创新——纪念马克思诞辰 200 周年”学术研讨会在中国人民大学召开。会议由中国人民大学社会学理论与方法研究中心、中国人民大学社会与人口学院、中国社会学理论社会学专业委员会主办。来自 40 余所高校、科研单位的近百名国内专家、知名学者与青年学者齐聚一堂，围绕马克思主义社会学学科方法、马克思主义社会学与实证社会学/解释社会学的历史关系与现实联系、马克思主义社会学在 20 世纪的传播与发展、中国马克思主义社会学的创建与发展、马克思主义社会学与中国社会主义革命、以马克思主义为指导发展新时代中国社会学六项主要议题进行了探讨。

2018 年 4 月 21—22 日，“习近平新时代中国特色社会主义经济思想研讨会暨中国经济规律研究会第 28 届年会”在四川大学举行。此次会议由中国经济规律研究会、四川大学主办，四川大学经济学院、四川大学中国特色社会主义经济学研究中心承办。大会主题旨在探讨习近平中国特色社会主义经济思想的丰富内涵和中国经济发展规律之间的内在机理，研究在当前新形势下如何更好地理解习近平中国特色社会主义经济思想的理论深度和厚度，以发挥其应有的指导作用。来自中国社会科学院、武汉大学、复旦大学、吉林大学、上海财经大学、首都经济贸易大学、福建师范大学和四川大学等单位的专家学者出席会议。与会专家分别围绕马克思主义经济学的继承与发展研究、习近平新时代中国特色社会主义经济思想研究、中国特色社会主义政治经济学创新研究、建设现代化经济体系的理论与现实问题研究四个主题进行了学术研讨。

2018 年 4 月 21—22 日，以“新时代社会认识与国家治理”为主题的第十八届“马克思哲学论坛”在华中科技大学召开。本届论坛由中国社会科学杂志社主办，华中科技大学人文学院哲学系、华中科技大学哲学研究所承办，华中科技大学国家治理研究院、《华中科技大学学报（社会科学版）》编辑部协办。来自国内马克思主义哲学及相关学科领域的 200 余位专家学者围绕如何科学地认识新时代、如何有效地治理国家和社会、如何推动人的全面发展和社会的全面进步、如何为全球发展贡献中国智慧展开了热烈讨论。与会专家学者从马克思主义哲学原理出发，结合各自的研究方向，围绕“实践标准讨论及其意义”“马克思诞辰 200 周年与现代文明活的灵魂”“马克思主义哲学的形态演变与内在逻辑”“新时代马克思主义哲学的形态演变与内在逻辑”“新时代马克思主义哲学的使命与境界”“新时代社会认识与认知正义”“新时代国家治理与善治逻辑”“全球治理与人类命运共同体构建”以及其他相关主题，创造性地分析了马克思主义哲学的历史使命与时代价值、马克思主义中国化的新思路，并提出了新时代国家和社会治理的诸多方法。

2018 年 4 月 21—22 日，“十九大的世界影响与意义——‘中国方案’与全球治理”国际学术研讨会在上海召开。会议由上海财经大学马克思主义学院主办。来自中国、日本、英国、俄罗斯、韩国、哈萨克斯坦、乌兹别克斯坦等国 40 余所高等院校和科研院所的从事马克思主义教学研究的国内外专家学者和研究生共计 100 余人出席了此次会议。围绕“中国方案”推进人类命运共同体构建议题，与会学者主要阐述和分析了资本主义的危机问题、“中国方案”与人类命运共同体的建设问题以及世界秩序再造问题等。与会学者还围绕“人类命运共同体”与全球治理改革、“一带一路”与区域合作发展、全球治理与世界发展新战略、“中国智慧”引领全球治理新模式、新时代中国特色社会主义理论发展等议题展开深入讨论。学者一致认为，新时代中国特色社会主义的世界性，充分说明中国特色社会主义发展的中国意义和世界价值，“中国智慧”开始引领全球治理探索新模式。与会国外学者充分认同中国方案在引领全球治理方面的角色和作用，并在此基础上进一步探讨如何加强国别合作实践。

2018 年 4 月 22 日，由人民日报出版社主办的“新时代的大国使命与责任”研讨会暨“中国梦・中国道路丛书”新书发布会在京举行。人民日报出版社围绕构建中国话语体系、讲好中国故事策划的“中国梦・中国道路丛书”，从哲学、历史、外交、经济、文化等多个维度，以理性的分析、翔实的数据、雄辩的事实、生动的故事谈中国、论世界，是国内外读者了解国际局势及中国发展道路的重要参考。目前，《大国话语》《大国担当》《大国核心》《大国复兴》《大国治理》等 5 种已出版。

2018 年 4 月 23 日，中共中央政治局就《共产党宣言》及其时代意义举行第五次集体学习。中共中央总书记习近平在主持学习时强调，学习马克思主义基本理论是共产党人的必修课。我们重温《共产党宣言》，就是要深刻感悟和把握马克思主义真理力量，坚定马克思主义信仰，追溯马克思主义政党保持先进性和纯洁性的理论源头，提高全党运用马克思主义基本原理解决当代中国实际问题的能力和水平，把《共产党宣言》蕴含的科学原理和科学精神运用到统揽伟大斗争、伟大工程、伟大事业、伟大梦想的实践中去，不断谱写新时代坚持和发展中国特色社会主义新篇章。中央编译局研究员王学东就这个问题作了讲解，并谈了意见和建议。

2018 年 4 月 27 日，为纪念马克思诞辰 200 周年，中宣部理论局、江苏省委宣传部、江苏省广播电视总台联合制作的 5 集通俗理论对话节目《马克思是对的》，在中央电视台综合频道首播，人民网、新华网等融媒体平台同步推出。“马克思为什么是对的?”“马克思主义在当代有怎样的重大价值?”知名理论专家、高校青年教师和全国大学生代表走进“阶梯教室”，开展精彩问答，讲述伟人故事，朗诵诗歌致敬，和观众一起重温马克思的光辉足迹，感受伟人的人格魅力，感知真理的力量。据了解，这档对话节目分为《你好，马克思》《洞悉世界的眼睛》《不朽的〈资本论〉》《解放全人类的胸怀》《千年思想家》5 集。节目有理论深度、有实践温度，浸润着理想情怀，洋溢出青春气息。

2018 年 4 月 27 日，中共中央政治局委员、中宣部部长黄坤明出席《共产党宣言》及其时代意义座谈会，强调要深入学习贯彻习近平总书记在中共中央政治局第五次集体学习时的重要讲话精神，以马克思诞辰 200 周年、《共产党宣言》发表 170 周年为契机，大力推进马克思主义理论研究和建设，不断把学习宣传贯彻习近平新时代中国特色社会主义思想的热潮引向深入。黄坤明指出，重温《共产党宣言》，要把科学社会主义的理论逻辑、实践逻辑、历史逻辑贯通起来，深入理解《共产党宣言》在马克思主义中的重要地位，对世界社会主义的深远影响，对中国共产党领导革命、建设、改革的科学指引，始终坚定信仰信念，坚守初心使命。黄坤明强调，习近平新时代中国特色社会主义思想，对发展马克思主义作出了一系列原创性贡献，是马克思主义中国化最新成果，是 21 世纪马克思主义、当代中国马克思主义。要把习近平新时代中国特色社会主义思想作为理论武装工作的重中之重，更好推动深入人心、落地生根。要深化马克思主义经典著作研究阐释，推进马克思主义中国化时代化大众化，让马克思主义在新时代展现出更强大、更有说服力的真理力量。中央有关部门负责同志，部分省区市党委宣传部负责同志和专家学者参加会议。

2018 年 4 月 27 日，“2018 年中国高校社会科学前沿论坛——坚定文化自信推进中华优秀传统文化传承创新研讨会”在曲阜师范大学召开。此次论坛由《中国高校社会科学》编辑部、山东省齐鲁文化研究院和曲阜师范大学语言文学研究所联合主办。来自国家教育行政学院、山东师范大学、山东大学、山东社科院、山东艺术研究院、集美大学、上海大学、上海师范大学等高校院所的 50 余位专家学者，曲阜师范大学马克思主义学院、社会科学处等单位负责人以及曲阜师范大学文学院师生代表参加了本次论坛。与会专家学者聚焦中华民族优秀传统文化，围绕文化自觉和文化自信、新时代继承创新中华优秀传统文化的实现路径、中华优秀传统文化的时代定位、中华优秀传统文化提升文化自信的理与路等主题开展了广泛交流和深入讨论。

2018年5月3日，纪念马克思诞辰200周年重点图书出版座谈会在北京召开。座谈会由中宣部、中央党史和文献研究院主办。中央党史和文献研究院组织编译了三种纪念马克思诞辰200周年重点图书，分别是《共产党宣言》《资本论》纪念版、《马克思恩格斯著作特辑》，以及《马克思画传》普及本，由人民出版社和重庆出版集团出版。会议指出，此次编译出版纪念马克思诞辰200周年重点图书，对于推动广大干部群众以科学态度学习和运用马克思主义基本理论，从源头把握马克思主义的基本内容和精神实质，深刻了解马克思的光辉业绩和杰出贡献，深入学习贯彻习近平新时代中国特色社会主义思想和党的十九大精神，进一步坚定马克思主义科学信仰、共产主义远大理想和中国特色社会主义共同理想，具有重要意义。

2018年5月4日，纪念马克思诞辰200周年大会在北京人民大会堂隆重举行。中共中央总书记、国家主席、中央军委主席习近平在会上发表重要讲话强调，我们纪念马克思，是为了向人类历史上最伟大的思想家致敬，也是为了宣示我们对马克思主义科学真理的坚定信念。马克思主义始终是我们党和国家的指导思想，是我们认识世界、把握规律、追求真理、改造世界的强大思想武器。新时代，中国共产党人仍然要学习马克思，学习和实践马克思主义，高扬马克思主义伟大旗帜，不断从中汲取科学智慧和理论力量，更有定力、更有自信、更有智慧地坚持和发展新时代中国特色社会主义，让马克思、恩格斯设想的人类社会美好前景不断在中国大地上生动展现出来。

2018年5月4日，纪念马克思诞辰200周年国际研讨会暨第六届社会主义国际论坛在越南河内胡志明国家政治学院（越共中央党校）举行。本届会议的主题为“马克思的思想遗产与时代意义”。数十名越南主要党政机构的领导和来自越共中央宣教部、越共中央理论委员会、越共中央党校、越南社会科学翰林院和其他研究机构的代表以及来自中国、老挝学界的300多名专家学者出席了本次会议。会议肯定了马克思本人及其思想对人类的贡献，认为马克思是天才的理论家和革命家，其思想是伟大而全面的学说，对于人类进步作出了伟大贡献；认为马克思的思维、方法和辩证历史唯物主义等已经为我们解决各种阶级和世界问题提供了理论指导；从各方面肯定了马克思的思想是人类思想的遗产，各国实践需要从本国实际出发，灵活运用马克思的思想解决社会主义实践问题；强调马克思主义面临新的机遇与挑战，应继续深入研究和发展马克思主义。

2018年5月4—6日，中共中央宣传部、中共中央党校、中共中央党史和文献研究院、教育部、中国社会科学院、中央军委政治工作部在北京召开纪念马克思诞辰200周年理论研讨会。这次理论研讨会，是近年来马克思主义理论研究成果的一次集中展示。研讨会期间，代表们畅谈了学习习近平总书记重要讲话的体会，加深了对马克思光辉一生和伟大贡献的认识，加深了对马克思主义科学内涵和深远影响的认识，加深了对马克思主义中国化伟大历程和丰硕成果的认识，加深了对学习和实践马克思主义、坚持和发展新时代中国特色社会主义的认识，进一步明确了理论工作者的历史责任。研讨会主办单位和有关方面负责同志、专家学者23人作了大会发言。中央有关部门负责同志、马克思主义理论研究和建设工程咨询委员会委员、专家学者代表、地方党委宣传部负责同志等，共230多人参加会议。

2018年5月5—6日，第二届世界马克思主义大会在北京召开。本届大会主题是“马克思主义与人类命运共同体”，会议共设十个分论坛和四个高端论坛，共有来自五大洲的30多个国家的近1000名专家学者、媒体代表参加。与会学者围绕纪念马克思诞辰200周年、马克思主义理论与文本研究、《马藏》编纂与研究、马克思主义与人类文明进步、马克思主义与当代全球合作和治理、中国改革开放40年与中国道路中国理论中国制度和中国文化、习近平新时代中国特色社会主义思想与当代马克思主义、马克思主义与中国哲学社会科学体系建设、面向人类美好未来的青年使命、世界视野中的中国经验等议题展开了深入、广泛的研讨。构建人类命运共同体、中国方案与发展中国家现代化途径、习近平新时代中国特色社会主义思想与21世纪世界社会主义、马克思主义研究的世界样态等四场高峰论坛更是以鲜明的时代感、国际化的视野、精彩的对话与互动、深邃的学术思辨吸引了众多专家学者参与。与会学者一致认为，马克思主义是人类文明发展的产物，它揭示了社会历史发展的一般规律，指明了人类文明发展的方向，是影响当今世界最重要的思想之一。无论时代如何变迁，社会如何发展，马克思主义仍然是我们认识世界改造世界的锐利思想武器和引领人类前行的科学理论。马克思主义真理穿越历史、照亮今天、指引未来。马克思主义对社会历史发展的科学分析、宽广的国际视野和世界情怀，为构建人类命运共同体提供了最重要的思想武器。以构建人类命运共同体为核心的当代中国马克思主义理论，回答了“人类社会向何处去”的“时代之问”，是新时代中国马克思主义对人类文明发展作出的重大贡献。

2018年5月6日，第二届“问道玉渊潭：中华优秀传统文化与马克思主义中国化”学术研讨会在北京召开。会议由中国实学研究会、国际儒学联合会教育传播普及委员会、北京工商大学马克思主义学院联合主办，北京高校中国特色社会主义理论研究协同创新中心（中国政法大学）、中国社会科学院马克思主义研究院马克思主义发展研究部、中国无神论学会协办。来自17个省市区66家单位的100多名专家学者参会。围绕习近平新时代中国特色社会主义文化思想、中华优秀传统价值与社会主义核心价值观、中华文化与马克思主义的比较融通、君子人格与担当民族复兴大任的时代新人的培育、文化自信与意识形态安全、大学生中华优秀传统文化教育体系的构建与培育等问题，与会专家学者认为，马克思主义中国化的过程，同时也是与中华传统文化精华相融合的过程；新时代推进马克思主义中国化进程中，习近平关于传统文化的思想具有特别重大的意义，是当代马克思主义中国化最重要的“新”释读；建构21世纪的马克思主义、当代中国马克思主义，更要结合中华优秀传统文化，坚守中华文化立场，同时借鉴汲取其他文明的发展。

2018年5月7日，由中国社会科学院马克思主义研究院、中国社会科学院马克思主义研究学部主办的“纪念马克思诞辰200周年”学术研讨会在北京召开。来自中国社会科学院、中央党史和文献研究院、北京大学、清华大学、中国人民大学、北京师范大学、复旦大学、南开大学等单位和欧美的著名左翼学者等近150位专家学者参加了研讨。研讨会立场鲜明，立论深刻，既关注马克思一生坚持不变的革命理念，又从当代中国特色社会主义建设现实的视角出发，阐发马克思在真理和道义的制高点上所展现的理论力量，在加强对马克思主义伟大真理的坚定信念的意义下，不断发展、开创当代中国马克思主义、21世纪马克思主义的新境界。

2018年5月11—12日，俄罗斯联邦共产党在莫斯科隆重举行“马克思的资本及其对世界发展的影响”国际学术会议，以此纪念马克思诞辰200周年。包括中国共产党、古巴共产党、越南共产党以及欧洲、亚洲、非洲、拉美等地区的38个国家的共产党和工人党代表和俄罗斯社会科学界人士参加了此次会议。俄共主席根纳季·久加诺夫在会上发表重要讲话，就马克思对世界历史的作用与影响、资本主义的现状及马克思主义的现实性等问题进行了阐述，并高度赞扬中国近年在各个方面所取得的伟大成就。各国与会代表一致认为，马克思主义关于人类从资本主义向社会主义过渡的必然性论断无论在过去、现在还是未来，都具有无比的科学性和真理性。

2018年5月12日，第九届马克思主义中国化学术论坛在广州举行，论坛主题为“改革开放与中国特色社会主义新时代”。本次论坛由中国社会科学院马克思主义研究院、华南师范大学主办，由中国社会科学院马克思主义研究院马克思主义中国化研究部、华南师范大学马克思主义学院承办，中国社会科学院马克思主义理论创新智库、《马克思主义研究》杂志社、广东党的建设研究院（华南师范大学）协办。来自全国各地的专家学者150余人参会。会议就中国改革成功的原因，改革开放的目标、成就与展望，习近平改革开放思想的基本观点，改革开放的底线问题及其辩证思考，改革开放历史进程与中国特色社会主义制度建设历史进程的关系等展开讨论。

2018年5月12日，第四届“高校党史教育论坛”在湖南省湘潭市举办。本届论坛的主题是“学习贯彻习近平新时代中国特色社会主义思想和党的十九大精神，弘扬革命文化，传承红色基因，坚定中国特色社会主义文化自信”。论坛由教育部高等学校社会科学发展研究中心、高等学校中国共产党革命精神与文化资源研究中心和湘潭大学联合主办。来自全国各地60余所高校和研究机构的110余位专家学者，围绕“学习贯彻习近平新时代中国特色社会主义思想和党的十九大精神”“党史研究与党史学科建设”“中国共产党革命精神的历史地位与当代价值”“红色文化资源育人的理论与实践”等议题开展研讨并交流心得。与会专家学者表示，要认真学习贯彻习近平新时代中国特色社会主义思想和党的十九大精神，积极投身党史研究宣传和党史人才培养，推动中共党史、革命精神与文化资源研究教育宣传，为更好地发挥红色文化资源育人作用作出贡献。

2018年5月14日，教育部在京召开全国高校思想政治理论课2018年版教材使用培训班开班式。党的十九大召开后，按照党中央统一部署，中宣部、教育部立即组织对已出版的马工程重点教材进行全面系统修订。目前，《马克思主义基本原理概论》《毛泽东思想和中国特色社会主义理论体系概论》《中国近现代史纲要》《思想道德修养与法律基础》4种高校思想政治理论课教材已完成修订并投入使用。为帮助任课教师进一步提高驾驭新教材的能力，确保用好新教材，在中宣部指导下，教育部依托高等教育出版社网络培训平台组织实施此次培训。培训在北京设主会场，在各省（区、市）和新疆生产建设兵团以及1833所高校设分会场。根据安排，在6天培训期间，由教材编写修订组首席专家和主要成员组成的培训专家组，采取现场培训和视频同步直播相结合的形式，对四门课程2018版教材进行集中培训，全国共有66365名教师参加。中宣部理论局相关负责人、思政课有关课程教材主讲专家以及来自北京各有关高校的200余名教研室主任和学科带头人在主会场参会。各省（区、市）教育行政部门和有关高校的负责同志、各高校有关课程教研室主任和任课教师在分会场参会。

2018年5月17日，中共中央宣传部组织编写的《习近平新时代中国特色社会主义思想三十讲》一书由学习出版社出版，即日起在全国各地新华书店发行。该书全面贯彻党的十九大和十九届一中、二中、三中全会精神，紧紧围绕新时代坚持和发展什么样的中国特色社会主义、怎样坚持和发展中国特色社会主义这个重大时代课题，以“八个明确”和“十四个坚持”为核心内容和主要依据，分三十个专题全面、系统、深入阐释了习近平新时代中国特色社会主义思想的重大意义、科学体系、丰富内涵、精神实质、实践要求，是广大党员、干部、群众深入学习领会习近平新时代中国特色社会主义思想的重要辅助读物。中共中央宣传部发出《关于认真组织学习〈习近平新时代中国特色社会主义思想三十讲〉的通知》。

2018年5月17日，在习近平总书记在哲学社会科学工作座谈会上的重要讲话发表两周年之际，习近平新时代中国特色社会主义思想文库在中国社会科学院建成。中国社会科学院院长、党组书记谢伏瞻与中宣部有关部门领导共同为中国社会科学院习近平新时代中国特色社会主义思想文库揭牌。习近平新时代中国特色社会主义思想文库由中国社会科学院图书馆建设和管理，致力于提供权威、全面、丰富的习近平新时代中国特色社会主义思想文献信息服务，将成为学习宣传习近平新时代中国特色社会主义思想的窗口和阵地，成为研究阐释习近平新时代中国特色社会主义思想的文献基地和支持平台。据悉，经积极努力与多方搜集，文库目前已较为系统地收集了习近平总书记党的十八大前在期刊上发表的文章和学术论文100余篇、专著14部，党的十八大后习近平总书记讲话单行本55本，习近平新时代中国特色社会主义思想相关图书1600余种共计3000余册，期刊100余种，报纸3000余份，方志、年鉴70余种。今后，习近平新时代中国特色社会主义思想文库将不断完善，同时将探索利用大数据、人工智能等新技术，建设数字化的习近平新时代中国特色社会主义思想研究平台，提供网络化信息服务，充分利用信息化手段促进习近平新时代中国特色社会主义思想的多媒体传播和研究方式方法创新。

2018年5月17—18日，中宣部在浙江大学召开学习宣传贯彻习近平新时代中国特色社会主义思想系列研讨会第三场研讨会，这次会议的主题是“统筹推进‘五位一体’总体布局”。中央有关单位负责同志、社科理论界知名专家学者、高校青年教师和大学生宣讲骨干、全国重点马克思主义学院青年骨干教师、中央新闻媒体有关同志、浙江省社科理论界专家学者，共120多人参加了研讨会。与会专家学者坚持以习近平新时代中国特色社会主义思想为指导，围绕统筹推进“五位一体”总体布局进行了热烈深入的研讨，取得了一批有新的认识、新的深化的研究成果，进一步统一了思想、凝聚了共识。

2018年5月19日，纪念马克思诞辰200周年学术研讨会暨中国青年政治经济学学者第八届年会在四川大学开幕。研讨会以“纪念马克思诞辰200周年，坚持和发展新时代中国特色社会主义”为主题，由四川大学马克思主义学院、经济学院、公共管理学院、文学与新闻学院共同承办。来自清华大学、中国人民大学、复旦大学、浙江大学、中共中央党校、中国社科院等国内高校和科研机构的200余名专家学者参加研讨活动。此次年会旨在促进中国青年政治经济学学者的交流、成长，提升青年学术品位，促进国内和国际政治经济学研究和人才培养，进一步树牢“四个意识”、坚定“四个自信”，更加自觉地做马克思主义的忠诚信奉者、传播者、践行者。

2018年5月19日，由中国《资本论》研究会主办，中国人民大学经济学院承办的“中国资本论研究会第20次学术研讨会——纪念马克思诞辰200周年暨中国改革开放40周年”学术会议在中国人民大学隆重召开。来自全国近80所院校和研究机构的200余位专家学者参加了本届年会，围绕《资本论》及其当代价值、习近平新时代中国特色社会主义经济思想、中国特色社会主义政治经济学学科建设、中国改革开放40年的实践经验和理论创新等主题展开了深入研讨。与会代表就如何从总体上掌握习近平新时代中国特色社会主义经济思想体系和深刻内涵，以及习近平经济思想形成的实践基础、核心和基本原则等问题进行了热烈讨论，提出要把习近平新时代中国特色社会主义经济思想看成是一个开放、发展的理论体系。

2018年5月19日，“马克思诞辰200周年与中国化马克思主义”全国学术研讨会暨全国高校马克思主义理论学科研究会第36次学科论坛在河北师范大学召开。此次会议由全国高校马克思主义理论学科研究会、《马克思主义理论学科研究》编辑部、中国人民大学中国化马克思主义理论研究与教育宣传协同创新中心、北京师范大学中国化马克思主义理论研究与教育宣传协同创新中心主办，河北省马克思主义学会、河北师范大学习近平新时代中国特色社会主义思想研究中心、《河北师范大学学报》编辑部协办，河北师范大学马克思主义学院承办。来自60多所高校的专家学者与新闻媒体代表共160余人出席会议。与会专家学者围绕习近平中国特色社会主义思想研究、中国化马克思主义基本理论研究、马克思主义中国化的历史进程与发展规律研究、马克思主义与文化创新研究、马克思主义与当代意识形态研究、当代中国化马克思主义话语体系构建研究、马克思主义学院建设与发展研究、《共产党宣言》与当代中国、历史唯物主义和大数据视域下的意识形态、高校思想政治理论课改革等问题进行了热烈探讨。

2018年5月22日，由中国社会科学院马克思主义研究院与捷克布拉格生命科学大学联合主办的“第五届中国、俄罗斯、中东欧国家发展战略论坛”开幕式暨“国家发展战略：中国与捷克”研讨会在捷克布拉格生命科学大学举行。来自中国社会科学院马克思主义研究院、中央编译局、山东社会科学院、贵州省社会科学院、同济大学、山东师范大学、江西九江学院、宜春学院、华东政法大学、大连理工大学等30余所大学和科研机构的中方学者及外方专家学者近70人出席。与会学者围绕主题进行了广泛交流。中方学者就构建人类命运共同体的大国担当、人类命运共同体思想与世界意义、论中国国际塑造力的提高、论中共十九大报告的新世界观等主题作了发言，捷克学者就捷克经济发展以及捷克共产党的发展状况等方面作了发言，并表示希望今后与中国开展多领域的交流合作。

2018年5月24日，“第五届中国、俄罗斯、中东欧国家发展战略论坛”系列国际研讨会第二场在匈牙利首都布达佩斯举行。此次研讨会的主题是“国家发展战略：中国与匈牙利”。来自中国社会科学院马克思主义研究院、中央编译局、上海社会科学院、山东社会科学院、南京大学等高校和科研机构的中方学者，以及匈牙利专家学者、中国新华社驻布达佩斯记者和中匈两国的学生等近80人参加了研讨会。两国学者围绕会议主题进行了广泛而深入的交流。与会学者就人类命运共同体、“一带一路”倡议下的中匈经济合作等内容表达了各自看法，增进了相互了解。中国学者还就中国道路与两制关系、中国改革开放的成功经验、社会主义的价值与制度的统一、五大发展理念的当代价值等现实和理论问题进行了较为细致的介绍，使匈牙利学者对中国的经济社会发展有了更为深入的了解。

2018年5月25日，“第五届中国、俄罗斯、中东欧国家发展战略论坛”系列研讨会第三场在俄罗斯莫斯科举行。此次研讨会由中国社会科学马克思主义研究院与俄罗斯科学院经济研究所联合主办，会议的主题为“不平静世界中的中国和俄罗斯”。来自俄罗斯的学者与中国的学者近80人参加会议。研讨会上，中俄两国学者就“人类命运共同体视域下的中俄关系、大欧亚和一带一路方案、欧亚经济联盟和新经济丝绸之路中的话语权、一带一路框架下中俄海洋经济合作的展望、新时代中国特色社会主义发展的动力、人类命运共同体视域下的中国政治作为”等问题进行了交流研讨。其中，一些专家学者提出了自己的看法和见解，对于两国学者深入思考一些问题富有重要价值和启发意义。

2018年5月25—26日，第十一届中国特色社会主义论坛——“坚持和加强党的全面领导”高层研讨会在重庆文理学院举行。该论坛由《思想理论教育导刊》编辑部、《红旗文稿》杂志社、重庆市中国特色社会主义理论体系研究中心、重庆文理学院共同主办。来自国务院国资委新闻中心、中共重庆市委宣传部、重庆市委教育工委、新疆维吾尔自治区委组织部、湖北省委宣传部、广东省委宣传部等10余个相关单位，中国人民大学、北京师范大学、吉林大学、四川大学、西南大学等20余个省、市、自治区的60余所高校，近10个期刊杂志社共计100余名领导、专家和学者参加了研讨会。与会专家们从不同视角深入阐释了坚持和加强党的全面领导的相关问题。

2018年5月25—27日，第二届全国科社与共运博士生论坛在山东大学举行，本次会议主题为“科学社会主义170年与新时代中国特色社会主义”。此次论坛由山东大学当代社会主义研究所主办，来自全国26所知名高校、科研机构的50多名博士研究生和近30名博士生导师、专家学者参加了论坛。此次论坛共收到投稿论文96篇，其中46篇入选。论坛期间，与会博士生导师举行了座谈会，就科社与共运学科建设、人才培养以及博士生学术论坛的持续举办等问题进行了深入交流。论坛邀请的博士生及博士生导师基本涵盖国内所有科社与国际共运博士点，有利于加强学科点之间的学术交流。从博士生培养来看，论坛安排博士生发言和导师点评，参加会议的学生表示受益匪浅。本次论坛会议主题下设6个子议题：科学社会主义发展中的新时代中国特色社会主义；纪念中国改革开放40年；纪念《共产党宣言》发表170年；纪念马克思诞辰200年；二十世纪世界社会主义运动的经验教训；二十一世纪的世界社会主义运动。

2018年5月25—27日，第五届“执政党建设理论与实践”论坛在上海大学召开，主题为“改革开放40年党的建设与新时代政党自信”。论坛由中国社会科学院马克思主义研究院、上海大学、中国科学院大学联合主办，中国社会科学院习近平新时代中国特色社会主义思想研究中心、中国社会科学院马克思主义研究院中国化研究部、上海大学马克思主义学院、中国科学院大学马克思主义学院、上海大学政党治理研究中心、上海市高校马克思主义理论智库—强国战略与话语权研究中心共同承办。来自全国社科院系统、党校系统、各高校、部队院校和企业170余位专家学者与会。与会专家主要围绕改革开放40年来党的建设、习近平党建思想、政党自信与执政能力建设研究、高校党建与党的建设实践研究等论题进行研讨。并对新时代党的理论创新、党建新布局、反腐败斗争等热点问题进行了深入探讨。

2018年5月26—27日，“改革开放与高校马克思主义理论教学创新研究论坛”在福州大学举行。该论坛由中国高校经济理论与思政教改研究会、福州大学马克思主义学院、福建省高校思想政治理论课“舒展名师工作室”联合主办。来自中国社会科学院、哈尔滨工业大学、厦门大学、南开大学、复旦大学、西安交通大学、吉林财经大学、浙江工商大学等50多所高校和科研机构以及《求是》《思想理论教育导刊》《当代经济研究》《马克思主义理论学科研究》等期刊媒体近130位专家学者参会。论坛共进行了四场学术报告会和一场学术沙龙。与会专家围绕会议主题，就改革开放与中国特色社会主义政治经济学的基本理论问题、改革开放与马克思主义中国化的基本理论问题、改革开放与马克思主义理论教学法探索等主题进行了充分的研讨。

2018年5月26—28日，由中共中央对外联络部举办的中国共产党与世界政党高层对话会专题会议在广东深圳举行。专题会议包括“中国共产党的故事——习近平新时代中国特色社会主义思想在广东的实践”专题宣介会、纪念马克思诞辰200周年专题研讨会、第四届中非青年领导人论坛和第二届中拉政党论坛，来自100多个国家200多个政党的500多名政党代表参加。与会政党代表围绕改革开放、国家发展等议题交流沟通，砥砺思想，为构建人类命运共同体贡献政党智慧。此次会议的成功举行是对2017年12月1日习近平总书记出席在北京举办的首届中国共产党与世界政党高层对话会开幕式时提出的“将中国共产党与世界政党高层对话会机制化，使之成为具有广泛代表性和国际影响力的高端政治对话平台”倡议的落实和实践，也进一步彰显了党际交往在国家总体外交中所发挥的独特作用。

2018年5月27日，山东大学当代社会主义研究所主办的“改革开放40年与新时代中国特色社会主义”高端论坛在济南举行。来自北京大学、中国人民大学、中央党史和文献研究院、中共中央对外联络部、华东师范大学、华中师范大学、广州省委党校、四川省委党校、山东师范大学、山东社科院的30余位专家学者与会。与会专家发言主题聚焦，涵盖广泛，既有对中国特色社会主义成功经验的总结，也有对社会主义建设探索中教训的深刻反思；既有对马克思主义与中国实际相结合的理论凝练，也有对党领导人民进行革命、建设、改革伟大历程的实践概括。学者们的共识是，只有社会主义才能救中国，只有改革开放才能发展中国，只有改革开放才能发展社会主义、发展马克思主义。

2018年5月28日，由中国共产党举办、各国共产党参加的纪念马克思诞辰200周年专题研讨会在深圳举行。中共中央总书记、国家主席习近平向研讨会致贺信。此次研讨会由中共中央对外联络部主办，是在中国共产党与世界政党高层对话会框架下，首次举办的中国共产党与世界各国共产党及左翼政党专题研讨会，也是改革开放特别是东欧剧变近30年来，中国共产党首次大规模邀请各国共产党、工人党来华出席专题研讨活动，共有来自50个国家和地区的75个共产党、工人党的100余位领导人和代表参会。本次研讨会的主题是“21世纪马克思主义与世界社会主义未来”，下设三个分议题：马克思的历史贡献与马克思主义的当代价值，习近平新时代中国特色社会主义思想与21世纪的马克思主义，中国特色社会主义的理论与实践和世界社会主义的未来。与会中外代表围绕主题和分议题展开深入交流，达成广泛共识。

2018年5月28日，“第五届中国、俄罗斯、中东欧国家发展战略论坛”系列国际研讨会第四场在俄罗斯圣彼得堡举行。此次研讨会由中国社会科学院马克思主义研究院与俄罗斯制度创新中心、“民族社会”国际出版社联合主办，会议的主题为“中国与俄罗斯：国家发展战略”。来自俄罗斯圣彼得堡的学者与中国的学者近90人参加会议。在此次国际学术研讨会上，中俄两国学者围绕人类命运共同体、“一带一路”框架下的中俄交流与合作、发展战略中的俄罗斯的问题和中国的经验、中俄北极合作问题、扩张主义意识形态的危险、国家和市场的关系、网络安全、数字平等、跨学科交流、文化认同危机、电影工业安全等问题展开了讨论。中国学者还就习近平时代中国如何实现新目标与创造新辉煌、改革开放对中国的考验与应对、中国大学精准扶贫的世界意义、影响中国青藏地区基层社会治理方式的文化因素分析等议题作了发言，使俄罗斯学者对中国的经济社会发展有了更为全面的了解。会上，中俄双方签署了有关组织出版国际学术期刊《国家发展战略研究》的协议。该期刊的创刊号于2018年6月正式出版发行。

2018年5月29日，经中共中央批准，中共中央党史和文献研究院编辑的《十八大以来重要文献选编》下册由中央文献出版社出版，即日起在全国发行。《十八大以来重要文献选编》下册，收入自2015年10月党的十八届五中全会后至2017年10月党的十九大召开前这段时间内的重要文献，共72篇，约63万字。其中，习近平总书记的文稿

34篇，其他中央领导同志的文稿16篇，中共中央、国务院的有关文件22篇。有19篇重要文献是第一次公开发表。《十八大以来重要文献选编》下册与之前出版的上册、中册形成一个完整系列，为全党深入学习贯彻习近平新时代中国特色社会主义思想和党的十九大精神提供了重要教材，对于全党进一步统一思想、振奋精神、锐意进取、埋头苦干，决胜全面建成小康社会，夺取新时代中国特色社会主义伟大胜利，为实现中华民族伟大复兴的中国梦不懈奋斗，具有重要意义。

2018年6月1日至3日，"中国特色社会主义'四个自信'全国学术论坛"在重庆理工大学举行。该论坛由中国社会科学院马克思主义研究院和重庆理工大学共同主办，中国社会科学院马克思主义研究院国外马克思主义研究部、重庆市中特研究中心重庆理工大学分中心和重庆理工大学马克思主义学院承办，《马克思主义研究》《世界社会主义研究》《国外社会科学》和重庆理工大学期刊社协办。该论坛旨在加强交流与合作，深入学习贯彻习近平新时代中国特色社会主义思想和党的十九大精神，进一步推进马克思主义理论学科发展。来自中国社会科学院、重庆社会科学院、复旦大学、国防大学、北京师范大学、厦门大学、重庆理工大学等单位的专家学者160余人参加论坛。与会专家学者围绕坚定中国特色社会主义道路自信、理论自信、制度自信、文化自信这一主题展开了研讨。专家们从历史与现实的双重维度，阐明马克思主义以及"四个自信"的科学性、真理性。与会者认为，当今世界，要说哪个政党、哪个国家、哪个民族能够自信的话，那中国共产党、中华人民共和国、中华民族是最有理由自信的。中国特色社会主义进入新时代，不断增强"四个意识"，始终坚定"四个自信"，必须学懂弄通做实习近平新时代中国特色社会主义思想这一当代中国马克思主义、21世纪马克思主义，在实现"两个一百年"奋斗目标和中华民族伟大复兴中国梦的新征程上不断迈出坚实步伐。

2018年6月7日，"首都当代中国马克思主义论坛·2018"在北京师范大学举办，此次论坛的主题是"不断开辟当代中国马克思主义新境界"。此次论坛由中共北京市委宣传部、北京市习近平新时代中国特色社会主义思想研究中心、北京市中国特色社会主义理论体系研究中心、北京市社会科学界联合会、北京日报社、北京大学、清华大学、中国人民大学、北京师范大学联合主办。论坛主题发言阶段，6位专家学者分别以"21世纪马克思主义的理论特征和思想境界""中国特色社会主义进入新时代的主要标志"等为题作了发言。与会者指出，习近平新时代中国特色社会主义思想是当代中国马克思主义、21世纪马克思主义。这一思想书写了坚持和发展马克思主义的新篇章，坚持和发展中国特色社会主义的新篇章，为人民谋幸福、为民族谋复兴的新篇章，勇于自我革命、铸就千秋伟业的新篇章，贯通历史、现实和未来，以全新的视野深化了对共产党执政规律、社会主义建设规律、人类社会发展规律的认识，赋予马克思主义鲜明的时代特色、丰富的时代内涵、旺盛的时代活力，具有指引我们党牢记初心和使命、带领人民实现中华民族伟大复兴中国梦的强大真理力量。在当代中国，坚持习近平新时代中国特色社会主义思想就是真正坚持马克思主义。

2018年6月9日，由中国社会科学院马克思主义研究院与湖南省社会科学院共同主办的“习近平新时代中国特色社会主义思想的科学体系与重大意义”高峰论坛在长沙召开。来自中国社会科学院、清华大学、中国人民大学、南京大学、武汉大学、厦门大学、华南理工大学、山东大学、华中师范大学、华南师范大学、中南大学、湖南大学、湖南师范大学、湘潭大学、湖南科技大学等单位的专家学者170余人参加了论坛。论坛围绕深刻认识和把握习近平新时代中国特色社会主义思想的科学体系、完整科学地理解习近平新时代中国特色社会主义思想、习近平新时代中国特色社会主义思想的突出特征等主题展开了研讨。此次高峰论坛前召开了湖南省马克思主义理论研究会成立大会。

2018年6月14日，中共中央宣传部组织编写的《习近平新闻思想讲义（2018年版）》一书由人民出版社、学习出版社出版，即日起在全国各地新华书店发行。习近平新闻思想是习近平新时代中国特色社会主义思想的重要组成部分。党的十八大以来，习近平总书记对加强和改进党的新闻舆论工作提出一系列富有创见的新观点新论断新要求，科学回答关系党的新闻舆论工作长远发展一系列根本性、战略性、全局性重大问题，深刻论述党的新闻舆论工作历史方位、职责使命、方针原则等重大课题，形成了体系完整、科学系统的新闻思想。习近平新闻思想与我们党长期形成的新闻思想一脉相承又与时俱进，丰富和发展了马克思主义新闻理论，是做好新时代党的新闻舆论工作的科学指南、根本遵循。《习近平新闻思想讲义（2018年版）》对习近平新闻思想进行了全面深入阐释，具有很强的政治性、权威性、针对性、实用性，是新闻战线深入学习领会习近平新闻思想的重要辅导读物。

2018年6月15日，由上海财经大学马克思主义学院和《思想理论教育导刊》编辑部、《思想理论教育》编辑部主办的“新时代思想政治教育学科发展”高端论坛在上海财经大学召开。来自复旦大学、武汉大学、浙江大学、上海交通大学、华东师范大学、南开大学、中山大学、四川大学、西南大学、东北师范大学等50余所高等院校和《思想理论教育导刊》编辑部、《思想理论教育》编辑部、《马克思主义理论学科研究》编辑部、社会科学文献出版社等从事思想政治教育研究的专家、学者和研究生共计120余人出席了本次论坛。与会专家学者聚焦“新时代思想政治教育学科发展中的基础理论和重大实践问题”这一主题，进行主题发言和理论阐发。分会场围绕新时代思政学科发展与时代新人培养、习近平新时代中国特色社会主义思想“三进”、新时代思想政治理论课教学等议题，开展学术探讨与交流互动。

2018年6月16日，由中国政治学会主办，中共中央党校政法教研部承办的中国政治学会2018年会长（扩大）会议暨“健全人民当家作主制度体系，发展社会主义民主政治”学术研讨会在京召开。与会学者围绕如何健全人民当家作主制度体系、发挥社会主义民主政治展开讨论。与会学者认为，习近平新时代中国特色社会主义思想坚持和创新了社会主义民主政治理论；健全人民当家作主制度体系是适应人民美好政治生活的需要，应健全人民当家作主制度体系的经济基础、政治基础、思想基础；健全人民当家作主制度体系的基本路径包括：以政治体制机制的优化强化实现人民民主的独特优势，用法治化的手段保证人民当家作主制度体系的权威性，推进人民当家作主制度体系下的协商民主进程，尊重人民创造精神和主体地位，健全人民民主的多元复合制度体系，充分发挥统一战线在人民当家作主制度体系中的独特优势，等等。

2018 年 6 月 21 日，由光明日报社、浙江省委宣传部和嘉兴市委联合主办的 2018 “红船论坛”在中国革命红船的起航地——嘉兴南湖之畔举行。来自中央有关单位、社科理论界的专家学者和征文获奖者代表 180 余人，结合当前国际国内形势，围绕“红船精神”的时代价值主题，从“红船精神”与中国共产党的初心与使命、“红船精神”与“八八战略”的内在关系、新时代如何弘扬“红船精神”等方面进行了深入研讨。与会专家认为，“红船精神”是中国共产党的建党精神，贯穿于党的 97 年奋斗历程。“八八战略”是对“红船精神”的生动实践，推动了浙江经济社会的全面转型升级。“红船精神”指引中国共产党人书写了一份又一份精彩的时代答卷，也将指引中国共产党人擘画更加光辉的未来。历史的经验证明，只要我们准确判断分析形势，发扬首创精神、奋斗精神和奉献精神，正确科学地解决问题，就没有克服不了的困难。会议还发布了《中共一大嘉兴南湖会议研究》成果，认为嘉兴南湖会议召开的日期为 1921 年 8 月 3 日。

2018 年 6 月 22 日，由中共上海市委宣传部、中共上海市委党史研究室主办，上海市中共党史学会承办的第二届“中国共产党的创建与上海”学术研讨会在上海市社科联召开。来自中共中央党史和文献研究院、中共上海市委宣传部、中共上海市委党史研究室、中共上海市委党校、复旦大学、上海交通大学、华东师范大学、上海大学、上海师范大学、安徽财经大学、淮南师范学院以及上海党史研究室系统、高校马克思主义学院等 100 余名专家学者，就“上海的红色基因与中国共产党的诞生”“党史人物研究”“渔阳里与红色文化的传承”“组织建设研究”四个议题进行了学术交流。

2018 年 6 月 24 日，由中国社会科学院马克思主义研究院和浙江工业大学共同主办的“新时代世界社会主义运动的新形势——第六届国际共产主义运动论坛”在杭州举行。本次论坛围绕“习近平新时代中国特色社会主义思想研究”“新时代世界社会主义运动的新发展与新挑战”“《共产党宣言》的时代价值”“纪念马克思诞辰 200 周年：国际共产主义运动的历史与现实”“构建人类命运共同体与全球政党合作”等主题展开研讨。来自中国社会科学院、中共中央党史和文献研究院、中共中央党校、中国人民大学、吉林大学、山东大学、中山大学、厦门大学、华中师大等 40 多个研究单位和高校的专家学者共 140 余人参加了论坛。

2018 年 6 月 25—26 日，全国党校系统“学习研究宣传贯彻习近平新时代中国特色社会主义思想”理论研讨会在浙江红船干部学院举行。会议由中央党校习近平新时代中国特色社会主义思想研究中心、中央党校科研部、浙江省委党校、中共嘉兴市委主办，浙江红船干部学院、中共嘉兴市委党校承办。来自中央党校、省级和副省级城市党校的校领导、科研和决策咨询部门的相关负责人、入会论文作者以及特邀媒体代表等近 200 人参加此次研讨会。会议从 336 篇征文中选出 10 篇进行了大会交流发言。与会者一致认为，全国党校系统要进一步增强政治自觉、思想自觉和行动自觉，做习近平新时代中国特色社会主义思想的忠诚信奉者和坚定实践者，以“熔炉”的温度、教学的强度、课堂的厚度、研究的深度、组织的力度，在学习研究宣传贯彻这一思想中作出更大贡献，发挥更大作用。

2018 年 6 月 29 日，中共中央政治局就加强党的政治建设举行第六次集体学习。中共中央总书记习近平在主持学习时强调，马克思主义政党具有崇高政治理想、高尚政治追求、纯洁政治品质、严明政治纪律。如果马克思主义政党政治上的先进性丧失了，党的先进性和纯洁性就无从谈起。这就是我们把党的政治建设作为党的根本性建设的道理所在。党的政治建设是一个永恒课题。要把准政治方向，坚持党的政治领导，夯实政治根基，涵养政治生态，防范政治风险，永葆政治本色，提高政治能力，为我们党不断发展壮大、从胜利走向胜利提供重要保证。中央组织部臧安民就该问题作了讲解，并谈了意见和建议。

2018 年 6 月 30 日至 7 月 1 日，主题为“党的十九大精神与当代中国史理论研究和学科建设”的第六届马克思主义当代中国史理论论坛在安徽安庆举行。论坛由中国社会科学院马克思主义当代中国史理论论坛组委会与当代中国研究所、安庆师范大学联合主办。来自全国高等院校、科研机构的专家学者和有关部门负责人、安庆师范大学马克思主义学院部分师生、媒体记者近百人出席了开幕式。马克思主义当代中国史理论论坛是中国社会科学院马克思主义理论学科建设与理论研究工作领导小组主办的五个论坛之一，其前四届的名称为马克思主义史学理论论坛，从第五届起改为现名。

2018 年 7 月 2 日，以“中国改革开放和老挝革新事业的实践和经验”为主题的第七次中老两党理论研讨会在老挝万象举行。研讨会上，中共中央政治局委员、中央书记处书记、中宣部部长黄坤明和老挝人革党中央政治局委员、中央书记处书记、中央纪委书记、政府副总理本通分别作了主旨报告。举办中国共产党和老挝人民革命党两党理论研讨会是中老两党最高领导人达成的重要共识，是中老两党就社会主义发展和党的建设等重大理论和现实课题共同探索。研讨会是相互借鉴治党治国经验的机制化平台。

2018 年 7 月 3 日，“中华优秀传统文化与思想政治教育”首届高层论坛在南京举办。此次会议由中共中央党史和文献研究院《马克思主义与现实》杂志与东南大学中国特色社会主义发展研究院主办、东南大学马克思主义学院承办。来自清华大学、武汉大学、北京大学、北京师范大学、南京大学、苏州大学等 15 所高校 50 多位专家参加会议，就“习近平关于继承与弘扬中华优秀传统文化的重要论述及其意义”“用马克思主义推进中华传统文化创造性转化、创新性发展，增强文化自觉和文化自信”“高校加强中华优秀传统文化教育的问题、现状与战略规划”“中华优秀传统文化融入思想政治教育的内容选择与方式方法”“如何以中华优秀传统文化涵养社会主义核心价值观”等议题进行了深入探讨。

2018 年 7 月 6 日，以“中国改革开放和越南革新事业的实践与经验”为主题的中国共产党与越南共产党第十四次理论研讨会在越南胡志明市举行。研讨会上，双方深入讨论并分享有关党建、经济社会发展、文化发展、对外工作、融入国际一体化等两党社会主义建设事业以及中国改革开放事业与越南革新事业中的各大问题的相关经验。

2018 年 7 月 7—8 日，北京高校中国化马克思主义教学研究会 2018 年暑期研讨会在京召开。来自北京市教工委和北京各高校的百余名专家学者围绕“全面、深刻领会习近平新时代中国特色社会主义思想，不断提高《毛泽东思想和中国特色社会主义理论体系概论》课教学实效”的会议主题进行了集中研讨。与会者认为：思政课教师必须有高于一般的专业课教师的情怀。不仅要做知识的传授者，而且要做学生正确价值观的塑造者；不仅要做马克思主义的宣传者，而且要做党的理论创新成果的研究者。思政课教师要珍惜当前的大好形势，进一步增强担当意识，要深化对教育体系转化的认识，多站在学生的角度换位思考、因材施教，进一步重视和强调课堂教学的主渠道、主环节作用。

2018 年 7 月 13—16 日，中国社会科学院第三届马克思主义文艺理论青年论坛暨“文艺批评与当下文艺创作的关系”学术研讨会在山东威海召开。此次论坛由中国社会科学院马克思主义理论学科建设与理论研究工程领导小组主办，中国社会科学院文学研究所、山东大学马克思主义文艺理论研究中心、山东大学威海校区文化传播学院合作承办。来自全国高校与科研院所的 60 余位专家学者参加了此次会议。与会学者围绕“文艺批评与当下文艺创作的关系”这一主题进行了大会主题发言和小组讨论，就中国文论的现代转换、当代马克思主义文艺理论的话语建设等内容展开了深入的交流。

2018 年 7 月 14 日，第三届中国西部高校马克思主义论坛在兰州大学举办。论坛以“学习宣传贯彻习近平新时代中国特色社会主义思想，全面提升思想政治理论课教学水平”为主题。论坛开幕式上，兰州大学新时代思想政治教育工作研究院正式揭牌，这是首家“新时代思想政治教育工作研究院”。来自北京大学、中国人民大学、四川大学、西安交通大学、西南大学等全国 65 所高校的马克思主义理论学科的 162 位专家学者、骨干教师参加了此次论坛。与会专家学者围绕深入推进习近平新时代中国特色社会主义思想“三进”工作，加强思想政治理论课教学方法创新，全面提升西部高校马克思主义人才培养能力，协力推动西部高校马克思主义学院共同发展等议题进行了交流。论坛还举行了现场教学观摩活动，以全新的方式展示了在新时代如何上好思政课。

2018 年 7 月 15—24 日，世界政治经济学会（WAPE）第 13 届论坛先后在德国柏林经济政法大学、特里尔马克思故居博物馆、奥地利维也纳大学成功举行，论坛由世界政治经济学学会、德国柏林经济政法大学、罗莎·卢森堡基金会、马克思恩格斯研究基金会、奥地利维也纳大学、奥地利转型组织、欧洲中国研究会共同主办，论坛主题是“马克思和卢森堡——思想遗产与当代价值”。来自中国、俄罗斯、日本、印度、以色列、美国、加拿大、德国、英国等 20 多个国家的近 200 名学者出席了此次论坛。论坛共举行了三场大会研讨和 14 次分会研讨，与会专家围绕马克思和卢森堡的思想及其当代价值、《共产党宣言》与世界社会主义运动、世界体系论：中心、外围与准中心、资本主义基本矛盾与各类经济危机、世界经济不平衡发展与当代资本主义新变化、公正的经济全球化与狭隘的逆全球化、“一带一路”国际合作与共享发展、构建国际经济政治军事新秩序与人类命运共同体、列宁的帝国主义论与当代新帝国主义、新殖民主义辨析、新自由主义的新动向及对世界经济和民生的负效益、各国和世界马克思主义政治经济学学派研究，以及政治经济学其他相关议题展开了充分的交流和研讨。论坛期间还举行了 2018 年度“世界马克思经济学奖”和“21 世纪世界政治经济学杰出成果奖”颁奖仪式等议程。

2018 年 7 月 16 日，全国社院系统统战理论研讨会在郑州召开。来自中央统战部、各民主党派中央、高等院校、全国社院系统单位的约 120 位专家学者围绕“新型政党制度研究”主题进行深入研讨。与会专家以“新型政党制度”为主题，通过听报告、分组讨论和大会交流，普遍深化了对习近平总书记关于中国新型政党制度重要论述的认识，认为新型政党制度是具有中华文明和人类政治文明双重意蕴的伟大政治创造，作为中国共产党领导的民主党派和无党派人士的联合党校，社会主义学院要将新型政党制度理论体系作为教学科研的核心内容，从文明内涵、比较优势和对外传播等方面，不断巩固团结奋斗的共同思想政治基础。此次研讨会也是中央社会主义学院统战高端智库中国政党制度研究中心第 16 届年会。

2018 年 7 月 17 日至 18 日，全国高校马克思主义理论学科研究会第 37 次学科论坛暨甘肃省哲学学会 2018 年年会在甘肃民族师范学院召开。此次会议主题为“回望马克思，走进新时代暨加强高校思想政治理论课教师队伍建设”，由全国高校马克思主义理论学科研究会、《马克思主义理论学科研究》编辑部和甘肃省哲学学会联合主办，甘肃民族师范学院承办，兰州城市学院协办。来自全国 38 所高校和学术单位的 90 余名专家学者以及甘肃民族师范学院师生代表与会。专家围绕习近平新时代中国特色社会主义思想、纪念马克思诞辰 200 周年、《共产党宣传》发表 170 周年和改革开放 40 周年、马克思思想的当代价值、高校思政课教学、民族团结进步教育等方面分享了自己的研究成果和教学经验。

2018 年 7 月 18 日至 22 日，中国社科院马克思主义研究院和青海民族大学马克思主义学院联合举办第四届全国“马克思主义基本原理概论通讲”研修班。来自全国 40 多所高校的 70 多位承担“马克思主义基本原理概论”课教学工作的教师参加研修班。中国社科院马克思主义研究院的张建云、余斌、刘志明三位专家，围绕 2018 年版教材的三部分内容，即马克思主义哲学、政治经济学、科学社会主义进行了通讲。三位学者在讲课中，侧重问题意识，针对新版教材中的一些不足，从经典原著出发，对许多基础理论问题进行了阐发和解读，使参培教师全面了解和掌握新教材的主旨要义，增强了马克思主义理论的整体意识，为今后马克思主义理论教学和研究工作提供了很好的借鉴。

2018 年 7 月 21 日，“习近平新时代中国特色社会主义思想‘五进’学术研讨会暨全国高校马克思主义学院院长论坛”在山东省烟台市举行。会议由中国社会科学院信息情报研究院、习近平新时代中国特色社会主义思想研究中心主办，山东工商学院马克思主义学院承办。来自高校和科研院所的 70 余名专家学者到会。与会专家从内在逻辑、历史地位、基本特征等不同领域和视角对习近平新时代中国特色社会主义思想进行了深入阐释和分析，并围绕习近平新时代中国特色社会主义思想“五进”和思想政治理论教学改革等进行了深入交流和探讨。与会者一致认为，习近平新时代中国特色社会主义思想是我们置身新时代、站在新起点、迈向新征程、实现新目标的思想指引。习近平新时代中国特色社会主义思想“五进”，是确保习近平新时代中国特色社会主义思想在高校落地生根的重要举措。

2018 年 7 月 27 日，中宣部在福建省宁德市召开学习宣传贯彻习近平新时代中国特色社会主义思想系列研讨会第四场研讨会，这次会议的主题是“协调推进‘四个全面’战略布局”。中央有关单位和地方负责同志、社科理论界知名专家学者、高校青年教师和大学生宣讲骨干、习近平新时代中国特色社会主义思想研究中心（院）负责同志、全国社科院系统中国特色社会主义理论体系研究中心负责同志、福建省社科理论界专家学者和基层干部群众参加了研讨会。与会专家学者围绕深入学习宣传贯彻习近平新时代中国特色社会主义思想、协调推进“四个全面”战略布局进行了热烈深入的研讨。大家一致认为，“四个全面”战略布局，是以习近平同志为核心的党中央深刻把握我国发展新的历史方位提出的重大战略思想，是新的时代条件下坚持和发展中国特色社会主义、实现社会主义现代化和中华民族伟大复兴的战略抉择，开辟了我们党治国理政新境界。

2018 年 7 月 28—29 日，由中国科学社会主义学会、中共中央党校科学社会主义教研部、中共甘肃省委党校联合主办的中国科学社会主义学会 2018 年学术年会在甘肃省兰州市召开。年会主题为“改革开放 40 年与新时代中国特色社会主义”，年会围绕三个分议题有序展开，即改革开放 40 年的历史经验、新时代中国特色社会主义、世界社会主义发展态势。来自全国党校、高等院校、社科院、军队院校等教学科研机构的 260 余名专家学者参加研讨。

2018 年 7 月 29 日，由中国人民大学马克思主义学院、中国人民大学中共党史党建研究院主办的“中国共产党与中国道路”——中国改革开放四十年国际学术研讨会在中国人民大学召开。来自中共中央统战部、中国社科院、中共中央党史和文献研究院、中共中央党校、北京大学、中国人民大学等国内高校和科研院所，以及美国、日本的 80 余名专家学者和新闻媒体人员参会。会议围绕改革开放与当代中国政治发展的模式和经验、改革开放与当代中国经济、改革开放与当代中国社会、改革开放与中国的文化发展、改革开放与执政党建设等五个主题展开深入探讨。与会学者认为，善于总结运用改革开放经验智慧，推进党和国家事业发展，是中国共产党的传统优势和理论优势。改革开放为中国找到了一条富民强国的道路。中国人民大学中共党史党建研究院成立于 2017 年，旨在打造世界一流、国内领先的以中国共产党研究为特色的教学研究中心、学术交流平台和新型高端智库。目前该研究院是国内首家在中国共产党历史与党的建设领域，集人才培养、学术研究与政策咨询为一体的实体化的综合性研究机构。

2018 年 7 月 30 日，2018 年全国马克思主义基本原理研讨会在北京举办。此次会议由中国社会科学院马克思主义研究学部、中国社会科学院马克思主义研究院、北京高校中国特色社会主义理论研究协同创新中心·中国政法大学共同主办，会议主题为“《共产党宣言》与马克思主义基本原理——纪念马克思诞辰200周年和《共产党宣言》发表170周年”。来自全国各高校院所致力于马克思主义研究的200多位专家学者参会。本次研讨会共设四个分会场：《共产党宣言》中的马克思主义基本原理研究、马克思主义经典作家和著作研究、当代中外马克思主义基本理论研究、马克思主义基本原理应用研究，与会学者围绕这四个主题进行了分组讨论。

2018年8月1日，由内蒙古大学马克思主义学院和满洲里学院共同承办的中国社会科学院第六届科学无神论论坛在满洲里市举办。来自全国近40家科研机构和高等院校的90余名老中青专家学者参加论坛并围绕论坛主题“高举新时代的思想旗帜　加强科学无神论学科建设”展开热烈讨论。此次论坛由中国社会科学院马克思主义理论学科建设与理论研究工程领导小组主办，由中国社会科学院马克思主义研究院、中国社会科学院科学与无神论研究中心、中国无神论学会、内蒙古大学马克思主义学院和内蒙古大学满洲里学院联合承办，由《马克思主义研究》和《科学与无神论》杂志社协办。

2018年8月2日，中央宣传部组织开展的第八届优秀通俗理论读物推荐活动揭晓，经过初评和终评，最终确定了9种入选图书：《习近平新时代中国特色社会主义思想三十讲》（学习出版社）、《新时代面对面：理论热点面对面·2018》（学习出版社、人民出版社）、《马克思画传：马克思诞辰200周年纪念版》（重庆出版社）、《伟大也要有人懂：小目标　大目标　中国共产党一路走来》（中国少年儿童出版社）、《读懂中国经济》（中信出版社）、《文化自信中的传统与当代》（北京师范大学出版社）、《顶天立地谈信仰：原来党课可以这么上》（人民出版社）、《红船精神问答》（浙江人民出版社）、《重塑中华：近代中国“中华民族”观念研究》（北京师范大学出版社）。这9种入选图书内容涵盖学习宣传阐释习近平新时代中国特色社会主义思想和党的十九大精神，系统解读党的基本理论、基本路线、基本方略，纪念马克思诞辰200周年，弘扬革命文化，坚定文化自信和理想信念等主题，着力在入脑入心、明理明道、求准求新上下功夫，既专业权威又生动深入，既有意义又有意思，体现了当前我国通俗理论读物出版的较高水平。

2018年8月10—13日，“高校思想政治理论课教师学习习近平新时代中国特色社会主义思想研修班”在新疆师范大学成功举办。研修班由中国社会科学院马克思主义研究院与新疆师范大学共同举办，旨在通过理论讲座和实践研修，加深思政课教师对习近平新时代中国特色社会主义思想精神实质、丰富内涵和历史地位的理解领会，提高教学科研能力和思政课教学质量，努力成为习近平新时代中国特色社会主义思想的传播者、党执政的坚定支持者，更好担起学生健康成长指导者和引路人的责任。来自全国58所高校的171名思政课教师参加研修。

2018年8月14日，由北京大学哲学系和北京大学马克思主义哲学研究中心主办的主题为“马克思与当代世界暨纪念马克思诞辰200周年”学术研讨会在北京大学举行。来自北京大学、中国社会科学院、中共中央党校、中国人民大学、清华大学等高校的专家学者以及国内主要刊物的编辑近 80 人与会。与会学者围绕马克思主义哲学视域中的“学以成人”问题、马克思主义哲学与人类文明新形态、马克思主义哲学与世界哲学的对话交融、当代中国马克思主义哲学研究的世界影响等议题展开了深入交流。与会学者对当代中国马克思主义哲学的研究现状与发展趋势、对马克思哲学视域中的当今世界发展重大问题作出了精彩的分析和研讨。这也是第二十四届世界哲学大会的特邀会议之一。第二十四届世界哲学大会是世界哲学大会历史上第一次以中国哲学思想文化传统作为基础学术架构，第一次将中国精神秩序中核心关注的自我、社群、自然、精神及传统作为核心议题，以“学以成人”为主题展开全方位的哲学研讨。大会于 2018 年 8 月 13 日至 20 日在北京举行，来自全球 121 个国家和地区的哲学家代表及哲学爱好者参会。

2018 年 8 月 14—16 日，“全国高校马克思主义理论学科研究会第 38 次学科论坛暨第六届全国民族（地区）高校马克思主义理论高层论坛”在宁夏银川召开。论坛由北方民族大学马克思主义学院承办，以“新时代民族（地区）高校马克思主义理论学科与思想政治理论课建设”为主题，来自中央民族大学、北京师范大学、吉林大学、兰州大学等高校的专家学者们对于高校马克思主义理论学科以及高校思想政治理论课的相关建设作了精彩的报告和发言，并以“以习近平新时代中国特色社会主义思想指导高校马克思主义理论学科建设”“铸牢中华民族共同体意识与培育社会主义核心价值观”为主题展开学术交流。

2018 年 8 月 15 日，“改革开放与新时代中国特色社会主义——第五届中国特色社会主义理论与实践论坛”在中国浦东干部学院举行，论坛由全国中国特色社会主义理论研究会和中国浦东干部学院共同主办。来自中共中央党校、中国浦东干部学院、中国社会科学院、北京大学、中国人民大学、北京师范大学、天津大学、上海社会科学院、广东省社会科学院、中共上海市委党校等全国各地党校、高校和研究机构的近百位专家学者参加了会议。与会专家学者从不同角度阐述了对改革开放和习近平新时代中国特色社会主义思想的研究和体会。

2018 年 8 月 18 日，第六届中国社会科学院马克思主义哲学论坛在天津大学召开。论坛主题为“当代中国马克思主义的哲学创新”，由中国社会科学院马克思主义理论学科建设和理论研究工程领导小组、中国社会科学院国家文化安全与意识形态建设研究中心、北京高校思想政治理论课高精尖创新中心、天津大学主办，天津大学马克思主义学院承办。来自中国社会科学院、中国高等教育学会、中国人民大学、南京大学、东北大学、天津市社会科学院、南开大学、天津大学等 50 所高校、科研院所的近 100 位专家学者共聚一堂，聚焦当代中国马克思主义哲学发展创新进行研讨，就习近平新时代中国特色社会主义思想的哲学问题研究、当代中国马克思主义创新方法论研究、中国马克思主义哲学的现实话语、马克思主义哲学的基础理论研究等议题，展开了深入的讨论和交流。

2018 年 8 月 18 日，首期“中国现代化策论”智库研讨会在江苏省南京市举行，此次会议以“全面建设现代化国家的历史逻辑与新时代使命”为主题，为中国现代化建设把脉问诊、建言献策。研讨会由中国区域经济学会与江苏省社会科学院区域现代化研究院联合主办，双方宣布合作成立“中国区域现代化研究中心”。来自中共中央党校、中国社会科学院等单位的百余名专家学者围绕现代化的目标内涵、路径选择、战略对策等方面展开深度研讨，建真言、献良策、出实招。专家们认为，高质量发展体现现代化发展规律，是现代化发展到特定阶段的一种必然要求。在转向高质量发展的新时代，要不断探索、不断创新、不断突破，着力促进发展的质量变革、效率变革、动力变革。

2018 年 8 月 20 日，《马克思主义理论学科研究》高层论坛在东南大学举行。论坛以“马克思主义与新时代中国”为主题，来自全国多省高校、社科院、学术期刊社等单位的 90 余位专家学者到会交流。会议由《马克思主义理论学科研究》编辑部、高校思想政治理论课程研究中心、东南大学中国特色社会主义发展研究院主办，东南大学马克思主义学院承办。与会专家学者围绕主题，探讨《共产党宣言》的当代价值研究，分析马克思主义基本原理在新时代中国的运用和发展，深入学习研究阐释习近平新时代中国特色社会主义思想的科学体系、精神实质、历史地位和重大意义，总结改革开放 40 年中国的发展经验，深入分析如何发展 21 世纪中国马克思主义。

2018 年 8 月 23—24 日，中国社会科学院第四届唯物史观与马克思主义史学理论论坛在北京召开。本次论坛由中国社会科学院学部主席团主办，中国社会科学院历史学部、马克思主义研究学部承办，中国社会科学院当代中国研究所协办。论坛围绕“唯物史观与习近平新时代中国特色社会主义思想”“改革开放 40 年马克思主义唯物史观的发展”“改革开放 40 年马克思主义史学理论的发展”“唯物史观与改革开放 40 年的历史研究”“马克思主义唯物史观与加快构建中国特色历史科学”等议题展开研讨，来自全国各地高校和科研院所的 50 余位学者参加论坛作大会发言和分组讨论。

2018 年 9 月 14—17 日，中国社会科学院马克思主义文艺理论论坛第五届论坛会议在辽宁沈阳召开。会议以“新时代马克思主义文艺理论的新机遇”为主题。此次论坛由中国社会科学院马克思主义理论学科建设与理论研究工程领导小组主办，中国社会科学院文学研究所承办，沈阳师范大学文学院、辽宁省人文社科重点研究基地“文艺与社会发展研究中心”合作承办。国内相关领域的专家学者 50 余人与会，共同探讨我国马克思主义文艺理论的新机遇新发展。

2018 年 9 月 15 日，2018 年度东北地区高校马克思主义学院院长论坛在大连理工大学举行。论坛由东北地区马克思主义理论学科（思想政治理论课）建设研究会主办，辽宁省高校思想政治教育研究会和我校马克思主义学院共同承办，旨在推进全国重点马克思主义学院建设，强化东北地区高校马克思主义学院建设和马克思主义理论学科发展。与会代表围绕“马克思主义理论学科建设的相关问题”阐述了各自学校的实践教学特色和教学成果，并就教学过程中存在的问题，围绕学科建设、思政课建设、师资队伍建设等具体问题展开研讨。

2018 年 9 月 15—16 日，由求是杂志社、中国浦东干部学院主办，中共昆山市委承办的“中浦昆山论坛·改革开放理论与实践”在江苏召开。来自中共中央党校、中国浦东干部学院、中国井冈山干部学院、中国延安干部学院、复旦大学、南京大学、北京师范大学、华东师范大学、上海大学、江苏省委党校以及中国浦东干部学院昆山分院对标共建单位、全国党员教育培训示范基地、苏州市党校系统的代表和“全国基层改革创新案例优秀案例”获奖代表等200余位专家学者参加论坛。与会专家就“建设质量中国”“以制度现代化为总目标的全面深化改革”“以更大勇气推进新时代改革开放”“在改革开放中坚持和发展中国特色社会主义”“改革开放与中国命运”“改革再出发，思想再解放”等主题进行交流，全面回顾改革开放历史成就和重大意义，对习近平同志改革开放的重要论述进行了阐释，对新时代如何进一步推进改革开放进行了探讨。

2018年9月17日，中古两党第三届理论研讨会在京举行。研讨会由中共中央对外联络部主办，以“改革、发展与党的建设”为主题。研讨会分为“改革开放条件下党的建设”“以人民为中心和经济可持续发展”“国家治理能力和治理体系建设”3个议题，还就“应对帝国主义文化入侵”“新形势下中国共产党意识形态工作”“古巴制度建设和宪法修改”等议题进行了互动交流。

2018年9月18日，由中共上海市委党校及上海市习近平新时代中国特色社会主义思想研究中心联合主办的中共中央宣传部重大项目、国家社会科学基金委托项目“习近平总书记关于改革开放重要论述研究”开题论证暨理论研讨会在中共上海市委党校举行。课题组全体成员、上海市习近平新时代中国特色社会主义研究中心特聘研究员，以及有关高校、社会科学研究机构的专家学者40余人参加会议。与会者围绕将改革精神上升到哲学高度、习近平总书记关于改革开放重要论述的理论体系、新时代改革精神的丰富内涵等论题进行了深入交流。

2018年9月19日，由广东省社会科学院主办的第21届全国社会科学院院长联席会议暨智库论坛在广东省广州市召开。此次会议主题为“习近平新时代中国特色社会主义思想与新型智库建设”。中共广东省委领导，来自中国社科院、各省（直辖市、自治区）社科院、部分城市社科院的领导和专家学者，以及国内新闻媒体代表约200人出席会议。与会代表围绕习近平新时代中国特色社会主义思想和推动新型智库建设畅所欲言、建言献策。

2018年9月19—20日，以“改革开放与中国特色社会主义新时代”为主题的第十八届国史学术年会在上海召开。此次会议由中国社会科学院当代中国研究所、上海社会科学院、中华人民共和国国史学会共同主办，上海社会科学院历史研究所、“中国当代史”创新团队承办。来自中央机关、高等院校、科研机构等单位的80余名入选论文作者和国史学会代表，围绕会议主题，从多角度进行了深入研讨。与会专家学者指出，改革开放是我们党团结带领人民进行的新的伟大革命。党的十一届三中全会作出把党和国家工作重心转移到经济建设上来，实行改革开放的历史性决策，成为探索和开创中国特色社会主义道路的历史开端。党的十八大以来，以习近平同志为核心的党中央高举改革开放伟大旗帜，以巨大的政治勇气和历史担当，提出全面深化改革等一系列新理念新思想新战略，推动党的面貌、国家的面貌、人民的面貌、军队的面貌、中华民族的面貌发生了历史性变化，中国特色社会主义进入新时代。中国特色社会主义在改革开放中产生，中国特色社会主义新时代也必将在改革开放中得到进一步发展。

2018 年 9 月 21 日，“高校红色文化资源育人研讨会”暨《初心——重读革命精神》《高校红色文化资源育人发展报告 2017》出版座谈会在西南大学举行。来自中共中央党史和文献研究院、教育部高等学校社会科学发展研究中心、重庆市委党史研究室、8 个高校研究基地以及参与新书编写的有关高校专家学者共 80 余人参加会议。《初心——重读革命精神》一书由高等学校中国共产党革命精神与文化资源研究中心、教育部高等学校社会科学发展研究中心组织相关高校撰写，深入阐述了红船精神、延安精神、特区精神、塞罕坝精神等 28 种革命精神的丰富内涵，生动展现了其历史背景和时代价值，并结合党在各个历史时期的伟大使命和伟大实践，分析总结了传承红色基因、弘扬革命精神的现实意义。《高校红色文化资源育人发展报告（2017）》是“研究中心”、社科中心推出的另一项重要成果，集中描述了 8 个高校研究基地及各地各高校运用红色文化资源开展思想政治工作的发展动态，展示了近年来的理论研究成果和教育教学探索、实践教学创新、文化阵地建设等方面的成果和典型案例。与会专家围绕弘扬中国共产党革命精神与红色文化资源育人进行了讨论。

2018 年 9 月 22—23 日，“改革开放实践与中国马克思主义哲学发展”理论研讨会暨中国马克思主义哲学史学会 2018 年年会在广西南宁举行。此次会议由中国马克思主义哲学史学会、中国社会科学院哲学研究所主办，中国马克思主义研究基金会、《教学与研究》编辑部协办，广西大学马克思主义学院承办。来自全国各高校、党校和科研机构的专家、学者 200 余人主要围绕改革开放 40 年中国马克思主义哲学的发展、马克思诞辰 200 周年的哲学思考、新时代中国特色社会主义的理论与实践等议题进行了多维度的深入探讨。

2018 年 9 月 22—23 日，由东华大学马克思主义学院、《马克思主义与现实》杂志社主办，东华大学“马克思主义理论与当代实践研究基地”承办的“马克思主义与美好生活”学术研讨会在上海召开。来自中共中央党史和文献研究院、复旦大学、南京大学、上海交通大学、南开大学、同济大学、东华大学等 20 余家单位的专家学者 80 余人参会。会议交流发言阶段，专家学者从不同的角度对美好生活予以解读。与会学者指出，中国共产党带领中国人民从站起来、富起来到强起来，实现国家富强民族振兴人民幸福，通俗来讲，就是让老百姓过上好日子，过上美好的生活。与会学者认为，聚焦马克思主义与美好生活，从马克思主义基本理论出发，探讨马克思主义与美好生活、美好生活与人的精神世界建构、如何认识新时代我国社会主要矛盾的变化等方面的问题，研究如何在推动发展的基础上，更好满足人民日益增长的美好生活需要，把不断满足人民日益增长的美好生活需要贯穿于实现“两个一百年”奋斗目标和实现中华民族伟大复兴的中国梦之中，是当下马克思主义理论研究者的使命和任务。

2018 年 9 月 26 日，中国社会科学院马克思主义研究院与山东社会科学院在山东济南联合召开“学习习近平总书记关于马克思和马克思主义重要论述”学术研讨会。来自全国社科院系统、党校系统、高校马克思主义学院等九十多位专家学者紧紧围绕马克思在人类社会发展史上的重要作用和重要地位、习近平关于马克思主义科学体系的论述、习近平关于学习和实践马克思主义关于坚守人民立场思想的论述、习近平关于巩固马克思主义在意识形态领域指导地位的论述等主要议题进行了学术交流。

2018 年 9 月 26 日，全国社会科学院系统中国特色社会主义理论体系研究中心第二十三届年会暨“改革开放与新时代中国特色社会主义”理论研讨会在重庆召开。会议由中国社会科学院中国特色社会主义理论体系研究中心与重庆市委宣传部主办，重庆社会科学院、重庆市中国特色社会主义理论体系研究中心承办。中宣部理论局有关领导，全国社科院系统 150 余位专家学者参加会议。与会学者一致认为，改革开放 40 年，是我国哲学社会科学大发展时期，也是哲学社会科学工作者最富创造、最有建树的时期。新形势下，全国社科院系统理论工作者要落实习近平总书记在全国宣传思想工作会议上的重要讲话精神，用习近平新时代中国特色社会主义思想武装头脑、指导实践、推动工作，弘扬改革创新精神，为推动新时代中国特色社会主义作出更大贡献。

2018 年 9 月 29 日至 10 月 1 日，全国第五届中国特色社会主义发展论坛在新疆师范大学成功举办，论坛的主题是“改革开放与新时代中国特色社会主义发展”。此次论坛由中国社会科学院马克思主义研究院和新疆师范大学主办，中国社会科学院马克思主义研究院马克思主义发展研究部和新疆师范大学马克思主义学院承办，《马克思主义研究》编辑部和《马克思主义理论学科研究》编辑部协办。与会者一致认为，改革开放破除阻碍国家和民族发展的一切思想和体制障碍，开辟了中国特色社会主义道路，改革开放是开辟中国特色社会主义的动力，是发展中国特色社会主义的法宝。我们一定要坚定不移全面深化改革，推动形成全面开放新格局，为中国特色社会主义发展提供不竭动力，夺取新时代中国特色社会主义新胜利。

2018 年 10 月 1—6 日，由中国社会科学院马克思主义研究院马克思主义原理研究部和湖北工业大学马克思主义学院共同主办、湖北工业大学马克思主义学院承办的第五届全国“马克思主义基本原理概论通讲”研修班在湖北工业大学举办。来自全国 50 余所高校的 100 多名教师参加了研修班。来自中国社科院马克思主义研究院的专家结合各自的研究方向，根据各自最新研究成果，紧紧围绕《马克思主义基本原理概论》教材进行了有针对性的讲解，集中关注了马克思主义理论研究中的一些热点和难点问题，促进了教师教学科研水平的提升。

2018 年 10 月 8 日，第五届“中国道路欧洲论坛（葡萄牙会场）”在葡萄牙首都里斯本举行，由中国社会科学院马克思主义研究院、葡萄牙共产党中央委员会共同主办，山东社会科学院协办，主题为“新时代的中国方案与欧洲发展”，中葡两国 100 余位专家学者出席论坛。此次论坛上，来自中国社会科学院、教育部高等学校社会科学发展研究中心、中国人民大学、北京师范大学、山东社会科学院、华东政法大学和内蒙古财经大学的专家学者，就中国特色社会主义进入新时代的含义与重要任务、“中国方案”应对全球挑战的优势和启示、党的十九大精神与中国的政策走向以及“一带一路”倡议下的中国经贸合作的机遇与挑战等议题进行了深入研讨。

2018 年 10 月 11 日，“2018 中国道路欧洲论坛（西班牙会场）”在西班牙瓦伦西亚召开。此次论坛由中国社会科学院马克思主义研究院、西班牙“亚洲之家”共同主办，山东社会科学院、西班牙加利西亚国际分析与文档学院、西班牙瓦伦西亚市政厅、西班牙瓦伦西亚大学孔子学院协办。本届论坛的主题为“新时代的中国方案与欧洲发展”。来自中国社会科学院、中国人民大学、中央党史和文献研究院、山东社会科学院、大连理工大学、山东师范大学、江苏师范大学等研究机构、高校的专家学者进行了专题发言，重点研讨了欧盟面临的政治经济挑战和中国改革开放、中欧合作的新焦点、中国与欧洲视野下的全球挑战、“一带一路”与中欧合作的桥梁等议题。中西两国近 100 位专家学者出席了论坛。

2018 年 10 月 13—14 日，上海财经大学马克思主义学院与《学习与探索》杂志社、《海派经济学》编辑部联合举办“改革开放与中国特色社会主义”高端论坛。来自中共中央党校、中国人民大学、中国社会科学院、北京大学、中南财经政法大学等多所高等院校、科研单位的专家学者出席了此次论坛。与会专家学者围绕改革开放与习近平新时代中国特色社会主义思想，改革开放的历史进程、历史意义、基本经验，改革开放与中国特色社会主义发展逻辑，改革开放与马克思主义方法论等进行了深入交流。

2018 年 10 月 13—14 日，山东大学当代社会主义研究所 2018 学术年会在山东大学青岛校区举行。会议以“新时代中国特色社会主义与世界社会主义新发展”为主题，来自中央党史和文献研究院、中共中央对外联络部、中共中央党校、中国社会科学院、北京大学、中国人民大学、华中师范大学、华东师范大学、山东大学等 20 余所高校、研究机构的 60 多位专家学者参会，就相关议题进行交流探讨。与会学者围绕“世界社会主义新发展”和“改革开放四十年与新时代中国特色社会主义”两大板块进行交流，既对改革开放 40 年的基本经验和新时代中国特色社会主义思想进行研讨，又对科学社会主义 170 年的发展历程和世界社会主义的现状态势、未来趋势进行探究，在延续传统议题的同时提出许多崭新命题，促进了科学研究与服务社会的有机结合，为新时代科社与共运学科的持久发展注入了强劲动力。

2018 年 10 月 14 日，“中国道路欧洲论坛（意大利会场）”在意大利博洛尼亚举行。此次论坛由中国社会科学院马克思主义研究院、意大利“二十一世纪马克思”政治文化协会共同主办，山东社会科学院、艾米莉亚·罗马尼亚大区葛兰西基金会协办，主题为“新时代的中国方案与欧洲发展”。来自中意两国高校和研究机构的学者一百多人出席了此次论坛。与会专家学者就中共十九大精神、中国政治发展走势、一带一路框架下的中欧经贸合作、中欧文化交流新主题、人类命运共同体与欧洲发展等议题展开了深入探讨。意方表示，中国改革开放 40 年来，在实现自身发展的同时最大限度地减少矛盾与冲突等不利因素的影响，给人民带来了福祉，为了实现共同发展，中意两国有必要分享交流彼此的理念与思想。中方表示，希望通过此次论坛更多听取意大利学者关于什么是中国特色社会主义以及如何坚持和发展中国特色社会主义等方面的意见，同时让意大利各界能够更全面深入地了解和理解中国特色社会主义。

2018 年 10 月 18 日，中共上海市委党校、上海市习近平新时代中国特色社会主义思想研究中心召开首届新时代质量强党研讨会。来自中央党校（国家行政学院）、军事科学院、北京市委党校、上海市委党校和华东师范大学等单位的数十名专家学者从理论与实践的结合上展开深入研讨。与会专家一致认为，党的建设质量关乎党的先进性和纯洁性，也直接关系党的领导质量；当前中国正经历着我国历史上最为广泛而深刻的社会变革，进行着人类历史上意义最为深远的理论与实践创新，也面临着前所未有的国际形势重大变化和世界格局重大调整，在中国特色社会主义进入新时代，中华民族由站起来、富起来走向强起来的关键时刻，质量强党新目标新任务的提出，切中肯綮、恰逢其时；提高党的建设质量，既要坚持和发扬我们党加强自身建设形成的优良传统和成功经验，又要根据党的建设面临的新情况新问题大力推进改革创新，用新的举措、办法解决新的矛盾和问题。

2018 年 10 月 18 日，中国社会科学院—上海市人民政府上海研究院、上海大学人文社会科学处联合主办的“学习习近平总书记关于对外开放重要论述研讨会”在上海召开。研讨会通过共同学习习近平总书记关于对外开放的重要论述，进一步解放思想，提高把握国内、国际两个大局的自觉性和能力，为进一步提高对外开放质量和水平贡献智慧。与会专家学者围绕深化改革开放发展新理念、推动互利共赢合作新模式、加快构建开放经济新体制等议题进行了广泛深入的交流。

2018 年 10 月 19—20 日，“第十一届全国马克思主义院长论坛”在山东省青岛市召开。此次论坛由中国社会科学院马克思主义研究院和中国石油大学（华东）主办，中国社会科学院马克思主义研究院国外马克思主义研究部、中国石油大学（华东）马克思主义学院承办，《马克思主义研究》编辑部、《国外社会科学》编辑部、《世界社会主义研究》编辑部协办。来自中国社会科学院、湖南大学、山东大学、陕西师范大学、哈尔滨师范大学、南京航空航天大学、湘潭大学等全国近 90 所高校与科研机构的 160 余位专家学者出席论坛。此次论坛以“改革开放四十周年与习近平新时代中国特色社会主义思想”为主题，采取大会主题报告、主题发言与分论坛交流相结合的形式展开了深入的学术讨论。此次论坛的分论坛交流则围绕“马克思主义学院建设”、“马克思主义理论研究”和“思想政治理论课教学”三大主题，就马克思主义学院的队伍优化建设、学科优化建设、课堂优化建设展开讨论。

2018 年 10 月 19 日至 20 日，全国第十二届马克思主义经济学发展与创新论坛暨纪念改革开放四十周年研讨会在京举行。此次研讨会由中国社会科学院经济研究所、《经济研究》编辑部、中央财经大学经济学院、中国政治经济学研究中心、中央财经大学马克思主义与中国经济发展道路协同创新中心、北京市习近平新时代中国特色社会主义思想研究中心（中央财经大学研究基地）共同举办。与会者围绕“改革开放、发展新阶段与中国特色社会主义政治经济学的创新发展”这一主题进行了研讨。大家认为，改革开放40年来，我们以马克思主义为指导，立足中国实践，不断解决中国经济问题，取得了举世瞩目的经济发展成就和一系列经济学理论成果。党的十八大以来，习近平同志把马克思主义政治经济学基本原理同中国特色社会主义具体实践相结合，提出一系列新理念新思想新论断，创新和发展了中国特色社会主义政治经济学，为中国和世界带来新的经济发展理念和理论。

2018年10月20日，山东社科论坛——“改革开放40周年与山东发展”研讨会在山东省济南市举行。论坛由光明日报社、山东省社科联、山东省委党校、山东社科院、大众报业集团、山东广播电视台联合主办，齐鲁工业大学（山东省科学院）承办。来自中央党校、复旦大学、山东大学等高校、研究院的140余名专家学者参会。与会嘉宾认为，实践充分证明，改革开放是决定当代中国命运的关键抉择，是当代中国发展进步的活力之源，是党和人民事业大踏步赶上时代的重要法宝，是坚持和发展中国特色社会主义、实现中华民族伟大复兴的必由之路。与会嘉宾表示，要深入学习领会习近平总书记关于改革创新的系列重要论述，立足区域自身特色，把握时代发展契机，夯基垒台、积厚成势，为中国特色社会主义事业发展擘画宏阔蓝图。

2018年10月20—21日，“中国特色社会主义政治经济学论坛第二十届年会”在河南大学举行。此次年会由中国社会科学院经济研究所主办，河南大学经济学院与《经济学动态》编辑部共同承办，主题为“中国改革开放40年——回顾与展望”。来自中国社会科学院、中央党校、清华大学、北京大学、人民大学、南开大学、辽宁大学、南京大学、复旦大学、武汉大学、对外经贸大学、东北财经大学、吉林大学、黑龙江大学、四川大学、山东大学等全国47个单位的102位专家参加年会。与会专家学者围绕中国改革与开放的成就与未来、中国特色社会主义政治经济学建设与发展、中国特色社会主义政治经济学若干理论问题研究等议题展开深入研讨。

2018年10月20—21日，由中国人学学会和天津师范大学马克思主义学院主办的“新时代社会主要矛盾与人的发展”研讨会暨中国人学学会第二十届年会在天津师范大学举行。来自北京大学、中共中央党校、中国社会科学院、中国人民大学、吉林大学、武汉大学、中山大学等全国近60所高校的150多位专家学者参加了此次会议。专家学者围绕人学视野中的新时代社会主要矛盾、新时代与我国当代人学研究新问题、人民美好生活需要与人的需求理论、解决发展不平衡不充分问题与人的全面发展、新时代以人民为中心的发展理念、新时代发展观的人学意蕴等议题展开深入的讨论。与会学者达成共识，新时代社会主要矛盾转化向人学研究提出了新课题，拓展了新空间；怎样看待社会主要矛盾、怎样看待人的需要、怎样看待美好生活、怎样看待发展、怎样看待新时代条件下人的发展等一系列重大问题急需人学理论的回应与解答；从事中国人学研究的学者应当自觉承担理论研究的使命与责任，牢牢抓住推进人学理论深入发展的历史机遇，不断将人学研究推上新的高度。

2018年10月20—22日，由山东省教育厅主办、曲阜师范大学承办的2018年泰山学术论坛“马克思主义与中国传统文化专题”会议在山东省日照市举行。来自中共中央党史和文献研究院、中国社会科学院、中央党校、中国人民大学、山东大学、东北师范大学、南京师范大学、中央财经大学等40余所高校和科研院所的120余位专家学者参加了本次论坛。与会专家学者围绕21世纪中国马克思主义的发展、中华优秀传统文化的创造性转化与创新性发展、马克思主义与中国传统文化的关系、中国共产党与中国传统文化的关系、中华优秀传统文化融入高校思政课教学等议题，对马克思主义与中国传统文化专题内容进行了广泛交流和深入研讨，提出了许多新颖的观点，并取得了新的共识。

2018年10月21—22日，第十届中国文化软实力研究高层论坛暨第二届嘉庚论坛在陈嘉庚故乡——福建省厦门市集美区举行。来自中央有关部委、高校、科研机构的40多位专家学者和“一带一路”沿线30多个国家（地区）的150多位华人华侨出席论坛。论坛由中国文化软实力研究中心、人民日报理论部、光明日报理论部、经济日报评论理论部、中国社会科学报、中国华侨国际文化交流促进会、福建省归国华侨联合会主办。会议四个圆桌论坛中，与会专家围绕“新时代新思想与改革开放四十周年”“嘉庚精神时代蕴涵与社会主义核心价值观”“海外华侨华人与‘一带一路’建设”“中华优秀传统文化的海内外影响”等主题进行了讨论和交流，畅谈贯彻落实党的十九大精神、纪念改革开放四十周年的研究成果，为弘扬嘉庚精神、增强中国文化软实力献计献策。

2018年10月24—25日，中国国际共运史学会2018年年会暨改革开放40年与世界社会主义学术研讨会在山东省枣庄学院召开。此次会议是由中国国际共运史学会和枣庄学院主办、枣庄学院承办的国家级学术会议，共有来自全国高校和科研院所的200余名专家、学者、师生代表参加。与会学者就改革开放与世界社会主义、改革开放与马克思主义、国际共运史与世界社会主义的关系、改革开放与现代化的关系、社会主义国家改革的启示、中国特色社会主义向新时代的发展等内容进行了深入交流。

2018年10月25日，中央宣传部、中央和国家机关工委、教育部、中央军委政治工作部、北京市委联合举办“将改革开放进行到底”系列论坛第一场活动，邀请中央改革办、外交部、国家发展改革委、生态环境部、商务部等五部门负责人，畅谈相关领域改革发展成就，并与网民在线进行热烈交流。“将改革开放进行到底”系列论坛是面向大众进行宣讲的创新安排，通过网络进行图文直播，与网民密切互动，联系实际、回应关切，浓墨重彩地展现改革开放40年来特别是党的十八大以来的生动实践、伟大成就和宝贵经验，引导广大干部群众深入学习习近平总书记关于改革开放的重要论述，深刻认识改革开放是新时代坚持和发展中国特色社会主义的必由之路，动员和激励全党全国各族人民更加紧密地团结在以习近平同志为核心的党中央周围，为决胜全面建成小康社会、夺取新时代中国特色社会主义伟大胜利、实现中华民族伟大复兴的中国梦而努力奋斗。

2018年10月25日，中国社会科学院召开马克思主义研究学部联席会议，新一届马克思主义研究学部委员及马克思主义研究院、当代中国研究所、信息情报研究院、中国社会科学评价研究院等相关单位领导出席，共同围绕加强马克思主义研究学部建设、推动马克思主义学科发展进行了讨论。与会人员一致认为，马克思主义研究学部必须也可以大有作为，要大力加强人才建设和学科建设，学研结合，注重学习经典原著、注重用马克思主义分析重大现实问题，推广知名学者，打造论坛、刊物等学术品牌，扩大马克思主义影响力，掌握话语权。大家建议，在纪念改革开放40年、建国70年、五四运动100年等重大时间节点中，马研学部应发出声音，发挥应有作用。

2018年10月25—28日，“社会主义生态文明的全球视野与国际语境”国际学术研讨会暨中国社会主义生态文明研究小组2018年学术年会在海南省海口市举行。会议由北京大学马克思主义学院、海南师范大学马克思主义学院、海南省生态文明研究中心、德国罗莎·卢森堡基金会北京代表处共同主办。来自奥地利维也纳大学、奥地利自然资源与生命科学大学、厄瓜多尔玻利瓦尔安第斯大学、北京大学、海南师范大学等高校和研究机构的80余名国内外代表围绕会议主题，就社会生态转型理论与社会主义生态文明、超越发展理论与社会主义生态文明、社会主义生态文明的政治哲学基础、社会主义生态文明的话语体系构建、社会主义生态文明的制度构架及其过渡等议题，展开了深入研讨与交流。

2018年10月27日，首届21世纪马克思主义论坛在京举行。围绕此次论坛主题——“改革开放40周年与新时代中国特色社会主义”，来自全国各地的100余位专家学者展开了深入研讨。此次论坛由教育部习近平新时代中国特色社会主义思想研究中心和清华大学、北京大学、中国人民大学习近平新时代中国特色社会主义思想研究院共同举办，清华大学习近平新时代中国特色社会主义思想研究院承办。这是教育系统内4家习近平新时代特色社会主义思想研究中心（院）首次联合举办的高端论坛。与会专家就改革开放40年的基本历程、主要经验、伟大成就，改革开放以来马克思主义中国化的历史进程、基本经验，党的领导是改革开放成功的根本保证，全面深化改革与“四个自信”，改革开放以来高校意识形态工作研究，创新发展21世纪马克思主义、当代中国马克思主义等主题展开了广泛交流与深入讨论，达成了多项共识，扩大了理论宣传，提升了思想认识，拓展了研究视域，促进了改革开放以来马克思主义中国化的理论创新和实践创新成果的学理性探讨与研究。

2018年10月27日，由中共中央党校习近平新时代中国特色社会主义思想研究中心、中央党校马克思主义学院、中国马克思主义研究基金会、中央党校培训部共同主办的第十届中国特色社会主义论坛暨中国马克思主义论坛2018（秋季）在中共中央党校举行，论坛主题为“改革开放40年与当代中国马克思主义”。出席论坛的有来自中共中央党校（国家行政学院）、部分省级党校、部分重点高校马克思主义学院的领导和专家，中国马克思主义研究基金会顾问、理事、荣誉理事，中国马克思主义研究基金会第五届马克思主义研究优秀成果奖获奖代表，以及各大媒体记者，共计约600余人。会议发言系统总结了改革开放40年来中国特色社会主义的伟大成就和历史经验，深入阐发了习近平新时代中国特色社会主义思想的理论精髓和时代价值。会上还举行了中国马克思主义研究基金会第五届马克思主义研究优秀成果奖颁奖仪式。

2018年10月27日，“改革开放和新时代”（2018）学术论坛在贵州省铜仁学院举行。此次论坛由中国社会科学院信息情报研究院、中国社会科学院习近平新时代中国特色社会主义思想研究中心、中共铜仁市委宣传部、铜仁学院共同主办，铜仁学院马克思主义学院承办，《思想教育研究》编辑部、《贵州社会科学》编辑部协办。来自全国各地的专家学者以及铜仁学院师生近200人参加了论坛。与会专家分别就改革开放作为当代中国的伟大社会革命，论述了改革开放的伟大意义、改革开放四十年中国外交的变革与成就、改革开放必须坚持正确的方向、新时代深化改革的层次及其相互关系等，就如何把握中国特色社会主义新时代的丰富内涵和内在要求，阐述了科学认识中国特色社会主义进入新时代的三个维度、新时代的六重内在规定性、以马克思主义时代观认识和发展新时代、正确认识社会主义初级阶段的阶段划分等，就如何以改革创新精神推进新时代事业发展，畅谈了新时代党的政治建设以及社会矛盾转化对司法工作的挑战与因应、推进国家治理体系和治理能力现代化的优势特点等。

2018年10月27—28日，全国马列文艺论著研究会第35届年会暨“新时代中国马克思主义文论研究的问题与导向”学术研讨会在山东曲阜举行。此次会议由全国马列文艺论著研究会主办，山东省一流学科中国语言文学学科、曲阜师范大学文学院承办。来自中国社会科学院、中共中央党校、北京大学、中国人民大学等全国几十所高校、科研机构、学术期刊的专家学者120余人参加了会议。与会专家学者围绕习近平新时代中国特色社会主义文艺观研究、马列文论经典原著及元典精神研究、马克思主义文艺理论中国化历程及当代创新性发展研究、马克思主义与中华优秀传统文艺思想创新转化研究、马克思主义与当前文艺现实及重大理论问题辨析等前沿问题展开研讨。

2018年10月27—28日，以“改革开放与政治经济学的重要贡献和发展”为主题的第七届全国马克思主义经济学论坛暨第八届全国马克思主义经济学青年论坛在浙江省杭州市浙江大学举行。会议由中国社会科学院马克思主义研究学部等单位主办，浙江大学马克思主义学院等单位承办。来自数十所院校机构的知名专家和青年学者，以及多家知名学术刊物的主编、编审和编辑等参加了此次会议。会议讨论了《资本论》《共产党宣言》等经典文本的深刻内涵以及其对当代中国经济发展的现实启示，并运用文本基本思想阐释了中国当代经济问题。会议认为，以资本逻辑为主导是当前经济发展的最大特色，运用劳动价值论等科学理论解释社会主义市场经济、共享理念、新型劳动关系等实践问题为当前研究相关现实问题提供了新的研究范式。此次会议采取分论坛的形式，对马克思主义政治经济学基本原理及其当代价值、习近平新时代中国特色社会主义思想、技术变革与社会发展的政治经济学等论题分别进行了深入的探讨和研究。

2018年10月27—28日，第十一届全国马克思主义青年学者论坛在吉林大学举行。此次会议由中国社会科学院马克思主义研究院与吉林大学联合主办，《马克思主义研究》编辑部、吉林大学马克思主义学院、吉林大学中国特色社会主义理论体系研究中心承办，主题为“中国特色社会主义新时代与马克思主义的新发展”。来自全国70余所高校的马克思主义青年专家学者、吉林大学马克思主义学院的师生等600余人参加会议。与会专家学者还围绕习近平新时代中国特色社会主义思想研究、新时代中国特色社会主义政治经济学研究、改革开放相关问题研究、中国特色社会主义的世界意义研究 4 个论题，进行了分组讨论。

2018 年 10 月 27—28 日，“21 世纪马克思主义和中国改革开放”国际学术研讨会在上海召开。此次会议由中共上海市委宣传部指导，上海交通大学主办、上海交通大学马克思主义学院承办、上海交通大学马克思主义学院新时代党的建设研究中心协办。来自全国各地的专家学者、期刊编辑、新闻媒体记者和青年学子共 120 余人参加了此次会议。与会学者就 21 世纪马克思主义的发展、当代中国马克思主义的发展、改革开放 40 年的马克思主义发展、新时代中国特色社会主义的理论与实践发展、习近平新时代中国特色社会主义思想的理论基础与指导意义等问题进行了多维度阐释。

2018 年 10 月 30 日，第五届全国国外马克思主义研究论坛（2018）在广西桂林举办。此次会议由中国社会科学院马克思主义研究院、广西师范大学联合主办，中国社会科学院马克思主义研究院国外马克思主义研究部、广西师范大学马克思主义学院承办，会议主题为“国外马克思主义研究与新时代中国特色社会主义建设”。来自国内五十多家高校、科研单位的近百名专家学者与会。会议对国外马克思主义研究提出三个方面的要求：要加强对当代欧美各国包括亚洲各国的共产党、社会主义政党的研究，研究他们的主义、理论、纲领、路线；要特别关注欧美各国共产党人对中国道路、中国特色社会主义的研究，要就欧洲的一些共产党人以及社会主义的、马克思主义的理论工作者对中国道路的研究进行研究；要加强对当代世界资本主义主要发达国家出现的经济危机、社会危机状况的说明。与会学者围绕当代世界社会主义运动与西方马克思主义政党的理论与实践、中国学术界对西方马克思主义的解释史、科学社会主义与中国特色社会主义等议题进行交流。

2018 年 10 月 30 日，第七届中日社会主义学者论坛——“改革开放与当代中国马克思主义的理论创新”学术研讨会在山东淄博召开。此次会议由中国社会科学院马克思主义研究院、日本社会主义协会、山东理工大学主办，中国社会科学院马克思主义研究院马克思主义中国化部、山东理工大学马克思主义学院承办。来自日本社会主义协会、中国社会科学院马克思主义研究院、中国社会科学院日本研究所、中共中央党校、吉林大学、同济大学、武汉大学、西南大学、山东理工大学等高校、科研院所及学术社团的专家学者、研究人员等 90 多人参加了本次论坛。与会专家学者围绕改革开放与马克思主义中国化、新时代与 21 世纪科学社会主义、当今世界新变化与马克思主义创新、马克思主义基础理论与习近平新时代中国特色社会主义思想、马克思主义民族化发展中的理论与实践问题、问题意识与习近平新时代中国特色社会主义思想研究等议题展开深入探讨。

2018 年 10 月 30 日，“马克思主义财经科学发展论坛（2018）——改革开放 40 年马克思主义财经科学发展成就与展望”在北京举行。论坛由中国社会科学院财经战略研究院主办。论坛聚焦马克思主义财经科学领域的重大理论和实践成果，探讨了 40 年来中国改革开放的发展历程以及近代以来马克思主义中国化的发展成就，在此基础上，从理论和实践的角度对马克思主义财经科学的发展进行了展望。与会专家一致认为，改革开放四十年来，中国坚持以马克思主义为指导，并从自身国情出发，探索出中国特色社会主义市场经济道路，被实践和历史证明是成功的。虽然在新的历史起点，我们面临新时代新矛盾，改革任务更艰巨，但依然要坚持中国特色社会主义市场经济不动摇。

2018 年 11 月 1 日，“改革开放与 21 世纪世界社会主义”国际研讨会在北京举行。此次会议由中国社会科学院、越南社会科学翰林院主办，中国社会科学院马克思主义研究院承办。本次国际研讨会分设四场主题报告，分别是：社会主义改革（革新）的历程、经验与启示；中国改革开放与越南、老挝革新融入的异同和经验互鉴；改革开放（革新融入）的理论创新与 21 世纪世界社会主义；各国在经济、政治、党建、文化社会和外交等领域的改革实践。与会专家学者结合论坛主题针对六大议题开展交流研讨，分别是：中国改革开放与越南、老挝革新的时代背景分析；中国改革开放与越南、老挝革新的历史进程和基本经验；社会主义国家在经济、政治、文化和外交等领域的改革（革新）实践的总结与展望；社会主义国家改革开放（革新）的理论创新；中国越南老挝改革开放（革新）的异同和经验互鉴；21 世纪世界社会主义运动的特征与发展前景。

2018 年 11 月 2—3 日，由中国社会科学院主办的第九届世界社会主义论坛在北京举行。此次论坛主题为：世界格局、“一带一路”与构建人类命运共同体。论坛由中国社会科学院世界社会主义研究中心、习近平新时代中国特色社会主义思想研究中心等单位承办。出席论坛的有国内领导同志、专家学者，来自全国宣传文化系统、科研单位、高校的 180 余位专家学者，以及来自俄罗斯、越南、古巴、老挝、德国、日本、意大利、澳大利亚、格鲁吉亚、哈萨克斯坦、巴西、土耳其等国家的近 30 位专家学者、同志和朋友。与会专家学者结合世界政治经济形势，围绕论坛主题，深入探讨了三大议题：“一带一路”倡议与新的经济全球化；国际金融垄断、世界格局变化与发展中国家的前途和命运；构建人类命运共同体是实现世界持久和平，最终实现每个人自由而全面发展的战略纲领。作为中国社会科学院的院级论坛，世界社会主义论坛已经成为中国社会科学院马克思主义坚强阵地建设的重要组成部分，成为哲学社会科学工作者理论、思想交流、丰富、深化的重要平台，成为我们学习研究宣传习近平新时代中国特色社会主义思想，传播中国声音、讲好中国故事的一个有价值的窗口。

2018 年 11 月 3 日，第 30 届全国中共党史党建（含马克思主义中国化研究）学位点会议召开。此次会议由教育部高等学校社会科学发展研究中心、中国中共党史学会学科建设专业委员会主办，湖南师范大学公共管理学院、中共党史学科点承办。来自北京大学、清华大学、中国人民大学、北京师范大学等 50 多所高校、党校、党史研究机构的 110 余位专家学者出席会议，重点围绕中共党史党建（含马克思主义中国化）学科建设的主要任务、新时代党史党建学科建设与研究生培养、科学研究等问题展开研讨。会议举行了第八届张静如党史党建优秀论文奖颁奖仪式。张静如中共党史党建优秀论文奖是我国第一个面向党史党建研究工作者的奖项，旨在鼓励党史党建研究工作者做出优异成绩，促进中共党史党建学科的繁荣发展。该奖项每两年评选一次。

2018 年 11 月 3—4 日，第五届马克思主义政治学论坛在福建省福州市召开。论坛由中国社会科学院政治学研究所主办，福建师范大学马克思主义学院承办。来自全国多所高校与科研机构的 70 余名专家学者与会，围绕新时代马克思主义政治学与中国政治发展的重大理论与实践问题，展开了深入讨论和交流。与会专家学者围绕会议主题，针对新时代马克思主义政治学体系的构建、新时代马克思主义政治学的新发展、习近平新时代中国特色社会主义思想的政治学意蕴、新时代马克思主义政治学与国家治理能力现代化、新时代全面深化党和国家机构改革的理论与实践、新时代党的建设新布局、改革开放 40 年与中国政治发展等相关议题展开深入探讨。

2018 年 11 月 3—4 日，中国历史唯物主义学会 2018 年年会在北京召开。此次年会由中国历史唯物主义学会和北京科技大学联合主办，《思想教育研究》编辑部、北京科技大学马克思主义学院承办，年会主题为“历史规律与当代中国的改革开放”，来自全国高校、党校、军校、科研院所、出版机构、新闻媒体等 100 多家单位的近 200 位专家学者参加了研讨会。与会专家学者就“中国化马克思主义哲学引领改革开放的伟大历史进程”“习近平的革命观”“历史唯物主义、辩证唯物主义和实践唯物主义是一个主义”“新时代的哲学思考”“改革开放四十年中国共产党创新发展马克思主义的基本经验”“论实践对真理的检验和实现”“构建具有中国特色社会科学的思考”“唯物史观的时代观及其当代意义”“马克思世界历史理论意义和我国改革开放的发展”等主题进行了发言和交流。与会代表一致认为，遵循历史发展的规律，中国选择了改革开放，改革开放在中国的生动实践又进一步增进了中国共产党人对于历史发展规律的认识和理解。

2018 年 11 月 3—4 日，第一届“人大马克思主义新闻观与中国特色社会主义新闻理论的发展与创新骨干师资高级研修班”在中国人民大学新闻学院举办，来自全国 30 余家高等新闻教育机构的学员参加了本届研修班。“人大马克思主义新闻观与中国特色社会主义新闻理论的发展与创新骨干师资高级研修班”由中国高等教育学会新闻学与传播学专业委员会、中国人民大学新闻学院、中国人民大学马克思主义新闻观研究中心共同发起，旨在总结中国共产党领导下的新闻传播事业和新闻教育的经验，探讨马克思主义新闻观与中国新闻实践的发展与创新，提高国内高校在相关领域的课程教学水平。2016 年 10 月成立的中国人民大学马克思主义新闻观研究中心，是北京市委宣传部与人民大学共建新闻学院“部校共建”工作的标志性成果之一，核心目标就是打造以马克思主义新闻观为指导的新闻理论研究和人才培养基地。除了此次研修班，人大新闻学院还正在建设一个马克思主义新闻观的文献资料研究平台，包含经典文献、经典史料、国内外前沿研究成果等三项内容。

2018 年 11 月 8 日，由中国社会科学院拉丁美洲研究所拉美政治重点学科、古巴研究中心、马克思主义理论与拉美政治研究室共同主办的年度拉美左翼与社会主义论坛第五次会议暨“古巴模式更新的最新进展”研讨会在北京召开。来自中国现代国际关系研究院、中国社科院拉美所各研究室等三十余人参加了此次会议。与会学者根据各自追踪及研究的内容及领域，围绕古巴近几年的经济社会模式“更新”的最新进展进行了广泛讨论。与会学者指出，由第一书记劳尔·卡斯特罗领导的古巴共产党，将会支持由迪亚斯—卡内尔领导的新一届古巴政府。古巴政府认识到并承认当前经济社会模式“更新”中的问题与错误，新一代领导人将在古巴共产党的全力支持下，继续深化国家结构性调整，满足人民物质生活需要。

2018 年 11 月 10 日，由上海市社会科学界联合会、华东师范大学公共管理学院、当代中国政治发展和战略研究所联合主办的“新时代加强基层党组织建设的理论与实践”学术研讨会在华东师范大学举行。有关专家学者、基层党建工作者、国家社科基金专项课题“加强基层组织建设，着力解决基层党组织弱化、虚化、边缘化问题调查研究”课题组成员 50 余人参加了此次会议，会议主要围绕加强基层党组织建设的理论与实践，着力解决基层党组织建设中存在的“虚化、弱化和边缘化”相关问题展开讨论。

2018 年 11 月 10—11 日，中华外国经济学说研究会第 26 届年会在北京举行。此次会议由中华外国经济学说研究会主办，北京工商大学承办，来自中国社会科学院、北京大学、清华大学、中国人民大学、复旦大学、南开大学、《经济学动态》杂志社等国内高校、研究机构和学术期刊社的 180 余名专家学者参加了会议。与会专家就马克思主义经济理论研究、西方经济理论研究、中国经济问题研究和国际经济问题研究等议题进行了深入交流。

2018 年 11 月 12 日，改革开放四十年与马克思主义理论创新发展研讨会暨教育部社会科学委员会马克思主义理论学部委员会 2018 年会议在天津举行。与会专家学者围绕改革开放、理论热点、时事政治等，从马克思主义哲学、马克思主义政治经济学等角度展开研讨交流。教育部社会科学委员会马克思主义理论学部系学术性专家组织，主要职责是在教育部领导下，受教育部委托就马克思主义理论学科建设、科学研究、人才培养等开展调查研究、政策咨询、督促检查、评价评估等。学部由全国高校 15 位专家组成，南开大学逄锦聚教授任学部召集人。

2018 年 11 月 14 日，首期全国高校“党的建设”学科师资培训班在中国人民大学马克思主义学院举办开班式，来自全国 50 余所高校的教师参加培训。以“马克思主义理论教学与研究高地”著称的中国人民大学马克思主义学院，运用专业教学研究优势，发扬高端人才培养的“工作母机”传统，面向全国高校教师举办培训，旨在提高学员对党建学科基础理论、基本问题、主要内容、研究方法、学术前沿等方面的理解认识，加强全国高校“党的建设”学科师资队伍建设。此次培训班为期五天，邀请国内知名党建专家学者参与授课，采取集中授课和党务实践相结合的形式，切实提升培训实效。该培训将分批次举办，预计将覆盖全国党建学科教师 260 余人。

2018 年 11 月 16—18 日，由《思想理论教育导刊》杂志社主办，华南理工大学马克思主义学院承办的“全面深化改革与广东‘四个走在全国前列’”学术研讨会在华南理工大学举办。来自北京大学、吉林大学、北京师范大学、南京师范大学、华南师范大学、教育部社科中心等全国各高校、科研机构的专家学者约 70 人与会。与会学者围绕会议主题，从理论、历史与实践等维度进行了热烈讨论。

2018 年 11 月 17 日至 18 日，“马克思主义在当代中国的理论与实践”高层论坛在江苏徐州召开。论坛由中国社会科学院马克思主义研究院、江苏师范大学主办，中国社会科学院马克思主义研究院马克思主义发展研究部，江苏师范大学马克思主义学院、“一带一路”研究院、人文社会科学研究院承办。来自中国社科院、江苏师大、浙江大学、南开大学，以及《马克思主义研究》《人民日报》等单位的百多位专家学者出席论坛。与会代表围绕习近平新时代中国特色社会主义思想研究、马克思主义在当代中国的理论发展、实践探索与经验总结、社会主义核心价值观研究等专题进行了交流研讨。

2018 年 11 月 23 日，由中国社科院马克思主义研究院和深圳大学主办、深圳大学当代中国思想文化研究所、马克思主义学院、社会科学部联合承办的“习近平新时代中国特色社会主义思想与中华民族伟大复兴”学术研讨会在深圳大学举行。来自全国高校和科研院所的专家学者围绕“新时代”深刻内涵、“习近平新时代中国特色社会主义思想”的理论创新、“新时代”与构建人类命运共同体等议题进行规范而深入的研讨。与会专家学者一致认为，作为马克思主义理论工作者，要有责任意识和担当意识，从问题导向出发，深入探究习近平新时代中国特色社会主义思想是怎样从不同方面科学阐释人类社会发展规律、社会主义建设规律和中国共产党执政规律的，进而深刻、全面认识和理解习近平新时代中国特色社会主义思想的历史地位和时代价值，将中国特色社会主义不断推向前进。

2018 年 11 月 24—25 日，“第三届国际中国共产党研究——新时代中国共产党国际形象塑造”学术研讨会在复旦大学召开。此次论坛由复旦大学、山东大学、美国加州大学伯克利分校联合主办，复旦大学马克思主义学院、“中国共产党形象建设研究”课题组承办。来自美国、英国、俄罗斯、日本等国高校和国内高校、科研单位、学术刊物的数十位专家学者，围绕中国共产党国际形象塑造、海外中共学研究评析和中国共产党治国理政等议题深入交流，分享研究成果。与会专家学者一致认为，中国共产党国际形象塑造是一项宏大、长期、系统、艰巨的工程，从学术角度深入研究中国共产党国际形象建设是中国共产党在新形势下进一步迈向世界，在国际舞台上发挥更大作用的必然要求。

2018 年 11 月 30 日，由华东师范大学马克思主义学院、《思想理论教育》编辑部、《思想政治课研究》编辑部联合举办的“改革开放 40 年与新时代思想政治教育学科创新发展高端论坛”在华东师范大学举行。来自复旦大学、上海交通大学、武汉大学、北京师范大学、同济大学、重庆大学、华中师范大学、上海大学、河海大学、西南大学、海南大学等高校的 20 余名思想政治教育专家学者与会交流。此次论坛包含四场主题研讨，分别围绕新时代思想政治教育学科发展，新时代思想政治教育创新发展的理念、思路与路径，时代新人与大学生思想政治教育，思想政治教育前沿探究等主题进行深入探讨和交流。

2018年11月30日，“第二届西部青年马克思主义者论坛”在四川大学江安校区举行。论坛吸引了来自中国西部地区22所高校的150余名研究生、本科生参加。论坛主题报告围绕“新时代、新西部、新青年”进行，之后各位学生代表结合自身对习近平新时代中国特色社会主义思想的学习理解，围绕“时代新人的科学内涵和根本要求”“论新时代青年在青海崛起中的历史责任和实践途径”等主题进行了交流发言。代表们一致认为，此次论坛进一步搭建了西部高校学子学习研究阐释党的十九大精神的良好平台，营造了西部高校青年学习研究党的十九大精神的良好氛围，奏响了西部青年学子积极奉献青春建功新时代的奋进强音。

2018年11月30日至12月2日，“《共产党宣言》与新时代中国道路”高端学术研讨会暨中国马哲史学会马恩哲学思想研究分会换届会议在江苏省徐州市举行。此次会议由中国马克思主义哲学史学会、中国马哲史学会马恩哲学思想研究分会和江苏师范大学主办，江苏师范大学哲学与公共管理学院和江苏师范大学哲学范式研究中心承办。来自中国社会科学院、中共中央党史和文献研究院和国内高校的90余位知名专家学者参加会议。与会学者就《共产党宣言》问世170周年来的历史逻辑、《共产党宣言》理论原则与当代意义、21世纪马克思主义的创新道路展望、新时代中国道路与唯物史观研究等议题展开了深入研讨与交流，其中既充满了深刻的学理分析和论证、精细的文献梳理和挖掘，又包含着中国道路的现实经验和问题，历史逻辑和现实逻辑相互交织、中国语境和世界视野相互结合。与会代表一致认为，《共产党宣言》蕴含的丰富的理论成果对新时代中国道路的发展有着重大的指导意义，当代马克思主义哲学研究应站在新时代中国道路的历史方位上，回望马克思恩格斯哲学思想，进行深度的研究、传播以指导实践。会议期间，中国马克思主义哲学史学会马恩哲学思想研究分会进行了换届，选举产生了新一届中国马克思主义哲学史学会马恩哲学思想研究分会的组织机构，通过了研究会的章程。

2018年12月1—2日，中国无神论学会第五次会员代表大会暨2018年学术年会在北京召开。此次会议由中国无神论学会、中国社会科学院科学与无神论研究中心主办，中国社会科学院马克思主义研究院中国化部、《马克思主义研究》杂志社、《科学与无神论》杂志社协办，会议主题为“新时代无神论的使命和任务”。来自国内多所高校、相关研究机构的专家学者及研究生参加研讨会。与会专家以“谈谈对‘积极引导宗教与社会主义社会相适应’方针的理解”“打破‘教族一体’的束缚，培育中华民族共同体意识”，“从理论层面继续推进宗教领域工作创新发展的一点想法”，“全面准确贯彻习近平在宗教工作会议上的讲话”为题作大会发言。与会代表围绕“马克思主义无神论理论与实践研究”与“马克思主义无神论宣传教育研究”两个主题展开研讨。

2018年12月1日，“改革开放与新时代中国特色社会主义”学术研讨会暨全国高校马克思主义理论学科研究会第39次学科论坛在温州大学隆重举行。此次论坛由全国高校马克思主义理论学科研究会、《马克思主义理论学科研究》编辑部、《高校马克思主义理论研究》编辑部共同主办，温州大学马克思主义学院、浙江省马克思主义中国化研究会承办。来自全国近70所高校的200多位专家学者参会，围绕党的十九大精神、习近平新时代中国特色社会主义思想、改革开放四十年的历史经验、马克思主义理论学科的建设发展等主题进行了深入研讨。

2018 年 12 月 2 日，“第二届中国道路・澳新论坛”在澳大利亚纽卡斯尔市举行。本届论坛的主题为“马克思主义经典著作与中国化马克思主义”。论坛由中国社会科学院马克思主义研究院、澳大利亚纽卡斯尔大学主办，山东社会科学院协办。来自中国社会科学院马克思主义研究院、山东社会科学院、山东大学、安徽大学、江西省委党校、青岛社会科学院、西北政法大学等国内科研院所、高校，以及杜克大学、纽卡斯尔大学、悉尼大学、澳大利亚共产党纽卡斯尔支部成员等 50 多位专家学者与会。会议围绕新时代中国特色社会主义的理论内涵、世界意义，中国特色社会主义政党制度的科学内涵和价值取向，经济全球化与文化多样化，改革开放的历史经验，精准扶贫开发等问题，进行了专题发言和讨论。

2018 年 12 月 2 日，“习近平新时代中国特色社会主义思想科学内涵和形成依据”学术研讨会在南京师范大学举行。会议由教育部习近平新时代中国特色社会主义思想研究中心、教育部高等学校社会科学发展研究中心、南京师范大学主办，南京师范大学马克思主义学院承办。来自教育部高等学校社会科学发展研究中心、中国人民大学、北京师范大学、华东师范大学、上海交通大学、武汉大学、复旦大学、南京大学、华南师范大学等单位的 60 余位学者与会。与会学者围绕习近平新时代中国特色社会主义思想形成的时代背景、习近平新时代中国特色社会主义思想的理论依据、习近平新时代中国特色社会主义思想的实践依据、习近平新时代中国特色社会主义思想的历史贡献等议题展开深入研讨。与会学者表示，习近平新时代中国特色社会主义思想是马克思主义中国化的最新成果，是中国特色社会主义理论体系的重要组成部分，是进行“四个伟大”的实践指南，是必须长期坚持的指导思想。

2018 年 12 月 6 日，“第二届中国道路・澳新论坛”在新西兰奥克兰大学举行。论坛主题为“新时代中国特色社会主义及其世界意义”，来自中国、新西兰两个国家的专家学者围绕论坛主题进行了深入研讨。

2018 年 12 月 7 日，“意识形态创新与 40 年改革开放”暨上海师范大学马克思主义学院建院十周年（2008—2018）学术研讨会在上海师范大学举行。此次会议由中共上海市委宣传部指导，上海师范大学主办，上海师范大学马克思主义学院承办。来自中国社会科学院、复旦大学、上海交通大学、北京师范大学、上海市委党校等 50 余所高校和科研机构及新闻媒体、学术刊物的专家学者共计 100 余人与会。与会专家学者围绕意识形态工作的重要性、新时代如何加强意识形态建设以及如何坚持思政课的意识形态属性等议题进行了深入交流和讨论。

2018 年 12 月 8 日至 9 日，第十五届全国马克思主义论坛暨中国马克思恩格斯研究会年会在陕西西安召开。此次论坛主题为“马克思主义与中国改革开放 40 周年”，由中国马克思恩格斯研究会、中共中央党史和文献研究院第四研究部和西安交通大学联合主办，西安交通大学马克思主义学院、《马克思主义与现实》杂志社承办。来自高校、社科研究机构、学术出版机构的马克思主义理论研究领域的专家学者150余人参加了此次会议。与会学者围绕庆祝改革开放40周年专题研究、习近平新时代中国特色社会主义思想研究、马克思主义研究三个主题进行了深入研讨。与会学者一致认为，40年的沧桑巨变，证明了马克思和恩格斯关于社会变革科学论断的重大意义，昭示着马克思主义蕴含蓬勃的生机和无穷的力量。

2018年12月14—16日，“全国高校首届中青年马克思主义学者对话会（当代马克思主义原创性贡献学术对话会）”在广州举行。此次会议由华南师范大学马克思主义学院、《马克思主义理论学科研究》《理论与评论》《探索》与《重庆社会科学》联合主办。会议聚焦当代中国马克思主义原创性贡献，关注全球化、信息化和智能化的21世纪马克思主义的发展问题，来自中山大学、山东大学、厦门大学、东北师范大学、上海大学、上海交通大学、西安交通大学、华南理工大学等30多所院校60多名专家学者与会。与会学者围绕意识形态建设、党建、人类命运共同体建设等问题阐释、分析当代中国马克思主义的重要贡献，就习近平总书记关于建构政治话语、构建人类命运共同体、加强全面从严治党中的制度建设、加强意识形态建设、建设良好政治生态、实现产业扶贫的讲话进行了研讨。

2018年12月18日，庆祝改革开放40周年大会在北京人民大会堂隆重举行。中共中央总书记、国家主席、中央军委主席习近平在大会上发表重要讲话。习近平强调，40年的实践充分证明，党的十一届三中全会以来我们党团结带领全国各族人民开辟的中国特色社会主义道路、理论、制度、文化是完全正确的，形成的党的基本理论、基本路线、基本方略是完全正确的。习近平强调，40年的实践充分证明，中国发展为广大发展中国家走向现代化提供了成功经验、展现了光明前景，是促进世界和平与发展的强大力量，是中华民族对人类文明进步作出的重大贡献。习近平强调，40年的实践充分证明，改革开放是党和人民大踏步赶上时代的重要法宝，是坚持和发展中国特色社会主义的必由之路，是决定当代中国命运的关键一招，也是决定实现“两个一百年”奋斗目标、实现中华民族伟大复兴的关键一招。

2018年12月19日，首届“复旦大学当代俄罗斯马克思主义研究前沿国际论坛”在上海举行。论坛由复旦大学马克思主义学院、复旦大学当代国外马克思主义研究中心、全国当代国外马克思主义研究会共同主办。来自莫斯科国立大学、俄罗斯科学院、柏林自由大学、中国社会科学院、中国人民大学、北京师范大学、复旦大学、中山大学、苏州大学等中外高校和科研机构的专家学者，以及国内主要学术刊物编辑40余人参会。论坛旨在为致力于当代俄罗斯马克思主义研究的中、俄学者探讨马克思主义的当代发展、前沿问题与理论动态，在21世纪推进马克思主义的发展搭建学术交流平台。与会学者围绕21世纪以来的俄罗斯马克思主义研究最新发展、当代俄罗斯马克思主义研究前沿问题、对俄罗斯马克思主义的反思、21世纪马克思主义的发展和21世纪如何运用马克思主义批判和反思资本主义等主题进行了深入研讨。

2018 年 12 月 22—23 日，由教育部重点研究基地复旦大学当代国外马克思主义研究中心、复旦大学哲学学院举办的“《资本论》的政治哲学思想与当代世界的未来”学术研讨会在上海举行。来自中国社会科学院哲学所、清华大学、南京大学、吉林大学、华东师范大学、东北师范大学、厦门大学、重庆大学、西南大学、东南大学、江苏大学、华南理工大学等高校及科研机构的 30 余位学者参加了研讨。会议紧紧围绕《资本论》的生命政治哲学思想、《资本论》与中西方政治哲学思想的对话、当代资本主义转向、《资本论》的共产主义思想与社会主义的未来、《资本论》形式分析方法的政治哲学内涵等 5 个主题来展开，主题集中，讨论深入，扩展并深化了《资本论》的研究论域。

2018 年 12 月 23 日，第十一届全国毛泽东论坛在湖南省韶山市举行。论坛主题为“新时代视野中的毛泽东研究”，来自国内各高校、研究机构的近 140 名专家学者从多个视角和维度，就进一步推进和深化毛泽东思想研究及其当代意义进行了深入探讨。这次论坛由全国毛泽东哲学思想研究会、湘潭大学毛泽东思想研究中心、湖南省韶山管理局韶山毛泽东同志纪念馆、中国深圳·民族精神与中国发展研究中心联合主办，湖南第一师范学院马克思主义学院协办。会上，近 20 名专家学者围绕会议主题，就“开创毛泽东思想研究新境界新局面”“毛泽东研究中的时代方位和时代视野”“毛泽东思想的时代意义和现实启示”“毛泽东与中国共产党革命精神”等议题进行了交流发言。

2018 年 12 月 24 日，由国家发展改革委国际合作中心对外开放课题组撰写、人民出版社出版的《中国对外开放 40 年》新书发布会在北京举行。《中国对外开放 40 年》一书被列为中宣部 2018 年主题出版重点出版物之一，被中国出版协会评选为 2018 年度 30 本好书，并被纳入国家发展改革委“经济体制改革和对外开放 40 年”系列书籍。该书是一部较为全面、系统、客观梳理中国对外开放 40 年基本历程、重大政策和主要成就的专著。全书紧密围绕 1978 年至今中国对外开放的伟大实践，通过系统搜集、研究大量一手材料和数据，深刻总结了我国在区域开放、国际贸易、利用外资、境外投资、金融开放和参与全球治理等六大关键领域对外开放的政策历程、历史经验和现实启示，为当前和未来一段时间中国相关政策的制定提供政策参考。

2018 年 12 月 25 日，全国党建研究会在北京召开“改革开放 40 年党的建设成就与经验理论研讨会”，深入学习贯彻习近平总书记在庆祝改革开放 40 周年大会上的重要讲话精神，回顾总结改革开放 40 年党的建设历程、成就和经验。大家认为，改革开放 40 年来党的建设积累了丰富的经验，新时代运用改革开放 40 年党的建设经验推进党的建设新的伟大工程，要坚持用习近平新时代中国特色社会主义思想武装头脑，不断提高全党的马克思主义水平；全面贯彻落实新时代党的建设总要求，抓好各项重点任务的落实；坚持问题导向，着力破解新时代党的建设面临的新矛盾新问题；探索和把握新时代党的建设规律，不断推进党的建设理论创新、实践创新、制度创新；进一步落实管党治党政治责任，推动全面从严治党向纵深发展；充分发挥党建高端智库作用，扎实推进党建研究工作。

2018年12月26日，“改革开放40年与马克思主义中国化——庆祝改革开放40周年学术研讨会”在北京举行。此次会议由中国社会科学院马克思主义研究学部主办，中国社会科学院科研局、当代中国研究所、习近平新时代中国特色社会主义思想研究中心承办。来自中国社会科学院马研学部的专家学者以及中国社会科学院大学学生代表共200多人参加了研讨会。中国社会科学院院长、党组书记、学部主席团主席谢伏瞻出席会议并讲话，从改革开放是马克思主义中国化伟大实践成果、改革开放不断推动马克思主义中国化实现历史性飞跃和以改革开放继续推进马克思主义中国化三个方面，阐述了改革开放40年与马克思主义中国化的关系。与会专家分别以《用不断发展的马克思主义指导实践》《我国日益走近世界舞台中央的思考》《习近平新时代中国特色社会主义思想对发展21世纪马克思主义的原创性贡献》《新时期党的基本路线与马克思主义唯物史观的科学统一》《深厚的人民情怀，娴熟的辩证思维方法——研读习近平〈摆脱贫困〉一书》《改革开放与中国共产党领导》和《牢牢把握改革开放的前进方向》为题做了大会发言。

2018年12月29日，“学习贯彻习近平总书记庆祝改革开放40周年重要讲话精神暨新时代中国马克思主义研究”理论研讨会在国防大学政治学院召开。此次研讨会由上海市社会科学界联合会、国防大学政治学院、上海市马克思主义研究会、上海市习近平新时代中国特色社会主义思想研究中心联合举办。来自国防大学政治学院、中共上海市委宣传部、上海市马克思主义研究会、上海交通大学、中共上海市委党校、复旦大学、《毛泽东邓小平理论研究》《社会科学》《人民日报》《解放日报》《文汇报》《中国社会科学报》等单位的60多位专家学者和媒体代表，围绕学习贯彻习近平总书记庆祝改革开放40周年重要讲话精神进行了广泛交流和深入研讨。与会专家就改革开放与马克思主义中国化、深化改革开放必须坚持历史思维、改革开放必须坚持辩证思维、推动经济全球化转型的中国方案、“四个自信”是改革开放的标志性成果等为题作专题发言，就深刻学习理解习近平总书记重要讲话、推进新时代马克思主义研究提出了很多建议。

2018年12月29日，北京航空航天大学马克思主义学院主办的“真理与道路：马克思主义的理论创新与实践探索”研讨会在北京召开。来自各大高校及科研机构的专家学者、期刊编辑、媒体记者共约百人参会。与会专家围绕习近平新时代中国特色社会主义思想的本质特征与价值指向、新时代社会主要矛盾变化的理论内涵与现实意蕴、改革开放与马克思主义中国化、中国道路的内在逻辑与历史生成、全球视域下的马克思主义与中国道路、新时代的马克思主义理论学科发展与马克思主义学院建设等议题进行交流。与会学者一致认为，改革开放的成功之路是坚持科学社会主义基本原则和推进马克思主义中国化、时代化、大众化的结合，是走自己的路和走人类文明发展之路的结合，是中国的发展和世界发展的结合，每一个中国人是改革开放的参与者、受益者，中国作为引领世界社会主义的中流砥柱，在努力实现和世界各国的互利共赢、和平发展的过程中，壮大自己赶上潮流并且引领发展潮流，中国的贡献也越来越大，在拥抱全球化的过程中从参与者到引领者、构建者，为全球问题提出中国智慧、中国经验。

（供稿：荀寿潇　李建国　李伟）

附　　录

2018年新书索引

中文著作（含译著）

1. ［英］以赛亚·伯林：《卡尔·马克思：生平与环境》，李寅译，译林出版社2018年版。

2. ［澳］尼克·奈特：《李达与马克思主义哲学在中国》，周可译，人民出版社2018年版。

3. ［美］罗伯特·C. 塔克：《卡尔·马克思的哲学与神话》，刘钰森译，天津人民出版社2018年版。

4. ［英］克里斯多夫·约翰·阿瑟：《新辩证法与马克思的〈资本论〉》，高飞等译，北京师范大学出版社2018年版。

5. ［美］伯特尔·奥尔曼：《马克思的异化理论》，王贵贤译，北京师范大学出版社2018年版。

6. ［美］弗雷德里克·詹姆逊：《新马克思主义》，王逢振译，中国人民大学出版社2018年版。

7. ［美］诺曼·莱文：《马克思主义与恩格斯主义中的黑格尔》，臧峰宇译，北京师范大学出版社2018年版。

8. ［美］汤姆·洛克莫尔：《费希特、马克思与德国哲学传统》，夏莹译，北京师范大学出版社2018年版。

9. ［德］沃尔夫冈·弗里茨·豪格：《马克思主义历史考证大辞典（第一卷）》，俞可平等译，商务印书馆2018年版。

10. ［美］沃伦·布雷克曼：《马克思、青年黑格尔派与激进社会理论的起源》，李佃来译，北京师范大学出版社2018年版。

11. ［德］伊林·费彻尔：《马克思与马克思主义》，赵玉兰译，北京师范大学出版社2018年版。

12. ［法］吕贝尔：《吕贝尔马克思学文萃》，郑吉伟译，北京师范大学出版社2018年版。

13. 卡罗尔·C. 古尔德：《马克思的社会本体论》，王虎学译，北京师范大学出版社2018年版。

14. ［日］内田树、石川康宏、池田香代子：《倾听马克思》，鲍忆涵译，东方出版社2018年版。

15. ［英］戴维·麦克莱伦：《马克思主义与宗教》，林进平、林育川、谢可晟译，天津人民出版社2018年版。

16. ［美］大卫·哈维：《马克思与〈资本论〉》，周大昕译，中信出版社 2018 年版。
17. ［法］阿兰·巴迪欧：《存在与事件》，蓝江译，南京大学出版社 2018 年版。
18. ［法］雅克·阿塔利：《卡尔·马克思：世界的精神》，刘成富、陈玥、陈蕊译，上海人民出版社 2018 年版。
19. ［日］渡边雅男：《马克思的阶级概念》，重庆出版社 2018 年版。
20. ［日］内田树、石川康宏：《青年们，读马克思吧！》，东方出版社 2018 年版。
21. ［日］柄谷行人：《哲学的起源》，潘世圣译，中央编译出版社 2018 年版。
22. 朱艳菊：《马克思主义的政府价值理论研究》，中国社会科学出版社 2018 年版。
23. 马骁毅：《实践理论：阿伦特与马克思的思想对话》，中国社会科学出版社 2018 年版。
24. 白娴棠：《马克思主义哲学与现时代》，中国社会科学出版社 2018 年版。
25. 韩蕊：《马克思异化理论的历史生成及当代价值》，人民出版社 2018 年版。
26. 张奎良：《马克思的十大理论创新》，人民出版社 2018 年版。
27. 周宇豪：《新时代马克思主义新闻观中国化创新发展》，人民出版社 2018 年版。
28. 李成旺：《实践·历史·自由——马克思哲学本真精神的当代追寻》，清华大学出版社 2018 年版。
29. 王刚：《马克思国家社会性思想研究》，中国社会科学出版社 2018 年版。
30. 肖士英：《马克思历史决定论内在融惯性研究》，中国社会科学出版社 2018 年版。
31. 冯颜利：《国外马克思主义对金融危机与经济危机的研究与启示》，中国社会科学出版社 2018 年版。
32. 刘伟：《〈资本论〉社会发展辩证法及其中国化》，中国社会科学出版社 2018 年版。
33. 朱学平：《从古典共和主义到共产主义：马克思早期政治批判研究（1839—1843）》，中国法制出版社 2018 年版。
34. 孟捷、冯金华：《劳动价值新论：理论和数理的研究》，中国人民大学出版社 2018 年版。
35. 黄继锋：《西方左翼学者的马克思主义观》，中国人民大学出版社 2018 年版。
36. 何虎生：《完善党的宗教政策研究》，中国人民大学出版社 2018 年版。
37. 夏莹：《青年马克思是怎样炼成的？》，人民出版社 2018 年版。
38. 冯宪光：《马克思主义经典著作的文艺理论思想》，中国社会科学出版社 2018 年版。
39. 刘伟斌：《图像的狂欢与幻境的超越——现代性理论视域中的视觉文化研究》，人民出版社 2018 年版。
40. 王毅：《20 世纪 30 年代中国知识界的马克思主义研究》，人民出版社 2018 年版。
41. 洪涛：《寻访马克思》，上海人民出版社 2018 年版。
42. 胡刘：《马克思主义基础理论专题研究》，人民出版社 2018 年版。
43. 崔延强：《国外马克思主义前沿问题研究》，人民出版社 2018 年版。

44. 杨洪林：《杨献珍与马克思主义哲学中国化研究》，人民出版社 2018 年版。
45. 陈培永：《〈共产党宣言〉的新时代阐释——重解核心关键词》，中国社会科学出版社 2018 年版。
46. 张雷声：《马克思主义基本原理专题研究》，中国社会科学出版社 2018 年版。
47. 张云飞：《唯物史观视野中的生态文明》，中国社会科学出版社 2018 年版。
48. 肖贵清：《中国化马克思主义整体性研究》，中国社会科学出版社 2018 年版。
49. 牛小侠：《马克思“实践智慧”的当代阐释》，人民出版社 2018 年版。
50. 王健：《马克思的风险社会思想及其当代价值》，人民出版社 2018 年版。
51. 白刚：《马克思政治哲学的兴起——白刚自选集》，中国社会科学出版社 2018 年版。
52. 萧焜焘：《从黑格尔、费尔巴哈到马克思》，译林出版社 2018 年版。
53. 徐本华：《马克思工资理论及现实意义》，中国经济出版社 2018 年版。
54. 林岩：《马克思精神生产理论及其当代视域》，人民出版社 2018 年版。
55. 韩秋红、孙颖、王馨曼、王临霞：《西方马克思主义现代性理论批判》，人民出版社 2018 年版。
56. 李爱敏：《从无产阶级国际主义到人类命运共同体——马克思主义的国际主义思想发展》，人民出版社 2018 年版。
57. 程广云：《马克思的三大批判：法哲学、政治经济学和形而上学》，人民大学出版社 2018 年版。
58. 梁树发：《马克思恩格斯列宁论社会主义社会建设》，人民大学出版社 2018 年版。
59. 王泽应：《马克思主义伦理思想中国化最新成果研究》，人民大学出版社 2018 年版。
60. 党圣元、韩春虎、刘瑞弘：《当代中国马克思主义文论研究的理论创新——全国马列文论研究会第 34 届年会论文集》，中国社会科学出版社 2018 年版。
61. 李紫娟：《马克思主义国家理论研究》，中国社会科学出版社 2018 年版。
62. 杨近平：《新中国十二个五年计划与马克思主义中国化》，人民出版社 2018 年版。
63. 刘宇兰：《阿尔都塞现代性批判理论研究（西方马克思主义现代性理论研究丛书）》，人民出版社 2018 年版。
64. 谭培文：《马克思主义文本与现实的对话》，人民出版社 2018 年版。
65. 吴学东：《马克思的劳动思想研究》，中国社会科学出版社 2018 年版。
66. 李春火：《马克思资本批判及其当代意义研究》，中国社会科学出版社 2018 年版。
67. 孙正聿：《为历史服务的哲学》，中央编译出版社 2018 年版。
68. 赵家祥：《马克思主义的整体性研究》，北京大学出版社 2018 年版。
69. 王时中：《从“生产”到“规范”——马克思主义政治哲学的前提批判》，中国社会科学出版社 2018 年版。
70. 胡大平：《后革命氛围与全球资本主义：德里克“弹性生产时代的马克思主义”研究》，北京师范大学出版社 2018 年版。

71. 罗红兵：《哈贝马斯科学观研究》，人民出版社 2018 年版。
72. 程彪：《〈意志意识形态〉历史唯物主义的当代阐释》，中国社会科学出版社 2018 年版。
73. 何畏：《危机的宿命：奥康纳资本主义危机理论研究》，北京师范大学出版社 2018 年版。
74. 刘晓勇：《生态学马克思主义与当代中国可持续发展研究》，中国社会科学出版社 2018 年版。
75. 郝立新主编：《马克思主义发展史（第一卷）：马克思主义的创立（1840—1848）》，人民出版社 2018 年版。
76. 张雷声主编：《马克思主义发展史（第二卷）：马克思主义体系的形成及发展（1848—1875）》，人民出版社 2018 年版。
77. 张云飞主编：《马克思主义发展史（第三卷）：马克思主义在论战和研究中日益深化（1875—1895）》，人民出版社 2018 年版。
78. 刘书林：《思想政治教育学原理专题研究纲要》，人民出版社 2018 年版。
79. 欧阳军喜：《马克思主义与近代中国》，人民出版社 2018 年版。
80. 李义天：《捍卫规范性——道德与政治哲学论文集》，人民出版社 2018 年版。
81. 莫放春：《马克思的生态学与生态学马克思主义研究》，人民出版社 2018 年版。
82. 肖巍：《性别与生命：正义的求索》，人民出版社 2018 年版。
83. 张茂泽、王强：《马克思恩格斯学说要义》，人民出版社 2018 年版。
84. 肖贵清：《道路、理论、制度、文化——中国特色社会主义论》，人民出版社 2018 年版。
85. 丁匡一：《西方马克思主义的现代性极权主义批判》，人民出版社 2018 年版。
86. 孔祥云：《中国特色社会主义基本理论与现实问题探究》，人民出版社 2018 年版。
87. 汪正龙：《马克思美学的当代阐释》，中国文联出版社 2018 年版。
88. 文苑仲：《人类解放的审美之维：当代西方马克思主义政治美学思想研究》，中国文联出版社 2018 年版。
89. 张一兵：《照亮世界的马克思》，上海人民出版社 2018 年版。
90. 李彬、宫京成：《马克思主义新闻观十五讲（修订版）》，清华大学出版社 2018 年版。
91. 陈力丹：《马克思主义新闻观百科全书》，中国人民大学出版社 2018 年版。
92. 任仲文：《学习马克思》，人民日报出版社 2018 年版。
93. 石佳：《〈资本论〉的术语革命》，中国社会科学出版社 2018 年版。
94. 李茗茗：《〈资本论〉及其手稿中工人阶级理论的文本研究》，中国社会科学出版社 2018 年版。
95. 吴昕炜：《罗莎·卢森堡著作的研究和出版》，人民出版社 2018 年版。
96. 赵树辉、李晓艺：《马克思在伦敦——艰辛的辉煌》，中共中央党校出版社 2018 年版。
97. 杨耕：《为马克思辩护：对马克思哲学的一种新解读》，北京师范大学出版社 2018 年版。

98. 郑宇：《马克思自由和解放思想研究》，复旦大学出版社 2018 年版。

99. 张帆：《马克思恩格斯政治发展思想时代价值研究》，中国社会科学出版社 2018 年版。

100. 杨春贵：《我与马克思主义哲学》，中国社会科学出版社 2018 年版。

101. 王枬、钟瑞添：《新时代青年马克思主义者学习必读》，广西师范大学出版社 2018 年版。

102. 孙正聿：《马克思与我们》，中国人民大学出版社 2018 年版。

103. 陈先达：《马克思与信仰》，中国人民大学出版社 2018 年版。

104. 杨雪冬：《马克思主义经典作家关于全球化和时代问题的基本观点研究》，人民出版社 2018 年版。

105. 杨金海、李惠斌：《马克思主义经典作家关于资本主义、社会主义、共产主义社会一般理论的基本观点研究》，人民出版社 2018 年版。

106. 李慎明：《马克思主义经典作家关于战争与和平问题的基本观点研究》，人民出版社 2018 年版。

107. 梁树发：《马克思主义经典作家关于辩证唯物论和历史唯物论一般原理的基本观点研究》，人民出版社 2018 年版。

108. 季正矩、孙来斌：《马克思主义经典作家关于经济文化落后国家社会发展道路的基本观点研究》，人民出版社 2018 年版。

109. 陈登才、梁言顺：《马克思主义经典作家关于马克思主义政党建设的基本观点研究》，人民出版社 2018 年版。

110. 杨圣明：《马克思主义经典作家关于劳动价值理论和剩余价值理论的基本观点研究》，人民出版社 2018 年版。

111. 顾海良：《马克思主义经典作家关于政治经济学一般原理的基本观点研究》，人民出版社 2018 年版。

112. 顾海良：《马克思与世界》，中国人民大学出版社 2018 年版。

113. 俞可平、黄卫平、陈学明：《马克思主义经典作家关于民主和政治文明的基本观点研究》，人民出版社 2018 年版。

114. 张伊宁、鲍世修：《马克思主义经典作家关于军事问题的基本观点研究》，人民出版社 2018 年版。

115. 卓新平：《马克思主义经典作家关于宗教的基本观点研究》，人民出版社 2018 年版。

116. 聂锦芳：《“爱”的超越——文学视野下的马克思》，中央编译出版社 2018 年版。

117. 聂锦芳、郭湛：《在批判中建构新哲学框架》，中国人民大学出版社 2018 年版。

118. 聂锦芳主编：《重读马克思——文本及其思想》，中国人民大学出版社 2018 年版。

119. 李长春：《马克思社会再生产理论及其在社会主义经济实践中的运用与发展》，中国商业出版社 2018 年版。

120. 王莅、郭湛：《求解资本主义的史前史》，中国人民大学出版社 2018 年版。

121. 程恩富、刘新刚：《重读〈资本论〉》，人民出版社 2018 年版。

122. 宫敬才：《重建马克思经济哲学传统》，人民出版社 2018 年版。

123. 王雨辰、庄福龄：《阿尔都塞的马克思主义理论研究》，中国人民大学出版社 2018 年版。

124. 逄锦聚：《马克思主义理论教育教学论》，中国人民大学出版社 2018 年版。

125. 陈学明：《重读〈共产党宣言〉》，人民出版社 2018 年版。

126. 刘秀萍、庄福龄：《思想的剥离与锻造》，中国人民大学出版社 2018 年版。

127. 邵然、张瑞才：《〈资本论〉与人类解放的现实道路》，社会科学文献出版社 2018 年版。

128. 彭宏伟、郭湛：《资本社会的结构与逻辑》，中国人民大学出版社 2018 年版。

129. 李楠：《马克思恩格斯女性解放理论研究》，经济日报出版社 2018 年版。

130. 石镇平、李慎明：《马克思的社会主义观》，社会科学文献出版社 2018 年版。

131. 程恩富、段学慧：《〈资本论〉与社会主义建设》，社会科学文献出版社 2018 年版。

132. 郑历兰：《马克思恩格斯论共产主义的特征》，江苏人民出版社 2018 年版。

133. 常绍舜：《哲学马克思主义中国化系统科学研究文集》，中国政法大学出版社 2018 年版。

134. 龙钰：《马克思恩格斯法制思想及其当代价值》，人民出版社 2018 年版。

135. 丁少伦：《马克思的初心》，济南出版社 2018 年版。

136. 冉昊：《马克思和未来社会主义道路》，济南出版社 2018 年版。

137. 朱兰芝：《马克思的哲学批判及其批判哲学》，济南出版社 2018 年版。

138. 李云峰：《真实的〈资本论〉》，经济日报出版社 2018 年版。

139. 杨河：《马克思主义简明读本》，人民出版社 2018 年版。

140. 关锋：《马克思主义的文本解读和现实关切》，人民出版社 2018 年版。

141. 郑忆石：《比较研究：当代俄罗斯哲学与中国马克思主义哲学》，中国人民大学出版社 2018 年版。

142. 胡莹：《马克思主义经济危机理论发展史》，社会科学文献出版社 2018 年版。

143. 周向军：《马克思主义理论与马克思主义观发展研究》，中国人民大学出版社 2018 年版。

144. 谢昌飞：《现代性批判的审美场域与乌托邦的重建》，中国人民大学出版社 2018 年版。

145. 王坤：《分析马克思主义的剥削理论研究》，南开大学出版社 2018 年版。

146. 张峰：《马克思恩格斯的海权理论与海洋强国建设》，上海人民出版社 2018 年版。

147. 赵奇：《寻找思想宝石：〈资本论〉启示录》，东方出版社 2018 年版。

148. 中国社会科学院马克思主义研究学部：《35 位著名学者纵论马克思主义》，中国社会科学出版社 2018 年版。

149. 梁小燕：《马克思主义阶级与性别理论》，人民出版社 2018 年版。

150. 刘同舫：《青年马克思政治哲学思想研究》，中国社会科学出版社 2018 年版。

151. 欧阳英：《马克思政治哲学思想探析——历史、变迁与价值》，中国社会科学出版社 2018 年版。

152. 孙伟平、崔伟航：《马克思主义哲学形态史·第七卷：马克思主义哲学的当代中国学术形态》，中国社会科学出版社 2018 年版。

153. 欧阳英：《马克思主义哲学形态史·第六卷，马克思主义哲学的中国化形态（下）：中国特色社会主义理论体系哲学思想》，中国社会科学出版社 2018 年版。

154. 靳辉明：《思想巨人马克思》，中国社会科学出版社 2018 年版。

155. 张秀琴：《马克思意识形态概念理解史》，人民出版社 2018 年版。

156. 中央编译局：《马克思画传：马克思诞辰 200 周年纪念版》，中央编译出版社 2018 年版。

157. 孟宪平：《马克思主义文化动力思想及其实践研究》，北京师范大学出版社 2018 年版。

158. 王新生：《马克思政治哲学研究》，科学出版社 2018 年版。

159. 侯子峰：《自然的解放：生态学马克思主义研究》，中国社会科学出版社 2018 年版。

160. 罗国杰：《马克思主义伦理学的探索/罗国杰文集》，中国人民大学出版社 2018 年版。

161. 成为杰：《马克思主义的观点是什么》，浙江工商大学出版社 2018 年版。

162. 徐素华、吴元梁：《马克思主义哲学形态史（第五卷）·马克思主义哲学的中国化形态（上）：毛泽东哲学思想》，中国社会科学出版社 2018 年版。

163. 陈鹏：《马克思主义国际经济博弈原理》，人民出版社 2018 年版。

164. 王峰明：《〈资本论〉第 1 卷导读》，中国民主法制出版社 2018 年版。

165. 赵甲明、王代月：《〈帝国主义是资本主义的最高阶段〉导读》，中国民主法制出版社 2018 年版。

166. 王贵贤、田毅松：《〈1844 年经济学哲学手稿〉导读》，中国民主法制出版社 2018 年版。

167. 肖广岭：《〈自然辩证法〉导读》，中国民主法制出版社 2018 年版。

168. 袁辉：《〈资本论〉导读》，中共中央党校出版社 2018 年版。

169. 郑寰、潘丹：《〈路易·波拿巴的雾月十八日〉导读》，中共中央党校出版社 2018 年版。

170. 孙海洋：《〈路德维希·费尔巴哈和德国古典哲学的终结〉导读》，中共中央党校出版社 2018 年版。

171. 王乐：《〈反杜林论〉导读》，中共中央党校出版社 2018 年版。

172. 王巍：《〈社会主义从空想到科学的发展〉导读》，中共中央党校出版社 2018 年版。

173. 王巍：《〈德意志意识形态〉导读》，中共中央党校出版社 2018 年版。

174. 王虎学：《〈1844 年经济学哲学手稿〉导读》，中共中央党校出版社 2018 年版。

175. 邓莉：《恩格斯晚年关于历史唯物主义的书信导读》，中共中央党校出版社 2018 年版。

176. 李双套：《〈哥达纲领批判〉导读》，中共中央党校出版社 2018 年版。

177. 李海青：《〈共产党宣言〉导读》，中共中央党校出版社 2018 年版。

178. 张光明、罗传芳：《马克思传》，天地出版社 2018 年版。

179. 陈跃：《当代马克思主义面临的挑战研究》，科学出版社 2018 年版。

180. 朱长兵：《马克思对黑格尔辩证法的扬弃》，中央编译出版社 2018 年版。

181. 吴文珑：《实践导向及其双重意义——1935—1942 年的马克思主义中国化》，人民出版社 2018 年版。

182. 陈启懋：《马克思主义视域下的中国与世界：陈启懋教授文集》，上海人民出版社 2018 年版。

（整理：梅岚）

英文著作

1. 马克思主义与教育：理论与实践的国际视角 *Marxism and Education：International Perspectives on Theory and Action*/edited by Lotar Rasinski，David Hill，and Constantine Skordoulis. New York；London：Routledge，2018.

2. 黑格尔、马克思、必然与自由辩证法：美国马克思主义人本主义与批判理论 *Hegel，Marx，and the necessity and freedom dialectic：Marxist-humanism and critical theory in the United States*/Russell Rockwell；London：Palgrave Macmillan，2018.

3. 对马克思《资本论》的回应：从鲁道夫·希法亭到伊萨克·伊里奇·鲁宾 *Responses to Marx's* Capital：*From Rudolf Hilferding to Isaak Illich Rubin*/edited by Richard B. Day，Daniel F. Gaido. Leiden；Boston：Brill，2018.

4. 马克思与社会正义：政治经济学批判中的伦理与自然法 *Marx and social justice：ethics and natural law in the critique of political economy*/by George E. McCarthy. London：Historical Materialism book series，2018.

5. 另一个马克思：早期的国际手稿 *Another Marx：early manuscripts to the international*/Marcello Musto；translated by Patrick Camiller. London，New York，Oxford，New Delhi，Sydney：Bloomsbury Academic，2018.

6. 马克思与后殖民时代 *Karl Marx and the postcolonial age*/Ranabir Samaddar. London：Palgrave Macmillan，2018.

7. 马克思：一个简要介绍 *Marx：a very short introduction*/Peter Singer. New York，NY：Oxford University Press，2018.

8. 马克思未完成的体系：批判性地解读资本是我们时代的挑战 *The unfinished system of Karl Marx：critically reading Capital as a challenge for our times*/Judith Dellheim. [Place of publication not identified]：Springer，2018.

9. 重新审视马克思的社会和政治哲学：自由、承认和人类繁荣 *Reassessing Marx's social and political philosophy：freedom，recognition，and human flourishing*/edited by Jan Kandiyali. Abingdon and New York：Routledge，2018.

10. 马克思主义政治经济学导读：资本主义是一个什么样的社会制度？*A guide to Marxian political economy：what kind of a social system is capitalism？*/Teinosuke Otani.

[Place of publication not identified]：Springer，2018.

11. 诺曼·杰拉斯的政治思想——从马克思到人权：争议与分析 *Norman Geras's political thought from Marxism to human rights：controversy and analysis*/Mark Cowling. New York，NY：Springer Berlin Heidelberg，2018.

12. 古巴革命的演变和伟大意义：黑暗中的光明 *The evolution and significance of the Cuban revolution：the light in the darkness*/Charles McKelvey. London：Palgrave Macmillan，2018.

13. 切·格瓦拉的政治理论 *The political theory of Che Guevara*/Renzo Llorente. London：Rowman & Littlefield International Ltd，2018.

14. 社会主义时期与社会主义之后的全球化：跨国资本在中东欧的演化 *Globalization under and after socialism：the evolution of transnational capital in Central and Eastern Europe*/Besnik Pula. Stanford：Stanford University Press.

15. 社会主义下的茶馆：成都公共生活的兴衰，1950—2000 *The teahouse under socialism：the decline and renewal of public life in Chengdu*，1950 – 2000/Di Wang. Cornell：Cornell University Press.

16. 全球化世界中的中国制度：社会主义与市场之间 *China's architecture in a globalizing world：between socialism and the market*/Jiawen Han. New York：Routledge/Taylor & Francis Group，2018.

17. 第二代世界后现代性：晚期社会主义的制度与社会 *Second world postmodernisms：architecture and society under late socialism*/ [edited by] Vladimir Kuli. New York：Bloomsbury Visual Arts，2018.

18. 瑞典的阶级意识与教育：一个关于社会民主主义革命战略的马克思主义分析 *Class consciousness and education in Sweden：a Marxist analysis for revolutionary strategy in a social democracy*/Alpesh Maisuria. New York，NY；Abingdon，Oxon：Routledge，2018.

19. 批判理论与布达佩斯学派：政治、文化和现代性 *Critical theories and the Budapest School：politics，culture，modernity*/edited by Jonathan Pickle and John Rundell. Abingdon，Oxon：Routledge，2018.

20. 审判中的人权：人权批判的谱系 *Human rights on trial：a genealogy of the critique of human rights*/Justine Lacroix，Universite libre de Bruxelles，Jean-Yves Pranchere，Universite libre de Bruxelles；translated by Gabrielle Maas. Cambridge，UK and New York，US：Cambridge University Press，2018.

21. 为石油工作——全球石油工业劳动的比较社会史 *Working for oil：comparative social histories of labor in the global oil industry*/Touraj Atabaki，Elisabetta Bini，Kaveh Ehsani，editors. [Place of publication not identified]：Springer，2018.

22. 转变中的西方资本主义：全球过程与地方挑战 *Western capitalism in transition：global processes，local challenges*/edited by Alberta Andreotti，David Benassi and Yuri Kazepov. Manchester：Manchester University Press，2018.

23. 全球视野下的工人组织和劳工组织 *Global perspectives on workers' and labour organizations*/Maurizio Atzeni，Immanuel Ness，editors. Singapore：Springer，2018.

24. 数据关注：资本主义、权力和感知 *The data gaze：capitalism，power and percep-*

tion/David Beer. [Place of publication not identified]: SAGE, 2018.

25. 风险与毁灭：安然与美国资本主义文化 *Risk and ruin: Enron and the culture of American capitalism*/Gavin Benke. Pennsylvania: University of Pennsylvania press, 2018.

26. 资本主义本质的局限：理解并克服帝国主义生活方式 *The limits to capitalist nature: theorizing and overcoming the imperial mode of living*/Ulrich Brand, Markus Wissen. [Place of publication not identified]: Rowman & Littlefield International, 2018.

27. 边缘资本主义的瓦解：东南亚工业区中的困境和斗争 *Border capitalism disrupted: precarity and struggle in a Southeast Asian industrial zone*/Stephen Campbell. [Place of publication not identified]: ILR Press, 2018.

28. 不平等与全球超盈余资本主义 *Inequality and global supra-surplus capitalism*/E. Ray Canterbery. [Place of publication not identified]: World Scientific Publishing Co, Inc., 2018.

29. 人类发展的悲剧：资本作为权力的谱系 *The tragedy of human development: the genealogy of capital as power*/Tim Di Muzio. Lanham, US: Rowman & Littlefield International Ltd., 2018.

30. 反资本主义的文化矛盾：自由主义精神与西方激进主义的形成 *The cultural contradictions of anti-capitalism: the liberal spirit and the making of Western radicalism*/Daniel Fletcher. Abingdon, Oxon: Routledge, 2018.

31. 资本主义：一个批判理论下的对话 *Capitalism: a conversation in critical theory*/Nancy Fraser and Rahel Jaeggi; edited by Brian Milstein. Cambridge, UK; Medford, USA: Polity, 2018.

32. 生态资本主义：碳货币、气候金融与可持续发展 *Eco-capitalism: carbon money, climate finance, and sustainable development*/Robert Guttmann. [Place of publication not identified]: Palgrave Macmillan, 2018.

33. 政治资本主义：政治影响的产生和保持 *Political capitalism: how political influence is made and maintained*/Randall G. Holcombe, Florida State University. [Place of publication not identified]: Cambridge University Press, 2018.

34. 世界危机与不发达：一个关于贫穷、代理和强迫的批判理论 *World crisis and underdevelopment: a critical theory of poverty, agency, and coercion*/David Ingram. Cambridge, United Kingdom; New York, NY, USA: Cambridge University Press, 2018.

35. 异端经济学的劳特利奇手册：理论化、分析和改造资本主义 *The Routledge handbook of heterodox economics: theorizing, analyzing, and transforming capitalism*/edited by Tae-Hee Jo, Lynne Chester, and Carlo D'Ippoliti. London; New York: Routledge, Taylor & Francis Group, 2018.

36. 二十一世纪的不平等与资本主义：皮克蒂、不平等及其后 *Twenty-first century inequality & capitalism: Piketty, inequality and beyond*/edited by Lauren Langman and David Alden Smith. [Place of publication not identified]: Haymarket Books, 2018.

37. 当代电影与意识形态：新自由主义资本主义及其在电影制作中的选择 *Contemporary cinema and ideology: neoliberal capitalism and its alternatives in filmmaking*/edited by Ewa Mazierska and Lars Kristensen. New York: Routledge, 2018.

38. 神奇资本主义：当代经济中的魅力、咒语和神秘实践 *Magical capitalism：enchantment，spells，and occult practices in contemporary economies*/Brian Moeran. ［Place of publication not identified］：Palgrave Macmillan，2018.

39. 批判当今的资本主义：解读马克思的新方式 *Critiquing capitalism today：new ways to read Marx*/Frederick Harry Pitts. ［Place of publication not identified］：Palgrave Macmillan，2018.

40. 全球债务危机及其社会经济影响：为一个可持续、和平和公正的世界创造条件 *The global debt crisis and its socioeconomic implications：creating conditions for a sustainable，peaceful，and just world*/Mohamed Rabie. ［Place of publication not identified］：Palgrave Macmillan，2018.

41. 惩罚的政治经济学：愿景、争议与挑战 *The political economy of punishment today：visions，debates and challenges*/edited by Dario Melossi，Máximo Sozzo and José A Brandariz García. London：Routledge，2018.

42. 监狱与工厂：监狱制度的起源 *The prison and the factory：origins of the penitentiary system*/Dario Melossi，Massimo Pavarini. London：Palgrave，2018.

43. 性别推算：新社会理论与研究 *Gender reckonings：new social theory and research*/ edited by James W. Messerschmidt，Patricia Yancey Martin，Michael A. Messner，and Raewynn Connell. New York：New York University Press.

44. 殖民资本主义与自由主义的困境 *Colonial capitalism and the dilemmas of liberalism*/Onur Ulas Ince. Oxford：Oxford University Press.

45. 新自由主义学派的民族志：成功文化的建立 *Ethnography of a neoliberal school：building cultures of success*/Garth Stahl；London：Routledge，2018.

46. 二十一世纪数字鸿沟和二元经济下的印度发展 *Development under dualism and digital divide in twenty-first century India*/Dilip Dutta. Singapore：Springer，2018.

（整理：陈硕颖）

2018 年论文索引

1. 方世南：《马克思恩格斯关于美好生活的生态权益向度思想研究》，《毛泽东邓小平理论研究》2018 年第 12 期。

2. 冯宪光：《〈共产党宣言〉与马克思主义文艺学方法论》，《马克思主义美学研究》2018 年第 2 期。

3. 高雪：《从“价值”到“剩余”：剩余价值的政治阐释与审美共产主义》，《哲学动态》2018 年第 12 期。

4. 王学荣：《论黑格尔—马克思哲学谱系中的“现实”概念》，《哲学动态》2018 年第 12 期。

5. 丁三东：《思想的本性和任务：马克思和恩格斯与德国理念论的争执、抑或互补?》，《哲学分析》2018 年第 6 期。

6. 李晓梅：《后现代哲学解构主体的他者向度及其理论困境——兼论马克思实践概念对主体性重建的启示》，《哲学分析》2018 年第 6 期。

7. 吕世荣、平成涛：《从对康德哲学的批判看马克思哲学革命的实质与意义》，《哲学研究》2018 年第 12 期。

8. 张佳、王道勇：《从物的消费到符号消费——西方马克思主义消费社会理论的演进及启示》，《科学社会主义》2018 年第 6 期。

9. 刘兴盛：《社会关系：马克思科学社会主义理论的核心概念》，《当代世界与社会主义》2018 年第 6 期。

10. 周嘉昕：《从唯物辩证法到资产阶级意识形态批判——政治经济学批判视角下重读柯尔施》，《马克思主义理论学科研究》2018 年第 6 期。

11. 龙群：《马克思在〈论犹太人问题〉中的宗教观阐释》，《宗教学研究》2018 年第 4 期。

12. 吴猛：《费尔巴哈的空间原则与马克思〈1844 年经济学哲学手稿〉》，《教学与研究》2018 年第 12 期。

13. 陈良斌：《马克思的承认概念解读：从〈巴黎手稿〉到〈大纲〉》，《教学与研究》2018 年第 12 期。

14. ［老挝］本·提·库阿米赛：《马克思主义的永久价值》，周增亮译，《马克思主义研究》2018 年第 12 期。

15. 毛勒堂：《马克思的劳动正义思想及其当代启示》，《江汉论坛》2018 年第 12 期。

16. 邵发军：《现代性批判视阈下马克思的社会共同体理论研究》，《社会主义研究》2018 年第 6 期。

17. 刘伟兵：《从马克思到西方马克思主义：意识形态研究述评》，《理论月刊》2018 年第 12 期。

18. 袁臻：《何谓“资本主义”——再考“资本主义”一词的起源、演变和东西语境下的翻译》，《理论月刊》2018 年第 12 期。

19. ［美］弗雷德·莫斯利、张忠胜：《前进之路：马克思的理论还是斯拉法的理论？——对莱伯曼的回应》，《经济纵横》2018 年第 12 期。

20. 陈经伟、姜能鹏：《马克思价值转形理论的生命力体现与实践品格——来自中国产业结构转型的数据考量》，《金融评论》2018 年第 6 期。

21. 蔺庆春：《论马克思的个人概念的生成——以〈德意志意识形态〉为文本依据》，《山东社会科学》2018 年第 12 期。

22. 张正、李嘉谊：《反对抽象到“合理抽象”：马克思现实观的逻辑演进》，《南京大学学报（哲学·人文科学·社会科学）》2018 年第 6 期。

23. 郑飞：《意识形态批判的思想谱系：马克思、韦伯与卢卡奇》，《南京大学学报（哲学·人文科学·社会科学）》2018 年第 6 期。

24. 李旸：《马克思论述正义问题的双重维度》，《南京大学学报（哲学·人文科学·社会科学）》2018 年第 6 期。

25. 文学平：《马克思对怀疑论的诊断——如何理解马克思〈关于费尔巴哈的提纲〉第二条》，《厦门大学学报（哲学社会科学版）》2018 年第 6 期。

26. 周嘉昕：《政治经济学批判与马克思主义哲学方法论创新——从马克思的地租理论谈起》，《厦门大学学报（哲学社会科学版）》2018 年第 6 期。

27. ［美］汤姆·洛克莫尔、员俊雅：《马克思人的全面发展及其实现途径思想再探》，《哲学动态》2018 年第 11 期。

28. ［墨西哥］施戴夫·甘德乐、强乃社：《马克思对当代的哲学贡献——客观表象的辩证法》，《哲学动态》2018 年第 11 期。

29. 宋珊珊：《马克思与罗尔斯思想的比较性研究——访丹尼尔·布鲁德尼教授》，《哲学动态》2018 年第 11 期。

30. 李乾坤：《德国“新马克思阅读”的兴起、基本理论及其成就》，《马克思主义与现实》2018 年第 6 期。

31. 杨栋：《阿克塞洛斯的“未来思想”初探》，《马克思主义与现实》2018 年第 6 期。

32. 刘方喜：《技术、经济与社会奇点：人工智能革命与马克思工艺学批判重构》，《马克思主义与现实》2018 年第 6 期。

33. 汪信砚、柳丹飞：《论青年马克思的“类”概念——对马克思〈手稿〉中“类”概念的历史唯物主义解读》，《上海师范大学学报（哲学社会科学版）》2018 年第 6 期。

34. 郗戈：《〈资本论〉的政治哲学意蕴》，《哲学研究》2018 年第 11 期。

35. 杨淑静：《商品问题与〈资本论〉解读史上的三段公案》，《哲学研究》2018 年第 11 期。

36. 李淑梅、陈颖：《罗尔斯产权民主思想的公平诉求及其局限性——兼评其对马克思批判抽象财产权观点的回应》，《哲学研究》2018 年第 11 期。

37. 马建青：《历史唯物主义之“物”的三重规定性》，《现代哲学》2018 年第 6 期。

38. 李萍、张淑姝：《从必然王国向自由王国飞跃的历史力量——马克思劳动概念中的自由维度》，《现代哲学》2018 年第 6 期。

39. 吴猛：《论马克思的“否定”概念》，《复旦学报（社会科学版）》2018 年第 6 期。

40. 宫敬才：《论马克思经济哲学的存在形式问题》，《北京师范大学学报（社会科学版）》2018 年第 6 期。

41. 户晓坤：《马克思历史主体思想视域中“以人民为中心”的哲学意蕴》，《天津社会科学》2018 年第 6 期。

42. 蒋晓东：《改变世界”的两种进路：马克思的哲学变革与杜威的哲学改造》，《广东社会科学》2018 年第 6 期。

43. 陈培永：《重解马克思的“资产阶级”概念》，《广东社会科学》2018 年第 6 期。

44. 周志山：《马克思“民生伦理”论纲》，《浙江社会科学》2018 年第 11 期。

45. 杨耕：《关于马克思价值理论的再思考》，《江汉论坛》2018 年第 11 期。

46. 何建华：《马克思对资本逻辑的批判及其当代价值》，《浙江社会科学》2018 年第 11 期。

47. 易培强：《马克思人民观的意蕴和价值探析》，《伦理学研究》2018 年第 6 期。

48. 方熹、汤书波：《马克思生态思想的伦理精义及现代价值》，《伦理学研究》2018 年第 6 期。

49. 杨乔乔、张连良：《“主体性”的三次转向——从黑格尔、费尔巴哈到马克思》，《求是学刊》2018 年第 6 期。

50. 李昕桐：《马克思的现实观对我国国家治理的启示》，《求是学刊》2018 年第 6 期。

51. 桑朝阳、马可：《资本收益率高企和利润率下降规律——皮凯蒂对马克思理论的经验证明》，《当代经济研究》2018 年第 11 期。

52. 夏少光：《消除现代社会的苦恼与超越黑格尔——对马克思贫困理论的一种解读》，《马克思主义研究》2018 年第 11 期。

53. 李秀敏：《“真正的共同体”与“人类命运共同体”关系之辨》，《马克思主义研究》2018 年第 11 期。

54. 张衔：《对森岛通夫形式化马克思经济学的批判性考察》，《马克思主义研究》2018 年第 11 期。

55. 郑元叶：《马克思社会正义思想的主题》，《道德与文明》2018 年第 6 期。

56. 赵馨姝、李传兵：《〈共产党宣言〉的全球化思想与人类命运共同体》，《理论月刊》2018 年第 11 期。

57. 吴荣军：《马克思政治经济学批判理论的生态意蕴——与威廉·莱斯的比较分析》，《江海学刊》2018 年第 6 期。

58. 刘贵祥：《马克思意识形态批判中的“复调结构”与“双重还原”》，《山东社会科学》2018 年第 11 期。

59. 马骁毅：《马克思现代性批判视野中的“政治实践”概念》，《山东社会科学》2018 年第 11 期。

60. 荣鑫：《马克思生产决定消费思想及其当代反思——从鲍德里亚对马克思的误读说起》，《山东社会科学》2018 年第 11 期。

61. 凌菲霞：《西方〈资本论〉研究前沿问题的两种进路》，《国外理论动态》2018 年第 11 期。

62. ［美］大卫·哈维、曲轩：《普遍异化——资本主义如何形塑我们的生活?》，《国外理论动态》2018 年第 11 期。

63. 陆雪飞、鹿红英：《马克思主义生态学的历史逻辑与理论问题域》，《世界哲学》2018 年第 6 期。

64. 张敬梓：《论马克思审美视域中情感的“现实”转向》，《贵州社会科学》2018 年第 11 期。

65. 陈浩：《〈资本论〉与金融危机》，《中国金融》2018 年第 21 期。

66. ［德］凯文·安德森、何信玉：《马克思在关于异化与性别的其他论著中对“自杀”的讨论》，《马克思主义美学研究》2018 年第 1 期。

67. 刘旺旺：《马克思恩格斯关于文化发展的思想及其当代启示》，《当代世界与社会主义》2018 年第 5 期。

68. 高峰、胡云皓：《从马克思的需要理论看新时代中国社会主要矛盾的转化》，《当代世界与社会主义》2018 年第 5 期。

69. 龙霞：《历史唯物主义的规范性维度探源——基于〈黑格尔法哲学批判〉的考察》，《学术研究》2018 年第 10 期。

70. 吴猛：《重思〈资本论〉中的“劳动者与生产资料分离”问题》，《探索与争鸣》2018 年第 10 期。

71. 方向、魏艾：《基于马克思霸权周期理论解析当前中美贸易关系》，《学术研究》2018 年第 10 期。

72. 王志林、朱经纬：《恩格斯晚年对马克思主义理论精神的捍卫与完善——兼评特雷尔·卡弗对马克思与恩格斯的学术关系歪曲》，《湖北社会科学》2018 年第 7 期。

73. 刘富胜：《马克思的科学技术思想及其当代启示》，《自然辩证法研究》2018 年第 10 期。

74. 卫兴华：《遵照马克思的系统说明把握〈资本论〉的研究对象》，《经济学动态》2018 年第 10 期。

75. 邓斌、苏伟：《〈共产党宣言〉的价值逻辑及其在当代中国的体现》，《马克思主义研究》2018 年第 10 期。

76. 武海宝：《马克思政治经济学批判中的法权观探析》，《马克思主义研究》2018 年第 10 期。

77. 孙夺：《马克思“跨越卡夫丁峡谷”理论中的唯物辩证法思想及当代启示》，《当代经济研究》2018 年第 10 期。

78. 王旭东：《重释〈德意志意识形态·费尔巴哈〉章中交往形式概念的作用和意义》，《社会主义研究》2018 年第 5 期。

79. 秦志龙、王岩：《马克思恩格斯意识形态概念的多重涵义及其统一性——基于

〈德意志意识形态〉等经典文本的解读》，《社会主义研究》2018 年第 5 期。

80. 张建云：《马克思不存在“正义悖论”——辨析“正义”“正义的实现”“正义观”及其重要意义》，《贵州社会科学》2018 年第 10 期。

81. 杨天宇：《判断劳动力短缺的两种理论之区别——马克思产业后备军理论与刘易斯二元经济理论的比较》，《贵州社会科学》2018 年第 10 期。

82. 赵林林：《从政治解放到人类解放——斯宾诺莎与马克思的比较》，《马克思主义哲学论丛》2018 年第 3 期。

83. 焦佩锋：《从启蒙理性主义、德国历史主义到马克思的历史科学》，《马克思主义哲学论丛》2018 年第 3 期。

84. 訾阳：《马克思处理黑格尔辩证法的两条路径及其关系——从〈资本论·第一卷第二版跋〉的“翻转”范畴谈起》，《马克思主义哲学论丛》2018 年第 3 期。

85. 周竹莉：《试论马克思批判资本主义的价值基础》，《马克思主义哲学论丛》2018 年第 3 期。

86. 刘礼：《形式规定：一个被忽略的重要方法论范畴——文本语境中马克思资本观的方法论考察》，《马克思主义哲学论丛》2018 年第 3 期。

87. 覃诗雅：《马克思所有权理论的四组关系问题》，《马克思主义哲学论丛》2018 年第 3 期。

88. ［美］大卫·哈维、吴頔：《马克思的异化思想与当代资本主义社会的普遍异化》，《哲学动态》2018 年第 9 期。

89. 陈旭：《赫斯对马克思唯物史观的借鉴：内涵及其评价》，《马克思主义与现实》2018 年第 5 期。

90. 冯波：《斯宾诺莎背景下的马克思与赫斯之争——以“伦理”概念为核心》，《马克思主义与现实》2018 年第 5 期。

91. 艾四林、柯萌：《“政治国家”为何不能真正实现人的解放——关于〈论犹太人问题〉中马克思与鲍威尔思想分歧再探讨》，《马克思主义与现实》2018 年第 5 期。

92. 林锋：《“人类学笔记”与历史唯物主义及〈资本论〉的关系——对马克思晚年笔记研究中一个焦点问题的新探讨》，《马克思主义与现实》2018 年第 5 期。

93. 孙亮：《“劳动逻辑”的重构与重读〈共产党宣言〉》，《马克思主义与现实》2018 年第 5 期。

94. ［德］福尔格拉夫、胡晓琛：《MEGA2 第 2 部分第 4 卷第 3 册中的马克思 1867—1868 年〈资本论〉第 2 册和第 3 册手稿（下）》，《马克思主义与现实》2018 年第 5 期。

95. 邹诗鹏：《马克思对欧洲中心主义的批判与超越》，《哲学研究》2018 年第 9 期。

96. 潘斌：《从“贱民”到“无产阶级”：马克思对黑格尔贫困问题的政治性重构》，《哲学研究》2018 年第 9 期。

97. 刘怀玉、季勇：《从历史决定论到后历史哲学的谱系学与历史性社会结构辩证法——对政治经济学批判哲学话语当代意义的若干理解》，《天津社会科学》2018 年第 5 期。

98. 张云飞：《论马克思的“自然辩证法”思想实验》，《中国人民大学学报》2018

年第5期。

99. 李春敏：《何以谓“感性”：一种马克思的视角——以〈1844年经济学哲学手稿〉为例》，《教学与研究》2018年第9期。

100. 邓斌：《论马克思恩格斯的政治传播思想》，《教学与研究》2018年第9期。

101. 付文军：《〈资本论〉与资本主义“秘密”的破解》，《当代经济研究》2018年第9期。

102. 赵光辉：《习近平“生命共同体”思想的哲学解读——基于〈1844年经济学哲学手稿〉的理论域》，《齐鲁学刊》2018年第5期。

103. 李忠军、钟启东：《马克思恩格斯经典文本中关于思想政治教育的核心论断》，《马克思主义研究》2018年第9期。

104. 王一成：《历史与逻辑的统一——〈资本论〉第1卷“所谓原始积累”章的地位与意义》，《马克思主义研究》2018年第9期。

105. 包炜杰、吴海江：《马克思的历史决定论及其当代价值——兼评卡尔·波普尔的〈历史决定论的贫困〉》，《马克思主义研究》2018年第9期。

106. 崔学东：《当代资本主义危机是明斯基式危机、还是马克思式危机?》，《马克思主义研究》2018年第9期。

107. 柴艳萍、陈晓彤：《马克思循环经济思想及其伦理价值》，《道德与文明》2018年第5期。

108. 欧阳琼：《论〈哥达纲领批判〉中马克思的正义观》，《理论月刊》2018年第9期。

109. 李德炎：《资本的空间生产及其伦理意蕴探析——从〈1857—1858年经济学手稿〉到当代》，《理论月刊》2018年第9期。

110. 丁立群：《马克思：实践、匮乏与革命——与梅吉尔的对话》，《世界哲学》2018年第5期。

111. 周阳：《异化逻辑与事件哲学的相遇——马克思的〈博士论文〉与德勒兹的〈意义的逻辑〉》，《河北学刊》2018年第5期。

112. 杨玉：《论历史评价尺度释义中的历史虚无主义倾向》，《世界社会主义研究》2018年第9期。

113. 尤歆惟：《论马克思对费尔巴哈感性哲学的继承和超越——对马克思早期哲学的感性主义考察》，《马克思主义哲学论丛》2018年第2期。

114. 祁涛：《〈路易·波拿巴的雾月十八日〉中国家问题的三个方面》，《马克思主义哲学论丛》2018年第2期。

115. 阴昭晖：《历史哲学视野下的资本及其社会形态——论马克思对现代性的批判》，《马克思主义哲学论丛》2018年第2期。

116. 员俊雅：《国外关于马克思主义中国化的代表性观点评析》，《马克思主义哲学论丛》2018年第2期。

117. 刘荣军：《马克思社会政治哲学及其政治经济学批判》，《哲学动态》2018年第8期。

118. 凌菲霞：《“刺猬”与“狐狸”：伯林与麦克莱伦的马克思研究模式》，《哲学分析》2018年第5期。

119. 户晓坤：《马克思的历史科学与方法论的哲学变革》，《哲学研究》2018 年第 8 期。

120. 王庆丰：《〈资本论〉中的生命政治》，《哲学研究》2018 年第 8 期。

121. 王峰明：《资本主义生产方式的二重性及其正义悖论——从马克思〈资本论〉及其手稿看围绕“塔克—伍德命题”的讨论》，《哲学研究》2018 年第 8 期。

122. 白刚：《〈资本论〉哲学的三大解读》，《南京社会科学》2018 年第 8 期。

123. 梅岚、吕增奎：《马克思对“物”的追问及其哲学意义再理解——基于〈资本论〉第一卷“商品章”的再研究》，《南京社会科学》2018 年第 8 期。

124. 杜利娜：《马克思的贫困理论及当代启示》，《马克思主义研究》2018 年第 8 期。

125. 李兵：《马克思实现了革命家与思想家的高度统一》，《马克思主义研究》2018 年第 8 期。

126. 吴建永、刘琪：《“私人的利己主义”与“经济的社会形态”——对马克思市民社会概念的重新阐释》，《理论月刊》2018 年第 8 期。

127. 宋芳明：《马克思社会变革理论的伦理向度——兼论当代中国社会改革伦理意蕴的重构与“美好生活”的实践逻辑》，《理论月刊》2018 年第 8 期。

128. 陈飞：《机器的文明面及其悖论——以〈共产党宣言〉为中心的分析》，《社会主义研究》2018 年第 4 期。

129. 杨嫚：《论新媒介产消者“自由劳动”的本质及其历史意义——基于马克思劳动价值论的分析》，《社会主义研究》2018 年第 4 期。

130. ［美］理查德·沃林、任培艺：《五月风暴与马克思主义的回应》，《国外理论动态》2018 年第 8 期。

131. ［俄］久加诺夫、李瑞琴：《卡尔·马克思：功勋科学家和革命家》，《世界社会主义研究》2018 年第 3 期。

132. 杨淑静：《马克思政治经济学批判视域中的自由三悖论》，《湖南社会科学》2018 年第 4 期。

133. 高广旭：《马克思劳动价值论视域中的正义问题》，《哲学动态》2018 年第 7 期。

134. 余在海：《从实践概念看马克思与黑格尔的关联》，《哲学动态》2018 年第 7 期。

135. 张奎良：《论辩证法的合理形态》，《马克思主义与现实》2018 年第 4 期。

136. 李建华、周杰：《马克思“改变世界”思想论析》，《马克思主义与现实》2018 年第 4 期。

137. 胡刘、刘晓薇：《论马克思东西方社会比较研究对历史唯物主义的拓展——基于“资本批判”的原初语境》，《马克思主义与现实》2018 年第 4 期。

138. 路强：《从生产批判到生活批判——基于〈资本论〉对生活方式的反思》，《马克思主义与现实》2018 年第 4 期。

139. 福尔格拉夫、高杉：《MEGA2 第 2 部分第 4 卷第 3 册中的马克思 1867—1868 年〈资本论〉第 2 册和第 3 册手稿（上）》，《马克思主义与现实》2018 年第 4 期。

140. 徐长福：《论〈资本论〉逻辑的句法形式——以马克思的商品分析为重点》，

《马克思主义与现实》2018 年第 4 期。

141. 田磊、王峰明：《货币的起源：一种哲学现象学的考察》，《马克思主义与现实》2018 年第 4 期。

142. 侯振武、杨耕：《关于马克思交往理论的再思考》，《哲学研究》2018 年第 7 期。

143. 张福公：《马克思的工艺学研究以及对其世界观形成的影响——基于对〈布鲁塞尔笔记〉的文本解读》，《哲学研究》2018 年第 7 期。

144. 吴猛：《重提这个问题：何谓〈资本论〉的“辩证方法”?》，《哲学研究》2018 年第 7 期。

145. 白刚：《劳动的张力：从斯密、黑格尔到马克思》，《哲学研究》2018 年第 7 期。

146. ［美］大卫・哈维、张一兵、杨乔喻：《马克思与当代资本主义的普遍异化》，《天津社会科学》2018 年第 4 期。

147. 胡磊、赵学清：《马克思人的发展理论的本真意蕴和现实进路》，《改革与战略》2018 年第 7 期。

148. 宫敬才：《马克思政治经济学中劳动范畴的性质》，《四川大学学报（哲学社会科学版）》2018 年第 4 期。

149. 白刚、曾俊：《〈资本论〉关于资本主义正义的“四个悖论”》，《四川大学学报（哲学社会科学版）》2018 年第 4 期。

150. 陈培永：《马克思阶级概念的当代理解》，《学术研究》2018 年第 7 期。

151. 雷勇、陈锦宣：《论马克思对费尔巴哈“类本质”思想的扬弃》，《学术研究》2018 年第 7 期。

152. 杜利娜、李包庚：《从“自由人联合体”到“人类命运共同体”——重读〈共产党宣言〉》，《苏州大学学报（哲学社会科学版）》2018 年第 4 期。

153. 汪行福：《以实践自由为核心的社会主义》，《华东师范大学学报（哲学社会科学版）》2018 年第 4 期。

154. 孙乐强：《马克思“机器论片断”语境中的“一般智力”问题》，《华东师范大学学报（哲学社会科学版）》2018 年第 4 期。

155. 杨思基：《绚丽辉煌的日出——纪念马克思诞辰 200 周年暨〈共产党宣言〉发表 170 周年》，《黑龙江社会科学》2018 年第 4 期。

156. 韩玲、吴湘梅：《在纪念马克思中不忘初心砥砺前行——“中国社会科学院第六届科学社会主义论坛”综述》，《马克思主义研究》2018 年第 7 期。

157. 郭艳君、隽鸿飞：《论〈1844 年经济学哲学手稿〉在马克思思想形成中的基础性地位》，《理论探讨》2018 年第 4 期。

158. 高广旭：《马克思自由观的双重向度及其现代性意义》，《理论探讨》2018 年第 4 期。

159. 孙艳春：《基于马克思剩余价值分配理论的中美贸易摩擦产生机制与应对策略分析》，《理论探讨》2018 年第 4 期。

160. 张红柳、王时中：《从“生产方式”到“交换样式”——评柄谷行人的“世界史”构造》，《长白学刊》2018 年第 4 期。

161. 由田：《马克思伦理学的“哥白尼式革命”》，《道德与文明》2018 年第 4 期。

162. 巩永丹：《从〈共产党宣言〉透视马克思正义批判的尺度——基于“正义的马克思拒斥正义”的思考》，《理论月刊》2018 年第 7 期。

163. 毕照卿、宋朝龙：《走进历史的自由：马克思自由思想的三重维度》，《理论月刊》2018 年第 7 期。

164. 邹升平：《从马克思劳动异化学说到共享发展理念》，《经济纵横》2018 年第 7 期。

165. 庄友刚：《马克思主义城市观与马克思主义哲学当代出场范式的创新》，《吉林大学社会科学学报》2018 年第 4 期。

166. 牛小侠：《马克思双重向度“社会正义观”的当代阐释及意义》，《吉林大学社会科学学报》2018 年第 4 期。

167. 张早林：《工厂关系的计划化、社会化和世界化——意大利自主论马克思主义“工厂社会”思想的三个发展环节》，《山东社会科学》2018 年第 7 期。

168. 王淼：《货币的伦理反思与社会批判——马克思货币哲学思想解析》，《吉林大学社会科学学报》2018 年第 4 期。

169. 黄璐：《资本逻辑批判的时间维度——评穆·普殊同对马克思〈1857—1858 年经济学手稿〉的当代解读》，《山东社会科学》2018 年第 7 期。

170. 汪行福：《超越康德化马克思与黑格尔化马克思的对立》，《武汉大学学报（哲学社会科学版）》2018 年第 4 期。

171. 欧阳康、熊治东：《马克思人的全面发展学说的情感意蕴及其当代意义》，《世界哲学》2018 年第 4 期。

172. 周德清：《论李达〈社会学大纲〉对〈巴黎手稿〉的接受及其意义》，《马克思主义哲学研究》2018 年第 1 期。

173. 周阳：《马克思对“异化”问题的最初探索——〈关于伊壁鸠鲁哲学的笔记〉与〈博士论文〉中的“时间”理论》，《马克思主义哲学研究》2018 年第 1 期。

174. 徐海伦、陈旌亮：《马克思政治经济学与古典政治经济学背后的哲学逻辑》，《马克思主义哲学研究》2018 年第 1 期。

175. 孙建茵：《生产范式的效力与边界——马尔库什与哈贝马斯的争论及其启示》，《哲学研究》2018 年第 6 期。

176. 艾伦·伍德、李义天：《马克思反对从正义出发批判资本主义——对段忠桥教授的回应》，《中国社会科学》2018 年第 6 期。

177. 杨圣明、王茜：《马克思世界市场理论及其现实意义——兼论“逆全球化”思潮的谬误》，《经济研究》2018 年第 6 期。

178. 张一兵：《奇异诸众：个体化与先个体化——维尔诺的〈诸众的语法〉解读》，《南京社会科学》2018 年第 6 期。

179. 聂清：《马克思宗教艺术观的多维视野》，《世界宗教研究》2018 年第 3 期。

180. 汪行福：《黑格尔的官僚制理论与马克思的批判》，《教学与研究》2018 年第 6 期。

181. 李鹏：《马克思的现代性问题及其社会批判理论》，《教学与研究》2018 年第 6 期。

182. 李忠军、钟启东：《〈黑格尔法哲学批判〉导言的思想政治教育逻辑》，《教学与研究》2018 年第 6 期。

183. 孔维明：《再论德国古典哲学的“终结者”——基于〈费尔巴哈论〉的研究》，《理论月刊》2018 年第 6 期。

184. 李毅、赵玲：《人与共同体关系视域中的马克思政治自由思想》，《山东社会科学》2018 年第 6 期。

185. 曾俊：《马克思伦理思想立足点的转换》，《山东社会科学》2018 年第 6 期。

186. 王时中：《论马克思主义政治哲学建构的康德坐标》，《山东社会科学》2018 年第 6 期。

187. 马俊峰：《〈资本论〉与“过剩人口”的生命政治》，《社会科学文摘》2018 年第 5 期。

188. 罗骞、滕藤：《资本现代性的辩证逻辑》，《广东社会科学》2018 年第 3 期。

189. 周银珍：《经济哲学的异化批判及当代启示——基于〈1844 年经济学哲学手稿〉的研究》，《广东社会科学》2018 年第 3 期。

190. 王红：《论社会主义核心价值观的整体性——以马克思人的本质思想为视角》，《广东社会科学》2018 年第 3 期。

191. 吴金明：《“二维五元”价值分析模型——关于支撑我国高质量发展的基本理论研究》，《湖南社会科学》2018 年第 3 期。

192. 由阳：《马克思与康德的社会思想之辨析——以柄谷行人的〈资本论〉研究为主》，《哲学动态》2018 年第 5 期。

193. 杨乔喻：《以辩证方法探索开放的马克思——访大卫·哈维教授》，《哲学动态》2018 年第 5 期。

194. 田书为：《马克思对黑格尔劳动思想的继承与发展——基于〈巴黎手稿〉的市民社会批判视角》，《马克思主义与现实》2018 年第 3 期。

195. 郭奕鹏：《灵魂的德性与人的解放——从亚里士多德的灵魂学说看马克思的政治批判》，《马克思主义与现实》2018 年第 3 期。

196. 张钟朴：《马克思晚年留下的〈资本论〉第 3 册手稿和恩格斯编辑〈资本论〉第 3 卷的工作——〈资本论〉创作史研究之八》，《马克思主义与现实》2018 年第 3 期。

197. 唐正东：《〈资本论〉及其手稿对历史唯物主义内在矛盾观的深化》，《哲学研究》2018 年第 5 期。

198. 刘冰菁：《MEGA ~2 与法国马克思主义思想研究的新动态》，《现代哲学》2018 年第 3 期。

199. 张义修：《重建马克思的政治经济学批判之路——MEGA ~2 第二部分对德国马克思研究的理论促进》，《现代哲学》2018 年第 3 期。

200. 谢伏瞻：《马克思主义是不断发展的理论——纪念马克思诞辰 200 周年》，《中国社会科学》2018 年第 5 期。

201. 张璐：《回到主体性的原初——从判断之同一、存在之统一到马克思的人的本质》，《自然辩证法研究》2018 年第 5 期。

202. 孔伟：《哲学视域中的共同体理论——兼论马克思的共同体思想及其当代意

义》,《中国人民大学学报》2018 年第 3 期。

203. 李金辉、谢静:《马克思的政治浪漫主义:无产阶级的反讽和“力的隐喻”》,《理论探讨》2018 年第 3 期。

204. 岳凤:《社会理想建构的感性之维——马克思、马尔库塞与朗西埃的政治美学谱系》,《理论探讨》2018 年第 3 期。

205. 赵威:《罗尼·佩弗对马克思早期“异化”理论的枢纽性定位》,《国外社会科学》2018 年第 3 期。

206. 张奎良:《马克思的新唯物主义及其微型体系》,《马克思主义研究》2018 年第 5 期。

207. 许斗斗:《论马克思真理的现实性》,《马克思主义研究》2018 年第 5 期。

208. 刘恩至:《从“人民自由的圣经”到“物质利益的圣经”——论马克思法哲学本体论的转向》,《马克思主义研究》2018 年第 5 期。

209. 许恒兵:《文化基础、脑力劳动与历史唯物主义批判理论的重建——梅茹耶夫历史唯物主义观评析》,《理论月刊》2018 年第 5 期。

210. 张宇、刁小行:《法兰克福学派资本逻辑批判思想的三重局限性》,《理论月刊》2018 年第 5 期。

211. 陈士聪:《论资本的“自否定”逻辑——从〈逻辑学〉到〈资本论〉》,《理论月刊》2018 年第 5 期。

212. 罗顺元:《马克思的深刻自然价值论——论伯克特对马克思价值论的生态辩护和发展》,《理论月刊》2018 年第 5 期。

213. 刘怀玉、陶慧娟:《理解列斐伏尔:以黑格尔—马克思—尼采的“三位一体”为主线》,《山东社会科学》2018 年第 5 期。

214. 季勇:《福柯遭遇马克思——其缘由与思想效应》,《山东社会科学》2018 年第 5 期。

215. 蓝江:《〈共产党宣言〉与共产党人的历史使命——21 世纪对〈共产党宣言〉的再解读》,《学术交流》2018 年第 5 期。

216. 刘大皓:《政治经济学批判视域下的机器问题》,《学术交流》2018 年第 5 期。

217. 彼得·胡迪斯、梅沙白:《马克思的后资本主义社会思想的伦理学内涵》,《国外理论动态》2018 年第 5 期。

218. [澳大利亚] 伊恩·亨特、凌菲霞:《资本主义与正义——马克思与罗尔斯的融合》,《国外理论动态》2018 年第 5 期。

219. 仰海峰:《市民社会批判:从黑格尔到马克思》,《哲学研究》2018 年第 4 期。

220. 袁立国:《共同性的重建与共产主义观念》,《哲学研究》2018 年第 4 期。

221. 黄志军:《资本内部的辩证法:基于〈资本论〉第二卷的考察》,《哲学研究》2018 年第 4 期。

222. 杨胜荣:《“实证科学”与人道理想:马克思历史观的再思考》,《科学社会主义》2018 年第 2 期。

223. 倪德刚:《试论马克思恩格斯的理论创新观》,《科学社会主义》2018 年第 2 期。

224. 张学森、李朝旭：《社会主义的历史方位与实践进程——重温马克思的“两个决不会”思想》，《科学社会主义》2018 年第 2 期。

225. 何海燕、王峰明：《马克思人的自由与解放理论的多维透视——兼论唯心主义异化史观的持续影响》，《教学与研究》2018 年第 4 期。

226. 杨峻岭、吴潜涛：《全面理解马克思恩格斯共产主义的科学内涵》，《马克思主义研究》2018 年第 4 期。

227. 田江太：《从逻辑学视角重思马克思对黑格尔辩证法的颠倒——兼论阿尔都塞的多元决定论和“结构改造说”》，《哲学动态》2018 年第 3 期。

228. 汤普森、齐艳红、李琛：《马克思主义伦理学的哲学基础》，《马克思主义与现实》2018 年第 2 期。

229. 李海星：《从〈贫困的哲学〉到〈哲学的贫困〉再到〈摆脱贫困〉——马克思主义反贫困理论的探索与实践》，《马克思主义与现实》2018 年第 2 期。

230. 汪行福：《马克思“现实抽象”批判四维度》，《马克思主义与现实》2018 年第 2 期。

231. 沈湘平、孟子媛：《如何理解马克思所说“我不是马克思主义者”》，《马克思主义与现实》2018 年第 2 期。

232. 曾宪亢：《马克思意识形态概念探源——以 MEGA2 为基准的考察》，《马克思主义与现实》2018 年第 2 期。

233. 寇东亮：《马克思早期自由思想变革的五个节点》，《现代哲学》2018 年第 2 期。

234. 冯钢：《马克思的“过渡”理论与“卡夫丁峡谷”之谜》，《社会学研究》2018 年第 2 期。

235. 李荣山：《共同体与道德——论马克思道德学说对德国历史主义传统的超越》，《社会学研究》2018 年第 2 期。

236. 李晓岑、周绍强：《“亚细亚生产方式”与中国特色科学技术》，《自然辩证法研究》2018 年第 3 期。

237. 张宝贵：《〈1844 年经济学哲学手稿〉中的本体论生活美学思想初探》，《中国人民大学学报》2018 年第 3 期。

238. 汪正龙：《马克思论悲剧与喜剧——历史哲学、戏剧学与美学的三重透视》，《中国人民大学学报》2018 年第 3 期。

239. 石镇平：《马克思对社会主义理论的三大贡献》，《马克思主义研究》2018 年第 3 期。

240. 宋国栋：《马克思世界历史思想再思考》，《马克思主义研究》2018 年第 3 期。

241. 潘乐：《福柯解读马克思的三重维度》，《理论月刊》2018 年第 3 期。

242. 叶鑫：《意识形态概念的历史演进——从马克思到列宁》，《理论月刊》2018 年第 3 期。

243. 张彦、顾青青：《混合道义论的马克思道德理论辨析》，《哲学动态》2018 年第 2 期。

244. 田鹏颖：《马克思主义视野中的“人类命运共同体”》，《哲学分析》2018 年第 1 期。

245. 陈广思：《论马克思哲学思想中的“词”与“物”——以〈评阿·瓦格纳的“政治经济学教科书”〉为研究文本》，《哲学研究》2018 年第 2 期。

246. 程广云：《从国家到市民社会——马克思〈黑格尔法哲学批判〉的思想转向》，《哲学研究》2018 年第 2 期。

247. 冯波：《马克思对斯宾诺莎的双重阅读——以马克思的〈神学政治论〉摘录为中心》，《哲学动态》2018 年第 1 期。

248. 陈培永：《重思马克思的“人民”概念》，《哲学动态》2018 年第 1 期。

249. 王晨：《马克思与伊壁鸠鲁的原子偏斜运动理论》，《马克思主义与现实》2018 年第 1 期。

250. 宫敬才：《马克思对资产阶级经济学哲学基础的批判》，《马克思主义与现实》2018 年第 1 期。

251. 徐步华：《马克思社会运动理论范式的基本特征及其当代解释力》，《马克思主义与现实》2018 年第 1 期。

252. 龙霞：《论“市民社会决定国家”的规范性意蕴》，《马克思主义与现实》2018 年第 1 期。

253. 刘伟：《意识形态生产的三种形态：知识、话语和权力》，《马克思主义与现实》2018 年第 1 期。

254. 张文喜：《哲学和法学：论马克思“柏林法学建构”的意义》，《马克思主义与现实》2018 年第 1 期。

255. ［瑞士］克里斯托夫·亨宁、陈喜贵：《以至善论为前提的政治经济学——马克思的三种批判》，《马克思主义与现实》2018 年第 1 期。

256. 张奎良：《论辩证法的实践基因》，《哲学研究》2018 年第 1 期。

257. 张盾：《阐释的公共性与客观性——兼论对马克思的先验阐释》，《天津社会科学》2018 年第 1 期。

258. 贾子贤：《关于休闲的量的问题的考察——从马克思的工作日理论出发的研究》，《理论观察》2018 年第 1 期。

259. 王雨辰：《论马克思、恩格斯的生态文明理论及其当代价值》，《武汉科技大学学报（社会科学版）》2018 年第 1 期。

260. 李义天：《认真对待“塔克—伍德命题”——论马克思正义概念的双重结构》，《中国人民大学学报》2018 年第 1 期。

261. 仰海峰：《〈德意志意识形态〉：理论与实践的双重意蕴》，《理论探讨》2018 年第 1 期。

262. 李梅敬：《马克思道德思想的层次跃迁以及语境分析》，《伦理学研究》2018 年第 1 期。

263. 周启杰：《论马克思道德哲学建构的多重维度》，《道德与文明》2018 年第 1 期。

264. 宋杨：《马克思恩格斯分配伦理思想的价值取向及启示》，《道德与文明》2018 年第 1 期。

265. 杨丽婷：《相遇与重构：西方“马克思学”视域里的马克思与当代思想家们》，《山东社会科学》2018 年第 1 期。

266. 马塞罗·默斯托、张福公、王鸽：《〈资本论〉的创作：马克思政治经济学批判的起源与结构》，《国外理论动态》2018 年第 1 期。

（整理：梅岚）

主题索引

E

F

G

H

J

K

L

M

N

O

P

Q

R

S

T

W

X

Y

Z